ein Ullstein Buch

ÜBER DAS BUCH:

Drei junge Seehelden aus drei Jahrhunderten sind die Protagonisten in dieser preiswerten Sonderausgabe: Matthew Lawe, Roger Kelso und Nathaniel Drinkwater, jeder für sich schon in eigenen Romanserien erfolgreich. Matthew Lawes Irrfahrten, der erste Band von Monsarrats unvollendeter Trilogie *The Master Mariner,* stand lange auf den englischen Bestsellerlisten. – Kelsos Aufstieg in der Kriegsmarine der Ostindischen Handelskompanie veranschaulicht ein Stück britischer Kolonialgeschichte in Indien. – Und Nat Drinkwaters Feuertaufe in der Mondscheinschlacht vor Portugal ist der Beginn einer Karriere, der inzwischen viele tausend Leser wegen ihrer authentischen Wiedergabe begeistert folgen – in bisher schon acht Einzelromanen, von denen der letzte ebenfalls auf die Bestsellerliste der Sunday Times kam.
Da alle drei Titel die Anfänge der populären Seehelden schildern, eignet sich der Band vorzüglich zum Kennenlernen der weltweit beliebten Romanserien um Lawe, Kelso und Drinkwater.

DIE AUTOREN:

Nicholas Monsarrat (1910–1979) wurde als Sohn eines Arztes in Liverpool geboren und sollte eigentlich Rechtsanwalt werden. Statt dessen ging er zur Royal Navy, kämpfte im Zweiten Weltkrieg als Fregattenkapitän und begann 1943 seine schriftstellerische Laufbahn. Seine größten Erfolge wurden *The Cruel Sea* (1951, Großer Atlantik) und *The Master Mariner* (1978, Der ewige Seemann I und II), eine Trilogie über drei Jahrhunderte britischer Marinegeschichte, deren dritter Band wegen Monsarrats Tod unvollendet blieb.
James Dillon White rankt seine zehn marinehistorischen Romane mit Roger Kelso alle um die 1600 gegründete britische Handelskompanie, die aus der Ostindienfahrt immensen Reichtum sog und bei der Kolonialisierung des Subkontinents die entscheidende Rolle spielte. Die Kompanie unterhielt eine eigene Kriegsmarine, die White – im Gegensatz zur Royal Navy – zum Thema seiner Bücher machte. 1813 erlosch das Handelsmonopol der Kompanie in Indien.
Richard Woodman ging 1960 – mit 16 Jahren – von der Schule ab, um Seemann zu werden. Er absolvierte seine Lehrzeit bei der britischen Handelsmarine und fuhr als Offizier und Navigator auf Überseefrachtern und Wetterschiffen. 1967 trat er in den Dienst von Trinity House, der traditionsreichen Seefahrtsbehörde, und fährt jetzt als Kapitän eines ihrer Versorgungsschiffe. Er schrieb ein preisgekröntes Sachbuch über Arbeit und Geschichte von Trinity House, *Keepers of the Sea,* und seit 1982 seine erfolgreichen marinehistorischen Romane um Nathaniel Drinkwater.

Monsarrat/
White/Woodman

Seehelden

Der ewige Seemann I/Der junge
Kelso/Die Augen der Flotte

Drei Romane in einem Band

ein Ullstein Buch

ein Ullstein Buch/maritim
Nr. 22082
Herausgegeben von
J. Wannenmacher
im Verlag Ullstein GmbH,
Frankfurt/M - Berlin
Neuauflage der Ullstein Bücher
20227, 20052 und 20531

Sonderausgabe

Umschlagentwurf:
Hansbernd Lindemann
Umschlagillustration:
Museum für Verkehr und Technik, Berlin

Übersetzt von Kurt Heinrich Hansen
Fachberatung: Hans-Rudolf Rösing
Karten: Cassell Ltd., 1978
Taschenbuchausgabe mit Genehmigung
des Stalling Verlags, Oldenburg 1980

Übersetzt von Karl H. Kosmehl

Übersetzt von Uwe D. Minge

Printed in Germany 1989
Druck und Verarbeitung:
Ebner Ulm
ISBN 3 548 22082 7

März 1989

Von denselben Autoren
in der Reihe
der Ullstein Bücher:

Nicholas Monsarrat
Der ewige Seemann I (Einzelband, 20227)
Der ewige Seemann II (20299)
James Dillon White:
Der junge Kelso (Einzelband, 20052)
Kelsos erstes Kommando (20066)
Verrat an Kapitän Kelso (20076)
Kapitän Kelsos Rache (20099)
Kelso und der Nabob (20106)
Kelso wird Kommodore (20331)
Kommodore Kelso unter Feuer (20179)
Richard Woodman:
Die Augen der Flotte (Einzelband, 20531)
Kutterkorsaren (20557)
Kurier zum Kap der Stürme (20585)
Die Mörserflottillen (20666)
Die Korvette (20742)
Die Wracks von Trafalgar (20787)
Der Mann unterm Floß (20881)
In fernen Gewässern (22124)

CIP-Titelaufnahme
der Deutschen Bibliothek

Seehelden:
3 Romane in einem Band/Monsarrat;
White; Woodman. - Sonderausg. -
Frankfurt/M; Berlin: Ullstein, 1989
(Ullstein-Buch; Nr. 22082: Maritim)
ISBN 3-548-22082-7
NE: GT

Nicholas
Monsarrat

Der ewige Seemann

Die Irrfahrten des Matthew Lawe

Roman

ein Ullstein Buch

INHALT

Mit freundlicher Genehmigung

gewidmet

Seiner Königlichen Hoheit

dem Prinzen von Wales

dem einstigen Seemann und

künftigen König

DER FEIGLING
1588

SHETLAND INSELN
ORKNEY-INSELN
Route der Galeone „San Vigilio"
Kap Wrath
Sturm
Sturm
HEBRIDEN
CAITHNESS
SCHOTTLAND
Tobermory
Insel Mull
Aberdeen
Glasgow
FIRTH OF FORTH
EDINBURGH
Berwick Head
Berwick
Carlisle
NORD-SEE

Die Route der ARMADA
Manöver der englischen und der spanischen Flotte
IRLAND
DUBLIN
IRISCHE SEE
ENGLAND
Hull
Spurn Head
LONDON
North Foreland
Bristol
Dover
Rye
Southampton
Portsmouth
Exeter
Plymouth
Insel Wight
Scilly-Inseln
Kap Lizard
Rame Head
ÄRMELKANAL
Calais
Dünkirchen
FRANKREICH
Bantry Bay
Wracks
Wracks

I

Der Mann am Strand stand etwas abseits von seinen Leuten. Er hatte keine Lust, sich mit der Besatzung des Admiralsbootes zu unterhalten, sondern wollte nur die warme Julisonne und die kurze Ruhe an der Küste von Plymouth genießen. Das Boot mit dem Vizeadmiral und einem Dutzend seiner freiwilligen Edelleute war etwas entfernt von der Anlegetreppe im Sutton Pool auf den Strand geholt worden, weil die Herren das Menschengedränge vermeiden wollten, das sich überall um ihren Befehlshaber bildete, wo er sich in diesen Tagen in Plymouth oder sonst im West Country sehen ließ. Als er und die anderen großen Herren ihren Verrichtungen in der Stadt nachgegangen waren, hatte die Mannschaft das Boot fest auf den Strand gezogen und die Riemen eingenommen.

Geschützt gegen den heftigen Wind, der den Plymouth Sund grauweiß aufpeitschte, standen sie nun mit nackten Füßen auf dem festen Sand herum und genossen das sonnige Wetter.

Der abseits stehende Mann war von mittlerer Größe, breitschultrig, langsam in seinen Bewegungen und hatte das wettergebräunte Gesicht und den behäbigen Gang des West-Country-Seemannes. Gleich seinen Kameraden war er, wie es sich für die Bootsmannschaft des Vizeadmirals gehörte, stattlich gekleidet; er trug einen mit grünen und weißen Tudor-Streifen bestickten Rock. Und auf dem Boot selbst wehte die Standarte des Vizeadmirals, die diesem vor kurzem vom Lord High Admiral von England verliehen worden war.

Der Mann am Strand hieß Matthew Lawe. Als dem Vizeadmiral zugeteilter Steuerer des Admiralsbootes besaß er eine gewisse Autorität und konnte es sich erlauben, einigen Abstand von der Mannschaft zu halten. Seine Leute hatte er alle selbst ausgebildet, und trotz der Entfernung behielt er sie doch mit einem Seitenblick im Auge, um sofort eingreifen zu können, falls sie zu sehr herumprahlten oder in ihren Reden ausfällig wurden.

Hinter ihm erstreckte sich der Sutton Pool, der Binnenhafen von Plymouth. Dieses Becken, das nahegelegene Cattewater und der ganze Sund selbst waren ein einziger Wald von Schiffen, ein weit verzweigtes Flechtwerk von trocknenden Segeln, hohen eichenen Schiffsrümpfen und sich wiegenden Masten mit Flaggen und Wimpeln, die im steifen Südwind flatterten.

Vor ihm lagen die Stadt, lärmend und voller geschäftiger Menschen, und die grünen Abhänge von Plymouth Hoe. Aber es waren die kleineren Dinge um ihn herum, auf denen Matthew Lawes Blick ruhte: die Hochwasserlinie mit dem angeschwemmten Treibgut auf dem Sand: Seegras und Tang, zersplittertes Holz, die blassen Hülsen von Krabben und Krebsen, verknäultes Tauwerk, bläuliche, blutrote und gelb getönte Muschelschalen.

Für Matthew Lawe verkörperte dieser Hochwasserstreifen Ruhe und Frieden – fast das einzige bißchen Ruhe, das es dieser Tage in England gab. Denn überall sonst in Plymouth und im West Country und überhaupt in der ganzen Gegend wurde gelärmt, geschuftet und gegrölt, herrschten Kriegsstimmung und Angst.

Sie lagen jetzt fast acht Wochen im Hafen, kaum lange genug, um alles, was getan werden mußte, zu schaffen und die *Revenge* und die anderen Schiffe der englischen Flotte klarzumachen für das Treffen mit der spanischen Seemacht und ihren hochmütigen, großsprecherischen Dons. Sie waren auf den Fleiß und die Tüchtigkeit von Plymouth angewiesen, und Plymouth, der beste aller englischen Häfen, war kaum imstande, die Schiffe und Mannschaften zu fassen, die sich Tag und Nacht hier drängten.

Jeder junge Mann im Umkreis von zwanzig Meilen und jeder Großvater, der eben noch in seiner Ofenecke vor sich hingeträumt hatte, arbeitete jetzt an Bord der Schiffe oder war an Land für die Flotte tätig.

Am Tage fuhren die mit Mannschaften und Waffen beladenen Beiboote, Leichter, Jollen und Pinassen hin und her; die kleinen mit Proviant bepackten Küstensegler versahen geschäftig ihre Aufgabe, und vorsichtig bahnten sich die Pulverprähme mit ihren roten Warnflaggen den Weg durch die Flotte. An Land arbeiteten die Schiffbauer, Segelmacher und Waffenschmiede gegen die Uhr, um die Kapitäne, die Segelmeister und die Kanoniere mit dem zu versorgen, was sie benötigten – ob es nun neue Spieren, Hanftauwerk, Wasserfässer, Culverinen und die leichten Serpentinen aus Bronze oder Stangenkugeln für das Hauptstück waren.

Nachts gingen die Männer an Land, drängten sich an den Fachwerkhäusern vorbei zum Barbican und zechten im Wirtshaus zum Türken in der St. Andrew's Street oder im Gasthof zum Papst in der Looe Street, wo der Vizeadmiral sein Quartier hatte. Sie tranken aus Angst oder um sich Mut zu machen, ausgiebig, wie das Seeleute immer am Vorabend einer Schlacht tun, oder sie blieben allein für sich, um Briefe an ihre Frauen zu kritzeln. Manche auch gaben sich mit Huren ab, sofern diese nicht auf Befehl des sittenstrengen Bürgermeisters, Seiner Gnaden Mr. William Hawkins, aus der Stadt gepeitscht worden waren.

Jeden Morgen aber gingen die Männer wieder an ihre Arbeit auf den Schiffen oder in den Werkstätten und verwandelten ganz Plymouth, vom St. Nicholas Island bis zum Hoe, in eine einzige rastlose Rüstungsschmiede.

So ging es seit mehr als zwei Monaten; und als jetzt, an der Schwelle des Krieges, ziemlich alles geschafft und sozusagen die Speerspitze Englands geschärft und gehärtet war, wartete die Besatzung des Admiralsbootes, wie sie es schon an hundert Küsten von Plymouth bis Brasilien, von Nombre Dios bis zur Magellanstraße getan hatte, auf den größten Seemann der Welt.

Sie kannten ihn als Menschen, sahen in ihm aber auch das leuchtende Symbol des Erfolges: Sir Francis Drake, einst Bürgermeister von Plymouth, dann Mitglied des Parlaments, Vizeadmiral von England und der erste Generalkapitän, der je den Erdball umsegelt und mit seinem Kiel alle Meere der Welt durchpflügt hatte.

Das Wappen, das diesem mit Ehren überhäuften Korsaren, diesem berühmtesten Seeräuber seiner Zeit, verliehen wurde, als er, mit sagenhaften Schätzen heimgekehrt, von der Hand der Königin zum Ritter geschlagen wurde, hat die folgende Beschreibung:

»Zobel, Wellenbalken zwischen zwei silbernen Polarsternen, Helm, verziert mit einer Erdkugel, auf dieser ein Schiff unter vollen Segeln, das von goldenen Trossen um dieselbe gezogen wird in Richtung einer aus den Wolken weisenden Hand. Alles farbig, mit der Inschrift: *Auxilio Divina* – Mit Gottes Hilfe.«

Sein Name wirkte wie ein Zauber auf das einfache und gemeine Volk und begeisterte sogar den eifersüchtigen Adel. Und selbst in der trefflichen, glänzenden Schar bedeutender Männer, die ihm ebenbürtig waren, Seefahrer, Krieger und Abenteurer wie Raleigh, Frobisher, Humphrey Gilbert, die Lords von Essex und Leicester, Lord Howard von Effingham, Richard Grenwille und John Hawkins, hatte Sir Francis Drake nicht seinesgleichen.

Es war also kaum verwunderlich, daß sich, als er Freiwillige zur Bemannung seiner Flotte gegen die spanische Armada brauchte, Männer und Jugendliche aus allen Teilen Westenglands um sein Banner scharten. Einer von ihnen gehörte hier zur Besatzung des Admiralsbootes: ein Bauernjunge, der hundert Meilen weit zu Fuß aus Shepton Mallet in Somerset hergewandert war und, obwohl wie seine Vorfahren auf dem

Bauernhof aufgewachsen, einem Galeerentürken gleich seinen Riemen zu ziehen verstand.

Matthew Lawe dagegen war schon zehn Jahre vorher als Waisenjunge aus der Armenschule von Barnstaple davongelaufen und hatte, vom gleichen Helden magnetisch angezogen, ebenfalls Pflug gegen Segel getauscht. Drake, der große Seefahrer, für den die kleineren Meere eng waren wie ein Gefängnis, zog Männer buchstäblich bis zum Ende der Welt mit sich, wie eine Frau ihren Geliebten oder ein Schäfer seine Herde.

Einigen Streit gab es, als Sir Francis ziemlich kurz vor der Schlacht auf Weisung der Königin in seiner Dienststellung als Admiral durch den genannten Lord Howard von Effingham abgelöst wurde. Viele beteuerten erregt, daß dieses Kommando keine Sache der Leistung, sondern des Ranges sei. Und wenn der Graf von Medina Sidonia zum spanischen Flottenchef ernannt worden sei, müsse man ihm englischerseits einen Mann von gleichem Adelsrang entgegenstellen. Als könne ein Mann mit Familienwappen nur von einem ebensolchen bekämpft werden!

Warum, entgegnete man in hitzigen Auseinandersetzungen, sollte ein Kapitän von den Qualitäten eines Sir Francis Drake, eines Mannes, dessen Erfolge ihn als höchst gefährlichen Gegner der Spanier ausgewiesen hatten, seine Flagge unter die des anderen setzen, wo er doch durch seine Begabung und eben seine Erfolge als Befehlshaber des gesamten Unternehmens geeignet schien? Drake aber wollte von diesem rebellischen Gemurre nichts wissen: Er führte sein Geschwader in einer souveränen Geste zur Bewillkommnung des neuen Lord Admirals, ließ die *Ark Royal* und die anderen großen Schlachtschiffe Salut feuern, die Trommeln rühren und die Trompeten blasen, strich seine Flagge und setzte statt dessen die eines Vizeadmirals. Mit Ungehorsam, wie ihn sich Subalterne leisten mochten, hatte er nichts im Sinn.

Später ließ er wissen, daß vom Offizier bis zum Schiffsjungen kein Mann seiner eigenen Flotte diese Ablösung zum Anlaß von Beschwerden zu nehmen habe, und am Pfingstsonntag gingen er und Lord Howard feierlich gemeinsam zum Empfang des heiligen Abendmahls, wie er sich auch sonst in allen Dingen mit dem ernannten Admiral einig zeigte.

Die alten römischen Tugenden Gehorsam und Selbstbeherrschung hatten seit je zu seinen hervorragendsten Eigenschaften gehört, und wer ihn einen Piraten und gewinnsüchtigen Freibeuter nannte, mußte sich doch bisweilen verlegen den Kopf kratzen.

II

In die Mannschaft des Admiralsbootes kam Bewegung, als jetzt allgemein auf See hinausgezeigt wurde, und Matthew Lawe, der sich gerade mit einer seltsam geformten, perlmuttschillernden Muschel beschäftigte, wurde plötzlich in die Wirklichkeit zurückversetzt, als einer seiner Leute rief:

»Matthew! Der Aufklärer!«

Wer da rief, war der Bootsgast John Waggoner, der wegen seiner scharfen Augen berühmt war. Er war es, der während der Reise um die Welt immer als erster Land gesichtet hatte, ob vor der Küste von Brasilien, in den rauhen Gewässern der Magellanstraße oder in der tückischen Molukkensee.

John Waggoner schirmte mit der Hand die Augen, die durchdringend waren wie die eines Adlers, spähte und zeigte hinaus. Und jetzt sahen die anderen auch, was draußen am Südrand des Plymouth Sunds seine Aufmerksamkeit auf sich gezogen hatte: einen kleinen Zweimaster unter vollen Segeln, offenbar eine Pinasse in größter Eile.

Matthew Lawe trat etwas zurück, höher den Strand hinauf, um bessere Sicht zu haben.

»Ist sie das wirklich, John?«

»Aye.« John Waggoner war sich seiner Sache vollkommen sicher. »Ich sehe die Flagge Seiner Gnaden am Fockmast. Es ist die *Golden Hind*, sie kommt zurück.«

Die *Golden Hind* – der Name war für sie alle ein Omen. Es war nicht Drakes berühmtes Schiff, das um die Welt gesegelt war, sondern eins gleichen Namens unter Kapitän Thomas Fleming, das in diesen Tagen in den Ärmelkanal zwischen Ouessant und den Scillies geschickt worden war, um aufzuklären und die Ankunft der Dons zu melden.

Sie sahen, wie der Aufklärer mit raumem Wind rasch durch den Sund auf sie zulief, wie er auf seinem Kurs die großen Schiffe der Flotte passierte, die Flagge vor dem Admiral auf der *Ark Royal* doppelte, einen höflichen Knicks vor dem kanonenstarrenden St. Nicholas Island (das Drake selbst gegen die Spanier befestigt hatte) machte und dann, während er sich den Hafenmauern des Sutton Pool näherte, eines nach dem anderen seine vollstehenden Segel fallen ließ.

Die *Golden Hind* hatte es eilig, atemlos eilig, wie es schien; sie bemerkten, als das Schiff näherkam, daß das Großsegel fast bis zur Rah hinauf naß war. Und als es zum Ankern abdrehte, sahen sie flüchtig das aufglänzende, triefnasse Deck. Es war klar, die Meldung, die es brachte, duldete keinen Aufschub.

Als der Anker der *Golden Hind* fiel, spritzte es weiß an ihrem Vorsteven auf; ihre letzten Segel wurden nur aufgegeit. Dann wurden nach einiger Verwirrung und unter Gebrüll, das der Wind herübertrug, zwei kleine Jollen zu Wasser gelassen und zum Ablegen klargemacht.

»Da geht alles wild durcheinander!« sagte der jüngste Bootsgast, der Bauernjunge von Shepton Mallet, verächtlich.

»Die *Revenge* würde sie beim Boote aussetzen und auch anderweitig glatt schlagen«, stimmte John Waggoner zu.

»Sind vielleicht hundemüde«, sagte Matthew Lawe. Er schien irgend etwas zu ahnen. »Oder sie haben Verluste gehabt, und es fehlt an Leuten.«

Die beiden Boote legten nacheinander ab. Das erste lief aus dem Binnenhafen hinaus und boxte sich zu dem im Sund liegenden Flaggschiff voran; das andere näherte sich mit kurzen, kräftigen Schlägen vor dem Wind dem Kai von Sutton Pool.

Vier Mann pullten, und achtern im Boot saß ein Offizier, der Ausschau hielt. Es steuerte den Anleger im Sutton Pool an, änderte aber im letzten Moment den Kurs auf das Boot mit der Vizeadmiralsflagge und lief dann wenige Schritte daneben auf den Sand.

Der Offizier, vom Buggast auf dem Rücken an Land getragen, sprang hastig ab und ging auf sie zu. Er war ein hochgewachsener junger Mann mit müdem Gesicht, in dessen Haltung sich gleichwohl Stolz ausdrückte.

Matthew Lawe trat vor und nahm zum Gruß die Mütze ab.

»Sir!« sagte er so zackig, wie er es gelernt hatte. »Bootssteuerer im Dienst des Vizeadmirals!«

Der Offizier blickte von ihm zur Admiralsflagge und dann wieder zu Lawe.

»Ist Seine Gnaden noch an Land?«

»Aye, Sir«, erwiderte Matthew. »Zum Hoe, wie er gesagt hat.«

»Seit wann?«

»Seit zwei Stunden.«

»Dann gehe ich ihn suchen.« Der Offizier wandte sich seinem eigenen Boot zu und sagte im Befehlston: »Wartet hier auf mich.« Darauf wandte er sich zum Gehen, aber langsam, als fehlte es ihm an Kraft.

Matthew Lawe faßte sich ein Herz. »Gibt's was Neues, Sir?«

Der Offizier drehte sich um und legte in seinem Bestreben, der erste

Überbringer der Neuigkeit zu sein, etwas von seiner Überheblichkeit ab.

»Ja, Mann. Endlich ist es so weit. Die Spanier kommen.«

»Wo sind sie?«

»Auf der Höhe von Lizard waren sie, als wir uns absetzten. Und inzwischen sind sie, weiß Gott, noch näher!«

Vor Kap Lizard. Keine sechzig Seemeilen von Plymouth. Als sich der junge Offizier wieder dem Hoe zuwandte, überkam Matthew, nicht zum erstenmal in diesem Jahr, tödliche Angst.

III

Angst. Das war ein Gefühl, das keinem von Sir Francis Drakes Leuten erspart blieb. Ganz gleich, wie tapfer einer war, wie sehr er auf das Können und das Glück seines Kapitäns vertraute, irgendwann befiel ihn die Angst, verwirrte seinen Verstand und ließ ihn in die Knie gehen. Denn dieses fabelhafte Können mußte ja irgendwann einmal versagen, das Glück mußte einmal verrinnen wie Sand im Stundenglas.

Angst von solcher Art war es, die den Master Thomas Doughty gepackt hatte, als er in Port St. Julian an der Magellanstraße rebellierend aus ihrem Geschwader ausbrechen und nach England zurückkehren wollte. Es hatte ihn, womit er rechnen mußte, den Kopf gekostet, doch die anderen Gefahren hatte er mehr gefürchtet.

Matthew Lawe war erst ganz allmählich von der Angst beschlichen worden, immer nur ein Quentchen von Zeit zu Zeit. Aus dem kränkelnden Waisenjungen von elf Jahren, der aus der trostlosen, grausamen Armenschule in Barnstaple ausgerissen und zur See gegangen war, wovon er immer schon geträumt hatte, war der Jüngling geworden, der seinem Kapitän rund um die Welt folgte. Und jetzt, mit zweimal elf Jahren und im Dienste von Sir Francis zum Mann herangereift, vermochte er nicht mehr genau zu sagen, seit welchem Augenblick er mehr Angst hatte als Mut.

Am Anfang war es jedenfalls noch nicht so gewesen, als die *Pelican* zusammen mit fünf anderen Barkschiffen und Pinassen mit insgesamt einhundertundsechzig Mann das vor dem Sutton Pool gelegene Cattewater verließ, um die Weltumsegelung unter einem Kapitän zu versuchen, dessen Draufgängertum und sagenhaftes Glück bereits berühmt waren. Das alles hatte er damals in jugendlicher Begeisterung wie einen Zauber empfunden, es war eine Reise wie ein Traum.

Die *Pelican* mit ihrer Schar wackerer Jungvögel – den Barkschiffen *Marigold* und *Elizabeth*, den Pinassen *Christopher* und *Benedict* und dem Flieboot *Swan* – hatte in Plymouth Segel gesetzt, bei stürmischer See, die sich aber beruhigte, als sie schließlich die Küste der Berberei erreichten. Von da an hatte drei Jahre lang jeder Tag seine Eigenarten und seine Schönheiten gehabt, seine Aufregungen und seine Schrecken.

In der Berberei waren sie in Mogador gelandet und hatten Kreuze mit häßlich verzerrten Christusgesichtern niedergerissen. Und in der Äquatorgegend verspeisten sie Delphine und fliegende Fische, die sie von Bord aus gefangen hatten.

Danach bekamen sie auf ihrer Reise sechsunddreißig Tage lang kein Land zu Gesicht, bis sie schließlich Brasilien erreichten. Hier zündeten die primitiven Eingeborenen, als sie die Schiffe sichteten, große Feuer an und führten Tänze auf, um Untiefen und Stürme herbeizubeschwören. Und in der Tat kam ein so heftiges Unwetter auf, daß ihr englisches Schiff wahrhaftig wie ein hilfloser Pelikan in der Wasserwüste umhergeschaukelt wurde.

An der Küste sahen sie derbe Frauen, die ihre Säuglinge auf dem Rücken trugen und diesen zum Stillen ihre Brüste nach hinten uber die Schulter schoben. Hier erschlugen sie dreihundert Seelefanten mit Knüppeln und entdeckten riesige Fußspuren im Sand. Eine Zeitlang fuhren sie auf einem großen Fluß entlang, dem Rio de la Plata.

Dann ging es viele Tage lang nach Süden, nach Port St. Julian, wo die heimtückischen Patagonier einige von ihrer Mannschaft erschlugen und wo sie einen aus dem Fichtenholz eines Mastes gezimmerten Galgen fanden, an dem fast sechzig Jahre zuvor Magellan einige aufsässige Leute seiner Besatzung hatte erhängen lassen. Neben dem Galgen lagen noch die ausgedörrten Gebeine. Und eben hier widerfuhr auch Thomas Doughty, Schiffskapitän in ihrem Geschwader, ein ähnliches Schicksal.

Er hatte nicht weiterfahren, sondern in die Heimat zurückkehren wollen, und versucht, andere in die von ihm angezettelte Meuterei hineinzuziehen. Als Drake davon erfuhr, geriet er in Wut, beschimpfte sie alle als eine Bande von Faulpelzen und Schurken und forderte ein öffentliches Verhör und harte Bestrafung.

Unverzüglich wurde Thomas Doughty für schuldig befunden und

zum Tode verurteilt. Und nachdem er und Sir Francis gemeinsam das Abendmahl empfangen und einander beim Essen herzhaft zugetrunken hatten, wurde ihm der Kopf abgeschlagen.

Doughty hatte dem Tod mit großer Ruhe entgegengesehen, und als alles vorüber war, hob Drake den abgeschlagenen Kopf am Haarschopf empor, schüttelte ihn angesichts der Mannschaft und rief: »Lang lebe die Königin von England!« Dann ließ er die heiligen Psalmen verlesen und nannte den Ort daraufhin Insel der Gerechtigkeit oder des Gerichts, während seine Feinde sie später als Blutinsel bezeichneten.

Was jetzt folgte (einige sagen, als Strafe für diese mörderische Verhöhnung), war schlimm: die schreckliche Fahrt durch die Magellanstraße. Oft war es, als versuche ein Blinder, eine nicht endenwollende Folge von Segelmachernadeln einzufädeln: Jede Passage wurde zur Falle, wie für einen Fuchs, der sich in der Erde festwühlt. Und wo es aussah, als könne man weiterkommen, verengte sich die Durchfahrt und endete an Felswänden.

Es schien, als seien sie verdammt, niemals den Pazifischen Ozean zu erreichen, und müßten statt dessen wieder und wieder kehrtmachen und hin- und herlaufen, bis ihre Schiffe in Stücke brachen und sie selbst, bis auf die Knochen abgemagert, den Fischen zum Opfer fielen.

Sie waren, während sie sich in der Meerenge plackten, von feuerspeienden Vulkanen umgeben, und an beiden Ufern schürten die Eingeborenen aufflackernde Brände, die ihren Kurs säumten wie böse Blicke, die sie aus mißgünstigen Augen verfolgten. Kaum sahen sie irgendwo Geschöpfe, die diese Einöde belebten. Es war ein wüstes, gottverlassenes Land, wo einst Urvögel, schien es, genistet und ihr Gefieder geputzt hatten. Dennoch gingen sie häufig an Land, erkletterten Anhöhen, um sich für die Weiterfahrt einen Überblick zu verschaffen, Brennholz und Nahrungsmittel für ihr kümmerliches Dasein zu sammeln und das Land – Boden, Busch und Baum – im Namen der Königin in Besitz zu nehmen.

Einmal töteten sie dreitausend Vögel, die nicht fliegen konnten; ein andermal, als sie auf der Suche nach Wasser waren, fanden sie das zerfallende Gerippe eines vor langer Zeit umgekommenen Mannes. Was für ein Mensch mochte das gewesen sein, der hier einst an Land ausgesetzt worden und elendig zugrunde gegangen war? Während sie sich weiter nach Westen voranquälten, verfolgte dieser Anblick sie wie ein schwarzer, Unheil verkündender Vogel.

Hier in der Magellanstraße änderten sie den Namen *Pelican* in *Golden*

Hind, und zwar zu Ehren des Lordkanzlers von England, Sir Christopher Hatton, dessen Wappentier eine leichtfüßige Hindin war.

Einige murrten, daß das Pech sie trotzdem weiterverfolgen werde, andere aber erhofften sich von dem Namenswechsel eine Wende zum Guten. Sir Francis jedoch hörte sich weder das Gerede der einen noch das der anderen an, und vielleicht stand immer abwechselnd ein schlechter und ein guter Stern über ihm. Denn bald darauf fanden sie aus der Magellanstraße heraus in die offene See des Pazifik, nur um dort von einem unvorstellbar wilden, an Gewalt kaum zu überbietenden Sturm überfallen zu werden, der nicht fünf, sondern fünfzig Tage anhielt.

In diesem Sturm, den eine Mondfinsternis noch besonders unheimlich machte, verloren sie die letzten ihrer Begleitschiffe. Die *Marigold* sank mit Mann und Maus, die *Elizabeth* kehrte schmählich um und flüchtete zurück nach England. Von den anderen hatte sich die *Benedict* schon bald nach dem Auslaufen in Plymouth von ihnen getrennt, während die *Swan* und die *Christopher* leckschlugen und zu Feuerholz zerhackt wurden. Die eine Hälfte der Welt hinter und die andere Hälfte vor sich, war die *Golden Hind* nun allein.

Man hätte denken mögen, daß Sir Francis Drake unter dem Eindruck dieser bedrohlichen Verlassenheit still und langsam heimwärts gesegelt wäre. War diese Reise doch für einen Mann und ein Schiff mehr als genug, und hatte er doch reichlich Mut und Tapferkeit bewiesen. Aber er war aus härterem Holz geschnitzt: Seine Kräfte und sein Ehrgeiz wuchsen nur, wenn er sich der Gefahr ausgesetzt sah. Sofort stürzte er sich in ein neues, noch verwegeneres Abenteuer, und zwar mit der ganzen stürmischen Begeisterung eines Korsaren, der neue Beute wittert. Vielleicht war dies der Augenblick, in dem der junge Matthew Lawe, damals ein Bursche von dreizehn Jahren, eine erste bange Ahnung verspürte.

Sir Francis, ihr Generalkapitän, haßte Spanien mit Leib und Seele, und dieser Haß befeuerte den Tatendrang dieses Mannes, der schon tollkühn genug war. Sein Haß erwuchs einesteils aus seiner Ergebenheit gegenüber der Königin, die er sich ohne ebenbürtige Machthaber wünschte, zum anderen aus seiner Abneigung gegenüber den papistischen Machenschaften der Spanier und schließlich aus einem Abscheu vor den Grausamkeiten und Verrätereien, derer sie sich vor aller Welt schuldig gemacht hatten.

Besonders erbitterte ihn, daß sie Gefangene gnadenlos und entwürdigend behandelten; sein Freund John Exenham wurde nach seiner Gefangennahme öffentlich in Lima gehenkt, und Robert Barrett, einen der

Gesellen von John Hawkins, verbrannten sie bei lebendigem Leibe auf dem Marktplatz von Sevilla.

Jetzt kam für ihn die Zeit der Rache. Er befand sich frei und ungebunden in einem Ozean, den noch kein Engländer vor ihm befahren hatte; niemand wußte, daß er hier war, nicht einmal vermuten tat es jemand. Die reichen Schätze von Peru und Neuspanien gehörten ihm, wenn er nur darum kämpfte. Er stieß auf die Spanier nieder wie ein losgelassener Falke.

Zwischen Valparaiso und der Küste von Panama kaperten sie ein Schiff nach dem anderen, stürmten an Land, überfielen eine Garnison nach der anderen und richteten überall Verwüstungen an. Vor allem auf die Handelsschiffe mit besonders wertvoller Fracht waren sie aus und nahmen ihnen ihre Bürde mit gelassener Unermüdlichkeit, so daß am Ende kaum noch ein spanisches Schiff in See ging und die Fahrzeuge in ihren Unterschlupfen geentert und geplündert werden mußten.

Auf diesen großen Kauffahrern machten sie jede Art von Beute – Smaragde, Gold, Leinen, Tauwerk, Seide, Porzellan, Geldtruhen mit Reales. Sie brandschatzten die Stadt Santiago und raubten aus der Kirche einen Silberkelch, zwei Meßkannen und eine Altardecke, was sie aber alles ordnungsgemäß ihrem Schiffskaplan Mr. Fletcher übergaben.

Als sie bei Tarapaxa landeten, entdeckten sie an der Küste einen schlafenden Spanier, neben dem dreizehn Silberbarren im Werte von 4000 spanischen Dukaten lagen. Sie nahmen das Silber, ließen den Mann aber unbehelligt. Weiter nördlich fingen sie acht Lamas, von denen jedes zwei Lederbeutel mit fünfzig Pfund Silber trug. An einer Stelle erbeuteten sie 1700 Krüge mit Kanarienwein, an einer anderen einen sehr schön aus Gold gearbeiteten Falken mit einem großen Smaragd auf der Brust.

Schließlich kaperten sie durch eine List eine riesige spanische Galeone, die *Cacafuego*: Sie schleppten am Heck Ölfässer nach, um die Galeone über die Geschwindigkeit der *Golden Hind* zu täuschen, enterten das Schiff durch ein Überraschungsmanöver und töteten die Besatzung mit dem Ruf: »Nieder, ihr Hunde!« Das war ihre reichste Beute: sechsundzwanzig Tonnen reinen Silbers im Werte von einer halben Million englischen Pfund.

Einige machten sich später einen Scherz daraus, die *Cacafuego* (was »Feuerspucker« bedeutet) in *Cacaplata* (das heißt »Silberspucker«) umzutaufen, setzte sie doch der Kaperung kaum Widerstand entgegen. Sie nahmen das Schiff und alles, was es an Werten enthielt, in Besitz. Dann ließen sie die Verwüstungen, die sie an einem dreitausend Seemeilen langen Küstenstreifen angerichtet hatten, hinter sich und segelten weiter nach Norden.

Nach diesen hitzigen Zusammenstößen wurde es kalt, und während sie nun auf Nordkurs nach einer Passage ostwärts in Richtung England suchten, setzte noch größere Kälte ein. Beißender Frost und ein schneidender Wind packten die *Golden Hind*, so daß ihre Hoffnung von Tag zu Tag schrumpfte. Als sie den 48. Breitengrad erreichten, ohne daß die Kälte nachließ oder sich an der Küste eine Durchfahrt zeigte, kehrten sie um. Und dann, von einer Brise begünstigt, machten sie einen Schlag auf die vor ihnen auftauchende Küste zu und gelangten zu einer Einfahrt, die so breit und so schön war, daß Drake sie »Golden Gate«, das »goldene Tor«, nannte.

Sie nahmen auch dieses Land in Besitz und nannten es Nova Albion; hier entdeckten sie in großen Mengen eine seltsame Art von Kaninchen mit schönen Fellen und breiten Schwänzen sowie umfangreiche Herden von gut genährtem Rehwild, die hier umherstreiften und grasten wie Schafe auf den Weiden an der englischen Südküste. Auch auf Eingeborene stießen sie, die Felle und Federschmuck trugen und zu Ehren ihrer gottgleichen Besucher Fleisch zerlegten und in Scheiben schnitten.

Aber noch stand die *Golden Hind* am größten Kreuzweg der Welt. Ihr Kapitän Drake, dem die Nordostpassage zu ihrer Heimat versperrt war, mußte zwischen zwei Möglichkeiten wählen: entweder nahm er Kurs in die Richtung, aus der sie gekommen waren, oder er hielt den bisherigen Kurs durch und umsegelte den Erdball. Wieder entschloß er sich für die waghalsige Fahrt ins Unbekannte; und von jetzt an wurde ihre Reise zu einem höchst phantastischen Unternehmen, das keiner der Teilnehmer jemals vergaß.

Auf der Suche nach China oder einer vorbeiführenden Passage segelten sie siebentausend Seemeilen durch den Pazifischen Ozean, was noch kein englisches Schiff (und vorher nur ein einziges anderer Nationalität) gewagt hatte. Sie waren achtundsechzig Tage, ohne Land zu sichten, unterwegs und tasteten sich auf ihrem Kurs mit Hilfe des Jakobsstabes und nach dem Kompaß weiter, bis sie schließlich die Palau-Inseln erreichten.

Dort huldigte ihnen der König und beschenkte sie. Monatelang suchten sie weiter zwischen den Inselgruppen eine Passage nach Westen und kamen dabei an der Insel Mindanao, an den Molukken, an Celebes und Java vorbei. Sie stießen dort auch auf ein fremdartiges

Land mit Wilden, die in Kanus fuhren, lange Fingernägel, geschwärzte Zähne und in den Ohrläppchen Löcher hatten, an denen sie Schmuck trugen.

Auf den Molukken (wo sie auf Fels aufliefen, aber freikamen) huldigte ihnen der König in einem prächtigen, mit goldenen Ketten, Diamanten, Rubinen und Smaragden geschmückten Gewand und saß während dieses feierlichen Aktes, von zwölf Speerträgern bewacht, unter einem kostbaren Baldachin. Auf Celebes beobachteten sie fliegende Glühwürmer und Fledermäuse so groß wie Hühner. Auf Java, wo sie sich von gekochtem Reis ernährten, lebten fünf Radschas. Dort sahen sie Eingeborene, die müßig in der Sonne lagen und so ihre Franzosenkrankheit zu heilen suchten.

Als sie schließlich dieses Inselgewirr hinter sich gebracht hatten, überquerten sie einen weiteren großen Ozean und kamen zum Kap der Guten Hoffnung (das der Portugiese Diaz als erster umrundet hatte), dem schönsten Kap, das sie auf ihrer Weltumseglung zu Gesicht bekamen. Aber sie passierten es, ohne dort an Land zu gehen, und setzten ihre Heimreise fort. In Sierra Leone bot sich für Matthew der seltsamste Anblick der gesamten langen Reise: große Elefanten bei der Arbeit in einem Wald. Dann kehrten sie, nachdem sie in drei Jahren um die ganze Welt gesegelt waren, in den Plymouth Sund zurück.

Für einen Jungen war dies eine abenteuerliche Reise voller Wunder, und Sir Francis legte mit ihr einen glanzvollen Beweis seines Wagemuts ab, der seinen Ruhm im ganzen Lande verbreitete. Die Sonne selbst, sagte man voller Bewunderung, wird ihren Reisegefährten nicht vergessen, der gleich ihr die Erde umrundet hat.

IV

Über ihnen auf dem ausgetretenen Weg zum Hoe bewegte sich etwas, und als sie hinschauten, kam der Leutnant von der Jolle in Sicht, der auf seinem Rückweg entschlossen daherschritt. Der junge Mann hatte keine gute Laune, seine Augenbrauen waren gerunzelt, und der silberbeschlagene Säbel an seinem Leibriemen schlug ihm, während er hinabstieg, ungeduldig gegen den Schenkel.

»Hört genau hin«, murmelte John Waggoner, der gern Witze riß, »dann hört ihr die Laus, die ihm über die Leber krabbelt.«

»Wieso?« fragte Matthew Lawe betroffen. »Mit seiner Meldung vom Nahen der Spanier dürfte er wie ein König empfangen worden sein!«

»Sir Francis ist an Könige gewöhnt«, erwiderte Waggoner. »Und dieser sieht aus, als sei er der kleinste auf Erden.«

Der Leutnant näherte sich ihnen mit säuerlicher Miene. Die Mannschaft seines Beiboots war klar bei Riemen und wartete auf sein Einsteigen. Matthew Lawe zog wieder seine Mütze, was der Leutnant mit kurzem militärischem Gruß quittierte.

»Haben Sie Seine Gnaden gefunden, Sir?« fragte Matthew.

»Aye«, gab der Leutnant kurz zur Antwort.

»Kommt er her?«

»Nein.«

Der Leutnant trat an sein Boot heran. Er war so verärgert, daß er sich über das, was er erlebt hatte, offensichtlich ausschweigen wollte. Aber dann (er war schließlich noch jung) packte er doch aus.

Er drehte sich zu ihnen um. »Ich traf euren Vizeadmiral im Hoe-Park«, sagte er mit schneidender Stimme, »beim Bowling-Spiel. Ich hab ihm gemeldet, daß die Spanier nicht mehr weit sind, schon bei Lizard. Ihn schien das nicht weiter aufzuregen.«

»Wieso, Sir?«

»Er sagte, er wolle erst das Spiel gewinnen, danach sei noch Zeit genug, die Spanier zu schlagen.«

Ein lautes Gemurmel ging durch die beiden Bootsmannschaften, einige holten tief Luft, und hier und da lachte einer. Und jetzt wurde der Unterschied zwischen den beiden Mannschaften deutlich, ein Unterschied, der zurückzuführen war auf ihre Einstellung zu dem Mann, um den es hier ging. Die Männer der Jolle, die mit ihrer Nachricht aufs schnellste von weither gekommen waren, nur um zu erleben, daß diese Nachricht geradezu verlacht wurde, waren zunächst völlig verblüfft. Dann reagierten sie mit Hohn; sie machten sich klar zur Rückfahrt zur *Golden Hind* und spotteten: wenn gewisse Leute sich angesichts der unmittelbar bevorstehenden Schlacht noch Zeit ließen, dann müßten sie von der *Golden Hind* wohl deren Aufgabe mit übernehmen und Arbeit für zwei leisten. Vielleicht, meinten sie, sei dies sogar die bessere Lösung.

Auch Drakes Männer waren erstaunt, standen aber fest zu ihrem Befehlshaber: wenn der Vizeadmiral es so gesagt hatte, dann sei es auch so, dann habe er damit recht, und für sie sei die Sache erledigt. Ein Kapitän wie er umsegelte nicht die Welt, um danach daheim an Land den Narren zu spielen oder herumzuprahlen. Die Männer der *Golden Hind*, sagten sie, sollten nur losfahren, die *Revenge* würde ihnen bald folgen, um später ihre Verwundeten zu übernehmen und ihre Niederlage in einen Sieg zu verwandeln.

Der Leutnant überwachte das Gerede seiner Männer, während er auf das Zuwasserbringen des Bootes wartete, griff aber nicht ein; ihm war anzusehen, daß er, wenn er dazu aufgelegt gewesen wäre, genügend kritische Bemerkungen hätte beisteuern können. Aber dann hatten sie ihr Boot mit dem Riemen abgesetzt und waren unterwegs, während Drakes Männer an der Hochwasserlinie in der heißen Sonne wartend zurückblieben.

»Diese Idioten!« sagte Waggoner und sah ihnen mit verächtlichem Blick nach. »Sie kennen Seine Gnaden nicht. Er kommt schon zur richtigen Zeit.«

»Wenn die Spanier bei Lizard sind, dann ist jetzt die richtige Zeit«, murmelte James Weaver, der älteste von der Bootsbesatzung. »Was hat er gesagt, er will erst das Spiel gewinnen? Was soll so ein Gerede, wenn wir uns anstrengen und um unser Leben kämpfen müssen?«

»Sir Francis kämpft mit uns Seite an Seite«, sagt John Waggoner schroff. »Und er strengt sich genauso an wie wir. Jeder weiß das.«

»Er traut seinem Glück zu sehr, sagen manche«, warf einer ein, der erst kürzlich der Besatzung zugeteilt worden war.

»Glück!« fuhr ihn Waggoner an. »Was hat das alles mit Glück zu tun? Haben wir etwa die Welt umsegelt, nur weil wir Glück hatten? Hatten wir es nur glücklichen Zufällen zu verdanken, wenn wir die *Cacafuego* und all die anderen Schiffe kaperten? Können, Planung, Mut – denen hatten wir es zu verdanken. Glück – das ist etwas für Kinder und für Frauen.«

»Wer redet hier von Frauen?« bemerkte ein anderer. »Vielleicht spielt Seine Gnaden Bowling unter der Bettdecke. Soll er sich Zeit lassen, bis er mit solchen Spielen zu Ende ist? Da wären die Spanier längst in London, und er würde immer noch weiterspielen.«

Brüllendes Gelächter erscholl, und Matthew Lawe nahm sich den Mann vor.

»Nimm deine Zunge in acht!« sagte er barsch. »Ist dir danach, am Spill ausgepeitscht zu werden? Noch ein Wort, und die Peitsche schlägt dir die Haut in Fetzen!«

»Na na, Matthew«, mischte sich John Waggoner begütigend ein, »ist doch alles nicht so ernst gemeint.«

»Macht eure Witze, aber laßt gefälligst Seine Gnaden aus dem Spiel. Wagt nicht, ihn in den Dreck zu ziehen!«

Die Männer schwiegen betreten. Sie hatten Respekt vor Matthew Lawe, kannten seine Pflichten als Bootssteuerer des Vizeadmirals: für Ordnung zu sorgen, die Besatzung vorschriftsmäßig zu kommandieren, sein Boot mit Teppich und Kissen auslegen zu lassen, die Besatzung mit seiner Silberpfeife munter in Trab zu halten und das Boot zu steuern. Matthew besaß ihren Respekt und genoß das Vertrauen Seiner Gnaden, aber noch nie hatte er seine Autorität so barsch und aus einem, wie es schien, so wenig triftigen Grund hervorgekehrt.

»Beruhige dich, Matthew«, wandte sich John Waggoner noch einmal an ihn, »keiner hier denkt daran, schlecht über Sir Francis zu reden.«

»Der erste Generalkapitän, der die Welt umsegelt hat«, sagte James Weaver.

»Der zweite«, berichtigte ihn John Waggoner, »ohne daß dadurch sein Verdienst geschmälert wird. Magellan war der erste.«

»Magellan starb auf seiner Reise.« James Weaver, in seiner Gründlichkeit, rückte die Fakten zurecht. »Magellans Leutnant war es, der das Unternehmen zu Ende führte. Sir Francis war der erste Kommandant, der den Erdball umsegelte. Auf einer einzigen Fahrt gelang ihm, was Diaz, Vasco da Gama und Magellan nur in Teilen schafften. Er –«

Das war ein allgemein bekanntes Argument, und so wandte sich Matthew Lawe ab. Ihm war nicht wohl in seiner Haut, und insgeheim tat es ihm auch leid, daß er sich durch einen harmlosen Witz hatte hinreißen lassen. Die Bemerkung, er wolle erst das Spiel gewinnen, war es, was ihn aufgestört hatte; so gab sich Sir Francis eben, und Matthew Lawe fürchtete, daß er damit sein legendäres Glück leichtfertig aufs Spiel setzte.

Tatsächlich aber konnte, wie es John Waggoner eindringlich betont hatte, niemand behaupten, daß ihr Kapitän nur auf sein Glück setzte; es war dies nicht einmal die Hauptsache bei seinen Unternehmungen. Auf seinen Reisen überließ Drake nichts dem Zufall. Immer hatte er Zimmerleute und andere Handwerker an Bord, die, ganz gleich, wie lang die Reise war, für die Seetüchtigkeit seiner Schiffe zu sorgen hatten. In unbekannten Gewässern nahm er Fischer als Lotsen an Bord, die ihn – einen Spieß im Rücken – nach bestem Wissen und Gewissen führen mußten.

Selbst Maler gehörten zur Besatzung, nicht um seine Schiffe mit farbenfreudigen Darstellungen zu schmücken, sondern um alles an Land im Bilde festzuhalten, um damit auf späteren Reisen einen Anhalt und Wegweiser zu haben. Und standen Seegefechte bevor, dann wurde die Mannschaft so gründlich exerziert, daß alle stöhnten, wenn sie die Pfeife des Bootsmanns hörten.

»Was jetzt noch?« hatte Matthew einmal einen Kanonier murren hören. »Vielleicht bunte Schleifen um die Kanonenkugeln binden?«

Wäre das zweckdienlich gewesen, Drake hätte bestimmt Schleifen um die Kugeln binden lassen. Doch wenn alle Vorbereitungen getroffen und alle möglichen Zwischenfälle einkalkuliert waren, dann ließ sich ihr Kapitän in seiner Eroberungssucht unleugbar auf gewaltige Risiken ein.

Eins dieser Risiken, das für sie alle zum Verhängnis hätte werden können, war der vor kurzem erfolgte Angriff auf Cadiz. »Sollen wir wie die Hühner im Stall hocken und warten, bis der Fuchs kommt?« hatte Drake gefragt, als bekannt wurde, daß sich die spanische Armada zum Angriff auf England bereit machte. »Legen wir vor Schreck Eier oder werfen wir eine Fackel hinein, um den Dieb auszuräuchern? Ich für meinen Teil nehme bei Gott meine Fackel und versenge dem König von Spanien den Bart!«

Als Ziel dieses Versengens hatte er Cadiz gewählt, das Herz der feindlichen Seemacht, wo es von Kriegsschiffen und Ausrüstungslagern wimmelte wie von Flöhen im Fell eines Hundes. Wie ein Löwe war er in dieses Nest gesprungen, hatte dreiunddreißig Schiffe der spanischen Flotte versenkt oder in Brand gesteckt, war ohne einen Kratzer davongekommen und hatte das Auslaufen der Armada um ein Jahr verzögert und den stolzen Terminkalender der Spanier durcheinandergebracht. Bei der bloßen Erinnerung daran brach Matthew Lawe selbst hier am friedlichen Plymouth Sund der Schweiß aus.

Unmittelbar nach der Schmach von Cadiz setzte sich Francis Drake bei einer weiteren Verhöhnung des Feindes fast noch größeren Gefahren aus. Diesmal handelte es sich um ein einzelnes Schiff, das bei den Azoren gekapert wurde; doch war dies ein königlicher Ostindienfahrer portugiesischer Nationalität, beladen mit unvorstellbar reichen Schätzen, dessen Erbeutung die Nation ins Mark treffen mußte. Die Ladung dieses riesigen, nach heftigem Gefecht gekaperten Frachtschiffes *San Felipe* bestand nach der Aufstellung der Piraten aus Silberbarren und Juwelen, goldenen Ketten, Kristall, ungeschliffenen Halbedelsteinen, Tonnen von Gewürzen und Ambra, großen Kisten mit Porzellan, Rohseide und Samt, Ballen von gestärktem und ungestärktem Batist, Seidenstoffen, Kaliko, Teppichen, Taft und farbigem Leinen im Werte von insgesamt einhunderttausend englischen Pfund.

Die *San Felipe* war nicht Drakes kostbarstes Beuteschiff, wie auch ihr Kapitän nicht zu jenen Gefangenen von höchstem Adel gehörte, die ihm bei anderen Unternehmen in die Hände fielen. Dennoch war dessen Gefangennahme zu dieser Zeit ein Affront gegen die Ehre aller Portugiesen. Warum eine solche Herausforderung durch einen willkürlichen Akt der Seeräuberei? Warum einen zurückhaltenden Gegner aufreizen, bis er vor Wut und Rachsucht kochte?

Das Ergebnis dieser frechen Anmaßung stand nun allen bedrohlich vor Augen: die Armada bewegte sich auf das weitoffene Tor Englands zu, während Sir Francis Drake, der ihnen dieses Verhängnis beschert hatte, sich wie ein Junge, der die Schule schwänzt, im Hoe-Park von Plymouth vergnügte.

Hinter sich hörte Matthew Lawe den Bauernjungen Jem, der das ihm vorexerzierte Großtun schnell gelernt hatte und eben einen kräftigen Schluck aus dem Wasserfaß nahm: »Morgen werden wir uns an spanischem Blut besaufen!« Und Lawe, wiewohl er lächelte – denn der Junge war bei allen sehr beliebt – dachte schweren Herzens: Hier handelt es sich um die große Armada und nicht um das Einbringen einer Ernte. Das Prahlen wird dir vergehen, wenn du mit zerhauenen Gliedern an Deck liegst.

Matthews eigene Angst war die Angst von ganz England. Seit langem ging das Gerücht um, daß eine gewaltige Streitmacht im Anrücken sei, und man argwöhnte, daß Feiglinge in hohen Positionen und schäbiger Geiz an allerhöchster Stelle das Land wehrlos machten. Schon war in Flugschriften zu lesen, daß selbst ein so königstreuer Mann wie Lord Howard von Effingham, aufgebracht durch die Knauserei der Monarchin, ihr zu schreiben gewagt hatte: »Wachen Sie um Christi willen auf, Madam, und erkennen Sie den schändlichen Verrat, von dem Sie umgeben sind!«

Die Erwiderung, hieß es, war lahm, heuchlerisch, nach wie vor von Geiz diktiert. Der Staatsschatz sei auf ein Nichts zusammengeschrumpft, und die Flotte müsse mit dem auskommen, was sie besitze. Sicherlich aber würden tapfere Männer nicht weniger tapfer sein, nur weil es an Schießpulver und Munition mangle. So gewannen die Gerüchte nur neue Nahrung und erzeugten schiere, übermächtige Verzweiflung. Die Menschen hatten jetzt die Gewißheit, daß sich Tausende von schwer bewaffneten Eindringlingen wild entschlossen in das englische Mutterland verbeißen würden.

Dreißigtausend voll ausgerüstete Soldaten sollten unter Befehl des Grafen von Parma in Dünkirchen jenseits des Kanals auf der Armada eingeschifft werden und in Booten, Kähnen und in Korakeln aus Weidengeflecht auf die Küste zukommen. Wie Vögel würden sie niederstoßen oder unter Wasser heranschwimmen und, wenn sie die Küste von Kent erreicht hatten, den Himmel mit schwarzem Rauch verdunkeln und mit Flammen und rotglühenden Kanonenkugeln erleuchten und das ganze Land, die Ernten und die Dörfer mit ihren Einwohnern, in Brand setzen.

Dann sollten sie weitermarschieren, sich mit dem katholischen Norden vereinen und so die ganze Nation in die Knie zwingen. Wie ein verhungerndes Waisenkind, mit keinem Fetzen mehr am Leib, wäre England ihnen schließlich auf Gnade und Ungnade ausgeliefert.

Doch Drake, dessen Ohr dank seiner großen Beziehungen nichts entging und der die Gefahr, in der sein Land schwebte, erkannt haben mußte, kümmerte das alles nicht. Seine Devise entsprach der zornigen Herausforderung seines Blutsbruders John Hawkins: »Sind wir in der Südsee gewesen, um jetzt die weiße Flagge der Kapitulation zu hissen?« Die geringste Wut genügte, ihn jenseits aller Vernunft zu den größten Leistungen anzustacheln: als er erfuhr, die Dons von Spanien hätten seine Königin eine giftige Hure genannt, genügte das, all seine Vorwürfe gegen sie zu vergessen und ihr mit doppelter Treue und Verwegenheit zu dienen.

Bis ins letzte beeinflußten Haß und Menschenverachtung seine Überlegungen, einerlei ob es um das rücksichtslose Entern eines vollbeladenen Kauffahrers ging oder um die Entweihung des heiligen Leibes Christi. Sein Haß auf die katholische Religion war sprichwörtlich, selbst in einer Nation, die durch den Glaubensstreit gespalten war wie ein Baumstamm von der Axt.

Er ließ keine Gelegenheit aus, von seinem Kreuzzug zu predigen; er schrieb Worte bitterster Anklage, und wenn er sie, was manchmal vorkam, laut an Bord predigte, stachen sie, selbst bei glücklicher Fahrt vor günstigem Winde, die Zuhörer wie Skorpione.

Matthew Lawe erinnerte sich lebhaft an eine dieser Predigten während ihrer Reise um die Welt. Die ganze Wärme des Südpazifik umgab sie und hätte der Mannschaft unter anderen Umständen das Gefühl gegeben, als segelten sie in einer sanften Brise von segensreicher Liebe. Aber nach dem Gebet hatte Drake ihnen unvermittelt befohlen, ihren anglikanischen Glauben nicht zu vergessen und vor allem nicht diejenigen, die er die Feinde dieses Glaubens nannte.

Seinen Worten wohnte eine unerbittliche Grausamkeit inne; er las dabei aus dem zerfledderten Tagebuch vor, dem er nächtens seine Gedanken anvertraute, und es schien, als entsprängen seine Worte der schlechten Laune nach einer schlaflosen Nacht:

»Denn wahrlich, in allen Teilen Amerikas, wo die Spanier Fuß gefaßt haben, hat sich die Seuche der Papisterei ausgebreitet; und ebenso ist es wahr, daß es keine Stadt, ja fast kein Haus in allen diesen Provinzen gibt, in denen nicht ungestraft Hurerei und die unter Christen nicht einmal erwähnbare, besudelnde Sündhaftigkeit Sodoms herrschen. Und wenn der Papst in diesen Gegenden mehr als irgendwo in Europa zur Vergebung dieser schmutzigen Sünden bereit ist, so deswegen, weil er daraus keinen geringen Vorteil saugt.«

Diese letzten Worte – weil er daraus keinen geringen Vorteil saugt – hatte er bissig und geradezu genüßlich hervorgezischt, das Blut stockte einem dabei in den Adern.

Vielleicht wollte er nichts weiter, als ihnen angesichts dessen, was ihnen bevorstand, Mut machen, Vielleicht auch sich selbst Mut machen. Aber konnte nicht soviel Haß, konnte nicht diese Verwegenheit einen Mann zu weit führen?

Matthew Lawe hob den Blick: auf der Anhöhe über dem Hoe entstand Bewegung, und Lärm drang herüber – vielleicht würde seine Frage schon bald eine Antwort finden.

Den herrlichen grünen Abhang zur Bucht hinunter kamen jetzt die Menschen in dichter Menge auf sie zu. Mit ihrem farbigen Gepränge bot Plymouth den schönsten Anblick: bunt geschmückte Gewänder, Halskrausen und Bänder, die heiter im Wind wehten; in der Sonne glänzten Säbel, silberne Knöpfe und Spangen und die goldene Amtskette des Bürgermeisters der Stadt. Dahinter drängte, nicht so bunt und glitzernd wie diese Paradiesvögel, das Volk, dessen munteres Treiben jedoch nicht weniger eindrucksvoll war.

Hochstimmung herrschte, als seien sie alle auf einem Ferienausflug, denn der Mann, den sie begleiteten, der sie alle führte, war umgeben von lauter lächelnden, strahlenden Gesichtern.

Matthew Lawe mußte nicht zweimal hinsehen, um diesen Mann inmitten der Menschenmenge zu erkennen. Er begab sich schnell zu seiner Mannschaft, die mit offenem Mund dastand und staunte wie vor einer Zirkusmanege.

»Das Boot zu Wasser!« sagte er in forschem Befehlston. »Klar bei Riemen! Jem, mach dich klar, um Seine Gnaden auf den Rücken zu nehmen!«

Ihr großer Kapitän näherte sich.

V

Er war sechsundvierzig Jahre alt, in seinem besten Mannesalter, hatte den kräftigen Körper eines Bauern und das rötlich verbrannte Gesicht des Seemannes. Der rote Bart, der, wenn er fröhlich war, wie eine Höhle aufklaffte, und sich wie eine Felszacke vorschob, wenn seine Stimmung – oder der Wind umschlugen, war tadellos getrimmt, wie die Takelage seiner Schiffe. Er war ein Mann, der aller Welt offen ins Gesicht schauen konnte und dies auch oft genug tat; entweder war er zufrieden mit diesen Gesichtern, oder er brachte sie dazu, ihn zufriedenzustellen.

Er war ein guter Freund und ein gefürchteter Feind, und gab es irgendwelche Probleme, dann rief er gern seine Offiziere zu einer Besprechung zusammen. Er hörte sich an, was sie zu sagen hatten. Er nickte zustimmend oder tippte mit dem Mundstück seiner Tonpfeife gegen seine Zähne – vielleicht um zu zeigen, daß er aufmerksam Anteil nahm. Und dann handelte er so, wie es ihm gefiel oder richtig schien, und keiner sagte danach auch nur ein Sterbenswörtchen.

Nahmen sie sich etwas heraus, dann kündigte die Pfeilnarbe auf seiner rechten Wange, die von einem Indianerüberfall während der Weltreise herrührte, Alarm an. Sie flammte scharlachrot auf, wie ein sich entfaltendes Banner, und der Sturm brach los. Matthew hatte das nur ein-, zweimal erlebt. Er erschrak jedesmal wieder, wenn er sich an jene vorlauten Seeleute erinnerte, die sich in einer Zeit größter Not über das Essen beklagt hatten.

»Essen!« hatte ihr Generalkapitän sie angebrüllt. »Ihr werdet essen, was von meinem Hintern auf die Ankerhand fällt, wenn ich es befehle!«

Das genügte ihnen, ließ er doch keinen Zweifel daran, daß er es auch so meinte.

Sir Francis Drake war ein Bündel von Energie – auch jetzt, als er resolut den Abhang hinunter auf seine Begleitmannschaft zuschritt. Sein Äußeres war nicht gerade glänzend, verglichen mit dem sich hinter ihm entfaltenden bunten Teppich aus geschlitzten, mit Schnüren versehenen

Wämsen, samtenen Umhängen, Beinkleidern aus Satin und Federhüten, und das alles in den modischen Farben der Zeit. Aber seine Gegenwart allein zählte, so wie seine Laune, ob gut oder schlecht.

Auf dem festen Sand stehend, verabschiedete er sich, während sein Boot bewegungslos auf ihn wartete. Höfliche Gesten hin und herüber, Glückwünsche und Komplimente, Hurrarufe der Menge: die letzte Verbindung zum Land wollte in aller Förmlichkeit durchschnitten sein.

Seine Gnaden, der Bürgermeister von Plymouth, den die einst von Drake selbst getragene Kette schmückte, begann eine Rede zu halten, wurde aber unterbrochen – zwar höflich, aber nichtsdestoweniger unterbrochen.

Die auffrischende Brise oder die Dons oder Drake selbst erlaubten kein Warten auf bürgerliche Feierlichkeit.

Ohne weiteren Aufschub wurden der Vizeadmiral und seine Begleitung zum Boot getragen. Die Menge an der Küste bedachte sie mit herzhaften Hurrarufen, und die Honoratioren grüßten, einer vom Wind aufgescheuchten Vogelschar gleich, mit ihren Federhüten. Dann beugte sich die Mannschaft über ihre tropfenden Riemen, Matthew Lawe faßte den Steuerriemen, und die Seeleute waren mit ihrem Handwerk allein.

Drake saß mit gerunzelter Stirn achtern auf den Sitzkissen, aber Matthew, der ein bloßes Grübeln ebenso sicher von Unmut oder Groll zu unterscheiden wußte wie eine sich annähernde Dirne von einer Bürgersfrau, ließ sich nicht täuschen. Seine Gnaden waren, wie zu erwarten, in Gedanken, mehr nicht.

Als der Vizeadmiral schließlich etwas sagte, äußerte er eine jener Fürsorglichkeiten, um deretwillen die Männer ihn liebten.

»Habt ihr während des Wartens etwas gegessen, Matthew?«

»Aye, Euer Gnaden, danke ja. Man hat uns aus der Wirtschaft Brot und Rindfleisch geschickt.«

»Und einen hübschen Käfer zur Bedienung?«

Matthew ging auf den Scherz ein: »Aye, nur daß es ein Küchenjunge war, der schielte.«

»Aber ihr hattet Gott sei Dank Rindfleisch.«

Der böige Wind riß an ihrem Zeug, während das Boot sich auf den Wellen hob und senkte. Sie ließen den Binnenhafen hinter sich und nahmen Kurs auf den Sund, wo die großen Schiffe vor Anker lagen. Matthew faßte die *Revenge*, auf der sie zu Hause waren, ins Auge und legte Ruder, um das Boot auf Kurs zu bringen. Er brauchte seine Mannschaft nicht anzutreiben, ebensowenig wie Drake ihn korrigieren mußte.

Als sie auf Kurs waren, fragte Matthew Lawe, durch die gute Laune seines Kapitäns ermuntert:

»Haben Eure Gnaden das Spiel gewonnen?«

Sir Francis Drake blickte ihn scharf an. »Welches Spiel?«

»Na, das Bowling, Sir. Wie wir hörten.«

»Und was habt ihr sonst noch gehört?«

Es war plötzlich nicht mehr der Augenblick für kecke Bemerkungen. »Nichts weiter, Euer Gnaden.«

»Ihr habt gehört, daß ich mir zuviel Zeit lasse.« Und während nun Matthew, aus Angst, er sei zu weit gegangen, verwirrt und betroffen dasaß, fuhr Drake großmütig fort: »Und warum, meint ihr, habe ich mir Zeit gelassen?«

Matthew machte sich am Steuerriemen zu schaffen. »Ich weiß nicht, Sir.«

»Die Flut, Junge, die Flut!« Drake sprach laut, als wolle er die Herren beruhigen, die hinten im Boot saßen. »Die Spanier sind auf der Höhe von Lizard. Kann ich sie abhalten? Ich könnte es nicht, selbst wenn sie jetzt schon Dover passiert hätten! Gegen diesen Wind können wir erst mit ablaufendem Wasser aus dem Hafen. Und auch dann noch sind wir ganz auf die Hilfe des Allmächtigen angewiesen. Mit dem Wind von vorn können wir nicht segeln, höchstens vorwärts warpen oder uns von Beibooten schleppen lassen. Oder schwimmen, mit einer Schleppleine zwischen den Zähnen!« Das Wort »schwimmen« zischte er mit der gleichen Verachtung hervor wie jenen Satz über den Papst: Weil er keinen geringen Vorteil daraus saugt. »In den nächsten vier Stunden würde unsere Flotte nicht einen einzigen Zoll in Richtung auf den offenen Kanal schaffen. Also habe ich erst mal zu Ende gespielt.« Er holte tief Luft und atmete aus. »Gott schütze mich vor diesen Holzköpfen, die nicht zwischen Scherz und Ernst unterscheiden können!«

»Das haben wir nicht gewußt, Sir.«

Sofort lächelte Drake, und es war wie ein Sonnenstrahl, der eine niedrige Wolke durchdringt. »Macht nichts, Junge! Nicht eine einzige Christenseele wußte das, wie es scheint. Aber ich weiß es. Und jetzt sag deinen Männern, sie sollen am Riemen reißen, daß ihnen die Schwarte kracht. Wir müssen an die Arbeit, es ist endlich die richtige Zeit.«

Mit aller Kraft ruderten sie mitten durch die Flotte. Die Menge der mächtigen Löwen vor den Galionen der Schiffe um sie herum schien ihnen Mut einzuflößen, so wie sie ihrerseits im stolzen Vorbeifahren den

Seeleuten Mut machten, die jetzt, die Flagge des Vizeadmirals erblikkend, wußten, daß sein Geschwader wieder einmal gerüstet war. Die versammelte Flotte war das erhebendste Schauspiel, das das England jener Tage zu bieten hatte, und schon der Anblick eines einzigen Schiffes steifte einem förmlich das Rückgrat.

Die mächtigen schwarzen Rümpfe aus geöltem Eichenholz wuchsen empor zu prächtig bemalten Aufbauten, und über diesen prangten die bunten Wappenschilde mit der Tudorrose, dem St. Georgskreuz und der Lilie, gekrönt von den stolzen Flaggen und den wohl dreißig Meter langen, gold- und silberbestickten Bannern, die, vom Wind gebauscht, landwärts wehten.

Die Namen, ruhmreich allesamt, reihten sich in eigentümlicher Vielfalt aneinander: einige klangen schön, andere bedrohlich, und wieder andere hatten etwas Anheimelndes, als sollten sie den Seemann an sein Zuhause erinnern.

Sechs der Schiffe gehörten Lord Howard von Effingham, die anderen waren von Londoner Kaufleuten ausgerüstet, und nacheinander ausgerufen klangen sie wie ein Fanfarenstoß: *Arc Royal* (das Flaggschiff), *Lion*, *Bear*, *Elizabeth Jonas*, *Victory* (das unter John Hawkins' eigenem Kommando stand), *Triumph*, *Merchant Royal*, *Centurion*, *Margaret and John*, *Mary Rose*, *Golden Lion*, *Dreadnought*, *Swallow*, *Galleon of Leicester*, *Mayflower*, *Rainbow*, *Vanguard*, *Bonaventure*, *Frances of Fowey* und *Delight*.

Matthew Lawe steuerte sein Boot jetzt auf Drakes Geschwader zu, das, da es schon seit einigen Tagen voll ausgerüstet und verproviantiert war, abseits lag, und dann waren sie mitten drin in der Familie des Vizeadmirals, wie dieser zu sagen pflegte. Die Männer auf den Schiffen drängten sich an den Verschanzungen, als das Boot mit seiner goldenen Standarte sie passierte, und von der *Hope*, der *Nonpareil*, der *Swiftsure*, der *Advice* und der *Aid* herunter erschallten ihre begeisterten Rufe.

Drake, ihrer aller Befehlshaber, nahm in straffer, feierlicher Haltung diese Begrüßung entgegen, wenn auch Matthew mit einem Seitenblick zum Gesicht seines Kapitäns zu bemerken glaubte, daß seine Augen feucht waren. Dann war ihre forsche Fahrt beendet, und kein Schiff der ganzen Flotte hätte das Willkommen übertreffen können, das sie erwartete, als sie bei der *Revenge* längsseit gingen.

Es war, als habe ihr Schiff während der Abwesenheit des Kapitäns tot dagelegen und erwache erst jetzt, da er den Fuß an Deck setzte, zu brausendem Leben. Diese Galeone der Königin, *Revenge*, verkörperte auf besondere Weise Mut und Kampfkraft. Wegen des Arsenals an Waffen, das sie an Bord hatte, lag sie tief im Wasser, und doch konnte sie wie eine Möwe im leichtesten Wind dahingleiten oder sich der stürmisch anbrandenden See entgegenstemmen wie ein Schlachtroß, das eine Brustwehr angeht.

Von dem weit vorragenden Balken, auf dem die Galionsfigur stand, bis zum scharf geschnittenen Heck war sie fünfzig Meter lang. Das Achterdeck ragte nicht so hoch auf, wie es bei den Spaniern üblich war, die ihre Schiffe wie aufeinander getürmte Häuser konstruierten, um so den gewaltigen Reichtum Spaniens prunkend zur Schau zu tragen. Der englische Schiffstyp war bescheidener gebaut, besaß allerdings eine mit vergoldeten Schnitzereien verzierte Heckgalerie, auf der der Vizeadmiral bequem von einer Seite seines Schiffes zur anderen spazieren konnte.

Von hier aus vermochte er, wenn er ein wenig den Hals reckte, Quarterdeck, Hauptdeck, Vorschiff und die beiden Geschützreihen zu überblicken, in denen die Feuerkraft der *Revenge* geballt war.

Während der begeisterte Empfang des Vizeadmirals seinen Höhepunkt erreichte, ließ Matthew Lawe sein Boot festmachen, enthob die Bootsbesatzung ihrer Pflichten und enterte die lange, schwankende Jakobsleiter auf zu seinem aus Eiche gezimmerten Quartier. Als er über die Verschanzung kletterte, begegnete er wie gewöhnlich der vierschrötigen Gestalt des Bootsmanns Tuke.

Der muskelstrotzende Tuke trug einen in Salzlauge getränkten und so gegen Feindangriffe gehärteten Lederkoller und eine rote Wollkappe nach dem Muster algerischer Freibeuter. Er hatte auch, seinem Dienstgrad entsprechend, eine silberne Pfeife bei sich, eine der drei Pfeifen, die der Besatzung zustanden: dem Kapitän, dem Bootsmann und Matthew selbst, dem Bootsführer des Kommandanten. Aber Tuke brauchte keine Pfeife, um sich bei den mehr als sechshundert Mann, von den Schwabbergästen bis zu den Steuerern, durchzusetzen.

Es war seine massige Gestalt mit den Muskeln eines Ackergauls, die diese Autorität ausstrahlte, dazu sein Gesicht, das sich, mit dem Mund als Spundloch, wölbte wie ein Bierfaß, und seine Stimme, mit der er laut verkündete: »Ich rangiere unter den Offizieren, aber über der Mannschaft. Vergeßt das nie!«

Es war der Bauernjunge Jem, der sich als einziger ein Urteil über Bootsmann Tuke angemaßt hatte, und das war so treffend, daß es in der gesamten Flotte von Mund zu Mund ging.

»Wir hatten zu Hause mal einen Zuchtbullen wie ihn«, hatte er im schlichten Singsang seiner West-Country-Mundart gesagt. »Aber aus dem mußten wir einen Ochsen machen.«

»Warum, Junge?«

»Weil er lebensgefährlich wurde!«

Jetzt wandte sich Tuke in seiner üblichen herrischen Art an Matthew Lawe. »Ist das Admiralsboot gut festgemacht?«

»Aye.«

»Laß es einsetzen, wenn Seine Gnaden es nicht mehr braucht.«

»Aye.«

»Ihr seid lange weggeblieben.«

»Aye.«

So kam man am besten mit ihm klar. Ruhige Antworten besänftigten seinen Groll; sagte man nur »aye«, was »jawohl« hieß, dann hatte er nichts, woran er sich festbeißen konnte und regte sich ab. Matthew wußte, warum Tuke so ein erbarmungsloser Grobian geworden war: er mußte seine Pflichten erfüllen, wenngleich er sich deswegen auch nicht so raunzig aufzuführen brauchte. Es war seine Pflicht, die Position zwischen den Vorgesetzten – Kapitän, Leutnant, erster Steuermann, Wachtmeister, Stückmeister – und den Untergebenen einzunehmen: wenn er diesen nicht mit der Peitsche kam, konnte er leicht selbst zum Sündenbock werden.

In der Tat drohte ihm dann die Prügelstrafe. Denn durch all sein Brüllen und Fluchen und sein auftrumpfendes Gebaren zog sich wie ein blutiger Faden die alle Männer an Bord gleichermaßen bedrohende Strafe: das harte Gesetz, das auf See an Bord eines englischen Kriegsschiffs herrschte. Tukes Bibel, die Matthew einmal gesehen hatte, war die Liste der Strafen für Seeleute, die gegen dieses Gesetz verstießen, ein Gesetz, vor dem es keine Berufung gab – ein Mann konnte hingerichtet sein, noch bevor er den Mund öffnete, um seine Unschuld zu beteuern.

Die geringste Strafe – für Ungehorsam, Aufsässigkeit oder Bagatelldiebstahl – war Auspeitschen am Spill. Danach steigerten sich die Strafen zu einem wahren Katalog der Schrecken. Für Diebstahl an Bord war die Strafe: an der Leine von der Rahnock ins Wasser geworfen werden oder Aussetzen an Land, ob tot oder lebendig; für Schlafen während der Wache: beim ersten Mal Tauchen, beim zweiten Mal doppeltes Tauchen, beim dritten Mal einen Tag und eine Nacht lang in Fesseln am Großmast, beim vierten Mal Aufhängen am Bugspriet, wo sich der Bestrafte entweder selbst herunterschnitt oder zu Tode hungerte. Ging einer mit der Waffe gegen den Kapitän vor, war die Strafe: Abschlagen der rechten Hand; für Desertieren: Aufhängen oder Kielholen, das heißt, an einer Leine unterm Kiel des Schiffes durchgezogen werden. Ein Mörder wurde an die Leiche des Opfers gebunden und mit ihr über Bord geworfen. Meuterer wurden solange an den Fersen außenbords aufgehängt, bis ihnen der Schädel eingeschlagen war.

Strafen, Strafen, Strafen. Und Belohnung? Gab es keine Belohnung außer Fleisch und Bier und den Ruhm des Befehlshabers? Nein, denn wenn es einem gelang, dem Zorn der Großen zu entrinnen, dann war da immer noch Tukes Faust, hart wie ein Schmiedehammer und ebenso zum Schlag bereit. Tod oder Verstümmelung lauerten Tag für Tag. Ging ein Mann deshalb zur See?

Ja, deshalb. Als Bootsmann Tuke ohne einen Grund Matthew fluchend anbrüllte, er solle seine Überheblichkeit als Bootssteuerer Seiner Gnaden ablegen und gefälligst springen und sich den Männern anschließen, die aus dem untersten Deck Munition heraufholten, da wußte er, daß er nach einem halben Tag, den er in Ruhe und Frieden am Streifen zwischen Hoch- und Niedrigwasser verbracht hatte, wieder daheim war.

Tief unten im Verlies des Orlopdecks, das wenig mehr als ein Loch zwischen den Bodenwrangen des Schiffes war, brauchte es seine Zeit, bis er sich an die Düsternis des Raums gewöhnt hatte, der nur von einer trüben, am Decksbalken aufgehängten Laterne erhellt wurde. Aber bald schon konnte Matthew Lawe Einzelheiten erkennen und sah nun auch seine Freunde.

Unter den Augen des Geschützführers hoben sie Kanonenkugeln von den Gestellen und reichten sie von Hand zu Hand die Leiter hinauf in das Batteriedeck. Da man hier nur kriechen konnte, war es die reinste Knochenarbeit, doch mit gutem Willen ging es. An diesem Abend und bei dieser Aufgabe waren Tukes Gefluche und Gehetze nicht vonnöten; zu diesen letzten Vorbereitungen brauchte man die Männer der *Revenge* nicht anzutreiben.

Von dieser letzten Arbeit konnte ihr Leben abhängen und ihre Ehre als Männer von Drakes Geschwader, das, wie das Gerücht ging, beim Angriff auf die Große Armada die Vorhut bilden sollte. So unmittelbar vor der Schlacht gab es keine Drückeberger, und wäre dennoch einer unter ihnen gewesen, so hätten seine eigenen Backskameraden ihn schon willig gemacht.

Aber während der Arbeit fanden sie auch Zeit, miteinander zu reden. Außer der Munition mußten Talg und verschimmeltes, ungenießbares

Fleisch hinaufbefördert werden sowie Segeltuchstreifen und Holzpfropfen zum Abdichten von Lecks. Es war James Weaver, der eine Pause einlegte, um sein Kreuz zu recken, und sagte:

»Ich würde statt dieser Leckpfropfen lieber nur Munition an Deck holen. Schießt die Spanier erst zusammen, sage ich! Dann haben sie erst mal genug zu tun, ihre eigenen Wunden zu verbinden!«

»Als wir vor Hispaniola leckgeschlagen wurden«, sagte Matthew, »warst du froh, daß wir genug solche Pfropfen zur Hand hatten. Das Wasser schoß durch die Bordwand wie durch ein Schleusentor!«

»Aye«, bestätigte John Waggoners Stimme aus der Dunkelheit, »er hätte damals seinen Hintern in das Loch gestopft, wenn nichts anderes dagewesen wäre!«

»Groß genug ist der dazu«, bemerkte jemand, und alle in der finsteren Höhle lachten.

»Na, hört mal«, maulte James Weaver gekränkt.

»Oder das, was er vorn in der Hose hat.«

»Zu klein«, ulkte die Stimme aus der Dunkelheit.

Weaver wurde wütend. »Wer hat das gesagt?« wollte er wissen.

Eine hohe Stimme, von der alle wußten, daß es die von Jem war, gab die Antwort: »Die dicke Annie im Wirtshaus zum Türken.«

Wieder scholl Gelächter durch das Deck, und froh stimmte Matthew ein. Er kannte aus langer Erfahrung diese Stimmung, die sich angesichts von aufkeimender Angst breitmacht. Sie munterten einander mit albernen Witzen auf, um das grimmige Los, das ihnen vielleicht bevorstand, zu vergessen, das Los, am nächsten Tag von Hunderten von Schüssen durchlöchert und zerfetzt zu werden, das Los, daß die See in dieses Orlopdeck und über ihre Kanonen hereinbrach und ihre zerrissenen Leiber den Fischen zum Opfer fielen.

Viele seiner Kameraden spürten die Angst ebenso wie Matthew. Wortgewaltigere, bedeutendere Männer, denen die Phrasen leicht von den Lippen gingen, mochten lautstark verkünden, daß nun, da Spaniens letzte Stunde geschlagen habe, Englands Zeit gekommen sei. Die hatten gut reden in ihren behaglichen Palästen, während sich die Seeleute, den Tod vor Augen, abrackerten.

Über ihren Köpfen fauchte eine gräßliche Stimme durch die Luke herab: »Ihr da unten! Was gibt es zu lachen? Habt ihr nichts zu tun?«

Stille trat ein, als sei ein Segel fallengelassen worden. Ihre Späße waren nicht zweiseitig, sie waren durch dreierlei bestimmt: durch sie, die Kameraden selbst, durch den Feind und durch Tuke, den Bootsmann.

Während sich Furcht vor der Peitsche und vorm Tauchen in ihrem dunklen Verlies ausbreitete, beugten sie wieder die Rücken und machten sich an die Arbeit.

Gegen zehn Uhr abends kenterte der harte Flutstrom, und es war Zeit zum Aufbruch.

Während der Vizeadmiral, wie immer, bei der Musik von Violen sein Abendessen einnahm, begann die *Revenge*, von ihren Begleitschiffen gefolgt, ihre mühsame Fahrt heraus aus dem Plymouth Sund. Bei ablaufendem Wasser lichteten sie Anker und schwojten zum Land hin, dann zogen muskulöse Arme das Schiff mit Spill, Trossen und Leinen von Kai zu Kai, von Felsvorsprung zu Felsvorsprung und warfen Warpanker aus oder verfuhren Trossen an Ringbolzen an jeden steinernen Vorsprung und verholten sich so immer weiter südwärts in Richtung des offenen Ärmelkanals.

Der Platz reichte nicht, um aus der Bucht zu kreuzen, solange der Wind, wie vorher der Gezeitenstrom, gegenan stand. Sie mußten sich gewissermaßen an ihren eigenen Schuhbändern herausziehen.

Sie brauchten den Abend und die ganze warme Julinacht, bis sie auf tiefem Wasser klar waren und draußen vor Rame Head vor Anker gingen, wo sie Platz hatten zum Wenden und Halsen und nun darauf warteten, was sich bei Tagesanbruch tun würde. Aber was für ein Anblick bot sich ihnen, als sie landwärts schauten!

Die gesamte Küste von Südengland entlang flammten auf jedem Landvorsprung riesige Signalfeuer, deren Funken zum schwarzen Himmel aufwirbelten und so den Alarm an der Küste entlang und landeinwärts zu den fernen Dörfern und Marktflecken weitergaben, in denen dann ebenfalls Signalfackeln entzündet wurden.

England war, Gott sei Dank, endlich wach.

Der Tag dämmerte um vier Uhr so sanft heran wie der Vogelgesang, der ihn segnete; und dann, im Süden jenseits der Eddy Stones, erblickten sie den Feind.

VI

Alarm schrillte durchs Schiff, und rot flammten die Signalfeuer auf. Die Männer, erschöpft von der mörderischen Arbeit am Spill, rieben sich die ermüdeten Augen und sprangen auf, als andere riefen: »Schaut her, die Große Armada!« Übers Deck eilten feine Herren in Wams und Halskrausen und Seeleute in schmutzigem Takelzeug zu jeder günstigen Stelle im Rigg, um so viel wie möglich zu erblicken.

Keiner hatte eine Ahnung, wie die Armada wohl aussehen mochte, noch hatte irgendwer in England je etwas Ähnliches zu Gesicht bekommen.

Matthew Lawe, der rittlings auf dem Bugspriet saß, seiner Station bei Segelmanövern, spähte in den dunstigen Morgen. Und als die Dämmerung sich lichtete und die Brise den Nebel verwehte, bot sich ihm, in allem Glanz und aller Furchtbarkeit, ein überwältigender Anblick. Im Südwesten, noch nicht auf der Höhe von Rame Head, lief die spanische Flotte, wie ein römischer Triumphzug auf dem Marsch, unbehindert durch den Englischen Kanal.

Aber es war mehr als nur eine Flotte, es war eine Stadt aus hochgebauten Schiffen, zwischen denen hier und da eine wahre Kathedrale – eine der großen Galeonen aus der Biskaya, aus Sevilla oder Tarragona – gewaltig über ihren Gefährten aufragte. Die Schiffe mit ihren achtern hochgezogenen Hecks waren sichelförmig in einem Halbmond von sieben Seemeilen Durchmesser angeordnet und segelten so militärisch diszipliniert, wie es die frei bewegliche englische Flotte niemals zustandegebracht hätte.

Es war wie eine einzige geballte Faust, die auf Mund, Herz oder Magen zielte. Und nichts schien sicherer, als daß sie ihr Ziel fand, vernichtend traf und blutig zermalmte.

Matthew begann entsetzt und voller Sorge zu zählen, bis er es schließlich aufgab – die unübersehbare Menge von Schiffen und das Gewühl um sie herum waren zuviel für sein von Schwindel erfaßtes Hirn. Während er sich mit zitternden Knien am Bugspriet festklammerte, vermochte er an nichts anderes zu denken, als was den Gerüchten zufolge dieser mörderische Halbmond der Armada alles in sich bergen sollte.

Es hieß, daß diese Schiffe größer und kampfkräftiger waren als alles, was die Engländer ihnen entgegensetzen konnten. Und so sah es, dort in der Ferne, an diesem Morgen wahrlich auch aus. Es hieß, daß die Spanier neben achttausend Seeleuten und zwanzigtausend Soldaten zweitausendundfünfhundert Geschütze an Bord hätten.

Es hieß, daß die Besatzungen bösartiger, grausamer und heimtückischer seien als alle anderen Seeleute und Soldaten. Manche Schiffe hätten Maschinen zum Erstürmen von Befestigungen an Bord, und andere führten falsche englische Flaggen mit sich, um die Menschen, die sie vernichten wollten, zu täuschen. Insgeheim befanden sich Frauen an Bord, die Männer vergiften und mit Geschlechtskrankheiten anstecken sollten, sowie Priester mit Brandeisen und Geißeln für die Rücken von Ketzern, und andere, ebenso heimtückische Priester mit juwelenbesetzten Schwertern für den katholischen Adel von England, wenn erst die Spanier mit diesen verräterischen Schurken gemeinsame Sache machten.

Jemand stieß ihn heftig ins Kreuz und rüttelte ihn aus seinem Alptraum auf. Er wandte sich um und sah vor sich Thomas Berry, einen der Männer von seiner Vorschiffstation, der ihn angrinste.

»Wach auf, Matthew! Du fällst sonst noch ins Wasser, bevor sie auf uns schießen.«

Matthew grinste auch, aber gequält. »Ich habe nicht die Absicht zu fallen, weder so noch so.« Er zeigte nach Südwesten auf die drohende Wolke, die nicht von Gott, sondern von Menschen gemacht war. »Kannst du sie zählen, Thomas? John Waggoner mit seinen Adleraugen müßte her, um die Zahl dieser Aasgeier auszumachen.«

Thomas Berry, der eben herauf gekommen war, wußte es bereits. »John ist von Seiner Gnaden zur Hilfe aufs Quarterdeck geholt worden. Mehr als hundertundzwanzig Schiffe, sagt er.«

»Und wir haben nur achtzig – darunter nicht mehr als dreißig große.« Matthew schüttelte den Kopf, ohne sein Unbehagen zu verbergen. »Was hat Seine Gnaden vor? Sollen wir sie anfallen wie ein Rudel kläffender Hunde?«

Thomas Berry sah ihn forschend an. »Was ist denn mit dir, Matthew? Kopf hoch, Mann! Was dir fehlt, ist ein anständiges Frühstück! Das sind doch nur Spanier – bewaffnete Weiber. Wir haben ihnen rund um die Welt die Hölle heiß gemacht!«

»Aber nirgends waren es so viele.«

»Seine Gnaden wird sich schon etwas einfallen lassen und im richtigen Augenblick zuschlagen. Denkst du, der schläft?« Berry schirmte seine Augen und blickte erst zum Halbmond der Armada, dann zur Küste und landeinwärts. »Sie stehen in Luv von uns, wenn wir jetzt auslaufen, und es ist wenig Raum zum Segeln zwischen ihnen und dem Land, falls sie uns hier angreifen wollen.«

Er wurde unterbrochen, als hätte Drake, ihr Kapitän, seine Warnung gehört und wäre darauf eingegangen. Die Pfeife des Bootsmanns schrillte auf, dann erscholl ein Brüllen, das sich über die ganze Länge der *Revenge* fortpflanzte. Tuke hatte eine Lunge aus Eisen und schonte sie nicht.

»Anker kurzstag hieven!« Und dann gleich hinterher: »Segelsetzen!«

Lord Howard mit der *Ark Royal* setzte sich an die Spitze; gehorsam und in vollem Einvernehmen mit dem Lord Admiral folgte ihm Drake mit seinem Geschwader. Dann trennten sie sich: die *Ark Royal* setzte sich nach Süden zu der am weitesten entfernten Spitze der spanischen Sichel ab, während die *Revenge* nach Nordwesten abdrehte, um möglichst zwischen der Armada und der Küste hindurchzuschlüpfen und so die Luvstellung zu gewinnen.

Es vollzog sich das alles mit glänzender Seemannschaft, wobei der Umfang der geleisteten Arbeit und das Maß der dazu notwendigen Verwegenheit kaum abschätzbar waren.

Den ganzen Tag über und während des größten Teils der pechschwarzen Nacht führte die *Revenge* ihr Geschwader so dicht unter der Küste, wie es die Schiffe und die Lotsen und die erfahrenen Männer, die Minute für Minute das Lot warfen, nur schaffen konnten. In diesen Gewässern hier war Drake von Kind an zu Hause, aber wo er einst in Ruderbooten mit Angelleinen nach Elritzen gefischt hatte, geleitete er nun die Galeonen der Königin und setzte Schiffe und Menschenleben aufs Spiel.

Stunde um Stunde gingen sie immer wieder über Stag und kniffen sich an den Wind, schlugen den lauernden Felsen und Untiefen ein Schnippchen und brachten die Männer, die zwanzigmal in der Stunde Segel wechseln mußten, zur Verzweiflung. Aber diese Mühe machte sich bezahlt. Hätten einige wenige Schiffe der Armada sie hier vor einer Leeküste gestellt, wo nicht viel mehr Platz zum Segeln als Raum für Kleider in einem Wandschrank war, dann wäre Drake vernichtend geschlagen, die Stadt Plymouth erobert und Lord Howards Geschwader überwältigt worden.

Aber der Graf von Medina Sidonia hatte seine Befehle. Er sollte, was immer geschah, die Große Armada durch den Kanal führen und sich mit dem Grafen von Parma und seinen in Dünkirchen zusammengezogenen 30000 Soldaten vereinen. Kein noch so verlockender Köder konnte ihn hiervon abbringen oder ihm andere Pläne aufzwingen.

So handelten er und Drake jeder auf seine Weise, und bis zum Morgen kehrte sich die gesamte Schlachtordnung um. Während die Armada wie ein riesiger Wanderzirkus davonzog, vereinten sich Lord Howard und Sir Francis hinter ihr, den Wind im Rücken und vor sich den Feind. Ein paar sich niederduckende Schäferhunde konnten sich jetzt in Wölfe verwandeln.

»Jetzt haben wir sie!« sagte Drake in den nächsten Tagen wieder und wieder. Es waren die selbstbewußten Worte des Seemanns, der vor seinem Gegner die Luvstellung gewonnen hatte und sie bis zum letzten Schuß nicht aufgeben würde. Aber es hatte keine Eile, sich auf den Nahkampf einzulassen, es war eine gute Gelegenheit, Vorstöße zu machen und sich wieder abzusetzen, in zahlreichen Artillerieduellen die Stärke der Armada zu erkunden und ihr auf den Fersen zu bleiben, um Nachzügler und abgesprengte Schiffe zu zerschlagen und ihnen so die primitivste Lektion der Seekriegsführung zu erteilen: daß man nämlich bei seiner Flotte zu bleiben hat.

Er brachte während dieser Zeit zweierlei in Erfahrung: daß seine kleineren und leichteren Schiffe schneller und wendiger waren als die des mächtigen Feindes und daß die in ihrer Schiffsführung und Taktik äußerst disziplinierten Spanier ihre Formation rasch ändern und ihre Kräfte jederzeit auf den Gefahrenpunkt konzentrieren konnten.

Er machte auch die Beobachtung, daß sie ein angeschlagenes Schiff, wie ein Schaf in der Herde, in die Mitte des Halbmondes nahmen und sich dann die Sichel schützend von beiden Seiten schloß. Aber immer gelang das nicht, und so kam der Tag, es war der dritte Tag, vor Portland Race, an dem die Engländer ihren ersten blutigen Erfolg errangen und der Vizeadmiral beim Erblicken eines bestimmten spanischen Schiffes erklären konnte: »So wahr mir Gott helfe, die haben wir!«

Das unglückliche Schiff war eine starke Galeone, die *Nuestra Señora del Rosario*, Flaggschiff des andalusischen Geschwaders. Sie hatte beim Zusammenstoß mit einem anderen spanischen Schiff Bugspriet und Fockmast verloren, wurde auch in die Mitte der Flotte genommen, dort aber bald zu einem Klotz am Bein. Denn sie konnte nicht mehr richtig segeln, und die Armada hatte es eilig. »Besser, ein Schiff verlieren«, mochten die Spanier gedacht haben, auch wenn es ein so großes war, »als den Plan ändern.«

So fiel die langsame *Rosario* zurück, und als die *Revenge* auftauchte, sah sie vor sich ein schlingerndes, mastenloses, nicht mehr steuerfähiges Schiff, eine Waise ohne jeden Beistand, ohne eigene Kraft, die nicht mehr auf Gnade hoffen konnte.

Vielleicht ist es gut, dachte Matthew Lawe, der mit seinem Boot in den nächsten Stunden alle Hände voll zu tun bekam, wenn diese mörderische Schlacht mit so einem possenhaften Vorspiel beginnt. Denn die hoffnungslose Situation der *Rosario* hatte in der Tat etwas von einer Posse, die obendrein dem Eroberer Drake die reichste Beute bescheren sollte, die ihm während der ganzen Kämpfe zuteil wurde. Als er sah, daß sich an Bord des Wracks nichts regte und kein Geschütz die *Revenge* bedrohte, entsandte Drake einen Unterhändler mit dem Boot, der erkunden sollte, ob die *Rosario* zur Übergabe bereit sei.

Als Matthew mit dem Unterhändler zurückkam, hatte er einen weiteren Passagier an Bord, einen spanischen Grande, der aufs höflichste versicherte, daß er der Vertreter von Don Pedro de Valdés sei, des Kommandanten der *Rosario*.

»Gut«, sagte Drake kurz, »ist er zur Übergabe bereit?«

Der edle, in kostbare Seide mit goldbestickten Krausen gekleidete Spanier, der, um sich ein kriegerisches Aussehen zu geben, eine geriffelte Brustplatte aus Silber trug, war offensichtlich auf so eine rüde Frage nicht gefaßt. Und so setzte er ihr seinerseits eine Frage entgegen, die an Höflichkeit nichts zu wünschen ließ. Dürfe er sich erkundigen, fragte er mit schwülstigen Floskeln, mit wem er die Ehre habe?

Sir Francis sagte es ihm.

»Ah«, erwiderte der Spanier. »Dann ist die Sache allerdings eine andere.«

»Wieso eine andere?«

»Ich glaube, Don Pedro de Valdés wird es als eine Ehre ansehen, sich einem so heldenmütigen Manne zu ergeben.«

»Das höre ich gern«, sagte Drake.

»Andererseits –«

»Da gibt es kein andererseits!« brüllte der Vizeadmiral unvermittelt. »Ich kann es mir nicht leisten, Zeit zu verschwenden. Ich muß noch andere Schiffe erobern! Entweder Übergabe oder Kampf. Was von beiden?«

»Ich werde Don Pedro de Valdés unterrichten«, sagte der Spanier, betroffen von dieser eiskalten Forderung, die er als ungeheuerlichen Verstoß gegen jede Höflichkeit empfand.

»Und zwar wörtlich, so wie ich es gesagt habe.« Drake kehrte ihm den Rücken und wandte sich an Matthew, der an der Leiter wartete. »Matthew! Fahr' diesen Herrn zurück. Und warte ein Weilchen, wenn du drüben bist. Auf einen anderen Passagier, den du dann herbringst.«

»Was für einen anderen Passagier?« fragte der Spanier, dem alles zu schnell ging.

»Don Pedro de Valdés.«

Und so geschah es. Der spanische Admiral, nach einem Blick zu den entschwindenden Mastspitzen der Armada, strich die Flagge und kam in Matthews Boot herüber. («Gott sei Dank!« murmelte John Waggoner nach ihrer zweiten Fahrt gegen die lange Dünung und die überkommende See. »Ich brech' mir noch das Kreuz bei diesem ewigen Hin und Her!«) Als Don Pedro an Bord der *Revenge* war, wiederholte er, was sein adliger Abgesandter gesagt hatte: daß er es nicht als eine Schande, sondern eher als ein Vergnügen ansehe, sich einem Manne von den Qualitäten eines Sir Francis zu ergeben.

Drake erwiderte, das Vergnügen sei ganz auf seiner Seite, und meinte es auch so. Die *Rosario* wurde mit einer Prisenbesatzung an Bord nach Tor Bay versegelt. Sie hatte Geldkisten mit annähernd fünfzigtausend Gold-Eskudos und anderen Schätzen geladen, was bei einem Kriegsschiff ganz ungewöhnlich war, und würde überdies ein ansehnliches Lösegeld für Don Pedro de Valdés bringen. Während die *Revenge* davonfuhr, um ihre Position unter den anderen Schiffen wieder einzunehmen, wurde der spanische Admiral unter Deck mit äußerster Höflichkeit empfangen. Da ihm dieser Gast aus vielen Gründen nur allzu willkommen war, ließ Drake ihn an seinem eigenen Tisch bewirten und in seiner großen Kajüte schlafen.

Er wußte, daß er selbst für beides in den nächsten Tagen wenig Verwendung hatte. »Noch zwanzig solche Schiffe werden wir erobern!« sagte er so laut, daß alle auf dem Quarterdeck es hörten, und alle glaubten ihm. Das Glück war auf seiten des Vizeadmirals. Unter sich tuschelten sie, daß sein Seeräuberinstinkt ihm diese Prise eingebracht habe. Der konnte ihm jetzt nur noch Ruhm einbringen.

VII

In der Tat gab es Ruhm zu ernten, und gewiß eher diesseits des Horizonts als jenseits. Doch wer würde ihn erringen müssen, wer für ihn zu zahlen haben, das fragte sich nicht nur Matthew Lawe, der befürchtete, daß er es in beiden Fällen selbst sein würde. Aber der große, nicht der kleine Mann hatte die Pläne zu machen.

Während so bescheidene kleine Leute wie Matthew sich Gedanken darüber machten, ob sie den nächsten Tag noch erleben würden, suchte Lord Howard von Effingham, der oberste Befehlshaber in diesem gesamten Seegebiet, sicherzustellen, daß jeder der folgenden Tage noch ruhmreicher wurde als der vorangegangene. Nur so konnte man Glück haben, das war im Seekrieg nicht viel anders als in der Liebe. Zuerst hatte er gewisse Meinungsverschiedenheiten beizulegen, die schon den

Geist seiner Kommandanten vergiftet hatten, und dann mußte er sie bewegen, ihre ganze Leidenschaft gegen den eigentlichen Feind zu richten – nicht auf ihre englischen Landsleute, sondern auf die verhaßten Spanier.

Lord Howard, der ein geschickter Vermittler war und als Seefahrer einen guten Ruf hatte, wußte, daß er keine so vollkommene Schar von Brüdern kommandierte, wie er es sich gewünscht hätte. Schon ging das Gerede, daß Sir Francis Drake, der die Flotte in der Nacht anführte, sein Hecklicht (nach dem sie sich alle richteten) verdunkelt habe und, ohne Nachricht zu geben, in der Dunkelheit davongesegelt sei, um die *Rosario* am anderen Morgen auf eigene Faust zu kapern.

Lord Howard wußte auch, daß Martin Frobisher, einer seiner Kapitäne, Drake aus diesem Grunde einen eigensüchtigen heimtückischen Piraten genannt hatte, und daß John Hawkins, dem der Aufbau der englischen Flotte zu verdanken war, behauptete, Drake ernte Lorbeeren mit dem geistigen Eigentum anderer. Selbst Lord Howard erkannte, daß sein Vizeadmiral in dieser Gesellschaft erfahrener Offiziere nicht der beliebteste war.

Aber er hatte diese Probleme aus der Welt zu schaffen, und zwar noch während der Schlacht, denn sonst würde diese Schlacht verlorengehen. Streitende Admirale beschworen wie streitende Lords und eifersüchtige Könige und Königinnen lediglich fruchtloses, kindisches Gezänk herauf, das im Keim erstickt werden mußte, bevor es nach außen drang und Unruhe stiftete.

Es mußte von Männern erstickt werden, die die Macht dazu besaßen und nicht davor zurückschreckten, sie einzusetzen. Er brauchte diese zerstrittenen Brüder. Jeder von ihnen hatte Talent und Mut. Solange sie zusammen waren, haderten sie miteinander, getrennt vermochten sie Erfolge zu erringen und England mit ihnen.

Lord Howard besaß die nötige Macht und gebrauchte sie. Kaum, daß er den Streit durch direkte Befehle zum Verstummen gebracht hatte, teilte er seine Flotte in vier Geschwader auf, von denen er selbst eines übernahm, während er die drei anderen Drake, Frobisher und Hawkins unterstellte. Er wies sie an zu handeln, statt nur zu reden und Pläne zu schmieden, und dann schickte er sie gegen den Feind. Seinen Vizeadmiral setzte er an die Spitze, und nur der liebe Gott hätte den Grund dafür nennen dürfen: daß nämlich Sir Francis der rechte Mann war, entweder zu siegen oder zu fallen.

So wurde schon immer von den hohen Offizieren über die weniger hohen verfügt, während die kleinen Fische sich unter diesen großen Walen blindlings mit der herrlichen Aussicht zu trösten hatten, entweder mit dem Leben davonzukommen oder zugrundezugehen. Denn nach dieser umsichtig eingelegten Pause begann die Schlacht, die zwar die weise Maßnahme Lord Howards rechtfertigte, für Drakes Männer aber zum Schlimmsten wurde, was sie je erlebt hatten.

Die Armada wurde nicht unmittelbar angegangen; diese Masse von übermächtigen Galeonen konnte nicht mit den kurzen Leitern der englischen Schiffe geentert werden. Aber sie konnte gehetzt, ermüdet und bis zum Verderben erschöpft werden. Was die gierige See in den Gewässern um Dover jährlich an Zoll verlangte, und wie sie es tat, das ahmten nun die *Revenge* und ihr Geschwader erfolgreich nach.

Ihre Taktik bestand während der nächsten vier Tage und Nächte im fortwährenden Zufassen und Ausweichen. Ihre Schiffe und ihre Kanonen erwiesen sich als schneller, so daß die Spanier nicht mithalten konnten. Drake, gleichsam die Spitze des brennenden Speers, trieb sich selbst und seine Männer mit einer Wut an, die an Wollust grenzte. Die *Revenge* stieß in den Feind und lief wieder ab und wurde dabei wiederholt schwer getroffen; auch die Admiralskajüte wurde in Trümmer geschossen.

Obgleich es Tote gab, schieden keine englischen Fahrzeuge aus dem Kampf, während über ein Schiff der Armada nach dem anderen hergefallen wurde wie mit dem ganzen Haß einer Hundemeute, die einem gehetzten Wild schnappend und kläffend auf den Fersen blieb, bis das lahme Tier froh war, eine Zuflucht zu finden.

Sir Francis meldete seiner Königin: »Die Federn der Spanier sind eine nach der anderen gerupft.« Sein Bericht über den angerichteten Schaden entsprach der Wahrheit, wiewohl dabei auch fünfzig seiner Männer ihr Leben lassen mußten. Die Breitseite einer spanischen Galeone war wie ein sich weit öffnendes Maul, das einen höllischen Atem ausstieß. Männer brachen an ihren zertrümmerten Geschützen zusammen, brannten unter Deck wie Fackeln, andere wurden oben vom Eisenhagel zerfetzt.

Bootsmann Tuke, der barsche, raunzende Vorgesetzte, war eines der Opfer. Eine Kanonenkugel riß ihm zwischen zwei Flüchen den Kopf ab, der dann auf dem Hauptdeck dalag wie eine Ente auf einer Bratenschale. Auch eine noch so finstere Wolke, dachte dabei manch einer, hatte ihre helle Kehrseite.

Die *Revenge* und alle englischen Geschwader verfolgten den Feind rastlos und schlugen ohne Erbarmen auf ihn ein, bis der stolze Halbmond auseinanderbrach und ein fluchtartiger Rückzug einsetzte. Am fünften Tag der erbitterten Hetzjagd gelang es den spanischen Schiffen schließlich, sich zu sammeln und Kurs auf die Straße von Dover zu nehmen. Dort gingen sie vor Anker, um sich gegen das aufgekommene Unwetter zu sichern; dort leckten sie ihre Wunden, besserten aus, was noch auszubessern war, und überschlugen den Zoll, den ihnen ihr Vorstoß abverlangt hatte.

Sie hielten nichtsdestoweniger an ihrem ehrgeizigen Plan fest, die unter dem Grafen von Parma bei Dünkirchen versammelte Landungstruppe für ihr ruhmredig verkündetes »Englandunternehmen« einzuschiffen.

Es wurde früh dunkel an diesem letzten Tag. Während die spanische Flotte jämmerlich an ihren Ankern hing, brannten immer noch die Signalfeuer an der englischen Küste und warfen ihr bedrohliches Licht fünfzig und mehr Seemeilen weit hinaus auf den Kanal. Dies mag es gewesen sein, was Sir Francis und dann auch Lord Howard zu ihrem nächsten, vielleicht ihrem letzten Schlag bewog. Als sie sich zur Beratung zusammensetzten, kamen sie beide zu dem Schluß:

»Jetzt können wir sie nur noch ausräuchern!«

Einen Tag darauf, ebenfalls am Abend, hatte Matthew nur einen Wunsch: schlafen wollte er, und wichtiger war ihm das als das Leben selbst. Er lag mit dem Gesicht nach unten in seiner Hängematte, die er in dem stinkenden Verlies tief unten im Vorschiff aufgehängt hatte, das voll war von Männern, die laut redeten, Essen hinunterschlangen oder vor Schmerzen stöhnten. Und dennoch versuchte er, die *Revenge* und alles das, was zwischen ihm und seinem Traum von einem hoffnungsfrohen Leben stand, aus seinen Gedanken zu vertreiben.

Die Kämpfe der vergangenen Woche, die lange Verfolgungsjagd durch den Kanal, das entnervende Dröhnen der Geschütze hüben und drüben, die Arbeit an den Segeln und das Abdichten von Lecks, alles das hatte bis zur Erschöpfung an seinen Kräften gezehrt. Und übler noch war es am heutigen Tage zugegangen, als nämlich er und seine Mannschaft wie die Berserker schuften mußten, um ihren Brander einsatzbereit zu machen, eines der acht Fahrzeuge, die mit der Abendflut auf die Reede von Calais losgelassen werden sollten.

Das Zweihunderttonnenschiff, die *Thomas*, gehörte Sir Francis Drake selbst, es hatte gewinnbringende Reisen gemacht, sollte jetzt aber bei dem Branderangriff auf die verankerte Armada geopfert werden. Zwölf

Stunden lang hatten sie sich geplagt, die *Thomas* in eine mächtige Fackel zu verwandeln, hatten sie mit Stroh, Reisig und geteertem Tauwerk vollgestopft, die Spieren und das Rigg mit Pech getränkt und die Geschütze mit doppelter Pulvermenge geladen; sie hatten Pulverfässer aufgestellt und Zündschnüre gelegt, wodurch das ganze Schiff in einen feuerspeienden Vulkan verwandelt werden konnte.

Und heute war Sonntag. Er wälzte sich auf den Rücken, streckte die müden Glieder und schloß zum hundertsten Mal seine Augen, konnte aber immer noch nicht schlafen und wünschte sich fort von dieser Welt, aber war für die andere noch nicht bereit.

Matthews Gedanken lagen im Streit mit seiner Sehnsucht nach Vergessen. Das blutige Ende von Bootsmann Tuke hatte ihn tief getroffen. Tuke, der bis zuletzt ein Leuteschinder war, hatte ihm seinen heißen Atem unters Halstuch geblasen, als ihn selbst etwas noch Heißeres erwischte. Die Kanonenkugel hatte Matthew um Handbreite verfehlt, und als er herumfuhr, sah er, wie eine Fontäne von Blut aus dem kopflosen Rumpf emporsprudelte und der blutüberströmte Kopf selbst nieder aufs Deck wirbelte.

Hätte die *Revenge* in diesem Moment nach Steuerbord geschlingert, dann wäre es sein eigener Kopf gewesen. So war das Risiko, wenn man der Mannschaft des Vizeadmirals angehörte, ein Risiko, dem er vielleicht schon in der nächsten Stunde erneut ausgesetzt war. Als ihn in seinem Schweiß schließlich der Schlaf übermannte, träumte er, daß es sein eigener Kopf war und er, als er ihn zurückholen wollte, in seinem eigenen Blut ausrutschte.

Er schlug im Traum hin, prallte mit der Schulter schmerzhaft aufs Deck und wachte von Grauen erfaßt auf, weil ihn eine Hand an der Schulter gepackt hatte und schüttelte, eine Hand, die nur die des Todes sein konnte.

Würde er nie wieder Schlaf finden, und wenn es nur eine so schaurige Art von Schlaf war wie dieser? Er drehte sich stöhnend herum, und sein Blick traf auf das fröhlich grinsende Gesicht des Bauernjungen Jem.

»Was ist, Jem?«

»Man hat nach dir gerufen.«

»Ach, laß mich, ich will schlafen.«

»Soll ich das dem Vizeadmiral bestellen?«

Jem strahlte soviel Stolz und Selbstvertrauen aus, daß Matthew sich schämte. Er setzte sich auf, und da kippte die Hängematte, wie es alle Hängematten tun, seit Seeleute zu dieser Sorte von Bett verdammt wurden, und fast stürzte er zu Boden. Doch Jem stützte ihn mit seinen kräftigen Armen.

»Worum geht's denn, um Himmels willen?«

Jem war noch ganz erfüllt von der Wichtigkeit seines Auftrags. »Befehl vom Kapitän. Der Admiral wünscht seinen Bootssteuerer auf dem Achterdeck zu sprechen.«

Matthew suchte sich zu fassen. »Ist was schief gelaufen? Um was geht es?«

»Ich habe nur gehört, daß er dich zum Ritter schlagen will.«

»Was?«

Aber es war nur ein Scherz. Während der letzten Tage waren Martin Frobisher und John Hawkins zusammen mit einigen bevorzugten Angehörigen ihrer Verdienste wegen von Lord Howard von Effingham an Bord der *Ark Royal* geadelt worden, so daß es unter den einfachen Seeleuten zu allerlei Gemunkel gekommen war, und sie hatten gesagt: »Wenn wir lange genug leben, sind wir am Ende alle Lords.«

Es stimmte also nicht. Aber schließlich sind alle besseren Scherze Lügen. Matthew Lawe stand auf und strich sein zerknittertes Zeug glatt. Er brachte es zu einem Lächeln.

»Danke, Sir Jem.«

»Nichts zu danken, Sir Matt.«

Es war Zeit, dem Befehl zu gehorchen.

Als Matthew den Niedergang auf das Achterdeck hochgeklettert war, fand er dort alles, was an Bord Rang und Namen hatte, versammelt, von Drake selbst bis zu den Pagen der freiwilligen Edelleute, und alle in ihrer besten Aufmachung, als handle es sich um die Audienz in einem Palast, nicht aber um eine Pause während der Seeschlacht. Dieses Aufgebot von Pfauen, die im Begriff waren, bei Wein und lieblicher Musik ihr Diner einzunehmen! Er zögerte in Anbetracht seiner groben Kluft, aber Sir Francis, der seine Augen überall hatte, sah ihn und winkte ihn heran.

Er trat näher und zog seine Mütze. Hätte er eine Art Knicks machen sollen in dieser von Parfum geschwängerten Luft? Doch die Herren um den Vizeadmiral machten ihm Platz, und Drake wandte sich freundlich und fürsorglich an ihn.

»Hast du ausgeschlafen, Matthew?«

»Aye, Euer Gnaden. Zur Genüge.«

Drake lächelte. »Wenn ein Seemann behauptet, er habe genug geschlafen, dann ist das Ende der Welt gekommen.« Er wartete das Lachen der Herren seiner Umgebung ab und wurde dann ernst, wie es überhaupt seine Art war, unversehens von Spaß auf Ernst überzugehen.

Er zeigte durch die Abenddämmerung landwärts, dorthin, wo die spanische Flotte auf der Reede von Calais vor Anker lag. »Da sind die Spanier«, sagte er hart, »die wir in Brand setzen werden!« Dann wandte er sich um und zeigte zu den Brandern, die sicherheitshalber abseits seines Geschwaders verankert lagen, und fragte knurrend: »Was siehst du da?«

»Die Brander, Euer Gnaden.«

»Und uns am nächsten liegt?«

»Die *Thomas*, Sir.« Matthew war verwirrt, auch etwas ängstlich, zugleich aber meldete sich in ihm der Trotz. War er aus dem Schlaf gerissen worden, nur um auf so eine alberne Frage zu antworten? »Ist irgend etwas mit ihr nicht in Ordnung?«

»Nein, es ist alles in bester Ordnung! Wenn ich mein kleines Schiff der Königin vermache, dann möchte ich, daß es nicht sinnlos vergeudet wird. Und dafür wirst du sorgen.«

»Euer Gnaden?«

»Die *Thomas*, die du da vor dir siehst, ist dein neues Kommando.«

Um Drake herum erschien auf allen Gesichtern ein Lächeln, denn anscheinend waren die Herren bereits unterrichtet. Ein Lächeln, das aber seinen Schrecken und seine Bedrücktheit nicht verscheuchen konnte. Matthew legte keinen Wert darauf, auf eine schwimmende Brandfackel kommandiert zu werden. Er wollte an Land, irgendwo in einen Straßengraben in Devon, wo er Frieden fände.

Der Vizeadmiral begann mit seinen Anweisungen. Sein roter Bart bewegte sich im Rhythmus der entschlossenen Worte, die er jetzt sprach.

»Mir liegt daran, daß die *Thomas* ihren Kurs hält und vernichtend zum Einsatz kommt. So wie es uns vor Cadiz gelungen ist. Sie wird also bis zum letzten Augenblick bemannt und gesteuert. Nimm die Besten von deinen Bootsgästen mit. Zwei Mann genügen, wenn sie wendig genug und zielstrebig sind. Auf mein Zeichen kappst du die Ankertrosse und trimmst die Segel und sorgst dafür, daß sie Kurs auf das größte spanische Schiff hält. Dann zündest du Holz und Stroh unter Deck und die Lunte für die Pulverfässer an. Du wartest ab, bis die *Thomas* in Flammen steht. Dann steigst du in dein Boot über und setzt dich ab. Ist das klar?«

»Aye, Euer Gnaden.« Einiges war ihm schon klar, nur: »Wann ist es soweit? Wie nahe müssen wir an die Armada heran?«

»So nahe, daß du ihre Angst riechst und selbst auch schon ein bißchen geröstet wirst!« Aber das war ein Scherz, ein lustiger Scherz jetzt vor dem Abendessen. »Wie nahe, entscheidest du selbst. Deswegen schicke ich dich und keinen anderen. Und, Matthew ...«

»Aye, Sir?«

Drake lächelte jetzt, lächelte diesem Mann zu, den er bevorzugt hatte und in den er sein Vertrauen setzte. »Ich erwarte, dich wiederzusehen.«

Es war dies der Augenblick, in dem es Matthew erschaudernd klar wurde, daß er Drake in dieser Welt nicht wiedersehen würde.

Als die Dämmerung in Nacht überging und der Südwest auffrischte und die Flut anfing, auf die Reede von Calais zu setzen, kam Matthew Lawe bedrückt und unwillig seinen Befehlen nach. Die Arbeit wollte getan sein: schuften, und nichts als das. Wenn er sich auch nur einen Augenblick seinen Gedanken hingab, begann er zu zittern. Mit den beiden Männern, die er ausgesucht hatte, mit John Waggoner und dem Bauernjungen Jem, machte er die *Thomas* für ihre letzte Reise klar.

Die leichten Arbeitssegel wurden gesetzt und so getrimmt, daß sie zogen, sobald das Schiff vom Winde abgefallen war. Eine Axt zum Kappen der Ankertrosse war zur Hand. Das Beiboot war für ihre Flucht dicht unter das Heck geholt. Jeder hatte zum Anzünden eine Laterne: zuerst das Reisigholz unter Deck, dann die Strohballen und die Takelage und schließlich die Pulverfässer, die das Schiff – und Gott weiß, wen alles mit ihm – in sein Grab schicken würden.

Alles, was getan werden konnte, war erledigt. Jetzt saßen sie in der kalten dunklen Nacht auf dem Achterdeck, warteten auf das Signal von der *Revenge* und schwiegen zumeist. Es war ein mörderischer Tag, voller Arbeit und Plackerei, und jetzt näherte er sich seinem schrecklichen Höhepunkt.

John Waggoner blickte auf zum Mond und suchte nach einem Stern, an den er sich halten konnte. »Siehst du, wie sie jetzt schwojt?« sagte er gleich darauf. »Es ist bereits Hochwasser.«

Matthew, der die Zähne verzweifelt aufeinanderbiß, gab ein Grunzen zur Antwort. Jem aber ließ sich in seiner jugendlichen Begeisterung nicht beeinträchtigen. Er klappte die Handflächen aneinander und rief:

»Gebt uns das Signal, Euer Gnaden! Wir werden für euch die gesamte Armada in Brand stecken!« Dann fragte er Matthew neben sich: »Meinst du, die werden uns mit einer Breitseite eindecken?«

Matthew öffnete den Mund, um zu antworten, aber es klapperten ihm nur die Zähne. »Verfluchte Kälte!« murmelte er. »Da kriegt man kein Wort heraus.«

»Es wird uns schon noch ziemlich warm werden.«

John Waggoner fuhr plötzlich hoch. »Da!« sagte er. »Sie setzen das Signal!«

Sie blickten zur *Revenge*. Langsam und mit dem Schlingern des Flaggschiffs schwingend, hob sich ein rotes Licht über die Hecklaterne und blieb dann fest darüber stehen. Es war soweit.

Sie hatten ihre Befehle, ihr Plan stand fest, und schnell gingen sie ans Werk.

Jem kappte mit schwungvollen Axthieben die Ankertrosse, die aufspritzend im Wasser verschwand.

Das Schiff fiel mit dem Bug vom Winde ab, und nacheinander füllten sich die Marssegel. Matthew zog am Kolderstock und brachte die *Thomas* auf Kurs. Ein Blick über die Schulter verriet ihnen, daß sie in Gesellschaft anderer schwarzer Gespensterschiffe waren. Die *Thomas* aber führte sie an.

Während sie vorm Wind segelten, faßte Matthew besorgt sein Ziel ins Auge, die Trauben von Lichtern, die die spanischen Schiffe leichtfertig ausgehängt hatten. Sie waren noch weitab, aber schon hier würgte ihm etwas in der Brust, das er nicht länger zurückdrängen konnte. Er hatte nur einen Gedanken, an den er sich klammerte: nicht zu nahe heran an die Armada, dann Feuer legen und weg! Zu John Waggoner, der neben ihm stand, sagte er:

»Mach unter Deck Feuer.«

»Jetzt schon?« protestierte Waggoner erstaunt. »Wir sind noch nicht auf eine Meile heran. Wenn wir ...«

Matthew nahm alle Kraft zusammen und fuhr ihn grob an: »Mach' Feuer, sage ich dir!«

Waggoner nahm seine Laterne und ging wortlos ans Werk.

Feuer brach aus, und Flammen schlugen ins Vorschiff. John Waggoner kam mit einem Sprung an Deck und hielt seine Laterne befehlsgemäß an die Takelage und danach an die an Deck gestapelten Strohballen. Das Feuer knackte und breitete sich knisternd aus, was Matthew entsetzt verfolgte. Es war so ungeheuerlich, so unaufhaltsam. Ein Signal ringsum an die ganze Welt! Sein Schuldgefühl überwog die Angst, die ihn ergriffen hatte. Sie hatten zu früh Feuer gelegt, und bald würde es die gesamte Flotte wissen.

Die Hand am Kolderstock, spürte er fast körperlich, wie die kalten Augen des Vizeadmirals ihn durchbohrten. Drake sah ihn jetzt womöglich, seine schwarzen Umrisse vor den Flammen, und wütete bereits und verfluchte ihn. Denn die voll in Flammen stehende *Thomas* mußte die Armada alarmieren und die anderen Brander verraten, die sich durch die nächtliche Dunkelheit geschirmt glaubten. Vielleicht versank die *Thomas* gar, noch weit vom Feinde entfernt.

Aber ›Feuer legen und weg!‹ blieb die feige Devise, an die er sich hielt. Irgendwann während dieses tobenden Kampfes im Kanal hatte er von Krieg und Tod genug bekommen, und alles was jetzt folgte, waren die Auswirkungen davon.

Er mußte jetzt bis zum Ende weitermachen, ganz gleich, wohin es ihn führte. Er rief dem im Schatten stehenden Jem zu:

»Jetzt bist du dran, Junge. Halt deine Laterne bereit für die Lunte. Ich geb' dir ein Zeichen.«

»Aber, Matthew ...«

»Was ist?«

Jem, dieser einfache lebhafte Bursche, war vollkommen verwirrt. »Wir sind noch so weit weg! Die Armada ist kaum in Sicht – die aber, bei Gott, können uns sehen! Es ist doch sinnlos, die Lunte jetzt an das Pulver zu legen.«

»Von jetzt hab' ich nichts gesagt!« herrschte ihn Matthew an. »Denkst du, verdammt noch einmal, ich hätte das schon jetzt vor? Die Pulverfässer sind gut drei Meter von uns entfernt! Geh runter, meine ich, und halte dich bereit. Schau den Wind, Mann! Wir machen schnelle Fahrt wie bei Sturm.«

»Wie bei Sturm.« Jem blickte zum Vorschiff. Es war wie übersät von Flammen, schon fiel in großen Placken brennendes Pech aufs Deck. »Ja, Sturm. Uns hat er gefaßt, nicht die Dons. Wir sind zu früh dran, sage ich.«

»Und ich sage: Tu, was ich dir befehle!« Matthews Stimme überschlug sich fast vor Scham und Angst. »Willst du, daß ich dem Vizeadmiral melde, einer meiner Männer hätte den Gehorsam verweigert?«

»Sag's ihm, wenn du es für richtig hältst.« So frech hatte Jem noch nie in seinem Leben geantwortet. Er zuckte mit den Schultern, nahm seine Laterne und verschwand. Wieder hatte Matthew einen Freund verloren.

Die *Thomas*, ein flammendes Signalfeuer in der bewegten See, hob und senkte sich tief. Rot wie Blut lag der Widerschein auf dem Wasser. Es war nicht auszumachen, welchen Punkt sie jetzt ansteuerten. Es war alles vertan, alles verloren. Doch vielleicht war noch ein bißchen zu retten, – das Leben eines einzelnen Mannes.

Das Schiff holte plötzlich in der rollenden See über. Eine Spiere, die sich vom brennenden Fockmast gelöst hatte, krachte nieder aufs Mitteldeck. Ein Aufschrei in der Dunkelheit sagte ihm, daß Jem getroffen worden war. Vielleicht war er jetzt unter der niedergekommenen Spiere eingeklemmt, doch in hohem Bogen wirbelte seine Laterne durch die Luft und landete in einem Strohballen. Augenblicks fing die trockene Masse Feuer.

Bestürzt überließ Matthew den ruhig stehenden Kolderstock sich selbst und tastete sich Schritt für Schritt zu diesem neuen Flammenherd vor. »Jem?« rief er ängstlich.

»Ich bin eingeklemmt!« brachte Jem qualvoll hervor. »O Gott, mein Bein ist gebrochen! Hilf mir, Matt!«

Schon wurde er in der zuckenden Glut sichtbar, wie wild schlug er nach den Flammen um sich herum, wie jemand, den ein ungeheurer Strudel erfaßt hat. Aber Matthew dachte nur eins – daß das Feuer in Sekundenschnelle die Pulverfässer erreichen mußte. Vom Tauwerk des Großmastes über ihm tropften nun auch Klumpen von geschmolzenem Pech herunter.

Er wich zurück.

Jem sah es, von der Feuerglut aus, in der er, dessen Rock bereits schwelte, mit den Armen herumschlug, und konnte sich nur noch über seinen Freund wundern. »Matthew! Du haust ab? Hast du mich nicht gehört?«

Auch von weiter her, vom Vorschiff aus, ertönte jetzt ein Schrei. John Waggoner hatte es ebenfalls erwischt.

Matthew Lawe sah um sich. Die Pulverfässer mußten in jedem Moment hochgehen. Oder die doppelt geladenen Kanonen würden das Verderben über sie bringen. Es war keine Zeit mehr zu verlieren, er konnte nicht einmal mehr das Boot losmachen, um überzusteigen. Er rannte zur Bordwand.

Jem rief jammernd hinter ihm her.

»Matthew! Das Feuer! Mein Bein! Verdammter Feigling, du! Willst du denn ewig leben?«

Aber Matthew Lawe war taub gegen alles, er hörte nur sein hämmerndes Herz, das vor Angst fast zersprang. Er war jetzt ein ehrloser

Ausgestoßener, hatte das Vertrauen den Seeleute verloren, und so nahm er von seinen Gefährten Abschied, sprang über die Reling und stürzte sich in die See.

VIII

Die stolze Galeone *San Vigilio*, prächtigste Tochter des spanischen Biskaya-Geschwaders und Zahlschiff dieses Verbandes, war jetzt nicht viel mehr als ein treibendes Wrack. Ihr Kommandant Don Iago de Olivarez wußte dies, hatte Angst deswegen und schämte sich. Doch nach Tagen fand er sich damit ab, an dieser Lage nichts ändern zu können.

Er saß allein in seiner zwölf Meter über dem Wasser gelegenen Kajüte, hungrig und frierend wie seine gesamte Mannschaft. Fühlten sich die Engländer wirklich in diesem harten, nördlichen Klima wohl, und wenn sie es taten, was war ihr vermaledeites Geheimnis? Er zog seinen Umhang um seine mageren Schultern und fragte sich, wie sich bald ganz Spanien einschließlich des Königs und vielleicht sogar selbst der liebe Gott fragen würden, weshalb ihr Unternehmen fehlgeschlagen war.

Unter geschwellten Segeln und mit hochfliegenden Hoffnungen waren sie ausgelaufen. Die Grande Armada Felicissima würde es schaffen: El Draque, diesen Seeräuber, der sich zum Admiral von England aufgeworfen hatte, würden sie in seinen eigenen Gewässern schlagen, würden in sein von Lügen verpestetes Land eindringen, sich jenes Weibes annehmen, das sich Queen Elizabeth nannte, den zahlreichen Freunden Spaniens die Hände reichen und eine in die Irre geratene Nation in die Herde Christi zurückführen und unter die Botmäßigkeit des spanischen Königs bringen.

Hoch gesteckte Hoffnungen, in der Tat. Aus welchem Grunde war daraus eine so verzweifelte Enttäuschung geworden? Die Schuld sah man darin, daß man das von jeder Verteidigungsmacht entblößte Plymouth nicht erobert hatte. Aber wie hätte Medina Sidonia, Generalkapitän auf den Ozeanen, vom vorgeschriebenen Weg abweichen und den königlichen Befehlen zuwiderhandeln können? Andere hatten ihr taktisches Geschick während der langen Schlacht im Kanal in Zweifel gezogen. Aber was sollte die massige Armada gegen kleine wendige Schiffe unternehmen, die vorstießen, eine Breitseite abfeuerten und danach wie Hunde davonstoben, die zuschnappten und sich dann aus dem Staube machten?

Als letzte Ausflucht hatten sie dem Wetter die Schuld gegeben, das die englischen Schiffe so sehr begünstigte wie es die spanischen benachteiligte.

Und warum? War das vielleicht ein Fingerzeig Gottes? Aber allein schon die *San Vigilio* hatte zehn Priester an Bord, die täglich fünfmal gemeinsam beteten. Don Iagos Kaplan und Beichtiger (der weder eine Flotte noch auch nur eine von ranzigem Olivenöl stinkende Proviantihulk befehligte) hatte ihn ermahnt, in seinem Herzen nach sündhafter Befleckung zu forschen. Er hatte in seinem Herzen geforscht, bis es ihn schmerzte, bis es leer war wie eins ihrer Wasserfässer, und nichts gefunden.

Ihm blieb als Antwort nur, daß sie sich der Hoffart und des sündigen Stolzes schuldig gemacht hatten – des Stolzes, mit dem sie in Corunna ausgelaufen waren, um die kleinen Schiffe Englands zu demütigen und dem Gespött auszuliefern. Und was war dabei herausgekommen? Die königliche Armada war zu einem zersprengten Häufchen von Krabbenbooten zusammengeschrumpft, die selbst wie Krabben zu flüchten versuchten.

Don Iago de Olivarez hüllte sich noch enger in seinen Wettermantel. Ihn fror, und er hatte Hunger. Alle litten sie Hunger und froren, abgemagert wie sie waren. Ganz gewiß waren, schon als sie auf der Reede vor Calais vor Anker gingen, furchtbare Fehler begangen worden.

Sie hatten sich, zumindest für die Nacht, in Sicherheit geglaubt; wer sollte es wagen, die in der Dunkelheit vor Anker liegende, massierte Streitmacht der Armada anzugreifen? An diesem Ruhe verheißenden, gesegneten Sonntag konnte es einfach nicht zu weiteren Vorstößen kommen. Einzig Brander konnten gefährlich werden, falls es den Engländern gelang, solche schwimmenden Fackeln rechtzeitig zusammenzuziehen. In Gerüchten war von englischen Teufelsmaschinen die Rede, von Leichtern, die beladen waren mit mörderischen Bomben und im Umkreis von einer Meile Tod und Verwüstung herbeiführen konnten.

So bereitete sich die Armada auf das Erscheinen von Brandern vor, indem sie Pinassen mit Enterhaken ausschickte, die sie beiseite schleppen sollten. Und dann kamen die Brander wirklich, und die Pinassen versagten wegen des schlechten Wetters und der Dunkelheit. Und die gesamte spanische Flotte mußte die Ankertrossen kappen und vor dem drohenden Feuer fliehen, wie Holzspäne, die von einem Strudel davongewirbelt werden.

Zwar traf keins dieser Flammenschiffe ins Ziel, was einem vorzeitig gezündeten Brander zu verdanken war, der die Spanier alarmierte, so daß sie noch Zeit hatten zu entkommen. Doch die Flucht kam ihnen nicht minder teuer zu stehen als irgendein weiterer Angriff. Ihre schnelle Abfahrt, die nach Mitternacht unter einem verschleierten Mond und bei böigem Wind stattfand, war ein einziges chaotisches Durcheinander.

Schiffe kamen vom Kurs ab und liefen auf Grund, rammten sich gegenseitig oder verfingen und verknäulten sich hoffnungslos ineinander. Gekappte Trossen verwickelten sich in den Rudern, so daß die Galeonen, angepflockt wie Kühe auf der Weide, selbst bei Anbruch des nächsten Tages noch nicht flüchten konnten.

Und da sie reagierten wie wütende Katzen unter einem Schwarm von Tauben, richteten sie mehr Schaden an als die gesamte englische Flotte.

Olivarez, der seine *San Vigilio* wie ein vorpreschender Reiter im Griff hatte, war sogar noch vom Glück begünstigt. Als er in der Ferne die flammenden Brander herantreiben sah, ließ er, ohne erst den Befehl des Admirals abzuwarten, die Ankertrossen kappen und aufbojen. Dann verließ er den Ankerplatz vor der Flotte und nahm Nordostkurs auf die flämische Küste.

Dort ging er wieder vor Anker, sichtete im Tagesgrauen sein Flaggschiff *San Martin*, stieß mit fünf anderen Schiffen zu ihm und sandte Pinassen aus, die Nachzügler ausfindig machen sollten.

Gegen Mittag hatten sie diese Reste beisammen und waren wieder eine Armada, wenn auch arg geschrumpft und ramponiert. Dann kam heftiger Wind aus Süd auf. Ihnen blieb nichts übrig, als die Truppen des Grafen von Parma und alle Träume einer Landung von Dünkirchen aus zu vergessen und nach Norden zu segeln, wohin immer das führen mochte.

Schon vor dem Abend waren die von El Draque geführten Engländer ihnen wieder auf den Fersen.

Noch immer zum Kampf bereit, gruppierte sich die Armada wieder halbmondförmig zu der Formation, in der sich zu Anfang ihre ganze Stärke erwiesen hatte. Nun begann eine Verfolgungsjagd von der Festlandsküste durch die ganze Nordsee, an North Foreland und der Naze vorbei bis Spurn Head und zur Tynemündung. Für El Draque und die anderen englischen Kommandanten konnte es nicht besser kommen.

Diesmal waren die verfolgenden Kanoniere in Hochform. Ein spanisches Schiff nach dem anderen wurde leckgeschossen oder seine Takelage zerfetzt, wonach die hilflosen Schiffsrümpfe vorm Wind trieben, im Kampf ausfielen und dem Verderben ausgeliefert waren. Die Spanier konnten anstellen, was sie wollten, sie bekamen diesen wendigen Gegner nicht zu fassen, der von Margate bis über Newcastle hinaus die Luvstellung hielt.

Bald konnten die Engländer den Abstand verringern und nach Belieben auf ihre Ziele feuern. Denn nachdem der Armada schon Proviant und Trinkwasser ausgegangen waren, traf sie jetzt der schlimmste Mangel überhaupt. Ihr ging die Munition aus; ihr König hatte dafür vor dem Auslaufbefehl nicht genug Geld zur Verfügung gestellt. Schließlich blieb ihnen nichts als die Flucht vor einem Wind, der ihnen ebenso gnadenlos zusetzte wie der Feind.

Sie wären wohl allesamt verloren gewesen, wenn ihrem Gegner nicht das gleiche Schicksal beschert worden wäre. Denn die halsstarrige Knauserigkeit der englischen Königin, die mit jeder Kanonenkugel geizte, als sei sie ein Rubin aus der königlichen Schatzkammer, verdarb ihnen die Chance des totalen Sieges. Noch während sie den Spaniern dicht auf den Fersen waren, kühlten auch ihre Geschütze ab, weil sie kein Pulver mehr hatten.

Schweigend und verbissen konnten sie die Jagd nur bis Berwick Head fortsetzen, wo sie, nachdem sie ihrem Gegner grob die Hintertür Englands gewiesen hatten, in Richtung auf den Firth of Forth abdrehten. Die Armada, zersprengt, aber immer noch zahlreich, verschwand jenseits eines verhangenen Horizontes.

Obwohl sich die spanische Seemacht bis zum jüngsten Gericht nicht mehr mit dem Grafen von Parma oder einer anderen Landungstruppe vereinen würde, war sie doch nicht, wie England hoffte, für alle Zeiten von den Meeren vertrieben.

Als alter Seefahrer, der sich in Bezug auf königlichen Geiz und Versäumnisse des Hofes auskannte, würde sich Don Iago de Olivarez kaum über das Schicksal gewundert haben, das nun unzähligen Seeleuten widerfuhr.

Während man die spanischen Kriegsgefangenen zusammengepfercht wie Vieh durch England trieb, wurden die englischen Schiffsbesatzungen, um die Geldbörse der Königin nicht weiter zu belasten, abgemustert. Und das geschah in so grausamer Hast, daß die kranken und hungernden englischen Seeleute, die nur mit einem Dankeschön und Lebewohl an Land gesetzt wurden, sterbend in den Straßen von Dover, Margate, Harwich und den anderen Hafenstädten lagen, von wo aus man sie in den Kampf geschickt hatte.

Die *San Vigilio* war jetzt allein, verwaist und gemartert vom Sturm.

Zuerst waren sie noch zusammengeblieben, sechzig oder mehr spanische Schiffe. Und obwohl sie nicht wieder ihre Halbmond-Formation oder irgendeine andere brauchbare Formation bilden konnten, blieben sie doch, wenn auch noch so locker, in Verbindung und sichteten, immer wenn der Tag graute, ein zugehöriges Marssegel, unter dem sie sich freundliche Gesichter vorstellen konnten. In dem heimtückischen Wetter aber, das sie an der Nordspitze Schottlands erwartete, wurden sie auseinandergesprengt. Jetzt war jeder auf sich selbst angewiesen, und in dieser sturmgepeitschten Wildnis ging ein Schiff nach dem anderen zugrunde.

Olivarez, der sein ächzendes Fahrzeug durch das schlimmste aller Gewässer steuerte, passierte die windige Halbinsel von Caithness und fuhr dann zwischen den Orkney- und Shetlandinseln hindurch. Hier wurde er Zeuge von Schicksalen, vor denen selbst bewahrt zu werden, er nur den Erlöser anflehen konnte.

Er mußte, ob er wollte oder nicht, miterleben, wie Männer, die er liebte, und Schiffe, die alles Unheil gemeinsam mit ihm durchstanden hatten, an Land geworfen wurden wie Treibgut. Leckgeschlagene, von Kanonenkugeln durchbohrte Fahrzeuge, deren Aufbauten der Sturm zertrümmert hatte, trieben zersplitternd auf die Küste zu, ohne daß sich noch Leben auf ihnen regte. Andere, die von verhungernden, vom Tode gezeichneten Männern überfüllt waren, peitschte der Wind steuerlos in Richtung Norwegen oder ins arktische Eis, dem Grab entgegen.

Um das kostbare Trinkwasser auf den noch einigermaßen seetüchtigen Schiffen zu sparen, wurden Pferde und Maultiere über Bord geworfen. Und einmal durchsegelte die *San Vigilio* die Leibermasse dieser gequälten Geschöpfe, deren entsetzliches Gebrüll das Heulen des Sturms übertönte.

Ihre letzte Gefährtin, die Galeone *San Josef*, wurde vor ihren Augen auf die Felsen der Orkneyinseln geschleudert. Und kaum war sie aufgelaufen, da machten sich auch schon aus Höhlen Mörderbanden über sie her und erschlugen die an Land kriechenden Männer. Voller Todesangst kämpften die Seeleute in der Brandung bis zum Äußersten um ihr Leben, aber die Inselbewohner waren so durchtrieben und geschickt, daß keiner der Männer aufrecht aus dem Wasser herauskam.

Die *San Josef* war der letzte Freund, den sie zu Gesicht bekamen. Als dieser zerschmettert war, befand sich die *San Vigilio* allein in der tobenden Meereswüste, ohne daß sich ringsum auch nur der Fetzen eines Segels zeigte.

Nie wieder sollte sich Olivarez so verlassen fühlen. Die Schande der Niederlage, die bald in aller Welt bekannt sein würde, bedrückte ihn ebensosehr wie der furchtbare Zustand seines Schiffes, für das er allein die Verantwortung trug. An Eßbarem war an Bord der *San Vigilio* nur noch verrottetes Fleisch, verschimmeltes Brot. Und das Trinkwasser war schal und stank. Die Männer starben, weil sie sich angesichts dieser Brühe nur erbrechen konnten.

Die Takelage hing in Fetzen herunter, die erschöpften Seeleute, die Tag und Nacht an den Pumpen arbeiteten, um das Schiff flott zu halten, brachten weder die Kraft noch den Willen auf, die Segel zu reparieren. Unter Deck häuften sich die Kranken und Verwundeten, denen auch die von ihren Priestern abgenommene Beichte nicht helfen konnte.

Von seinem Platz auf dem Achterdeck, den Olivarez selten verließ, sah er nur das in die Verdammnis treibende Schiff, spürte nichts als den unablässig rasenden Sturm und das Spritzen des Salzwassers, das die Haut blutig peitschte.

Erst nach einem Monat passierte die *San Vigilio* das Kap Wrath, ein Stück der britischen Hauptinsel, so grauenhaft, wie es spanische Augen noch nie gesehen hatten. Und dort erst überkam sie die See mit ihrer vollen Wucht, mit Wogen, aufgetürmt wie Gebirge, die über den weiten Atlantik heranzurollen schienen, nur um diesen letzten Überlebenden zu zertrümmern.

Hier nun geriet Olivarez in einen Zwiespalt. Er mußte die Küste Spaniens erreichen, aber der Wind hinderte ihn heulend daran. Seine hungernden Männer mußten zu essen bekommen, wo aber sollte er in dieser Wasserwüste Brot oder Fleisch hernehmen? Während er sich neben dem schwer arbeitenden Rudergänger an der Reling festklammerte, traf Olivarez seine Wahl. Ein Kapitän muß entscheiden und die Folgen tragen, wenn es dabei um seine Ehre oder um seine gepeinigte Seele geht.

Mochte geschehen, was wollte, mochten sie bei der Landung noch so mörderisch in Empfang genommen werden, er konnte sich nicht in den wilden Atlantik vorwagen, bevor seine Mannschaft eine Ruhepause gehabt, die notwendigsten Reparaturen gemacht und genug Proviant geladen hatte – selbst wenn er noch so widerlich schmeckte. Erst dann konnte das letzte Kapitel ihrer furchtbaren Reise beginnen.

So schlich sein Schiff in der Dämmerung eines bitteren Septemberabends in die schmale Einfahrt eines Hafens, der, wie es ihm seine vergilbte Karte verriet, auf der Insel Mull lag, und dort gingen sie vor Anker. Aber nicht die geringste tröstliche Spur von Gastlichkeit begegnete ihnen hier. Sie erblickten nur eine steinige Bucht mit einem von groben Kieseln bedeckten Strand und eine Landschaft mit massigen Kliffs und windzerzausten Bäumen. Die wenigen kleinen Hütten mit ihren schwarzen Fensterrahmen waren aus Steinen errichtet und mit Heidekraut gedeckt. Vielleicht spähten aus dem Inneren Augen zu ihnen hin, aber kein Gesicht zeigte sich, kein Hund bellte.

Was für ein Hafen war das! Was war aus ihren Träumen geworden? Schlief der liebe Gott? Don Iago de Olivarez starrte auf das Land, das ihm seinerseits entgegenstarrte und die *San Vigilio* und seine Männer zu hassen schien. In seinem hageren Gesicht spiegelte sich bitterste Enttäuschung, und aus seinem Herzen wich jede Hoffnung.

IX

Als die blasse Sonne am Rand ihres Schlupfwinkels heraufkam, weckte ihn sein Diener Carlos, der wie er einer zusammengekauerten Vogelscheuche glich, aus seinem unruhigen Halbschlaf. Olivarez blinzelte in das Licht, das durch das Kajütfenster hereindrang. Seine Glieder waren steif, und ihn fröstelte. Er hatte in seinem Zeug geschlafen wie seit vielen Nächten, und daher war ihm auch ein noch so trostloser Morgen willkommen.

Einen Augenblick lang war er wie betäubt; irgend etwas an der *San Vigilio* kam ihm völlig ungewohnt vor. Aber dann wurde es ihm klar. Das Schiff hob und senkte sich nicht, rollte nicht wie betrunken zwischen den Segeln, sondern lag still da.

Er war wie ein Gefangener, der seine Fesseln vermißte. Doch hatten sie am Ende eine Zuflucht gefunden.

Vor einem Diener, der sein Vertrauen genoß, konnte er Dinge tun, die sich ein spanischer Grande niemals vor den Augen der Welt gestattet hätte. Olivarez gähnte hemmungslos, rieb sich die verklebten Augen und streckte die Glieder, die – er wußte nicht, wie lange nun schon – heftig schmerzten.

»Wie spät ist es, Carlos?«

»Neun Uhr, Herr.«

»Und wie ist das Wetter?«

Carlos, der sich seit langem mit der Unfreundlichkeit der Welt abgefunden hatte, konnte immerhin noch den Anbruch eines neuen Tages mit der gebührenden Melancholie begrüßen. In seinem blassen, welken Gesicht kam eine Welle von Mißlaunigkeit auf.

»Unbarmherzig kalt, Herr. Es hat in der Nacht sogar geschneit.«

Das letzte Wort sprach er aus, als dürfe es einem Christen niemals über die Lippen kommen. »Wie Menschen nur in einer solchen Hölle leben können! Wenigstens brauchen die hier nicht nach dem Ende der Welt zu suchen, sie haben es ja täglich vor Augen! Möchtet Ihr etwas essen, Herr?«

Don Iago empfand zum erstenmal nach so vielen Tagen Hunger. »Ja. Was hast du für mich?«

Carlos spitzte die schmalen Lippen. »Verdorbenen Wein, Herr. Brot mit etwas Öl. Fisch, den Ihr besser nicht essen solltet. Die Fische selbst würden ihn nicht anrühren.«

»Ist denn der Provianttrupp noch nicht zurück?«

»Nein, Herr. Was soll es hier auch zu finden geben?«

»Wie lange sind die Leute schon an Land?«

»Zwei Stunden ungefähr.«

Der Sache mußte nachgegangen werden. »Bring den Wein. Und dann bestellst du Don Alonzo her.«

»Er wartet schon, Herr.«

»Er soll kommen.«

Don Alonzo, sein Neffe und Sekretär, der nicht wegen seiner Verdienste, sondern eigentlich nur einem Bruder zu Gefallen mitgenommen worden war, hatte seit seiner Aufnahme in die Besatzung der *San Vigilio* an der warmen Küste von Corunna viel von seinem Eifer und seiner Begeisterung eingebüßt. Jetzt war er buchstäblich nur noch ein Ritter von der traurigen Gestalt.

Nichts von seiner prächtigen Kleidung hatte die Reise unbeschadet überstanden, und die hohen Stulpen seiner juchtenledernen Stiefel, die einst seine Beine so männlich hatten erscheinen lassen, hingen ihm jetzt schlaff um die Knie, wie die Osterdekoration in der Kirche einen Monat nach dem Fest der Auferstehung des Herrn.

Er sehnte sich fortwährend jammernd nach seinem geliebten Cordoba. Er trauerte um die Speisen und den Wein, die einst das Leben so angenehm gemacht hatten. Er entbehrte seine galanten Gefährten und die dunklen Augen der Mädchen. Er, der vormals geschworen hatte, er werde noch vor dem Frühstück zehn Engländer aufspießen, hätte eben diese verruchten Feinde jetzt als Blutsbrüder umarmt, wenn sie ihm nur ein wenig Ruhe und saubere Wäsche, vor allem aber eine schnelle Heimfahrt durch ruhiges Gewässer verschafft hätten.

Daheim würde er dann verkünden, wie nahe seine Armada vor einem glänzenden Sieg gestanden hätte.

Als er die große Kajüte betrat und salutiert hatte, rieb er sich die Hände warm. Don Alonzo hatte diese elende Kälte jetzt zwei Monate lang ertragen müssen, und das wollte er auch jedermann vor Augen führen.

Olivarez war nicht in der Stimmung, dieses Getue mitanzusehen. »Was ist mit dem Proviantrupp?«

»Nichts, Onkel, soviel ich weiß.« Don Alonzo, der sich keinerlei Trost erhoffte, solange nicht seine private Welt wieder in Ordnung war, brachte seine Meldung in einem Ton vor, als hänge von ihr nichts weiter ab.

»Aber die Leute sind seit sieben Uhr an Land!«

»So wurde mir berichtet.«

»Und sie sind nirgends in Sicht?«

»Nicht, daß ich wüßte.« Und zur Erklärung fügte er hinzu: »Es war so kalt an Deck, und da habe ich in meiner Kammer auf Nachrichten von ihnen gewartet.«

Wäre er nicht der Sohn meines Bruders, dachte Olivarez, ich würde diesen faulen, nichtsnutzigen Schurken hängen lassen! Aber er hatte diesen Stachel nun schon so lange ertragen, daß er ihn nicht mehr schmerzen konnte. Die Moskitos an der Küste von Panama waren schlimmer gewesen. Er fragte:

»Warum bist du dann zu mir gekommen?«

Don Alonzos braune Gazellenaugen weiteten sich. »Ich dachte, ich sollte etwas für dich schreiben.«

»Heilige Mutter Gottes!« Jetzt spürte sein Onkel den Stachel doch. »Was sollte ich an so einem Tag zu schreiben haben?«

Sein Neffe fühlte sich beleidigt. »Ich weiß es nicht, Onkel, wirklich nicht.«

»Dann sind wir beide in der gleichen Situation!«

Aber Don Alonzo, in die Enge getrieben, rang sich mannhaft zu einer irgendwie nützlichen Meldung durch. »Ich erinnere mich jetzt. Fra Bernardo wünscht dich zu sprechen.«

»Wieso? Schon wieder ein Fall von Gotteslästerung?«

Gotteslästerung war an Bord aller Schiffe streng untersagt, weil dadurch ihre heilige Sache gefährdet werden konnte, und auf der *San Vigilio* waren für die Verunglimpfung des Namen Gottes mehr Seeleute ausgepeitscht worden, als es Ratten an Bord gab. Und der unerbittlichste Eiferer in all diesen Fällen war sein Schiffskaplan Fra Bernardo.

Don Alonzo warf, immer noch gekränkt, den Kopf herum. »Es ist gewiß nicht meine Sache. Aber er meint, ein Fluch liege auf uns.«

Einer dieser Flüche, dachte sein Onkel, steht hier verkörpert vor mir. Mache ich mich verrückt an Leib und Seele, nur um solche Gekken wie diesen wieder nach Hause in ihre seidenen Kissen zu befördern? Darauf kann ich ehrlicherweise nur mit Ja antworten.

»Geh und sag ihm, er soll kommen.«

»Ja, Onkel.«

»Und sieh zu, daß du herausbekommst, was mit dem Provianttrupp los ist.«

»Ja, Onkel.«

»Zieh deinen Pelz über und begib dich aufs Achterdeck.«

Eine Antwort schien nicht angebracht, und so zog sich Don Alonzo zurück.

Fra Bernardo, ein Dominikanermönch, war von Natur aus schmächtig, war es schon immer gewesen, daheim in der warmen Burg an den sonnigen Hängen der Sierra de Guadarrama wie jetzt an Bord der in dieses schottische Eisloch verschlagenen *San Vigilio*. Aber wo immer er sich aufhielt, stets schwang er in unnachgiebiger Gottesfurcht die Zuchtrute.

Don Iago de Olivarez hatte manchmal gewünscht, als guter Sohn der Kirche seinem Kaplan mehr Liebe entgegenbringen zu können, aber er vermochte lediglich Achtung für dessen Amt aufzubringen und für die Art, wie er es ausübte, wenngleich auch ein wenig Furcht dabei im Spiele war – die Furcht eines Mannes, der die weltliche Macht vertrat, gegenüber einem Vertreter der Macht Gottes.

Zuweilen schien dieser schmächtige Mann Gottes mit seiner Seele zu hadern. Ohne sich deswegen der Ketzerei schuldig zu fühlen, hatte er Zweifel, ob die ihm innewohnende heilige Macht wirklich immer so grausam zuschlagen sollte, wenn einer vom Wege abkam oder den rechten Weg nicht fand.

An diesem kalten grauen Morgen fehlte es dem Fra Barnardo freilich keineswegs an heiligem Eifer.

»Guten Morgen, mein Sohn.«

»Guten Morgen, Fra Bernardo. Ich hoffe, Ihr genießt zur Abwechslung einmal die Ruhe.«

»Ich ruhe nicht. Ruhe bedeutet Trägheit. Trägheit ist Sünde.«

Ja ja, dachte Olivarez: möge Gott uns Sündern vergeben. Um von einem schwierigen Thema abzulenken, sagte er:

»Die Suche nach frischem Proviant war bisher leider vergeblich. Aber vielleicht wird sich bald alles zum Guten wenden.«

»Nichts wird sich wenden.«

Olivarez musterte das hagere Gesicht des Mannes, dieses unerbittliche Gesicht, das aus trockenem Olivenholz geschnitzt schien. »Warum sagt Ihr das?«

»Weil Euer Schiff vergiftet ist.«

Olivarez seufzte. Das war es also. Mitten in all ihren anderen Nöten dürstete es den Kaplan noch nach Beute. »Geht es ihm gut?«

Fra Barnardo erwiderte sarkastisch: »Wahrscheinlich besser als je.«

»Was also wollt Ihr?«

Die Überraschung des Priesters war gut gespielt: »Die gerechte Bestrafung eines Ketzers! Was sonst?«

»Warum habt Ihr ihn dann nicht sterben lassen?«

»Das ist keine Strafe. Das ist Flucht.«

Wieder seufzte Don Iago. Diese Dominikaner waren so streng! Nicht umsonst trugen sie den Beinamen *Domini Canes* – die Hunde des Herrn. Aber warum mästeten sie das Opfer, bevor sie es erschlugen? Weshalb waren sie darauf aus, so ein armes Schwein in Stücke zu reißen – diesen Engländer, der ihnen durch Zufall in die Hände gefallen war und ihnen ebensogut hätte entwischen können und einem gnädigeren Los anheimfallen?

»Spricht er?«

»Häufig. Und es ist immer dieselbe Geschichte. Aber jetzt ist Schluß damit. Ich habe meine Pflicht zu tun, wie Ihr die Eure.«

»Er ist Kriegsgefangener.«

»Er ist ein Ketzer, eine Pestbeule, ein Verräter am Glauben! Wundert Ihr Euch, daß uns eine solche Strafe überkam? Ich werde ihn in Eurer Gegenwart der Form halber verhören. Ich werde ihn vor Gott schuldig sprechen, und Ihr werdet die Strafe vor aller Welt vollstrecken. Nur so kann Gott Genüge getan und dieses Schiff gereinigt werden!«

Die Sache war nicht anders zu Ende zu bringen, Fra Bernardo würde auf seinem Willen bestehen. Und so mußte eine Entscheidung getroffen werden, und je eher desto besser. Seit vielen Wochen schleppten sie es nun mit sich herum: das Problem, das dieser Mann heraufbeschworen hatte, dieser Mann aus dem Boot.

»Na gut.« Don Iago hatte nachgegeben, und mit ein wenig Verstellung konnte er so tun, als sei dies angesichts ihrer schweren Notlage eine geringfügige Sache. »Laßt ihn heraufbringen.«

Matthew Lawe erwachte aus unruhigem Schlaf, als die Wache ihn wie gewöhnlich grob anpackte und hochriß. Diese Männer, die selbst ein elendes Häufchen waren, konnten ihre magere Autorität nur durch Schläge und Fußtritte, durch Gebrüll und Flüche beweisen; nur so unterschieden sich in diesem schwimmenden Sarg die Wächter von dem Gefangenen, die Antreiber von dem Sklaven.

Aber nach diesem Wecken machte der Mann, der seinen schweren Stiefel auf Matthews Nacken gestellt hatte und sein Gesicht einer flakkernden Kerze zudrehte, ihm Zeichen, fuchtelte mit den Händen und knurrte ihn an wie ein Tier.

Zu verstehen war dieses Gebaren als: »Steh auf! Mach schnell! Folg mir!« Und als er mühsam hochkam, folgte diesem Knurren ein letzter, heftiger Schlag. Zum erstenmal seit unzähligen Wochen sollte er diesen Ort verlassen.

Mit zitternden Beinen folgte er dem Wächter eine Leiter hinauf, der sich eine weitere und noch eine dritte anschlossen. Oben gebot man ihm, zu warten und sich auf der obersten Sprosse hinzukauern. Und auf einmal wurde er nicht mehr beschimpft und mit Füßen getreten, sondern einen Augenblick in Ruhe gelassen, bis er im ersten Tageslicht seit Verlassen der Straße von Dover seine Kräfte wiedergewann.

Während all dieser Zeit hatte er halb bewußtlos, krank und von Hunger geplagt unten in dem dunklen Verlies gelegen und alles noch einmal durchlitten, auch die Schrecken der Seeschlacht. Als Fahrensmann hatte er ein Gespür dafür, daß dieses Schiff, in dem er lag, riesig war; dennoch wurde es von gewaltig anrollenden Seen herumgeschleudert, leckgeschlagen und von Kanonenkugeln zerfetzt und durch das eigene Geschützfeuer in eine dröhnende, flammendurchzuckte Hölle verwandelt.

Dann, nach Tagen oder Wochen, ließen die Erschütterungen nach, und es trat eine Art Ruhe ein. Kein Kanonendonner mehr, nur noch die See als Feind. Diese aber schlug wild auf ihren beschädigten Rumpf ein, und die Pumpen, an denen Wache um Wache, Tag für Tag geschuftet wurde, verrieten, daß von allen Feinden die See der grausamste war.

Sein Gefängnis wurde zur letzten Zuflucht, die gebrechliche Leiter zur Brücke zwischen Leben und Tod, auf der die Kranken und Verwundeten hinuntergelassen wurden. Zahllose Männer lagen sterbend um ihn herum, und wenn sie aufhörten zu stöhnen, war ihre Reise ins Elend beendet. In diesem Leidenskäfig, herumgestoßen vom tückischen Wetter, am Leben erhalten von Nahrung, die eine Ratte verschmäht hätte, dazu einmal am Tag einen Becher mit schleimigem, grünlichem Wasser – in dieser Pestgrube voller Verdammter fand Matthew Lawe Zeit, sein Los und die Schuld, die er auf sich geladen hatte, zu überdenken.

Während dieser qualvollen Wochen fanden einige spanische Seeleute, die Näheres über ihn gehört hatten, noch kurz, bevor sie starben, die Kraft, ihn zu verfluchen. Einer versuchte sogar, ihn im Schlaf zu erdrosseln, bevor der Tod alle Wut in ihm erstickte. Aber keiner dieser Feinde reichte mit seiner Erbitterung an Matthews Selbsthaß heran oder hätte im mindesten sein Gewissen beschwichtigen können.

Nach seiner feigen Flucht war er um sein Leben auf die flämische Küste zugeschwommen, war hineingeschwommen in eine Art von Wahnsinn, der seinem eigenen Zustand ähnelte. In der Finsternis griff eine Panik um sich, sobald der erste Brander gesichtet und die Gefahr erkannt worden war, die der Großen Armada drohte. Der Wind trug ihm laute Warnschreie zu, er hörte die Kanonen Alarm feuern, sah Laternen schwenken und vernahm dumpfe Axthiebe.

Dunkle Schiffsmassen setzten sich zwischen Ankerplatz und Land in Bewegung, während hinter ihm die Brander – ohne die schmachvoll verlassene *Thomas*, die gleich nach seinem Sprung ins Meer von einer gewaltigen Explosion auseinandergerissen wurde – ihre verzehrenden Flammen an die spanische Flotte herantrugen. Matthew Lawe, dem das Mark in den Knochen gefror, suchte sich, schon fast ertrinkend, über Wasser zu halten, während der sichere Hafen zu einer tödlichen Falle wurde und zahllose Seeleute wie er verzweifelt um ihr Leben kämpften.

Ein mächtiger, wie von Todesangst umstrudelter Schiffsrumpf kam auf ihn zu und trieb an ihm vorbei. Er erinnerte sich nur noch daran, wie er in einer letzten Anstrengung nach einem kleineren Schatten gegriffen hatte, einem bei der übereilten Flucht vergessenen, an einem Heck festgemachten Boot. Erschöpft und verzweifelt hatte er sich hineingezogen und war dann zusammengebrochen. Aus seiner Ohnmacht erwacht war er erst, wie er vermutete, am Mittag des nächsten Tages, und zwar in dem stinkenden Loch, das jetzt tief unter ihm lag.

Die ungezählten folgenden Wochen in diesem schwarzen Gefängnis waren eine einzige, unerträgliche Qual. Unter den Männern um ihn herum war nur ein einziger freundlich gewesen. Dies war ein Priester, ein strenger Priester, der ihm Fragen stellte und seine Antworten prüfte, als hänge von ihnen sein Leben ab. Aber er schien Matthew am Leben erhalten zu wollen, was sich von seinen Wächtern nicht behaupten ließ. Matthew fragte nicht nach dem Warum. Er empfand zu diesem, seinem einzigen Freund nur Zuneigung.

Aber er sagte bei dieser unter widerlichem Gestank abgelegten Beichte nicht die ganze Wahrheit. Mußte man sich vor Gott ebenso schämen wie vor den Menschen? Er hatte berichtet, er sei auf einem der Brander über Bord gefallen und sei weder ein Spion noch ein auf Zerstörung bedachter Saboteur, sondern lediglich ein vom Pech verfolgter Seemann. Er gab als seinen Glauben den anglikanischen Protestantismus an, aber fügte demütig hinzu, er habe nie Gelegenheit gehabt, eine andere Konfession kennenzulernen.

Ob er bereit sei, seinen Sünden abzuschwören? Matthew erwiderte, ohne der Wahrheit Gewalt anzutun, er wünsche, daß er dazu imstande sei.

Jetzt starrte sein Wächter auf ihn herab und gestikulierte wieder. Es war Zeit zu gehen. Mühsam kletterte er auf einer weiteren und dann noch einer Leiter nach oben. Nahm dieses sonderbare Schiff nirgends ein Ende, das er für das größte hielt, das er je betreten hatte, und nun in seinen ganzen stolzen Ausmaßen überblicken konnte?

Die Decks waren weitläufig und geräumig, eines türmte sich über dem anderen hinauf gen Himmel, als entziehe es sich spöttisch jedem Zugriff der See. Als es heller und das fahle durch die Stückpforten eindringende Licht zu Sonnenschein wurde, der wie in einem Palast durch das Fachwerk der Fenster schien, staunte Matthew nur, daß die *Revenge* und all die anderen englischen Schiffe gewagt hatten, sich mit einem solchen Ungetüm zu messen.

Aber die Männer, die er im Vorbeigehen sah, schienen wenig mit diesem ansehnlichen Schiff gemein zu haben. Sie waren zwar prächtig gekleidet, und ihre Harnische schienen von Künstlern ihres Fachs gefertigt, aber alles war abgerissen und in Fetzen, von Schmutz besudelt, zerbeult, beschädigt und verrostet. Und abgemagert waren sie alle und verzweifelt. An vielen dieser gespenstischen Erscheinungen kam er vorüber, von denen kaum einer weniger elend, weniger abgezehrt und trostlos aussah als er selbst.

Sie blickten ihn zwar mit dem ihnen verbliebenen Rest von Verachtung und Haß an, ihr Geist aber schien ausgebrannt durch ihre verzweifelte Lage. Es war, als wüßten sie, daß alle, ob Freund oder Feind, gleichermaßen verdammt waren. Konnte ein Spanier sich über einen Engländer erheben, wenn sie ein und dasselbe Grab miteinander teilten und bald beide vom grauen Leichentuch der See umhüllt sein würden?

Jetzt trat er hinaus, und kaltes Sonnenlicht fiel auf ihn, gleich darauf aber wurde er in eine Kajüte geführt, die weit pompöser war als die beiden Kajüten Lord Howards auf der *Ark Royal* zusammengenommen. Hier sah er den Priester, den er kannte und zu dem er Vertrauen hatte, außerdem einen großen Herrn mit einem stolzen Gesicht, der ihm unbekannt war.

Das Verhör begann.

Fra Bernardo sprach ausgezeichnet Englisch, und auch Don Iago kannte sich einigermaßen in dieser Sprache aus; gemeinsam machten sie sich mit den Umständen vertraut, die zur Gefangennahme von Matthew Lawe geführt hatten. Er war also durch einen unglücklichen Zufall Kriegsgefangener geworden: ein englischer Seemann, den die See ihnen als Geisel ausgeliefert hatte. Daß er noch am Leben war, verdankte er der *San Vigilio*. Was dieses Leben wert war, ließ sich kaum in einem noch so niedrigen Geldbetrag ausdrücken.

Don Iago de Olivarez, der durch seinen hohen Rang weder arrogant noch grausam geworden war, musterte diesen elenden, zerschundenen, in abgerissenes, verschmutztes Zeug gekleideten Mann. In seiner eigenen unglückseligen Lage konnte er nur Mitleid mit ihm empfinden.

Er rief seinen Diener: »Carlos!« Und als dieser mit der Promptheit des Dieners erschien, dessen Ohren nie weit entfernt von einer offenen Tür sind, sagte er: »Gib ihm ein Glas Wein.«

Carlos tat mit saurem Gesicht, was ihm geheißen worden war. Seine Miene mochte ausdrücken: »Wein für diesen Hund?«, seine Bewegungen aber waren flink wie immer. Es war seine Pflicht zu gehorchen, selbst wenn er damit einem ketzerischen Dreckskerl wie diesem diente. Matthew trank durstig, während Olivarez seinen Gefangenen weiter beobachtete. Dann verengten sich seine Augen – seine Seemannsaugen – und er fragte scharf:

»Was habt Ihr da um Euren Hals?«

Matthew, der nicht gleich verstand, begriff schließlich.

»Meine Bootsmannsmaatenpfeife, Euer Gnaden.«

»Dachte ich mir. Ich trage als Kommandant dieses Schiffes ebenfalls eine silberne Pfeife, wenn ich sie natürlich auch kaum benutze. Habt Ihr uns angelogen? Was seid Ihr? Offizier?«

»Nein, Sir. Ich bin Bootssteuerer.«

Olivarez wandte sich mit einem fragenden Blick an Fra Bernardo, der ihm nach bestem Wissen übersetzte: »Ein Rudergänger, schätze ich.«

Matthew wollte ihm helfen, blieb ihm doch kaum anderes übrig. Er machte mit den Armen die Bewegungen eines Mannes, der am Ruder eines großen Schiffes steht. »Nein, Sir«, sagte er dann, »Ich hatte ein Beiboot unter mir. Die Pfeife ist ein Zeichen meines Dienstgrades.«

»Ein ziemlich aufwendiges Zeichen. Was für ein Beiboot war das?«

»Das Boot des Vizeadmirals. Sir Francis Drake.«

Tödliche Stille trat ein. Kein Spanier – selbst ein Priester, der hoch über irdischen Dingen steht – konnte diesen Namen hören, ohne zu erschrecken oder von Wut gepackt zu werden. Hier also stand ein Mann, der von der Schande selbst, von Piratentum, Heimtücke und Verrat gezeichnet war, ein Mann, der vom leibhaftigen Ungeheuer der Meere selbst berührt worden war und jetzt die *San Vigilio* mit seinem Gift verseuchte. Olivarez, nachdem er den Schauder überwunden hatte, fuhr mit seinen Fragen fort:

»Hm. Wir nennen ihn El Draque. Wir haben noch andere Namen für ihn. Dann wart Ihr also – wie ist noch Euer Name? – sein Bootssteuerer. Aber zugleich hattet Ihr das Kommando über einen Brander. Wie ist das zu verstehen?«

Matthew hatte nicht die Kraft und war auch nicht schlagfertig genug, die Sache zu vertuschen. »Es war *sein* Brander, Euer Gnaden. Er führte die anderen an. *Thomas* war der Name des Schiffes.«

»Es fuhr voraus? Also war es dies Schiff, das den Alarm auslöste?«

»Ja, Sir.«

Olivarez musterte ihn grimmig. »Fällt El Draque jemals über Bord? Fallen von ihm ausgewählte Männer über Bord? Warum wurde das Schiff so früh in Brand gesetzt?«

»Es war ein Irrtum, Euer Gnaden.«

»Und Ihr wart es, der sich geirrt hat?«

»Ja.«

»Aber worin bestand der Irrtum? Ihr habt das Schiff zufällig in Brand gesetzt?«

»Nein, Euer Gnaden. Ich dachte – ich dachte, wir seien nahe genug heran.«

»Und wolltet vermeiden, noch näher heranzufahren?«

Matthew, unfähig, diesem Mann in die Augen zu blicken, sah vor sich auf den kostbaren Kajütenteppich. »Ja, Sir.«

»Und dann – fielt Ihr über Bord?«

Matthew begriff in all seiner Zerknirschung, daß dieser Herr, der den Blick eines Seemannes hatte, die Wahrheit ahnte. Und so konnte er nicht umhin, sie zu gestehen – sich vor diesem Zeugen reinzuwaschen von Schuld. Er schüttelte den Kopf. »Nein, Euer Gnaden. Die *Thomas* stand in Flammen. Sie mußte jeden Augenblick explodieren! Und deshalb – sprang ich über Bord.«

Als Don Iago sagte: »Wir sind Euch dankbar«, war Matthews Schande vollkommen.

Fra Bernardo, der sich bisher schweigend zurückgehalten hatte, wurde jetzt ungeduldig. Diese langweiligen Fragen nach dem Wie und Warum waren ihm lästig. Was für eine Rolle spielte es, ob ein englicher Seemann ein Feigling war oder ein Narr? Es gab wichtigere Dinge, was diese Welt und vor allem, was die Welt danach betraf. Es ging um die Seele eines Mannes, nicht um seinen Ruf.

Sein hageres, wie aus Holz geschnittenes Gesicht drückte Entschlossenheit aus, als er jetzt eingriff. Im Befehlston wandte er, der eine höhere Macht vertrat, sich an Don Iago: »Und jetzt, mein Sohn, kommen wir zum Verhör.«

Dies zu fordern, war sein unbestreitbares Recht, und nur Matthew starrte ihn bestürzt an, als er diesen Befehl in einer ihm unverständllchen Sprache hörte.

Fra Bernardo, der an Bord in Glaubensdingen nicht minder zuständig war wie Don Iago in allen seemännischen Belangen, stellte seine Fragen ebenso geschickt wie unnachgiebig. Er berührte keinen Punkt, den er nicht bei anderen schon viele Male vorgebracht hatte, aber nun zog er seinen Fragenkatalog schwungvoll und gekonnt zu einer einzigen Anklage zusammen, die Matthew Lawe keine andere Möglichkeit ließ als ein unterwürfiges Geständnis.

»Ihr habt den Namen El Draque genannt«, begann er Matthew eindringlich zu verhören. »Das ist nicht gerade eine Empfehlung. Sagt mir, wie steht El Draque zum römisch-katholischen Glauben?«

Matthew glaubte immer noch, in dem Priester einen Mann vor sich zu haben, der sich, klang es ihm auch noch so hart in den Ohren, voll an die Wahrheit hielt. »Er haßte ihn.«

»Hat er Euch gelehrt, diesen Glauben ebenfalls zu hassen?«

»Er hat so etwas gesagt.«

»Und Ihr habt geglaubt, was er sagte?«

»Er war unser Generalkapitän.«

»Danach habe ich nicht gefragt. Habt Ihr ihm geglaubt?«

»Ja.«

»Ihr haßt also Rom? Ihr würdet es zerstören?«

Matthew, dem der bedrohliche Unterton in der schneidenden Stimme des Geistlichen nicht entging, begann an seinem Freund zu zweifeln. »Sir, ich habe es Euch schon gesagt, ich weiß nichts, als was man mir beigebracht hat.«

»Ich weiß, was man Euch beigebracht hat. Ich wünsche jetzt zu hören, wie es mit Eurem Glauben steht.« Als Matthew zögerte, senkte Fra Bernardo die Stimme und sagte fast sanft: »Ist Euch auch gesagt worden, daß wir über Peitschen und Zangen verfügen, die einen Mann dazu bringen, die Wahrheit zu sagen?«

»Ja, Sir«, stieß Matthew kleinlaut hervor.

»So glaubt Ihr also *das* wenigstens. Fangen wir noch einmal an, offen und aufrichtig. Seid Ihr – Ihr selbst – ein Feind des römischen Glaubens?«

Hiernach war es nur noch ein Katz-und-Maus-Spiel. Während Don Iago, der dem gequälten Mann keinen weiteren Becher Wein anbieten ließ, unbewegt dabeistand, stieß Fra Bernardo seine immer bedrohlicher werdenden Fragen hervor. Am Ende war Matthew nur noch imstande, zu antworten, was der Priester hören wollte.

Ja, er habe Rom gehaßt, wie es ihm beigebracht worden sei. Ja, er müsse im Irrtum befangen gewesen sein, weil er nicht genug wisse und durch Lügen getäuscht worden sei. Ja, er glaube, was Fra Bernardo ihm jetzt sage. Er gestehe seine Sünden und sei bereit, sich von ihnen loszusagen und sie zu bereuen. Und bereit auch, den neuen Glauben anzunehmen, weil er der einzige wahre Glaube sei und für einen Ketzer eine Gabe des Herrn.

Dann kam der Augenblick, in dem ihm der Schrecken in die Glieder fuhr. Fra Bernardo setzte sich in seinem Sessel zurück. Er nickte dem niedergeschlagenen Mann vor sich fast freundlich zu.

»Es ist gut«, sagte er. »Ihr habt nun alles gestanden, alles widerrufen und am Ende die Wahrheit gefunden. Jetzt dürft Ihr, von der unendlichen Barmherzigkeit Gottes umfangen, in Frieden sterben.«

Der Betrogene begriff nur verwirrt und ungläubig, was er soeben vernommen hatte.

So war also dies alles nur ein Trick, ein ungeheuerlicher, grausamer Trick und wahrhaftig nur ein Spiel der Katze mit der Maus, das er niemals hätte gewinnen können, ganz gleich, was er antwortete, ganz gleich, wie unterwürfig er sich zu seiner Schuld bekannte. So hatte Sir Francis also recht mit dem, was er ihnen einschärfte: die Spanier folterten in der Tat und verbrannten ihre Gefangenen zum höheren Ruhme ihres gnadenlosen Gottes!

Statt all seiner demütigen Geständnisse, statt aller Reue, die er als Verräter und Bekehrter an den Tag legte, hätte er ebensogut den Papst und seine Machenschaften verfluchen und zum Teufel wünschen können!

Trotz seiner hoffnungslosen Lage war Matthew nahe daran, laut seinen Protest hinauszuschreien, als man ihn auf diese Weise dem Henker ausliefern wollte. Doch plötzlich ertönten draußen Rufe, schwere Schritte wurden an Deck über ihnen hörbar, und scharf knallten Salven aus einer Anzahl von Musketen. Lag die *San Vigilio* unter feindlichem Feuer? Er konnte sich nichts Besseres wünschen. Sollte das Schiff mitsamt dieser Bande von heimtückischen Priestern zur Hölle fahren!

Aber in der Stille, die folgte, wurde diese Hoffnung zunichte. Kaum hatte das Gewehrfeuer aufgehört, da näherten sich der Kajüte schnelle Schritte. Don Iago zog seinen Säbel und stellte sich bereit. Der Mann aber, der keuchend und aufgeregt hereinstürzte, war Don Alonzo.

»Onkel, Onkel!« rief er und rang die Hände »Der Provianttrupp!«

Wortlos steckte Olivarez seinen Säbel in die Scheide und wünschte sich, abwegig genug, sein englischer Kriegsgefangener bekäme Besseres zu sehen und zu hören als diesen bläßlichen Nichtsnutz, der noch dazu von seinem eigenen Fleisch und Blut war. Schroff fragte er:

»Was ist mit dem Trupp? Hast du Nachrichten von ihm?«

»Ja, schlimme Nachrichten!« murmelte Don Alonzo niedergeschlagen. »Wahrscheinlich sind alle tot – hingemetzelt von diesen heidnischen Schurken!«

»Wieso? Schnell, erzähle!«

»O Onkel, es muß grauenvoll gewesen sein! Das Herz stand mir still aus Mitleid mit den tapferen Burschen! Wir sahen nur zwei von ihnen, die zum Wasser rannten, als sei der Teufel selbst hinter ihnen her. Und so war es auch! Verfolgt wurden sie von Männern in Rökken, die sie mit langen Schwertern niedermachten, bevor sie das Boot erreichten.« Er wandte sich verzweifelt ab. »Carlos! Einen Becher Wein, ich flehe dich an.«

»Und das Gewehrfeuer?«

»Das waren wir! Ich selbst schoß auf diese Teufel und hätte sie alle niedergestreckt, wenn sie nicht zu weit weg gewesen wären. Sie müssen den Trupp überfallen und alle ermordet haben!«

Damit wußte Olivarez genug. »Stell' den Becher weg«, befahl er ihm. »Geh zu Kapitän Barrameda, sag ihm, er soll zu mir kommen.«

»Was können wir dagegen tun? Vielleicht liegen Tausende von diesen Kerlen auf der Lauer, um uns ebenfalls niederzumachen.«

»Tausend Männer in Röcken? Das ist doch Unsinn!« Olivarez fuhr herum und wandte sich an den Priester. »Wir müssen mit unserer Sache Schluß machen«, sagte er. »Ich habe im Augenblick Dringenderes zu tun.«

Obwohl sich in einem solchen Augenblick alle dem Wort des Kapitäns zu beugen hatten, ließ Fra Bernardo nicht von seinem Opfer ab und wollte die Sache zu Ende bringen. »Aber Euer Urteil, mein Sohn? Der Fall ist klar. Dieser Mann ...«

»... ist jetzt unwichtig«, zischte Olivarez ihn an. »Wir müssen jetzt unsere eigenen Männer retten oder – begraben. Außerdem fehlt es uns nach wie vor an Proviant, und ohne den sind wir aufgeworfen.« Und dann, als er seinen Neffen immer noch zögernd an der Tür sah, brüllte Don Iago de Olivarez, wie er als Edelmann es wahrscheinlich noch nie getan hatte: »Alonzo! Hast du nicht gehört? Hol mir augenblicklich Kapitän Barrameda! Es sei denn, du willst dies Unternehmen selbst leiten.«

»Ich? Nein, ich lauf' schon –«

Er riß die Tür auf und rannte los, um einem weiteren Zornausbruch und noch Schlimmerem zu entgehen.

X

Für die Männer in Röcken war der Überfall auf die fünfzehn Seeleute des Provianttrupps, die da in einem Boot gelandet waren, vermutlich nicht viel mehr als eine Art Sport gewesen. Doch als sie hundert bewaffnete, in drei Kolonnen anmarschierende Männer sichteten, geführt von einem Offizier, der aussah wie ein strahlender Herkules, mußten sie sich eines anderen besonnen haben. Als Kapitän Barrameda zurückkehrte und Olivarez auf dem Quarterdeck Meldung machte, hatte er über sein ruhig und friedlich verlaufenes Landeunternehmen nicht viel zu berichten. Was er allerdings außerdem erzählte, war so grauenhaft, daß sich jedem, der es hörte, das Herz zusammenschnürte.

Barrameda war ein großer, prächtig gewachsener Mann und zugleich der hervorragendste Soldat an Bord der *San Vigilio*, seine Truppe, das Erste Biskaya-Regiment, war ihm so treu ergeben wie andere dem Heiligen Vater persönlich. Nachdem er salutiert hatte – Don Iago war nicht nur sein Kommandant, sondern auch sein bewunderter Freund – zeigte sich unter seinem schimmernden Helm ein strenges, sehr ernstes Gesicht. Er berichtete knapp und sachlich, wie es sich für einen Soldaten gehörte.

»Mein Kapitän – vom Feind, von diesen gottsverfluchten Schurken, fanden wir nicht die geringste Spur, doch wir sind auf unseren Trupp gestoßen. Alle waren tot, Mann für Mann, ebenso wie die beiden, die wir zum Boot fliehen sahen. Die anderen sind beim Füllen ihrer Wassertonnen überrascht und erschlagen worden. Das Zeug war ihnen von den Leibern gerissen, die Finger, an denen sie Ringe trugen, abgehackt, die Rosenkränze ihnen vom Hals genommen. Aber vorher hat man ihnen die Köpfe abgeschlagen.«

Die schweigend auf dem Quarterdeck stehenden Zuhörer atmeten tief, als Barrameda dies berichtete. Was konnten das für Menschen sein? Olivarez, von wilder Rachwut erfüllt, fragte:

»Und ihr habt keinen einzigen gesehen? Wo haben diese Mörder sich versteckt?«

»In den Bergen, schätze ich, mein Kapitän. Die Hütten waren leer, bis auf eine. Und hätten wir eine Woche lang auf die Schufte Jagd gemacht, wir hätten nichts gefunden. So habe ich keine Zeit verschwendet und mich darauf gar nicht erst eingelassen. Wir haben unsere Leute begraben und uns um die Wasserfässer und um den Proviant gekümmert. Es würde sich lohnen, weitere Trupps auszuschicken: das Wasser ist gut, außerdem gibt es Wild und eine Art Getreide. Natürlich müssen wir schwer bewaffnet sein, aber das läßt sich ja machen.«

»Was habt ihr mitgebracht?«

Barrameda hatte alles genau im Kopf, wie es sich bei einem pflichtbewußten Mann von selbst verstand. »Wasser – sechzehn volle Fässer. An Jagdbeute drei Hirsche, von denen wir weitere geräuchert in den Hütten fanden. Dann ein Schwein oder sogar zwei und große Mengen von Fischen. Mein Leutnant schoß eine Art von Adler.« Er lächelte zum ersten Mal während seines düsteren Berichtes. »Zuzeiten mag einem auch ein Adler genießbar scheinen. Und dann haben wir eine Person bei uns, die in einer der Hütten versteckt war und uns unter Flüchen anspuckte.«

Don Iago sagte grimmig: »Der werden wir Gelegenheit geben, uns noch ausgiebiger zu verfluchen – und die Mutter, die diesen Kerl geboren hat!«

»Es ist eine Frau, mein Kapitän. Eine alte verrückte Frau. Aber stolz. Sie sieht aus wie eine Hexe. Aber sie kann uns vielleicht einiges erzählen, das für uns wichtig ist.«

»Wo ist sie jetzt?«

»Im Beiboot, mein Kapitän, wo sie mit den Eingeweiden eines der Hirsche spielt.«

Sie war in der Tat eine Irre, diese alte Frau, die aussah wie eine Hexe und jetzt an Bord geholt und vor ihre Häscher gesetzt wurde. Kapitän Barrameda, der einen Mann und bis zu einem gewissen Grad vielleicht auch eine Frau auf einen Blick abzuschätzen wußte, hatte recht – sie war stolz. Stolz auf irgend etwas, das ihnen verborgen blieb. Worauf sie stolz war – den Schlüssel dazu konnte ihnen am Ende nur einer liefern, Matthew Lawe.

Die Männer der *San Vigilio*, die über das, was ihren Kameraden zustieß, voller Wut waren, hatten nichtsdestoweniger ihren Spaß an der alten Hexe, die nun unter ihnen saß. Vor sich sahen sie eine kleine, in Fetzen gekleidete Frau mit blutig verschmierten Händen, die hoheitsvoll zu ihnen hinschaute, als gebiete sie über Leben und Tod eines jeden, auf den ihr Blick fiel.

Ihre Nase war gekrümmt wie ein Schnabel, ihre olivbraune Haut dunkler als die der Spanier, auf dem Kopf hatte sie grauverfilztes Haar, und ihre Bewegungen waren ungezügelt und wild. Sie hüpfte eher, als daß sie ging, schnitt ständig Grimassen, schnippte mit ihren gekrümmten Fingern und schien voller Verachtung für dieses Mannsvolk, das in ihren Augen nur zufällig so etwas wie Macht besaß.

Stolz war sie gewiß, dabei aber von einer abgrundtiefen Häßlichkeit, worüber die spanischen Seeleute und Soldaten, nachdem sich ihr Staunen gelegt hatte, ihre Witze rissen. Während Fra Bernardo ein Deck höher zwischen den Seeoffizieren stand und mit steinernem Gesicht so tat, als höre er nichts, arteten die Witze und Gesten der Männer immer mehr aus. Und alles lief auf eins hinaus, auf die Forderung an die Bootsmannschaft nämlich, die diese Beute an Bord gebracht hatte: Wenn ihr schon eine Frau anschleppen müßt, dann bitte eine bessere als diese.

So schmähten sie das Weib, rempelten es an und brachen in heiseres Gelächter aus, wenn es sie verfluchte oder zu verfluchen schien, denn was sie redete, verstanden sie nicht. Als sie schließlich zu weit gingen, ließ sie ihr Wasser auf das Deck ab, aber auch das in stolzer Haltung, als verhöhne sie einen Pöbel, der nicht einmal ihre Verachtung verdiene.

Für Don Iago, der ein großzügiger Kommandant war, gab dies den Anlaß, wieder Ordnung und Sitte an Bord seines Schiffes herzustellen. Sein Segelmeister und Kapitän Barrameda brüllten ihre Befehle, und die Menge, die ihren Schabernack trieb, wich zurück. Dann kamen die Offiziere hinunter aufs Mitteldeck und nahmen die alte Frau in die Mitte.

Nach himmlischem und auch irdischem Ermessen schien Fra Bernardo von allen der geeignetste Mann, das Gespräch mit dieser sonderbaren Besucherin aufzunehmen. Aber nachdem er sein bestes versucht hatte, in seinem latinisierten Englisch, mit französichen Brocken und schließlich auf Spanisch, mußte er eingestehen, daß er aus ihren Antworten nicht klug wurde.

»Es ist eine Art Englisch«, sagte er zu Olivarez. »Hier und da ein verständliches Wort, aber verdreht. An den Flüchen und Schimpfworten kann man nur herumrätseln. Soviel ich verstanden habe, behauptet sie, sie könne uns unsere Todesstunde sagen, was doch allein die Sache Gottes ist. Aber sonst –«, er schien wirklich in Verlegenheit und versteckte sich hinter seiner Gelehrsamkeit »– fürchte ich, fehlt es ihr einfach an Bildung.«

Was um Himmels willen ist denn anderes zu erwarten? dachte Olivarez, während er die wilde, halb menschliche, halb affenähnliche Frau betrachtete, die ihnen ein so großes Rätsel war. Doch sagte er dies nicht laut. Normale Menschen, selbst solche mit dem Ohr Gottes, waren nur einfache Geschöpfe. Irre jedoch mochten vielleicht nicht nur über Gottes Ohr verfügen, sondern auch über seine Zunge. Und dann fiel ihm Fra Bernardos abfällige Bemerkung »eine Art Englisch« ein, und er versprach sich »eine Art Antwort« von »einer Art Engländer«.

»Bringt den Gefangenen her«, befahl er, und so warteten sie schweigend, während Matthew Lawe von den murrenden Wächtern so schnell die Treppe hinaufgeschoben wurde, wie sie es nach dieser aus purer Laune getroffenen Anordnung eines hohen Vorgesetzten nur konnten.

Matthew, wieder unter Flüchen dem Tageslicht ausgesetzt, vermutete, daß er nun auf dem Weg zu seiner Hinrichtung war, was ihn weniger verwundert hätte als die närrische Versammlung, in die er jetzt hineingestoßen wurde.

Um ihn herum hatte ein stattliches Aufgebot von hohen Herren und Offizieren Aufstellung genommen, die den schlichten Seemann mit einer so schneidenden Arroganz musterten, wie er sie während seines

Dienstes auf den Schiffen der englischen Königin nie erlebt hatte. Vor ihnen drängte sich die Mannschaft der *San Vigilio*, die jetzt ihre Blicke auf diesen Mann richtete, den sie bisher nur vom Hörensagen kannte, und begrüßte ihn mit knurrendem Gezische, aus dem er immer nur das Wort »Inglés« heraushörte.

Inmitten dieser einschüchternden Versammlung stand ein altes Weibsbild in zerlumptem Zeug – die erste Frau, die er in den drei trüben Monaten seit der Ausfahrt von Plymouth zu Gesicht bekam: eine Ausgestoßene wie er selbst, ein ganz und gar verlassenes menschliches Geschöpf, von aller Würde entblößt wie ein gehäutetes Kaninchen, das zum Braten am Spieß steckt.

Der große Don Iago de Olivarez, der schon mit Ungeduld auf Matthews Erscheinen gewartet hatte, kam sogleich zur Sache und befahl ihm:

»Wir verstehen nicht, was diese Gefangene sagt. Stellt ihr einige Fragen und versucht herauszubekommen, wer oder was sie ist.«

Ein Mann aus Devon, der die schottische Mundart für spanische Ohren übersetzen sollte? Es war verrückt, so verrückt wie alles in dieser verkehrten Welt. Matthew konnte nur antworten »Aye, Euer Gnaden«, und sich an seine absonderliche Aufgabe machen.

Aber es war einfacher, als er gedacht hatte. Die seltsame alte Frau schien von seiner Gegenwart bewegt und antwortete ihm offen und sogar mit einer gewissen Untertänigkeit. Ihre Sprache war zwar rauh wie die Felsen vor dem Hafen, in dem sie lagen, aber es war, wie Fra Bernardo richtig vermutet hatte, eine Art Englisch.

Matthew erinnerte sich an diesen raspelnden Singsang aus früher Jugend: ein Pförtner in der Armenschule in Barnstaple hatte so gesprochen, auch er war ein Ausgestoßener aus seiner Heimat im Norden des Königreichs, ein Mann mit buschigem Haar, der die Waisenkinder wie ein Drache mit Pech und Schwefel anfauchte, sich aber zwischen Seufzern und Gerülpse fortwährend über sein Exil beklagte, das so fern, wie er sagte, dem »schönen Schottland« war.

Die Geschichte, die das alte Weib Matthew erzählte und dieser wiederum Don Iago, schien kaum glaublich oder hätte doch vor anderen, weiseren Ohren erzählt werden müssen, die sich vielleicht besser etwas aus Rätseln hätten machen können.

Sie sei eine Hexe, übersetzte er. Eine berühmte Hexe mit Namen Morag. Sie habe Macht über einfache Leute und finde Gehör bei den Häuptlingen. Sie sei die in Drumnin auf der Hauptinsel eingesessene Erbhexe, die jährlich einmal zum Weissagen hier herüberkomme und nun durch Zufall von diesen fremden Tyrannen gefangen gehalten werde, die sich der Ungeheuerlichkeit ihres Vergehens nicht bewußt seien und das Verhängnis nicht ahnten, das sie damit auf sich zögen.

Sie besitze die Gabe der Weissagung, die sie selbst unter diesen Barbaren auszuüben vermöge, wenn diesen, was sie sage, vielleicht auch als eine der Plagen Ägyptens vorkommen werde. Sie könne sie allesamt mit einem Fluch belegen, doch werde Gott sie zehn mal zehn so schwer verfluchen, wenn sie Hand an eine seiner Gesalbten legten. Sie könne die Zukunft voraussagen. Sie sei dafür berühmt wie ihre Mutter vor ihr und ihre Großmutter, die ein König von Schottland zu sich ins Bett gezwungen habe und danach mit einem toten Mann an der Brust erwacht sei. Sie könne –

Nach diesem langen, ausführlichen Bericht gebot Fra Bernardo Einhalt. Er spitzte seine dünnen Lippen und fragte:

»Wenn sie eine so berühmte Hexe ist, wie war es dann möglich, daß sie so leicht gefangengenommen wurde? Warum hat sie das nicht vorausgesehen und ist vorher weggelaufen? Wieso wurde sie in der Hütte überrascht?«

Als Matthew der alten Frau diese Fragen gestellt hatte, erwiderte sie mit brennenden Augen und krächzender Stimme:

»Wenn er seinen Rock hebt, wird er die Antwort finden! Glieder schrumpfen, wenn von ihnen kein Gebrauch gemacht wird. Bei mir sind es nur die Ohren.«

Matthew hielt sich in seiner Antwort an Fra Bernardo zurück: »Sie sagt, sie weiß es nicht.« Und als er sich ihr wieder zuwandte, sah er, wie in den Augen der Hexe Morag ein Lachen schimmerte.

Jetzt war Olivarez an der Reihe, sich mit der Gefangenen zu befassen. Hätte Morag sich als Alchimistin ausgegeben, würde er sie aufgefordert haben, den Beweis dadurch anzutreten, daß sie eine seiner bronzenen Kanonen in Gold verwandelte. Aber da sie sich lediglich gerühmt hatte, die Zukunft voraussagen zu können, griff er diesen Punkt auf.

»Stellen wir sie auf die Probe«, sagte er zu seiner Umgebung. »Wenn sie wirklich prophezeien kann, dann soll sie es vor unseren Ohren tun.«

»Oh, Onkel!« rief sein Neffe Alonzo erschüttert. »So eine gräßliche Person! Hast du nicht gesehen, was sie vorhin – willst du dir wirklich anhören, was sie sagt?«

»Ganz gewiß.«

Aber Fra Bernardo hatte ernstere Einwände. Er zog Don Iago beiseite und sagte ganz unfeierlich zu ihm: »Es ist Sünde. Es ist Aberglaube. Es ist ungebührlich, dieser Person eine solche Gelegenheit zu geben.«

»Nichts ist ungebührlich in diesem verfluchten Höllenloch!« entgegnete Olivarez unbekümmert. »Ich habe fünfzehn Mann verloren. Ich will wissen, was den anderen und uns selbst bevorsteht.« Und zu Matthew gewandt: »Sagt der alten Hexe, sie soll uns weissagen. Fragt sie!«

»Was soll ich sie fragen, Sir?«

»Fragt sie nach dem Schicksal der Armada.«

Morag war bereit, ihre Fähigkeit unter Beweis zu stellen. »Was für eine Armada?« fragte sie.

Das brauchte nicht übersetzt zu werden. Don Iago erwiderte gereizt: »Sie weiß genau, was für eine Armada! Die Seemacht Spaniens. Welches ist ihr künftiges Schicksal?«

»Ein schlimmeres als bisher.« Sie spürten Hohn in der Stimme der alten Frau, der sich noch steigerte. »Und sie wird noch kleiner werden als sie jetzt ist. Die große Streitmacht Spaniens hat nur ein einziges kleines englisches Schiff gekapert. Die Spanier haben im ganzen Land nicht einen einzigen Schafstall verbrannt. Aber sie haben zwei wertvolle Gefangene gemacht. Einen Seemann, der ihnen durch Zufall in die Hände fiel, und eine alte Frau. So groß ist die Macht der Armada!«

Als Matthew, zu Tode erschrocken, ihre ungeschminkte Antwort weitergegeben hatte, stellte sie ihm die direkte Frage: »Wollen sie noch mehr wissen?«

»Ich glaube nicht.«

Aber wenigstens Don Iago wollte noch mehr wissen. »Du bringst dich in große Gefahr«, sagte er streng zu Morag. »Doch wir schämen uns nicht unseres Unglücks.« Dann plötzlich brach es aus ihm hervor, und er befahl: »Sag uns die Zukunft, sag sie! Hängen lasse ich dich nicht für das, was du sagst, wohl aber, wenn du schweigst!«

Sie starrte ihn mit ihren brennenden Augen an. »Ist das Euer Ernst, großer Lord?«

»Aye«,

»Nun gut.« Sie murmelte vor sich hin und kreuzte die Hände über ihrer mageren Brust; dann schlug sie sich hart ins Gesicht und schien in Trance zu fallen. Ihre Stimme veränderte sich, wurde tiefer, aber schien von weither zu kommen. Sie begann zu sprechen, sie sagte nicht »ich«, sondern »wir«, als sei sie von gierigen, teuflischen Geistern umringt. »Wir sehen spanische Gefangene, die mit Stricken aneinander gefesselt heimwärts gepeitscht werden.«

Matthew wiederholte ihre Worte so klar und deutlich wie möglich. Angst packte ihn, aber ihm blieb nichts, als zu gehorchen.

Olivarez, der sich mühsam beherrschte, fragte: »Was für ein Los steht diesem Schiff bevor?«

»Euer Schiff liegt vor Macleans Land. Das ist unser Häuptling hier, Maclean von Deuart. Seine Familie wird große Herren hervorbringen, und sie werden in allen künftigen Zeiten nach diesem Schiff suchen.«

»Suchen? Wieso suchen? Wo suchen?«

»Hier, an diesem Ort«, gab Morag zur Antwort – oder waren es die ihr vertrauten, auf ihren Schultern kauernden Geister?

»Wie ist das möglich?«

»Wir sagen Euch, daß es so sein wird!«

»Und wie heißt dieser Ort?«

Die Antwort kam so hervorgesprudelt, daß Matthew sie bitten mußte, sie zu wiederholen: »Tobermory.«

»Und in Tobermory werden sie nach diesem Schiff suchen?«

»Bis ans Ende der Zeiten.«

Olivarez seufzte erleichtert. Es war alles barer Unsinn. Gewiß war sie eine Verrückte, diese alte Hexe. Fra Bernardo aber, der sich diesen faulen Zauber, diese Gotteslästerei mit wachsender Ungeduld angehört hatte, fuhr ihr scharf ins Wort.

»Wir haben jetzt genug gehört!« rief er. »Du bist ein böser Geist!« Dann funkelte er Matthew Lawe an: »Beide seid ihr vom Bösen besessen! Und ihr werdet im Namen Gottes dafür büßen!«

Schweigen trat ein, worauf Morag mit schriller Stimme schrie: »Er ist jenseits Eurer Macht.«

Fra Bernardo, dem die Wut in der Kehle würgte, stieß schließlich hervor: »Meine Macht ist die Macht Gottes. Nichts ist jenseits von ihr!«

»Unsere Augen sind nicht närrisch wie die Euren. Ihr seid blind. Wir sind es nicht. Wir sagen Euch: diesen Mann werdet Ihr nicht töten. Kein Sterblicher wird ihn töten. Völker, die noch nicht geboren sind, werden einst ihre Schwerter an den Mauern seiner Festung zerbrechen.« Ihre Stimme begann zu versagen, ihr uralter Körper sank in sich zusammen wie ein in die Schlinge geratener Vogel. »Hört mich an, dies ist mein letztes Wort«, flüsterte sie mit brüchiger Stimme. »Er wird nicht sterben. Umherziehen wird er, auf dem Meere wird er wandeln, bis –«

»Bis wann?«

»Bis alle Meere ausgetrocknet sind.« Dann fiel die Hexe ohnmächtig zu Boden, und die Männer an Bord der *San Vigilio* sahen nichts als ein wirres Häufchen Knochen, hörten nichts als das tonlose Klagen des Windes, der ein wenig vom Leben sang, doch erfüllt war von der endlosen Weite des Todes.

Ein spanischer Grande streitet nicht mit seinem heiligen Beichtiger, und der Kaplan eines mächtigen, auf See verlagerten Palastes kreuzt weder die Klingen noch seinen scharfen Witz mit seinem verehrten Schutzherrn. Aber innerhalb dieser abgesteckten Grenzen ging es bei der Debatte zwischen Don Iago de Olivarez und Fra Bernardo stürmisch zu, und sie endete mit einem kriegerischen Waffenstillstand.

Fra Bernardo erhob, nachdem er dieses widerwärtige Schauspiel hatte über sich ergehen lassen, Anspruch auf sein Opfer. »Die Reinheit des Schiffes muß wiederhergestellt werden!« forderte er wieder und wieder. »Die Frau ist ein Nichts – wahrscheinlich war sie rettungslos verloren und brät jetzt im Fegefeuer. Der englische Gefangene aber – seht Ihr nicht, mein Sohn, daß sein Leben verwirkt ist? Mit eigenem Mund hat er seine Verdammnis ausgesprochen, und die Hexe hat es durch ihre Gotteslästerei besiegelt. Ich habe ihn der schlimmsten Ketzerei schuldig gesprochen. Jetzt ist es an Euch zu handeln!«

Aber Olivarez wollte nichts davon wissen. Er wußte nicht, warum diese irre Konfrontation auf dem Mitteldeck ihn so tief aufgewühlt hatte, aber es war so. Obwohl er den Worten der Hexe nicht glauben mochte, waren diese damit doch nicht aus der Welt. Auch beabsichtigte er nicht, diesen armen Teufel zu opfern, ganz gleich, was die Heilige Kirche verfügte. Der Himmel selbst sollte den Tag bestimmen, an dem der Tod auf diesen Mann wartete, und alles, was Olivarez, als er jetzt bis an die Grenzen seiner Geduld erpreßt wurde, dazu sagte, war:

»Ich werde es mir überlegen.« Und dann, mit der ganzen Kälte der ihm eigenen Befehlsgewalt: »Ich habe mittlerweile vierhundert Kranke an Bord – und wieviele Tote es sind, wißt Ihr selbst. Ich werde ihn zur Arbeit heranziehen.«

Fra Bernardo konnte nur betroffen entgegnen: »Ich weiß, daß Ihr im Unrecht seid, mein Sohn.« Und das war für lange Zeit alles.

XI

Von seinem schrundigen Lager, das der Schlupfwinkel von Rehwild gewesen war, lugte Matthew Lawe, tief in das rauhe Heidekraut geduckt, zur *San Vigilio*, die eine halbe Meile entfernt im Hafen von Tobermory lag. Er hatte das Setzen der Segel beobachtet und sah nun ihre Flaggen und Wimpel im steifen Wind wehen. Und jetzt wurde er gewahr, wie eine Gruppe von Seeleuten sich eifrig am Vorschiff zu schaffen machte, um den Anker zu hieven.

Er war in einem elenden Zustand, naß bis auf die Haut, halb verhungert und zitterte vor Kälte, doch kein Anblick hatte ihn je so durchwärmt und erfreut, so glücklich wie in diesem Augenblick war er nur beim ersten Weihnachtsfest gewesen, das er an Bord erlebt hatte. Die *San Vigilio* lief endlich mit ihrer gesamten Besatzung aus, die Zahl seiner Feinde war damit halbiert.

Acht Tage waren seit der verhängnisvollen Befragung der Hexe Morag vergangen, in dieser Zeit war die Galeone mit Wasser versorgt, mit Wild und anderem an Land aufgetriebenen Proviant beladen und zum Auslaufen klar gemacht worden. Aber es waren schlimme Tage für Matthew Lawe gewesen, für diesen Mann, der das Brandzeichen des Todes an der Stirn trug.

Die Hexe Morag hatte durch ihr Verhalten das gegen ihn ergangene Urteil bekräftigt. Sein Feind, der Priester, hatte ihm schon vorher zur Kenntnis gebracht, daß er wegen der Sünden seiner Vergangenheit sterben müsse, jetzt aber schien die ganze Welt, versammelt an Bord der *San Vigilio*, sein Feind. Für die Seeleute und Soldaten war er eine Person, die sie gleichermaßen fürchteten und haßten. Das Gerücht von seiner ewig währenden Errettung war von Mund zu Mund gegangen, und er wurde bis zur Erschöpfung von Männern geschunden, die sich selbst vor einem elenden Tod fürchteten und, bevor es zu spät war, an diesem ihm zugesprochenen Leben zügellos teilhaben wollten.

Nacht für Nacht glaubte Matthew, sterben zu müssen, und wenn er dennoch am Morgen in seinem Verlies erwachte, setzte sogleich wieder der Terror gegen ihn ein. Was seinem Tode im Wege stand, blieb ihm verborgen; Barmherzigkeit, wußte er jedenfalls, war es nicht.

Unterdes wurde er zur Arbeit herangezogen und mußte sich wie jeder Gefangene sein karges Brot selbst verdienen: zuerst in den nachts auf widerwärtige Weise verschmierten Aborten – und dann, zu seiner Erleichterung, an Land als Begleiter der Provianttrupps.

Hier wurde er eingesetzt, eines ihrer Boote zu bewachen, während sie das Land nach Eßbarem durchstreiften. Im Anfang fesselte man ihn an die Hecklampe, so daß er nicht fliehen konnte und bei einem Überfall als erster umgebracht werden würde. Danach aber durfte er sich, vielleicht weil seine Wächter zu faul waren oder er ihnen kaum noch verdächtig erschien, bei den anderen Bootswächtern aufhalten und sechs Stunden lang mit ihnen Wache gehen, wobei er meistens nur herumstand und sich die Gegend anschaute.

An dem, wie sich zeigte, letzten Morgen dieser milderen Phase seiner Gefangenschaft befreundete er sich mit einem Jungen.

Juan Batista hieß der arme Bursche, der nicht eben gewitzt war und den anderen deswegen als Ziel ihrer grausamen Spötteleien diente. Gegen den Vorwurf, überhaupt am Leben zu sein, konnte sich Juan nur mit einem verteidigen, mit seinem Lächeln. An diesem Morgen nun lächelte er Matthew an, mit dem Erfolg aber, daß dieser sich zu ihm hingezogen fühlte und beide zu Freunden wurden. Juan, schien es, hatte ihm etwas mitzuteilen, und da er nicht sprechen, noch Matthew ihn verstehen konnte, zeichnete er Bilder in den Sand.

Während sie in der Nähe der Boote lagen, riß Juan einen Splitter von einem durch die Flut angetriebenen Stück Holz und zeichnete eine Galeone. Er zeigte übers Wasser zur *San Vigilio*, und Matthew nickte. So weit hatten sie sich also verstanden.

Juan zog dann einen Kreis in den Himmel über dem Schiff, das war die Sonne. Dann wischte er diese aus und zeichnete eine andere, mehr nach Backbord. Darauf fuhr er mit der Hand glättend über die *San Vigilio* hin, so daß nur die Sonne übrigblieb.

Nicht weit von ihnen saß einer der Bootswächter am Strand, ein griesgrämiger Andalusier, der aber, wie sie sich durch einen flüchtigen Blick überzeugten, angestrengt mit seinen Fußnägeln beschäftigt war. Matthew nickte heftig und erwiderte Juan Batistas schlichtes Lächeln. So weit also war die Geschichte klar. Am nächsten Morgen würde die Sonne wieder am Himmel stehen, die *San Vigilio* aber nicht mehr in der Bucht sein.

Jetzt hörte Juan auf zu lächeln. Er hielt den Holzsplitter vor sich hin, betrachtete Matthew und schüttelte traurig den Kopf. Und dann machte er sich an etwas, das für einen so schlichten Zeichner gewiß ein Meisterwerk war.

Erst zeichnete er ein Kreuz wie das Kreuz auf seiner Brust, aber größer und dicker. Dann setzte er dagegen die Gestalt eines Mannes und darüber Striche, die, wie Matthew rasch begriff, Stricke bedeuteten. Und dann kam er schwer atmend zum Ende seiner Geschichte. Im Sand erschienen aufrecht züngelnde Wellenlinien, und zwar ausgehend vom Fuß des Kreuzes, die sich über den angebundenen Mann und alles andere hinzogen.

Sie konnten nur Flammen bedeuten.

Es genügte. Um sich aber zu vergewissern, zeigte Matthew auf das Bild und berührte dann seine Brust. Juan nickte und legte seine Hand auf Matthews Rechte. Damit war alles mehr als klar. Heute nacht oder morgen, bevor die *San Vigilio* auslief, sollte er den grausamen Tod sterben, den ihm der Priester angedroht hatte.

Wild schossen ihm die Gedanken durch den Kopf, dann aber nahm er alle Kraft zusammen und faßte sich. Der verrückten alten Hexe, die ihm ewiges Leben prophezeit hatte, glaubte er nicht, wohl aber glaubte er Juan Batista, der ihm hier seinen Tod voraussagte.

Sein Schicksal war besiegelt, falls er jetzt nicht handelte.

Er besaß nichts, was er diesem armen Jungen, der ihm vielleicht das Leben rettete, schenken konnte. Aber doch, er hatte etwas! Matthew faßte das Band an seinem Hals, an dem seine silberne Pfeife hing, zog es über den Kopf und legte dieses Zeichen seiner Dienststellung in Juans Hand.

Der einfältige Junge, der sich plötzlich im Besitz allen Reichtums dieser Welt wähnte, lächelte ihm dankbar zu. Liebevoll betastete er die silberne Bootsmannsmaatenpfeife und steckte sie dann tief in seinen Stiefelschaft. Dann legte er – dieser reich Beschenkte, dieser rettende Engel aus großer Not! – sich in den Sand, stützte sein bartloses Kinn in die Hände und stellte sich schlafend.

Matthew wartete nun auf eine günstige Gelegenheit, die sich bald bot. Über ihnen auf der Anhöhe ertönten plötzlich Rufe und rauhes Gelächter. Eine Muskete wurde abgefeuert, und laut spornten einige Männer andere zur Jagd an. Es waren die Seeleute des Provianttrupps, die, während anderes Wild beiseitesprang, eine Hindin gestellt hatten.

Matthew sah sich vorsichtig um. Der Andalusier schabte weiter an seinen Fußnägeln herum, als mache er sich für seine Himmelfahrt bereit. Matthew erhob sich geduckt, kroch zuerst, dann ging er, und dann rannte er auf das Versteck in der Heide zu.

Keuchend warf er sich dort zu Boden, während er weit hinter sich noch die Stimmen hörte. Doch um ihn herum regte sich kein Vogel, verriet kein Laut, daß er geflohen war.

Seine Wächter suchten nur kurz nach ihm; zweifellos hatten sie sich gesagt, daß sie am Ende ihres anstrengenden Arbeitstages nur noch wenig Zeit bis zum Aufbruch hatten und daß sich das trübe Wetter zu verschlechtern drohte, wodurch ihr Schiff vielleicht früher auslaufen würde – lauter übliche Ausreden von Seemännern, die sich durch einen entschlüpften Gefangenen nicht das Abendessen entgehen lassen wollten.

Als Matthew die drei beladenen Boote am Abend zur *San Vigilio* zurückkehren sah, wußte er, daß er frei war. Jetzt, nach einer kalten, in Angst durchstandenen Nacht, wurde er Zeuge des letzten Aktes.

Ein Trompetenstoß zerriß draußen in der Bucht die Luft, als der Anker aus dem Wasser kam und an den Kranbalken gehievt wurde. Die geschickt manövrierende Galeone fiel vor dem Wind ab, die Segel blähten sich, und dann nahm sie Kurs auf die Hafenausfahrt. Es war ein stolzer Anblick für den nicht mehr an Bord befindlichen Gefangenen: dieses Ungetüm, das vielleicht das letzte Schiff Spaniens und trotz allem ein edles, ein aristokratisches Schiff war.

Und dann folgte ein grauenerregendes Schauspiel.

Als die *San Vigilio* den Hafen noch nicht verlassen hatte, erdröhnte aus der höchsten ihrer Geschützreihen ein Kanonenschuß. Ob dies eine letzte gegen den mörderischen Feind gerichtete Drohung oder ein letzter zu Matthew Lawe hinübergeschleuderter Fluch oder einfach ein bravouröses Auftrumpfen war, das mochte allein ihr Kommandant wissen. Aber ob Drohung oder Fluch – es war ihre letzte Aktion.

Ein ungeheuerliches Krachen folgte, Rauch quoll auf, und im Handumdrehen stand die Galeone vom Bug bis zum Heck in Flammen.

Ein brennendes Schiff, ob Freund oder Feind, ist für einen Seemann in jedem Fall ein erschütternder Anblick, und von Grauen gepackt blickte Matthew zu den hoch aufschießenden Flammen. Er sah das Schiff auseinanderbrechen und übers Heck so schnell versinken, daß kaum Zeit blieb, Entsetzen zu empfinden, sondern nur Mitleid.

Auf der Wasserfläche trieben die Trümmer der Katastrophe auf: Spieren stellten sich hoch wie Lanzen und fielen dann nieder wie Pfeile vom Flitzbogen eines Kindes, fielen auf Holzplanken, im Wasser rollende Fässer und in Fetzen gerissene Segel. Dann wurden die Köpfe von Männern sichtbar, aber es waren nur wenige: Männer, die schrieen, verzweifelt gegen den gnadenlosen Sog der See ankämpften und wild schwimmend die Küste zu erreichen suchten. Und während sie sich näherten, kamen Männer mit Schwertern aus ihrem verborgenen Unterschlupf zwischen den Felsen von Tobermory, um sie in Empfang zu nehmen.

Für Matthew Lawe gab es jetzt nichts als die Flucht, um dem Gemetzel zu entgehen, bei dem die Eingeborenen gewiß keinen Unterschied zwischen Spaniern und einem englischen Gefangenen machen würden.

Steif quälte er sich hoch und machte sich auf zu einem Hügel an der anderen Seite der Bucht. Eben unterhalb des Kammes, um nicht gegen den Himmel gesehen zu werden, wandte er sein Gesicht der Sonne zu und kroch weiter nach Süden über die Insel Mull in Richtung auf die britische Hauptinsel zu.

Und so begann seine lange Flucht.

AUF ENTDECKUNGSREISE
1610

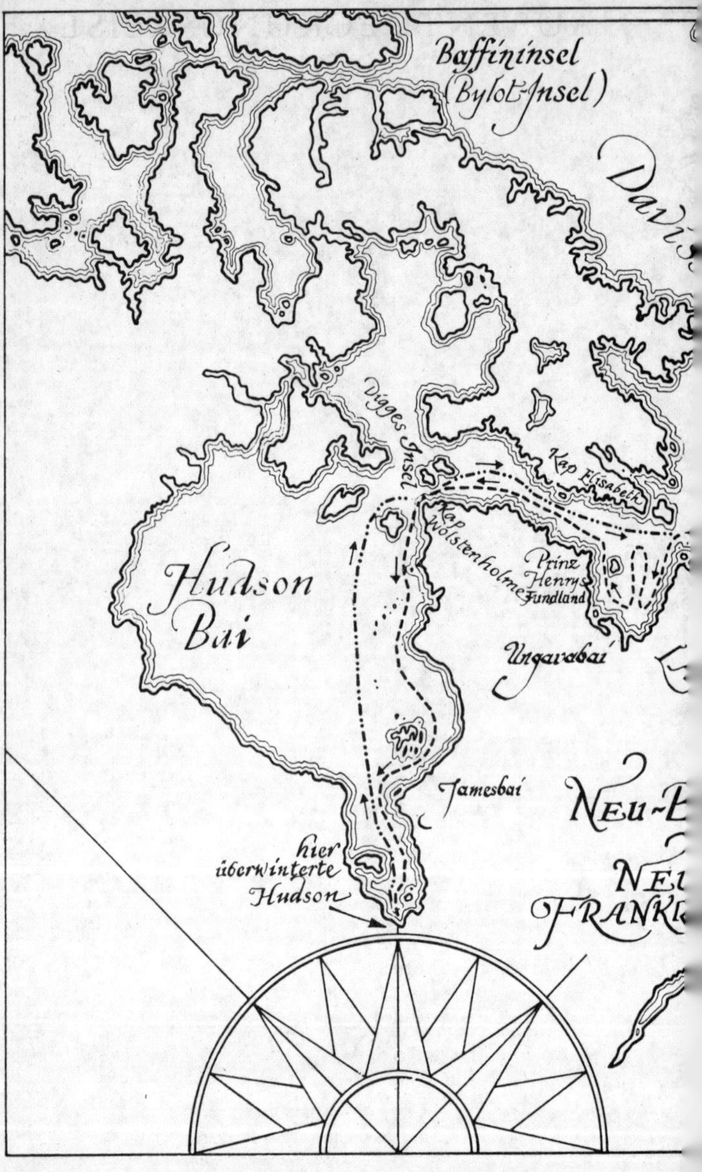
Baffininsel
(Bylot-Insel)
Davis
Digges Insel
Kap Elisabeth
Kap Wolstenholme
Prinz Henrys Fundland
Hudson Bai
Ungavabai
Jamesbai
hier überwinterte Hudson
NEU-
NEU
FRANK

Henry Hudsons letzte Entdeckungsreise 1610
GRÖNLAND
Kap Farvel
ATLANTISCHER OZEAN
NIEN
Neufundland
0 200 400 600 800 km

I

Sie war zwar hübscher als die meisten, dazu jung und willig, aber sonst unterschied sich das Mädchen in dem schmuddeligen Bett nicht von irgend welchen anderen, die zur Lust der Seeleute geschaffen schienen. Für diese schäbige Kammer unter den Dachtraufen der Matrosenkneipe mußte ein bestimmter Preis bezahlt werden, und ebenso hatte auch ihre Bereitwilligkeit ihren bestimmten Preis. Und dieser Betrag war bar auf den Faßdeckel zu entrichten, bevor sie, selbst wenn sie ihr Vergnügen daran hatte, die Beine spreizte.

Jenny, das Schankmädchen, stand in dieser Welt des sündigen Handels und Wandels nicht allein. Sie hatte ihren Beschützer, einen protzigen Angeber mit üblem Maulwerk, der solche Art pralles oder auch abgehangenes Fleisch an der Theke des Wirtshauses zum Mohren an den Mann brachte und sich, wenn das Geschäft nicht gerade florierte, selbst daran gütlich tat. Während Jenny und ihre Schwester ihr Gewerbe betrieben, achtete der bullige Zuhälter darauf, daß es unten im Lokal nicht zu Scherereien kam.

Aber mit Matthew Lawe, der seine letzte Nacht im Londoner Hafen an Land verbrachte, würde es nicht zu Scherereien kommen. Er hatte seinen Zins entrichtet, den er aus seiner geschrumpften Geldbörse zusammengekratzt hatte, und konnte daher über das Bett und das Mädchen darin bis Sonnenaufgang verfügen. Das Reich, in dem er König war, bestand aus einer Strohmatratze, zwei groben Wolldecken und einer Dirne, die Wärme und Leben in diese Bude brachte.

Es reichte für einen Seemann, der mit seinem Geld am Ende war.

In den zehn Tagen an Land hatte Matthew seine ganze schwer verdiente Heuer an Jenny verschwendet, in dieser Dachkammer, die nachts wie ein Schweinestall stank und, wie bei Tageslicht sichtbar wurde, dreckig und schmierig war wie ein Abfalleimer. Das Mädchen aber war Gott sei Dank in einem besseren Zustand als diese Kammer: eine hübsche Dirne, deren freizügig dargebotenes Fleisch für die Hände des Liebhabers geformt war wie leicht geblähte Segel; sie lachte gern und kannte kein größeres Verlangen als die Lust auf das Glied eines Mannes.

Und das war genug für einen Seemann, der am nächsten Morgen aufzustehen und mit andern Leistungen zu glänzen hatte.

Nach der ersten stürmischen Runde lagen sie wach und wußten, daß sie noch mehr Vergnügen miteinander haben würden. Ein Seemann in seiner letzten Nacht war kein Jüngling, der sich in einer einmaligen

Spritztour verausgabte, und auch kein alter Mann, der nur einen einzigen Spritzer von sich geben konnte. Beim Licht der flackernden Kerze schlürften sie ihr Bier aus der Kanne, lächelten sich vertraut zu und warteten auf das Wiederansteigen der Flut.

Dabei flüsterten sie einander zu, was sie dachten.

»Ich könnte hier ewig bei dir liegen«, sagte Matthew. »Wen lockt schon die See, wenn er sich auf einem so süßen Lager räkeln kann.«

»Hast du das Geld dazu?« fragte das Mädchen. Sie wußte die Antwort, aber eine Frau mußte für klare Verhältnisse sorgen. Männer mögen träumen, aber Frauen müssen wach bleiben.

»Nein.«

»Dann mußt du gehen. Wohin geht die Reise, Matt?«

»Wasch dir die Ohren, Mädchen. Ich hab's dir oft genug gesagt.«

»Was ich wasche, mußt du schon mir überlassen. Zu viele Seeleute erzählen mir ihre Geschichten. Wie soll ich mir die alle merken?«

Darüber wollte er nicht nachdenken. Heute nacht gehörte sie ihm, wie in den Nächten zuvor. Sollte morgen ein anderer sein Reich übernehmen, so wollte er jedenfalls nichts davon hören.

»Wir gehen auf Entdeckungsreise. Suchen vielleicht die Nordwestpassage.«

»Und du hast keine Scheu davor?«

»Nee.« Jedenfalls in dieser Nacht noch nicht. »Es ist ein prächtiges, gut gebautes Schiff. Die Bark *Discovery*. Kapitän ist Henry Hudson. Ein großartiger Mann, in jeder Beziehung. Vielleicht ein bißchen weich, sagen sie.«

Jenny lächelte ihr Hurenlächeln. »Wer will denn einen weichen Mann?«

»Du nicht, das ist mir klar! Aber ein weicher Kommandant – das ist eine andere Sache. Wir wollen einen Kapitän, der gut für uns sorgt, für Verpflegung und alles das; nicht einen, der uns auspeitschen läßt. Wenn wir eine Passage nach Cathay oder Westindien finden, dann bestimmt nicht durch Schläge und Hungerleiderei. Einen entschlossenen Führer und eine anständig behandelte, willige Mannschaft – darauf kommt es mir an. Ich will schließlich auch wieder nach Hause kommen.«

»Und dann bringst du viele Schätze mit, wie?«

»Aye. Ich bringe alles mit, was ich finde und verdiene, und das bekommst du dann.«

»Vor allem wünsche ich mir ein juwelenbesetztes Mieder!«

»Das sollst du haben, Liebste. Aber was ist das eigentlich?«

»Du weißt auch gar nichts, Matt! Es reicht von hier bis da.« Sie zeigte es ihm an ihrer üppigen Brust und dann bis zum Ansatz der Hüfte. »Man trägt es als Oberteil zum Rock, es ist mit Juwelen oder kleinen Goldringen bestickt und schimmert wie ein Regenbogen, und wenn ich dazu meine Schnallenschuhe trage –«

»Genug, genug!« sagte Matthew lachend. »Ich habe jetzt eine Vorstellung davon. Finde ich so einen Schatz, dann bring ich ihn dir mit. Obwohl ich dich von hier bis da gar nicht so gern bedeckt sehe. Höchstens mit meinen Händen.«

»Wenn du mir so ein Mieder mitbringst«, sagte Jenny voller Wärme, »dann darfst du mich zehnmal ganz von oben bis unten bedecken.«

»Mit dem Schatz meines Körpers.« Sie hatte genug gesagt und sah, daß die Flut wieder gestiegen war. »Falls er dir kostbar genug ist.«

Sie legte sich zurück, bereit, wie nur eine Dirne sein konnte. »Aber ja, du bist doch der reichste Prinz von allen.«

»Nicht zu alt für dich?«

Sie blickte ihn überrascht an. »Wie kann ein Junge wie du zu alt sein? Mir ist so einer noch nie begegnet!« Das sagte sie vermutlich zu allen, oder vielleicht auch nicht. »Erstklassig wie ein Zuchthengst!«

»Wie alt schätzt du mich?«

»Aber das ist doch egal.«

»Wie alt?«

»Fünfundzwanzig?«

»Stimmt so ziemlich. Und nun lieg still, bis ich meinen Schatz wieder vergraben habe. Dann kannst du ihn suchen, soviel du Lust hast.«

Er wurde, so wahr ihn eine Mutter geboren hatte, am kommenden Michaelitag vierundvierzig, aber er fühlte sich, als er sie nun wieder nahm, wie fünfundzwanzig.

Danach sank sie in Schlaf, wie ein Stück Treibholz, das von der Macht der See unter die Oberfläche des Bewußtseins gezogen wird. Und Matthew blieb allein in der Wirklichkeit zurück. Während er im Dunkeln das kalte Getränk schluckte, wurde es auch in der Kammer immer kälter. Jenny zog den größten Teil der Decken an sich, als die Kerze flackerte und flehentlich zu wünschen schien, ausgeblasen zu werden. Das Bier am Boden der Kanne war schal geworden, und es erforderte Überwindung, es zu trinken.

Er würde morgen früh einen schönen Brummschädel haben, wenn er an Bord der *Discovery* ging und ohne einen Penny in der Tasche die tägliche Plackerei wieder auf sich nahm. Jemand hatte einmal zu ihm gesagt: »So ist das Leben des Seemannes, seit es Salzwasser auf dem Globus gibt.« Und ein anderer hatte traurig dagegengehalten: »Wenn das für einen Seemann das Leben ist, wäre er dann nicht besser tot?«

Matthew genoß, so gut er konnte, den Rest des Bieres, den Rest seiner Geldbörse und den Rest seines Landaufenthaltes. Die traurige Stimmung nach der Befriedigung der Lust ließ alles andere trostlos erscheinen. Wenn alles, was blieb, nichts war als ausgetrunkenes Gesöff, verschwendetes Geld und vertane Manneskraft, was für eine viehische Lagerstatt war es dann, die Christus, der Erlöser, dem Menschen für seine Glieder ausgebreitet hatte!

Doch Matthew hatte keine andere Wahl, als sich auf dieser Lagerstatt zu betten. Er wußte es und konnte nichts daran ändern. Kein einziger Seemann konnte Gesetze ändern, die von Gott oder der Obrigkeit oder durch die Dummheit der Seeleute selbst geschaffen worden waren. Er war zu einem elenden Leben verdammt, war verdammt, eine harte Reise auf sich zu nehmen und (nach den bescheidenen Maßstäben seines Berufes) reich zurückzukommen, um sich dann zu betrinken, eine Hure mit Beschlag zu belegen, in wenigen Tagen oder Wochen mit ihr eine Jahresheuer zu verjubeln und danach ohne einen Penny auf der Kante wieder zur See zu gehen.

Dieser Lauf der Dinge, ewig und unabänderlich wie Sonnenauf- und -untergang, versorgte Mädchen mit Schmuck, Gastwirte mit Geld, die Seeleute selbst mit Geschlechtskrankheiten und stechenden Kopfschmerzen und die Schiffe mit Mannschaften. So war es seit je, so würde es immer bleiben.

Doch so grob dieses trotz allem ehrbare Leben gestrickt sein mochte, es hatte auch seine guten Seiten. Er war es gewohnt geworden und hatte sich, abgesehen von den düsteren Gedanken, die es mit sich brachte, mit diesem Seemannsleben abgefunden. Ruhte auch Drake, ihr berühmter Befehlshaber, jetzt in seiner bleiernen Hängematte tief in der Bucht von Nombre des Dios vor Panama, die Reihe ihrer ruhmreichen Erfolge hatte sich fortgesetzt. Der Sieg über die Große Armada hatte eine ganze Nation mit Stolz über ihr neues Schicksal erfüllt und den Seeleuten einen Ruf eingetragen, den ihnen niemand würde nehmen können.

Matthew trank den schalen, bitteren Rest aus der Kanne. Alles andere konnte dem Seemann genommen werden. Und der Stolz der Nation war in Wahrheit nur den großen Befehlshabern vorbehalten: mit Stolz ließ sich kein Brot backen. Fleisch und Bier und auch Huren, ob nun heißblütige oder kaltschnäuzige, ließen sich damit nicht kaufen. Matthew stand es nicht zu, daß man auf ihn stolz war. Er hatte es nicht verdient, verdient hatte er sich nur die schmutzige Kehrseite der Medaille. Er mußte also weitermachen wie bisher, immer und immer weitermachen. Und jetzt kam die Flut der finsteren Gedanken und ertränkte alles in einem Alptraum von Angst und Verzweiflung.

Er konnte nicht ohne weiteres an das ihm vor so langer Zeit von der alten verrückten Hexe von Drumnin vorausgesagte Schicksal glauben, doch inzwischen hatte er begonnen, sich mit dem Unsinnigen abzufinden. Er war jetzt vierundvierzig, aber sein Körper war nicht älter geworden, und weder sein Gesicht noch sein Haar hatten sich mit den Jahren verändert. Er war noch der Mann von damals. Sollte an der ebenso unglaublichen wie phantastischen Geschichte doch etwas wahres sein?

Der frostige Wind fuhr an den Dachtraufen entlang, hinter der Holzverkleidung raschelten und huschten die Ratten. Alles war kalt, verfallen und trostlos. Er legte sich zurück und suchte sich nach alter Gewohnheit Mut zu machen. Selbst diese furchtbaren Gedanken waren Teil seines Lebensablaufs, waren Teil jeder letzten an Land verbrachten Nacht gewesen. Und was er tun mußte, um sich ihrer zu erwehren, dazu fühlte er sich jetzt wieder mächtig. Ein göttlicher oder teuflischer Funke kam ihm zur Hilfe, erinnerte ihn an die vorzügliche Kur, die ihn von seiner Verzweiflung heilen konnte.

Morgen würde er lossegeln, aber noch war es nicht Morgen. Noch war die Nacht bei ihm, noch lag sie an seiner Seite. Die Nacht schlief noch, aber nicht mehr lange.

Er drehte sich nach Jenny um und streichelte und drückte ihre Hüfte, bis sie erwachte. Sie murmelte etwas von der unersättlichen Gier der Seeleute, die einem armen Mädchen auch dann noch zusetzten, wenn es ihnen völlig zu Diensten gewesen war. Aber nachdem er sie ein wenig angeheizt hatte, war sie so großartig wie je.

Er flüsterte: »Es ist das letzte Mal«, und sie erwiderte: »Das hoffe ich, bei Gott! Anschließend brauche ich Krücken!« Und dann machte sie eine feste, starke Krücke aus dem besten Holz, das zur Hand war.

Er befahl ihr flüsternd, sich auf ihn zu setzen. Dies war die Stellung, die ihm am meisten zusagte, ein wahres Fest für einen Seemann: Über ihm die prächtig geschwellten, auf- und niedertauchenden Segel, während er unter ihr den Großmast aufrecht und steif bereit hielt. Sich wie ein Keil zwischen die willigen Schenkel einbohren, ihren schwappenden, keck von Seite zu Seite schwingenden Brüsten zuschauen und ihr in das vom Licht der niederbrennenden Kerze glühende, lustverzerrte Gesicht schauen, während sie keuchte: »Komm jetzt, Seemann, komm! Jetzt!« und die Wogen der Liebe aufbrandeten und über ihnen zusammenschlugen – das war die Antwort auf alle Fragen!

Was für eine Hure war das! Nicht irgendeine von diesen Hafenschlampen. Sie liebte ihre Arbeit, doch ihn liebte sie am meisten. Liebte ihn wirklich! Sie hatte es ihm gesagt!

Als er schließlich schlief, schweißgebadet, im Einklang mit seiner ermatteten Bettgefährtin schnarchend, träumte er von Affen und Pfauen, von brüllender See und lieblichen Stränden und von Seejungfern mit schimmernden Brüsten, deren Schwänze sich glücklicherweise teilten. Er erwachte bei Tagesanbruch, das Bett neben ihm war leer, aber Jenny hockte rittlings auf dem Steinzeugtopf in der Ecke.

Der Liebeszauber war verflogen, und es war Zeit zu gehen.

Er schluckte den faden Geschmack auf seiner Zunge hinunter, zog sich an und verstaute seine Sachen. Als Jenny, die sich wieder unter die Decken gekuschelt hatte, zum Abschied einen letzten Klaps aufs Hinterteil erhielt, blieb sie ungerührt. Matthew hievte seine Seekiste auf die Schulter, stieg die knarrende Treppe hinunter und durchquerte den übel riechenden Schankraum.

Der säuerlich grinsende Zuhälter nickte und ließ ihn wortlos gehen. Leergepumpte Seeleute waren kein Verlust.

Draußen im fahlen Sonnenlicht streckte Matthew die steifen Glieder und schritt über das Kopfsteinpflaster zum Hafenbecken St. Katherine. Es war am Weißen Sonntag, dem ersten Sonntag nach Ostern, im April des Jahres 1610.

II

Obwohl sich auf der *Discovery* einiges regte, als Matthew Lawe sie an ihrem Platz an der Pier entdeckte, machte sie doch den Eindruck, als werde sie nie oder jedenfalls nicht so bald auslaufen. Alle Schiffe – wie auch Seeleute – büßten etwas von ihrer Würde ein, wenn sie Berührung mit dem Land hatten, und die *Discovery* machte dabei keine Ausnahme. Sie wurde beladen, alles war durcheinander, und eins stand über dem anderen wie im Lager eines Gemischtwarenhändlers. Das Oberdeck war unter der Last der Kisten und Fässer, unter Spieren und zusammengepackten Segeln kaum zu erkennen. Es war, als seien

Berge von Ausrüstung aller Art einfach über das Schiff geschüttet worden, um dort zu vermodern.

In diesem unübersichtlichen Gewühl bewegten sich die Männer langsam und schwerfällig wie Ameisen, deren Sandhügel zertreten worden war; sie beugten die Rücken unter schweren Lasten, wuchteten mühsam große Kisten aufeinander, quälten sich an den Niedergängen hoch wie Kinder, die das Laufen lernen, während gleichzeitig andere immer mehr Sachen an Bord trugen und die Verwirrung nur noch vergrößerten.

Was Matthew inmitten dieses Durcheinanders mit dem Blick des Seemanns außerdem sah, war weniger entmutigend. Die *Discovery* war eine Bark mit einem Ladegewicht von etwa sechzig Tonnen. Sie war klein – kleiner als die vielen anderen Schiffe, auf denen er gefahren war, aber ihre kräftige Bauart und ihre drei hohen Masten machten einen soliden Eindruck. Man konnte sich gut vorstellen, wie sie unerschrocken und zielstrebig westwärts oder nordwärts oder wo immer hin segelte und geschickt mit ihrem Element, der grenzenlosen See, fertigwurde.

Sie war jetzt schmutzig – voll von Landdreck, wie die Seeleute sagten – aber bald würde sie saubergespült sein. Wenn sich erst einmal anständiges Salzwasser der Abfälle und des großen, vom Land stammenden Dreckhaufens annahm, dann würde das für sie nur von Vorteil sein.

Wenn alles andere so solide war wie das Schiff selbst, dann konnte er sich glücklich schätzen, an Bord angeheuert zu haben.

Matthew war im Begriff, die Länge, die nicht mehr als zwanzig Meter betragen konnte, mit Schritten abzumessen, als er aus seinen Überlegungen aufgeschreckt wurde. Es war ein Brüllen, fast so laut, wie Stentor, jener Grieche vor Troja, gebrüllt haben mochte.

»Matthew Lawe!«

Er sah sich erschrocken um und begegnete dem durchdringenden Blick eines alten Mannes, der an Bord der *Discovery* auf einer mit Tauwerk verstärkten Kiste stand. Und zwar mit erhobener Faust, als wolle er auf ihn oder jedermann Blitze schleudern, der seine Pflicht versäumte.

Matthew erkannte ihn sofort; es war Robert Juet, Erster Steuermann auf diesem Schiff, der ihn am Morgen zuvor angeheuert und das mit gekritzelter Unterschrift beglaubigt hatte: Robert Juet, der zu ihm wie ein freundlicher Großvater gewesen war, als sie sich handelseinig wurden, und der ihn jetzt griesgrämig musterte, als habe er heute nacht dieses schale, säuerliche Bier getrunken und wolle ihm jetzt schon vor Beginn seines Jobs kündigen.

Matthew setzte zu einer Antwort an, Robert Juet aber unterbrach ihn, nicht ganz so laut, aber doch in aller Schärfe:

»Hab' ich dich nicht gestern morgen angeheuert, Seemann?«

»Aye, Sir.«

»Um hier wie ein Faulsack herumzustehen und blöde zu glotzen?«

»Nein, Sir.«

»Dann komm an Bord!« Die an Deck stehenden Männer grinsten über Matthews Verlegenheit, und der Steuermann fuhr fort: »Verstau deine Sachen und mach dich an die Arbeit! Denkst du, wir brauchen feine Herren an Bord, denen die Reise bezahlt wird?«

Matthew schulterte seine Seekiste und ging über das Fallreep aufs Schiff. Einer der hämisch schmunzelnden Männer, an denen er vorbeikam, murmelte: »Fängt ja gut an mit dir, Faulsack!« und wandte sich wieder seiner Arbeit zu. Und dann befand sich Matthew seinem Vorgesetzten allein gegenüber, der drei Meter über ihm auf seinem luftigen Podest stand.

Robert Juet gab sich jetzt nur noch verärgert und mürrisch. »Verstau deinen Kram«, wiederholte er. »Und beeil' dich! Faulenzer können wir hier an Bord nicht gebrauchen.«

Matthew sah sich auf dem vollgestellten Deck um und blickte dann zum nächstgelegenen Niedergang. »Wohin, Sir? Ins Zwischendeck?«

»Was heißt hier Zwischendeck?« fuhr Robert Juet ihn an. »Meinst wohl, Master Hudsons große Kajüte ist gerade gut genug für dich!« Er schwang sich herum und zeigte auf das Beiboot hinter ihm. »Da, in die Schaluppe. Wo sonst? Du kommst als letzter an Bord, und da mußt du vorlieb nehmen mit dem, was noch übrig ist.«

Matthew sah sich die Schaluppe an, ein grob gezimmertes, vier Meter langes, halb von zerfetzter Persenning bedecktes Beiboot. »Das soll meine Koje für die Reise sein?«

»Aye. Wir nehmen es bei schlechtem Wetter unter Deck. Warm genug ist es drin.«

Matthew muckte innerlich auf. »Wieso genug, Sir?«

»Ihr seid mit sieben Mann drin«, entgegnete der Steuermann mit einem Lächeln, das kalt war wie der eisige Wind.

»Was – sieben Mann in dieser Nußschale?«

Robert Juet hatte jetzt von diesem Hin und Her genug. »Du schläfst nicht die ganze Zeit«, sagte er scharf. »Nicht einmal die Hälfte der Zeit, vielleicht nur ein Viertel. Ich habe genug Arbeit für dich, um dich wachzuhalten. Und jetzt, verstau deine Sachen, je schneller desto besser, und –«

er zog zischend die Luft ein – »wenn du deine Sache gut machst, bekommst du den Londoner Hafen sicher einmal wieder lebend zu Gesicht!«

Besonders angenehm schien es hier an Bord also doch nicht zu sein.

Doch auf der *Discovery* ging es nicht nur grob und gehässig zu. Wie seinerzeit als Neuankömmling in der Armenschule, mußte sich Matthew hier erst einmal zurechtfinden, und einige seiner Vorgesetzten hatten ihren Spaß daran, ihn zu schikanieren. Aber Ausrüstung und Vorräte an Bord bringen und sie sachgemäß verstauen, war für ihn eine Arbeit, mit der er sich auskannte. Sie half ihm auch, seine anfängliche Scheu zu überwinden, denn er hatte kräftige Arme und packte bereitwillig zu, so daß er sich bald die Anerkennung der anderen Seeleute verdiente. So war es überall auf der Welt: kam ein Seemann neu an Bord eines Schiffes und stellte sich nicht zu zimperlich an, dann gewann er rasch Freunde, und die Feinde blieben in der Minderzahl.

Die Männer, die das Schiff beluden, waren ebenso wie Matthew, voller Neugier hinsichtlich der Dinge, die sie an Bord verstauten, und so lugten sie verstohlen in die Säcke und Kisten, schnüffelten an den Fässern und lasen die Aufschriften und Begleitbriefe. Von dieser Kenntnis hing ihr Seelenfrieden und vielleicht auch einmal ihr Leben ab, und außerdem wußten sie nun, mit welcher Art von Beköstigung sie zu rechnen hatten.

Das Schiff war, stellten sie fest, gut mit Hartbrot versorgt, mit gepökeltem Rindfleisch und in Essig eingelegtem Schweinefleisch, außerdem mit großen Mengen an getrockneten Erbsen und Bohnen, mit verschiedenen Käsesorten und mit Bier, um alles schmackhaft hinunterzuspülen.

Auch Delikatessen waren an Bord, von denen Seeleute sonst eigentlich nur träumen – Zitronen, Sirup, Zucker, Gewürze und Rosinen – so daß ein Schiffsjunge ausrief: »Wir werden leben wie die Könige!«

Aber Michael Perse, der Matthew, als er mit seinem Zeug an Bord gekommen war, angegiftet hatte, brachte den Jungen rasch zum Schweigen:

»Davon wirst du wenig genug zu sehen kriegen. Ich fresse einen Besen, wenn diese Dinge je über die Kapitänskajüte oder Juets Kammer hinausgelangen. Solltest du auf den Tod erkranken, werden sie dir vielleicht eine halbe Zitrone zwischen die Zähne schieben, um dich am Jammern zu hindern. Aber du mußt es dir verdient haben!«

Dann schrillte die Pfeife des Bootsmanns und rief sie zu einer Pause und einem Happen Essen unter Deck, wo Matthew Gelegenheit nahm, auch einige seiner Macker näher kennenzulernen.

Etwa ein halbes Dutzend von ihnen zog sich aus dem Gewühl an Deck zurück, und machte es sich, friedlich aneinandergedrängt, in einem mit drei Kojenreihen ausgestatteten Raum bequem, wie ihn sich Matthew Lawe gewünscht hätte. Hier herrschte ein angenehmes Dämmerlicht und – da die Bilgen noch sauber waren – der Teergeruch von Tauwerk und frischem Segeltuch. Da sie sich vier Stunden lang abgerackert hatten, ließen sie sich wortlos auf die Bänke niedersinken und warteten auf die Schiffsjungen, die ihnen Essen bringen sollten.

Es kam schon bald, und schweigend verschlangen sie frisches krustiges Brot, vermutlich auf viele Monate hinaus zum letzten Mal, und dikke wohlschmeckende Scheiben von frischem West-Country-Käse. Dann, als sich ihr Heißhunger gelegt hatte, drängte es sie zum Reden, während die *Discovery* mit dem steigenden Wasser leicht dümpelte und sonst alles ruhig war.

Es war Michael Perse, Matthews erster, wenn auch erwiesenermaßen spöttischer, Freund, der sich nun an den Neuling wandte und seiner Spöttelei den Stachel zu nehmen suchte.

»Du solltest Robert Juet nicht allzu ernst nehmen«, riet er Matthew. Er war ein Mann mit einer kräftigen Stimme, den alle respektierten; freundschaftlich gab er Matthew zu verstehen: »Er bellt gern ein bißchen, wie es Hunde, auch alte Hunde tun. Aber er beißt nicht. Juet ist eifersüchtig, das ist alles: er hat drei Reisen mit Master Hudson gemacht und würde lieber selbst das Schiff führen, statt in seinem Schatten zu stehen.«

»Davor bewahre uns Gott!« rief Philip Staffe, der Schiffszimmermann, der, wie Matthew bald erfahren sollte, dem Kapitän sehr ergeben und jederzeit bereit war, die Hand für ihn ins Feuer zu legen. »Wir würden bald aufbrummen, und er würde Stein und Bein schwören, schuld daran seien wir! Denkt doch bloß an den Tag, an dem wir die Mündung des großen Flusses entdeckten, und er brüllte: ›Dies ist das gräßliche Loch in der Mitte der Erde! Weg hier, hart abdrehen, hart abdrehen!‹«

»Ich erinnere mich noch genau«, bestätigte ein anderer mit einer Fistelstimme. Es war Arnold Lodlo, ein zierlich gebauter Mann mit rötlicher Haut, zu dem besser eine Fiedel gepaßt hätte als die schweren Schiffstaue. Aber immerhin war er, sagte sich Matthew Lawe, mit dem großen Henry Hudson auf Reisen gewesen und heil und gesund zurückgekommen und bereit, eine weitere Reise mit ihm zu machen. »Und in der Erinnerung«, fuhr Lodlo fort, »dreht sich mir heute noch der Magen um. Der Steuermann schrie: ›Weg hier, bloß hier weg!‹ und dann: ›Über Stag gehen, du gottverfluchter Hohlkopf!‹ Und als nächstes saßen wir mit dem Heck auf einer Sandbank fest, umringt von bemalten Wilden, die Miene machten, an Bord zu klettern!«

»Er hat sich in dem Land geirrt?« fragte Matthew in das Gelächter hinein, das Lodlos Geschichte auslöste.

»Hat höchstwahrscheinlich die Sonne für den Mond gehalten«, erwiderte Lodlo mit einem leisen Schauder. »Und der gottsverfluchte Hohlkopf, den er vor der ganzen Mannschaft fertigmachte, war ich! Ich war bereit zu sterben – dazu brauchte es gar nicht erst die Wilden!«

Philip Staffe, der aus härterem Holz geschnitzt war als der geborene Witzbold Arnold Lodlo, unterbrach ihn:

»Henry Hudson ist unser Mann, daran gibt es nichts zu rütteln! Juet könnte ihn nicht mal auf dem Abort vertreten!«

»Das vielleicht gerade noch«, entgegnete Lodlo in einer Weise, daß wieder alle lachten.

Es war einstweilen sein letzter Witz gegenüber dem loyalen Schiffszimmermann Staffe, der jetzt sagte: »Bedenkt doch nur, was der Mann alles geschafft hat. Nur drei Reisen, und schon ist er ein großer Mann und Englands berühmtester Seefahrer!«

Matthew, der an seinem Stück Käse herumschnitt, fragte: »Und worin besteht seine Größe als Seemann? Ist er ein guter Kommandant? Wie fährt er das Schiff? Einige behaupten, er sei weich.«

Der Zimmermann musterte Matthew, als wolle er herausfinden, ob er einen Feind oder einen Freund vor sich habe. Er stellte sich auf beides ein, bemühte sich aber um ein sachliches, gerechtes Urteil. »Er ist anständig und hat ein offenes Ohr. Er läßt sich überzeugen. Was mehr ist, als man von jenen sagen kann, die üble Nachrede verbreiten und ihn verleumden. Natürlich, die Jahre gehen nicht spurlos an ihm vorüber. Er ist, wie man hört, bereits Großvater. Aber ich fahre lieber unter ihm als unter irgend jemand sonst. Drei Reisen hat er schon gemacht. Das schafft kein weicher Mann.«

Michael Perse, der sich schweigend dem Genuß des frischen Käses hingegeben hatte, ergriff jetzt das Wort.

»Er war auf unserer letzten Reise wahrhaftig nicht weich. Er führte uns in das gräßliche Loch in der Mitte der Erde«, wiederholte er mißbilligend Arnold Lodlos Worte, »und das war ein Fluß, der schönste, den ich je in meinem Leben gesehen habe. Ein breiter Fluß, der nach Norden in die Neue Welt führte! Wir fuhren mehr als hundert Meilen flußaufwärts, bis uns Felsen blockierten, die wie eine Mauer vor uns aufragten. Es waren keine Wilden, die Master Hudson stoppten. Es war das Ende des Fahrwassers, wo kein Schiff mehr durchkam. Aber voraus war wieder klares Wasser, ich hab es vom Ausguck aus mit eigenen Augen gesehen. Und eines Tages, eines Tages werden Männer den Sprung hinüber schaffen und werden entdecken ...« Er hielt inne und senkte die Stimme, als könne er nur eine ungenügende Vorstellung des großen Geheimnisses geben, »... und werden alles entdecken, was drüben auf der anderen Seite ist.«

»Und das ist unser Ziel?« fragte Matthew.

»Wer weiß?« warf Sylvanus Bond ein, der Böttcher und Arbeitskamerad von Philip Staffe, ein Mann mit traurigen Augen in seinem faltigen Gesicht, der immer nur den nächsten Schicksalsschlag zu erwarten schien. »Gott weiß, wo wir uns in einem halben Jahr befinden werden! Wer klärt darüber schon den gemeinen Mann auf? Wir haben für sechs Monate Proviant an Bord, das ist alles, was wir wissen. Und danach? Der Hunger wird uns treiben, den Tang von den Felsen zu knabbern oder uns gegenseitig aufzufressen!«

»Kopf hoch, Mann!« suchte Arnold Lodlo ihn zu ermuntern. »Dich essen wir ganz bestimmt nicht, bevor du nicht tüchtig zugenommen hast.«

»Du hast gut lachen«, murrte Sylvanus Bond. »Aber genügt es wirklich, wenn uns nur befohlen wird, die Segel zu setzen, und Master Hudson uns erst am Ziel mitteilt, wo wir sind?«

»Aber klar«, sagte Philip Staffe scharf.

»Was soll das heißen?«

»Was ich gesagt hab'. Er ist unser Kapitän und ein großer Mann, der durch seine Reisen berühmt geworden ist. Wenn ich am Ende höre: ›Wir sind in Westindien‹ oder ›Wir sind in Cathay‹, dann genügt mir das. Mehr braucht er mir nicht zu sagen.«

»Ich würde lieber hören: ›Wir *fahren* nach Cathay‹«, beharrte der Böttcher auf seinem Standpunkt. »Dann wüßte ich, wohin der Kapitän uns führt, und könnte mich daran halten, daß Cathay unser Ziel ist.«

»Vielleicht weiß er es selbst nicht«, wandte Matthew Lawe ein.

»Jawohl!« Sylvanuns Bond war froh, in dieser schrecklichen Welt wenigstens einen Verbündeten zu finden. »Und wie leicht mag es dazu kommen, daß er sich überfordert und an Rückkehr, auch an unsere Rückkehr, nicht mehr zu denken ist!«

Matthew Lawe konnte nicht umhin zu antworten: »Ich habe von Kapitänen gehört, denen so etwas passiert ist.«

Damit hatte er, vielleicht zu früh, die Aufmerksamkeit auf sich gezogen, und Arnold Lodlo in seiner Flatterhaftigkeit flog sogleich auf diese neue Farbe. Er warf die Käserinde in die Bilge und streckte seine kurzen Beine in das Sonnenlicht, das durch die Luke hereinkam. Dann sagte er: »Habe ich dich nicht in den letzten Tagen im Wirtshaus zum Mohren gesehen?«

»Aye.«

»Gerade von einer Reise zurück und schon wieder los?«

»Aye.«

Michael Perse fragte: »Was für eine Reise? Auf welchem Schiff?«

Matthew hatte nicht vor, auf derartige Fragen zu antworten; er wollte nichts sein als Seemann an Bord der *Discovery*, er wollte in der Gegenwart leben und nichts von Vergangenheit und Zukunft wissen. Aber nun mußte er heraus damit, und zwar wahrheitsgemäß, denn Seeleute merken schnell, wer unter ihnen ein Lügner ist.

»In die Irische See«, antwortete er. «An Bord der *Judith Mary*. Wir lagen zuletzt vor Irland, in der Bantrybucht. Wir hatten Pferde geladen. Für König Jakob, hieß es, aber das weiß ich nicht genau.«

Michael Perse aber wußte einiges. »Wie ich höre, wart ihr auch an der italienischen Küste.«

»Aye. Wir waren acht Monate auf See, trieben Handel, wo sich Gelegenheit dazu bot. In Italien war es Wein, ein ziemliches Gesöff! In Marokko«, er lachte gezwungen auf, »Gott weiß, was es dort war!«

Arnold Lodlo verfolgte die Befragung mit einem genüßlichen Schmunzeln, als wisse er ein Geheimnis.

»Und zuletzt warst du dann im Mohren?«

»Richtig. Wo soll man als Seemann hingehen, wenn man ein bißchen trinken will?«

»Und da hast du dich versteckt?« fragte Arnold Lodlo verschmitzt.

»Versteckt? Wieso?« Matthew ließ sich nicht so einfach in die Enge treiben, selbst nicht durch einen so spitzfindigen Mann wie Lodlo. Er würde ihm schon Rede und Antwort stehen. Es bekam einem schlecht, wenn man sich zu Beginn einer Reise auf einem neuen Schiff zur Zielscheibe des Gespötts machen ließ.

»Versteckt unter der Dachtraufe mit einem hübschen Betthasen.«

Matthew atmete erleichtert auf. Das war es also. Er antwortete leichthin: »Wer ist in so einer kalten Nacht gern allein?«

Lodlo trieb den Scherz noch ein bißchen weiter. »Wie hast du sie denn gefunden?«

»Wen?«

»Jenny Wallop.«

»Wie ich sie gefunden hab'? Ich hab unter die Bettdecke geguckt, und da lag sie!«

Jetzt brüllten alle vor Lachen, und die Spannung löste sich auf in gute Kameradschaft.

Michael Perse rief: »Jenny Wallop? Da mußt du aber als reicher Mann von Bord gegangen sein, Matthew! Ich wette, das hat dich, jedesmal wenn du die Treppe hochkamst, ein Goldstück gekostet. Die hat ganz schön was unter der Bluse, und sowas gibt es nicht umsonst!«

Alle spitzten sie bei diesem Thema die Ohren.

»Ja, so ist es mir ergangen«, antwortete Matthew. »Ich habe nicht einen Penny mehr. Hat mich einen Haufen gekostet.«

»Aber das war die Sache wert, was?«

»Aye.«

Die Unterhaltung wurde immer schlüpfriger.

»Ja, ein Busen wie das Fleisch für den Sonntagsbraten.«

»Und unterm Rock hat sie auch was sitzen!«

»Aye, und was für einen Hintern! Da kann sich ein Mann dran verlieren, bevor er an ihre intimen Teile kommt!«

»Wer sagt, daß ihre Teile intim sind? Sind schließlich für alle da.«

Plötzlich hörten sie aus der Dunkelheit eine Stimme brüllen: »Dreckige Hurenböcke, ihr!«

Erschrocken wandten sie sich dem Eindringling zu. Ein Mann mit hagerem Gesicht und funkelnden Augen stand in einem weiten, schwarzen Umhang groß in der Tür. Er wirkte wie ein Rabe, der in einen Schwarm von Möwen geraten war, ein schwarzer Vogel, der nichts Gutes verhieß. Aber als er einen nach dem anderen angestarrt hatte, verschwand er wie ein Gespenst von der Burgzinne.

Mit einem trockenen, teilnahmslosen Lachen verschafften sie sich Erleichterung – nur Matthew Lawe hatte sich noch nicht von seinem Staunen erholt.

»Wer, um Himmels willen, war das?«

»Abacuck Prickett«, ihm Michael Perse. »Aber reg dich nicht weiter auf. Er pestet uns die ganze Zeit an, und doch sind wir dem Seelenheil keinen Schritt nähergekommen.«

»Und gegen intime Sachen hat er was?«

Michael Perse antwortete ihm in das Lachen hinein: »Er müßte erst aufgeklärt werden, was das ist und wo die sind.«

Arnold Lodlo fügte hinzu: »Er würde eine Meile weit rennen, wenn er nur einen flüchtigen Blick darauf tun könnte. Aber auf die Bibel pocht er, als wolle er sie zerschmettern!«

»Was für eine Stellung hat er denn an Bord?«fragte Matthew, noch immer verwirrt.

»Er ist eine Landratte«, erwiderte Sylvanus Bond verächtlich. »Was sonst noch? Er ist Sir Dudley Digges' Diener und als Spitzel auf uns angesetzt. Er spioniert uns aus und meldet alles.«

»Das ist nur eine Vermutung«, sagte Philip Staffe.

»Für mich nicht! Ich habe eine Nase für Spitzel, ganz gleich, wo sie mir über den Weg kommen. Hat er genug Verdammnis gepredigt, uns die Hölle heiß und uns kirre gemacht, dann kann er, wenn er sich etwas davon verspricht, seinem Herrn melden: ›Die Besatzung der *Discovery* war nicht das Geld wert, das Ihr für sie ausgegeben habt.‹ Haben wir Erfolg, dann wird er sich gegen seine schwarze Brust schlagen und verkünden: ›Ich, Abacuck Prickett, habe ihnen den rechten Pfad gewiesen!‹ Versagen wir aber, dann wird er erklären: ›Was bleibt einem rechtschaffenen Mann zu tun? Ich habe mit diesen Teufeln gerungen, bis mir die Luft ausging, und alles ohne Erfolg! Alles umsonst!‹«

Er brachte diese Worte mit der ihm eigenen Niedergeschlagenheit so tieftraurig und verzweifelt hervor, daß sich alle wieder ausschütten wollten vor Lachen.

»Aber wer ist sein Herr? Wer ist dieser Sir Dudley Digges?« fragte Matthew.

»Einer unserer Geldgeber«, erwiderte Philip Staffe, der froh war, daß die Rede auf etwas anderes kam. »Ein reicher Mann in Kent, der noch zwei andere solche Herren als Partner hat. Du siehst also,« sagte er mit Nachdruck, »Master Henry Hudson hat angesehene Freunde, die ihm vertrauen und Gold ausgeben, um es zu beweisen.«

In seiner Stimme lag etwas, das zu sagen schien: »Und ich wünschte, alle Zweifler und Wankelmütigen würden sich zur gleichen Einstellung durchringen.«

Aber bevor sie diese Bemerkung auch als Vorwurf an ihre Adresse begriffen, schrillte von oben herab eine Pfeife, und mit rauher Stimme erteilte der Bootsmann Francis Clemens den Befehl: »Freiwache nach oben.« Und dann noch lauter, noch schneidiger: »Fallreepsgäste, Kapitän kommt an Bord!«

Als Matthew Lawe, der gespannt den Niedergang hochkletterte, an Deck kam, setzte Henry Hudson gerade den Fuß an Bord seines Schiffes. Matthew sah einen grauhaarigen Mann in mittleren Jahren, der mit bedächtigen Bewegungen auf der durch die Flut schrägstehenden Gangway herangekommen war. Der Mann schien ernst und in Gedanken versunken, und doch lächelte er vertrauensvoll, als er nun sein eigenes Schiff betrat, diesen privaten Grund, auf dem er durch die bevorstehende Reise einen lange gehegten Traum verwirklichen wollte.

Henry Hudson blieb an Deck stehen und blickte sich mit den prüfenden Augen des Kapitäns um, zuerst zu der verstauten Ladung, dann zu den Masten und zur Takelage. Er wandte sich kurz an den Bootsmann Clemens, der sofort davoneilte, um irgendeine Anordnung zu erteilen. Dann blickte er landwärts und bemerkte einen Schiffsjungen, den schlanksten und jüngsten von allen, der sich mühte, eine schwere Truhe auf seine Schultern zu heben.

Er rief: »Laß sie da, John. Sie ist zu schwer für dich. Du mußt noch ein Jahr wachsen!« Dann blickte er sich nach einem stämmigeren Mann um, den er auch gleich entdeckte und rief ihm im Befehlston, aber nicht unfreundlich zu: »He, du da! Wie ist dein Name?«

»Matthew Lawe, Euer Gnaden.«

»Nimm die Truhe auf die Schulter, Matthew Lawe«, wies Hudson ihn an. »Und geh' vorsichtig damit um! Es sind alle meine Instrumente drin und die besten meiner Karten. Wenn du die fallen läßt«, sagte er ernst lächelnd, »dann endet unsere Reise schon hier im Hafen.«

Matthew, der sich stolz dieser Aufgabe unterzog, ging über das Fallreep, hob den Jungen beiseite und hievte die Truhe auf die Schulter. Erst einen Tag später erfuhr er, daß der helläugige Schiffsjunge John, den er noch wegen einer Nachlässigkeit gerügt hatte, den Namen John Hudson trug und Sohn des Kapitäns war.

Aber in wenigen Augenblicken hatte sich für Matthew Lawe viel geändert. Er spürte Achtung vor Henry Hudson und zugleich eine starke Zuneigung zu ihm. Dies war ein Kapitän, zu dem man Vertrauen haben konnte: kein Tyrann, sondern einer, der in seinen Männern nicht nur hirnlose Muskelpakete sah, ein erfahrener Kommandant im gestandenen Alter, der seine Mannschaft vor Gefahren bewahren würde.

Als er Henry Hudson zur Kapitänskajüte folgte und dabei so behutsam mit der Truhe umging, als trage er sein Erstgeborenes in einer Wiege, fühlte er sich schon ganz als vertrautes Mitglied der Besatzung.

Viele Männer empfanden diese Zuneigung zu Henry Hudson, sie hörten auf ihn; nur wenige hatten sein Vertrauen enttäuscht, und er hatte ihnen verziehen. Sein Stern als Seefahrer war vor drei Jahren aufgegangen, nach drei Unternehmungen, bei denen er seinen Wagemut und sein seemännisches Geschick gleichermaßen unter Beweis gestellt hatte. Er hatte zwei Reisen für die Muscovy Company gemacht, eine englische Handelsgesellschaft, die ihre ersten Gewinne im Handel mit dem Grafen von Muscovy erzielte, jenem Mann, der unter dem Namen Iwan der Schreckliche als Zar von Rußland in die Geschichte einging. Und seine Erfolge hatte Hudson gekrönt mit einer dritten Reise, die er für die Niederländische Ostindienkompanie unternahm.

Zu seiner ersten Entdeckungsfahrt war er mit der *Hopewell* aufgebrochen, einem Schiff mit 80 Tonnen Last und einer Besatzung von nur elf Mann, mit dem er auf der Route über den Nordpol einen Weg nach Japan oder China zu finden hoffte. Hudson erreichte zwar die Insel Spitzbergen nördlich des Polarkreises, doch hinderte ihn das Eis an der Weiterfahrt, so daß er umkehren mußte.

Seine zweite, mit dem gleichen Ziel und ebenfalls mit der *Hopewell* unternommene Reise führte ihn weit nach Nordosten an der verschneiten Spitze Rußlands entlang zu der auf dem gleichen Breitengrad gelegenen Insel Nowaja Semlja. Aber als die eisigen Stürme der Mannschaft und dem Schiff derart zusetzten, daß er Schlimmstes befürchten mußte, trat der Kapitän unverrichteter Dinge die Heimfahrt an. Erst auf einer dritten Reise erntete er seinen eigentlichen Ruhm in einer der großartigsten Gegenden der Welt.

Sein neuer Auftraggeber, die Niederländische Ostindienkompanie, hatte ihn aus einem einzigen Grunde aus englischen Diensten abgeworben: nur ein Mann von seinen Qualitäten konnte ihnen dazu verhelfen, ihre Hoffnung auf eine durch das Nordpolarmeer führende Nordostpassage zu verwirklichen. Doch das Ergebnis, zu dem diese Reise führte, war ein ganz anderes.

Sein Schiff hatte den Namen *Half Moon*, und die Mannschaft bestand zur Hälfte aus Engländern, zur Hälfte aus Holländern. Doch erwiesen sich die Holländer, die an den Dienst auf den warmen, von üppigem Duft erfüllten Gewürzinseln auf der anderen Seite des Globus gewöhnt waren, als wenig geeignet. Ihnen sagte die Kälte nicht zu. Sie murrten aufsässig, drückten sich vor der Arbeit und weigerten sich, mit der *Half Moon* über das Nordkap an der Spitze Lapplands hinaus zu gehen.

Man konnte es Meuterei nennen, und Henry Hudson wußte nicht, wie er damit fertigwerden sollte. Er war imstande, ein Schiff mit großem Geschick zu führen, nicht aber, eine aufrührerische Mannschaft eines besseren zu überzeugen, die mit ihren Dickschädeln nicht den Traum begriffen, um dessen Verwirklichung es ihm ging. Aber dies brauchte dennoch nicht zu bedeuten, daß die Reise nun zu Ende war. Ebensowenig wie ihm selbst lag den Holländern daran, schon so bald unter wenig ehrenhaften Umständen zurückzukehren.

Und so erklärte er ihnen rundheraus: »Wenn es euch zu kalt ist, nehmen wir Kurs auf eine wärmere Gegend. Weigert ihr euch, auf Nordkurs zu bleiben, dann fahren wir westwärts. Denn fahren müssen wir, das wißt ihr.« Darauf überquerte die *Half Moon* dreitausend Meilen weit den wilden Atlantik, nahm Südkurs auf die Küste der Neuen Welt und gelangte zur Mündung jenes ›großen Flusses‹, der anscheinend den Kontinent durchströmte. Auf ihm stießen sie fast einhundertundfünfzig Meilen tief ins Land vor, bis Felsen und Stromschnellen die Weiterfahrt unterbanden und sich die Eingeborenen so wild und mordlustig gebärdeten, daß Vorsicht geboten schien, weil ein weiteres waghalsiges Vordringen sie in äußerste Gefahr gebracht hätte.

Hudson wurde bei seiner Heimkehr mit Ehren überhäuft, fand allerdings nicht die Billigung seines Königs – aus einem Beweggrund, der ihm eher schmeichelte. Er war von zu großem Wert für seine eigene Nation, als daß er diese Fahrt im Dienste eines anderen Landes hätte unternehmen dürfen. Das Geheimnis um den ›großen Fluß‹, die Gewinne, die man sich aufgrund dieser Entdeckung versprach, durften nicht vorzeitig mit anderen geteilt werden. Die Freiheit des Handelns, derer sich Henry Hudson bedient hatte, mußte eingeschränkt und es mußte verhindert werden, daß eine solche Begabung anderen Ländern zugute kam.

Auf Anordnung des Kronrates wurde er getadelt, weil er seine Reise ›zum Schaden seines Landes‹ unternommen hatte, und es wurde ihm untersagt, anderen als der eigenen Nation zu dienen.

Aber dies war eigentlich nur ein Zwischenfall, ein einziger falscher Schritt auf einem Zehntausende von Meilen langen Weg. Neben seinem Monarchen gab es andere Männer, die es auf Hudsons Mut und Geschick abgesehen hatten, aber aus freundlicheren Gründen: sie wünschten, daß ein solcher Mann denen Ehre und Gewinn einbrachte, die es wirklich verdienten. Eine neue Gesellschaft von Handelsunternehmern war von Sir Thomas Smith und Sir Dudley Digges aus Kent und John Wolstenhome aus Yorkshire gegründet worden. Sie hatten Geld, waren unternehmungslustig und von jener Neugier auf die ferne Welt besessen, von der großzügige Leute mit Weitblick häufig ergriffen werden.

Also hatten sie Henry Hudson dieses Schiff, die *Discovery*, zur Verfügung gestellt und wollten ihn wieder auf die Reise schicken. Leiten ließen sie sich dabei einzig von ihrem Vertrauen. Sie sagten nur: »Versucht nicht noch einmal, eine Nordostpassage zu finden. Die Polarroute ist etwas für fliegende Ungeheuer, nicht für Schiffe. Fahrt nach Westen und dann nordwärts, und versucht, eine andere Passage zu entdekken. Gott sei mit Euch!«

Nach vier Tagen war die *Discovery* vollständig ausgerüstet und alles sachgerecht verstaut, und als die Ebbe einsetzte, lief das Schiff die Themse hinunter. Bei Grave's End machten sie kurz fest und nahmen einen zweiundzwanzigsten Mann an Bord, der ihnen allen ein Rätsel blieb, bis er sich als ausgesprochener Schurke erwies.

Als sein Name war im Logbuch Henry Greene angegeben. Er wurde zwar von Henry Hudson aufs freunschaftlichste begrüßt, doch fand sich sein Name nicht in der von den Eigentümern der *Discovery* gebilligten Liste, und die Art, wie er an Bord geholt wurde, hatte etwas Verdächtiges. Warum wurde er erst aufs Schiff geschmuggelt, als die Eigentümer keine Bedenken mehr äußern konnten? Wilde Gerüchte gingen um, und das Äußere des Mannes war auch nicht gerade angetan, sie zum Schweigen zu bringen.

Henry Greene war jung, kräftig und gut gebaut, seine Gesichtszüge allerdings schienen von Ausschweifungen geprägt, und tatsächlich war er, als er an Bord kam, angetrunken, und in dieser Hinsicht sollte sich kaum etwas ändern. Er war bunt gekleidet wie ein Papagei, frech wie der Teufel und gut Freund mit allen, bis ihm jemand in die Quere kam. Dann machte er ein finsteres Gesicht, und seine gute Laune war dahin.

Wer war er, was für ein Mann, und was hatte er an Bord zu suchen? Philip Staffe hielt ihn für einen Ausbrecher, der einen Mord auf dem Gewissen hatte. Michael Perse meinte, er sei ein außerehelicher Sohn, für den der Vater heimlich aufkam. Für Sylvanus Bond war auch er ein von den Geldgebern eingesetzter Spitzel, der überwachen sollte, daß ihr Kapital gut angelegt wurde.

Matthew Lawe kam, nachdem er den seltsamen Neuling wiederholt verstohlen gemustert hatte, zu dem Schluß, daß er ein der Hurerei verfallener Sohn aus gutem Hause sein müsse, den man, um ihn vor

Schlimmerem zu bewahren und um seiner Gesundheit willen auf See abgeschoben hatte.

Abacuck Prickett, der überall schnüffelte, wo es Böses zu entdekken gab, pflichtete ohne Zögern bei und ereiferte sich noch seinerseits.

»Dieser Dreckskerl!« krächzte er. »Wenn er den Umgang mit Nutten und Puffmüttern der Gesellschaft von Gottesfürchtigen vorzieht –«

»Wer tut das nicht?« fragte Michael Perse, so daß Prickets leidenschaftlicher Sermon in Gelächter unterging.

Doch was Prickett später mit seiner Spürnase ausfindig machte, rückte sein Urteil doch dicht in die Nähe der Wahrheit. Tatsächlich schien Henry Greene ein zum Wüstling verkommener Mann aus guter Familie zu sein, den sein Vater entmündigt und der in Henry Hudson aus unersichtlichen Gründen einen Freund gefunden hatte. Seine Mutter hatte ihm heimlich fünf Pfund für seine Ausrüstung zugesteckt. Es war ihre letzte Zuwendung an einen nichtsnutzigen Sohn.

Weder Henry Hudson noch irgendwer von der Mannschaft ahnten, daß sie zu ihrem Unglück den größten Schuft an Bord genommen hatten, der je der Besatzung eines ehrbaren Schiffes angehörte. Und damit war die wuchernde Saat des Verrats bereits in den gleichsam noch jungfräulichen, anscheinend so glückverheißenden Boden gelegt.

III

Aber es begann alles sehr erfreulich. Es waren die unvergleichlichen Tage eines englischen Frühlings, in denen der April dem Winter den Rücken kehrt und dem Mai liebevoll sein Willkommen bereitet. Und die *Discovery* segelte unter günstigen Winden an der Küste Englands und Schottlands hinauf, vorüber an Harwich und Flamborough Head und zu den Orkney- und Shetlandinseln, ohne daß die Elemente sich unwillig zeigten – bis sie den ältesten aller Feinde erreichte, den Atlantischen Ozean.

Obgleich es die Route der vernichteten, in Schmach und Verzweiflung flüchtenden Armada war, so kündeten doch keine Spuren mehr von den furchtbaren Qualen, die einst Seeleute hier erlitten hatten.

Matthew Lawe, auf gleichem Kurs, den ehemals ein elendes spanisches Schiff genommen hatte, das ihn als Gefangenen mitführte, genoß es, daß er nun unter englischer Flagge fuhr und auf einem so tüchtigen, englischen Schiff.

Es war nicht bequem an Bord der *Discovery*. Ein kleines Schiff bedingte zwangsläufig allerlei Unbequemlichkeiten. In einem so kleinen, für eine lange Reise voll beladenen Schiff, in welchem dem einzelnen Seemann nicht viel mehr als ein Platz von drei Fuß Länge zugemessen war, herrschte eine Enge wie in einem Spital während einer Pestepidemie.

Niemand gab es an Bord, der nicht unter dieser Eingepferchtheit litt – von Henry Hudson selbst über den Steuermann Robert Juet, den Arzt Edward Wilson und den Astronomen und Mathematiker Thomas Wydowse (denn für alles war Vorsorge getroffen, ob es um den Griff nach den Sternen ging oder um die Vorbereitung aufs Grab) bis zu dem Geschützführer John Williams und zu John Hudson, dem Sohn des Kapitäns. Um sich Platz zu schaffen, kamen sie nicht umhin, einander zu stoßen und aufeinander herumzutreten, und das oft in einem unerträglichen Gestank, der ihnen die Laune verdarb und ihnen nachts den Schlaf raubte. Aber natürlich war es, wie immer, der gemeine Mann, der darunter am meisten zu leiden hatte und von dem erwartet wurde, daß er sich am wenigsten daraus machte.

Für Matthew Lawe und seine Schlafgenossen kam es darauf an, sich mit dem Leben in der zwischen Großmast und Achterdeck vertäuten Schaluppe abzufinden. Obwohl es Mai war, als sie die englische Ostküste hinauf und westwärts an den schottischen Inseln vorbeifuhren, waren die Nächte kalt. Und der morgendliche Dunst, den eine Landratte als einen auf die Knochen gehenden naßkalten Nebel bezeichnet hätte, war für die schlotternden Seeleute geradezu tödlich. Aber als Matthew, den die Schaluppen-Bewohner, »weil er für seine Rechte einzustehen wußte und auch die richtigen Worte fand«, zu ihrem Sprecher gewählt hatten, die Angelegenheit bei Robert Juet vorbrachte, gab der ihm gereizt eine abschlägige Antwort.

»Was hast du erwartet, als du hier an Bord kamst?« fragte er in jenem jammernden Altmännerton, der selbst einem Engel auf die Nerven gehen mußte. »Kissen und Samtvorhänge? Kaminfeuer und frisches Bier? Ich habe dich von Anfang an für einen Unruhestifter gehalten und mich bei Gott nicht geirrt! Habe ich nicht gesagt, du würdest dich in der Kapitänskajüte einlogieren, wenn du dazu Gelegenheit hättest? Du willst eine bessere Unterkunft? Dann verdien' sie dir durch Arbeit und Schweiß! Du bist in der Schaluppe und du bleibst darin, und sie bleibt so lange an Deck, wie ich es für richtig halte!«

»Sir«, erwiderte Matthew Lawe, wartete aber ab, bis der Ansturm von Vorwürfen abgeflaut war. »Ich sage doch nur, daß es bitterkalt ist an Deck. Wenn wir zur Morgenwache hochkommen, sind wir schon halbtot. Wir werden dort einfach nicht warm! Wollt Ihr, daß wir erst aus dem Mast fallen, um das zu beweisen?«

»Ja«, sagte Robert Juet kurz. »Dann hat wenigstens dies Gejammer ein Ende.«

»Aber wir können so nicht arbeiten.«

»Dafür werde ich schon sorgen – oder ich laß euch verrecken wie die Hunde.«

Also blieb es dabei, bis das Wetter zwischen den Faröern und Island plötzlich umschlug, so daß selbst ein Mann mit einem Beutel voll rostiger Nägel als Herz und purem Gift in der Galle nachgegeben hätte. Und so wurde unter Knurren und heftigen Flüchen die Schaluppe losgezurrt und zwei Deck tiefer unmittelbar über der Bilge aufgestellt.

Hier stank es schon, seit Arnold Lodlo seine Käserinden dort hinunterzuwerfen begonnen und aus diesem Verlies eine schwimmende Müllgrube gemacht hatte. Aber sie hatten es hier wenigstens warm.

Dies hatten sie Bennett Matheus, dem Koch, zu verdanken, einem, wie es sein Beruf mit sich brachte, rundlichen Mehlsack von Mann, der, als Landratte, die er war, auf gewissen Bequemlichkeiten bestand, auch hier tief unten zwischen Himmelsgewölbe und Meeresgrund, wo er, weitab von allen gottverlassenen Küsten, in einem wilden Tumult mit seinen Gerätschaften hantierte.

Unmittelbar neben der für die Schaluppe freigemachten Stelle hatte Bennett Matheus einen Ofen zusammengebaut, für den er von seiner eigenen, gestrengen Mutter nur Lob geerntet hätte: einen wohlgestalteten, aus Backsteinen gefügten Herd, der auf den Bodenbrettern in eine dicke Sandschicht gebettet war. In dieser glühenden Höhle konnte er, wenn er in Stimmung war, wahre Wunderwerke zaubern – war er es nicht, dann lebten alle außer ihm nur von der Hoffnung und kaltem Haferbrei.

Es war Aufgabe der Mannschaft, ihn bei Laune zu halten und verstohlen zu hofieren. Günstling des Kochs zu sein, war eine Gewähr für paradiesische Genüsse, war aber einer bei ihm schlecht angeschrieben, dann hatte er diese Aussicht verspielt. Und so schleppten sie für diesen launischen Tyrannen unaufhörlich heran, was er benötigte: Brennholz für seinen Herd, Wasser für seine Töpfe oder die Zutaten für seine Köstlichkeiten. Dann lungerten sie herum, spielten auf Extraportionen an oder suchten sich ein besonders saftiges Stück Fleisch zu ergattern und übertrumpften einander, um seine Gunst zu erringen.

Zuzeiten hatte es den Anschein, als arbeiteten sie nicht für Master Hudson, sondern für Seine Allmächtigkeit, den Meisterkoch, für Seine Hoheit, den Herrn über Speisen und Gewürze. Der Mensch lebt nicht von Brot allein.

Das Leben an Bord wurde härter, als die *Discovery* stampfend und schlingernd in eiskaltes Wasser vordrang, als der Sturm sie unerbittlicher als jede menschliche Grausamkeit packte und das Eis sich auf den Decks türmte, als greife aus der Tiefe herauf ein Riese nach dem Schiff, um es wie mit Bomben zu versenken. Als sie Island passiert hatten, wurde es für Mannschaft und Schiff unerträglich, und Henry Hudson entschloß sich, nachdem er Beratungen abgehalten und sich die erschöpften Seeleute angehört hatte, einen Hafen anzulaufen.

Dieser Hafen an der Westküste Islands, den die Männer verächtlich Läusebucht tauften, erwies sich als so freundlich und barmherzig wie eine Mutterbrust. An Land gab es heiße Quellen, die wie durch einen Zauber aus der gefrorenen Erde hervorbrachen und die Luft erwärmten, und die bewegende Kraft im Innern dieses Wirbels, der Vulkan im Berge Hekla, schleuderte hin und wieder schwarzen Schnee in den sich verdunkelnden Himmel, der dann im Wind trieb, bis er am östlichen Horizont niederging.

Hier erstiegen sie auf der Suche nach Nahrungsmitteln die Berge, von denen sie fünfzig Meilen weit sehen konnten. Hier tranken sie frisches Quellwasser, fischten, jagten das in Fülle vorhandene Geflügel und schwammen in windgeschütztem Wasser. Aber hier gerieten sie auch, da sie Menschen waren, unzulängliche, schwache Menschen, miteinander in Streit.

Den Funken, an dem sich der Brand entzündete, warf der großtuerische Henry Greene. Er geriet mit dem Schiffsarzt Edward Wilson aneinander, und zwar lediglich deswegen, weil dieser, ein junger Mann von zweiundzwanzig Jahren und eben von der Universität gekommen, ihm geistig überlegen war und das auch in seinen Reden erkennen ließ. Greene hielt es für angebracht, ihn nachzuäffen, und zu bemerken, er bezweifle, daß ein so bläßlicher Schlappschwanz jemals seinen Mann stehen könne.

Aber als es dann zu harten Worten kam, zeigte sich, daß der Arzt eine Zunge so scharf wie ein Skalpell hatte und, wie er selbstbewußt betonte, mit ihr schlagfertiger umgehen konnte als hundert junge Taugenichtse, deren Fähigkeiten eher in ihren Genitalien als in ihren Hirnen zu suchen seien.

Der Hieb, deutlich genug auf Greene gezielt, saß, und augenblicks artete der Disput in Handgreiflichkeiten aus. Die Mannschaft wurde Zeuge, wie Henry Greene, der die Niederlande bereist hatte, den Arzt auf holländisch beschimpfte und dann unter englischen Flüchen auf ihn einschlug.

Edward Wilson, der die Mehrheit auf seiner Seite hatte, forderte mit blutendem Mund Gerechtigkeit. Aber als die beiden Männer ihren Streit vor Henry Hudson brachten, machte der Kapitän nicht viel von der Sache. Er schien eher Greene zu begünstigen, er sagte Recht und Unrecht seien auf beiden Seiten zu finden, und bat sie, die Angelegenheit zu vergessen. Durch diese lahme Entscheidung riß er Wunden auf, die tiefer waren als die Verletzungen, die der Arzt erlitten hatte, und die bald andere wie ein Eitergeschwür anstecken sollten.

Als der alte Robert Juet, der aufgrund seiner Stellung dazu ermächtigt war, einzugreifen und eine Bestrafung Greenes zu erwirken suchte, geriet Henry Hudson, zum ersten Mal auf dieser Reise, in helle Wut.

»Laß deine Finger von diesem heißen Eisen!« donnerte er den alten Mann an. »Oder du verbrennst sie dir so wahr ich hier stehe. Was geht dich Henry Greene an!«

»Mich geht es schon etwas an, wenn ein Mann Streit vom Zaun bricht«, entgegnete Juet mannhaft, »wenn er sich mit einem unserer Offiziere anlegt und ihn schlägt. Und wenn er noch dazu ein Spitzel ist«, fuhr der alte Fuchs unerschrocken fort, »an Bord gekommen, um uns bei Euch anzuschwärzen, wenn etwas schiefgelaufen ist.«

»Euch zu bespitzeln!« brüllte der sonst so väterliche Kapitän. »Noch ein Wort, und ich lasse dich an Land setzen, wo du auf ein Fischerboot warten kannst, das dich nach Hause bringt! Euch zu bespitzeln! Euch anzuschwärzen! Könnte ich sehen, wie du auf der Asche des Vulkans sitzt, und dir den Hintern anschwärzt – ich wäre glücklich. Und weißt du, wen ich dann an deiner Stelle als Ersten Steuermann einsetzen würde? Denk scharf nach! Fordere mich nicht heraus, Juet, oder ich werde dir zeigen, wer dieses Schiff führt, wer hier die Anordnungen trifft und wer –« jetzt bediente er sich ganz der feierlichen Worte der heiligen Schrift, ebenso gewandt wie Abacuck Prikkett, »wer da sagt: Gehe, und dann gehest du!«

Daraufhin verzagte Robert und verschwand und ließ sich an diesem Tage nicht mehr sehen. Aber bei aller Heftigkeit war dies doch nur das erste Kräuseln auf der Oberfläche eines in der Tiefe aufgewühlten Teiches.

Henry Greene, der sich an seinem Sieg weidete, kannte nun in seiner Großtuerei keine Grenzen mehr. Edward Wilson blieb empört und gekränkt, wie es ein junger Mann nur sein konnte, der sich von seinem Vorgesetzten ungerecht behandelt wußte. In Robert Juet, der in seinem Willen zur Gerechtigkeit einen Schritt nach vorn und zwei Schritte rückwärts getan hatte und wie ein dummer Junge heruntergeputzt worden war, schwelte der Haß. Ihm zu drohen, an Land gesetzt zu werden! Hätte Hudson diese Drohung in die Tat umgesetzt – es wäre für alle besser gewesen, war der Schluß, zu dem Matthew im Laufe der Zeit kam. Die Wirkung auf die Mannschaft aber war das schlimmste.

Vor allem anderen zu striktem Gehorsam dem nächsten Vorgesetzten gegenüber verpflichtet, so daß Juet zu Henry Hudson »Aye, Sir!« sagte und Bootsmann Clemens dasselbe zum Ersten Steuermann Juet und der erste Vollmatrose wiederum zum Bootsmann Clemens, und sich dieses Verhältnis fortsetzte bis hinunter zu den Schiffsratten, die sich bei ihrem Treiben nach dem Befehl des jüngsten Schiffsjungen Nicholas Syms zu richten hatten, empörte es die meisten von ihnen, daß Henry Greene, ein Mann ohne Dienstgrad oder Dienststellung, es gewagt hatte, den Arzt und Schiffsoffizier Wilson zu beleidigen und gegen ihn handgreiflich zu werden.

Wenn das straflos geduldet wurde, dann durfte auch ein einfacher Seemann keine Strafe zu erwarten haben, wenn er Henry Hudson offen ins Gesicht einen Narren schimpfte.

Bittere Worte fielen, Drohungen wurden ausgestoßen, Streitigkeiten entstanden, und man erinnerte sich immer wieder daran, wie an Kriegswunden, die bei jedem Wetterwechsel aufs neue zu schmerzen beginnen. Ein Seemann, den Henry Greene wegen seines seltsamen Namens – Syracke Fanner – verspottete, schwor Stein und Bein, daß er es ihm heimzahlen werde, worauf Arnold Lodlo, der Greene bewunderte und in ihm »einen richtigen Mann und nicht etwa einen Windbeutel« sah, ihm entgegen hielt, wie er sich denn an einem solchen Burschen zu rächen gedenke, der ihn um Haupteslänge überrage und dessen Faust größer sei als Fanners Kopf.

Michael Perse sagte, er schieße mit dieser Frage am Ziel vorbei, denn in Wahrheit gehe es doch darum, daß Greene ein notorischer Schurke und im Unrecht sei und höchstwahrscheinlich nicht bestraft werde, weil er vermutlich der außereheliche Sohn des Kapitäns sei. Trugen sie nicht beide den Namen Henry? Bennett Matheus, der Koch, der Greene wegen einer frechen Bemerkung grollte, schwor, daß er eher das Feuer in seinem Herd ausstampfen werde, als für diese Schlange auch nur einen einzigen Teller Suppe zu wärmen.

Sylvanus Bond jammerte nur und prophezeite »eine elendige, katastrophale Reise, und alles nur wegen eines windigen Schurken und eines Kapitäns, der sich von diesem Burschen einwickeln läßt«.

Nur Philip Staffe, der Schiffszimmermann, hielt treu zu Hudson.

»Der Master ist auch Richter«, erklärte er ihnen. »Das ist sein Amt hier an Bord, vergeßt das nicht.«

»Aber als wahrer Richter«, ereiferte sich Michael Perse, »hätte er Greene schuldig gesprochen und – hängen lassen, wie ich die Sache sehe!«

»Er hat sein Urteil gesprochen«, beharrte Staffe auf seinem Standpunkt, »und beide für schuldig befunden und es dabei bewenden lassen. Er hatte darin recht, sage ich, aber selbst wenn er im Unrecht wäre – uns geht das nichts an. Er ist der Kapitän.«

Darauf hackten sie auf Philip Staffe herum und nannten ihn – was er keineswegs war – einen Speichellecker und einen Untergebenen, der sprang, wann immer ihm etwas befohlen wurde – was er auch tat, aber weil er es für seine ehrenwerte Pflicht hielt.

Abacuck Prickett hielt sich aus diesem Aufruhr heraus, kräuselte schweigend die Lippen und vertiefte sich in die Heilige Schrift. Als er gefragt wurde, auf wessen Seite er stehe, brummte er: »Auf der Seite Gottes, des Vaters!« – wodurch er in hohe Gesellschaft entrückte, aber niemand klüger wurde.

Matthew Lawe stellte keinerlei Vermutungen an, er schwieg sich aus, ob er nun unten mit dem Rücken gegen die Schaluppe im Dunkeln saß oder oben in der Sonne an Deck ein Segel an die Rah anschlug. Er konnte sich kein Bild von Henry Hudson machen, nicht so genau jedenfalls wie die anderen, die schon Reisen mit ihm gemacht hatten. Er gehörte der Mannschaft noch nicht lange genug an, so daß er nicht mithalten konnte, wenn es zu diesen Diskussionen kam.

Er neigte zu der Ansicht von Philip Staffe: daß alle zum Kapitän aufsehen sollten, und wenn dieser Mann sein Wort gesprochen hatte, die

Sache damit abgetan war. Henry Greene allerdings hielt er für einen in der Wolle gefärbten Schuft, der wegen seiner Unverschämtheit hätte zur Rechenschaft gezogen werden müssen, bevor er nun hemmungslos in der gewonnenen Freiheit schwelgte.

Vor allem aber wunderte sich Matthew darüber, daß ein kluger, hochangesehener Kapitän wie Henry Hudson sich als Mannschaft eine solche Bande von lumpigen, mißgünstigen, unzufriedenen und ganz und gar selbstsüchtigen Männern zusammengesucht hatte, die dem lieben Nächsten nicht das Schwarze unterm Nagel gönnten! Wenn von ihnen ihrer aller Zukunft abhing, wenn dies der Geist der *Discovery* war, dann würde die See sie verschlingen, lange bevor sie den Hafen von London wiedersahen!

In dieser mißvergnügten Stimmung lief das Schiff mit ergänzten Vorräten an Fisch und Fleisch und arktischen Wildgänsen, die sie auf ihrem Flug nach Norden erlegt hatten, von Island aus und begann die Reise ins Unbekannte.

An einem klaren, kalten Junimorgen, an dem die *Discovery* vor einer leichten Brise westwärts segelte, machten sich nur zwei Männer auf dem Achterdeck zu schaffen: Matthew Lawe am Ruder und Henry Hudson, der sich über den Tisch mit seinen ausgebreiteten Karten beugte.

Für die anderen bestand die Wache darin, daß sie müßig im Mitteldeck auf Befehle zum Trimmen der Segel warteten. Bootsmann Clemens war dabei, bedächtig einen Holzkeil für die Decksdurchführung des Großmastes zurechtzuschnitzen, der nämlich gelegentlich allzu verdächtig knarrte. Und der Schiffsjunge Nick Syms, der von seiner Rolle als erstem aller Weltentdecker träumte, starrte ununterbrochen voraus, als würden sie, wenn er nicht genau aufpaßte, Cathay verfehlen oder mit ihrer Reise geradenwegs im Schlund der Hölle landen.

Während dieser friedlichen Zeitspanne nahm Matthew die Gelegenheit wahr, weit umherzuschauen. Das Rudergehen verlangte ihm keine Mühe ab, ein Finger am Ruderrad genügte, und bis weit hinter das Schiff sah er das schäumende Kielwasser so gerade und unbeirrbar folgen, als sei es mit dem Lineal gezogen. Was aber seinen Blick magisch auf sich zog, war das Land querab von ihnen, ein Land mit grünlich blauen Bergen, die hinter der für das Schiff nicht passierbaren Wüste aus auf- und niedertauchenden knarrenden Eisblöcken aufragten: ein geheimnisvolles, weites, stolzes Land, das gleichzeitig zu winken und zu drohen schien, als wolle es sagen: »Ihr seid ein Schiff. Ich bin ein Land. Macht euch an mich heran, wenn ihr es wagt! Willkommen! rufe ich euch zu.«

Aber was für ein Land war das? Diese Frage hätte Matthew gern gestellt. Henry Hudson, soviel wußte er bereits, würde sich, obwohl er der Kapitän war, nicht stolz oder dünkelhaft weigern, ihm darauf zu antworten.

Wie alle ausgebildeten Seeleute ging Matthew Lawe seinen Rudertörn und hatte, nachdem er sich bewährt und der alte Juet ihm knurrend zugenickt hatte, schon häufig am Ruder gestanden. Siebenhundert Meilen weit, seitdem sie aus der Läusebucht ausgelaufen waren und Kurs auf den Ozean genommen hatten, war er diesem Dienst tags und auch nachts mit Begeisterung nachgekommen. Und das in erster Linie deswegen, weil er sich dabei immer ganz in der Nähe von Henry Hudson befand, den er, je genauer er ihn kennenlernte, umso rückhaltloser bewunderte.

Nach jenem furchtbaren Ausbruch war Hudson wieder die ruhige, Autorität ausstrahlende Seele des Schiffes geworden, Vater von ihnen allen und immer zu nüchternen, hilfreichen Ratschlägen bereit, wo sie am dringendsten benötigt wurden. Es wurde zwar weiter gemurrt und gemäkelt, er aber überspielte das alles, nicht indem er barsch mit den Männern umsprang, sondern durch seine sanfte, eindringliche Überzeugungskraft, der nur schwer zu widerstehen war.

Sein Grundsatz, ob er ihn nun aussprach oder schweigend vorlebte, war einfach: bei einer solchen Reise ging alles gut unter einem Kommandanten, dem die Mannschaft vertraute. So lange das Glück ihnen treu blieb, gehörte schon Mut dazu, diese simple Wahrheit zu leugnen, und nur ein Narr hätte von sich behaupten können, er würde es besser machen.

Henry Hudson war jetzt mit seinen Berechnungen fertig, richtete sich auf und wandte sich vom Kartentisch ab. Er warf einen Blick auf die Segel, die gut vollstanden, und spähte dann forschend zu der Küste hinüber, die am nördlichen Horizont vorbeiglitt. Dann trat er neben Matthew, der jetzt den günstigen Augenblick gekommen sah.

»Sie steuert sich leicht?« fragte der Kapitän ihn.

»Aye, Sir. Nur ein Antippen ab und zu, nichts weiter. Was für ein Land ist das dort am Horizont?«

Henry Hudson, der Lehrer gewesen zu sein schien, bevor er zur See ging, antwortete auf seine Weise:

»Was würdest du sagen?«

»Ich weiß nicht.«

»Aber rate doch mal – wenn du dir so den Globus vor Augen hältst.«

»Die Neue Welt?«

»Noch nicht. Es ist Grönland.«

Matthew Lawe kannte es nur vom Hörensagen. Selbst heute, da doch so viele geradezu perfekte Entdeckungsfahrten gemacht wurden, gab es Namen wie Rätsel, die noch der Lösung harrten. Grönland gehörte dazu.

»Wollen wir dieses Land anlaufen?«

»Nein. Eine Warnung hält uns davon ab.«

Hudson sprach wie einer der alten Propheten oder wie ein Junge, der ein Geheimnis nicht verraten will. Er trug, wie immer auf See, was die Besatzung sein Narrenkostüm nannte: einen mächtigen schwarzen, abgetragenen Umhang, aber mit Pelz besetzt, wie man es sich bei Händlern in der Levante vorstellen mag: Fellstreifen vom Polarfuchs um Nakken und Hals und am Saum einen breiten Besatz aus Biberfell.

Er hatte einst, belauscht von Arnold Lodlo, der ein Flüstern noch durch ein meilenlanges Regenrohr hören konnte, gesagt: »Dies ist alles was ich aus Rußland und der Neuen Welt an Schätzen heimgebracht habe. Wer wundert sich da nicht, daß ich immer noch zur See fahre?«

Für Seeleute mochte das ein Scherz sein, solange ihnen nicht auf der Suche nach einer dritten Pelzsorte das eigene Fell über die Ohren gezogen wurde.

Aber Matthew Lawe hatte noch eine Frage. »Wieso, Sir, hält uns eine Warnung ab?«

»Kannst du lesen, Matthew?«

»Aye, Sir. Genug.«

»Kein Mensch kann genug lesen.« Aber Henry Hudson sagte das lächelnd. Er ging die wenigen Schritte zurück an den Tisch, an dem er gearbeitet hatte, und nahm eine alte, abgegriffene Karte an sich, die er Matthew unter die Nase hielt. Mit dem Daumen umriß er ein großes Stück Land. »Was steht da?«

Matthew buchstabierte langsam die Worte: »Groenlandia. Hier regieret das Eis.«

»Warnung genug«, sagte Hudson. »Und geschrieben von dem Mann, der es entdeckt hat.«

»Wer war das, Sir?«

»John Davis, der Freund von Sir Walter Raleigh. Er befuhr diese Gewässer vor fünfundzwanzig Jahren und suchte nach einer Durchfahrt. Einmal sichtete er einen gewaltigen Meereswirbel, der nach Westen zog, mit wilden Wasserstürzen, wie er sich ausdrückte, aber er wagte sich nicht hindurch. Das ist die Öffnung, die ich suche.«

»Und wie ist es ihm dann ergangen?« fragte Matthew, nachdem er diese Neuigkeit verdaut hatte.

Wieder lächelte Henry Hudson sein freundliches Lächeln. »Wenn du die andere Seite der Welt beharrlich erforschst, findest du seine Gebeine vielleicht irgendwo auf den Gewürzinseln. Er wurde von japanischen Seeräubern umgebracht. Hier an dieser friedlichen Küste wäre es ihm besser ergangen.«

»Wir segeln also weiter?«

»Wir segeln, und wenn die Hölle zufriert.« Ein Segel am Fockmast killte, die *Discovery* fiel ab, und sofort griff Henry Hudson ein. »Paß auf das Ruder auf, Junge! Wir wollen auf See bleiben und nicht auf Händen und Füßen übers Eis kriechen!«

Damit war dies Gespräch auf der Wache beendet, aber ihre Unterhaltungen setzten sich bei anderen Gelegenheiten fort. Henry Hudson steckte voller Seemannsgeschichten und wurde nicht müde, von Seefahrern zu erzählen, deren Kiel ebenfalls diese Wellen durchpflügt hatte, oder die anderen, unbekannten Routen gefolgt und einsam und elend umgekommen waren oder die ihre Flagge an fernen Küsten aufgepflanzt hatten und bei ihrer Heimkehr mit Ehren überhäuft worden waren. Ihre Kinder hatten mit leuchtenden Augen ihren Erzählungen gelauscht, bis sie schließlich im Alter am heimischen Kaminfeuer gestorben waren.

Oft erzählte er auch von Sir Humphrey Gilbert, dem Halbbruder von Sir Walter. »Mein Gott, war das ein Mann!« sagte er mit glühenden Augen. »Und starb auch wahrlich wie ein Mann! Mit der *Squirrel* ging er zwischen der Alten und der Neuen Welt zugrunde. In der Nähe der Azoren, auf der Rückfahrt von Neufundland, das er im Namen der Königin in Besitz genommen hatte. Und was, meinst du, waren seine letzten Worte?«

Matthew sah ihn fragend an.

»Inmitten des heftigsten Sturms, den er je erlebt hatte, setzte er sein Sprachrohr an den Mund und rief hinüber zu seinem Begleitschiff, der Bark *Golden Hind*, die ihn gewarnt und ihm Vorsicht geraten hatte: ›Kopf hoch, Jungs! Wir sind auf See dem Himmel ebenso nahe wie an Land!‹ Und dann verschwand er in einer rasenden Regenbö, und als es aufklarte, war die *Squirrel* mit zehn Tonnen Last verschwunden. Zehn

Tonnen! Es war nur ein Floh in der Weite des Ozeans, aber einer mit dem Herz eines Löwen! Man lernt am College in Eton, das er besucht hatte, nicht nur Griechisch und Handballspielen!«

Und was er dann sagte, ging Matthew ziemlich zu Herzen. »Aber keiner hat mich so begeistert wie der alte Drake. Der größte Seefahrer, den England je hervorgebracht hat. Um den ganzen Globus in einem Schiff, das nicht größer war als dies hier. Du weißt, von wem ich spreche?«

»Aye, Sir.« Mehr zu sagen, traute sich Matthew nur zögernd. »Aber es heißt, daß er auch ein Abenteurer war.«

»Ein Abenteurer?« Das Wort wollte Henry Hudson nicht geltenlassen. »Dummes Gerede! Du warst noch ein Junge damals – wenn du überhaupt schon lebtest! Er war ein Mann seiner Zeit. Er hatte einen Traum, und den hat er verwirklicht, und wenn sich ihm ein Mann oder sonst irgend etwas in den Weg stellte, dann räumte er dieses Hindernis beiseite. Das war kein Abenteurertum.« Hudson hielt inne, als habe er ein Geheimnis mitzuteilen, aber alles, was er, bewundernd und mit ehrlichem Neid, hervorbrachte, war: »Es war vollendete Meisterschaft.«

Einmal griff er weit zurück in die Vergangenheit, aber ließ alles so lebendig werden, als seien sie beide an Ort und Stelle gewesen. Es war während einer Nachtwache, ein milder mittsommerlicher Mond beleuchtete alles wie eine Laterne, und als Hudson von den ersten Entdeckern, den Wikingern, sprach, war es, als verwandele sich das breite Deck der *Discovery* im Schatten in ein viel älteres Schiff, lang und schlank, wie die Boote dieser frühen Seefahrer.

»Diese Schiffe waren offen, wie Ruderboote«, erzählte Henry Hudson, »gänzlich ungedeckt. Um die See abzuwehren, hielten die Krieger ihre Schilde halb innerhalb des Fahrzeugs und halb außenbords und bildeten so eine Schutzwand gegen das überkommende Wasser. Eine durchlässige Wand, bei Gott! Und ihr Dach war im Sommer und Winter der Himmel. In solchen Schiffen aber segelten sie, teils rudernd, quer über den Atlantik und entdeckten die Neue Welt schon Jahrhunderte, bevor es uns gelang.«

Matthew sagte: »Ich dachte, wir seien die ersten gewesen.«

»Das würde ich auch sehr gern denken! Aber es stimmt nicht. Das Land, das sie fanden, nannten sie Vinland, und ein Wikinger war es, Leif Eriksson, der dort vor sechs Jahrhunderten landete. Dabei war er noch nicht einmal der erste. Sein Vater, Erik der Rote, gründete Siedlungen auf dem Land, das wir vor zwei Wochen passierten: auf Grönland. Er hatte allerdings guten Grund, seine Heimat Norwegen zu verlassen. Er war wegen Mordes verbannt worden.«

»Aber was ist nun Vinland?«

»Vielleicht Neufundland, vielleicht liegt es weiter südlich, dort wo wir mit der *Half Moon* waren. Es heißt ›Weinland‹, aber warum, weiß ich nicht, denn Wein haben wir dort nicht entdeckt. Vielleicht, wenn wir länger geblieben wären. Aber das Wunder ist eben, daß die Wikinger diese dreitausend Meilen in offenen Nußschalen schafften, in denen wir uns nicht einmal auf der Themse von London Bridge nach Greenwich trauen würden! Und das so gut wie ohne jedes Navigationsgerät. Sie drangen vielleicht bis in die Gewässer vor, in denen wir jetzt sind«, er zeigte auf das von den Sternen funkelnde, dunkle Wasser, das am Rumpf der *Discovery* entlanglief, »aber während wir die besten Instrumente zu Hilfe nehmen können, halfen ihnen nur ihre Nase und der liebe Gott.«

Matthew stand breitbeinig auf dem massiven Deck und fühlte sich selbst wie ein Wikinger, einsam, verloren, aber voller Wagemut, auf einem Schiff, das die dunkle Wasserwüste durchquerte, während die Wellen wie gepanzerte Fäuste gegen die Schilde schlugen und den Bootsrumpf zu sich hinabzuziehen trachteten.

»Sie hatten nichts zur Hilfe?«

Er spürte das Lächeln in der Stimme des Kapitäns, als Hudson erwiderte: »Doch, sie hatten Raben.«

»Raben!«

Henry Hudson holte etwas aus, wie er es gern tat, wenn er sein Wissen weitergab.

»Du kennst deine Bibel, Matthew?«

»Aye, Sir.« Dies konnte Matthew in aller Aufrichtigkeit bejahen. Denn den in der Armenschule von Barnstaple eingesperrten Waisenkindern wurde kein Werk der Menschheitsgeschichte so nachhaltig eingetrichtert und auch mit Stockhieben eingebläut wie dieses heiligste aller Bücher.

»Dann kennst du auch die Geschichte von der Arche Noah.«

»Aye.«

»Als Noah nach der Sintflut glaubte, daß nun Land in Sicht kommen müsse, ließ er eine Taube aufsteigen. Aber die Taube kehrte zurück, ohne etwas gefunden zu haben, wo sie sich hätte niederlassen können. Dasselbe geschah sieben Tage später mit einer zweiten Taube. Aber sie kehrte zurück mit einem Olivenzweig im Schnabel. Es mußten also irgendwo die Wipfel von Olivenbäumen aus dem Wasser ragen. Dann ließ er eine dritte Taube fliegen. Sie flog davon und kehrte nicht zurück. Was bedeutete das?«

»Daß irgendwo Land sein mußte.«

»Richtig! Und ebenso machten die Wikinger es mit den Raben, nur daß sie es etwas geschickter anstellten. Wenn sie wissen wollten, wo das nächste Land lag oder neues Land, nach dem sie suchten, dann ließen sie ihre scharfäugigen Vögel steigen. Manchmal kehrten diese unverrichteter Dinge zum Schiff zurück, und manchmal schlugen sie eine neue Flugrichtung ein – nach Norden, Westen oder Süden – und kamen nicht zurück. Das war dann also die Richtung, in der Land lag.«

»Aber welches?«

»Ja, das war die große Frage. Die Seeleute mußten hinfahren, um es ausfindig zu machen, und so erweiterte sich allmählich die Welt. Zuweilen, wenn alles übrige versagte und sie sich anders nicht zu helfen wußten, folgten die Wikinger den großen Schwärmen der Wildgänse, die flügelschlagend und schreiend von Irland, wo sie überwinterten, nach Island und Grönland zogen, wo sie ihre sommerlichen Nistplätze hatten.«

»Aber waren sie nur auf Vögel angewiesen? Hatten sie sonst keine Hilfsmittel?«

»Wenig. Sie hatten das Lot, wie wir heute, das mit einem Talgklumpen versehen war, um Sand, Kiesel oder Schlick damit heraufzuholen. So merkten sie, wenn es flach wurde, und konnten sich ein Bild von der Beschaffenheit des Grundes machen. Sie gewannen ein enges Verhältnis zu einer Handvoll Sterne, so zum Nordstern«, er zeigte polwärts zum Himmel, »der auch uns leitet. Und zum Großen Hund, den wir Sirius nennen, zum Orion mit seinem Gürtel und zu den kleinen Plejaden. Nach ihnen richteten sie sich und hielten sich auf ihrer Fahrt entweder an Backbord oder an Steuerbord von ihnen. Sie stellten die Höhe der Sterne über Knoten oder Blöcke im Rigg fest und hielten sie auf diesem Punkt. Aber das war alles. Es gab keine richtigen Meßinstrumente! Keine Inklinationsnadel, keinen Kompaß, keine Uhr, nicht einmal ein Stundenglas. Kein Astrolabium.«

Auch für Matthew Lawe, den Wikinger, gab es kein Astrolabium, und so brachte er die Frage vor, die ihn am meisten beunruhigte.

»Aber woher wissen die Vögel, wohin sie fliegen müssen, und die Menschen wissen es nicht?«

Henry Hudson seufzte, er schien nicht mehr recht bei der Sache. »Wenn wir das wüßten, dann gäbe es für uns auf See keine Geheimnisse mehr.«

Daß Matthew sich so lange mit dem Kapitän unterhalten hatte, mußte sich, vielleicht zur Ergänzung früherer Bemerkungen, herumgesprochen haben, denn als er am andern Morgen erwachte und aus seiner beengten Schlafstelle in der Schaluppe herauskletterte, um sich mit einem köstlichen Stück Schinkenspeck und einem Happen Pökelfleisch für den neuen Tag zu rüsten, schlug der Koch Bennett Matheus es ihm ab und gab ihm statt dessen eine verschimmelte Rindshaxe.

Als er scherzhaft protestierte, schnauzte Matheus ihn an: »Beschwer dich bei Master Hudson! Vielleicht serviert er dir einen gebratenen Fasan in seiner Kajüte!« Als er hörte, wie andere der gehässigen Aufforderung zustimmten, wußte Matthew, daß er es mit den Männern verdorben hatte.

Robert Juet fragte ihn sarkastisch, ob er es darauf abgesehen habe, Erster Steuermann zu werden – wenn ja, dann könne ihm die Hast, mit der er es betreibe, nur zum Schaden gereichen. Sylvanus Bond, der Böttcher, malte in trüben Farben aus, was geschehen würde, wenn Matthew Lawe die Führung des Schiffes übernähme. Arnold Lodlo, zänkisch wie eine Frau während der Monatsregel, sagte, daß es bereits ohne Matthews Zutun schlimm genug um die *Discovery* stehe, die sich weiter und weiter von zuhause entferne.

»Untersteh' dich ja nicht«, giftete er ihn an, »Lord Master Hudson zur Weiterfahrt zu ermuntern. Er hat vielleicht an dir einen Narren gefressen, wir aber nicht, – und wir sind zwanzig gegen einen!«

Tief getroffen und schamrot im Gesicht, stand Matthew nur da und starrte sie an. Er mußte an die Waisenschule denken, wo ein Junge in einem Augenblick der Liebling aller und im nächsten schon der Ausgestoßene sein konnte, über den alle herfielen, und das nur, weil irgendein unerklärlicher Wechsel sich vollzogen hatte und plötzlich ein Pesthauch in der Luft lag. Ohne zu antworten, schleppte er sich niedergeschlagen unter Deck und verzehrte einsam sein ekliges Frühstück.

Aber es sollte noch schlimmer kommen. Matthew wurde auf die Großrah geschickt, um ein schamfiltes Ende zu reparieren. Es war Arbeit, die ihm Spaß machte, und so ließ er sich dabei Zeit. Von der Rah aus konnte er Henry Hudson am Kartentisch auf dem Achterdeck sehen und neben ihm Robert Bylot, den ersten Vollmatrosen, der aber so geschickt im Navigieren war, daß die Bezeichnung »Lotse« passender für ihn gewesen wäre.

Plötzlich rief ihn in grobem Befehlston der Bootsmann Clemens herunter, herrschte ihn feindselig an und zischte ihm einen Befehl zu. Er hatte nichts weiter als die Pelzkappe des Kapitäns aus der Kajüte zu holen und auf das Achterdeck zu bringen. Das wäre die Sache eines Schiffsjungen gewesen, und es war ganz und gar unsinnig, dafür einen Seemann aus der Rah herunterzurufen und ihn herumklettern zu lassen wie einen Affen an seinen Käfigstangen.

Aber die Stimmung war gegen ihn, und so gehorchte er. Während er am Tisch darauf wartete, daß sich der Kapitän ihm zuwandte, hörte er Hudson mit den Fingern auf der ausgebreiteten Karte zu Bylot sagen:

»Nach der Kälte zu urteilen, befinden wir uns nicht weit von großen Eismassen. Oder näher an der Küste, als wir meinen. Wart Ihr Euch, als Ihr in der Frühe die Sonne gemessen habt, ganz sicher?«

Robert Bylot dachte, wie immer, sorgfältig nach, bevor er antwortete. Er war ein ernsthaft beflissener junger Mann, der sich immer ein wenig abseits hielt; seine Stärke war das Rechnen und überhaupt alle Arbeit, die Verstand und Urteil erforderte. Am meisten Vergnügen machte es ihm, wenn es für die Lösung einer Aufgabe mehrere Möglichkeiten gab, von denen er dann die beste herausfand. Er fühlte sich hier am Kartentisch in seinem Element, ohne es, so jung er war, zu zeigen.

Schließlich sagte er: »Ich war mir ganz sicher. Vielleicht hat sich das Eis weiter nach Süden verlagert. Es verändert seine Lage im Laufe des Jahres, wie wir wissen.«

»Weiß Gott, ich gebe viel auf Euer Wort«, erwiderte Henry Hudson sogleich. Er trat vom Tisch zurück und erblickte Matthew Lawe, der ihm die Pelzkappe reichte. »Hast du gehört, Matthew? Ich würde ihm dieses Schiff anvertrauen, genauso wie ich dir meine beste Pelzkappe anvertraue!«

Es war kein überwältigendes Lob, aber Matthew lächelte dennoch geschmeichelt. Robert Bylot, der sich seiner Fähigkeiten bewußt war, sagte nichts. Hudson setzte, mit einer Bemerkung über die plötzlich einfallende Kälte, die Kappe auf, während Matthew, obgleich sein Auftrag erledigt war, verharrte und die auf dem Tisch ausgebreiteten Karten und Instrumente betrachtete.

Henry Hudson, der es bemerkte, fragte ihn:

»Verstehst du etwas von Navigation, Junge?«

»Nein, Sir.«

»Es ist eine hohe Kunst! Sieh dir an, was für Hilfsmittel wir haben im Vergleich mit jenen scharfäugigen Vögeln, von denen wir letzte Nacht sprachen.« Er fuhr mit der Hand über den Tisch und zeigte dann daneben auf eine aufgebockte Holzplatte. »Außer diesen Karten, den besten, die es gibt, haben wir eine wunderbare, in ihrem Kessel schwingende Kompaßrose, die mich noch nie in Stich gelassen hat. Dann dort dieses Besteckbrett, auf dem ich jeden Kurs abstecke, wobei ich noch ein Stundenglas benutze, um auch die Zeit festzuhalten. Auch eine Uhr, Londoner Arbeit, die allerdings auf See nicht so verläßlich ist wie daheim in meiner Wohnung.«

Er war stolz und glücklich, wie eine Frau, die ihren Schmuck, oder ein Junge, der sein Lieblingsspielzeug vorzeigt. »Hier ist unser wahrer Anker, unser Anker am Himmel, der Jakobsstab, mit dem wir Sonnen- und Sternhöhen messen.« Der prächtig geschnitzte, seltsam gestaltete Jakobsstab war zwei Meter lang: Matthew hätte nicht gewußt, ob man ihn auf dem Kopf balancierte oder zwischen die Beine steckte. »Das hier ist John Davis' Lieblingsgerät, der Davis-Quadrant, mit dem man, den Rücken zur Sonne, diese über einen Spiegel anvisiert und nicht mehr direkt in sie hineinzuschauen braucht. So wird das grelle Licht gedämpft und für alte Augen erträglich.« Er wandte sich zur Seite. »Hier, meine ersten Sterntafeln, die ich seit fünf Jahren benutze. Zweiunddreißig Fixsterne, alle benannt und berechnet! Meine Bibel aber ist hier der neue Waggoner: das nautische Jahrbuch mit der Deklination von hundert Sternen und allen Tafeln, die das Berechnen erleichtern. Holländische Kopfarbeit und englische Druckkunst – etwas, das ich um alles in der Welt nicht hergäbe!«

Matthew fühlte sich verloren wie eine der Tauben, die von der Arche aufstiegen. »Wie hat man das alles ausgerechnet?« war das einzige, was er sagen konnte.

Henry Hudson lächelte. »Danach mußt du Robert Bylot fragen, wenn er einmal nicht soviel zu tun hat. Er weiß mehr als ich selbst.«

Die beiden lachten, und selbst Bylot lächelte, wenn auch ein wenig gekünstelt, als finde er das alles nicht so witzig. Matthew, der somit verabschiedet war, wandte sich, um das Achterdeck zu verlassen.

Er mußte nahe am Rudergänger vorbei, und dieser, es war Arnold Lodlo, warf ihm einen so vernichtenden Blick zu, daß er fast in die Knie ging. Dieser giftige Blick sagte lauter als tausend Worte:

»Du Arschkriecher!«

Es schien, als gönnten einige seiner Männer Henry Hudson keine Freunde.

Ein robusterer Mann mochte das übergangen und sich gar über dieses alberne Gebaren amüsiert haben, das nicht überzeugender war, als wenn Hunde, je höher sie das Bein hoben, desto mehr von ihrem Hintern zeigten. Aber das Erlebnis am Morgen hatte Matthew Lawe nicht mit Stärke gewappnet und ihn anfällig für Wunden gemacht, gegen die er sich nur hätte wehren können, indem er zurückschlug. Die gehässige Stimmung breitete sich wie eine ansteckende Krankheit aus, die nun nicht mehr eine Sache zwischen ihm und Lodlo, ihm und Juet und auch nicht mehr nur eine Sache zwischen einem Mann und den zwanzig anderen war.

Der haßerfüllte Blick von Arnold Lodlo war ein Zeichen, eine Warnung vor einer großen Seuche, die ihnen drohte und all ihr Glück vereiteln und etwas so Lächerliches wie einen Streit zwischen Männern in den Schatten stellen würde. Ein Fluch legte sich auf die *Discovery*, für die dies der letzte angenehme Tag gewesen zu sein schien.

Und so war es.

Als gegen Mittag die Kälte unerbittlich zunahm, segelten sie ohne jede Vorwarnung in eine so dichte Nebelwand, daß von einem Augenblick zum anderen nicht nur die See und dann der Himmel wie weggewischt waren, sondern auch das Vorschiff der *Discovery*. Matthew, der wieder am Ruder stand, erhielt den Befehl: »Geh auf Nordwestkurs!« Aber das nützte wenig. Der Wind hatte sich gelegt, und als er wieder aufkam, blies er wirbelnd von allen möglichen Seiten, wie ein Säbelfechter, der die Schlagrichtung ausprobiert.

Einmal füllten sich die Segel, um gleich darauf wie mit einem Peitschenknall schlaff in sich zusammenzufallen. Das Schiff nahm Fahrt achteraus auf, und Matthew am Ruder wurde von den Männern ringsum beschimpft; aber auch zehn Männer mit zwanzig Augen hätten es nicht besser machen können. Die *Discovery* geriet ins Treiben und rollte, als sei sie betrunken, blind gegen diesen mittäglichen Dunst an, in dem nur das halbe Schiff schemenhaft zu sehen war, während der Rest fortgewischt schien.

Ein unwirkliches, bläßliches Schimmern erfüllte jeden Winkel des Decks. Die Bärte der Männer tropften von der Nässe, die ihnen zugleich über die Gesichter rann. Die Stimmen schienen aus dem Nirgendwo zu kommen. Umso furchtbarer klangen die Drohungen und Flüche, die sich gegen jene richteten, denen man dieses Unheil zu verdanken glaubte. Einer, dessen Stimme als die Henry Greenes erkennbar war, witzelte ironisch etwas über Blinde, die von Blinden geführt würden, und spöttisches Gelächter antwortete ihm aus dem vom Nebel verhängten Vorschiff. Aber es war eher das Gelächter von Gespenstern als von Menschen.

Henry Hudson wich nicht von der Stelle und suchte dieser bösartigen, blindmachenden Plage standzuhalten, während den Männern um ihn herum der Mut sank.

Gegen Abend und in der Nacht verstärkte sich der Nebel noch und deckte alles wie mit einem schwarzen Sargtuch zu. So ging es Stunde um Stunde; kein Stern zeigte sich, selbst das Glimmen der Lampe im Masttop und auch nur das Weiß des nächsthängenden Segels waren unsichtbar. Die *Discovery* schien in ihre eigene Gruft eingefahren, und als die Dämmerung zögernd heraufkam, brachte sie nur etwas trübes Licht in den Nebel und färbte das schwarze Sargtuch in ein eisiges, schreckliches, trostloses Grau.

So kroch das Schiff voran, bis am zweiten Tag ein lebhafter Ostwind aufkam. Sie nahmen Fahrt auf, schienen jetzt aber nur noch das reine Nichts mit sich zu tragen, ohne sich an irgend etwas halten zu können. Das Lot, das aus der Tiefe nichts als Seetang heraufbrachte, fand keinen Grund, ebensowenig wie ihre Augen über sich den unsichtbaren Himmel fanden.

Dann ertönte ein durchdringender Schrei vom Masttop herunter, aus dem Munde eines Schiffsjungen, der von Deck aus nicht zu sehen war. Es war der junge Nick Syms, er hatte eine Meldung für die erblindeten Seeleute unter sich – als habe er Augen an langen Stielen, was eigentlich kurioserweise stimmte.

»Land in Sicht!« rief er, und als Steuermann Juet hinaufbrüllte: »In welcher Richtung?«, kam prompt die Antwort: »Steuerbord voraus! Ungefähr drei Seemeilen entfernt.« Und, noch erstaunlicher als die Meldung selbst: »Ich sitze hier in hellem Sonnenschein.« Sonne! Sie hatten den Sinn dieses Wortes fast vergessen, aber sie erinnerten sich wieder, als sich nämlich jetzt der Nebel verzog und sie plötzlich, einen hellen, blauen Himmel über sich, über die weit sichtbare See dahinsegelten.

Henry Hudson und neben ihm Bylot staunten über den Anblick, der sich ihnen bot. Nicht weit von ihnen, an Steuerbord, schimmerte ein graues Stück Festland in der Sonne; und im Süden, weiter entfernt, dehnte sich ebenfalls ein Landstreifen, ob Festlandsküste oder Insel, konnten sie nicht ausmachen. Zwischen beiden hob und senkte sich rastlos der Ozean, wirbelnd und schäumend, als rühre ein gigantischer Löffel in einem riesigen Kessel.

Hudson, der Zeit und Seeraum brauchte, um zu überlegen, rief Michael Perse, der jetzt Rudergänger war, zu: »Ruder auf Lee! Kurs Süd!« und als der Bug der *Discovery* vom nahen Land abdrehte, machten sich der Bootsmann Clemens und seine Wache daran, die Rahen zu brassen. Härter am Wind gewann das Schiff in dem aufgewühlten Gewässer rasch Fahrt.

Als hätte das Universum sich eher geirrt als er selbst, sagte Robert Bylot: »Wir sind während der Nebelnacht weiter vorangekommen, als wir gekoppelt haben.«

Henry Hudson brummte zustimmend, aber hörte, während er Ausschau hielt, nur halb hin. Seine Augen waren hellwach nicht auf das nahe Land, sondern auf die ferne Küste jenseits der bewegten See gerichtet. Gleich darauf rief er Michael Perse zu: »Nach Backbord auf Südostkurs gehen!« und dann zu Francis Clemens: »Hart anbrassen!«

Nachdem das Schiff auf den neuen Kurs gebracht worden war, verfiel Hudson in Schweigen und beobachtete die Südspitze des Landstreifens vor ihnen. Auch die See, die sie durchfuhren, behielt er im Auge, sie schien auf rätselhafte Weise durch mehr als nur den Wind aufgewühlt und war von Eisstrudeln übersät wie von Pockennarben. Und dann entdeckte er als erster, daß sich die *Discovery*, so schnell sie vorankam, mehr zur Seite bewegte als voraus.

Sie waren gefangen im Sog eines starken Gezeitenstroms. Das Schiff würde nicht von der vorspringenden Küste im Süden freikommen, und wenn sie wendeten und zurückliefen, würden sie nicht den anfangs gesichteten Klippen entrinnen können. Sie wurden ständig westwärts versetzt, und eine andere Wahl zu treffen, war zu spät.

Die Entscheidung, zu der Hudson kam, wurde ihm aufgezwungen. Er, dieser winzige Mensch in einer hochaufbrandenden, wirbelnden See, konnte sie nur verkünden. Er sah wieder zu Michael Perse und beschrieb mit der Hand von links nach rechts einen weiten Bogen.

»Auf Westkurs gehen«, befahl er. »Aber ganz sachte, sowie die Rahen vierkant gebraßt werden!«

Westwärts und immer weiter nach Westen zu fahren, war seine Absicht oder doch seine Hoffnung gewesen – aber nicht so schnell, so gänzlich außer Kontrolle. Kamen sie zu früh heran, dann mußten sie von dem durch John Davis auf seiner Karte gezeichneten und von ihm gemiedenen Meereswirbel mit seinen wilden Wasserstürzen erfaßt und in ihn hineingezogen werden. Aber die *Discovery* war nicht mehr in der Lage, sie zu meiden. Durch Nebel und Blindheit getäuscht, blieb ihnen nichts, als sich auf das Wagnis einzulassen.

Die breite Einfahrt war, so weit das Auge reichte, von den gleichen wirbelnden Schaumstrudeln überzogen, und sie durchquerten sie, immer nach Westen und immer schneller. War das vielleicht, dachte Matthew, während er überwältigt und voller Furcht vorausstarrte, das schreckliche Höllenloch in der Mitte der Erde, vor dem sich Robert Juet entsetzt hatte? Oder war es wirklich die Durchfahrt nach China und Indien, und würden sie dieses furchtbare Spießrutenlaufen lebend überstehen?

An hohen, in der Ferne aufragenden Klippen vorüber, die sich einander näherten und dann wieder teilten, drangen sie durch aufgepeitschte, wirbelnde, von gigantischen Kräften bewegte Wassermassen in eine unbekannte Welt vor.

Die Antwort auf alle Fragen stand in furchtbarer Weise bevor.

IV

In sein Narrenkostüm gehüllt, der bitteren Kälte und der mörderisch anbrandenden See trotzend, stand Henry Hudson an Deck und ließ sich nicht von den Zweifeln beirren, die einen Mann quälen mußten, der sein Schiff in eine unbekannte, noch in keiner Karte verzeichnete Welt führte. Stunde um Stunde stand er dort mit einer Ausdauer, die seinen eigenen, zwanzigjährigen Enkel beschämt haben würde. Was ihn aufrechterhielt, war sein hoffnungsvoller Traum und die unbändige Wißbegier, zu erfahren, was sich jenseits dieser wildwütigen Gewässer hinter dem nächsten Horizont befand.

Ein Gefühl des Triumphes erfüllte ihn, während sie in schneller Fahrt vorstießen. Und als sich vor seinen Augen ein Bild nach dem anderen entrollte, drängte es ihn, aus tiefer Seele auszurufen: »Bei Gott! Wir werden vielleicht die ersten sein, die das zu sehen bekommen!« Aber er blieb, was er war, der vorsichtige Navigator, und er kümmerte sich ebenso sorgfältig wie Robert Bylot, der Buchhalter in ihrem schwimmenden Rechenhaus, um das mathematische System, in dem sie sich bewegten.

Seine Gedanken kreisten vorwiegend um das Problem, das diese gewaltige Tide aufwarf. Wenn es wirklich die Tide war, die das Schiff so rasch vorantrug, und nicht ein ständiger Salzwasserstrom, der aus dem Atlantik herausflutete, dann mußten sie bald zum Stillstand kommen. Nirgends auf der Welt hielten Flut oder Ebbe länger als sechs Stunden an, was zwölf Umkehrungen seines Halbstunden-Glases entsprach. Wenn aber diese Tide, ohne zu kentern, anhielt, dann mußte sie sie nach Cathay führen.

Hudson trampelte mit den Füßen, um sich der Kälte zu erwehren, und wartete mit einer Geduld, einem Selbstvertrauen und einer Entschlossenheit, die vermutlich außer ihm niemand an Bord aufgebracht hätte, und wurde am Ende belohnt – durch eine Antwort, wenn auch vorerst durch keine triumphale Neuigkeit. Nach vier Stunden begann sich das Wasser zu beruhigen, und nach einer weiteren Stunde, in der die See in einem unbeschreiblich wilden Tumult mit sich selber zu kämpfen schien, kenterte der Strom und begann mit der gleichen Wucht ostwärts zu setzen.

Die *Discovery*, obwohl sie vor einem frischen, achterlichen Wind segelte, fing an, Fahrt über den Achtersteven zu machen, und die Spitzen der Klippen, deren Nähe sie schon so hoffnungsvoll erreicht hatte, wurden auf Gottes Befehl eine nach der anderen von dem gierigen Rachen verschlungen.

Zurückgedrängt, zur Flucht gezwungen, machte er kehrt und lief mit dem Strom. Ihm blieb keine andere Wahl, und es lockte ihn auch nicht, dieses Rätsel zu lösen, dieses Hin und Her zwischen Drohung und Verheißung, zwischen geöffneter Tür und vorgeschobenem Riegel, das einen geduldigen Mann aus der Fassung und einen aufgeregten zum Bersten bringen konnte. Er lief kurz unter die Nordküste dieser geheimnisvollen Straße, aber fand sie kahl und öde wie eine Kiste voller Eis. Doch als er kurz nach Osten und dann nach Süden drehte, entdeckte er die Einfahrt zu einer breiten Bucht. Hier war das Wasser ruhiger, hier lief nicht dieser rasende Gezeitenstrom, und so wagte er sich vor.

Hudson war keineswegs enttäuscht. Wenn das Wasser weiter nördlich so wild flutete und ebbte, ohne ihn jedoch an ein Ziel zu bringen, dann könnte diese ruhige, majestätische und weit ausladende Bucht der wirkliche Durchlaß zur Nordwestpassage sein, die sein Ziel war.

Ende Juni, als die *Discovery* zum ersten Mal westwärts abgedrängt wurde, hatte er mit seiner eingehenderen Suche begonnen, und schon nach wenigen Tagen stellte sich heraus, daß das Schiff keine Fahrt mehr machte, sondern in Stauwasser festlag. Sein feiner Kompaß hatte seine

Genauigkeit eingebüßt, er schwenkte und kreiste wie besessen herum, als bewege sich unter dem Kiel ein Monstrum mit dämonischer magnetischer Kraft. Und wo immer er sich hinwandte, stets schob sich ihm diese trostlos in der öden See liegende Landschaft entgegen, an der kein Seemann sich erbauen konnte. Nirgends ein Einschnitt oder eine Bucht, die ihnen hätte Hoffnung machen können.

»Ach, welch ein Elend!« stöhnte Sylvanus Bond wohl ein Dutzendmal am Tag jedem, der es hören wollte, in die Ohren, und der kleine Böttcher mit den traurigen Augen hatte recht. Die meiste Zeit des Tages brachten sie unter einer Nebeldecke zu, und wenn sie aufriß, sahen sie nichts Tröstliches, nur kahle Berge, verschneite Täler und eisverharschte Abhänge – ein Gefängnis, das sie umschloß und sich nicht öder, nicht widerwärtiger vorstellen ließ.

Regte sich Leben, dann in fremdartiger, beängstigender Weise. Sie sahen Rudel von weißen Bären, die schwimmen und tauchen konnten, und Pferde, die wie Hirsche aussahen, mit Geweihen und großen Nasen. Abergläubische Befürchtungen machten sich unter der Besatzung breit, die nicht die Hoffnung und Zuversicht ihres Kapitäns besaß. Der Mannschaftsgeist litt, und als sie auf der Suche nach einer Ausfahrt weiter nach Süden vordrangen und das ruhige Wasser wieder zu kochen begann und die *Discovery* arg von Wellen und Eisschollen mitgenommen wurde, verloren sie den letzten Mut.

Henry Hudson aber ließ sich nicht entmutigen. Ihm schien es am sichersten, wenn er sich so tief wie möglich nach Norden ins Packeis vorwagte, wo das Wasser ruhiger sein mußte. Mitte Juli aber endete dieser Vorstoß an einer glatten, abweisenden Felsmauer. Nachdem sie sich wieder zweihundert Meilen weit südwärts gequält hatten, waren sie fast wieder an der alten Stelle.

Hudson, den dies nun doch bedrückte, fuhr abermals nach Norden. Und dort, auf einer Insel, die so kahl und trostlos war, als sei hier das Ende ihrer Reise gekommen, erhielt er einen ersten Vorgeschmack vom wahren Geist der Mannschaft. Die Männer, die seit langem murrten und sich bitterlich beklagten, verweigerten ihm den Gehorsam.

Sie saßen hier in einer von frostigen Stürmen und Schneeschauern durchpeitschten Eishölle, und es war Juli! Sie lehnten jede Weiterfahrt ab, es sei denn, es ginge heimwärts.

Anführer dieser Zusammenrottung war der Erste Steuermann persönlich, Robert Juet, der damit aus Trotz und Böswilligkeit seine Stellung entehrte. Doch hinter ihm stand Henry Greene, der sich häufiger, als es den Vorgesetzten lieb sein konnte, unter die Mannschaft mischte und, wo immer er Gehör fand, Zwietracht säte.

Wo zwei oder drei zusammensaßen, war er, wie es in der Heiligen Schrift heißt, in ihrer Mitten; nur daß dieser Er nicht Christus, der Barmherzige, war, sondern ein Schurke, den es lüstern nach Untaten verlangte. Er fing immer harmlos an, mit einem abgegriffenen Witz, der stets seine Wirkung tat.

»Ach, welch ein Elend!« sagte er, indem er krächzend den vergrämten Sylvanus Bond nachäffte. Worauf alle lachten, die sich durch die leutselige Herablassung dieses Großmauls geschmeichelt fühlten. Doch Greene wollte mehr als nur dies Lachen, was ihm auch schnell gelang. Was immer er sagte oder ungesagt ließ oder worauf er anspielte, mit allem erinnerte er Tag für Tag daran, daß dieses Elend nicht nur ein Wort, sondern Tatsache und ebenso greifbar war wie die Kälte und die Verzweiflung, die sich ihnen ins Mark fraßen, und daß sie immer nur tiefer ins Unheil geführt wurden.

»Henry Hudson ist verloren, und er weiß es!« war der Leitsatz dieses üblen Einflüsterers. Und als es dann Robert Juet in seiner Erbitterung für angebracht hielt, den Kapitän vor aller Ohren zu verhöhnen, daß er in seinem Starrsinn, Cathay noch vor Mariä Lichtmeß erreichen zu wollen, einem Gespenst nachjage, da kam es in der von Kurzsichtigkeit und Blindheit geschlagenen Mannschaft zu wahren Haßausbrüchen.

Am Vorabend ihrer Meuterei hielten sie tief unten in dem Raum, in dem Matthews Schaluppe stand, eine Versammlung ab. Aber wer unter ihnen war Feind, wer Freund? Während draußen das Eis knarrte und sich bedrohlich gegen den Schiffsrumpf schob, gingen die Männer in diesem düsteren Verlies ein und aus, hörten zu, was gesprochen wurde, oder sagten ihrerseits etwas und zogen sich dann, von Scham oder Zweifel geplagt, zurück oder schwiegen.

Robert Juet und der schwarzseherische Sylvanus Bond waren während der ganzen Zeit anwesend. Auch Abacuck Prickett befand sich unter den Zuhörern, aber sagte nur, daß alles, was sich ereigne, zum höheren Ruhm des Herrn geschehe. Henry Greene fuhr fort, die Atmosphäre mit seinen groben Witzen zu vergiften. Philip Staffe, wenn er zu Wort kam, sprach sich für Pflichterfüllung und Gehorsam aus, doch wurde er als Lakai des Kapitäns beschimpft und mattgesetzt. Matthew, dessen Ruf nicht viel besser war, schwieg.

Er stand zu seiner Pflicht, aber eine solche Einstellung war in dieser düsteren Nacht nicht gefragt.

In einem Punkt waren sich freilich alle einig. Es betraf die Kälte, die die *Discovery* in ihrem tödlichen Würgegriff hielt. Weigerte sich doch der Koch, das zusammengesunkene Feuer in seinem Ofen zum Wärmen zu entfachen.

»Holt mir Feuerholz!« fuhr Bennett Matheus sie an, wann immer einer sich beklagte. »Ihr wollt es warm haben? Nehmt eine Axt und fällt einen Baum! Bis dahin verwende ich das Holz nur zum Kochen und lege, auch wenn ihr an Kälte eingeht, keine weiteren Scheite auf.«

Sie in dieser Eiswüste aufzufordern, einen Baum zu fällen, kam dem Rat gleich, auf Leitern zum Himmel hinaufzuklettern. Das war Bennett Matheus' Art von Widerstand auf diesem zum Kerker gewordenen Schiff.

Aus der Dunkelheit tönte die Stimme Greenes herüber: »Du kannst zu jeder Zeit die schönsten Apfelbäume haben, Bennett!«

»Wo, in Gottes Namen?«

»In Devon.«

Sie lachten allesamt, aber dann schwiegen sie nachdenklich. Devon. Vor dem Hintergrund dieser mahlenden, krachenden Eisschollen beschwor dieses Wort den schönsten Fleck der Erde herauf, den schönsten und den fernsten. Devon. Apfelwein. Die Julisonne im West-Country. Geborgenheit, Behagen, heimisches Kaminfeuer. Devon.

»Diesseits des Grabes werden wir Devon nicht mehr zu sehen bekommen«, prophezeite Sylvanus Bond.

»Wir brauchen uns nur zu entschließen – dann bekommen wir es vorher zu sehen.«

Die Stimmen klangen wirr durcheinander. Manchmal kann ein Name bewirken, daß plötzlich in einer tosenden Hölle wie dieser ein Fremder spricht, ein Engel oder auch ein Dämon.

»Wie können wir uns zu Devon entschließen – den Befehl hier an Bord führt der Kapitän.«

»Den müssen wir ihm nehmen.«

»Ihr seid wahnsinnig!« rief Philip Staffe aus. »Ohne den Kapitän bekommt ihr nicht einmal den morgigen Tag zu sehen!«

»Vielleicht bekommen wir den wirklich nicht zu sehen, ob mit Kapitän oder ohne.«

»Das steht bei Gott«, sagte Abacuck Prickett. »Suchet nach Ihm in der Heiligen Schrift, und Ihr werdet Ihn finden.«

»Besser wir suchen in der Kapitänskajüte.«

Nach langem Schweigen: »Was werden wir dort finden?«

»Besseres Essen als in diesem Dreckloch. Und eine Karte, auf der der Kurs nach Hause eingezeichnet ist.«

»Wieder meldete sich Philip Staffe: »Wir sind für diese Reise angeheuert. Noch sind keine drei Monate vergangen, und schon seid ihr zu Feiglingen geworden. Was versteht ihr denn von Karten? Ihr könnt euch gerade die Nase damit wischen!«

Darauf Arnold Lodlo giftig: »Oder seinen Arsch, in den du ihm reinkriechst, Philip.«

Brüllendes Gelächter erscholl aus dem verpesteten Höllenloch, in dem alles abscheulich stank. Aber abscheulich war auch, was Robert Juet jetzt sagte:

»Klar, wir haben für eine Reise angemustert. Ich habe euch angeheuert. Aber nicht für ein Begräbnis.«

»Was machen wir also?«

»Ihr verweigert den Gehorsam. Sagt ihm, daß ihr nicht mehr mitmacht.«

»Angenommen, er geht nicht darauf ein.«

Ein anderer: »Dazu ist er nicht der Mann.«

»Nicht der Mann?« fuhr Philip Staffe wütend hoch: »Wie zehn Mann ist er, verglichen mit einem Jammerlappen wie du!« Er lugte angestrengt in die Dunkelheit. »Wer bist du?«

»Robin Hood!«

»Rumpelstilzchen!«

»Jenny Wallop!«

Aber Robert Juet paßte es nicht, daß sie sich durch Blödeleien ablenkten. »Ihr seid also entschlossen, nicht weiter mitzumachen?«

»Aye!«

»Ich nicht«, kam es von Philip Staffe.

»Aye!« wurde er im Chor überstimmt.

»Wann tragen wir es dem Kapitän vor. Morgen bei Tagesanbruch?«

»Aye!«

»Ich führe euch an und mach' den Sprecher. Dann werden wir sehn, wer hier an Bord das Sagen hat.«

Und Prickett gab sein Amen dazu: »Gott steh uns bei, einem jeden von uns!«

Schlimmer konnte es auf einer solchen Reise nicht zugehen, dachte Matthew Lawe, dem dieses schandbare Verhalten unbegreiflich war. Er hielt Henry Hudson für seinen Freund, er hatte ihn als Freund kennengelernt. Aber wenn dieser, ihr Kapitän auch den einen oder anderen durch seine Begeisterung mitreißen konnte, so blieb der von ihm verehrte Mann doch gefangen zwischen dem Traum, der ihn leitete, und diesen Schwächlingen, die allein ihn in die Tat umsetzen konnten.

Am Morgen, so schien es, würde er eine bittere Niederlage hinnehmen müssen.

Aber es kam anders; Henry Hudson erlitt keine Niederlage, er ließ sich nicht einmal in seinen Plänen aufhalten. Nach einer Nacht, die erfüllt war von prahlerischem Getue und dunklen Drohungen, schlug er am Tage ein so rasches Tempo an, daß die Aufrührer noch in Ratlosigkeit verharrten, während die *Discovery* längst Fahrt aufgenommen hatte und wieder unterwegs war. Es war die von seinem Geist und seinem Herzen ausgehende Kraft, die triumphierte. Machte er sich dadurch auch keine Freunde, so wuchs doch auch nicht die Zahl seiner Feinde.

Als Henry Hudson aufs Hauptdeck hinabging, um sich der aufsässigen Besatzung zu stellen, wurde er begleitet von seinem Sohn John, von dem Navigator Robert Bylot, dem Arzt Edward Wilson und dem Bootsmann Clemens. Das Wetter war auf seiner Seite; der schneidende Wind hatte sich gelegt, das Eis bedrohte nicht mehr wie mit zustoßenden Messern ihre Bootswand, und es war wärmer geworden.

Es gibt auf der ganzen Welt keinen Seemann, den ein solcher Wechsel nicht glücklich macht, besonders wenn die Witterung in den Tagen zuvor den Männern so sehr zugesetzt hat, wie es auf der *Discovery* der Fall war. Als sie an diesem Morgen erwacht waren, erlebten sie einen Tag, der ihnen Frieden verhieß und Hoffnung gab. Hudson brauchte sich eigentlich nur hierauf zu verlassen.

Es fiel auf, daß sich Henry Greene, der während des nächtlichen Getuschels einer der Wortführer gewesen war, nicht in der Nähe des Kapitäns sehen ließ. Aber bei den Männern stand er auch nicht. Plötzlich, bei diesem Witterungsumschwung, schien er die Rolle des Außenstehenden zu bevorzugen.

Henry Hudson bekam, obwohl er von den Forderungen der Leute unterrichtet war, keinen Wutausbruch, noch beschimpfte er sie, wie den Steuermann Juet. Er hielt ihnen lediglich ihre Verzagtheit vor, aber sprach mit ihnen eher wie ein sich sorgender Vater, nicht wie ein Kapitän, der es mit Meuterern zu tun hat. Was er sagte, war simpel, und der Kernsatz lautete: »Macht nicht die Mühe zunichte, die wir an ein nobles Unternehmen gewandt haben.«

Robert Juet räusperte sich, um seine Erklärung abzugeben. Der höhnische Ton aber, in dem er sie ganz im Gegensatz zu der väterlichen

Mahnung des Kapitäns vorbrachte, stellte ihn als den Verräter bloß, der er war.

»Schöne Worte!« sagte er. »Aber was für ein nobles Unternehmen ist das, wodurch wir in diese Wüstenei verschlagen wurden? Wie sollen wir überhaupt wissen, wo wir sind und wohin Ihr uns zu führen gedenkt?«

»Ich will es euch zeigen.«

Das tat er dann auch, und zwar auf eine Weise, die vermutlich schon jetzt über das Ergebnis dieser Auseinandersetzung entschied. Hudson ließ sich die Karte von Robert Bylot geben, breitete sie an Deck aus und bat die Männer, sich um sie zu versammeln. Dann nahm er den langen Jakobsstab als Zeigestock und machte ihnen alles so klar, wie es nur möglich war. Um die Karte deutlich zu sehen, mußten die Männer sich im Kreis hinknien, während der Kapitän stand. Dies war bereits eine Art Unterordnung, der aber Henry Hudson durch sein kameradschaftliches Verhalten den Stachel nahm.

»Ihr dürft stolz darauf sein«, sagte er zu ihnen, »daß diese Zeichnung die erste auf der Welt existierende Karte von diesen Gewässern ist. Dies hier ist unser Standort«, er zeigte mit dem Jakobsstab auf die Karte, »aber es ist eine geschlossene Bucht ohne Ausfahrt, die wir als erste entdeckt haben. Und nun können wir jeden warnen, der nach uns diese Route befährt. Wir gehen also auf Nordkurs und wenden uns dann westwärts. Ihr wißt jetzt, wonach wir suchen, und vielleicht sind wir bereits näher am Ziel, als wir glauben.«

»Aber wie können wir das wirklich wissen?« fragte Arnold Lodlo mit weinerlicher Stimme und vermutlich als von Juet vorgeschickter Strohmann. »Es steht da alles auf dem Papier. Aber wie wollt Ihr beweisen, daß es wahr ist. Was steht auf dem Wasser geschrieben? Was liegt vor uns?«

Der Schiffszimmermann Philip Staffe warf ein: »Das ist der Grund, weswegen wir weitersegeln! Um das ausfindig zu machen! Wenn wir hier wie die räudigen Hunde hängenbleiben und darauf warten, daß uns irgendwer einen Bissen zuwirft, entdecken wir bestimmt nichts. Vielleicht sind wir auf dem Wege zur Nordwestpassage! Wer würde wohl nicht gern auf der *Discovery* weiterfahren, um das zu beweisen!«

»Ich nicht.« Lodlo sagte das, aber es klang nicht sehr überzeugend, eher wie wenn ein unartiges Kind sich weigert, seine Schuhe anzuziehen. »Hätte ich hundert Pfund, ich gäbe neunzig, um heil und gesund nach Haus zu kommen.«

»Ich gäbe keine zehn!« sagte Philip Staffe.

Juet versuchte zwar noch einmal, sein Häufchen zusammenzuscharen, aber der Schwung war dahin. Um zehn Uhr war die Meuterei beendet, und gegen Mittag nahm die Besatzung die Arbeit wieder auf und manövrierte das Schiff aus dem Eis.

Als sie das offene Wasser erreichten, nahmen sie Kurs nach Norden und dann nach Westen, und keiner sprach an diesem Tag von Heimfahrt oder Zuhause.

So war der erste Axthieb gefallen und abgewehrt worden. Die Verwundung war nicht tödlich, der Baum aber angeschlagen und gefährdeter, als er es vorher gewesen war.

Matthew Lawe hatte das große Glück, am Ruder der *Discovery* zu stehen, als das Schiff aus der Meerenge herauskam und auf der mächtig strömenden westlichen Tide in ein unglaublich breites, wie es schien, grenzenloses Binnenmeer vordrang, das ihnen wie das Mittelmeer der Neuen Welt vorkam.

Sie hatten hart kämpfen und sich strikt an die Grundregeln aller seemännischen Kunst halten müssen: niemals die Macht der See herausfordern, die stärker ist als alle konstruierbaren Schiffe, sondern eben diese Macht zu seinen eigenen Zwecken nutzen. So hatte die *Discovery* in siebzehn Tagen mehr als dreihundert Seemeilen geschafft, hatte sich von der großen Tide tragen lassen, indem sie mit dem Strom lief, wenn er günstig setzte, sich unter der Küste vor Anker legte, wenn er gegenan stand, und wieder weiterfuhr, sobald der starke Gegenstrom nachließ.

Der Erfolg gab ihnen recht, als sie jetzt die letzte ihrer Prüfungen bestanden und an zweitausend Fuß hohen und zwei Meilen auseinanderliegenden Felsen vorbei die Zufahrt zu einer Szenerie fanden, wie sie großartiger noch niemand von ihnen geschaut hatte. Die gesamte Mannschaft war an Deck – die Unzufriedenen und die Feiglinge, die zuverlassigen Arbeiter und auch die Träumer, um diesen Augenblick zu feiern und den Anblick der weiten offenen See zu genießen, die sich ins Grenzenlose erstreckte und wie von Diamanten funkelnd vor ihnen ausgebreitet lag.

Es war der zweite Tag des Monats August, den Henry Hudson als Tag des Triumphes verzeichnen konnte, der aber, wie er hoffte, nicht sein letzter sein würde. Er glaubte, hier die weite Einfahrt zu dem von Drake eroberten Pazifischen Ozean vor sich und damit die neue Route nach Indien gefunden zu haben. Für ihn war es nichts mehr und nichts weniger als der Schritt eines Riesen. Zumindest aber hatte er herausgefunden, woher die Salzwasserströmung kam und wohin sie floß!

Er stand, Henry Greene hinter sich, zwischen Matthew und Robert Bylot und erklärte wie ein Junge, was sich plötzlich so vielversprechend ihren Augen bot.

»Dies ist das Tor«, sagte er zu ihnen, »und dadurch erklärt sich alles! Hier sind zwei verschieden hohe Wasserstände – der im Osten und der im Westen. Erst nimmt der Gezeitenstrom aus dem Atlantik diesen Weg und bricht durch. Dann kentert der Strom, und die westliche See flutet zurück. Welch großer Augenblick muß das einst gewesen sein!«

Henry Greene, der entgegen seiner Natur ehrfürchtig staunte und zu lernen bereit schien, während er sonst immer nur belehrte, fragte:

»Welcher Augenblick?«

»Als der erste Durchbruch erfolgte.« Hudson wurde ungeduldig, wenn jemand ihn in seinen Traumvorstellungen nicht begriff. »Dies ist der Ursprung dessen, was John Davis die wilden Wasserstürze nannte, und sie existieren nach wie vor! Irgendwann brach diese Tide über das Land her und zerschlug es wie mit Hammerschlägen. Wo sonst im Bereich des Atlantischen Ozeans ist dergleichen geschehen?«

Robert Bylot antwortete nach sorgfältiger Überlegung:

»Beim Mittelmeer.«

»Ja. Bei den Säulen des Herkules brach dort die Tide zwischen Europa und Afrika durch und schuf die Öffnung zu einem ganzen Ozean. Es war der gleiche Vorgang wie hier. Aber diesmal sind wir die Entdecker!«

»Und wie machen wir uns diese Entdeckung zunutze?« fragte Henry Greene.

»Wir fahren hindurch. Aber erst gehen wir vor Anker und sagen Dank, landen und geben diesem allen hier«, er fuhr mit einer weiten, besitzergreifenden Handbewegung stolz in die Runde, als sei er der Schöpfer selbst, »die ersten Namen.«

Rasch fielen ihnen Namen ein, Namen zum Andenken an ihre Reeder. An Backbord ragte nun, neu getauft, Kap Wolstenholme auf, und die Insel auf der anderen Seite nannten sie Digges-Insel, zu Ehren von Abacuck Pricketts Herrn. Henry Greene, der sich auszukennen schien, warf ein: »Ganz gleich, wie ›Wolstenholme‹ geschrieben wird, ausgesprochen wird es ›Worsnam‹.« Sie waren zu sehr von dem großen Ereignis erfüllt, als daß sie sich hätten streiten mögen, und so nahmen sie diese Information freundlich hin und dankten Greene.

Henry Hudson beabsichtigte, eine genaue Karte von dem entdeckten Land anzulegen und schickte deshalb eine Gruppe zur Erforschung der Digges-Insel an Land. Ihr gehörten Henry Greene, Bylot und Prickett an, denen es nach einigen Schwierigkeiten gelang, die hohen Felsen zu überwinden und in die üppige Insellandschaft vorzudringen. Das frische grüne Gras war von Rehwild durchstreift, und sie stießen dort auf Vögel, die den fetten schottischen Schneehühnern glichen, und waren überrascht über die reiche Vegetation, die sie in einer so abgelegenen Wildnis nicht erwartet hatten.

»Sähe Sir Dudley Digges dieses Paradies«, rief Abacuck Prickett begeistert aus, »er würde dem Herrn auf den Knien danken, wie ich es tue«, und die anderen nickten und pflichteten ihm bei.

Und dann machten sie eine rätselhafte Entdeckung: Steine, wie zu Heuschobern aufgeschichtet, in denen Geflügel aufgehängt war. Speisekammern in der Wüste, an denen Prickett, seines Zeichens Diener, der in alles seine Nase steckte, seine besondere Freude hatte. Wie vom Himmel gefallenes Manna! Bylot allerdings interessierte sich mehr dafür, von wem diese Kammern errichtet sein mochten, während Greene sie am liebsten ausgeplündert hätte.

Als sie an Bord zurückkamen und ihre Geschichte zum besten gaben, wären alle am liebsten hier auf dieser paradiesischen Insel geblieben. Aber davon wollte Henry Hudson nichts wissen. Er hatte nur ein Ziel: weiter vordringen, den kurzen Sommer ausnutzen und die Durchfahrt nach Westen ausfindig machen. Er hatte das deutliche Gefühl, daß die *Discovery* nicht mehr weit davon entfernt sein konnte. So legte er für die hart arbeitende Mannschaft nur einen Tag Pause ein und nahm dann Kurs nach Süden.

Zweihundert, vierhundert, sechshundert, siebenhundert Seemeilen weit segelte er, gab den Kaps und Inseln auf dieser Route Namen und hielt Ausschau nach dem Durchbruch, der von diesem weit ausgedehnten Binnenmeer in eine neue Welt führen mußte. Murrte die Mannschaft, dann hörte er nicht hin. Als die Vorräte schrumpften, mahnte er sie, nicht zu verzagen, die Hoffnung nicht aufzugeben und sich vorerst mit weniger Nahrung zu begnügen.

Aber dann eines Tages gelangte das Schiff an eine undurchdringliche Mauer aus Felsen und Eisblöcken, von wo aus nur die Rückfahrt möglich war. Es wurde allen klar, daß auch dieser Ozean, genau wie der vorige, nur eine riesige Bucht war.

Mißmut und Groll waren die Folge, und sie kamen zur Entladung.

Wiederum trug die aufgebrachte Mannschaft ihre Beschwerden vor. Die Absichten des Kapitäns seien ihnen unbekannt, weil er sie im Dunkeln lasse, ihre eigenen Absichten aber stünden fest! Wieder wollten sie nicht ihrer Pflicht nachkommen, und wieder wurde der Gehorsam verweigert an Bord der *Discovery*.

Dies war der zweite, von Meuterern geführte Axthieb. Auch ihn wußte der Kapitän zu parieren, aber die Auseinandersetzungen waren diesmal härter und gefährlicher.

Wieder wurde Robert Juet zum Anführer gewählt. Und als er seine Beschwerden und Forderungen im aufsässigen Ton eines Knechtes vortrug, der für sich den Königsthron beansprucht, wurde den Männern hinter ihm klar, daß es diesmal nicht mit Güte und Vernunft abgehen würde. Henry Hudson geriet in heftige Erregung, beschimpfte den Steuermann als einen heimtückischen Verräter und verlangte von ihm Rechenschaft in einem vor der ganzen Besatzung abzuhaltenden Verhör.

Der wutentbrannte Kapitän und der Steuermann, der als Rädelsführer seinen Ruf aufs Spiel setzte, standen einander gegenüber, und diese Konfrontation führte nun zu einer höchst merkwürdigen Wende, durch die das ganze zu einer Farce wurde, zu einer Art Mummenschanz, bei welcher der Prinz seine Braut verliert und sich statt dessen mit einer Ziege begnügen muß. Denn die Mannschaft, vielleicht weil sie sich an das frühere Versagen des Ersten Steuermanns erinnerte, wodurch sie wie die Narren dagestanden hatten oder vielleicht auch wirklich Narren gewesen waren, oder aus irgendeinem anderen Grunde, war sich plötzlich in dem Willen einig, ihren Anführer zu stürzen.

Die Männer begannen also, mit wahrer Lust gegen Robert Juet auszusagen. Und es erwies sich, daß er von »Blutvergießen« und »Mord und Totschlag« gesprochen und damit gedroht hatte, »das Schiff gewaltsam zurückzubringen«, und zwar ganz bis Island. Beide, Arnold Lodlo und Philip Staffe, – das seltsamste Gespann, seit einst Elefant und Schlange auf der Arche zusammengelebt hatten – beteuerten, daß Robert Juet ihnen eingeschärft habe, ihre Säbel und Musketen bereitzuhalten, da sie die Waffen noch vor Ende der Reise benötigen würden.

Henry Greene, der durchtriebenste Wetterhahn von allen, hüllte sich wieder einmal in Schweigen.

Noch während des Morgens wurde Robert Juet als schuldig abgeurteilt, durch Hudson seiner Dienststellung als Erster Steuermann enthoben und von Robert Bylot abgelöst. Auch Bootsmann Francis Clemens, der für ihn eingetreten war, wurde abgesetzt und von William Wilson, einem einfachen Seemann ohne besondere Qualitäten, abgelöst.

Daß die Wahl auf Wilson fiel, war wenig überzeugend: man hätte, dachte Matthew Lawe, ebensogut den ersten besten Seevogel, der seinen Schmutz aufs Deck abließ, ernennen können. Wilson hatte ein übles Maulwerk und schlug schnell zu. Matthew hatte von Anfang an einen weiten Bogen um ihn gemacht.

Er empfand es also nicht als ein Geschenk des Himmels, als er selbst zu seiner Überraschung zum Bootsmannsmaat ernannt wurde.

Als Henry Hudson dies alles erledigt hatte, sorgte er dafür, daß sie schnell vorankamen. Es war Mitte September und bereits bitterkalt, und die Zeit drängte. Aber er segelte, wie es seinen Männern vorkam, keineswegs mit einem bestimmten Ziel: einmal auf Westkurs, dann nach Norden und dann wieder südwärts auf die Felsenmauer zu.

Dieses Kreuzen brachte wenig oder keinen Gewinn. An Land fanden sie einmal einen Fußabdruck, aber keinen Menschen, von dem er hätte herrühren können. Dann liefen sie auf einen Felsen und saßen zwölf Stunden wie ein gestrandeter Wal fest. Das alles hob nicht gerade die Stimmung, und wieder begannen die Männer zu murren und zu stöhnen: »Wir sind verloren.«

Hudson aber war nicht verloren, er wußte immer genau wo er war, zu jeder Tages- und Nachtzeit konnte er mit dem Finger auf die Karte zeigen und mit absoluter Gewißheit sagen: »Hier sind wir.« Aber es war ein Rennen gegen die Zeit. Es war ihm klar, daß er irgendwo an Land überwintern mußte, behielt dies aber wohlweislich für sich. War es so weit, dann konnte er seine Männer nur zum Fischen und zum Jagen von Rehwild und Vögeln anhalten und sie Vorräte sammeln lassen für eine lange, grausame Zeit der Belagerung durch den Winter.

Als der November herankam und die Nächte lang wurden und dichter Schnee fiel, suchte er nach einer Stelle zum Überwintern und fand sie an der äußersten Südspitze dieser ungeheuer weiten Bucht. In dieser Einöde gingen sie vor Anker, setzten das Schiff auf Grund und sammelten Vorräte für die sechs Monate, die sie hier vermutlich halb zu Wasser, halb an Land zubringen mußten.

Am zehnten November fiel ein Schneeblizzard heulend über sie her und trieb ihnen Eissplitter in die Gesichter. Die *Discovery* fror ein, und der nördliche Winter riß erbarmungslos die Herrschaft an sich.

V

Nur langsam gingen die dunklen Monate dahin. Die Sonne hatte sie schon seit langem verlassen, und wenn die Männer es in der beißenden Kälte wagten, einen Blick nach draußen auf das Deck ihres Schiffes zu werfen, dann erkannten sie in dem dichten Nebel nicht einmal die tief verschneiten Umrisse. Riß der Wind den Nebel auf, dann bot sich ihnen ein trostloser Anblick: eine karge Landschaft, Meile um Meile unter Schnee, eine Küstenlinie wie die gefletschten Zähne in einem Totenschädel und die zu Eis erstarrte See.

Der bösartige Nordwind hatte alles Wachstum erstickt, und wenn ein Mann zu lange im Freien blieb, etwa beim Jagen an der Küste, dann war auch er in Gefahr, zugrunde zu gehen.

Aber in all ihrer Einsamkeit herrschte niemals Stille. Der Rumpf ihres belagerten Schiffes knarrte und krachte fortwährend, als stöhne er unter der Folter. Stiefeltritte an Deck dröhnten wie Donnerschläge. Der eisige Wind kreischte wie ein Rudel von Teufeln oder wimmerte wie eine vom Wahnsinn befallene Frau. Und nachts kam eine Meute von gierigen Wölfen heran, die blutdürstig heulten.

Nie waren Menschen in eine tiefere, eisigere Falle gepfercht worden. Zuzeiten schien dieses Leben einzig erträglich, indem man die Hände faltete und starb. Aber da der Mensch immer das Leben, es mochte noch so entsetzlich sein, dem finster drohenden Tod vorzieht, und da, wenn sie diese Wintermonate bis zu einer möglichen Heimkehr überleben wollten, fortwährend Vorräte zu beschaffen waren, mußten sie sich aufrechthalten, die Glieder vorm Erfrieren bewahren und sich auf die Suche nach Nahrung machen.

Sie wurden zu zweit ausgeschickt, aus Sicherheitsgründen und vielleicht auch, um jedes heimliche Horten zu unterbinden. Wenn sie kein Wild fanden, mußten sie von den neun oder zehn Monate alten, verschimmelten Resten dessen leben, was in London an Bord genommen wurde. Wenn ihnen das Glück hold war, bescherte es ihnen Schneehühner, Wildenten oder Krickenten, an die sie sich heranpirschten und denen sie dann die Hälse umdrehten.

An kargeren Tagen waren bei der Paarung erwischte Frösche nicht zu verachten, und auch die Ratten nicht, die ihnen ein Jahr lang an Bord Gesellschaft geleistet hatten. Und dazu kratzten sie das Moos von den Baumrinden und machten daraus eine dünnere Suppe, als sie je einem Waisenkind in der Armenschule vorgesetzt worden war.

Krankheiten und Schwächeanfälle mehrten sich mit den Monaten. Die schlimmste Plage war der Skorbut, unter dem ihre Glieder monströs anschwollen, während das schwarz verfärbte Gaumenfleisch um die Zähne herum verfaulte, so daß sie weder arbeiten noch kauen konnten. Im Vergleich zu seinem ruppigen Namensvetter William Wilson war der Arzt Edward Wilson ein wahrer Engel, der alles tat, um ihre Schmerzen zu lindern. Er braute eine Mixtur aus Kiefernzapfen, die er selbst sammelte und ausspreßte – ein Heilmittel, das ihnen bei Magenkrämpfen half.

Dennoch begann einer nach dem anderen auszufallen, die Sichel des Todes hing über ihnen. Abacuck Prickett schleppte sich zu seiner Koje und schwor bei Gott dem Allmächtigen, daß er schwach und lahm sei wie ein Pferd, das mit dem Bein in eine Bärenfalle geraten sei. Es war die Wahrheit, mit der er es sonst nicht immer so genau nahm. Francis Clemens, der in Ungnade gefallen war und seinen Rang verloren hatte, verlor nun durch den Frost seine Zehennägel. Syracke Fanner war nur noch ein Krüppel. »Auf den Tod krank, weil er seinen Namen leid ist«, spottete Henry Greene kaltschnäuzig. John Williams, der Geschützführer, starb in seiner Koje. Er war zwar unter Deck in Sicherheit gewesen, nicht aber vor dem tödlichen Schüttelfrost. Bei anderen Männern ließ die Sehkraft nach, oder ihre Atmungsorgane erkrankten.

Selbst die stärksten unter den Männern schrumpften zu ausgezehrten Gespenstern, die nur eine einzige Hoffnung noch aufrechthielt, ein einziger Gedanke: Wenn der Frühling kommt, falls er kommt, sehen wir dann die Heimat wieder?

Argwöhnisch wachten sie über die Verteilung der Lebensmittel und fragten sich, ob vielleicht Kapitän Henry Hudson gewisse Günstlinge zu sich in die Kajüte ließ, um ihnen den einen oder anderen Happen zuzustecken, während anderen, den Moossuppen-Essern am schäbigeren Tischende, dies Privileg vorenthalten blieb. Aber es fehlte ihnen einfach an Kraft, nachzuforschen.

Alles konzentrierte sich auf die eine Frage: würde Henry Hudson mit ihnen heimfahren? Im April wären sie ein Jahr von zu Hause fort. Nicht noch eine zweite fürchterliche Jahreszeit! Keine einzige! Und nicht eine einzige Seemeile weiter nach Westen!

Der Kapitän, um den ihre Hoffnungen, Ängste und Zweifel kreisten, hatte auch seine Sehnsucht, aber nicht nach der Heimat. Eingeschlosssen in seiner Kajüte, hungernd und frierend wie seine Männer, hatte dieser alte Löwe selbst in seiner Winterhöhle nichts von seinem Elan verloren.

Er wußte, daß er einsam und fast ohne Freunde dastand und umgeben war von mißmutigen Rohlingen, die nur das Ende der Reise herbeisehnten. Er wußte so gut wie die anderen, daß die *Discovery* in einer verzweifelten Lage war, bis zum Frühjahr oder gar darüber hinaus.

Und dagegenzusetzen hatte er nur eins, nur den Willen, diese Reise zu Ende zu bringen und sein Ziel zu erreichen. Da der Weg dorthin, wie sie festgestellt hatten, nicht nach Süden führte, mußte er es westwärts versuchen. Sobald sie hier frei waren, würde er Segel setzen, den Rücken zur Heimat und vor sich die noch unbekannte Hälfte der Welt. Und niemand würde ihn daran hindern!

Diesem unerschrockenen Träumer machte es nichts aus, daß er seine Freunde an den Fingern einer Hand abzählen konnte. Henry Greene, der großsprecherische Schurke, genoß weiterhin seine Gunst. Robert Bylot, der von der gleichen Entdeckerfreude erfüllt war wie sein Kapitän, würde ihn niemals im Stich lassen. John Hudson, sein jüngster Sohn – gleichaltrig mit seinem Enkel, wie er manchmal stolz erwähnte – war zuverlässig und standhaft und ihm ebenso treu ergeben wie ein wetterfester Baum. Der schlichte Matthew Lawe, wußte er, stand zu ihm. William Wilson war ihm wegen seiner Beförderung zum Steuermann zu Dankbarkeit verpflichtet. Und Philip Staffe – nein, ihn konnte er nicht mehr zu seinen Freunden rechnen.

Schuld daran hatte er selbst, und Hudson bedauerte die hartnäckige Beharrlichkeit, durch die er es zu diesem Streit hatte kommen lassen. Als die *Discovery* bereits seit zwei Monaten fest eingefroren war, hatte er den Zimmermann aufgefordert, an Land eine Hütte zu errichten. Philip Staffe, der selber diesen Vorschlag schon im Oktober gemacht hatte und damals abschlägig beschieden worden war, weigerte sich, jetzt noch den Bau auszuführen.

Es sei zu spät, erklärte Staffe mit großer Entschiedenheit; sie hätten weit früher damit anfangen sollen. Die Bretter seien jetzt fest in den Boden eingefroren, und er, der wie alle Zimmerleute beim Arbeiten die Nägel mit den Zähnen festhielt, würde sich beim Herausnehmen die Lippen zerreißen. Er denke nicht daran, sich wegen dieser Verzögerung das Gesicht zerfetzen zu lassen, und im übrigen sei es nicht die Aufgabe eines Schiffszimmermanns, Arbeiten an Land auszuführen.

Als Henry Hudson von dieser Absage Kenntnis bekam, packte ihn die Wut. Er zerrte Philip Staffe aus seiner Koje, schlug und beschimpfte ihn und drohte damit, ihn hängen zu lassen. Aber Staffe ließ sich nicht einschüchtern und zahlte erregt mit gleicher Münze heim. Voller Zorn sagte er, der sich in seiner Rechtschaffenheit beleidigt und ungerecht behandelt fühlte, daß er von seiner Arbeit mehr verstehe als der Kapitän. Er sei kein Häuserbauer und ein Sklave schon gar nicht. Er blieb bei seinem Nein und verfluchte alle Vorgesetzten, die sich als Tyrannen aufführten.

So fiel Henry Hudsons bisher treuester Freund in Ungnade, und dabei blieb es.

Wochen-, ja monatelang saß Henry Hudson grübelnd in seiner Kajüte und wartete darauf, daß sich die Erdachse drehte und endlich die Sonne kam und sie befreite. Er ließ sich nirgends sehen. Es hatte keinen Sinn und brachte auch nichts ein, sich dieser vergrämten, streitsüchtigen und egoistischen Mannschaft zu stellen, die sich seiner Führung widersetzte. Nichts als Gift erwartete ihn dort, und er hatte nicht vor, es zu schlucken.

Aber mit dem Frühling würde alles anders werden. Dann, in der freundlichen Jahreszeit, würde es warm werden, sie hätten allesamt reichlich zu essen, er würde mit seinen Freunden sprechen, ihnen Mut machen, und dieser Mut würde sich auf alle übertragen und die Weiterfahrt gesichert sein.

Er kannte seine Freunde oder glaubte doch, sie zu kennen. Aber seine Feinde kannte er vorerst nicht.

Einige der hier im Eis Gefangenen hatten indessen schon schwere Schuld auf sich geladen. Als Matthew Lawe von der Kapitänskajüte, die er unter Henry Hudsons teilnahmslosen Augen aufgeräumt hatte, zurückkam, stellte sich ihm einer dieser Schurken in den Weg. Und zwar war es der Bootsmann William Wilson, diese Schlange, dem Matthew, ohne sich gegen dies, wie er fand, entehrende Kommando wehren zu können, als Bootsmannsmaat zugeteilt worden war.

Der Bootsmann, dessen massige Gestalt den Durchgang wie ein bauchiges Faß ausfüllte, funkelte Matthew mit seinem durchdringenden Blick an.

»Hast du, wie ich dir befohlen habe, alles in Ordnung gebracht?« wollte er von ihm wissen.

»Aye.«

»Und ist der Kapitän zufrieden?«

»Aye.«

»Na, wie soll er auch anders!« Bootsmann Wilson konnte nur zwei verschiedene Mienen aufsetzen: in der einen drückte sich Wut aus, in der anderen Verachtung. Und voller Verachtung stieß er jetzt aus:

»Zur Erledigung dieser Hundsarbeit, habe ich dich als den treuesten aller Hunde geschickt! Hat er dir was von seinen Plänen gesagt?«

»Nein.«

»Sagst du die Wahrheit?«

»Warum soll ich lügen?«

»So eine Frechheit! Das laß ich mir von dir nicht bieten!« brüllte William Wilson und hob die geballte Faust. »Ich bin es, der hier Fragen stellt! Und du antwortest mir darauf, oder ich schlage dich zum Krüppel!«

Matthew, der die Wucht dieser Faust mehr als einmal zu spüren bekommen hatte, schwieg. Eine sanfte Antwort rief nur Wutausbrüche hervor, und eine forsche Antwort würde mit Schlägen bestraft, die schneller niedergingen als Kains Keule beim ersten aller Bruderzwiste. Auf diese Weise hatte er Unterwürfigkeit gelernt. Er wollte, wie alle an Bord, überleben.

»Merk' dir das!« fuhr ihn Wilson an, als er dieses Aufmucken beendet glaubte. »Oder ich hämmere es dir in den Schädel, und zwar hiermit!« Wieder ballte er seine unförmige Faust.

Durch den Krach aufmerksam geworden, trat noch ein Mann zu ihnen. Matthew verspürte eine Schwäche, als er sah, daß es der abgesetzte Steuermann Robert Juet war, der sich an Streitigkeiten weidete wie Krebse an Leichen. Hörte an diesem Tag, der schon trostlos genug war, das Drangsalieren überhaupt nicht auf? Er wendete sich um, als der alte Mann auf sie zuschlurfte.

Es war Juet anzumerken, daß er zugehört hatte. Seine alten, trüben Augen blitzten, als er fragte:

»Was hat er dir zu essen gegeben, Matthew Lawe?

»Nichts.«

»Was? Keine saftige Scheibe Fleisch?« Die weinerliche Stimme klang wie eine verbrauchte, abgewetzte Säge. »Kein weiches Brot? Keinen Becher Wein? Keine Käseschnitten aus seinem persönlichen Vorrat?«

»Er hat keine eigenen Vorräte, soviel ich weiß.«

»Was hat er dann, das ihn bei Kräften hält?« wollte Wilson wissen.

»Er hat nichts, so wenig wie wir.« Matthew konnte einen solchen, unzutreffenden Vorwurf nicht auf dem Kapitän sitzen lassen. »Er ist nicht besser bei Kräften als wir – abgemagert auf Haut und Knochen. Zu essen hat er nicht mehr als wir.«

»Du verteidigst ihn also?«

»Er ist der Kapitän.«

»Ja, heute noch ist er's«, sagte Juet mit Nachdruck.

Aber so weit wagte sich William Wilson nicht vor, der den Anschein der Loyalität aufrechtzuerhalten beabsichtigte, was Juet nicht mehr nötig hatte. Er fragte also:

»Hast du die geheime Luke zwischen Kajüte und Proviantlast entdeckt?«

»Nein.«

»Ich gab dir den Befehl, danach zu suchen!«

»Ich habe keinerlei Öffnung gesehen.«

»Wieso lebt er dann so gut, während wir hungern? Woher hat er die Speisen, die er seinen Günstlingen serviert?«

Das war ein alter Verdacht, ein nicht totzukriegendes Gerücht, das töricht war wie alles, was an Bord umging. Matthew gab keine Antwort.

»Wenn ich auch nur einen Krumen an deinem Mund sehe«, brüllte Wilson, »den schlage ich dir mit einem Riemen vom Maul!«

Sollte er, dachte Matthew.

Der Steuermann ließ ihn mit einem Fluch gehen, und Juet stieß hinter ihm her noch die Warnung aus, er solle »die Finger von solchen Diebereien lassen.« Er atmete tief die schale Bordluft ein, als er sich fortwandte; er wußte, daß er mit zweien von den drei üblen Kerlen gesprochen hatte, der »Bande«, wie er sie im Herzen nannte. Schon die Entfernung von ihnen war eine Erleichterung.

Die drei waren Henry Greene, William Wilson und Robert Juet, und selbst die simpelsten Gemüter waren sich darüber im klaren, daß dieses Gespann der harte Kern der Meuterei wäre, wenn es dazu käme. Greene war von Natur aus ein Schuft, Juet durch seine Degradierung zu einem unversöhnlichen Feind geworden, und Wilson verbarg unter seinen grausamen Flüchen nur die Heimtücke einer Viper.

Während sie sich in aller Durchtriebenheit Schritt für Schritt verstohlen ans Werk machten und keine Gelegenheit ausließen, den Kapitän zu schmähen, ihn lächerlich zu machen oder seine Fähigkeiten in Zweifel zu ziehen, bereiteten sie alles für den Frühling vor. Henry Hudson tat nichts, um ihnen das Handwerk zu legen. Wußte er nichts davon? Oder wußte er es, aber scherte sich nicht darum? Oder hatte sich sein Verstand getrübt, während die anderen hellwach auf ihre Chance warteten?

Es war Frühling, im Jahre des Herrn 1611. Es war Frühling!

Die milde Jahreszeit war langsam und erst spät gekommen, die Sonne kletterte mühsam über den fahlen Horizont wie ein alter Mann aus seinem Bett. Und erst Ende Mai zeigte sie ihre Kraft und Erbarmen mit den eingepferchten Gefangenen. Aber dann verlor der Winter seine Macht, die Sonne taute das Eis auf, wärmte ihre schwachen Glieder und schickte ihnen als Boten der Hoffnung ganze Schwärme von Stechmücken.

Schließlich war das Schiff frei, und alle seine Insassen mit ihm.

Sobald die Männer sich aufrecht umherbewegen konnten und sich nicht mehr wie Krüppel vor dem kalten Wind zusammenzukauern brauchten, zogen und schoben sie ihr Schiff, bis Wasser unter dem Kiel war, und ankerten schließlich auf tieferem Wasser. Die *Discovery* begann zu dümpeln – und dann zu stinken. Der Frühling bedeutete Wärme, und in der Wärme löste und lockerte sich alles, was gut und was schlecht war. Der in den Bilgen eingefrorene Schmutz geriet in Bewegung, verkrusteter Kot schwamm ekelerregend umher.

Tagelang stieg der Gestank zum Himmel. Selbst in der neugewonnenen Freiheit wurden die Männer unruhig. Einen so schlimmen Winter hatte noch keiner von ihnen erlebt. Würde es im Frühling besser werden? Ihre Stimmung wuchs und ebenso die Hoffnung – eine Hoffnung aber, die nur ein einziges Ziel kannte: Der Kapitän mußte sie nach Hause bringen!

Er mußte es einfach, meinten sie, wenn sie alle am Leben bleiben sollten. Ihre Vorräte waren erbärmlich geschrumpft. Sie machten Jagd auf Geflügel, aber die Vögel waren scheu und mager wie die Männer, die sie jagten. Der erste Fischfang brachte eine überwältigende Beute von fünfhundert Forellen und anderen Fischen, die groß wie Heringe waren. Danach aber fingen sie kaum auch nur eine Elritze. Vielleicht waren Fische klüger als Seeleute. Zumindest hatten sie die Freiheit, zu schwimmen, wohin sie wollten.

In dem widerwärtig stinkenden Schiff wimmelte es nicht nur von Kakerlaken, freßgierigen jungen Ratten und Stechmücken, sondern auch von Gerüchten. Als Henry Hudson sich an Deck zu zeigen begann, um sich umzusehen, mit dem neuen Ersten Steuermann Bylot und dem Arzt Edward Wilson zu sprechen und die Winterschäden an Segeln und Rigg zu überprüfen, wurde er eifrig beobachtet, und jedes mitgehörte Wort wurde unter Deck diskutiert, bis man den Sinn verstanden zu haben glaubte.

Zu rätseln, was ihnen bevorstand, wurde zur Qual; Nahrung zu beschaffen, ihre ständige Sorge. Beide Probleme hingen zusammen: sowohl Juet wie der noch lahm im Bett liegende Abacuck Prickett rechneten mit mathematischer Genauigkeit aus, daß sie verhungern würden, wenn sie nicht zur Digges-Insel zurückkehrten, wo die »Speisekammern« vermutlich ausgeraubt waren, aber Vögel nisteten und von wo sie alles Wild, das sich fangen und schießen ließ, mitnehmen und direkt nach Hause segeln konnten.

»Falls das nicht gelingt«, erklärte Prickett von seinem düsteren Lager aus, »gehen wir alle an Hunger zugrunde.«

Henry Greene stimmte ihm zu und sagte: »Am besten, wir wären weniger Leute und stärker.«

Prickett, dessen Augen wie im Fieber glänzten, erwiderte: »Niemand weiß, wer zu denen gehört, die Gott erwählt.«

»Gehörst du dazu?«

»Ja. Mit Gottes Hilfe.«

»Und mit meiner«, sagte Henry Greene.

Eines Tages standen der Kapitän und der Steuermann Bylot auf dem Achterdeck beieinander und beugten sich über die vor ihnen ausgebreiteten Karten. Matthew Lawe, der eine durchgescheuerte Pardune umwickelte, befand sich nicht weit von ihnen, was seinen verzweifelten Gefährten nicht entging. Als er nach unten kam, umringten sie ihn und bedrängten ihn mit Fragen.

»Was hast du gehört?« wollte Juet wissen.

»Nicht viel«, entgegnete Matthew wahrheitsgemäß.

»Aber worum drehte sich das Gespräch?«

»Um den Kurs, den wir nehmen werden, schätze ich. Sie betrachteten die Karten und zeigten hierhin und dorthin. Ihr solltet den Steuermann selbst fragen.«

»Bylot redet doch nicht«, brummte Michael Perse. »Er und der Kapitän sind ein Herz und eine Seele. Was für Karten waren es?«

»Dieselben, die schon immer in Gebrauch waren.«

»Mein Gott!« rief Arnold Lodlo. »Bist auch du dem Alten verfallen? Worüber wurde gesprochen?«

Sie kamen dichter heran, und William Milson starrte ihn an, als wolle er ihn mit Haut und Haaren fressen.

»Sie planen, vermute ich«, sagte Matthew, »einige Meilen nach Norden zu fahren, dort irgendwo Proviant zusammenzubringen und dann weiterzusegeln.«

»Nach England?«

»Davon war nicht die Rede. Nach Westen, glaube ich.«

Der allgemeine Unwille, die Wut und das bedrohliche Murren steigerten sich von Tag zu Tag, während die *Discovery* segelklar gemacht wurde. Aber bevor es so weit war, am 12. Juni nämlich, traf Henry Hudson eine Maßnahme, die ihm noch mehr Feinde machte.

Er rief die Mannschaft zusammen und erklärte, daß er die Lebensmittel rationieren werde. »Mehr als ich habe, kann ich euch nicht geben«, sagte er, als die Vorräte an Deck gebracht worden waren. »Jeder muß also zusehen, daß er möglichst lange damit auskommt.«

Was den Männern zugeteilt wurde, diente nur dazu, sie in ihrem Argwohn und ihren bösen Ahnungen zu bestärken. Hudson selbst weinte fast, als er jedem seiner Seeleute mit den Worten »Das ist alles!« ein einziges Pfund Brot und drei Pfund Käse gab, was eine Woche reichen müsse. Einige von ihnen, die überzeugt waren, daß irgendwo noch mehr versteckt war, aßen das meiste sofort auf. William Wilson, dieses gefräßige Rauhbein, vertilgte noch am gleichen Tag seine ganze Portion und und verschwand anschließend auf drei Tage in seiner Koje.

Die Mannschaft traute ihrem Kapitän nicht – das Gerücht von der geheimen Luke zwischen der Kapitänskajüte und der verschlossenen Proviantlast flammte wieder auf. Ebenso traute andererseits Hudson seinen Leuten nicht. Als das Gerede ihm zu Ohren kam, wartete er eine günstige Gelegenheit ab und gab dem Schiffsjungen Nicholas Syms den Auftrag, die Seekisten der Männer zu untersuchen.

Nick Syms kam mit dreißig gehorteten Broten zurück und hatte sich, da er entdeckt worden war, die schlimmsten Flüche und Vorwürfe anhören müssen. Ihr persönliches Eigentum von einem Schiffsjungen durchsuchen zu lassen! Helle Wut packte die Männer. Der nächste, ebenso törichte Schritt aber, den Henry Hudson unternahm, schien vollends zu beweisen, daß der Kapitän den Verstand verloren hatte.

Am Abend bevor sie in See gingen, brach er einen Streit mit seinem erfahrenen und ihm treu ergebenen Ersten Steuermann Robert Bylot vom Zaun; er ließ ihn ablösen und ersetzte ihn durch John King, einen wenig sachkundigen, jähzornigen Steuerer, der weder lesen noch schreiben konnte. Diese Entscheidung wurde zunächst einfach nicht geglaubt – und dann belächelt. Mit dem Ansehen, das Hudson bis jetzt immerhin noch genossen hatte, war es nun gänzlich vorbei.

Die Stimmung an Bord der von Haß und Intrigen beherrschten *Discovery* war auf dem Tiefstand, als am 12. Juni der Anker gelichtet wurde. Matthew Lawe war, ohne daß er es sich anmerken ließ, angewidert von dieser Situation, von dem törichten Verhalten des Kapitäns und der Gehässigkeit der Mannschaft. Es war der reine Wahnsinn!

Dies war keine große spanische Galeone mit 800 Mann Besatzung und genug Raum für die üblichen unvermeidlichen Streitereien. Es war ein kleines englisches Schiff mit nicht einmal zwei Dutzend Mann, die das gemeinsame Los eigentlich einigen sollte; so aber fuhren sie, miteinander zerstritten oder krank und allesamt hungernd, mit der Aussicht, ihre knappen Vorräte erst auf der Digges-Insel in siebenhundert Meilen Entfernung ergänzen zu können, dem Verhängnis entgegen.

Elf Tage später, nachdem sie elende hundert Meilen geschafft hatten, kam es zum schicksalhaften Stillstand. Sie lagen in dickem Eis fest, auf der Leeseite einer kahlen Insel. Sie waren zweiundzwanzig Mann und hatten für nicht halbsoviel Leute genug zu essen an Bord, um auch nur die allerkürzeste Reise überstehen zu können.

Es war Mitsommernacht, der 23. Juni.

VI

Obwohl es auf Mitternacht ging, saß im trüben Lampenlicht der Kammer Henry Greene, unter dessen schwarzen Brauen die Augen bösartig funkelten, zusammen mit dem alten Rebellen Robert Juet und dem Grobian William Wilson, der auf einem Faß Platz genommen hatte und die Eingangstür bewachte. Sie schenkten sich aus einem Krug sauren Wein ein, wobei Henry Greene mehr als die anderen trank, weil der Wein aus dem von ihm gehorteten Vorrat stammte.

Ihr Gesprächsthema war nicht neu, es ging nur noch um gewisse Einzelheiten der gemeinsten Verschwörung, die je an Bord eines Schiffes angezettelt wurde. Nur zu diesem Zweck hockten sie hier beisammen, und das Papier, das auf dem Tisch lag, und die Feder in Greenes Hand waren die einzigen Waffen, die sie bis zum Anbruch des nächsten Tages benötigten.

Juet sagte: »Ich habe alles durchsucht und mit allen gesprochen, denen ich trauen kann. Die Lebensmittel an Bord reichen gerade eben für drei Tage. Dazu kommt der vom Kapitän versteckt gehaltene Vorrat. Aber alles in allem dürfte das höchstens für sechs Tage reichen.«

»Sechs Tage Lebensmittel für alle an Bord«, nahm Henry Greene den Faden auf. »Das ist, wie jeder weiß, nicht genug.« Das Licht flackerte ihm übers Gesicht, in dessen harten Zügen Entschlossenheit und Eigensinn vereint waren. »Wir halten zwölf Tage oder länger durch, wenn das Schiff um einige Esser leichter wird. Damit wir überleben, müssen die Schwächsten von Bord, und alle, die nicht unserer Meinung sind.«

Sie waren sich hierüber schon seit Tagen im klaren, aber so offen war es noch nie ausgesprochen worden.

»Wie entscheiden wir?« fragte Juet.

»Das werden wir gleich sehen.« Greene benahm sich bereits wie ein Kapitän, und als er jetzt an den Tisch heranrückte, einen Schluck Wein nahm und sich zum Schreiben anschickte, hatte er etwas Gebieterisches an sich, dem sich auch der Stärkste an Bord nicht zu widersetzen gewagt hätte. »Haltet jetzt den Mund, während ich den Plan zurechtlege. Dann reden wir darüber. Und dann handeln wir.«

Und nun, genau um Mitternacht, stellte er eine Liste auf, wie sie niederträchtiger nicht denkbar war. Er teilte die Mannschaft ein in Leute, die an Bord bleiben und die nicht an Bord bleiben würden. Es war eine Liste, geteilt in Überlebende und Tote.

»An Bord bleiben:« schrieb er mit großspuriger Schrift oben auf das Papier. »Ich«, war das nächste Wort, und hinzu fügte er, um seine Macht und böswillige Gesinnung zu bekunden: »Mit einem Säbel, zwei Pistolen und einem Dolch!« Dann schrieb er weiter und fügte hier und da ein Wort ein, um seine Einstellung deutlich zu machen:

»Robert Juet, Erster Steuermann. Wieder in seiner rechtmäßigen Stellung.

William Wilson, Bootsmann. Hat sich bewährt.

Robert Bylot, erster Vollmatrose. Unser Navigator, der uns zurückbringen wird und dies als einziger kann.

Edward Wilson, Arzt. Einen Arzt brauchen wir.

Abacuck Prickett, kein Seemann. Wird von Sir Dudley Digges Pardon erwirken.

Bennet Matheus, Koch. Einen Koch brauchen wir!

Philip Staffe, Schiffszimmermann. Bewährter Freund und unentbehrlich.

Sylvanus Bond, Böttcher. Arbeitet mit Staffe und hält uns bei Laune!

Zur Bedienung des Schiffes:

John Thomas, Seemann. Kräftig und gesund.

Francis Clemens. Desgleichen.

Matthew Lawe. Desgleichen.

Michael Perse. Desgleichen.

Nicolas Syms, Schiffsjunge. Nützlich. Ißt wenig. Und die anderen können wir nicht gebrauchen.«

So endete die Liste der Erwählten. Und jetzt kam Henry Greene zu den übrigen, die man opfern konnte.

»Abgeschoben werden:« schrieb er mit großen Buchstaben oben auf das zweite Blatt und nahm wieder einen Schluck von dem Wein. Diese Namen niederzuschreiben, bereitete ihm sichtlich noch mehr Vergnügen, als er schon beim Aufstellen der ersten Liste empfunden hatte.

»Henry Hudson, Master. Unser großer Kapitän!

John Hudson, Schiffsjunge. Sohn des Genannten.

John King, neuer Erster Steuermann. Wir haben schon unseren Steuermann.

Thomas Wydowse, Wissenschaftler. Hat keine Freunde.

Arnold Lodlo, Seemann. Dieser Wurm kotzt mich an.

Michael Butt, Seemann. Krank.

Adam Moore, Seemann. Krank.

Syracke Fanner, Seemann. Krank – kann den Namen nicht mehr hören!«

Als er fertig war, bestreute Henry Greene das Papier mit Sand, schüttelte es trocken und prüfte es noch einmal schweigend. Dann las er es mit leiser Stimme, der es aber nicht an grimmiger Entschlossenheit fehlte, seinen Komplizen vor.

»Wenn ihr Fragen habt«, sagte er danach, »dann stellt sie jetzt. Aber wir haben schon lange genug geredet, also bleibt kaum noch etwas zu sagen.«

Der alte Robert Juet, dem es, wenn Worten die Tat folgen sollte, an der rechten Begeisterung fehlte, fragte kleinlaut:

»Was meinst du mit dem Wort abschieben? Doch wohl nicht, daß wir sie umbringen?«

»Nein, nein! Sie sollen in die Schaluppen gehen und können sehen, daß sie sich durchschlagen.«

»Das garantierst du?«

»Ja, wenn du Wert darauf legst.«

William Wilson, den keine derartigen Skrupel quälten, wollte wissen:

»Warum behalten wir Matthew Lawe an Bord? Er hält zum Kapitän.«

»Wir brauchen ihn für die Arbeit an Bord«, antwortete ihm Greene. »Wenn wir nicht genug tüchtige Leute haben, kommen wir nie nach England zurück. Und ich glaube nicht, daß Matthew weiter zum Kapitän halten wird, wenn er sieht, was er sich damit einbrockt.«

Juet fragte: »Und wie ist es mit Bylot? Er ist auch einer von denen, die mit dem Kapitän zusammenstecken.«

»Davon ist er längst abgekommen. Wir brauchen einen Mann von seiner Erfahrung, und da kann uns sein bißchen Treue zu Hudson gleichgültig sein. Es ist sonst keiner an Bord, der uns nach Hause bringen kann.«

Der Bootsmann hatte noch einen besonderen Einwand. »Ich habe etwas gegen Francis Clemens«, brummte er. »Seit er abgelöst wurde und ich seinen Posten übernahm, habe ich kein Vertrauen mehr zu ihm.«

Henry Greene sah in der düsteren Kajüte von einem zum anderen und sagte mit drohender Bedächtigkeit:

»Wenn wir alle aussetzen, denen wir nicht trauen können, wäre die Schaluppe rasch überfüllt, und das Schiff leer.« Er wartete, bis seine Bemerkung getroffen hatte und fuhr dann aufgeräumt fort: »Genug jetzt, genug. Die Liste ist aufgestellt. Wenn noch irgendwelche Veränderungen notwendig werden, dann stutze ich den Mann zurecht, aber nicht mehr die Liste!« Er schlug mit der flachen Hand auf die schwere Eichenplatte des Tisches. »Schluß mit dem Gerede. Jetzt wird gehandelt.«

»Was machen wir als erstes?« fragte William Wilson, der eher ein Mann der Tat war und nicht viel von Worten hielt.

»Wir gehen leise in die Kammer vom alten Prickett, um uns der Hilfe dieses frommen Gauners zu versichern.«

Der fromme Gauner lag im Bett, hatte eine schwarze Nachtkappe über den Kopf gezogen und sah unter dieser Mitra wie ein abtrünnig gewordener Bischof aus. Ängstlich hob er den Kopf, als sich die Verschwörer bei ihm einschlichen. Er wußte, was sie vorhatten, und war damit einverstanden, so weit sein eigener Ruf nicht geschädigt wurde. Ihm lag einzig daran, diesen heimtückischen Plan mit der Heiligen Schrift zu einer Suppe zu verrühren, die die Menschen gutheißen und der liebe Gott schlucken würde. Kurz, er wollte sich nicht die Hände beschmutzen.

Es wurde eine Art mitternächtlicher Vereidigung. Sie mußten, was immer sie taten, schwören, kein Blut zu vergießen. Kranke Männer ohne Lebensmittel in einem offenen Boot in dieser arktischen Wasserwüste auszusetzen, war nicht unbedingt Mord. Niemand konnte wissen, was Gottes Barmherzigkeit vielleicht verhüten würde. Alle mußten sie jedenfalls schwören, daß sie die Ausgestoßenen mit heiler Haut und ohne Blutvergießen von Bord lassen würden.

Sie hoben die Hand zu diesem scheinheiligen, meineidigen und verruchtesten aller Schwüre, und der ehrenwerte Abacuck wandte sich danach an Gott und intonierte: »Dein Wille geschehe!«

Und dann schlichen sich andere verstohlen durch die dunklen Gänge des Schiffes und kamen, um durch Handauflegen auf Pricketts Bibel ihren Eid abzulegen. Nach Greene, Wilson und Juet folgten John Thomas, Michael Perse und Bennett Matheus. Bylot galt bereits als sicher. Der Arzt würde sich sehen lassen, wenn es soweit war. Alles andere würde der Morgen zeigen.

Matthew Lawe, der zusammengerollt im unteren Deck lag, hörte das ganze Getuschel und die schlurfenden Schritte um sich herum. Seine Koje, die kalte Schaluppe, war nicht mehr an Bord: sie war bei Frühlingsanfang an Deck gehievt und dort von Philip Staffe festgezurrt worden, und jetzt schwenkte sie an ihrem Festmacher längsseit des Schiffes.

Matthew stellte sich schlafend, verschloß die Ohren gegen die Geräusche um sich herum und zitterte, aber nicht nur vor Kälte. Wie Abacuck Prickett wußte er, was im Gange war, und es fiel ihm schwer, sich zu beruhigen und sich auch nur einigermaßen damit abzufinden.

Meuterei war ein übles, schändliches Vergehen, das, solange es Gerechtigkeit in dieser Welt gab, nur durch Erhängen gesühnt werden konnte. Aber Henry Hudson hatte so übereilt, so unüberlegt gehandelt, daß er kaum noch Gehorsam verdiente und Loyalität von seiten der Mannschaft nicht mehr erwarten konnte.

Es gab Seeleute, Abenteurer, die zu früh von Angst übermannt wurden: das waren die Feiglinge unter ihnen. Ihnen standen jene gegenüber, die zu spät von der Angst beschlichen wurden: das waren die Verlorenen, die vom Tode Gezeichneten, deren letzte Ruhestätte nicht einmal durch einen Grabstein markiert wurde. Zwischen diesen beiden Gruppen gab es einige, wenige wirkliche Helden, die hellwach gewahr wurden, was um sie her vorging, und kaltblütig eingriffen. Daß zu diesen auch ihr Kapitän gehörte, wagte Matthew nicht zu glauben.

Hudson schien das Versagen auf der Stirn zu tragen wie ein Brandmal. Zu verwirklichen, wonach er strebte, wovon er träumte, überstieg seine Fähigkeiten. Es hatte den Anschein, als sei ihm vorbestimmt, sie alle in den Untergang zu führen. Und so hatte seine Mannschaft nur die Wahl zwischen dem Tod durch Erhängen und dem Tod durch Verhungern. Als eine dritte, äußerste und ebenso sinnlose Möglichkeit gab es vielleicht nur noch den Dolch, den ein Verzweifelter seinem Kapitän in die Brust stieß.

Matthew Lawe hatte nur den Drang, Augen und Ohren zu verschließen, um dann, wenn alles vorüber war, irgendwie weiterzuleben.

Zwischen zwei Uhr nachts und Tagesanbruch wurde es auf dem

Schiff so still wie in einem Grab, zu dem es ja vielleicht auch werden sollte. Alle lagen in ihren Kojen. Aber die Niedertracht schlief nicht. Während sie auf den Sommermorgen in diesem Jahr des von ihnen verratenen Herrn warteten, hatte Henry Greene etwas ausgeheckt, das einem Judas Ischariot zur Ehre gereicht hätte. Er täuschte Schlaflosigkeit vor und verbrachte die Nacht in aller Freundschaftlichkeit in Henry Hudsons Kajüte, unterhielt sich mit ihm und hielt Wache.

Nichts sollte den Kapitän warnen, daß die Axt bereits zum letzten Hieb ausholte, der für sie alle tödlich sein würde, ob ehrenhaft oder blutig.

Es ging alles mit teuflischer Geschwindigkeit.

Kaum war der Tag voll angebrochen, da ging der Koch Bennet Matheus nach vorn, um seinen Kessel am Wasserfaß zu füllen. Als er an der nach ihrem Winterschlaf unschuldig an der Leine zerrenden Schaluppe vorüberkam, begann er ein lustiges Lied zu pfeifen. Es hörte sich an, als begrüße er auf diese Weise den schönen Junimorgen. Es war aber das Signal zum Losschlagen.

Einige Männer nahmen die ihnen zugewiesenen Positionen ein und warteten. Henry Greene begab sich zu dem gerade erwachten Philip Staffe auf dem Achterdeck und verwickelte ihn in ein Gespräch. Die Meuterer wollten ihn zwar an Bord behalten, waren sich aber nicht sicher, was er tun würde, wenn er entdeckte, was sie mit seinem Kapitän vorhatten.

John King, der neue Erste Steuermann, wurde unter einem Vorwand nach unten zum Spill gelockt, wo man ihn unter Schloß und Riegel setzte. Abacuck Prickett, den womöglich in seiner Frömmigkeit Gewissensbisse überkommen mochten, wurde von Juet gewarnt, sich still zu verhalten, und zwar in seiner Kammer. Dann lauerten die Verschwörer ihrem eigentlichen Opfer auf.

Schon bei Sonnenaufgang war Henry Hudson aus seiner Kajüte hervorgetreten und hatte den herrlichen Mittsommertag mit einem Lächeln begrüßt. Es war sein letztes Lächeln an diesem Sonntag. Auf ein Zeichen wurde er von drei Männern gepackt, von Bennet Matheus, John Thomas und dem Steuermann Wilson, die ihm die Hände auf dem Rükken fesselten. Hudson wehrte sich zwar, so gut er dazu in seinem Alter fähig war, aber das dauerte angesichts der mitleidlosen, grausam verzerrten Gesichter um ihn herum nur wenige Sekunden, worauf er über Bord in die Schaluppe gestoßen wurde.

Der Nächste war sein Sohn John, den Matheus und Thomas bewachen mußten. Dann begann die Suche nach den übrigen Verdammten.

Laute Schreie und Hilferufe wurden hörbar, und es entstand ein Durcheinander während dieses Zusammentreibens, das auf jeder Bühne Gelächter hervorgerufen hätte, nur eben nicht bei diesem blutig ernsten Zirkusspiel. Allein Henry Greene, mit dem Säbel in der Hand und, wie es schien, voll kochender Wut, wußte genau, wer blieb und wer ausgesetzt wurde. Juet hielt sich abseits, und William Wilson, dessen Verstand hauptsächlich in seinen Fäusten steckte, verlor sich in dumpfen Erinnerungen. Einen Augenblick lang waren Matheus und John Thomas in Gefahr, in die Schaluppe gestoßen zu werden, bis man statt ihrer Arnold Lodlo und Michael Butt als die eigentlich gemeinten Opfer hineinverfrachtete.

John King, den man befreite, um ihn der Verdammnis zu übergeben, schlug auf seine Feinde ein. Er griff den alten Juet mit einem Säbel an und hätte ihn fast niedergestreckt, wurde dann aber überwältigt und wie ein Sack in das Boot geworfen. Wydowse, der Mathematiker aus Cambridge, den keiner kannte, gewahrte die tödliche Gefahr, in der er schwebte, und bat um sein Leben. Er bot ihnen seine Schlüssel und sein ganzes Hab und Gut an, aber schon flog er über Bord.

Die übrigen Verdammten zur Opferung zu führen, fiel weniger schwer. Noch schlafend oder durch Krankheit geschwächt, wurden sie auf ihren Lagern überrascht. Sie leisteten kaum Widerstand, und so schleppte man sie übers Deck und, stieß sie über die Reling ins Boot.

Nach knapp einer Stunde hockten sie alle in der winzigen Schaluppe, die jetzt ihr Flaggschiff war. Alle außer einem, der jetzt die beispiellose Heimtücke in ihrer ganzen Verruchtheit bloßstellte, indem er erklärte, daß er sich den Ausgestoßenen anzuschließen beabtsichtige.

Philip Staffe hatte sich im Kampf mit seinem Gewissen zu diesem Entschluß durchgerungen. Und so stellte er sich vor die Meuterer hin und verfluchte sie als Abschaum, verwitterte Galgenstricke, Räuber, Mörder und Dungfresser. Er wollte nichts mit dieser Meuterei und mit den Schuften zu tun haben, die sie angezettelt hatten.

»Wollt ihr gehenkt werden, wenn ihr nach Hause kommt?« brüllte er ihnen ins Gesicht. »Ich jedenfalls nicht! Und nur mit Gewalt könnt ihr mich zwingen, an Bord zu bleiben!«

»Keiner zwingt dich«, entgegenete ihm Henry Greene, in dem Wut und Scham miteinander kämpften. »Geh, wenn du willst. Aber es könnte sein, daß du in den Tod gehst!«

»Gebt mir meinen Werkzeugkasten und schert euch zum Teufel! Ich vertraue mich lieber der Barmherzigkeit Gottes an und steige aus Treue zum Kapitän in die Schaluppe, als daß ich unter solchen Schurken wie euch die bessere Chance wähle!«

Mürrisch ließen sie ihn durch und brachten ihm aus schlechtem Gewissen außer dem Werkzeugkasten eine Muskete, einen eisernen Kochtopf und etwas Erbsenbrei. Philip Staffe, der einzige Held unter ihnen, lud sich die Sachen auf und stieg wortlos und ohne einen Blick zurück hinunter in das Boot.

Dies war der Augenblick, in dem Matthew Lawe, der aus Angst, mit ausgesetzt zu werden, unten gelieben war und jetzt meinte, die Aktion müsse beendet sein, an Deck kam. Was er sah, als er in die Schaluppe schaute, war der erbarmungswürdigste und zugleich schrecklichste Anblick seines Lebens.

Das kleine Boot war voller Elend. Henry Hudson, der sein einst als Ehrenkleid geltendes Narrengewand trug, saß achtern im Boot. Sein Sohn hatte die Arme um ihn geschlungen. Die todblassen, kranken Männer lagen zusammengekauert auf den Bodenplanken. Wer von ihnen noch sprechen konnte, flehte die oben stehenden Henkersknechte an, ohne beachtet zu werden. Nirgends im Boot befanden sich Lebensmittel, Trinkwasser, Feuerholz oder Kleidungsstücke. Philip Staffe saß auf seinem Werkzeugkasten und blickte zu den Meuterern, als sehe er ein Rudel räudiger Hunde, die eine tote Hündin fraßen, weil sie sie nicht mehr bespringen konnten.

»Nun?« brüllte plötzlich eine Stimme hinter Matthew.

Er fuhr entsetzt herum und begegnete dem Blick eines Mannes, der gewillt schien, ihn umzubringen. William Wilson, ein Schlachtermesser in der Hand, starrte ihn wütend an, wie ein wahnsinnig gewordener Dienstmann, der sich nach seinen Wünschen erkundigte.

»Was ist los?« fragte Matthew ängstlich.

Wilson fuchtelte mit seinem blanken Messer, als habe er tatsächlich den Verstand verloren. »Heraus mit der Sprache! Willst du mit ihnen ins Boot?«

Matthew warf einen Blick auf die überladene Schaluppe und sah ihn dann wieder an. »Da ist kein Platz für mich.«

»Wir machen schon Platz, wenn du willst.«

»Nein, ich bleibe hier.«

»Na schön.« Wilson glotzte ihn noch einmal drohend an und trat zurück. »Geh ans Ruder! Und wenn du eine einzige falsche Bewegung machst, spalte ich dir den Schädel und werfe dich ins Boot. Dann haben die was als Mittagsfraß!« Daraufhin drehte er sich um und brüllte seinen ersten Befehl als Piraten-Bootsmann: »Anker lichten! Segel setzen!«

Die *Discovery*, mit ihrem der Verdammnis ausgelieferten Beiboot im Schlepptau, nahm Fahrt auf und löste sich aus dem Eis. Dann wurde auf ein Zeichen von Henry Greene die Schleppleine gekappt, und die Schaluppe fiel zurück.

Matthew Lawe, der erhöht auf dem Achterdeck stand, drehte sich um und sah, wie das Wasser zwischen ihm und dem Boot immer breiter wurde. Hudson saß aufrecht über dem Haufen elender Gestalten und starrte voraus wie ein zu Eis gefrorenes Gespenst. Sein Sohn hatte nach wie vor die Arme um ihn geschlungen, doch wer von den beiden der Tröster, wer der Getröstete war, mochte allein der liebe Gott wissen.

Dann aber hob der junge John Hudson die Augen zum Schiff, und die vom klagenden Wind getragene Stimme des Jungen erreichte als letzter Gruß der Verdammten den einen einzigen Mann, den er sehen konnte:

»Matthew! Warum?«

PIRAT
1670

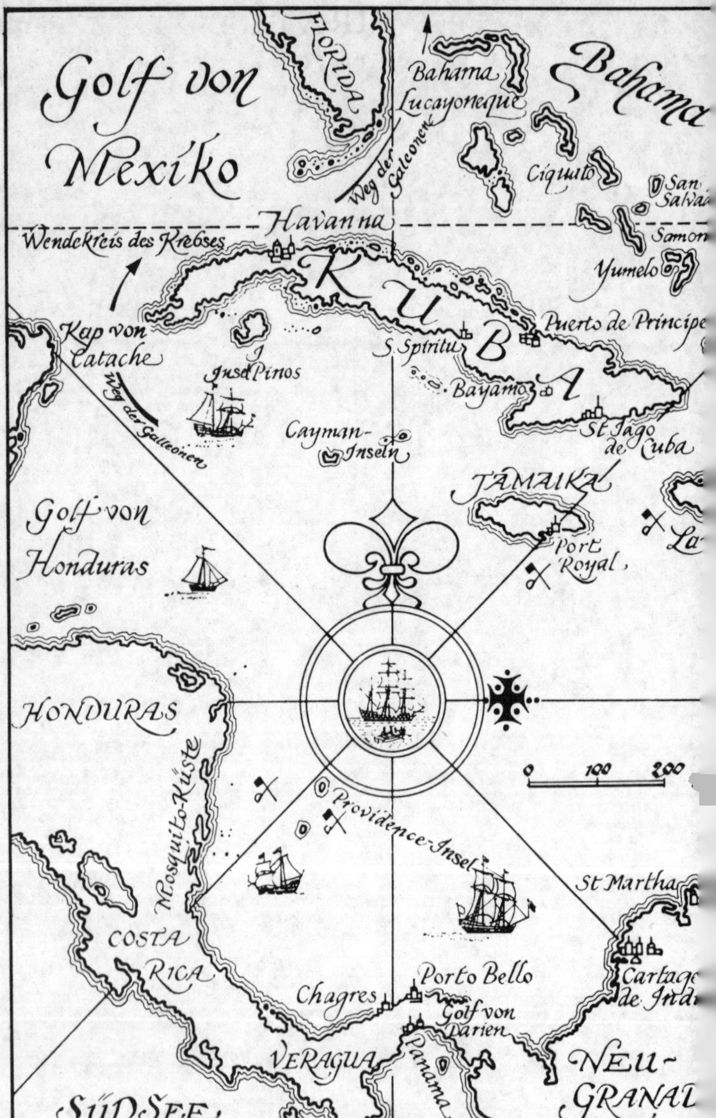

Golf von Mexiko
FLORIDA
Bahama
Lucayoneque
Bahama
Weg der Galeonen
Ciquito
San Salvad
Havanna
Wendekreis des Krebses
Samon
KUBA
Yumelo
Puerto de Principe
Kap von Catache
J. Insel Pinos
S. Spiritu
Bayamo
Weg der Galleonen
Cayman-Inseln
St Jago de Cuba
JAMAIKA
Golf von Honduras
Port Royal
HONDURAS
0 100 200
Mosquito-Küste
Providence-Insel
St Martha
COSTA RICA
Cartage de Indi
Porto Bello
Chagres
Golf von Darien
VERAGUA
Panama
NEU-GRANAD
SÜDSEE

PORT ROYAL 1670
Morasl
Passage Fort
Passage-Bai
KINGSTON
Langer Berg
Hafen von Kingston
Teufelskai
Ziegeninsel
Saltpan Berg
PORT ROYAL
Gun Kai
Plumb Point
Lime-Kai
Inseln über dem Wind
St. Jago
HAITI
Santo Domingo
San Juan
PUERTO RICO
Jungferninseln
St. Croix
Anguila
Barbada
Antigua
Montserrat
Deseada
Guadaloupe
Dominica
Galeonen Durchfahrt
Martinique
Inseln unter dem Wind
St. Lucia
St. Vincent
Barbados
Grenada
Tobago
Trinidad
Oruba-Insel
Curaçao
Buen-Ayre-Ansel
Los Roques
Orchilla
Blanquilla
Margarita
la Tortuga
Maracaibo
Caracas
KARIBISCHES MEER
mit seinen Inseln und dem Weg der spanischen Geleitzüge
Stützpunkte der Freibeuter

I

Die Männer des verlassenen Haufens winkten noch, während sich der Abstand zwischen ihnen und ihrem Schiff erweiterte, als glaubten sie, daß ihre fernen, flehenden Gesten selbst jetzt noch die Herzen ihrer Richter erweichen könnten. Auch als sie nur noch Punkte waren, winzige, auf einem karibischen Felsen unter sengender Sonne ausgesetzte Gestalten, winkten die bittenden Arme noch, als könnten sie die Erbarmungslosen bewegen, sich zu erbarmen.

Ben Pannikin, der Wasserjunge der Brigantine *Cambridge*, hatte so etwas in seinen achtzehn Lebensjahren noch nicht gesehen. Wohl aber Matthew Lawe. Hatten beide auch die gleiche Szene unter der gleichen brennenden Sonne vor sich, so lagen doch, was ihre Gefühle anging, Welten zwischen ihnen.

Während der junge Ben das, was er sah, mit jugendlichem Staunen gebannt in sich aufnahm, vermochte Matthew, für den es nichts Neues war, es beiseite zu schieben, ohne lange darüber nachzudenken.

Es war nur eine Bestrafung, und worauf es allein ankam, war, derjenige zu sein, der sie vornahm und nicht der arme Teufel, der die Peitschenhiebe zu fühlen hatte. Wenn dem ausgemergelten Gesicht eines alten Mannes, das in elender Kälte vom Nebel verschlungen worden war, jetzt gesunde junge Desperados folgten, die laut ihre Henker verfluchten, ehe sie ihr Schicksal begriffen und um Gnade flehten, dann hatten lediglich die Opfer gewechselt.

Die trennende Wasserfläche dehnte sich immer weiter aus, damals wie jetzt, ob von grauem Eis bedeckt oder von zauberhaftem Blau mit rosigen Streifen von Korallenmilch, das jeden milde stimmte, nur keine Männerherzen. Es war derselbe barbarische Verrat. Alles was er lehrte, war die erste und letzte Lektion des Lebens: Man muß zu den Siegern gehören.

Ben Pannekin, der ihm helfen sollte, das Beiboot zu fahren, nachdem es seinen grausamen Auftrag erfüllt und mit fünf Mann weniger zurückkehrte, als es an Land gebracht hatte, Ben Pannekin starrte immer noch achteraus, wo jetzt nichts mehr zu sehen war als ein zackiger Felsen am Horizont. Es war, als könne er nicht das Band zu den ausgesetzten Männern durchschneiden, die noch vor zwei Stunden auf der Brigantine *Cambridge* seine Kameraden gewesen waren.

Er starrte so lange, daß Matthew, der mit empfindsamen Menschen viel Nachsicht hatte, ihn wieder grob an seine Pflicht erinnern mußte. Er war der Steuermann, nicht das Kindermädchen, und der Junge hatte zu gehorchen, wenn er jemals diesem bestialischen Gewerbe gewachsen sein wollte.

»Pack an«, rief er, »und hör auf mit dem Geglotze! Die siehst du nicht wieder, allenfalls beim Jüngsten Gericht. Und es ist gut, wenn du heute dein Messer bereit hältst!«

Ben torkelte schlaksig zum Mitteldeck. Seine Glieder hatten sich während des letzten Jahres übermäßig kräftig entwickelt, so daß ihm Arme und Beine unproportioniert am Körper herunterhingen und sich ohne Kontrolle von selbst zu bewegen schienen. Nur der Ausdruck seines Gesichtes war unbewegt – unbewegt vor Mitleid.

»Aber was wird aus ihnen?« fragte er, als könne er nicht begreifen, was sie hinter sich gebracht hatten. »Wir haben sie ohne einen Tropfen Trinkwasser an Land gesetzt.«

»Geschieht ihnen ganz recht«, entgegnete Matthew barsch. »Sie wußten, welche Strafe sie zu erwarten hatten. Wenn sie nicht schwach geworden und ausgerissen wären, hätten wir die holländische Pinasse erobert.«

»Das Risiko war zu groß.«

»Feiglinge waren es! Meinst du, Henry Morgan läßt sich so etwas bieten? Oder daß einer, der sich so benimmt, mit dem Leben davonkommt? Wir sind hier die Küstenbrüderschaft, keine Mädchenschule! Du kennst unsere Devise: ›Keine Beute, kein Lohn.‹ Morgan war scharf auf die Silberladung. Und ich ebenso auf meinen Anteil. Aber die Narren griffen nicht ordentlich zu, als sie schon in das Rigg der Pinasse geentert waren, und so ist ihnen das Schiff entwischt. Haben noch Glück gehabt, daß sie nicht zu Fischfutter zerstückelt wurden.«

»Tut mir leid, Matthew«, sagte Ben Pennikin, durch diesen Wutausbruch eingeschüchtert. »Ich habe noch nie miterlebt, daß Männer ausgesetzt wurden.«

»Du wirst es noch oft genug erleben, bevor dir die letzten Zähne ausgefallen sind.«

»Aber was wird aus ihnen?« fragte Ben noch einmal.

»Die leben von Möweneiern und Seetang und von Fischen, die sie sich mit Ködern fangen. Und wenn es regnet, haben sie zu trinken.« Matthew hob die Augen zu dem wolkenlosen karibischen Himmel. »Regnet es nicht, dann haben sie eben Durst. Vieleicht fallen sie auch übereinander her, wenn sie die Seevögel weggeschreckt haben und die Fische ihnen auf die Schliche gekommen sind. Und am Ende krepiert auch der letzte Überlebende, und die Sonne bleicht ihre Knochen. Und wenn dann in fünfzig Jahren wieder einmal ein Schiff dort landet, verzeichnen die auf ihrer Karte ›menschliche Skelette‹ und segeln weiter, ohne daß irgendwer schlauer oder womöglich traurig geworden ist.«

»Möge der liebe Gott sich ihrer erbarmen«, murmelte Ben entsetzt.

»Amen. Und schieß die Leine auf, ich schlage sie dir sonst um die Beine.«

Nachdem er eine Weile schweigend gearbeitet hatte, fragte Ben: »Wann hast du denn schon so etwas erlebt?«

»Nur einmal. Es ist lange her.«

»Erzähl's mir, Matthew.« Ben Pannikin stellte diese Frage oft, vergaß dann die Antwort und fragte später wieder. Sein Gedächtnis war wie ein Sieb und weich wie sein Herz. »Wie ist das gewesen? Und wo war es?«

»Hoch oben im Norden.«

»Und wieviele waren es?«

»Acht. Ein alter Mann und ein Junge wie du. Und sechs andere.«

»Sie haben dem Kapitän den Gehorsam verweigert?«

»Du fragst und fragst. Nein, es war eine Art Meuterei. Wir setzten sie aus und segelten weiter.«

»Sind sie umgekommen?«

»Inzwischen sind sie sicher tot.«

»Und Ihr? Seid ihr bestraft worden?«

»Einige schon. Andere starben oder wurden getötet. Einige sind sogar ausgezeichnet worden.«

»Und du?«

»Ich habe mich verduftet. Und gleich verduftest du, Ben Pannikin, und holst mir was zu trinken. Es ist bei dieser Sonne ja wie im Backofen!«

Es war schon ein ganzes Leben lang her, doch nach seiner verrückten Zeitrechnung war es wie gestern. Ihre Strafe hatte begonnen, kaum daß sie die Schaluppe hinter sich gelassen hatten. Bei einem Rachezug von Indianern, deren Essensvorräte sie geplündert hatten, fanden vier der Meuterer ein grausames Ende.

John Thomas wurden auf der Digges-Insel durch das Messer eines Indianers die Eingeweide aus dem Leib geschnitten. Das gleiche geschah mit Michael Perse. William Wilson, den ein Pfeil in die Brust traf, verendete unter fürchterlichen Flüchen. Henry Greene, das schlimmste Scheusal, beglich seine Schuld durch einen tapferen Tod.

Sterbend rief er: »Coraggio!«, als wolle er noch mit dem letzten Atemzug demonstrieren, was für ein weitgereister Mann er war.

Das Schiff entkam den tosenden Meereswirbeln nur dank des Geschicks von Robert Bylot, der es mutig bis zum Ende der Heimreise durchbrachte. Aber die Seetüchtigkeit der *Discovery* nahm Meile um Meile ab, ob sie nun in der Flaute lag, von Sturmböen zurückgeworfen wurde oder im wild wütenden Gewoge der See jegliche Orientierung verloren hatte.

Am Ende nährten sie sich kümmerlich von Seetang und in Talg gebratenen Vogelknochen, während der alte Robert Juet, um dessen Versorgung sich niemand kümmerte, mitten auf dem Atlantik verhungerte. Am neunzigsten Tag dieser Elendsreise brachten ihre zerrissenen und ausgewehten Segel sie schließlich zur Bantry Bay, wo die lächelnden Iren sie so herzlich empfingen, daß sie, um Wasser und Brotkrusten zu bekommen, dafür ihre Ankertrosse hergeben mußten.

Als ihr Gespensterschiff nach einem Jahr und fünf Monaten schließlich im Hafen von London einlief, marschierten Abacuck Prickett, Robert Bylot und der Arzt Edward Wilson, die Drahtzieher der schandbaren Verschwörung, an Land, um ihre Mordtat vor den Behörden und vor der Welt zu rechtfertigen.

Matthew Lawe, den man zur Bewachung ihrer schändlichen Pesthöhle zurückgelassen hatte, warf einen letzten Blick auf den krank neben seinem kalten Herd liegenden Bennet Matheus und schlich an Land und verschwand in der neugierigen Menge. Er hatte Henry Hudsons Paar Pistolen und ein aus Walroßzähnen gefertigtes Halsband bei sich. Und das war alles, was er von dieser mühseligen und schmachvollen Reise mitgebracht hatte, deren Teilnehmer eigentlich geadelt oder – gehenkt zu werden verdienten.

Robert Bylot, der ein zu achtbarer Mann war, um für einen nicht restlos zu beweisenden Mord bestraft werden zu können, lebte weiter in gut bezahlten Königlichen Diensten, und die nach ihm benannte Insel im hohen Norden erschien über seinen ehrenvollen Tod hinaus auf allen Karten. Matthew Lawe aber blieb nur am Leben. Er lebte fort auf der weiten Bühne der Welt, auf der sich unablässig alles änderte, nur ein einziger Verdammter nicht.

Ben Pannikin kam, als sie wieder auf der Brigantine waren, mit dem Wassereimer und füllte die Becher, zuerst für Steuermann Matthew Lawe, dann für die anderen dreißig durstigen Männer, die auf dem Mitteldeck versammelt waren. Sie hatten Freizeit. Sie liefen vor dem Wind nach Norden ab, fort von dem Felsen, von dem aus das nächste bewohnte Land, weit jenseits der Kimm, die holländische Niederlassung Curaçao war.

Die *Cambridge*, ein bulliger Zweimaster, mit Stückpforten längs der Bordwände gespickt, war kein hübsches, aber ein handiges Schiff. Da sie Freibeuter waren, verschwendete die Mannschaft keine Muskelkraft auf Reinschiff oder Messingputzen. Ihnen und ihrem Kapitän Henry Morgan genügte es, daß Segel und Rigg stark waren, die Geschütze schnell und genau bedient wurden und der scharfe Stahl der Entermesser in den Racks am Fuß der Masten blitzte.

Wären die Blutflecken von den Decks gescheuert worden, dann hätten sie sich hier an Bord kaum heimisch gefühlt. Die brennende Sonne fing sich in den bauchig stehenden Segeln und dem geteerten Tauwerk, der Himmel war unendlich blau, und die günstige Brise, die fette, wohlhabende Kaufleute in den Kontoren von Bristol, Cadiz oder Amsterdam ›Passatwind‹ zu nennen begannen, stand fest wie die Kompaßnadel aus Nordost.

Nach einem Monat unverschämtester Freibeuterei in holländischen Gewässern hatten sie reiche Schätze an Bord, in die sich nach dem Gesetz der Küste alle teilen würden, ausgenommen natürlich jene fünf unseligen Feiglinge, die versagt hatten und dafür zahlen mußten. Es war ein Moment der Entspannung, oder sollte es doch sein.

Und doch waren unter den auf dem Mitteldeck versammelten Männern mehr ernste als fröhliche Gesichter zu sehen. Blut zu vergießen, war für sie reine Routine: Handelsschiffe, ob Holländer, Spanier oder Franzosen, waren ihre natürliche Beute. Aber fünf von ihren eigenen Kameraden zu einem so grausamen Ende zu verdammen, das gab Grund zum Nachdenken. War der Tod auch verdient, wie immer er sich ereignen mochte, die fünf leeren Kojen und die fünf fehlenden Kameraden waren nicht von heute auf morgen vergessen.

Der junge Ben hatte seine weichherzige Meinung geäußert, war dafür zurechtgewiesen worden und sagte nun kein Wort mehr. Nur Männern, die in diesem grausamen Gewerbe erfahren waren, stand ein Urteil zu. Und unter ihnen war es ein vertrauter Freund Matthews, sofern man in diesem Gewerbe überhaupt vertraute Freunde haben konnte, der sich über die Sache so ausließ, wie er sie sah.

Er hieß John Flowerdewe und war ein kleiner, aber breitschultriger, durchtriebener Bursche, dem es nichts ausmachte, sich für einen Becher Wein mit jeder Art von Waffe zu schlagen, ob mit Pistole, Entermesser, Dolch, Faßdauben oder den bloßen Händen.

Es hieß, bei einer Schlägerei in einer Kneipe habe er, da jede andere Überredungskunst versagte, einem Mann mit den Zähnen die Kehle durchbissen. Ob das nun stimmte oder nicht, es reichte jedenfalls, ihm Gehör zu verschaffen, wann immer er etwas sagte.

»Es gibt keinen Grund, Parrish und den anderen irgendwelche Tränen nachzuweinen«, erklärte er, als einige Männer ihr Bedauern über das Los der Ausgesetzten äußerten. »Sich an eine Prise heranmachen und sich von ein paar dicken Holländern verjagen zu lassen – auf die Weise kommt man nicht zu Reichtum und Erfolg. Wäre ich Morgan, ich hätte sie mit den Ohren an die Bramsaling genagelt!«

Es gab für sie keinen Zweifel, daß Flowerdewe es so gemacht hätte. Dennoch gaben sie sich mit dem, was geschehen war, nicht zufrieden.

»Diese Holländer waren verdammt in der Überzahl«, sagte Berryman, der Koch, der sich weniger gut aufs Kochen, dafür aber um so besser auf Handgreiflichkeiten verstand. Und das war kein Wunder, denn die Männer, die seine Brühen zu essen bekamen, dankten ihm das meist mit Flüchen und Geschimpfe. »Zehn zu eins, schätze ich, waren sie in der Überzahl.«

»Landratten waren das«, sagte Flowerdewe verächtlich. »Oder Schönwetter-Segler. Hälst du denen ein scharfgeschliffenes Entermesser unter die Nase, dann rennen die von hier bis Amsterdam. Oft genug haben wir im vorigen Jahr gegen eine zehnfache Übermacht gekämpft. Die *Cambridge* schickt ein Beiboot aus, und die Männer darin kommen mit leeren Händen zurück! Eine schöne Geschichte, die es da nun in Port Royal zu erzählen gibt!«

»Wer wird schon so eine Geschichte erzählen!« sagte einer.

»Die Männer, die sich da aus dem Staub gemacht haben, bestimmt nicht«, sagte Flowerdewe barsch. »Die können sie sich einander erzählen, bis sie verreckt sind, und zuhören werden ihnen nur die Fische.«

»Und alles das in pechschwarzer Nacht«, ließ sich jemand plötzlich hören.

Es war der junge Ben Pannikin, der endlich wieder lebendig geworden war. Er stand abseits und sah niedergeschlagen vor sich zu Boden. Spöttisch wandte sich John Flowerdewe an ihn.

»Was soll das heißen, Junge? In pechschwarzer Nacht?«

»Ich meine die ausgesetzten Männer, die auf dem Felsen. Es wird dunkel heute nacht.«

»Das ist anzunehmen.«

»Ich meine, ihre erste Nacht da auf dem Felsen. Verzweifelt einsam werden sie sich fühlen.«

»Na, wie Sylvester in Port Royal mit all den überfüllten Kneipen wird's nicht«, warf Berryman sarkastisch ein. »Aber es ist ihre neue Wohnung, und sie müssen zusehen, wie sie zurechtkommen. Meinst du, sie hätten einen Palast verdient?«

»Nun gut«, murmelte Ben Pannikin traurig und verstört.

»Gut ist das richtige Wort. Parrish und die anderen wurden auf Befehl des Kapitäns ausgesetzt«, schaltete sich Matthew Lawe ein, ohne dem Jungen damit viel zu helfen, »und wenn Morgan es für gut hält, dann ist es das auch. Wenn du anderer Meinung bist, dann mußt du damit noch zwanzig Jahre warten, bis du ein berühmter Kapitän bei der Küstenbrüderschaft bist. Dann kannst du es auf deine Art machen.«

Dieser Zurechtweisung folgte Stille, wie es Matthew beabsichtigt hatte. Ben Pannikin ließ den Kopf hängen und sagte nichts mehr, während die Brigantine nun in der östlichen Dünung schlingerte und nur das Knarren der alten Planken und das Harfen des Windes in den Segeln zu hören waren. Plötzlich vernahmen sie von oben ein hartes, trockenes Husten, ein Geräusch, das alle kannten. Sie drehten die Köpfe und erblickten den Kapitän an der Reling des Hochdecks, von wo er sie so durchdringend ansah, als nagele er sie mit seinem Blick an ihren Plätzen fest.

Er ließ sich Zeit und befahl ihnen dann mit seiner zugleich melodischen und schnarrenden walisischen Stimme:

»Keine langen Gesichter da unten! Wenn ihr trauert, kommt ihr noch rechtzeitig zur Beerdigung.«

Das war seine Art zu scherzen, aber schon sein Name ließ sie zittern. Man wußte nie, woran man mit Henry Morgan war. Gab er sich ernst, dann konnte es dennoch sein, daß er gerade in diesem Moment einen durch eine Handvoll Goldstücke versüßten freien Tag für sie plante. Und wenn er lächelte, dachte er sich womöglich gerade aus, wie er ihnen das Leben sauer machen konnte. Während nun ihr Kapitän den kurzen Niedergang zu ihnen hinunterkam, schwiegen die Männer vorsichtig und gespannt.

Seine Mannschaft bewunderte die glänzende Erscheinung dieses Mannes, und doppelt stolz waren sie, wenn sie sahen, wie er auf Fremde wirkte. Schlank, sehnig und schwarzhaarig war dieser Waliser mit den feurigen, durchdringenden Augen, der sich kleidete, wie es noch niemand hier an der Küste getan hatte. Und wer es, ob Seeräuber oder

Edelmann, wagte, ihn nachzuahmen, begab sich in unmittelbare Gefahr.

Vor Jahren hatte Morgan zufällig ein Porträt seines nach dem farblosen Regime der Puritaner rechtmäßig wieder inthronisierten Monarchen Karl II. gesehen und setzte nun alles daran, möglichst genauso auszusehen wie der König. Man konnte sagen, daß Morgan das königliche Vorbild um eine ganze Seemeile übertraf.

Seine gelockte Perücke, deren schwarzes Haar bis auf die Schultern herabfiel, hatte etwas außerordentlich Vornehmes. Seide und Spitzen und Bänder mit Liebesknoten zierten seine Gestalt vom Hals bis zu den Füßen, seine Kniehose und seidenen Strümpfe glänzten selbst noch bei trübem Licht, und auch die mächtigen Schnallen seiner Schuhe leuchteten silbern. Auf seiner Brust hing ein goldenes Kreuz, das einen Bischof hätte blenden können, an einer goldenen Kette, die für einen Anker geeignet schien. Sein Hut, den er nicht immer benutzte, war gewölbt wie eine Domkuppel und hatte Federn wie ein Pfau.

Als weiteren Schmuck trug er Dinge, mit denen der Monarch nicht ausgestattet war: zwei Pistolen am Gürtel, ein Dolchmesser, das hinter dem Strumpfband steckte, und ein Entermesser in juwelenbesetzter Scheide. Zu seinen Charakterzügen gehörte eine so scheußliche Art von Grausamkeit, wie sie wohl kaum bei einem legitimen Monarchen zu erwarten war. Den Namen ›Morgan, der Schreckliche‹ hatte er sich vollauf verdient, niemand hat ihm diesen je streitig gemacht, und er hat ihn immer behalten.

Niemand kannte seine Geschichte, bis er diese schließlich selbst mit Blut auf die Haut von Hunderten von Menschen zu schreiben begann. Es hieß, er sei als Junge entführt und auf See geschickt oder als Kajütjunge an einen Kaufmann in Bristol verkauft worden; oder er sei vor einem Mädchen, das er geschwängert habe, und dessen mit einer Muskete bewaffneten Vater davongelaufen und habe auf dem ersten besten Schiff angeheuert.

Feststand, daß er auf Barbados ausgesetzt worden war oder dort Schiffbruch erlitten hatte und von den Spaniern mißhandelt wurde, so daß er sich schwor, sie in der Seemannschaft wie an Grausamkeit zu übertreffen, sobald er erwachsen wäre. Und so ging er, der Junge aus Glamorgan, unter den Freibeuterkapitänen der Küste wie ein flammender Stern auf und überstrahlte mit fünfunddreißig Jahren alle.

Sein Haß auf die Spanier, nicht minder glühend wie der Francis Drakes, stand außer jedem Zweifel. Matthew Lawe hörte ihn einmal eine

Geschichte erzählen, die sich ihm tief in die Seele eingebrannt haben mußte. Sie betraf ein Mädchen, das auf übelste Weise von seinen spanischen Häschern gefoltert wurde, und Matrosen, denen dieselben Schurken Hände, Füße, Nasen und Ohren abgeschnitten hatten. Dann hatten sie sie an Bäume gefesselt, mit Honig beschmiert und den Ameisen überlassen.

Seitdem gelüstete es ihn sein Leben lang nach spanischem Blut und spanischen Schätzen. Er sah in den Dons die Feinde seines geliebten England, und er sah in ihnen die Gegner, die sich ihm und seiner Karriere in den Weg stellten, und so wurde ihm die patriotische Pflicht zu einem persönlichen Vergnügen. Hätte er zu Francis Drakes Zeit gelebt, wäre er vielleicht als Held der Königin geadelt worden, ein Jahrhundert nach diesen rohen Zeiten aber war er nicht mehr als ein Verfemter.

Doch selbst Geächtete können Verbündete der Regierenden werden, wenn es um das Auffüllen von deren Geldbeutel geht. Das bewies Henry Morgan, lange bevor er seinen mörderischen Kurs zu Ende gesegelt hatte.

Er war ein hervorragender Seemann und ein verwegener Draufgänger, und kein Mittel war ihm unheilig genug, kein Betrug oder Verrat, keine Heimtücke oder Heuchelei, kein Blutvergießen und keinerlei Art von Ehrabschneiderei, wenn es darum ging, jemand aus dem Wege zu räumen. Und so brachte Morgan es zum Admiral der Freibeuter. Er hatte zehn Schiffe mit fünfhundert Mann unter seinem Befehl und verfügte in Port Royal auf Jamaika über einen befestigten Stützpunkt, der so stark war wie nur irgend einer in der ganzen westlichen Welt. Dort befand sich sein umfangreiches Lager an Schätzen, und von dort lief er aus, wohin immer es ihn gelüstete, um seinen wachsenden Reichtum zu vermehren.

Er sprang mit Beuteschiffen und Gefangenen um wie mit Schlachtvieh. Jahr um Jahr fuhr er in seinem schandbaren Treiben fort und schuf sich so einen Namen, der gefürchteter war als der des Teufels selbst. Um seinen Sieg zu signalisieren, hißte er als Schlachttrophäe an der Rahnock einen geköpften, blutbesudelten, in Musselin und Seide gekleideten Leichnam, dem er den abgetrennten Kopf an die Füße band. »Morgans Mummenschanz« nannte man dieses gespenstische Schaustück.

Seiner eigenen Leute aber, sofern sie treu zu ihm standen, nahm er sich sorgsam an und behandelte sie wie nützliche Freunde. Alle erbeuteten Schätze, bis hinunter zu kleinen Mengen wenig wertvoller Münzen, kamen in einen gemeinsamen Topf und wurden gerecht geteilt. Die Prozedur war wie der Empfang eines unheiligen Sakramentes. So und soviel ging an den Kapitän, so und soviel an die Offiziere und an den Arzt, der ihnen vielleicht einmal das Leben retten konnte, und so und soviel an jeden einzelnen Mann, und so und soviel schließlich an gewisse bestechliche Herren auf Jamaika, deren geschlossene Augen diese Art Augenbinde wert waren.

Diesen heiligen Brauch ergänzte Morgan durch eine Art Versicherung: jeder bei einem Beutezug verwundete oder verstümmelte Mann hatte eine Entschädigung zu erwarten. Der hochgeschätzte Fond gestand einem Verwundeten bei Verlust des rechten Armes 600 Piaster oder sechs Sklaven zu; für den linken Arm oder das rechte Bein gab es 500, für das linke Bein 400 und für ein Auge oder einen Finger 100 Piaster.

Als Henry Morgan einmal von einem seiner Männer gefragt wurde: »Was bekomme ich, wenn ich mein Glied verliere?« antwortete der Kapitän leutselig: »In diesem Fall bin ich großzügig. Fünf Sklavinnen.« Es war diese Art von Scherzen, die zusammen mit allem übrigen ein enges Band zwischen ihm und seinen Männern knüpfte, das nur zwei schwerwiegende Umstände zerreißen konnten: Tod oder Feigheit.

Während Henry Morgan zwischen seinen Männern stand, beschäftigte sich sein reger Geist mit anderem, nicht mehr mit dieser morgendlichen Strafaktion. Er hatte in jeder Weise das Zeug zu einem großen Befehlshaber, ob als hoher Offizier oder als unerbittlicher Freibeuter, und wenn er zu seinen Leuten sprach, wurde das klar.

»Hört her!« setzte er an. Und wenn Morgan dies »Hört her« in seinem leicht singenden walisischen Ton aussprach, lauschten seine Zuhörer gebannt. »Wir haben bei dieser kleinen Reise Erfolg gehabt, wenn auch nicht in dem Maße, wie ich es gehofft hatte. Selbst ich konnte nicht vorhersehen, daß Männer, die weiter nichts sollten, als ein Schiff entern, bluten würden, noch ehe sie verwundet waren. Nun, für uns andere hat sich die Mühe jedenfalls gelohnt: drei geenterte Schiffe, zehn Kisten mit holländischen Gulden und einigen Gefangene, deren Lösegeld so hoch ausfallen wird wie ihre Bäuche dick sind. Aber wir werden nicht mehr in diesen Gewässern fischen. Die Aufregung hier ist ein bißchen zu groß geworden, und außerdem sind die Spanier unsere Feinde, nicht die Holländer, die jagen wir nur ein bißchen zum Sport. Ich habe einen besseren Plan, den größten Plan meines Lebens. Und deswegen geht es jetzt auf die Heimreise nach Port Royal.«

Sie riefen laut Beifall, als sie das hörten. Port Royal war in der Tat so etwas wie ihre Heimat, es war der Traum, den sie auf ihren Reisen mit sich trugen, die Aussicht auf das Saufen, die Frauen und das ausgelassene Herumgrölen in dieser von ihnen eroberten Stadt, in der niemand zu ihnen Nein zu sagen wagte, wenn ihm sein Leben lieb war. Was Morgans größter Plan sein mochte, scherte sie wenig. Wie groß er auch war – sie würden ihm schon gewachsen sein.

»Nach Port Royal, also«, setzte Henry Morgan hinzu. Dann wandte er sich mit einer seiner pfeilschnell vorgebrachten Fragen an Matthew Lawe, Fragen, auf die jeder, der ihm dienstlich enger verbunden war und für dieses Vorrecht auch besser bezahlt wurde, ebenso prompt zu antworten hatte. »Matthew, wie weit ist es von hier, wie lange dauert es vom heutigen Sonnenuntergang an?«

»Sechshundert Meilen, weniger ein, zwei Dutzend«, erwiderte Matthew rasch. Das ausgedehnte Karibische Meer kannten beide so genau wie ein Bauer die Grenzen seines Ackers. Die Frage war gestellt und die Antwort gegeben, aus mancherlei wohlbedachten Gründen: die zuhörenden Männer mußten unterrichtet werden, sie mußten sehen, daß Morgan seinem Steuermann vertraute und er dieses Vertrauen verdiente, und nicht zuletzt auch, weil es ein schöner warmer Tag für eine angenehme Heimreise war, auf der die Männer sich wohlfühlen und nicht grimmig und verbissen vor sich hinbrummen würden. »Mit diesem steten Wind von achtern«, fuhr Matthew fort, »und falls das Wetter bleibt, sollten wir in vier Tagen in Port Royal fest sein.«

»Dann sieh zu, daß du es schaffst«, sagte Henry Morgan. »Port Royal wird uns willkommen sein, selbst eurem enthaltsamen Kapitän.« Die Männer lachten, denn sie wußten, daß Henry Morgan nicht enthaltsam war: er liebte ebenso gern wie er trank, bettete sich ebenso gern zu einer wohlgestalteten Person, wie er dem ersten Becher weitere folgen ließ. »Uns fehlt es an Schnaps und an der Gesellschaft weiblicher Personen, abgesehen von dem Schwabbelfleisch, das wir zu Gefangenen gemacht haben. Bei Gott!« setzte er unvermittelt hinzu und wurde noch drastischer. »Es würde mehr Spaß machen, diese holländischen Kühe nach Gewicht zu verkaufen als mit ihnen ...« Er brauchte diesen Satz nicht zu beenden. Henry Morgan hatte eine Nase für das, was in der Luft lag, und tatsächlich hatte die Mannschaft bereits ihre neue Fracht begutachtet und sie geeigneter für die Küchenwaage gefunden als fürs Bett. »Und wenn wir heimkommen, werden wir erst einmal drei Tage unsere Spielchen treiben, danach rufe ich die Flotte zusammen und mache sie mit meinem Plan bekannt.«

John Flowerdewe, der sich aufgrund seines Rufes gewisse Freiheiten erlauben konnte, fragte kühn:

»Und nachdem wir gespielt haben, Käp'tn – gehts in den Kampf?«

»Bis zum Untergang«, antwortete Henry Morgan. »Oder bis jeder von uns mit einer Kiste voll Gold an Land marschiert und sich wie ein englischer Edelmann aufführen kann, beneidet von den feinen Herren und umworben von den heißen Huren.« Damit hatte er in aller Kürze die geheimen Träume der Männer angessprochen, und dann machte er, um die Sache abzuschließen, noch zwei weitere Bemerkungen, die eine aus Freundschaft, die andere aus Sorge.

»Ich erzähle euch dies im Vertrauen, weil ihr meine eigene Mannschaft seid, die Männer vom Flaggschiff! Aber wenn einer von euch auch nur ein Wort über irgendwelchen großen Plan fallen läßt, bevor ich's tue, dann schneide ich ihm die Zunge raus. Berryman wird sie kochen und ihm selber zu essen geben.«

Hier und da hört man ein trockenes Lachen, was ihm zeigte, daß er begriffen worden war. Ohne auch nur einen Faden seiner prächtigen Aufmachung schmutzig zu machen, würde Morgan alles wahrmachen, was er versprach.

Dann: »Matthew!«

»Sir?«

»Laß die blaue Fock aus Genua setzen. Wir wollen stilvoll heimwärts segeln und – schnell.«

Vier Tage später, auf die Stunde genau, lief die *Cambridge* im Hafen von Port Royal ein, und der Ruf »Morgan ist wieder da!« erscholl in allen Winkeln dieser verrufensten Stadt der Welt.

II

Vor fünfzehn Jahren hatte Cromwell, damaliger Lordprotektor von England, den der königstreue Henry Morgan haßte, Jamaika erobert.

In jenen Jahren nahmen entschlossene Männer, ehe ihnen habgierige Konkurrenten zuvorkamen, herrenlose Territorien rasch in Besitz. Könige oder Lordprotektoren, Spanier, Franzosen und Holländer waren in diesen Gewässern auf Eroberungsfahrten. Wer also konnte Englands Recht bestreiten, sich hier ebenfalls eine Machtbasis zu verschaffen und sie zu nutzen? Und wer konnte es nachher anfechten?

Früher schon hatte England den Franzosen Tortuga entrissen, die Seeräuber dort vertrieben und es zu einer Art Kolonie gemacht. Aber Tortuga, dessen Name das spanische Wort für Schildkröte ist, weil die Insel wie eine riesige Schildkröte auf dem Wasser schwimmt, dieses Tortuga erwies sich zu schwach als Handelsstützpunkt in einem weitgedehnten Seegebiet. Also warf Cromwell im Interesse des englischen Handels und auch, um den papistischen Machenschaften entgegenzutreten, ein Auge auf Jamaika und entriß es mit einer Truppe von achttausend Mann den Spaniern.

Jamaika war hundertfünfzig Meilen lang, bis zu siebentausend Fuß hoch und keine schwimmende Schildkröte. Seine guten Häfen eigneten sich für vielerlei Zwecke. Als die von Tortuga vertriebenen Piraten Kurs auf Jamaika nahmen, setzte England dort einen starken Mann als Gouverneur ein, der für Ordnung sorgen sollte. Es war Sir Thomas Modyford, ein Pflanzer von Barbados, den man, da er wie ein Magnat auftrat, im fernen England als geeigneten Mann für diese wichtige Aufgabe ansah.

Die wichtigsten Instruktionen, die gewissenhafte, weltfremde Beamten aus Whitehall ihm erteilt hatten, lauteten, das gute Einvernehmen mit den Spaniern aus politischen Gründen aufrechtzuerhalten und gegen Seeräuberei und Freibeutertum vorzugehen, deren Hauptopfer der spanische Handel war. Aber er hielt es für vernünftiger, diese Politik nur bei Gelegenheit zu verfolgen und schließlich bei gar keiner Gelegenheit mehr.

Denn im Laufe der Jahre fand sich Gouverneur Modyford auf seiner Insel in immer seltsamerer Gesellschaft, sowohl was seine allgemeine Umgebung wie auch seine Freunde betraf. Jamaika war nämlich zum Abladeplatz der englischen Gefängnisse geworden, und das aus dem einfachen Grund, weil es billiger war, die Gefangenen hierher zu transportieren, statt sie auf Kosten der Steuerzahler im Lande zu behalten. Sie konnten schließlich nicht alle gehenkt werden, und ein Mann, der viertausend Meilen entfernt war, war harmlos und konnte vergessen werden.

So bevölkerte sich Jamaika, insbesondere aber Port Royal, allmählich mit Vagabunden, Dieben, desertierten Soldaten, irischen Seeräubern,

Gewaltverbrechern, arbeitsscheuen Betrügern, politisch Verfemten und verkrachten Existenzen, die, um nicht am Galgen zu enden, aus ihrer Heimat ausgewandert waren.

Hier auf Jamaika hatten sie in herrlicher Sonne ein leichtes Leben unter Gesetzen, die sie selbst aufstellten. Ihre privaten Bedürfnisse wurden durch Agenten befriedigt, die schockweise Frauen hierher verschifften, vielleicht zum Heiraten, zu praktischer Verwendung in jedem Falle. Dies also war der Nährboden dieser verrufenen Stadt, in die nun immer mehr von Tortuga vertriebene Piraten kamen, die ihre Lebensweise beibehielten und andere in ihr Gewerbe einführten.

Sir Thomas Modyford tat sein bestes, dieses Treiben zu unterdrükken. Wenn auch ohne den Eifer, den ein weniger träger Mann aufgebracht hätte. Wurden Seeräuber gefaßt, dann nahm er ihnen ihre Ruder und Segel ab, mit dem Erfolg, daß sich ein Markt für gebrauchte Ruder und Segel entwickelte, dem es bezeichnenderweise nie an Nachschub fehlte. Aber selbst diese halbherzigen Maßnahmen trugen nicht zu seiner Beliebtheit bei.

Die Bewohner von Port Royal steckten mit ihren Piraten unter einer Decke. Die Kaufleute wurden reich, indem sie den Freibeutern das geplünderte Gut abkauften und ihren Einsatz dadurch mit Gewinn hereinholten, daß sie schwunghaften Handel damit trieben. Die Bevölkerung sah in den Piraten Helden, die durch die Feuerkraft ihrer Flotte die Insel gegen Überfälle von See her schützten, ohne daß deswegen höhere Steuern zu bezahlen waren. Schiffbauer und Reepschläger waren voll beschäftigt, Gastwirte konnten kaum den Ansturm der Gäste bewältigen, und Huren, wenn sie überhaupt je schliefen, träumten, das ächzende Fleisch ihrer Leiber habe sich durch die Alchemie der Wollust in Gold verwandelt, um aufwachend zu entdecken, daß sie die Wahrheit geträumt hatten.

So hatten alle ihren Profit dabei, selbst Sir Thomas Modyford, was sich nicht etwa leise, sondern lauthals herumsprach. Als nun die Freibeuterei immer mehr zunahm und die Piraten aus allen Weltgegenden wie die Heuschrecken auf Jamaika einfielen, kam der Gouverneur, der mal auf der einen, mal auf der anderen Seite stand, zu dem Schluß, daß, was für so viele gut war, für alle gut sein müsse.

Im fünften Jahr seiner Statthalterschaft war er nach allen Seiten so weit verpflichtet, daß er Lizenzen für die Freibeuterei gegen spanische Handelsschiffe ausgab, wobei der öffentliche Haushalt und er selbst prozentual beteiligt waren. Auf Proteste aus England als Echo der Besorgnisse des spanischen Botschafters antwortete er mit so langen, so umständlichen und so entwaffnenden Depeschen, daß eine ganze Saison verstrich, bis sie entziffert und die beklagten Vergehen halb vergessen oder durch neue überdeckt waren.

Die Stadt, in die Henry Morgan jetzt in seiner prächtigen Brigantine zurückkehrte, war ein Zentrum der Freibeuterei, es war sein Reich, sein befestigter Stützpunkt. Dieser Mann, der Zärtlichkeit nur gegenüber Frauen und Schoßhunden kannte, dessen gefürchtete Grausamkeit zugleich seine wirksamste Waffe war und der erfüllt war vom blutigsten Haß auf die Spanier, hier saß er auf dem Thron, hier hatte dieser durchtriebene Verbrecher alle Macht in Händen.

Er regierte unumschränkt. Der Gouverneur Modyford nickte nur dazu und nahm sein Schmiergeld entgegen. Während die spanische Welt vor Empörung kochte, wurde Port Royal auf Jamaika der Piratenhafen, wo hemmungslose Macht, Habgier, Korruption und das rücksichtslose Recht des Stärkeren ein teufliches Gemisch aus Blut, Wollust und Wahnsinn zusammenbrauten.

Im Schein der in einem rostigen Halter über dem Wirtshausschild mit dem Piratenkopf steckenden Fackel sahen die drei auf der Pier von Morgans Hafen kauernden Männer aus wie Gespenster, die soeben der Hölle entstiegen waren. Matthew Lawe, John Flowerdewe und Ban Pannikin hatten alles ausgeschöpft, was das Fleisch verlangt und ihre Geldbörse erlaubt hatte:drei ausgelaugte Seeleute, die der Weindunst noch eine Stunde lang in jene angenehme Stimmung versetzte, die dem Fall vorangeht.

Ihre Kleidung war dreckig, ihr Haar wirr und struppig wie Stroh, und auf ihren Gesichtern stand der Schweiß einer heißen Nacht. Matthew hatte von einem Schuh den Absatz, John Flowerdewe sein bewährtes Dolchmesser verloren (»Ein Geschenk von meiner Mutter!« brüllte er, und alle mußten es ihm glauben) und Ben Pannikin seine lederne Geldbörse – garantiert voll, wie er sagte, obgleich jeder wußte, daß kein Penny drin war. Sie lehnten mit dem Rücken gegen die warmen, korallenroten Steine der Mole, während sich die Erde unter ihnen hob und senkte und die Sterne über ihren Köpfen schwankten. Sie waren betrunken, heiser vom Singen und hatten schlappe Glieder, aber waren überglücklich.

Der junge Ben Pannikin, der am wenigsten getrunken und am meisten schwadroniert hatte, prahlte laut. Zehn große Becher Bier hatte er getrunken! Und dabei gerade und aufrecht gesessen wie ihr Großmast, während um ihn herum alle unter den Tischen schnarchten! Er hatte sich mit einem französischen Piraten geprügelt, einem bulligen Kerl mit zwei Pistolen, und ihn aufs Kreuz gelegt. Und erst die Mädchen! Eine nach der anderen waren sie erschöpft dahingesunken, während er sich an die nächste heranmachte! Für einen Supermann hatten sie ihn gehalten!

Die beiden sagten »Aye«, wenn es angebracht schien, und »Tatsächlich?« und »Das glaub ich dir!« Sie brauchten gar nichts zu glauben, aber ein Junge ist nun eben einmal ein Junge, und ein bißchen Lob unter Freunden kostet nichts.

Ben, dem die frische Luft sichtlich guttat, sah empor zu dem Wirtshausschild. Welcher umherziehende Maler auch dieses Piratengesicht mit dem übergroßen Ohr gemalt haben mochte, er mußte eine blühende Phantasie gehabt haben. Oder er war ein ehrlicher Bursche, der für seinen Lohn, ob es nun die geschenkte Freiheit war oder eine Kanne Bier, nur die Wirklichkeit dargestellt hatte.

Das monströse Ohr glühte wie an einem Bratspieß oder wie das Höllenfeuer selbst, zum Teil war es schwarz verbrannt, zum Teil fehlte die Haut, und es blutete rot, und an anderen Stellen leckten Flammen. Kein menschliches Fleisch konnte je so erbarmungslos traktiert worden sein.

»Was bedeutet das, Matthew?« fragte Ben Pannikin, nachdem er lange hingesehen hatte.

»Was?« antwortete Matthew. Es war keine sehr eindeutige Frage, und so suchte er sie genauer zu ergründen. »Was bedeutet was?«

»Das glühende Ding da«, erwiderte Ben und zeigte auf das Wirtshausschild.«

»Das große Ohr, meinst du?«

»Ja. Was ist damit gemeint? Das Ohr glüht ja, als werde es geröstet.«

Matthew blickte ihn verdutzt an. Er meinte, der Junge wolle einen Witz machen, sah aber, daß er ganz verstört war. Er versuchte, einigermaßen klar zu denken und fragte:

»Was sind wir, Ben?«

»Na – Piraten, natürlich.«

»Siehst du. Und das da auf dem Schild vom Wirtshaus zum Piraten, das ist so einer wie wir.«

»Aber wir rösten doch kein Fleisch. Kein Menschenfleisch, selbst wenn es ein feindlicher Pirat ist, ein Gefangener.«

»Wenn du erst lange genug dabei bist«, schaltete sich Flowerdewe brummend ein, »wirst du auch das hier an der Küste erleben.«

Matthew sagte dazu nichts. Er hatte Henry Morgan schon Fleisch rösten sehen, das Fleisch einer alten Frau, die, als sie Porto Bello an der Küste von Panama eingenommen hatten, nicht verraten wollte, wo ihr Vermögen versteckt war. Morgan hatte sie nackt auf einen Backofen setzen und so lange einheizen lassen, bis sie überhaupt nichts mehr verraten konnte. Und alles, was sie von dieser gräßlichen Küchenarbeit hatten, war der Gestank des schmorenden Fleisches. Aber diese Geschichte ersparte er Ben.

Er mühte sich statt dessen schwerfällig auf die Füße und stand schließlich schwankend da wie ein Schiff in bewegter See. Dann sagte er: »Uns fehlt Schnaps, und das schon am frühen Morgen! Wer tanzt mit mir?«

Da kein Pirat, der auf sich hält, sitzenbleibt, wenn er noch stehen kann, oder stehen bleibt, wenn er noch springen kann, machten die anderen mit. Sie versuchten es mit dem Hornpipe-Matrosentanz, aber der erwies sich als zu flott, und als es zu der Stelle kam, wo sie das Holen einer Leine nachzuahmen hatten, brach ihr Reigen auseinander, und sie sahen eher aus wie betrunkene Hammel als wie Männer.

Nicht viel besser erging es ihnen, als sie es mit einem Moriskentanz versuchten, der wirklich, wie der Name sagte, von den Mohren zu stammen schien, so fremdländisch war der Takt. Ben Pannikin, der sich vor Lachen ausschütten wollte, wurde plötzlich ernst und fragte:

»Kennt ihr Pavane?«

»Aber gewiß!« antwortete John Flowerdewe aufgebracht. »Ich kenne Pavane wie meine Westentasche. Was ist das noch gleich, verdammt! Ein Mädchen, oder was zu essen?«

»Es ist spanisch, heißt Pfauentanz und geht ganz langsam, das ist das richtige für uns.«

»Wenn die Dons ihn tanzen können, dann wir erst recht!« Flowerdewe vollführte einen Hofknicks, bei dem ihm fast die Hose platzte. »Señora Pannikin, führt sie an, die Pavane!«

Ben hob den Fuß und begann mit ihnen unter reichlichen Instruktionen und Verbeugungen die vornehme Pavane. Er zählte eins-zwei-drei und hopp! wie ein Tanzlehrer aus Sevilla, der einen Buckel hatte. Klobig trampelten sie über das Kopfsteinpflaster der Pier, verbeugten sich wie Höflinge, die einen Hexenschuß hatten, und knicksten wie Fischweiber mit Holzbeinen. Passanten blieben stehen, lachten und suchten sie zu immer tolleren Kapriolen zu bewegen.

Als Flowerdewe laut nach Musik rief, kam ein Bettler mit einer Flöte aus dem Schatten des Wirtshauses, blies einen Triller auf seinem schäbigen Instrument und grölte: »Jetzt bin ich dran, die Señora zu spielen!« Aber es war ein Bettler, der den Preis für seine Talente kannte.

»Ein Goldstück, ihr Herren«, winselte er. »Ein Goldstück für diese schöne, langsame Musik.«

Matthew griff wortlos in die Tasche und warf dem Mann ein paar Goldstücke zu, Piraten waren im Geben ebenso großzügig wie beim Plündern. Der Bettler sammelte das Geld auf und begann »Mamsell Fliegenbein tanzt Reigen« zu blasen, aber langsam, als richteten sich die Glieder der Mamsell weder nach dem Takt noch nach ihrer Anatomie. Im Flammenschein der Fackel begannen sie wieder mit ihrer Pavane.

Matthews Goldstücke, die er leichtfertig für das Flötenspiel hingeworfen hatte, waren der letzte Rest ihres Geldes. Jeder der Männer hatte die *Cambridge* mit zweihundert spanischen Reales verlassen, die ihnen von Geldwechslern in fünfzig englische Pfund eingetauscht worden waren. Und dieses ganze Geld war in drei Tagen den Weg alles Irdischen gegangen.

Diese törichte Verschwendungssucht war es, die sie an Port Royal fesselte, wo die Blutgier und das Verlangen nach auf See zu ergatternden Schätzen noch übertroffen wurde von der Sucht, alles so verwegen und grausam Errungene wegzuwerfen, sobald ein Mann nur die beiden käuflichen Waren Alkohol und Frauen in die Finger bekam. Die jüngeren Männer nahmen zuerst die Frauen, wie Bullen auf der Weide, zechten dann aufs heftigste und gaben sich danach wieder der Brunst hin, während die älteren sich meist ausgiebiger dem Wein widmeten, bevor sie eine, notwendigerweise längere, Zeit auf einem Mädchen verbrachten.

Es war überall auf der Insel das gleiche. Vor langen Jahren hatten die Spanier auf Jamaika ganze Herden von Schweinen und Pferden freigelassen, um ihre Fleischversorgung sicherzustellen und genug Zugtiere zur Verfügung zu haben. Diese inzwischen verwilderten Tiere durchstreiften nun die Insel und paarten sich mit der hitzigen Zügellosigkeit von Kaninchen. Die Piraten nahmen sich daran ein Beispiel bei ihrer wollüstigen Beschäftigung, und wenn einer von ihnen nicht warten konnte und es schon im Stehen an der nächsten Straßenecke treiben mußte, scherten sich die anderen kaum darum, es sei denn, ein guter Freund hielt ihm solange das Entermesser, während er mit seiner anderen Waffe zustieß.

So vertaten die Männer während einer kurzen teuflischen Besessenheit in wenigen Stunden alles, was sie in Wochen oder Monaten mit Blut und Schweiß errungen hatte. Für Matthew Lawe war das ein Stück Seemannsleben, das er nur zu gut kannte, doch war die Lasterhaftigkeit verblüffend, mit der die Freibeuter ihre Begierden befriedigten.

In dieser lärmenden, ewig auf- und niedergehenden Jahrmarktschaukel, in die man zu jeder Tag- und Nachtzeit einsteigen konnte, wenn man wieder in Port Royal an Land gegangen war, in diesem verruchten Nest lebten die Männer ihre Freizeitträume aus, ob es dabei um Schnaps oder um Mädchen ging, um Prassereien oder Glücksspiele, ob es darum ging, einer Hure Schmuck zu kaufen oder in einer Kneipe eine Runde zu schmeißen und dabei einen Mann, der beim Saufen nicht mitmachen wollte, kaltblütig über den Haufen zu schießen. Sie schliefen in Dreck, erwachten lüstern und trieben es wieder, bis ihr letzter Penny ausgegeben war.

Dabei wurden sie auf Schritt und Tritt übers Ohr gehauen, denn es war ein leichtes, Betrunkene, die aus der Kneipe kamen, im Schatten des nächsten Torwegs auszurauben oder ihnen die Hosentaschen zu leeren, während sie gerade ein Vergnügen ohne Hosen genossen. Doch geschah derlei nicht allzu häufig. Die Piraten wußten, wie verrückt sie waren und brüsteten sich damit. Aber sie übten fürchterliche Rache, wenn sie meinten, der ihnen abverlangte Preis sei zu hoch gewesen.

Offenkundiger Raub und Plünderei waren allein den Piraten vorbehalten. Profitgierige Landratten aber hatten sich verdammt in acht zu nehmen!

In der Woche, bevor die *Cambridge* Kurs auf die holländischen Gewässer vor Curaçao nahm, war einer unseligen Gruppe von solchen Landratten eine Lektion erteilt worden. Das Wirtshaus zum Phönix am Rande von Spanish Town, wo die geschmeidigen Kreolenmädchen ihre Ware so weit auslegten wie einst Petrus sein Fischernetz, hatte den Zorn der Piraten auf sich gezogen. Offenbar noch nicht zufrieden mit dem rauschenden Geschäft, das alle Kneipen in der ganzen Stadt machten, hatte man im Phönix noch einige besonders profitbringende Machenschaften ausgeheckt: zu geringes Maß beim Weinausschank, verdorbenes Essen, das einem den Magen umdrehte, organisierter Raub vor der eigenen Tür und auf Betrug angelegte Glücksspiele.

Protestierte einer, der ihnen ins Netz gegangen war, dann flog er hinaus, wurde niedergeschlagen oder, hatte er sich zu einer einsamen Stelle locken lassen, noch übler zugerichtet. Ein junger Bursche von der Brigg

Clementine, der bei seinen Gefährten besonders beliebt war, endete mit durchschnittener Kehle in der Gosse, weil er es gewagt hatte, seine Rechnung zu beanstanden. Und die Hure, der er sein Schicksal zu verdanken hatte, prahlte noch damit, daß sie für den Auftrag ein Goldstück bekommen hatte, ohne auch nur ihren Rock heben zu müssen.

Als ob eine Kneipe in Port Royal nicht ohnehin schon genug Profit machte! Im Phoenix hatte man den Bogen überspannt. Schnell bildete sich eine Gruppe, die Rache nehmen wollte und sich zur Bekräftigung ihres Entschlusses den verrückten Namen Wohltätige Piraten-Feuerwehr gab.

In einer vorher vereinbarten Nacht machten sich diese zehn Mann, die alle von Morgans Schiffen stammten, ans Werk. Bewaffnet drangen sie in die Kneipe ein, die sie bis auf die beiden Brüder, denen sie gehörte, das Personal, einige mitmischende Verwandte und deren Helfershelfer räumten. Dann wurden die Türen geschlossen und mit Brettern vernagelt, und an jedes Fenster postierte sich ein Mann mit einer Muskete. Daraufhin gingen sie mit Fackeln vor und setzten das verrufene Haus von der Treppe bis zur Dachtraufe in Brand.

Um dieses Freudenfeuer führten hundert Piraten einen Tanz auf, während gräßliche Schreie ihnen die Musik ersetzte und Fäuste, die wie wild gegen die Türen und Wände hämmerten, die Begräbnistrommeln schlugen. Huren, die aus den oberen Fenstern sprangen, wurden im Fallen erschossen oder niedergeknüppelt, wenn sie davonrennen wollten. Dann, als Stille eintrat und die knisternden Flammen das Requiem anstimmten, warfen die Piraten Händevoll von Goldstücken in die Menge, ein blinkender Goldregen, der dem Sprühen der Flammen ähnlich war.

Jede aufblitzende Münze schien laut und klar zu verkünden: »Wir sind nicht schlecht. Wir sind nur gerecht. Merkt euch das!«

Am anderen Morgen war das Wirtshaus zum Phönix dem Erdboden gleichgemacht, ohne daß auch nur ein Möbel- oder Kleidungsstück zu erkennen gewesen wäre. Die schwelenden Trümmer wurden durchgeharkt, die Knochen in fünfzig Bündeln verpackt und im Stadtgraben verscharrt. Indem sie nun feste Kunden in anderen Kneipen wurden, stellten die Piraten sicher, daß sich nicht so schnell wieder ein Phönix aus dieser Asche erheben konnte.

Gouverneur Thomas Modyford reagierte, wie zu befürchten war, auf diese Greueltat schnell und hart:

»In jeder Wirtschaft sind ab sofort in allen Räumen je zwei mit Wasser gefüllte Feuereimer aufzustellen. Zuwiderhandlungen werden mit einer Buße von fünf Schillingen geahndet!«

»Mein Gott!« sagte Morgan, als er das hörte, »dieser Bursche richtet uns mit seinen strengen Vorschriften noch zugrunde!«

Die Pavane verlor allmählich an Schwung, weniger durch die Müdigkeit der Tänzer als vielmehr durch die eintönige Wiederholung. Denn wenn drei ungelenke Männer im gleichen Takt zwanzigmal auf- und abspringen, erlahmt nach und nach das Interesse. Auch der Flötenspieler hielt mit seinem Getriller inne, und als die drei sich jetzt nach ihm umschauten, sahen sie nur den Fackelschein und darunter den leeren Platz. Auch die Menge hatte sich verlaufen und die drei Tänzer allein ihrer Beschäftigung überlassen.

»Wo ist dieser verfluchte Hund?« brüllte John Flowerdewe im raschen Stimmungswechsel von guter Laune zu mörderischer Wut, wie er für einen Piraten typisch ist. »Wir haben ihn bezahlt! Verdammt, wenn ich den erwische, stecke ich ihm seine Flöte in den Arsch!«

Seine Stimme klang, als sei er dabei, ein Schiff zu entern, aber als seine Kumpane lachten, vergaß er, worüber er sich geärgert hatte und erinnerte sich nur noch an seinen Witz. »Arschtöne«, wiederholte er und schlug sich deftig auf den Oberschenkel. Dann sagte er: »Was jetzt? Einen Eimer voll Wein als Lohn für unsere Mühe?«

Das Tanzen und die kühle Nachtbrise, ein Geschenk der See an das heiße Land, hatten sie erfrischt. Aber sie waren nicht mehr die freigebigen Leute wie vorher, die nur gefragt hatten: »Was kostet die Welt?!«

»Ja, wenn sich noch irgendwo etwas auftreiben ließe«, sagte Matthew Lawe. »Was ich ihm gegeben habe, war mein letztes Geld. Hat einer noch Gold?« Er zuckte die Schultern. »Oder Silber? Oder eine Muschelkette von den Eingeborenen?«

»Ich nicht«, sagte Ben Pannikin. »Ich darf gar nicht an die zwanzig Pfund denken, die in meiner Börse waren, als sie mir geklaut wurde.«

Flowerdewe schob die Hand in seine Hosentasche. »Ich habe noch eine Guinee«, berichtete er. »Aber dafür will ich mir ein neues Messer kaufen. Ach, scheißegal! Ich behelf mich mit Zähnen und Fingernägeln, bis ich eine wiederkriege!« Er sah nun zur breiten Front des Wirtshauses zum Piraten, dessen untere Fenster gemütlich erhellt waren, und das Stimmengewirr von innen verhieß gute Gesellschaft. »Und haben wir diese letzte Guinee ausgegeben, dann werden wir sehen, ob wir noch Freunde auf der Welt haben.«

Freunde, zahlreich wie Flöhe, fanden sie in der Taverne, aber kaum einer hatte mehr Geld als sie. Die Männer von der *Cambridge* und von anderen Schiffen, die knapp eine Woche im Hafen lagen, genossen jetzt als Zuschauer, woran sie sich vorher als stolze Besitzer erfreut hatten. Sie saßen mit herabhängenden Händen im Schankraum und umhegten das zur Neige gehende Getränk in ihren einst vom Bier überschäumenden Krügen, während in der Nähe des offenen Herdes und unter dem besten Laternenlicht jene Männer saßen, die noch Geld zum Ausgeben hatten und sich damit vor den anderen aufspielten.

Mädchen waren in Fülle vorhanden, aber sie setzten sich nicht armen Männern auf die Knie und streichelten nicht Hosen, in deren Taschen kein Gold klimperte. Die Mädchen hatten eine Nase für volle Taschen, wie alle anderen auch. Bei der Mannschaft der *Cambridge* war nichts mehr zu holen.

So würde es bleiben, bis ihr Schiff auslief und wieder zurückkam mit neuem Gold in den Taschen der Männer, für das sie sich dann wieder lauter Flitterkram und Gefälligkeiten erkaufen konnten. Allen erging es so, Matthew Lawe und Ben Pannikin und John Flowerdewe und Berryman, dem Koch, und Jackman und Pardew, den Ringern, Bracegirdle, dem Bootssteuerer des Kapitäns, und Oliphant, dem gefürchteten Würger, und Brant, dem bösartigen Schützen auf der Großrah, und einem halben Dutzend anderer. Alle saßen sie da, starrten verloren vor sich hin und sehnten sich nach gestern oder nach morgen.

Im Augenblick hatten sie etwas höchst Amüsantes anzustarren. Berryman stieß Matthew Lawe an und zeigte:

»Mann, Loch-Mary zieht wieder ihre Schau ab!«

»Ist doch eine schöne Sache, wenn man Geld hat!«

Erst gestern hatten sie selbst Loch-Mary mit dem von ihr bevorzugten Futter gespeist. Aber arm wie die Kirchenmäuse, mußten sie jetzt von weitem zusehen, wie sie ihre reichen Gönner bediente.

Der Name Loch-Mary war Henry Morgans persönlicher Einfall gewesen, als er von ihren Kunststücken erfahren hatte. Sie war ein dunkelhäutiges Mädchen, eine Mulattin, groß, dick und eigensinnig wie ein spanisches Maultier. Sie war eine gewerbsmäßige Hure, die eine besondere Nummer in ihrem Programm hatte, durch die sie das Interesse der Kundschaft auf sich zog. Es war wie bei einer Schlagersängerin, die beim Publikum eine Saison lang groß ins Geschäft kam.

Sie konnte ein Goldstück, und darunter machte sie es nicht, vom Tisch aufheben, ohne dabei Hände, Füße, Zehen oder Mund, sondern eben nur den einen noch verbleibenden Körperteil zu benutzen.

Das tat sie jetzt im hellen Lampenlicht zur Freude ihres zahlenden Kunden und zum genüßlichen Vergnügen aller anderen im Schankraum. Bekleidet war sie mit der knappen Schürze, die all die dienstbaren Mädchen trugen, nur daß sie außerdem nichts anhatte, was sie bei ihrer talentierten Vorführung hätte behindern oder stören können. Und in dieser Aufmachung näherte sie sich nun der Tischecke, auf der das Goldstück lag.

Sie hob elegant die Schürze und bedeckte die Münze, während ihr Mund sich zu einem Genugtuung verkündenden Grinsen verzog, mit dem sie alle Betrachter ringsum anstrahlte. Erwartungsvolle Stille trat ein, indes ihr sich windender Körper den mysteriösen Zugriff praktizierte. Dann rief sie triumphierend: »Heije«, während ihr anderer Mund, den nur die wenigen Begünstigten sehen konnten, zuschnappend schnalzte.

Dann sprang sie zurück, und ihre Schürze nahm wieder die alte Stellung ein. Die Münze war verschwunden, und alles, was blieb, war ein stolz dahinschreitender brauner Körper, den ein Aah! aus der Menge und dann prasselnder Beifall begrüßte. Loch– Mary hatte ihre Löhnung in die Spardose gesteckt.

Die Männer der *Cambridge* waren jeder auf seine Weise beeindruckt. Die meisten fühlten ihre auflebende Manneskraft. Andere, die das ganze als einen Trick abtaten, überlegten, wie sie das – vielleicht mit einer versteckten Mausefalle? – fertiggebracht haben mochte, und wieder andere trauerten dem Goldstück nach, das, in Wein umgesetzt, ihren Männerdurst hätte befriedigen können, statt Loch-Marys weibliche Gier.

Ben Pannikin murmelte schläfrig: »Mir wär's lieber, sie würde für uns solche Eier legen, statt sie sich selbst zum Brüten zu nehmen.« Der Geldmangel lastete schwer auf ihnen. John Flowerdewe war es, der diesen unerbittlichen Feind entschlossen ins Auge faßte.

»Ich hätte verdammt Lust, nach dem Goldstück zu suchen!«

»Das würde dich ein weiteres Goldstück kosten«, sagte Berryman, der Koch, »und dann würdest du beide verlieren.«

»Trotzdem.«

John Flowerdewe blickte in die Runde. »Heraus damit, wer hat noch Geld?« wollte er wissen.

Sie kehrten die Taschen um, wie es unter Seeleuten Sitte war, und legten die noch vorhandenen Münzen zu einem Haufen zusammen. Es war eine kümmerliche Kollekte, wie sie vielleicht noch am Aschermittwoch angängig gewesen wäre, nicht aber, um damit eine Nacht im Wirtshaus durchzubringen. Matthew Lawe machte den Schatzmeister und zählte das Geld.

»Eine Guinee. Eine halbe Guinee. Sechs Silberpiaster. Und hier ein paar Groschen von wer weiß woher. Ein holländischer Gulden, durchschossen, mit einem Loch drin. Er zählte an den Fingern ab. »Drei Pfund, sagen wir.«

»Das reicht für eine Nutte«, sagte Flowerdewe. »Für eine feine sogar, die was zu bieten hat.«

»Aber für wen?« fragte der Würger Oliphant argwöhnisch. Er zeigte auf das Geld. »Das ist meine Guinee! Und du kaufst dir dafür'n Mädchen, was?«

»Die wäre natürlich für alle, wenn wir es richtig einteilen.«

»Was? Acht Mann für drei Pfund?« warf Steuermann Bracegirdle höhnisch ein. »Nicht mal genug Hundefleisch könnten wir dafür kaufen. Und wer käme als erster dran? Ich leg mich nicht in ein Bett, in dem andere schon gesuhlt haben.«

»Wir können es auslosen.«

»Das Mädchen würde das Geld einstecken und uns auslachen.«

»Das werden wir ja sehen.« Flowerdewe schlug energisch mit der Faust auf den Tisch mit den leeren Bierkrügen. «He, Wirt! Wir haben was auf dem Herzen.«

John Flowerdewe hatte gutes Benehmen und wirkte ziemlich furchteinflößend, aber beides hatte keinen Erfolg. Als der Wirt hörte, daß sie für drei Pfund ein Mädchen für alle acht haben wollten, hielt er das für einen Witz. Er versuchte, es ihnen zuerst in aller Vernunft beizubringen, aber als das nichts nützte, lehnte er rundweg ab. Ein solches Mädchen gab es in seiner Herde nicht, versicherte er. Er würde sie in ihrer Empfindsamkeit beleidigen, wenn er sie auch nur fragte. Für drei Pfund könne einer ein Mädchen haben, auf mehr lasse er sich nicht ein. Vielleicht zwei. Aber acht, nein danke.

»Wir waren hier gute Kunden«, erinnerte Matthew Lawe ihn.

»Ich weiß, Sir. Danke. Und laßt euch mal wieder hier sehen.«

»Aber heute nacht wollt ihr unser Geld nicht?« fragte Flowerdewe eindringlich.

»Doch, doch, Sir.« Der Wirt wollte keinen Streit mit einem Mann, dessen Gewalttätigkeit bekannt war. Auch ›Wohltätigkeit‹ von seiten der Piraten wollte er vermeiden. »Ich habe nichts dagegen.« Er fingerte sich am Kinn herum. »Aber für Wein oder was zu essen. Für drei Pfund sagen wir, fünf Flaschen vom besten Madeira? Oder meinen Rum, wenn's beliebt.«

»Ein Mädchen, sage ich.«

»Wein wäre besser.«

»Was besser für uns ist, braucht uns keiner zu sagen.«

Matthew schaltete sich in den Streit ein.« Acht Flaschen«, sagte er. »Für jeden eine. Starken Madeira.«

»Wollt ihr mich ruinieren?« erwiderte der Wirt.

»Ja!« schrie Ben Pannikin plötzlich, sprang auf, stürzte hin und blieb wie ein Haufen Elend unter dem Tisch liegen.

»Sieben Flaschen also«, sagte der Wirt, indem er geschickt die Gelegenheit ausnutzte.

»Na schön. Bring sie her.«

»Der haut uns übers Ohr, und du bist schuld«, raunzte Flowerdewe.

»Besser eine letzte gute Flasche Wein«, verteidigte sich Matthew, »als ein Mädchen, das Zeter und Mordio schreit, bevor wir zur Hälfte mit ihr durch sind.«

Aber der Wein war gut, und die sieben schmucken Flaschen für sieben Mann und einen schlafenden Jugen reichten aus, um ihre Stimmung zu heben. Als sie leer waren, machten sie sich singend auf den Heimweg. Freundschaftlich winkend und frohes Wiedersehen wünschend, traten sie, Lieder von Liebe und Mord in den rauhen Kehlen, hinaus in die kühle Nachtluft und nahmen Kurs auf die *Cambridge*. Sie hielten sich kameradschaftlich eng aneinander, und wenn einer fiel, wurde er wieder auf die Beine gestellt. Und als Ben Pannikin nicht mehr weiterkonnte, nahm ihn Flowerdewe auf seine breiten Schultern und trug ihn im Triumph zur Pier.

Sie hatten, als sie an Bord kamen, keinen einzigen Penny mehr und mußten, bis das Schiff zum nächsten Beutezug auslief, von schalem Bier und hartem Zwieback leben. Ihr schwerverdientes Geld, für das sie Kopf und Kragen riskierten, hätte es ihnen ermöglicht, sich ein Häuschen in Devon oder einen eigenen kleinen Küstenfahrer zu kaufen. Aber nun mußte es erst einmal wieder verdient werden.

Das also hatten ihnen die Nächte in Port Royal eingebracht.

III

Bracegirdle, der Bootssteuerer des Kapitäns, der einen Kopf so dick wie ein Kürbis hatte, stand an der Gangway der *Cambridge* und wartete auf Gouverneur Thomas Modyfords wappengeschmückte Kutsche, die in diesem Augenblick am anderen Ende des Kais auftauchte. Er drehte sich um und rief Matthew Lawe zu, daß es soweit sei. Und so standen sie jetzt beide bereit, um das Gefährt mit den vier eisenbeschlagenen Rädern und einem Gespann von vier Pferden hier auf dem widerhallenden Kopfsteinpflaster in Empfang zu nehmen. Henry Morgan kehrte zu dem Schiff, das er kommandierte, zurück, nachdem er eine Zeitlang an Land vizeköngliche Gastfreundschaft genossen hatte, ohne daß es ihn scherte, wer alles davon wußte.

Unter Peitschenknall und den Rufen von livrierten Dienern machte die von gefleckten Hunden umsprungene Kutsche in der Nähe einer Schar herumtollender, halbnackter Kinder halt. Die Tür flog auf, und heraus trat Morgan in seiner Paradiesvogel-Aufmachung, die hell in der Sonne glänzte. Abschiedsrufe von Frauen, der Anblick von gebauschter Seide und Küsse auf herausgestreckte Hände verrieten, daß er in guter Obhut gewesen war. Dann wandte er sich seiner Brigantine zu und wurde wieder ganz Kapitän.

Sein Erster Steuermann Matthew salutierte und wies Ben Pannikin an, das Gepäck an Bord zu tragen. Unten in der Kabine streckte der berühmte Mann seine langen Beine aus und legte seinen Kopf auf die geschwungene Lehne des Sessels. Sein olivbraunes Gesicht wirkte abgespannt, und Matthew Lawe gegenüber verheimlichte er nicht den Grund.

»Bleib bei mir, Matthew«, forderte er ihn auf, als sie allein waren. »Ich brauche dich. Aber, bei Gott, noch mehr brauche ich einen Becher Wein! Meine Kehle ist ausgetrocknet wie die Wüste.« Er nahm den Becher, den Matthew ihm reichte, und trank ihn in einem Zug halb aus. »Aah, das belebt. Könntest du mir doch bloß auch Medizin für alles andere beschaffen.«

Matthew lächelte. »Das beste Heilmittel ist die Zeit!«

Der Kapitän nickte. »Ja, die hat mir bis jetzt noch immer geholfen. Aber vielleicht kommt es einmal soweit, daß ich all den versäumten Schlaf nicht mehr aufholen kann oder überhaupt aus diesem Loch nicht mehr herauskomme.«

Henry Morgan machte aus seinen galanten Abenteuern kein Geheimnis, und seiner Mannschaft gefiel das. Er konnte an einem Tag ein Schiff erobern und am nächsten eine große Lady, und es war spannend zu erleben, wer von beiden das Zeug schneller runterließ. Morgan hatte keine Vorliebe für Huren, aber er liebte oft und mit nie nachlassendem Appetit. Die Hälfte der Ehemänner in den besseren Gesellschaftskreisen von Port Royal konnte nie sicher, nie frei von Zweifeln sein, und die andere Hälfte, die ihre Hörner mit Würde zu tragen suchte, konnte sich nur räuspern, wenn sie in ihren Häusern an gewisse Zimmertüren kam.

Matthew wäre nicht überrascht gewesen, hätte er erfahren, daß Henry Morgan auf dem Wege vom Herrenhaus des Gouverneurs zur Pier hinter den schwingenden Vorhängen der Kutsche noch einen letzten scharfen Ritt genossen hatte. Zehn Uhr morgens war für ihn eine ebenso gute Zeit wie jede andere Stunde, und zehn Minuten waren nicht zu knapp für einen kräftigen Mann und eine hübsche Frau, die beide ungestüm das gleiche Ziel verfolgten.

Morgan leerte seinen Wein in langsameren Zügen und winkte ab, als ihm ein zweiter Becher angeboten wurde. Er richtete sich auf.

»Nein, genug des Spiels, genug des Weins jetzt. Ich brauche heute morgen einen klaren Kopf. Ist alles vorbereitet für die Besprechung mit den Kapitänen?«

»Aye, Sir. Ich habe die Meldung selbst überbracht und die Antwort gleich eingeholt. Kapitän Ladberrry hat ein bißchen Fieber, aber er wird kommen, versicherte er.«

»Er kann von mir aus eitrigen Ausfluß oder sonst was haben«, sagte Morgan unwirsch, »solange er mich nicht ansteckt und sein Schiff zur rechten Zeit ausläuft.«

Matthew fragte zögernd: »Geht es um den großen Plan, Sir?«

»Aye.« Morgan stand unvermittelt auf, reckte sich und streckte seine langen Arme zu den Decksbalken aus. »Du bekommst es noch früh genug zu wissen. Nur kurz: ich habe die Freibeuterei satt, und bald geht es ans Erobern.« Er führte nicht weiter aus, wie er das meinte. »Schick mir jetzt Berryman mit heißem Wasser, ich will der Welt mit einem sauberen Gesicht entgegentreten. Dann bring die Kapitäne her, sobald sie an Bord kommen.«

»Aye, Sir. Soll ich bei der Besprechung dabei sein?«

»Ja.« Morgan lächelte, sein Lächeln, das seine Männer an ihm liebten und das die Frauen hinschmelzen ließ. »Ich werde sicher einen Freund brauchen, wenn sie alles geschluckt haben, was ich ihnen sage. Aber schlucken werden sie es, und wenn ich es ihnen mit dem Ansetzer in den Schlund rammen muß!«

Er war wieder ganz der Kapitän.

Sie kamen einzeln und zu zweien an Bord: verwegene Seefahrer, bullige Männer mit schwerem Gang, vereinzelt auch gezierte Burschen mit spitzen Schuhen, Männer mit nur einem Arm, dreckige Männer mit Narben in den Gesichtern, Männer, deren Augen flammten oder die heuchlerisch wie Schurken lächelten. Henry Morgans Kapitäne, die sich diesen Rang durch Taten verdient hatten, auf die der Teufel selbst stolz gewesen wäre, waren sehr unterschiedliche Typen. Aber eine Eigenschaft hatten sie alle gemein.

Unter ihnen war keiner, der nicht augenblicks aus reiner Profitgier oder nur aus Sport zugeschlagen und getötet und deswegen seine eigenen Brüder oder selbst die eigene Mutter betrogen hätte.

Außerdem verband sie alle die Achtung vor Henry Morgan als ihrem Admiral, ihr Vertrauen zu seinem vielfach bewährten Können und auch ihre Furcht vor seiner vor nichts zurückschreckenden Grausamkeit. Keiner hätte je gewagt, sich ihm entgegenzustellen – es sei denn, die Klinge irgendeines Feiglings oder Verräters hätte ihn schon tödlich verwundet. Bis zu solchem glücklichen Augenblick kämpften sie, um ihre Stellung zu halten, in einem Gewerbe, bei dem Totschlag, Gefangennahme, Heimtücke, Verwundungen und Krankheiten bei Tag und bei Nacht ihre Gefährten waren.

Als sie erfuhren, weswegen sie herbefohlen waren und was der Admiral plante, schienen diese Gefährten jedem der zuhörenden Männer ziemlich nahe zu rücken.

Es bedurfte nur weniger markiger Worte Henry Morgans, um ihre Freibeuterwelt total auf den Kopf zu stellen. Während er es sich am Kopfende des Tisches bequem machte, um den herum seine Kapitäne wie gelehrige Schüler saßen, entwickelte er den Plan zu einem Unternehmen, das von dem, was sie wollten, so verschieden war wie ein Beiboot vom Flaggschiff des Admirals der britischen Marine. Sein Plan war, eine schwer bewaffnete Flotte, ihre Flotte, zusammenzuziehen und südwärts zu segeln, zum Golf von Darien, und den Spaniern die Stadt Panama zu entreißen.

Von dieser Basis aus würden sie dann im Pazifik operieren und sich nach Lust und Laune über die spanische Handelsflotte hermachen.

Kaum hatte er ihnen den ersten Schluck von diesem schwer verdaulichen Gebräu zu trinken gegeben, so schwang er sich zu einer donnernden Rede auf, mit der er die Männer zu überzeugen suchte.

»Was wir bisher gemacht haben, ist zu leicht«, sagte er. »Gewiß, wir hatten blutige Kämpfe auszustehen, wir haben das eine oder andere Schiff, darunter manch lohnende Prise, erobert, und wir haben davon gelebt, bis wir dann wieder auslaufen mußten. Aber das ist ein Kinderspiel im Vergleich mit dem, was ich vorhabe. Wenn wir Panama einnehmen, und das werden wir, ich lege meine Hand dafür ins Feuer! dann treffen wir Spanien in diesen Gewässern mitten ins Herz.« Er schlug mit der Faust auf die Karte, die vor ihm auf dem Tisch lag. »Denn im Pazifik, da ist das Herz des reichen spanischen Handels – das weiche, reiche Herz. Da sind Goldminen und Silberminen, da finden wir juwelenstrotzende Schätze aus ihren heuchlerischen Kathedralen und Vieh, Pelze, Pferde, Sklaven und Edelsteine, von denen wir nur träumen können. Das ist die Beute, die dort unserer harrt, und sie gehört uns auf alle Zeit, wenn wir sie erst einmal in Händen haben. Seht euch die Karte an! Darien ist nur ein kleines Stück Land mit Panama als einziger Stadt, wie eine Beule, wie eine Eiterpustel auf der Haut eines alten Mannes. Wir werden diese Landzunge zermalmen, diese Beule aufstechen und mit der Leiche verfahren, wie es uns paßt.« Er holte tief Luft. »Das habe ich vor, ihr Kapitäne, und das ist es, was unsere Flotte noch vor Ablauf von zwei Monaten schaffen wird!«

Die Männer schwiegen, und mit drohend zusammengekniffenen Augen starrte er zu ihnen hin, mit Augen, die wie Sehschlitze waren, hinter denen sich die größte Niedertracht verbarg. Es war klar, daß Morgan sie überrascht hatte, mit etwas, das gar nicht nach ihrem Geschmack war. Und ebenso klar war, daß Kapitän Morgan hier nicht nur einen Plan verkündete, sondern daß er Befehle erteilte.

Es mußte einer schon Mut haben, wenn er widersprechen wollte. Aber Mut und Verwegenheit waren hier um den Tisch versammelt, und als Morgan sagte: »Ich will jetzt hören, wie ihr darüber denkt«, wurde ihm ohne Zögern geantwortet.

Als erster sprach Kapitän Ladberry, der älteste von ihnen, den Matthew Lawe als erkrankt gemeldet hatte. Sein gelbliches Gesicht und die geschwollenen Adern auf seinen zitternden Händen bezeugten dies. Aber sein Geist war nicht schwach, ebensowenig wie sein Herz, was sich in seiner Entgegnung zeigte.

»Das nenne ich unternehmungslustig!« sagte er mit seiner dünnen Stimme, die sich eher auf eine albern aufgeputzte Dirne als auf ein Angriffsunternehmen gegen Panama zu beziehen schien. »Aber ob wir dafür geeignet sind«, er zwinkerte den um ihn herumsitzenden Männern bedeutsam zu, »ist eine andere Frage, die bis jetzt nicht zur Sprache kam. Wir sind Freibeuter und haben großen Erfolg in diesen Gewässern. Es geht uns darum, Schiffe zu erobern, nicht festes Land oder Städte. Ich von mir aus kann nur sagen, daß ich keinen Wert auf Panama lege, auch nicht auf Darien oder überhaupt einen Quadratmeter Land an dieser moskitoverseuchten Küste. Diese Insekten werden in Schwärmen über uns herfallen und uns das Blut aus den Adern saugen, bis wir krepiert sind! Sollen die Spanier ihr Panama behalten, sage ich. Wir, die Küstenbrüderschaft, haben hier Feinde genug, Feinde, soviel wir für unsere Arbeit brauchen.«

So hatte also Morgans kühner Plan eine ebenso kühne Antwort provoziert, und das von einem älteren Kapitän. Aber wie so mancher hagere Mann hatte auch Ladberry sich während seiner Laufbahn mehr Feinde als Freunde geschaffen, und gewiß war er nicht der Mann, der eine solche Gesellschaft wie diese hier beeinflussen oder umstimmen konnte. Einer der anderen Kapitäne gab brummend von sich: »Natürlich sind wir Freibeuter! Diese Binsenweisheit braucht uns nicht erst gesagt zu werden. Wenn es für uns etwas Neues und Interessantes im Pazifik gibt, dann gehen wir doch dorthin und jagen die Spanier zum Teufel!«

Morgan, der während Ladberrys Rede die Stirn gerunzelt hatte, lächelte jetzt bei diesen aufmunternden Worten. Aber wieder verdüsterte sich sein Gesicht, als Prince, der Kapitän der Brigantine *Charles*, Zweifel anmeldete.

»Dieser Plan verheißt nicht nur Neues und Interessantes«, sagte er bissig. »Wir brauchen dazu Männer, die sich darauf verstehen, Häfen und Städte zu erobern. Das ist in der Tat kein Kinderspiel.«

»Und Kinder sind wir auch nicht!« fuhr ihn der angegriffene Kapitän an.

»Dann rede doch nicht, als sei der Pazifik ein Teich, der von Spielzeugschiffen befahren wird.«

Morgans Kapitäne waren nicht untereinander verfeindet, aber sie liebten sich auch nicht. Der alte Ladberry war der Meinung, er gehöre allein wegen seines Dienstalters längst als Admiral an die Stelle Morgans, während Prince Ladberry für einen alten Trottel hielt, dem man nicht einmal ein Ruderboot auf einem Mühlbach anvertrauen könne. Beide aber standen sie zusammen gegen Kapitän Harrison, diesen Angeber, der wie ein Betrunkener von neuen und interessanten Lustfahrten auf dem Pazifik schwadroniert hatte. Morgans große Begabung aber war es, selbst in ein solches von Krähen, Kibitzen und Kuckucksvögeln durchschwirrtes Vogelhaus Ordnung zu bringen.

»Geplant ist also die Einnahme der Stadt Panama«, setzte Prince wieder an, »und dann von dort auf Kaperfahrt in den Pazifik vorzustoßen. Was sollen solche Pläne? Wir haben bereits unser eigenes Seegebiet, ohne daß wir es so kontrollieren können, wie es sein sollte.« Er warf Morgan einen herausfordernden Blick zu. »Ich weiß sogar von gewissen Holländern, die sich keineswegs daran halten, daß diese Gewässer unser Herrschaftsgebiet sind. Warum sollen wir uns da in neue Gefahren begeben und unsere Männer zu einer belagernden, marschierenden und in Garnisonen zusammengezogenen Landtruppe machen? Schuster bleib bei deinen Leisten, heißt es mit Recht. Ich habe noch nie davon gehört, daß Piraten zu Fußsoldaten umgetrimmt worden sind!«

Morgan, der die Geduld nicht gerade gepachtet hatte, fühlte sich durch die Anspielung auf die entkommene holländische Pinasse persönlich angegriffen.

»Wenn es dir an Mut fehlt, dann gilt von jetzt an deine *Charles* als ein für die Flotte verlorenes Schiff.

»Mir fehlt es keineswegs an Mut«, erwiderte Prince, der kühles Blut zu wahren verstand, wo andere längst explodiert wären. »Ich fahre nach Panama, wenn das der Plan ist und alle damit übereinstimmen. Auch in die Hölle, wenn etwas dabei herausspringt. Ich lehne es nur ab, mein Schiff durch ein wild geplantes Unternehmen in Gefahr zu bringen, zu dem einige wie die Papageien Ja sagen, ohne daß alle es sich genauestens überlegt und ihre Meinung dazu gesagt haben.«

Kapitän Harrison entgegnete auftrumpfend: »Wer nur einen Funken Begeisterung in sich hat, sagt Ja, ohne nach dem Preis dafür zu fragen!«

Prince hatte genug. »Schon manch ein Mädchen hat sich zu einem Ja hinreißen lassen und den unerwünschten Preis dafür monatelang austragen müssen.«

Der Scherz lockte einiges Gelächter hervor und entschärfte das in Gehässigkeit ausartende Gespräch. Es kam der Wunsch auf, Groll und Erbitterung aus dem Spiel zu lassen und sich um vernünftige Begründungen zu bemühen. Jede Mücke konnte stechen, und der Gestochene konnte sich kratzen, wenn es ihn juckte. Hier aber ging es um das größte und gefährlichste Unternehmen, das ihnen je bevorgestanden hatte. Da war es mit bloßen Wirtshausreden nicht getan.

Einer, der so dachte, war der von Natur aus maßvolle Davy Morris, ein Landsmann von Morgan, dem man wahrhaftig weder Feigheit noch Mangel an Loyalität vorwerfen konnte. Kapitän Morris, dessen Vorname Davy zu Taffy erweicht worden war – wenn man das auch in seiner Gegenwart nicht sagte – hatte nicht vor, sich einzumischen oder jemanden vor den Kopf zu stoßen. Er wollte einfach wissen, was anlag.

»Wenn wir nach Panama vorstoßen«, begann er und zwar als erster ausdrücklich mit ›wenn‹ und nicht mit ›falls‹, »wie schaffen wir es, die Stadt einzunehmen? Sie ist doch so etwas wie die hiesige spanische Hauptstadt und wird sicher befestigt sein. In der Provinz Panama, heißt es, regiert ein Präsident, und ein Präsident hat bestimmt eine Truppe unter sich. Wie stark ist die? Wie umgehen wir sie? Wie überwinden wir die Mauern? Nehmen wir die Kanonen von den Schiffen mit? Und wovon ernähren wir uns, wenn wir auf dem Marsch sind? Sind zum Transport Maultiere vorgesehen?« Taffy Morris lächelte plötzlich. »Kapitän Ladberry war mit seiner Bemerkung, wir seien nichts als Seeleute, schnell bei der Hand, und ich sage: Gottseidank, daß es so ist. Gottseidank, daß es eine Flotte gibt. Freibeuter können alles! Aber wie fangen wir es an?«

Kapitän Morgan hatte in Gedanken versunken dagesessen und fuhr jetzt auf, offenbar bereit, zu antworten. Matthew Lawe, der ihn genau kannte, beobachtete ihn und fragte sich, wie der Kapitän reagieren würde. Er schwankte offenbar zwischen der Absicht, hart durchzugreifen, und dem Wunsch, Milde walten zu lassen und die Männer auf diese Weise zu überzeugen. Seine gekrümmten Finger strichen allerdings über die Spitzenkrausen seines Kragens, als verberge sich darunter die Kehle eines Feindes. Aber noch war seine Hand nicht die des Henkers, noch war es die des Liebhabers der vergangenen Nächte.

In dieser heißen, ungelüfteten Kajüte der *Cambridge* war keiner, der diese Zwiespältigkeit seiner Natur nicht schon erlebt oder von ihr erfahren hatte, wenn nämlich Morgan aneinandergefesselte Gefangene über Bord und den Haien zum Fraß hinwarf oder an der Rahnock aufhängte, andere aber wegen des Lösegeldes verschonte oder gutgelaunt und mit einem Lachen freiließ – je nachdem, wie es gerade seine Laune war.

Jetzt aber waren die Würfel gefallen, und Kapitän Morgan sprach.

»Es tut gut, nach all diesem elenden Gezänk schließlich noch etwas Erfreuliches zu hören«, begann er mit seiner singenden Stimme. »Was also die Planung, die Landung und den Marsch angeht, knappe vierzig Meilen, ein Spaziergang in der Sonne: so überlaßt das getrost mir. Ich beabsichtige, mehr Schiffe zusammenzuziehen als jemals von Port

Royal ausliefen, vierzig vielleicht, mit zweitausend Mann. Ihr seid dabei nicht mehr und nicht weniger als der Rahm auf der Milch. Vergeßt das nicht, wenn ihr über die Gefährlichkeit und das Risiko jammert. Was nun die Einnahme der Stadt betrifft, wir werden sie nicht mit Kanonenfeuer belegen und auch nicht erstürmen. Wir werden statt dessen eine andere Taktik anwenden.« Er sah um sich, und sein Blick blieb auf Matthew Lawe haften. »Erinnerst du dich noch an die Taktik, die wir vor Porto Bello anwandten, Matthew? Die ist doch wohl nicht überholt, was? Wir machen es vielleicht auf die gleiche Weise.«

»Aye, Sir. Es war ein großartiger Trick.«

Es war der Gipfel der Niedertracht gewesen, und obwohl Matthew Lawe wie die anderen bei der Nennung des Namens Porto Bello lachte, tat er es nicht von Herzen. Sämtliche Schrecken beschwor dieser Name herauf, die geschehen konnten, wenn ein Befehlshaber seine Männer zu weit führte oder sich aus dieser Welt in eine andere vorwagte. Dieser Name machte ihn empfindlich für all die neuen Gefahren, die ihnen jetzt eröffnet wurden. Er teilte alle Bedenken, nicht aber das Selbstvertrauen, das in der letzten halben Stunde geäußert worden war.

Henry Morgan war ein echter Freibeuter, ein See-Ungeheuer, das neben seiner Beute herschwamm und sie niedermachte. Und jetzt wollte er gleichsam zu einem Land–Ungeheuer werden, das sich langsam stapfend mit seinen Tatzen durch Schlamm und Morast voranbewegte. Aber sie alle waren Freibeuter! Warum sollten sie sich ändern und dem Tod tausend Chancen mehr einräumen?

Der Trick von Porto Bello betraf die Erstürmung und Brandschatzung dieser kleinen Stadt an der Küste Dariens, und zwar keine fünfzig Meilen von der Stelle entfernt, wo der alte Drake auf seine letzte Reise ging. Vor mehr als zwei Jahren hatte Morgan neun Schiffe mit vierhundert Mann Besatzung zur Eroberung dieses spanischen Stützpunktes angesetzt. Der Weg landeinwärts war kurz, und hinter ihnen lag die Flotte segelklar zum Entkommen, doch lauerten haufenweise Gefahren auf sie wie die großen Schlangen, die auf dem Marsch ihre Füße anzischten. Und die Spanier selbst kämpften angesichts des Verderbens verzweifelt wie die Tiger.

Es ergab sich, daß ein ungeheurer Terror und ein über alle Maßen niederträchtiger Trick nötig war, von dem man später nur noch als von »Morgans Kreuzwegstationen« sprach. Aber alles endete mit einem vollständigen Sieg, und der hatte ihm womöglich jetzt die Idee zu seinem großen Panamaplan eingegeben.

Auf ihrem Marsch von der Bucht zur Stadt verübten sie die grausamsten Gewalttätigkeiten, um von den ihnen in den Weg kommenden Landbewohnern den letzten Centavo zu erpressen, sowie alle Informationen, die ihnen für ihren Angriff nützlich sein konnten. Sie verbrannten die Menschen bei lebendigem Leibe, was sie Spanische Küche nannten, als wollten sie damit einer Landessitte Ehre antun: sie zerstückelten ihre Glieder und schnitten ihr Fleisch in Scheiben, sie drehten Stricke um die Köpfe der Männer und zogen sie mit Hilfe von eingesteckten Stöcken so lange an, bis ihnen die Augäpfel herausquollen und sie vorher vielleicht noch verstecktes Gold verraten hatten.

So brandmarkten und verkrüppelten sie Tausende dieser Unglückseligen, um ihnen in den Tod hinein ein letzte Lektion einzuprägen: daß nämlich jeder Widerstand gegen Henry Morgan, sei es auch nur durch Worte, Blicke oder ein Lallen der blutbesudelten Zunge, zwecklos war.

Soweit hatte seine Metzelei System und Logik. Und als es dann zum Angriff auf die Stadt kam, die hinter ihren hohen Mauern gut befestigt war, wurde alles durch eine grausame Hinterlist übertroffen.

Als erstes nahmen sie ein Außenfort und versprachen allen Gnade, die sich ergaben. Dann sperrten sie die Überlebenden der tapferen Garnison in ihren Kerker, häuften Schießpulver auf und sprengten die Festung in die Luft. Darauf drangen sie zu der inneren Zitadelle vor, die ein ritterlicher Kommandeur verteidigte, griffen aber nicht offen an, sondern lösten das Problem durch den grimmigsten Scherz, den sich Morgan zeitlebens geleistet hat.

Gibt es, sagte Henry Morgan, gegen die papistische Abgötterei eine bessere Waffe als deren eigene Götzenanbeter? Matthew Lawe selbst war es, der an der Spitze eines wilden Freibeutertrupps Jagd auf Priester und Nonnen machte. »So viele«, sagte Morgan, »daß es eine Schande ist.« Und aus ihnen, diesem stöhnend dahintaumelnden Schlachtvieh, bildete Matthew die Speerspitze für den Angriff.

Unter Todesandrohung mußten diese frommen Verdammten, ob hoch oder niedrig, ob Ordensbrüder oder keusche Klosterschwestern, Meßknaben oder Marienkinder, den Angreifern Leitern vorantragen und an der Mauer aufstellen. Während die entsetzten Soldaten der Garnison zögerten und Morgans Leute dadurch die erste Bresche schlagen konnten, wurde der zu Tode geängstigte schreiende Pilgerzug als Schutzschild auf den Leitern himmelwärts gedrängt und, nachdem die Verteidiger ihre grausame Entscheidung getroffen hatten, als erste getötet.

Dann folgten die Piraten, das schaurige Sprungbrett zum Aufstieg nutzend, und eroberten die Stadt.

Sie blieben eine Weile, um ausgiebig zu prassen, alles von den Einwohnern zu erpressen, was an edlem Metall, kostbaren Juwelen und genießbarem Fleisch aufzutreiben war, und obendrein vom Präsidenten von Panama 100000 Piaster als Lösegeld zu fordern. »Erfolgt die Zahlung nicht«, sagte Morgan mit überzeugender Logik, »dann erheben wir sie in Blut, was weniger Kopfzerbrechen macht.«

Die Riesensumme wurde bezahlt, und die Flotte zog sich zur Teilung der Beute an einen ruhigen Ort auf Kuba zurück. Er war ruhig, weil sie für Ruhe sorgten: ihre Plünderungen hatten ihnen allein an Bargeld 250000 Piaster eingebracht, und vor mißgünstigen Spaniern versteckte man das alles am besten, indem man sie auf die eine oder andere Weise beseitigte. Sie kehrten nach Port Royal zurück und erzählten dort eine recht bescheidene Geschichte. Im Geldausgeben aber waren sie weniger bescheiden.

Im Gegensatz zu der hellen Empörung der Spanier und einigen strengen Fragen seitens der englischen Regierung, war Sir Thomas Modyfords Bericht ein Muster an Zurückhaltung. Er sprach von einem Scharmützel, das man kaum als Angriff bezeichnen könne und bei dem jeder Mann knapp sechzig Pfund verdient habe. Sein eigener Anteil, den er der Fischerflotte für Verbesserungen an ihren Booten gespendet habe, belaufe sich auf knapp zwanzig Pfund.

»Meinen nächsten Sohn«, soll Henry Morgan gesagt haben, »werde ich Knapp nennen, und wer der Pate sein wird, weiß ich auch schon!«

Matthew erwachte aus der Erinnerung an diese Schrecken: So vieles hätte schiefgehen können: wenn etwa eine Kanonenkugel einen der angreifenden Männer erwischt hätte statt der Nonne, für die sie bestimmt war. Er gewahrte, daß die Stimmung ihres Kapitäns wechselte. Das sinn- und nutzlose Hin und Her der Diskussion hielt an, und Morgan hatte es satt. Dieses halbherzige Geschwätz ging ihm auf die Nerven, so daß er jetzt den Ton änderte und wütend dazwischenfuhr.

»Genug jetzt!« brüllte er sie an, »soll ich mir den ganzen Tag dieses alberne Geschwafel darüber anhören, wer ein Seemann und wer eine Landratte ist? Jeder von euch ist das, wozu ich ihn bestimme. Und wer damit nicht einverstanden ist, dem bringe ich es schon bei, und wenn ich ihm Arme und Beine abhacken muß, um einen Fisch aus ihm zu machen!« Er wartete, bis dieser Schuß saß und fuhr dann fort: »Wir segeln geschlossen, wenn ich den Befehl dazu gebe. Wir segeln, und wir marschieren, und wir erstürmen die Stadt, und wir segeln zurück! Porto Bello hat bewiesen, daß wir es schaffen. Und jetzt gibt es nur noch eine Devise für die Flotte: Auf nach Panama!«

Er hatte, als er so barsch eingriff, Kapitän Ladberry in seiner ausführlichen Rede unterbrochen, und dieser nahm es übel. Als Morgan sein »Auf nach Panama!« wie einen Trompetenstoß von sich gab, blinzelte der alte Mann aus wässerigen Augen und runzelte die Stirn, als habe ein ungezogenes Kind die Welt der Erwachsenen zerstört. Dann sagte er:

»Wir werden Panama nicht erobern, wenn wir diesen Namen auch noch so laut herausbrüllen. Das Risiko ist zu groß, behaupte ich. Und was würde Gouverneur Modyford darüber denken? Es wäre eine Kriegserklärung an Spanien! Kann er das gutheißen? Er müßte verrückt sein, wenn er es täte.«

»Tom Modyford denkt darüber«, setzte Morgan mit zusammengezogenen Brauen an, hielt dann aber inne. Er hatte sagen wollen: »Modyford denkt darüber wie ich«, aber das wäre wenig diplomatisch gewesen. Die vorgebliche Autorität des Gouverneurs, die ihnen Schutz bot, mußte unter Bezeigung einer gewissen Hochachtung aufrechterhalten bleiben. Und so sagte er: »Sir Thomas Modyford kennt meinen Plan, und er billigt ihn. Wir haben erst heute morgen darüber gesprochen, und beim Abschied sagte er zu mir: ›Je eher desto besser‹.« Soweit hatte Morgan seinen Groll unterdrückt, aber jetzt brach er wieder giftend los: »Ich wünschte in Teufels Namen, meine Kapitäne könnten ihm, was ihren Geist angeht, das Wasser reichen! Der Gouverneur hat nicht umständlich von Gefahren und Erfolgschancen gesprochen. Er hat nicht gezittert und gebebt. Er hörte mich an, willigte ein und sagte wie ich: ›Auf nach Panama!‹«

»Er wird nicht dabei sein«, sagte Kapitän Ladberry.

Morgan hatte jetzt endgültig genug. »Du wirst nicht dabei sein«, donnerte er Ladberry an, »ich nehme nur Männer mit, denen ich trauen kann! Weiß Gott, du machst mich rasend mit deinem weinerlichen Gequassel! Ich brauche richtige Männer zur Eroberung von Panama – und wenn hier außer diesem Mann noch andere zaudern, dann sollen sie sich in die Hose machen und aus dem Kreis mannhafter Seeleute entfernen und erst wiederkommen, wenn sie trocken ist.

Und wenn ihre alle die Hose voll habt, dann erobere ich Panama allein!«

Seine gemeinen Worte und seine mörderischen Blicke schienen auf alle gezielt zu sein, ob sie ihn unterstützt hatten oder nicht. In der gespannten Stille, die folgte, schenkte sich Morgan Wein ein und trank ihn geräuschvoll, als wolle er sagen: »Soll ein guter Schluck diesen ekligen Geschmack hinunterspülen«. Und dann erhoben sich seine Kapitäne und gingen, ließen ihn allein in dieser Kajüte, in der es von Haß und Erbitterung zu stinken schien wie nach Schwefel.

Wie ein Gastgeber, der endlich seine unerwünschten Gäste losgeworden ist, lehnte sich Morgan auf seinem Stuhl zurück und ließ die Arme herabhängen, nahm aber doch den Wein entgegen, den Matthew ihm einschenkte und trank ihn in kleinen Zügen. Und er lächelte jetzt sogar, als sei bei dieser Zusammenkunft durchaus nicht alles verkehrt gelaufen. Und Matthew wunderte sich, wie schon oft, über den raschen Stimmungswechsel seines Kapitäns. Noch mehr staunte er, als er Morgan spöttisch sagen hörte:

»Was für Hasenherzen! Es hat mir Spaß gemacht, unter ihnen den Fuchs zu spielen.«

War das alles nur Theater gewesen, die Wut und die donnernden Worte? War es eine Art Verhör, um herauszufinden, wer ihm freundlich, wer feindlich gesinnt, wer sein Verbündeter und bei wem Zweifel angebracht war? War die ganze Besprechung eine Farce und Panama selbst ein Witz?

Er sollte es bald erfahren. Durch Morgans gute Laune ermutigt, sagte Matthew:

»Nicht alle waren wie die Hasen. Kapitän Harrison stand euch tapfer bei. Kapitän Prince wollte nur Genaueres über den Plan wissen, bevor er seine Schiffe dafür zur Verfügung stellt. Kapitän Ladberry ...»

Henry Morgan unterbrach ihn mit unschuldiger Miene. »Wie hättest du dich entschieden, Matthew?«

»Sir, es kann nicht meine Sache sein ...»

»Ich meine, wenn du nicht Steuermann, sondern einer der Kapitäne wärest. Was hätte ich von dir zu hören bekommen?«

Matthew Lawe sah in dieser Frage keine Falle, die Morgan ihm stellte. Sie war nur zu verständlich, und sein Geschicht schien nach wie vor freundlich. Und so sagte Matthew, was er insgeheim dachte:

»Ich würde in diesem Panama-Plan ein großes Risiko sehen und es auch gesagt haben. Ich war einer Meinung mit Kapitän Morris, als dieser fragte: Wie groß ist die Gefahr, wie stehen die Chancen, ist das erwogen worden? Kapitän Prince sagte, wir seien Piraten, keine Fußsoldaten.«

»Aha!« brüllte Morgan unvermittelt, mit so finsteren Augen wie die tiefste Nacht. »Du wärst also auch auf Seiten der Verräter?«

Matthew, so heftig und mit so eiskalter Stimme angegriffen, zuckte zusammen. »Ich«, begann er, gab es dann aber auf, sich verteidigen zu wollen. »Sie wollten nur Genaueres wissen, Sir, wollten Euch raten. Es war ihre Pflicht, ihre Meinung zu sagen.«

»Ihre Pflicht?« rief Morgan, dessen Gesicht sich verzerrte, als habe ihn der Schlag getroffen. »Ihre Pflicht ist es, mir zu gehorchen – mir zuzuhören und mir zu gehorchen. Ich habe sie zu dem gemacht, was sie sind! Und bei Gott, ich stoße sie dorthin zurück, wo sie herkommen, wenn sie sich weiterhin gegen mich zusammenrotten. Sie haben doch nichts anderes im Sinn, als in Port Royal in der Sonne zu sitzen und ein paar bequeme Ausflugsfahrten zu machen und mir den Rücken zu kehren, wenn ich mehr Mut von ihnen verlange.« Er durchbohrte den Steuermann mit seinen Blicken. »Und so einer bist du auch?«

Matthew wußte keine Antwort nach diesem so freundlich begonnenen Gespräch, durch das er jetzt gefährlich in die Enge getrieben war. Er hätte am liebsten Ja! gesagt und es darauf ankommen lassen. Der Plan ist töricht, drängte es ihn zu sagen, dazu braucht man eine Armee, aber wir sind keine Armee, wir sind einfache Piraten. Ich bin glücklich auch ohne diesen Plan, hätte er am liebsten gesagt, nehmt Ihr die *Cambridge*, erstürmt Ihr Panama und laßt mich hier in Port Royal, wo ich mich gewissenhaft um Eure Angelegenheiten kümmern werde.

War Morgan imstande, seine Gedanken zu lesen? Es mochte sein, denn sein bohrender Blick drang in ihn, als könne er die Gedanken aus ihm herausziehen wie vergiftete Fische aus einem Netz. Es war, als habe er in einem sorglosen Augenblick in seinem Becher eine Kröte entdeckt, die er eben zerquetschen wollte, als er sich erbrechen mußte. Ergeben und verängstigt sagte Matthew schließlich: »Sir, ich habe nur gesagt, was ich meine, nur geantwortet auf Eure Frage.«

»Ach ja, geantwortet hast du, und was sehe ich vor mir? Einen Waschlappen, aber keinen Mann.« Wie eine Viper zischte seine Stimme vor Verachtung. Es war wieder die berüchtigte Zwiespältigkeit seiner Natur, der zufolge Matthew nun mit schneidender Schärfe als Verräter und Feigling von seinen Gefährten an Bord getrennt wurde. »Hör mir zu, mein ehrenwerter Steuermann. Wenn du so denkst, will ich dich nicht um mich haben. Wenn du krank bist, dann nimm diese Krankheit mit dir, verbrenne sie in der Pestgrube, damit du nicht länger die Luft um dich verseuchst. Blase sie mir hier nicht in die Kajüte. Geh und schick mir Bracegirdle. Ich habe einige Befehle zu erteilen, die ich nicht angezweifelt wissen möchte.«

So hatten also ein Augenblick törichtes Vertrauen und Schwäche und die Blindwütigkeit eines Mannes mit einem »großen Plan«, den ihm der Teufel selbst eingeimpft haben mochte, das Verhängnis heraufbeschworen. Matthew Lawe salutierte und rannte davon, um eine Zuflucht zu finden vor diesem karibischen Hurrikan, und wußte in seinem gekränkten Herzen, daß Kapitän Henry Morgan ihm nie wieder trauen würde.

IV

Was für einen neuen Dienstherrn ein durchgebrannter Sklave finden würde, war Glückssache. Entweder fand der arme Kerl einen warmen Herd und freundliche Behandlung, oder sein Rücken wurde von schlimmeren Striemen geschunden als jenen, vor denen er geflohen war. Mit einem davongelaufenen Steuermann stand es ähnlich, nur daß er es nicht riskierte, in Leibeigenschaft genommen und von tyrannischen Peitschen gegeißelt zu werden. Aber arbeiten und ein Schiff finden mußte der Steuermann, denn er stand vor der Wahl zwischen dem leibhaftigen Teufel und der blauen See.

Matthew Lawe mußte, noch bevor ein Monat verstrichen war, feststellen, daß er sich beiden verschrieben hatte.

Mit Geld, das er aus Morgans eigener Schatulle gestohlen hatte, war er nach Tortuga, dem alten Piratennest an der Küste von San Domingo, geflohen. An Bord der *Cambridge*, auf der er in Ungnade gefallen war, hatte ihn die Angst überkommen: Das Schicksal der Brigantine, sagte er sich verzweifelt, war völlig ungewiß. Gewiß schien nur, daß er bei diesem irrsinnigen Panama-Abenteuer den Tod finden würde.

Also war er auf der Suche nach Besserem wie ein geschundener Sklave davongelaufen. Wenigstens wollte er lieber Seeräuber bleiben, als nach dem blödsinnigen Vorbild Alexanders des Großen ein Eroberer zu werden.

Sein neues Schiff war ein französischer Zweimaster, eine Patache, klein, schwer bewaffnet, schnell wie der Wind, getakelt allerdings nach arabischer Art mit zwei großen Lateiner-Segeln. Sein neuer Kapitän hieß Simon Montbarre, dessen furchtbarer Beiname »Der Ausrotter« alles über ihn aussagte.

Morgan, der gewiegte Waliser, hatte den Terror nur zu einem einzigen Zweck angewandt: durch Angst einzuschüchtern. So wurde allein sein Name zu einer Waffe, die an Schlagkraft seinen Fäusten in nichts nachstand. Simon Montbarre, dieser Unmensch hingegen, trug seinen Namen lediglich zum Vergnügen. In der französischen Piratenbrüderschaft, die aus Meistern in der Verfeinerung von Foltermethoden bestand, war er zum Begriff geworden.

Er war ein dunkelhäutiger Gaskogner, angeblich der jüngste Sohn eines Edelmannes, der am Anblick seines eigenen Rückens sicherlich Freude gehabt hätte, denn er war vierschrötig gebaut wie ein Gorilla. Er trug den Schnauzbart eines Marktschreiers und verfügte über unglaubliche Kraft in Armen, Schultern und Schenkeln. Er brüstete sich damit, daß es, sei es im Heben, Schieben, Klettern oder Holzspalten, an Bord keine Arbeit gebe, die er allein nicht besser als zwei seiner Männer und obendrein in kürzerer Zeit erledigen könne.

Er brüstete sich noch anderer Dinge. Männliche Gefangene machte er nicht. »Lösegeld ist etwas für Buchhalter«, pflegte er in seinem kehligen Englisch, einer Art von persönlichem Jargon, zu sagen. »Blut verkaufe ich nicht, ich trinke es.« Außer in der Hitze des Gefechts tötete er nie schnell; ein Mann, der ihm in die Hände fiel, mußte einen langsamen Tod sterben. »Es macht uns beiden Freude, mir, weil es meine Lieblingsunterhaltung ist, und ihm, weil er einen Tag länger lebt.«

Seine Männer durften gefangene Frauen nicht berühren, bevor er unter ihnen seine Wahl getroffen hatte. Er benutzte sie dann so lange als Spielzeug, bis er gesättigt war. Danach dienten sie als verquollenes Fleisch der gesamten Mannschaft und waren schließlich nur noch gut als Futter für die Fische.

Er zog es vor, Frauen mit Gewalt zu nehmen. »Wahre Liebe hat nichts mit dem Herzen zu tun«, pflegte er zu sagen. »Das Herz bringen nur Poeten, Höflinge und zartbesaitete Seelen ins Spiel. Ich habe, so weit ich weiß, keine Seele. Meine Liebe ist das große Ding, das mir zwischen den Beinen steht, und wenn es zwischen die ihren fährt, muß es sich gebärden wie ein Räuber, nicht wie ein Bettler. Was für Spaß bringt es schon, offene Türen einzurennen? Erst wenn sie schreit, kratzt, um sich schlägt und dann ihren Türspalt langsam aufmachen muß, ist sie der Schatz, den es zu rauben lohnt.«

So wie er sich ausdrückt, dachte Matthew manchmal, ist Montbarre auch eine Art Poet, ein Poet des Terrors, der Folter, des Schmutzes, der Besudelung und des Abschaums. Aber wenigstens blieb er das, was er war, und strebte nicht nach höherem.

Er war nur einfach ein Aasgeier, ohne Seele, aber auch ohne hochfliegende Eroberungspläne. Ihm genügte es, aus seiner Patache einen Raubvogel zu machen, einen Geier, wie er selbst einer war. Dies bewies er auf den Fahrten östlichund südlich von Tortuga bis zum äußersten Gipfel der Verruchtheit.

Es war Catouche, der hochgewachsene Mulatte aus Basse Terre auf Guadelupe, der die Beute als erster erspähte. Er hatte am östlichen Horizont etwas Weißes, Flatterndes ausgemacht, das keine sich brechende oder brandende Woge sein konnte, und ohne erst Montbarres Befehl abzuwarten, sprang er behende auf Station.

Geschmeidig wie ein Artist und flott wie ein Affe hantelte sich Catouche an der langen Lateinerrah des Großmastes zur Rahnock hoch und benutzte dabei Hände und Füße wie die Klauen einer großen gelben Katze, die an einer Kokospalme emporhuscht.

Immer wieder staunte die Mannschaft hierüber, und der Akrobat seinerseits genoß es. Eben war Catouche noch an Deck gewesen, und schon schwebte er siebzehn Meter über ihnen und schirmte seine Augen gegen die niedrigstehende Morgensonne. Dann erschien sein Kopf, streckte sich an der Spitze der Rahnock vor wie eine bläßliche Melone am Spalier, grinste triumphierend und rief:

»Une voile!«

Ein Segel. Der Ruf wurde unter ihm wiederholt, wo die an der Reling sich drängende Mannschaft seiner ausgestreckten Hand mit den Augen folgte. Es war nach sieben langen Tagen das erste Schiff, das sie sichteten, und so jauchzten sie wie Halbverdurstete in der Wüste, die das Grün einer Oase zu Gesicht bekommen.

Auf der weiten Reise von Tortuga vorüber an Puerto Rico und dann an dem Perlenband der Inseln über dem Winde hin bis Martinique hatte sich das jagdbare Wild so rar gemacht wie fliegende Fische im Winter. Einmal querab von San Domingo hatten sie sich einer spanischen Silber-Galeasse genähert, aber die schien so bedrohlich bestückt, daß eine Patache, selbst eine mit zwölf entschlossenen Mördern besetzte Patache, wohl kaum etwas gegen sie hätte ausrichten können. Und deshalb winkten sie ihr nur höflich zu und ließen sie passieren.

Südlich von Puerto Rico brachten sie einen Küstenfahrer auf, eine Karavelle, die friedlich dahinträumte und sich plötzlich erwachend den Zähnen von Haifischen ausgeliefert sah. Sie durchschnitten einige Kehlen, sicherten sich etwas Wein und Schweinefleisch, etwas Tauwerk, das immer von Nutzen ist, eine dürftige Truhe mit Kupfermünzen und obendrein ein Weibsbild mit käsigem Gesicht, das, wie sich dann herausstellte, zwei Männer ansteckte und anschließend über Bord geworfen wurde.

Das war aber auch alles. »Wir täten besser daran, Kohlrüben zu pflanzen«, brummte Simon Montbarre und richtete seinen ausfallenden Vorsteven auf Südostkurs hinaus auf tiefes Wasser zu den Inseln über dem Winde.

Die Patache schaffte bei günstigem Wind mehr als zweihundert Meilen von einem Vormittag zum nächsten und gelangte somit schnell in Gewässer, wo etwas zu holen war. Hoffnung gab es immer, und jetzt schien sie sich zu verwirklichen, als Montbarre auf die in der Ferne eben sichtbaren Marssegel zuhielt und Matthew Lawe, der sich hinlänglich bewährt hatte, ans Ruder stellte, während ihr Schiff über eine glitzernde See nach Osten klüste, ihrer mußmaßlichen Beute entgegen.

Lag Blutgeruch in der Luft, dann lebte die Patache auf wie Feuer, das der Blasebalg anfacht. Die zwölf Mann nahmen unverzüglich und schnell Gefechtsstationen ein: Zwei Mann an der Bugculverine, zwei an den Bronzekanonen auf dem Mitteldeck, die peitschende Kettenkugeln verschossen, um Segel zu zerfetzen oder aus einem ganzen Mann zwei halbe zu machen. Die übrigen gingen auf ihre Enterstationen mit Mordinstrumenten, von denen eine Machete mit Sägezähnen an der Schneide noch das harmloseste war. Hoch über ihnen nistete sich Catouche mit seiner Muskete und zwei Pistolen auf seinem Anstand auf der Lateinerrah ein, und unten in der Kuhl legte der Bootsmann seine Enterdraggen zurecht, mit denen sie sich an langen Leinen an die Prise heranholen würden. Matthew steuerte hoch am Wind auf die Brigg zu. Neben ihm stand wie ein Racheengel Simon Montbarre, ein Entermesser in der einen, eine kurze Axt mit halbmondförmiger, geschliffener Schneide in der anderen Hand, und wartete auf den Moment, da er beim Angriff die Enterer anführen würde.

Er grinste, und seine gelben entblößten Zähne glichen den Fangzähnen eines Wolfes.

Schnell nahm das Schiff, das sie als Beute ausersehen hatten, Gestalt an. Zuerst ein Marssegel, dann ein zweites: Eine Brigg auf Nordkurs, ansehnlich getakelt, nicht so groß, daß es für sie unangenehm werden konnte, und nicht so dürftig, daß kaum Profit zu erwarten war. Es war eine englische Brigg, die, wie sie meinten, gelassen und tiefgeladen von Martinique nach Santa Cruz oder den Jungferninseln dahinsegelte. Sie machte keinen kriegerischen Eindruck und war vielleicht nicht einmal besonders wachsam Schiffen gegenüber, die in Lee von ihr standen. Dann war ihr Gegner nahe genug heran, und alle gerieten, wie bei einem aufflammenden Streit, in Erregung.

Als sie nur noch eine knappe Meile entfernt waren, tippte Montbarre auf Matthews Schulter, machte mit seinem Entermesser von rechts nach links eine schwingende Bewegung und verharrte dann in dieser Stellung. Das war der Befehl. Matthew sollte mit dem Schiff dicht hinter dem Heck der Brigg vorbeilaufen, in den Wind schießen und es dabei längsseit legen.

Die Patache hatte ein solches Manöver schon oft geschafft und schaffte es, geschickt gesteuert, auch jetzt, was Montbarre ein beifälliges Brummen entlockte. Aber es lief nicht alles nach Plan. Die Brigg war, so bürgerlich-träge sie sich gab, auf der Hut, und als die Patache ihr Kielwasser kreuzte und zum Wenden aufdrehte, krachten rasch hintereinander zwei Kanonenschüsse. Die Brigg hatte zwei Heckgeschütze, die während der ganzen Zeit bemannt gewesen sein mußten.

Die erste, hochgezielte Kanonenkugel traf ihren Fockmast an der Stelle, wo die Lateinerrah am Mast anlag und schoß die Fock in Fetzen. Die zweite krachte in den Schiffsrumpf und schlug splitternd ein Leck über der Wasserlinie.

Aber das war auch alles, wozu es die Brigg brachte, bevor die Patache über sie herfiel und sich in sie verbiß.

Laut erdröhnte ihre Bugkanone, als sie in den Wind drehten, und traf den Ruderschaft der Brigg, wobei das losgeschossene Rudergeschirr ein halbes Dutzend Männer über Bord fegte. Dann, als die beiden Schiffe zusammenschoren, fuhren die tückischen Kettenkugeln wie Sensen unter die an der Verschanzung aufgestellte Besatzung. Das Wasser zwischen den beiden Rümpfen kochte. Der Bootsmann wartete den richtigen Augenblick ab, schwang den Enterdraggen zweimal um den Kopf und schleuderte ihn auf die hohe Verschanzung.

Seine eisernen Klauen krallten sich zuerst in den Nacken eines Mannes, der laut aufbrüllte, riß dieses blutüberströmte Bündel mit und verhakte sich innen an der Reling der Brigg. Die Schiffe krachten aneinander, und Simon Montbarre stürmte seinen Männern voran durch den Blutstrom, der sich auf der Feindseite über das Deck ergoß.

Während Matthew als letzter der enternden Meute das Steuerruder verließ und an der Brigg hochenterte, verwundete Catouche von seiner Rah her einen der Kanoniere, erschoß einen Seemann, der wie er als Scharfschütze in der Großrah der Brigg hockte, und tötete einen weiteren Mann auf dem Achterdeck, der seiner Kleidung nach der Kapitän sein mußte.

Es war der verheißungsvolle Auftakt zu einer blutigen Operation am Leibe des Opfers.

Gewohnheitsgemäß schrien und brüllten die Männer wutentbrannt, während sie sich in den Kampf stürzten. Montbarre röhrte mit seiner metallischen Stimme, die einen Berg zum Einsturz bringen konnte, und der Bootsmann Bonhomme gab ein durchdringendes, gellendes Geschrei von sich, als hätte ihn unbändige Wut auf eine Viehherde um den Verstand gebracht.

Andere stießen wilde Flüche aus oder sangen die dumpf dröhnenden Strophen eines Holzfällerliedes; einer von ihnen, O'Hare, ein besessener Schurke aus Irland, dessen Waffe eine Art von indianischem Tomahawk mit einem Griff aus schwarzem Sumpfeichenholz war, brüllte seinen irischen Schlachtruf so laut und schrill, als wolle er seine Landsleute über den Atlantik herrufen.

Dieser widerliche Chor war bereits voll im Gange, als Matthew, die nackten Füße bis zu den Knöcheln im Blut, aufs Deck sprang und sich hitzig ans Werk machte.

Mit seinem Entermesser hackte und schlug er sich durch zum Großmast, wo Montbarre und die anderen bereits die meisten Männer der englischen Besatzung gestellt und in die Enge getrieben hatten. Etwa zwanzig Mann standen dort, denen durch den Tod ihres Kapitäns die Führung fehlte: breitschultrige, in Blau und Weiß gekleidete Seeleute, einige Offiziere in roten Armeeuniformen, deren leergeschossene Pistolen, am Lauf gepackt, jetzt als Keulen dienten, und einige feine Handelsherren in Grau, die sich angstvoll aneinanderdrängten und bedauerten, daß sie jemals ihre Kontore verlassen hatten.

Es war dies der Augenblick, in dem Montbarre zweifellos Matthew Lawe das Leben rettete. Matthew hatte gerade einen Mann von der Brigg niedergeschlagen, einen mittelgroßen Mann, der an Deck ausgerutscht war, und dessen Nacken zum Zustoßen bloßlag. Noch keuchend von der Anstrengung, stand Matthew mit der gesenkten Spitze seines Entermessers über ihm. Plötzlich aber brüllte Montbarre:

»Matthieu! Prenez garde! Tournez!«

Dem scharfäugigen Kapitän, dessen Kopf und Schultern immer über dem Gewühl sichtbar blieben, war bei all seiner Beschäftigung nicht entgangen, daß einer seiner Männer in tödlicher Gefahr schwebte. Als Matthew herumfuhr, durchbohrte eine auf sein Rückgrat gezielte Degenklinge seine Schulter. Das Blut schoß hervor, doch war die Verwundung nicht lebensgefährlich. Er wankte zurück und hatte nun den Feind in voller Statur vor sich.

Es war ein Armeeoffizier, dessen Gesicht ebenso rot war wie seine Uniform, und der seinen wippenden Degen vorstieß, um den Vorteil zu nutzen. Seine Waffe war länger und wendiger als jedes Entermesser, und außerdem handhabte der Offizier ihn, vor und zurück ausfallend, mit äußerstem Geschick. Er suchte das Herz seines Gegners.

Die blinkende Spitze drang vor. Matthew schlug zu, aber verfehlte die rasch zurückgezogene Waffe. Ein einziger Schlag konnte dieses glitzernde Spielzeug zerschmettern, aber es treffen zu wollen, war so, als suche man eine Mücke mit einen Buganker zu erschlagen. Er mußte Abstand halten, wenn er diesen Kampf überleben wollte. Das warme Blut rann an seinem Arm hinab, und ihn schwindelte. Wieder stieß die stählerne Spitze bedrohlich vor, und Matthew wich zurück, bis er mit dem Rücken gegen ein an der Verschanzung vertäutes Boot stand.

Mit Schlägen von unten herauf suchte er den Degen zu fassen, und die Klingen klirrten, während der Kampf hin- und herwogte. Um Fingerbreite verfehlte die Degenspitze Matthews Gesicht.

Er mußte Abstand halten. Sein verwundeter Arm rutschte in das Boot hinter ihm und berührte ein loses, rundes Stück Holz. Er befühlte es und wußte, daß er nun etwas hatte, womit er sich Abstand verschaffen konnte. Es war der treueste Freund des Seemans: Ein Riemen.

Alles auf eine Karte setzend, schleuderte er das Entermesser nach dem Gesicht des Soldaten und traf dessen Brustbein. Der Mann stöhnte auf und wich zurück, und Matthew bückte sich nach dem Riemen. Mit Macht schwenkte er ihn niedrig über dem Deck vor sich und erwischte den Gegner knapp unter dem Knie. Der Soldat stöhnte laut auf, als das schwere Blatt des Riemens sein Schienbein zerschlug. Der Degen fiel ihm aus der Hand, und er brach zusammen.

Matthew sprang vor, um ihm an die Kehle zu fahren. Die Hand, die so geschickt mit der Stahlklinge umzugehen verstand, unterlag nun schließlich seinen eisernen Klauen. Und gleich darauf erhob sich Matthew von dem Mann, den er erdrosselt hatte. Die Schmerzen in seinem Arm und das strömende Blut waren vergessen, als er jetzt dastand und sich reckte. Es war vorbei, wie überhaupt der Kampf auf der Brigg jetzt beendet war.

So schnell die verheerende Sturmflut emporgebraust war, so schnell ebbte sie nun ab, und zurück blieben nur zerstückelte Leichen, ein Häufchen Gefangener, die es vielleicht vorgezogen hätten, ebenfalls totgeschlagen worden zu sein, und die Speigatten, aus denen es schwarz und rot herausleckte, während die geschlagene Brigg in der Dünung rollte.

Aber es war nicht nur diese lange atlantische Dünung, die der Brigg zusetzte, es war das Wetter, ein plötzlich aufkommender Sommersturm, der das Karibische Meer aufwühlte. Die Patache war gezwungen abzulegen, noch ehe die Plünderungen beendet waren, und das in fliegender Hast und auf einem Kurs, den die feindliche See bestimmte.

Während die Mannschaft alles bewegliche, einigermaßen wertvolle Gut raubte: Hochwertiges Segeltuch und Tauwerk, eine Spiere, um ihren gebrochenen Fockmast zu ersetzen, Wein und Rum, Fässer mit Rind- und Schweinefleisch, Obst, geräucherte Fische, Schießpulver und Munition und vor allem willkommene Goldmünzen, während dies Plündern also glücklich vonstatten ging, verfärbte sich im Osten der Himmel und wurde schwarz. Unter diesem sich herabsenkenden Vorhang kam ein kalter Wind auf und drückte die beiden Schiffe gegeneinander, und so blieb Bonhomme nichts übrig, als den Kapitän zu wahrschauen.

Es war nicht gerade der günstigste Augenblick. Den besten Teil der Beute hatten sie sich zwar gesichert, aber es mußte auch noch einiges aus den Gefangenen herauszupressen sein. Es waren sechs lebendige Gefangene, denen das Vergnügen, vom Ausrotter vorgeknöpft zu werden, noch bevorstand. Doch zeigte sich, als der Wind nun bedrohlich heulte und das Wasser tiefschwarz wurde, daß auf den zeremoniellen Abschluß verzichtet werden mußte.

Nur eines ihrer Segel war noch brauchbar, meldete Bonhomme. Die Fock mußte geflickt und nachgenäht, der Fockmast ersetzt werden. Schlimmer noch war, daß sie sich jetzt nur noch auf die unbeschädigte Steuerbordseite des Rumpfes verlassen konnten; das Leck von dem Einschuß an Backbord in der Wasserlinie mußte erst mit Talg und einem Leckpfropfen abgedichtet und verstärkt werden, bevor das Schiff auch nur ins Wasser tauchen durfte.

Derart ramponiert, noch dazu vor diesem bedrohlichen Wetter, stand ihnen nur die Hälfte der Kompaßrose offen: Sie mußten nach Osten oder Süden segeln und irgendwo einen Platz suchen, an dem sie ihr Schiff kielholen konnten, um aus dieser lahmenden Ente wieder einen Adler zu machen.

Montbarre wußte ebenso wie Bonhomme, wenn nicht besser, daß dies alles stimmte. Bei aller Enttäuschung jedoch verzichtete dieser unbeugsame Mann auch noch in der jetzigen Lage nicht auf seine Spötteleien. Er fluchte kurz und sagte dann:

»Es ist schwer, in diesem Augenblick Abschied zu nehmen. Hier ist noch mehr Beute zu finden, wenn wir die Brigg ein bißchen länger ausquetschen. Und dann die sechs Gefangenen, die noch aufrecht stehen können! Was für eine Verschwendung von Manneskraft!«

Bonhomme grinste. »Es kommen uns noch andere in die Hände. Außerdem haben wir an Bord keinen Platz für sie. Wir sind gerammelt voll wie ein Fischkasten.«

»Also kein Strappado?«

»Wir haben keine Zeit, Kapitän.«

Montbarre zeigte sich tief enttäuscht. »Ja, Zeit brauchen wir dazu. Es ist ein fetter Mann dabei, er würde so wunderbar fallen.«

Das Strappado war Montbarres übelster Trick und deswegen sein liebster. Das Opfer, dem man die Hände auf dem Rücken fesselte, wurde mit einem um die Handgelenke gebundenen Tauende zur Rahnock hochgehievt und dann plötzlich losgelassen, so daß er an Deck stürzte, wo man seinen Zustand überprüfte. Meistens wurden alle Glieder über der Hüfte durch den Fall ausgerenkt und nur, wenn vorher die Zunge herausgerissen worden war, schrie er dabei nicht in seiner Todesqual. Bei einem robusten Gefangenen ließ sich diese Prozedur mehrmals wiederholen.

Was jetzt schrie, war das vom Wind gepeitschte Rigg. Die Patache stieß heftig gegen die Brigg, während die backstehenden Segel wild schlugen. Es war Zeit zum Aufbruch.

»Nun gut«, sagte der Ausrotter, »kein Strappado also an diesem glücklosen Morgen. Und keine Frau an Bord, die unsere schmachtenden Herzen trösten könnte!« Er blickte nach oben in die Segel und dann zu der rollenden Brigg, die sie anrempelten wie ein fettes, altes Weib ihre Nachbarn am Markttag. »Sperrt die Gefangenen unten ein, legt eine Zündschnur an die Pulverfässer und jagt das Ding in die Luft. Wir wollen keine Spuren oder nur solche, von denen die Fische den Austern berichten. Matthew!«

»Sir!« Matthew, der auf einem Haufen von geplünderten Segeltuch saß, richtete sich auf.

»Hat deine Wunde aufgehört zu bluten?«

»Aye, Sir.« In der klaffenden Schulter klopfte es, als hämmere der Teufel darin herum, und selbst das ebenso ausgelassene wie erbarmungslose Gespräch über das Strappado, das er schon früher einmal mitangehört hatte, half nicht, das Fieber zu dämpfen. Aber darum ging es jetzt nicht. Und schließlich hatte der Mann ihm das Leben gerettet. »Was liegt an?«

»Nimm das Ruder, und wenn wir loswerfen, laß das Schiff nach Steuerbord abfallen, dann steuern wir den güngstigsten Kurs, den wir halten können, wahrscheinlich Südost.«

Die Insel tauchte auf wie ein goldenes Geschenk des Himmels oder wie das Paradies selbst, das nur wenige Menschen finden, und dann auch erst, wenn es für Glückstränen zu spät ist. Keiner von ihnen wußte ihren Namen, denn die Patache hatte keinen Schiffsort mehr. Nach drei Tagen Sturm und zwei Tagen unter blindem Sonnenschein konnten sie sich sonstwo befinden, vielleicht irgendwo zwischen Martinique und der Küste von Surinam.

Montbarre hatte keine Navigationsinstrumente und auch nie gelernt, mit ihnen umzugehen; er konnte die Sonne vom Mond unterscheiden, weil die eine ihm warm ins Gesicht schien und das Licht des anderen sich ihm kalt auf die Schulter legte, und unter den Sternen hatte er keine Freunde. Gewöhnlich fuhr er nach der Nase, von Insel zu Insel, und die Insel, zu der er jetzt zurückwollte, war Tortuga. Vielleicht gelang es ihm, unterwegs noch ein Schiff zu kapern, dessen Kapitän ihn, bevor ihm die Zunge herausgeschnitten wurde, informieren konnte, wo sie sich befanden.

Ihm und anderen genügte es vorerst, daß sie eine zwei Meilen breite Insel gefunden hatten, der ein Korallenriff vorgelagert war. Dies fuhren sie ab und fanden eine schmale Durchfahrt. Umgeben von dem Korallenriff war eine Lagune mit stillem blauem Wasser, hinter der sich eine schöne sandige Bucht erstreckte. Hier konnte die Patache auf flaches Wasser verbracht und kielgeholt werden. Jenseits dieser Lagune standen Palmen, aber keinerlei Hütten oder sonstige Behausungen, und es gab hier in dieser friedlichen, üppig grünenden Welt frisches Wasser, Yamswurzeln und Papaufrüchte.

»Was für eine Insel ist das, Sir?« fragte Matthew Simon Montbarre, als sie sich an Land eingerichtet und Nahrungsmittel gesucht hatten. Wer schwimmen konnte, schwamm in dem blauen Wasser, während andere fischten oder ihren Anteil an der Beute berechneten oder dem Bootsmann Bonhomme um den Bart gingen, er möge eins der Rumfässer noch vor der auf Sonnenuntergang festgesetzten Zeit anzapfen.

»Gott allein weiß es«, brummte Montbarre. »Aber Gott weiß auch, daß dies ein wunderbarer Hafen ist, der uns sehr zunutze kommen wird.«

Doch allem Wunderbaren schien Pestgestank zu entströmen, sobald Montbarre es berührte.

Als der Schiffsrumpf ausgebessert und der neue Fockmast eingesetzt und getakelt war, wurde die Patache wieder zu Wasser gelassen und in der Lagune vor Anker gelegt. Aber obwohl sie hier außer Schönheit und Frieden und anderen ihnen fremden Begriffen nichts hielt, verzögerte Simon Montbarre die Abfahrt. Vom Deck aus hatte er, als die Dämmerung einsetzte und dann die Nacht anbrach, etwas entdeckt, was für sie vonnutzen sein konnte.

Es waren die Kokospalmen, die die Bucht nicht weit vom Wasser im Halbkreis säumten. Betrachtete man sie in diesem Dämmerlicht zwischen Abend und Nacht, dann sahen sie aus wie ein Wald von Masten.

Könnte nicht auch ein Kapitän auf einem anderen Schiff ähnlich getäuscht werden? Würde es ihn nicht in diesen Hafen locken, wo so viele Schiffe friedlich vor Anker lagen? Während des Sturmes und danach mochten sich doch auch andere Fahrzeuge verirrt haben und leckgeschlagen sein, deren Besatzungen jetzt verzweifelt nach einer Zuflucht suchten. Sie würden dankbar angesegelt kommen und sich den Schiffsrumpf an dem Riff einrennen.

Besonders nachts. Besonders, wenn die Palmen Ankerlaternen trügen, die sich in der Nachtbrise sanft vor dem dunklen Himmel wiegten.

»Bei Gott, ich hab's!« brüllte er, so daß die Mannschaft verwirrt zu ihm hinsah. »Bonhomme!«

Dem erklärte er es, und der handelte dann. Das Beiboot wurde mit den zwanzig Laternen, die an Bord aufzutreiben waren, beladen und fuhr an Land. Catouche, der geschickte Kletterer, befestigte sie hoch in den Palmen und zündete sie an. Als er bei Dunkelwerden mit der Mannschaft des Beiboots zurückfuhr, hinterließ er eine bewegte Reede mit blinden, schaukelnden Ankerlaternen, wo vorher nur Dunkelheit gewesen war.

Die als Köder gedachten Palmen brachten ihnen in dieser Nacht nichts ein. In der nächsten Nacht aber, als Wind auffrischte und die Brandung um das Riff donnerte und die schwingenden Palmen ihre Signale zehn Meilen weit auf See hinausschickten und dort Zuflucht suchende Schiffe erreichten, wurde Simon Montbarre über alle Erwartungen hinaus reichlich für seine Mühe belohnt.

In der kurzen Dämmerung der Karibik, in der sich die Tintenschwärze der Nacht rasch in ein helles, bläßliches Gelb verwandelt, hatten sich die Piraten zwischen den Bäumen auf die Lauer gelegt. Als sie das treibende Schiff gegen das äußere Riff krachen hörten, waren sie schnell von der Patache aus zum Strand gefahren. Hier nun lauschten sie voller Genugtuung auf die Schreie und Rufe der Schiffbrüchigen, auf die wilden Gebete der Schwimmenden und das prustende Keuchen der Männer und Frauen, die sich in Sicherheit zu bringen suchten.

Sie horchten und hüteten sich wohl davor, laut zu lachen und dadurch die Unglückseligen zu alarmieren, und machten ihre Waffen bereit.

Die in Klumpen von Seetang verwickelten, durchnäßten Frauen und Männer wurden zu zweit und zu dritt von der Wucht des Ozeans an Land geschleudert. Einige schwammen tapfer, andere klammerten sich an Fässer oder zersplitterte Holzplanken, und wieder andere stießen, wie Opfergaben für den Meergott Neptun, Kisten und Truhen oder ihr in Bündeln verschnürtes Hab und Gut vor sich her. Einige suchten den Frauen zu helfen und sie über Wasser zu halten, bis sie den Strand erreichten – eine Besorgtheit, die die Piraten rührend fanden.

Es waren auch einige kleine, mit allen möglichen Gütern beladene Beiboote dabei, deren Ladung seitwärts herauskippte und sich verlokkend im Sand aufhäufte, während die erschöpften Männer die Boote an Land zogen.

»Sollen wir ihnen helfen?« fragte der Steuermann Bonhomme flüsternd. »Es wäre doch ein Jammer, wenn etwas in der Brandung verlorenginge.«

»Nein, nein«, brummte Montbarre. »Etliche der Männer sind kräftig genug. Sollen sie arbeiten, solange sie können.«

Inmitten des Gewühls der diesseits der Hochwasserlinie zusammengebrachten Gepäckstücke standen jetzt etwa neunzig Personen, die sich vor der See gerettet hatten: neunzig Opferlämmer für das große Gemetzel. Ihre Rufe und ihre Gebete und ihr Dank an jene, die ihnen bei dieser Errettung geholfen hatten, verrieten, daß es spanische Lämmer waren.

»Jetzt!« stieß Montbarre zischelnd hervor. »O'Hare, du brüllst jetzt gleich deinen Schlachtruf! Ihr andern legt jeder zwei Männer oder zwei Frauen um, damit ihre Reihen gelichtet werden und wir es nicht mit so vielen zu tun haben. Dieses spanische Gesindel hat in diesen Gewässern rechtmäßig nichts zu suchen, und es wird uns ein Vergnügen sein, ihnen das zu demonstrieren. Los jetzt, O'Hare! Ruf deinen Stamm zusammen!«

O'Hare, mit flammenden Augen wie denen eines Irren, holte tief Luft, als wolle er mit dem Ausatmen einen Sturm entfesseln, und stieß seinen gräßlich gellenden irischen Schrei aus. Die unseligen Menschen in der Bucht fuhren in wilder Verzweiflung herum. Gleich darauf krachte eine Salve aus den Musketen und dann noch eine. Die Männer und Frauen stürzten verstummend oder vor Schmerzen schreiend zu Boden. Die Piraten kamen zwischen den Palmen hervor und schritten auf die jammernde, wehklagende Menge zu.

Sie liefen nicht einmal. Langsam bewegten sie sich Schritt für Schritt vor, die Gewehre im Anschlag, während zugleich die Sonne auf den Dolchen und Entermessern blinkte. Sie lachten, riefen einander Scherzworte zu, sagten in der gezierten Sprache von Kavalieren »Buenos dias, Señora!« und schienen in bester Laune. Die Spanier, die zu fliehen versuchten, wurden rasch eingeholt und niedergemetzelt, und die wenigen, die bewaffnet waren und Gegenwehr leisten wollten, wurden mit Gewalt daran gehindert und ohne viel Federlesens niedergeschlagen.

Diejenigen, die sich verzweifelt ins Wasser stürzten, in der trügerischen Hoffnung, sich schwimmend retten zu können, wurden mit Steinen beworfen, ein Spiel, bei dem sich Catouche als besonders zielsicher hervortat. Das schäumend anbrandende Wasser verfärbte sich blutig, und aus dem goldenen Sand wurde blutgetränkter Schlamm, so daß die nackten Füße wie in Honig zu treten schienen.

Nach einer Stunde waren etwa fünfzig Gefangene, Frauen und Männer, an die Palmen gefesselt oder zusammengebunden und mit Stricken an Korallenblöcke geschnürt, und ihre Häscher, deren gute Laune nur noch von ihrem guten Appetit übertroffen wurde, machten sich im grünen Schatten ihrer Domäne ans Essen und Trinken. Sie taten sich gütlich an den Delikatessen, die diese gefälligen Dons an Land gebracht hatten, löschten ihren Durst mit dem gestohlenen Rum und sprachen mit Behagen von den Vergnügungen, die ihnen bevorstanden.

Als sie betrunken waren, machten sie sich grölend an die Folter, nach deren Beendigung sie wie durch Zauberei vollkommen nüchtern waren

– als habe ein Nachmittag des Blutvergießens und der unsäglichen Folterungen diese Wirkung zur Folge, als habe die offenbar heilende Mixtur aus Blut und Todesqual sie von dem heimtückischen Alkohol befreit.

Simon Montbarre handelte bei solcher Gelegenheit nicht willkürlich oder nur nach Laune. Seine Gefangenen wurden inspiziert und eingeteilt wie Rinder auf einem Viehmarkt. Die Frauen, denen nur Vergewaltigung und Schändung bevorstand, wurden von den Männern getrennt, wie Mutterschafe von Böcken, wie Katzen von Katern, und dann wurden die gefangenen Männer nach Größe, Gewicht und Gelenkigkeit in Gruppen zusammengestellt.

Die kräftigsten wurden fürs Strappado ausgewählt, das Montbarre einmal als »Ehre und nichts für Schwächlinge« bezeichnet hatte, und für eine andere von ihm bevorzugte Übung, die er »Schwimmen auf dem Trockenen« nannte. Dabei wurde das Opfer mit den Füßen an zwei Palmen gebunden und mit den ausgestreckten Armen an eine Winde. Dann wurde ihm ein vier bis fünf Zentner schwerer Fels auf den Bauch gehoben und anschließend die Winde langsam angezogen.

Ein sehr kräftiger Mann ertrug das Gewicht eine Zeitlang, ein schwächerer aber wurde auseinandergerissen, ohne es zum «Schwimmen« gebracht zu haben.

Dicke Männer wurden für den Bratspieß ausersehen, sie ersparten dem Koch die Mühe, das Fleisch mit Fett begießen zu müssen. Männer mit breitem Rücken waren besonders geeignet für Montbarres Lieblingswerkzeug: einen monströsen, gut vier Fuß langen, eisenharten Ochsenziemer. »Oh, ihr glücklichen Kühe«, hatte Montbarre ausgerufen, als er dies Ding in einem Bordell auf Martinique fand, das nun zur Bearbeitung nicht so glücklicher Rümpfe diente.

Einem Priester, und unter den jetzigen Gefangenen befand sich einer dieser seltenen Exemplare, pflegte er einen gespickten, zusammenschraubbaren Eisenkragen um den Hals zu legen, den er einst einem toten Kumpanen vom Hals genommen und jetzt immer bei sich hatte. Der Gottesmann durfte sich das Gerät eine Weile betrachten. Dann wurde es ihm umgelegt, und er mußte selbst so lange an der Schraube drehen, bis es ihn totbiß.

Kleine Männer wurden zu Fischködern zerschnitzelt. »Wir brauchen so etwas zum Fischen«, sagte Montbarre, »und wer würde dafür einen echten Mann vergeuden, wenn ein Männlein zur Hand ist?« Dem kleinsten Gefangenen schließlich wurde vom Schlächter die Haut abgezogen, der sie dann ausstopfte. Und nachdem der Segelmacher sie vernäht hatte, wurde sie am Mast der Patache hochgeheißt, um dort bei Hafenaufenthalten als Tanzpuppe und auf See als Wetterhahn zu dienen.

Der ganze Nachmittag ging dahin mit diesem Programm, ohne Pause erklang die Begleitmusik am Strand der herrlichen Insel. Das unmenschliche Schreien und Gestöhne der Sterbenden und das laute Flehen frischer Opfer, die auf Zehenspitzen, im »spanischen Schritt«, von ihren blutgierigen Henkern zur Hinrichtung halb getragen und halb vorwärtsgestoßen wurden, hörte sich an wie eine unablässig auf- und abschwellende Höllensymphonie.

Daneben und ringsherum erklang eine zartere, länger anhaltende Melodie: Das Wimmern und Wehklagen der Frauen, die von den Bäumen her zuschauen mußten, wie ihre Männer, das liebste, was sie auf Erden besaßen, und ihre letzte Hoffnung auf Rettung, einer nach dem anderen verstümmelt und ausgeweidet wurden.

Matthew Lawe, dessen Wunde weiter fiebrig schwärte, hatte die Lust an diesem Schauspiel längst verloren. Er hatte schon zuviel dergleichen erlebt; nichts war neu an dieser sinnlosen Metzelei ohne Würde oder Aussicht auf Begnadigung. Den Priester, den er sterben sah, hielt er jedenfalls für tapferer als die um ihn herum, die lachten und ihre Witze rissen, während das Eisen ihm in die Kehle drang und das Blut hervorschoß. Beim Drehen der Winde mußte Matthew sich fast erbrechen, als der dort wie ein Zwischenglied eingespannte Mann auseinandergerissen wurde.

Er war außerstande, einen Mann bis zu solch irrwitziger Raserei zu hassen. Und auch eine Frau nicht.

Die Schatten wurden länger auf diesem schändlich besudelten Stück Erde. Die Dämmerung setzte ein, und die Piraten machten sich erneut an ihr zeitweise vergessenes Getränk. Und dann waren die Frauen an der Reihe.

Sie lagen angstvoll zusammengekauert unter den Palmen, ihr verstummendes Schluchzen war jetzt nur noch wie das leise Rascheln von Mäusen, die sich vor dem sprungbereiten Kater fürchten, der das Grauen selber war. Hatten sie noch Tränen zum Weinen, so mußten sie sie sparen für die Leiden, die ihnen bevorstanden.

Zwischen ihnen hockte ein Junge, den sie liebkosten und selbst in dieser Lage noch zu schützen trachteten, ein junger Prinz vielleicht, der letzte Überlebende einer vornehmen Familie. Er war hübsch, von der Sonne gebräunt und schlank und trug ein hellblaues Wams und auf seinem Lockenkopf eine Seemannsmütze.

»In dem steckt viel Kraft zum Springen und Laufen«, hatte Montbarre gesagt, als er den Jungen zu Gesicht bekam. Er hätte ihn am liebsten, wie es seine Gewohnheit war, an einem Baum hochgejagt, und dann wären Messer nach ihm geworfen worden, bis er niederstürzte. Oder er hätte ihm einen Fuß abgehackt, damit er auf dem anderen Hüpfen-und-Springen spielte. Aber der Ausrotter bewahrte ihn als Leckerbissen für Catouche auf, dessen persönliche Leidenschaft und körperliche Vorliebe in die entsprechende Richtung gingen.

In der dämmrigen Wärme an der Lagune, über der sich groß wie ein glühender Ballon der Mond erhob, wählte sich Montbarre dann zu seiner Entspannung die beiden hübschesten Frauen aus, die er Rücken an Rücken zusammenband, so daß die eine als Matratze diente, während die andere edlere Pflichten zu erfüllen hatte. Er trieb sie tief in das Fingergras jenseits der Palmen, wo er sie beide, nach den Geräuschen zu urteilen, aufs gründlichste vergewaltigte.

Der Mulatte Catouche griff sich unterdessen den hübschen Jungen, stieß und schlug ihn, bis er sich gefügig zeigte, und ließ ihn dann zu den Palmen laufen, als gebe er ihm damit die Chance, freizukommen. Dann aber, nach zwei Minuten Schonfrist, machte er sich frohlockend auf die Jagd nach ihm.

Andere packten die weniger exotischen Opfer ihrer Lust und kopulierten weniger aufwendig mit ihnen. Anlässe zu Streitereien gab es nicht, denn eine für diese Nacht von einem Mann gewählte Frau würde am Tage darauf einem anderen gehören, ohne diesem weniger zu gewähren als seinem Vorgänger. Leben und leben lassen, war die Regel in diesem Wildschwein-Paradies. Bald schon erhob sich erneutes Wimmern und Wehklagen an der Küste dieser herrlichen Insel, aber es war nur das Jammern von Frauen, das kaum zu Buche schlug und nicht zählte bei Männern, die die Oberherrscher waren, die hitzigen Eindringlinge und die großen Henker.

Die Stunden des Glücks vergingen. Als der Mond hoch am Himmel stand und wie eine freundliche Laterne über den Palmen hing, ließen die Piraten einer nach dem anderen ab von ihren Bemühungen und trotteten davon, weil ihnen nun wieder nach Getränken und einem Zechgelage zumute war. Feuer aus Treibholz, Palmenzweigen und den Schalen von Kokosnüssen, deren Flammen zum Himmel schlugen, brannten am ganzen Strand entlang. Die Leichen, die ersten Opfer der Männlichkeit, hatte man am anderen Ende der Bucht aufgehäuft, wo sie am nächsten Tag verbrannt werden sollten – eine weitere Aufgabe für die auf Reinlichkeit bedachten Frauen.

Diese Aufgabe duldete keinen Aufschub. Schon war ein stetes, geheimnisvolles, zielstrebiges Krabbeln von Tausenden von fleischfressenden Einsiedlerkrebsen zu hören, die sich zum üppigsten Festschmaus ihres Lebens versammelten.

Catouche, der große Meisterschütze, Catouche, der privilegierte Päderast, kam als letzter von seinem eigenen Schmaus zurück. Den verstörten Jungen im Schlepptau, tauchte er plötzlich verärgert und enttäuscht am Feuer auf, begrüßt von Männern, die sich aus weiß der Teufel was für Gründen diesem Halbblut und Sodomiten überlegen fühlten.

»Was hast du denn so lange gemacht, Catouche?«

»Hast du das Ziel nicht gefunden?«

»Nimm dir nächstes Mal 'ne Frau. Die hilft dir, ins Schwarze zu treffen.«

»Bei denen liegt es knapp südlich vom Bauchnabel.«

»Brauchst nicht erst rund um den Globus.«

Catouche ließ diese Spötteleien stumm über sich ergehen, während der Junge entgeisterst und mit hängendem Kopf dastand. Schließlich sagte der Mulatte dumpf:

»Einen wahren Teufelstanz habe ich mit ihr aufgeführt. Und alles für nichts.«

Der vierschrötige Montbarre, der zottig wie ein Büffelstier, einem Opfergott gleich, vor dem Feuer thronte, war es, der als erster begriff.

»Sie? Willst du damit sagen ... ?«

Catouche, dem keineswegs nach Scherzen zumute war, gab zur Antwort: »Statt eines Hahns habe ich mir eine Henne eingehandelt, Kapitän. Ce n'est pas un gamin. C'est une fille!«

»Sans blague!«

Jetzt wandten sich die Augen aller auf die schlanke Gestalt neben Catouche. Bei Gott, das konnte wahr sein! Der hübsche Junge kam ihnen jetzt ein wenig zu hübsch vor; die Hüfte war im Vergleich zur Schulter leicht ausgeschwungen, und was an Brust unter dem Wams zu erkennen war, schwellte sich nicht wie die Muskeln eines männlichen Wesens. Wenn dies auch nicht für übersättigte Männer der richtige Augenblick war, um wieder lüstern zu werden, neugierig waren sie immer, und immer gab es ein Morgen.

»Nimm ihm die Mütze ab, Catouche!« rief einer von ihnen, und schon flog die Mütze auf den Boden. Das dunkle Haar fiel üppig herab und rahmte das Gesicht eines Mädchens, wie sie so schön noch keines gesehen hatten, mit großen braunen Augen und der Haut eines reifenden Pfirsichs und Lippen, die im flackernden Feuerschein rot leuchteten wie frühreife Kirschen. Kein Wunder, daß Catouche mit diesem Schätzchen nichts anzufangen wußte.

Gier funkelte in Montbarres Augen, als er jetzt betrunken und verausgabt, wie er war, sein tückisches Gesicht maskenhaft verzog und sagte:

»Das genügt mir nicht als Beweis. Selbst hübsche Jungen können in diesen verderbten Zeiten langes lockiges Haar haben. Soll sie sich nackt zeigen!«

Das Mädchen, das vor Aufregung und Scham zitterte, krallte die Finger in Catouches Gesicht, als er sich daran machte, ihr das Zeug vom Leib zu reißen. Ein brutaler Schlag ins Gesicht machte sie wehrlos, das hellblaue Wams wurde heruntergerissen, und zum Vorschein kam ein ganz und gar nicht männlicher Körper. Halbnackt stand sie da, die Hände auf den Rücken gedreht, so daß sie ihre Schönheit nicht einmal mit diesen beiden kleinen Schilden bedecken konnte.

Wie betäubt starrten sie die Gestalt an. Das Mädchen war jung, sechzehn vielleicht, ihr Körper aber, der scheu und reizend ihre Weiblichkeit offenbarte, schimmerte im Mondlicht. Ihr schlanker Leib glich in diesem Licht dem Stiel einer Blüte, und die Blüte selbst mit ihren zarten rosa Knospen schien wie bestimmt für den Altar der Liebe. Unterhalb dieser Vollkommenheit aber verhießen die sanft gerundeten Schenkel ein fruchtbares Beet für die Wurzel des Mannes.

Als sie die lüsternen Blicke auf sich spürte, drehte und wand sich das Mädchen von einer Seite zur anderen, um sich dieser Zudringlichkeit zu entziehen. Aber das erregte die Betrachter noch mehr. Die Vorstellung, wie diese gequälten Bewegungen die eigene Männlichkeit zum Höhepunkt treiben mochte, war berückend.

Sie brüllten vor Wollust. In dem heiseren Gegröle war nur eine kritische Stimme zu hören.

»Ihre Brüste sind zu klein!«

Worauf sofort erwidert wurde: »Montbarre wird sie schon zum Wachsen bringen!«

»Tut er's nicht, dann laßt mich heran!«

Simon Montbarre, der nicht so betrunken war, daß er sie nicht noch hätte vernaschen können, pochte auf seine Vorrangstellung. Er würde sich ihrer annehmen, er allein.

»Bei Gottes eigenem heiligen Organ«, lästerte er, »warum bloß habe ich meinen kostbaren Saft an diese Schlampen verschwendet? Diese hier hätte es alles einsaugen können bis hinauf zum Hals!« Er beugte sich vor, massig wie ein Felsen. »Komm her, Kleine.« Das Mädchen gehorchte weder seiner Stimme noch seinem heranwinkenden Finger, und so sagte er. »Bring sie sie mir her, Catouche. Und halte mir ihre verdammten Klauen aus dem Gesicht!«

Catouche stieß das Mädchen vor, bis es in Griffweite von Montbarre war. Doch jetzt überraschte der Kapitän sie alle.

»Es ist vielleicht noch zu früh«, sagte er so beiläufig, als spräche er von Regen, der zu erwarten war. »Laßt uns sehen.« Er stellte sich hin, löste seinen Gürtel und ließ die Hose fallen. Dann drückte er sich an das nackte Mädchen.

Sie zuckte vor Grauen und Abscheu zurück, aber auf ein Zeichen hielt Catouche die beiden eng aneinander. Montbarre verharrte einen Moment, um seinem großen Instrument eine Chance zu geben. Dann trat er zurück und sah an sich hinunter.

Es hatte sich nichts geregt. Sein Glied hing schlaff herab wie ein Tauende.

Montbarre lachte, band seinen Gürtel wieder um und setzte sich. Er war Manns genug, seine Schwäche, ohne sich zu schämen, vor ihnen allen einzugestehen.

»Noch zu früh«, sagte er, wobei der gespielte Abscheu in seinem Gesicht den Ekel des Mädchens zu karikieren schien. »Mein Bugspriet macht nicht mit, und ich bin sowieso betrunken. Verschieben wir dieses Stelldichein auf einen anderen Zeitpunkt. Inzwischen wird sie reifen, und ich auch. Matthieu!«

Matthew Lawe kam, als das Mädchen zurücktreten durfte, zu ihm. Er sah nicht hin zu ihr: was hier vorgefallen und was noch zu erwarten war, widerte ihn an.

»Du wirst sie bewachen«, sagte Montbarre zu ihm. »Diese kleine Gazelle kann ich nur einem Verwundeten anvertrauen.« Das stimmte nicht: Wenn Montbarre ein Auge auf eine Frau geworfen hatte, rührte keiner der anderen sie an. Sie konnten ihre Manneskraft beliebig oft beweisen, aber verlieren, durch den Hieb eines Entermessers, konnten sie sie nur einmal. »Du bewachst sie«, wiederholte Montbarre. »Nimm sie zu den Bäumen, und binde sie dort an. Morgen früh werden wir sehen, ob ich wieder kräftig genug bin.«

Lange, ehe es dämmerte, hockten Matthew und das Mädchen nebeneinander in dem Beiboot der Patache und bewegten sich, leise und behutsam pullend, aus der Lagune hinaus auf die offene See.

Er wußte nicht, warum er dem Befehl zuwidergehandelt und sich mit ihr angefreundet hatte; wahrscheinlich war das Mitgefühl mit dieser mißhandelten Waisen stärker gewesen als alle Angst. Ihm war es auch ein Rätsel, wie er ihr Vertrauen hatte gewinnen können. Sie konnten kaum miteinander sprechen. Sie wußte so wenig von der englischen Sprache wie er von der spanischen, ganze hundert Wörter waren es vielleicht, mit denen sie sich verständigen mußten. Als er sie am Arm faßte, um sie von der Bucht fort in eine persönlichere Gefangenschaft zu führen, spiegelten sich in ihren Augen Angst und abgrundtiefer Haß.

Aber dann gab sie auf, wie er es schon getan hatte. Vielleicht deswegen, weil er, als sie fort vom Feuer und den lüstern funkelnden Augen Zuflucht unter den Bäumen gefunden hatten, sein Hemd auszog und es ihr gab, damit sie ihre Blöße bedecken konnte.

Dieses zerschlissene Kleidungsstück roch nach allem möglichen, nach Fisch und Schweiß, nach anständigem Salzwasser und schmählich vergossenem Blut, von dem es nach den Mordtaten des Nachmittags befleckt war. Aber sie nahm es entgegen, als sei es das Leintuch des Herrn, und hüllte es um sich wie eine Rüstung. Von diesem Augenblick an hatte ihr heftiges Zittern allmählich nachgelassen.

Als er dann »Komm mit!« sagte und ihr Zeichen machte, war sie ihm tiefer hinein zwischen die Bäume gefolgt und dann zum anderen Ende der Bucht, wo das Beiboot unbewacht lag. Der Mond war untergegangen, und die entfernten Feuer glommen nur schwach. Die aufgestapelten Leichen, unter denen sich vielleicht auch ihr Vater oder ihre Mutter befanden, blieben in der Dunkelheit verborgen.

Die Riemen halfen ihnen über die Lagune zum Riff, und dann stakten sie sich, geduckt wie Diebe, über eine flache Stelle des Korallenriffs, bis sie freikamen. Jetzt waren sie in einem offenen Boot auf der offenen See – der Verfolgung hilflos ausgesetzt, sobald ihre Flucht entdeckt würde. Es war dringend notwendig, sich einen brauchbaren Plan zurechtzulegen.

Das Mädchen lag vorn im Bug, während Matthew zu der fernen Küstenlinie hinsah und ihre bedrohliche Lage überdachte. Welchen Kurs sollten sie nehmen? Denn wählte er den falschen, dann würde Montbarre in seiner maßlosen Wut dafür sorgen, daß man Matthew bei lebendigem Leibe die Haut abzog und sie, mit Sägemehl ausgestopft, als Puppe an die Mastspitze gehängt wurde, während das Mädchen durch viele Hände gehen und so langsam zu einem todkranken, ausgelaugten Tier gemacht werden würde.

Er hatte sich nicht geschworen, sie zu retten, aber jetzt waren sie auf Gedeih und Verderb untrennbar aneinandergekettet, als Flüchtlinge vor dem Verderben, als Zwillingsseelen, denen beiden die gleiche tödliche Gefahr drohte. Es mußte ihm gelingen, sie und sich selbst in Sicherheit zu bringen!

Wie würde Simon Montbarre vorgehen, wenn er entdeckte, daß Matthew und das Mädchen und das Beiboot verschwunden waren? Da dies nur die Flucht über See bedeuten konnte, würde er sofort Jagd auf sie machen.

Er wußte, daß die Patache das Boot mit seinem kleinen Hilfssegel schnell einholen würde. Einer, der in panischer Flucht floh, würde versuchen, mit dem Wind im Rücken davonzukommen. Ein erfahrener Seemann dagegen würde luvwärts segeln – und am Ende auch geschnappt werden.

Montbarre würde es in beiden Richtungen versuchen.

Also mußte Matthew einen Weg einschlagen, auf dem Montbarre ihn nicht vermuten würde. Das Beiboot mußte verschwinden. Auf Zeitgewinn kam es an, während Montbarre vergeblich nach ihnen suchte. So mußten sie also bleiben, wo sie waren, bis Montbarre glaubte, sie seien auf See verschollen, und die Verfolgung aufgab.

Sie umruderten die Insel und landeten fern von der unseligen Bucht an der entgegengesetzten Seite, wo sie das mit Korallenfelsen beladene und im Vorschiff eingeschlagene Boot ins Wasser hinausstießen. Es würde noch etwa zwei Meilen treiben und dann sinken. Er hatte die wenigen Dinge, die in dem Boot gewesen waren, an Land genommen: zwei Angelleinen, ein leeres Wasserfaß, eine Axt, ein Fernrohr und zwei Riemen. Er hatte außerdem ein Messer bei sich und eine Pistole mit Schießpulver und zwanzig Schuß.

Mehr hatten sie nicht für ihren Unterschlupf hier, wo es um Tod oder Leben ging.

Sie sprachen in der unheimlichen Dunkelheit kein Wort. Das Mädchen, das in seiner Verzweiflung eine Art Vertrauen zu ihm gefaßt hatte, tat, ohne zu fragen, alles, wozu er sie anhielt. Mit ihrem leichten Gepäck beladen, zogen sie sich von der Bucht zurück und bahnten sich, geduckt und ängstlich wie gejagte Nachttiere, durch ein Labyrinth von Felsen und niedrigem Buschwerk einen Weg landeinwärts.

Als sie glaubten, weit genug geklettert zu sein, machten sie halt und legten sich unter eine hohe Palme, wo sie in tiefen Erschöpfungsschlaf fielen. Wäre sie selbst Venus gewesen, er hätte sie nicht berührt, und wäre er Zeus gewesen, sein treffsicherer Donnerkeil hätte ihre jungfräuliche Rüstung nicht durchstoßen.

In der Frühe wurde Matthew durch nicht allzu fernes Stimmengebrüll geweckt. Es war das schrecklichste Geräusch, das er je gehört hatte, und er sprang auf, gefaßt darauf, getötet zu werden oder sich mit seiner Pistole zur Wehr setzen zu müssen. Aber die Geräusche kamen nicht aus dieser geschützten Ecke der Insel, sondern von drüben, von der Bucht, die jenseits der Hügelkuppe lag. Zitternd kroch er voran, drückte sich wiederholt innehaltend an den Boden, bis er von der Kuppe aus schließlich die Bucht mit der vor Anker liegenden Patache vor sich sah.

Alles war in hellem Aufruhr. Aber es war nicht eine Suchaktion, die bevorstand, sondern der Aufbruch. Beutestücke, Vorräte und einige Frauen wurden zum Wasser getragen und in das zweite Boot der Patache verladen. Montbarre hatte den Köder geschluckt und nahm die Verfolgung auf.

Er vernahm ein Rascheln neben sich, als nun das Mädchen an seine Seite gekrochen kam. Entsetzt wimmerte sie, als sie die Männer an diesem Todesstrand hin- und herrennen sah und das Kreischen der als Gefangene abgeführten Frauen hörte. Aber als er sie mit der Hand berührte, um sie zu beruhigen, schlug sie die Hand weg und wich zurück. Auch er war einer von diesen Unmenschen.

Schweigend und bedrückt beobachteten sie, wie der Anker kurzstag gehievt und aus dem Sandboden ausgebrochen wurde und wie sich dann die Patache durch die Lücke des Korallenriffs entfernte. Sie ging auf Ostkurs und kreuzte den ganzen Morgen wie ein schnüffelnder Spürhund gegen den Wind an. Dann, als sie schon fast außer Sicht war, drehte sie bei und segelte vor dem Wind zurück zur Insel. Matthews Kehle war trocken, und sein Herz schlug heftig, als er das Schiff so unermüdlich suchen sah. Würde Montbarre noch einmal hier landen und die Insel eingehend durchsuchen lassen?

Die erlösende Antwort war Nein. Die Patache kreuzte zwar langsam vor dem äußeren Riff, so daß Matthew und das Mädchen aus Angst vor Entdeckung ihre Köpfe im Gras verbargen, aber sie blieb nicht.

Montbarre drehte wieder ab und ging vor dem Wind auf Südwestkurs in das offene Karibische Meer.

Bei Sonnenuntergang sahen sie den letzten Schimmer der Lateinersegel, und dann waren sie allein.

V

Zu Anfang und noch eine ganze Weile danach ängstigte sie sich vor ihm. An einem einzigen Nachmittag hatte sie diese furchtbaren Männer so viel Entsetzliches verüben sehen, daß sie ihr Leben lang nicht davon loskommen würde. Nie würde sie einem Mann wie diesem vertrauen können. Er hatte ihr zwar das Leben gerettet, aber gewiß nur aus abscheulichen Gründen und mit schrecklichen Absichten.

Oft versteckte sie sich vor ihm und blieb eine Nacht und den nächsten Tag fort, bis der Hunger sie zurücktrieb. Zitternd schlich sie sich dann zu ihrem Lager zwischen den Felsen, nahm an sich, was sich ihr dort an Nahrung bot und zog sich wieder zurück, wie ein wildes Tier, das sich nicht noch einmal fangen lassen wollte.

Als ihr aber nichts Übles widerfuhr, gewann sie allmählich doch Vertrauen, ja, wurde sogar hochmütig und herrisch und gab sich so eigensinnig, wie es Männer leicht zur Verzweiflung treiben kann. Sie vermutete, daß Matthew Lawe, der zwar gut aussah, kräftig war und genau wußte, was er wollte, von geringer Herkunft sei; als Tochter aus glänzender Familie, so nahm er an, konnte sie einen Plebejer wie ihn nur verachten.

So verschwieg sie ihm ihren Namen, um den Abstand zwischen ihnen deutlich zu machen und hier immer aufrechtzuerhalten. Sie behandelte ihn sogar wie einen Sklaven. Die Tatsache, daß sie diesen robusten und findigen Mann brauchte, wenn sie überleben wollte, zählte für sie nicht – oder doch nur insgeheim.

Matthew ließ es darüber nicht zu Streit kommen. Er genoß es dankbar als Glück, daß ihm das Leben geschenkt worden war, und wenn er dies Leben mit einer stolzen, überheblichen Person teilen mußte, so tat das seinem Glück keinen Abbruch. Vielleicht kam einmal der Tag, an dem sie auftauen würde, an dem ihr anmutiger Körper und ihr pulsendes Blut ihr Recht fordern würden. Oder sie würde vielleicht ewig die eisige Prinzessin bleiben, die sie war.

Unterdes mußten sie zusehen, wie sie ihr Leben fristeten. Er widmete sich dieser Aufgabe mit Eifer und Hingabe und nahm sich vor, aus diesem kleinen, willkommenen Stück Wildnis ein Paradies zu machen.

Aus Segeltuch, das von dem spanischen Wrack angetrieben war, hatte er, weiß Gott weit genug voneinander entfernt, zwei Zelte errichtet und sie zur Tarnung mit Palmwedeln bedeckt. Zwischen diesen legte er einen Garten an, in dem Yamswurzeln und Papaufrüchte gediehen, deren rosa schimmerndes Fruchtfleisch einen Mann auf andere Gedanken bringen konnte, außerdem wilde Feigen und gelbes Wurzelgemüse, das er nicht kannte, das aber schmeckte wie die Rüben des West-Country und aus dem sich eine schmackhafte Suppe bereiten ließ.

Er machte einmal am Tag für die Abendmahlzeit Feuer, und zwar aus den Schalen von Kokosnüssen und trockenem Reisig, das er mit der Linse des Fernrohrs in Brand setzte.

Fleisch hatten sie keines, und es dauerte lange, bis es gelang, den Appetit darauf zu unterdrücken. Fände er irgendwo junge Wildschweine, dann würde er sie freundlich anzulocken wissen, aufziehen und dann einen Vorrat aus ihren fetten Hachsen und saftigen Schultern anlegen. Vorläufig aber waren sie auf die ergiebige See angewiesen, die sie mit Makrelen, fliegenden Fischen, Schnappbarschen und Thunfischen versorgte und manchmal auch mit Schildkröten, die lecker genug für die Banketts des Burgermeisters von London gewesen wären.

Er baute eine Fischreuse, in die die Flut einströmte, winzige Krebse, blaßgraue Krabben und kleine Makrelen zurücklassend. Den Nestern von Möwen entnahm er die bläulich gesprenkelten Eier. Dann errichtete er eine Holzhütte, die er mit Palmzweigen gegen den Winterwind abdeckte, innen verschalte und als Lagerraum für getrocknete Fische, Saatgut fürs nächste Jahr, Feuerholz und Kokosnüsse verwendete.

Er änderte den Lauf des Baches, dessen Quelle sich an dem Abhang hinter ihnen befand, und sorgte dafür, daß er den Garten durchfloß. Er machte ein Bett für das Mädchen, breit genug für drei solche schlanken Gestalten, und erntete für seine Mühe nichts als Verachtung.

Und zur Beruhigung ihrer Seele beseitigte er in der gegenüberliegenden Bucht die verbliebenen Toten.

Hier hatten sich schon vor ihm Scharen von Einsiedlerkrebsen und gefräßige Raubvögel an die Arbeit gemacht, und die Sonne hatte barmherzig begonnen, die Gebeine zu bleichen. Dennoch war es ein unerträglicher Gedanke, in der Nachbarschaft dieser über dem Erdboden sichtbaren, verstümmelten Gerippe leben zu müssen. Aus Treibholz, das er mit Streifen aus Segeltuch zusammenband, machte er ein geeignetes Floß, nahm die Riemen und ruderte, wie einst Charon die Toten über den Styx, die Überreste nacheinander an dem Korallenriff vorbei ins offene Wasser, wo er sie der Ebbe übergab.

Aber auch als die Bucht wieder so rein und sauber war wie ihre eigene, ging sie nie dorthin. Für sie war es die finsterste Hölle. Und außerdem lag vor der Bucht das spanische Wrack, das, wenn es auch vom Riff in tiefes Wasser abgerutscht war, für sie die Erinnerung an unsagbare Leiden und Qualen bedeutete. Für sie war nur ihr kleiner paradiesischer Lagerplatz unbefleckt und von Frieden gesegnet.

So verstrichen ungezählt die Monate. Die Jahreszeiten wechselten wieder und wieder. Mit Hilfe einer grob aus einem Baumstumpf und einem flachen Felsstück zusammengebauten Sonnenuhr konnte er berechnen, wann die Sommer- und wann die Wintersonnenwende war. Das war genug an Rechnerei im Laufe von zwölf Monaten und mehr. Wer wollte darüber hinaus noch mehr wissen, sich um mehr kümmern?

Ihre Einsamkeit wurde manchmal unterbrochen, manchmal gefährdet. Ein oder zweimal im Jahr kamen karibische Indianer, die gefischt hatten, in Kanus und landeten auf der Insel; sie blieben, um zu essen, zu tanzen und Papaufrüchte zu sammeln, und paddelten dann wieder davon. Matthew war überzeugt, daß sie von ihm wußten, ebenso wie ihm ihre Anwesenheit nicht verborgen geblieben war. Sie waren von Natur aus wahrscheinlich die weisesten Männer, die je diese mysteriösen Gewässer befuhren.

Und so hielten sie immer ihren Abstand. Sie waren arm, arglos und friedfertig. Vielleicht ahnten sie, daß alle Ausgestoßenen von ähnlicher Wesensart waren. Warum also rauben, töten oder auch nur stören? Wären alle so freundlich und schonungsvoll, es stünde um die Welt besser.

Drei große Schiffe insgesamt, bedrohlicher als die anderen Besucher, näherten sich ebenfalls der Insel und stießen in die Lagune vor und blieben so lange, bis die Seeleute das, was sie brauchten, gefunden hatten. Matthew und das Mädchen versteckten sich dann und lagen da wie die Mäuse, die wissen, daß sie die Katze nur durch Stillsein überlisten können.

Kein Schatten bewegte und kein Blatt regte sich, wenn diese Räuber wie Blinde an ihrem Lager vorbeikamen und es nicht sahen und weitergingen. Bei diesen Gelegenheiten forderte Matthew Gehorsam, und sein kluges Handeln bestimmte dann den Tagesablauf.

Der Feind aber, den sie am meisten fürchteten, die Patache, kreuzte nicht wieder vor ihrem Paradies auf.

Falls Montbarre nicht inzwischen zu Tode gekommen war, worum alle Christen nur inständig beten konnten, mußte sein seemännischer Instinkt ihn verlassen haben, so daß er nicht zur Insel zurückfand.

Die Tatsache, daß sie einander brauchten, beherrschte, wenn auch unausgesprochen, jeden Augenblick ihres Lebens, ob es in Zeiten der Gefahr war oder während der langen einsamen Monate, in denen sie ihrem kleinen Reich abringen mußten, was sie zum Leben brauchten. Und Unschuld herrschte zwischen ihnen. Sie blieben getrennt, der kräftige Mann und das blühende Mädchen, wie Novizen, die dem Fleisch abgeschworen hatten.

Dann aber, aus Gründen, die jenseits der Geheimnisse lagen, die Henry Morgan manchmal in einer Stimmung zwischen Frömmigkeit und Lüsternheit, aus der Heiligen Schrift zitiert hatte (»Der Weg eines Adlers in der Luft, der Weg einer Schlange auf einem Felsen, der Weg eines Schiffes über die See und der Weg, den ein Mann und ein Mädchen miteinander gehen: die Wege des Herrn sind voller Wunder.«), aus Gründen, die mit keiner normalen Logik auszuloten waren, wurde ihnen alles, was bisher gefehlt hatte, zuteil.

Vielleicht war ihre zerschlissene Bekleidung schuld, die ihnen vom Leibe fiel wie vertrocknete und verwelkte Blätter. Es kam der Tag, da sie das Hemd nicht mehr flicken konnte, das Matthew ihr vor langer Zeit gegeben hatte. Sie machte aus dem besten Stück des Restes eine Art Mieder für ihre bezaubernden Brüste. Aber auch dies hatte sich längst aufgelöst, und seitdem mußte sie barbrüstig gehen und zulassen, daß er das Enthüllte sah.

Ihm blieb jedoch die Enthüllung ebenfalls nicht erspart, was ihn zuerst irritierte, aber am Ende nicht mehr störte. Seine Hose aus Segeltuch wurde immer mürber und zerriß schließlich ganz. Aber was machte es? Er war ein Mann und konnte es beweisen; sie war ein Mädchen, und er wußte es. Mochte ein blinder Bischof leugnen, was vor der Sonne offen zutage lag.

Alles, was sie jetzt noch hatten, wie Adam und Eva vor ihnen, waren kleine Schurze zur Bedeckung ihrer Scham – falls Scham in ihrem Leben überhaupt noch eine Rolle spielte, was kaum mehr der Fall zu sein schien.

Dann geschah es eines Morgens, daß sie nackt waren, und plötzlich lachten sie, und dies war an einem Tag im Frühling.

Danach verbrachten sie, wie seit hundert oder mehr Tagen, ihre Zeit getrennt: sie im Garten, um das Wasserfaß nachzufüllen und Ranken zum Ausbessern ihres Zeltes zu flechten; er an der Bucht, die Fischreusen zu untersuchen, Treibholz zu sammeln und Ausschau zu halten, ob ihnen keine Überraschung drohte.

Als er zurückkam, war sie in Gedanken versunken, aber nicht so sehr, als daß sie nicht einen Freudenruf ausgestoßen hätte beim Anblick eines mächtigen Balkens, den er herantrug, und eines herrlichen goldschimmernden Papageifisches, der vielleicht zum Kochen geeignet war.

Es war eine Art Lob, das erste Lob in Matthews Ohren, seit Montbarre seine Arbeit am Tau beim letzten Strappado beifällig begutachtet hatte. Dann sagte sie:

»Es ist so heiß. Ich gehe schwimmen.«

Zum erstenmal schien er ihr folgen zu sollen. Er begann sich zu wundern, aber dann nicht mehr.

Sie schwammen, stellten sich dann hin und schwammen wieder, knietief, hüfttief, brusttief in dem warmen Wasser ihrer kleinen Lagune, ihrer Korallenfestung. Bei der ersten Berührung durch die See schimmerte ihr schlanker, sonnengebräunter, nackter Körper wie feiner goldener Sand, den es nach der steigenden Flut gedürstet hatte und dessen Durst nun gestillt war. Seine breite Brust und seine kräftigen Lenden nahmen die gleiche Farbe an.

Es war kurz vor Sonnenuntergang, und er empfand mit Freuden, daß er als Mann anders geschaffen war als ein Mädchen. Und auch ihr war es bewußt, und schüchtern gestand sie es sich ein. Und also wußten sie es beide.

Als sie jetzt im seichten Wasser am Riff vor ihm stand, schüttelte sie sich das glitzernde Wasser aus Gesicht und Haar und sagte in ihrem sorgfältigen Englisch, das nicht merkwürdiger klang als sein bescheidenes Spanisch:

»Es ist an der Zeit, zu sagen: Ich danke dir!«

Er konnte ihre Stimmung, deren Grund unerforschlich war, nur hinnehmen und blickte in ihr ernstes, glühendes Gesicht, dann an ihrem Körper hinunter und wieder in ihr Gesicht und antwortete:

»Kein Grund zum Danken. Wir mußten leben und haben es getan.«

»Aber du hast so viel gearbeitet. Und ich habe nichts, was ich dir dafür geben könnte.«

Sie waren beieinander und allein in einer Welt von Farben und Wärme. Das Riff leuchtete im letzten Glühen der niedergehenden Sonne. Purpurrote Fächerkorallen schienen ihnen einladend zuzuwinken, und die weiten, fleischfarbenen Münder der Seeanemonen schlossen und öffneten sich in der Tide. Kugel-Korallen schimmerten rötlich und die feinen Finger-Korallen zärtlich blaß, wie die schlanken Hände eines Mädchens.

Versonnen hob sie ein Stück davon auf, drehte es und reichte es ihm mit einem heiteren Lächeln. Es war unleugbar äußerst obszön geformt: zwei runde, rosafarbene Bällchen und dazwischen ein kräftig vorragender brauner Zapfen. Als sie es ihm in die Hand gab, zeigte der Zapfen nach unten, doch im letzten Augenblick kehrte sie ihn nach oben. Es war das vollkommene Abbild eines aufrechten männliches Gliedes.

Dann schien sie zu straucheln, und er fing sie auf, und seine verlangenden Hände umschlossen ihre Brüste. Sie stöhnte, als berühre er den innersten Nerv ihrer Leidenschaft. Dann umschlangen und küßten sie sich, und die wahre Manneskraft machte nun jede Finger-Koralle zu einer belanglosen Miniatur.

Inzwischen waren sie ans Ufer gegangen und über den Strand in den Schutz der Palmen. Als sie sich auf das trockene Gras betteten, hätte er gern, trotz seines wilden Begehrens, zunächst ihren herrlichen, willfährigen Körper eine Weile zärtlich auf die Liebe vorbereitet. Aber ihr Drängen war stärker.

Sie zitterte, vielleicht aus Angst, vielleicht aus Scheu, vielleicht in der Erinnerung an die ausgestandenen Schrecken oder aus Leidenschaft, die jeden anderen Gedanken auslöschte. Sie flüsterte erregt:

»Tu's jetzt! Schnell! Kümmere dich nicht darum, wenn ich schreie. Jetzt! Jetzt! Nimm mich jetzt!«.

Sie schrie laut ›Madre! Madre!‹, aber nur einmal und mit erstickter Stimme. Aber ob sie nach ihrer eigenen Mutter rief oder die Mutter Gottes meinte, wußte allein der Himmel. Nur kurz war der Schmerz, kurz auch sein Ungestüm, das nach so langer Beherrschung aus seinen Lenden hervorbrach wie glühende Lava aus einem berstenden Vulkan.

Er bebte und verströmte sich und war dann wieder die kleine Fingerkoralle, nach dem Jubelschrei und vor dem nächsten.

Es war der glücklichste Zustand. Nicht mehr von seinem schweren Körper bedeckt, lag das Mädchen da, eine Freude für die Sinne, voller Versprechen für den morgigen Tag, und verkündete ihm unter den ersten aufblinkenden Sternen:

»Jetzt sind wir frei«!

Die Liebe war langsam zu ihnen gekommen und verließ sie nun nicht mehr. Sie hatte gewißlich die Wahrheit gesprochen, als sie sagte, sie seien jetzt frei. Durch ihre Hingabe hatte sie ihr Gewissensgefängnis in das Paradies verwandelt, das Gott und die Natur vor undenklichen Zeiten geplant hatten. Von nun an war nichts mehr Mühe, alles war nur noch ein Geben und Empfangen, Ebbe und Flut in der großen Tide, in der Mann und Frau ineinanderflossen.

Es war eine Mischung von Elementen, die so verschieden waren wie Feuer und Wasser, wie Meer und Himmel, wie die Wirklichkeit des Irdischen und die Phantasien der Märchenwelt.

Weiches schwarzes und struppig blondes Haar verflochten sich glücklich auf gemeinsamem Lager, schlanke Hände vertrauten sich den Pranken eines Seemannes an, und heißes spanisches Blut begegnete englischer Muskelkraft und zähmte sie mit der Behutsamkeit einer Magd, die eben das Melken gelernt hat.

Unter herrlichem Sonnenschein und dem Mantel der warmen Nacht lebten sie ihre Idylle. Niemand sah sie, sie sahen nur einander, nackte Kinder am Korallenstrand. Es schien, als würden die Liebe und das Glück sie nie verlassen.

In der schicksalhaften Nacht, die sie dann beide zur Hölle verdammte, war Matthew Lawe verlassen von aller Vernunft.

Er hatte von einem Fisch gegessen, auf den vorher während des Trocknens in der Sonne etwas von dem giftigen Fruchtsaft eines Manzinellabaumes getropft war. Im Fieber, das ihn gepackt hatte, hatte er dann etwas gegorene Kokosmilch getrunken, ein anregendes Getränk, mit dem sie ihr leidenschaftsvolles Leben noch zu versüßen pflegten.

Der Trank hatte ihn sehr redselig gemacht, ihm wilde, verworrene Träume eingegeben und eine maßlose Lust. Wie tausendmal vorher in solchen Augenblicken, da er eingehen mußte in ihr kleines himmlisches Reich, wenn er nicht verschmachten wollte, legte er sich zu ihr. Doch neben ihrem geschmeidigen Körper zögerte er noch und erklärte in einem Zustand glückseliger Trunkenheit:

»Wenn du wüßtest, wie befreit ich mich durch dich fühle! Zum erstenmal in hundert Jahren!«

Ihr Körper schien den seinen besser zu verstehen als ihr Verstand seine Worte und war voller Erwartung. Aber Matthew sprach mit so eindringlichem Ernst, daß auch sie zögerte.

»Was meinst du damit? Wovon sprichst du? In hundert Jahren?«

Es war noch hell genug, so daß sie einander sehen konnten, und plötzlich vermochte er sein schreckliches Geheimnis nicht mehr vor der Geliebten zu verbergen. Er drehte sich wieder um zu ihr, blickte ihr fest in die Augen und sagte:

»Schau mich an, Liebste, schau mich an! Sag mir – was siehst du in mir?«

Lange, entsetzlich lange kam keine Antwort. Sie sah ihm in die Augen und so in seine Seele und erkannte sein Schicksal, oder jedenfalls so weit, wie sie es ertragen konnte, ohne ihren Glauben oder gar ihren Verstand zu verlieren. Sie gewahrte einen Bruchteil dieses Schicksals oder auch das ganze, aber nur verschleiert und verzerrt, und die gespenstische Erscheinung seines jahrhundertelangen Verdammtseins zu Verschlagenheit, Überleben und Schuld.

Beängstigende Bilder erschienen vor ihr, unauslöschliche Bilder, aber nirgendwo ein Verstoß gegen die Liebe. Und deshalb nichts, das ein so großartiges Mädchen wie sie in ihrer stolzen Hingabe zu fürchten hatte. Sie dachte praktisch und war eine reife, begehrende Frau.

Sie lebten jetzt, nicht vor hundert Jahren. Und kein Spiel mit Worten, keine unirdische Vision konnte die andere Vision zunichte machen: Das Bild von ihm auf ihr und in ihr, von ihm, der alles gab, und von ihr, die danach lechzte wie die ausgedörrte Erde nach dem niedergehenden Regen.

Sie sagte: »Ich weiß nichts. Oder ich weiß alles. Komm jetzt zu mir. Noch tiefer als je.«

»Ich danke dir, auf ewig.«

Darauf sagte sie mit hingebungsvoller Stimme: »Ich weiß in Christi Namen nicht, was ich glauben soll. Aber ich weiß, was ich fühle.« Es war das erste und das letzte Mal, das er sie, außer im Gebet, den Namen des Erlösers aussprechen hörte. Aber im selben Augenblick entfesselte er in ihr einen solchen Sturzbach von Leben, das so alt wie der liebe Gott oder so neugeboren wie dessen Sohn sein mochte, daß es für einen Augenblick der Ewigkeit unsterblich war.

Am Morgen, nach dem Erwachen aus tiefem, göttlichem Schlaf, richtete sie sich in all ihrer herrlichen Nacktheit auf ihrer beider Lager auf und sagte:

»Vielleicht ist es an der Zeit, daß du mich bei meinem Namen nennst.«

Matthew öffnete zögernd die Augen, sah ihre anmutig gerundeten Brüste über sich und barg sein Gesicht zwischen ihnen. So an sie geschmiegt murmelte er:

»Aber ich kenne ihn nicht.«

Er spürte ihren Körper ein wenig zittern, aber sie zitterte vor Lachen.

»Du wirst dich nicht über ihn lustig machen?«

»Warum sollte ich? Wie ist dein Name?«

Ihre herrliche Brust bewegte sich wieder, als sie antwortete: »Concepción!«

Sie sprachen danach nicht mehr von dieser Nacht, auch von keiner Einzelheit. Sein Geheimnis schien, seit sie es nun miteinander teilten, durch die Liebe gelöst. Die zarte Frucht dieser Nacht kündigte sich schon bald an, als Concepción spürte, daß sie schwanger war. Und dann starb sie bei der Geburt.

Matthew wußte nicht, was zu tun war. Das Kind schien in ihr eingesperrt zu sein, und ihr gequälter, schweißüberströmter Körper außerstande, es zur Welt zu bringen. Zwei Tage wand sie sich in furchtbaren Wehen, in denen sie ihre ganze Kraft verzehrte und ihr Geist unter den anhaltenden Schmerzen verlosch.

Sanft trocknete er ihr den Schweiß ab und hielt ihre Hand, während sie sich qualvoll wälzte. Als es schließlich vollbracht war, mit Blut und Schreien und Qualen, wurde der letzte Tribut fällig.

Das Kind schrie und begann sein Leben. Concepción stöhnte erleichtert auf, betastete ängstlich ihren geschundenen Leib und begann zu sterben.

Er wusch ihr Gesicht und hielt ihre Hand, gab ihr zu trinken und flehte sie erregt an: »Liebste, verlaß mich nicht!«

Aber es blieb ihr keine Wahl. Der fest verschlossene Mund verweigerte den letzten Schluck, ihr Kopf sank zur Seite, und ihre einsame Reise war zu Ende.

Er weinte, und als ihr Körper zu erkalten begann, verfluchte er den Himmel und alle Feinde und weinte wieder. Dann schaufelte er ein Grab aus und begrub beide, die Tote und das Lebende, in der gleichen grausamen Ruhestatt unter den Palmen in ihrem Garten. Er erschlug das winzige Kind aus Rache und aus Erbarmen. Warum sollte er noch so einen fluchbeladenen Wanderer aufziehen! Trauernd und in bitterer Verzweiflung bettete er das Mädchen in die stille Erde. Wie sollte er nun weiterleben?

Es war so bestimmt. Am Tag darauf erstieg Matthew die Anhöhe über seinem Friedhof und erblickte, was er erhofft hatte. Ohne zurückzusehen und ohne sich zu verstecken, ging er langsam hinunter zu der alten Schreckensbucht und zu den an Land gezogenen Kanus der karibischen Indianer. Als er sich den Eingeborenen näherte, hob er bekümmert die leeren Hände und zeigte ihnen so, daß er in friedlicher Absicht kam.

VI

Auf Barbados, diesem Juwel unter den Inseln im Winde, diesem üppigen, träge in der Sonne hingelagerten Eiland, auf dem Zuckerrohr wächst und feuriger Rum gebraut wird, fand Matthew zurück in die Welt. Hier hatten ihn die freundlichen Eingeborenen in tiefer Nacht an Land gesetzt und waren geflohen, bevor man sie mit Beginn des Tages zu Sklaven gemacht hätte. Hier aber auch befiel Matthew die Angst.

Hier schlich er verstohlen umher, im inneren Hafen und um den Kielholplatz, wo die Schiffe zur Bodenreinigung und zum Kalfatern aufgesetzt wurden. Ihm graute vor der Menge: zu viele sich drängende Menschen, zu viele unbekannte Gesichter, zu viele auf ihn gerichtete Augen. So lange in gesegneter Einsamkeit gelebt zu haben und dann so unbarmherzig herausgerissen zu werden, war schwer genug. Dieser unbarmherzige Wechsel konnte nur eine Strafe sein.

Aber er mußte sich, ob er es wollte oder nicht, in diese Welt fügen. Die paar Goldstücke aus dem spanischen Wrack, die er seit Jahren in einem Segeltuchfetzen bei sich trug, schmolzen schnell dahin. Er mußte sich mit der abscheulichen Menge seiner Mitmenschen abfinden. Seine Reise ging weiter.

Dann eines Tages, als er zusah, wie ein kleines, zwischen den Inseln verkehrendes Schiff seeklar machte und er sich fragte, ob wohl eine Koje an Bord für ihn frei sei, traf er einen Freund, der nicht wenig überrascht war. Es war John Flowerdewe von Henry Morgans alter Mannschaft.

»Matthew!« begrüßte ihn Flowerdewe ungläubig. »Bist du's wirklich? Ich dachte, du seist seit mindestens fünf Jahren tot!« Erneut musterte er das Gesicht seines Freundes und stieß ihm dann seine gefürchtete Faust in den Rücken. »Bei Gott, du bist es! Und nicht ein bißchen verändert! Wo hast du die ganze Zeit gesteckt?«

»Überall und nirgends.« Matthew freute sich, ihn getroffen zu haben, wenn er auch die Berührung mit seiner schlimmen Vergangenheit fürchtete. »Ich hab immer Schiffe gehabt.«

»Und gute Beute?«

»Nee, mit den Freibeutern bin ich fertig.«

»Und sie? Sind sie auch mit dir fertig?« Flowerdewe schien noch einiges hinzufügen zu wollen, wechselte dann aber das Thema. »Hast du Geld für ein Bier?«

»Aye.«

Das von Narben entstellte Schurkengesicht verzog sich zu einem Grinsen. »Was zögern wir dann noch?«

Sie hatten sich in der Kneipe viel zu erzählen, wobei Matthew ein Netz von möglichst stichfesten Lügen spann. Als sie auf ihre gemeinsame Vergangenheit zu sprechen kamen, hatte Flowerdewe einige erstaunliche Neuigkeiten zu berichten. Auf Matthews Frage nach Kapitän Morgan gab Flowerdewe die seltsamste Geschichte zum besten, die er je gehört hatte.

»Das weißt du nicht?« Er schob sein Gesicht dicht an Matthew heran. »Du hast doch noch zwei Ohren? Oder sind sie mit Tran verstopft? Morgan ist der größte Mann auf Jamaika! In der ganzen Karibik!«

»Was – dieser Schurke?«

»Der ist längst kein Schurke mehr. Nimm nur deine Zunge in acht! Du sprichst von Sir Henry Morgan.«

»Was? Das kann doch nicht wahr sein!«

»Doch, doch, es ist, wie ich's dir sage. Er fiel schließlich in Ungnade, er und der alte Tom Modyford, ihre Piratenstücke und Lügen wurden dem König zuviel. Sie wurden unter Bewachung in einer Fregatte nach England geschickt und gefangengesetzt. Aber nach zwei Jahren, nun, du darfst raten, wer im Tower bleiben mußte und wer rauskam!«

Matthew, den das alles mächtig verwirrte, unterbrach ihn. »Aber wieso in Ungnade? Ich denke, Morgan stand außerhalb des Gesetzes.«

»Das stimmt, aber er ging zu weit. Weißt du auch das nicht? Morgan hat Panama erobert! Dann stieß er in den Pazifik vor und jagte dort die Spanier und machte ihnen die Hölle heiß. Danach setzte er den größten Teil seiner Mannschaft aus, um die Beute nicht unter zu vielen teilen zu müssen. Er ließ die Leute, die ihn verfluchten und verwünschten, auf einer Insel zurück und kam mit einer halben Million Goldstücken zurück!«

»Aber der Tower von London. Wieso ist er da –?«

Flowerdewe nahm einen großen Schluck von seinem Bier. »Morgan war, wie du weißt, nicht auf den Mund gefallen. Wenn er redete, kamen die Vögel aus den Bäumen, um ihm zuzuhören – von den Frauen gar nicht zu reden. Irgendwie verschaffte er sich Gehör beim König, kam vor Gericht und wurde freigesprochen. Alle Strafen wurden ihm erlassen. Und dann machte man Henry Morgan zum Sir und zum Gouverneur von Jamaika. Und womit beauftragte ihn die königliche Kommission? Die Priaten zur Strecke zu bringen!«

Matthew lachte, obwohl ihm in seinem Elend gar nicht danach zumute war. »Da kannte er sich ja aus.«

»Und wie! In Port Royal, heißt es, redet kein Mensch schlecht von ihm.« Flowerdewe sah seinem Kumpan prüfend in die Augen. Mit dem Blick eines Piraten, verschlagen und erpresserisch. »Dich hat er nicht vergessen, Matt. So wütend wie ihn habe ich noch nie einen Mann erlebt. Bei Deserteuren kennt er keinen Pardon. Wenn er wüßte, daß du noch am Leben bist! Und dann ist da noch Montbarre. Der Franzose hat die Jagd nach dir nicht aufgegeben. Morgan und Montbarre – die möchte ich nicht zu Feinden haben! Der Teufel und sein Sohn persönlich!«

»Sie werden mich nicht finden.«

»Das sagst du so. Wäre ich nicht dein Freund, ich würde dich an sie verkaufen!«

»Aber du bist mein Freund?«

»Aye.« Der Pirat grinste lässig. »Bis morgen früh. Wenn du mir noch einen Becher Bier spendierst.«

»Was soll ich tun?«

Flowerdewe zuckte die Schultern, während er mit den Fingern in Richtung des Schankjungen schnippte. »Wieder auf See gehn. Abhauen, den halben Erdball zwischen dich und deine Feinde bringen. Aber laß mir genug Geld hier für die Zeche. Ein einsamer Mann hat großen Durst.«

[illegible]

[illegible]

[illegible]

[illegible]

[illegible]

[illegible]

[illegible]

[illegible]

[illegible]

[illegible]

SCHREIBER DER ADMIRALITÄT
1682

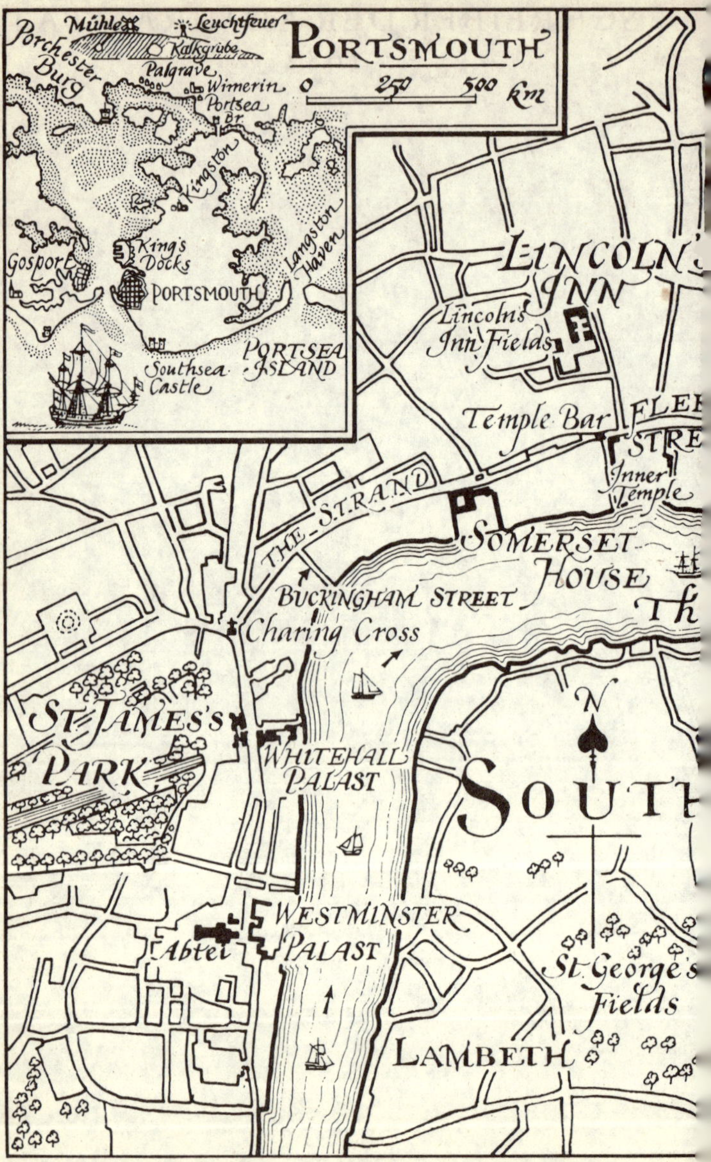

Mühle
Leuchtfeuer
PORTSMOUTH
0 250 500 km
Porchester Burg
Kalkgrube
Palgrave
Wimerin
Portsea Br.
Kingston
Langston Haven
King's Docks
Gosport
PORTSMOUTH
Southsea Castle
PORTSEA ISLAND
LINCOLN'
INN
Lincoln's Inn Fields
Temple Bar
FLE
STRE
Inner Temple
THE STRAND
SOMERSET HOUSE
Th
BUCKINGHAM STREET
Charing Cross
N
ST. JAMES'S PARK
WHITEHALL PALAST
SOUTH
WESTMINSTER PALAST
Abtei
St. George's Fields
LAMBETH

LONDON
0 100 200 300 400 500 600 700 800 900 1000 Meter
Moorfields
BETHLEM HOSPITAL (BEDLAM)
FLEET GEFÄNGNIS
LUDGATE HILL
CHEAPSIDE
THREAD NEEDLE STREET
HOUNDSDITCH
LEADEN HALL STREET
ST. PAUL'S KATHEDRALE
LOMBARD STREET
THAMES STREET
SEETHING LANE
London Bridge
DER TOWER
WARK
LONDON
Barking
Dagenham
Themse
Black wall
Cuckolds point
Woolwich
SOUTHWARK
DEPTFORD
GREENWICH

I

Es war ein klarer, strahlender Tag, und jedermann in Portsmouth war sich dessen bewußt. Die Sonne schien wie auf Befehl des Königs, und die Flaggen und Wimpel knatterten im Wind wie Hände, die Beifall klatschten. Der König und seine hübsche Mätresse, die Herzogin von Portsmouth, sein weniger ausschweifend lebender Bruder Jakob, Herzog von York, sowie eine Menge Vertreter des Adels waren anwesend und säumten das Hafenbecken.

Eine königliche Yacht sollte vom Stapel laufen, und deshalb wurde kostenlos Bier ausgeschenkt. Das einfache Volk brauchte lediglich zuzuschauen und sich zu freuen und sich mit der Freiheit derer, die nicht zu bezahlen brauchen, an der königlichen Gabe gütlich zu tun. Es war ein Festtag für Portsmouth, mit Salzwassergeruch in der Luft, und Männer, Frauen und die Kinder, die einmal die nächste Generation von Seeleuten stellen würden, waren erfüllt von dem herrlichen Gefühl, daß sie eine Feier unmittelbar am Altar des Meeres begingen, der sich sozusagen inmitten ihrer eigenen Kirche befand: dem besten Hafen von ganz England.

Doch weil dies im freien England und im freien Portsmouth vor sich ging, und da Seeleute, auch wenn sie Freibier bekamen, sich nicht durch solch eine kümmerliche Gabe bestechen ließen, waren mancherlei deftige Kommentare zu hören, die den Weihrauch der Schmeichelreden wie mit leerem Wind durchbliesen. Matthew Lawe, der vor sechs Stunden mit einer schäbigen, im Guineahandel eingesetzten Barcalonga gelandet war und seinen Durst nicht hätte löschen können, wenn ihm nicht zu seiner Verwunderung ein umhergehender Schankjunge einen Becher Bier gereicht hätte, Matthew also, hörte sich mit aufmerksamen Ohren an, was die Leute redeten.

Er wußte nur, daß dies ein Feiertag zu sein schien, an dem ein schönes Schiff vom Stapel laufen sollte und sich die Herren und Damen, vom Pöbel des Hafens Abstand haltend, an den besten Aussichtspunkten versammelt hatten. Aber da gutes Bier auf Verlangen nachgeschenkt wurde, war er zufrieden. Anfangs hörte er nur zu, erfährt der doch am meisten, der am wenigsten spricht, und in dem Gedränge um ihn herum gab es viel zu hören. Nachdem er so lange Zeit in der afrikanischen Wüste zugebracht hatte, verlangte es ihn nach solchem Wissen.

Von seinen neuen Freunden kannte er nicht die Namen, selbst als er bereits eine Stunde mit ihnen zusammengestanden hatte; es waren einfache und auch hochgestellte Bürger von Portsmouth, in deren Gesellschaft Matthew durch ein zufälliges Mißgeschick Aufnahme fand. Der Schankjunge war gegen den Ellbogen eines großen Mannes mit dem Gesicht eines notorischen Trunkenbolds gestoßen, der daraufhin Matthew mit einem schäumenden Guß aus seinem Bierbecher getauft hatte. Während des Abwischens und Putzens, das diesem Vorgang folgte, fand sich Matthew als Sohn der Stadt adoptiert.

Seine Freunde hörten auf die Namen Toss Pot, Snarly, Big Bum und Merrylegs, und einen nannten sie den Bischof. Toss Pot, dessen glühende Nase lebenslange, hingebungsvolle Trinkgewohnheiten verriet, war es, der ihm die Eintrittskarte lieferte.

»Tut mir leid, Junge!« entschuldigte er sich zum dritten- oder viertenmal, während er mit einem großen roten Taschentuch an Matthews Wams herumrieb. »Nicht mal meinem ärgsten Feind täte ich sowas an. Und was für eine Verschwendung von kostbarem Bier.«

»Der Schankjunge hatte Schuld«, sagte Snarly, offenbar froh, einen Sündenbock gefunden zu haben, über den er sich hermachen konnte. »Ich hätte ihm eine geknallt, wenn er nicht weggelaufen wäre. Um ihn Mores zu lehren!«

»Na, na!« wies ihn der Bischof zurecht. Er war ziemlich beleibt und, nach seinem feinen grauen Umhang und seinem gehobenen Kinn zu urteilen, ein Bürger von einiger Wichtigkeit. »So etwas kann jedem von uns passieren.« Es klang wie eine fast feierliche Absolution. Dann musterte er Matthews Gesicht und seine fremdländische Kleidung, als wolle er ergründen, ob so ein Clown in ihre Gesellschaft paßte. Sein Blick fiel schließlich auf die naßgespritzte Hose, die aus den Schiffsbeständen stammte und gebauscht war wie die Euter einer Kuh vor dem abendlichen Melken. »Pluderhosen!« sagte er mit Nachdruck. »Eine Mode, die einem hier nur selten begegnet. Seid Ihr von Portsmouth?«

»Nee, von Barnstaple.«

»Und kommt so weit her wegen dieses Festes?«

»Nee«, sagte Matthew noch einmal. Er war verlegen hier unter diesen Leuten und noch verlegener wegen seiner schäbigen Kleidung. Anderes hatte er nicht als dieses Bettelzeug, das vielleicht gerade noch gut genug für eine Vogelscheuche war. »Ich bin erst heute morgen an Land gekommen. Mit einem Handelsschiff aus dem Golf von Guinea. Unser letzter Hafen war Lissabon.«

Diese Seefahrtsbegriffe waren wie ein Paß für ihn und sicherten ihm ein gewisses Ansehen.

»Ein Seemann!« rief Merrylegs, der Witzbold unter diesen Leuten, ein kleiner verschrobener Bursche mit einem fettigen Gesicht, das runzlig war wie eine Walnuß. »Willkommen an Land! Aber meint Ihr, Ihr findet hier eine trockene Koje? Besser, Ihr wärt auf See geblieben, da hättet Ihr's gemütlicher.«

»Im Sturm in der Biskaya bin ich trockener gewesen als hier«, sagte Matthew grinsend.

»Ich bin auch schon wieder trocken«, erklärte Toss Pot, nachdem er genug gewischt und sein Taschentuch ausgewrungen hatte. »Wieso sterben wir an einem Tag wie heute vor Durst?«

»Da kommt ja schon einer von den Schankjungen«, sagte Big Bum, ein dicker Bürger, der wie ein Faß mit Rheinwein in der Menge stand. »Schnappen wir uns den Burschen, bevor er seine Ware an andere verschwendet.« Obwohl er wie ein Walroß schnaufte und sein mächtiger Bauch schwer wie ein Schiffsanker war, bewegte sich Big Bum flink wie ein Wiesel, wenn es ihm notwendig schien. Sein massiger rechter Arm schoß vor und packte den Jungen, der an ihnen vorbeihuschen wollte. »He, junger Mann!« brüllte er. »Sagt dir nicht dein Verstand, daß hier Männer stehn, die verdursten?«

»Durstig sind hier alle«, sagte der Schankjunge dreist. »Sie haben schon gehabt. Da sind noch andere.«

»Bessere Leute als wir, was?« giftete ihn Snarly an.

Der Schankjunge warf einen Blick auf den kleinen Snarly, den er leicht untergekriegt hätte, wollte etwas sagen, aber zog es vor, seine Bemerkung für sich zu behalten. Er war hier nicht unter Freunden. Big Bum hatte Kraft in seinen dicken Armen, von Toss Pot war in allen Kneipen der Stadt bekannt, daß er keinen Spaß verstand, und der Bischof sah aus, als komme es ihm nicht darauf an, einen armen Küchenjungen um seine Stellung zu bringen. Also schob er sein Tablett mit sechs vollen Bechern Bier Snarly in die Hände und rannte los, um eine neue Ladung zu besorgen.

Die Schelme lachten und tranken und waren wieder guter Dinge.

Matthew war es auch. Das starke Bier auf leeren Magen war ihm zu Kopf gestiegen, und er schaute glücklich umher. Für den Augenblick hatte das Seemannsglück ihm einen gemütlichen Liegeplatz beschert, solange es dabei blieb, und falls nicht, würde man morgen schon weiter sehen. Jedenfalls würde er am heutigen Tag dieses herrliche Seemannsleben genießen.

Vergnügt blickte er zu der auf einem Ablaufwagen thronenden

Yacht, ein hübsches Ding, schön geschwungen, mit schräg gestellten Masten, farbenfreudig bemalt und glänzend wie ein spanischer Brustharnisch, voll aufgetakelt mit gesetzten, sich leicht bauschenden Segeln und den königlichen Wimpeln, die sich vornehm in der gewöhnlichen Luft regten – ein wunderbares Schiff, das nur noch der Umarmung durch die See harrte. Wie schön mußte es sein, ein solches Schiff zu führen, und wie schön, soviel Geld zu haben, um es bauen zu lassen! Matthew wies mit seinem Bierbecher auf das Meisterwerk und fragte:

»Auf was für einen Namen wird sie getauft, die kleine Yacht?«

Es war Merrylegs, der ihm verschmitzt antwortete: »Auf den Namen *Fubbs* natürlich! Wißt Ihr das nicht. Wie anders sollte der König sein Lieblingsschiff nennen?«

»*Fubbs*?« Matthew wiederholte das seltsame Wort, von dem ihm schmunzelnd erklärt wurde, daß es das Schlüsselwort eines wenig bekannten Witzes sei. »Aber es ist doch ein Name! Was hat er zu bedeuten?«

Jetzt war Snarly an der Reihe.« Lebt Ihr hinter dem Mond, in drei Teufels Namen? Es ist der Kosename des Königs für seine Schlampe. Und Ihr kennt den Witz wirklich nicht? Selbst die Schuljungen in der ersten Klasse kennen das Wort und konjugieren: ›ich fubbe, du fubbst, er fubbt.‹ Feststeht nur eins: wir fubben nicht!«

Die anderen lachten, obwohl der Bischof sie tadelnd ansah. Matthew wurde aus der Geschichte immer noch nicht klug und gab das auch zu. Er wußte, daß Snarly sich nicht zufrieden gegeben hätte, auch nicht, wenn er König Karl selbst gewesen wäre, und daß sich in dem bitteren Wort ›Wir fubben nicht!‹ nur der Neid zeigte, verzerrt wie der Mund eines Mannes, der in eine Zitrone biß. Aber sonst wußte Matthew noch weniger als Adam vor dem Sündenfall. »Seine Schlampe? Wer ist das? Ich bin fünf Jahre fort gewesen. Da ist man nicht mehr auf dem Laufenden.«

»Die Herzogin von Portsmouth«, sagte Toss Pot. »Prost, trinken wir auf sie. Ich würde auf jeden trinken, der uns mit so gutem Bier freihält.« Er hob seinen Becher und verkündete mit der feierlichen Gebärde eines Betrunkenen: »Prima Kerls seid ihr alle! Ich schenk euch die Herzogin von Portsmouth und Seine Majestät, den König, und die *Fubbs* und alle, die damit segeln, und auch die, die's nicht tun, und Gott segne Sam Pepys, durch den wir die Schiffe haben, und den Wirt, von dem wir dies Bier haben, und ...»

Er verlor sein Gleichgewicht, fiel hin und saß da wie eine brütende Henne und trank seinen Becher aus.

Sie lachten, wie alle Leute um sie herum lachten, und tranken und halfen dem gefallenen Helden auf die Beine. Der Bischof aber, der immer nur nippte wie eine Jungfrau, die zum erstenmal in ein Zechgelage verwickelt wurde, sah eisig vor sich auf seine kalten Füße.

»Scherzt nur«, sagte er, als hätten sie ihm für seine Milde zu danken. »Aber auch die offen zur Schau getragene Sünde bleibt Sünde, selbst wenn der König sie gutheißt. Es ist in der Tat schlimm, wenn das gesalbte Oberhaupt seinen Untertanen Unzucht vorlebt und vor dem Skandal nicht zurückschreckt. Mag er sie Fubbs nennen, wenn ihm danach ist. Von mir aus auch Kikeriki. Ich jedenfalls nenne sie Bathseba!«

Diese Anprangerung tat kaum die Wirkung, die er sich vermutlich erhofft hatte, und so hatte Matthew das Gefühl, dem Propheten beispringen zu müssen.

»Bathseba? Hat denn der König ihren Mann in die Schlacht geschickt, damit er fällt wie Uria, der Hethiter?«

Der Bischof blickte ihn zum erstenmal anerkennend an.

»Ihr kennt Eure Bibel, Freund, besser jedenfalls als Ihr Euch mit Schneidern auszukennen scheint. Nein, Mord war nicht erforderlich, um das Verbrechen des Ehebruchs gar noch zu übertrumpfen. Vielleicht hätte der König es auch noch dazu gebracht, wenn es einen Herzog von Portsmouth gegeben und der sein Eigentum zurückgefordert hätte. Aber ein so tapferer Hahnrei existiert nicht. Die Mätresse Fubbs stieg in den Adel auf durch ihre eigenen Leistungen.«

»Der König ist aufgestiegen, und sie hat sich hingelegt«, sagte Merrylegs mit einem breiten Grinsen.

»Daß gerade sie es war, spielt keine Rolle«, sagte Snarly gehässig in das Gelächter hinein, das ihm, indem es die Gemüter besänftigte, einen anderen grimmigen Vorwurf verderben mochte. »Wäre sie's nicht gewesen, dann hätte sich eine andere Hure bereit gefunden. Was mir gegen den Strich geht, ist die Yacht. Schon wieder eine? Wozu braucht sie der König? Er hat bereits fünfzehn, und alle nur, um mit seinem Bruder, dem Herzog von York, Regatten zu segeln! Ist es das, wofür wir unsere Steuern bezahlen?« Snarly, der nicht gerade aussah wie ein großer Steuerzahler, blickte finster drein wie ein schändlich Betrogener. »Königliche Yachten! Sinnlos rausgeworfenes Geld! Königlichen Spielkram nenne ich das!«

Aber der König fand unversehens in Big Bum einen Verbündeten, der ein königstreuer Seemann gewesen zu sein schien, bevor er zu diesem aus den Nähten platzenden Plumpsack wurde. Er nahm Snarlys Herausforderung an.

»Eine königliche Yacht, gewiß«, sagte er schnaufend, »aber das ist nicht alles. Sie ist von den Schiffbauern der Marine entworfen und von ihnen gebaut. Und die haben bestimmt keinen Spielkram gebastelt, nicht einmal für den König. Sie haben dadurch die Möglichkeit, neue Entwürfe, neue Schiffstypen auszuprobieren. Diese Yacht«, er zeigte, wie Matthew es getan hatte, mit seinem Bier-Becher zur *Fubbs*, »ist das neue von Phineas Pett entworfene Traumschiff. Anderthalbmastig, ketschgetakelt, das erste Schiff dieser Art. Segelt sie besser? Das herauszufinden, darauf kommt's an, damit sie dann vielleicht nachgebaut werden kann. Sie kommt zur Flotte wie die *Henrietta* und die *Katherine*, die am Seegefecht gegen die Holländer teilnahmen. Oder sie fährt die Küste ab, um Untiefen auszuloten und Tidenverhältnisse zu erforschen. Es trifft also nicht zu, von Spielzeug zu reden!« fuhr er Snarly an. »Die Arbeit an einem Schiff von dieser Qualität macht sich bezahlt.«

Matthew, durch den Alkohol und das lebhafte Gespräch leichtfertig geworden, griff den ihm vertrauten Namen des Schiffbauers auf. »Phineas Pett? Der die *Bear* für Sir Walter gebaut hat?«

»Die *Bear*?« wiederholte Big Bum fragend. »Was für eine *Bear*? Und für welchen Sir Walter?«

»Raleigh natürlich«, erwiderte Matthew – und hielt bestürzt vor dem Abgrund inne, der sich auftat. Dann brachte er es zu einem gequälten Lächeln. »Nee, das kann nicht sein. Ich war ganz in Gedanken.«

Eindringlicher als die anderen sah der Bischof ihn an. Er hatte auch am meisten Ansehen.

»Was wißt Ihr von Sir Phineas Pett, der die *Bear* gebaut hat?«

»Ach, ich habe den Namen nur einmal so gehört«, sagte Matthew lahm.

»Dann müßt Ihr aber lange Ohren haben. Dieser ist sein Enkel.«

Gefahr lag in der Luft, aber ein Zufall half Matthew in diesem Augenblick. Am anderen Ende des Kais kam Bewegung in die heftig vordrängende Menge. Soldaten in schimmernden, stählernen Harnischen wurden sichtbar, und hoch ragten über der Menge glitzernde Hellebarden auf. Dahinter glänzte die Sonne auf farbigen Seidengewändern, üppigen Federbüschen und Halskrausen aus kostbarer Spitzenstickerei.

Und dann, als eine große stattliche Gestalt durch die sich teilende Menge vorschritt, erklangen aus tausend befreiten Kehlen begeisterte

Hurrarufe und das Jauchzen von Frauen. Der Bischof, der alle kurz vorher ausgestoßenen Verwünschungen vergaß und seine Haltung so rasch änderte, wie ein Schauspieler zwischen zwei Auftritten das Kostüm wechselt, murmelte ergeben: »Da kommt er, Seine Majestät der König, Gott segne ihn«, und schaute gebannt zu, wie die Hofgesellschaft die mit Stoff drapierte und mit Bannern geschmückte Tribüne vor der Yacht betrat.

Der große Augenblick war gekommen, und der größte Mann des Reiches repräsentierte ihn.

Der König, der seit zweiundzwanzig Jahren regierte, war, wie einige flüsterten, mit zweiundfünfzig gewiß über seine stürmischen Jahre hinaus, aber doch noch jeder Zoll ein Mann, und ein König, wie er kühner und weitschauender kaum je auf einem Thron gesessen hatte. Lächelnd stand er vor ihnen, und zweifellos hätten ihm seine mächtige, gelockte Perücke und seine geckenhafte Bekleidung Spott eingetragen, wenn er nicht der von ihnen verehrte König Karl gewesen wäre. So jedoch erschien dieser fremdländische Flitter, die greuliche, unterkleidartige, an den Knien geraffte Hose, von der in zwölf Zoll Länge feinste Spitzen herabhingen, seinen Untertanen keineswegs lächerlich, sondern riß sie, als würden sie sich gegebenenfalls ebenso herausputzen, zu Bewunderung hin.

Sie liebten ihn, und die Begeisterung, die sie ihm entgegenbrachten, kam aus vollem Herzen. Fast ein Vierteljahrhundert lang hatte er sie als ihr Hirte sicher durch zahllose Gefahren geführt, durch Feuersbrünste, Seuchen und Kriege, und hatte Verschwörungen und Gegenverschwörungen zu meistern gewußt, an denen sonst ganze Dynastien gescheitert wären und ihre Völker mit ins Elend gerissen hätten.

Aber König Karl hatte überlebt, durchgehalten und ihnen Wohlstand gebracht, hatte nach dem grauen, trostlosen Regime des Lordprotektors Cromwell das Merry Old England geschaffen. Ein König, der das geleistet, eine große, niedergebrannte Stadt wieder aufgebaut und die Holländer an den eigenen Hafentoren zurückgeschlagen hatte, konnte gern zehn und mehr Mätressen haben, zwanzig königliche Bastarde zeugen und so viele Spitzenhosen tragen, wie er wollte, wenn es ihm Freude machte und ihn doch jeder liebte.

Portsmouth liebte ihn vor allem, weil er ein Freund der Seeleute war. Man wußte, daß er und sein »kleiner Advokat« der Flotte, der Sekretär Pepys, jahrelang Hand in Hand gearbeitet und sich gemüht hatten, England eine Kriegsflotte und den Seeleuten ein Auskommen zu schaffen.

Und so war man besonders davon angetan, daß dieser kleine, beleibte, emsige Mann bei diesem großen Anlaß in seiner vornehmen Kleidung Seite an Seite neben seinem hochgewachsenen Monarchen stand.

Seinen heutigen Ruhmestag im hellen Sonnenschein hatte er verdient, König und Untertan, beide hatten ihn verdient, und Portsmouth würde sie feiern. Und verdammt sollte sein, wer anders dachte!

Vielleicht war Matthew Lawe, dem der Bischof die Honoratioren und Würdenträger gezeigt und genannt hatte, der einzige, der noch nicht zu der verehrenden Menge zählte. Er war innerlich aufgewühlt; der Anblick des Königs hatte ihn in diese von früher her so bekannte Angst versetzt. König Karl war, daran bestand kein Zweifel, in seiner Aufmachung von Kopf bis Fuß das genaue Gegenstück zu Henry Morgan – oder richtiger, Henry Morgan war das Abbild seines Königs.

Wäre Matthew nicht so betrunken gewesen, dann hätte der Anblick ihn vielleicht zusammenbrechen lassen. War er so weit gereist, um bei seinem ersten Landaufenthalt seinem Todfeind Aug in Aug gegenüberzustehen? Innerlich wußte er, daß dies eine unzutreffende, törichte Vorstellung war, und doch schlug ihm das Herz zum Zerspringen, als jetzt diese grausame Erinnerung heraufbeschworen wurde.

Der Bischof fuhr fort, die Namen zu nennen, während die Privilegierten einer nach dem anderen auf der Tribüne Platz nahmen.

»Da ist eure Mätresse Fubbs«, sagte er abschätzig, als sich eine schlanke, lebhafter als alle anderen gekleidete Gestalt den Weg in die vorderste Reihe bahnte. Sie war zu weit entfernt, als daß Matthew sie gebührend in Augenschein hätte nehmen können, und doch verstörte ihn diese lebendige Verkörperung der Sünde. Durfte ein Mann, der König war, ein so munteres Leben führen? »Zwölf Jahre ist sie seine Bettgefährtin und jetzt Herzogin! Und an den Hof ist sie als Ehrenjungfrau gekommen!«

»Beides, Ehre und Jungfrau, verflüchtigten sich rasch«, sagte Merrylegs hämisch, »beim ersten königlichen Besuch.«

»Der Herr mit dem schwarzen Hut und dem Umhang«, sagte der Bischof, ohne auf diese rüde Bemerkung einzugehen, »ist der Meisterschiffbauer Sir Phineas Pett.« Er sah Matthew an wie ein Schulmeister, der er vielleicht auch war. »Euer alter Freund.«

»Mein allerältester, kann ich wohl sagen.«

»Jetzt könnt Ihr Samuel Pepys gut sehen«, fuhr der Bischof fort, ohne weiter in ihn zu dringen. Tatsächlich trat jetzt die winzige Gestalt in Hellblau, als sie sich nach vorn begab, voll in Erscheinung. Aber dann war es plötzlich mit dem »gut sehen« nichts mehr. Pepys stolperte und wäre gefallen, wenn ihn ein königlicher Arm nicht davor bewahrt hätte. Der Zwischenfall verursachte in der Menge einige Unruhe, die sich bis zu ihnen hier bemerkbar machte.

»Herrgott, der Mann ist betrunken«, sagte Snarly, ohne seine Genugtuung ganz unter seiner scheinheiligen Besorgnis verbergen zu können. »Ausgerechnet an so einem Tag!«

»Das ist eher ein Grund, Mitleid mit ihm zu haben«, warf Toss Pot ein, der in solchen Dingen zwar über ein untrügliches Urteil verfügte, doch Herz genug hatte, statt dessen Milde walten zu lassen. »Er ist fast blind, wie jedermann weiß. Er hat sich nur in der Stufe geirrt.«

Aber Snarly war nicht nach Mitleid zumute, am wenigsten bei einem von ihm im Grunde beneideten Mann in so hoch angesehener Gesellschaft.

»So blind ist Mr. Pepys aber gar nicht, wenn er ins Staatssäckel schaut. Seht euch an, was für feines Zeug er trägt. Kaum wurde er Erster Seelord, da brandmarkte man ihn als Verräter und sperrte ihn in den Tower von London. Und bald darauf war er wieder in Amt und Würden. Rein und raus wie beim Wetterhäuschen. Aber geht es ihm deswegen schlecht? Keineswegs! Fährt jetzt in einer goldlackierten Kutsche mit schwarzen Pferden. Sein Haus ist vollgepackt mit Schätzen.« Snarly erstickte fast an seiner selbstgerechten Empörung. »Woher kommt all das Geld? Jeder weiß, daß es bei Bauaufträgen für Schiffe der Marine von Korruption nur so zum Himmel stinkt. Viele Finger rühren in dem Brei herum, und in den Geldbörsen auch! Sam Pepys ist vielleicht so gut wie blind, aber er hat eine Nase, lang wie ein Elefantenrüssel. Er riecht den möglichen Profit, wenn er auch nur eine Rolle Tauwerk sieht oder einen Stapel Holz. Erzählt mir doch nichts ...»

»Wir erzählen dir gar nichts«, fuhr ihm Toss Pott dazwischen, »weil du uns nicht zu Wort kommen läßt. Hör um Himmels willen jetzt endlich auf! Wir sind hier, um uns zu amüsieren. Wenn eine Rolle Tauwerk reichte, dir die Zunge zu binden, ich würde das Geld dafür auf den Tisch legen, inklusive eines fetten Profits für Mr. Pepys. Ich wette, seine Finger sind nicht so krumm wie die von manchen anderen.« Er warf Snarly einen verschmitzten Blick zu. »Haben wir dich nicht am letzten Michaelitag in der Markthalle schnüffeln sehen? Und hinterher fehlten ein paar Rüben, war's nicht so?«

»Die Geschichte ist erfunden«, sagte Snarly giftig.

»Die Rüben auch, was? Und waren deswegen verschwunden!«

Gelächter setzte dem Streit ein Ende, und der Bischof, den das Gespräch über Markthalle und gestohlene Rüben fast so peinlich berührte wie der Gedanke an die königliche Unzucht, nahm seine tugendsame Erläuterung wieder auf.

»Dort am anderen Ende, der Bürgermeister von Portsmouth«, erklärte er. »Er trägt seine goldene Amtskette um den Hals. Wir sind gute Bekannte«, konnte er nicht umhin, zu erwähnen. »Der ältere Bruder seiner Frau ist verheiratet mit der Base der Halbschwester meiner Mutter.« Durch seinen Ton verbat er sich jede Anspielung darauf, daß es womöglich auch engere und eindrucksvollere Beziehungen gab. »Und da kommt als letzter der Herzog von York, der Bruder des Königs!«

»Ein Papist, dieser Hund!« rief Merrylegs ausgelassen und verächtlich aus, während Matthew sah, wie der große Mann mit dem düstergrauen Gesicht und ebensolcher Kleidung vortrat und sich neben Mr. Pepys setzte. »Seht ihr die Schwellung auf seinem Wanst? Da trägt er das Kruzifix des Papstes. Er hat es sich durch Kriechen verdient.«

»Durch Kriechen?« fragte Matthew verwundert.

»Ja. Er ist dem Papst in den Arsch gekrochen!«

Der obszöne Witz kränkte nicht einmal den Bischof. Da England und Rom schärfste Widersacher waren, haftete auch nur einem Hauch von Papisterei ein Gestank an wie aus einer Kloake. Nur Big Bum, der alte, für die Seefahrt zu feist gewordene Seemann, wandte sich dagegen.

»Papist, vielleicht. Das mag er sein, und er macht ja auch keinen Hehl daraus. Aber ein Hund ist er nicht! Er war schon immer genau wie der König und Sam Pepys ein guter Freund der Marine. Den Lord High Admiral von England einen Hund zu nennen, geht zu weit!«

Merrylegs aber ließ sich seine gute Laune nicht vergällen. »Dann meinetwegen einen Kater. Ich wette, daß er gern jede hübsche Nonne kratzt!«

»Um es richtigzustellen«, unterbrach der Bischof, um eine noch trübere Wendung des Gesprächs zu verhindern, »der Herzog ist nicht Lord High Admiral von England. Er war es und wurde eben wegen seiner Papisterei des Amtes enthoben. Jetzt verwaltet er die Marine. Aber die Stellung des Lord High Admiral gibt es nicht mehr.«

»Ist also noch da, der Schuft!« Das war Snarly, den die Niederlage von vorhin noch schmerzte und der verbissen auf eine zweite zumarschierte. »Und warum? – doch nur, weil er der Bruder des Königs ist. Keine einzige Seeschlacht hat er gewonnen! Man braucht nur die Namen aufzuzählen, eine nach der anderen wurde verloren. Bei Texel, die

Viertageschlacht. in der Solebay, jedesmal hat's von den Holländern Dresche gegeben. Der große Lord High Admiral also ... »

»Die Viertageschlacht haben wir gewonnen«, warf Big Bum ein. »Ich war dabei, du nicht, laß es dir also von mir sagen. Wir verloren zwanzig Schiffe, aber die Holländer hauten lange vor uns bei den Downs ab. Hätte sich Prinz Ruperts Geschwader nicht absetzen müssen, um die Franzosen in Schach zu halten ... »

»Ja ja, ist ja gut!« sagte Snarly irritiert. »Die Viertageschlacht steck dir meinethalben an den Hut. Aber kein Jahr später kam die holländische Flotte den Medway rauf, hab ich recht? Bis Gravesend fuhren sie, mit Besen an den Toppen. Durchbrachen selbst die Große Kette bei Chatham! Und wo war da der Lord High Admiral? Ich sage dir, Papisten können nicht kämpfen. Oder sie wollen einfach nicht!«

»Verrat, meinst du?«

»Meine Meinung ist ... »

Aber was auch immer Snarlys Meinung sein mochte – auf diesem gefährlichen Grund, auf dem ein Mann noch immer seinen Kopf riskierte, erfuhr die erwartungsvolle Welt sie nicht. Plötzlich dröhnte ein Kanonenschuß von den Bastionen, als sollten dadurch alle Nörgler und Verräter zum Schweigen gebracht werden. Und der dazu ausserwählte Lehrjunge, mit Bändern wie ein Maibaum geschmückt, schritt mit einem Holzhammer, der so lang war wie er selbst, zur Rampe für den Stapellauf.

Alles andere schien in diesem Augenblick nichtig und eitel wie leere Worte oder wie Wind, der verwehte.

Die Menge wartete gespannt, und dann hob König Karl den Arm. Der Hammer sauste gezielt herab, und der Pflock unter dem Hinterrad flog beiseite. Das gut geschmierte Ablaufgestell begann, rumpelnd die Helling hinunterzurollen, und dann tauchte mit munterem Platschen zunächst der Bug und danach der wohlgestaltete Schiffsrumpf ins Wasser, und die *Fubbs*, abgehoben und frei von dem Gestell, schwamm.

Sie schwamm, so ansprechend und schön wie alles, was sich auf dem Wasser bewegt. Jubel brauste auf und ging über in staunende Bewunderung, als Männer, im Inneren des Schiffes wie im trojanischen Pferd verborgen, an Deck kletterten und die Rahen zu brassen begannen und das Ruder legten. Gleich darauf drehte die *Fubbs* zum Lande und lief auf die Tribüne zu, als wolle sie dem König ihre Reverenz erweisen, und kreuzte dann anmutig durch den Hafen. Alles wurde in guter Seemannschaft besorgt, und die Menge hatte an dem eindrucksvollen Schauspiel ihre helle Freude.

»Jetzt wird sie getauft«, sagte der Bischof, der wie alle anderen mit offenem Mund staunend zugesehen hatte. »Seht da – der Pokal!«

Golden glänzte der schön geformte Pokal, der nun auf der Tribüne von Hand zu Hand gereicht wurde, vom König zur Herzogin, von der Herzogin zum Herzog von York, von diesem zu Sir Phineas Pett und dann bis hinüber zu allen anderen Persönlichkeiten der königlichen Gesellschaft.

»Mein Gott, ich wünschte, ich wäre ein oder zwei Jahre jünger«, sagte Toss Pot plötzlich während des Hinschauens. »Dann würde ich auch danach tauchen.«

»Tauchen?« fragte Matthew. »Wieso tauchen?«

»Habt Ihr noch nie so eine Taufe miterlebt? Wenn der goldene Pokal zum König zurückkommt, trinkt er ihn aus und wirft ihn ins Wasser. Und alle jungen Burschen, die ihren Stolz darein setzen, gute Schwimmer zu sein, und auch einige Narren, die dabei fast absaufen, tauchen nach dem Pokal und versuchen, ihn herauszufischen.«

»Und was dann?«

»Wer ihn fischt, darf ihn behalten. Aber was will das einfache Volk schon mit einem goldenen Pokal? Er ist zu groß, sie können ihn nicht einmal unters Bett stellen. Also verkaufen sie ihn wieder an den Schiffbaumeister.«

»Was bekommen sie dafür?« fragte Matthew.

»Was der alte Fuchs ihnen zahlt. Zwanzig Guineen vielleicht.«

Das war mehr, als sich selbst die Habgier träumen ließ. »Donnerwetter, da mach ich mit!« rief Matthew. Er hatte, abgesehen von allem anderen, ein heftiges Bedürfnis, sich zu erleichtern, und wenn er bei dieser Gelegenheit zwanzig Guineen kassieren konnte, dann würde er Wasser lassen, bis der Hafen von Portsmouth über die Ufer schwappte. »Wie geht das vor sich?«

»Kannst du denn überhaupt schwimmen?« fragte Big Bum skeptisch. »Hier gibt es Lumpen, die auf diese Chance warten, seit das Schiff auf Kiel gelegt wurde. Wo es hier um zwanzig Guineen geht, da würden die Euch die Kaldaunen rausreißen, wenn sie sehn, daß Ihr dem Gold in die Nähe kommt.«

»Ich kann schwimmen«, erwiderte Matthew. »Und was das andere angeht: Mit solchen Wasserspielen kenne ich mich aus.«

»Na, dann los«, sagte Big Bum und zeigte: »Geht da zu den Stufen.

Paßt genau auf, wo der Pokal ins Wasser fällt, und dann gleich hinterher, eh sie vor Euch den Grund aufwühlen. Wenn Ihr Glück habt, dann erwischt Ihr das Ding vielleicht noch beim Tauchen.«

»Wo will der Mann begraben sein, hier oder in Barnstaple?« fragte Merrylegs, aber Matthew war schon gegangen.

Als er sich mit den Ellbogen einen Weg durch die Menge bahnte, stieß er auf dem Absatz zu den Stufen auf einige feixende Witzbolde, dahinter aber auf eine Bande von mißtrauischen, ziemlich finsteren Rabauken. Auf die Frage, was er hier zu suchen habe, gab er keine Antwort und mied auch die ihn anstarrenden Blicke. Er richtete statt dessen die Augen auf die Tribüne und folgte aufmerksam dem Pokal, der bereits die Runde gemacht hatte und unter fröhlichem Lachen wieder beim König angelangt war.

Seine Majestät hatte es nicht eilig und genoß eine kleine Pause. Zunächst blickte er in den Pokal, schüttelte dann den Kopf, als sei er betrübt über den geringen ihm gelassenen Rest, und setzte ihn dann erst an den Mund, um ihn zu leeren. Er hatte die Menge zum Lachen gebracht, wie jeder große Mann, der es sich, ohne an Achtung zu verlieren, leisten kann, den Clown zu spielen. Dann wartete er, bis Ruhe eintrat.

Aber nicht so lange, daß die Geduld der Allgemeinheit strapaziert worden wäre. Nun flog, von kräftiger Hand geschleudert, der leere Pokal in hohem Bogen durch die Luft. Matthew Lawe streifte sofort sein Wams ab und sprang kopfüber in den Hafen. Als er wieder an die Oberfläche kam, versank kaum fünf Schritte neben ihm der goldene Preis.

Jetzt ging es stürmisch her. Wütendes Schreien, das Gelächter von Betrunkenen und jauchzendes Gekreische von Frauen, Mädchen und Kindern begleitete das Aufklatschen und Gespritze der wetteifernden Taucher. Arme und Beine wirbelten herum wie Dreschflegel, Köpfe stießen aneinander, ringsum sprudelte und schäumte das Wasser, Körper versanken wie Steine und tauchten prustend wie die Seehunde wieder auf. Verzweifelt war die Schar der um sich schlagenden ehrgeizigen oder leichtfertigen Männer hinter der Beute her.

Matthew war zwar schon mit vollgepumpten Lungen unter dieser Wasserlawine verschwunden, dennoch spürte er ihr Gewicht und auch ihre Bösartigkeit. Eine Hand packte sein Haar, und er riß sie mit blutig eingekrallten Fingernägeln von sich. Unter sich im schmutzigen Wasser hatte er den sinkenden Pokal noch im Auge, während sich zugleich die Hände eines anderen um seinen Hals klammerten.

Diesmal trat er rückwärts aus, traf den Feind in die ungeschützten Eingeweide und war wieder frei.

Mit der Beute, die er dann faßte und in seiner pludrigen Hose versteckte, schwamm er auf, ließ den Schwarm der wild prustenden Schwimmer hinter sich, als hätte er die Suche aufgegeben, und paddelte wie ein Hund an Land.

Sein Triumph begann, als er, durchnäßt und bis zur Hüfte nackt, in der von dem Bischof bespöttelten, mächtig ausgebeulten Pluderhose die Stufen hinaufstieg. Er nahm sein Wams von einem freundlichen Zuschauer entgegen, und nun wurden, da er als erster aus der Wasserschlacht zurückgekehrt war, alle seine Bewegungen genau beobachtet, auch von der königlichen Tribüne aus.

Kein von göttlicher Eingebung befeuerter Schauspieler hätte je brausenderen Beifall entgegennehmen können als er, während er jetzt das goldene Gefäß hervorholte und hoch durch die Luft schwang.

»Bravo, er hat ihn!« riefen die ihn umdrängenden Zuschauer, und dieser Ruf pflanzte sich von Mund zu Mund fort, während die Sonne den blitzenden Pokal in Brand zu setzen schien. Sofort schloß die Menge den tapferen Gewinner ins Herz, und der Jubel hallte über den Hafen hin. Nicht weit von ihm vollführte die Gruppe seiner neuen Freunde regelrechte Freudensprünge. Selbst der Bischof schwenkte seinen schwarzen Hut würdevoll, wie bei einer Gedenkfeier, und auch die noch im Wasser wie närrisch herumkämpfenden Mitbewerber hielten bei ihrem Possenspiel inne und spendeten ihm, der Verkörperung der eigenen Niederlage, ihren Beifall.

Noch nie in seinem Leben hatte Matthew es wie hier erlebt, daß seine Freunde seinen Feinden gegenüber in so überwältigender Mehrheit waren.

Aber der Höhepunkt dieses einzigartigen Tages stand noch bevor. Becher voll Bier, neugefundene Freunde, tollkühne Schwimmer und selbst ein goldener Pokal waren schließlich wenig im Vergleich mit dieser Versammlung von Schiffbaumeistern und hohen Herren der Marine, der auch eine Herzogin, ein königlicher Herzog und der König selbst angehörten. In der folgenden Stunde machte Matthew Lawe einen riesenhaften Schritt vorwärts. Dieser Zustand konnte nicht dauern, aber während er anhielt, war sein persönlicher Himmel erleuchtet wie einst eine ganze Welt aus Eis durch das Nordlicht.

Noch während er, von unbekannten Verbündeten umdrängt und eine Wasserspur hinter sich lassend wie ein Kind, dem ein Mißgeschick widerfahren ist, mit seinem Gewinn die Stufen zum Podium hinaufstieg, dachte er: »Man kann mich jetzt nicht töten, einerlei, was ich tue.« Und eine Stunde später dachte er: »Mehr können sie mich bei Gott nicht lieben, selbst wenn ich einer von König Karls Spanielhunden wäre!«

Als erster nahm ihn der Urheber der prunkvollen öffentlichen Veranstaltung in Empfang, der Bürgermeister von Portsmouth in eigener Person. Seine Gnaden, vor ihm stehend, erschien ihm irgendwie weniger eindrucksvoll als seine Amtskette: ein kleines überlaufendes Fäßchen von Mann, winzig wie ein in einer tiefen Schlucht ausgesetzter Zwerg, gerötet und schwitzend unter der Bürde dieses Tages, der ihm Anstrengungen und Katastrophen eingebracht haben mußte, von denen er sich am Tage seiner Wahl nichts hatte träumen lassen. Doch vor Matthew Lawe zumindest konnte er die Autorität seiner Amtsstellung herauskehren.

»Gut gemacht, junger Mann«, war alles, was er hervorbrachte, als er seine Augen mißbilligend auf diese hergelaufene Vogelscheuche richtete. »Aber bleibt auf der Treppe, auf der Ihr steht. Gebt mir den Pokal«, er streckte seine plumpen Hände vor, »und ich werde dafür sorgen, daß Ihr nach Gebühr belohnt werdet.«

Matthew mochte an jedem anderen Tag Ja gesagt haben. Aber er hatte im Übermaß Bier genossen und eine ebenso große Portion an Triumph, der ihn befeuerte. Eine Gasse hatte sich zwischen den Personen auf der Tribüne geöffnet, als sie sich dem Sieger zuwandten, und eine Gasse öffnete sich jetzt auch in seiner Vorstellung. Die Augen der Prominenz waren auf ihn gerichtet, wie ihm ein flüchtiger Blick bestätigte, und gekrönt waren sie von einem richtigen König. Er wollte selbst ein Zeichen setzen und wünschte alle diese Lakaien, die sich ihm in den Weg stellten, zum Teufel.

»Ich möchte ihn selbst übergeben«, sagte er bestimmt.

»Was!« sagte der entsetzte Bürgermeister hastig flüsternd. »Der Leitende Schiffbaumeister ...«

Aber er hatte es nicht leise genug gesagt. »Laßt ihn durch, wenn's recht ist, Bürgermeister«, unterbrach ihn die Stimme der Majestät. »Er hat es verdient.« Und dann in leutseligem Ton: »Pett! Öffnet den Spendenbeutel, einen verdienten Mann zu belohnen!«

Aber es war nicht Sir Phineas Pett, auf den Matthew zusteuerte. Eine gewisse Dreistigkeit hatte von ihm Besitz ergriffen und eine eigentümliche Gewißheit, daß an diesem glücklichen Tag das Beste noch kommen würde und nur auf ihn warte. Und auch jetzt konnte ihn niemand bestrafen, wenn er versuchte ... Undeutlich sah er vor sich die hohe Gestalt des Monarchen, neben ihm jedoch sehr klar einen reizenden Schatz.

Unverzüglich marschierte Matthew vor und verbeugte sich so tief, wie er Henry Morgan sich hatte in aller Ergebenheit vor einem ähnlichen Schatz verbeugen sehen und bot den goldenen Fubbs-Pokal der Fubbs selber an.

Louise de Kéroualle, Herzogin von Portsmouth, war keine unschuldsvolle Heilige. Eine Frau, die es von der Hofdame zur Geliebten des Königs, von einer französischen Spionin zum königlich-englischen Glückskind und vom hübschen kleinen Mädchen zur erfahrenen Mätresse gebracht hatte, war jeder Situation, wenn es nicht gerade eine Vergewaltigung war, gewachsen. In ihrer anstrengenden Laufbahn hatte sie jede Art von Annäherungen erlebt, von grauen, schleimigen Jesuiten und hohlköpfigen Höflingen, von scheuen Einfaltspinseln und lüsternen Frauenhelden, und kundig hatte sie an Matthew Lawe Maß genommen, bevor er sich wieder aufrichtete.

Kräftige, gut gebaute junge Männer, die im Übermut ihre Grenzen nicht wahrten, waren nichts Seltenes. Sie verschwanden, so schnell sie gekommen waren.

Ihre Antwort an diesen Neuling war sowohl englisch wie französisch, zugleich weiblich und weise, und alles dies auf einmal. Ein strahlendes Lächeln zeigte sich in ihrem Gesicht, sie nahm den Pokal entgegen, und dann – Wunder über Wunder – machte sie vor dem Geber einen Knicks. Ein königliches Schmunzeln, ermutigendes Lachen ringsum, Beifallsrufe und fröhlich zustimmendes Gemurmel von seiten der Allgemeinheit verrieten, daß sie sich der Lage vollendet gewachsen gezeigt hatte.

Der kräftige, übermütige junge Mann verlor seine Dreistigkeit und wurde in diesem Augenblick wieder zum gefügigen Sklaven.

Doch hatte er seine Sinne noch so weit beisammen, daß er hieraus eine Lehre zog, die Lehre nämlich, daß Leute, ob hochgestellt oder niedrig, selten dem Bild entsprachen, das sich die Allgemeinheit von ihnen macht. Die strahlende Fubbs, obwohl reizend und elegant, erschien ihm jetzt als eine abgezehrte Schönheit. Wenn sie noch als Mätresse gelitten wurde, so mußte das eher auf ihre Zungenfertigkeit zurückzuführen sein als auf ihre körperlichen Qualitäten als Hure. Sie war in ihren mittleren Jahren und kaum noch ein Leckerbissen für einen lüsternen Mann.

Der lüsterne Mann selbst, dessen Blicke jetzt Matthew durchbohrten, war in diesem Reich kein König mehr. Er wirkte mit seinen zweiundfünfzig Jahren verhärmt; der stürmische, einst zügellos ausschweifende Monarch war nichts mehr als eine große, dürre, in sich zusammengesunkene Gestalt, die sich nur noch für eine längst ausgespielte Rolle so verschwenderisch herausputzte.

Er mochte geliebt werden wegen seiner aufopfernden Liebe für sein Land, aber das lüsterne Tier, das er als Mann gewesen war, schien sich nun strauchelnd auf sein Grab zuzubeugen, dessen bester Teil des Lebens der Erinnerung angehörte. Die Maske des aufgeputzten Pfaus konnte nicht die Krähe verbergen, die daruntersteckte.

Aber vor den Untertanen, die ihn verehrten, konnte er immer noch den König spielen, und das tat er jetzt. Seinen scharfen Augen war keine Einzelheit in dem Verhalten Matthew Lawes und der Herzogin entgangen, und großzügig machte er das Beste daraus.

»Ihr schwimmt wie ein Fisch«, sagte er lächelnd. »Wo habt Ihr das gelernt?«

»Ich bin Seemann, Sir«, antwortete Matthew verlegen.

Hinter sich hörte er den Bürgermeister von Portsmouth pflichteifrig zischen: »Sire heißt es!«

»Seeleute sind das Rückgrat dieses Landes.« Wieder lächelte der König mit einem Anflug von Selbstironie. »Könnte ich Rühmlicheres sagen, hier in Portsmouth? Euer Name?«

»Matthew Lawe, Sire.«

»Nun, Matthew Lawe, Ihr habt heute mehr als diesen Preis gewonnen.« Er warf der Herzogin einen vertraulichen Blick zu. »Ich habe kaum je so viel Höflichkeit erlebt, von beiden Seiten.«

»Er folgte darin nur dem Beispiel seines Königs, Sire«, sagte die Herzogin schnell.

»Ich hoffe nicht. Das wäre die schlimmste Majestätsbeleidigung.«

Ein absonderliches Zwischenspiel war das, etwas, das weit über die Begriffe gewöhnlicher Sterblicher hinausging. Es schien selbst den Herzog von York einzubeschließen, der düster und ohne zu lächeln abseits von allem und jedem dastand, abseits von seinem Bruder, dem König, abseits von der königlichen Mätresse und auch von dem schäbigen, halb ertrunkenen Seemann, der in das würdevolle Fest eingebrochen war. Dieses Abseitsstehen verfehlte nicht seine Wirkung. Eine Pause trat ein, und ein gewisses Unbehagen machte sich in der hohen Gesellschaft bemerkbar, wie wenn sie das Gefühl beschlich, sie habe sich nun lange genug herabgelassen und müsse die Reihen jetzt wieder schließen und zur gewohnten Ordnung zurückkehren.

Wieder ergriff Fubbs die Initiative. Sie wandte sich dem König zu und flüsterte ein paar Worte, worauf sich sein Gesicht augenblicks erhellte.

»Aber ja!« rief er aus. »Du hast den Pokal, der Seemann aber bekam für all seine tapfere Mühe nichts. Er hat mehr verdient als nur einen Knicks.« Plötzlich ging wieder ein Lächeln über alle Gesichter, und König Karl hatte die Gesellschaft in gewohnter Weise in der Hand. »Herr Bürgermeister!«

Der Bürgermeister von Portsmouth, der stets gleichsam zwischen der Ehre des großen königlichen Ereignisses und dem Risiko einer öffentlichen Panne schwebte wie zwischen Himmel und Hölle, machte zitternd seine Aufwartung.

»Majestät?«

»Nehmt bitte Euren Bürgermeisterhut ab und verwendet ihn zu einem nützlichen Zweck.« König Karl, ob er scherzte oder nicht, konnte selbst leicht hingeworfenen Worten das Gewicht eines Befehls geben, und was folgte, war in der Tat ein Befehl. »Es ist uns eine Ehrenpflicht, diesen Pokal auszulösen. Geht hier auf der Tribüne umher und sagt«, es gelang ihm trotz seines majestätischen Benehmens, treffend den die Prominenz in Ergebenheit anflehenden Bürgermeister von Portsmouth nachzuahmen, »sagt zu jedem: ›Spendet bitte eine Guinee, guter Herr, eine Guinee oder dergleichen für den Schwimmer‹. Wendet Euch in Eurem Eifer an meinen königlichen Bruder, an den Schiffbaumeister, der bislang unauffällig beiseite stand, an Mr. Pepys und alle wohltätigen anderen Spender. Ich gehe mit gutem Beispiel voran.«

Das tat er auch. Sein freundlich erhobener Finger veranlaßte einen neben ihm stehenden Höfling, eine silberne Geldbörse hervorzuholen, aus der fünf Goldguineen in den Filzhut des Bürgermeisters landeten wie Kanarienvögel auf einer braun verbrannten Rasenfläche. Andere folgten diesem Beispiel, es blieb ihnen angesichts des Königs nichts andres übrig, während nun der Sammler seine Runde machte.

Am Ende enthielt der hohe Hut des Bürgermeisters mehr Gewicht an Gold, als er je an Gehirn beherbergt hatte, und als es dann in Matthews aufgehaltene Hände geschüttet wurde, gewährte man ihm allerseits jenes Lächeln, das einem Sieger zusteht. Eine Weile stand er wieder im Mittelpunkt der Aufmerksamkeit, als Günstling des Königs in einer

Welt, in welcher der Zufall einen Mann erheben oder zerbrechen konnte und einer Frau noch sehr viel Schöneres oder Schlimmeres bescheren.

Er empfing sogar ein kühles Wort der Anerkennung vom Herzog von York, und leutselig nickte ihm Sir Phineas Pett zu, der durch zwei großzügig gespendete Guineen ein Lösegeld von zwanzig sparte. Matthew Lawe, der hier eine kurze Stunde lang der Held des Tages war, schwirrte der Kopf, nie während all seiner armseligen Jahre war er bisher so geschätzt und verwöhnt worden.

In diesem Augenblick kehrte die *Fubbs* in den Hafen von Portsmouth zurück, und alle Augen, alle Aufmerksamkeit wandten sich nun von dem einen Spielzeug ab, um sich wieder auf dieses andere zu konzentrieren. Matthew hatte seinen Schatz sicher in seiner Hose verstaut und war unschlüssig, auf welche Weise er sich zu verabschieden habe. Seine Stunde war abgelaufen, und keiner fragte mehr nach ihm. Verschwand man einfach?

Die Antwort darauf brachte ein weiterer Zufall. Als die kleine Yacht einlief, vergaß selbst die vornehme hübsche Gesellschaft auf der Tribüne ihre höfischen Manieren und drängte sich vor, um günstige Aussichtspunkte zu ergattern. Das bekam einer kleinen linkischen Gestalt schlecht, die angerempelt und von kräftigeren Personen zurück und beiseite geschoben wurde.

Es war Mr. Samuel Pepys, der gestürzt wäre, wenn Matthew nicht hinzugesprungen wäre und ihm unter die Arme gefaßt hätte. Obwohl er durch diese Hilfe sein Gleichgewicht ebenso wie seine Würde bewahren konnte, schien er keineswegs erfreut.

»Diese Menschenmasse!« sagte Mr. Pepys gereizt. »Es ist, als sei man in Bedlam unter die Irren geraten!« Er wandte sich dem Samariter zu, den er noch nicht erkannt hatte, und musterte ihn mit seinen kurzsichtigen Augen. »Danke für das kräftige Zufassen. Wer seid Ihr, Mann?«

»Matthew Lawe, Sir. Ich habe den Taufpokal heraufgeholt.«

»Aha, der Seemann, der schwimmen kann. Das gibt es bei Seeleuten nicht allzu häufig.«

Matthew hatte bislang keine rechte Vorstellung, was für ein wichtiger Mann solch ein Sekretär des Marineamtes eigentlich war. Sicher war er ein herrischer Tyrann, der Macht über Leben und Tod des gemeinen Seemanns hatte und mit finster heruntergezogenen Augenbrauen explodieren konnte wie ein Vulkan. Aber der Samuel Pepys, den er jetzt vor sich hatte, war ein ganz anderer Mensch. Mit seiner winzigen Statur reichte er Matthew kaum bis zur Schulter, und feist war er und nervös und schien wie eine dickbäuchige Marionette an Schnüren zu hängen, die, weil sein Dienstherr es sich leisten konnte, aus Seide waren.

Er hatte ein kluges Gesicht, aber nichts Gebieterisches an sich. Entkleidet man ihn seiner Würden, dachte Matthew, zieht seinen hohen Rang ab, dann konnte er ein ältlicher Angestellter in einem Anwaltsbüro sein, dessen Sehkraft durch die ewige Schreiberei auf muffigem Pergament gelitten hatte.

Aber wie es auch mit seinem Äußeren bestellt sein mochte, Mr. Pepys war fraglos eine starke Persönlichkeit, wie sich gleich zeigte. Und er hatte Humor.

»Ihr habt es gut gemacht, Matthew Lawe. Ich hörte, daß der König Euch Seemann nannte.«

»Aye, Sir.«

»Ja, Ihr habt uns überfahren wie ein mutiger Seemann. Das Entern der Dame Fubbs war ein höchst verwegener Akt. Ich habe für weniger Verwegenheit zwölf Monate im Tower zubringen müssen. Ich hoffe, bei der Sache ist ein hübscher Profit herausgesprungen.«

»Ich habe das Geld noch nicht gezählt.«

»Dann seid Ihr weiß Gott ein Seemann! Aber wenn Ihr es zählt, dann werdet Ihr dabei ein Goldstück finden, das von mir ist. Und Gold ist heutzutage so selten wie Federn an einem Ei.«

Matthew konnte nicht umhin, »Danke, sehr freundlich, Sir!« zu sagen, obwohl die Spende nicht ganz so übertrieben war wie Mr. Pepys Art, davon zu reden.

»Es war meine Pflicht und mir ein Vergnügen«, fuhr Mr. Pepys mit ausholender Gebärde fort. »Die alten Sitten sollten eingehalten werden, selbst in diesen zügellosen Zeiten ... » Er warf einen kurzen Blick auf die an der Tribüne entlangfahrende Yacht, die dann lebhaft wie ein Fohlen in eine frischere Brise drehte, und rief: »Wirklich das Schönste, was je auf dem Wasser schwamm. Und wenn das königliche Vergnügen daran abflaut, können wir sie als Wachschiff vor Chatham oder Sheerness verwenden. Seid Ihr je auf einem Schiff des Königs gefahren?«

»Ich – nein, Sir.«

Pepys sah ihn musternd an. »Ihr zögert. Worauf seid Ihr dann gefahren? Ihr braucht jetzt in Friedenszeiten keine Angst vor der Pressgang zu haben.«

»Ich weiß, Sir. Ich wollte nur sagen, daß ich keinen besonderen Dienst geleistet habe. Alle Schiffe im ganzen Land gehören dem König.«

»Und das ist gut so. Ob Krieg oder Frieden, sie alle dienen einem gemeinsamen Zweck. Wir müssen sie alle fest zusammenfassen, zu einer einzigen schlagkräftigen Waffe.« Er strich über seine hellblauen Ärmel mit den Spitzenfransen, bis sie ihm richtig zu sitzen schienen, dann rieb er seine plumpen Hände aneinander. »Also gut, ich muß wieder an meinen Schreibtisch, und Ihr wollt gewiß wieder an Bord. Sicher habt Ihr eine Heuer auf einem Schiff.«

»Nein, Sir. Wir müssen nehmen, was sich uns bietet, und sonst eben hungern.«

Mr. Pepys blickte ihn scharf an, was seine angebliche Kurzsichtigkeit Lügen strafte. »Wie könnte man das bessermachen? Was sagt Ihr als Seemann dazu?«

Matthew, durch die leutselige Offenheit ermutigt, erwiderte: »Behandelt uns, Sir, als Männer von Würde, die man nicht nach Laune anheuert oder von Bord jagt.«

»Aber wenn doch nicht genügend Schiffe da sind?«

»Heut mag das noch stimmen, aber schon morgen ist es eine Lüge.«

»Gut gesagt! Ihr seid klüger als Eure Jahre. Aber glaubt mir, zu Eurem Trost, es sind Männer am Werk, die sich mit diesen Problemen befassen. Ich bin einer davon.«

Als er allein war, zählte Matthew seinen Gewinn. Es waren vierundvierzig Goldguineen und einige weniger wertvolle Münzen (welcher Kirchen-Kollekte mochten sie entgangen sein?), aber eine ansehnliche Summe. Nun war er, solange es dauerte, reich an irdischen Gütern, ja, er fühlte sich wie der reichste Mann auf der Welt. Aber dabei dachte er weder an den König noch an die launische Herzogin und nicht einmal an den Bischof und seine ungleichen Freunde.

Von all dem bunten Gepränge und fröhlichen Drumherum blieb ihm am besten im Gedächtnis ein kleiner, einsamer, witziger alter Geselle mit, wie es schien, großen neuen Ideen über die christliche Seefahrt: der Sekretär Pepys in den Diensten Seiner Majestät, der am Ende auch ihm, Matthew Lawe, zu Diensten sein sollte.

II

Als Matthews Guineen unter dem Andrang all der lebenslangen Freunde, die man in jeder Kneipe der Stadt findet, auf zehn zusammengeschmolzen waren, machte er Schluß mit dieser Dummheit und ließ sich im Hafen von Portsmouth anheuern. Sein Schiff war die *Grace & Favour*, ein bescheidenes Kohlenschiff, das zwischen London und dem fernen West Country fuhr. Sie schipperte so lange durch den Kanal, bis sie ihr schwarzes Gold bis auf den letzten schmierigen Eimer voll Kohlengrus verhökert hatte, und nahm dann wieder Kurs auf den Heimathafen.

Auf der Heimreise war die *Grace & Favour* mit allem beladen, was nicht von selbst schwamm: Käse aus Cornwall, Rindern, mit reifem oder verfaultem Obst, Dung von Gänsen oder den Gänsen selbst, Seebarben, gesalzenen Sardinen, mittellosen Passagieren und Fässern mit Bier aus Plymouth.

Das Schiff war also nicht nur bescheiden und besaß wenig von dem, was sein Name bedeutete, nämlich Grazie und Gunst, sondern war auch dreckig – ein schäbiger, die Küsten abklappernder Vagabund. An Bord dieses kleinen Stinkkastens rundete er ein gutes Jahr später das North Foreland von Kent und erreichte so den Hafen von London.

Er hatte ihn seit den Tagen an Bord von Henry Hudsons *Discovery* nicht gesehen, und was sich ihm jetzt, im Frühjahr 1684, hier bot, war erstaunlich.

Dieses große neue London war herrlicher als jeder Phönix aus der Asche der abgebrannten Stadt entstiegen. Nach der schlimmen Pestepidemie, die in einer einzigen Woche siebentausend Bürgern einen qualvollen Tod beschert hatte, und nach der größten je in England erlebten Feuersbrunst schien alle Hoffnung und mit ihr die Stadt selbst am Ende. Aber König Karl und sein hervorragender Architekt Christopher Wren hatten nicht nur Hoffnungen, sondern auch großartige Ideen und Unternehmungsgeist, sie zu verwirklichen.

Jetzt bot die Stadt dem Auge mit langen Reihen herrschaftlicher, vollendet ausgeführter Gebäude einen erhebenden Anblick, der am Ostrand durch die neue, hoch aufragende Kuppel der St. Pauls-Kathedrale gekrönt wurde.

Am anderen Ende, an der großen Biegung des Flusses, erhob sich wie ein sicherer Anker, an dem die Stadt wohlbehalten festlag, der von

Türmen überragte Palast von Whitehall, mit dem der König sich einen Traum verwirklicht hatte.

Aber in dieser weit ausgedehnten Metropole voller goldener Verheißungen fühlte sich Matthew wieder als Waisenkind, war er nicht mehr als ein Wanderer am Flußufer. Gute Schiffe gab es nicht viele, und der Dienst an Bord armseliger Fahrzeuge sicherte einem allenfalls ein Hungerdasein. Es war, wie er es aus uralter Erfahrung, die keiner, ob hoch oder niedrig, mit ihm teilen konnte, zu Sekretär Pepys gesagt hatte: war er abgemustert, dann verrottete der Seemann wie ein Bootswrack im Schlick, ohne daß sich Gott und die Welt um ihn kümmerten.

Doch wieder einmal kam ihm der Zufall zu Hilfe, das glückbringende Kleeblatt im Blumenstrauß des Lebens, und ebnete ihm den Weg nach oben und, wie es schien, für immer.

An einem Aprilmorgen, der so warm war, das man glauben konnte, es sei endlich in England der Frühling gekommen, schlenderte er am Kai vor dem Somerset House entlang und wurde Zeuge einer höchst verzweifelten Szene. Zentralfigur war ein livrierter Jollenführer, ein Choleriker offenbar, dessen Gesicht so scharlachrot war wie sein Rock, und der fast platzend vor Wut einmal in diese, einmal in jene Richtung auf die Straße am Flußufer starrte.

Er schleuderte Matthew, als dieser in Sicht kam, einen funkelnden Blick zu und wandte sich dann mit einem Fluch ab. Man brauchte kein Wahrsager zu sein, um herauszufinden, daß er auf jemanden wartete und zugleich in höchster Eile war. Unter ihm am Kai lag sein müßig in der Tide dümpelndes Boot: eine hübsche kleine, wie eine Kutsche vergoldete Ruderjolle mit zwei Duchten. Ihre Heckbänke waren für ein halbes Dutzend Passagiere mit Kissen ausgelegt.

In ihr befanden sich zwei Riemen, die nicht besetzt waren, und eine ebenfalls unbesetzte Ruderpinne sowie außerdem ein Mann in gleicher roter Livree. Dieser Mann sah traurig vor sich hin und saß, so ganz anders als der Mann auf dem Kai, zusammengesunken da. Er wartete ebenfalls, aber ihn schien die Zeit offenbar nicht zu drängen. Ihn bedrückte nichts als die Last der Untätigkeit. Seine hängenden Schultern und seine leeren Augen verkündeten: Wenn ich rudern muß, rudere ich. Wenn ich hier sitzen soll, tue ich auch das; bereit bin ich zu beidem.

Vielleicht war er nur auf jährliche Kündigung angeheuert, vielleicht sogar fest angestellt. Jedenfalls belastete die Welt um ihn herum ihn nicht.

Der Jollenführer auf dem Kai stampfte auf und fluchte von neuem.

Dann, als sich Matthew näherte, drehte er sich ruckartig nach ihm um.

»He!« bölkte er ihn an. »Kannst du mit einem Riemen umgehen?«

Matthew, gut gelaunt wie er war, antwortete dem bedrängten Mann mit leichtem Spott: »Aye, Meister«, sagte er einfältig wie ein Bauer, »Wieso soll ich damit umgehen?«

Das Gesicht des Bootsmanns wurde noch röter. Er rang die Hände. Um ihn zu beruhigen und vor einem Zusammenbruch zu bewahren, gab Matthew nach.

»Aye, ich kann rudern. Was braucht Ihr? Einen Mann am Bug oder einen Schlagmann? Und wozu die Aufregung?«

Der Jollenführer starrte ihn an, aber plötzlich schien der Dampf wie entwichen. »Das klingt Gottseidank, als hätte ich es mit einem Seemann zu tun! Ich bin zum Palastanleger bestellt.« Er zeigte hinüber zum Palast von Whitehall. »Und zwar für sofort! Und ich habe keinen, den ich an den zweiten Riemen setzen kann. Dieser Hundsfott da unten ist entweder krank oder betrunken. Also muß ein anderer ran, sonst verliere ich ein Silberstück und meinen Ruf!«

»Wieviel bekomm ich dafür?« fragte Matthew.

Der Bootsmann stellte sich großzügig. »Wirst schon auf deine Kosten kommen.«

»Wieviel?« wiederholte Matthew seine Frage, denn er kannte diese Sorte von Flußschiffern. »Entweder Ihr zahlt nur für die Überfahrt oder pro Stunde oder pro Tag. Ein Versprechen genügt mir nicht, davon werde ich heute abend nicht satt.«

»Du verdammter Schacherer!« brüllte der Jollenführer. Doch irgendwo schlug jetzt eine Kirchenglocke die Stunde, und er sprang hoch. »Also gut, einen Tageslohn für die Zeit, die du arbeitest.« Und als Matthew nickte, sprang der Jollenführer hinunter in sein kleines Boot und winkte ihn zu sich. »Beeil dich!« rief er. »Und wirf diesen Umhang über, Seine Gnaden erschrickt ja sonst vor dir wie vor einer Vogelscheuche.«

Als sie gegen die Tide hinübergepullt waren und an den Stufen zu Whitehall festmachten, stellte sich heraus, daß »Seine Gnaden« niemand anders war als Mr. Samuel Pepys.

Der kleine Mann war an diesem Morgen nicht allein; bei seinem Abschied von Whitehall umgaben ihn Höflinge, die sich verbeugten, Diener, die ihm über den hölzernen Ponton halfen, Sekretäre mit einer Kiste voller Akten, die sie sorgsam im Boot verstauten, und selbst der Herzog von York ließ sich kurz sehen, als er ihm vom Innenhof her zum Abschied winkte. Es war offensichtlich, daß Mr. Pepys, vielleicht gerade in der letzten halben Stunde, in den Augen der Welt erheblich an Achtung gewonnen hatte.

Er war bester Laune und winkte, als er an Bord stieg, seinen Leuten aufgeräumt und äußerst leutselig zu. Und auch, als sie ablegten und zum Fahrwasser ruderten, verließ ihn seine Hochstimmung nicht.

»Jem Belcher«, redete er den Jollenführer mit gespielter Strenge an, »Ihr habt mich ganz schön versetzt!«

»Bitte um Verzeihung, Sir. Mein Hilfsmann ist krank.«

»Das schert mich einen Dreck, und wenn er heute morgen gehenkt worden wäre! Wenn Ihr mich versetzt, dann kommen auch die Diener im Vorzimmer nicht zurecht, dann stehlt Ihr auch dem König seine Zeit, und das ganze Königreich gerät ins Wanken.« Aber im Grunde schien das alles Mr. Pepys nichts auszumachen. Was ihn so verändert hatte, das hatte die Welt um ihn herum ebenfalls verändert, und nichts konnte daran etwas rückgängig machen. Als er nun kaum einen Schritt entfernt von Matthew Lawe, den er aber nicht erkannt hatte, auf seinen Kissen thronte, war er ein König von eigenen Gnaden und konnte befehlen, was ihm in den Sinn kam.

Jem Belcher kam mit dem Ruder auf, als die Jolle jetzt in den Ebbstrom geriet. »Zum Anleger vor Westminster, Euer Gnaden?«

»Nein. Ich habe heute morgen zwei Stunden frei. Bringt mich flußabwärts zum Tower. Da wird sich dann schon eine Kutsche zur Rückfahrt finden. Und plagt euch nicht zu sehr. Ich möchte die Fahrt genießen.«

Unter sanften Ruderschlägen, denen das rasch ablaufende Wasser nachhalf, fuhren sie im hellen Sonnenschein die große Schlagader der Themse hinunter. Die schönen Gebäude zur Linken und die grünen Wiesen und Beete der Lambeth-Marsch am Südufer waren ein herrlicher Anblick. Hier ließ es sich frei atmen, anders als in den engen Gassen der Stadt mit ihrem Menschengedrängel. Hier im Heck des Bootes von dem herrlichen Fluß aus hatte man den besten Blick auf London.

»Besser als zu Pferde!« rief Mr. Pepys. »Besser als in meiner eigenen Kutsche. Es gibt keine schönere Fahrt durch die Stadt.« Aber da er nicht nur einen Sinn für große Dinge, sondern ebenso für die kleinen hatte, fragte er den Bootsmann: »Euer Mann ist krank, sagt Ihr?«

»Aye, Sir, Doggett hat mich im Stich gelassen. Aber ich habe einen anderen gefunden.«

Mr. Pepys wandte sich um und sah Matthew zum ersten Mal genauer an. Wie scharf die blassen Augen sehen konnten, war nicht klar, aber es mußte wohl doch genügen. »Ich kenne Euch«, sagte er.

Matthew, der langsam vor sich hinpullte, sah auf und nickte. »Von Portsmouth her, Sir«, sagte er. »Es war beim Stapellauf der Yacht *Fubbs*. Ich bin...«, »Matthew Lawe, der Schwimmer!« rief Mr. Pepys. »Und Seemann. Seid Ihr mir gefolgt, Matthew?«

Matthew grinste. »Nein, Sir. Aber ich täte es gern.«

Das war, wie sich aus dem finsteren, empörten Gesicht Jem Belchers ablesen ließ, eine kühne Bemerkung. Sie war Matthew nur von ungefähr über die Zunge gerutscht und hätte vollkommen unbeachtet bleiben können. Aber an diesem glücklichen Tag kam es anders.

»Das tätet Ihr also.« Mr. Pepys, der wahrhaftig kein Narr war, schien an diesem Morgen nichts anderes im Sinn zu haben als die Brüderlichkeit unter den Menschen.

»Ihr wärt der erste, der eine feste Stellung sucht.« Aber es war nicht boshaft gemeint, wie seine nächsten Worte bewiesen. »Ihr seid ein Glückspilz, Matthew Lawe. Ich bin an diesem Vormittag aufgelegt, zu allem in der Welt Ja zu sagen.«

Dann herrschte lange Zeit Schweigen, nur der schwere Atem von Jem Belcher war zu hören und gelegentlich ein Seufzer von dem Mann in Matthews Rücken – dem Bugmann mit seiner sturen Gleichgültigkeit, für den der Tag heute nicht erfreulicher war als der gestrige und als alle künftigen Tage es sein würden. Der Fluß und die Stadt entfalteten sich vor ihren Augen, die Jolle schwankte in den Stromwirbeln, die Riemen knarrten, die Vögel sangen, und auf alles schien strahlend die Sonne herab.

Zwei Meilen flußabwärts schossen sie durch die Wirbel der Tide an den Pfeilern der London Bridge vorbei mit ihren fünfzehn engen Bögen und der Doppelreihe von Häusern und Läden, die wie Festungwälle auf ihrem steinernen Rückgrat kauerten. Und so gelangten sie zu der Landetreppe vor dem Tower, dem Ziel ihrer Fahrt.

Mr. Pepys erwachte aus seinen Gedanken, die sich weiß der Himmel womit beschäftigt hatten, und stand auf, als das Boot anlegte. »Ich habe eine Kassette«, erklärte er mit einem Blick auf Matthew, »voller Staatspapiere, was bedeutet, daß es mich den Kopf kostet, wenn Ihr sie in den Fluß fallen laßt. Wenn sie unterwegs verlorengeht, kostet es den Euren. Könnt Ihr mir die Kassette tragen und mir eine Kutsche heranrufen? Seid ihr frei?«

»Aye, Sir.«

Der Bugmann zog das Boot dicht an den Kai heran, Mr. Pepys stieg aus, und Matthew folgte ihm mit der geschulterten Kassette. Dem Jollenführer Jem Belcher schien diese Szene gründlich die Stimmung verdorben zu haben. Mit drohendem Gesicht berührte er Matthews Arm.

»Was hast du vor, du Kröte?» raunzte er ihn an. »Willst ihm den Arsch lecken, dem großen Mann, willst du springen wie ein Hund, wenn er mit den Fingern schnippt, was? Du stehst bei mir unter Vertrag! Ich zahle nicht, wenn . . .«

Matthew schwenkte die Kassette herum und sah ihm voll ins Gesicht. Wütende Menschen waren nichts Neues für ihn und nichts, was ihn weiter aufregte. »Es kostet Euch nichts«, sagte er großzügig. Dann fügte er begütigend hinzu: »Danke, Jollenführer. Habt Eure Sache gut gemacht«, und ließ ihn stehen, wie er ihm zu Anfang begegnet war: außer sich vor Wut.

Auf der langen rumpelnden Kutschfahrt durch das neuerbaute Herz der Stadt schien Mr. Pepys sich fortwährend an allem zu begeistern. Ob sie ein hoch aufragendes, prächtiges Gebäude sahen oder einen Fischer, der mit lauter Stimme seine Ware anpries, oder ein hübsches Mädchen, das ihre Brust der Sonne entgegenhielt – während der ganzen Fahrt redete der große Mann, der im Boot so schweigsam dagesessen hatte, ohne Unterbrechung.

Matthew Lawe, der aufmerksam und zugleich zurückhaltend zuhörte, fand erst in den nächsten Tagen heraus, was diese frohe Stimmung verursacht hatte. Mr. Samuel Pepys war, kurz gesagt, am gleichen Tage nicht nur wegen seiner Verdienste voll rehabilitiert worden, sondern hatte auch die höchste Machtstellung seines Lebens errungen. Er war gerade vom Schloß Windsor zurückgekehrt, wo er sich für eine wahrhaft königliche Ernennung bedankt hatte.

Von diesem Tage an führte er, nach Aufstieg und Niedergang, nach manchen Erfolgen und bitteren Rückschlägen, den Titel eines Sekretärs der Admiralität, war praktisch der Marineminister des englischen Königreiches. Er war nun ein wirklicher Seelord mit der Befugnis, seine geliebte Flotte zu reformieren, und zwar vom neugestreckten Kiel bis zum Flaggenknopf, vom Pulverjungen bis hinauf zum Kapitän, und das alles nach seinen eigenen Vorstellungen. Seine Fahrt von Whitehall zum Tower war ein Atemholen gewesen, ein einziger freudiger Seufzer der Erleichterung, bevor er sich rüstete, seinen Traum zu verwirklichen.

Da Mr. Pepys ein sterblicher Mensch war, sündig von altersher und jetzt frisch an der Macht – unterließ er es nicht, auch einen befriedigten Seitenblick auf sein fürstliches Einkommen zu werfen: zweitausend Pfund im Jahr, dazu freie Wohnung, einen Fond für Reisen und alle anderen Vergütungen, die das Amt mit sich brachte, ein Einkommen, das den höchsten Machtbefugnissen entsprach, die man jemals einem Untertan der englischen Krone zugestanden hatte.

Heute jedoch sprach er von der Vergangenheit. Er war einundfünfzig, genoß höchstes Ansehen und hatte eine verheißungsvolle Zukunft vor sich. Die Ruderfahrt hatte er unternommen, um sich der Wurzeln seiner durchaus nicht immer so glänzenden Existenz zu erinnern. Als Matthew eine Kutsche an der Westmauer des Tower gefunden hatte, fuhren sie in nördlicher Richtung die Seething Lane hinauf, wo offenbar Samuel Pepys' Erinnerungen besonders lebendig waren und kaum verheilte Narben spürbar wurden.

»Seething Lane«, sagte Pepys und blickte durch das ratternde Fenster. »Hier kam ich 1660 her, als ich Kanzleivorsteher bei der Flotte geworden war. Das alte Marineamt befand sich unter dem gleichen Dach. Ich war siebenundzwanzig und fünf Jahre verheiratet. Meine Frau war erst zwanzig. Dort, in dem Haus«, er zeigte nach draußen, »habe ich vierzehn Jahre gewohnt. Wir waren sehr glücklich, wir hatten neun Zimmer, in denen wir uns ausbreiten konnten, und dann starb sie und mit ihr verging das Glück, das ich genossen hatte. Das waren schlimme Zeiten.«

Matthew fragte nur: »Wie schlimm, Sir?«

»Ihr müßt damals noch ein Junge gewesen sein«, sagte Mr. Pepys, »und seid kein Londoner. In diesem Hause haben wir 1665 die große Pestepidemie erlebt, sie ging an uns vorüber, aber wir wußten, daß keine Geißel je so heftig zugeschlagen hatte. Die Todesfälle häuften sich von Woche zu Woche, zuerst zehn, dann hunderte und tausende. Aber das Furchtbarste an der Seuche war, abgesehen von der tödlichen Gefahr, von den Leichengruben, zu denen sich die Menschen schleppten, um zu sterben, von dem Gestank und den entsetzlichsten Szenen, die man ansehen und anhören mußte, das Furchtbarste war, was die Pest aus den Menschen machte. Sie machte uns gewalttätig und grausamer gegeneinander als tollwütige Hunde. Wenn die Seuche in ein Nachbarhaus einzog, dankten wir Gott, daß es nicht das unsrige war, und verrammelten unsere Fenster und baten Gott um Schonung, während die Elenden an unsere Türen klopften und um Hilfe flehten. Das

Amt zog von London fort und meine Frau auch, und ich arbeitete allein in der Seething Lane, die so still war, als sei noch kein Wagen erfunden. Als dann alles vorüber war und die Menschen in die Stadt zurückkamen, brüstete ich mich damit, tapfer wie der Erzengel selbst gewesen zu sein! In Wahrheit aber hatte ich, obwohl ich viel arbeitete, nie in meinem Leben so lustig gelebt. Nie habe ich mehr besessen als zur Zeit der Pest.

»Besessen?« fragte Matthew verwirrt, »Was denn, Geld?«

»Nein, Frauen. Alle, von der ehrbarsten Hausfrau bis zur Straßenschlampe. Sie alle glaubten, die Posaunen des Jüngsten Gerichts zu hören, und es war wirklich der wahnwitzigste Appell, den ich je erlebt habe und dem alle folgten.«

Matthew, der Junge vom Lande, der ein einfacher Seemann geworden war, war erschüttert. Das also war Mr. Samuel Pepys, der große Diener dieses Staates, auch nicht besser als ein in Schmutz und Elend geborener gemeiner Schurke mit offenem Hosenlatz. Zu huren, während ringsumher die Pest tobt, die Frau wegzuschicken, angeblich um ihrer Sicherheit willen. Schweigend saß er in der rumpelnden Kutsche, die durch Cheapside im Schatten der St. Paulskathedrale dahinfuhr, und fragte sich, ob man denn überhaupt Achtung vor Vorgesetzten haben konnte, die alle eine einzige Schweinebande waren?

Dann jedoch, als habe ihn die Hand des Allmächtigen berührt oder als ahne er etwas vom Abscheu in dem einfältigen Gemüt seines Begleiters, suchte sich Mr. Pepys zu rechtfertigen, wie wenn ein Anwalt in einem Plädoyer nach den ersten nachteiligen Worten um so wirkungsvoller die Punkte zu Gunsten des Angeklagten herausstreicht.

»Nun, was ich mir auch zuschulden kommen ließ, ich wurde bestraft, nicht nur durch die Vorhaltungen meiner Frau, als sie zurückkam und das in der Stadt umgehende Gerede hörte. Oder die Bestrafung begann damals nur, denn so etwas ist eine langwierige Prozedur, die erst mit dem Tode endet. Meine Sehkraft ließ nach, wahrscheinlich durch Überarbeitung. Die Landschaft draußen konnte ich zwar noch erkennen, auch Leute in Straßen und Häusern – und auch Frauen überall! Aber Lesen und Schreiben wurden für mich zu einer unerträglichen Tortur. Ich mußte mit einer Lupe jede Seite Buchstabe um Buchstabe durchgehen, um den Sinn von Geschriebenem oder Gedrucktem erfassen zu können. Am Abend nach dem Dienst taumelte ich mit stechenden Kopfschmerzen aus dem Amt und war immer nahe davor, mich zu erbrechen. An meinem Tagebuch, das mir so wichtig war, wagte ich nicht weiterzuschreiben, aus Angst, ich würde blind. Im Dienst mußten mir alle längeren Mitteilungen vorgelesen werden, und meine besten Angestellten hatten Erlaubnis, meine Schrift nachzuahmen, wenn ich ihnen gesagt hatte, was sie schreiben sollten.«

Matthew war wieder ganz im Bann des reumütigen Mannes. »Aber, Sir, warum habt Ihr nicht den Abschied genommen? Ihr hattet doch schon genug Arbeit getan.«

»Die Arbeit ist niemals ganz getan!« Mr. Pepys' Augen, die Ursache seiner Qualen, richteten sich bohrend auf ihn. »Ich mußte die Arbeit für die Marine zu Ende bringen oder neu beginnen, und ich habe noch vieles vor mir. Ich glaubte, meine Augen würden sich bessern, wenn ich sie nur irgendwie schonte.« Dann lächelte er, als bagatellisiere er den Ernst seiner Pflicht. »Und wer gibt schon den Dienst auf, solange er noch auf allen Vieren zu seiner Arbeit kriechen kann?«

Es war schwer, diesen Stimmungswechsel zu begreifen oder ehrlich etwas dazu zu sagen. Retteten sich alle bedeutenden Männer vor ihren eigenen Schwächen in ein Lächeln? Waren sie alle bereit, sich selbst zu verspotten, um ihr Rennen zu gewinnen, bevor der Mob sich über sie hermachte? Matthew wußte es nicht und würde wahrscheinlich nie dahinter kommen. Er konnte nur zuhören und hoffen, etwas dabei zu lernen.

»Aber dann wurden wir alle bestraft, in dem Jahr, das der Pest folgte«, fuhr Mr. Pepys fort. Die Kutsche fuhr jetzt den Ludgate Hill hinab auf holprigem Kopfsteinpflaster, und er faßte den Ledergurt neben sich und hielt sich fest. »Wo wart Ihr während des Londoner Brandes?«

»Im Westen, Sir.«

»Aber auf See?«

»Aye, Sir. Meistens.«

»Glücklicher! Erst nachher erklären wir immer: ›Um alles in der Welt hätte ich das nicht missen mögen!‹ Während man aber mitten drinsteckt, sagt und denkt man nur: ›Ich gäbe alles drum, wenn ich tausend Meilen weg von hier wäre!‹ Ich hatte immer gemeint, schlimmeres als die Pest könne es nicht geben. Aber dann kam das Feuer und übertraf alles an Grauen und Elend.«

»Kam es bis hier?« fragte Matthew, als die Kutsche jetzt zwischen den Häusern der Fleet Street entlang fuhr.

»Und ob! Wir fahren hier über ein einziges Gräberfeld! Erinnert Ihr Euch, wo wir die Kutsche bestiegen?«

»Am Tower, Sir.«

»Aye. Der mich einst beherbergte! Aber jetzt kommen wir zur Temple Bar, wo das Feuer schließlich eingedämmt wurde. So hätten wir jetzt also eine Ruinenstrecke von einer ganzen Meile hinter uns, und dies hier war der Kern. Kein einziges Haus blieb auf dieser Strecke stehen. Vom Tower bis Temple Bar, von High Holborn bis zur Themse war alles niedergebrannt und in Trümmern.«

»Wie lange hat es gebrannt?«

»Sechs Tage. So lange wie der liebe Gott zur Erschaffung der großen Welt brauchte, so lange hat er auch gebraucht, um diese kleinere zu zerstören.«

Es hatte, wie Mr. Pepys während der Kutschfahrt erzählte, in einer schönen Septembernacht begonnen, in der man ihn aus dem Bett holte, um »ein kleines Feuer in der Stadt« anzusehen. Es war nicht allzu weit entfernt, irgendwo in der Mark Lane, schätzte er, einer benachbarten Straße. Aber der Wind wehte ziemlich kräftig aus Ost. Er würde das kleine Feuer woanders hintreiben oder ausblasen. Er war wieder ins Bett gegangen, und es war die letzte von vier Nächten, in der er Schlaf bekam.

Bis zum Vormittag hatten die Flammen zahllose kleine geteerte Holzhäuser erfaßt. Viele von ihnen waren Lagerhäuser mit Lampenöl, Talg und Spiritus und brannten sofort lichterloh wie Fackeln. Am Mittag standen alle Häuser auf der Nordseite der London Bridge in Flammen, und die am Ufer wohnenden Bürger warfen ihr Hab und Gut in Boote und Leichter und versuchten zu fliehen.

Die ersten, denen die Flucht nicht gelang, waren die Londoner Tauben, die nicht an eine Katastrophe von diesen Ausmaßen glaubten und zu lange auf den Dächern und Fenstersimsen sitzen blieben, so daß ihre Flügel verbrannten und sie auf die Straßen stürzten.

Sie waren nicht die einzigen, die es nicht glaubten. Niemand regte eine Hand, die Gefahr abzuwehren oder einzudämmen. Mr. Pepys, der nüchterner dachte und umsichtiger war als die meisten Bürger und Zugang zu den hohen Regierungsstellen hatte, fuhr in einem Boot nach Whitehall, unterbrach eine Konferenz des Königs und teilte ihm mit, was geschehen war. Mit dem Befehl »Reißt Häuser nieder und schafft eine Feuerschneise!« wurde er zum Bürgermeister geschickt.

»Ich suchte den Bürgermeister auf und überbrachte ihm den Befehl«, sagte Pepys, »aber ich hätte ebensogut zum Feuer selbst sprechen können. Er war völlig verwirrt und rang vor Verzweiflung die Hände. ›Was soll ich tun?‹ entgegnete er. ›Niemand wird mir gehorchen!‹«

Damit hatte er recht. Diejenigen, deren Häuser in Flammen standen, waren, von Panik ergriffen, auf der Flucht. Ihre überladenen Karren verstopften die Straßen und behinderten sich gegenseitig. Am Flußufer rammten die Boote und Barken einander, in denen verzweifelte Menschen sich vor der Feuersbrunst retten wollten. Die anderen saßen am Ufer und sahen das Verhängnis immer näherkommen; die Luft wurde heißer und heißer, und das Dröhnen und Krachen um sie herum benahm ihnen die Sinne.

Pepys und seine Hausnachbarn waren vor der Hitze geflüchtet und beobachteten das Feuer vom Südufer des Flusses. Gegen Abend jedoch war es soweit, daß jeden das Entsetzen packte, dessen Herz nicht aus Stein war.

»Stellt Euch das Meer vor«, sagte er brütend, als sehe er das Grauen noch drüben in den grünen Feldern um Lincoln's Inn. »Dies alles hier war ein einziges feuerglühendes Meer. Kein gewöhnliches Feuer, sondern eine schaurig vordringende, blutrote Lawine, die in anderthalb Meilen Breite heranrollte und sich immer nur noch weiter ausdehnte ... Als das Feuer sich am folgenden Tag unserem Gebäude näherte, schickte ich die wichtigsten Sachen mit Kutschen oder Leichtern vom Dock am Tower aufs Land. Alle Menschen waren in der gleichen Richtung unterwegs, und wir kämpften unseren Weg frei wie die Tiere.«

Dann hatte sich Mr. Pepys zurück zur Seething Lane ins Marineamt begeben, um seinen Dienst zu tun.

Der vierte Tag war der schlimmste. Obwohl der König mit dem Herzog von York zur Seite selbst die Leitung der Brandbekämpfung übernommen hatte und ein ganzes Regiment dafür einsetzte, breitete sich das Feuer immer weiter nach Westen aus. Unter einem Lavastrom von geschmolzenem Blei brach die St. Paulskathedrale ein. Flammen schossen auf und wurden für den Herzog und seine Soldaten fast zur Falle, als sie die Häuser auf Ludgate Hill in die Luft sprengten.

Ihnen ging es vor allem um die Westseite der Stadt. Mr. Pepys' Büro aber lag im Osten und benötigte dringend Schutz, in der allgemeinen Verwirrung aber hatte man es ganz sich selbst überlassen.

Pepys bestellte auf eigene Faust Seeleute und Dockarbeiter aus der Gegend von Woolwich und Deptford zur Seething Lane und ließ sie Häuser niederreißen. Hierbei riskierte er sogar in diesem Chaos Kopf und Kragen. Nach altem Gesetz mußte jemand, der in der Stadt London Häuser zerstörte, sie auf eigene Kosten wiederaufbauen.

»Aber ich schickte ein Memorandum darüber zum König«, erzählte der erfahrene Staatsbeamte dem lauschenden Matthew. »Er zeichnete es ab und deckte mich dadurch. Die Seeleute eilten Gott sei Dank mit Äxten und Seilen herbei, um das Herzstück ihrer Marine zu retten, und das ungeachtet der Tatsache, daß ihre Lohnzahlungen schon lange Zeit überfällig waren. Aber ich hatte mich zu spät zu diesem Schritt entschlossen. Um zwei Uhr in der schlaflos verbrachten Nacht erreichte das Feuer den Anfang der Seething Lane, und alles schien vergeblich. Lauter noch als die knatternden Brände waren die Explosionen von der Tower Street her, wo die Soldaten die Häuser sprengten, damit das Feuer nicht das Pulvermagazin erreichte. Und so packte ich das noch vorhandene Gold, mein eigenes und das der Marine, verschloß die Türen und bestieg mit meiner Frau und meinem Schreiber Will Hewer ein Boot nach Woolwich. Wir waren zum Umfallen müde und eher tot als lebendig. Am anderen Morgen würde sowieso nichts mehr zu retten sein.«

Doch als er früh am Morgen zurückkam, um die Trümmer des Hauses zu besichtigen, stand er vor einem Wunder. Das Feuer war nicht über den Anfang der Seething Lane hinaus vorgedrungen. Es war den Seeleuten zu verdanken, daß Gebäude und Amt verschont blieben. Tatsächlich war zu diesem Zeitpunkt durch das Eingreifen des Königs und des Herzogs von York, durch die Soldaten und Seeleute, durch Abriß und Sprengungen das Feuer überall eingedämmt. Das Ungeheuer war gebändigt.

Als er später die Straßen abschritt und bedrückt die Verluste gegen die stehengebliebenen Reste abwog, war es wie ein grausig verkohltes Gerippe, auf dem er sich bewegte, und der Boden war noch so heiß, daß er ihm die Füße durch die Sohlen hindurch versengte. Und als man nach dem Abschwelen des Feuers eine Zählung vornahm, ergab sich, daß dreizehntausend Häuser niedergebrannt und hunderttausend Menschen obdachlos geworden waren.

»Aber ich war in jenen Tagen stolz auf England«, sagte Mr. Pepys, als die Kutsche auf Charing Cross und den Palast Whitehall zufuhr. »In welchem anderen Lande der Welt würden ein König und sein Bruder eigenhändig eingreifen und sich an die Spitze ihrer Leute stellen, um ihre Hauptstadt vor dem totalen Ruin zu bewahren?« Er schwieg eine Weile und fügte dann, als der Palast in Sicht kam, hinzu: »Nicht alles war verhängnisvoll und schlimm damals im Jahre 1666. Das Feuer hat schließlich die Gefahr der Ansteckung beseitigt. Es hat die Stadt und vielleicht auch uns gereinigt und uns eine neugeborene Stadt geschenkt. Mein

Freund Mr. Evelyn pflegte zu sagen, am eindruckvollsten sei für ihn gewesen, als er den König nach dem Brand mit einem großen Bogen Papier auf den Knien auf der Brustwehr sitzen und einen Plan für das neue London entwerfen sah.»

Mr. Pepys ließ die Kutsche am Rande des St. James-Park halten, wo er den Gruß eines vornehmen, die vorüberfahrenden Wagen neugierig betrachtenden Herrn erwiderte und sich dann genießerisch dem Anblick der Wiesen und Ententeiche hingab, die aus diesem Teil der Stadt eine Art Garten Eden machten.

Der Herr, der nach der neuesten Mode eine hoch aufgetürmte Perükke trug, machte eine spöttische Bemerkung, aber nur um sich dadurch eine Abfuhr einzuhandeln, wie sie einst Moses den Ägyptern erteilte.

»Eine Mietkutsche mit nur einem Pferd, Mr. Pepys!« brachte er geziert hervor. »Geht es dem Marineamt neuerdings so schlecht?«

»Ich wüßte nicht«, gab Samuel Pepys kühl zurück. »Vielleicht geht es dem Gespenst des einstigen Marineamtes schlecht. Die neue Admiralität, deren Sekretär ich seit heute bin, blüht und gedeiht und wird es noch mehr, sobald ich sie richtig in der Hand habe. Mittlerweile fahre ich mit einer Mietkutsche, weil's mir so paßt, und ich würde auch auf einem Schwein reiten, wenn mir danach wäre, und«, strahlte er ihn mit der erbarmungslosesten Leutseligkeit der Welt an, »was für ein herrlicher Tag ist heute, Sir!«

Noch nie hatte Matthew einen Menschen so bestürzt, sich aber auch noch nie so schnell erholen gesehen. Seine kriecherische Höflichkeit zu beobachten, war erheiternd. Nach vielerlei Fragen und Komplimenten, überschwenglich wie die eines Liebhabers, der sich einer reichen Witwe aufdrängt, verabschiedete er sich mit den Worten: »Es wäre mir ein Vergnügen, Euch morgen meine Aufwartung machen zu dürfen.« Dann verbeugte er sich und entschwand rückwärts wie vor einer Sonne, die zu strahlend für das Auge eines Sterblichen ist.

»Ekliger Speichellecker!« sagte Mr. Pepys, als sie allein waren. »Aber einen Riecher hat er, bei Gott! ›Darf ich Euch morgen aufwarten?‹ Ja, warten werd ich ihn lassen! Als ich ganz unten war, hätte der Kerl mir am liebsten noch einen Tritt dazu gegeben. Und jetzt kriecht er mir in den Arsch!« Seine verächtliche Bitterkeit verriet, daß ihn solche Kriechernaturen zur Genüge geärgert hatten. »Er weiß es vielleicht noch nicht, aber von heute an sind Typen wie er Dreck für mich, ganz gleich, ob sie sich als Freunde oder als Feinde geben!«

»Vielleicht weiß er's doch.«

»Um so besser. Denken zu müssen, so ein Mensch wäre da noch im Zweifel!« Aber Pepys war nicht der Mann, der sich seiner Bitterkeit länger als nötig hingab. Er schirmte seine Augen gegen die Sonne und das glitzernde Wasser und schaute auf den sich anmutig erstreckenden St. James-Park. »Früher einmal pflegte ich hier mit Seiner Majestät oder seinem Bruder jeden Morgen spazieren zu gehen, und, bei Gott, ich werde es demnächst wieder tun. Wir werden uns wie damals über die Flotte unterhalten. Wenig anderes nur ist der Rede wert.« Er blickte wieder auf Matthew: »Vergeßt nicht, daß zu der Zeit, von der ich sprach, in den Jahren der Pest und des großen Brandes, die Holländer uns ständig gnadenlos im Nacken saßen. Großartige Seeleute waren das und ohne Erbarmen in der Schlacht, wie es, wenn sie die Wut packte, kaum anders zu erwarten war. Und alles, was wir ihnen entgegensetzen konnten, war ein bloßer Schatten von Flotte.« Und jetzt erinnerte sich Mr. Pepys: »Ihr habt da von etwas gesprochen, als wir uns in Portsmouth trafen, und es war, als hörte ich eine uralte Geschichte aus einem jungen Mund. Wir lassen unsere Seeleute hungern und unsere Schiffe verrotten, und dann wundern wir uns, daß die Gefahr immer wieder einmal übermächtig wird und wir dann schnellstens neue Schiffe bauen und wie die Sklaven schuften müssen, bis uns die Zunge zum Halse heraushängt, – statt vorher unseren Verstand auf Trab zu bringen. Aber wovon Ihr nichts wißt, das ist der innere Feind.«

Als er nun schwieg und vor sich hinbrütete, wagte Matthew die Frage: »Was meint Ihr, Sir, mit dem inneren Feind?«

»Räuber und Diebe!« fuhr es aus Mr. Pepys heraus. »Ja, ich kann sie nicht anders und nicht schmeichelhafter bezeichnen. Seit fünfundzwanzig Jahren, seit der Zeit, in der ich als junger Schreiber bei der Marine begann, war in der Flotte Korruption an der Tagesordnung. Ich habe es damals erlebt, und ab morgen früh werde ich es wieder erleben. Mein Gott, wenn ich all die Bestechungsgelder angenommen hätte, mit denen man mich zu schmieren gedachte, ich hätte eigene Schiffe, eine ganze Flotte hätte ich bauen können! Wir waren der Spielball von allen Betrügern, die sich Verträge kauften, von allen Schweinen, die bei uns den öffentlichen Freßtrog witterten, und weshalb? Weil wir die Schiffe brauchten! Man verkaufte uns unabgelagertes Holz, verrostetes Eisen, verdorbenes Fleisch und Brot, für das die Abfalltonne zu schade gewesen wäre. Offiziere stahlen von den Schiffen des Königs Tauwerk und Segeltuch und verkauften es als neu an die Werften. Die Proviantmeister hatten ihre Finger in den Taschen von jedem armseligen Seemann. Und versuchten meine Leute, das gestohlene Gut zurückzuholen, dann wurden sie zusammengeschlagen oder mit Messern bedroht. Was macht ein Mann, der geschlagen wird, weil er anständig ist? Entweder schwimmt er mit in der fauligen Brühe, oder er verhungert. Was mir bei alledem besonders gegen den Strich ging: man hätte auch mit sauberen Mitteln genug Geld verdienen können. Aber nein – diese Schweine kriegten die Schnauzen nie voll genug, und wenn noch so viele Seeleute dran glauben mußten! Denn Seeleute sind oft Einfaltspinsel und haben es nicht besser verdient.«

Matthew Lawe war überrascht, als er das alles hörte, meinte er doch, so ziemlich über die Seefahrt Bescheid zu wissen. Und nun mußte er erfahren, daß er von all den Schwierigkeiten, mit denen die Flotte überhäuft war, kaum eine Ahnung hatte. Es gab üblere Schufte als jene, die mit Kettenkugeln Schiffe in den Grund bohrten, schlimmere Geißeln als Bootsmänner mit schlagkräftigen Fäusten, verschlagenere Feinde als Haie. In England selbst gab es Freibeuter und Piraten an Land. Betroffen sagte er:

»Dann ist es ja ein Wunder, daß die Schiffe überhaupt gebaut und bemannt worden sind.«

»Sie werden fortwährend gebaut und auch bemannt, wenn einen die Dauer der Bauzeit auch zur Verzweiflung bringen kann ... Oh, ich habe vielen von diesen Schuften das Handwerk gelegt und für zeitgerechte Fertigstellung gesorgt. Der König war mir ein unschätzbarer Verbündeter, und der Herzog hat unter seinem grauen Wams auch ein Herz für die Marine. Aber ich habe mir seinerzeit zu viele Feinde gemacht, und so kam ich zu Fall. Durch einen Mann, den der König selbst den übelsten Schweinehund in ganz England genannt hat.«

»Wer war das, Sir?«

»Oh, nur Lord Shaftesbury, kein geringerer als der Lordkanzler selbst. Er brauchte eine Peitsche, mit der er dem König eins überziehen konnte, und ich hatte die Ehre, daß er mich dazu ausersah. Nun ja, der Hund ist seit einem Jahr tot, und ich lebe jetzt wieder. Aber als es mit mir bergab ging, ging es auch mit der Marine bergab.« Mr. Pepys fügte ohne übertriebene Bescheidenheit hinzu: »Was war anderes zu erwarten? Das Parlament billigte zwar Millionenbeträge, aber alles zerrann wie Wasser im Sand. Eine Flotte, die diesen Namen verdient, existiert heute nicht. Die alten Teerjacken haben sie alle entlassen, die rauhbeinigen Kapitäne, die noch segeln und kämpfen konnten, und haben statt dessen Herren eingestellt. Deshalb hat man mich zurückgeholt und mit dem Wiederaufbau beauftragt.« Aber sein Gesicht war traurig geworden, als verebbe das Selbstvertrauen, das seine Worte getragen hatte. »Es ist die größte Chance meines Lebens. Aber ich bin nicht mehr jung.«

Matthew, so gern er ihm mitfühlend widersprochen hätte, konnte nur bemerken, daß es auch den Besten so ergehe.

»Glaubt Ihr«, erwiderte Mr. Pepys, »daß der König einen kindischen Greis weiterbeschäftigt, dessen Verstand schon dahin ist?« Er tippte mit seinem Stock gegen das Kutschendach und rief: »Zu meiner Wohnung!« Und als die Kutsche drehte, fügte er streng hinzu: »Solltet Ihr ähnlich denken, dann behaltet es für Euch, oder wir können aufgeben. Und jetzt beantwortet mir folgende Fragen.«

Er stellte sie schnell hintereinander, manchmal mit einem freundlichen Lächeln, manchmal mit kleinen Stichen, wie man einen Schreiber auf Trab oder eine prüfende Kommission aus der Fassung bringt. Sei Matthew imstande, flott zu lesen und zu schreiben? Sei er irgendwo davongelaufen? Wo befinde sich seine Ausrüstung – falls er eine habe? »Im Hahn am Anleger in Wapping«, war die bescheidene Antwort. Habe er, obwohl er als Seemann groß geworden sei, schon einmal als Kapitänsschreiber gedient oder nur als einfacher Matrose? Sei er verheiratet? Habe er etwas für Frauen übrig? »Ich würde keinem Mann trauen, ob er dabei lügt oder nicht, der diese Frage mit Nein beantwortet!«

Könne er die Qualität von Holz beurteilen? Sei er je ernsthaft krank gewesen? Sei er Papist? »Ich habe in diesem Nest genug faule Eier gefunden.« Was sei der Preis für hundert Fässer mit Salzheringen, die vor Yarmouth gefangen und in Chatham gelöscht worden seien? Als Matthew bekümmert antwortete: »Ich weiß es nicht, Sir«, setzte Mr. Pepys hinzu: »Ich auch nicht. Er ändert sich ständig und ist immer zu hoch.«

Wenn die Witwe eines armen Mannes mit dem Abmusterungsschein nach dessen letzter Reise ins Büro käme, würde Matthew den Schein dann einlösen oder ihn weit unter Preis zurückkaufen oder ihr sagen, sie solle zum Geldverleiher gehen? Oder vielleicht den Schein zerreißen und sich die Frau nehmen? Wenn ein Schiff nie einsatzbereit sei, müßten dann der Kommandant entlassen oder seine Offiziere wegen der Gründe verhört oder müsse das Gehalt des Kommandanten so lange einbehalten werden, bis er auslaufe?

»Nun, die Seefahrt ist Euch Herzenssache«, sagte Samuel Pepys schließlich, als die Kutsche langsam in die Buckingham Street einbog und sich so ihrem Ziel näherte. »Das ist sie für mich auch. Bis wir es lernen, uns Flügel wachsen zu lassen und zu fliegen, bestimmen die Seeleute den Lauf der Welt. Was ich jetzt brauche, sind zwei junge Augen und zwei kräftige Arme, und vor allem brauche ich Männer um mich, die wie alle in meinem Dienstgebäude treu zu mir stehen. Ich habe genug von jeder Art von Verrätern, ob niedrig oder hoch.« Als die Kutsche vor der prächtigen Fassade des Hauses Nr. 12 hielt, äußerte Mr. Pepys freundlich und mit Zuversicht in der Stimme: »Nun, wir werden sehen. Und jetzt helft mir heraus.«

Matthew empfand es als eine Ehre, diesem Mann gehorchen zu dürfen. Es schien, als stehe er unter einem glücklichen Stern und sei auf dem Wege vom Tower nach Whitehall zweifach adoptiert worden, einmal von der See und ein zweites Mal vom Land. Er stand jetzt mit der Mütze in der Hand in der Sonne und schwor sich, daß er sich des Vertrauens würdig zeigen und seinen Weg in aller Redlichkeit gehen werde.

III

Hatte der Morgen ihn schon verwirrt, so sollte der Abend für Matthew Lawe seltsamer werden als alles, was er jemals erlebt hatte.

In dem Haus Nr. 12 in der Buckingham Street, in das sich Samuel Pepys und sein ihm seit fünfundzwanzig Jahren als treuer Freund ergebener Schreiber Will Hewer teilten, fanden sich Dinge, über die er nur staunen konnte. Es war reich ausgestattet, elegant und von Betriebsamkeit erfüllt. Alles zeugte von Wohlstand und Reichtum: die Möbel, das Silbergeschirr, die hochpolierten Schränke und Wäschetruhen, die Schränke und Kommoden, dazu die schimmernden Kerzenleuchter, der zum Servieren bereitstehende Wein und der Duft von Leinöl, mit dem die gepflegte Holztäfelung poliert war.

Selbst die Spiegel waren nicht weniger prächtig als all diese Herrlichkeit, die sie reflektierten.

Samuel Pepys hatte gewiß schlechtere Tage gesehen, aber doch immer eine Wende zum Besseren herbeiführen können. An diesem blühenden Wohlstand zeigte sich, daß er sich nie ganz verloren oder über sich selbst hinausgegriffen, sondern umsichtig und mit Geduld auf bessere Zeiten gewartet und gewußt hatte, daß sie kommen würden.

Während Matthew diese vornehme Umgebung staunend in sich aufnahm, erinnerte er sich an das, was deren Besitzer in der Kutsche gesagt hatte: »Hätte ich all die Bestechungsgelder angenommen, mit denen man mich schmieren wollte.« Es wäre gewiß nicht leicht zu bestreiten, daß einige von diesen Schmiergeldern doch hin und wieder in ihm einen geneigten Empfänger gefunden hatten.

Aber das hatte seiner Ehre keinen Abbruch getan noch seine Verdienste geschmälert. Die lächelnden Diener waren Zeugen dafür, daß Mr. Pepys' Feststellung, er habe eine treue Gefolgschaft um sich, der Wahrheit entsprach.

Will Hewer war ihm in allen Dingen eine unentbehrliche Stütze. Er war ein ansehnlicher Mann von vierzig Jahren, kräftig gebaut, mit vollem Haar, der seinen Dienst zielstrebig und entschlossen versah und in dessen Händen alle Fäden zusammenliefen, wenn Mr. Pepys beschäftigt oder abwesend war oder sich erholte. Er war nicht überrascht oder irritiert durch den neuen Wohnungsinsassen, der ohne vorherige Ankündigung unter den Fittichen des Sekretärs ins Haus trat. Vielleicht war desgleichen schon öfters geschehen, vielleicht war er selbst vor einem Vierteljahrhundert genauso hierhergekommen.

Es war ein langer Arbeitstag für Will Hewer. Nach einer privaten Besprechung mit Mr. Pepys und einer eingehenden Befragung von Matthew selbst erteilte er ihm schließlich aufgeräumt, umsichtig und präzise seine Anweisungen.

»Wohnen werdet Ihr in einer der Dachstuben«, sagte Will Hewer zu Matthew, »und tagsüber arbeitet Ihr wie wir alle im Derby House. Im Anfang richtet Ihr Euch ganz nach den Anordnungen, die Ihr bekommt. In diesem Haus haltet Ihr Euch, ohne Euch nötigen zu lassen, für alles bereit, was anfällt; Ihr bringt Stühle für die Gesellschaft herein, schenkt Wein ein, falls die Diener zu beschäftigt sind, besorgt eine Kutsche oder geleitet eine Dame zur Tür. Oder Ihr lest Mr. Pepys etwas vor, das er nicht entziffern kann, oder blättert, wenn musiziert wird, die Noten um. Wir sind hier alle wie eine Familie, alle dienen wir diesem großen Mann, der heute gar noch nach Gottes Ratschluß befördert wurde! Und wenn seine Baßgeige in ein anderes Zimmer getragen, ein Bote des Königs um Mitternacht zu ihm geführt oder eine streunende Katze aus dem Garten verscheucht werden muß, so tut das alles derjenige, der gerade zur Hand ist.«

Es klang alles wie am königlichen Hof. Aber Noten umblättern, einen Boten des Königs hineinführen, das waren Aufgaben, die Matthew nicht gerade in seinem Selbstvertrauen bestärkten, empfand er doch schon diese neue, ihm fremde Umgebung als belastend. Er sagte:

»Ich werde tun, was ich kann. Mit Katzen, das schaffe ich schon. Aber ich werde sicher auch Fehler machen.«

Will Hewer musterte ihn prüfend, schien aber zu Matthews Verwunderung nichts an ihm zu entdecken, das auf Untauglichkeit schließen ließ. »Behaltet diese Befürchtung getrost bei, dann werdet Ihr in Eure Aufgaben schon hineinwachsen. Packt die Gelegenheit, die sich Euch hier bietet, beim Schopfe! Wenn Ihr Fehler macht, wird es Euch gesagt, und so lernt Ihr. Wenn es dann noch einmal passiert, werde ich Euch durch die Ohren ins Hirn gucken, um festzustellen, was Euch blockiert. Im übrigen, richtet Euch nach mir, macht es so, wie ich es mache, und laßt Euch bei allem Zeit.« Worauf er auf die praktischen Dinge einging. »Euren Seesack, oder was Ihr als Gepäck habt, werde ich herholen lassen. Bis dahin könnt Ihr, da wir von gleicher Statur sind, einen grauen Anzug von mir tragen, denn wir erwarten heute abend eine große Gesellschaft. Der Anzug ist kein Prachtstück, denn Mr. Pepys hat nicht gern auffällig gekleidete Leute um sich. Im Parlament werden sofort gewisse Anfragen eingebracht, wenn ein Diener der Krone Kanarienvögel hält statt Spatzen!«

Zufällig erschien in diesem Augenblick Mr. Pepys selbst am Ende des langen Ganges, auf dem sie standen; bekleidet war er höchst eindrucksvoll mit einem spitzenbesetzten Kostüm, das erst für diese feierliche Gelegenheit angeschafft worden war. Der kleine Mann, so wenig ansprechend seine Figur war, sah großartig aus und so, als sei die elegante Einrichtung des Hauses sorgsam auf seine Erscheinung zugeschnitten.

Matthew schüttelte verzweifelt den Kopf. In diesem goldenen Käfig schien es wirklich keinerlei graue Spatzen zu geben. »Es ist alles so üppig«, murmelte er. »Was muß man tun, um sich ein solches Paradies zu schaffen?«

Will Hewer, der unerschütterlich zu seinem Herrn stand, ging nur auf einen Aspekt dieser Frage ein. »Man muß arbeiten«, sagte er bündig. »Wie der Mann, den wir da vor uns sehen, der mehr gearbeitet hat und dafür geringer entlohnt worden ist als jeder andere Diener der Krone. Was Ihr hier um Euch herum seht, ist nicht durch Zufall oder aufgrund irgendeiner düsteren Verschwörung zustandegekommen und ist auch kein Diebesgut. Durch unermüdliche Arbeit hat er es sich verdient, eine Arbeit, die er morgen wieder in vollem Umfang aufnehmen wird. Jetzt braucht er seinen Fußschemel. Seid Ihr so freundlich und holt ihn?«

»Aye.«

»Da drüben in der Ecke steht er. Und dann zieht den grauen Anzug an und macht Euch an Eure Pflichten.«

Das Abendessen, bei dem Matthew Lawe eher wie ein Gespenst im Kerzenschatten am unteren Ende des Tisches saß, war von verschwenderischer Üppigkeit. Es hatte ursprünglich eine bescheidene Mahlzeit werden sollen, aber dann nahm sich Mr. Pepys vor, die geladenen Gratulanten auf besondere Weise zu ehren, und seine Dienerschaft hatte alles in ihren Kräften stehende getan, um ihm das zu ermöglichen. Matthew hatte einen derartigen Luxus noch nie erlebt, genoß dies alles aber sehr.

An einem Tischende wurden, von Karotten garniert, Nacken und Schulter vom Hammel serviert, am anderen in Blumenkohl gebettete Hammelkeulen mit köstlicher Cheddar-Soße. Dazwischen breiteten sich andere Speisen aus: zwei gebratene Kaninchen, gebackene Kalbsbrust in Wein und sechs von Artischoken und Erbsen garnierte Hühnchen. Und Obst und Käse standen für jeden bereit, dessen Appetit diese Genüsse noch zuließ.

Flaschen mit rotem Bordeaux, Wein für die feinen Herrschaften und Bier für die schlichteren Gäste vervollständigten ein Mahl, wie es sich kein Admiral in seiner Kajüte im Achterschiff hätte leisten können, geschweige denn ein gewöhnlicher Seemann, der über sein übliches gesalzenes Schweinefleisch und Hartbrot hinaus von solchen Speisen nur träumen konnte.

Matthew saß sicher zwischen den unbedeutenden Personen. Zwei Angestellte äugten vorsichtig zu ihm hin, legten ihrer Neugier aber Zügel an; neben ihnen saßen zwei Vettern von Will Hewer, die so scheu, so wortkarg und so gefräßig waren, wie es eben arme Vettern sind, und zu ihrer Linken hatte ein Mann Platz genommen, der feierlich sagte: »Ich bin Sam Stallybrass vom Deptford Dock«, und danach, als habe er damit seinen Anspruch auf Unsterblichkeit dargetan, kein einziges Wort mehr äußerte.

Matthew hatte sich neben eine ältere runzlige Dame gesetzt, die in dieser ungewohnten illustren Umgebung so überdreht kokett tat, als könne sie mit einem einzigen Blick die gesamte Männerwelt entflammen. An seiner anderen Seite saß feierlich wie Mr. Stallybrass vom Deptford Dock ein kleiner Bursche, der mit seinem zulangenden Griff ein Großsegel hätte vollpacken können, noch bevor der Bootsmann sein Kommando »Hol' die Geitaue!« zu Ende gebracht hätte.

Aber Matthew war rundherum zufrieden. Zu essen gab es in Fülle, und zu sehen gab es weit mehr als nur die mampfenden Kiefer in seiner Nachbarschaft.

Am Kopfende des Tisches hielt Mr. Pepys unter hellen Kerzen in einer glänzenden Gesellschaft Hof. Zumindest ein Herr darunter war Lord, denn so wurde er in jedem Satz angeredet, während seine Lady umschmeichelt wurde, als sei sie einige Dekaden jünger. Aber sie verfügte eben über Juwelen, deren Erlös ein Vermögen eingebracht hätte. Und es saßen noch einige hübsche junge, mit Recht umworbene Geschöpfe da, denen Mr. Pepys seine volle Aufmerksamkeit zuwandte.

Als Matthew bemerkte, daß Pepys Zuvorkommenheit mit heißen, erregten Blicken erwidert wurde, wunderte er sich voller Neid, wieso ein solcher Mann, mit perfektem Benehmen aber nicht gerade attraktivem Äußeren, solche Muster an Vollkommenheit erobern konnte. Aber an diesem Abend verhielt es sich so, und selbst die versetzten Ehemänner schienen nichts dabei zu finden.

Anwesend war auch ein Admiral, dessen Persönlichkeit große Autorität ausstrahlte und bei dessen knurrigen Bemerkungen alle anderen verstummten – nur Mr. Pepys nicht, der sich auf den Umgang mit Admiralen ebenso überzeugend zu verstehen schien wie auf den mit ihren Gemahlinnen und sogar mit ihren Töchtern.

In einer Pause hörte man den Gastgeber fragen: »Was haltet Ihr von meinem Plan, einen Leuchtturm auf Eddystone Rock zu bauen? Sollte die Aufsicht über solche Seezeichen nicht dem Trinity House übertragen werden?« Worauf der Admiral in aller Ehrerbietigkeit erwiderte: »Mein lieber Sir, was immer Ihr meint, ist auch meine Meinung. Niemand ist in diesen Dingen so sachkundig wie Ihr, was der König gerade heute wieder bestätigt hat.« Matthew staunte nur.

Anwesend war auch ein rundlicher Herr, der Parlamentsabgeordneter sein mußte, so rundheraus verdammte er (»Ihr, der Ihr zum Wächter über die öffentlichen Gelder bestellt seid, Mr. Pepys!«) alle über das Notwendigste hinaus gehenden Ausgaben, während er in großen Mengen den erlesensten Wein trank, als fließe er gratis aus römischen Springbrunnen. Die anwesenden Frauen aber waren bestrebt, jeder auch nur sich andeutenden Kontroverse die Spitze zu nehmen, Harmonie einfließen zu lassen in die scharfzüngige Rivalität und die Dispute zu entschärfen, indem sie allem zustimmten.

Die Gesellschaft wurde allmählich lustig, und wieder erwies sich, daß ein guter Stern über allem stand, was Mr. Pepys in die Hand nahm. Das

Kerzenlicht fiel weich schimmernd auf Seide und Satin, auf Rüschen und Spitzen, auf die zerfurchten Stirnen der Männer und die zartere Haut der Schultern und Busen ihrer Nachbarinnen. Matthew saß wie verzaubert da, er hatte die schlichteren Gäste um sich herum vergessen und sah den Großen bei ihrem glanzvollen Spiel zu. Dies war das Leben, das sich ein Mann nur wünschen konnte – wenn es ihm nur gelänge, sechs, sieben Meter vorzurücken, um voll in den Genuß zu kommen.

Es fiel ihm nicht schwer, den Betrieb unter den Treppen, wo er eigentlich hingehörte, zumindest für eine Weile zu vergessen. Als er vorhin in die Küche geschickt wurde, um Guineapfeffer für die Punschbowle zu holen – beides ihm unbekannte Wörter wie die vielen anderen auch –, hatte er einen ersten Eindruck von diesem Treiben unter Deck gewonnen.

Dort arbeitete ein mürrischer, übelgelaunter Koch, dem es gar nicht paßte, ein so üppiges Festessen bereiten zu müssen. Dann waren dort zwei Diener, die nichts Näheres über Matthew wußten und sich nur ärgerten, daß sie ohne seine Mithilfe reichlich viel zu tun hatten. Außerdem hielten sich dort drei Serviermädchen auf, die hier, am Rande des Geschehens, jeden Augenblick darauf gefaßt sein mußten, losgeschickt oder hereingerufen zu werden. Vom Koch wurden sie behandelt wie leibeigene Sklavinnen und von den beiden Dienern wie verführerische Dummerchen.

Eines von ihnen war ein hübsches munteres Ding, jung wie der Frühling, lebhaft wie ein umherspringendes Lamm und unschuldig wie Schnee am Hang eines Vulkans. Sie hatten sich auf Anhieb wie Verbündete gefühlt und Blicke getauscht, und so erfuhr er von ihr auch, daß ihr Name Lucy war. Lucy, die er gewiß nicht so rasch vergessen würde!

Vergessen würde er auch nicht die finsterste aller Gestalten, die dicke Abortfrau Trott, die schlampig und verdrossen alle Stunde jene Räume im Haus Nr. 12 der Buckingham Street abging, deren Säuberung und Entleerung ihre Aufgabe war.

Sie war Hüterin der Thronsitze, auf denen die illustre Gesellschaft wahre Entspannung fand. Vielleicht aber war es doch am besten, alles zu vergessen außer den glänzenden Sternen am Kopfende des Tisches und diesen Anblick voll zu genießen.

Nach dem Abendessen und einem Spaziergang auf der Dachterrasse des Hauses, bei dem man die Abendluft einatmete und sich an den Lichtern Londons erfreute, regierte Musik die Stunde. Mr. Pepys hatte Matthew schon vorher gefragt, ob er singen oder ein Instrument spielen könne.

»Als Junge habe ich den irischen Dudelsack geblasen«, erklärte Matthew.

Mr. Pepys spitzte die Lippen. »Von Musik habe ich gesprochen«, sagte er abschätzig, »nicht vom Geheul von Wilden auf Kartoffeläckern. Sprechen wir nicht weiter davon. Helft bitte mit den Stühlen und den Notenständern, wenn wir spielen. Wir brauchen auch Kerzen.«

So wurde Matthew, der vorwiegend an betrunken gegrölte Shantys auf dem Heimweg von Kneipen gewöhnt war, mit einer Aufgabe betraut, der er gewachsen war. Er genoß den Zauber dieses Abends, denn Samuel Pepys war, wie es schien, ein Musiker von Ruf, dem es Vergnügen machte, dies auch zu zeigen. Er spielte meisterlich Flageolett, Flöte und Baßgeige und hatte eine gute Baritonstimme. Seine Freunde gaben sich Mühe, mitzuhalten und zur Harmonie der gespielten Musik beizutragen.

Alle verstummten, als nun im schimmernden Kerzenlicht die Musik einsetzte. Mancher war bei diesem bewegenden Anblick gewiß den Tränen nahe, besonders auch, wenn er die Ereignisse bedachte, die diesem Abend vorangingen. Hier saß ein Mann, dessen Ehre heute wiederhergestellt wurde, in der traulichen Runde seiner Freunde und hatte nur den Wunsch, in dieser Gesellschaft, die ihn verehrte, zu musizieren.

Jede Note, jede aufklingende Melodie und jede Kadenz waren wie eine Huldigung für diesen Mann, waren Hingabe an die Musik selbst, die den Schönen und den Tüchtigen, den Reichen und den Ärmeren und der Nacht selbst in den Ohren klang.

»Nun, war das nicht eine lustige Gesellschaft?« rief Mr. Pepys aus, als schließlich alle gegangen waren. Er fragte, wie es Gastgeber gern tun, als sei er allein der Urheber all dieser Heiterkeit gewesen, was sicherlich im Kern der Wahrheit nahekam, aber eben auch diesen empfindsamen Mann nicht ganz von Eitelkeit freisprach. Als Mr. Pepys die Herren in aller Höflichkeit und die Damen galant und liebenswürdig verabschiedet hatte, schloß Will Hewer die Türen und verriegelte sie; dann wünschte er lächelnd Gute Nacht und ließ Matthew und seinen neuen Dienstherrn allein.

»War das nicht eine lustige Gesellschaft?« fragte Pepys noch einmal. Er hatte sich in einen Sessel geworfen, seine Schuhe aufgeknöpft und sein Halstuch abgelegt und winkte nun Matthew, er solle ihm ein Glas Wein einschenken. Vom Alkohol beschwingt, war er mit Gott und der

Welt zufrieden. »Eine so feine Abendtafel habe ich in diesem Jahr noch nicht erlebt. Und die Musik war das wahre Entzücken.« Er blickte auf, als Matthew ihm den Pokal reichte. »Oder habt Ihr Euch nach dem irischen Schweinegrunzen gesehnt oder dem, was in Eurem Dudelsack der Wind macht? Nehmt Ihr auch etwas Wein, Matthew?«

Matthew verfügte noch über einen recht mannhaften Durst. »Na ja, Sir, ich ... «

»Das ist klug«, sagte Mr. Pepys. »Man muß immer wissen, wann man genug zu sich genommen hat.« Er nahm einen herzhaften Schluck und setzte sich bequem zurück. »Ich schwärme für Musik! Zeit meines Lebens habe ich Gott dafür gedankt. Es gibt Tage, an denen einem nur die Musik den Ekel vor den Menschen nimmt. Als meine Frau noch lebte, pflegten wir ... «

Sein gerötetes Gesicht verdunkelte sich, und er sprach den Satz nicht zu Ende. Matthew hatte das Gefühl, daß er bei aller Geselligkeit in seinem prachtvollen Haus ein einsamer Mensch war.

»Es muß für Euch sehr traurig gewesen sein«, sagte er in die Stille hinein.

»Sie hat mich wahnsinnig gemacht«, ging Mr. Pepys darauf ein. »Ich habe sie immer geliebt und liebe sie auch jetzt, aber sie machte mich rasend. Geld für dies und Geld für jenes. Hüte und Schleifen, seidene Strümpfe, teure Schnallenschuhe! Und wenn ich ihr vorwarf, sie bringe uns damit an den Bettelstab, entgegnete sie: ›Und was ist mit deinem neuen Mantel? Hat der etwa Sixpence gekostet?‹ Und wenn ich sagte: ›Aber ich muß ins Amt. Da kann ich nicht wie ein Bettler auftreten!‹ antwortete sie: ›Aber ich muß mich wie eine Bettlerin kleiden, damit du unter diesen königlichen Huren glänzen kannst!‹ Und so ging es die ganze Nacht hindurch weiter. Wenn sie mich eine Frau auch nur anblikken sah, dann brüllte sie mich an, daß mir das Trommelfell wehtat! Sie war Französin«, setzte Mr. Pepys hinzu, »ein eifersüchtiges Volk.«

»Und wart Ihr nicht auch eifersüchtig, Sir?« fragte Matthew.

»Oh doch! Und warum auch nicht? Sie war sehr hübsch, und Männer gibt es, die sind eher wie Tiere.« Er lächelte, schien sich an irgendetwas zu erinnern und musterte dann Matthew, als wolle er sich seiner Verschwiegenheit vergewissern, und sagte: »Wißt Ihr, was ich manchmal getan habe, wenn sie außerhaus zu Besuch war?«

»Nein, Sir –«

»Ich sah in ihrem Schrank nach, um festzustellen, ob sie Unterhöschen trug. Ich wußte, sie hatte vierzehn. Da könnt Ihr sehen, wozu die

Eifersucht einen treibt! Aber sie gehört in der Ehe dazu. Ein Mann, der nicht eifersüchtig ist, liebt auch nicht, und ich habe sie immer geliebt, auch in den Zeiten unserer heftigsten Auseinandersetzungen.«

Wieder schwieg er, während um sie herum das Gebälk knarrte, als ob es sich unruhig zum Schlafen bereit machte. Mr. Pepys holte hinter seiner Schärpe sein neuestes Spielzeug hervor, eine blau und hübsch golden emaillierte Uhr aus der Schweiz. Er nestelte mit dem Schlüssel an ihr herum, aber seine Augen versagten ihm den Dienst, und er reichte beides, Uhr und Schlüssel, zu Matthew hinüber.

»Zieht sie auf«, sagte er. »Aber vorsichtig, nur bis zum Anschlag. Die Feder ist zart wie eine Haarlocke.« Und als dies geschehen war, steckte er die Uhr zurück und sagte: »Zehn Uhr. Zeit, daß wir Schluß machen. Heute abend gab es Vergnügen, morgen wird gearbeitet. Die Papiere dürften sich zu einem Berg gestapelt haben, für mich und für Euch.«

Matthew sagte: »Ich hoffe, Ihr werdet mit mir zufrieden sein, Sir. Ich brauche Eure Anleitung.«

»Keine Sorge, die bekommt Ihr! Ihr sagtet in der Jolle, Ihr seid bereit, mir zu folgen, und das hat mir gefallen, wie mir überhaupt bereitwillige Männer gefallen. Jemandem zu folgen, darin besteht der Dienst, ja, sogar das Leben selbst. Ich folge dem König. Und Ihr? Wem seid Ihr zu Eurer Zeit gefolgt?«

»Niemand von Belang, Sir, nur dem einen oder anderen guten oder auch weniger guten Kapitän.«

Mr. Pepys blickte lächelnd zu ihm. »Was macht einen guten Kapitän aus?«

Es war schon spät, so daß Matthew sich einige Mühe geben mußte. Nach kurzem Zögern sagte er: »Ein starker Wille und ein freundliches Herz. Und immer und zu jeder Zeit Mut.«

»Es gibt nur wenige solche Menschen. Will Hewer gehört dazu. Richtet Euch nach ihm, folgt ihm, macht alles so wie er, das ist der beste Rat, den ich Euch geben kann. Er war siebzehn und ein ziemlicher Rowdy, als ich mich seiner annahm. Aber er löste sich von seinen Kumpanen, arbeitete und machte rasch Fortschritte, und nach fast zwanzig Jahren war er es, der sich meiner annahm, hier in diesem Haus, nachdem ich am tiefsten Punkt angelangt war. Er war der erste, der mir die Hand hinstreckte, und das werde ich ihm nie vergessen! So einen Mann kann man nicht mit Gold kaufen, aber man kann mit einem Lächeln sein Herz gewinnen.«

Matthew Lawe kamen, als er von der Tüchtigkeit dieses Mannes hörte, Zweifel an sich selbst. »Aber wie soll ich das alles schaffen? Den Willen dazu habe ich, aber wie wird es mir gelingen? Welches ist der erste Schritt, den ich tun muß?«

»Den habt Ihr heute morgen bereits getan.« Mr. Pepys, der eigentlich schon zu Bett gehen wollte, schob seine Absicht hinaus, ein Zeichen seiner zweifellos großen Sympathie für Matthew. Er zeigte zum Nebentisch, auf dem der Wein stand. »Schenkt Euch etwas von dem Bordeaux ein«, Matthew hatte von diesem kostbaren Getränk bislang noch nichts genossen, »und hört gut zu.« Er wartete, bis Matthew sich eingeschenkt hatte, und fuhr dann fort: »Jeder hat die Möglichkeit, auf seinem Weg voranzukommen und aufzusteigen, daran dürft Ihr niemals zweifeln. Sonst wären wir nichts anderes als Ameisen, kleine krabbelnde Ameisen, und wenn der liebe Gott es so wollte, dann wäre er selbst die kleinste dieser Ameisen.«

Das war Blasphemie und doch zugleich tröstlich. Matthew trank von dem Wein und wartete ab.

»Ihr habt die Möglichkeit aufzusteigen«, sagte Samuel Pepys, »genau wie ich aufgestiegen bin. Ich fing an als Sohn eines Schneiders, stieg auf und fiel tief, aber stieg dann wieder auf. Wir sind heute am Tower vorbeigekommen. Manchmal gehe ich dorthin, nur um zu dem Turm hinüberzulächeln. Ich wurde dort nach einer papistischen Verschwörung eingesperrt und wäre gehenkt worden, wenn es nach dem Willen von gewissen Leuten gegangen wäre. Ich wurde von Leuten verleumdet, von den niederträchtigsten Schurken in ganz England. Lügner waren sie alle. Und wo sind sie jetzt? Vom Erdboden verschwunden, als hätten sie nie existiert. Und ich? Ich wurde Seelord. Und das nicht durch eine Verschwörung! Ich habe gearbeitet. Erhobenen Hauptes, dann mit hängendem Kopf und dann wieder mit erhobenem Haupt.«

Es war schwer, sich selbst nach einem so langen Tag nicht von der Beredsamkeit dieses Mannes anstecken zu lassen, und so sagte Matthew in aller Ergebenheit:

»Ich würde es gern genauso machen, wenn ich kann.«

»Dann setzt einen Kurs ab und haltet ihn durch.« Mr. Pepys beendete seine Rede mit einer Zusammenfassung, wie er sie gewiß schon viele Male vor anderen Ohren dargetan hatte. »Hütet Euch davor, zu stehlen und zu prahlen, und vor jeder Speichelleckerei. Nehmt Euch die Großen als Vorbild, aber verkauft Eure Seele nicht. Und vergeßt nicht, daß es ein weiteres Feld gibt, als den begrenzten Flecken, auf dem sich unser Leben abspielt. Für einige Glückliche ist es sogar die ganze Welt. Für uns ist es die See; sie ist es, der wir dienen. Wir sind Diener der Krone und von morgen an werden wir das beweisen.« Er stellte seinen Pokal beiseite, stand auf, streckte sich und knöpfte seine Schuhe zu. »Schlaft gut, Matthew. Aber geht vorher noch nach unten und sagt Lucy, sie soll kommen und mir beim Ausziehen helfen.«

Noch ein anderer Faden zog sich durch das Gewebe dieses seltsamen Tages, und Matthew war sich, während er einschlief, nicht im klaren darüber, ob dieser Faden hineinpaßte oder allem anderen zuwiderlief oder zu einem Muster ganz eigener Machart gehörte. Der Vorfall, über den er grübelte, hatte sich nach seinem Gang zur Küche zugetragen, als er sich, nachdem er einen Abtritt gefunden hatte, leise die Treppe hinaufschlich, um ja niemanden im Haus zu wecken. Dieser Verstohlenheit verdankte er es, daß er noch einmal den sich zum Schlaf vorbereitenden Sekretär der Admiralität zu sehen bekam.

Kerzenschein aus einer halboffenen Tür zog seine Aufmerksamkeit auf sich, und in aller Unschuld ging er näher heran. Dort im Zimmer saß Mr. Pepys bequem in einem Sessel; er hatte den Umhang heruntergelassen und seine Beine entspannt ausgestreckt, während die hübsche Lucy sein Haar kämmte.

Dabei hob er mit einem fast väterlichen Lächeln die Hand und begann, ihr Mieder aufzuknöpfen, bis ihre zarte Haut zu sehen war. Sanft liebkoste er dann ihre kleinen runden Brüste, die so entzückend waren wie ihr hingebungsvolles Gesicht.

Daraufhin legte Lucy wie ein wohlerzogenes Kind den Kamm beiseite, löste den schmalen Gurt seiner Unterhose, beugte sich herab und schob ihre streichelnden Hände hinein.

Der einundfünfzigjährige Sekretär Samuel Pepys schien unverbesserlich, was seine geliebte Ehefrau gewiß bestätigt haben würde.

IV

Die gemeinsame Arbeit war oft eintönig, manchmal gefährlich, aber immer nützlich. In den fünf Jahren, bevor Mr. Pepys, und diesmal für immer, kaltgestellt wurde, vollbrachte er die großartigste Leistung seines Lebens. Bei allem ging es ihm stets um die Marine, er kämpfte gegen Korruption, suchte dem Parlament Geldmittel abzuringen, hielt schwungvolle Reden, verfaßte Memoranden über tausenderlei Dinge, umwarb, überredete und bedrängte zwei Könige, suchte mit einer oft unwahrscheinlich hohen Schuldenlast fertigzuwerden, erreichte, was er wollte, oder jedenfalls genug, um immer Freude an seiner Arbeit zu haben, mit dem Erfolg, daß England am Ende über eine Flotte verfügte, auf die es stolz sein konnte.

Pepys und sein ihm treu ergebener Stab, zu dem auch Matthew Lawe in untergeordneter Position gehörte, brachten gemeinsam gute und schlechte Zeiten hinter sich. Zeiten, in denen es oft stürmischer zuging als draußen auf dem offenen Atlantik. König Karl starb, sein Bruder Jakob übernahm die Regierung und wurde gestürzt. Die Menge randalierte in den Straßen der Stadt, es gab Aufstände gegen Papisten, Mordanschläge und Unruhen irischer Gangsterbanden, die jeden umbringen wollten, der nicht ihrer Überzeugung war, und überall herrschten Sorge und Angst.

Eine Rebellion im West Country zog blutige Vergeltungsmaßnahmen nach sich, und durch eine Revolution gelangte erstaunlicherweise ein holländischer König auf den englischen Thron. Aber am Ende beugten sich alle dem Gesetz und bemühten sich redlich, ihre Pflicht zu tun.

Die Marine war im besten Zustand, und sie handelte nach der Devise, unter der Samuel Pepys sie zusammengeschweißt hatte: »Wenn wir keine erfolgreiche Arbeit leisten, werden die Holländer wieder auf der Themse erscheinen!«

Als Matthew sich im Derby House zum Dienst meldete, zeigte Will Hewer ihm seinen Platz an einem Schreibpult und sagte gutgelaunt: »Willkommen in dieser staubigen Bude! Wir haben zwar mit Schiffen zu tun, aber unsere Arbeit ist ziemlich trocken.« Sie war gut geregelt, aber für Matthew niemals trocken.

Er fand sich allmählich in der Dienststelle zurecht, befaßte sich mit Büchern und Akten, arbeitete eine ganze Bibliothek durch, Briefe, Memoranden, Berichte, Pläne aus der Vergangenheit und für die Zukunft, und staunte nur über die allgemeine und so sehr vielfältige Betriebsamkeit.

Nichts, schien es, wurde von Mr. Pepys vernachlässigt, nichts ließ er unversucht, und bei allem beflügelten ihn immer Zuversicht und Hoffnung.

Vieles in der Vergangenheit war ebenso erstaunlich wie sein weit vorausschauender Blick in die Zukunft. Schon vor Jahren hatte er eine Prüfungsordnung für Seeoffiziere ausgearbeitet, damit sie ihre navigatorischen Kenntnisse erweiterten und verhindert wurde, daß man Schiffe den Händen von unerfahrenen Adelssprößlingen anvertraute. Er war maßgeblich an der Gründung der Hudson's Bay Company beteiligt, wodurch wagemutige Abenteurer angespornt wurden, weiter nach einer Nordwestpassage zu suchen und Handel mit einem unvorstellbar reichen Kontinent zu treiben.

Das königliche Observatorium in Greenwich, vor allem als Stätte navigatorischer Forschungen, verdankte seinen Bemühungen viel. Als Mitglied und später Vorsteher im Trinity House gelang es ihm, die durch christliche Nächstenliebe veranlaßte Küstenbefeuerung – oft war es nur eine einzige Laterne auf einem Kirchturm – durch die Einrichtung von bezeichneten Fahrwassern und die Schaffung von Lotsendiensten zu ersetzen und dem ganzen System eine sichere Grundlage zu geben. Im gleichen Jahr, in dem er Seelord wurde, war er auch Präsident der Royal Society, dem Zentrum experimentieller physikalisch-mathematischer Forschungen. Besonders aber lagen ihm der Schiffbau und der Entwurf von neuen Schiffsmodellen am Herzen. Sein großes Interesse galt aber auch alten und neuen Seekarten. Jahrelang bemühte er sich darum, das Los des einfachen Seemanns zu verbessern, so daß ein Mann, der seinem Land treu gedient hatte, am Ende einer Reise nicht nur mit einem fast wertlosen Abmusterungsschein abgespeist wurde, für den er allenfalls von ebenso geriebenen wie betrügerischen Hafenschwindlern ein Almosen bekam.

Als Mr. Pepys an jenem Morgen, an dem er Matthew getroffen hatte, wieder zu Rang und Würden kam, lag alles wie von eh und je im Argen. Die Probleme waren die alten: wie sollten Schiffe ohne Geld oder Kredite gebaut werden, und wie wollte man sie mit unwilligen, durch Betrug verdorbenen Seeleuten bemannen? Wie sollten verrottende Fahrzeuge vor dem totalen Ruin gerettet und wie Lieferanten gefunden werden, die statt zu Sägemehl zerfallende Bretter und Balken solides Holz lieferten? Wie vor allem wollte man ein Parlament aus wohlbestallten, von keinen Kanonen bedrohten Opportunisten davon überzeugen, daß Geldmittel, die für die Flotte bewilligt wurden, kein überflüssiger Luxus waren?

Aber es gab schlimmere Feinde als diese uneinsichtigen Narren. In Pepys' Abwesenheit hatten Korruption und Veruntreuung wieder um sich gegriffen; der ganze Betrieb der Royal Navy von der Kiellegung bis zur Außerdienststellung eines Schiffes und Abmusterung der Besatzung war, ohne daß damit zuviel gesagt war, ein einziger gigantischer

Schwindel, bei dem man entweder mitmachen oder ausscheiden mußte.

Aber auch dieses Problem meisterte Samuel Pepys. Schon nach wenigen Wochen hatte er alles fest in der Hand, und das blieb auch so, als er nach sechs Monaten die Dienststelle der Admiralität in sein Haus in der Buckingham Street verlegte.

Es war ein großes Glück für das Land und auch für den König, daß ein so vielseitig begabter Mann zum Vorteil beider an die Macht gekommen war.

Durch die offene Tür seines Privatbüros behielt Mr. Pepys den Langen Raum im Auge, in dem die Kopien anfertigenden Schreiber auf ihren hohen Stühlen saßen. Selbst wenn er Matthew aus seinem von Fakten übervollen Gedächtnis diktierte, beobachtete er aufmerksam, was in dem Raum vor sich ging, und alle wußten es und betrugen sich dementsprechend.

Unterdes saß Matthew ganz nah an seinem kleinen Tisch dem Seelord gegenüber und gab sich an diesem Morgen mit angestrengtem Gehirn und verkrampften Fingern nun schon drei Stunden lang alle Mühe. Die Kurzschrift für schnelleres Schreiben, die er mittlerweile erlernt hatte, hielt kaum Schritt mit der flinken Zunge und dem wendigen Intellekt eines Mannes, der sich nie Ruhe gönnte, nie in seinen Anstrengungen nachließ und keine der Aufgaben vergaß, die ihm und seinen Untergebenen gestellt waren.

»Paragraph 34, der letzte«, verkündete Mr. Pepys mit seiner ruhigen, steten, unnachsichtigen Stimme. »Zusammenfassend muß gesagt werden, daß das Leben eines verdienten Offiziers der Marine in fortwährender Selbstverteidigung besteht, und zwar im Frieden gegen die Staatsminister und insbesondere gegen die Schatzmeister, und im Kriegsfall gegen die voreingenommenen Fragesteller und die Kritiker an der Marineleitung. Die ersteren bemäkeln fast jede auch noch so geringe Ausgabe und knausern bei jeder Bewilligung von Geldmitteln oder zögern sie ohne Terminangabe hinaus, ob es sich dabei nun um die Ausbesserung alter Schiffe, um den Bau von neuen oder die Ergänzung von Lagervorräten handelt. Auf der anderen Seite wird den genannten Offizieren in Kriegszeiten nicht nur zugemutet, selber für sich zu sorgen, es wird obendrein von ihnen erwartet, daß sie der Welt vormachen, alles sei bestens bestellt in der englischen Flotte, Geld sei in Fülle vorhanden und alle Arbeit schreite mustergültig voran.«

Mr. Pepys setzte sich zurück und beobachtete eine Weile einen der Schreiber im anderen Raum, der es gewagt hatte, von seiner Arbeit hochzublicken und aus dem Fenster zu sehen, und wandte sich dann wieder Matthew zu.

»Laßt auf der Seite unten etwas frei«, sagte er. »Vielleicht fällt mir noch das eine oder andere ein, wenn Ihr es mir vorgelesen habt. Ein altes Lied ist das alles, dem ich vielleicht erst eine neue Strophe hinzufügen werde, wenn ich mein großes Buch schreibe. Aber festhalten will ich es doch. Ja, da fällt mir gerade noch einiges ein, aber dann machen wir Pause.«

Matthew unterdrückte ein Gähnen, weil er wußte, daß Mr. Pepys das nicht gern hatte. Dann legte er ein neues Blatt Papier vor sich hin und setzte sich zurecht.

»Neue Vorschriften für die Wachschiffe«, hob Mr. Pepys an. »Aber dies sind nur Stichworte, versteht Ihr. Schreibt sie einfach untereinander hin, ausführen werde ich diesen Gedanken morgen.« Er überlegte einen Moment und diktierte dann. »Erstens: die Takelage, stehendes und laufendes Gut, hat immer in gutem Zustand zu sein. Zweitens: mitzuführen sind jederzeit verfügbare Vorräte für sechs Monate. Drittens: Schiffe gehen einmal im Jahr zum Abbrennen ins Dock. Viertens: der Kommandant hat ausnahmslos an Bord zu schlafen. Fünftens: die Nachtwache besteht aus mindestens einem Viertel der Mannschaft. Sechstens: jedes offene Feuer einschließlich Kerzen wird abends um acht Uhr gelöscht. Siebtens: in den Häfen von Chatham und Portsmouth werden Wachboote – oder schreibt: Streifenboote – voll bewaffnet auf Nachtpatrouille ausgeschickt und machen regelmäßig ihre Runden um jedes einzelne Schiff. Achtens: die Streifenboote haben alle ein- und auslaufenden Schiffe anzurufen. Neuntens: Schiffe, die nicht antworten, sind zu entern. Zehntens: in offenen Häfen sind Seitenarme und Buchten zu kontrollieren. Elftens: Wachschiffe haben diese Patrouillen täglich im Logbuch einzutragen und dem Kontrollkommissar viermal im Jahr Bericht zu erstatten.«

Mr. Pepys überlegte einen Augenblick. Dann befragte er, wie er es manchmal tat, Matthew als den seebefahrenen Praktiker.

»Sollte noch etwas hinzugefügt werden?«

Matthew war jedesmal überrascht, aber doch schon darauf eingestellt.

»Die Boote, die im Hafen patrouillieren, sollten zur Geräuschdämpfung ihre Riemen umwickeln, ohne Licht fahren, und es sollte auch nicht geredet werden.«

»Wieso?«

»Es ist die Art, wie ein Feind sich nähern könnte. Im anderen Falle können die Männer im Streifenboot Lärm schlagen und so ihren Kameraden den Feind melden, damit sie nicht im Schlaf überrascht werden.«

»Und das tun anständige Seeleute?«

»Aye, Sir. Bevor sie Prügel kriegen.«

»Ein prächtiger Grund ist das! Da müssen wir einen Riegel davorschieben! Also gut, fügt das als elften Punkt ein und ändert den letzten in 'zwölftens'.«

Matthew führte diese Korrektur durch und hatte seine Freude daran. Es gab wenig genug, worin er als kleiner Mann seinem Dienstherrn behilflich sein konnte. Als er diesen Zusatz mit schwarzer Tinte auf das weiße Papier geschrieben hatte, spürte er große Befriedigung. Dann war es still bis auf das Kratzen der Federn im Nebenraum, und seine Gedanken verloren sich in einem Tagtraum, in dem sich sein Leben auf See, sein Dienst an Land, das Rudern mit dem Bootsriemen und der Umgang mit der Schreibfeder miteinander vermengten. Er erwachte schuldbewußt und sah die Augen des Seelords auf sich gerichtet.

Aber er blickte nicht streng. »Ihr seht niedergeschlagen aus, Matthew.«

»Das bin ich aber nicht, Sir.«

»Nun, dann geistesabwesend.« Verständnisvoll erriet Mr. Pepys, was ihn bewegte. »Nach zwei Jahren zieht es Euch jetzt wieder hinaus auf See, nicht wahr?«

»Aye, Sir, manchmal. Dann sehe ich mich selbst mit dem Wachschiff Patrouille fahren, Segel setzen und ... alles tun, was ich selber schaffen kann.«

Mr. Pepys umschrieb mit der Hand alles, was von seinem Pult aus zu überblicken war. »Ihr habt das hier auch geschafft. Und zwar sehr gut.«

Matthew faßte sich, durch dieses Lob ermutigt, ein Herz. »Sir, diese Tätigkeit hat mich mit Stolz erfüllt, aber manchmal fehlt mir Wasser unter dem Kiel. Das ist alles.«

»Die See fehlt Euch.«

»An manchen Tagen, ja.«

»Wer weiß«, sagte Mr. Pepys, »diese Tage kommen vielleicht einmal wieder. Wenn auch die Arbeit an Land keine Schande ist. An Land sind Seeleute notwendig, und ich hoffe, auch Ihr seid zu diesem Schluß gekommen. Hinter jedem Mann auf See steht einer, der seine Pflicht an Land erfüllt. Vielleicht auch zwei, obwohl das schon fast zuviel ist, wenn wir nicht mit Verlust arbeiten wollen. Wir müssen dafür sorgen, daß der Mann auf See zu essen hat, wir müssen ihn entlohnen und sind verantwortlich dafür, daß er gepflegt wird, wenn er krank ist. Und in gleicher Weise müssen wir für jedes Schiff sorgen. Wir müssen es zuerst einmal bauen und uns dann darum kümmern, daß es seetüchtig und in gutem Zustand bleibt, um seine Reisen machen, um kämpfen und durchhalten zu können.«

Es war eine alte, aber deswegen nicht weniger stichhaltige Wahrheit, alt und vertraut wie das tägliche Brot, das man zum Leben braucht, aber nicht verherrlicht. Matthew war in der Tat stolz auf seinen Dienst in der Admiralität und darauf, daß der Seelord Vertrauen zu ihm hatte. Es gab allerdings Tage, sonnige Tage im Frühling, an denen Salzwassergeruch in der Luft zu liegen schien, – da er sich aus dem ewig gleichbleibenden Leben am Schreibpult heraussehnte zu einem Leben unter Tauwerk und Takelage auf dem rollenden Quarterdeck eines Schiffes.

Schiffe lebten, bewegten und hoben und senkten sich. Schreibpulte standen herum und verstaubten.

Mr. Pepys sprach wieder zu ihm. »Kopf hoch, also, – und nehmt diese Notizen an Euch. Ich brauche meine Aufstellungen über Soll und Haben bis Montagmorgen, für die Finanzvorlage im Parlament. Der Zahlmeister der *Swallow* fordert sieben neue Anker an. Keine Fregatte braucht sieben Anker, es sei denn, sie sollen an die Fische verfuttert werden. So geht das! Und schickt einen Boten an Kapitän Banning auf der Yacht *Pluto*. Ich erwarte ihn Dienstagmorgen um acht.«

Matthew glaubte, nicht richtig gehört zu haben. »Acht Uhr, Sir? Aber er kommt ganz von Chatham.«

»Dann soll er etwas früher aufstehen, wie ein guter Kapitän – und nicht noch einmal mit Ausflüchten kommen wie damals, als er schlief, während sein Schiff bei Sheerness aufbrummte. Ich schlafe auch nicht im Dienst! Warum also Kapitän Banning, Sohn eines Baronets und ein dreckiger Hurensohn und weiß der Himmel was sonst noch. Und morgen machen wir uns einen freien Tag, Ihr und ich!

»Frei?« fragte Matthew überrascht.

»Einen freien Tag für eine Kutschfahrt. Zur Besichtigung einer Werft, auf der ich einen Schurken entlassen werde. Und dann löse ich mein Versprechen ein und zeige Euch Bedlam.«

Weder die Werft, es war die Marinewerft, gut sieben Meilen themseabwärts, noch der vor der Entlassung stehende Schurke, welcher Sam Stallybrass war, der an Mr. Pepys' Abendgesellschaft teilgenommen hatte, waren auf den Überfall des Ersten Seelords vorbereitet.

»Wir werden bei ihnen aufkreuzen, während sie noch schlafen«, sagte Mr. Pepys grimmig, als die Kutsche rumpelnd in östlicher Richtung abfuhr. »So kommt man diesen Schuften am besten bei. Ich habe Sam Stallybrass für einen Ehrenmann gehalten und mich darin geirrt. Denkt er, daß er dem König Geld stehlen kann, nur weil er bei mir am Tisch gesessen hat? Genug ist genug!«

Für Sam Stallybrass war es tatsächlich genug. Zuerst noch lächelte er spitzbübisch, dann pustete er sich auf und wurde frech, und schließlich winselte er und flehte um Gnade. Es handelte sich hauptsächlich um einen Betrag von tausend Pfund. »Eine große Summe«, sagte Mr. Pepys, »selbst Diebe sollten ein gewisses Feingefühl haben.« Tausend Pfund, ausgegeben für Holz, das in einer hinreichend dunklen Nacht verschwand und dann für weitere tausend Pfund an die Krone verkauft wurde, worauf sich herausstellte, daß es frisches, unabgelagertes Holz war, das jeder Werftangestellte schon auf den ersten Blick abgelehnt hätte.

»Ich habe einen Fehler gemacht«, sagte Sam Stallybrass schließlich. Die Werft, in der sie ihn aufstöberten, lag so gut wie still, kein Mann schien die Arbeit zu leisten, für die er bezahlt wurde. Stallybrass, der faulste von allen, wurde dabei überracht, wie er mit einem Glas in der Hand und mit den Füßen auf der Tischplatte an seinem Schreibtisch saß. Zuerst wurden ihm Tatsachen und gewisse Zahlen vorgehalten und dann Rechnungen und Quittungen vorgelegt, aus denen hervorging, daß er schwere Verluste machte.

Es war eine Freude, mit anzusehen, wie Mr. Pepys, der beste aller Seeleute an Land, ihn sich wie ein kommandierender Admiral vornahm und abkanzelte.

Stallybrass saß da, das Hemd hing ihm aus der abgerissenen Hose. »Ich habe einen Fehler gemacht«, wiederholte er. »Das kann jedem passieren und ist doch wohl verzeihlich.« Sein gedunsenes, schwitzendes Gesicht verzog sich zu einer anbiedernden Grimasse. »Gebt mir noch eine Chance, Sam. Es soll nicht noch einmal vorkommen.«

»Nennt mich nicht Sam«, sagte Mr. Pepys aufgebracht und voller Verachtung. »Ihr beschmutzt meinen ehrlichen Namen. Dies war eben ein Fehler zu viel. Meint Ihr, Ihr werdet nicht beobachtet? Und denkt

Ihr vielleicht, ich könnte keine Bilanz lesen und die Fälschungen nicht entdecken? Allein aus dieser einen Akte geht hervor, daß hier ein Jahr lang Betrug und Veruntreuung an der Tagesordnung waren. Und es gibt hier zwanzig solcher Akten. Glaubt Ihr, wir seien lauter Dummköpfe?«

»Einige von euch sind sicher mehr als das«, knurrte Stallybrass. Aber er war in die Enge getrieben. Seine Bitte um Milde war auf eisige Ablehnung gestoßen, ihm blieb nur noch die Zuflucht zu Beleidigungen. »Natürlich könnt Ihr Bilanzen lesen, schon weil Ihr selbst tausende davon zurechtgestutzt habt. Wenn ich erst auspacke –«

»Das könnte Euch so passen«, donnerte Mr. Pepys ihn an. »Ich habe Euch in der Vergangenheit zweimal gewarnt. Zu nachsichtig, vielleicht, aber ich habe Euch für einen Freund gehalten. Ihr seid entlassen, und zwar auf der Stelle!«

»Wer sagt das?«

»Ich! Auf Befehl Seiner Majestät.«

Matthew, der abseits stehend gespannt zuhörte, waren diese Worte vertraut. Immer sagte oder schrieb der Seelord »Auf Befehl Seiner Majestät«. Manchmal stimmte es, manchmal war er damit der Zeit um einen Tag oder eine Woche voraus. Aber der Befehl wurde nie in Frage gestellt oder geändert. Der kleine Mann mit dem Herzen und der Willenskraft eines Königs hatte es nicht nötig, Vollmachten erst abzuwarten oder sie sich zu erbetteln.

»Und wer nimmt meine Stelle ein?« fragte Sam Stallybrass und schoß dann in ohnmächtiger Gehässigkeit seinen letzten Pfeil ab. »Ein Vetter, dem Ihr was Gutes tun müßt?«

»Einen Monat oder länger bleibt Eure Stelle unbesetzt«, sagte Mr. Pepys, der sich wahrlich in blendender Verfassung befand. »Ich möchte nicht den Ruf eines anständigen Mannes gefährden. Wir müssen dieses Nest ausräuchern, bevor wir jemand ernennen. Ihr verlaßt die Werft noch heute abend, und zwar mit leeren Händen, wenn's Euch recht ist. Weitere Anordnungen folgen, wenn Seine Majestät eine Entscheidung getroffen hat. In der Zwischenzeit übernimmt Kapitän Lysart vom Wachschiff die Aufsicht.«

»Aber nicht über mich!«

»Nein, gewiß nicht«, sagte Mr. Pepys. »Ihr seid ja nicht mehr hier.«

Matthew war nicht der einzige in der Werft von Deptford, der diese Auseinandersetzung von Anfang bis Ende mit angehört hatte. Nachdem er und Mr. Pepys zu dem Wachschiff gegangen waren, wo Kapitän Lysart seine Anordnung nur mit »Aye, Sir« quittiert und seinen Leutnant angewiesen hatte, eine Wache vor dem Arbeitsbüro aufzustellen, und als sie dann zum Haupttor geschlendert waren, wo die Kutsche wartete, schien allenthalben plötzlich große Betriebsamkeit ausgebrochen zu sein.

Männer, die Karten gespielt hatten, schlugen mit Hämmern auf dröhnendes Eisen. Andere stolperten vor lauter Beflissenheit, mit der sie Taurollen von einer Ecke des Lagerplatzes zur anderen beförderten. Lehrlinge rannten auf plumpen Beinen hierhin und dorthin. Ein Mann, der, mit leeren Händen dastehend, von ihnen überrascht wurde, riß vier-, fünfmal die Mütze vom Kopf. Äxte wurden geschliffen, Nägel in Holz getrieben und Segeltuch so sorgsam gefaltet, als handele es sich um die Leinenausstattung einer Braut. Überall war Betrieb.

»Ja ja, jetzt spielen sie eine Weile die Arbeitswütigen«, sagte Mr. Pepys, als er mit Matthew durchs Werftportal hinausging. Er war, nachdem er mit diesem Obergauner kurzen Prozeß gemacht hatte, bester Laune und freute sich zu sehen, daß er mit seinem Vorgehen auch den Werftarbeitern eine Lehre erteilt hatte. »Aber die Krankheit wird wieder um sich greifen, und wiederum werde ich ihnen einen Arztbesuch abstatten und sie zur Ader lassen, und so wird es weitergehen, bis an unser seliges Ende. Anständigkeit und Strebsamkeit haben ebenso ihre Tide wie das Salzwasser. Aber vergessen wir das jetzt und fahren wir nach Bedlam, einem wahren Irrenhaus!«

Aber zuerst noch besuchten sie Lloyds Kaffeehaus, wo der Seelord eine Privatangelegenheit zu regeln hatte und sie eine bescheidene Mahlzeit zu sich nahmen, Geflügel, Käse und dazu etwas Rheinwein. Dieses Lokal war erst kürzlich von Edward Lloyd, einem Buchdrucker, in der Lombard Street eröffnet worden. Da dieser Mann einen Sinn für Geselligkeit hatte, erfreute sich sein Lokal schon bald großer Beliebtheit bei den Geschäftsleuten der Stadt, die irgendwie mit Handel und Schiffahrt zu tun hatten. Abenteurer waren sie alle, ob sie nach dem Kaufmannskontor rochen oder nach der Kapitänskajüte.

Unter ihnen waren Reeder, deren Profit auf risikoreichen Fahrten über tausende von Meilen erwirtschaftet wurde, Schiffbauer, für deren Träume von seetüchtigen Schiffsrümpfen zunächst einmal der finanzielle Unterbau geschaffen werden mußte, und Schiffskapitäne, die von ihren Reisen zu erzählen wußten oder von denen, die sie vorhatten. Die meisten aber waren Kaufleute, die über Geschäfte oder Ladungen oder über neue Pläne redeten, die ihnen entweder Erfolg bringen oder bereits am ersten Felsen im Kanal scheitern mochten.

Es fanden sich auch Schiffsmakler ein, Angehörige der Vermittlerbranche, deren Risiko, ob sie nun mit Wein oder Muscheln, Brokat oder Kattun handelten, von den wechselnden Frachtraten und von der Tüchtigkeit der Seeleute abhing, die diese Frachten beförderten.

Anwesend waren auch gestandene Männer, die Schiffe auf Lebensdauer, für mehrere Reisen oder auch gegen Totalverlust versicherten. Sie stellten eine Police auf den vereinbarten Betrag aus und unterzeichneten sie gemeinsam mit dem Reeder, wodurch die Versicherungssumme garantiert war.

Diese Unterzeichner machten in guten Zeiten gute Geschäfte, während sie in schlechten mit dem Ruin rechnen mußten. Auch sie waren im Grunde Abenteurer. Es war ein Glücksspiel, bei dem es auf die Qualität der Schiffe und das Können und die Erfahrung der Besatzung ankam. Verglichen mit dem Risiko bei Pferderennwetten oder bei der Wahl einer Frau entsprach das Wagnis im Versicherungsgeschäft dem in einer Spielhölle.

In diesem geschützten Hafen wurde Mr. Pepys wie ein Fürst empfangen, der er in der Welt der Schiffahrt ja auch war. Die Männer näherten sich der Reihe nach seinemTisch, um ihn achtungsvoll zu begrüßen und die Hoffnung auszudrücken, er möge sich, wenn sie ihm vonnutzen sein könnten, ihrer Namen erinnern. Dann zogen sie sich zurück und machten anderen höflichen Bittstellern Platz.

Der Bankier, mit dem er besondere Geschäfte zu erledigen hatte, wurde von allen beneidet, als sie sahen, wie Mr. Pepys ein Papier durchging und unterschrieb, das er ihm überreicht hatte, und beide sich dann die Hand gaben. Matthew wußte, worum es sich handelte, um eine Anleihe bei Mr. Pepys über achttausend Pfund mit einem monatlichen Zinssatz von einem halben Prozent, die zurückzuzahlen war, sobald der Verleiher es wünschte.

Der zu Vermögen gekommene Mr. Pepys brauchte sich seinerseits nichts von Banken zu leihen. Es war sein eigenes Geld, das er dem Mann als Kredit gab.

Mr. Edward Lloyd, ein ebenso humorvoller wie geschäftstüchtiger Mann, bediente sie selbst, und als das Geschäftliche erledigt war, setzte er sich zu ihnen an den Tisch. Er war voller Pläne und froh darüber, sie mit einem so angesehenen Mann besprechen zu können.

»Ich habe vor, einen Club zu gründen«, erzählte er ihnen. »Für Männer gleicher Interessen, die mit der Handelsschiffahrt zu tun haben. Ich würde laufend alle die Schiffahrt betreffenden Nachrichten besorgen, täglich eine Liste der ankommenden und auslaufenden Schiffe und eine weitere mit dem letzten Stand der Frachtraten aufstellen lassen, und alles hier bei mir auslegen, damit jeder es lesen kann. Ich denke auch an eine Zeitung, Mr. Pepys, eine Zeitung! Was sagt Ihr zu dem Namen ›Lloyds Nachrichten aus der Schiffahrt‹!«

Es war schwer, sich der Begeisterung, mit der er sprach, zu entziehen, wenn dabei auch sein Eigeninteresse überwog.

»Ich würde die Zeitung sofort abonnieren«, sagte Mr. Pepys, »und lesen! Aber Ihr solltet streng achtgeben auf Zuverlässigkeit. Sonst werden Eure ‹Nachrichten aus der Schiffahrt‹ nur ein weiteres Lügenblatt und Euer Club zu einem Verein von Schwindlern.«

»Dazu wird es nie kommen«, sagte Mr. Lloyd bestimmt. »Ich werde auf der Hut sein, darauf könnt Ihr Euch verlassen. Ich kann einen anständigen Mann von einem Schurken schon nach der Art, wie er seinen Hut aufhängt, unterscheiden ...« Er warf Mr. Pepys einen prüfenden Blick zu. »Darf ich sagen, daß ich Eure Protektion habe, Sir?«

Mr. Pepys musterte ihn ebenso eingehend und lächelte dann. »Ich nehme an, Ihr werdet es so oder so sagen, Lloyd. Aber ich fände es unhöflich, Eure Bitte abzulehnen.«

Er erhob sich, nickte einigen Bekannten zu und wandte sich zum Gehen. Beim Einsteigen in die Kutsche vertraute er Matthew an:

»Lloyd ist auf dem richtigen Wege. Ein anständiges Lokal mit anständiger Kundschaft. Das Wort eines Mannes gilt hier, oder er würde es über seinen Kaffeeausschank hinaus zu nichts bringen. Aber jetzt besuchen wir zur Abwechslung einen der finstersten Flecken in ganz London.

Schon auf der Straße davor, der Moorfields Street, bestätigte der finsterste Fleck von London seinen Ruf; das Elend mit seinen Gerüchen und Geräuschen hing über dem Gebäude, und als Matthew und Mr. Pepys durch das Tor von Bedlam gingen und ihre zwei Pence als Eintrittsgeld bezahlten, verstärkten sich der grauenvolle Gestank und Lärm ins Unerträgliche.

Die Korridore nah und fern hallten wider von dem kreischenden Gelächter, das sich mit Schmerzensschreien und Wutausbrüchen zu einer höllischen Symphonie mischte. Die hervorgestoßenen Worte waren unverständlich, und die von einer Rotte irrer Musikanten produzierten Töne waren ebenso entsetzlich anzuhören wie das flehende

Wispern eines Kindes, das aus der Tiefe der Hölle emporzudringen schien. Es war wie der Lärm in einem Wald voll wilder Tiere, wie der brüllende Aufruhr der Verdammten.

In der Nähe war so etwas wie Sprache vernehmbar, ausgestoßen von den Hausierern, die schreiend ihre Waren feilboten:

»Schürhaken! Schürhaken! Gut zum Stochern!«

»Wasserflaschen! Spritzt die Leute naß!«

»Zinntrompeten! Zinntrompeten zum Blasen!«

»Kneifzangen! Kneifzangen zum Zwicken!«

»Oblaten! Heilige Oblaten! Eßt Gottes Gnade!«

Die Oblaten bestanden nur aus gekreuzten Strohhalmen, worüber laut gelacht wurde, die Schürhaken aber waren handfeste Ware. Matthew war angesichts dieses Spektakels gänzlich verwirrt.

»Sir, was soll dieses Verkaufen?« fragte er Mr. Pepys. »Was hat es für einen Sinn?«

»Es soll die Irren aufmuntern«, erwiderte Pepys, als spreche er zu einem Kind. »Was sonst? Dies ist das größte Schauspiel, das London zu bieten hat, und es könnte langweilig werden ohne ein bißchen Spaß. Es ist kaum zu begreifen, daß dieser Ort nach Bethlehem benannt ist, nach der Krippe des Erlösers.«

Zu zehn und zwanzig lagen die Irren in eisernen Käfigen auf Stroh, das wie von Vieh verdreckt war, oder sie standen zerrend und ruttelnd an den Gitterstäben oder schlugen sich gegenseitig blutig, als seien sie in dieser Hölle auch noch auf Mord und Totschlag aus. Zwischen den Käfigen tappten Strolche und Trinker und ganze verblödete Familien auf und ab, lachten oder verhöhnten, quälten und beschimpften sich und hatten offensichtlich Vergnügen daran.

»Ich frage mich«, sagte Mr. Pepys, »ob diejenigen vor oder die hinter den Gittern die Verrückten sind.« Er beobachtete eine dicke schlampige, mit einem Schürhaken bewaffnete Frau, die nach einem abgezehrten jungen Mann stieß, dessen gequältes Gesicht mit leeren Augen wie aus der Hölle hervorzublicken schien. Der Elende rührte sich kaum, die Frau stellte das Stoßen nicht ein und wurde von den Umherstehenden durch kicherndes Gelächter aufgestachelt.

Plötzlich streckte der junge Mann blitzschnell die Hand aus und packte den Haken der ihn quälenden Frau. Dann stieß er sich die Spitze in die Brust und drückte sie tief hinein, als wolle er sagen: »Da hast du, was du willst.«

Als ihm Blut aus Brust und Mund tropfte, senkte der junge Mann den

Kopf vornüber auf die Wunde und verlor langsam das Bewußtsein. Die Menge, für die es nun nichts Belustigendes mehr zu sehen gab, zog weiter.

»Gott sei uns gnädig«, sagte Mr. Pepys nicht ohne Mitgefühl. Matthew, den das, was er hier zu sehen bekam, ganz krank machte, zerbrach sich den Kopf, weshalb sie überhaupt als Zuschauer hierher gegangen waren und wieso der Seelord diese entsetzliche Quälerei als ein bißchen Spaß bezeichnen konnte. Wer, in der Tat, waren hier wirklich die Irren?

Viele andere gequälte Seelen bekam er zu Gesicht, als sie ihren Rundgang fortsetzten. Darunter einen graubärtigen, in Lumpen gekleideten Greis, in dessen brennenden Augen der Schmerz stand, der in ihm wütete. Brüllend klammerte er sich an die Gitterstäbe, rüttelte an ihnen, als ringe er mit dem Wahn, der diese Welt durchtobte, und schrie: »Ich bin Johannes der Täufer! Hört mich an, bevor ihr vernichtet werdet!« Und dabei quoll ihm Speichel aus dem im Wahnsinn zuckenden Mund.

»Prophet! Prophet!« röhrte die Menge, die offenbar an diese irre Schaustellung gewöhnt war. Als der Greis jedoch verstummte, stießen sie ihm in den verhärmten Leib, spritzten ihm Wasser ins Gesicht und gaben grölend Trompetengeräusche von sich, als wollten sie die Mauern von Jericho zum Einstürzen bringen. Doch alles, was er in seiner geistigen Verworrenheit hervorbringen konnte, war: »Ich bin Johannes der Täufer! Bereut, bevor es zu spät ist!«

Aber das wollte die Menge nicht. Sie wollte Visionen, Verwünschungen, wilde, empörte Flüche. Blut war es, was sie im Grunde wollte.

Im Echo klang ihnen dieses »Ich bin Johannes der Täufer« nach, als Pepys und Matthew weitergingen. Dieser Mann war irre, aber vielleicht war etwas Wahres an seinen Mahnungen?

Sie kamen zu einem Mädchen, das so wenig irre aussah wie die Mutter Gottes, ein mitleiderregendes, zartes Geschöpf, an dessen Hemd sich drei bleiche Kinder klammerten. Sie sah den Besuchern mit verzweifelten, hilfesuchenden Augen entgegen.

»Ihr guten Herren«, sagte sie, als sie, ihre Kinder mit sich ziehend, ans Gitter kam, »könnt Ihr mir nicht helfen? Ich bin keine Irre!«

Mr. Pepys blieb stehen, um sich teilnahmsvoll anzuhören, was sie zu sagen hatte. Die Kinder starrten ihn winselnd an, und wild brach es aus der jungen Mutter hervor, als sie nun ihre Geschichte erzählte.

Sie war keine Irre, wiederholte sie, und das schien trotz ihres verzerrt zuckenden Mundes durchaus glaubhaft. Ihr verkommener Ehemann hatte sie verlassen, sie war mittellos, so daß sie ihre Kinder nicht ernähren konnte. Aus Hunger stahl sie dann bei einem Bäcker etwas Brot. Sie wurde dabei ertappt und, nachdem sie sich vergebens zur Wehr gesetzt hatte, mit Gewalt ins Hinterzimmer der Bäckerei gebracht. Dort bot ihr der Bäcker an, sie laufen zu lassen, falls sie ihm zu Willen sei. Er hatte sich schon vorher hin und wieder an sie herangemacht. Sie wehrte sich und schrie, schlug nach ihm und versuchte, ihm zwischen die Beine zu treten.

»Du bist irre«, zischte der Bäcker sie böse an und rieb sich die Stellen, wo sie ihn getroffen hatte. Und dann wurde sie tatsächlich als irre und gemeingefährlich erklärt.

Die gestrenge Justiz sah in ihrem Verhalten eine Bedrohung der bürgerlichen Welt und veranlaßte die Einlieferung dieser Missetäterin in das Irrenhaus Bedlam, wobei sie es als unnatürlich befand, die Kinder von ihrer Mutter zu trennen. Und so landete die unglückliche Familie in diesem Asyl. Erst hatte es ihr an Brot gefehlt, und jetzt hatte man ihr die Freiheit genommen. Könnten die freundlichen Herren ihr wohl helfen?

War ihre Geschichte wahr? Oder eine Ausgeburt ihres kranken Gemüts? War das Ganze gelogen?

»Ich werde nachforschen«, sagte Mr. Pepys, und Matthew wußte, daß er es auch tun würde. Er steckte ihr eine Münze zu, aber wahrscheinlich war das Aufblinken des Goldes anderen nicht verborgen geblieben, so daß sie das Geldstück kaum sehr lange behalten würde. Sie selbst hatten nun die Freiheit zu gehen, die Frau und deren Kinder aber nicht, und an diesem Unterschied zeigte sich die ganze Bösartigkeit der Menschheit.

Sie kamen jetzt in einen Teil der Anstalt, wo die Unzucht ihre chaotischen Triumphe feierte. Die letzten beiden Personen, auf die sie bei ihrem Besuch stießen, lagen eng zusammen, als seien sie aneinander gefesselt: ein Mann und eine Frau, die sich in einem verzweiflungsvollen Beischlaf ergingen und sich so den einzig verfügbaren Trost verschafften. Lüsterne Augen hefteten sich auf sie, und heiseres Gelache erhob sich, als die beiden unheiligen Liebenden aufeinander einschlugen, stöhnten und um sich bissen. Und doch war hier mehr Liebe am Werk als in der grausamen Welt jenseits der Anstaltstore.

Übertönt wurden das Lachen, die schmutzigen Witze und die anspornenden Rufe von dem gnadenlosen, höhnischen Geheul eines Betrunkenen, der ihr Lager in Brand zu setzen versuchte. Obwohl das stinkende Stroh kaum Feuer fangen würde, ließ der Mann nicht von ihnen ab und steckte brennende Holzscheite durchs Gitter, bis er alles verbraucht hatte.

So wurde stinkender Qualm zum Weihrauch um ihren Beischlaf, und ihre Hochzeitshymne tönte unablässig durch die Anstalt: ein Heulen und Kreischen, Schnaufen und Fluchen, Weinen und Lachen, irre Trompetenstöße und das Geratter der Gitterstäbe: ein infernalischer Lärm.

Und alles das für zwei Pence Eintritt.

Aber noch andere partizipierten an diesem in Liebe und Haß, in Trostlosigkeit und Verzücktheit entfesselten Treiben. Matthew wurde gewahr, daß diese anderen um die beiden herumlungerten, nur beiläufig in den Käfig lugten und dabei mit sich selbst beschäftigt waren. Dies war Sex von schamlosester, niedrigster Art.

»Oh, in Bedlam gibt es manches, was über seine eigentliche Bestimmung hinausgeht«, anwortete Mr. Pepys Matthew auf dessen Frage. »Zunächst einmal ist es ein Ort, wo man vor Regen geschützt spazierengehen kann. Aber es gehen hier auch, wie Ihr seht, Damen der Stadt ihrem Gewerbe nach, Zuhälter bieten ihre Ware feil, und an Kunden fehlt es schon gar nicht. Ein sicherer Markt für Wollust und unzüchtiges Treiben.«

In diesem Moment fing er den Blick einer solchen feilen Dame auf, einer hübschen, wohlproportionierten Hure mit üppigem Busen, der einen wahren Festschmaus verhieß. Möglicherweise hatte ihr Mr. Pepys, bei dem man auf alles gefaßt sein mußte, einen verstohlenen Wink gegeben.

Wie dem auch sei, Mr. Pepys jedenfalls zog seine Uhr hervor und fragte Matthew: »Wollt Ihr den Geisteskranken nicht bei der Essensausgabe zuschauen? Dabei, habe ich gehört, soll es besonders hoch hergehen.« Als Matthew verneinte und antwortete, er habe jetzt genug von Bedlam gesehen, erklärte Mr. Pepys: »Gut also, mildes Herz, fahren wir nach Hause.« Sie gingen durchs Tor nach draußen in die beginnende Dämmerung, wo ihre Kutsche und darin die feile Dame wartete.

Die eine Hälfte der Kutsche schien von ihrer verheißungsvollen Üppigkeit, die andere von Mr. Pepys' sich steigerndem Verlangen ausgefüllt. Matthew merkte es ihm an. Irgend etwas hatte seinen Dienstherrn aufgereizt, wobei ungewiß war, was: das Getummel der Liebenden in ihrem Käfig, die verlassene Mutter, deren Gesichtszüge bei aller Verhärmtheit schön waren, die paradierenden Huren oder diese bereitwillige Dame selbst, die so unternehmungslustig aussah wie ein auf die Weide gelassenes Fohlen.

Aber was immer ihn angeregt hatte, Mr. Pepys schien jedenfalls nicht geneigt, sich abweisen zu lassen. Jetzt hatte er Lust, und jetzt sollte sie befriedigt werden, basta, so ordentlich, ausgiebig und endgültig wie die Ansprüche aus einer Rechnung, die bis aufs letzte Schamhaar stimmt.

Als Matthew zustieg, sagte er flüsternd: »Soll ich Euch allein lassen, Sir, und mir eine Mietdroschke besorgen?«, worauf Mr. Pepys, dessen Atem bereits schwer ging, erwiderte: »Ich denke, hier ist Platz genug für meinen diskreten Schreiber. Ihr könnt Euch ja an dem ergötzen, was es draußen zu sehen gibt.«

Matthew tat das und starrte entschlossen in die zunehmende Dämmerung, während ihm zur Seite das Liebesspiel begann. Es war in der Tat nur ein Spiel, wenn auch nicht ohne Höhepunkte, denn Mr. Pepys liebte es, zu tasten und betastet zu werden, und das Mädchen schien das zu wissen, oder es war ihr zugeflüstert worden, und sie paßte sich an.

Sie saß auf Mr. Pepys Knien, und – Matthew konnte den Vorgängen folgen, ohne die Augen benutzen zu müssen – ihre herrlichen Brüste wurden entblößt und mit Mund und Händen bearbeitet, bis es so weit war.

Die Kutsche ruckte, das Mädchen preßte sich an ihn und schrie auf, der Mann stöhnte, und das war alles. Nach langem Schweigen wurde ein Klopfen hörbar; es war Mr. Pepys' Ebenholzstock, mit dem er gegen das Kutschendach klopfte.

Sie hielten an einer Straßenecke. »Du bist ein gutes Mädchen«, sagte Mr. Pepys, was gewiß der Wahrheit nicht entsprach. »Nimm dies hier für deine Mühe.«

Das Mädchen sagte: »Und das ist alles? Was ist mit deinem Freund?« Mr. Pepys antwortete: »Mein Freund ist standhaft.« Worauf sie obszön kicherte: »Ich würde gern untersuchen, an welcher Stelle!«

Aber sie bestand nicht darauf. Die Kutschentür öffnete sich, und sie stieg aus und verschwand in der Dämmerung. Samuel Pepys und sein diskreter Schreiber waren allein.

»Ist es noch hell genug, so daß Ihr schreiben könnt?« fragte Mr. Pepys, ohne sich erst zu verschnaufen.

»Aye, Sir.« Matthew wußte, daß sich der Seelord nach jeder derartigen Runde entspannte, indem er sich seinen Gedanken und Plänen widmete. Der Verstand übernahm das Kommando, schnell, klar und rein wie der Schlag einer Kirchenglocke. Matthew wunderte sich lange nicht mehr über dieses rasche Umschalten, diese Wendigkeit und war zu dem Schluß gekommen, daß die Marine offensichtlich mehr Sünder brauchte als Heilige.

»Ein paar Notizen für morgen«, sagte Mr. Pepys, sogleich zum Diktat bereit. »Punkt eins: An Mond achthundert Pfund in Gold überweisen. Punkt zwei: Die Dokumente sind zum Notariat zu bringen. Punkt drei: Einwilligung zur Entlassung von Sam Stallybrass durch den König. Punkt vier: Kapitän Lysarts Auftrag zur einmonatigen Beaufsichtigung der Deptford-Werft bestätigen. Punkt fünf: Von Sir John Haydon, Vorsteher des Bedlam Hospital, Bericht über die Frau mit den Kindern anfordern. Ich hoffe nur, sie hat uns nicht an der Nase herumgeführt«, setzte Mr. Pepys hinzu. »Sie hat die Geschichte wahrscheinlich immer parat. Und dann noch: Vor dem Werfttor waren einige kranke und sterbende Seeleute, die nicht bezahlt worden sind. Wir müssen zu unseren Versprechungen stehen! Was ich der Admiralität vorzuschlagen habe ...«

Die Kutsche schaukelte und rumpelte weiter voran durch die Straßen Londons, ebenso wie die Angelegenheiten der Marine vorankamen. Samuel Pepys ließ sich nicht einen einzigen, unbedachten Augenblick das Steuer entgleiten.

Es blieb bis zum Ende ein unvergeßlicher Tag, wie sich erwies. Angelangt in der Buckingham Street, ging Mr. Pepys, müde von den vielen ereignisreichen Stunden, früh zu Bett. Er bestellte nicht einmal Lucy, um sich beim Auskleiden helfen zu lassen. Als Matthew nach unten ging, traf er das Mädchen auf der Treppe. Er hatte diese Begegnung herbeigewünscht, denn auch ihn hatte das, was er heute gehört und gesehen hatte, in heftige Erregung versetzt.

»Braucht mich der Herr noch?« fragte sie ihn flüsternd.

Er schüttelte den Kopf und sah sie in der spärlichen Beleuchtung lächelnd an. Er hätte sie berühren können, so nah stand sie vor ihm. »Nein«, sagte er. »Er schläft schon. Aber ich bin noch hellwach.«

Ihr Blick wurde ganz sanft. »Das sehe ich. Könnt Ihr nie genug bekommen?«

»Nein, nicht außerhalb deines Bettes.«

Er fühlte sich ermutigt, denn ihre Sanftheit war ein sicheres Zeichen ihrer Bereitwilligkeit. Die kleine Lucy war nicht mehr das Fohlen von einst, sondern eine ausgewachsene Frau, die unter diesem Dach wie eine Blume voll erblüht war. Doch jahrelang hatte sie den Abstand zwischen ihnen beiden gewahrt, manchmal scherzend, manchmal ärgerlich und dann wieder mit einer Schüchternheit, die ihre Liebkosungen in der ersten Nacht Lügen strafte.

Oft fuhr sie ihn an: »Laßt mich in Ruhe! Ihr seid ebenso schlimm wie der Herr.« Und als er erwiderte, daß er bereit sei, sich ebenso zu verhalten wie Mr. Pepys oder so, wie sie es wünsche, antwortete sie: »Ich wünsche gar nichts! Wofür haltet Ihr mich? Für eine Seemannshure?«

An diesem Abend aber war sie anders. Sie stand eine Stufe unter ihm und sah zu ihm hinauf mit Augen, die wie Sterne in der Dämmerung schimmerten, während er von oben auf ihre inzwischen von zarter Mädchenhaftigkeit zu voller Reife entwickelten Brüste schaute. Er stellte sich vor, wie seine Hände sich mit diesen Rundungen beschäftigen und die ihren das ergreifen würden, was ihre Phantasie erregte. Sie schien Maß an ihm zu nehmen, und sein Maß wurde größer mit jedem Augenblick.

»Nun gut«, sagte sie schließlich, »wenn Ihr die Jagd nicht aufgebt, dann muß ich mich wohl fügen, allein aus Langeweile. Aber ich werde meine Sache nicht schlecht machen.« Sie stieg eine Stufe höher, trat nahe an ihn heran, und schon umschlangen sie sich mit den Armen. Ihr Atem streifte warm seine Lippen, und ihr Körper glühte wie der seine.

»Ich werde dich noch überraschen«, flüsterte sie, während sie die Treppe zum Dachgeschoß hinaufstiegen.

Sie war noch eine Jungfrau, wie Matthew zu seiner großen Überraschung feststellte. Obgleich sie so gewandt, feurig und willig war, war dies ihre Entjungferung: Er fühlte ihre Enge, hörte den verwunderten Schrei, als er ihr wehtat. Als alles vorüber war, ihr bezaubernder Körper ein letztes Mal erschauerte und er seine gestaute Manneskraft verströmt hatte, lagen sie nebeneinander im Bett der Dachkammer, und er war nur noch zärtlich zu ihr.

»Ich wußte nicht«, sagte er zu ihr, »ich dachte, du seist ...«

»Eine willige Hure, wie?«

»Nein, niemals. Aber eine Frau, eine reife Frau.« Er konnte nicht vergessen, wie sie ihn nach dem ersten Schreck über sein Eindringen fest mit ihren schlanken Beinen umschlossen und sich zu seinem Entzücken wie Quecksilber bewegt hatte. »Wo hast du das gelernt, Lucy?«

»Ich hab's mir erzählen lassen.«

»Und der Master?«

»Wieso der Master?«

»Hat er nie mehr gewollt?«

»Was er wollte, habe ich ihm gegeben. Er schien sich vor mehr zu fürchten. Ich weiß nicht, warum. Er ist ein herzensguter Mann. Aber er wollte nur, daß ich mit den Händen spielte.«

Matthew beugte sich über sie und streichelte ihre Brust und dann die Hüfte. »Und was wolltest du?«

»Was ich bei ihm wollte, ist etwas anderes, als was ich jetzt will!«

»Jetzt? Ein Mann muß auch schlafen.«

»Den Schlaf muß er sich erst verdienen. Bist du wieder ein Mann, Matthew, dann bin ich für dich eine Frau. Eine ganze Frau.« Sie lachte, mit den Lippen an seinem Ohr. »Und du bist der geliebte Regen, der mich tränkt.«

Und so begannen sie wieder, heißhungrig, und der angenehm-unangenehme Tag fand seine Krönung und versprach unendlich mehr, und die Liebe nahm ihren Lauf. Solange er seine Kraft verausgaben konnte und ihr ruheloser Schoß bereit war, währten die Wonnen in der Dachkammer.

Und dann versank für sie, vom Dachbalken abwärts, die Welt.

V

Das Jahr 1688 brachte England die schlimmsten Umwälzungen seit »den jüngsten Unruhen«, wie Mr. Pepys jenen furchtbaren, zur Enthauptung eines Königs führenden Bürgerkrieg bezeichnete. Diesmal richtete sich die Revolution gegen König Jakob, der ein scharfer Papist geworden war, weswegen sich seine Untertanen mit der gleichen Schärfe und Unerbittlichkeit gegen ihn wandten. Man widersetzte sich ihm, schmähte und verleumdete ihn, bis sein Königreich unregierbar wurde.

Einige umsichtige und ehrgeizige Männer, die mächtig genug waren, eine solche Entscheidung zu treffen, bestimmten, daß der König abdanken müsse. Um Jakob zu ersetzen, wandten sie sich an einen Holländer, so wie ein Ehemann sich an eine vertrauenswürdige Kinderschwester wendet, wenn seine Frau in geistiger Umnachtung gestorben ist und ihm unerzogene und reichlich streitsüchtige Kinder hinterlassen hat.

Prinz Wilhelm von Oranien war ein guter, verläßlicher Mann mit einem Stammbaum, der selbst die Skeptiker überzeugen mußte. Er war der Enkel von Karl I., verheiratet mit König Jakobs Tochter, und außerdem eine Kämpfernatur und Protestant. Als er die Einladung auf geheimem Wege erhalten hatte, landete er an der Spitze von vierzehntausend

Soldaten, nachdem er zuvor die englische Flotte überlistet hatte. Sie war von Pepys zu einer schlagkräftigen Streitmacht entwickelt worden und wurde nun von dem zögernden und unentschlossenen Lord High Admiral Dartmouth derart falsch eingesetzt, daß die kampfstarken Geschwader hinter den Sänden der Themsemündung festlagen, während der Prinz dreihundert Meilen entfernt in Torbay in Devon an Land ging.

Von diesem verschlafenen Nest aus stürmte der Holländer ostwärts nach London, wobei sich ihm unterwegs die englischen Soldaten anschlossen, als sei er schon ihr König. Jakob versuchte den Vormarsch bei Salisbury zu stoppen, mußte dann aber mit heftigem Nasenbluten das Bett hüten und zog sich nach London zurück, woraufhin er flüchtete und das Große Reichssiegel in die Themse warf.

Er wurde trotz seiner Verkleidung von einigen Fischern in Kent erkannt, von ihnen in einen Sumpf getrieben und gefangengenommen. Sie untersuchten ihn bis in die königlichen Unterhosen hinein nach Gold, dann wurde er ins Gefängnis gesperrt. Später erlaubte man ihm, nach Frankreich zu fliehen, während Wilhelm von Oranien über Piccadilly zum Palast von Whitehall fuhr, wo sich der Thron befand.

Jakob hatte seine unvernünftige Regierung mit einer Farce beendet. England hatte genug von ihm, King Billy war der neue Mann. Auch der enttäuschte und verbitterte Sekretär Pepys hatte genug.

Dem Königshaus in Treue ergeben, hatte er sein Bestes getan, jetzt aber mußten sich Wind und Tide mit voller Gewalt gegen ihn wenden. Einst hatte er von einem Emporkömmling gesagt: »Mein Gott, hat der eine Nase dafür, wie die Dinge laufen!« Und solch eine Nase hatte Mr. Pepys auch. Nachdem er mit zwei Königen befreundet gewesen war und ihnen gedient hatte, wußte er, daß er mit dem neuen Herrscher nicht auskommen würde, selbst wenn dieser ihm eine Chance gäbe, was aber höchst zweifelhaft war.

Er war durch alles, was er geleistet hatte, auf eine bestimmte Linie festgelegt. Daß der Wind jetzt aus einer anderen Richtung wehte, hatte ihn nicht überrascht, aber als ergebener Diener der Krone stellte er sich nicht darauf ein und hielt an seiner Untertanentreue fest.

Alle Welt wußte, daß er fest zu König Jakob als dem unbeirrbaren Förderer der Flotte hielt. Bekannt war auch, daß er, mit diesem rechtmäßigen Monarchen durch Freundschaft und Gehorsam verbunden, alles unternommen hatte, um die Flotte gegen die holländische Invasion mobil zu machen und den zaudernden Lord Dartmouth zu Härte und Entschlossenheit zu bewegen, und daß er, seinem Eid treu, bis zum Ende zu König Jakob gestanden hatte.

Und so war er jetzt dem harten Wind voll ausgesetzt, ohne sich verteidigen zu können. Während andere das Hemd gewechselt oder sich geduckt hatten oder, wie Lord Churchill, der Befehlshaber der Armee, an einer geheimen Verschwörung zur Unterstützung des Holländers teilnahmen, war Pepys unbeirrbar der Arbeit an seinem Schreibtisch nachgegangen. Doch diesen Platz mußte er nun räumen. Er hatte das Gebot des Psalmisten: »Traue Fürsten nicht, von denen keine Hilfe zu erwarten ist!« gebrochen und mußte jetzt dafür zahlen.

Wenn es möglich war, einen König zu stürzen, wieviel einfacher mußte es dann sein, einen geringeren Mann wie ihn zu vernichten.

Nach einer kühlen Unterredung mit dem neuen Souverän, die er niedergeschlagen und erschöpft verließ, rief er Matthew zu sich in sein Büro und bat ihn mit einer Handbewegung, die Tür zum Langen Raum zu schließen. Eine Weile saß er in düsteren Gedanken versunken da, dann begann er unvermittelt zu diktieren:

»Einen Brief an Lord Dartmouth. An Seine Hochwohlgeboren Lord Dartmouth et cetera. Mein lieber Lord, in diesen ungewissen Zeiten kann ich nicht voraussehen, wann ich die Ehre haben werde, weitere Briefe an Eure Lordschaft zu richten. Mit diesem Schreiben möchte ich alle gegenwärtig im Amte der Admiralität arbeitenden Diener der Krone Eurer gnädigen Obhut anempfehlen, insbesondere den Euch bekannten Matthew Lawe, der mir als mein Privatsekretär mit dem gleichen Eifer und Fleiß gedient hat wie jene anderen, die Eurer Lordschaft und Seiner Majestät, dem bisherigen König, genehm waren. Wann immer sich eine Gelegenheit dazu ergibt, bitte ich Euch, sich seiner und seines Namens zu erinnern. Ich habe die Ehre, mein lieber Lord, in aller Aufrichtigkeit Eurer Lordschaft untertänigster und gehorsamer Diener zu sein.«

Das war die Art, wie Samuel Pepys in höchst bewegender Weise seinem Freund diese Nachricht übermittelte. Matthew war wie vom Donner gerührt. Er brachte das Schreiben kaum zu Ende und konnte nur noch ungelenk wie ein Schuljunge kritzeln.

»Um Gottes willen – was hat das zu bedeuten, Sir?«

»Ich denke, es hat weder Sinn noch irgendwelchen Nutzen, Euch mehr darüber zu sagen.«

»Aber warum? Sind diese Leute verrückt?«

»Sie sind neu, und sie haben die Macht.«

Daß er eine solche Macht nicht hatte, sah man ihm in seiner Verlassenheit an. Matthew hatte den bedeutenden Mann noch nie so niedergeschlagen erlebt, dem es in dieser Lage wenig ausmachte, die ihm geschlagenen Wunden offen zu zeigen. Sein Gesicht schien an diesem düsteren Februartag grau wie der Londoner Himmel und bereit, sich in Tränen aufzulösen. Matthew dachte traurig: Das Ende der Welt kommt nicht mit einem furchtbaren Donnerschlag, es kündet sich an in dem Schrei eines Kindes aus dem Mund eines erwachsenen Mannes. Zaghaft fragte er:

»Ihr müßt gehen, Sir?«

Mr. Pepys raffte sich auf und zeigte sich sogleich bereit, auf diese Frage einzugehen wie auf tausend andere, und wenn es sich dabei um den Preis von Segeltuch gehandelt hätte oder um die unterschiedliche Achtungsbezeigung vor einem Stander und einer großen Flagge.

»Man hat mir bisher darüber noch keine Mitteilung gemacht. Aber heute wurde angekündigt, daß alle Ämter den Betrieb einzustellen hätten«, er machte diese Bemerkung mit einem leicht ironischen Unteron, »bis die leitenden Herrn in ihrem Amt erneut bestätigt seien. Ich habe das Gefühl, daß man mir diese Bestätigung vorenthalten wird.«

»Haben die denn ihren Verstand verloren?!«

»Keine Aufregung, Matthew«, wies ihn Mr. Pepys zurecht. »Die Welt dreht sich, und einige bleiben auf der Strecke. Es ist besser, zu gehen, als in Ketten gelegt zu werden.«

»In Ketten? Um Himmels willen –«

Aber Mr. Pepys gewann, noch während Matthew sich nicht von diesem Schlag erholt hatte, rasch seine Fassung zurück. Schon hielt er in der Hand einen Brief, den er aus der Brusttasche gezogen hatte, und hantierte mit seiner Leselupe.

»Denkt nicht an Ketten«, sagte er, »denkt an Freiheit und Liebe.« Er tippte auf das Blatt Papier vor sich. »Dies hier habe ich in den beiden letzten Monaten immer auf der Brust getragen. Es ist ein Brief von Will Hewer, geschrieben, als er ahnte, daß ich zu Fall gebracht werden würde. Hier spricht ein mitfühlender Freund in einer Zeit harter Prüfungen.« Er nahm seine Lupe ans Auge und las langsam vor: »Seid versichert, daß ich ganz zu Euch stehe und daß ich Euch persönlich immer treu und unbeirrbar dienen werde. Was ich für Euch tun kann, wird nur wenig sein im Vergleich zu der freundlichen und zuvorkommenden Behandlung, die ich durch Euch erfuhr, und die mich an Euch bindet. Und so, wie Ihr mir alles gegeben habt, stelle ich mich Euch mit allem, was ich bin und habe, zur Verfügung.« Mr. Pepys hob den Kopf, und die Tränen, die ihm in den Augen standen, rührten gewiß nicht von der Anstrengung des Lesens her. »Hat man solche Freunde«, murmelte er, »was scheren einen da die Feinde?«

Matthew, der auch kaum an sich halten konnte, sagte: »Ich würde Euch sofort auch solch einen Brief schreiben!«

»Das weiß ich. Und deswegen habe ich Euch eben einen von mir diktiert.« Und dann faßte Mr. Pepys sich wieder und sagte beherrscht: »Kopf hoch, Matthew. Wir stehen zu unserer Sache, die nicht zugrunde gehen wird. Notiert noch dieses letzte Faktum als Begründung.« Seine Stimme veränderte sich, und im trockenen Diktatton sagte er: »Entwicklung der Gesamttonnage der Königlichen Marine während meiner Dienstzeit. Im Anfang: 62600. Heutiger Stand: 101000.« Er atmete tief und setzte sich zurück. »Das Verdienst können sie mir nicht streitig machen!«

Dann brachte der Erste Seelord seinen Schreibtisch in Ordnung und verließ schweren Herzens, aber als ungebrochener Mann die Stätte seines Wirkens.

Erklärung von Fachausdrücken

abbrennen, alte Farbe abbrennen
Abschnitt, Sachgebiet auf einem Schiff, z. B. Artillerie, Steuermannsgerät, Bootsmannsgerät usw.
Achterdeck, das erhöhte hintere Deck des Schiffes
achtern, hinten
Ankerspill, Ankerwinde
Ankertrosse, schweres Tau, an dem der Anker befestigt ist
Astrolabium, kreisförmiges Gerät zur Messung von Gestirnshöhen, mit dem das Gestirn angepeilt wurde und das einigermaßen richtige Werte lieferte, sofern es genau senkrecht gehalten wurde, was allerdings auf Schiffen äußerst schwierig war
aufbojen, eine Boje an das Ende der Ankertrosse stecken, damit man den Anker wiederfinden kann
aufkommen, das Ruder nach mittschiffs zurücklegen

Back, Aufbau über dem Vordeck, auch: Tischplatte
Backbord, linke Seite des Schiffs
backstehend, Wind steht von vorn ins Segel
Barbican, alte Straße in der Londoner City
bekleeden, mit dünnem Tauwerk zum Schutz umwickeln
Besteckbrett, Brett, auf dem der Kurs abgesteckt wird
Bilge, Raum im Schiffsinneren, unmittelbar über dem Kiel
Bö, Windstoß
Bodenwrange, querschiffs liegende Bodenverstärkung
Brander, mit zündbarem Material gefülltes Schiff, das brennend auf den Feind losgelassen wird
Bootsgast, Mitglied der Bootsbesatzung
Bramsegel, drittes Rahsegel von unten
brassen, die Rahen schwenken
Brigg, Segler mit zwei rahgetakelten Masten
Bug, vorderster Teil des Schiffes

Cathay, alter Name für China
Culverine, langrohriges, schweres Geschütz

Ende, ein Stück Tauwerk

Faden, 1,83 m, besonders bei Tiefenangaben
Fall, Tau zum Aufziehen von Flaggen, Segeln usw.
Fallreepsgäste, eine Art Ehrenwache beim An- und Vonbordgehen von Würdenträgern
Flieboot, kleiner Küstensegler

Gangway, Laufbrett vom Schiff zum Land
Gast, Seemann mit bestimmter Funktion an Bord, z. B. Signalgast
Geiten oder Gordinge, Leinen, mit denen die unteren Ecken der Segel zum Segelbergen an die Rah geholt werden

Gräting, Lattenrost aus Holz oder Eisen

Gut, festes Gut: Stage, Wanten usw., die den Mast abstützen; laufendes Gut: das Tauwerk, das zur Bedienung der Segel bewegt wird, z. B. Schoten, Brassen

halsen, mit dem Heck durch den Wind drehen

Heck, hinterster Teil des Schiffes

holen, (meist gemeinsam) Taue ziehen

Hulk, kleines, plumpes Segelfahrzeug, aber auch: leerer alter Schiffsrumpf, meist als Lagerraum verwendet

Jakobsleiter, Tauleiter mit Holzsprossen

Jakobsstab, altes Gerät zur Messung von Gestirnshöhenwinkeln, Vorläufer der Spiegelinstrumente, wie Sextant und Oktant

Ketsch, anderthalbmastiges kleines Segelschiff

Kiel, unterster, mittschiffs von vorn nach hinten verlaufender wichtigster Konstruktionsteil des Schiffes, bei Holzschiffen ein langer Balken, bei größeren aus mehreren Balken zusammengesetzt

kielholen, (meist zur Strafe) unter dem Schiff durchgezogen werden oder: ein Schiff zur Bodenreinigung und Reparatur mit starken Taljen auf die Seite legen

killen, leichtes Flattern eines Segels

Kimm, Horizont

Kolderstock, senkrecht auf die Ruderpinne gesetzter Hebel, der zum oberen Deck durchreicht und mit dem das Ruder durch seitliche Bewegungen gelegt wird

Koje, fest eingebautes Bett auf Schiffen

Kombüse, Schiffsküche

Kranbalken, schräg vom Vorschiff abstehender Balken mit einer Scheibe, über die der Anker vorgeheißt wurde. Er wurde dann »gefischt«, d. h. mit Taljen an Deck geholt und seefest gezurrt

Kuhl, der tiefere Teil des Schiffes zwischen der hohen Back vorn und der hohen Poop achtern

kurzstag, die Kette so steifholen, daß der Anker bei weiterem Hieven aus dem Grund bricht

Lateinersegel, dreieckiges Segel an langer Rah, die schräg nach oben zeigt, mit losem Unterliek

Lee, die dem Wind abgekehrte Seite

Leeküste, Land, auf das der Wind zubläst. Gefährlich für Segelschiffe

Legerwall, in gefährlicher Lage vor einer Leeküste liegen

Leichter, Schleppfahrzeug, um

Güter an Schiffe im Hafen zu bringen oder abzuholen

Log, Instrument zum Messen der Fahrtgeschwindigkeit. Es ist an einem Brett befestigt und wird im Wasser nachgeschleppt

Luv, Seite, von der der Wind kommt

Luvstellung, wer in Luv des Gegners steht, kann frei manövrieren und ist schneller als der Gegner; er kann sich aussuchen, wo er angreift

Marssegel, das zweite Rahsegel von unten

Master, englischer Ausdruck für den Schiffsführer oder Kapitän eines Schiffes, auch als Anrede gebraucht

Niedergang, Treppe auf einem Schiff

Nock, freies Ende eines Rundholzes, z. B. einer Rah

Parduhne, nach achtern zeigendes Stag

Patache, eigentlich Zollboot; hier: ein kleines, schnellsegelndes Fahrzeug

peilen, Standort oder Richtung bestimmen

Persenning, geteertes Segeltuch zum Schutz gegen Nässe

Pier, Kaimauer

Poop, erhöhtes Achterdeck

Powder-monkeys, kleine Kinder, die die Kartuschen durch die wegen der Explosionsgefahr sehr engen Schächte von den Pulverkammern in die Batteriedecks schleppten; 6–10 Jahre alt

Prähme, flache, kastenförmige Fahrzeuge

Pressgang, Marinestreifen, die Seeleute für die Kriegsschiffe »einsammeln« – gegen ihren Willen

pullen, rudern, am Riemen ziehen

Quarterdeck, seemannssprachlicher Ausdruck für Achterdeck

Rack, Gestell

Rah, Querstange am Mast für das Rahsegel

Rahnock, Ende der Rah

Reling, Brüstung oder Geländer um das Schiffsdeck

Riemen, oft fälschlich als »Ruder« bezeichnete runde Holzstange mit flachem Blatt zum Rudern von Booten

Rigg, ursprünglich englisches Wort für Takelage

Saling, Spreize am Mast

schamfilen, aufreiben

Schwabber, aufgedrehtes Tau zum Trocknen des Decks

Schwabbergäste, die Seeleute, die den Schwabber schwingen

schwojen, am Anker mit Wind und/oder Strom drehen

Serpentine, leichtes Decksgeschütz aus Bronze

Spanish Main, zwischen Spanien und Amerika verkehrende Schiffe

Spiere, lange, runde Stange, die z. B. als Rah dient
Spruce, kanadische Fichte
Stag, starkes Tau zum Abstützen der Masten
Stangenkugeln, zwei durch eine Stange verbundene Halbkugeln
Steuerbord, rechte Seite des Schiffes
Steuerriemen, anstatt Ruder zum Steuern eines Bootes
Stückpforte, nach oben aufklappbare Luke in der Bordwand hölzerner Kriegsschiffe als Schußöffnung für das dahinter stehende Geschütz

Takelage, Takelung, Gesamtbezeichnung für die Segelausrüstung eines Schiffes, d. h. Masten, Tauwerk und Segel
Tide, Gezeit (Ebbe und Flut)
Topp, oberste Spitze

verfangen, Wache ablösen
Verschanzung, feste Wand eines tiefliegenden Decks
vierkant brassen, die Rahen vor dem Wind quer zum Schiff stellen

Want, seitliches Stütztau von Masten
Warpanker, leichte Anker, die abwechselnd ausgefahren und eingehievt werden
warpen, Verholen des Schiffes mit Warpankern
wenden, mit dem Bug durch den Wind drehen

James Dillon
White

Der
junge Kelso

Mit der *Shropshire*
in Ostindien

Roman

ein Ullstein Buch

1

Im Gastzimmer des *Ship Inn* in Gravesend saßen zwei Offiziere der East India Company*) beim Würfeln. Das Spiel schien sie nicht sonderlich zu interessieren; es sah eher so aus, als könne nicht einmal die Erinnerung an die siebenmonatige Reise von Indien nach England und die Aussicht auf die noch längere Rückreise die beiden mit dem Landleben versöhnen. Der Ältere (der erst knapp fünfundzwanzig Jahre zählte) nahm das Spiel noch etwas ernster als sein Kamerad, doch offenbar nur deshalb, weil er von Natur aus alles im Leben mit dem nötigen Ernst behandelte. Er war es, der die Würfel nach dem Wurf aufnahm, sie in den Lederbecher tat und das Ergebnis auf der Schiefertafel notierte. Sein Begleiter dagegen schien sich hundeelend zu fühlen; er saß zusammengesunken da, die Hände an die Wangen gepreßt. »Diese Zahnschmerzen!« stöhnte er. »Ich werde noch verrückt!«

Unbewegten Gesichts sagte sein Kamerad nach einer kurzen Pause: »Sie sind dran!«

»Wie, zum Teufel? Ich kann nicht mehr!«

»Dann schulden Sie mir fünf Shilling.«

Der rundliche junge Mann sah gar nicht erst auf die Tafel, sondern suchte in seinen Taschen, fand eine Münze und warf sie auf den Tisch. »Wirklich, Ireton, der mitfühlendste Kamerad sind Sie nicht gerade!«

»Wenn Sie Mitgefühl brauchen«, erwiderte Ireton, »hätten Sie mich nicht zum Spielen auffordern sollen. Dann wären Sie besser zu Madame Rosa gegangen.«

»Mit diesen Zahnschmerzen?« Der junge Mann schob seinen Stuhl zurück und trat ans Fenster. Es war Abend, im schwindenden Licht konnte er über den Kai auf die weite Biegung des Flusses sehen, wo die Masten und Rahen der Ostindienfahrer gen Himmel ragten. Eine ganze Flotte breitgebauter Schiffe mit stumpfem Bug lag dort; die einen waren kürzlich eingelaufen, die anderen warteten auf günstigen Wind und den Lotsen der Company.

»Sehen Sie sich das an«, rief der junge Mann aus, »denn das ist Ihre letzte Chance dazu. Morgen und Mittwoch laden wir Fracht,

*) Ostindische Handelsgesellschaft, 1600 gegründet, 1708 neu organisiert. Außerordentlich mächtige private Seefahrts- und Handelsunternehmung mit Hauptsitz in London, von der die Kolonisierung Indiens ausging (d. Ü.).

Donnerstag kommen die Passagiere, Freitag sind wir schon vor den Downs*), und dann mag der Teufel wissen, wann wir wieder einen Fuß an Land setzen.«

»Na, Bradshaw«, erwiderte Ireton, »wenn Sie die Bequemlichkeiten des Landlebens brauchen, dann hätten Sie nicht bei John Company**) anmustern sollen!«

»Ach, Sie wissen schon, was ich meine.«

Ireton nahm die Münze vom Tisch und steckte sie ein. »Wenn Sie erst diesen Zahn los sind, sieht das alles ganz anders aus.«

»Vielleicht.«

»Der Schiffsarzt holt Ihnen das Ding schnell raus.«

»Verdammt noch mal, Ireton, Sie wissen ganz genau, daß es nicht der Zahn ist.«

»Was denn sonst?«

Nervös kam Bradshaw zum Tisch zurück, nahm seinen Hut und stülpte ihn auf. »Irgendwie – ich kann's nicht erklären – habe ich das Gefühl, uns steht diesmal eine schlimme Reise bevor.«

»Aberglauben!« spottete Ireton. »Wahrscheinlich waren Sie doch schon bei Madame Rosa.«

»Nein, es ist mehr als das. Ich habe eine Vorahnung . . .«

»Ich glaube immer noch, das kommt von Ihrem Zahn.« Ireton warf die Würfel in den Becher, stellte ihn ordentlich mitten auf den Tisch, nahm seinen Hut, wischte ihn mit dem Ärmel ab und setzte ihn sorgfältig auf. In diesem Moment öffnete sich die Tür.

»Entschuldigen Sie, Gentlemen«, sagte der Wirt, »aber habe ich richtig gehört – Sie sind von der *Shropshire?*«

»Das sind wir, ja.«

Zögernd wandte sich der Wirt um. »Hier ist ein Herr, der nach der *Shropshire* fragt.«

Die beiden Offiziere wechselten Blicke, und Bradshaw drehte geringschätzig den Daumen nach unten.

»Ein Passagier«, sagte Ireton. »Die sollten doch erst Donnerstag kommen.« Mit gedämpfter Stimme fragte er den Wirt: »Haben Sie ihm schon gesagt, daß wir hier sitzen?«

»Nun . . . Jawohl, Sir. Aber, mit Verlaub, Sir, er ist kein Passagier.«

»Woher wissen Sie das?«

*) Schiffsreede an der Südostküste Englands zwischen North- und Southforeland
**) Spitzname der East India Company (d.Ü.)

»Das sieht man an seinem Geschirr, Sir, und an seiner Uniform. Er ist von der Company.«

»Alt oder jung?«

»Jung, Sir; muß vor kurzem noch Meerschweinchen*) gewesen sein. Jetzt trägt er aber Leutnantsuniform.«

»Der Vierte Offizier!« rief Bradshaw freudig aus, zuckte aber heftig zusammen, denn sein Zahn hatte ihn mit einem stechenden Schmerz daran erinnert, daß er noch da war. »Das muß der Vierte sein!«

»Holen Sie den Herrn herein«, nickte Ireton. Er und Bradshaw, Zweiter und Dritter Offizier der *Shropshire,* interessierten sich natürlich sehr für ihren neuen Kameraden. Auf einer Reise, die ein Jahr oder länger dauern konnte, war es äußerst wichtig, daß die Offiziere gut miteinander auskamen. Die Company nahm zwar nur ausgewählte Leute als Offiziere, meist von guter Familie, die sich schon als Seekadetten bei der Ausbildung bewährt hatten. Doch es gab auch Ausnahmen; und mit einem ungeschliffenen Grobian auf dem Achterdeck oder, schlimmer noch, in der Messe konnte eine lange Reise zum Alptraum werden.

»Pardon, Sir – hier ist der junge Herr, der auf die *Shropshire* will.« Der Wirt trat zur Seite und fragte: »Ich habe den Namen nicht verstanden?«

»Kelso.«

Gemessen blickten sie dem Eintretenden entgegen. Der junge Mann war so hochgewachsen, daß er sich unter dem Türrahmen bücken mußte, und sein schlaksiger Körper machte einen etwas ungeschickten Eindruck, was durch die neue, schlechtsitzende Uniform nicht eben kaschiert wurde.

»Mein Name ist Kelso«, sagte er, ohne sich ein Lächeln zu gestatten, das die unpersönliche Korrektheit seiner Verbeugung hätte auflockern können. Seine Nase war gebrochen wie bei einem Preisboxer, und seine Augen blickten wachsam, beinahe feindselig.

»Erfreut, Sie kennenzulernen«, sagte Ireton. »Wir sind vom selben Schiff.« Er streckte die Hand aus. »Mein Name ist Ireton, ich bin Zweiter Offizier. Und das ist Bradshaw, der Dritte.«

Kelso schüttelte ihnen herzlich die Hand, wenn auch mit einer gewissen rauhen Mannhaftigkeit, die erkennen ließ, daß er sich auf dem Achterdeck wohler fühlte als im Salon. »Ich bin als Vierter an-

*) Seekadett (Midshipman), auch bei der Handelsmarine

gemustert«, sagte er und spähte durch das offene Fenster. »Wie ist denn das Schiff?«

Ireton verstand nicht gleich und sah ihn überrascht an. »Ach so – solide gebaut, wenn Sie das meinen. Sie hat die Reise schon zweimal gemacht – Bombay, Fort St. George und zurück.«

»Ich meine den Kapitän und die Mannschaft.«

»Der Kapitän ...« Ireton zögerte und fuhr dann fort: »Die Mannschaft ist natürlich neu angemustert.«

Kelso nickte. »In Blackwall vermutlich. Und jeder Kneipenwirt dort in der Stadt wartet auf seine Prozente.«

»Sie wissen ja, wie's ist«, entgegnete Ireton achselzuckend. »Seeleute gehen an Land und wollen sich amüsieren. Ohne Geld klappt's nicht.«

»Und dann kommen die Hafenhuren und Geldverleiher und nehmen es ihnen ab.«

Ireton starrte ihn etwas betroffen an. »Sie reden ja wie ein Armenanwalt«, sagte er. »Hoffentlich sind Sie nicht so ein Radikaler.«

Eine ungemütliche Stille entstand. Ireton, bereits fertig zum Gehen, rückte an seinem Hut, und schließlich klärte Bradshaw die Situation durch einen unwillkürlichen Schmerzenslaut. »Mein Zahn! O verdammt, mein Zahn!«

Interessiert blickte Kelso ihn an. »Den müssen Sie aber ziehen lassen, bevor wir auslaufen.«

»Hol ihn des Teufels Großmutter im Nachthemd!« schrie Bradshaw wütend. »Meinen Sie, ich weiß das nicht?«

»Gleich nebenan ist ein Barbier.«

»Den will ich nicht.«

»Wenn Sie wollen, seh ich mir mal den Zahn an.«

»Sie?«

»Wäre nicht das erste Mal«, erwiderte Kelso kühl.

Mißtrauisch, ungläubig und doch wider Willen beeindruckt von seinem sachlichen Ton, starrten sie ihm ins Gesicht. Er wartete mit ausdrucksloser Miene; anscheinend machte ihm ihre Skepsis nichts aus.

»Wann haben Sie denn schon mal Zähne gezogen?« fragte Ireton.

»Auf meinem vorigen Schiff.«

»Und was war mit dem Knochensäger und seinen Maaten?«

»Die waren tot.«

Wieder warteten sie auf eine Erklärung, und als keine kam, fragte Bradshaw nervös: »Tot? Gefallen, meinen Sie?«

»Ja.«

»Ich kann mich nicht erinnern, daß so etwas jemals auf einem Company-Schiff passiert ist – nicht, seit wir Frieden mit den Frogs*) haben.«

»Die Franzosen waren es auch nicht. Voriges Jahr, bei den Komoren, stießen wir auf de Sousa, den Piraten.«

»De Sousa!« Jetzt blickten sie ihn nicht nur mit Interesse, sondern auch mit Respekt an. »Waren Sie etwa auf der *Bombay Queen?*« fragte Ireton.

»Meine letzte Reise als Midshipman.«

»Wir haben natürlich davon gehört«, sagte Bradshaw, »ein Seegefecht, das zwei Tage und zwei Nächte dauerte, de Sousas Männer versuchten zu entern. Scheußlich hohe Fleischerrechnung, glaube ich.«

»Sechsundvierzig Tote, über zwanzig Schwerverwundete.«

»Aber die *Bombay Queen* kam davon?«

»Wir mußten es schaffen. Wir hatten Frauen an Bord.«

»Und Sie selbst?«

»Glück gehabt.«

»Dabei haben Sie den Knochensäger gespielt?«

Kelso zuckte die Achseln. »Einer mußte es ja tun.«

Ireton, von Natur zurückhaltend, fand plötzlich Gefallen an diesem jungen Menschen. Instinktiv spürte er hinter dem rauhen Äußeren die gediegene Qualität, und auch – was bei einem so jungen Mann überraschte – Verständnis und Mitgefühl. »Freut mich, Sie kennenzulernen, Kelso«, sagte er, »und daß Sie zu uns an Bord kommen.«

»Danke«, erwiderte Kelso, »und jetzt – dieser Zahn . . .«

»Nein!« Bradshaw preßte erschrocken die Hand auf den Mund. »Ist gar nicht mehr so schlimm – mir geht's schon viel besser. Morgen vielleicht.«

»Lieber heute.«

»Nein!« schrie Bradshaw und fragte rasch: »Möchten Sie nicht ein Glas Bier?«

»Wenn Sie wünschen.« Kelso blickte hinaus in die Dunkelheit.

*) eigentlich »frog-eaters« = Froschfresser. Spitzname für die Franzosen wegen ihrer Vorliebe für Froschschenkel (d. Ü.)

»Und wenn Sie nicht meinen, daß der Kommandant*) schon auf uns wartet.«

»Der Kommandant!« Bradshaw lachte laut auf, aber er hatte es sofort zu bereuen. »Dieser verdammte Zahn! Den Kommandanten sehen Sie erst an Bord, wenn wir Segel setzen.«

Kelso blickte ihn verständnislos an.

»Kapitän Taplows Ernennung ist – etwas außergewöhnlich«, sagte Ireton. Als dienstältester der anwesenden Offiziere schien er eine Erklärung für angebracht zu halten.

»Ungewöhnlich!« schimpfte Bradshaw. »Schiere Vetternwirtschaft ist das. Gott mag wissen, was er für einen Kommandanten abgeben wird!«

»Nach allem, was ich höre, ist Kapitän Taplow ein erfahrener Kommandant«, wandte Kelso ein.

»Erfahrung hat er schon – aber seit zwanzig Jahren war er nicht mehr auf See.«

»Einmal Seemann, immer Seemann«, sagte Ireton. »Sicher werden wir feststellen, daß Kapitän Taplow nichts von seiner Seemannschaft vergessen hat.«

»Und warum überläßt er dann alles Henderson?« fragte Bradshaw. »Das sagen Sie mir mal!«

Ireton krümmte sich verlegen. »Ich glaube, Kelso hat recht. Wir sollten an Bord gehen.«

»Und Henderson helfen?«

»Wenn Sie's so ausdrücken wollen.« Er wandte sich zur Tür, aber der Neue verstellte ihm den Weg. »Wer ist Henderson?« fragte er.

»Der Erste Offizier«, antwortete Ireton.

»Der Kommandant«, verbesserte Bradshaw. »Oder er war es jedenfalls auf der ganzen Reise.«

»Kapitän Taplows Bruder ist der Schiffseigner«, erläuterte Ireton.

Jetzt erst gestattete sich Kelso eine kurze, geringschätzige Handbewegung. Wie die meisten Seeleute verabscheute er das unter dem Namen »Verwandtschaftskommandos« bekannte Privilegiensystem. Die von der Company benutzten Schiffe gehörten ihr nicht; die Schiffseigner vercharterten sie an die Gesellschaft und behielten sich das Recht vor, den Schiffsführer zu bestimmen. Deshalb ge-

*) Die Ostindienfahrer waren kriegsmäßig ausgerüstet und bestückt: daher wird der Schiffsführer – wie bei Kriegsschiffen – auch als Kommandant bezeichnet.

schah es oft, daß junge Leute – Söhne oder Neffen von Eignern oder Teilhabern – Vorgesetzte erfahrener, doppelt so alter Offiziere wurden.

»Kapitän Taplow hat bedeutende Geschäftsinteressen in Bengalen«, erläuterte Ireton weiter. »Natürlich möchte er dort nach dem Rechten sehen.«

»Dann hätte er als Passagier fahren sollen«, erwiderte Kelso.

»Gewiß . . .«

»Ein total verärgerter Erster«, sagte Bradshaw, »und ein Kommandant der sein letztes Schiff vor fast zwanzig Jahren gefahren hat – das kann ja heiter werden.«

»Ihr Pessimismus macht die Sache auch nicht besser«, sagte Ireton scharf. »Und jetzt gehen wir an Bord!«

Es dämmerte bereits, als sie das Gasthaus verließen; es war die Zeit der Schatten und des Lichtanzündens. In den Fenstern der kleinen Häuser brannten Lampen, die Gardinen waren noch nicht vorgezogen, und drinnen bereiteten geschäftige Hausfrauen und Mägde das Abendessen. Am Kai hörte man Fender gegen die Steinmauern scheuern, Planken knarren und in der Ferne das Geräusch von Bootsriemen. Es wehte aus Nordost – ungewöhnlich für diese Jahreszeit –, und die Ebbe verstärkte noch die starke Strömung.

Vorsichtig traten die drei Offiziere in die Nacht hinaus; hinter ihnen kam der Hausdiener mit Kelsos Seekiste. Nach der Helligkeit in der Gaststube hatten sie Schwierigkeiten, nicht in Schlaglöcher zu treten und nicht gegen Festmacher, Warenballen und Poller zu laufen. Sie kamen an einem betrunkenen Matrosen vorbei und entrannen den beredten Verführungskünsten einer Hafenhure. Im Schatten eines Hauseinganges umarmte sich ein Liebespaar.

»Verfluchte Finsternis!« brummte Bradshaw. »Wir hätten eine Laterne mitnehmen sollen.«

»Wären wir losgegangen, als ich es sagte«, erwiderte Ireton, »dann wären wir schon an Bord.«

Am Ende des Kais lag ein Dingi*) vertäut. »So«, sagte Ireton zum Hausdiener, »da unten!«

Als sie zusammen unten auf den Stufen standen, gingen oben vier dunkle Gestalten vorbei. Der Hausdiener, der gerade die Kiste im Boot verstaut hatte, duckte sich und blieb im Verborgenen, bis sie verschwunden waren. »Was ist los?« fragte Ireton. »Was hast du

*) kleines Beiboot

denn?«

Der Hausdiener antwortete nicht gleich, sondern richtete sich vorsichtig auf und spähte über die Mauerkante. Dann entspannte er sich und zeigte grinsend seine abgebrochenen Zähne. »Entschuldigung, Sir«, sagte er. »Ich hatte Angst, sie sind hinter mir her.«

»Wer – die Polizei?«

»Gott behüte, nein, Sir. Ich bin ein ehrlicher Mann.«

»Wovor hast du dann Angst?«

»Das war ein Preßkommando*), Sir. Die wollen arme Teufel für die Kriegsmarine schnappen.«

Ireton schnalzte mißbilligend. »Na, wir brauchen Gott sei Dank nicht auf diese Weise zu rekrutieren.«

Als er eben einen Fuß aufs Dollbord setzte, gab es Lärm auf dem Kai. Ein Mann schrie auf, dumpfe Schläge fielen, Getrampel folgte, das durchdringende Kreischen einer Frau.

»Herrgott im Himmel!« rief Ireton aus. »Was ist denn da los?«

»Die Presse, Sir. Sie haben schon einen erwischt.«

»Das Pärchen in der Haustür«, erinnerte sich Bradshaw. »Sie haben den Mann geschnappt. Gottverdammte Schweinerei!«

Erschrocken fuhr er herum, denn Kelso rannte an ihm vorbei. »Wo wollen Sie denn hin?«

»Dem armen Teufel helfen.«

»Das geht uns doch nichts an«, rief Ireton.

»Mich aber!«

»Die nehmen ihn auf jeden Fall mit!«

»Das wollen wir erst mal sehen!«

Das Gerangel hatte jetzt aufgehört, doch man vernahm immer noch streitende Stimmen. Das Mädchen schrie nicht mehr, sondern schluchzte nur noch verzweifelt.

Oben an der Treppe blieb Kelso einen Moment stehen. »Kommen Sie mit?«

»Das geht uns nichts an«, wiederholte Ireton.

»Bradshaw?«

»Ich mache mit – auch wenn ich keine große Hilfe bin.«

Kelso war schon in der Dunkelheit verschwunden, ehe Bradshaw oben an der Treppe war. Ireton kam brummend hinterher. »Verrückt!« knurrte er. »Wenn wir uns mit der Kriegsmarine anlegen, holen sie uns jeden dienstfähigen Mann von Bord!«

*) Pressen = gewaltsame Rekrutierung

»Das bezweifle ich. Außerdem muß ich sagen, Kelso hat recht: Es ist eine verdammte Schande. Sollen sie doch irgendwelche Gauner oder Vagabunden nehmen!«

Vorsichtig bewegten sie sich den Kai entlang, und auf einmal ging der Kampflärm wieder los. Sie hörten einen Fluch, ein paar dumpfe Schläge, und dann Kelsos Stimme: »Hau ab, Mann! Um Gottes willen, verschwinde!«

Eilende Schritte, und dann kam eine Gestalt aus der Finsternis gerannt, ein Mann mit gesenktem Kopf, um sich schlagend. Er war heran, ehe die beiden unterscheiden konnten, ob er Freund oder Feind war, riß Bradshaw um, der zu Boden ging, blickte wild um sich und verschwand wieder im Dunkel.

»Haltet ihn! Haltet ihn!«

Mehr Männer kamen auf dem Kai herbeigerannt. Der vorderste, ein Unteroffizier, schimpfte wütend. Er stieß beinahe gegen Ireton, stutzte und fiel dann über den auf dem Boden liegenden Bradshaw der Länge nach auf die Steine.

Es gab ein furchtbares Durcheinander. Die am Boden Liegenden, die drei vom Preßkommando und der allein an der Kaikante stehende Ireton schimpften, fluchten, stießen sich herum; wütend erkannte der Anführer, daß es sich um Offiziere handelte. Schließlich ging jeder seiner Wege.

Aber die Verzögerung hatte genügt. Ireton hörte zwar noch Lärm, doch bald wurde es wieder still. Der Mann wurde wahrscheinlich gar nicht mehr ernsthaft verfolgt.

»Ihr habt sie aufgehalten? Fein!« sagte Kelso, der jetzt grinsend aus der Dunkelheit auftauchte.

»Aufgehalten ist gut! Die haben den armen Bradshaw beinahe zertreten.«

»Alles für die Humanität«, erwiderte Kelso vergnügt und half Bradshaw beim Aufstehen.

Als sie mit dem Dingi halb über den Fluß waren, fing Bradshaw plötzlich an zu lachen. Erst kicherte er leise in sich hinein, dann lauter, und schließlich lachte er laut heraus.

Ireton sah ihn mißbilligend an. »Was ist los? Was gibt's denn dabei zu lachen?«

Bradshaw schüttelte den Kopf, wollte erklären, kam aber vor Lachen nicht zum Sprechen.

Verzweifelt wandte sich Ireton schließlich an Kelso. »Was hat er bloß? Ahnen Sie's?«

Über Kelsos hartes Gesicht zog ein Lächeln. »Ich glaube, es hat mit seinem Zahn zu tun.«

Bei diesen Worten setzte Bradshaw sich auf, öffnete den Mund und zeigte auf eine Zahnlücke im Unterkiefer. »Weg ist er! Das Preßkommando hat mir den Zahn ausgeschlagen!«

2

Kelso hatte die Frühwache. Als er zum hundertfünfundsiebzigstenmal das Achterdeck auf und ab geschritten war, blickte er auf das Stundenglas und sah, daß seine Ablösung nahte. Tief einatmend versuchte er die Lethargie loszuwerden, die ihn im Hafen jedesmal befiel. Auf See, wenn eine frische Brise übers Achterdeck strich, konnte er kreuzvergnügt Wache um Wache gehen; jetzt sehnte er sich verzweifelt nach Schlaf.

Seit drei Tagen lagen sie nun in Gravesend vor Anker und warteten auf Segelorder. Die Passagiere waren an Bord, Fracht, Proviant und Munition übernommen; die *Shropshire* schwojte gemächlich im Strom.

Beim Aufundabgehen sah Kelso aus nächster Nähe die Anzeichen dafür, daß es eine lange Reise werden würde. Auf dem Hüttendeck, im Kutter und in der festgezurrten Pinasse waren reihenweise Schafe angebunden, standen Hühnerkäfige und Schweinekoben, sogar Milchkühe waren da; all diese Tiere würden früher oder später die Tafel des Kapitäns bereichern. Bald, beim ersten Morgenrot, würden die armen Kreaturen ihren rustikalen Chor anstimmen, zum großen Ärger der Passagiere im Hauptdeck, die hundert Guineas*) oder mehr für eine Koje bezahlt hatten.

Kelso war schläfrig, aber trotzdem unruhig. Er war mit dem natürlichen Eifer an Bord gekommen, den ein junger Offizier zu Beginn einer Reise spürt; aber drei Tage hatten genügt, um diesen Eifer mit Zweifeln zu dämpfen: wegen Henderson, dem Ersten Offizier und Ex-Kommandanten, der ihn unnötig grob behandelt hatte; Zweifel wegen Kapitän Taplow – ein schrecklicher, fast unanständig fetter Mann, dessen Lächeln zwar irgendwo bei den Lippen begann, dann aber jedesmal in den Hängefalten zwischen Augen und Mund verlorenging.

*) 1 Guinea = 21 Shilling alter Währung

»Sie haben mich mit ›Sir‹ anzureden«, hatte Henderson Kelso angeschnauzt. »Vergessen Sie das gefälligst nicht!«

Der Kommandant dagegen: »Freut mich, mein Junge, Sie an Bord zu haben; müssen mal auf ein Glas Wein in meine Kajüte kommen!« Aber gerade ihm mißtraute Kelso.

»Hat er Sie auf ein Glas Wein gebeten?« fragte Bradshaw, als sie in seiner winzigen Kabine zusammensaßen. »Na, dann müssen Sie natürlich hingehen.«

»Warum auch nicht?«

»Ich kann Ihnen nur raten: seien Sie vorsichtig!«

»Wie meinen Sie das?«

»Sie glauben doch nicht, daß er Sie bloß Ihrer schönen Augen wegen eingeladen hat?«

Kelso zuckte die Achseln. »Er hat mich einfach eingeladen, und ich gehe eben hin.«

Von Kapitän Taplows Kajüte war Kelso überrascht. Statt der normalen Ausstattung, wie sie jedem Seeoffizier zusteht – Tisch, Koje, Seekiste –, sah er Teppiche, Bilder, Sessel. Kapitän Taplow war nett und gastfreundlich, offenbar entzückt, daß sein jüngster Offizier ihm einen Besuch abstattete. Sie tranken ein Glas Wein; der Kommandant wurde immer gesprächiger, Kelso immer mißtrauischer – und schließlich stellte sich heraus, was es mit dieser Einladung auf sich hatte.

»Kleine geschäftliche Angelegenheit, mein lieber Kelso; wir könnten das mal klären, dachte ich.«

»Ja, Sir?«

»Ihre drei Tonnen Frachtraum.«

»Ja?« Kelso gab sich die größte Mühe, mit ausdrucksloser Stimme zu fragen. Er wußte natürlich, daß die Company ihren Offizieren einen Anteil am Gewinn der Reise zukommen ließ, und zwar in Form von Privatgeschäften. Für diesen Zweck waren bei der Hinreise gewöhnlich sechsundneunzig Tonnen Frachtraum reserviert. Davon erhielt der Schiffsführer fünfundsechzig Tonnen, in den Rest teilten sich die anderen Offiziere, entsprechend ihrem Rang. Seide, Kleider, Damenwäsche, Käse, Spitzenweine galten als sicherste Handelsware; manche spekulierten auch in Möbeln, Büchern, sogar Gemälden; ein einfallsreicher Kommandant hatte einmal einen Riesenprofit mit einer Meute Jagdhunde gemacht. Ein Gewinn unter zwei- bis dreihundert Prozent galt als enttäuschend. Jetzt kam es heraus, daß Kelso drei Tonnen zustanden.

»Wie ich sehe, haben Sie Ihren Frachtraum noch nicht belegt.«

»Nein, Sir.«

»Aber Sie haben sich bereits Ware bestellt?«

»Noch nicht«, erwiderte Kelso. »Das muß man sich sehr sorgfältig überlegen.«

»Viel Zeit ist aber nicht mehr.«

»Ich werde es heute erledigen, Sir.«

Kapitän Taplow goß sich ein neues Glas Wein ein. »Da müssen Sie aber vorsichtig sein, mein Junge. Könnten leicht angeschmiert werden. Wenn ein junger Mann wie Sie zwanzig, dreißig Pfund in so ein Geschäft steckt, kann er alles loswerden.«

»Es ist ein Spekulationsgeschäft, da haben Sie recht, Sir.«

»Sie sind unerfahren in diesen Dingen, Kelso, aber ich helfe Ihnen gern. Ich nehme Ihnen Ihren Frachtraum ab – gegen Bezahlung natürlich.«

»Wieviel?«

»Nun – fünf Guineas wären recht großzügig, denke ich.«

»Fünf Guineas!«

»Ja. Ohne Risiko für Sie. Ich dagegen könnte hundert dabei einbüßen.«

»Oder hundert verdienen.«

»Wie bitte?«

»Ich sagte: hundert verdienen, Sir.«

»Wie? Ach so, ja – möglich ist das natürlich.«

Vorsichtig setzte Kelso sein Glas auf den Tisch. »Ich glaube, Sir, falls man mir fünfundzwanzig Guineas für meine Rechte bietet, könnte ich geneigt sein zu verkaufen.«

Kapitän Taplow riß die Augen auf; sogar seine Lippen vergaßen ihr Lächeln. »Fünfundzwanzig Guineas! Sie machen wohl Spaß!«

»Nein, Sir. Ich sagte: *falls* man mir so viel bietet.«

Der Kommandant sah Kelso so starr an, als sähe er ihn zum erstenmal. Er trank aus und stellte sein Glas neben das Kelsos. »Fünfzehn Guineas, und das ist mehr als generös«, sagte er.

»Nein, Sir.«

»Was? Sie unverschämter junger Dachs, begreifen Sie überhaupt, was ich Ihnen biete?«

»Jawohl, Sir. Fünfzehn Guineas für etwas, das meiner Ansicht nach fünfundzwanzig wert ist.«

Taplow war jetzt kirschrot im Gesicht; seine Lippen zitterten vor Empörung. Lange starrte er Kelso wortlos an und wartete darauf, daß dieser nachgeben würde. Doch Kelso starrte nur gelassen zurück.

Schließlich war es der Kommandant, der nachgab. »Ich gebe Ihnen zwanzig Pfund«, sagte er. »Das ist mehr als genug.«

»Zwanzig Guineas, Sir.«

»Was? Also schön, zwanzig Guineas.«

Später, in der winzigen Kajüte, hatte Bradshaw geschimpft: »Zwanzig Guineas! Nicht für fünfzig hätte ich ihm meine drei Tonnen verkauft – nicht für hundert!«

Aber Kelso hatte nur die Achseln gezuckt. »Ich bin Seemann, kein Händler.«

Kapitän Taplow aber nahm Kelso überraschenderweise von diesem Moment an für voll. Während er Henderson von oben herab behandelte und zu Ireton und Bradshaw allenfalls höflich war, hegte er anscheinend eine heimliche Wertschätzung für diesen jungen Mann, der ihm gegenüber sein Recht vertreten hatte.

»Acht Glasen*), Sir.«

Der Ruf des Midshipman brachte Kelso wieder in die Gegenwart zurück, in den harten grauen Morgen, zu den ersten schwachen Sonnenstrahlen, die den Fluß erhellten. Acht Glasen – Wachwechsel. Sehnsuchtsvoll dachte er an seine Koje unter Deck.

»Guten Morgen, Mr. Kelso.«

Er fuhr herum und konnte gerade noch seine Überraschung verbergen, denn Kapitän Taplow kam die Achtersdeckstreppe herauf.

»Guten Morgen, Sir.«

»Vorfälle auf Wache?«.

»Eine ruhige Nacht, Sir.«

»Ausgezeichnet! Sie können unter Deck gehen.«

»Aber ich bin noch auf Wache, Sir. Ich muß an Mr. Bradshaw übergeben.«

»Ich habe Mr. Bradshaws Wache übernommen.«

Zunächst sagte Kelso gar nichts. Abwartend sah er Kapitän Taplow an, und schließlich wich dieser seinem Blick aus.

*) 1 Glas(en) = 1/2 Stunde. 8 Glasen = Ende einer vierstündigen Wache. Der Ausdruck stammt aus der Zeit der gläsernen Sanduhren. Diese Zeitrechnung ist noch heute in der Seefahrt üblich (d. Ü.)

»Ich habe es gern, wenn meine Offiziere sich wohl fühlen«, murmelte er. »Mache meinen Dienst wie jeder andere.«

»Jawohl, Sir.«

»Also dann. Sie können unter Deck gehen.«

»Aye, aye, Sir.«

Trotz Müdigkeit und Schlafbedürfnis wurde Kelso beim Hinuntersteigen nicht das Gefühl los, daß etwas nicht stimmte. Noch mißtrauischer wurde er, als ihm Zahlmeister Gleeson entgegenkam.

»Erzählen Sie mir bloß nicht, auch Sie wollen für Bradshaw Wache gehen!«

Der Zahlmeister antwortete nicht. Er stammte aus dem Norden Englands, ein mürrischer, unfreundlicher Mann, der sich von unten hochgearbeitet hatte. Er konnte nie vergessen, daß er der einzige Offizier an Bord ohne familiäre Verbindungen war.

»Der Kommandant hat die Wache schon übernommen«, sagte Kelso. »Für Sie gibt's da oben nichts zu tun.«

»Ich habe meine Befehle.«

Achselzuckend ging Kelso weiter und war schon am Niedergang, als Gleeson ihm nachrief: »Befehle – ich führe meine Befehle aus!«

Kelso ging hinunter in seine Kajüte und setzte sich auf den Kojenrand. Die Sache war ihm noch immer nicht geheuer. Bradshaw schlummerte tief und fest; sein glattes, rosiges Gesicht zuckte im Traum. Es war kurz vor Sonnenaufgang. Kelso zog sich die Stiefel aus.

Er hatte bereits Rock und Hemd abgelegt, da hörte er etwas vom Wasser her: Riemengeräusche und Stimmen. Mit erst beiläufiger Neugier stieg er auf seine Seekiste und blickte durch das offene Bullauge.

Er sah das Fahrzeug sofort: ein Leichter, den der Bootssteurer, im Heck stehend, durch den Strom lenkte. Mehrere Männer waren an Bord, und ein hoher Stapel von Fässern und Säcken ragte über die Duchten.

Noch mehr Lebensmittel? Aber sie hatten doch vor drei Tagen in Blackwall ihren Proviant übernommen! Fracht möglicherweise? Doch je näher der Kahn kam, um so deutlicher konnte Kelso die wohlbekannten Behälter für Salzfleisch, Speck und Schiffszwieback erkennen – Mannschaftsverpflegung für eine lange Reise.

Der Lastkahn kam jetzt längsseit und stieß leicht gegen den Schiffsrumpf; dann hörte er vom Deck her das Trappeln nackter Füße. Die neue Wache übernahm den Dienst; Lukendeckel wurden entfernt, die Winsch in Betrieb gesetzt. Kelso hörte die Stimme des Zahlmeisters: »Hievt!«

An die Schottwand gestützt sah Kelso zu, wie dieser neue Proviant an Bord genommen wurde: Säcke mit Rindfleisch und Schiffszwieback, Fässer mit Salzfleisch und Speck. Bekamen sie vielleicht doppelte Rationen? Er verstand das nicht.

Endlich war alles an Bord. Der jetzt leere Lastkahn lag hoch im Wasser, doch er legte noch nicht ab. Die Männer sahen zur *Shropshire* empor.

Dann bemerkte Kelso etwas Neues. Ein paar Sekunden lang sah er zu, dann rüttelte er Bradshaw an der Schulter.

»Bradshaw! Wachen Sie auf!«

»Was? Zum Donnerwetter –«

»Wachen Sie auf!«

Verschlafen richtete sich Bradshaw hoch und rieb sich die Augen. »Ach, Sie sind's, Kelso? Schon Zeit für meine Wache?«

»Nein. Der Kapitän hat Ihre Wache übernommen, wissen Sie das nicht mehr?«

»Ja. Stimmt. Aber warum, zum Teufel . . .?«

»Sehen Sie hinaus!«

Ohne große Begeisterung blinzelte Bradshaw zum Bullauge. »Wieso? Was gibt's denn da?«

»Das sollen Sie sich ja gerade ansehen.«

Immer noch brummend kletterte Bradshaw aus seiner Koje. »Also wirklich, Kelso, wenn das Ihre Art von Witzen ist . . .«

»Sehen Sie hinaus«, beharrte Kelso. »Der Leichter hat neuen Proviant gebracht. Ich beobachte ihn schon die ganze Zeit, seit ich hier bin.«

»Na und? Was ist dabei?«

»Sehen Sie's nicht? Die Verpflegung, die wir in Blackwall übernommen haben, wird ausgetauscht und geht wieder an Land.«

3

»Vergessen Sie's«, sagte Ireton. »Dafür gibt es wahrscheinlich eine ganz einfache Erklärung. Sie würden als kompletter Narr dastehen, wenn Sie sich geirrt haben.«

»Ich habe mich nicht geirrt«, erwiderte Kelso.

»Kisten von einem Leichter? Das kann doch alles mögliche sein.

Wahrscheinlich hat es mit den Privatgeschäften des Kommandanten zu tun.«

»Das waren keine Kisten! Das waren Säcke und Fässer. Zum Teufel, glauben Sie, ich weiß nicht, wie Schiffsproviant aussieht?«

»Es war noch dämmerig«, versuchte Ireton ihn zu beschwichtigen, »noch halb dunkel. Da kann man sich leicht täuschen.«

»Es *war* Schiffsproviant«, beharrte Kelso. »Und er wurde gegen den ausgewechselt, den wir in Blackwall geladen haben.«

»Wie können Sie da so sicher sein?«

»Weil ich's gesehen habe«, entgegnete Kelso. »Und Bradshaw hat es auch gesehen. Falls Sie mir nicht glauben, fragen Sie ihn, wenn er von Wache kommt.«

Nervös rückte Ireton in seinem Stuhl. Sie waren allein in der Messe, aber bestimmt nicht für lange. Jeden Moment konnte der Kapitän erscheinen oder einer der Passagiere, oder der Steward konnte aus der Pantry kommen.

»Sie sind neu an Bord«, sagte Ireton, »und außerdem der jüngste Offizier. Sie laden sich da allerhand auf.«

»Vielleicht. Aber wenn mit den Mannschaftsrationen geschoben worden ist, will ich erfahren, wieso und warum. Sie wissen so gut wie ich, wie gefährlich das sein kann. Jedes Proviantlager hat haufenweise Ausschuß, der für den Verzehr nicht mehr geeignet ist und ganz billig als Schweinefutter verkauft wird. Ein skrupelloser Kommandant kann schönen Profit machen, indem er guten Proviant gegen schlechten austauscht.«

»Und Sie glauben, Kapitän Taplow würde so etwas tun?«

»Ich weiß, was ich gesehen habe.«

Hinter der Schottwand bewegte sich etwas; ein Passagier, der aufstand, rückte seine Seekiste. »Sie können das nicht beweisen«, zürnte Ireton mit heiserem Flüstern. »Und selbst wenn es stimmte – was macht es schon aus? Seeleute erwarten keine erstklassige Verpflegung. Die kommen doch aus dem tiefsten Dreck, aus lausigen Verhältnissen, haben sich noch nie richtig satt gegessen. Wenn sie an Bord eine reichliche Mahlzeit am Tag kriegen, sind sie zufrieden, egal, ob es Frischfleisch ist oder salzverkrustetes Gepökeltes.«

»Sind Sie mal auf einem Schiff gefahren, auf dem Skorbut ausgebrochen ist?«

»Gesehen habe ich natürlich schon welchen. Das gibt es auf jeder langen Reise.«

»Aber wie das ist, wenn sechzig Mann mit Skorbut krank liegen, und jeden Tag sterben ein paar, und die anderen sind zum Schluß zu schlapp zum Arbeiten, und der Arzt und sein Maat können vor Müdigkeit kaum denken, und das Schiff muß mit Notbesatzung segeln – das kennen Sie nicht, wie?«

Ireton schüttelte den Kopf. »Nein. Ich weiß natürlich, daß so was schon passiert ist, aber –«

»Es wird hier auf diesem Schiff passieren«, erwiderte Kelso, »wenn wir nichts dagegen unternehmen.«

Er wartete auf eine Antwort; aber Ireton spielte mit seinem Tischmesser und sagte nichts. Auf dem Gang draußen wurde es laut; offensichtlich waren die Passagiere wach. Stewards eilten mit heißem Wasser von Tür zu Tür.

»Was soll ich also Ihrer Ansicht nach tun?« fragte Ireton schließlich.

»Mit mir in die Proviantlast gehen«, erwiderte Kelso. »Wir sehen uns diese geheimnisvollen Fässer mal an.«

»Ist das Ihr Ernst?« fuhr Ireton auf.

»Nur so können wir uns vergewissern.«

»Ich dachte, Sie wissen schon alles?«

»Weiß ich auch; aber wenn die Sache vor eine Untersuchungskommission kommt, dann denkt die wahrscheinlich wie Sie und fragt, woher ich das denn so genau wissen wolle, ich könnte doch durch das enge Bullauge gar nicht viel gesehen haben.«

Ireton schüttelte den Kopf. »Untersuchungskommission! Sie haben wirklich eine Vorliebe für Unannehmlichkeiten!«

Kelso sagte nichts dazu. Eine Kajütentür ging auf, und ein stattlicher Gentleman, allem Anschein nach ein zukünftiges Mitglied des Rates von Fort St. George, steckte den Kopf heraus. »Steward!« brüllte er und schloß die Tür sofort wieder.

»Wenn Sie glauben, ich stöbere in der Proviantlast herum«, sagte Ireton, »dann müssen Sie tatsächlich verrückt sein. Ich kenne Kapitän Taplow nicht besser als Sie; aber ich wette, er bringt mich vor Gericht, wenn ich meine Nase in seine Geschäfte stecke.«

»Was schlagen Sie also vor?«

»Weiß ich auch nicht. Ich könnte ja mal mit Gleeson reden.«

»Verlorene Zeit. Der wird nichts zugeben.«

»Das heißt, Sie haben schon mit ihm gesprochen.«

»Ich habe ihn gefragt, was er an Deck zu tun hatte. Da sagte er: es sei ein Befehl. Mehr konnte ich nicht aus ihm herausbekommen.«

Ratlos fuhr sich Ireton durchs Haar. »Dann weiß ich nicht, was wir tun könnten. Ich bin über ein Jahr lang mit Gleeson gefahren, er war schon unter Henderson Zahlmeister. Er ist kein geselliger Mensch, zugegeben, aber ich würde seine Rechtschaffenheit nie anzweifeln.«

»Vielleicht steht mehr auf dem Spiel als seine Rechtschaffenheit.«

»Wie meinen Sie das?«

»Ich glaube nicht, daß Gleeson es freiwillig tut. Ich glaube, er hat Angst.«

»Vor dem Kommandanten?«

Kelso ging nicht darauf ein. »Wenn wir etwas unternehmen wollen, dann jetzt, solange wir noch vor Gravesend liegen.«

Ireton stand auf und fegte die Frühstückskrümel vom Tisch. »Vielleicht könnte ich das ganze Mr. Henderson melden.«

»Nein, das wäre unfair.«

»Unfair?«

»Henderson ist in einer schwierigen Lage. Wenn es Ärger gibt, dann ist seine Aussage von vornherein verdächtig. Man wird sagen: der Mann, der vorher Kommandant der *Shropshire* war, will dem, der ihn verdrängt hat, etwas anhängen.«

»Ja, dann . . .«

»Deswegen bin ich ja zu Ihnen gekommen. Als der Dienstältere müssen Sie wissen, was ich vorhabe.«

»Was *Sie* vorhaben?«

»Ich gehe in die Proviantlast.«

»Allein?«

»Notfalls auch allein. Ich hatte gehofft, daß Sie mitkommen.«

»Kelso, Sie müssen das verstehen. Mir liegt das Schiff ebenso am Herzen wie Ihnen. Ich will tun, was ich kann, um diesen Verdacht aufzuklären – und bis jetzt, vergessen Sie das nicht, ist es nur ein Verdacht. Aber in die Proviantlast gehe ich nicht. Ich tue nichts hinter dem Rücken des Kapitäns.«

»Und wenn ich Bradshaw dazu kriege, daß er mitkommt?«

»Was Sie und Bradshaw anstellen, geht mich nichts an.«

Erst am späten Nachmittag konnte Kelso hinuntergehen. Das Dinner in der Messe war eine langwierige Angelegenheit, und er mußte geduldig dabeisitzen, während der Kommandant und ein paar ältere Offiziere bei ihrem dritten und vierten Glas Portwein waren. Von seinem Platz am unteren Ende der Tafel konnte er Kapitän Taplow gut beobachten: den Bauch an die Tischkante gestemmt, die schinkendicken Arme auf den Stuhllehnen, saß er da, und der Steward servierte ihm das Beste von jedem Gang. Er aß mit genüßlichem Eifer, so daß sein meist überladener Teller rasch leer wurde. Er nahm von allem: Erbsensuppe, gebratene Hammelkeule, Schweinefleisch, Hammelpastete; und als er fertig war, lehnte er sich zurück, rülpste befriedigt und wandte sich seinem Portwein zu.

Nach dem vierten Glas hielt Kelso den rechten Augenblick für gekommen. Er merkte, daß Gleeson nicht mehr ganz nüchtern war, doch hätte er Verdacht schöpfen können, wenn die beiden jüngsten Offiziere miteinander vorzeitig die Tafel verließen. Aber das mußte man riskieren. Er stand auf.

»Was ist? Wo wollen Sie hin, Kelso?«

Die angesäuselt klingende Frage Taplows beunruhigte Kelso weniger als der mißtrauische Blick des Zahlmeisters.

»Mit Ihrer Erlaubnis, Sir, möchte ich gern nach meinem Arbeitskommando sehen.«

»Was für'n Arbeitskommando? Was machen die denn?«

»Reinigen das Orlopdeck*), Sir – wie Sie befohlen haben.«

Blinzelnd schüttelte der Kommandant den Kopf, um seine Gedanken zu klären. »Was? Ach so. Na, lassen Sie die ruhig arbeiten. Setzen Sie sich wieder hin, verdammt, und trinken Sie noch ein Glas Port.«

»Vielen Dank, Sir, aber wenn Sie nichts dagegen haben, möchte ich lieber dafür sorgen, daß sie bis zum Abend fertig sind.«

Kapitän Taplow starrte Kelso an. Deutlich war zu merken, daß er sich zu konzentrieren versuchte. »Oh – na schön. Also gehen Sie an Ihren Dienst.«

»Danke, Sir – und Mr. Bradshaw?«

»Was? Ach so.« Taplow entließ die beiden mit einer unbestimmten Handbewegung, und beim Hinausgehen hörten sie noch, wie er zu einem Passagier sagte: »Großartiger Kerl, dieser Kelso. Wirklich großartig. Aus dem wird mal ein erstklassiger Offizier.«

»Haben Sie das gehört?« fragte Bradshaw, als sie eilig durch das Halbdunkel des Zwischendecks schritten.

»Ja.«

*) Das unterste Deck, unter der Wasserlinie. Dort befinden sich die Vorratsräume und das Krankenrevier (d. Ü.).

»Der wird seine Meinung ändern, wenn er merkt, was wir vorhaben.«

Sie kamen durchs Hauptdeck zum vorderen Niedergang. Oben, in der Kombüse, werkte der Koch mit seinen Pfannen; unten klarierte eine Gang von sechs Männern das Orlopdeck. Kelso stieg die Leiter hinunter.

»Seid ihr bald fertig?« fragte er den aufsichtführenden Bootsmannsmaaten.

Dieser richtete sich auf und berührte grüßend die Stirn mit dem Fingerknöchel. Im Lampenlicht glänzte sein Gesicht vor Schweiß. »Beinahe, Sir. Hier ist noch Dreck, mit dem wir nicht klarkommen. Die Männer schrubben schon 'ne halbe Stunde.«

»Was ist es denn?«

»Riecht wie Wein, Sir. Da ist irgendein Frachtgut zu dicht gestaut worden, nehme ich an.«

Kelso musterte den Fleck und sah, daß von oben etwas tropfte. »Bringt eine Laterne!« rief er.

Der Maat hielt die Laterne hoch, und Kelso sah, was los war – ein Faß war vom Regal gerutscht und auf das darunterliegende gefallen. Dunkel rann eine Flüssigkeit bis zum Rand und tröpfelte auf die Planken.

»Stimmt«, sagte Kelso. »Wer das gestaut hat, braucht eine Lektion in Seemannschaft.«

»Aber gestern war's noch in Ordnung«, sagte der Bootsmannsmaat beleidigt. »Das ist der Proviant des Kapitäns, den hab' ich selbst gestaut.«

»Dann war's eben nicht gut genug«, erwiderte Kelso. »Nehmt Euch noch einen Mann und sichert das richtig.«

»Aye, aye, Sir.«

Kelso wandte sich ab, und als er Bradshaw an der Leiter warten sah, fiel ihm wieder ein, warum sie hier unten waren. »Und macht ein bißchen schnell!«

»Aye, aye, Sir.«

Eine Leiter wurde gegen die Schottwand gestellt, ein Matrose kletterte hinauf. Der Bootsmann war neben Kelso stehengeblieben. Offensichtlich fühlte er sich ungerecht behandelt. »Entschuldigung, Sir, aber die Fässer waren wirklich richtig gestaut.«

Kelso sah ihn scharf an. »Wie wollt Ihr dann das erklären? Morgen laufen wir aus. Ihr wißt doch genau, was bei schlecht gesicherter Fracht passieren kann.«

»Jawohl, Sir. Aber ich sage trotzdem . . .«

»Was?«

Der Maat schien sich nicht recht zu trauen; doch einer der Matrosen, ein großer, wüst aussehender Kerl, brüllte wütend dazwischen: »Das ist heute früh passiert, als der Kommandant unsere Rationen rausgeholt hat!«

Kelso erstarrte. Er hörte, daß Bradshaw langsam herunterkam, hörte, wie der Matrose auf der Leiter – ein gutmütiger Mann namens Padstow – mit einem Grunzen das Faß zurechtschob. Aber vor allem spürte er die plötzliche Stille, mit der der Maat und seine fünf Mann auf seine Reaktion warteten.

»Wie heißt du?« fragte er den bulligen Matrosen.

»Piggott, Sir.«

Kelso schwieg einen Moment und fragte dann: »Was meinst du damit – als der Kommandant eure Rationen rausgeholt hat?«

»Hat er getan, Sir. Heute früh. Da können Sie jeden von der Wache fragen.«

Kelso antwortete nicht. Er sah sich nach Bradshaw um – der eiligst seinem Blick auswich –, dann nach den Matrosen, die in ehrlicher Empörung warteten; und nach Padstow, dem Mann aus Cornwall, der mit seiner Arbeit innehielt und gespannt zuhörte.

»Das ist die reine Wahrheit, Sir«, sagte der Bootsmannsmaat. »Heute früh kam ein Leichter längsseit.«

»Ich weiß.«

Dieses Eingeständnis wirkte auf die Männer wie ein Schock. Eben war Kelso für sie noch ein junger Offizier gewesen, dem sie ihre Sorgen anvertrauen konnten – der vielleicht sogar ihre Sache vor der Obrigkeit vertreten würde –, aber jetzt auf einmal war er ein Feind, ein Lakai des Kommandanten.

»Ich weiß, daß ein Leichter längsseit gekommen ist«, sagte er.

Unbehaglich traten sie von einem Fuß auf den anderen, düster, verschlossen, unterwürfig. Nur der bullige Piggott, zu dumm, um den Stimmungsumschwung zu spüren, brüllte wieder los: »Unsere ganzen Rationen haben sie rausgeholt! All das gute Futter, das wir in Blackwall geladen haben!«

»Anderes wurde dafür an Bord gebracht.«

»Dann wissen Sie also Bescheid, Sir«, murmelte der Maat. »Und wir dachten . . .«

»Ich weiß weiter nichts, als daß ein Leichter längsseit ging, als ich von Wache kam. Aber der Kommandant war an Deck, also muß alles in Ordnung sein.«

»Aye, aye, sir.« Diese Worte kamen der Verachtung so nahe, wie es die Disziplin – mit der neunschwänzigen Katze im Hintergrund – nur gestattete.

»Also gut«, sagte Kelso. »Wenn ihr fertig seid, könnt ihr gehen.«

Er sah ihnen nach, wie sie die Leiter zum Zwischendeck hinaufkletterten, und erst als er sich umdrehte und Bradshaws resigniertes Gesicht sah, merkte er, daß sie nicht allein waren. Vollmatrose Padstow war immer noch an der Arbeit bei den Weinfässern.

»Wie lange hast du noch zu tun?« fragte Kelso ungeduldig.

»Komme schon, Sir. Bin gerade fertig.« Der Mann drehte ihnen den Rücken zu; doch als er die hohle Hand verstohlen zum Mund hob, merkte Kelso, was er da machte.

»Padstow!«

»Sir?« Hastig wischte der Mann sich den Mund mit dem Ärmel und drehte sich dann zu ihnen herum. »Komme schon, Sir.«

»Alles dicht?«

»Alles klar, Sir.«

»Dann kannst du runterkommen.« Er wartete, bis der Matrose vor ihnen auf dem Deck stand, und fuhr fort: »Das nächste Mal, wenn ich dich Fässer verstauen lasse, sauf sie nicht halb aus!«

Mit unwiderstehlicher Harmlosigkeit sah Padstow ihn an. »Entschuldigung, Sir, aber das Zeug war am Auslaufen. Wär' doch schade drum gewesen.«

»Du kennst die Vorschriften übers Trinken?«

»Aye, aye, Sir.«

»Schön – dann vergiß sie nicht wieder!«

Der Matrose war bereits auf der Niedergangsleiter, da rief Kelso ihn zurück. »Padstow!«

»Sir?«

»Euer Mittagessen heute – war das in Ordnung?«

Padstow kam eine Sprosse tiefer und antwortete grinsend: »War schon in Ordnung, Sir, aber das ist ja im Hafen immer so.«

»Gewiß.«

»Wenn wir auf See sind, Sir, und die Oxhofte* geöffnet werden . . .«

»Ja. Schon gut.«

*) Oxhoft = altes Flüssigkeitsmaß bzw. Faß von ca. 240 Liter Inhalt (d. Ü.)

»Das sind die da drüben, Sir.« Mit gespielter Beiläufigkeit deutete er nach der anderen Seite der Proviantlast. »Das sind die, wo heut' morgen an Bord gekommen sind.«

»Schon gut. Du kannst gehen.«

Sobald Padstow weg war, nahm Kelso die Laterne und leuchtete die enggestauten Fässer an. »Da drüben«, sagte er. »Aber da kommen wir nicht so leicht heran.«

Bradshaw, der immer nervöser wurde, trat rasch neben ihn. »Kann auch nichts passieren?« fragte er. »Wir sind schon eine ganze Weile unten. Gleeson könnte kommen oder der Kommandant.«

»Das geht schon klar.« Kelso hielt die Laterne hoch und prüfte die Behälter. »Das lecke Faß ist unsere Entschuldigung. Wir sind hier, weil wir die Proviantlast inspizieren müssen, ob alles richtig gestaut ist.«

»Ja, aber ...«

»Halten Sie mal die Laterne!« sagte Kelso und setzte die Leiter an. »Ich brauche Licht!«

»Kelso, ich glaube, ich höre Stimmen.«

»Still, Herrgott noch mal!« Oben auf der Leiter nahm Kelso Bradshaw die Laterne aus den angstgelähmten Fingern und inspizierte genau die oberste Reihe der Oxhofte. Sie schienen neu und luftdicht zu sein, jeder trug den Stempel der Proviantmeisterei. Er hielt die Laterne dicht heran, um besser lesen zu können.

»Na?« fragte Bradshaw laut flüsternd, »was steht da?«

Kelso richtete sich auf und blickte hinunter. »Dezember 1752.«

»Was? Sind Sie sicher?«

»Ganz sicher.«

»Dann sind's doch frische Rationen – nur einen Monat alt. Ich verstehe das nicht.«

»Ich auch nicht.«

»Aber wir haben es doch gesehen!« sagte Bradshaw. »Proviant wurde ausgeladen und anderer an Bord gebracht.« Er dachte einen Augenblick nach. »Wir können uns nicht geirrt haben. Oder doch?«

»Wir haben uns nicht geirrt.«

»Aber das ist unglaublich. Warum soll jemand guten Proviant tauschen?«

»Weiß ich auch nicht. Außer ...«

»Was?«

»Wir wissen ja nicht, daß das frische Rationen sind.«

»Aber Sie haben eben gesagt . . .«

»Nach dem Stempel sind sie frisch – aber wenn der falsch ist?«

»Na, hören Sie mal, Kelso! Ich kann mir nicht vorstellen, daß sich ein Kommandant auf einen solchen Betrug einläßt!«

Kelso rieb sich das Kinn. »Vielleicht haben Sie recht. Aber wenn wir selbst sehen könnten, was in diesen Behältern ist . . .«

»Nun reicht's aber, Kelso! Wir sind wahrhaftig weit genug gegangen!«

»Die einzige Möglichkeit, es rauszukriegen.«

Bradshaw war so nervös, daß er fast erleichtert schien, als er oben Stimmen hörte. Jemand kam den Niedergang herunter.

»Schnell! Da kommt jemand!«

Wie ein Schuljunge vom Apfelbaum glitt Kelso die Leiter hinunter und tat, als inspiziere er die Last.

Es war Gleeson.

4

Unter einer steifen Brise, die das Wasser zu weißbemützten Wellen aufpeitschte, lag die *Shropshire* bei den Downs vor Anker. Die Fahrt von Gravesend war ohne besondere Ereignisse verlaufen. Vor Morgengrauen war der Lotse an Bord gekommen, und am Vormittag glitt das Schiff unter Bramsegeln und gerefften Großsegeln an Mucking Creek vorbei und in den Queen's Channel hinein.

Der Kommandant war unter Deck geblieben. Im hektischen Betrieb von Segeldrill, Einteilung der Wachen und Bootsmannschaften hatte niemand seine Abwesenheit bemerkt. Alle Entscheidungen hatte Henderson zu treffen, der, so unfreundlich seine Art auch sein mochte, für den größten Teil der Besatzung immer noch als Schiffsführer galt. Jetzt war der Anker gefallen, das Großsegel backgebraßt, der Lotse ging von Bord und fuhr in seinem Boot an Land.

»He – Kelso!«

Kelso, der eben versuchte, dem elenden Vieh auf dem Kampanjedeck das Leben etwas zu erleichtern, blickte auf, denn Bradshaw war zu ihm getreten. Kelso kniete an Deck, in der einen Hand einen Strick mit zwei Schafen daran und ein zappelndes Lamm in der anderen, wobei ihm der Fleischer und sein Gehilfe mit offener Mißbilligung zusahen. Mit einem raschen Blick erkannte er, daß Bradshaw rot vor Aufregung war; also erhob er sich und band die Schafe fest. Das Lamm übergab er dem Gehilfen.

»Bring das irgendwo in deinen Hühnerställen unter.«

»Aber, Sir . . .«

»Ist ja nur für ein paar Tage.« Er wußte selbst, daß er zu weichherzig war. Die brutal zusammengepferchten Tiere, so kurz angebunden, daß sie mit den Mäulern kaum das Futter erreichen konnten, würden bald mehr Platz haben, wenn den Passagieren erst Seebeine wuchsen und sie mehr Appetit bekamen. Bis dahin hätte er die Tiere getrost ihrem Elend überlassen können. Der Fleischer und sein Gehilfe schritten mit schweigendem Protest zu den Hühnerställen auf dem Hauptdeck.

Bradshaw grinste aufgeregt. »Kelso – haben Sie Kapitän Taplow gesehen?«

»Nein.«

»Wann zuletzt?«

Kelso begriff nicht und sah Bradshaw prüfend an.

»Verstehen Sie nicht?« fragte Bradshaw. »Der Kommandant überläßt alles Henderson. Henderson segelt das Schiff, gibt die Befehle. Kapitän Taplow hat Funktion und Privilegien eines Kommandanten, aber keine Verantwortung.«

»Ist das nicht ganz in Ihrem Sinn? Ich meine: Henderson ist doch ein guter Mann. Sie sind selbst schon mit ihm gefahren.«

»Stimmt; aber ich frage mich, wie lange das gutgeht.«

»Wie meinen Sie das?«

»Nun, solange Kapitän Taplow unter Deck bleibt, klappt ganz bestimmt alles; aber mal muß ihm das ja langweilig werden, dann kriegt er Lust, seine Autorität spazierenzuführen. Wo stehen wir dann? Sollen wir dem neuen Kommandanten gehorchen oder dem alten?«

Kelso zuckte die Schultern. »Ob es uns recht ist oder nicht – da gibt es nur eine Antwort. Ich finde jedenfalls, Sie sehen zu schwarz. Bloß weil Kapitän Taplow unter Deck geblieben ist, während wir aus der Themse segelten . . .«

»Na, wir werden ja sehen.« Bradshaw war offensichtlich enttäuscht, weil Kelso nicht auf seine Spekulationen einging, fragte jedoch gespannt: »Glauben Sie, er weiß was über unsere Expedition in die Proviantlast?«

»Wenn ja, kann er bemerkenswert gut schweigen.«

»Das habe ich auch gedacht«, entgegnete Bradshaw. »Sie sind doch wegen der Stempel vollkommen sicher?«

»Ganz sicher. Auf jeden Fall ist es jetzt auch zu spät.«

»Ja . . .« Zögernd ging Bradshaw zur Treppe, aber er mußte stehenbleiben, denn ein Midshipman kam heraufgerannt und faßte an den Hut. »Mr. Kelso, Sir.«

»Ja?«

»Kompliment vom Kommandanten, und Sie möchten in seine Kajüte kommen.«

Unwillkürlich warf Kelso seinem Kollegen einen Blick zu. Der machte ein etwas erschrockenes Gesicht, aber in erster Linie schien er gespannt zu sein. Verdammt, dachte Kelso, der hält das Ganze für ein Spiel!

Unten an der Kampanjeleiter sah Kelso Gleeson stehen und dachte wieder an ihr Zusammentreffen am Anfang dieser unangenehmen Geschichte. War das wirklich erst zwei Tage her?

Die Kapitänskajüte hatte sich in den wenigen Tagen seit Kelsos letztem Besuch verändert. Die eleganten Draperien hingen jetzt schief und waren zerknittert. Der Teppich hatte Flecken, sogar ein paar Glasscherben lagen herum. Ein Bild war zerschlagen und baumelte an der Schottwand. Die stickige Luft stank nach Wein, Erbrochenem und Tabak. Kapitän Taplow war betrunken.

Deswegen also war er unten geblieben! Er sah Kelso mit Augen an, die in dem schlaffen Gesicht so hart funkelten wie Diamanten. Mit den Lippen lächelte er, schien sich überhaupt große Mühe zu geben, freundlich zu sein, beinahe liebenswürdig – wenn man das verdächtige Glitzern seiner Augen vergaß.

»Kelso!« schrie er mit noch rauherer Stimme als sonst. »Gut, der Mann! Kommen Sie rein!«

»Sie wollten mich sprechen, Sir?«

»Was? O ja.« Taplow machte eine unbestimmte Willkommensgeste und schien nicht zu merken, daß er dabei ein Glas Wein umwarf. »Setzen Sie sich, Kelso, setzen Sie sich!« Der Wein tropfte melancholisch-beharrlich, wie Regenwasser von einem lecken Dach, auf den Teppich und machte dort einen weiteren Fleck. »Sie sind neu im Dienst, glaube ich?«

»Nein, Sir. Ich bin als Midshipman eingetreten. Als Offizier ist es allerdings meine erste Reise.«

»Erste Reise als Offizier, ja.« Die müden, aber wachsamen Augen beobachteten Kelso bei der nächsten Frage scharf. »Und wie gefällt Ihnen mein Schiff?«

»Sie meinen die *Shropshire,* Sir?«

Eine Sekunde verdüsterte sich die joviale Miene. »Natürlich die *Shropshire,* was sonst?«

»Ich bin erst seit ein paar Tagen an Bord, Sir«, entgegnete Kelso, »und ich habe kaum Zeit gefunden, mich umzusehen.«

»Sie ist ein gutes Schiff, Kelso, ein gutes Schiff.«

»Ganz bestimmt, Sir.«

»Und ich wünsche auch eine gute Besatzung, Kelso.«

Kelso sah ihn respektvoll an, sagte aber nichts.

»Habe Erfahrung mit Indienfahrern, Kelso. Hab' die alte *Bengal* kommandiert, da waren Sie noch gar nicht geboren.«

»Jawohl, Sir.«

»Ich weiß, wie man sich eine gute Mannschaft schafft: Disziplin, harte Arbeit und nochmals Disziplin.«

»Und anständige Verpflegung, nehme ich an, Sir.«

Die Augen verschwanden vollständig unter dem Schirm der Fleischwülste. Kelso sah, daß sich die Hand, die noch auf dem Tisch lag, zur Faust ballte. »Und anständige Verpflegung«, stimmte Kapitän Taplow zu. »Natürlich!«

»Soweit ich gesehen habe, Sir, ist die Mannschaft ganz vielversprechend. In meiner Division sind recht gute Seeleute.«

Der massige Kopf senkte sich gravitätisch. »Gute Seeleute, ja. Und ich werde noch bessere aus ihnen machen.« Unvermittelt setzte sich Taplow auf und schmetterte die Faust auf den Tisch. »Harte Arbeit, Mr. Kelso, die kriegen sie bei mir. Disziplin und harte Arbeit!« Er stand auf, kirschrot im Gesicht vor Wut. »Und meine Offiziere sollten mich verstehen, wenn ich sage, daß mein Schiff so geführt wird, wie ich es will! Daß die Leute auf den Ausbildungsstand gebracht werden, den ich verlange. Ich bin hier der Kommandant, und bei Gott, jeden Offizier, der sich mir entgegenstellt, mache ich fertig!«

Unbewegt wartete Kelso; sein rauhes Seemannsgesicht blieb vollkommen ausdruckslos. Aber das Schweigen schien den Kapitän noch mehr zu reizen.

»Proviant!« schrie Taplow. »Anständige Verpflegung, haben Sie gesagt. Und ich sage Ihnen: die Männer auf meinem Schiff kriegen die Verpflegung, die sie verdienen. Arbeiten sie gut, dann kriegen sie ihre Rationen; wenn nicht, lege ich sie in Eisen und lasse sie hungern.«

»Mit anständiger Verpflegung meinte ich frischen Proviant«, beharrte Kelso.

Kapitän Taplows Wutausbruch verebbte so schnell, wie er gekommen war. »Nun – Sie können doch nicht für die ganze Reise bis St. Helena frisches Fleisch für alle hundert Mann verlangen, wie?«

»Nein, Sir, aber wenn die Rationen direkt von der Proviantmeisterei kommen, sind sie auch nach mehreren Monaten auf See noch zu genießen.«

»Natürlich, das versteht sich von selbst«, stimmte der Kommandant zu – eine Spur zu rasch. »Muß allerdings darauf hinweisen, daß wir eine lange Reise vor uns haben. Fleisch kann sogar im Faß verderben. Mann, ich erinnere mich . . .«

»Unmögliches erwartet auch niemand, Sir.«

»Was?« Das alkoholisierte Glotzen Taplows verhärtete sich, als käme gleich ein neuer Zornesausbruch. Doch er riß sich zusammen und fragte: »Die Mannschaftsverpflegung interessiert Sie also?«

»Ja, Sir.«

»Sie haben sich das Mittagessen angesehen?«

»Ja.«

»Nun, hoffentlich waren Sie zufrieden.« Ein Blick in das verschlagene Gesicht und der leicht enttäuschte Ton verrieten Kelso, daß er soeben eine Falle vermieden hatte. Irgend jemand – Gleeson wahrscheinlich – mußte seinen Besuch im Mannschaftslogis weitergemeldet haben.

»Ich hielt es für meine Pflicht, Sir, mich davon zu überzeugen, daß die Männer ordentlich verpflegt werden.«

»Es ist Ihnen natürlich klar, daß dafür Mr. Gleeson zuständig ist?«

»Jawohl, Sir, aber ich fühle mich dennoch für die Männer meiner Division verantwortlich.«

Der Kommandant beäugte ihn nachdenklich. »Sie sind diensteifrig, Kelso. Das ist mir lieb, solange Sie nicht Gleeson auf die Zehen treten.«

»Hat er sich beschwert, Sir?«

»Was? O nein. Aber ich glaube, Sie lassen lieber jedem seine Arbeit – dem Zahlmeister die Rationen, dem Fleischer das Vieh.«

Kelso sah dem Kommandanten in das unverbindlich wohlwollende Gesicht und empfand beinahe Bewunderung für diesen Mann. Taplow war kaum jemals aus seiner Kajüte herausgekommen und wußte doch Bescheid über alles, was an Bord vorging. Wahrscheinlich wußte er auch, daß Kelso im Orlopdeck gewesen war, kannte den eben erst erfolgten Wortwechsel mit dem Fleischer und seinem Gehilfen, ebenso wie er schon wußte, daß Kelso das Mittagessen seiner Männer geprüft hatte. »Ist das ein Befehl, Sir?« fragte er.

»Sagen wir mal: mein Wunsch.«

Immer noch nicht befriedigt, bohrte Kelso weiter. »Die Männer brauchen eine ordentliche Mahlzeit am Tag, Sir. Ist das nicht auch Ihre Ansicht?«

Kapitän Taplow antwortete nicht gleich; aber ein weniger entschlossener Mann als Kelso hätte sich vor den Gefahrensignalen in seiner Miene gefürchtet. Die schlaffen Lippen begannen zu zittern, die Augen wurden so kalt wie der Winterhimmel.

»Keiner, der zur See fährt, erwartet ein leichtes Leben«, fuhr Kelso fort, »aber eine ordentliche Mahlzeit entschädigt für viele Strapazen.«

»Strapazen!« Der Kommandant war so wütend, daß ihm die Zunge nicht gleich gehorchte. Wieder schmetterte er die Faust auf den Tisch. Er sprang auf, lautlos arbeiteten seine Lippen, sein Atem ging unregelmäßig. Dann, als sei ein Damm gebrochen, ergoß sich ein Strom obszöner Beschimpfungen aus seinem Mund. Er riß die Augen weit auf, griff sich an den Kragen – immer noch unter brüllendem Schimpfen.

Kelso, mehr um Kapitän Taplow als um sich selbst besorgt, trat herzu. »Sir! Ist Ihnen nicht gut?«

Wenn er ihn gehört hatte, so ließ er es sich nicht anmerken. Er zerrte weiter an seinem Kragen und brüllte sinnlose Beschimpfungen. Dann brach er zusammen.

Also Kelso neben ihm kniete, ging die Tür auf, und Bedser, der Kapitänssteward, kam herein.

»Dem Kommandanten ist unwohl«, sagte Kelso, »hol den Arzt!«

»Nicht nötig, Sir«, entgegnete der Steward. »Ich weiß schon Bescheid.«

»Er hatte das schon einmal?«

Der Steward sah sich erst vorsichtig um und antwortete dann: »Oft, Sir.« Er nahm ein Glas Wein vom Tisch und hielt es dem Kapitän an die Lippen. »Entschuldigung, Sir«, flüsterte er, »aber sollten Sie nicht besser gehen?«

»Gehen, wenn der Kommandant krank ist?«

»Er wird gleich wieder zu sich kommen, Sir. Das Schlimme ist, man weiß nie, welche Laune er hat, wenn er aus so einem Anfall aufwacht.«

»Anfall nennst du das?«

»Manchmal hat er ganz gute Laune. Aber manchmal hab' ich direkt Angst um mein Leben.«

»Bedser! Bedser! Wo, zum Teufel, bist du?«

»Sie sollten wirklich lieber gehen, Sir!«

»Nein. Gehen Sie; ich kümmere mich um Kapitän Taplow.«

»Gewiß, Sir – wenn Sie glauben, Sie schaffen es?«

Blinzelnd erwachte Taplow zum Bewußtsein. Er starrte Kelso an, der ihn stützte, und wischte sich die Lippen mit dem Ärmel. Verständnislos blickte er auf den Streifen Schaum. »Kelso! Was, zum Teufel –«

»Sie waren unpäßlich, Sir.«

»Unpäßlich!« Er blickte befremdet umher und nickte. »Ja, stimmt. Ich war unpäßlich.«

Mühsam stand er auf und erbrach sich in eine Schale. Danach schien er sich wohler zu fühlen, obwohl er noch bleich war und seine Augen glühten. Er starrte Kelso an, als versuche er, sich an seinen Namen zu erinnern.

»Sollten Sie sich nicht lieber hinlegen, Sir?« fragte Kelso.

»Nein – nein. Bin schon wieder in Ordnung.« Unsicher ging er zu einem Sessel und sank hinein. »Eines könnten Sie für mich tun, Kelso.«

»Sir?«

»Meine Tochter und ihre Gesellschafterin, drüben in Deal – im *Bell Inn* . . . Wäre Ihnen verbunden, wenn Sie meine Gig nähmen und sie an Bord holten.«

»Kommen sie als Passagiere?«

Unbehaglich rückte der Kommandant in seinem Sessel hin und her; sekundenlang ruhte sein Auge auf den zerrissenen Vorhängen, dem schmutzigen Teppich, dem Bild an der Wand. »Hab' ihnen versprochen, sie abzuholen«, sagte er. »Bin aber unpäßlich. Sagen Sie Ihnen das. Sagen Sie, ich bin unpäßlich.«

5

»Ihr Vater war unpäßlich«, sagte Kelso.

»Unpäßlich! Sie meinen krank?«

»Nicht eigentlich krank . . .«

Mit der unbekümmerten Arroganz junger Mädchen musterte Isabel Taplow ihn kritisch. Sie sah seine jugendliche Magerkeit, seine zu enge Kniehose, die klaffenden Manschetten, und war schon im Begriff, sich gleichgültig abzuwenden – noch einer von den vielen jungen Männern, die ihr kleine Dienste leisteten, sie bewunderten, Besorgungen für sie erledigten . . . Doch dann sah sie seine Augen.

Diese Augen musterten sie, das wurde ihr klar, womöglich noch gelassener und gleichgültiger als sie ihn.

Da wurde sie wütend. »Was soll das heißen?« fragte sie scharf. »Ist mein Vater nun krank oder nicht?«

»Am besten sehen Sie selbst«, erwiderte er.

»Na schön.« Böse funkelte sie ihn an und wurde immer wütender, als er ihr einfach den Rücken kehrte und den Matrosen Anweisungen wegen des Gepäcks gab.

»Vorsichtig!« herrschte sie den stämmigen Piggott an, der sich gerade einen Korb auf die Schultern schwang.

»Wie bitte, Ma'am?«

»Vorsicht, du Trottel! Da sind Flaschen drin – Parfüm und Puder und . . . Paß doch auf!« kreischte sie, denn Piggott, den ihre Nervosität ganz durcheinanderbrachte, hielt den Korb schräger. Der Dekkel flog auf, und eine Flasche zerplatzte am Boden. Piggott glotzte dumm, und sie stampfte vor Wut mit dem Fuß auf. »Du Tölpel! Du ungeschickter Tölpel!«

Da schob Kelso sie einfach beiseite und griff nach dem Korb. Gelassen musterte er den Stapel Gepäck, die Seekisten, Körbe und verschnürten Schachteln, die sich auf dem Pflaster türmten, und fragte: »Gehört das alles Ihnen?«

»Mir und meiner Gesellschafterin.«

»Weiß Ihr Vater, daß Sie das alles mitnehmen?«

»Das mache ich schon mit ihm ab. Sorgen Sie bitte dafür, daß es an Bord kommt!«

»Das kriegen wir nicht alles in die Gig.«

»Was schlagen Sie also vor?«

»Wir könnten einen Lugger nehmen.«

An dem Zögern, mit dem er es aussprach, merkte sie, daß er sich für seine Person einen solchen Luxus nicht leisten würde; und auf einmal fühlte sie sich ihm haushoch überlegen.

»Nehmen Sie also einen Lugger oder zwei, wenn's sein muß – Hauptsache, ich komme vor Dunkelwerden an Bord.«

»Einer reicht schon für die Kinkerlitzchen«, erwiderte Kelso.

Sprachlos und starr sah Isabel ihm nach, als er über das Kopfpflaster zur Pier ging. Sie beobachtete, wie er einen Lugger anrief und wie der Schiffsführer – der dem Alter nach sein Vater hätte sein können – grüßend mit den Fingerknöcheln an die Stirn klopfte und höflich Kelsos Wünsche entgegennahm. Sobald sie handelseins geworden waren, rief Kelso die Matrosen seiner Gig herbei, die sofort die diversen Gepäckstücke zum Lugger schafften.

»Ein junger Mann, der weiß, was er will«, sagte eine Stimme hinter ihr.

Ohne die Augen von Kelso, der schon ziemlich weit weg war, abzuwenden, antwortete sie ihrer Gesellschafterin, die jetzt neben ihr stand: »Unverschämter Bengel! Wir wollen doch mal sehen, was mein Vater dazu sagt!«

»Wozu? Daß er so freundlich ist und uns an Bord bringt?«

»Dazu, daß er so unverschämt ist. Hast du gehört, was er zu meinem Gepäck gesagt hat?«

»Meine liebe Isabel, ich habe dir gleich gesagt, daß du zuviel mitnimmst. Ich weiß, wie es auf einem Indienfahrer zugeht.«

»Nicht auf diesem Indienfahrer. Du vergißt, daß der Kapitän mein Vater ist.«

Die Gesellschafterin, eine hübsche junge Frau in schwarzer Witwentracht, deutete ein Achselzucken an. »Natürlich«, entgegnete sie. »Wir dürfen nicht vergessen, daß dein Vater der Kapitän ist.«

Isabel Taplow warf ihr einen scharfen Blick zu, wandte sich jedoch ab, weil sie gegen ihre Gelassenheit nicht ankam, und sah zur Pier, wo Kelso immer noch das Verstauen des Gepäcks beaufsichtigte.

»Wie war doch sein Name?«

Irritiert über diese Unterbrechung, wandte sich Isabel wieder der Gesellschafterin zu. »Was? Ach, ich weiß nicht. Hieß er nicht Kelso?«

»Du hättest mich mit ihm bekannt machen sollen.«

»Gewiß.« Mit plötzlicher Überraschung sah sie ihre Gesellschafterin an und fragte: »Du willst doch nicht sagen, daß du Wert darauf legst, ihn kennenzulernen?«

»Warum nicht? Schließlich machen wir zusammen eine lange Reise.«

»Aber er ist unerträglich – ein unhöflicher, schlecht angezogener, überheblicher junger Frechdachs.«

»Oh, ich weiß nicht«, erwiderte die Gesellschafterin mit sanftem Lächeln, »ich fand ihn eigentlich ganz nett.«

Sie standen Seite an Seite, als Kelso über die Straße kam. Wie er so mit seinen langen Beinen über das Katzenkopfpflaster schritt, wirkte er größer denn je. Er blieb vor ihnen stehen und tippte andeutungsweise an den Hut. »Alles im Boot«, sagte er. »Dann kommen Sie am besten auch.«

»Jetzt haben Sie es auf einmal eilig«, erwiderte Isabel schnippisch.

»Wir haben einen steifen Nordwest und müssen hart am Wind segeln. Wenn Sie vor Dunkelwerden an Bord sind, haben Sie noch Glück.«

Sie wartete einen Moment, lange genug für ein mißbilligendes Stirnrunzeln. Dann ging sie an ihm vorbei und sagte: »Also, gehen wir. Bestimmt wundert sich mein Vater, daß Sie uns so lange aufgehalten haben.«

Er kam ihr nach und hatte sie mit zwei langen Schritten eingeholt. »Der Zustieg für Passagiere ist Gravesend. Wenn Ihnen meine Arrangements nicht passen, müssen Sie sich selbst die Schuld geben.«

Unvermittelt blieb sie stehen und sah ihn ungläubig an. »Sie sind ja unverschämt«, schrie sie, »absichtlich unverschämt! Wenn das mein Vater hört . . .«

»Und Sie gehen am besten nicht unter Deck – außer Sie haben einen starken Magen.«

»Was?«

»Auf dem Lugger«, erklärte er ihr. »Es wird eine rauhe Überfahrt. Die Kajüte ist stickig. Wenn Sie seekrank werden, dann besser an Deck.«

Sie spürte, wie ihre Wangen brannten. »Ich werde nicht seekrank«, sagte sie bestimmt. »Und ich gehe nun gerade in die Kajüte.«

Er zuckte nur die Achseln und wandte sich an die Gesellschafterin. »Vorsichtig auf diesem Pflaster, Ma'am. Da kann man leicht ausrutschen.«

»Dann sind Sie vielleicht so nett und geben mir Ihren Arm.«

Isabel Taplow traute kaum ihren Ohren. Susan Verity, die hochgeborene Lady, die durch den Tod ihres Mannes verarmt war und den demütigenden Posten einer Gesellschafterin hatte annehmen müssen – Lady Susan Verity bat einen Fremden um seinen Arm! »Dann muß ich Sie wohl bekannt machen«, sagte sie kühl. »Mr. – wie war doch Ihr Name?«

»Kelso.«

»Mr. Kelso – Lady Susan Verity.«

Mit heimlichem Vergnügen sah sie seinen unbeholfenen Versuch einer Verbeugung. Nein, da gab es keinen Zweifel: der junge Mann war ein Niemand. Aber diesem Niemand schien es unglücklicherweise gleichgültig zu sein, was sie von ihm dachte. Er interessierte sich nur für Lady Susan.

»Ihr Name ist mir bekannt, Ma'am. Kann es sein, daß Sie mit dem verstorbenen Kapitän Verity von der *Bombay Queen* verwandt sind?«

»Er war mein Mann.«

Kelso hielt im Gehen inne, doch ob aus Mitleid, Besorgnis oder aus Verwirrung, war nicht klar. »Wirklich, Ma'am, das tut mir sehr leid.«

Ein paar Schritte lang schwieg sie; dann fragte sie leise: »Sie haben ihn gekannt?«

»Ich bin unter ihm gefahren, Ma'am. Damals war ich noch Midshipman.«

»Waren Sie auch auf seiner letzten Reise bei ihm?«

»Ja, Ma'am.«

»Also wissen Sie, wie es passierte?«

»Er war ein tapferer Mann«, erwiderte Kelso nach kurzem Zögern. »Von Anfang an waren wir an Segel- und Feuerkraft unterlegen. Der Pirat de Sousa hatte alle Vorteile. Unser Kommandant – Ihr Gatte – wäre voll im Recht gewesen, wenn er sich ergeben hätte.«

Ein ganz neuer, warmer Ton klang in ihrer Stimme auf. »Aber er hat gekämpft?«

»Wie gesagt, Ma'am – er war ein tapferer Mann.«

Isabel, bereits an der Pier, sah mit wachsender Ungeduld zu, wie Lady Susan diesen jungen Mann mit ihrem wärmsten Lächeln belohnte. »Eines Tages«, hörte sie sie sagen, »müssen Sie mir alles erzählen.«

»Gewiß, Ma'am.«

»Nun – gehen wir an Bord?« fragte Isabel. »Oder stehen wir die ganze Nacht hier und tauschen Erinnerungen aus?«

Kelso sah sie unentwegt an und hielt ihr die Hand hin. »Geben Sie mir Ihren Arm. Ich helfe Ihnen ins Boot.«

»Das kann ich allein.« Sie rauschte an ihm vorbei und stieß tatsächlich mit dem Arm gegen seine ausgestreckte Hand, um ihm ihre Verachtung kundzutun.

Unbewegt sah Kelso sie an. »Wir haben Niedrigwasser. Das schaffen Sie nicht allein.«

Und so war es auch. Sie blickte hinunter: der Lugger lag erheblich tiefer als die Pier. Sein Deck war naß, schlüpfrig und nicht allzu sauber.

»Lassen Sie mich Ihnen liefer helfen.«

»Ich kann's allein.« Isabel nahm allen Mut zusammen und setzte den Fuß auf das Dollbord. Zitternd stand sie nun mit einem Bein auf der Pier, mit dem anderen auf dem schwankenden Lugger und versuchte, sich zum Sprung zu entschließen. Bestimmt würde sie fallen! Wie sich drüben das andere Dollbord vor dem bleichen Himmel hob und senkte! Und ihr vorgestreckter Fuß glitt immer tiefer und immer weiter nach vorn! Mit einem unwillkürlichen Schrei stieß sie sich ab.

Wäre der Bootsmann nicht gewesen, der auf wunderbare Weise plötzlich auftauchte, sie hätte sich ernstlich weh getan. Ungeschickt landete sie, rang um Atem, rutschte auf dem glatten Deck aus, so daß sie nach vorn stürzte, und konnte den stämmigen Seemann gerade noch um die Taille packen. Auch ihm stockte der Atem bei dem Anprall, aber er hatte sich schnell gefaßt und half Isabel auf die Füße.

»Haben Sie sich weh getan, Ma'am?«

»Schon gut.« Sie stand auf, richtete ihren Hut und starrte wütend zu Lady Susan und Kelso hinauf, die noch auf der Pier standen.

»Isabel! Hast du dir weh getan?« fragte Lady Susan. Aber Isabel verschmähte es, zu antworten, und fuhr statt dessen auf den unglücklichen Piggott los, der ihr Gepäck verstaute: »Vorsichtig damit!«

»Sie hätten doch lieber meine Hand nehmen sollen«, bemerkte Kelso unerschütterlich.

6

Gegen den westlichen Wind kreuzte die *Shropshire* im Kanal mühsam auf. Einem langen Schlag nach Steuerbord folgte ein ebenso langer nach Backbord; aber die tatsächlich zurückgelegte Strecke war nur gering. Die See war rauh. Hohe Wellen türmten sich grün und drohend, stiegen über den Bug und rollten, sich brechend, das Deck entlang. Kelso, der an der Querreling des Hüttendecks stand, freute sich über diesen Anblick. Die *Shropshire* war, das zeigte sich jetzt, ein tüchtiges Schiff, das trotz seines plumpen Bugs und außergewöhnlich breiten Hecks gut segelte. Unbeeindruckt, mit sturer Entschlossenheit, hielt es jedem neuen Angriff der See stand und würde mit dem zu erwartenden rauhen Wetter in der Biskaya und am Kap der Guten Hoffnung sicherlich ebenso fertig werden. Die Auf- und Abbewegungen, monoton oder sogar furchterregend für eine Landratte, brachten einen Mann, der die See im Blut hatte, erst in Stimmung. Wenn Kelso zusah, wie der Bugspriet stieg, einen Moment scheinbar senkrecht zur Kimm stehenblieb, dann hinabsank und sich bei der Rollbewegung seitwärts verschob, dann wußte er, daß er auf einem guten Schiffe Dienste tat, wie bedenklich es auch um dessen Kommandanten stehen mochte.

Doch auch diese Bedenken hatten sich bereits gemindert. Am Vortag, offenbar zur Feier der Ankunft seiner Tochter, hatte der Kapitän an der Abendtafel so gut wie nichts getrunken. An diesem Morgen war er beim Ankerlichten wie gewöhnlich in seiner Kajüte geblieben. Doch vor einer Stunde war er plötzlich am Niedergang erschienen und hatte verkündet, er übernehme jetzt das Kommando. Der arme Henderson war, verwirrt durch Taplows unvermutetes Auftauchen, einfach stehengeblieben und hatte nicht einmal die luvseitige Reling, den traditionellen Platz des Schiffsführers, freigemacht, bis der Kapitän ihn dazu aufforderte.

Taplow hatte schlechte Laune, soviel war klar. Vielleicht, weil er am Vorabend nichts getrunken hatte oder weil das Schiff so stark rollte – er schien es jedenfalls darauf anzulegen, daß sich alle an Bord möglichst unbehaglich fühlten. Er hatte alle Offiziere an Deck befohlen und jagte jeden Mann vom Vorschiff, auch Segelmacher und Koch, an die Brassen oder in die Rahen zum Segelreffen.

»Exerzieren!« brüllte er den unglücklichen Henderson an. »Exerzieren und Disziplin! Ich werde dieses Gesindel schon so hinkriegen, wie ich es haben will, noch bevor wir in der Hamoaze*) sind!«

»Aber es sind doch keine Seeleute!« protestierte Henderson. »Der Koch, der Fleischer –«

»Keine Seeleute? Warum, zum Teufel, haben Sie sie dann angemustert?«

Henderson errötete vor Verwirrung. »Ich meine natürlich, es sind keine Toppmatrosen.«

»Ein Grund mehr, daß sie's lernen! Auf meinem Schiff ist jeder ein Seemann.«

Kelso, der an der Leereling stand, konnte nicht umhin, diesen Wortwechsel mitanzuhören, und ebenso mußte er zugeben, daß an der Argumentation des Kapitäns etwas dran war. Auf einer Reise, die im besten Fall mehrere Monate, wenn nicht gar ein Jahr dauern würde, konnte viel Unheil passieren – Krankheiten, verheerende Stürme, Überfälle durch Piraten. Es war eine notwendige Sicherheitsmaßnahme, daß jeder dienstfähige Mann wenigstens die Grundlagen der Seemannschaft beherrschte.

»Jeder!« brüllte Taplow. »Auch die Offiziere!«

Bleich und zornig starrte Henderson ihn sekundenlang an, erwiderte aber nichts. Doch gerade sein Schweigen schien den Kapitän noch mehr zu reizen. »Auch Sie, Mr. Henderson!«

»Ich denke, ich kann Borddienst leisten, Sir, wenn Not am Mann ist«, erwiderte Henderson mit ruhiger Würde.

»Denken Sie das?« Der Kapitän spähte bedeutsam nach oben, auf die steife Leinwand und die vor dem grauen Himmel kreisenden Masttoppen. »Dann zeigen Sie mal, ob Sie ein Reff ins Vorbramsegel binden können!«

Henderson antwortete nicht. Er war ein älterer Mann, oder doch zu alt für die gefährliche Kletterpartie über hundert Fuß und mehr an schwankendem Tauwerk, über die Püttings das Vorstengewant hinauf zur schwindelnd hohen Bramrah. Schon bei ruhigem Wetter war das gefährlich; bei dieser Brise war es Wahnsinn. Nur ein routinierter Toppsgast konnte das ungestraft wagen, und selbst für diesen war die Möglichkeit des Abrutschens, des verzweifelten Tastens nach dem Fußpferd und eines tödlichen Sturzes zu groß, um sie außer acht zu lassen. Toppsgasten waren tapfere, kühne Männer und stolz auf ihre Arbeit. Sie wußten, sie war nichts für Schwache

*) kleiner Meeresarm an der Südwestspitze Englands (d. Ü.)

und Feige – oder für alte Leute.

Henderson antwortete nicht, weil er überzeugt war, Taplow meine es nicht ernst – er wolle ihn nur herausfordern, ärgern, weil er als Kommandant des Schiffes fungiert hatte und es in den Augen eines großen Teils der Mannschaft immer noch war.

»Na, dann los, Mr. Henderson! Wir wollen Sie da oben sehen. Ich brauche ein Reff im Vorbramsegel!«

Es dauerte Minuten, bis Henderson begriff, daß es Ernst war. Er blickte sich um, sah den Kapitän an, der drohend und bösartig, die Hände auf dem Rücken verschränkt, breitbeinig dastand; er sah Ireton und Kelso an, dann Mainwaring, den Midshipman, der mit offenem Munde glotzte, den Rudergast, der sich offenbar zu stark konzentrieren mußte, um das Drama zu begreifen, das sich vor ihm abspielte.

»Na, Mr. Henderson?«

»Das – das ist doch nicht Ihr Ernst, Sir?«

»Ernst? Natürlich ist es mein Ernst.«

»Aber es ist Jahre her, seit ich höher war als im Vormars.«

»Seit Sie sich über Deckshöhe hinausgewagt haben, meinen Sie wohl. Na, jetzt können Sie es mal probieren.«

Immer noch starrte Henderson Taplow an, verwirrt von seinem Bestehen auf dem Befehl, immer noch halb im Glauben, es sei nur eine boshafte Herausforderung.

»Na, Mr. Henderson – Sie zögern? Denken Sie, ich mache Spaß?«

Wortlos leckte Henderson sich die Lippen.

»Dann werde ich's Ihnen zeigen.« Kapitän Taplow schritt zur Reling und blaffte: »Vorbramsegel reffen!«

»Vorbramsegel reffen, Sir.« Der Bootsmannsmaat bestätigte, gab den Befehl zum Vorschiff weiter, und schon drängten sich die Steuerbord- und Backbordmannschaften zu den Webleinen. Mainwaring, der Midshipman der Wache, eilte zum Niedergang.

»Mr. Mainwaring!« Beim Ruf des Kapitäns blieb er stehen, einen Fuß auf der Leiter.

»Sir?«

»Wo wollen Sie hin?«

»Nach oben, Sir.«

»Sie nicht, Mr. Mainwaring. Ein wesentlich Ranghöherer wird heute Ihren Platz einnehmen.« Giftig fuhr Taplow herum. »Jemand, der dieses Schiff sogar einmal kommandiert hat. Los jetzt, Mr. Henderson!«

»Jawohl.« Henderson sah Taplow mit ruhiger Würde an. »Wenn das Ihr ausdrücklicher Befehl ist – bitte.«

»Hinauf mit Ihnen, Mr. Henderson – und als gutes Beispiel für die Männer schlage ich vor, daß Sie nicht das Landrattenloch benutzen.«

Das Landrattenloch war ein Spalt in der Marssaling, durch den ein unerfahrener oder weniger tollkühner Matrose die Kletterei über die schrägen Püttingswanten, eine besonders gefährliche Stelle, vermeiden konnte.

Henderson drehte sich um und hatte schon die Hand am Geländer, da rannte eine Gestalt im blauen Rock an ihm vorbei und stieß ihn zur Seite. Es ging so schnell, daß er zunächst gar nicht begriff, was geschehen war. Er erkannte Kelso nicht und hörte auch nicht seine beschwichtigenden Worte: »Mit Ihrer Erlaubnis, Sir!«

Selbst der Kapitän schien erst zu merken, was Kelso vorhatte, als es zu spät war. Aber dann brüllte er so wild und ohrenzerreißend los, daß Kelso ihn hören mußte, obwohl er bereits die Unterwanten aufenterte.

»Kelso, zurück! Ich befehle Ihnen, kommen Sie zurück!«

Aber Kelso hielt nicht inne. Unbeirrt enterte er auf und rannte mit Leichtigkeit und Sicherheit die Webleinen hoch, legte Zeugnis ab von den vielen, noch nicht lange vergangenen Tagen, an denen er Midshipman der Wache gewesen war.

Kapitän Taplow zitterte auf dem Achterdeck buchstäblich vor Wut. Sein sonst so rotes Gesicht war bleich, die Augen verschwanden fast in den fleischigen Falten an Wangen und Stirn, und seine Lippen waren zu einem bösartigen Grinsen verzerrt. Genau in diesem Moment führte Lady Susan die Tochter des Kapitäns an Deck.

Isabel fühlte sich nicht wohl. In der Tat war sie schon am Vorabend seekrank geworden, als sie gegen Kelsos Rat die übelriechende, stickige Kajüte des Luggers aufgesucht hatte. Doch dann hatte sie sich genügend erholt, um bei der Abendtafel zu erscheinen; aber nach einer schlimmen Nacht, als die *Shropshire* in den Ärmelkanal einfuhr, bekam sie einen Rückfall. Jetzt befand sie sich in dem furchtbaren Zustand, bei dem man nichts im Magen hat und sich trotzdem übergeben muß. Lady Susan, der die Bewegungen des Schiffes zu Isabels Ärger nichts auszumachen schienen, hatte darauf bestanden, daß ihr an der frischen Luft besser werden würde.

Sie standen an der Heckreling, und alle auf dem Achterdeck

schienen gespannt nach oben zu starren. Isabel hielt sich an der Reling fest und sah ebenfalls hoch. Sie sah die Masten um achtzig oder neunzig Grad schwanken, sah die Rahen mit den auf halbe Fläche gerefften Segeln, sah die Takelage wie ein gespenstisches Spinnennetz vor Nässe tropfen.

Und dann sah sie Kelso.

Er war eben von der Marssaling klargekommen und enterte, geschickt wie ein Affe, zur schwindelnden Höhe der Bramrah auf. Isabel sah die Toppsgasten wie Insekten auf den Fußpferden weiterkriechen und den Bootsmannsmaat rittlings zwischen Mast und Rahe sitzen.

»Unser Freund Kelso ist oben«, bemerkte Lady Susan.

Geringschätzig verzog Isabel das Gesicht, ließ aber die winzige Gestalt nicht aus den Augen. »Dein Freund, nicht meiner.«

»Er tut Kadettendienst.«

»Vermutlich ist er zu nichts anderem gut«, bemerkte Isabel.

Lady Susan lächelte. »Na, ich weiß nicht. Mir kam er recht tüchtig vor.«

»Du hast ja eine ganze Menge an ihm bemerkt, das mir entgangen ist«, gab Isabel zurück.

»Vielleicht.«

Lady Susan sah immer noch nach oben, ein halbes Lächeln auf den Lippen, und erst als das Segel gerefft und Kelso wieder auf dem Vordeck war, schien sie sich an Isabel zu erinnern.

»Wie fühlst du dich?«

»Als könnte ich mit Freuden sterben.«

»In ein paar Tagen wird es besser sein – wenn sich dieser Wind gelegt hat.«

»In ein paar Tagen bin ich tot.« Isabel beugte sich über die Reling und würgte krampfhaft, aber vergeblich. Da hörte sie ihren Vater rufen.

»Mr. Kelso!«

Sie blickte auf. Diesen Ton kannte sie. Sie kannte den fürchterlichen, unbeherrschten Jähzorn ihres Vaters. Aber so abgründig wütend hatte seine Stimme noch nie geklungen.

Kelso kam über das Hauptdeck nach achtern, offensichtlich ohne Eile und ohne zu bemerken, wie wütend ihr Vater war. Er erreichte die Leiter und begann hinaufzusteigen. Oben wartete ihr Vater.

Kelso beachtete ihn gar nicht. Auf dem Achterdeck faßte er nur grüßend an den Hut und nahm sofort seinen Platz an der Reling wieder ein.

»Mr. Kelso!«

An der plötzlich ruhigen Stimme merkte Isabel, daß ihr Vater gleich tätlich werden würde. Sie hatte schon einmal erlebt, wie er einen ungehorsamen Diener halbtot geschlagen hatte. Auf einmal bekam sie Angst, denn sie erinnerte sich an diesen armen Menschen: blutig, zerschlagen, vor Entsetzen weinend, erinnerte sich, wie ihre Mutter dazwischengetreten war und den Mann mit ihrem Körper geschützt hatte, bis er wegkriechen und sich in Sicherheit bringen konnte. Und sie erinnerte sich an die Augen ihres Vaters.

So wie jetzt waren sie damals gewesen, glühend vor irrer Wut, als Kelso näherkam.

»Mr. Kelso!«

»Nein!« schrie Isabel, tat einen Schritt auf ihren Vater zu und fiel dann schwer auf die Decksplanken.

7

»Der Kerl ist verrückt«, sagte Bradshaw.

»Jedenfalls hat es so ausgesehen«, stimmte Ireton zu. »Oder er war betrunken.«

»Er war nicht betrunken«, widersprach Kelso. Sie hockten eng beieinander in der winzigen Kammer. Ireton und Bradshaw saßen auf den zwei Kojen, Kelso stand. Es war kurz vor acht Glasen, Zeit zum Wachwechsel. Henderson, der strafweise Wache um Wache*) gehen mußte, weil er nicht aufgeentert war, befand sich an Deck. Kelso, der die gleiche Strafe erhalten hatte, mußte ihn gleich ablösen. Mißmutig hockten Ireton und Bradshaw im Dunkel und versuchten, ein Problem zu lösen, das, wie sie wußten, unlösbar war. Die Disziplin bei der Company war hart und ging bis ins kleinste. Der Kommandant war allmächtig, seine Autorität unangefochten und unanfechtbar. Ein Matrose, der dagegen verstieß, konnte ausgepeitscht, kielgeholt**) oder sogar gehängt werden; ein Offizier konnte degradiert werden.

*) Normalerweise wurden drei Wachen zu je vier Stunden gegangen, also vier Stunden Wache und acht Stunden Freizeit. Wer »Wache um Wache« hatte, mußte schon nach vier Stunden Freizeit wieder hinaus.

**) mit einem Tau unter dem Kiel des Schiffes durchgezogen (d. Ü.)

»Der hätte Sie umgebracht«, sagte Bradshaw, »wenn das Mädchen nicht in Ohnmacht gefallen wäre.«

Ein paar Sekunden saßen sie stumm da und horchten auf das Knarren der Planken, das Sausen des Windes in der Takelage, auf Hendersons taktmäßige Schritte.

»Und wie war das mit Henderson?« fing Bradshaw wieder an. »Der wäre bestimmt abgestürzt. So ein alter Mann! Vielleicht wollte Taplow ihn auf diese Weise loswerden – was meinen Sie?«

»Warum sollte er das wollen?« fragte Kelso.

»Gewissermaßen aus Eifersucht.«

»Das würde er kaum so auffällig anstellen. Wir haben alle gehört, wie er Henderson befahl, in den Mast zu entern.«

»Aber wenn er verrückt ist . . .«

Kelso stand mit dem Rücken gegen die Schottwand, ein drohender Schatten in der Dunkelheit.

»Dann können wir nichts machen«, sagte Ireton, »bestimmt nicht.«

»Eine Möglichkeit gibt es«, sagte Kelso.

Sie starrten ihn durch das Halbdunkel an, bereit, ihm zu glauben, und doch voller Angst vor dem, was er vorschlagen mochte.

»Wenn etwas unternommen wird«, sagte er, »dann muß es bald geschehen. Bevor wir in der Hamoaze sind.«

»Aber was können wir tun?« fragte Ireton.

»Wir? Gar nichts.«

»Aber Sie sagten doch . . .« setzte Ireton verzweifelt an.

»Es gibt nur einen, der uns helfen kann.«

Sie starrten ihn aufmerksam an und verstanden immer noch nicht. Schließlich fragte Bradshaw zögernd:

»Henderson?«

»Nicht Henderson – der am allerwenigsten.«

»Wer denn sonst?«

»Ich meine Ellisdon.«

»Klar!« rief Bradshaw erregt. »Wenn Ellisdon ihn für wahnsinnig erklären würde . . .«

Ellisdon war der Schiffsarzt, ein mürrischer, wortkarger Mann, der schon seit mehr als dreißig Jahren im Dienst der Company stand. Er war Faktoreiarzt in Bombay und Fort St. George gewesen und auf mehr Indienfahrern gesegelt, als er sich erinnern konnte. Bis jetzt hatte er sich nicht darum bemüht, mit den Offizieren oder Passagieren außerdienstlich zu verkehren.

»*Wenn* er das täte«, sagte Ireton. »Aber hat er irgendeine Veranlassung dazu?«

»Nun, wenn er gesehen hat, wie der Kapitän auf Kelso losging . . .«

»Hat er aber nicht«, wandte Kelso ein. »Das weiß ich genau. Er war in seiner Kammer. Nein, Ireton hat recht. Wir haben nichts in der Hand, um unsere Vermutung zu stützen. Wenn wir beweisen wollen, daß der Kapitän wahnsinnig ist, dann reicht es nicht, wenn er mal ärgerlich wird.«

»Ärgerlich wird!« wiederholte Bradshaw empört. »Er hat versucht, Sie zu erwürgen, das können Sie doch nicht abstreiten! Er hatte Schaum vor dem Mund. Er kreischte wie – wie ein wildes Tier. Und seine Augen . . .«

»Hat sich eben geärgert. Jedenfalls würde es ein Untersuchungsrichter so sehen.«

»Kelso hat recht«, sagte Ireton, dem das Wort »Untersuchungsrichter« offenbar einen Schreck eingejagt hatte. »Wir brauchen mehr Beweise.«

»Sein ganzes Verhalten, seit er an Bord ist!« protestierte Bradshaw. »Daß er in seiner Kajüte blieb, bis wir von den Downs klar waren; seine ständige Trunkenheit; die Art, wie er Kelso seinen freien Frachtraum ablisten wollte; und dann heute – wie er den armen Henderson nach oben jagte!«

»Kapitänslaunen«, wehrte Kelso ab. »Für ein Gericht sind das Kleinigkeiten.«

»Stimmt«, sagte Ireton. »Ich weiß nicht, wie das bei Ihnen ist, aber ich muß an meine Laufbahn denken – drei Dienstjahre als Offizier.«

»Und Ihr Leben?« fragte Bradshaw. »Die Sicherheit des Schiffes?«

Ireton wand sich verlegen. »Ach, so schlimm wird es schon nicht werden.«

»Meinen Sie? Dann ist es Ihnen also recht, zehntausend Meilen unter dem Kommando eines Wahnsinnigen zu segeln? Heute hat er versucht, Henderson umzubringen, und als das nicht klappte, versuchte er es bei Kelso. Morgen sind vielleicht Sie dran.«

»Ich will das alles gar nicht bestreiten«, entgegnete Ireton. »Ich sage nur, wir brauchen mehr Beweise.«

»Und zwar Beweise, die Ellisdon sehen kann«, nickte Kelso. »Bevor wir in der Hamoaze sind.«

»Da haben Sie recht«, sagte Bradshaw inständig. »Sind wir erst aus der Hamoaze heraus, dann bleiben wir ihm auf Gnade und Ungnade ausgeliefert, bis wir St. Helena erreichen.«

»*Falls* wir überhaupt nach St. Helena kommen«, erwiderte Ireton finster. Er stand auf und tastete sich vorsichtig zur Tür. »So oder so, Kelso muß jetzt ablösen. Heute abend können wir nichts mehr unternehmen.«

»Sie meinen nicht, daß wir Ellisdon schon jetzt etwas sagen sollen?« fragte Bradshaw.

»Damit er es dem Kapitän meldet?«

»Nein – da haben Sie wahrscheinlich recht.«

»Na, ich gehe wieder in meine Kammer«, sagte Ireton. »Tut mir leid, daß Sie meine Wache übernehmen müssen, Kelso.«

»Ich komme mit hinaus«, antwortete Kelso.

Er öffnete die Tür ein paar Zoll weit und machte sie rasch wieder zu.

»Was ist los?« flüsterte Ireton. »Ist was nicht in Ordnung?«

Kelso antwortete nicht, sondern zog die Tür vorsichtig wieder auf und spähte in das finstere Zwischendeck.

»Was ist los?« fragte Ireton wieder. »Haben Sie was gesehen?«

»Eine Laterne«, erwiderte Kelso. »Einen Mann mit einer Laterne.«

»Vor dieser Tür?«

»Da kann er gewesen sein. Als ich ihn sah, ging er weg, hinter die Schottwand.«

»Haben Sie ihn erkannt?«

»Nicht genau. Möglicherweise war's Gleeson.«

Ireton stöhnte verzweifelt auf. »Dann sind wir entdeckt. Das wird er sofort dem Kapitän melden – drei Offiziere besprechen sich in einer Kammer!«

»Geben Sie nichts zu, außer daß wir zusammen waren«, sagte Kelso. »Beweisen kann er uns nichts.«

»Hoffentlich haben Sie recht.«

An Deck stellte Kelso fest, daß der Wind abgeflaut hatte. Die *Shropshire* lag beigedreht, ihr Deck hob und senkte sich sanft in der Dünung, die Masten ragten fast bewegungslos in den Nachthimmel. Im Dunkel hinter der Kompaßlampe wartete eine einsame Gestalt.

»Mr. Henderson?«

»Hier.«

Unbeweglich stand er da, ohne ein Zeichen der Erleichterung, von Dankbarkeit ganz zu schweigen. »Noch eine Minute, und Sie wären zu spät gekommen«, sagte er.

Kelso antwortete nicht.

Die Schiffsglocke schlug achtmal an – der Midshipman markierte den Wachwechsel.

»Wache vollzählig übergeben«, sagte Henderson. »Bei Nordnordostwind – was noch davon da ist.«

»Aye, aye, Sir.«

»Unser Schiffsort«, sagte Henderson und reichte ihm die Tafel.

»Danke, Sir.«

»Dann gehe ich jetzt nach unten.«

Er schritt aus dem schwachen Lichtkreis hinaus und zur Leiter. Dort hielt er inne. Sein Schatten fiel, geknickt wie ein Fragezeichen, auf die Kampanjewand und die Decksplanken davor. Dann kam er langsam zurück.

»Kelso?«

»Sir?«

»Ich glaube, ich muß mich bei Ihnen bedanken für das, was Sie heute getan haben.«

Kelso antwortete nicht.

»Sie haben es gut gemeint. Das muß man Ihnen jedenfalls zugestehen.«

Kelso sagte noch immer nichts.

»Aber Sie müssen sich darüber im klaren sein«, fuhr Henderson fort, »daß Kapitän Taplow Herr auf diesem Schiff ist. Er hat das Kommando. Wenn er seine Offiziere in die Masten schickt – dann ist das sein Recht. Wenn er uns befiehlt, zu kochen oder das Deck zu schrubben – ist auch das sein Recht. Dreißig Jahre bin ich im Dienst, Kelso, und in der ganzen Zeit habe ich niemals wissentlich einen Befehl verweigert. Es gibt eine Tradition bei der Company, Kelso, die weder Sie noch ich ungestraft außer acht lassen können: Befehle werden ausgeführt – ob sie uns passen oder nicht. Ich mag diesen oder jenen für einen schlechten Offizier halten, vielleicht sogar für einen schlechten Seemann. Aber wenn er ranghöher ist als ich, dann führe ich seine Befehle aus. Ist das klar, Kelso?«

»Jawohl, Sir.«

»Das wär's dann. Kapitän Taplow ist Herr auf diesem Schiff. Wir führen seine Befehle aus.« Er wartete auf ein Wort der Zustimmung, und als dieses nicht kam, fragte er scharf: »Hoffentlich habe ich mich klar genug ausgedrückt?«

Kelso sah sich um, bevor er antwortete. Der Midshipman der Wache stand drüben an der Leereling, sie waren ganz allein in dieser Ecke. Leise fragte er: »Können Sir mir sagen, Sir, wie sich ein Offizier verhalten soll, wenn sich bei seinem Vorgesetzten Anzeichen einer Krankheit bemerkbar machen?«

»Was für einer Krankheit?«

»Geisteskrankheit.«

Henderson war sichtlich betroffen. »Sie meinen . . .«

»Ich meine, der Kommandant ist wahnsinnig.«

»Das ist es also!« Jetzt sah Henderson sich um. »Kelso, Sie müssen selbst verrückt sein! Wenn Sie daran denken . . . Mensch, Sie haben ja keine Ahnung, in welche Schweinereien Sie geraten würden, selbst wenn es zuträfe. Ich hoffe, Sie haben noch mit niemandem darüber gesprochen.« Henderson schwieg einen Moment und fuhr dann böse fort: »Aufruf zur Meuterei wäre das nämlich. Sie, Ireton und Bradshaw vielleicht auch, mögen ja denken, Sie hätten das Recht auf Ihrer Seite, bloß weil sich der Kapitän ein bißchen merkwürdig benimmt. Lieber Gott, Sie würden festgenommen, vor ein Kriegsgericht kommen, an der Rah baumeln – ganz schnell kann Ihnen das passieren!« Erregt schritt er auf und ab, sich mit der Faust in die Handfläche schlagend. »Ich verbiete Ihnen, darüber zu sprechen – mit wem es auch sei! Ich verbiete Ihnen, zur Meuterei aufzurufen! Ist das klar?«

»Jawohl, Sir.«

Mühsam beruhigte sich Henderson, blieb stehen und wandte sich dann wieder zum Kajütniedergang. »Aber trotz alledem, Kelso – ich möchte Ihnen danken für das, was Sie heute getan haben.«

8

Es war sieben Glasen der Frühwache. Kelso hatte sein Frühstück in der Messe beinahe beendet; anschließend würde er hinaufgehen und Henderson ablösen. Obwohl er, nach eiligem Waschen und Rasieren, direkt aus seiner Kajüte kam, spürte er, daß das Schiff gute Fahrt machte. Der Wind wehte stetig, der Rumpf knarrte in regelmäßigem Rhythmus, vorn und achtern stieg und fiel das Deck in gleichmäßigem Takt. Vermutlich segelten sie mit raumem Wind von Backbord. Zur Nacht würden sie in der Hamoaze sein. Also war es nichts mit seinem Plan.

»Guten Morgen, Kelso!«

Bradshaw kam herein, Ireton folgte ein paar Minuten später. Mißmutig setzten sie sich hin, um auf die Passagiere und Kapitän Taplow zu warten. Nur der ablösende Wachoffizier durfte vor dem Kapitän essen. Bradshaw starrte, die Hände in den Taschen, auf seinen leeren Teller und knurrte: »Na – da beginnt also wieder ein neuer Tag. Bin neugierig, was er uns bringen wird!«

»Hoffentlich Ruhe und Frieden!« Der arme Ireton war so nervös, daß er halb wieder aufstand; doch sah er ein, daß es zwecklos gewesen wäre, und setzte sich wieder. »Weiter nichts – um Gottes willen, weiter nichts.«

»Ach, hol's der Teufel!« rief Bradshaw aus. »Der Kapitän schläft noch. Kann noch eine Stunde dauern, bis er kommt.«

»Im Gegenteil«, sagte Kelso. »Sein Steward hat ihm gerade Wasser gebracht.«

»O Gott!« Bradshaw hielt sich den Kopf. »Welche Laune mag er wohl haben?«

»Das werden wir bald sehen.«

Eine Zeitlang saßen sie schweigend da und grübelten über ihr Problem, das selbstverständlich viel zu gefährlich war, um bei Tag diskutiert zu werden. Kelso wußte ganz gut, daß Henderson recht hatte. Jede Aktion gegen den Kapitän, so gerechtfertigt sie auch sein mochte, würde als Meuterei ausgelegt werden.

»Guten Morgen, Gentlemen!«

Überrascht wandten sie sich um und sprangen dann eilig auf, denn Isabel Taplow und die Gesellschafterin waren aus ihrer Kabine getreten. Isabel sah bleich und abgespannt aus. Kelso bemerkte, daß Lady Susan einen besorgten Blick auf sie warf, als sie an den Tisch traten. Kam das von ihrer Seekrankheit, oder steckte mehr dahinter? Kelso hätte viel darum gegeben, das zu wissen. Er stand immer noch da, während Ireton und Bradshaw den Damen beflissen die Stühle zurechtrückten. Als Isabel Platz nahm, sah sie einen Moment hoch, fing Kelsos nachdenklichen Blick auf und wandte die Augen wieder ab.

»Mr. Kelso, Sie haben ja schon gefrühstückt!« sagte Lady Susan mit einem Blick auf seinen Teller.

»Das Privileg des ablösenden Wachoffiziers, Ma'am«, erläuterte Kelso. »Wenn er nicht vorher frühstückt, muß er die vier Stunden bis zum Lunch hungern.«

»Aha.« Sie blickte in die Runde, musterte die anderen leeren

Plätze. »Anscheinend wollen einige Passagiere auf ihr Frühstück verzichten?«

»Vorübergehende Unpäßlichkeit, Ma'am«, antwortete Bradshaw. »Sie werden bald ihre Seebeine kriegen.« Er sah Isabel an, wurde rot und fuhr fort: »Meinen Glückwunsch, Ma'am, daß es bei Ihnen so schnell ging.«

Isabel antwortete nicht. Sie saß mit niedergeschlagenen Augen da, die Hände locker im Schoß gefaltet.

»Gott sei Dank besitze ich eine Konstitution wie ein Mann«, antwortete Lady Susan an ihrer Stelle. »Ich habe nie unter Seekrankheit gelitten.«

»Ein Glück für Sie, Ma'am«, sagte Ireton. »Es gibt wenige Binnenländer, welche die gestrige Brise wie Sie ohne alle Beschwerden überstanden hätten.«

Lady Susan kicherte ein bißchen über dieses Kompliment; das Lächeln gab ihren Augen und ihren Zügen einen sanften Schimmer – sie war wirklich eine schöne Frau.

»Mein Mann sagte immer, er müsse sich vor mir schämen. Bei jeder Ausreise hat er sich in den ersten Tagen nicht wohl gefühlt.«

»Ihr Gatte war auch bei der Company, Ma'am?« platzte Bradshaw heraus.

»Ja.« Ihre Fröhlichkeit schwand so schnell, wie sie gekommen war.

»Kapitän Sir Charles Verity«, sagte Kelso heiser. Es war ihm unangenehm, daß er seinen Kameraden noch nichts davon erzählt hatte.

»Von der *Bombay Queen?*« fragte Ireton und fügte, nach einem Blick auf Lady Susan, rasch hinzu: »Entschuldigung, Ma'am.«

»Ist schon gut.«

Doch Bradshaw war nicht so empfindlich. »Die *Bombay Queen* – war das nicht auch Ihr Schiff, Kelso?«

»Ja.«

»Dann haben Sie also Lady Susans Gatten gekannt?«

»Er war mein Kommandant.«

»Natürlich. Ich erinnere mich, Sie haben uns davon erzählt. Die Verluste waren furchtbar. Haben Sie nicht sogar aushilfsweise den Knochensäger spielen müssen?«

»Es wird Zeit, daß ich Henderson ablöse.« Kelso stand auf und wandte sich mit einer ungelenken Verbeugung vor den Damen zur tür.

»Aber Kelso, Sie haben doch noch eine Viertelstunde Zeit – fast zwanzig Minuten.«

»Ich will Henderson nicht warten lassen.«

»Mr. Kelso!«

Widerwillig blieb er stehen und sah Isabel Taplow ins Gesicht, die ihn mit gespannter Entschlossenheit anblickte. Sie war noch bleich, doch auf ihren Wangen glühten zwei rote Flecken.

»Ich möchte wegen gestern um Entschuldigung bitten.«

»Um Entschuldigung, Ma'am? Wofür?« Verlegen trat Kelso von einem Fuß auf den anderen.

»Für meines Vaters Benehmen Ihnen gegenüber.«

»Keine Ursache, Ma'am. Wäre ich nicht der Meinung, die ganze Geschichte sollte am besten vergessen werden – ich hätte mich bei Ihnen bedankt für das, was Sie taten.«

»Dafür, daß ich in Ohnmacht gefallen bin?«

»Daß Sie mich vor den Folgen meiner Unbedachtsamkeit bewahrt haben.«

»Worum handelte es sich eigentlich?« fragte sie. »Wir kamen erst zum Schluß an Deck, als Sie schon oben im Mast waren.«

»Befehlsverweigerung, Ma'am. Ich habe einen direkten Befehl des Kapitäns ignoriert.«

Erstaunt blickte sie ihn an. »Das haben Sie getan?«

»Ja, Ma'am. Es war durchaus berechtigt, daß der Kapitän – Ihr Vater – mich zurechtwies.«

»Zurechtwies – ja.«

Lady Susan, die dem Wortwechsel mit offensichtlicher Billigung zugehört hatte, wobei sie erst Kelso und dann Isabel anblickte, unterbrach: »Das wird wohl nicht alles gewesen sein.«

»Keineswegs, Ma'am«, platzte Bradshaw los, »Kapitän Taplow befahl Mr. Henderson, der ein alter Mann ist –«

»Ich finde, die Sache sollte vergessen werden«, unterbrach Kelso grob.

Bradshaw hielt inne, seufzte dann und sagte: »Wie Sie wünschen.«

»Wenigstens«, begann Isabel wieder, »darf ich Ihnen dafür danken, daß Sie ihm nichts nachtragen. Mein Vater – nun, er ist ein kranker Mann. Wenn er zornig wird . . .« Sie hielt inne und schien dem Weinen nahe.

»Wir müssen eben aufpassen, daß wir ihn nicht erzürnen«, schloß Kelso.

Jetzt versuchte sie nicht mehr, die Tränen zu verbergen. »Danke«, nickte sie.

Kelso sah sie noch einmal an und ging dann mit einem kurzen, bedeutsamen Blick auf seine Offizierskameraden nach oben.

Henderson stand an die Heckreling gelehnt. Er stieß sich ab, als Kelso kam, aber seine hängenden Schultern und trüben Augen straften den Eindruck von Munterkeit Lügen, den er zu erwecken versuchte. Kelso bemühte sich, ihn sein Mitgefühl nicht merken zu lassen. Wache um Wache zu gehen, war eine Kleinigkeit für einen jungen Mann wie Kelso, aber für einen Mann in den Sechzigern eine grausame Strafe.

»Sie haben gefrühstückt?« fragte Henderson kurz.

»Jawohl, sir.«

»Gewaschen und rasiert haben Sie sich auch, wie ich sehe.« Er nickte anerkennend und umkreiste Kelso mit kritischem Blick. »Die Uniform könnte allerdings ausgebürstet werden. Machen Sie das morgen.«

»Aye, aye, Sir.«

»Wind Südsüdwest – stetig von achtern«, sprach Henderson rasch weiter, als ob er es auf einmal eilig hätte, unter Deck zu kommen. »Machen Sie dem Kommandanten Meldung, wenn er auffrischt.«

»Aye, aye, Sir.«

Ungeduldig sah Henderson zu dem Midshipman hinüber, der aufmerksam beobachtete, wie die letzten Sandkörnchen durch das Glas rannen. Unter dem Hauptdeck versammelten die Bootsmannsmaaten bereits ihre Matrosen für den Wachwechsel.

»Acht Glasen, Sir.« Der Midshipman schlug die Glocke an.

»Ich gehe dann«, sagte Henderson. Müde schritt er über das Hüttendeck zur Leiter. Dort blieb er jedoch stehen, zögerte einen Moment und kam zurück. Verwundert ging Kelso ihm entgegen. An der Querreling sah er Kapitän Taplow die Leiter heraufkommen.

Kelso und Henderson standen nebeneinander wie erwischte Diebe. Ärgerlich spürte Kelso, daß sein Herz schneller schlug und seine Lippen zitterten. Was würde er tun, fragte er sich, wenn der Kapitän wieder auf ihn losging?

»Guten Morgen, Gentlemen.«

»Guten Morgen, Sir.« Sie beäugten ihn mißtrauisch und traten gleichzeitig einen Schritt zurück, als er aufs Achterdeck kam.

Er erwiderte ihr Starren, stellte sich breitbeinig in Positur, Hände hinterm Rücken. Seine Miene war ausdruckslos, und seine Augen ...

»Mr. Kelso hat mich soeben abgelöst, Sir«, sagte Henderson.

Kapitän Taplow nickte. »Ah ja, natürlich. Sie gehen Wache um Wache, glaube ich?«

»Wie Sie befohlen haben, Sir.«

»Befohlen, ja.« Er sah sich um, als suche er etwas, das er beanstanden könne. Doch er fand nichts. Die beiden Wachen erwarteten auf dem Hauptdeck ihre Befehle, die Midshipmen standen nebeneinander. Unter vollen Segeln schnitt die *Shropshire* sauber durch die Wellen.

»Ein prächtiger Morgen, Gentlemen, und guter Wind. Ich denke, wir schaffen es heute bis zur Hamoaze.«

»Jawohl, Sir.«

Der Kapitän sah sie beide sekundenlang an. Erst Henderson, dann, noch prüfender, Kelso. Auf einmal lächelte er. »Die Stunde ist günstig. Wollen wir unsere gestrigen Differenzen vergessen, Gentlemen?«

Sie sagten nichts und sahen ihn nur gespannt an.

»Na los, meine Herren. Ich bin vielleicht ein anspruchsvoller Seemann, aber ich kann auch ein guter Freund sein.«

Er streckte die Hand aus, die Henderson nach einem Moment des Zögerns ergriff. Dann faßte Kelso ebenfalls zu. Während er die fleischigen, schlaffen Finger mit festem Griff umspannte, blickte er in die Augen des Kapitäns – und erschrak über das, was er sah.

9

Die *Shropshire* hatte Ushant*) passiert und segelte unter leichtem Tuch bei Ostwind. Es war ein schöner, klarer Tag. Die Wolken, die im Kanal fast auf den Mastspitzen gelastet hatten, waren verschwunden, und die Sonne schien aus blaßblauem Himmel. Bei dem achterlichen Wind waren die Bewegungen des Schiffes kaum zu spüren, und die Passagiere trauten sich an Deck. Bleich und übernächtigt kamen sie heraus, machten zögernde Vorstöße aufs Achterdeck und standen, krampfhaft an die Reling geklammert, in dem tanzenden, spöttisch von den Wogen reflektierten Sonnenlicht.

*) Insel am Ausgang des Ärmelkanals; französische Schreibweise Ouessant (d. Ü.)

Kelso, der die Morgenwache hatte, betrachtete sie mit Mißfallen. Wie jedem Seemann waren ihm Passagiere von Natur aus zuwider – Landratten, die einen Ringbolzen nicht von einem Schäkel unterscheiden konnten; Störer, die verlangten, daß man sich um sie kümmerte, und die in Zeiten der Gefahr unbrauchbar, ja, eine Belastung sein würden. Aufmerksam, mit zusammengezogenen Brauen, stand er da, jederzeit bereit, in die Masten oder auf die leere Kimm zu starren, falls einer von ihnen die Kühnheit hatte, sich ihm zu nähern. Sie kannten die Schiffsroutine und wußten, daß die Luvseite für den Kommandanten oder, wenn er nicht da war, für den wachhabenden Offizier reserviert war; aber schon drangen einige schüchtern zu den Hühnerställen und Hammelpferchen vor, die selbst jetzt noch, nach fast zwei Wochen auf See, überall auf der Poop im Weg waren.

»He – Kelso!«

Ärgerlich fuhr er herum – aber es war nur Bradshaw, dessen rundes Gesicht am Niedergang auftauchte.

»Ja?«

»Ich komme Sie ablösen«, sagte Bradshaw.

»Schon?«

»Freut mich, daß Sie meine außerordentliche Pünktlichkeit bemerken.«

»Ihre – was?«

»Es ist noch lange bis acht Glasen«, erläuterte Bradshaw. »Aber ich bin immer auf das Wohlbefinden meiner Kameraden bedacht; deshalb habe ich mein Essen in aller Hast hinuntergeschlungen und bin an Deck geeilt, damit Sie nur nicht warten müssen.«

»Ist das alles?«

»Hm – nein«, grinste Bradshaw. »Eigentlich wollte ich mit Ihnen sprechen.«

Kelso sah sich um. Die Passagiere standen in Gruppen an der Leereling. Isabel Taplow und Lady Susan plauderten mit Mrs. Harvey, der Frau eines Bombayer Kaufmanns; andere beobachteten Fliegende Fische; ein paar hielten sich noch eisern an der Reling fest.

»Wie benimmt er sich?« fragte Kelso.

»Untadelig«, erwiderte Bradshaw. »Das eben wollte ich Ihnen sagen.«

»Macht einen ganz normalen Eindruck?«

»Ja – ja, so ist es. Und gestern abend . . .«

»Ich weiß. Er hat eine Menge gegessen und noch mehr getrunken.

Aber er hat klar und zusammenhängend gesprochen, ganz verbindlich, sogar liebenswürdig.«

»Und er ist gut in seine Kajüte gekommen.«

Nachdenklich legte Kelso die Hände auf den Rücken. »Also meinen Sie, wir irren uns?«

»Wenn wir ihn für wahnsinnig halten? Tja, ich weiß nicht. Ich weiß nicht mehr, was ich denken soll. Sie müssen zugeben, daß er sich in diesen letzten paar Tagen . . .«

»Nicht anders benommen hat als andere Kommandanten auch?«

»Hm – ja. So kommt es mir wenigstens vor.«

Kelso nahm seine Wanderschaft wieder auf: zehn Schritte bis zur Querreling, zehn Schritte zurück. Dann blieb er vor Bradshaw stehen. »Es sieht beinahe so aus, als hätte er unsere Absichten erkannt und gemerkt, daß wir ihn für verrückt hielten; als wollte er einen besonders guten Eindruck machen.«

»Bis wir aus der Hamoaze heraus waren?«

»Vielleicht.«

Trübe schüttelte Bradshaw den Kopf. »Ich weiß nicht, Kelso. Aber ich habe nachgedacht. Ein Mann, der sehr viel um die Ohren hat – ein neues Schiff . . . Sein letztes Kommando liegt zehn, zwanzig Jahre zurück. So ein Mann könnte handeln, wie er unter normalen Umständen nie handeln würde. Glauben Sie nicht, daß sich sein Verhalten damit erklären ließe?«

»Mag sein.«

»Wir alle wissen, daß ein Indienfahrer auf alles mögliche gefaßt sein muß: Stürme, Skorbut, Piraten, Ärger mit den Passagieren, mit der Mannschaft, der Proviant kann verderben, die Fracht kann sich verlagern; wir verstehen und akzeptieren es, denn es gehört zu unserem Alltag auf See. Aber hätten wir fern von der See gelebt, hätten einige zwanzig Jahre die Bequemlichkeiten des Landlebens genossen – würden wir dann das alles auch noch so ohne weiteres hinnehmen?«

Wortlos zuckte Kelso die Schultern.

»Was denken Sie?« bohrte Bradshaw weiter. »Denken Sie, das könnte die Lösung sein?«

»Mir geht es wie Ihnen – ich weiß nicht, was ich denken soll.« Sekundenlang starrte Kelso den Bugspriet an, der sich langsam vor der Kimm bewegte. »Aber eines möchte ich Sie fragen: wenn er sich bei dem bloßen Gedanken, es könnte Schwierigkeiten geben, schon so benahm – wie wird er sich verhalten, wenn es wirklich ernst wird?«

»Sie meinen Sturm, schlechtes Wetter?«

»Wir hatten doch bloß eine lumpige kleine Sturmbö, und schon versuchte er, Henderson nach oben zu schicken. Was wird geschehen, wenn wir es mit Schlimmerem zu tun bekommen?«

»Keine Ahnung«, erwiderte Bradshaw kopfschüttelnd.

»Und wenn wir kämpfen müssen?«

»Gegen Freibeuter, Piraten?«

»Ich meine de Sousa.«

Schon de Sousas Name verbreitete Schrecken. Bradshaw sah Kelso ängstlich von der Seite an, als wolle er feststellen, ob das sein Ernst sei. De Sousa! Kein Schiff im Dienst der Company hätte einen Umweg von zehntausend Meilen gescheut, wenn es damit de Sousa hätte vermeiden können. Aber leider konnte man eben nicht mit Sicherheit darauf rechnen, ihm zu entgehen. Von seinem Schlupfwinkel in den Komoren aus konnte er nordwärts nach Arabien vorstoßen, er konnte im Osten den ungeschützten Seeweg nach Indien blockieren oder südwärts segeln, um die vollbeladenen Kauffahrer zu schnappen, die sich ums Kap wälzten. Er hatte zahlreiche blutige Erfolge zu verzeichnen. Seit zehn Jahren terrorisierte er die Schiffahrt der Company, raubend, brennend, mordend. Ein Preis von fünfhundert Guineas stand auf seinen Kopf.

»In St. Helena stoßen wir zu einem Geleit«, sagte Bradshaw. »Die Company riskiert nicht, uns allein segeln zu lassen.«

Kelso zuckte die Schultern. »Mit der *Bombay Queen* fuhren wir auch im Konvoi«, erwiderte er. »Davon hat sich de Sousa nicht abhalten lassen.«

»Aber wir sind schwer bewaffnet. De Sousa wird es nicht wagen, die *Shropshire* anzugreifen.«

Kelso antwortete nicht oder brauchte nicht zu antworten. Sie wußten beide genau, daß auch größere Schiffe als die *Shropshire* angegriffen und gekapert worden waren. Sie wußten beide, daß de Sousa, was ihm etwa an Feuerkraft fehlte, durch Schnelligkeit und gute Seemannschaft ersetzte. Er konnte jeden Indienfahrer einholen und ausmanövrieren; er würde sich nach Luv manövrieren und dann, von achtern kommend, längsseit gehen und mit Wurfankern festmachen. Dann würden seine Männer, wie die Wilden brüllend, an Bord strömen. Was danach den Überlebenden der Besatzung oder den unglücklichen Frauen, die etwa als Passagiere mitfuhren, geschehen würde – darüber dachte man am besten nicht nach. »Ich habe einmal gegen de Sousa gekämpft«, sagte Kelso, »unter einem der besten Kapitäne der Company. Nun frage ich mich nur, wie es uns unter einem anderen Kommandanten ergangen wäre.«

»Unter Kapitän Taplow, meinen Sie?«

»Guten Morgen, Gentlemen.«

Wie beim Namen gerufen, erschien der Kommandant unversehens auf dem Achterdeck. Er lächelte. Isabel Taplow kam heran und wollte etwas zu ihm sagen, aber er ging an ihr vorbei; ihn interessierten nur die beiden Offiziere. Er schritt langsam, denn er konnte seinen schwerfälligen Körper nur mit Mühe bewegen, ließ sie aber keine Sekunde aus den Augen.

Wieder spürte Kelso sein Herz vor Erregung klopfen, obwohl er sich Mühe gab, ruhig zu bleiben. Der arme Bradshaw hustete und trat von einem Fuß auf den anderen, wie ein auf frischer Tat Ertappter.

»Kleine Konferenz, die Herren?«

»Wir sind gerade bei der Wachübergabe, Sir«, sagte Kelso.

»Schon?« Die bösen, mißtrauischen Augen wichen für den Bruchteil einer Sekunde ab, um das Stundenglas zu kontrollieren.

»Mein Fehler, Sir«, platzte Bradshaw heraus. »Ich habe mich in der Zeit geirrt und dachte, es sei schon später.«

»Geirrt, eh?« Die dicken Lippen lächelten noch immer. »Ist das ein Geständnis?«

Selbst Bradshaw fuhr jetzt zusammen. »Geständnis, Sir? Aber nein. Ich meine, ich war rechtzeitig hier, etwas früher sogar; ich wollte Mr. Kelso nicht warten lassen.«

»O nein, Mr. Kelso dürfen wir keinesfalls warten lassen.« Er nickte mit einem Anflug von grotesker Jovialität, als wolle er ihm jeden Moment auf die Schulter klopfen.

Erschreckend plötzlich wechselte seine Stimmung. Das Lächeln verschwand, die schweren Wangen sanken herab, die Augen funkelten im Wahnsinn. »Worüber haben Sie gesprochen, Gentlemen? Was hatten Sie hinter meinem Rücken zu tuscheln?«

Schweigen. Kelso blickte Bradshaw an, sah dessen angstvolle Miene und war sich klar, daß er mit dieser Situation allein fertig werden mußte. Er sagte: »Wir sprachen über de Sousa, den Piraten.«

»De Sousa, eh? War das alles?«

»Das war alles, Sir.«

Der Kapitän legte die Hände auf den Rücken. Sein Kinn ruckte hoch, und er beäugte Kelso mit bösartiger Schlauheit. »Alles, eh?« Er wartete auf Antwort, und als keine kam, brach er los: »Sie lügen, Kelso! Sagen Sie mir jetzt die Wahrheit: haben Sie gelogen?«

»Nein, Sir.«

»Was! Sie leugnen noch, obwohl Ihr ganzes Benehmen Sie verrät? Sie lügen, sage ich!«

Kelso antwortete nicht. Er sah zu, wie sich das Gesicht des Kapitäns veränderte – tatsächlich physisch veränderte –, bis er kaum noch als der Mann zu erkennen war, der eben gesprochen hatte. Seine geblähten Wangen waren prall mit Blut gefüllt, die Nasenlöcher weit offen, die Brauen so zusammengezogen, daß sie die furchterregenden Augen fast verbargen. »Sie lügen, sage ich!«

»Und ich sage, Sie haben kein Recht, mir das zu unterstellen!«

Auch Kelso war zornig. Er merkte auf einmal, daß seine Angst völlig geschwunden war. Er wußte, daß alle auf dem Achterdeck zusahen. In dem atemlosen Schweigen hörte er die gewohnten Schiffsgeräusche unglaublich verschärft – das rhythmische Knarren der Planken, den durchs Rigg fahrenden Wind, sogar die Drehungen des Ruderrades. Kapitän Taplow sah ihn an, als traue er seinen Ohren nicht.

»Kein Recht!« wiederholte er.

»Mich der Lüge zu bezichtigen, meine Ehre in Zweifel zu ziehen.«

»Was – Sie junger Dachs!«

»Mr. Bradshaw und ich sprachen über de Sousa, Sir. Anschließend wollten wir den Wachwechsel vornehmen.«

Der Kapitän platzte fast vor Wut. »Sie wagen also, mir Trotz zu bieten! Wenn ich sage, Sie haben gelogen, dann haben Sie gelogen. Verstehen Sie, Mr. Kelso? Ich sage, Sie haben gelogen.«

»Nein, Sir.«

»Was?«

»Eine Beleidigung wird nicht dadurch zur Wahrheit, daß man sie wiederholt, Sir.«

»Was! Mensch, dafür richte ich Sie zugrunde, Kelso! Zugrunde!«

»Das ist Ihr Recht«, entgegnete Kelso steif. »Aber mich grundlos einen Lügner zu nennen, dazu haben Sie kein Recht!«

Jetzt schien Kapitän Taplow alle Beherrschung zu verlieren. Er ließ die Reling los, schwankte und stand dann breitbeinig da, krampfhaft mit den Händen in die Luft greifend, als wolle er sich auf Kelso stürzen. Er versuchte zu sprechen, gab aber nur unverständliche Laute von sich. Unkontrolliert rann ihm der Speichel übers Kinn.

»Vater!«

Wenn er den Ruf seiner Tochter gehört hatte, so kümmerte er sich nicht darum. Er machte zwei, drei schlurfende Schritte, bis er Kelso mit seinem Bauch anstieß.

Kelso rührte sich nicht.

Statt dessen überraschte er sie alle, indem er ganz freundlich und respektvoll sagte: »Mich interessierte die Frage, Sir, ob Sie Erfahrungen mit Piraten wie de Sousa haben.«

Verdutzt blieb der Kapitän stehen. Wieder schien er seinen Ohren nicht zu trauen.

»In Ihrer langen Dienstzeit, Sir, müssen Sie doch oft mit Freibeutern zusammengestoßen sein«, fuhr Kelso liebenswürdig fort. »Vor zwanzig Jahren war die See direkt verseucht mit ihnen, nehme ich an.« Er wartete höflich, als sähe er Kapitän Taplows wutverzerrtes Gesicht, nur ein paar Zoll vor seinen Augen, überhaupt nicht. »Ich habe gehört«, redete er geläufig weiter, »daß die Ile de France*) eine richtige Brutstätte für Seeräuber und Freibeuter war, und dann gab es ja auch noch die Malabar-Piraten. Sie müssen doch ein paar schwere Gefechte mitgemacht haben.«

Er wartete – alle warteten –, bis die Worte ins Hirn des Kommandanten eingedrungen waren. Kein Laut war auf der Kampanje zu hören. Doch von unten ertönte das Tappen nackter Füße – der Bootsmann ließ die Wache antreten.

Dann, ganz gemächlich, entspannte sich der Kommandant. Er sah verwirrt, verdutzt aus, als könne er sich an das Geschehene gar nicht mehr erinnern.

Zur ungeheuren Erleichterung aller an Deck lächelte er schließlich. Freundschaftlich nahm er Kelso beim Arm und sagte: »Aber ja, natürlich. Ich habe allerdings blutige Kämpfe mitgemacht. Ich habe gegen die Frogs, gegen eingesickerte Kaper gekämpft – und ich habe sogar noch schlimmere Piraten als de Sousa aus nächster Nähe gesehen.«

*) alter Name der Insel Mauritius (seit 1814 britisch)

10

Er schloß die äußere Tür, blieb im Dunkeln stehen und schaute sie an. Sie wartete am Ende der Heckgalerie, gegen die Reling gelehnt; ihr Haar wehte im Wind. Der tropische Himmel hinter ihr umarmte sie mit Millionen Sternen. Obwohl kein Mond schien, fiel durch die Messefenster genug Licht nach außen, daß er ihr Profil erkennen konnte. Nie hatte er etwas so Schönes gesehen.

Ihr junger Körper, vom Wind modelliert, war ebenso rührend wie begehrenswert. Sie kam ihm viel zu jung vor für die schwere Belastung, die ihr Vater darstellte.

Er trat zu ihr. »Miss Taplow!«

Rasch wandte sie sich um, die Hand zum Hals führend, anscheinend freudig erschrocken über sein Kommen. »Mr. Kelso.«

»Sie haben mich rufen lassen?«

»Ich wollte mit Ihnen reden.«

Er trat neben sie, stützte die Ellbogen auf die Reling und blickte hinaus auf die wie verzauberte See. Hunderte von Malen hatte er das gesehen, ohne die Schönheit zu erkennen, die er heute nacht sah. Von der engen Heckgalerie aus, das reichverzierte Heck im Rücken, sah er unter sich das sanfte Steigen und Fallen des Meeres, die diamantene Schönheit des Himmels und das phosphoreszierende Kielwasser. Oben, nur zwanzig Fuß entfernt, aber durch das ausladende Heck verdeckt, ging Mr. Henderson seine Wache.

Isabel stand etwas hinter Kelso und seinen Blicken verborgen, bis er sich, immer noch an der Reling lehnend, halb umdrehte und ihr ins Gesicht sah.

»Sie wollen über Ihren Vater sprechen?«

»Mr. Kelso – wie sind Mr. Ellisdons ärztliche Qualitäten?«

»Ich weiß es nicht. Er ist kein junger Mann, gewiß, aber seine große Erfahrung . . .«

»Aber ist er ein guter Arzt?«

Kelso zögerte. Er hatte in seiner Dienstzeit allerlei Erfahrungen mit Schiffsärzten gemacht, und was er gesehen hatte, flößte ihm nicht gerade Vertrauen ein. Zu einer Zeit, da die Heilkunst kaum als passende Beschäftigung für Gentlemen galt, vielmehr als Betätigungsfeld für Schurken und Scharlatane, war die Position eines Doktors zweideutig. Gewiß gab es in London Ärzte, die mit größtem Respekt und Distinktion behandelt wurden, die zur Zeit in Mode stehenden bewegten sich in den feinsten Kreisen. Aber das waren nur wenige, und am anderen Ende standen die Barbiere, die Knochensäger und die Außenseiter, die einem rauhen, aber gesicherten Lebensunterhalt auf See nachgingen.

Ob Mr. Ellisdon zu diesen gehörte, konnte Kelso nicht sagen; doch wußte er, daß der Mann – und schon deswegen mußte er ein tüchtiger Arzt sein – auf den Faktoreien der Company in Indien Dienst getan hatte. Er antwortete also: »Ich weiß nur ungefähr über seine Laufbahn Bescheid. Er war in Bombay und später in Fort St. George. Wäre man nicht mit ihm zufrieden gewesen, wäre er kaum so lange im Dienst der Company geblieben.«

»Nicht einmal auf See, unter diesen scheußlichen Umständen?«

Ihre Heftigkeit überraschte ihn, doch er schwieg, sah sie nur an und wartete auf eine Erklärung.

»Haben Sie ihn arbeiten sehen?« fragte er.

»Nein. Sie etwa?«

»Ja, an Thompson, der aus dem Mast gefallen ist. Oberschenkel- und Rippenbrüche; Mr. Ellisdon hat ihn verpflastert.«

»Verpflastert ist das richtige Wort. Ich habe ihn schreien gehört.«

»Auf See kann man kein sanftes Leben erwarten«, entgegnete er.

»Sanft!« rief sie aus. »Ich begreife nicht, wie Sie das rechtfertigen können. Erwachsene Männer, intelligente, zivilisierte Menschen werden wie Vieh zusammengepfercht – schlimmer als Vieh! Bei jedem Wetter sind sie draußen, den schrecklichsten Gefahren ausgesetzt – und wofür? Die Peitsche, wenn sie sich widersetzen, eine feuchte Koje und ungenießbares Essen, wenn sie gut arbeiten!«

Kelso zuckte die Schultern. »So ist nun mal das Leben auf See. So war es immer, und so wird es immer sein, glaube ich.«

»Nein!« entgegnete sie. »Es wird nur so lange so sein, wie man sich damit abfindet. Etwas kann getan werden, etwas muß getan werden für diese Unglücklichen.«

Kelso wandte sich ab und blickte ins Kielwasser. »Mit allem Respekt, Ma'am, wir sind jung. Wir sehen das mit anderen Augen.«

»Aber Sie verstehen, was ich meine?«

»Gewiß. Auf See gibt es Grausamkeit, unnötige Schinderei, Ungerechtigkeit – aber was können wir tun, einfache Leute wie Sie und ich –«

»Das Essen ... Haben Sie mal das Essen für die Mannschaft gesehen?«

Er wandte sich um und sah sie betroffen an. »Wieso wissen Sie davon?«

»Ich habe es gesehen.« Sie zögerte, als würde ihr plötzlich klar, wohin diese spontane Unterhaltung führte. Dann blickte sie ihm offen ins Gesicht. »Mr. Kelso«, sagte sie, »ich werde Ihnen sagen, woher ich es weiß. Lady Verity ist, wie Sie wissen, mehrmals auf Indienfahrern gereist. Als diese merkwürdige und ekelhafte Krankheit unter der Besatzung ausbrach –«

»Skorbut«, sagte er rauh. »Der kommt in der Seefahrt eben vor.«

»Aber warum? Lady Susan hat gesagt, das käme von schlechtem Proviant, der nicht richtig konserviert ist; das macht diese unglücklichen Kreaturen so elend. Wissen Sie, wie viele zur Zeit im Orlopdeck liegen, zu schwach, um auf ihren Füßen zu stehen, zu krank, um auf den Stock des Bootsmanns zu reagieren, so krank, daß ihnen alles gleich ist?«

»Ich weiß es«, nickte er.

»Ja, aber wie ist es dazu gekommen? Das wollte ich herausfinden.«

»Es kommt von der schlechten Verpflegung«, erwiderte Kelso.

»Aber warum? Warum? Das Fleisch, das sie essen, ist so alt, so hart, daß kein Tier es anrühren würde. Und das bekommen die Männer zu essen, und es bringt sie um. Wie konnte das geschehen?«

Kelso seufzte und wandte sich wieder der Reinheit des Meeres zu. »Haben Sie darüber mit Ihrem Vater gesprochen?« fragte er.

Sie schüttelte den Kopf und stützte sich plötzlich, offenbar ohne zu wissen, was sie tat, dicht neben ihm auf die Reling. »Sie wissen, daß ich das nicht kann«, sagte sie.

»Er ist der einzige, der Ihnen darauf antworten kann.«

»Aber Mr. Kelso!« Sie rückte näher heran, so daß ihre Schulter die seine berührte. »Da stimmt doch etwas nicht. Das Schiff ist in Blackwall verproviantiert worden. Wenn jemand etwas falsch gemacht hat . . .«

»Der Proviant war gut, als wir ihn einnahmen.«

»Dann verstehe ich nicht. Kann er denn so schnell verderben, nach nur ein paar Wochen Fahrt?«

Kelso antwortete nicht.

Sie sprach weiter: »Wie kann das passieren? Es war doch sicher frischer Proviant. Ich sage Ihnen, ich habe einige von diesen Fässern selbst gesehen. Und als sie aufgemacht wurden . . .«

»Ich weiß.«

»Aber wieso? Wie kann sich Proviant so verändern?«

»Das müssen Sie Ihren Vater fragen«, wiederholte er.

»Meinen Vater!« Sie schwieg einen Augenblick und fragte dann leise und angstvoll: »Sie meinen, mein Vater hatte etwas damit zu tun?«

Kelso blickte nur starr auf die See hinaus.

»Ist mein Vater daran schuld?« fragte sie. »Wollen Sie sagen, daß guter Proviant an Bord genommen wurde und mein Vater ihn später irgendwie ausgetauscht hat?«

Kelso stieß sich vom Handlauf ab. »Wenn Sie mich jetzt entschuldigen wollen, Ma'am – ich muß gleich auf Wache.«

»Nein, warten Sie!« Sie preßte seinen Arm, und sekundenlang spürte er ihre Nähe, die Berührung ihrer Hand, ihre sanfte Brust. »Mr. Kelso«, sagte sie eindringlich, »ich wollte mit Ihnen sprechen, weil es so viele Dinge gibt, die ich nicht verstehe.« Bittend sah sie zu ihm auf. »Mehr als das – ich habe Angst.«

»Wegen Ihres Vaters?«

Sie senkte die Lider und entgegnete leise: »Mein Vater ist ein kranker Mann, Mr. Kelso. Das habe ich Ihnen schon einmal gesagt. Das Schlimme ist nur . . .«

»Daß Sie nicht wissen, wie krank er ist?«

»Mein ganzes Leben lang hatte ich ihn lieb. Er war mir ein guter Vater – streng, aber gerecht. Und ich glaube, er war auch ein ausgezeichneter Kapitän – vor zwanzig Jahren.«

»Diese Krankheit macht sich schon lange bemerkbar?«

»Vor zwei Jahren hatte er einen plötzlichen, schlimmen Wutanfall. Das paßte so gar nicht zu seiner Natur, daß wir damals dachten, er müsse krank sein. Es war – oh, es war schrecklich. Er wurde zornig auf einen Diener und hat ihn so furchtbar geschlagen, daß . . .« Sie hielt inne, konnte nicht weitersprechen.

»Und in der letzten Zeit?«

»Noch einmal, im vorigen Jahr. Aber es war nicht so schlimm. Ich machte mir damals Sorgen, aber dann kam die Aussicht auf eine Rückkehr nach Indien, der Gedanke an die Seereise . . .«

»Wollte er denn die *Shropshire* unbedingt kommandieren?«

Wieder zögerte sie. Wahrscheinlich spielte sie mit dem Gedanken, ihn anzulügen. Aber dann antwortete sie ganz offen: »Er hat es gefordert. Mein Onkel, der Schiffseigner ist, war dagegen, aber mein Vater bestand darauf. Er wurde sogar wieder heftig.«

»Und jetzt«, sagte Kelso mehr zu sich selbst, »belasten ihn die Anstrengungen des Kommandos, die absolute Macht . . . Warum haben Sie nach Mr. Ellisdon gefragt?«

»Wegen der Matrosen. Diese vielen Kranken . . . Ich dachte, wenn er ein guter Arzt wäre . . .«

»Oder wegen Ihres Vaters?«

Einen Moment dachte er, sie würde in Tränen ausbrechen. Sie senkte den Kopf so tief, daß ihre Augen verborgen waren, und es dauerte eine ganze Weile, bis sie antwortete. Mit fester Stimme sagte sie dann: »Ja. Es war wegen meines Vaters.«

»Sie wollen, daß Ellisdon ihn untersucht?«

»Es ist so schwierig. Wenn mein Vater wüßte, daß wir über ihn reden, würde er sehr wütend werden. Wenn er dächte, wir deuten Mr. Ellisdon an, daß er – krank ist . . . Ach, ich weiß nicht, was er tun würde.«

»Sie möchten, daß ich mit Ellisdon rede?«

Sie lächelte durch den Tränenschleier. »Dafür wäre ich Ihnen dankbar. Ich weiß, es sieht wie Feigheit aus, aber ich kenne den Arzt kaum; und in einer so heiklen Sache . . .«

»Ich kenne ihn selbst kaum, werde aber sehen, was ich tun kann.«

»Danke.«

Er dachte, nun würde sie gehen, aber sie blieb neben ihm, stützte sich auf die Reling und sah hinaus auf die See. Es war eine warme Nacht, und die Landbrise trug den Duft Afrikas heran. Oben schlug der Midshipman der Wache sieben Glasen an, aus der Messe erscholl lärmendes Gelächter. Aber hier, auf der isolierten Heckgalerie, war es still.

»Mr. Kelso?«

»Ja?«

»Wie lange werden wir bis St. Helena brauchen?«

»Drei Wochen, wenn der Wind sich hält.«

»Und wenn nicht?«

»Einen Monat oder auch zwei Monate. Das läßt sich nicht voraussagen.«

»Zwei Monate! Ohne jede Möglichkeit, frischen Proviant zu bekommen! Was wird dann aus den Leuten?«

»Eine ganze Menge werden sterben, aber es werden noch genug

übrigbleiben, um das Schiff zu bedienen.«

»Wie können Sie so hartherzig sein?«

»Alles schon dagewesen«, entgegnete er. »Eine lange Reise – ein habgieriger Kommandant . . .« Er brach ab.

»Dann war es also mein Vater? Er hat den Proviant ausgetauscht?«

Kelso wandte sich zur Tür. »Ich muß jetzt auf Wache.«

Er wartete auf einen Protest, aber sie nickte nur und machte ihm Platz, damit er vorbeigehen konnte. »Danke, Mr. Kelso, daß Sie mich angehört haben.«

»Ich werde mit Ellisdon reden.«

»Danke. Und, Mr. Kelso . . .«

»Ja?«

»Darf ich Sie herzlich bitten – seien Sie verständnisvoll mit meinem Vater.«

»Ich werde es versuchen.« Er merkte, daß er rauher sprach als beabsichtigt, und wiederholte: »Selbstverständlich werde ich es versuchen.«

»Ich bin Ihnen zutiefst dankbar«, sagte sie und sah ihn dabei an.

11

Innerhalb weniger Tage hatte sich die Situation rapide verschlimmert. Der Nordostwind, der sie um Westafrika herumgetrieben hatte, flaute völlig ab, und die *Shropshire* lag bekalmt im Südatlantik. Und was noch schlimmer war: das Wasser wurde knapp. Die Fässer, in Blackwall mit klarem Brunnenwasser gefüllt, enthielten nur noch eine brackige Flüssigkeit, in der Moos und allerlei Lebewesen schon mit bloßem Auge zu sehen waren. Die Krankenliste wurde immer länger. Das Orlopdeck war ein Alptraum siecher und sterbender Menschen. Im Logis wohnten nur noch die, welche sich aus Entschlossenheit oder aus Angst vor den Konsequenzen einer Krankmeldung noch mühsam auf den Füßen hielten.

Die Männer starben. Fast jeden Morgen trat eine immer kleiner werdende Mannschaft zur Bestattungszeremonie an Deck an; Kapitän Taplow, oder noch öfter Henderson, las das Totengebet. Ein paar Worte wurden in den Wind gesprochen, und wieder kippte ein in Segeltuch genähter Leichnam über Bord.

Oder es war ein Strafvollzug. Kapitän Taplow schien an beidem sein Vergnügen zu haben.

An diesem Morgen sollte eine Auspeitschung stattfinden. Die Männer standen auf dem Hauptdeck angetreten, um wieder einmal der Prügelstrafe zuzusehen. Der Delinquent war Padstow, der Mann aus Cornwall, dessen Vorliebe fürs Trinken ihn in Schwierigkeiten gebracht hatte. Er hatte als Toppsgast angemustert, war jedoch kürzlich als Ersatz für einen kranken Steward in die Pantry eingeteilt worden. Dort hatte er des Kommandanten Wein probiert, sich sinnlos betrunken und mußte nun die Rechnung bezahlen. Kapitän Taplow hatte seine Anwesenheit angekündigt.

Auf dem Achterdeck versuchte Kelso seinen Gleichmut zu wahren. Er war noch zu jung und nach sechs Jahren auf See immer noch nicht abgebrüht genug, um bei einer Auspeitschung anderes zu empfinden als tiefsten Abscheu. Wohl erkannte er die Notwendigkeit von Disziplinarmaßnahmen an und billigte sie, nicht aber die grausamen körperlichen Züchtigungen, die so freigiebig und oft für ganz geringfügige Verfehlungen verhängt wurden. Das war natürlich eine Anlehnung an die Kriegsmarine, diesen hierarchischen Verband, auf dessen Stolz und Traditionen »John Company« so neidisch war. Doch es gab einen grundsätzlichen, wenn auch oft übersehenen Unterschied zwischen den beiden Verbänden: Marinematrosen wurden meist zum Dienst gepreßt, sie kamen aus den Gossen und Kneipen der Häfen; die Matrosen der Handelsgesellschaft jedoch waren ausgesuchte Männer, Seeleute im besten Sinn des Wortes. Auf einem Indienfahrer konnte Disziplin ohne die barbarischen Zuchtmittel der Marine aufrechterhalten werden. Das hing nur vom Kommandanten ab.

Die Offiziere und jeder dienstfähige Mann der *Shropshire* warteten auf Kapitän Taplow. Der arme Padstow, nackt bis zum Gürtel, war bereits an die Großmastwanten gebunden. Ein Bootsmannsmaat stand mit der neunschwänzigen Katze bereit.

»Guten Morgen, Gentlemen.«

Als der Kommandant aus seiner Kajüte kam, trat plötzliche Stille ein. Grüßend faßten die Offiziere an ihre Hüte; der Bootsmann blickte zum Achterdeck hinauf. Padstow hing da wie ein ausgenommener Truthahn; seine Füße berührten kaum die Decksplanken.

»Alle vollzählig versammelt, Mr. Henderson?«

»Alle vollzählig, Sir?«

»Gut. Dann kann der Strafvollzug beginnen.«

Auf ein Nicken des Bootsmanns hin schwang der stämmige Maat

die Peitsche, und mit schneidendem Schwung bissen die Schnüre in Padstows Rücken. Sogar vom Achterdeck aus konnte Kelso die Striemen sehen. Padstow wand sich wie in Krämpfen, doch er gab keinen Laut von sich. Wieder fiel die Peitsche, nochmals und nochmals. Nach dem zwölften Schlag hielt der Maat inne und blickte zum Achterdeck auf.

Der Kapitän wurde wütend. »Nun?« fragte er. »Wer hat dir erlaubt, aufzuhören?«

Der Maat sah den Bootsmann an, der seinerseits zum Achterdeck spähte. »Entschuldigung, Sir, aber das war ein volles Dutzend.«

»Na und?«

»Nichts, Sir, ich dachte nur . . .«

»Auf diesem Schiff entscheide *ich* über das Strafmaß, Mr. Jarvis.«

»Jawohl, Sir, natürlich. Nur . . .«

»Wissen Sie, was dieser Mann getan hat?« Der Kommandant mußte die Reling packen, um sich zu beherrschen. »Er hat meinen Wein getrunken – *meinen*, Mr. Jarvis! Und Sie hören bei einem Dutzend Hiebe auf!«

Der Bootsmann antwortete nicht.

»Weiter!« kreischte Kapitän Taplow, und sein Speichel spritzte herab. »Peitscht ihn, bis er bereut!«

»Aye, aye, Sir.«

Doch der Bootsmann zögerte immer noch, bis der Kommandant ihn anschrie: »Worauf warten Sie?«

»Entschuldigung, Sir – wieviel Hiebe soll er kriegen?«

»Das sage ich Ihnen schon, Mr. Jarvis. Ich sage Ihnen schon, wenn es reicht.«

Der Bootsmann erbleichte, wandte sich ab und nickte seinem Maat zu. Und wieder fiel die Peitsche.

Padstow, der bisher seine Strafe tapfer hingenommen und seine Rückenmuskeln fest angespannt hatte, um dem Schmerz zu widerstehen, stieß plötzlich einen Schrei aus – so unerwartet, daß der Bootsmannsmaat innehielt. Dann wurde aus dem tiefen, stöhnenden Schmerzensschrei ein schreckliches, wildes Gebrüll. Der Maat blickte wieder zum Achterdeck hinauf, doch als er kein Zeichen bekam, machte er sich abermals an seine abscheuliche Arbeit. Zwölfmal fiel die Peitsche, und bei jedem Schlag brüllte Padstow vor Schmerz.

Dann hielt der Bootsmannsmaat inne. Er schwitzte heftig und

zitterte. »Ist das genug, Sir?« fragte Jarvis.

»Genug? Kann eine Strafe überhaupt hart genug sein für einen Schurken, der seinen Kommandanten bestiehlt?«

Niemand wagte zu antworten, und Kelso sah die Szene wie in einem schrecklichen Alptraum ablaufen: das fast bewußtlose Opfer hing jetzt schlaff in den Wanten, Blut floß von seinem zerfetzten Rücken an Deck; der Bootsmann, sein Maat und die in zwei Reihen angetretenen Matrosen warteten in dumpfer Furcht auf das nächste Wort des Kommandanten.

Es kam so beiläufig wie der Befehl zum Segelreffen oder Loten. »Machen Sie weiter, Mr. Jarvis.«

»Aber, Sir!« Das war Henderson; protestierend trat er einen Schritt vor.

Kalt starrte der Kommandant ihn an. »Wollen Sie meinen Befehl in Frage stellen, Mr. Henderson?«

»Nein, Sir. Aber, mit allem Respekt, er hat genug.«

»Ihre Ansicht.«

»Sie bringen ihn um, Sir.«

»Das bezweifle ich, Mr. Henderson. Der Mann ist ein hartgesottener Verbrecher. Und für das, was er getan hat –«

»Er hat eine Flasche Wein gestohlen, Sir. Die ist mit drei Dutzend Hieben teuer bezahlt. Er wird's nicht wieder tun.«

»Nein, das wird er nicht, mein Wort darauf.« Während des Sprechens schien Taplow die Kontrolle über sich zu verlieren. Seine Stimme wurde leiser, seine Zunge schlaff. »Weitermachen, Mr. Jarvis.«

»Aye, aye, Sir.« Verzweifelt wagte Jarvis zu fragen: »Können Sie mir sagen, wie lange, Sir?«

»Bis ich zurückkomme«, antwortete Kapitän Taplow.

Der Bootsmann starrte ihn verständnislos an.

»Ich gehe jetzt frühstücken«, erläuterte der Kommandant. »Der Vollzug geht weiter, bis ich zurückkomme.«

»Das ist unmenschlich!« protestierte Henderson. »Es kann doch nicht Ihr Ernst sein!«

»Bis ich zurückkomme, Mr. Henderson. Das ist ein Befehl.«

Taplow wandte sich um und ging mit merkwürdig schleppenden Schritten zu seiner Kajüte. Keiner an Deck rührte sich. Es war, als hätte er sie mit seinem Irrsinn alle gelähmt.

Die Kajütentür flog auf. »Ein Befehl, Mr. Henderson! Mr. Jarvis, ich warte!«

Mit verzweifelter Resignation winkte der Bootsmann seinem Maat. Die Peitsche fiel, und ein Schrei zerriß die Morgenstille.

Wir lange sie dort standen und mit Abscheu auf die makabre Szene starrten, wußte Kelso nicht. Die Schläge fielen jetzt nicht mehr so stark, aber immer noch laut genug, daß der Kommandant sie beim Frühstücken hören konnte. Padstow schrie nicht mehr; sein Körper hing schlaff und leblos in den Wanten.

Kelso blickte Henderson an, der mit abgewandten Augen dastand, als könne man sich einer Tragödie entziehen, indem man nicht hinsah. Er blickte Ireton und Bradshaw an, die Midshipmen, deren sonst so frische Gesichter aschgrau waren, den Rudergast, der starr nach vorn sah. Keine Hilfe.

Kelso schritt zur Kampanjeleiter, und während er die Stufen hinunterrannte, rief er: »Order belegt!«

Erleichtert hielt der Bootsmannsmaat inne, blickte zu Kelso hin und dann zum Achterdeck.

Kelso wandte sich um und rief: »Mr. Hart!«

»Sir?« Eilig rannte der Midshipman herzu.

»Holen Sie Mr. Ellisdon. Er wird dringend an Deck gebraucht.«

»Aye, aye, Sir.« Der Junge rannte los, offensichtlich froh, daß er diese Folter nicht länger mitansehen mußte.

Kelso, der jüngste Offizier, hatte das Kommando auf dem Hauptdeck übernommen! Oben auf dem Achterdeck versuchten weder Henderson, noch Ireton, noch der gutmütige Bradshaw, ihn von seinem Tun abzuhalten. Sie standen nur da und warteten – ohne ein Wort. Kelso rührte sich nicht. Halb und halb fürchtete er, daß Kapitän Taplow wiederkam. Aber aus der Messe war nichts von ihm zu hören. Wo blieb nur Ellisdon so lange?

Endlich erschien der Arzt. Blinzelnd trat er in das frühe Morgenlicht und runzelte die Stirn, als er die Mannschaft zum Strafvollzug angetreten sah. »Wo ist der Kommandant?« fragte er verdrossen und mißtrauisch.

Kelso ging vor zum Achterdeck und rief hinauf: »Mr. Henderson!«

Henderson fuhr wie aus einem bösen Traum auf. »Ja? Was ist?«

»Darf ich vorschlagen, Sir, daß Mr. Ellisdon den Delinquenten untersucht?«

»Was? Ach so, gewiß.«

Aber der Arzt war keineswegs befriedigt. »Was soll das heißen? Wo ist der Kommandant? Bilden Sie sich bloß nicht ein, daß ich mich in den Strafvollzug mische.«

»Dieser Mann ist bereits bestraft worden«, sagte Kelso. »Mit einhundert Hieben – wollen Sie ihn bitte untersuchen und entscheiden, ob er noch mehr vertragen kann?«

»Ich denke nicht daran!« erwiderte Ellisdon. »Verdammte Unverschämtheit! Der Kommandant wird das schon wissen.«

»Der Kommandant ist kein Arzt.«

»Das weiß ich, Sie junger Frechdachs; aber wenn Sie glauben, ich widersetze mich seinen Befehlen, dann . . .«

»Hier handelt es sich um eine medizinische Frage.«

»Ich tue es nicht.«

Knurrend wandte er sich zur Kampanjeleiter; doch da sagte Kelso scharf: »Dann übernehmen Sie also die Verantwortung, Sir?«

»Wieso – wofür?«

»Wenn dieser Mann stirbt – er ist vielleicht schon tot –, dann haben wir Zeugen genug, daß es mit Ihrer Billigung geschah.«

»Was – Sie junger Dreckskerl!«

»Vor einer Untersuchungskommission auf St. Helena wären wir verpflichtet, eine wahrheitsgemäße Aussage zu machen.«

Mit einem wütenden Blick wandte sich der Arzt um und schlurfte über Deck. Er sah sich Padstow an, untersuchte ihn kurz und befahl dann rasch, ihn loszuschneiden. Er kniete neben ihm, und als er aufblickte, sah er plötzlich tief besorgt aus. »Hol jemand meinen Maat«, sagte er. »Ich brauche Tupfer, Verbandszeug, Salbe.«

»Aye, aye, Sir.« Der Midshipman, der ihn geholt hatte, führte den Befehl aus, ehe Kelso etwas sagen konnte.

»Lebt er noch?« fragte Kelso.

Zweifelnd schüttelte der Arzt den Kopf. »Wir werden sehen.«

Eine halbe Stunde war vergangen und der immer noch leblose Padstow unter Deck geschafft worden, da kam Kapitän Taplow wieder. Mit seiner Tochter an einem Arm, Lady Susan am anderen, trat er aus der Messe, anscheinend im Frieden mit sich und der Welt. Es dauerte Minuten, bis er die Offiziere auf dem Achterdeck und die unten angetretenen Matrosen bemerkte. »Mr. Henderson!« rief er liebenswürdig.

»Sir?«

»Warum sind die Leute alle an Deck?«

Henderson war perplex, doch er konnte noch antworten: »Aber, Sir, wissen Sie denn nicht mehr . . .«

»Entschuldigung, Sir.« Kelso eilte zum Kommandanten und salutierte.

»Ja, Mr. Kelso? Was ist?«

»Bitte um Erlaubnis, die Männer zum Frühstück wegtreten zu lassen, Sir.«

»Natürlich, selbstverständlich. Haben sie denn noch nicht gefrühstückt?«

»Noch nicht, Sir. Meine Wache übernimmt in einer halben Stunde.«

»Machen Sie weiter, Mr. Kelso«, verfügte der Kommandant wohlgelaunt. »Lassen Sie wegtreten. Wir dürfen doch diese prächtigen Burschen nicht ohne Frühstück in die Masten schicken.«

12

Nach sechs Tagen unter gnadenloser Tropensonne war die Mannschaft der *Shropshire* fast am Ende ihrer Kraft. Den ganzen Tag kein Lüftchen, nur Exerzieren und Warten; nachts war an Schlafen kaum zu denken. Wäre Mr. Henderson nicht auf die Idee gekommen, die Leute könnten sich nachts auf dem Hauptdeck aufhalten, um etwas Kühlung zu finden, wäre es noch gutgegangen. Aber sobald er es erlaubt hatte, bekam er Angst vor seiner Courage und widerrief die Erlaubnis; er müsse erst den Kommandanten fragen. Doch Kapitän Taplow lehnte ab – und nicht nur das; er befahl sogar, daß die Logispforten und der Kampanjeniedergang geschlossen bleiben sollten – »für den Fall, daß unsere weiblichen Passagiere sich an Deck zu ergehen wünschen«. Kelso erhob Einwände und bekam zur Strafe vier Stunden nächtliche Ausguckwache im Großtopp.

Der Matrose Piggott ertrug die Hitze, das schlechte Essen, den Mangel an Wasser und Schlaf nicht mehr: er lief Amok. Nach wilder Jagd wurde er überwältigt und im Orlopdeck in Eisen gelegt; dort hörte man in den Nächten sein brüllendes, haßerfülltes Schimpfen auf den Kommandanten. Die Männer wurden stur und mürrisch. Ein Viertel der ursprünglichen Besatzung war krank oder bereits tot. Von den übrigen hatte nur noch ein Dutzend die Kraft zum Aufentern. Die anderen, von Ruhr und Skorbut, eiternden Wunden und blutenden Gaumen geschwächt, konnten nur kriechen, wenn die meist trügerische Hoffnung auf Wind den wachhabenden Offizier veranlaßte, sie an die Brassen zu schicken.

In den Grenzen seiner Heilkunst und seiner Arzneibestände tat Mr. Ellisdon sein Bestes. Trotz seiner Grobheit bemühte er sich ehrlich, die Leiden der Männer zu lindern. Doch viele starben ihm unter den Händen, und die anderen wußten, daß ihre Überlebenschancen gering waren, wenn nicht Wind aufkam, der sie nach St. Helena brachte.

Kelso sah das alles mit ohnmächtigem Mitleid und Zorn. Er sah die Männer sterben, die Toten an Deck liegen. Er wollte helfen und konnte nicht. Und über allem diesen Elend roch er den nahenden Aufruhr. Meuterei lag in der Luft. Von ihren Stationen an Deck konnten die Männer hinauf zum Achterdeck sehen und dort den zwar geschrumpften Bestand an Hühnern und Schafen erkennen, der aber immer noch gereicht hätte, um das Leben Sterbender zu retten. Sie sahen die gutgenährten, gesunden Passagiere oben lustwandeln, hörten das Lachen und Trinken am Kapitänstisch. Nein, Mord und Meuterei standen bevor – wenn nich bald Wind aufkam.

In dem stickig heißen, stinkenden Orlopdeck fand Kelso den Arzt bei seinen Patienten. Ohne Rock und mit bis zu den Ellbogen aufgerollten Hemdsärmeln wirkte er seltsam unwirklich, wie ein Reicher, der den Bauern spielt. Um ihn lagen dicht nebeneinander die Opfer der Krankheit. Apathisch folgten ihm ihre zwischen Tod und Agonie schon halbgebrochenen Augen. Gelegentlich schrie oder stöhnte ein Mann, wenn er seine Lage änderte; doch meistens warteten sie reglos auf das Ende.

Ellisdon kniete neben einem Kranken und sah Kelso nicht gleich. Er blickte hoch, starrte ins trübe Licht einer Laterne und stand dann auf. »Ach, Sie sind es, Kelso.«

»Ich wollte sehen, ob ich helfen kann.«

»Helfen! Das ist Arbeit für einen Arzt.«

»Ich weiß – aber ich habe schon dabei geholfen, als ich noch Kadett war.«

»Die Company beschäftigt einen Arzt und zwei Sanitätsmaaten«, wehrte Ellisdon ab. »Das ist unsere Arbeit – nichts für Amateure.«

Kelso ließ den Blick über die stillen Gesichter gleiten, die bereits vom Tode gezeichnet schienen. Leise sagte er: »Wahrscheinlich haben Sie recht. Da können weder Sie noch sonst jemand etwas tun.«

»Wir können helfen, es ihnen leichter machen.«

»Aber können Sie sie heilen?«

Böse starrte der Arzt ihn an. »Ich tue mein Bestes«, knurrte er. »Jetzt lassen Sie mich bitte weitermachen.«

»Entschuldigen Sie.« Kelso trat zur Seite; doch als der Arzt sich wieder hinknien wollte, sagte er: »Eigentlich bin ich aus einem anderen Grund gekommen. Ich wollte mit Ihnen sprechen.«

Mißtrauisch blickte der Arzt auf. »Was soll das?«

»Wenn Sie ein paar Minuten Zeit haben . . .«

»Es paßt mir sehr schlecht. Alle diese Kranken . . . Sie kommen wirklich zu ungelegener Zeit.«

»Eine gelegene Zeit dafür gibt es überhaupt nicht.«

Der Arzt blickte Kelso unsicher an, rollte dann widerwillig die Ärmel herunter und folgte ihm zum Niedergang. Sobald sie außer Hörweite waren, blieb er stehen. »Nun?«

»Stimmt es, daß Sie nichts für diese Männer tun können?« fragte Kelso eindringlich.

»Hören Sie, ich habe Ihnen doch gesagt, ich tue mein Bestes!«

Kelso gab nicht nach. »Sie müßten frische Lebensmittel haben.«

»Ja, sicher. Bloß können sie keine kriegen, wie Sie selbst genau wissen.«

»Bis wir in St. Helena sind?«

»Bis wir in St. Helena sind.«

Ruhig sprach Kelso weiter »Sie wissen, es gibt frisches Fleisch – auf diesem Schiff.«

Ellisdon sah ihn an wie einen Irren. »Frisches Fleisch? Dann, um Himmels willen, zeigen Sie's mir!«

»Oben auf dem Achterdeck.«

»Ach so!« Das pockennarbige Gesicht des Arztes wurde rot vor Entrüstung und Ärger. »Sie sind also einer von den verdammten Radikalen, die denken, der Knecht sei so gut wie sein Herr. Dieses Fleisch ist für die Kapitänstafel. Was denn, Sie essen doch selber da, verdammt!«

»Während diese Männer sterben, weil sie nichts Ordentliches kriegen.«

»Sie haben ihre Rationen. Der Kommandant kann nichts dafür, wenn das Fleisch schlecht ist.«

»Da irren Sie sich aber.«

»Was?« Der Arzt sah ihn so mißtrauisch an, als erblicke er den Schatten der Meuterei oder zumindest der Konspiration und fürchte sich davor.

»Der Proviant wurde in Gravesend ausgetauscht«, sagte Kelso.

Beide schwiegen eine Zeitlang, während Ellisdon sich nervös umblickte, als könne einer der schmerzgepeinigten Männer etwas gehört haben. Doch sie lagen stumm und reglos wie Pestleichen, die auf ihre Bestattung warten. »Was ist das für ein Unsinn?« fragte Ellisdon dann irritiert.

»Es ist kein Unsinn.«

»Ich habe den Proviant selbst gesehen – habe die Fässer und Stempel kontrolliert. Verdammt, Kelso, ich bin seit dreißig Jahren Arzt der Company. Halten Sie mich für einen kompletten Idioten?«

»Wann haben Sie die Stempel gesehen?«

»Nach Gravesend, wenn's Ihnen darum geht.«

»Aber bevor wir die Hamoaze verließen?«

»Gewiß. Ich habe sie mir auf Befehl des Kommandanten angesehen, als wir vor den Downs lagen.«

»Ich auch – aber nicht auf seinen Befehl hin.«

»Sie haben also spioniert?«

»Ich war neugierig und wollte wissen, warum der Proviant, den wir in Blackwall an Bord genommen hatten, in Gravesend ausgetauscht wurde.«

Der Arzt war betroffen und nicht mehr so selbstsicher. Doch wütend war er immer noch. »Also wirklich, Kelso – als jüngster Offizier an Bord nehmen Sie sich allerhand heraus!«

»Einer mußte es ja tun.«

Ellisdon machte eine nervöse Handbewegung. »Aber warum? Warum? Das ist doch nicht das erste Schiff, auf dem Skorbut ausbricht. Auch auf anderen Schiffen haben sich die Leute über schlechten Proviant beklagt.«

»Unser Proviant wurde vertauscht. Ich habe es gesehen.«

»Aber die Stempel?«

»Die waren nur für Ihre Inspektion. Ein paar von den ursprünglichen Fässern blieben oben – gerade so viele, daß es bis nach dem Ärmelkanal reichte. Seitdem essen die Männer Ausschußfleisch.«

Der Arzt lehnte sich an die Schottwand. »Ich verstehe das nicht, Kelso, ich weiß nicht, was ich denken soll.«

»Machen Sie jetzt ein paar Stichproben und sehen Sie sich die Stempel an. Sagen Sie, Sie wollen herausbekommen, warum das Fleisch verdorben ist.«

»Glauben Sie, er gestattet das?«

»Offengestanden, nein. Er wird sich irgendwie herausreden –

nochmalige Inspektion sei überflüssig oder so. Und Gleeson sorgt schon dafür, daß das Fleisch nicht im Faß in die Kombüse kommt.«

»Gleeson? Steckt er mit drin?«

»Er muß, sonst hätte die ganze Schiebung nicht klappen können.«

Lange stand Ellisdon an der Schottwand, den Kopf geneigt, die Lider halb geschlossen. »Ich weiß nicht, ich weiß nicht«, murmelte er; und dann schreckte ihn ein plötzlicher Schrei auf. Einer der Kranken versuchte, sich unter seiner Decke aufzurichten, kam bis in sitzende Stellung, erhob sich schwankend auf die Knie und brach dann mit lautem Zähneknirschen zusammen. Ein Sanitätsmaat ging hin und zog ihm nach flüchtiger Untersuchung die Decke über den Kopf.

»Was soll ich Ihrer Meinung nach tun?« fragte Ellisdon.

»Es gibt nur eines, das wir tun können«, entgegnete Kelso.

Es war brütend heiß im Orlopdeck. Der Arzt nahm ein Taschentuch heraus und wischte sich die Stirn. »Den Kommandanten bitten, daß er seinen Proviant teilt? Das tut er nie. Sie haben ihn doch bei Tisch gesehen.«

»Ja. Er liebt sein Essen – das muß ich zugeben.«

»Na, sehen Sie. So etwas kommt doch gar nicht in Frage. Ich bekäme nur Ärger – denn der Kapitän würde das nicht ohne weiteres hinnehmen –, und zwar ganz umsonst.«

»Vielleicht würde er auf Vernunftgründe reagieren.«

»Vernunft!« Der Arzt machte eine ausdrucksvolle Handbewegung. »Haben Sie einen Mann gesehen, der so wenig auf Vernunftgründe hört?«

Kelso sah ihn scharf an. Nach kurzem Zögern fragte er: »Sie meinen, er ist geistesgestört?«

Der Arzt hob den Arm, wie um einen Schlag abzuwehren. »Kelso, das habe ich nicht gesagt!«

»Aber gemeint haben Sie es?«

»Nein!«

»Sie denken das doch, nicht wahr, Ellisdon? Der Kommandant ist wahnsinnig – das denken Sie doch?«

Der Arzt wollte sich offenbar nicht festlegen. Er tat ein paar unsichere Schritte auf die Maaten zu, die den Toten beiseite zogen. »Was soll ich dazu sagen?« fragte er verzweifelt. »Was wollen Sie eigentlich von mir?«

»Kapitän Taplow ist wahnsinnig«, entgegnete Kelso. »Sie wissen es. Ich weiß es. Henderson weiß es. Er muß seines Kommandos enthoben werden.«

»Meuterei!« zischte Ellisdon. »Das ist es, was Ihr Vorschlag bedeutet: Meuterei!«

»Nicht, wenn er wirklich wahnsinnig ist.«

»Und wer soll das beurteilen? Sie oder Henderson oder dieser junge Bradshaw? Sie haben gesehen, wie sich der Kommandant benimmt. Wenn er einen guten Tag hat, ist er vollkommen normal. Vor einem Kriegsgericht würde er Sie alle als Lügner hinstellen. Und das Gericht würde *ihm* glauben – und Sie hängen.«

»Nicht, wenn wir eine ärztliche Bescheinigung haben.«

Ellisdon schlug die Hände vor die Augen. »Das kann ich nicht!« rief er aus. »Sie wissen nicht, was Sie da von mir fordern!«

»Ich bitte Sie um das Leben dieser Männer.«

»Das kann mich zugrunde richten . . . Dreißig Jahre Dienst bei der Company, und Sie wollen mir alles ruinieren!«

Kelso antwortete nicht. Er wußte, Ellisdon würde es schließlich doch tun. Er wußte auch, daß er ihn verkannt hatte. Unter diesem groben Äußeren verbarg sich ein Ehrenmann.

»Wann?« fragte Ellisdon schließlich.

»Je eher, desto besser. Aber erst muß ich mit Henderson, Ireton und Bradshaw sprechen.«

»Morgen?«

»Heute abend.«

Der Arzt nickte trübe.

»Es sei denn, Wind kommt auf.«

»Ich werde darum beten.«

Kelso stieg zum Zwischendeck hinauf. Der Gedanke, daß nun etwas geschehen würde, und die kühlere Temperatur belebten ihn. Als er aufs Hauptdeck kam, merkte er sofort, daß sich das Wetter geändert hatte. Der Himmel hing voll schwerer Wolken, und die *Shropshire* krängte in einer plötzlichen Bö. Auf dem Achterdeck brüllte Henderson bereits seine Befehle, alle Mann rannten an die Brassen. Kein Zweifel: Nach sechs Tagen Flaute hatte die *Shropshire* wieder Wind in den Segeln.

13

Die *Shropshire* lag in der St. James's Bay vor Anker. Vom Achterdeck aus musterte Kelso die Insel St. Helena. Ihr hoher Vulkanberg, von tiefen Schluchten zerschnitten und Zedern- und Eukalyptuswäldern gesäumt, wirkte im ersten Morgenlicht sehr eindrucksvoll. An Land rührte sich nicht viel; aber Kelso konnte eine Gruppe jetzt noch schlafender, zusammengedrängter Eingeborener erkennen, die zweifellos schnatternd und lachend in ihren Langbooten herankommen würden, sobald der Agent der Company das Zeichen gab. Wasser mußte an Bord genommen werden, frisches Quellwasser, nicht diese ekelhafte Brühe, mit der sich die Männer in den letzten Wochen gequält hatten. Fracht mußte gelöscht und Post ausgeliefert werden (denn ein Indienfahrer erledigte alles); sie hatten auch Depeschen und Lebensmittel für den Gouverneur an Bord.

»Guten Morgen, Mr. Kelso.«

Er wandte sich um und sah Isabel Taplow mit Lady Susan aufs Achterdeck kommen. Er wurde rot; ob wegen seiner schlimmen Gedanken über ihren Vater oder weil ihn ihre Schönheit anrührte, hätte er selbst nicht zu sagen gewußt. Sie trat liebenswürdig lächelnd heran; und weil er gesellschaftlich so unerfahren war, errötete er nur noch tiefer und eilte ungeschickt näher, um sie zu begrüßen.

»Miss Taplow, Lady Susan – Sie sind früh auf.«

»Ist das ein Vorwurf?« Lächelnd deutete Lady Susan auf das Inselpanorama, das er soeben betrachtet hatte. »Können Sie es uns übelnehmen, nach drei, beinahe vier Monaten auf See?«

»Es war eine lange Reise«, stimmte Kelso zu.

»Aber angenehm«, sagte Lady Susan.

»Angenehm?« Erschrocken sah er sie an, er traute seinen Ohren nicht.

»Ja, angenehm. Mein Vater stand schon im Dienst der Company, Mr. Kelso, und dessen Vater auch. Ich habe die See im Blut.«

Kelso antwortete nicht, aber sie fuhren beide zusammen, als Isabel heftig ausrief: »Es war schrecklich – ganz schrecklich!«

Lady Susan nahm Isabels Arm und sah Kelso bedeutsam an; doch als er darauf nur mit einem starren, ausdruckslosen Blick reagierte, errötete sie und sagte irritiert: »Du bist zu empfindsam, meine Liebe. Ich habe es dir schon immer gesagt: es ist unmöglich, die guten Sitten oder gar die Humanität des Landlebens auf einem überfüllten Indienfahrer zu erwarten.«

»Ihr Gatte dachte nicht so.«

Sie hatte Isabel noch untergehakt, blickte aber rasch, ärgerlich und, wie er dachte, mit einem flüchtigen Schatten von Schuldbewußtsein zu ihm auf.

»Mr. Kelso«, sagte sie, »Sie tun mir unrecht. Ich habe keineswegs eine sadistische Vorliebe für die Härte der See.«

»Und doch empfinden Sie sie nicht als unangenehm?«

»Ich bin Passagier!« rief sie aus. »Ich habe bezahlt . . .« Sie verbesserte sich: »Eine bestimmte Summe ist für meine Überfahrt bezahlt worden. Muß ich mich also mit diesen armen Teufeln identifizieren? Habe ich keine Vorrechte?«

»Wohlgesprochen, meine Liebe!« Sie fuhren herum, denn Kapitän Taplow war aus seiner Kajüte getreten.

Der Kommandant war sichtlich guter Laune. Frisch rasiert, in Galauniform mit Säbel, sah er gut, fast imponierend aus. So, dachte Kelso, sehen ihn der Gouverneur und der Rat, so erscheint er vor dem Marine-Superintendenten. Taplow stolzierte über das Deck und gab seiner Tochter einen Kuß; es war ein Bild echter Zuneigung. »Guten Morgen, Liebling, guten Morgen, Lady Susan und Mr. Kelso.«

»Guten Morgen, Sir.«

»Konnte nicht umhin, zuzuhören«, sagte der Kommandant. »Lady Susan hat recht. Man darf nicht die richtigen Maßstäbe verlieren. Die Passagiere, die Offiziere, der Kapitän haben gewisse Vorrechte. Es ist ein großer Fehler, sie aufzugeben, selbst in kleinstem Umfang, aus falschem Mitleid mit diesem Gesindel da unten.«

»Dieses Gesindel, wie Sie es nennen, Sir«, sagte Kelso, »sind menschliche Wesen. Menschen, die leiden können, Schmerzen haben, und, ja – auch Würde, die wir respektieren müssen.«

»Würde!« Kapitän Taplow sah ihn an wie einen Phantasten. »Wenn dieses miserable Volk zur Musterung an Deck angetreten ist und jeder einzelne Angst vor dem Strick hat – das ist ihre ganze Würde!«

Kelso starrte ihn lange an, blickte in die beunruhigenden Augen, erwartete, hoffte beinahe, dieses flackernde Glosen des Hasses zu sehen. Er war auf einen heftigen Zornesausbruch gefaßt; statt dessen erhielt er eine freundliche, fast väterliche Ermahnung. »Sie sind ein Narr, Kelso, ein junger Narr. Doch Sie haben das Herz auf dem rechten Fleck, und ich respektiere Sie dafür. Diese – diese phantastischen Ansichten, die Ihnen Kummer machen, sind nichts als Wachstumsschmerzen. Meine Tochter denkt wie Sie: die grausame See, die armen Kerls vor dem Mast! Ich sage Ihnen, in ein paar Jahren, wenn Sie erst ein bißchen mehr vom Leben gesehen haben, werden Sie sich mit Betroffenheit, ja mit Scham an diese Gefühle erinnern. Sie werden nur schwer glauben können, daß es Ihnen wirklich Sorgen gemacht hat, ob wir ein paar Verluste erlitten oder nicht. Sie reden von Würde und Leiden: glauben Sie wirklich, daß sie eine Rolle spielen angesichts der Aufgabe, dieses Schiff nach Indien zu segeln? Glauben Sie, das fällt im Vergleich zu dem ungeheuren Wert unserer Ladung wirklich ins Gewicht?«

Kelso antwortete nicht. Er hatte das seltsame Gefühl, diese Unterredung sei äußerst wichtig. Isabel Taplow und Lady Susan waren vergessen. Der Midshipman hätte ebensogut irgendwoanders stehen können. Kapitän Taplow und er waren allein. Nach der ersten Hälfte ihrer Reise steckten sie ihre Positionen ab, berechneten Gewinn und Verlust im Zweikampf ihrer Persönlichkeiten. Mit halbem Ohr vernahm Kelso Bewegung auf dem Hauptdeck – wurde die Kommandantengig ausgesetzt? Dann ließ Taplow aufs neue seine Überredungskünste spielen.

»Sie antworten nicht, sind wohl noch nicht überzeugt. Aber sagen Sie mir eins, Kelso: war auch nur einer dieser Männer gezwungen, auf der *Shropshire* anzumustern? Dient auch nur einer an Bord, der nicht freiwillig gekommen ist?«

»Kein einziger, Sir. Und gerade deshalb schulden wir ihnen etwas, vor allem Respekt.«

»Respekt!« rief der Kommandant ärgerlich. »Schon wieder dieses Wort! Ich sage Ihnen, Kelso, die Männer sind Tiere. Sie benehmen sich wie Tiere und erwarten, wie Tiere behandelt zu werden. Meinen Sie, sie würden es Ihnen danken, wenn Sie sie mit Respekt behandelten?«

»Das wäre einen Versuch wert, Sir.«

Der Kommandant machte eine resignierte, aber immer noch gutgelaunte Handbewegung. Er zuckte die fetten Schultern, erst zu seiner Tochter hin, und dann, als er dort keine Unterstützung fand, an die Adresse Lady Susans. »Versuch! Mein lieber Kelso, glauben Sie, daß man radikale Ideen ausgerechnet auf einem schwerbeladenen Indienfahrer ausprobieren sollte? Die Ostindische Handelsgesellschaft ist auf dem Fundament der Disziplin aufgebaut. Sie haben bereits auf Company-Schiffen gedient und kennen die Risiken.

Glauben Sie, sie hätte diese Tradition des Mutes und der Aufopferung mit Ihrem – Ihrem lieberalen Geschwätz erlangen können?«

»Ich glaube ja, Sir. Wenigstens wäre es den Versuch wert gewesen.«

»Das glaube ich auch, Vater.«

Kapitän Taplow schüttelte besorgt den Kopf, blickte erst Isabel, dann Kelso an und seufzte. »Meine eigene Tochter! Mein vielversprechendster Offizier! Wie könnt ihr so unvernünftig sein!«

Kelso wandte den Blick ab – zum Hauptdeck, wo der Kapitänssteward bei der Fallreepspforte stand. Unten, auf dem durchsichtig grünen Wasser, warteten Bootsführer und Mannschaft in der Gig.

»Wissen Sie, was geschehen würde«, fragte Kapitän Taplow, »wenn ich mit diesen Männern weichherzig umginge?«

»Sie hätten vielleicht ein glücklicheres Schiff, Sir«, entgegnete Kelso.

Zum erstenmal an diesem Morgen geriet die gute Laune des Kommandanten ins Wanken. »Was soll ich mit einem glücklichen Schiff?« rief er. »Ich bin kein Prediger, kein rotnasiger Pfaffe. Ich brauche ein gutes Schiff, auf dem die Mannschaft – aye, und auch die Offiziere – wissen, wer der Herr ist. Wenn ich einen Befehl gebe, will ich, daß er ausgeführt wird, im Laufschritt und ohne Einwände, also von Männern, die wissen, daß es ihnen dreckig geht, wenn sie nicht gehorchen!«

»Das versteht sich von selbst, Sir.«

»Na und?«

»Dabei kann man immer noch ein gewisses Maß an Humanität wahren.«

»Humanität! Blödsinn! In einem Monat hätte ich eine Meuterei an Bord!«

»Wir waren nie so nahe einer Meuterei wie vor vierzehn Tagen.«

Kelso wußte sofort, daß er sich damit übernommen hatte, daß ihm seine Zunge durchgegangen war. Abwartend betrachtete er den Kommandanten und die ihm jetzt schon bekannte Verwandlung vom Gentleman zum Wahnsinnigen. Taplow lief rot an, seine Lippen verzerrten sich in unbeherrschter Wut. »Was soll das heißen?« brüllte er. »Meuterei? Sie wagen zu behaupten, daß mein Schiff einer Meuterei nahe war?«

Kelso merkte, daß er in der Falle saß. Er blickte Isabel Taplow an: aus ihren Wangen war alle Farbe gewichen; Lady Susan starrte erschrocken. Und der Kommandant . .

»Was, zum Teufel, meinen Sie damit?« kreischte dieser. »Was brauen Sie da für Lügen zusammen?«

Kelso blieb kühl. »Keine Lügen, Sir. Aber ich muß Ihnen ebenso offen erklären, daß ich keine Beweise habe. Vor vierzehn Tagen, als wir in der Flaute lagen und die Trinkwasserration auf einen Becher stinkender Brühe pro Tag gekürzt war, als die Männer nachts im Logis zusammengepfercht waren oder sterbend im Orlopdeck lagen, in einer Atmosphäre, bei der einem die Hölle kühl vorgekommen wäre, da ging ein ständiges Raunen durchs Schiff; ich garantiere Ihnen: ein einziger Hitzkopf, und es hätte einen Ausbruch gegeben.«

»Und das haben Sie mir nicht gemeldet? Sie haben zugelassen, daß auf meinem Schiff von Meuterei gesprochen wurde?«

»Gesprochen wurde nichts, Sir; so offen war das nicht. Wie gesagt, ich hatte keine Beweise.«

»Das ist eine Lüge«, brüllte der Kommandant, »eine verdammte Lüge!« Er stapfte über das Deck, zwischen Kelso und seiner Tochter hindurch, als seien die beiden überhaupt nicht vorhanden. Daran, wie er seine Arme hielt – seitlich vom Körper, mit geballten Fäusten steif weggestreckt –, erkannte man, daß er seine Wut fast nicht beherrschen konnte. »Warum sollen sie denn meutern?« schrie er. »Worüber hatten sie sich zu beklagen? Was wollten sie erreichen?«

»Ordentliches Essen und die Erlaubnis, nachts an Deck zu schlafen.«

»Das ist es also!« Er blieb vor Kelso stehen. »Und Sie sympathisierten mit ihnen?«

»Es ging nicht ums Sympathisieren, Sir. Ich sagte ja, es wurde nicht offen geredet.«

»Aber innerlich standen Sie auf ihrer Seite?«

»Es war ein Glück, daß Wind aufkam«, entgegnete Kelso.

»Ein Glück? Diese Meuterei hätte ich sehen mögen! Eine Rebellion gegen meine Autorität!«

»Ich glaube nicht, daß es dazu gekommen wäre, Sir. Ein Protest vielleicht, eine Abordnung der Männer.«

Der Kommandant sah ihn lauernd an. »Also wurde doch geredet?«

»Nein, Sir.«

»Eine Delegation? Vielleicht kennen Sie die Rädelsführer?«

»Nichts dergleichen, Sir. Das ist alles nur eine Annahme. Ich hätte es gar nicht erwähnen sollen.«

»Lügen Sie mich nicht an!« Unvermutet packte Taplow Kelso beim Rockaufschlag und schüttelte ihn in hilfloser Wut.

»Nicht, Vater!« schrie Isabel, aber er hörte sie gar nicht.

»Nennen Sie mir die Namen!« brüllte er. »Die Namen! Ich lasse sie durch die Flotte peitschen!«

Kelso antwortete nicht, sondern ergriff nur die Handgelenke Taplows mit seinen kräftigen Fäusten.

»Wer war das?« kreischte der Kommandant. »Sagen Sie's mir, ich befehle es Ihnen!« Er wollte Kelso wieder schütteln, aber als er merkte, daß dieser ihn in seinem unnachgiebigen Griff hielt, begann er zu jammern und zu wimmern wie ein enttäuschtes Kind. »Nennen Sie mir die Namen!« schrie er.

»Es gab niemanden«, erwiderte Kelso unbewegt.

»Durch die Flotte peitschen!« wimmerte Kapitän Taplow. »Sie sollen es büßen – mein Schiff – Autorität mißachtet – hundert Hiebe – zweihundert . . .« Vergeblich kämpfte er gegen Kelsos Griff an. »Von der Rah baumeln! Sie auch, Kelso – ich lasse Sie hängen!«

»Mr. Kelso!«

Er wandte den Kopf und sah Isabels angstvolle Augen auf sich gerichtet. »Mr. Kelso – bitte!«

Kelso ließ los; Kapitän Taplow taumelte zur Seite, sich die Handgelenke reibend. Er schluchzte immer noch leise, ohne an seine Würde zu denken oder an den Midshipman, der sich an die Heckreling drückte, um nur ja nicht aufzufallen. An der Kampanjeleiter sah Taplow sich um und blickte Kelso mit bösartiger Entschlossenheit ins Gesicht. »Sie wollen es mir nicht sagen, wie? Nun, ich warne Sie, Kelso. Ich gehe der Sache auf den Grund. Sie wollen nichts verraten, aber ich werde die Verbrecher schon entlarven.«

»Niemand hat etwas Bestimmtes geäußert, ich versichere es Ihnen, Sir.«

Der Kommandant grinste mit schiefgeneigtem Kopf so humorlos wie ein gotischer Wasserspeier. »Wissen Sie, was ich tun werde, Kelso – noch an dem Tage, an dem wir in See gehen?« Er hielt genüßlich inne und fuhr dann fort: »Ich schnappe mir diese Männer, die Sie so verwöhnt haben – einen nach dem anderen. Ich lasse sie peitschen – zwei Dutzend Hiebe pro Mann –, bis ich erfahre, wer eine Meuterei geplant hat.«

Kelso sah ihn an, und das Herz wurde ihm schwer. Taplow würde das wahrmachen, das wußte er. Rasch ging er auf den Kommandanten zu und sah ihn noch die Kampanjeleiter hinabsteigen. »Zwei

Dutzend jeden Tag, bis ich den Mann finde.«

»Es gibt keinen!« schrie Kelso. »Verstehen Sie denn nicht? Wenn Sie jemanden bestrafen wollen, bestrafen Sie mich! Sie können doch nicht das ganze Schiff auspeitschen lassen!«

Aber er schrie vergeblich. Kapitän Taplow hörte ihn gar nicht. Mit kurzen, sonderbar hüpfenden Schritten ging er über das Hauptdeck zur Fallreepspforte, wo der Steward in strammer Haltung stand. Er musterte den Mann von Kopf bis Fuß, vorne und hinten, fand anscheinend etwas zu beanstanden und versetzte ihm eine schallende Ohrfeige. Dann rief er hinauf, und seine Stimme, eben noch von Wut und Wahnsinn entstellt, war höflich und mild: »Mr. Kelso!«

»Sir?«

»Ich gehe an Land. Seien Sie so gut und hissen Sie das Signal.«

»Aye, aye, Sir.«

»Der Kommandant hielt sich den Rockärmel vor die Augen und suchte nach Staubkörnchen, blickte prüfend an seiner Hose hinunter und rückte den Säbel zurecht. »Die brauchen schließlich Zeit, um meinen Empfang vorzubereiten. Ich möchte sie nicht in Verlegenheit bringen«, schloß er liebenswürdig.

14

»Glauben Sie, man wird uns anhören?« fragte Ireton kläglich und nicht zum erstenmal, »oder werden wir gleich wegen Vorbereitung zur Meuterei festgenommen?«

»Sie werden uns anhören, wenn Mr. Ellisdon das Seine beiträgt«, entgegnete Kelso.

Sie blickten den Arzt an, starrten ihn an, warteten auf seine Antwort, bis er schließlich das Schweigen brechen mußte. »Ich habe Ihnen gesagt, daß ich mitmache«, erklärte er gereizt, »und was ich versprochen habe, halte ich.«

»Sie werden also bestätigen, was wir alle wissen – daß der Kommandant geisteskrank ist?«

Der Arzt wandte den Kopf, als wolle er sich noch jetzt aller Verantwortung entziehen, erwiderte jedoch mit einigermaßen fester Stimme: »Aye – ich werde meine Meinung sagen; was sie wert ist, das ist eine andere Frage.«

Unsicher blickten sie ihn an – wie zuverlässig würde er als Zeuge sein? Seltsamerweise wollte er sich sogar jetzt, da der Kommandant an Land war und Henderson aus dienstlichen Gründen nicht vom Achterdeck wegkonnte, anscheinend nicht festlegen. Vielleicht war er wie Henderson so auf die Disziplin der Company eingeschworen, daß es ihm furchtbar schwerfiel, nach Notwendigkeit und gesundem Menschenverstand zu handeln. Ein Kapitän blieb ein Kapitän, ganz gleich, welche Schwächen oder Laster er haben mochte.

Während Henderson auf Wache war, hatten sie sich heimlich in seiner Kajüte getroffen.

Gestern abend war Kapitän Taplow, offensichtlich in heiterster Stimmung, von seinem Landaufenthalt an Bord zurückgekehrt. Erst später, als er die Offiziere in seine Kajüte kommen ließ, machte sich der glimmende Wahnsinn wieder bemerkbar. Er hatte getrunken. Vermutlich hatte er die Gastfreundschaft an Land weidlich genossen, und dazu waren noch beträchtliche Mengen gekommen, die er in seiner Kajüte trank. Und so war sein boshaftes Hirn wieder in Wallungen geraten. Er beschimpfte seine Offiziere gröblich in beleidigenden, vulgärsten Ausdrücken, beschuldigte sie der Feigheit, der Konspiration gegen seine Autorität. Und er wiederholte seine Drohung, jeden Tag einen Mann peitschen zu lassen, bis ihm die Rädelsführer der angeblichen Meuterei genannt wurden.

»Ein Jammer, daß wir Henderson nicht auf unserer Seite haben«, bemerkte Ireton, »dann ständen wir besser da.«

»Der hört uns gar nicht an«, sagte Kelso, »und es wäre unfair, ihn aufzufordern. Von allen Offizieren hat er am meisten zu verlieren.«

»Mehr als ich?« fragte Ellisdon. »Mit euch jungen Burschen ist es was anderes. Aber wenn ein Mann dreißig Jahre investiert hat – über dreißig Jahre –, dann hat er das Recht, an sich selbst zu denken.«

»Ihren Anteil an der Sache wird niemand in Frage stellen«, entgegnete Kelso. »Von allen Offizieren an Bord sind Sie der einzige, dessen Motive nicht mißdeutet werden können.«

Der Arzt zuckte die Schultern. »Hoffentlich haben Sie recht. Und doch, wäre es nicht wegen all dieser Männer, die im Orlopdeck krepiert sind –«

»Und der Proviant?« fragte Kelso.

Der Arzt nickte sachlich. »Aye, und der Proviant. Ich kann Ihnen offen sagen, daß mir diese Fässer voll Abfall, den kein Schwein mehr fressen würde, klargemacht haben, wo meine Pflicht liegt.«

»Sie sind unser einziger Zeuge«, sagte Kelso. »Denken Sie daran. Ihre Aussage müßte genügen, um jedes Ratsmitglied davon zu überzeugen, daß unsere Beschwerden mindestens eine Grundlage haben.«

»Sind Sie sicher, daß er den Proviant verschoben hat?« fragte Ireton.

»Ganz sicher«, antwortete Kelso. »Sie erinnern sich doch daran, daß Bradshaw und ich, nachdem wir in Blackwall verproviantiert worden sind, gesehen haben, wie Proviant auf einen Leichter verladen wurde. Und anderer Proviant wurde an Bord gebracht.«

»Fässer«, sagte Bradshaw, »so alt, daß die Datumsstempel fast unlesbar waren.«

»Wenn sie nicht sogar vorsätzlich überbrannt waren«, fügte Kelso hinzu.

»Aber Sie haben sie gesehen. Sie können es bezeugen.«

»Erst später. Als Bradshaw und ich in Gravesend heimlich in die Proviantlast gingen, fanden wir nur, was wir finden sollten – ein paar von den ursprünglichen, in Blackwall geladenen Fässern.«

Ireton schnalzte mit der Zunge. »Er ist gerissen«, sagte er, »das müssen Sie zugeben.«

»Er ist zu schlau für uns, wenn wir nicht alle zusammenhalten.«

»Alle zusammenhalten!« wiederholte der Arzt grimmig. »Alle zusammen hängen – das wird uns passieren, wenn wir den Rat nicht überzeugen.«

Ireton fuhr sich nervös in den Uniformkragen. »Soweit kann es doch nicht kommen?«

»Nicht, wenn Mr. Ellisdon mitmacht«, sagte Kelso. »Er ist unsere Trumpfkarte.«

»Und die Passagiere?«

Kelso hob die Schultern. »Sind keine Ärzte. Sie mögen bestätigen, was wir sagen – aber was sagen wir denn schon? Daß der Kommandant seine Launen nicht beherrschen kann, daß er die Männer schindet? Nein, wir brauchen einen Doktor, der bestätigt, daß er wahnsinnig ist.«

»Ich lasse Sie schon nicht im Stich«, versicherte Ellisdon.

»Danke«, sagte Kelso. »Nun bleibt uns nur noch, beim Rat vorzusprechen.«

»Wann?«

»Je früher, desto besser. Heute, wenn wir an Land können.«

Mit krummem Rücken trug der Arzt die unangenehme Bürde der

Entscheidung. »Ja – da muß ich wohl.«

»Gehen wir alle?« fragte Bradshaw.

»Das kommt gar nicht in Frage«, protestierte Ireton. »Erstens können wir nicht alle von Bord.«

»Wir könnten, wenn wir ohne Erlaubnis des Kommandanten gingen«, sagte Bradshaw.

»Nein.«

»Unter den Umständen wäre es meiner Ansicht nach gerechtfertigt.«

Nervös sah Ireton erst Bradshaw, dann Kelso an und war sichtlich erleichtert, als dieser den Kopf schüttelte. »Das wäre Insubordination«, sagte er. »Wir dürfen unsere Position nicht unnötig schwächen.«

»Also, was dann?«

»Wenn Sie wollen«, sagte Kelso, »gehen Mr. Ellisdon und ich.«

Er beobachtete sie genau und sah Iretons Erleichterung. Bradshaw dagegen war enttäuscht. Aber beide stimmten zu.

»Schön«, sagte Bradshaw, »ich glaube, Sie können unsere Sache ebenso vertreten wie jeder von uns.«

»Gut«, nickte Kelso. »Wenn Sie nichts dagegen haben, Mr. Ellisdon?«

»Ach, kümmern Sie sich nicht um mich! Ich tue alles – jawohl, alles, nur damit die Sache erledigt und vorbei ist.«

»Wir werden den Kommandanten um Landurlaub bitten, sobald er an Bord kommt.«

»Und wenn er den ganzen Tag an Land bleibt, wie gestern?«

»Dann müssen Sie Henderson bitten«, schlug Ireton vor.

»Nein«, sagte Kelso. »Es würde unserer Sache wenig helfen, wenn wir ins Kontor der Company kämen und Kapitän Taplow dort anträfen.«

»Um Gottes willen, bloß nicht! Daran habe ich nicht gedacht.«

»Wir müssen eben hoffen, daß der Kommandant mittags an Bord kommt«, sagte Kelso. »Und daß er gute Laune hat.«

Er öffnete die Tür und blieb stehen. Die anderen drängten sich heran und sahen ihm über die Schulter. Draußen, in der Messe, saß Zahlmeister Gleeson am Tisch. Er war offensichtlich mit seinen Proviantlisten beschäftigt und sah nicht auf, als die vier Offiziere herauskamen.

15

Gegen Mittag kam Kapitän Taplow von seinem Besuch beim Gouverneur zurück. Offensichtlich war er freundlich empfangen worden. Als er an den schrillenden Pfeifen und den strammstehenden Offizieren vorbei an Bord kam, verhielt er kurz in der Fallreepspforte und blickte mit allen Anzeichen von Behagen um sich, erst Henderson, dann den anderen Offizieren zunickend, jeder Zoll der Kommandant in seiner Galauniform, eine Hand am Säbelgriff, Güte, Autorität und Würde ausstrahlend.

»Wenn ich bitten darf, Sir?«

Taplow blickte Kelso mit fast väterlichem Wohlwollen an. »Mr. Kelso, Sie haben ein Anliegen?«

»Mit Ihrer Erlaubnis, Sir, würde ich gern an Land gehen.«

Kelso bemerkte die plötzliche Wachsamkeit hinter den immer noch lächelnden Augen. »Warum nicht?« entgegnete der Kommandant. »Sie haben Ihre Pflicht bestens getan. Ein wenig Zerstreuung steht Ihnen zu.«

»Danke, Sir.«

»Nur glaube ich, Mr. Kelso, wir müssen aus Gründen der Rangordnung daran denken, daß Sie der jüngste meiner Offiziere sind.«

Er blickte gleichmütig in die Runde und war etwas erstaunt, als Henderson knurrig erwiderte: »Lassen Sie den Jungen gehen, Sir. Ich verzichte. Mich interessieren diese stinkigen Hafenstädte nicht.«

»Mich auch nicht, Sir«, sagte Ireton rasch. »Oder vielmehr, es würde mir morgen besser passen.«

»Mir auch, Sir«, schloß sich Bradshaw an.

»Aha.« Der Kommandant musterte sie durch halbgeschlossene Lider, und Kelso hatte das unangenehme Gefühl, er wüßte ganz genau, daß seine Offiziere alle Kelso allein an Land gehen lassen wollten.

»So sind Sie also bereit«, fragte er, »Ihr Vorrecht an Mr. Kelso abzutreten?«

»Von Vorrecht abtreten kann gar keine Rede sein, Sir«, erwiderte Henderson. »Ich habe einfach keine Lust.«

»Na schön. Und Sie, Mr. Kelso, haben nichts dagegen, allein zu gehen?«

»Allein nicht. Ich glaube, Mr. Ellisdon würde gern mitkommen – mit Ihrer Erlaubnis natürlich, Sir.«

Jetzt wurde der Kommandant erst richtig aufmerksam. Unbewegt stand er da, wartend, beobachtend, als wolle er durch sein Schweigen Kelso dazu zwingen, seine wahren Gründe preiszugeben. Aber Kelso blieb ganz ruhig. Seine Augen erwiderten Taplows forschendes Starren und verrieten nichts.

»Schön. Sie haben meine Erlaubnis.«

Während Taplow davonschritt, hütete sich Kelso, seine Kameraden anzusehen. Er ahnte mit Recht, daß Bradshaw seine freudige Erregung nicht verbergen konnte, und war keineswegs überrascht, als Henderson ihn mißtrauisch fragte: »Was haben Sie da eigentlich vor, Kelso?«

»Ich will an Land und mir die Stadt ansehen, vielleicht etwas auf dem Markt kaufen.«

»Und dazu brauchen Sie Ellisdon?«

Kelso sah ihn unschuldig an. »Ich glaube, Mr. Ellisdon kennt die Insel, Sir. Er ist schon hiergewesen.«

Als er unter Deck ging, blieb er vor der Kapitänskajüte kurz stehen. Drinnen hörte er zwei Stimmen, eine leise und eine leidenschaftlich erregte. Er konnte zwar nichts verstehen, erkannte jedoch die Stimme des Kommandanten und fragte sich unwillkürlich, warum er so heftig war. Die andere Stimme – eine Männerstimme – war schwer zu identifizieren. Kelso ging zum anderen Ende der Messe und wartete.

Taplows Stimme wurde noch lauter. Er ging jetzt in der Kajüte umher; Glas zerbrach. Dann Stille.

Nach einiger Zeit wurde das Gespräch wieder aufgenommen, doch jetzt ruhiger. Bald darauf öffnete sich unerwartet die Tür, und ein Mann kam heraus: Gleeson.

Kelso wartete ruhig ab, entschlossen, sich nicht bemerkbar zu machen; doch der Zahlmeister war zu sehr darauf bedacht, unentdeckt wegzukommen, und sah den Mann gar nicht, der im Schatten stand.

Beim Dinner war der Kommandant schweigsamer als sonst, doch anscheinend immer noch guter Stimmung. Er redete nur, wenn er angesprochen wurde, aber seine Antworten waren höflich, wenn auch etwas zerstreut. Die Passagiere und Offiziere am Tisch schienen das zu merken; der Fluß der Unterhaltung stockte und erstarb nach und nach. Kelso war voll innerlicher Spannung – sowohl wegen Kapitän Taplows Verhalten als auch wegen seiner Mission an Land. Was wußte der Kommandant? Was hatte Gleeson gehört – wenn überhaupt? Kelso sah, daß Isabel ebenfalls gespannt dasaß. Still stocherte sie in den Speisen herum; ab und zu warf sie einen ängstlichen Blick auf ihren Vater.

Plötzlich unterbrach der Kommandant die ungemütliche Stille, richtete sich auf und rief: »Mr. Kelso!«

»Sir?«

»Ich habe über Ihren Landausflug nachgedacht.«

»Ja, Sir?«

»Möchten Sie nicht die Damen mitnehmen? Sicherlich würden auch sie sich gern die Stadt ansehen.«

Ausdruckslos blickte Kelso ihn an. Er wußte, daß er geschlagen war, denn dieses Ansinnen konnte er nicht ablehnen. »Aber selbstverständlich, Sir. Ich wäre entzückt.«

»Ausgezeichnet. Nun, Mrs. Harvey, möchten Sie nicht gern in Begleitung dieses schneidigen jungen Offiziers einen Ausflug an Land machen?«

Mrs. Harvey, eine handfeste Matrone von sechzig Jahren, lächelte. »Das wäre sehr nett. Doch ich muß Mr. Kelso bitten, mich zu entschuldigen. Ich habe für fremde Häfen nicht viel übrig.«

»Kann ich verstehen, Ma'am. Jamestown ist allerdings ziemlich sauber.« Er wandte sich an Isabel. »Was ist mit meiner lieben Tochter? Möchtest du gern mit?«

Kelso sah, daß Isabel ihn fragend anblickte, und wandte absichtlich die Augen ab.

»Nein, danke, Vater. Ich glaube, ich bleibe lieber an Bord.«

Jetzt wurde das Lächeln des Kommandanten etwas mühsam. »Lady Susan?«

Sie schien zu überlegen, und Kelso hielt den Atem an. Nach einem Weilchen konnte er die Spannung nicht mehr ertragen, hob den Kopf und sah, daß sie ihn mit verstohlenem Lachen anblickte. »Aber gern«, sagte sie, »wenn Mr. Kelso nichts dagegen hat, mit einem weiblichen Wesen im Schlepptau umherzuziehen?«

»Es wird mir ein Vergnügen sein, Ma'am.«

»In diesem Fall«, sagte Isabel, »möchte ich mitkommen.«

Kelso versuchte, möglichst gleichmütig auszusehen. Er bemerkte, daß Ireton mit besorgter, Bradshaw mit unverhohlen enttäuschter Miene dasaßen. Der arme Ellisdon, der von vornherein für diese Unternehmung nicht viel übriggehabt hatte, schien sich verzweifelt unbehaglich zu fühlen.

Nach dem Dinner quetschten sie sich in die Kommandantengig

und ließen sich an Land rudern.

Später wußte Kelso nicht mehr, was er von Jamestown gesehen hatte: staubige Straßen, baumgesäumte Plätze, Bettler und brennende Sonne. Er war herzlich erleichtert, als die Damen verkündeten, sie seien müde und wollten wieder an Bord. Zusammen mit Ellisdon, der schwitzte und immer gereizter wurde, brachte er sie zum Kai, und als er ihnen in die Gig half, hatte er einen Geistesblitz: dies war seine letzte Chance. Er wandte sich zu Ellisdon um, der noch am Kai stand, und sagte: »Mir ist gerade eingefallen, daß Sie mir noch etwas zeigen wollten.«

»Eh – was?« Ellisdon versuchte gar nicht erst, seine üble Laune zu verbergen.

»Als wir diesen Landausflug besprachen . . .« sagte Kelso und sah Ellisdon bedeutsam an.

»Was? Ach, nicht jetzt, Kelso, ich bin müde.«

»Bleiben Sie hier!« sagte Kelso eindringlich. »Ich bringe die Damen an Bord und komme gleich zurück.«

»Aber . . .«

»Es dauert nicht lange.« Kelso stieg ins Boot, bevor der Arzt noch weiter protestieren konnte, und gab das Zeichen zum Ablegen.

Während sie zur *Shropshire* fuhren, blickte er zurück über das glatte Wasser und sah Ellisdon gegen einen Eukalyptusbaum gelehnt am Kai stehen, ein Bild stummen Protests. Gewiß, der Mann tat ihm leid. Er hatte vollkommen recht: Wer würde schon auf einen ältlichen Arzt und einen halben Knaben hören, die behaupteten, ihr Kommandant sei wahnsinnig?

Doch Kelso wußte auch, daß er jetzt keinen Rückzieher mehr machen konnte. Entweder er oder Kapitän Taplow mußten verschwinden.

Beim Schiff half er Isabel und Lady Susan das Fallreep hinauf an Bord. Er fürchtete, der Kommandant würde sie empfangen, aber nur Bradshaw stand auf dem Achterdeck.

»Sie fahren noch einmal zurück?« fragte Lady Susan.

Er versuchte, seine Ungeduld zu verbergen. »Ja, Mr. Ellisdon wollte mir noch etwas zeigen.«

»Aber nicht uns?«

»Er hatte es vergessen«, erwiderte Kelso. »Und dann war es schon zu spät. Ich dachte, Sie wären zu müde.«

»Sind wir auch«, sagte Isabel, »wenigstens ich. Ich gehe nach un-

ten.«
»Ich bin gar nicht müde«, sagte Laddy Susan. »Wenn Sie mich mitnehmen möchten . . .«
»Pardon, Ma'am, aber vielleicht ein andermal.« Kelso wandte sich ab, kletterte eiligst das Fallreep hinunter ins Boot und befahl den Männern, wieder an Land zu rudern. Als das Boot durchs klare Wasser glitt, blickte er zurück, halb und halb in der Erwartung, den Kommandanten zu sehen, aber er erkannte nur Bradshaw auf dem Achterdeck, der die Hand hob, und Lady Susan, die ihm von der Reling aus nachblickte.
Im nächsten Moment hatte er beide vergessen. Seinen Plan, das wurde ihm klar, konnte er immer noch ausführen. Die Verzögerung konnte sich sogar als vorteilhaft erweisen. Hätten sie in der Nachmittagshitze im Kontor vorgesprochen, wären sie vermutlich nicht sehr freundlich empfangen worden. Jetzt, nach der Siesta, mochten die Herren des Rates, vielleicht sogar der Gouverneur selbst, in besserer Stimmung sein.
Das Boot hatte noch nicht richtig angelegt, da stand Kelso schon mit einem Fuß auf der Ducht und sprang behende auf die Kaistufen. Er rannte hinauf und sah sich nach Ellisdon um. Der Arzt war nicht da.
Kelso eilte zur Hafenstraße. Außer ein paar Eingeborenen, die im Schatten schliefen, war niemand zu sehen. Ein in der Sonne liegender Hund sah ihn träge an und nickte dann wieder ein.
»Mr. Ellisdon!«
Kelso ging zum Kai zurück, in den Schatten, wo der Arzt zuletzt gestanden hatte. In der Eile fiel er beinahe über einen am Boden Liegenden.
Er drehte ihn vorsichtig um. Ellisdon starrte ihn mit blicklosen Augen an. Ein Messer ragte aus seiner Brust.

16

»Sie behaupten also, er war tot, als Sie ihn fanden?«
Der Oberst gab sich nicht die geringste Mühe zu verbergen, daß Kelso ihm verdächtig vorkam. Er war ein kleiner, arroganter Herr mit dünnen Lippen und blassen, humorlosen Augen. Als Militärbefehlshaber von Jamestown hatte er die Untersuchung zu führen.
Kelso beobachtete ihn genau und versuchte, den zweiten Offizier

zu vergessen, einen Major, der sich ostentativ an seine Seite gesetzt hatte, alles hörte, aber keinen Ton sagte. Der vierte im Zimmer war Kapitän Taplow.

»Er war tot, als ich ihn fand.«

»Und lag am Boden, ein Messer in der Brust?«

»Ja.«

»Hm«, räusperte sich der Oberst und drückte damit eine gewisse Skepsis aus. »Sie fanden ihn also«, fing er wieder an, »auf dem Kai liegen?«

»Am Ende des Kais.«

»Er lag auf dem Rücken?«

»Nein, Sir.«

Der Oberst zog die Brauen hoch. »Aber als wir ihn sahen . . .«

»Lag er auf dem Rücken, ich weiß. Doch als ich ihn fand, lag er mit dem Gesicht nach unten.«

»Das Messer unter sich?«

»Ja.«

Der Oberst warf einen Blick auf Kapitän Taplow, wandte sich aber so plötzlich, daß dieser fast erschrak, Kelso wieder zu.

»Also wirklich, Mr. Kelso! Ich gebe mir die größte Mühe, fair zu sein, aber hört sich das vernünftig an? Ein Mann wird in die Brust gestochen, bricht zusammen und sinkt um. Wie fällt er Ihrer Meinung nach?«

»Möglicherweise auf die Seite, wahrscheinlich aber auf den Rükken.«

»Aber nicht auf den Bauch, in das Messer hinein?«

»Höchstens wenn er noch lebt.«

»Wie?« Der Oberst verstand nicht. »Wie meinen Sie das – wenn er noch lebt?«

»Wenn er niedergestochen wird, aber nicht gleich tot ist, würde er instinktiv versuchen, wegzukriechen und Hilfe zu suchen.«

»Sie meinen, er wurde überfallen, stürzte zu Boden, versuchte wegzukriechen und starb dabei?«

»Ungefähr so.«

Nervös schritt der Oberst, Hände auf dem Rücken, quer durchs Zimmer zur Tür und wieder zurück, dann machte er den gleichen Weg noch einmal. Kelso hatte den Eindruck, daß er auf einen Geistesblitz hoffte. Unvermittelt blieb er stehen und blaffte: »Kapitän Taplow, was ist Ihre Ansicht dazu?«

»Das scheint mir eine plausible Theorie zu sein«, antwortete der

Kommandant sofort. »Mr. Kelso ist, wie ich Ihnen versicherte, einer meiner zuverlässigsten Offiziere; und wenn er sagt, so war es, dann hat er sicherlich recht.«

Kelso spürte, daß er rot wurde, aber nicht, weil er sich geschmeichelt fühlte, sondern weil ihn die Äußerung des Kommandanten irritierte. Er konnte den Verdacht nicht loswerden, daß Ellisdon, wenn nicht vom Kommandanten selbst, dann jedenfalls auf seinen Befehl hin ermordet worden war. Es paßte alles zu gut zusammen. Ellisdon, und nur Ellisdon, hätte das Direktorium davon überzeugen können, daß Kapitän Taplow wahnsinnig war. Wie er jetzt wirkte, in seiner Maske der Hilfsbereitschaft, seiner eleganten Uniform, Verantwortungsbewußtsein ausstrahlend, würde niemand ohne ärztliches Gutachten glauben, daß er geisteskrank sei.

»Recht oder unrecht«, sagte der Oberst ärgerlich, »es bringt uns jedenfalls nicht weiter. Wir wissen immer noch nicht, wer Ellisdon umgebracht hat.«

»Aber das ist doch klar«, sagte Kapitän Taplow. »Mr. Ellisdon war mein Schiffsarzt, ein angesehener Mann und seit mehr als dreißig Jahren bei der Company. Er hatte keine Feinde.«

»*Einen* Feind hatte er«, widersprach der Oberst, »nämlich den Mörder.«

»Dem kann ich nicht zustimmen«, erwiderte Kapitän Taplow. »Er wurde nicht von einem Feind getötet, sondern von einem Eingeborenen, der hinter seiner Börse her war.«

Der Oberst dachte einen Moment nach und nickte dann. »Vielleicht haben Sie recht. Ein Offizier der Company – eben von Bord gekommen und allein – muß ja eine dicke Börse bei sich haben.«

»Genau!«

»Nein!« Überrascht fuhren sie bei Kelsos Einspruch herum. »Mr. Ellisdon ist nicht bei einem Raub getötet worden.« Kelso wußte, daß er unklug handelte, daß er in seiner mißlichen Lage eine einleuchtende Erklärung zurückwies. Das war es ja eben: *zu* einleuchtend. Bestimmt erwartete Kapitän Taplow, daß er diese Lösung dankbar akzeptierte.

»Wie meinen Sie das?« fragte der Oberst. »Wenn Ellisdon nicht seiner Börse wegen umgebracht wurde, dann muß er doch einen Feind gehabt haben.«

»Lächerlich«, sagte Kapitän Taplow.

»Einen Feind oder jemanden, der Grund hatte, ihn zu fürchten«, erklärte Kelso.

Alle sahen ihn scharf an, der stumme Offizier mit erhobener Feder, der Oberst überrascht, und Kapitän Taplow . . .

»Was soll das heißen?« fragte der Oberst. »Wenn Sie etwas wissen, dann erzählen Sie's uns lieber!«

»Was ich weiß und was ich beweisen kann, sind zwei verschiedene Dinge«, antwortete Kelso.

»Verstehe ich nicht«, erwiderte der Oberst irritiert. »Wenn Sie etwas wissen . . .«

»Genaugenommen kann ich nur sagen, daß ich einen starken Verdacht habe.«

»Im Hinblick auf den Mörder?«

»Ich habe keine Beweise – noch nicht«, erwiderte Kelso.

»Aber Sie müssen uns Ihren Verdacht sagen.«

»Nein«, entgegnete Kelso, »tut mir leid, Sir. Aber wenn ich meinen Verdacht aussprechen würde, ohne ihn beweisen zu können, käme ich in eine unhaltbare Situation.«

»Sie denken, es ist ein Offizier – oder vielleicht ein Passagier – der *Shropshire?*«

»Ich kann keine weiteren Erklärungen abgeben, Sir.«

»Und ich sage, Sie müssen«, erwiderte der Oberst, knisternd vor Ärger.

»Bedaure, Sir . . .«

Jetzt war der Oberst ernstlich böse. Er wandte sich um. »Kapitän Taplow?« fragte er.

Der Kommandant hob verbindlich die Schultern. »Ich nehme an, Mr. Kelso hat seine Gründe.«

»Gründe, meinen Befehl zu mißachten?«

»Oh, so ist es sicher nicht gemeint.«

»Gemeint oder nicht, ich sehe es jedenfalls so an. Wenn er weiterhin schweigt, betrachte ich das als absichtlichen Affront.« Er wandte sich wieder Kelso zu und starrte ihn wütend an; als er jedoch merkte, daß dieser nicht nachgab, sagte er kurz: »Dann nicht. Major Higgs, protokollieren Sie, daß sich der Zeuge weigert, meine Fragen zu beantworten.«

Kelso stand auf. »Wenn Sie keine weiteren Fragen haben, Sir, dann bitte ich, an Bord zurückkehren zu dürfen.«

Jetzt wurde der Oberst noch wütender. Seine Schläfenadern standen prall hervor, Hände und Lippen zitterten. »So, auf Ihr Schiff möchten Sie! Erst sabotieren Sie bewußt diese Untersuchung – eine vom Gouverneur persönlich angeordnete Untersuchung –, und dann denken Sie, Sie können einfach gehen, als ob gar nichts passiert wäre! Sie haben die Unverschämtheit, sich noch als freien Mann zu betrachten?«

»Jawohl«, erwiderte Kelso scharf, »ich betrachte mich noch als freien Mann.«

»Nun – das werden wir sehen.«

»Das heißt, Sie wollen mich festnehmen lassen?«

»Das heißt, ich bin mit Ihrer Erklärung keineswegs zufrieden. Ihre Geschichte ist, offen gestanden, schwer zu glauben. Und obendrein behindern Sie die Ermittlungen.«

»Ich werde draußen warten«, sagte Kelso. Ärgerlich schritt er zur Tür und fügte hinzu: »Falls Sie es nicht für nötig halten, mich in Ketten zu legen.« Er öffnete die Tür. »Ich könnte ja schließlich *noch* einen Mord begehen.«

Immer noch wütend, verbeugte er sich draußen vor Isabel Taplow und Lady Susan. Sie betrachteten ihn besorgt, zu verwirrt, um etwas sagen zu können; Lady Susan war sichtlich erleichtert, als sie aufgerufen wurde.

Sie lächelte Isabel zu, warf einen verstohlenen, aber nicht unfreundlichen Blick auf Kelso und ging zum Oberst hinein.

Kelso setzte sich im Flur auf eine Chaiselongue und starrte trübe aufs Meer hinaus. Ihm war klar, daß er unter Verdacht stand, und ebenso klar, daß er sich eine Menge Schwierigkeiten hätte ersparen können, wenn er Kapitän Taplows Geschichte bekräftigt hätte. Vielleicht stimmte sie sogar. Vielleicht war Ellisdon tatsächlich wegen seiner Geldbörse ermordet worden.

Unvermittelt richtete er sich auf, und Isabel errötete, als er ihrem forschenden Blick begegnete. Selbst in diesem kritischen Augenblick dachte er: Wie schön sie ist! Aber er sagte: »Es würde mich interessieren, Miss Taplow, wieviel Sie von der Sache wissen?«

Sie errötete noch tiefer. »Nur das, was auch Sie wissen. Ich meine, wir waren doch zusammen an Land.«

»Nicht als Ellisdon getötet wurde. Ihr Vater hält es für einen Raubmord.«

»Ja. Sicher, das muß es sein.«

»Aber wir haben seine Börse gesehen. Erinnern Sie sich? Er nahm sie heraus, als er Obst kaufte.«

»Stimmt.«

»Und dann steckte er sie wieder in die Tasche.«

»Ja.«

»Wenn die Börse also noch da war, als sie ihn fanden . . .«

»Sie war aber nicht da.«

Ungläubig starrte er sie an. »Sind Sie sicher?«

»Ganz sicher. Er hatte keine Börse bei sich, überhaupt nichts Wertvolles. Deswegen ist mein Vater ja überzeugt, daß es ein Raubmord war.«

Kelso kam sich wie ein kompletter Narr vor. Hätte er das nur gewußt! Hätte er nur diese eine grundlegende Frage vorher geprüft! »Dann hat Ihr Vater also doch recht«, sagte er. »Und ich dachte, daß . . .«

»Daß er die Geschichte erfunden hat, um Ihnen zu helfen?« Sie kam herüber und setzte sich offensichtlich bewegt neben ihn auf die Chaiselongue. »Er hat es bestimmt getan, um Ihnen zu helfen«, sagte sie. »Denn, glauben Sie mir, er mag Sie wirklich gern – trotz allem, was geschehen ist.«

»Aber wenn Ellisdon seines Geldes wegen ermordet wurde . . .« Kelso runzelte die Stirn; es fiel ihm schwer, einen Verdacht, der noch vor kurzem Gewißheit gewesen war, so schnell fallenzulassen. »Jemand muß uns gefolgt sein – wahrscheinlich vom Marktplatz aus.«

Sanft legte Isabel ihm die Hand auf den Arm. »Vergessen Sie das«, sagte sie. »Der Mord war schrecklich und sinnlos – aber weder Sie noch ich hätten etwas tun können, um ihn zu verhindern.«

»Wir hätten Ellisdon mit an Bord nehmen können.«

Zögernd und mit niedergeschlagenen Augen sagte sie: »Ja, darüber habe ich mich auch gewundert. Warum haben Sie ihn an Land gelassen?«

Kelso blickte sie an, war aber zu vertieft in seine Gedanken, um ihre Frage zu verstehen. »Es muß ein Eingeborener gewesen sein«, sagte er. »Als Ellisdon ermordet wurde, befand sich sonst keiner von uns an Land.«

»Außer meinem Vater und Mr. Gleeson«, antwortete sie etwas irritiert, weil sie merkte, daß er ihr nicht zugehört hatte; um so mehr erschrak sie über seinen plötzlichen Stimmungsumschwung: er sprang auf und starrte sie ungläubig an. »Sind Sie ganz sicher? Kapitän Taplow und Mr. Gleeson waren an Land?«

»Ja. Doch ich sehe nicht ein . . .«

»Aber wie sind sie denn an Land gekommen? *Wir* hatten doch die Kommandantengig!«

»In der Pinasse.«

»Gleich nach dem Dinner?«

»Ja – aber ich verstehe immer noch nicht.« Verwirrt blickte sie ihn an, und als er schwieg, spiegelten sich Schrecken und Unglauben auf ihrem Gesicht. »Mr. Kelso, Sie denken doch nicht etwa . . .«

»Ich weiß nicht, was ich denken soll«, sagte er rauh.

»Daß mein Vater etwas mit Mr. Ellisdons Tod zu tun haben könnte?«

Er richtete sich steif auf und wiederholte mit seiner ausdruckslosesten Stimme: »Ich weiß nicht, was ich denken soll.«

Doch wenn er glaubte, Isabel mit unverbindlichen Phrasen beruhigen zu können, irrte er sich. Auch sie sprang auf und starrte ihn an, den Kopf im Nacken, so daß sie ihm in die Augen sehen konnte. »Mr. Kelso«, sagte sie, »bis jetzt hegte ich keinerlei Abneigung gegen Sie. Im Gegenteil, Sie hatten mein Mitgefühl, denn es ist nicht leicht, mit meinem Vater auszukommen.« Sie hielt einen Moment inne und fuhr dann mit wachsendem Unwillen fort: »Aber wenn Sie denken, daß mein Vater, nur weil er ein kranker Mann ist und zu Wutanfällen neigt, einen Mord begehen oder eine so schreckliche Tat auch nur in Erwägung ziehen könnte, dann irren Sie sehr. Und was noch mehr ist – ich verachte Sie dafür.«

Kelso hatte im Moment keinen Sinn für ihren Unwillen; auch nicht für ihre Schönheit, die durch den Zorn noch erhöht wurde. Er hätte nur die Hand zu heben brauchen, um ihre Schulter zu berühren, sie tröstend zu streicheln, aber er tat weiter nichts, als daß er wie im Selbstgespräch fragte: »Er war aber doch schon vormittags an Land. Warum sollte er am Nachmittag noch einmal fahren?«

Zornig erwiderte Isabel: »Das fragen Sie ihn besser selber – anstatt ihn hinter seinem Rücken einer so schrecklichen Tat zu verdächtigen!«

Kelso nickte abwesend und schritt zum Fenster. Da die Gebäude der Company auf einem Hügel lagen, hatte er gehofft, direkt auf den Kai sehen zu können, zum eigentlichen Schauplatz des Verbrechens hinunter; aber eine Hecke blühender Büsche versperrte ihm die Aussicht. »Er kann natürlich noch etwas mit dem Gouverneur zu besprechen gehabt haben«, sagte er.

»Vielen Dank«, entgegnete sie sarkastisch.

Kelsos hartnäckige Spekulationen wurden unterbrochen, denn die Tür ging auf und Lady Susan kam wieder heraus. Sie trat zu Isabel und sagte leise: »Die Herren möchten jetzt deine Aussage hören.« Dann setzte sie sich auf einen Stuhl in der entferntesten Ecke des Vorzimmers. Kelso blieb beim Fenster stehen und wartete.

Nach zehn oder zwanzig Minuten, vielleicht auch einer halben Stunde, öffnete die Tür sich wieder, und Isabel kam mit ihrem Vater heraus. »Mr. Kelso, der Oberst wünscht Sie zu sprechen«, sagte sie kalt.

Geistesabwesend, immer noch das Problem wälzend, trat Kelso ein und bemerkte kaum die deutliche Veränderung der Atmosphäre.

»Kommen Sie näher, Kelso«, sagte der Oberst. »Ich habe noch einige Fragen an Sie.«

»Ja?«

»Ich brauche wohl kaum zu bemerken, wie notwendig es ist – in Ihrem wie in unserem Interesse –, daß Sie die absolute Wahrheit sagen.«

Langsam erwachte Kelso wieder zum Leben. Seine Miene wurde hart; seine Augen waren nicht mehr von dem Widerstreit in seinem Innern getrübt, sondern richteten sich voll auf den Oberst. »Beschuldigen Sie mich der Lüge?« fragte er.

»Im Augenblick beschuldige ich Sie überhaupt nicht«, erwiderte der Oberst steif.

»Dann möchte ich nur folgendes sagen, Sir: Sie führen hier eine Untersuchung – wie ich höre, auf Anordnung des Gouverneurs –, aber Sie haben keine juristischen Befugnisse oder Vorrechte.«

»Was! Sie sind unverschämt!«

»Und wenn Sie sagen, daß ich lüge«, sprach Kelso stur weiter, »werde ich nicht zögern, Satisfaktion zu verlangen.«

»Also, da hol mich doch der Teufel!« Der Oberst stotterte vor Unmut. »Sie wagen es, mich zu fordern?«

»Ich würde selbst den Gouverneur fordern, wenn er meine Ehre in Zweifel zöge.«

Der Oberst öffnete ein paarmal den Mund, um etwas zu sagen, doch die Verbindung zwischen Hirn und Zunge schien unterbrochen. Als er endlich wieder sprechen konnte, war sein Ton sachlich, beinahe verbindlich: »Wie ich höre, hatten Sie von Anfang an geplant, mit Mr. Ellisdon an Land zu gehen?«

»Das ist richtig.«

»Aber nicht mit Miss Taplow und Lady Verity?«

»Ellisdon und ich wollten an Land.«

»Warum?«

»Wir hatten uns das vorgenommen.«

»Aber warum?«

Kelso deutete ein Achselzucken an. »Wir waren mehrere Monate auf See. Wir brauchten etwas Zerstreuung.«

»Aber Sie sind der jüngste Offizier an Bord, und Mr. Ellisdon war der älteste. Darüber hinaus ist mir bekannt, daß er selten Wert darauf legte, in fremden Häfen an Land zu gehen. Welchen speziellen Grund kann er dafür gehabt haben, gerade hier einen Landausflug zu unternehmen – ausgerechnet mit Ihnen?«

Kelso überdachte seine Antwort sorgfältig. »Genaugenommen wollte er eigentlich überhaupt nicht an Land.«

»Aber er ging an Land und wurde getötet. Warum?«

»Das weiß ich nicht«, antwortete Kelso. »Ich kann es nur vermuten. Ich muß Sie bitten, mir zu glauben, daß mir genausoviel wie Ihnen daran liegt, den Mörder zu fassen.«

»Dann helfen Sie uns, indem Sie uns sagen, warum der Arzt an Land ging.«

Sekundenlang überlegte Kelso ernsthaft, ob er die ganze Geschichte auspacken sollte. Ein wahnsinniger Kommandant, eine zweiköpfige Deputation, um seine Ablösung zu fordern. Jetzt kam ihm schon der bloße Gedanke ungeheuerlich vor; und auf diesen korrekten Beamten mußte er noch ungeheuerlicher wirken.

»Tut mir leid, Sir«, erwiderte er, »aber das kann ich Ihnen nicht sagen.«

Der Oberst warf dem Major einen bedeutungsschweren Blick zu und ging dann wieder zum Angriff über. »Na schön, Sie *wollen* uns also nicht sagen, warum Sie an Land kamen. Können Sie uns wenigstens verraten, warum Sie Mr. Ellisdon bewogen haben, solange an Land zu bleiben, während Sie die Damen zurück an Bord brachten?«

»Nein, Sir.«

»Können Sie nicht oder wollen Sie nicht?«

»Ich kann Ihnen das nicht sagen, Sir, ohne meinen Verdacht auszusprechen.«

Der Oberst blickte Kelso so eindringlich an, daß er die Fliege nicht verscheuchte, die sich auf seine Nase setzte. »Mr. Kelso, ich weiß nicht, ob Ihnen klar ist, daß Sie in einer sehr ernsten Lage sind. Sowohl Miss Taplow als auch Lady Verity haben bestätigt, daß Sie alle wieder zum Kai gingen in der Absicht, zusammen an Bord zurückzukehren. Plötzlich entschlossen Sie sich anders und bewogen Mr. Ellisdon, an Land zu bleiben. Er wollte das anscheinend gar nicht, sondern mit Ihnen zurück an Bord. Aber Sie haben ihn überredet, fast gezwungen, an Land zu bleiben, während Sie zum Schiff fuhren.«

»Ich kehrte sofort zurück, sowie ich die Damen an Bord gebracht hatte.«

»Und fanden Ellisdon tot?«

»Ja.«

Der Oberst beugte sich vor. »Mr. Kelso, ich hoffe, Sie nehmen es mir nicht übel, wenn ich sage, daß Ihre Geschichte – nun, wenig überzeugend klingt. Ein alter Mann läuft in der größten Tageshitze durch die Stadt (und Sie sagen selbst, eigentlich wollte er gar nicht an Land), kommt müde, staubig und verschwitzt an den Kai zurück; und dann, statt ihn mit an Bord zu nehmen, zwingen Sie ihn, an Land zu bleiben – allein.« Er sah Kelso eindringlich an, als erwarte er eine Antwort. Als diese nicht kam, fragte er: »Ist das richtig?«

Kelso nickte. »Ja – im wesentlichen ist das richtig.«

»Dann können Sie selbst ermessen, wie wichtig der Grund für Ihr seltsames Verhalten ist. Ich würde so weit gehen zu sagen, er ist der Schlüssel zu diesem Rätsel. Erzählen Sie uns, *warum* Sie Ellisdon an Land ließen, Kelso, und ich glaube, dann finden wir seinen Mörder.«

»Das glaube ich auch, Sir.«

»Nun?«

»Aber ich kann es Ihnen nicht sagen, fürchte ich.«

»Was? Sie geben offen zu, einen Mörder zu decken?«

»Ich decke ihn nicht. Mir liegt, wie gesagt, ebensoviel wie Ihnen daran, daß er gefaßt wird.«

»Dann helfen Sie uns. Unterstützen Sie uns, statt uns zu behindern.«

»Ich will ihn fassen, Sir, aber ich muß Sie bitten, es mich auf meine Weise tun zu lassen.«

Nach diesen Worten trat eine lange, ungemütliche Stille ein. Kelso hörte das Exerzieren der Sepoys*) unten im Hof: »Achtung! Feuer!« Vor diesen Gewehren würde der Mörder stehen – wenn er je gefaßt wurde.

»Ich weiß nicht, ob Sie begreifen, Kelso«, sagte der Oberst schließlich, »daß Ihr Schweigen Sie doppelt verdächtig macht?«

»Wieso?«

*) indische Soldaten der Ostindischen Handelsgesellschaft

»Niemand hatte bessere Gelegenheit als Sie, Ellisdon zu töten. Niemand hat sich solche Mühe gegeben, mit ihm allein zu sein.«

Kelso nickte. »Das begreife ich. Ich sehe selbst, daß mein Verhalten Ihnen verdächtig vorkommen muß. Immerhin, wenn Sie mir Vertrauen schenken . . .«

»Unglücklicherweise«, unterbrach der Oberst, »können wir gerade das nicht tun.«

»Sie wollen mir also bei meinen Nachforschungen nicht helfen?«

»Davon kann gar nicht die Rede sein. Ich will im Gegenteil damit sagen, daß Sie unter Arrest stehen. Sie bleiben als mein Gefangener hier. Major Higgs wird Sie eskortieren. Ich muß Sie um Ihr Ehrenwort bitten, keinen Fluchtversuch zu unternehmen.«

»Wohin sollte ich auf dieser Insel fliehen?«

»Ihr Ehrenwort?«

»Jawohl – aber sagen Sie mir wenigstens, unter welcher Beschuldigung ich festgenommen bin.«

»Unter der Beschuldigung des Mordes an Mr. Ellisdon, Arzt des Company-Schiffes *Shropshire*«, antwortete der Oberst.

17

Unter anderen Umständen hätte Kelso sein erzwungenes Verweilen auf St. Helena ganz angenehm gefunden. Major Higgs, sein Bewacher, war ein geschniegelter junger Herr, der seinem Gefangenen keineswegs übelwollte, sondern ihn anscheinend insgeheim bewunderte. Daß der Major ein Mann von Belang war, sah man schon an seinem prächtigen, im Kolonialstil gebauten Hause mit den aus England importierten Tapeten und Möbeln sowie an seiner üppigen Tafel. Er behandelte Kelso nicht als Gefangenen, sondern als willkommenen Gast. Kelso hatte sein Ehrenwort gegeben, nicht zu fliehen, und es kam dem Major gar nicht in den Sinn, daß ein Offizier sein Ehrenwort brechen könne. Somit führte Kelso ein Leben, das sich von dem an Bord der *Shropshire* erheblich unterschied: jeden Tag ein exzellentes Dinner; danach, bei Portwein und Zigarren, mußte Kelso vom Leben auf See erzählen. Der Major konnte, wie es schien, nicht genug davon hören. Kelso verlor angesichts dieser Begeisterung nach und nach seine Zurückhaltung, taute auf und fand die Gesellschaft des Majors sehr angenehm.

Doch seine mißliche Lage konnte er natürlich nie ganz vergessen. Mitten im gemütlichen Gespräch fiel ihm ein, daß man ihn füsilieren würde, wenn man ihn des Mordes schuldig sprach. Der Gouverneur hatte die Kriegsgerichtsverhandlung für den Fünfzehnten anberaumt – das war in zehn Tagen. Und der Oberst suchte eifrig nach weiterem Beweismaterial. Aber was konnte er vorbringen? Kelsos Hoffnung lag in der Tatsache, daß niemand aussagen konnte, er hätte ihn mit Ellisdon allein gesehen. Der Arzt mußte getötet worden sein, während Kelso sich im Boot befand. Man konnte ihn doch bestimmt nicht auf einen bloßen Verdacht hin verurteilen?

Doch schon kamen ihm Zweifel. Er hatte genügend vom Leben auf solchen monateweit von England entfernten Außenposten gesehen, um zu wissen, daß ein Gouverneur und sein Direktorium fast absolute Macht besaßen. Wenn sie ihn verurteilen wollten, konnten sie das auch tun. Hielten sie ihn für den Mörder, würden sie ihn erschießen lassen.

Unter diesen Umständen war Kelso erfreut, als er Besuch von der *Shropshire* bekam. Henderson erschien, grob und knurrig wie immer, doch nachdem er Kelso einen Narren, Dummkopf und Schlimmeres genannt hatte, versicherte er, daß er ihn für unschuldig hielt. Ireton kam, zutiefst betroffen von Ellisdons Tod und der Notlage seines Freundes; und er sagte nicht nur, daß Kelso unschuldig sei, sondern auch, daß er vor Gericht für ihn eintreten würde. Der dritte Besucher war Bradshaw.

Von dem indischen Diener angemeldet, stürzte er herein und fiel Kelso spontan um den Hals. »Mein lieber Junge! Mein armer, lieber Kerl! Was ist das bloß für ein Unsinn? Sie sollen Ellisdon ermordet haben? So einen Blödsinn habe ich nie im Leben gehört!«

Kelso, der bewegter war, als er sich anmerken ließ, stellte ihn Major Higgs vor. Sekundenlang schien es, als wolle Bradshaw seine Empörung an dem Major auslassen, aber Kelso nahm ihn lächelnd beim Arm, und sie schritten über den schütteren Rasen zu einer Pinie, in deren Schatten sie Platz nahmen. Die Berghänge bedeckten Gärten und Villen von ähnlich luxuriösem Zuschnitt wie die Higgs'. Ein anderer Hügel über der Bucht trug die Geschäftshäuser und Kasernements der Company – und die Mauer, an der die Schwerverbrecher erschossen wurden.

»Kann ich irgend etwas tun?« fragte Bradshaw. »Ich bin beim Warten auf diesen Landurlaub fast verrückt geworden. Erst war Henderson dran, dann Ireton. Ich sagte ihm, er solle Sie fragen, was wir tun könnten, aber der arme Kerl war in einem solchen Zustand ...«

»Ich weiß«, erwiderte Kelso, »als er hier war, dachte ich, ihr könntet gar nichts tun; ich müßte mich eben darauf verlassen, daß sie keine Beweise haben ...«

»Die brauchen gar keine Beweise«, rief Bradshaw aus. »Denen reicht die Überzeugung daß Sie Ellisdon umgebracht haben.«

»Das fürchte ich auch.«

»Sie müssen ihnen endlich sagen, warum Sie an Land gegangen sind.«

»Und vor dem Gouverneur oder dem Marine-Superintendenten behaupten, daß mein Kommandant wahnsinnig ist?«

»Warum nicht? Es ist die Wahrheit. Wir werden Ihre Aussage bestätigen, Ireton und ich.«

Kelso schüttelte den Kopf. »Das hat keinen Zweck. Ich habe mir's hundertmal überlegt; es nützt nichts.«

»Warum denn nicht, um Gottes willen?«

»Erstens, weil Kapitän Taplow nie als wahnsinnig gelten wird – wenigstens nicht ohne Ellisdons Gutachten. Sie haben ihn ja selbst gesehen: Galauniform, Säbel, Dreispitz – jeder Zoll ein Kommandant. Wenn ich denen sage, warum ich an Land gegangen bin, warum ich Ellisdon warten ließ, während ich die Damen an Bord brachte – das ganze Gericht würde mich auslachen.«

»Aber wenn wir Ihre Angaben bestätigen?«

»Nein.« Wütend schlug Kelso nach einer Fliege, die sich auf sein Knie niedergelassen hatte. »Ohne Ellisdon sind wir machtlos. Taplow ist zu schlau, als daß auch nur der geringste Verdacht einer Geisteskrankheit aufkommen könnte. Er wird sich die ganze Zeit aufs allerbeste benehmen, höflich sein, lächeln, seine Worte bedachtsam wählen ...«

Bradshaw dachte nach. »Aber wenn wir ihn dazu bringen, daß er sein gutes Benehmen vergißt, wenn wir ihn reizen könnten ...«

»Ich weiß«, nickte Kelso, »daran habe auch ich gedacht. Vielleicht versuche ich es, wenn wirklich Not am Mann ist.«

»Aber warum wollen Sie so lange warten? Wir wissen doch, daß er verrückt ist.«

»Das hebe ich mir als letztes Mittel auf.«

Bradshaw wandte sich Kelso zu; sein rosiges Gesicht bekam Falten vor Ärger. »Aber warum? Warum? Sie haben doch nicht etwa Mitleid mit dem Mann oder Achtung vor ihm?«

»Nein, nichts dergleichen.«

»Dann verstehe ich Sie nicht.«

Kelso antwortete nicht, sondern sah auf den steilen, baumbestandenen Abhang und das klare Wasser dahinter. Draußen in der Bucht lag die *Shropshire* gravitätisch vor Anker.

»Wegen der Tochter kann es doch nicht sein«, sagte Bradshaw nachdenklich; er blickte Kelso an, nahm eine Spur von Verwirrung bei ihm wahr und brach aus: »Du lieber Gott! Das ist es also! Sie sind in Isabel Taplow verliebt!«

»Unsinn!« protestierte Kelso. »Ich finde nur, daß es zwecklos ist, gleich drei Karrieren zu ruinieren – nicht nur meine eigene, sondern auch Ihre und Iretons – wegen einer Geschichte, die uns wahrscheinlich mehr schadet als nützt.«

»Aber nicht, wenn wir ihn provozieren können.«

»*Falls* wir ihn provozieren könnten. Wir sind nicht sicher, daß es uns gelingt. Angenommen, Sie stehen vor Gericht auf und halten ihm alle seine Verfehlungen vor, erinnern ihn an die Gemeinheiten, die er sich an Bord geleistet hat. Wenn er einfach nicht reagiert? Mir kommt er langsam zu schlau für uns vor. Wenn er Willenskraft genug hat, um sich vor Gericht zu beherrschen, könnte er all unsere Vorwürfe mit Gründen widerlegen, die jeder Richter vernünftig finden würde. Er könnte uns eine Anklage wegen Meuterei anhängen.«

Resigniert hob Bradshaw die Schultern. »Na schön. Also provozieren wir ihn nicht. Aber eins möchte ich wissen: was tun wir?«

»Ellisdons Geldbörse suchen«, antwortete Kelso.

»Ellisdons Börse!«

»Ich weiß, es ist eine unsichere Sache, aber ich habe ständig daran denken müssen. Ich bin überzeugt, wenn wir herausbekommen, wer seine Börse gestohlen hat, können wir beweisen, daß ich Ellisdon nicht getötet habe.«

»Und den Mörder finden.«

»Vielleicht.« Kelso setzte sich auf und schlang die Arme um die Knie. »Wir wissen, daß Ellisdon eine Börse trug, denn wir haben gesehen, wie er sie auf dem Markt herausnahm.«

»Auch andere Leute werden das gesehen haben.«

»Wahrscheinlich. Jedenfalls hatte er die Börse nicht mehr bei sich, als er gefunden wurde.«

»Aha! Beweist das nicht schlüssig, daß Sie Ellisdon nicht getötet haben können? Wenn er wegen seiner Börse ermordet wurde und

Sie sie nicht haben ...«

»Das kann ich nicht beweisen.«

»Verdammt, Kelso, kein Mensch wird glauben, daß Sie oder irgendein anderer Offizier der Company einen Mann wegen seiner Geldbörse umbringen würde!«

»Das hat auch Kapitän Taplow gesagt.«

»Was? Er hat sich für Sie eingesetzt?«

»O ja. Ihm lag sehr daran, daß ich freikam.«

»Also, das muß ich ihm hoch anrechnen! Aber ich verstehe immer noch nicht. Wenn es ein Raubmord war ...«

»*Falls*«, sagte Kelso. »Ich dachte damals schon und denke es heute noch, daß Ellisdon aus einem ganz bestimmten Grund getötet wurde. Der Raub war ein Zufall.«

»Und das haben Sie dem Untersuchungsrichter gesagt?«

»Ja.«

»Aber, Kelso! War das nicht sehr unbedacht?«

»Es bedeutete, daß ich den Oberst umstimmte und auf ein schönes Alibi verzichtete.«

»Aber warum?«

Kelso ballte die Fäuste. »Weil ich fest entschlossen bin, den armen Ellisdon zu rächen. Weil ich entschlossen bin, zu Ende zu führen, was er vorhatte.«

Unsicher blickte Bradshaw ihn an. »Beweisen, daß der Kom mandant verrückt ist?«

»Denken Sie nach. Wer hatte am meisten Ursache, Ellisdon zu fürchten? Wer wußte, daß Ellisdon – und nur Ellisdon – ihn zugrunde richten konnte?«

»Kapitän Taplow.«

»Ich bin überzeugt, der Kommandant wußte von unserem Plan, ebenso wie er alles weiß, was an Bord vor sich geht. Wahrscheinlich hat Gleeson gelauscht. Jedenfalls, als ich hörte, daß Taplow und Gleeson beide an diesem Nachmittag an Land waren ...«

»Natürlich!« Erregt schlug Bradshaw die Hände zusammen. »Daran dachte ich nicht!«

»Doch indem ich nach dieser Überzeugung handelte«, fuhr Kelso fort, »brachte ich mich in eine schwierige Lage. Soweit ich sehen kann, gibt es nur eins, was mir helfen könnte.«

»Ellisdons Börse?«

»Ja. Wir haben nicht viel Zeit – zehn Tage –, aber ich wäre Ihnen verbunden, wenn Sie und Ireton sich alle Mühe geben würden.«

»Aber wo sollen wir suchen? Wie sollen wir sie erkennen?«

»Eine schwarze Lederbörse, ziemlich abgewetzt. Wie ich Ellisdon kenne, trägt sie wahrscheinlich seinen Namen oder sein Monogramm. Wo Sie suchen, hängt weitgehend von der Gelegenheit ab. Wenn Sie oder Ireton an Land kommen, würde ich sagen, auf dem Marktplatz. Bewegen Sie sich möglichst unauffällig. Halten Sie die Augen offen. Wenn der Dieb ein Eingeborener war, wird er das Geld wahrscheinlich bald ausgeben.«

»Und wenn nicht?«

»Wenn es ein Weißer war, jemand vom Schiff, dann nur Gleeson oder der Kommandant.«

»Sie meinen, wir sollten auch ihre Kajüten durchsuchen?«

Kelso überlegte einen Moment und lächelte dann. »Das ist ziemlich viel verlangt. Aber ich bin auch in einer ziemlich verzweifelten Situation, das müssen Sie zugeben.«

18

Die Tage verstrichen langsam; die Verhandlung rückte immer näher, und Kelsos Lage wurde immer verzweifelter. Er wurde vom Marine-Superintendenten und vom Gouverneur persönlich vernommen: beide deuteten ihm an, wenn er für schuldig befunden wurde, drohte ihm die Höchststrafe. Der Mord hatte die Insulaner erregt und empört, die Gefühle schlugen hoch. Eines Tages sammelte sich eine aufgeregte Menge vor Major Higgs' Tor; er bedeutete Kelso, lieber im Haus zu bleiben. So eingeengt, fiel er ins Grübeln und wurde immer gereizter. Selbst Iretons und Bradshaws Besuche, die einzige Abwechslung in seiner Einsamkeit, endeten häufig mit Streit.

Der arme Bradshaw geriet ganz durcheinander. Er war ein Gefühlsmensch, daher verursachten ihm die Ungerechtigkeit und die drohende Tragödie tiefe Depressionen. In jedem seiner Worte klang Hilflosigkeit mit; und ihre Zusammenkünfte, die immer sehr herzlich begannen – sogar, was Bradshaw betraf, gefühlvoll –, endeten gewöhnlich bitter. Bradshaw war der Ansicht und sprach sie auch deutlich aus, daß Kelso seine Chancen verspielte: aus quixotischer Galanterie weigere er sich, den Vater des Mädchens, das er liebte, zu beschuldigen.

Das sei Unsinn, sagte Kelso dazu. Er sei nicht in Isabel verliebt, sie tue ihm leid. Aber das habe nichts mit seiner Entscheidung zu tun, sich zu verteidigen, ohne den Kommandanten hineinzuziehen. Eine solche Verteidigung würde ihm und seinen beiden Freunden nur schaden. Der Verdacht, daß der Kommandant etwas mit Ellisdons Tod zu tun hatte, war in der Tat nicht mehr als ein Verdacht. Sie besaßen nicht den geringsten Beweis, nicht einmal einen Hinweis außer der Tatsache, daß Kapitän Taplow und Gleeson zur kritischen Zeit an Land gewesen waren.

»Sie sind umgefallen!« forderte Bradshaw Kelso heraus. »Erst vor ein paar Tagen waren Sie entschlossen, Ellisdon zu rächen und zu vollenden, was er begonnen hatte.«

Kelso konnte nur den Kopf schütteln. »Ich hatte Zeit zum Nachdenken und werde meine Unschuld beweisen, ohne einen anderen zugrunde zu richten.«

»Oder dabei kaputtgehen«, kommentierte Bradshaw bissig.

Bradshaws Gereiztheit machte Kelso nur noch einsamer. Major Higgs blieb nett und liebenswürdig; aber Kelso konnten das Geplauder bei Tisch und die Geschichten vergangener Seegefechte nicht von seinen düsteren Gedanken über Leben und Tod ablenken. Und nicht einmal sich selbst gegenüber vermochte er den Grund für seine Sinnesänderung anzugeben.

An einem Nachmittag geschah etwas Unerwartetes. Major Higgs trat in sein Zimmer und verkündete: »Besuch für Sie, mein Lieber!«

Kelso glaubte, aus seiner Stimme Erregung, sogar Neid herauszuhören; jedoch war er sehr überrascht, als Lady Susan ins Zimmer rauschte.

Er sprang auf und verbeugte sich. »Lady Susan!«

»Mr. Kelso, ich hoffe, Sie verzeihen den Besuch.«

»Verzeihen! Ich kann gar nicht sagen, wie dankbar ich Ihnen bin, Ma'am!«

»Unsinn! Ich bin gekommen, weil ich Sie sehen wollte, und . . . Also, ich möchte Ihnen helfen.«

Kelso lächelte erfreut und bot ihr einen Stuhl an.

»Mit Ihrer Erlaubnis«, sagte Major Higgs taktvoll, »ich habe noch etwas Wichtiges zu erledigen.«

Kelso saß ihr gegenüber und fand sie wieder einmal wunderhübsch, ja sogar schön, wenn ihr wahres Gesicht, beseelt und angeregt wie eben jetzt, durch den Schleier aus guten Manieren und vornehmer Herkunft schimmerte. Sie war so aufgeregt wie ein junges

Mädchen bei einem Abenteuer.

»Ich mußte Sie sprechen«, begann sie, »und sei es auch nur, um herauszubekommen, was zwischen Ihnen und Isabel Taplow vorgegangen ist.«

»Miss Taplow!«

»Am Tag Ihrer Festnahme brachte ich sie in Tränen aufgelöst an Bord zurück, und später in unserer Kajüte war sie fast von Sinnen.«

Ausdruckslos sah Kelso sie an.

»Was ist geschehen, Mr. Kelso? Was haben Sie ihr gesagt, das sie so verletzt hat?«

»Ich weiß es nicht. Vielleicht hat sie sich über Ellisdons Tod so aufgeregt.«

»Nein, es war mehr als das. Es hatte etwas mit Ihnen zu tun.«

»Woher wissen Sie das?«

»Weil ich Isabel kenne. Weil ich merke, daß . . .« Sie zögerte, schlug die Augen nieder, sah ihm dann aber offen ins Gesicht: »Weil ich weiß, daß Isabel Sie liebt«, sagte sie.

»Was?« Er war so verdutzt, daß er halb aufsprang.

»Oh, es ist durchaus wahr, das versichere ich Ihnen«, sagte sie gelassen.

Er fühlte, daß er rot wurde. »Hat Isabel – Miss Taplow – mit Ihnen darüber gesprochen?«

»O nein. Sie verstehen Isabel nicht. Sie ist wie ihr Vater . . .« Sie zögerte und fuhr dann hastig fort: »Isabel ist nicht so, daß sie ihre geheimsten Gedanken enthüllt. Sie behält sie für sich, bewahrt sie eifersüchtig, bis es zuviel für sie wird. Dann gerät sie ganz durcheinander. Sie hat schon bald nach Beginn der Reise gewußt, daß sie Sie liebt – oh, ich könnte es Ihnen auf den Tag genau sagen –, und dann, als Sie verhaftet wurden, hat sie sich so aufgeregt . . .«

»Weil ich verhaftet wurde?«

»Nein, deshalb allein nicht«, sagte Lady Susan nachdenklich. »Wie gesagt, ich kenne Isabel. Ihre natürliche Reaktion wären Zorn und Empörung gewesen. Sie wäre mordswütend auf diejenigen geworden, die Sie des Mordes für fähig halten. Sie hätte ihren Vater, mich und alle Offiziere an Bord aufgefordert, sofort etwas zu unternehmen, um Ihre Unschuld zu beweisen.«

»Aber das tat sie nicht?«

»Sie weinte nur.«

Kelso war so verstört, daß er nicht mehr sitzenbleiben konnte. Er mußte sich zum Fenster wenden, damit Lady Susan ihm nicht ansah, was er dachte. Sein Leben lang hatte er Menschen verachtet, die ihre Gefühle zur Schau trugen: jetzt, da er liebte, konnte er nicht einmal seine Gesichtszüge beherrschen.

Denn er liebte Isabel. Er war zu ehrlich, um das Gefühl zu verkennen, das er für sie hegte, selbst wenn er es vor seinem Freund leugnete. Sie war so schön. Ihre Schönheit fesselte ihn mehr als Freundlichkeit, Güte, jugendlicher Charme an sie.

Als er sich etwas gefaßt hatte, wandte er sich um und fragte: »Hat Sie Ihnen denn nicht von diesem Tag erzählt?«

»So gut wie nichts. Nur daß sie vernommen wurde – ebenso wie ich.«

»Nichts weiter?«

Lady Susan überlegte. »Doch – ja, sie sagte so etwas wie: ›Weshalb kann er das nur glauben? Wie kann er so grausam sein?‹ Das fragte sie unter Tränen. Ich übertreibe nicht, Mr. Kelso, wenn ich Ihnen sage, daß ich manchmal um ihren Verstand fürchtete.«

Er sah sie forschend an. Ob sie wohl wußte, was sie damit sagte? Hatte auch sie den Verdacht, daß Isabels Vater wahnsinnig war? Oder hielt sie ihn, weil er zwischendurch immer wieder normale Perioden hatte, für geistig gesund? Und: war der Kommandant wirklich geisteskrank? Immerhin mußte Kelso zugeben, daß gewisse Zweifel nicht auszuschließen waren. Konnten diese Ausbrüche, diese anscheinend unbeherrschten Wutanfälle, nicht auch einfach Temperament sein? Kapitän Taplow hatte in Indien Dienst getan. Kelso hatte andere Offiziere gesehen, die nach einem halben Leben draußen zurückkamen; er konnte sich an keinen erinnern, der ein ausgeglichenes Temperament besaß.

Doch Ellisdon war seiner Sache so sicher gewesen. Gerade er wäre nie gegen einen Offizier der Company vorgegangen, wenn Raum für Zweifel geblieben wäre. Der Arzt hatte klar und deutlich gesagt, daß Kapitän Taplow verrückt sei.

Auch wenn Kelso die Verzweiflung des geliebten Mädchens das Herz zerriß, mußte er sich selbst gegenüber ehrlich bleiben. Er glaubte immer noch, daß Kapitän Taplow geisteskrank war und um der Sicherheit von Schiff und Mannschaft willen seines Kommandos enthoben werden mußte. Aber in einem Punkt, der ja wirklich nur eine Theorie war, konnte er einlenken.

»Lady Susan – ich kann Ihnen gar nicht sagen, wie sehr ich Ihnen zu Dank verpflichtet bin.«

»Weil ich denen helfen will, die ich liebe?« Unvermittelt errötet sie und verbesserte sich. »Ich meine natürlich meine arme Isabel.«

»Leider darf ich Ihnen nicht sagen, was an jenem Tag zwischen uns vorgegangen ist. Aber ich habe Dinge geäußert – vielleicht war ich erregt –, die ihr, wenn ich es mir überlege, weh getan haben müssen.«

Er hielt inne und konnte nicht umhin zu bewundern, mit welcher Gelassenheit sie darauf wartete, daß er weitersprach. Keine Fragen, kein Drängen – sie wollte nur hören, was er zu sagen hatte.

»Jedoch«, fuhr er fort, »wäre ich Ihnen noch mehr verpflichtet, wenn Sie Miss Taplow etwas ausrichten würden.«

»Gewiß, aber glauben Sie nicht, ein Brief wäre angebrachter?«

Er brauchte nicht lange zu überlegen. »Ich kann mich nicht sehr gut ausdrücken«, erklärte er, »und am wenigsten schriftlich.«

»Also bitte.«

»Seien Sie so freundlich, ihr zu bestellen, daß es mich schmerzt, wenn ich sie erschreckt habe.«

»Ich werde es ausrichten.«

»Sagen Sie ihr, daß ich übereilt gesprochen habe und mir bei nährerer Überlegung klargeworden ist, daß . . .« Er zögerte und schloß dann: »Daß ich mich geirrt habe.«

Lady Susan nickte lächelnd. »Ich werde es ihr sagen. Und für meine Person darf ich Ihnen danken, daß Sie mit Ihrem Gewissen einig geworden sind.« Sie stand auf und hielt ihm die Hand hin. »Auf Wiedersehen. Ich will nicht versuchen, Sie mit leeren Worten zu trösten. Ihre unglückliche Situation wäre für jeden tragisch. Für einen diensteifrigen jungen Offizier, gerade am Beginn seiner Laufbahn . . .« Lady Susan hielt inne, und er hatte Angst, sie würde in Tränen ausbrechen. Doch die gute Erziehung siegte, und sie fuhr etwas ruhiger fort: »Fassen Sie Mut, denn Sie haben ein reines Gewissen, und nicht eine Seele an Bord glaubt, daß Sie schuldig sind.«

Er nickte stumm und erwiderte ihren Händedruck.

»Wir achten Sie alle«, sagte sie, »und werden für Sie beten.« Sie zog die Hand zurück und klopfte ihm leicht auf den Arm. »Und Isabel liebt Sie.«

19

Der Morgen des Verhandlungstages war hell und klar. Kelso ging mit Major Higgs und Bradshaw, der als sein Verteidiger fungierte, zum Gerichtssaal. Er fand die Landschaft so schön, daß es ihn fast schmerzte. Sie waren noch vor dem Frühstück losgegangen, um nicht auf feindselige Menschengruppen zu stoßen, und auf dem Abhang lag noch der Morgennebel. Eine Gruppe eingeborener Arbeiter schlief neben Hacken und Spaten am Straßenrand; ihr Hund hob den Kopf und bellte kurz, als Kelso mit seiner Eskorte vorüberging. Im Tal blühten üppig die Oleanderbüsche. Hier und da ertönte aus einer Küche Töpfe- und Pfannengeklapper, und einmal starrte sie ein Dienstmädchen offenen Mundes an, das herausgekommen war, um die Hühner zu füttern. Die Stadt erwachte: ein Wasserträger schirrte seinen Esel an, ein Marinesoldat kam von der Wache zurück. Und auf der Reede sahen sie, als der Nebel sich hob, die *Shropshire* in ihrer ganzen Schönheit vor Anker liegen.

»Hier herein.«

Auf ein Zeichen des Majors wandte sich Kelso um und blieb stehen. Am Fuß der Treppe zeichnete sich der Schatten des Gerichtsgebäudes scharf ab. Dort, wo er stand, war helle Sonne; noch ein Schritt, und er trat in den Schatten. Kelso riß sich zusammen und stieg die Treppe hinauf.

Der Bursche des Majors brachte ihnen Frühstück; es dauerte noch volle zwei Stunden, bis das Gericht zusammentrat. Mit stoischer Entschlossenheit verdrängte Kelso jedes Gefühl. Er hatte alles getan, was er sich vorgenommen hatte, jetzt war der Rest Schicksal. Der arme Bradshaw wirkte furchtbar nervös und versuchte nochmals, ihn zu überreden, daß er den Kommandanten belaste; aber jetzt, da sein Entschluß feststand, kam Kelso nicht mehr in Versuchung, sich darüber zu ärgern.

Zehn Minuten vor acht Uhr öffnete der Oberst, der als Ankläger fungierte, die Tür und warf einen Blick herein, wie um sich zu vergewissern, daß der Gefangene nicht entwischt war; dann zog er sich eilig zurück. Um acht Uhr war Einlaß für das Publikum.

Als Bradshaw das Gemurmel, das Geschiebe und Stühlerücken hörte, wurde er noch nervöser. Alle paar Minuten ging er wie ein Schauspieler vor Beginn des Stückes zur Tür und spähte in die lärmende Menge. Pünktlich um acht Uhr fünfzehn wurde es still; Bradshaw stürzte wieder zur Tür.

»Sie sind da«, sagte er. »Der Vorsitzende und die Richter – alle da.«

»Dann wollen wir lieber hineingehen.«

»Nein – noch einen Moment.« Bradshaw legte eine feuchte, zitternde Hand auf Kelsos Arm. »Kelso, zum letzten Male beschwöre ich Sie . . .«

»Wir müssen hinein.«

Als sich die Tür öffnete und sie den Gerichtssaal betraten, trat so abrupt Stille ein, daß selbst Kelso nervös wurde. Vom Vorsitzenden, den Heeres- und Marineoffiziere in voller Uniform flankierten, bis zu den etwa hundert Bürgern, die das Glück gehabt hatten, Eintrittskarten zu bekommen, schien kein Mensch im Saal zu sein, der den Gefangenen nicht mit unverhohlener Feindseligkeit musterte.

Nach kurzem Zögern ging Kelso festen Schrittes zwischen Bradshaw und Major Higgs, der unauffällig mit eingetreten war, zum Tisch vor dem Podest, auf dem das Gericht Platz genommen hatte. Er verbeugte sich andeutungsweise vor dem Vorsitzenden und setzte sich, ohne eine Aufforderung abzuwarten.

»Dieses Gericht, auf Befehl des Gouverneurs zusammengetreten . . .«

Kelso, der die formelle Eröffnung nur vage zur Kenntnis nahm, sah sich um. Unter den ausdruckslosen oder offen feindseligen Gesichtern suchte er ein einziges. Er sah Gleeson mit Armesündermiene neben Kapitän Taplow sitzen; er sah Ireton und Lady Susan. Und dort – neben ihrem Vater wirkte sie wie eine Blume aus der Heimat – saß Isabel Taplow.

Wie blaß sie ist, dachte Kelso. Ihre Augen waren gerötet, vielleicht vom Weinen. Er saß zu weit weg, um es genauer feststellen zu können. Doch als sie sich ihm zuwandte, sah er deutlich ihr rasches Begrüßungslächeln und einen unverkennbar liebevollen Blick. Als er sich wieder dem Gericht zuwandte, erfüllte ihn Freude. Tatsächlich hatte er gar nicht bemerkt, daß das Verfahren weitergegangen war, so daß ihn Major Higgs, dem das sichtlich peinlich war, durch einen heimlichen Stoß zum Aufstehen auffordern mußte.

Mißbilligend starrte der Vorsitzende Kelso an und begann die formelle Befragung. »Sie heißen Roger Kelso und sind Offizier des Company-Schiffes *Shropshire* . . .«

Kelso antwortete unaufmerksam; er achtete kaum darauf, was er sagte, denn er konnte nicht vergessen, konnte kaum glauben, daß Isabel Taplow ihn liebte.

»Da der Gefangene in Gedanken anderswo zu sein scheint, wiederhole ich die Frage!«

Verwirrt lächelte Kelso den Richter an.

»Haben Sie Einwände dagegen, daß Ihr Verfahren vor diesem Gericht stattfindet?«

»Nein – außer daß ich unschuldig bin.«

»Das werden wir sehen.«

Kelso setzte sich wieder und hörte die merkwürdigen und – wie es ihm vorkam – gar nicht zur Sache gehörigen Fragen und Antworten der Beweisaufnahme. Kapitän Taplow, Lady Susan – und Isabel. Erst als sie vernommen wurde, folgte er etwas aufmerksamer. Viel schien nicht an ihrer Aussage zu sein: Er hätte ausdrücklich darum gebeten, mit Ellisdon an Land gehen zu dürfen. Daß die Damen mitkamen, hätte sich später ergeben – auf Vorschlag des Kommandanten. Sie hätten einen Spaziergang durch die Stadt und über den Marktplatz gemacht. Am Kai hätte er, Kelso, den Arzt dazu bewogen, zurückzubleiben. Nein, Mr. Ellisdon hätte keine große Lust dazu gehabt.

Kelsos Gedanken schweiften ab. Er konnte nicht glauben, daß jemand auf solche Aussagen hin schuldig gesprochen würde. Und doch – Bradshaws Warnung fiel ihm wieder ein. Wenn der Gouverneur und sein Direktorium unbedingt einen Schuldigen wollten . . . Er wandte sich um und lächelte Isabel Taplow beruhigend zu.

Gegen neun Uhr war die Beweisaufnahme abgeschlossen. Der Oberst erhob sich mit auffallend entschlossener Miene zu seinem Plädoyer als Ankläger.

Bis jetzt hatte Kelso nicht viel von Oberst Strang gehalten: ein typischer Vertreter des Landpersonals der Company, eitel, wichtigtuerisch, nicht sehr intelligent. Nur zu oft wurden Sepoy-Bataillone solchen Männern unterstellt, die nach Charakter und Fähigkeiten für diese Aufgabe wenig geeignet waren. Herkunft und in zweiter Linie Geld waren die Hauptfaktoren für die Vergabe von Offizierspatenten. Oberst Strang war mit einem Direktor der Gesellschaft verwandt.

Aber der Ankläger schien plötzlich ein ganz anderer Mann zu sein als jener, der sich unsicher und mißgelaunt durch die Ermittlungen gequält hatte. Vielleicht fühlte er sich durch die Zuhörerschaft angeregt; vielleicht war er auch wirklich so empört, wie er tat.

»Dieses abscheuliche Verbrechen . . . Dieser Fleck auf der ehrenvollen Geschichte der Company . . .« Er wurde immer beredter. Und Kelso begriff, daß sich das Gericht langsam, aber sicher von Strang überzeugen ließ. Die etwa hundert Zuschauer hatten von Anfang an gespannt zugehört; es dauerte nicht lange, da lauschten auch die beisitzenden Offiziere und schließlich selbst der Vorsitzende in gespanntem Schweigen. Schärfer und schärfer wurde der Ton der vernichtenden Anklage; aufmerksam folgte ihr das Gericht.

Nachdem Oberst Strang ihnen seine Argumente wieder und wieder eingehämmert hatte, hielt er unvermittelt inne. Dann wandte er sich halb um, deutete mit ausdrucksvoller Geste auf Kelso und donnerte: »Somit ersuche ich Sie, meine Herren, um der Ehre der Company und ihres alten, hochverdienten Arztes willen, und in allererster Linie im Interesse der Sicherheit ehrlicher Bürger, diesen Mann – ich will ihn nicht als Offizier bezeichnen – für schuldig zu befinden, damit er auf die einzige Art bestraft werden kann, die für Mörder angebracht ist!«

Strang schwieg wie ein Schauspieler, der auf seinen Applaus wartet, und tatsächlich ging zustimmendes Gemurmel durch den Saal. Der Vorsitzende schlug mit seinem gabelförmigen Zeremonienstab auf den Tisch – nicht ohne einen anerkennenden Blick für den Oberst.

Jetzt erst wurde Kelso ganz klar, in welch außerordentlich ernster Lage er sich befand. Bis jetzt hatte er nicht ernsthaft geglaubt, verurteilt zu werden. Nun aber war er davon überzeugt. Er wandte sich zu Bradshaw um und nickte ihm aufmunternd zu.

Unglücklicherweise war sich Bradshaw ebenso klar über die Situation. Sichtbar zitternd stand er auf, ließ als erstes seine Notizen fallen, stammelte eine Entschuldigung und stürzte sich in den Redestreit.

Bald wurde deutlich, daß Bradshaw das Gericht kaum umstimmen konnte. In seiner Aufregung sprach er zu schnell, zu leise und brachte keine klaren Gegenargumente. Die Mitglieder des Gerichts begannen das Interesse zu verlieren. Der Vorsitzende, zuerst bemüht, geduldig zuzuhören, ließ bald Zeichen von Gereiztheit erkennen. Kelso sah direkt, wie die Nägel in seinen Sarg geschlagen wurden.

Gott sei Dank gab es eine Unterbrechung. Ein Gerichtsdiener kam durch den Saal, wich ängstlich dem strafenden Blick des Vorsitzenden aus und überreichte dem Oberst ein Blatt Papier. Bradshaw, der mitten in einem langen Satz war, geriet ins Stottern und schwieg. Alle sahen gespannt Oberst Strang an.

Als dieser die Mitteilung zu Ende gelesen hatte, wandte er sich mit ernstem Gesicht an den Vorsitzenden. »Euer Ehren, ich muß um Nachsicht bitten. Es sieht so aus – wenn man dieser Nachricht hier glauben darf –, daß neues und entscheidendes Beweismaterial aufgetaucht ist.«

»Was für Beweismaterial?«

Nach kurzem Zögern entgegnete der Oberst mit fester Stimme: »Beweismaterial, das den Gefangenen entlastet.«

Tiefe Stille herrschte. Kelso hörte Bradshaws heftiges Atmen, sogar das Ticken seiner Uhr.

»Wollen Sie bitte angeben, worum es sich handelt?«

»Jawohl, Sir. Ein Matrose der *Shropshire,* ein gewisser Padstow, war auf Landurlaub. Er besuchte ein Wirtshaus und sah dort etwas, das er – zum Glück für den Angeklagten – wiedererkannte.«

»Was war das?«

»Die Geldbörse des Ermordeten.«

Inmitten des anschwellenden Gemurmels wilder Spekulationen dachte Kelso voll Dankbarkeit an Padstow, den Mann aus Cornwall, der so gern einen Schluck trank und den er davor gerettet hatte, totgepeitscht zu werden. Jetzt hatte Padstow diese Schuld offenbar zurückgezahlt.

»In wessen Besitz befand sich die Börse?« fragte der Vorsitzende.

»Ein früherer Seemann hatte sie bei sich, Sir, ein notorischer Herumtreiber und Taugenichts – vermutlich Deserteur von einem Schiff der Company.«

»Und wie erklärt er das?«

»Er sagt –«, der Oberst machte eine Pause, um die Spannung zu steigern –, »er gibt an, daß er sie einem Toten abgenommen hat, will sagen einem Mann, der bereits tot war, als er ihn fand.«

»Aha. Hat er den Mann nicht selbst getötet und auch nicht gesehen, wer ihn getötet hatte?«

»So stellt er es jedenfalls dar, Sir.«

»Na gut. Somit bleibt der Angeklagte aber immer noch . . .«

»Entschuldigung, Sir. Ich wollte gerade darauf kommen. Dieser Bursche, der sich in sicherem Gewahrsam befindet, hat ganz klar ausgesagt, daß Mr. Ellisdon schon tot war, bevor Mr. Kelso wieder an Land kam. Tatsächlich bekundet er, daß er dem Toten die Börse genau in dem Moment abnahm, als er hörte, wie Mr. Kelsos Boot am Kai anlegte. Er machte sich davon, als Mr. Kelso an Land stieg.«

Kelso saß unbeweglich. Er war so fest entschlossen, seine überwältigende Erleichterung nicht zu zeigen, daß er völlig unbeteiligt, beinahe enttäuscht wirkte, als Bradshaw ihn umarmte.

Erst Bradshaw, dann Ireton und – Kelso stand auf und konnte sein Gefähl nicht mehr beherrschen. Ohne Rücksicht auf das Gericht, auf die erregten Zuschauer, auf die giftigen Blicke ihres Vaters nahm er Isabel Taplow in die Arme.

20

Am nächsten Morgen stach die *Shropshire* bei günstigem Wind in See, und zwar überraschend. Noch vor wenigen Tagen hatte Kapitän Taplow dem Vorschlag des Marine-Superintendenten zugestimmt, im Verband mit mehreren Indienfahrern, die im Lauf der folgenden Woche eintreffen sollten, zu segeln. Dem Indischen Ozean mit seinen Stürmen, Freibeutern, unbekannten Strömungen und vor allem mit dem berüchtigten de Sousa war auf jeden Fall innerhalb eines wohlbewaffneten Geleitzugs leichter zu trotzen als vom Achterdeck eines alleinsegelnden Schiffes aus. Man versuchte, Kapitän Taplow zum Warten zu bewegen, doch je mehr man ihm zuredete, um so heftiger bekundete er seine Entschlossenheit, auszulaufen. In der Stadt kursierte das Gerücht, im Amtszimmer des Marine-Superintendenten habe es eine häßliche Szene gegeben. Ein jüngerer Beamter, der seinen Chef bei dessen Bemühungen, den Kommandanten umzustimmen, unterstützen wollte, sei von letzterem tätlich angegriffen worden. Die Sache wurde vertuscht, doch auf einmal schwand der Widerstand gegen das sofortige Auslaufen der *Shropshire*. Die Kutter brachten letzte Vorräte, Frischwasser und Proviant an Bord, die Beamten verabschiedeten sich, und in der Morgendämmerung, bei Beginn der Ebbe, setzte die *Shropshire* Segel.

Trunken von Freiheit und Liebe hatte Kelso erst wieder Sinn für praktische Dinge, als sie auf hoher See waren. Isabel war so lieb und zärtlich, Lady Susan auf ihre aristokratische Art so freundlich, daß erst eine Sturmbö den Klüver zerreißen mußte, damit Kelso vernünftig wurde. Die unmittelbare Notwendigkeit seines Eingreifens, das Befehlsgebrüll und die gefährlichen Momente beim Bergen des Segels erinnerten ihn wieder daran, daß er Seemann war.

Viel später, als er unter dem sternbesäten Nachthimmel Wache ging, wurde ihm bei dem Gedanken an die Vorgänge auf St. Helena etwas unheimlich zumute. Weil er Isabels wegen seinen Verdacht gegen Kapitän Taplow unterdrückt hatte, war seine Urteilskraft getrübt worden, so daß Dinge, die er beinahe für sicher gehalten hatte, zu bloßen Verdachtsmomenten und schließlich zu Phantasien verkümmerten. Er hatte Isabels Vater nicht als Mörder sehen wollen. Jetzt, in der klaren kühlen Nachtluft, sah er, daß das falsch gewesen war. Aus welchem Grund hatte der Kommandant auf sofortigem Auslaufen bestanden? Doch nur, weil er weitere Aussagen des Verhafteten fürchtete. Jemand – entweder Gleeson, ein bezahlter Komplize oder sogar Taplow selbst – hatte Ellisdon niedergestochen, während dieser auf dem Kai wartete. Da die Uniform des Arztes keinerlei Kampfspuren aufgewiesen hatte, lag die Annahme nahe, daß er seinen Mörder gekannt hatte.

»Mr. Kelso!«

Er hörte die Stimme, konnte den Rufer jedoch zunächst nicht sehen. Irgendwo auf dem Achterdeck mußte Kapitän Taplow stehen und ihn beobachten.

Kelso blickte sich um, und erst bei der zweiten Wendung sah er Taplows Kopf in Höhe der Decksplanken. Dieser stand wohl auf den unteren Stufen des Niedergangs und spähte zu Kelso hinauf. Der scheinbar körperlose Kopf mit dem verzerrten Mund und den kleinen, bösartigen Augen war wie ein übler Dämon in der Dämmerung.

Jetzt kam der Kommandant die Stufen herauf aufs Achterdeck. Er war stark angetrunken. Oben hielt er sich noch am Handlauf fest, dann ließ er los, vollführte eine Art grotesken Tanz zu Kelso hin und landete an dessen Schulter.

»Na, Kelso?« Er stierte Kelso ins Gesicht, nach Wein, Essen und Schweiß riechend. »Da haben wir's also geschafft, Sie freizukriegen!«

Kelso rührte sich nicht. Wenn er auch nur einen Schritt tat, mußte der Kommandant auf die Planken fallen.

»Geschafft, Sie freizukriegen«, wiederholte Kapitän Taplow. »Freut mich, freut mich verteufelt!«

»Danke, Sir.«

Schwankend sah Taplow sich um, als suche er einen Ruheplatz.

»Verdammt lausige Situation«, murmelte er, »für meinen besten Offizier.« Er starrte Kelso idiotisch an und brüllte unversehens los: »Meinen besten Offizier, jawohl!«

»Danke, Sir. Aber meinen Sie nicht, ich sollte Sie lieber in Ihre Kajüte bringen?«

»Kajüte?« Auf einmal war alle gute Laune aus seinem Gesicht verschwunden. »Denken wohl, ich kann nicht gehen?« Er stieß Kelsos Arm zurück und stand heftig schwankend und breitbeinig da. »Ich hab' das Kommando über dieses Schiff, Kelso, das uneingeschränkte Kommando – vergessen Sie das bloß nicht!« Taplow hielt inne, als müsse er sich überlegen, was er eigentlich hatte sagen wollen.

»Sind 'n feiner Kerl, Kelso. Weiß ich. Meine eigene Tochter findet das auch. Denkt, Sie sind 'n feiner Kerl.« Er stieß geräuschvoll auf. »Will Sie heiraten, scheint mir, und Sie sie auch, was?«

Kelso schwieg.

»Ich werd' Ihnen mal was sagen, Kelso.« Taplow fiel stolpernd in Kelsos Arme und lehnte sich schwer an seine Brust. »Sie werden Isabel nicht heiraten. Ich mach Sie zur Sau, Kelso, bis Sie vor dem Mast dienen!« Er schnaufte so vor Wut, daß er seine Worte kaum aussprechen konnte. »Herrgott im Himmel, Kelso, ehe Sie meine geliebte Tochter kriegen, bringe ich Sie um! Ich bringe Sie um!«

»So wie Sie Ellisdon umgebracht haben?« Kelso sprach leise, damit der Rudergänger ihn nicht hören konnte; aber da der Kopf des Kommandanten fast an seiner Brust ruhte, hätte auch ein Flüstern genügt. Er wußte nicht, warum er es ausgesprochen hatte, und konnte bestimmt nicht voraussehen, welche Wirkung seine Worte haben würden. Mit ungeheurer Willensanstrengung riß sich der Kommandant aus seiner Trunkenheit; auf einmal war er nicht mehr benebelt, sondern hinterlistig-wachsam. Frei und fest stand er auf den Beinen und beobachtete Kelso durch die halbgeschlossenen Augen.

»So steht es also«, sagte er. »Sie fangen eine Liebelei mit meiner Tochter an und bilden sich ein, Sie könnten mich fertigmachen.«

Kelso schritt zur Luvreling, weg vom Rudergänger und dem Midshipman der Wache. Er wandte sich um und sah, daß ihm der Kommandant schwankend und stolpernd folgte.

Mit festem Griff hielt Taplow sich an der Reling fest und sagte etwas beherrschter: »Sie sind ein Narr, Kelso, wenn Sie denken, Sie können mich unterkriegen. Ohne Erfahrung, ohne Freunde. Ich dagegen, ein Kapitän mit dreißigjähriger Erfahrung . . .«

»Ich will Sie gar nicht unterkriegen«, erwiderte Kelso. »Ich will weiter nichts als Gerechtigkeit für die Mannschaft.«

Taplows Gesicht verzerrte sich zu einer scheußlichen Maske der Wut. Sekundenlang sah es aus, als wolle er Kelso mit bloßen Händen anfallen. Doch wieder riß er sich zusammen. »Ich weiß schon, was Sie vorhaben: dieses Gesindel zu verwöhnen. Ihnen frisches Fleisch zu essen geben, sie nachts an Deck lassen! Also, ich sag's Ihnen noch mal, Kelso: Ich segle dieses Schiff auf meine Art. Ich will, daß meine Mannschaft aus richtigen Seeleuten besteht, die auch von Schiffszwieback und altem Pökelfleisch leben können – aye, von Ratten sogar, wenn's nötig ist! Respekt und Angst sollen sie vor mir haben – jawohl, Angst! Ständig sollen sie Angst vor dem Tampen haben und froh sein, wenn ich ihn ihnen erspare!«

»Sie können die Männer schlagen und einschüchtern, soviel Sie wollen«, erwiderte Kelso. »Sie können sie hungern und ein Hundeleben führen lassen. Sie können ihnen Essen und Schlaf verweigern, können ihnen die Menschenwürde rauben. Aber eins können Sie ihnen nicht nehmen.«

»Das ist nicht wahr! Ich kann alles mit ihnen machen. Auf diesem Schiff bin ich allmächtig. Gott selbst ist nicht mächtiger!«

»Sie können ihren Geist nicht zerstören.«

Erstaunt starrte der Kommandant Kelso an – und dann fing er an zu lachen. Er warf den Kopf zurück und brüllte sein verächtliches Lachen in die Nacht hinaus. Er verschluckte sich, hustete und spuckte vor Lachen. »Ihren Geist!« schrie er. »Ich werde sie peitschen, bis sie auch den noch aufgeben!«

»Das glauben Sie. Aber ich sage Ihnen, statt dessen könnten Sie mit einer Meuterei überrascht werden.«

Das Lachen erstarb so schnell, wie es gekommen war. »*Das* möchten Sie also«, sagte Taplow ganz ruhig und nüchtern. »Eine nette kleine Meuterei, um den Kommandanten in Schande zu stürzen!«

»Hoffentlich wird es nie dazu kommen. Doch wenn es geschieht, sind Sie daran schuld!«

Wortlos starrte ihm Taplow in die Augen. Das Deck stieg und fiel, die Segel killten, das Schiff glitt tiefer in die Nacht hinein. Endlich sagte er: »Weiß Gott, Sie sind ein eiskalter Bursche, Kelso, wirklich! Mein jüngster Offizier erklärt mir – mir, dem Kommandanten! –, ich wäre schuld, wenn es eine Meuterei gibt!«

»Ich sage Ihnen nur die Wahrheit.«

Kapitän Taplow nickte bedeutsam. »Vielleicht, vielleicht! Aber bei jeder Meuterei muß es Rädelsführer geben. Denken Sie daran! Wenn ich mich bemühe, die zu finden . . .«

»Es gibt keine – noch nicht.«

»Ich weiß. Das haben Sie mir schon einmal gesagt. Und ich habe Ihnen geantwortet: Sie lügen. Ich sage es Ihnen heute wieder: Wenn ich jeden Tag einen Mann peitschen lasse . . .«

»Das können Sie nicht machen«, rief Kelso erschrocken aus. »So unmenschlich können Sie doch nicht sein!«

»Richtig peitschen, meine ich, nicht bloß ein lausiges Dutzend Hiebe – glauben Sie nicht, Kelso, daß dann ziemlich bald einer zu singen beginnt?«

Kelso mußte sich abwenden, um seine Bestürzung zu verbergen. Er wußte, der Kommandant war dazu imstande und würde es tun.

»Morgen früh«, sagte Kapitän Taplow, »bei Sonnenaufgang: Antreten zum Strafvollzug. Übermorgen auch und am nächsten Tag wieder.«

»Sie sind wahnsinnig«, sagte Kelso leise. »Regelrecht wahnsinnig.«

Wieder verzerrte sich Taplows Gesicht vor Haß. Er tat einen Schritt auf Kelso zu, mußte sich aber an der Reling festhalten. Sein Atem ging so schwer, als wolle ihm das Herz stillstehen. Es dauerte Minuten, bis er wieder sprechen konnte.

»Das wollen Sie also den Leuten einreden!« schrie er. »Gestehen Sie! Sie haben mich schon einmal zugrunde richten wollen –«

»Schon einmal?«

»Auf St. Helena. Denken Sie, ich weiß das nicht? Sie und dieser Narr von Ellisdon!«

»Was ist mit Ellisdon?«

»Der wollte mich zugrunde richten, wollte dem Direktorium erzählen, ich sei wahnsinnig.«

Kelso machte einen Schritt auf ihn zu. »Das haben Sie also gewußt!«

»Natürlich habe ich's gewußt!«

»Und um es zu verhindern, haben Sie Ellisdon umgebracht.«

Nur für den Bruchteil einer Sekunde huschte Angst über Kapitän Taplows Gesicht. Schon nach kurzem Schweigen stieß er trotzig hervor: »Sie denken, ich fürchte mich vor Ihnen, Kelso, und lasse mich von Ihnen kaputtmachen? Sie werden schon sehen! Sie haben es zu weit getrieben, sind mir zu oft in die Quere gekommen. Ich warne Sie! Ich werde Sie vernichten, Kelso, genau wie . . .«

»Wie Ellisdon?«

Doch der Kommandant wich mit scharrenden Schritten bereits ins Dunkel zurück.

21

Wenn sich Kelso später an die folgenden Wochen erinnerte, schienen sie ihm die bittersten und unglücklichsten seines Lebens zu sein. Der Kommandant, der seinen bösartigen Gelüsten keine Zügel mehr anzulegen brauchte, stürzte sich in eine Orgie der Unmenschlichkeit. Getreu seinem Versprechen ließ er die Besatzung täglich bei Morgengrauen zum Strafvollzug antreten. Jeden Tag wurde ein Mann bis fast zur Bewußtlosigkeit gepeitscht. Ein älterer Matrose namens Prescott starb dabei. Andere erlitten so schwere Verletzungen, daß sie als Seeleute praktisch ausfielen. Keiner, der diese unheilvolle Reise mitgemacht hatte, konnte jemals das Antreten bei Morgengrauen vergessen, die dumpfe Verzweiflung in den Reihen, wenn der Delinquent des Tages in den Wanten hing; die niedersausende Peitsche, das Schreien – und wie der schlaffe Körper danach unter Deck geschafft wurde; schließlich das Quietschen der Pumpen, aus denen sich nachher ein Strom Seewasser über Deck ergoß, der das Blut wegwusch.

Wenn alles vorbei war, schritt Kapitän Taplow zur Messe und machte sich mit bestem Appetit an sein Frühstück.

Nicht, daß er die Offiziere vergaß. Henderson, Ireton, Bradshaw, Kelso – Kelso ganz besonders – bekamen die entwürdigendsten Strafen. Nur Gleeson, ein ängstlicher, unglücklicher Mann, entging dem Zorn des Kommandanten. Nach Jahren noch stiegen in Kelsos Erinnerung wie Alpträume einzelne Bilder hoch, unheimliche, wenn auch an sich bedeutungslose Vorgänge; in der Rückschau erschienen sie ihm wie Wellen, die der auflaufenden Flut des Schicksals vorangingen.

Da hatte er in einer Nacht an der Heckreling gestanden und die Männer der Wache miteinander sprechen gehört. Normalerweise war das eine muntere Unterhaltung, gelegentlich machte jemand einen Scherz, es wurde gelacht, dann blieb es wieder eine Weile still. Aber jetzt war es ein düsterer, an- und abschwellender Disput. Er hörte nicht länger hin, denn er wußte, wovon sie sprachen. Aber deutlich, wie den scharfen Knall eines killenden Segels, hatte er ein Wort herausgehört: Meuterei.

Kelso erinnerte sich, wie Bradshaw und Ireton vor Empörung gezittert hatten, als der Kommandant sie vor den Passagieren gedemütigt hatte. »Wir müssen etwas unternehmen«, hatte Bradshaw ausgerufen, »bevor er uns alle kaputtmacht!« Doch Ireton, der trotz seiner Empörung noch praktisch dachte, hatte erwidert: »Aber nur, wenn Henderson mitmacht.«

Henderson, der auf Wache war, hatte sie mit ernster Miene angehört und sie dann, nachdem er sie wie aufsässige Kadetten hatte in Reihe antreten lassen, so zusammengestaucht, wie es selbst der Kommandant nicht besser gekonnt hätte. Zerschmettert waren sie unter Deck geschlichen; und dann gab es einen erregenden Disput. »Ist Henderson verrückt«, begann Bradshaw, »oder wir?«

»Der ist nicht verrückt«, erwiderte Kelso, »er denkt nur praktischer.«

»Praktischer? Weil er diese verdammten Demütigungen widerspruchslos hinnimmt?«

»Henderson ist schon sein ganzes Leben bei der Company. Sein Vater war bereits Segelmeister auf der alten *St. George.* Haben Sie das gewußt?«

»Nein – und ich begreife auch nicht, was das mit unserer Sache zu tun hat.«

»Henderson ist ein feiner Kerl«, erwiderte Kelso, »und ein guter Seemann. Außerdem ist er so mit Tradition gepanzert, daß er einfach alles hinnimmt. Was der Kommandant tut, ist immer richtig.«

»Das mag für ihn ja ganz gut sein«, protestierte Bradshaw, »aber was wird aus uns? Und wie vereinbart er es mit seinem Traditionsgefühl, daß jeden Tag ein armer Teufel halb tot gepeitscht wird?«

Nach langem Schweigen antwortete Kelso: »Ich glaube nicht, daß er das miteinander vereinbaren kann. Dies meinte ich eben, als ich sagte, er denkt praktischer. Sie und ich, wir regen uns darüber auf, und was tun wir dagegen? Nichts.«

»Was könnten wir auch tun?« fragte Bradshaw.

»Eben. Wir können gar nichts tun. Henderson weiß das und findet sich damit ab.«

»Henderson mag das fertigbringen«, entgegnete Bradshaw böse, »aber ich nicht.«

Er hielt plötzlich inne und blickte verstohlen zur Tür, als ob

Gleeson oder der Kommandant selbst lauschten.

Ireton, der mit wachsender Ungeduld diesem Wortwechsel zugehört hatte, mischte sich jetzt ein. »Kelso hat recht und Henderson auch. Warum lassen wir den Dingen nicht ihren Lauf und reichen einen offiziellen Protest ein, wenn wir in Indien sind?«

Bradshaw war in einer schwierigen Lage. Er wollte etwas unternehmen, praktischen Widerstand leisten. Doch Iretons Vorschlag war zumindest eine Zwischenlösung. Er sah Kelso an und war fast enttäuscht, als dieser den Kopf schüttelte. »Eine Dienstbeschwerde ohne ärztliches Gutachten?« fragte Kelso. »Glauben Sie, daß wir damit irgend etwas erreichen, außer in Teufels Küche zu kommen?«

»Na, man kann doch wenigstens darüber nachdenken!«

»Wenn wir protestieren«, fuhr Kelso fort, »dann wissen Sie doch, was passiert? Entweder – und das ist das Wahrscheinlichere – kommen wir gleich vors Kriegsgericht; oder es gibt eine offizielle Untersuchung.«

»Na, das wollen wir doch gerade: eine Untersuchung«, sagte Bradshaw.

»Bei der sich Kapitän Taplow eisern zusammenreißen wird. Kein Mensch wird uns auch nur ein Wort glauben.«

»Aber diese Auspeitschungen! Die sind doch real genug. Dafür gibt es hundert Zeugen.«

»Er wird sie auch gar nicht abstreiten. Wenn Sie damit rechnen, unterschätzen Sie ihn ganz erheblich. Nein: er wird sie offen zugeben, aber als notwendige Disziplinarmaßnahmen hinstellen.«

»Das ist doch lächerlich. Jeder weiß, daß er die Leute aus purer Bösartigkeit auspeitschen läßt.«

»Vielleicht – oder auch, weil er sich verunsichert fühlt. Aber das ist nur Ihre persönliche Meinung.«

»Die wir jedoch beweisen können.«

»Wie denn? Haben Sie nicht bemerkt, daß er sich jedesmal einen Grund ausdenkt, wie geringfügig auch immer? Hazelborough hat aufs Deck gespuckt. Bedlow hat eine Pütz über Bord gehen lassen; Harrison hat das Essen abgelehnt – ich kann's ihm kaum verdenken, denn die Würmer krochen nur so darin herum –, Stonor ist zu langsam aufgeentert. Oh, ich sage Ihnen, auf diesem Schiff wird nicht grundlos und wahllos gepeitscht!«

Als die *Shropshire* sich um das Kap der Guten Hoffnung kämpfte, gab es weitere unmißverständliche Anzeichen für eine Auflehnung, die auch Henderson nicht mehr übersehen konnte: aus dem Hühnerstall des Kommandanten wurden einige Hühner gestohlen, und trotz strenger Durchsuchung fand sich keine Klaue, keine Feder mehr. Dafür ließ der Kommandant die ganze Mannschaft von Sonnenaufgang bis Sonnenuntergang angetreten an Deck stehen, den ganzen glühendheißen Tag lang. Im Logis gab es Prügeleien; Männer, die als ruhig und besonnen galten, drehten durch; Messerstechereien folgten. Doch am unheimlichsten waren die verstohlenen Zusammenkünfte. Zwei, drei Männer standen in düsterem, leisem Gespräch beieinander und wurden merkwürdig stumm, sobald ein Offizier in die Nähe kam.

Henderson war tief beunruhigt und rief die ihm unterstellten Offiziere zu sich. Sie berichteten ihm, was sie wußten oder gesehen hatten; aber das war nicht viel, denn die Männer waren aus Angst vor weiteren Strafen sehr vorsichtig. Doch meinten alle, die Mannschaft sei reif zur Meuterei. Henderson fühlte sich verpflichtet, dem Kommandanten Meldung zu machen, und ließ sich nur schwer durch die übereinstimmenden Gegenargumente der drei jungen Offiziere davon abbringen.

»Der Kommandant kann ja selbst sehen, was uns auffiel«, meinte Kelso. »Wenn wir ihn in seinem Verdacht bestärken, stellt er vielleicht Dinge an, die uns dazu zwingen, etwas zu unternehmen.«

»Aber was unternehmen wir?« fragte Henderson.

»Sobald die Sicherheit des Schiffes beeinträchtigt wird«, entgegnete Kelso, »können wir den Kommandanten ausschalten.«

Vor einer Woche, noch vor wenigen Tagen, wäre Henderson zutiefst empört gewesen. Jetzt fand er, man könne darüber reden. »Dem würde ich nur im äußersten Notfall zustimmen, Kelso, wenn es gar nicht anders geht. Sie wissen, wie ich darüber denke.«

»Wir könnten dazu gezwungen sein, ob wir wollen oder nicht. Unter Umständen bleibt uns gar keine andere Wahl. Es hängt von ihm ab.«

Zwei Tage später wurde ein kleiner Zwischenfall, ein Mißgeschick, das jedem hätte passieren können, zum Funken, der die Explosion auslöste. Ein Matrose namens O'Brady, ein zuverlässiger Seemann von normalerweise freundlichem Temperament, schrubbte nach dem Strafvollzug an einem seiner Freunde, einem

Landsmann, das Deck. Voll ingrimmiger Wut hatte er die Planken mit Sandstein abgerieben und spülte sie jetzt mit gleichem Nachdruck. Es war sein Pech – oder vielleicht Schicksal –, daß Kapitän Taplow im selben Moment über Deck ging. Ein paar Tropfen Wasser bespritzten sein Bein.

Ungläubig starrte der Kommandant erst seine Hose an und danach O'Brady, dem noch nicht klargeworden war, was er angerichtet hatte. Dann verzerrte sich Taplows Gesicht zu der nun allen bekannten Wutgrimasse.

»Steuermannsmaat!« kreischte er; die Macht der Angst war so groß, daß der Maat im selben Moment neben ihm stand. »Steuermannsmaat – wie heißt der Kerl?«

»O'Brady, Sir.«

»Schön, Mr. Anson. Schreiben Sie auf: zwei Dutzend Hiebe morgen früh, damit er mehr Respekt vor seinem Kommandanten lernt.«

O'Brady, der immer noch keine Ahnung hatte, daß *er* es war, über den sein Kommandant sich so aufregte, blinzelte überrascht; plötzlich sprang er, ehe der Steuermannsmaat oder sonst jemand ihn halten konnte, Kapitän Taplow an.

O'Brady war nicht groß, aber wenn er gereizt wurde, verlieh sein irisches Temperament ihm Riesenkräfte. Ein Hieb in die Rippen, und der Kommandant knickte zusammen; ein zweiter, und er lag an Deck. Der Maat und ein Midshipman versuchten, den Iren festzuhalten, aber sie wurden weggewischt wie Fliegen. Keuchend blieb Kapitän Taplow minutenlang liegen; inzwischen hatten sich ein Dutzend Männer auf den Iren geworfen und hielten ihn fest.

Als der Kommandant aufstehen konnte, war er so wütend, daß es einen Moment aussah, als wolle er den jetzt hilflosen Mann auf der Stelle erwürgen. Doch er faßte sich soweit, daß er befehlen konnte, ihn unter schwerer Bewachung ins Zwischendeck zu bringen, und ein Schnellgericht einberief.

Als Kelso, vom Frühstück abberufen, eilig in die Messe kam, brodelte das ganze Schiff vor Erregung. Er sah O'Brady, jetzt in Todesängsten, zwischen zwei Bootsmannsmaaten stehen, die gefesselten Hände auf dem Rücken. Er sah auch Bedser, den Kapitänssteward, der das Protokoll führte, und die beiden anderen Mitglieder des Schnellgerichts – den Kommandanten selbst und Gleeson.

»Setzen Sie sich, Kelso«, blaffte Kapitän Taplow. »Höchst unerfreuliche Pflicht – wird aber sofort erledigt. Dieser Schwerverbrecher muß gehängt werden.«

Kelso sah Taplow fest in die Augen. »Ohne Verhandung?« fragte er.

Der Kommandant machte eine unwillige Handbewegung, die aber auch hinterhältige Befriedigung auszudrücken schien. »Natürlich nicht. Glauben Sie, ich kenne die Vorschriften nicht?«

»Sie meinen, die Verhandlung hat bereits stattgefunden?«

»Keineswegs. Wir verhandeln die Sache jetzt – Sie, ich und Gleeson.«

»Mit allem Respekt, Sir«, wandte Kelso vorsichtig ein, »ist das nicht ziemlich unvorschriftsmäßig?«

Der Kommandant bekam rote Flecken im Gesicht. »Was, zum Teufel, heißt unvorschriftsmäßig?«

»Soviel ich weiß, Sir, soll dieser Mann Sie angegriffen haben.«

»Von ›soll‹ ist keine Rede. Er *hat* mich angegriffen. Aye, und ihm bleibt nicht mehr viel Zeit, es zu bedauern.«

»Dann ist es unzulässig, daß Sie selbst dem Gericht angehören.«

Dem Kommandanten verschlug es die Sprache. Er starrte Kelso an, als könne er nicht recht glauben, was er da hörte. Erst wurde er von einem gemeinen Matrosen tätlich angegriffen; dann – nicht zum erstenmal – bot ihm sein jüngster Offizier Trotz! »Ausgerechnet Sie, Kelso«, schnaufte er dann, »brauchen mir nicht zu erzählen, was richtig und was falsch ist. Ich sage, dieser Verbrecher wird gehängt – und Sie werden dem Gericht angehören, das ihn verurteilt!«

»Nein, Sir.«

»Was?«

»Mit allem Respekt, Sir: ein Gericht, dem Sie als der Angegriffene angehören, wäre in diesem Falle nicht nur vorschriftswidrig; sein Urteil wäre auch ungültig. Wie gesagt, Sir, mit allem Respekt – die Teilnahme daran muß ich ablehnen.«

22

Als Kelso aufs Hauptdeck kam, spürte er Meuterei in der Luft. Nur widerstrebend machte ihm eine Gruppe von Matrosen Platz. Düster starrten andere zu der Schlinge hoch, die von einer Rah baumelte. Die gesamte Mannschaft schien sich spontan zwischen Großmast und Besan versammelt zu haben; und die Stimmung war so, daß selbst Henderson als Wachoffizier gar nicht erst versuchte, Ordnung zu schaffen. Kelso sah den Koch, den Geflügelmeister, den Segelmacher und sogar Bowness und Ives, die Sanitätsmaaten, die eigentlich im Orlopdeck genug zu tun haben mußten. Kelso verspürte Lust, die Herausforderung anzunehmen, die Disziplin wieder herzustellen und die Männer an die Arbeit zu scheuchen. Doch damit wäre er Henderson zu nahegetreten, und er hatte sowieso das Gefühl, daß die Offiziere nicht mehr Herren der Situation waren.

Hier und da einen widerspenstigen Matrosen aus dem Weg schiebend, erreichte Kelso die Vormastwanten. Da hörte er leichte, eilende Schritte hinter sich und wandte sich instinktiv um.

»Roger!«

Es war Isabel, die zu ihm stürzte, als wolle sie der Hand des Schicksals entfliehen.

»Roger, was ist los? Warum sind alle Leute an Deck?«

Statt zu antworten, blickte Kelso auf die Schlinge, die vor See und Himmel baumelte – es sah fast aus wie ein obszöner Tanz.

Mitleidig beobachtete er, wie ihre Hand erschreckt zum Hals fuhr und ihre Augen – die eigentlich vor Glück und Liebe leuchten sollten – starr vor Angst wurden.

»Wird jemand gehängt?« Flehentlich sah sie ihn an, und er glaubte sekundenlang, sie werde in Ohnmacht fallen. »Wer? Und warum?«

»O'Brady, ein Matrose – er hat deinen Vater tätlich angegriffen.«

»Nein!« rief sie aus. »Ich habe meinen Vater eben noch gesehen. Er ist unverletzt.«

Kelso antwortete nicht.

»Aber das darf nicht sein!« rief sie. »Es darf nicht sein!« Flehend packte sie ihn beim Arm und schüttelte ihn, als wäre er schuld.

»Dein Vater wäre durchaus im Recht«, sagte er, »wenn der Mann in einem ordentlichen Gerichtsverfahren verurteilt wäre.«

»*Wenn?*«

»Das Gericht bestand aus deinem Vater und Gleeson, dem Zahlmeister. Sie waren nicht berechtigt, über ihn zu Gericht zu sitzen, und schon gar nicht, ihn zum Tode zu verurteilen.«

»Aber dann mußt du eingreifen«, rief sie. »Wenn du mich liebst, mußt du etwas dagegen tun!«

»Ich habe schon mehr getan, als klug war«, entgegnete er. »Ich habe mich geweigert, an diesem Gericht teilzunehmen. Dafür hat mir dein Vater angekündigt, er würde mich zugrunde richten, sobald wir in Bombay sind. Vorläufig soll ich erst mal auf unbestimmte Zeit im Vormars sitzen.«

Offenbar begriff Isabel nicht, was diese Strafe bedeutete: lange, endlose Stunden über dem Hauptdeck, unter der glühenden Sonne, ohne Essen oder Wasser; anscheinend dachte sie auch gar nicht an ihn. Sie dachte an ihren Vater. »Können wir ihn nicht davon abhalten?« fragte sie. »Er ist doch krank. Bestimmt! Er weiß nicht, was er tut!«

»Dann haben wir eben Pech gehabt – ich, die Leute, die anderen Offiziere, O'Brady –, daß gerade er das Kommando über dieses Schiff bekam.«

»Ich auch«, entgegnete sie. »Glaubst du, ich möchte, daß er für den Rest seines Lebens den Tod dieses Mannes auf seinem Gewissen hat?«

»Ich frage mich neuerdings, ob er überhaupt ein Gewissen besitzt. Wenn ja, dann solltest du jetzt daran appellieren – ich kann nichts mehr tun.«

»Das heißt, du *willst* nichts mehr tun.«

Stumm blickte er sie an, sah ihren eigensinnigen Mund, der jetzt dem ihres Vaters so sehr ähnelte, daß er sie beinahe mit dem Tyrannen auf die gleiche Stufe gestellt hätte. Wäre er ruhiger gewesen, hätte er die tiefe Angst in ihren Augen gesehen, ihre glühenden Wangen, ihre wie zum Gebet gefalteten Hände.

»Ich habe getan, was ich konnte«, sagte er und schwang sich in die Wanten.

»Roger! Warte doch!«

Er hörte sie, blickte jedoch nicht hinunter. Ihm war von der Grausamkeit ihres Vaters so übel, daß seine Liebe zu ihr verblaßte. Ihm schien die Tochter genauso schlimm wie der Vater. Am liebsten hätte er sie nie mehr gesehen. Ja, als er die Webeleinen hochkletterte, die frische Brise im Gesicht, Sonne in den Haaren und die tiefe Stille oben spürte, war ihm zumute, als entfliehe er dem Vater *und* der Tochter.

Er setzte sich im Vormars zurecht und begann trotz der blendenden Sonnenreflexe, den Horizont abzusuchen. Nichts – kein Schiff, kein Segel, kein Treibgut, nicht einmal ein Seevogel war auf dieser grenzenlosen Weite zu erblicken. Allerdings hatte er auch nicht erwartet, etwas zu sehen. Sie waren jetzt mitten im Indischen Ozean, bei günstigem Wind konnten sie schon in drei, vier Wochen vor

Malabar sein. Um nicht zu sehen, was unten an Deck vorging, versuchte Kelso, sich auf die Kimm zu konzentrieren. Doch er mußte es bald aufgeben.

Die seltsam verkürzt wirkenden Gestalten an Deck boten nun ein anderes Bild. Statt der zerstreuten, diskutierenden Gruppen, die er eben noch gesehen hatte, standen sie jetzt in einem dichten Haufen zusammen. Vorher waren es ein Dutzend oder mehr Gruppen gewesen; jetzt sah er nur noch eine, auf dem Hauptdeck, dicht vor dem Achterdeck. O'Bradys Eskorte würde diese mächtige Schranke durchbrechen müssen, wenn er zur Exekution geführt wurde.

Kopfschüttelnd fragte sich Kelso, wie die anderen Offiziere reagieren würden. Er konnte sie sehen – Henderson, Bradshaw und Ireton. Sie standen bei der Heckreling, so weit wie möglich von der Masse der Matrosen entfernt.

Auf einmal entstand unten Bewegung. Am Kampanjeniedergang erschien eine Gruppe: O'Brady, die Bootsmannsmaaten und – war das Kapitän Taplow? An Deck ertönte, über dem Seufzen des Windes deutlich zu hören, ein tiefer, tierischer Schrei, protestierend, widerstrebend. Die Masse der Matrosen bewegte sich, drückte nach vorn; sekundenlang waren der Delinquent und seine Eskorte verdeckt. Als das Bild klarer wurde, sah Kelso, daß sie sich unter Deck zurückgezogen hatten.

Kelso sah sich im Zwiespalt. Trotz seiner privaten Gefühle war es seine Pflicht, den Kommandanten zu unterstützen. Aber dieser hatte ihn ja selbst in den Mast geschickt. Die anderen Offiziere waren erst zum Niedergang geeilt, hatten sich aber dann auf ihre neutrale Position an der Heckreling zurückgezogen. Kelso beobachtete weiter und wartete ab.

Eine Zeitlang geschah gar nichts. Die Matrosen schienen auseinandergehen zu wollen. Hatte die Vernunft gesiegt? War die Exekution verschoben – vielleicht sogar annulliert? Fügte sich die Mannschaft wieder der Disziplin? So sah es jedenfalls von oben aus.

Aber dann änderte sich die Situation dramatisch: Kapitän Taplow trat aus der Tür seiner Kajüte. Festen Schrittes ging er zur Querreling, von wo aus er die erregten Matrosen sehen und zu ihnen sprechen konnte. Soweit Kelso erkennen konnte, geschah folgendes: der Kommandant sprach zu den Männern, beschimpfte sie offenbar; sie reagierten mit lauten Protesten – mit Drohungen? – und schoben sich ans Achterdeck heran. Keslo machte sich bereit, dem Kommandanten zu Hilfe zu kommen.

Ehe er den Vormars verließ, suchte er automatisch noch ein letztes Mal den Horizont ab, mehr aus Gewohnheit als aus einem konkreten Grund. Sein Glas fuhr die Kimm entlang, von Steuerbord nach Backbord, von vorn nach achtern, so daß ihm kein Punkt der leeren Meeresfläche entgehen konnte. Rasch, routinemäßig sondierte er; und zuerst entdeckte er den kleinen Fleck im Blau überhaupt nicht. Dann hielt er inne, setzte das Glas kurz ab und sah danach noch einmal hin.

Kein Zweifel – da stand ein Schiff an der Kimm.

23

»Segel in Sicht!« Er legte die Hände an den Mund und brüllte die Meldung mit der vollen Kraft seiner Lungen an Deck.

Und wie er sah, war sein Ruf auch gehört worden; nicht nur das, er hatte den bedrohlichen Vorgang unten zum Stillstand gebracht. Kapitän Taplow blickte nicht mehr seine aufsässige Mannschaft an, sondern zum Mast hinauf.

»Segel in Sicht!« brüllte Kelso nochmals. »Segel Steuerbord voraus!«

Eine lange Pause. Das ganze Schiff wartete. Kelso studierte die Kimm. Allerdings konnte er wenig sehen, denn das fremde Schiff kam aus der Sonne und war in der glitzernden See kaum auszumachen.

»Was halten Sie davon?« rief Kapitän Taplow hinauf, und seine Stimme verriet eine Spannung, die bei einem Kommandanten, der in piratenverseuchten Gewässern auf ein unbekanntes Schiff stieß, recht natürlich war.

»Der Rumpf steht noch unter der Kimm, Sir«, rief Kelso. »Aber nach dem Segelschnitt würde ich ihn für einen Franzosen halten.« Er sagte das mit Absicht, denn obwohl er die Nationalität des Fremden allenfalls raten konnte, wußte er doch – und die Mannschaft wußte es auch –, daß de Sousas Schiff französisch getakelt war. Wenn irgend etwas die meuterischen Matrosen dort unten umstimmen konnte, so war es die Aussicht auf ein Gefecht.

»Auf welchem Kurs?« rief Kapitän Taplow hinauf.

Minutenlang beobachtete Kelso das Schiff, ab und zu gegen die Sonne blinzelnd, und rief dann hinunter: »Es ändert den Kurs, Sir, geht höher an den Wind. Auf Steuerbordbug.« Im Moment war er ziemlich sicher, daß seine Annahme stimmte. In diesen Gewässern, nur ein paar Tagesreisen von den Komoren entfernt, war jedes Schiff vermutlich ein Feind; und eins, das den Kurs änderte, wenn es einen einzelnen Indienfahrer sichtete, konnte eigentlich nur ein Pirat sein.

»Behalten Sie's gut im Auge«, rief Kapitän Taplow und verriet damit seine Betroffenheit aufs neue.

Diesen Befehl brauchte es nicht. Das fremde Schiff hatte Kurs auf die *Shropshire* genommen, die Entfernung verringerte sich durch die gute Fahrt, die beide Schiffe machten, um so rascher; Kelso spürte sein Herz vor freudiger Erregung klopfen. Um so etwas zu erleben, war er zur See gegangen, nicht wegen des Prestiges, das man als Offizier der Company genoß; auch nicht, weil ihn fremde Länder gelockt hätten – sondern der Seegefechte wegen. Da zur Zeit zwischen England und Frankreich Frieden herrschte – wenn auch ein unsicherer –, hatte sich seine Hoffnung bisher nicht erfüllt, abgesehen von jenem einen blutigen Scharmützel auf der *Bombay Queen*. Damals war er Midshipman gewesen – jetzt war er ein – wenn auch sehr dienstjunger – Offizier und würde die Chance haben, sich auszuzeichnen. War die Aktion erfolgreich, so konnte sich, wenn sie Indien erreichten, durchaus sein ehrgeiziger Wunschtraum erfüllen: auf den Spezial-Kampfschiffen der Company, der sogenannten »Indischen Marine«, anheuern zu dürfen.

»Was sehen Sie jetzt?« ertönte die Stimme des Kommandanten.

»Er kreuzt, ist auf Backbordbug gegangen, Sir, hält aber immer noch Kurs auf uns.«

»Können Sie ihn identifizieren?«

»Nicht eindeutig, Sir. Französisch getakelt ist er, das stimmt. Und jetzt . . .« Er zögerte und nahm festen Stand, das Glas am Auge. »Er führt eine Flagge – den Schwarzen Jack!« schrie er.

Also ein Pirat und höchstwahrscheinlich de Sousa. Verdammt, wie lange wollte der Kommandant ihn noch hier oben sitzen lassen?

Doch da gab Kapitän Taplow auch schon seine Befehle. »An die Brassen! Mr. Henderson, machen Sie klar Schiff zum Gefecht!« Dann sah er hoch. »Behalten Sie ihn genau im Auge, Mr. Kelso! Ich schicke Ihnen Mr. Mainwaring zur Ablösung. Melden Sie sich bei mir!«

»Aye, aye, Sir.« In seiner Hochstimmung empfand Kelso fast kameradschaftliche Gefühle für den Kommandanten. Das Vergangene war vergessen – zumindest im Augenblick –, und er war gewillt, sogar ganz begierig, zu kämpfen und in der bevorstehenden Schlacht Taplows Befehle entgegenzunehmen.

Ungeduldig wartete er, bis der junge Mr. Mainwaring aufgeentert war. Midshipmen waren auch nicht mehr wie früher. Zu seiner Zeit (vor noch nicht einem Jahr) flitzte ein Midshipman flink wie ein Affe die Webeleinen hoch. Endlich stand der junge Mann im Vormars. »Befehl vom Kommandanten, Sir! Ich soll mich bei Ihnen melden und –«

»Ich weiß. Da drüben ist er. Können Sie ihn sehen?«

Der Midshipman hob sein Glas, obwohl er das Schiff mit bloßem Auge hätte sehen müssen, und brauchte eine volle Minute, bis er melden konnte, er habe es.

Kelso schwang sich die Püttingswanten hinab und glitt an Deck. Er drehte sich zum Achterdeck um, und erst dann – so stark war seine Erregung gewesen – merkte er, daß etwas nicht stimmte.

Die Männer standen immer noch untätig herum. Oben auf dem Achterdeck standen die Offiziere – Henderson, Ireton und Bradshaw – in einer Reihe, bei ihnen Kapitän Taplow, der aussah, als wolle er jeden Moment vor Wut explodieren. Er war kirschrot im Gesicht, hatte die Fäuste geballt, und seine Lippen bewegten sich; doch brachte er kein Wort hervor. Er trommelte mit den Fäusten auf die Reling; das schien ihm endlich die Zunge zu lösen.

»Abschaum der Gosse! An die Brassen – ich befehle es! Klar Schiff zum Gefecht!«

Immer noch rührte sich niemand. Finster standen sie da, ohne aufzublicken, während Kapitän Taplow schimpfte, drohte, schrie, beschwor. Als er merkte, daß seine Drohungen und Beschimpfungen wirkungslos blieben, stieg seine Stimme zu einem hysterischen Kreischen an.

Angst hat er, dachte Kelso. Das Gefecht hat noch gar nicht angefangen, und er hat schon Angst.

Kelso ging mitten unter die Matrosen und wiederholte in normalem Kommandoton die Befehle. »Los, Männer, an die Brassen! Klar Schiff zum Gefecht!«

Die starre Widerstandsfront begann zu wanken. Ein paar Männer gingen tatsächlich zu den Brassen hinüber. Doch keiner wollte ihm ins Auge sehen, das war deutlich zu merken.

»Haley! Padstow! Ihr habt die Befehle gehört!«

Immer noch zögerten sie und drückten sich weg, als wolle jeder vermeiden, direkt angesprochen zu werden.

»An Deck!« kam Mainwarings schriller Diskant aus dem Mast. »Es ist die *Libertad*. Sie steht jetzt voll über der Kimm und kommt rasch auf.«

»Hört ihr«, sagte Kelso zu den Matrosen. »De Sousas Schiff. Ihr wißt, was das bedeutet.«

»Er wird die Offiziere mit ihren eigenen Säbeln aufspießen!« schrie Piggott. »Und auch diesen schwarzen Teufel von Kapitän!«

»Und ihr? Was, denkst du, wird er mit euch machen?«

Betroffenes Schweigen. Dann murmelte jemand: »Aye, da hat er recht. Uns wird's nicht besser gehen als den Offizieren.«

»Er bringt euch alle um«, sagte Kelso, »außer denen, die er sich für seine Mannschaft aussucht. Entweder jetzt sterben oder später – als Seeräuber –, eine andere Wahl habt ihr nicht.«

»Und wenn wir kämpfen?« schrie Piggott wild und drohend.

Es war Kelso schon früher aufgefallen, daß sich eine Mannschaft, wenn es kritisch wurde, bedauerlicherweise immer von dem leiten ließ, der am stärksten war und den größten Mund hatte. Piggott war sicher einer der Stärksten und fast ebenso sicher der am wenigsten Intelligente der ganzen Mannschaft.

»Entweder reißen uns ihre Kugeln die Köpfe ab und unsere Eingeweide pflastern das Deck«, brüllte Piggott, »oder wir entwischen de Sousa und retten die *Shropshire*. Aber wofür?«

»Aye«, brüllten sie zurück. »Wofür?«

»Dafür, daß ihr ehrliche Seeleute bleibt, für euren weiteren Dienst bei der Company und für eine glückliche Rückkehr nach England!« antwortete Kelso und merkte, daß seine Worte wirkten. Die Einsichtigeren unter der Mannschaft wurden unruhig und sahen einander an.

»Hört nicht auf ihn, Jungs«, brüllte Piggott, »er ist genausoeiner wie dieser teuflische Folterknecht!«

»Ruhe!« befahl Kelso. Seine Stimme klang so fest, daß sogar Piggott verstummte. Aber nicht lange.

»Wir werden alle gepeitscht!« brüllte er. »Gepeitscht für nichts und wieder nichts oder gehängt wie der arme O'Brady.«

Ohne auf Piggott einzugehen, fuhr Kelso fort: »Ihr anderen, hört zu! Wenn ihr jetzt meutert, werdet ihr entweder von de Sousa umgebracht, oder ihr sterbt in seinen Diensten. Eines aber ist dann sicher: England werdet ihr nie wiedersehen.«

Jetzt sahen sie ihn an; sie hoben die Augen und blickten nicht wie bisher finster zu Boden, sondern angstvoll, beinahe flehend. Kaum einer von ihnen wollte wirklich meutern. keiner hatte Lust, im Exil zu leben oder zu sterben. Sie wollten nur eine Möglichkeit, gegen Ungerechtigkeiten zu protestieren. Kelso spürte, daß er sie gewonnen hatte. Er sah sie an: Haley, A'Court, Johnstone – und ihre Mienen machten ihm Mut. Aber da: »Mr. Kelso! Was, zum Teufel, soll das? Schicken Sie das Gesindel augenblicklich an die Arbeit, oder ich lasse sie alle hängen – jeden einzelnen!«

Kelso rührte sich nicht und blickte auch nicht zum Achterdeck hinauf; aber in diesem Moment wußte er, daß der Kommandant seine letzte Chance verspielt hatte.

»Habt ihr gehört, Jungs?« schrie Piggott. »Hängen lassen will er uns! Aber da haben wir noch ein Wort mitzureden.«

»Aye! Soll er doch allein gegen de Sousa kämpfen! Er wird ja sehen, was der mit ihm macht!« hörte man aus dem dumpfen Grollen der Mannschaft heraus.

Kelso wandte ihnen den Rücken zu und schritt nach achtern. Er stieg den Niedergang hinauf wie ein Soldat zur Festungsmauer und nahm vor Kapitän Taplow Aufstellung. »Mit Respekt, Sir«, sagte er böse, »aber durch Drohungen erreichen Sie gar nichts.«

Der Kommandant war wütend, nahm sich jedoch zusammen. Die Angst war anscheinend stärker als die Wut. »Wenn ich Ihren Rat brauche, Mr. Kelso, dann werde ich Sie darum ersuchen. Jetzt lassen Sie die Gefechtsstationen besetzen!«

»Die Männer gehorchen nicht«, erwiderte Kelso. »Es sei denn, Sie machen gewisse Konzessionen.«

»Konzessionen? Sind Sie verrückt? Ich werde ihnen schon zeigen, wer Herr auf diesem Schiff ist!«

Mit gespielter Gleichgültigkeit drehte Kelso sich um und spähte nach vorn, über den stampfenden Bugspriet und die offene See, wo die *Libertad* bereits deutlich mit bloßem Auge zu erkennen war.

»Mr. Henderson«, sagte Kapitän Taplow jetzt, »reden Sie mit den Männern. Geben Sie Befehle, an die Brassen und auf Gefechtsstationen zu gehen. Dieser verdammte Pirat kommt immer näher, und wir verlieren noch die Luvposition!«

»Ich tue mein Bestes, Sir.« Henderson trat an die Querreling und rief die an Deck herumstehenden Männer an. »Herhören!« sagte er. »Ihr kennt mich alle; die meisten von euch sind schon unter meinem Kommando gefahren.«

»Aye, und wir müßten das nicht tun, wenn Sie noch Kommandant wären«, rief einer dazwischen.

»Darum geht es nicht«, konterte Henderson. »Kapitän Taplow ist Kommandant dieses Schiffes. Wir alle schulden ihm Gehorsam, Disziplin und –«

»Dem nicht! Diesem mörderischen Schwein nicht!«

»Schluß jetzt! Wenn ihr Beschwerden habt, müssen sie ordnungsgemäß geltend gemacht werden, wenn wir in Bombay sind.«

»*Wenn* wir jemals hinkommen!«

»Ach, hol euch der Teufel!« schrie Henderson. »Da hält ein Schiff Kurs auf uns, ein Pirat, der schon kampfstärkere Schiffe als unseres gekapert hat. Wollt ihr euch denn abschlachten lassen?«

»Das wollen wir bestimmt nicht, Sir«, rief Padstow. »Aber wenn wir sterben sollen, dann lieber durch einen Piratensäbel als am Strick!«

»Ihr seid Narren«, sagte Henderson. »Ihr wißt ja nicht, was ihr tut.« Kopfschüttelnd wandte er sich ab und trat wieder zu Kapitän Taplow, der beim Kompaßhaus stand.

»Nun?«

»Sie haben es gehört, Sir. Die Leute verweigern den Gehorsam.«

»Meuterei also.«

»Ich fürchte, ja.«

Auf einmal sah Kapitän Taplow ganz alt und grau aus. Sein herrisches, tyrannisches Gehabe verschwand. Er blickte sich über die Schulter nach der kleinen Gruppe Passagiere an der Heckreling um. Auch sie hatten Angst. Unter ihnen war seine eigene Tochter, die ihn voller Furcht und Erwartung anblickte. Mit müder Stimme rief er: »Mr. Kelso!«

»Sir?«

»Sie können anscheinend noch mit ihnen reden. Finden Sie heraus, was sie wollen.«

»Aye, Sir.«

»Wenn wir das Schiff nicht sofort gefechtsklar machen, sind wir verloren.«

Absichtlich langsam ging Kelso zur Kampanjetreppe. Die Situation war verzweifelt, niemand wußte das besser als er. Wenn die Männer sich zum Kämpfen entschlossen, blieb kaum noch Zeit, das Schiff darauf vorzubereiten. Zwischenwände mußten weggeschlagen, Pulver und Kugeln mußten aus der Munitionslast heraufgeschafft, Schläuche zusammengesteckt, das Deck mit Sand bestreut werden. Und vor allem mußte die *Shropshire* die Luvposition behalten. Doch Kelso wußte, wie wichtig es war, kühl und gelassen zu erscheinen. Merkten die Männer ihm Nervosität an, dann war seine Verhandlungsposition von vornherein geschwächt.

Langsam trat er zu ihnen und fragte fast beiläufig: »Also dann. Wer von euch soll der Sprecher sein?«

Sie zögerten, sahen einander unsicher an. Wie sich nun herausstellte, war ihre Aktion so spontan gewesen, daß sie keine Zeit gehabt hatten, einen Führer zu wählen. Piggott, der offensichtlich ganz wild darauf war, gewählt zu werden, blickte sich eifrig um.

Aber Kelso wandte sich an Padstow, den Mann aus Cornwall. »Padstow, sag du mir, was ihr wollt.«

Padstow blickte ihm frei und offen ins Gesicht. »Was wir wollen, Sir, ist ganz einfach: Wir wollen Kapitän Taplow loswerden.«

»Unter einem anderen Kommandanten würdet ihr Dienst tun – unter Mr. Henderson?«

Padstow überlegte einen Moment und antwortete dann, als er ein zustimmendes Murmeln hörte: »Ja, Sir. Unter Mr. Henderson machen wir Dienst.«

»Und kämpft gegen de Sousa?«

Der Cornwaller grinste. »Ach du lieber Gott, Sir, wir *wollen* uns doch nicht unbedingt abmurksen lassen!«

Kelso deutete nach vorn auf die *Libertad,* die inzwischen wieder gewendet hatte und frontal auf sie zukam. Die voll entfaltete Leinwand, die offenen Geschützpforten, sogar die schäumende Bugwelle waren deutlich zu erkennen. »Nun, wir werden ganz bestimmt alle sterben, wenn ihr euch nicht endlich entschließt zu kämpfen.«

Padstow nickte. »Unter Mr. Henderson würden wir kämpfen, Sir –«, und dann unerwartet: »Oder unter Ihnen.«

Kelso durfte sich seine Überraschung nicht anmerken lassen. »Ich werde es Kapitän Taplow sagen, kann aber nicht versprechen, daß er einverstanden ist.«

»Wenn nicht, dann kämpfen wir nicht – und damit hat sich's«, sagte Piggott, und ein zustimmendes Gemurmel bekräftigte seine Worte.

»Schön. Wenigstens wissen wir jetzt, was ihr wollt.«

»Noch was, Sir.«

Kelso versuchte, seine Ungeduld zu verbergen, und wandte sich um. »Was noch?«

»O'Brady muß freigelassen werden.«

Kelso konnte eine ärgerliche Handbewegung nicht unterdrücken. Die *Libertad* war jetzt so nah, daß es nicht mehr lange dauern konnte, bis ein erster Probeschuß aus ihrem langen Neunpfünder fiel. Und die *Shropshire* war immer noch nicht gefechtsklar! »O'Brady hat Kapitän Taplow geschlagen«, sagte er. »Bestraft werden muß er. Ihr werdet doch nicht so unvernünftig sein, das abzustreiten.«

»Er hat nur getan, Sir, was jeder von uns getan hätte, wenn er genug Mumm gehabt hätte.«

Kelso widerstand dem Verlangen, ihnen eine Vorlesung über Disziplin zu halten. Er begriff durchaus, wie Taplows Strafandrohung auf den Iren gewirkt haben mußte, doch war er erfahren genug, um sich über die Schwere des Vergehens klar zu sein. Den Kommandanten tätlich anzugreifen, war fast schlimmer als Majestätsbeleidigung. Aber de Sousas Schiff kam immer näher und ließ ihnen keine Zeit für Diskussionen. »Wenn O'Brady freigelassen wird und Mr. Henderson das Kommando übernimmt, werdet ihr kämpfen?« fragte er.

»Aye, Sir. Dann kämpfen wir.«

Eilig ging Kelso jetzt zum Achterdeck hinauf, denn er hörte den erschrockenen Ruf des Midshipman im Vortopp: »Sie eröffnen das Feuer, Sir – mit den Buggeschützen!«

Kapitän Taplow stand mit den besorgten Offizieren an der Luvreling. In Lee, nur ein paar Schritte entfernt, drängten sich die Passagiere wie ängstliche Schafe zusammen. Kelso sah Lady Susan tröstend auf Isabel einreden.

»Nun?« Kapitän Taplow war nur noch eine elende Karikatur des Tyrannen, der das Schiff in Furcht und Schrecken versetzt hatte. Er zitterte deutlich – seine Hände, seine Beine und selbst seine Kinnwülste bebten –, und Schweißtropfen standen auf seiner Stirn. »Werden sie kämpfen?«

»Unter zwei Bedingungen, Sir.«

»Selbstverständlich. Wir werden ja alle massakriert – meine Tochter . . . Ich stimme allem zu.«

»Sie wollen, daß O'Brady freigelassen wird.«

»Natürlich. Sofort.«

»Aber das ist ein Skandal«, protestierte Henderson. »Ob der Mann gehängt werden sollte, ist noch die Frage, aber ihn gänzlich straffrei zu lassen, geht auch nicht. Der Kerl hat den Kommandanten niedergeschlagen!«

Was Henderson etwa noch vorzubringen hatte, wurde durch das Jaulen eines Geschosses übertönt, das über das Schiff hinwegsauste. Es landete fünf oder sechs Kabellängen*) entfernt, aber es genügte.

»Er wird freigelassen, und zwar sofort, sage ich Ihnen«, rief Kapitän Taplow.

Mißbilligend und tief einatmend fragte Henderson: »Das war die eine Bedingung – und die andere?«

Kelso wandte sich so, daß er Kapitän Taplow direkt ins Gesicht sah. »Die andere Bedingung, Sir: Sie sollen das Kommando über dieses Schiff abgeben.«

Daraufhin entstand eine lange, spannungsgeladene Stille, die auch der Ruf des Ausgucks und der Knall eines zweiten Schusses nicht brechen konnten. Kelso sah das schlaffe, unbeherrschte Gesicht, die fetten, nach vorn gesunkenen Schultern des Besiegten, und er konnte sich eines gewissen Mitleids für Kapitän Taplow nicht erwehren. Daß er grausam und despotisch war, wußte er; daß er krank war, hielt er für einigermaßen sicher. Doch da stand nun ein Mann, allein, freundlos, vor dem schamvollen Ende seiner Laufbahn. Kelso wandte sich halb um: Ireton und Bradshaw warteten gespannt auf die Antwort des Kommandanten. Dann sah er Henderson an. Dessen Gesicht lag in starren Falten, als er fragte: »Mit allem Respekt, Sir, selbst wenn Sie einverstanden wären – darf ich fragen, wer an Ihrer Stelle das Kommando übernehmen sollte?«

Bevor Kapitän Taplow antworten konnte, sagte Kelso: »Die Mannschaft will Sie, Sir.«

»Das tue ich nicht«, erwiderte Henderson, rot vor Zorn.

Kapitän Taplow zögerte – es mochte ihm schwerfallen, einen Befehl zu geben, der ihn so demütigte. Aber sein Zögern verflog, als ein Geschoß das Mannschaftslogis streifte, eine tiefe Rinne in die Decksplanken pflügte und durch die Schanz ins Meer fiel.

»Also gut«, sagte Kapitän Taplow, »ich befehle Ihnen, das Kommando zu übernehmen.«

Steif und ungeschickt verbeugte sich Henderson. »Danke, Sir. Und jetzt wüßte ich es zu schätzen, wenn Sie so freundlich wären, die Passagiere unter Deck zu bringen.«

Kapitän Taplow blickte zu seiner Tochter hinüber, die ihn mitleidig beobachtete. Sie öffnete die Arme, und ohne Widerrede ließ er sich von ihr unter Deck führen.

*) 1 Kabellänge = 0,1 Seemeilen = 185,3 m

24

Die *Shropshire* und die *Libertad* segelten stampfend, mit konvergierendem Kurs, aufeinander zu. Mit Vollzeug vor dem raumen Wind konnte die *Shropshire* erstaunlich rasche Fahrt machen. Die See war nicht hoch, aber da sie mit ihrem plumpen Bug in jedes Wellental schlug, sah es aus, als käme sie im Vergleich zu ihrem Gegenüber nur mühsam vorwärts. Die *Libertad,* ein elegant gebauter Eindecker, noch dazu ohne Ladung, ritt förmlich auf den Wellen. Daß sie viel manövrierfähiger war als die *Shropshire,* ließ sich deutlich erkennen. Ihre Feuerkraft dagegen war vermutlich schwächer, aber sie hatte ihre Treffsicherheit bereits durch die beiden Schüsse erwiesen, die das Deck fast gestreift hatten. Beide Kommandanten strebten nach der Luvposition. Nur noch drei oder vier Kabellängen trennten sie, dennoch war noch nicht vorauszusehen, wer den Windvorteil erringen würde. Auf ihrem jetzigen Kurs mußten sie bald kollidieren. Der Rudergänger der *Shropshire* starrte bereits ängstlich zu Henderson hinüber; doch Kelso, der die Batterie auf dem Achterdeck kommandierte, hegte solche Befürchtungen nicht. Da er einen beherzten Angriff für den besten Erfolgsfaktor im Gefecht hielt, war er mit Hendersons Taktik voll einverstanden. Außerdem war ihm klar, daß die *Libertad,* das weitaus leichtere Schiff, bei einer Kollision den größeren Schaden davontragen würde.

Andererseits gab es keine Anzeichen dafür, daß de Sousa eine Kursänderung beabsichtigte. Die Schiffe waren einander jetzt so nahe, daß man die Matrosen des Piratenschiffs, soweit sie nicht an den Kanonen waren, deutlich erkennen konnte. Sie schwenkten die Arme und brüllten wüste Beschimpfungen übers Wasser. De Sousa selbst stand neben dem Rudergänger. Beide Schiffe kamen Bug gegen Bug aufeinander zu.

»Mr. Ireton«, schrie Henderson, »Feuer frei!«

Kelsos Kanonen waren geladen, die Lunten glommen – er konnte nur abwarten und sich auf die Kollision gefaßt machen. Inzwischen beobachtete er de Sousa aufmerksam, was ihn zum Glück dazu befähigte, auf das unerwartete Manöver des Piraten zu reagieren.

Er sah nämlich, daß de Sousa einen Befehl gab und der Rudergänger das Rad heftig herumwirbelte. Die *Libertad* schien mitten in der Fahrt zu stoppen; ihr Bug schwang herum, und sie passierte, so ungeheuerlich es schien, die Leeseite der *Shropshire* in nur wenigen Metern Entfernung. Dabei krachten ihre Backbordgeschütze in einer Breitseite, die den Indienfahrer fast aus dem Wasser zu heben schien. Kelso verlor das Gleichgewicht, doch er konnte seine Backbordgeschütze abfeuern und noch ein paar Schüsse mit dem langen Achtzehnpfünder nachsetzen.

Gewinner der ersten Runde war jedoch ganz eindeutig der Pirat. Schon lagen Tote und Sterbende auf dem Hauptdeck der *Shropshire*. Geschütz Nummer zwei, das – wie die ganze unter Bradshaws Kommando stehende Backbordbatterie – nicht rechtzeitig zum Schuß gekommen war, hatte einen Volltreffer erhalten. Drei Mann der Geschützbedienung waren tot, ein vierter lag schreiend unter der zerschossenen Kanone. Masten oder Spieren des Schiffs waren jedoch glücklicherweise nicht getroffen worden.

»Klar zum Wenden!«

Während die Mannschaft fieberhaft an Brassen und Schoten arbeitete, fand Kelso Zeit, die Geschicklichkeit, die Seemannschaft und vor allem die Kühnheit des Piratenkapitäns zu bewundern. Da er selbst bisher nur schwerfällige Indienfahrer gesegelt hatte, wußte er nicht, wozu ein leichteres Schiff unter mutiger Führung imstande war.

Doch jetzt war keine Zeit für fachmännische Bewunderung. Die *Libertad* hatte ihre Wende gefahren, während die *Shropshire* noch durch den Wind drehte, und kam zurück, bereit zu einem neuen, noch entscheidenderen Schlag. Sie kam jetzt von Steuerbord achteraus auf sie zu, ein schmales Ziel für Iretons Kanonen, fiel, wie Kelso erwartet hatte, im allerletzten Moment hart nach Backbord ab und schmetterte die ganze Zerstörungskraft ihrer Breitseite in das verletzliche Heck der *Shropshire*. Ihr Manöver kam nicht ganz unerwartet; nach den Achterdeckgeschützen hatte auch Iretons Batterie ein paar Salven abgegeben. Doch wiederum schnitt der Pirat bei dem Schußwechsel besser ab.

Als Kelso den Leichnam eines gefallenen Kanoniers wegzog, hörte er den durchdringenden Schrei einer Frau. Isabel, Lady Susan oder Mrs. Harvey? Das waren die einzigen Frauen an Bord. Halb unbewußt betete er, es möge nicht Isabel sein.

»An die Brassen!« Noch einmal fuhr die *Shropshire* eine Wende. Müde und resigniert, so sah es aus, schwang sie herum – die nächste Salve des Piraten war nicht zu vermeiden.

Kelso beobachtete die *Libertad*, die voller Selbstvertrauen heranbrauste, und war sich klar, daß die *Shropshire*, so wie die Dinge jetzt lagen, keine Chance hatte. Noch einmal würde der Pirat im letzten Moment den Kurs ändern, am Heck des Indienfahrers vorbeigehen und wieder abdrehen, ehe dieser einen wirkungsvollen Schuß anbringen konnte. Doch es gab eine Chance, eine einzige Chance, einen gewissen Ausgleich herbeizuführen. Eilig rannte Kelso zu den drei Mann am Heckgeschütz. »Zielt auf die Masten. Laßt euch Zeit. Ein richtiger Treffer genügt!«

Wieder stampfte die *Libertad* heran. Während ihr Bug herumschwang, hatte die *Shropshire* Zeit für eine Breitseite. Dann zog die *Libertad* schon wieder achtern vorbei, und ihre Kanonen pumpten Schuß auf Schuß in das ungeschützte Heck des Indienfahrers.

»Ziel erfassen! Feuer!« brüllte Kelso und blickte gespannt zur *Libertad* hinüber, noch ehe die Kugeln drüben waren. Er sah, daß ein Geschoß aufs Deck schlug und einen Piraten gegen das Schanzkleid schleuderte. Doch die anderen Kugeln flogen zu weit oder zu hoch vorbei und richteten keinen Schaden an. Den Mast eines Schiffes in Fahrt zu treffen, erforderte außerordentliche Schießkunst und obendrein noch eine ganze Portion Glück.

»Ausputzen! Neu laden! Feuer!« Kelsos Befehl, die zweite Salve gleich hinterherzufeuern, war eigentlich nur eine Geste; doch weil er sich noch auf die vorderen Kanonen konzentrierte, fuhr er beim ohrenbetäubenden Krachen des Heckgeschützes zusammen.

Er hörte die Detonation und blickte ohne große Erwartungen in die Schußrichtung.

Doch da – unglaublicher Anblick – knickte der Kreuzmast der *Libertad* um wie eine gebrochene Bohnenstange.

»Herrgott! Ihr habt sie entmastet – gut gemacht, Leute – und Sie, Mr. Kelso!« Henderson wurde beinahe wieder jung vor Erleichterung. In die Hände klatschend, rannte er zur Heckreling und sah zu, wie die *Libertad,* für den Augenblick manövrierunfähig, mit dem Bug in den Wind drehte.

»Großmarssegel back! Mr. Bradshaw, Feuer frei!« Jetzt, da sich die Gefechtslage so dramatisch geändert hatte, mußte alles versucht werden, um den größtmöglichen Vorteil daraus zu ziehen. Die donnernde Breitseite der Backbordbatterie zog grausame Furchen durch die Männer, die an Deck der *Libertad* verzweifelt arbeiteten, um den Mast zu klarieren. Nach der zweiten Breitseite klaffte im Rumpf des Piratenschiffes ein Loch, dicht über der Wasserlinie, und eins ihrer Buggeschütze flog durch das Schanzkleid ins Meer.

Doch die schon siegessicheren Männer der *Shropshire* bekamen einen mächtigen Schreck, als sie merkten, daß der Feind immer noch zurückschlagen konnte. Aus allen Geschützen, die nicht durch Trümmer behindert waren, gab er eine wohlgezielte Breitseite ab. Eine ganze Geschützbedienung in Bradshaws Batterie wurde getötet, und ein gefährlich aussehender Riß erschien in der Breitfock.

»An die Brassen! Klar zum Halsen!« schrie Henderson. Außer Schußweite der *Libertad* begann die *Shropshire* das umständliche Manöver.

Als sie vor den Wind kamen, konnte Kelso sehen, daß die *Libertad* immer noch beigedreht lag und die Piraten fieberhaft arbeiteten, um das Deck zu klarieren. Der gebrochene Mast schleppte nach und wirkte wie ein Treibanker. Bis er gekappt war, würde das Piratenschiff manövrierunfähig sein.

»Mr. Ireton, Mr. Kelso! Gezieltes Feuer!« brüllte Henderson. »Und jeder Schuß muß sitzen!«

Kelso hatte immer schon eine ganze Menge von Henderson gehalten; jetzt bewunderte er ihn, weil er nicht wild drauflosschießen ließ, was in diesem Augenblick des Triumphes verständlich gewesen wäre, sondern auf genaues Zielen Wert legte. Zweifellos war er sich klar darüber, daß er die *Libertad* vernichten oder mindestens schwer beschädigen mußte, solange sie hilflos war.

»Ziel auffassen!« schrie Ireton. Und dann, als das Deck waagrecht lag: »Feuer!«

Die disziplinierte Breitseite pflügte vom Bug bis zum Heck durch das Piratenschiff. Ein deutliches Beben erschütterte die Planken, es krängte und hatte noch ein paar Löcher mehr im Rumpf. Über das Wasser ertönten die Schreie der Verwundeten.

»Zündlöcher stopfen! Ausputzen! Nachladen!« In schneller Fahrt passierte die *Shropshire* ihren Gegner und konnte noch eine volle Breitseite abgeben; dann waren die Heckgeschütze und der lange Achtzehnpfünder an der Reihe, deren Bedienungen in dem Wunsch, ihren Erfolg zu wiederholen, so lange zum Zielen brauchten, daß sie nur noch *eine* wirkungsvolle Salve abfeuern konnten.

»Klar zum Wenden!«

Henderson, der in diesem Gefecht von Anfang an großes Können und eiserne Nerven gezeigt hatte, machte jetzt seiner natürlichen Erregung Luft, indem er zu Kelso herantrat und fragte: »Was meinen Sie – wird sie die Flagge streichen?«

»Solange de Sousa am Leben ist, bestimmt nicht, Sir«, erwiderte Kelso.

»Da haben Sie natürlich recht. Der kämpft, bis wir ihn versenken.«

»Aber wir haben nur noch eine Stunde Tageslicht«, erinnerte Kelso mit einem Blick auf die Sanduhr.

»Ja, bei Gott! Und wenn wir sie nicht versenken, entkommt sie in der Dunkelheit, riggt einen Notmast auf und kehrt morgen kampfbereit wieder.«

»Also müssen wir sie versenken«, entgegnete Kelso.

Als sie unter dem Brüllen aller Backbordgeschütze mit einer knappen Kabellänge Abstand die *Libertad* passierten, auf der einige Kanonen trotzig zurückfeuerten, sah es dort schon besser aus. Der gebrochene Mast war gekappt, und wenn sie auch einen ganz merkwürdigen Anblick bot, reagierte sie doch wieder auf das Ruder.

»Beim nächstenmal müssen wir sie fertigmachen«, sagte Henderson laut, aber mehr zu sich selbst. »Beim nächstenmal müssen wir's schaffen.«

Kelso konnte seine Besorgnis verstehen. Es blieb abzuwarten, wie gut die *Libertad* noch segelte; aber auch, wenn sie nur mehr so schnell und manövrierfähig wie die *Shropshire* war, bedeutete sie immer noch ein ernstes Problem. De Sousas Taktik war, längsseit zu gehen, Wurfanker einzusetzen und das Beuteschiff zu entern. So machten es die Piraten meistens.

Die *Shropshire* fuhr ihre Wende und kam mit geladenen, feuerbereiten Steuerbordgeschützen auf möglichst parallelem Kurs zurück; mit freudiger Spannung wartete die Mannschaft darauf, den Feind endgültig zu vernichten. Daß sich die *Libertad* jetzt wieder steuern ließ, war an ihrem stetigen Kurs zu erkennen. Auch sie segelte vor dem Wind und machte überraschenderweise keine Anstalten, dies zu ändern. Wollte de Sousa jetzt die Entscheidung erzwingen? Da er an Feuerkraft unterlegen und jetzt auch nicht mehr der Schnellere war, hätte er eigentlich abdrehen und sich zurückziehen müssen. Und doch behielt er unbeirrt seinen Kurs bei.

Die *Shropshire* holte von achtern kommend auf und jagte ihr Eisen in den Rumpf des Piraten. Aber diesmal folgte keine schwächliche, kaum spürbare Erwiderung, sondern eine ebenbürtige, donnernde Salve. Auf dem Achterdeck der *Shropshire* schlug es krachend ein, schrien die Verwundeten, wurden Befehle gebrüllt – ein unglaubliches Durcheinander von Geräuschen. Doch am schlimmsten war das unheilverkündende Krachen berstenden Holzes, das scharfe Reißen von Wanten und Stagen.

Kelso sah hoch: krachend stürzte die Kreuzmarsstenge mit allen Rahen und Segeln aufs Deck.

25

»Aber wie sind unsere Chancen?«

Bleich vor Schreck und Erschöpfung standen die Passagiere um den Tisch, an dem Henderson und Kelso aßen. Es war gegen Mitternacht, und die beiden Offiziere versuchten, abgestumpft vor Müdigkeit, beruhigende, wenn auch nicht völlig zutreffende Antworten auf die vielen Fragen zu geben. Das hatte Henderson so angeordnet; Kelso hätte ihnen die Wahrheit gesagt: daß die *Shropshire* ein Leck unter der Wasserlinie hatte und nur durch unaufhörliches Pumpen flottgehalten werden konnte. Flucht war kaum mehr möglich; von Kämpfen konnte überhaupt keine Rede sein. Kelso hätte ihnen gesagt, daß es nach dem Verlust des Kreuzmasten mit der an sich schon fragwürdigen Geschwindigkeit und Manövrierfähigkeit der *Shropshire* ganz vorbei war. Wenn die *Libertad* bei Sonnenaufgang in Sichtweite kam, dann konnte sie die *Shropshire* abschießen wie eine schwimmende Ente. Und doch wußten er und zweifellos auch Henderson, daß sie nur wegen der Passagiere so völlig hilflos waren. Schon hatte es Tote bei ihnen gegeben: Mrs. Harvey war von einem messerscharfen Holzsplitter getroffen worden, ihren Todesschrei hatte Kelso gehört. Mehr als alles andere hatte ihr Tod die Moral der Passagiere erschüttert. Ein stattlicher älterer Herr namens Raikes, der zum drittenmal nach Indien fuhr, hatte vermutlich einen Herzanfall erlitten und war gestorben.

Passagiere stellten nun einmal die schwierigste Ladung für einen Ostindienfahrer dar. Weil sie große Summen für die Passage zahlten, war der Kommandant für ihre Bequemlichkeit und vor allem für ihre Sicherheit verantwortlich. Ohne Passagiere hätte Henderson entschlossen bis zum letzten gekämpft. So aber mußte er jede Chance nutzen, die Sicherheit versprach. Ohne diese zusätzliche Belastung wäre die *Shropshire* schlimmstenfalls kämpfend untergegangen; mit den Passagieren jedoch konnte sie gezwungen sein, sich als letzte Möglichkeit der fragwürdigen Gnade des Piraten auszuliefern.

Das alles machte sich Kelso klar, während er aß, trank und den ängstlichen Passagieren zuhörte. Er hatte keinen Appetit, aber es war leichter, Essen vorzutäuschen, als Fragen zu beantworten. Er sah sie dastehen: die Reichen, die Stolzen, die Verwaltungs- und Kaufleute des neuen Handelsimperiums der East India Company. Jetzt waren sie nicht mehr selbstbewußt; Schulter an Schulter drängten sie sich zusammen, als wollten sie einander so ermutigen; begierig warteten sie auf jedes bißchen Zuversicht, das ihnen die Offiziere gewähren konnten. Kelso sah Kapitän Taplow, der, ein geschlagener Mann, abseits hockte, mit offenem Mund, die Hände schlaff auf den Knien, blicklos vor sich hin starrend. Isabel saß neben ihm, schön selbst unter diesen Umständen; Isabel, die ihn geliebt hatte, die so getan hatte, als verstünde sie seine Sorge um die Matrosen – Isabel, die Tochter ihres Vaters.

Und er sah Lady Susan, gefaßt und stolz, die ihre rätselhaften Augen nicht von ihm wandte.

Schließlich konnte auch Henderson nicht mehr mit den Fragen fertig werden. Er stand auf und sagte: »Meine Damen und Herren, zur Zeit besteht keine unmittelbare Gefahr. Vor dem Morgengrauen kann de Sousa uns nicht finden, und bis dahin sollten wir zwanzig Meilen auseinandergetrieben sein. Darf ich Sie jetzt bitten, sich auszuruhen?«

Protestierend rückten sie ihm auf den Leib. »Das kann doch nicht Ihr Ernst sein! Wie sollen wir schlafen, wenn unser Leben auf dem Spiel steht?«

Doch energisch trieb er sie in ihre Kabinen. »Wenn Sie wollen, daß wir das Beste aus unseren Chancen herausholen, dann müssen Sie mir schon gestatten, mich mit meinen Offizieren zu besprechen.«

Immer noch protestierend verschwanden sie, und bald saß nur noch Kapitän Taplow da, wie er die ganze letzte Stunde gesessen hatte: als ob er nicht merke, was um ihn geschah. Isabel redete ihm zu, sich ebenfalls hinzulegen, doch er zeigte nicht die geringste Reaktion. Henderson und Kelso wechselten Blicke; dann traten sie zu ihm und nahmen ihn sanft bei den Armen. »Kommen Sie, Sir«, sagte Henderson, »Sie müssen sich ausruhen.«

Immer noch rührte sich der Kommandant nicht; erst als sie ihn an den Ellbogen hochhoben, gab er ein Zeichen des Verstehens: plötzlich blickte er Henderson und Kelso an, und seine Züge belebten sich. »Meuterei!« rief er aus. »Verstehen Sie? Ein klarer Fall von Meuterei!«

»Machen Sie sich darüber jetzt keine Gedanken, Sir«, sagte Henderson. »Sie müssen erst mal schlafen.«

»Schlafen! Ich bin nicht müde. Ich habe zu tun, ich muß meinen rebellierenden Offizieren die Maske herunterreißen.« Schwankend und stolpernd wollte er wieder zum Tisch, doch Henderson und Kelso hielten ihn zurück. »Henderson! Kelso!« schrie er. »Ich kenne die Namen. Andere wahrscheinlich auch, aber das sind die Rädelsführer. Meuterei – Henderson und Kelso!«

»Sie müssen schlafen, Sir.«

»Offiziere, denen ich vertraut habe!« schrie Kapitän Taplow und brach bestürzend plötzlich in Tränen aus. Noch als er, jetzt von seiner Tochter und Lady Susan gestützt, hinauswankte, schluchzte er: »Henderson und Kelso – meine besten Offiziere!«

Als sie allein in der Messe saßen, blickte Henderson Kelso besorgt an. »Jetzt ist er endgültig verrückt geworden, der Ärmste. Aber trotzdem – dieser Vorwurf behagt mir nicht.«

»Daß Sie ein Meuterer sind?« entgegnete Kelso. »Nun, Sir, diese Anklage hätten Sie nicht zu fürchten. Wir haben alle gehört, wie Sie sich weigerten, das Kommando zu übernehmen.«

»Ja – aber wenn wir erst in Bombay sind . . .« Henderson hielt inne, und als er Kelsos skeptischen Blick auffing, lächelte er. Ein komisches Gefühl, dachte Kelso, beim Gedanken an den fast sicheren Tod zu lächeln.

»Unsere Lage könnte kaum schlimmer sein«, fuhr Henderson fort und kam damit zu den nüchternen Tatsachen. »Das ist Ihnen natürlich klar?«

»Ich weiß, daß es ein Wunder wäre, wenn wir morgen nicht tot sind – oder de Sousas Gefangene.«

»Da wäre ich lieber tot«, entgegnete Henderson.

»Das versteht sich von selbst, Sir.«

»Und die Passagiere?« Verzweifelt stützte Henderson den Kopf in die Hände. »Wenn es doch irgendeine Alternative gäbe! Was dieser Teufel mit ihnen machen wird – daran wage ich überhaupt nicht zu denken.«

»Sie dürfen ihnen unter keinen Umständen in die Hände fallen.«

»Wie meinen Sie das? Was gibt es denn sonst für eine Möglichkeit?«

Kelso antwortete nicht. Anscheinend horchte er auf die Schiffsgeräusche, das monotone Knirschen der Planken, die Befehle und die tappenden Füße an Deck, das Quietschen der Pumpen.

»Welche Wahl hätten wir denn?« wiederholte Henderson.

»Sie können ihr Glück mit uns versuchen«, sagte Kelso. »Wenn de Sousa am Morgen noch da ist – und das wird er sein –, dann handeln wir so, wie wir es alle wollen: entweder vernichten wir ihn, oder er vernichtet uns.«

Henderson nahm ein Stück Schiffszwieback, nicht weil er Hunger hatte, sondern weil er Zeit zum Überlegen brauchte. »Wir hätten keine Chance«, sagte er schließlich. »Das ist Ihnen doch klar.«

»Ich weiß.«

»Trotz des Lecksegels, und obwohl die Pumpen mit voller Kraft arbeiten, steigt das eingedrungene Wasser rasch.«

»Ich weiß.«

»Bei den vielen Toten und Verwundeten und den Lenzmannschaften hätten wir kaum Leute genug für Geschütze und Segelbedienung.«

»Auch das weiß ich, Sir.«

»Welchen Widerstand könnten wir unter diesen Umständen schon leisten? Wir sind wie eine Badewanne, die im Ozean dümpelt, eine schwimmende Zielscheibe, an der de Sousas Kanoniere Schießen üben können.«

»Aber wir würden kämpfend untergehen«, entgegnete Kelso leise. »Und darauf kommt es doch an, nicht wahr?«

Henderson seufzte. »Da haben Sie natürlich recht. Nur ist damit unser größtes Problem nicht gelöst – die Passagiere.«

»Wenn sie mit dem Schiff untergehen, sind sie kein Problem mehr. Dann kann ihnen de Sousa nichts mehr tun.«

»Aber wenn sie am Leben bleiben? Die beiden Damen – wenn de Sousas Männer . . .«

»Im äußersten Fall müssen wir das eben verhindern.«

Henderson sah Kelso ungläubig an. »Sie wollen sie töten?«

Kelsos Gesicht blieb ausdruckslos. »Es gibt noch eine andere Möglichkeit.«

»Wenn die ähnlich grausam ist . . .«

»Wir könnten alle Passagiere in den Kutter setzen, ihnen Proviant und Wasser geben und sie mit Kurs West losschicken.«

Nachdenklich tippte Henderson mit seinem Zwieback auf die Tischplatte. »Auch keine große Chance.«

»Besser als sie an Bord zu lassen.«

»Kann schon sein. Wahrscheinlich haben Sie recht.«

»Wir sind nicht weiter als ein-, zweihundert Meilen von den

Komoren entfernt.«

»De Sousas Schlupfwinkel!«

»Mit etwas Glück verfehlen sie ihn. Die Inseln liegen ziemlich weit verstreut.«

Henderson war seit zwanzig Jahren Offizier im Ostindiendienst – er konnte einen Entschluß fassen. Eine Zeitlang saß er da, blickte Kelso an, ohne ihn zu sehen, und wälzte das Problem in Gedanken hin und her. Dann plötzlich hellte sich seine Miene auf. Er erhob sich und sagte: »Jawohl. Wir tun es. Und da es Ihre Idee war, übernehmen Sie das Kommando.«

Verzweifelt starrte Kelso ihn an. »Ich, Sir? Ich soll die *Shropshire* verlassen und einen Haufen hilfloser Passagiere befehligen?«

»Wie gesagt – es war Ihre Idee.«

»Aber, Sir! Dazu braucht es doch keinen Offizier. Wenn schon jemand die Führung übernehmen muß, könnten wir ihnen einen Unteroffizier, einen Midshipman mitgeben . . .«

Doch Henderson schüttelte den Kopf. »Ich bin für die Passagiere verantwortlich, Kelso. Ich muß ihnen meinen besten Mann mitgeben.«

»Aber, Sir!«

»Sie übernehmen den Kutter. Das ist ein Befehl!«

26

Der Kutter lag bis ans Dollbord im Wasser, so war er mit Proviant, Trinkwasser und Menschen vollgepackt; eine Stunde vor der Morgendämmerung legte er ab. Als die Sonne dann hoch stand und die acht Passagiere an den Riemen vor Erschöpfung zusammensanken, war die *Shropshire* nur noch ein Fleck am Horizont. Von Süden her, kaum eine Meile von ihr entfernt, schob sich ein anderes Fleckchen näher – die *Libertad,* bereit zum Fangschuß.

Es war ein unheilvolles Bild, aber trotzdem empfand Kelso wider Willen Erleichterung. Wenigstens sah jetzt seine unfreiwillige Bootsbesatzung ein, wie notwendig dieser Schachzug gewesen war. Bald würde die *Shropshire* gnadenlos zusammengeschossen werden. Inzwischen mußte er seine schwierige Aufgabe lösen, so gut er konnte: vierzehn Menschen und eine Überlast Proviant in einem Boot, das mit der Hälfte der Fracht gerade noch seetüchtig gewesen wäre. Außer den acht Männern vorwiegend mittleren Alters und offensichtlich nicht in bester körperlicher Verfassung, die sich für die erste Runde an den Riemen freiwillig gemeldet hatten, saßen zwei ältliche Kaufleute im Boot. Ihnen gegenüber und dicht vor Kelso kauerten Isabel und Lady Susan. Neben Kelso an der Pinne saß Kapitän Taplow.

Hätte Kelso gewußt, daß Taplow darauf bestehen würde, die Fahrt im Kutter mitzumachen (und daß Henderson dem zustimmen würde), hätte er wahrscheinlich dieses Himmelfahrtskommando doch noch abgelehnt. Er hatte damit gerechnet, daß der Kommandant trotz seiner Benommenheit an Bord blieb, da er offiziell immer noch das Kommando hatte. Aber als der Kutter ausgesetzt wurde, hatte Kapitän Taplow auf einmal unauffällig neben seiner Tochter gestanden. In der Dunkelheit und bei der Eile, mit der die Passagiere das Fallreep hinunterkletterten, hatte niemand bemerkt, daß er mit von Bord gegangen war. Erst als Kelso ins Boot sprang und das Ruder übernahm, sah er den unwillkommenen Passagier reglos und apathisch im Heck sitzen.

»Mr. Henderson!« hatte Kelso gerufen, fest entschlossen, diese zusätzliche Erschwerung seines ohnehin problematischen Auftrags abzulehnen.

Doch bevor Henderson herbeigerufen werden konnte, hatte Isabel Kelsos Hand gefaßt. »Bitte! Laß ihn mitfahren! Er wird keine Schwierigkeiten machen, ich verspreche es dir!« bettelte sie.

Mit einem skeptischen Blick auf das ausdruckslose Gesicht ihres Vaters beantwortete Kelso Hendersons Anruf von oben.

»Der Kommandant ist im Boot«, rief er hinauf. »Kapitän Taplow!«

Nach kurzem Schweigen antwortete Henderson: »Besser so . . .« Danach wurden einige Worte vom Wind weggetragen. »Müssen sehen, wie Sie fertig werden!«

Ein schöner Rat! Kelso fühlte den Druck des ungefügen Körpers an seiner Seite und spürte, mehr als alles andere, das versunkene Schweigen dieses Mannes. Was würden die nächsten Tage bringen?

Selbst wenn sich Kapitän Taplow tadellos benahm, waren ungeheure Probleme zu bewältigen. Falls günstiger Wind aufkam, konnte Kelso ein Behelfssegel setzen; doch das bißchen Wind wehte ihnen jetzt noch entgegen. Er mußte also mit einem endlosen Pull unter glühender Sonne rechnen, wobei ihre Überlebenschancen in gleichem Maße sanken wie der Wasserstand in den Fässern. Wie lange konnten sie aushalten? Wie viele Stunden am Tag konnten sie auch nur zwei von den acht Riemen bemannt halten? Wann würde der Schwächste krank werden, der erste sterben? Wenn ihr Schiffsort stimmte und die Ruderer kräftiger waren, als er annahm, konnten sie die nächste Insel der Komorengruppe in etwa einer Woche erreichen. Es würde aber eher zwei Wochen dauern, fürchtete er, und wenn es schlimm kam, sogar einen Monat – wenn dann überhaupt noch jemand von ihnen lebte. Soviel war jedenfalls klar: falls sie das Pech hatten, in schwere See zu geraten, mußten sie sinken.

Aber Kelso war jung und energisch genug, um diesen Problemen ins Auge zu sehen; als es Tag wurde und die Sonne, grausam wie ein Inquisitor, am Himmel emporstieg, erkannte er mit Erleichterung und einer gewissen Beschämung, daß diese Kaufleute und Verwaltungsbeamten zäher waren als angenommen. Rudern oder überhaupt körperliche Arbeit waren sie zwar nicht gewohnt, und es dauerte keine Stunde, bis Blasen ihre Hände bedeckten. Gegen Mittag waren ihre Gesichter und Nacken feuerrot vom Sonnenbrand. Aber sie gaben nicht auf. Kelso setzte Lady Susan an die Pinne, nahm selbst einen Riemen und pullte mit den drei zähesten Passagieren den ganzen heißen Nachmittag über. Bei Sonnenuntergang hatten sie schätzungsweise zwanzig Meilen zurückgelegt. Wenn sie dieses Tempo halten konnten, würden sie in einer Woche bei den Komoren sein.

Während des größten Teils der Nacht hielt Kelso im Wechsel mit einem Passagier das Boot in Fahrt; doch am Morgen wurde es klar, daß ihre Hoffnung voreilig gewesen war. Zwei Passagiere wurden ernstlich krank; bei dem einen war es anscheinend ein Herzanfall, beim anderen die Auswirkung des Sonnenbrands. Tatsächlich litten alle, die am Vortag gerudert hatten, nun beträchtlich an Sonnenbrand, und das würde selbstverständlich ständig schlimmer werden. An diesem Tag schafften sie nur acht Meilen, und bei Sonnenuntergang lagen zwei weitere Passagiere krank im Boot.

In der Erkenntnis, daß sie nur überleben konnten, wenn eine arbeitsfähige Rudermannschaft vorhanden war, entschloß sich Kelso, bei Nacht zu rudern und tagsüber auszuruhen, so gut es ging. Er riggte ein Sonnensegel auf, und in der nächsten Nacht schafften sie weitere fünfzehn Meilen.

Während dieser ersten Tage, dem Anfang einer vermutlich langen Qual, bewiesen die beiden Frauen beispielhaften Mut. Isabel Taplow hatte alle Hände voll mit ihrem Vater zu tun, der in völliger

Stumpfheit versunken blieb, doch Lady Susan erwies sich als tüchtige Pflegerin der Kranken. Die Ärmel aufgerollt, das scharfe, etwas männlich wirkende Gesicht zigeunerhaft braun gebrannt, erinnerte sie kaum mehr an die elegante Lady, die noch vor ein paar Tagen die Kapitänstafel geziert hatte. Auch vor den unangenehmsten Aufgaben schreckte sie nicht zurück. Als Mr. Glynthorne, einer der ersten Erkrankten, zu delirieren begann, saß sie an seiner Seite, tröstete und pflegte ihn den ganzen, brennend heißen Tag lang.

Am Ende der ersten Woche sahen die Männer im Kutter bärtig und wirrhaarig aus; die Kleidungsstücke, um deren Mitnahme sie so eifrig gekämpft hatten, waren zum Teil über Bord geworfen; sie selbst waren mager und sehnig – oder elend und schwach. Aber sie hatten den Kutter über hundert Meilen weit gerudert. Wenn Kelso sie ansah, wie sie todmüde in das bißchen Schatten krochen, empfand er starke Zuneigung und Achtung für sie. Noch vor einer Woche waren diese Herren verwöhnte Gentlemen gewesen, weichlich, egoistisch, vergnügungssüchtig – jetzt waren sie Seeleute.

Am nächsten Tag starb der arme Glynthorne; gegen Abend erfrischte sie eine tropische Regenbö.

Von der *Libertad* war nichts zu sehen. In den langen Nachtwachen war es Kelsos größte Angst, daß der Pirat, nachdem er die *Shropshire* versenkt hatte, umkehren und den Kutter einholen würde. Dann fragte er sich, ob er es über sich bringen könne, Isabel und Lady Susan zu töten; denn er war fast entschlossen, sie nicht in die Hände der Piraten fallen zu lassen. In einer dieser Nächte, die er wachend und grübelnd verbrachte, schreckte ihn Lady Susans Stimme auf. »Schlafen Sie doch, Mr. Kelso«, sagte sie leise. »Sie haben sich für eine Nacht genug Sorgen gemacht.«

Lächelnd sah er sie in der Dunkelheit an.

»Wir kommen durch«, sagte sie. »Sie werden es sehen.«

»Das ist es nicht. Alle waren großartig – Sie, Miss Taplow, die Passagiere. Sie haben viel mehr geschafft, als ich erwartet hätte.«

»Selbsterhaltungstrieb. Wir versuchen unser möglichstes.«

»Nein. Es ist mehr als das.«

Sie berührte leicht seine Hand. »Aber Sie machen sich trotzdem Sorgen?«

»Ich war nie für falsche Hoffnungen. Ich sehe lieber den Tatsachen ins Auge.«

»Gewiß. Aber was sind die Tatsachen?«

»Wir haben noch einen langen Weg vor uns.«

Wieder berührte sie seine Hand, diesmal fester. »Wir kommen durch. Glauben Sie mir.«

Am nächsten Tag mußte er die Wasserration auf einen halben Becher pro Tag kürzen. Die Männer, die noch imstande waren, einen Riemen zu bedienen, litten schrecklichen Durst, und auch jene, die krank und schwach im Boot lagen, schrien verzweifelt nach mehr, wenn er ihnen mit Lady Susans Hilfe ein paar Tropfen über die ausgedörrten Lippen goß. In dieser Nacht verlor ein Passagier den Verstand, ein älterer Kaufmann namens St. Vincent. Er schrie plötzlich laut auf, beugte sich über Bord und schöpfte sich Seewasser in den Mund. Als Kelso versuchte, ihn daran zu hindern, lachte er hysterisch auf und sprang ins Meer.

Mit ein paar kurzen Befehlen riß Kelso die Rudernden aus ihrer Erschöpfung und Apathie; es gelang ihm, das Boot zu wenden, aber es war zu spät. Der arme Mann war widerstandslos untergegangen. Nicht einmal eine Welle bezeichnete sein Grab.

Die Tage verstrichen. Kelsos Männer wurden immer magerer, schwächer, zerlumpter. Ihre Gesichter, einst strotzend von Leben, fielen ein, verbrannten, wurden rissig, so daß er manchmal das Gefühl hatte, sie wären alle schon Leichen. Mit seinen vor Erschöpfung trüben Augen sah er sie wie Skelette an den Riemen hocken, und manchmal erkannte er, wie im Halbtraum, nur noch ihre Augen. Besonders nachts, wenn er darum kämpfte, die langen Riemen in Bewegung zu halten, fühlte er zehn, zwanzig Augen ihn aus der Dunkelheit anstarren.

Während dieser qualvollen Tage und Nächte sprach Kapitän Taplow kein einziges Wort. Er rührte sich nicht, er schlief nicht. Trotz der flehentlichen Bitten seiner Tochter und Lady Susans blieb er so sitzen, wie er sich hingesetzt hatte, als er in den Kutter gestiegen war. Abgesehen davon, daß er manchmal eine Zeitlang, an Isabels Schulter gelehnt, im Halbschlaf vor sich hin dämmerte, blieb er wach und reglos, eine endlose Stunde nach der anderen.

Wenn Kelso ihn ansah, hatte er manchmal das Gefühl, daß der Mann wartete, seine Kraft aufsparte für etwas, von dem er wußte, daß es kommen würde. Rettung im letzten Moment? Rache? Schaudernd wandte sich Kelso von diesen blicklosen Augen ab.

Am Ende der zweiten Woche mußte Kelso die Wasserration nochmals kürzen – ein Drittel Becher pro Tag. Selbst das war nur möglich, weil zwei weitere Passagiere starben. Bei seiner ursprünglichen Schätzung hatte er die Verdunstung nicht in Betracht gezogen und war nun entsetzt, daß der Wasserstand im letzten Faß einen Zoll niedriger war als erwartet. Bei Anbruch der dritten Woche wurde ihm klar, daß nur ein Wunder sie retten konnte.

Sie quälten sich weiter. Nur Kelso war noch kräftig genug, einen Riemen durchs Wasser zu ziehen; doch schon nach ein paar Schlägen klopfte sein Herz so heftig, daß er kaum noch wußte, was er tat. Sie mußten nach Westen. Er war schon so schlapp, daß er nicht mehr zusammenhängend dachte, doch sein Instinkt sagte ihm, daß es nicht mehr weit sein konnte: die Komoren, Land, Rettung. Manchmal bildete er sich ein, er könne am fernen, gleißenden Horizont Land sehen. Dann sprang er mit wild klopfendem Herzen auf und starrte nach vorn, bis ihm die Augen tränten und er sich schließlich geschlagen geben mußte.

Noch zwei Passagiere starben, und ein dritter verschwand einfach über Nacht. Bei Sonnenuntergang hatte er noch im Bug gesessen; bei Morgengrauen war er weg. Nur drei reglose Gestalten lagen noch da: drei Männer, drei Passagiere, drei Tote? Er konnte es nicht sagen.

Achtern, im Heck, war Kapitän Taplow endlich zusammengebrochen. Eines Morgens, als Kelso aus unruhigem Schlaf erwachte, sah er ihn auf den Planken liegen. Erst hielt er ihn für tot, doch als er neben ihm kniete, konnte er den Herzschlag fühlen. Dann öffneten sich die Augen, und er las in ihnen eine wilde, irre Entschlossenheit. Mit wütender Zielstrebigkeit war Kapitän Taplow entschlossen zu überleben.

Zwei, drei Tage – die Zeit hatte jede Bedeutung verloren – trieben sie unter der brennenden Sonne dahin. Kelso stemmte sich mit dem Rücken gegen die Pinne und stützte die beiden Frauen mit seinen Armen: Isabel und Lady Susan. Wie grausam war das Schicksal gegen sie – und doch, trotz ihrer stockdünnen Arme, die er streichelte, und ihrer rissigen, bebenden Lippen: Isabel war auch jetzt noch schön, wie sie sich mit schwindender Kraft ans Leben klammerte.

Ein Tag und eine Nacht und noch ein Tag. Und dann hörte Kelso durch seine Fieberphantasien ein Geräusch wie Kanonendonner oder Wasserfall – oder Brandung? Er versuchte aufzustehen, doch Isabel lag zu schwer in seinem Arm. Schmerzhaft drehte er den Kopf: recht voraus, in der aufsteigenden Dunkelheit, sah er Wogen gegen ein Riff prallen.

27

Alles tat ihm weh, als er über den ziegelroten Sand kroch. Nach dem Durcheinander von Geräuschen – dem Donnern der Brandung, dem Krachen des beim Aufprall zerschmetterten Kutters – war er sich einer fast unnatürlichen Stille bewußt. Irgendwo weit weg brüllte die Brandung immer noch, aber die Wellen, die zögernd seine Füße berührten, waren sanft und freundlich; die Lagune, aus der er kam, lag glatt und klar wie Glas da. Ein Stück weiter den Strand hinauf, wo er Lady Susan und Isabel gelassen hatte, wiegten sich die Fächer der Palmen sanft in der Brise.

Mühsam hob Kelso Kopf und Schultern, so daß er über das Riff sehen konnte. Es war jetzt fast dunkel, doch erkannte er noch Spanten und Kiel des Kutters, der wie das Gerippe eines Seeungeheuers zwischen zwei Felsen stak. Von den Männern – Varley, Patterson und Kapitän Taplow – war keine Spur zu sehen.

Mit ungeheurer Willensanstrengung erhob sich Kelso auf die Knie und dann, einen Augenblick lang, schwankend auf die Füße. Doch er war zu schwach, um zu tun, was er hätte tun müssen. Irgendwo in der Lagune oder auf dem überspülten Strand lagen drei Männer – oder drei Tote? Seine Pflicht war es, sie zu suchen. Sein Instinkt trieb ihn dazu, doch sein Verstand hielt ihn zurück – er war noch zu schwach. Er hatte keine Möglichkeit, die Zeit zu messen; in den letzten Tagen hatte er sich so an die Scheinwelt zwischen Traum und Bewußtsein gewöhnt, daß er sich nur undeutlich erinnern konnte, wie er die beiden Frauen gerettet hatte. Irgendwie hatte er sie an Land geschafft. Er erinnerte sich – oder glaubte sich wenigstens zu erinnern –, daß Isabel auf dem Gesicht im Sand lag, so daß sie, schon fast gerettet, immer noch zu ertrinken drohte. Lady Susan, die noch bei Sinnen gewesen war, hatte mühsam selbst an Land kriechen können. Und er erinnerte sich, wie er beide nacheinander, Zoll für Zoll, über den unendlichen Sandstrand gezerrt hatte. Traum und Wirklichkeit, Schmerz und Erschöpfung, Tag und Nacht . . .

Es war jetzt stockdunkel und weiteres Suchen unmöglich. Morgen mußte er die drei Männer finden, morgen mußte er Nahrung und Wasser suchen, morgen . . .

Beim Erwachen lag er mit dem Gesicht im Sand, und irgendein Tier – ein Taschenkrebs? – beobachtete ihn aus ein paar Fuß Entfernung. Es krabbelte weg, als er langsam in die Brandung kroch.

Auf seinen zersprungenen Lippen brannte das Salz, und der Schmerz klärte plötzlich seinen Kopf. Es war immer noch dunkel. Irgendwo, nicht sehr weit weg, hatten die Wellen etwas Schwarzes, Schweres angetrieben. Einen Menschen? Ein Proviantfaß? Kelso war so müde, daß er sich weiter keine Gedanken darüber machte.

Er hob sich auf einen Ellbogen, bis er den palmenbestandenen Lagunenrand sah und den sternenbesäten Himmel darüber. Dort drüben – wenn sie noch lebten – lagen wohl Isabel und Lady Susan. Er begab sich auf den langen Weg zu ihnen.

Wie lange er brauchte, um über den Strand zu kriechen, hätte er nicht sagen können, auch nicht, wieviel länger noch, um die beiden Frauen zu finden. Jetzt war in seinem Kopf wieder alles verschwommen. Keuchend, einen Fuß, dann ein Knie vorschiebend, eine Hand, ein Knie, so wühlte er sich durch den weichen Sand, das schüttere Gras, die Felsbrocken. So schnell es ihm in seiner Schwäche möglich war, kroch er am Strand auf und ab, ohne eine Spur der Frauen zu entdecken. Da hielt er inne und ließ den Kopf auf die Arme sinken.

Hatte er sie gerettet? Hatte er sie wirklich aus dem Meer gezogen? Dumpf dröhnte ihm das Hirn, als er sich ihrer Namen zu erinnern versuchte. Nichts gab sein Gedächtnis her – gar nichts. Er sah ein vages Bild zweier Gesichter vor sich: licht und schön das eine, gebräunt, scharfgeschnitten, selbstsicher das andere. Lady . . . Lady . . .? Der Name kam ihm nicht näher über die geschrumpfte Zunge. Den Kopf auf den Armen, schlief er ein.

»Roger!«

In der festen Überzeugung, es sei nur ein Traum, machte er sich nicht einmal die Mühe, den Kopf zu heben. Die Palmen schwankten stärker, als ob der Wind aufgefrischt hätte, soviel nahm er wahr; allerdings hätte auch das zu seinem Traum gehören können. Aber der Mond stand am Himmel – das war etwas Neues. Jetzt hob er Kopf und Schultern aus dem Sand.

»Roger!«

Diesmal hörte er den Ruf ganz deutlich: eine Frauenstimme, die er kannte. Isabel! Eine Welle des Triumphes durchfuhr ihn. Jetzt wußte er es wieder: Isabel und Lady Susan.

Auf Knien und Ellbogen kroch er über den Sand auf die Stimme zu. Der Strand endete an einer Felswand. Dahinter hörte er, im Traum oder in der Phantasie, das Geräusch rinnenden Wassers. Er zog sich über den Felsen hinauf.

Im Mondschein lag dahinter so etwas wie eine Schlucht, ein grasbestandenes, steinbesätes, kleines Tal, durch das ein Bach schäumte. Dort lagen Isabel und Lady Susan schlafend, den Kopf in die Arme geschmiegt. In dieser Sekunde stieg die wilde Hoffnung in ihm auf, daß es vielleicht doch kein Traum war.

Zehn Minuten oder länger quälte er sich den niedrigen Abhang hinunter und hatte die ganze Zeit Angst hinzusehen, weil er fürchtete, sie könnten nicht mehr da sein. Aber sie waren noch da. Er zog sich über das Gras, immer weiter, bis er zwischen ihnen lag. Und dann – ganz konnte er es immer noch nicht glauben – berührte er Isabels Schulter.

Sie öffnete die Augen, blickte ihn lächelnd an und schlief sofort wieder ein.

Müde hob er den Arm, um ihren abgemagerten Körper heranzuziehen. Dann lag ihr Kopf an seiner Brust, und er schlief ebenfalls.

Es war heller Tag, als er erwachte, doch ohne die gnadenlose Hitze, unter der sie im Boot so gelitten hätten. Es gab Bäume, breitblättrige, freundliche Bäume, die sie vor der Sonne schützten; vom Strand her kam eine Brise, und da war noch der Bach. Kelso wälzte sich auf den Rücken, so daß er den Arm freibekam. Isabel schlief noch, aber als er sich auf die andere Seite drehte, sah er, daß Lady Susan ihn anblickte. Sie lag noch im Gras, lächelte und streckte den Arm aus. Er nahm ihre Hand und drückte sie ermutigend. Dann kroch er zum Wasser hinunter.

Ein paar Minuten später, nachdem er sich satt getrunken, Kopf und Schultern eingetaucht hatte, fühlte er sich erfrischt und voller Hoffnung. Er stand auf und fand sich kräftiger als gedacht. Vorsichtig trug er etwas Wasser in den hohlen Händen hinauf zu Lady Susan. Sie trank; ihr dunkles Haar fiel über seine Arme, und als sie getrunken hatte, preßte sie überraschenderweise die Lippen in seine Hand.

Er war erschrocken und leicht verwirrt, sagte jedoch nichts; als er ihr nochmals Wasser brachte, trank sie ruhig und gelassen. Steifbeinig stand er auf und lehnte sich an einen Baum.

»Nun«, fragte sie heiser, »hatte ich nicht recht?«

»Womit?« Er sah sie lächeln, war aber noch zu schlapp, um sich Gedanken zu machen, warum sie lächelte.

»Ich sagte, wir würden durchkommen – und nun sind wir hier.«

Verständnislos sah er sie an und stieß sich dann von seinem Baum ab. »Ich gehe zum Strand hinunter«, sagte er.

»Lassen Sie mich nicht allein!«

Er wandte sich um und versuchte, seine Gedanken unter Kontrolle zu bekommen. »Muß die anderen suchen – Kapitän Taplow.« Er machte ein paar stolpernde Schritte. »Und was zu essen.«

»Lassen Sie mich mitkommen.«

»Nein. Bleiben Sie hier bei Isabel.«

»Aber ich bin schon wieder bei Kräften. Ich könnte Ihnen helfen.«

»Ich weiß nicht, was ich finden werde«, sagte er und ging.

Unten am Strand traf ihn die Sonnenglut wie ein Keulenschlag; er mußte stehenbleiben und die Hand auf die Augen pressen, bis die Übelkeit schwand. Als er sie wieder öffnete, sah er, daß das Ding, das er in der Nacht am Strand gesehen hatte, eins der Proviantfässer war. Mit Aufbietung aller Kraft konnte er es höher an Land ziehen. Ein Stück weiter lag das Wrack des Kutters, das offenbar von dem Riff freigekommen und angespült worden war. Er hätte es gern ganz auf den Strand gezogen, aber schon das Waten im knietiefen Wasser war zuviel für ihn. So blieb er breitbeinig stehen und spähte über die Lagune auf das leere Meer hinaus. Fraglich, wie lange sie hier überleben konnten; und wenn sie überlebten, wie sie von dieser Insel wegkommen sollten.

Sanfte Wellen schlugen ans Ufer. Er schritt halb im Wasser, halb im Sand weiter und richtete seinen Blick immer nur auf das Stückchen Strand unmittelbar vor ihm. Er wußte, daß er hier draußen suchen mußte, wenn er auch manchmal vergaß, wonach. Er fand einen Wasserbehälter, leer und zerschlagen, doch vielleicht irgendwie von Nutzen.

Hätte er nicht ständig die Augen gegen die Sonne abschirmen müssen, so hätte er die Körper schon von weitem gesehen. Aber er ging langsam, die Augen am Boden, und so stolperte er beinahe über Varleys Leiche.

Er war schon lange tot. Der Mund stand offen, die Augen starrten blicklos. Knapp hundert Meter weiter lagen noch zwei Körper.

Langsam ging Kelso hinüber. Er war körperlich und geistig so erschöpft, daß ihr Tod ihm gar nichts bedeutete.

Patterson war kein schöner Anblick. Er war gegen die Klippen geschleudert worden, und die messerscharfen Kanten hatten sein Gesicht bis zur Unkenntlichkeit zerfetzt.

Daneben lag Kapitän Taplow.

Gefühllos, unbewegt trat Kelso zu ihm. Im Leben war er die Verkörperung des Bösen gewesen; im Tode war er nur noch ein Leichnam.

Aber dann erwachte dieser Leichnam unter Kelsos Augen wieder zum Leben. Wälzte sich auf den Rücken – oder hatte ihn eine Welle umgedreht? Erschreckend anzusehen, richtete er sich ein paar Zoll hoch.

Kelso erstarrte.

Jetzt stützte sich der vermeintlich Tote auf die Ellbogen. Langsam schritt Kelso näher. Der massige Kopf erhob sich, Fleischfalten baumelten leer, Speichel rann aus dem Mund. Ein ekelhafter Anblick.

Aber das war nebensächlich. Kelso sah nur die Augen. Irr, haßerfüllt starrten sie ihn an, entschlossen funkelnd, wild drohend – triumphierend.

28

Über eine Woche verging, bis Kelso die Insel erkunden konnte. Er ernährte sich zunächst von Schiffszwieback und dem lebenspendenden Wasser des Baches. Irgendwie schaffte er es sogar, den Kutter auf den Strand zu ziehen, Varley und Patterson zu bestatten, einen Schutzschirm zu bauen und einen Haufen trockener Blätter zusammenzutragen, damit er ein Signalfeuer entzünden konnte, wenn, was immerhin nicht völlig ausgeschlossen war, ein Schiff in Sicht kam. Mit Lady Susans Hilfe pflegte er Isabel und ihren Vater. Er baute einen Schutzzaun gegen die gefräßigen Taschenkrebse, die nachts auf dem Strand ausschwärmten; er schnitt sich Speere zurecht, um die grellbunten Fische in der Lagune zu jagen; er kletterte auf die hohen Kokospalmen, um für die Rekonvaleszenten Nahrung zu beschaffen.

Langsam erholten sie sich; zuerst Isabel, der ihre Jugend und ihre beiden getreuen Pfleger halfen. Ihre Augen, die wie im Halbschlaf geblickt hatten, schauten jetzt fragend und neugierig in die Welt, dankbar für die Pflege, die Kelso und Lady Susan ihr angedeihen ließen.

Eines Morgens, als er bei ihrem Vater kniete, blickte er hinüber: Isabel sah ihn an, lächelte, und plötzlich wurde ihr bis auf die Knochen abgemagertes Gesicht so schön, daß er in tiefer Rührung das Tuch fallen ließ, mit dem er ihren Vater gewaschen hatte, und zu ihr trat. Sie mußte die Botschaft in seinen Augen verstanden haben, denn, noch auf der Seite liegend, streckte sie ihm die dünnen Arme entgegen.

Er kniete sich neben sie und umfing ihren schmächtigen Körper. »Isabel!« So stark war sein Gefühl, daß er kaum ihren Namen aussprechen konnte. Er preßte die Lippen auf ihr Haar und zog sie an sich.

»Roger«, flüsterte sie, »wir sind gerettet.«

»Ja.«

»Wir sind in Sicherheit – und ich liebe dich.«

Er küßte ihre Stirn, ihre glücklichen Augen und dann, ganz sanft, ihre Lippen.

»Ich liebe dich, Roger. Dich und alles, was du getan hast. Das werde ich nie vergessen.«

»Ich auch nicht.«

Sie hob ihm das Gesicht entgegen und küßte ihn auf die Lippen. »Ach, Roger . . .«

»Ist dies das richtige Holz?«

Schuldbewußt fuhren sie auseinander: da stand Lady Susan, ein Bündel Zweige im Arm, und blickte sie an. Jetzt ließ sie das Holz geräuschvoll zu Boden fallen; ihre scharfen, männlichen Züge bekamen einen fast feindseligen Ausdruck. Sie wandte sich ab und sagte: »Ich hole mehr.«

»Warten Sie!«

Eilig stand Kelso auf, um ihr zu helfen, doch als er in die Sonne hinaus trat, war sie schon fast bei den Bäumen.

Während Isabel und Lady Susan sich rasch erholten, ging es bei Kapitän Taplow langsam. Offensichtlich war er sehr geschwächt. Tagelang mußte Kelso ihn wie ein Baby mit eingeweichtem Zwieback füttern, und es dauerte eine volle Woche, bis Taplow ohne Hilfe aufrecht sitzen konnte.

Aber während Isabel sich um seinen körperlichen Zustand Sorgen machte, fragte sich Kelso, was wohl in seinem Innern vorgehen mochte. Zwar sprach Kapitän Taplow nur sehr wenig, doch der dumpfe Schwachsinn, durch den er im Kutter so elend und mitleiderregend gewirkt hatte, war vorbei; unter der physischen Schwäche ahnte man Wachsamkeit und Intelligenz. Ja, er machte sogar den Eindruck, als werde er von einem bösen Trieb beherrscht. Er *wollte* noch nicht sterben. Nachdem er mit so ungeheurer Anstrengung aus dem Meer an Land gekrochen war, schien er fest entschlossen, zu überleben – und zwar zu einem bestimmten Zweck. Manchmal konnte Kelso, wenn er die kleinen, fanatischen Augen auf sich gerichtet sah, einen ahnungsvollen Schauer nicht unterdrücken.

Am achten Tag jedenfalls war Isabel fast wieder gesund, und bei Kapitän Taplow machten sich so deutliche Anzeichen von Besserung bemerkbar, daß Kelso sich entschloß, die Insel zu erkunden.

Er wollte eigentlich allein gehen, doch gerade als er, Segelmesser und selbstgemachten Speer in der Hand, aufbrechen wollte, erschien Lady Susan und verkündete, sie käme mit.

Sekundenlang stand er starr. Er wäre lieber allein gegangen, doch gab ihm ihr Verhalten in den letzten Tagen Rätsel auf. Von Anfang an war sie eine wertvolle Verbündete gewesen, kraftvoll, gutwillig, verläßlich. Er mußte anerkennen, daß ohne sie seine Aufgabe unendlich schwerer gewesen wäre. Keinen Augenblick hatte sie vor unangenehmen Arbeiten gezögert. Sie hatte Palmblätter für den Schutzschirm gesammelt und auch vom fernsten Punkt des Strandes herbeigeschleppt; sie fing Fische – und zwar weitaus erfolgreicher als er –, barfuß zwischen den messerscharfen Steinen stehend; sie war stets bereit, ihn bei der Pflege Taplows abzulösen. All das tat sie nicht unwillig, jedoch mit einer kurzangebundenen Sachlichkeit, die ihn verwirrte. Manchmal kam sie ihm unfreundlich, sogar feindselig vor. Und jetzt wollte sie mit ihm die Insel durchqueren.

Im Grunde blieb ihm keine Wahl. Ohne auf Antwort zu warten, nahm sie ihren Speer und ging ihm voraus, in den Dschungel hinein.

Zuerst kamen sie nur langsam voran, denn die Bäume standen dicht und waren voller Lianen. Später jedoch, als es bergan ging, stießen sie auf Grasland und dann auf eine Hochebene mit schroffen Felsen. Zwischen ihnen erblickten sie zu ihrer Überraschung und großen Freude eine Herde wilder Ziegen. Die Tiere standen auf einem Felsband und rupften das schüttere Gras. Nur mild interessiert blickten sie hoch, als Kelso sich ihnen näherte. Er gab Lady Susan ein Handzeichen; sie verstand sofort und lief den Abhang hinauf, um die Ziegen ihm zuzutreiben. Er wartete, bis sie wieder auftauchte, dann ging er mit erhobenem Speer auf die Ziegen zu.

Unwillkürlich kam er sich ein bißchen lächerlich vor. Der Speer war so leicht, daß er spürte, wie der Wind ihn zur Seite drückte. Die Geißen hatten zu grasen aufgehört, doch ihre kalten, blanken Augen drückten eher Neugier als Furcht aus. Er versuchte einen Angriff, aber der Hügel war steiler und das Geröll lockerer als gedacht. Erst aufrecht, dann kniend schob er sich vor, bis die Ziegen schließlich argwöhnisch wurden, sich herumwarfen und weiter den Hügel entlangtrabten.

Wütend machte er sich an die Verfolgung. Sie warfen die Köpfe und sprangen mit spöttischer Leichtigkeit von Stein zu Stein. Je schneller er rannte, um so müheloser entzogen sie sich ihm. Er blieb stehen und hob den Speer. Die Ziegen blieben ebenfalls stehen, fasziniert von seinen sonderbaren Bewegungen. Schließlich nahm er alle Kraft zusammen und schleuderte den Speer. Unsicher segelte das leichte Holz durch die Luft und schlug mit der Spitze gegen einen Felsbrocken. Die Ziege, die er hatte treffen wollen, tat ein paar Schritte und beschnüffelte mißtrauisch den Schaft. Kelso sprang heran, riß den Speer aus dem Boden und stürzte wütend vorwärts. Seine hastigen Bewegungen machten den Tieren Angst; sie vergaßen ihre Neugier, drehten ab und liefen in langen Sprüngen den Hügel hinauf.

Blindlings lief er hinterher, stolperte, rutschte aus und fiel einmal der Länge nach auf eine Felsplatte. Doch jetzt war er ernstlich böse und fest entschlossen, eine Geiß als Braten zu erwischen.

Hätten die Ziegen, die erst jetzt scheu geworden waren, ein etwas langsameres Tempo eingeschlagen, wäre er ihnen meilenweit gefolgt. Doch sie brachten sich mit so schnellen Sprüngen in Sicherheit, daß er schon nach kurzer Zeit keuchend stehenblieb und sich beschämt nach Lady Susan umblickte.

Sie lehnte an einem Fels und preßte die Hand an die Stirn, als wolle sie in Ohnmacht fallen.

»Lady Susan!«

Er rannte den Hügel hinab zu ihr; und erst als er um einen Felsbrocken bog, sah er die Ziege, die, mit den Läufen um sich schlagend, am Boden lag.

In ihrem Hals stak Lady Susans Speer, und obgleich tödlich verwundet, versuchte das arme Tier noch aufzuspringen. Hocherfreut packte Kelso es an einem Vorderlauf und stieß ihm sein Messer ins Herz.

»Lady Susan!« Er wandte sich zu ihr um, gerade rechtzeitig, um sie aufzufangen, denn sie sank zu Boden. Er nahm sie in die Arme und trug sie zur anderen Seite des Felsens, weg von der blutigen Ziege. Sanft legte er sie ins Gras, stützte ihre Schultern und rief sie besorgt an: »Lady Susan!«

Fast sofort öffnete sie die Augen, sah zu ihm auf und lächelte glücklich.

»Sie waren großartig«, rief er, »ganz wunderbar!«

Verständnislos blinzelnd, lächelte sie ihn immer noch an.

»Die Ziege!« rief er. »Sie haben eine Ziege erlegt!«

Ihr Lächeln schwand, und sie setzte sich mühsam auf. »O ja, die Ziege.«

»Ich war so ungeschickt! Wenn Sie nicht gewesen wären, hätten wir nie eine erwischt.«

Sie rieb sich die Augen.

»Isabel wird sich freuen«, sagte er. »Ein feiner Braten zum Abend . . .«

Sie stieß ihn so heftig zurück, daß er beinahe hinfiel, stand noch etwas benommen auf und sagte: »Dann wollen wir nur gleich umkehren und sie Ihrer geliebten Isabel bringen!«

»Susan!« Ihm lag so sehr daran, ihr seine Dankbarkeit zu bezeugen, daß ihr plötzlicher Stimmungsumschwung ihn erschreckte. »Susan«, sagte er, »ich wollte Ihnen dòch nur danken!«

Wortlos schüttelte sie den Kopf.

»Susan!«

Sie wandte sich zu ihm um. Tränen glänzten in ihren Augen.

»Susan! Ich wollte Ihnen danken – nicht nur für das, was Sie eben getan haben, sondern für alles seit unserer Rettung; ich wollte Ihnen sagen . . .«

»Ja?«

»Wie sehr ich Sie bewundere.«

»Roger!« Sie legte ihre Hand in die seine, und ehe er wußte, wie es geschah, lag sie in seinen Armen. Leidenschaftlich umfaßte sie ihn, den Kopf an seine Brust gepreßt. »Roger – ach, Roger!«

Locker hielt er sie im Arm; seine Gefühle waren so durcheinander, daß er überhaupt nichts mehr begriff. Er wußte nur, daß sie weinte; doch er hätte keine Ahnung gehabt, wie es weitergehen sollte – wenn sie nicht vom Fuß des Berges her einen Musketenschuß gehört hätten.

29

Dicht nebeneinander lagen sie im kurzem Gras und spähten den Hügel hinunter. Die Männer, denen sie gefolgt waren – drei Seeleute mit Musketen und einer toten Ziege –, waren jetzt hinter einer Klippe außer Sicht.

»Wie weit noch?« fragte Lady Susan leise. Er konnte ihr ansehen, daß sie Angst hatte, doch bisher war sie mit allem einverstanden gewesen, was er tat.

»Noch etwas weiter. Ich muß wissen, wohin sie gehen.«

»Und wer sie sind?«

Er zuckte die Schultern. »Wer sie auch sein mögen – daß sie uns helfen, ist unwahrscheinlich.«

»Sie glauben, es sind Piraten?«

»Ja.«

»De Sousas Leute?«

Er überlegte kurz. »Kaum. Diese Inseln stecken voller Freibeuter. Es wäre ein zu großer Zufall.«

Susan barg das Gesicht in den Händen und entgegnete: »Es ist ja auch gleich. De Sousa oder ein anderer Pirat – unser Schicksal wird dasselbe sein.«

»Nein!« Er faßte ihr Handgelenk und sagte mit fester Stimme: »Sie glauben doch nicht, ich würde Sie denen in die Hände fallen lassen – Sie und Isabel?«

Müde antwortete sie: »Spielt das wirklich eine Rolle? Wir haben schon so viel durchgemacht – die Bootsfahrt, diese armen Männer, die gestorben sind –, und wofür? Damit wir jetzt auf derselben Insel sind wie dieser Teufel, der uns in die Flucht gejagt hat!«

»Das wissen wir noch nicht. Vielleicht sind es gar nicht de Sousas Leute. Und wenn, dann wissen sie nichts von uns.«

»Und wie lange wird es dauern, bis sie uns entdecken? Eine Woche? Einen Monat? Ich würde mich ihnen lieber gleich stellen. Zumindest wüßte ich dann das Schlimmste.«

»Sie haben kein Recht, so zu reden!« erwiderte er scharf.

Sein Tadel schien sie zur Vernunft zu bringen, denn sie antwortete ruhiger: »Entschuldigen Sie. Natürlich haben Sie recht. Ich weiß, solange wir frei sind, besteht Hoffnung. Aber ich bin so müde, so verzweifelt müde.«

Er sah den Abhang hinunter in den Dschungel, der sich wie ein Gürtel um die Insel zog. Die Männer mußten immer noch irgendwo da unten sein, wo er sie nicht sehen konnte, überlegte er; doch als er mit dem Auge den Flug einer Schar aufgestörter Vögel folgte, sah er sie in Reihe hintereinander gehen. Der letzte trug die Ziege wie ein Cape um die Schultern. Ohne Lady Susan anzusehen, sagte er: »Glauben Sie, ich bin des Weglaufens nicht auch müde?«

Sie wandte sich ihm zu und drückte fest seine Hand. »Entschuldigen Sie.«

»Glauben Sie, ich hatte Lust, von Bord zu gehen? Von den anderen wegzulaufen?« fragte er.

»Weglaufen! Oh, Roger, Sie waren so tapfer – so jung und so tapfer!«

Er sah sie an, als verstünde er ihre Worte nicht. Ärgerlich sagte er: »Man hat mir einen Kutter und einen Haufen hilfloser Passagiere gegeben, damit ich sie in Sicherheit brachte. In Sicherheit! Nur drei von ihnen sind noch am Leben. Drei!«

»Das war nicht Ihre Schuld.«

Wie zu sich selbst fuhr er fort: »Jetzt ist Schluß mit dem Weglaufen!«

Er stand auf und spähte scharf hinunter. Der Dschungel lag jetzt wieder still da. Die drei Männer mit der Ziege waren zwischen den Bäumen verschwunden. »Wir müssen weiter, sonst verlieren wir sie«, sagte er.

Er wandte sich nicht um, um ihr aufzuhelfen, fragte auch nicht, ob es ihr recht war, weiterzugehen. Er schien sie vergessen zu haben.

Sie kletterten über einen Felsgrat und starrten den steilen Hang zur See hinab. Ein Pfad lief in den Dschungel hinein, und auf diesem folgten sie den Matrosen.

Kelso schritt voran. Ihm war klar, daß sie viel riskierten. Wenn die Piraten auch nicht wußten, daß Fremde auf der Insel waren, so würden sie doch bestimmt die Zugänge zu ihrem Schlupfwinkel beobachten. Falls Posten ausgestellt waren, konnten sie leicht in eine Falle geraten; oder die Männer konnten neben dem Weg rasten – da Gebüsch oder eine Biegung häufig die Sicht behinderte, war es leicht möglich, daß Kelso ihnen unvermutet in die Arme lief. Doch unbeirrt ging er weiter. Was er Lady Susan gesagt hatte, traf zu: Er hatte das Fliehen nicht nur satt; er war entschlossen, sich der Gefahr zu stellen und dem bösen Schicksal ins Gesicht zu sehen.

Es war nur ein glücklicher Zufall, der sie mitten im dichten Dschungel rettete. Die Männer waren außer Sicht, der Dschungelpfad lag frei. Da sah er in knapp fünfzig Schritt Entfernung die zusammengeschnürten Läufe der Ziege in den Pfad hineinragen. Kelso blieb gerade noch rechtzeitig stehen, um einen Matrosen zu erblikken, der sich einen bequemen Platz an einem Baum suchte.

Kelso drehte sich um, hob Stille gebietend die Hand, dann packte er Lady Susan bei den Schultern und kroch mit ihr ins Gebüsch.

Schwer atmend lag sie in seinen Armen; ihre fragenden Augen verrieten ihr Entsetzen, doch sie rührte sich nicht. Er hielt sie so fest an sich gepreßt, daß sie nicht weg konnte. Minuten vergingen, dann hörten sie weiter vorn auf dem Pfad laute Wechselreden, ein Mann lachte auf. Kelso spähte vorsichtig durchs Gebüsch und sah, daß die Matrosen weiter hügelabwärts schritten.

Er ließ Lady Susan los und half ihr auf. »Da haben wir Glück gehabt«, sagte er. »Noch ein paar Schritt, und sie hätten uns gesehen.«

»Nächstesmal haben wir vielleicht nicht so viel Glück.«

Er zuckte die Schultern. »Wir können jetzt nicht mehr weit von ihrem Schlupfwinkel sein.«

Sie faßte flehend seinen Arm. »Roger, ich habe solche Angst!«

»Von jetzt an werden wir vorsichtiger sein.«

»Können wir nicht umkehren?«

Er verstand ihr Entsetzen, entgegnete jedoch: »Nein. Aber Sie können hierbleiben und sich neben dem Pfad im Gebüsch verstekken.«

»Sie gehen weiter?«

»Selbstverständlich.«

»Dann komme ich mit.«

Der Weg war jetzt breiter und stärker ausgetreten; hier und da mündeten andere Pfade ein. Sie kamen an einer Rodung im Unterholz vorbei, auf der eine Anzahl rohgezimmerter Holzkreuze aufragten – offenbar ein Friedhof –, und an zwei Hütten, mit Vorhängeschlössern gesichert. Das mußten Vorratshütten sein, die, was Kelso für ein günstiges Zeichen hielt, nicht bewacht wurden. Aber jeder Schritt, das war ihm ebenfalls klar, brachte sie der Gefahr näher. Irgendwo weiter vorn sprudelte eine Quelle; ihr morastiger Umkreis trug die Spuren vieler Füße – wahrscheinlich war es die Wasserstelle des Lagers. Da wußte er, daß er seine Begleiterin nicht noch mehr gefährden durfte.

Er zog Susan in den Schatten neben dem Pfad und blieb stehen, um zu überlegen. Eins erschien ihm rätselhaft: offensichtlich waren sie dicht am Lager und, seiner Schätzung nach, weniger als eine Meile von der See entfernt. Doch außer den drei Jägern, die jetzt verschwunden waren, hatten sie von den Bewohnern nichts gesehen oder gehört. Seeleute, mochten sie nun Piraten oder ehrliche Matrosen sein, sangen bei der Arbeit oder machten grobe Scherze. Doch hier – er horchte genau hin – waren nur die Dschungelgeräusche zu vernehmen: der schneidende Ruf eines Papageien, quakende Ochsenfrösche, Affengeschnatter. Jedoch . . .

Er hob die Hand, aber Lady Susan hatte ohnehin zu große Angst, um einen Laut von sich zu geben. Er hörte oder glaubte ein schwaches, unregelmäßiges Klopfen zu hören. Hämmern?

Dann wußte er, was es war.

Erregt nahm er seine Gefährtin beim Arm und zog sie in das dichte Unterholz neben dem Pfad. So dicht war das Blattwerk, daß sie sich schon nach ein paar Schritt in einer eigenen, dunklen und geheimnisvollen Welt befanden. Kelso blieb stehen, horchte nochmals, doch das Unterholz war für das Ohr ebenso undurchdringlich wie für das Auge. Er vernahm keine anderen Töne mehr als die Dschungelgeräusche der nächsten Umgebung.

Dann begann er, indem er sein Messer als Machete benutzte, mühsam einen Pfad durch den Dschungel zu schlagen.

Er war zu vertieft in seine Arbeit, um sich auszurechnen, wie lange er brauchen würde, um in dem Gewirr der Schling- und Kriechgewächse, der kräftigen Stämme und dicken, saftstrotzenden Schäfte auch nur einige Meter vorwärts zu kommen. Jedenfalls war es schwere Arbeit: Schweiß lief ihm in die Augen und den Rücken hinunter. Erst später sollte er sich daran erinnern, daß Lady Susan dicht hinter ihm blieb, ihm half, wo sie konnte, und kein einziges Wort der Klage äußerte.

So plötzlich, wie er es erwartet hatte, war der Dschungel zu Ende. Der Abhang, der bisher verhältnismäßig flach von dem hohen Mittelplateau hinuntergeführt hatte, ging auf einmal in einen steilen Felsabhang über. Als er durch das letzte Unterholz spähte, konnte er über die Kante in eine steile, mit Felsbrocken und Baumstümpfen besäte Schlucht sehen, die sich zu einem breiten Tal erweiterte, in welches die See mit einer schmalen Bucht vorstieß.

Kelso sah es mit wachsender freudiger Erregung. Lady Susan stand jetzt dicht hinter ihm und blickte ebenfalls hinunter. Es freute ihn, daß sie diesen Moment der Hoffnung und des Triumphes – für ihn war es das jedenfalls – mit ihm teilen konnte.

Tal und Bucht – ein perfekter Naturhafen, waren offensichtlich Stützpunkt der Freibeuter. Unmittelbar unter ihnen und so nahe, daß er ihnen einen Stein aufs Dach hätte werfen können, standen mehrere Eingeborenenhütten, doch jetzt augenscheinlich Unterkünfte von Seeleuten. Kelso sah ein paar Männer in der Sonne liegen, schnitzend oder im Gespräch. Auch Frauen waren da, eingeborene, aber auch einige weiße, schlampig gekleidet, verkommen. Er spürte, wie Lady Susan an seinem Arm erschauerte. Eine staubige Straße, ein größeres Gebäude – vielleicht die Mannschaftsmesse oder Kantine – und eine Pier aus Steinbrocken und Baumstämmen, die in die See hineinragte, vervollständigten das Bild.

Draußen lag ein Schiff, das ihm bekannt vorkam, das er aber wegen der gebrochenen Spieren und des Notmastes nicht gleich identifizieren konnte. Dann erkannte er es: die *Libertad.* Der lange Arm des Zufalls hatte sie wieder zurück zu de Sousa geführt.

Aber bei der *Libertad* hielt sich Kelso nicht lange auf. Denn dort, auf Strand gezogen, immer noch ein majestätischer Anblick trotz der klaffenden Löcher im Rumpf, der gebrochenen Spieren und des dicken Algenbewuchses, lag der Ostindienfahrer *Shropshire.* Das Geräusch, das Kelso vernommen hatte, rührte vom Breitbeil und dem Schlegel eines Schiffszimmermanns. Etwa zwanzig Mann krochen an Deck herum, und etwa ebenso vìele arbeiteten in den Rahen und Masten. Kelso grinste übers ganze Gesicht und preßte Lady Susans Hand.

Was aber mochte aus der Besatzung der *Shropshire* geworden sein?

30

»Fünfzig Mann müssen das sein«, sagte Kelso. »De Sousas Gefangene.«

»Die halbe Mannschaft der *Shropshire*«, ergänzte Lady Susan.

Kelso konzentrierte sich auf den Ziegenbraten, der sich am Spieß drehte. Vor einer Stunde war er mit Lady Susan zurückgekommen; jetzt bereiteten sie in aller Eile, bevor es dunkel wurde, das Mahl. Kelso wußte genau, daß sie sich den Luxus eines Feuers eigentlich nicht leisten konnten. Wenn sie sich vor de Sousas Leuten verborgen halten wollten, mußten sie sich an rohe Kost gewöhnen; doch es war so lange her, seit sie eine ordentliche Mahlzeit genossen hatten, daß er ihnen diese eine Freude nicht versagen wollte. Neben dem Feuer sitzend, versuchten sie, von anderen Dingen zu sprechen, doch keiner konnte seine Blicke von dem Braten losreißen. Sobald er braun war, wenn auch noch so heiß, daß sie ihn kaum halten konnten, aßen sie die magere Portion, die er ihnen zugestand. Dann besprachen sie, während die Nacht einbrach, ihre veränderte Situation.

»Es müssen etwa fünfzig Mann sein«, wiederholte Kelso, »und vielleicht dreißig davon sind von der *Shropshire.*«

»Und die anderen?«

»Stammen von anderen Schiffen, die de Sousa gekapert hat – wahrscheinlich Ostindienfahrer.«

»Aber die restlichen Männer der *Shropshire!*« rief Isabel aus. »Was ist aus ihnen geworden?«

Niemand antwortete. Sie wußten nur zu gut, was de Sousa mit Menschen machte, die er nicht brauchen konnte.

»Rätselhaft ist mir«, sagte Kapitän Taplow, »warum er so viele am Leben gelassen hat.«

»Er befestigt seinen Stützpunkt«, erwiderte Kelso. »Auf der Landspitze beim Hafen wird gebaut: ein Fort vermutlich.«

»Und der Rest meiner armen, mißleiteten Mannschaft muß für ihn schuften?«

»Ja. Nach allem, was wir sehen konnten, behandelt er sie nicht besser als Sklaven.« Kelso brachte nur gelinde Verwunderung darüber auf, daß er so mit einem Mann sprechen konnte, der sich während der letzten Monate als gefährlicher Irrer erwiesen hatte. Allerdings mußte er zugeben, daß Kapitän Taplow seinen Wahnsinn zügeln konnte, wenn es notwendig war. Im Moment sprach er ruhig und vernünftig; doch ein unbedachtes Wort, ein respektloser Blick, und er konnte wieder zu toben anfangen.

»Schlimmer als Sklaven werden sie behandelt«, rief Lady Susan. »Dieser Teufel de Sousa läßt sie den ganzen Tag, auch in der größten Hitze, unter der Peitsche arbeiten. Wir haben gesehen, wie sie Balken und Steine schleppen mußten – mörderische Lasten; und wenn jemand seine Bürde fallen ließ, schlugen sie ihn besinnungslos. Oh, es war fürchterlich!«

Kelso überraschte und erfreute ihr offensichtliches Mitgefühl. Auf der langen Reise nach St. Helena war sie ihm kalt und gefühllos vorgekommen; doch jetzt sah er, daß sie ebenso mitfühlend wie Isabel sein konnte, wenn etwas sie erschütterte.

»Meine Liebe, machen Sie sich um diese Kerle nicht solche Sorgen«, sagte Kapitän Taplow mit leisem, höhnischem Lachen. »Sie kriegen jedenfalls Disziplin zu spüren. De Sousa wird schon Seeleute aus ihnen machen.«

»Vater, wie kannst du nur!« rief Isabel aus.

»Oh, keine Angst, Liebling«, erwiderte ihr Vater. »Ich trage ihnen nichts nach. Aber siehst du, wie die Strafe auf dem Fuße folgt?

Über die Hälfte ist tot, die anderen müssen schuften wie Sklaven. Bestimmt begreifen sie jetzt, wie teuer sie die Narrheit zu stehen kommt.«

»Die Frage ist«, unterbrach Kelso, »was tun wir jetzt?«

Gespannt waren aller Augen auf ihn gerichtet. Offenbar hatten sie, vielleicht mit Ausnahme von Lady Susan, keine Ahnung davon, was er im Sinn hatte. Er wartete eine Weile, horchte auf das ferne Grollen der Brandung, das Rauschen der Palmen, die auflaufenden Wellen. Er faßte nach Isabels Hand, doch sie entzog sie ihm, als hätte sie Angst vor dem, was er vorschlagen würde.

»Was können wir denn schon tun?« fragte Kapitän Taplow.

»Wie ich es sehe, Sir«, entgegnete Kelso, »haben wir zwei Möglichkeiten. Entweder bleiben wir hier, auf dieser Seite der Insel, und hoffen, daß de Sousas Leute uns nicht finden . . .«

»Ist das nicht die einzige Möglichkeit?« warf Isabel ein.

»Dann müßten wir diesen Schutzschirm abreißen«, fuhr Kelso fort, »das Wrack des Kutters ganz zerschlagen, auch die Fässer – eben alles vernichten, was unsere Anwesenheit verrät.«

Kapitän Taplow nickte. »Das könnten wir.«

»Aber wo sollen wir hin?« fragte Isabel.

»Weiter landeinwärts«, erklärte Kelso, »weg von der Küste, wo uns jedes vorbeifahrende Boot sehen könnte. Wir müßten uns im Dschungel verkriechen, müßten nach strengen Regeln leben: kein Feuer, kein lautes Wort, Wachtposten bei Tag und Nacht.«

»Aber wir sind doch nur vier!« rief Isabel. »Können wir das denn überhaupt?«

»Wenn wir durchkommen wollen, *müssen* wir es tun.«

Schweigend versuchten sie, diese üble Wahrheit zu verdauen. Hoffentlich merken sie, dachte Kelso, daß ich die Schwierigkeiten nicht übertrieben habe. Um auf unbestimmte Zeit auch im dichtesten Dschungel unentdeckt zu bleiben, dazu brauchte es Klugheit, Disziplin und eine ganze Menge Glück. Wie zur Bekräftigung seiner Warnungen hörten sie, daß sich am Strand etwas bewegte, und fuhren heftig zusammen. Aber es war nur ein großer Taschenkrebs.

»Kelso hat recht«, sagte Kapitän Taplow schließlich. Mühsam versuchte er, eine bequemere Lage einzunehmen, und stieß unwillkürlich einen Schmerzensruf aus. »Wir müssen auf alle Bequemlichkeiten verzichten und ständig wachsam sein.«

»Aber Vater!« rief Isabel. »Müssen wir wirklich wie gejagte Tiere leben? Wenn sich de Sousas Männer auf der anderen Seite der Insel befinden ... Es gibt doch kein Anzeichen dafür, daß sie jemals hiergewesen sind.«

»Das Risiko können wir nicht eingehen, mein Kind.«

»Ich finde nicht, daß das Risiko so groß ist«, entgegnete Isabel. »Nur weil Mr. Kelso und Susan diese Männer gesehen haben – ach, weit weg von hier.«

»Wir tun, was Kelso sagt.«

»Aber wie lange?«

Kapitän Taplow antwortete nicht gleich; dann, als er sprach, war er hochrot vor Wut, und seine Worte überstürzten sich. »Wie lange? Bis wir sicher sind – zehn, zwanzig Jahre lang –, oder bis ein britisches Schiff, stärker als de Sousas, diese Insel anläuft. Du jammerst nach Bequemlichkeit, nach einem Schlafplatz. Denkst du, dergleichen spielt eine Rolle, wenn es ums nackte Leben geht?«

»Entschuldige, Vater.«

»Ich würde dich töten«, sagte er bestimmt, »ich würde dich eher töten, als dich in ihre Hände fallen zu lassen.«

Eine Flamme im heruntergebrannten Feuer flackerte auf und erstarb. Es war jetzt stockdunkel. Die Palmwedel waren kaum noch vom Himmel zu unterscheiden. Bald würde der nächtliche Chor beginnen: das sägende Quaken der Ochsenfrösche, das Kreischen der Affen, das schrille Klagen der Schakale. In ungemütlichem Schweigen hockten die Überlebenden des Kutters um das erloschene Feuer.

»Natürlich«, brach Kelso das Schweigen, »gibt es noch einen anderen Weg.«

»Welchen?«

»Anstatt darauf zu warten, daß wir gejagt werden, könnten wir uns mit dem Gedanken vertraut machen, selbst anzugreifen.«

Wieder tiefes Schweigen, als trauten sie ihren Ohren nicht. »Ein sehr riskantes Unternehmen«, fuhr Kelso fort, »aber kein unmögliches, meiner Ansicht nach.«

»Zwei Rekonvaleszenten, eine Lady und ein junger Mann gegen hundert oder mehr Desperados«, sagte Kapitän Taplow. »Das nennen Sie ›riskant, aber nicht unmöglich‹!«

»Mit allem Respekt, Sir, es gibt auch Faktoren zu unseren Gunsten. Sie und Miss Taplow sind allerdings noch nicht voll aktionsfähig, aber in ein paar Tagen werden Sie beide schon wesentlich besser zuwege sein.«

»Und inzwischen wollen Sie wohl mit Lady Susan de Sousa und

seine Männer attackieren?«

»Ich denke, das wäre möglich – mit etwas Glück.«

»Glück! Ein Wunder würden Sie brauchen! Ich wüßte gern, was Lady Susan davon hält.«

»Ich denke, wir sollten uns anhören, was Mr. Kelso zu sagen hat.«

Kapitän Taplow zögerte; offenbar stand der Vulkan seiner Wut kurz vor dem Ausbruch, doch er nahm sich zusammen. »Na schön. Dann sagen Sie uns, was Sie vorhaben.«

Kelso richtete sich auf und begann eifrig: »Der größte Pluspunkt ist die Überraschung; und die ist völlig auf unserer Seite. Wir wissen, daß de Sousa da unten ist, können ihn heimlich beobachten. Wir können uns über alle seine Bewegungen informieren. Doch soviel er weiß, gibt es auf der Insel keinen Menschen außer seinen Gefangenen und seinen Leuten.«

»Die Gefangenen!« warf Lady Susan mit wachsendem Interesse ein. »Falls wir sie befreien können . . .«

»Eben! Wir haben heute gesehen, daß sie nach der Tagesfron in einen Kral getrieben werden. Wenn wir nachts ins Lager eindringen und sie befreien, stehen die Chancen erheblich besser für uns.«

»Aber immer noch zwei gegen einen«, warf Kapitän Taplow ein. »Zwei gut genährte, gut bewaffnete Piraten gegen jeden elenden, heruntergekommenen Gefangenen.«

»Gegen jeden verzweifelten Gefangenen«, korrigierte Kelso. »Und vergessen Sie nicht, daß wir immer noch die Trumpfkarte Überraschung in der Hand haben.«

»Aber wie lange?« erwiderte Kapitän Taplow verächtlich. »Wirklich, Kelso, Sie erwarten doch nicht, daß wir diesen Plan ernsthaft in Betracht ziehen? Das mag ja ein ganz hübscher Kadettenulk sein, aber zu denken, daß man ihn jemals ernstlich in die Tat umsetzt . . .«

»Mit einigem Glück, Sir, könnte er klappen.«

»Unmöglich. Kommt überhaupt nicht in Frage.«

Seufzend streckte sich Kelso wieder am Boden aus. »Dann ist mein erster Vorschlag die einzige Alternative, fürchte ich.«

»Ganz meine Meinung. Wir werden das Lager morgen in aller Frühe abbrechen und uns in den Dschungel zurückziehen . . .«

»Nein!« Sie waren alle überrascht, als Lady Susan aufsprang und in die Dunkelheit starrte. »Mr. Kelso hat recht«, sagte sie. »Ich war mit dort unten und glaube, sein Plan könnte gelingen. Es ist ein großes Risiko, das gebe ich zu; doch bestimmt ist alles, aber auch alles andere besser, als sich Wochen, Monate, Jahre im Dschungel zu verstecken wie gejagte Tiere.«

»Sie sprechen natürlich für sich selbst«, entgegnete Kapitän Taplow, »aber ich muß an meine Tochter denken. Ich habe es bereits gesagt, und ich wiederhole: Niemals werde ich zulassen, daß Isabel denen in die Hände fällt.«

»Dann tun Mr. Kelso und ich es allein.«

»Was?« Selbst Kelso war erschrocken.

»Wir gehen wieder ins Lager«, sagte Susan, »und beobachten weiter. In ein paar Tagen sollten wir genug wissen, um zu entscheiden, ob wir die Gefangenen befreien können oder nicht.«

»Du traust dich in de Sousas Lager?« fragte Isabel ungläubig.

»Vergiß nicht, meine Liebe, daß de Sousa meinen Mann getötet hat. Er hat mein Leben zerstört – in mehr als einer Hinsicht. Denkst du, daß ich Angst vor ihm habe?«

31

Die Schatten wurden schon länger, als sie ihren Beobachtungsposten auf dem Hügel erreichten. Die Arbeit an dem Fort auf der Landzunge schien für diesen Tag beendet; die Gefangenen waren bereits in ihren Kral getrieben worden. Außer zwei Wächtern, die, Musketen auf den Knien, vor der Umzäunung saßen, und einem Kerl, der tot oder betrunken vor der Kantine lag, war von de Sousas Männern keiner zu sehen.

Kelso fand dieses Bild ermutigend. In den letzten Tagen hatte er das Lager regelmäßig vom frühen Abend bis tief in die Nacht beobachtet und wußte daher genau, wo sich die Piraten befinden mußten. Jetzt, nach der Tagesarbeit, würden sie noch mindestens zwei Stunden in ihrer Messe trinken, würfeln, herumhuren. In seinem Versteck konnte er ihr Grölen und Lachen hören, das im Laufe des Abends immer lauter werden würde. Einmal hörte er eine Frau kreischen.

Unauffällig wandte er den Kopf, so daß er Lady Susan sehen konnte. Sie lag neben ihm, die Augen starr auf die Szene unten gerichtet, die Lippen fest zusammengepreßt. Sie hatte Angst, das wußte er.

Im selben Moment wandte auch sie den Kopf und sah seinen prüfenden Blick. Sie lächelte.

»Wir haben noch eine lange Wartezeit vor uns, fürchte ich«, sagte er.

»Schadet nichts.«

»Wenigstens läuft alles wie erwartet.«

Sie deutete auf die *Libertad,* die jetzt anstelle der *Shropshire* auf den Strand gezogen lag. »Ob ich bis dorthin den Hauptweg nehmen kann?«

»Das könnten Sie schon, aber es wäre ein unnötiges Risiko. Wir finden bestimmt einen Weg hinter den Hütten vorbei.«

»Wir? Kommen Sie mit?«

»Ich muß wissen, daß Sie in der richtigen Ausgangsposition sind, bevor ich meine Männer zu befreien versuche.«

Nervös befeuchtete sie die Lippen. »Glauben Sie, daß es klappt?«

»Es muß.«

»Seien Sie mir nicht böse, aber da hinten am Strand, auf der anderen Seite der Insel, kam mir alles einfach vor. Jetzt bin ich nicht mehr so zuversichtlich.«

»Das hat nichts zu sagen. Wenn man darauf wartet, daß das Geschützfeuer losgeht, ist es auch nicht leicht, ruhig und gelassen zu bleiben. Aber wenn es dann kracht und die erste Breitseite kommt, oder die ›Lange Neun‹ schießt sich ein – dann sind alle Zweifel wie weggeblasen. Genauso wird es auch Ihnen gehen.«

»Hoffentlich.«

»Unser Plan ist gut durchdacht«, fuhr er tröstend fort, »wir müssen ihn nur in allen Punkten ausführen, dann klappt er auch.«

»Glauben Sie das wirklich?«

»Klar.«

Sie drehte den Kopf so, daß er auf ihren Armen lag, und sah ihn mit heimlichem Lächeln an. »Sie sind wirklich ein außergewöhnlicher junger Mann!«

Zurückhaltend erwiderte er ihren Blick, antwortete aber nicht.

»So selbstsicher und furchtlos. Sie müßten Erster Offizier sein.«

»Eines Tages werde ich ein eigenes Schiff haben.«

»Ist das Ihr Ehrgeiz? Irgendwie kann ich mir das bei Ihnen kaum vorstellen – vierzig, fett und Kapitän auf einem Indienfahrer.«

»Kein Indienfahrer«, erläuterte er, »ich will ein Kriegsschiff, ein richtiges Kriegsschiff. Sobald wir nach Indien kommen, melde ich mich bei der Marine.«

»*Falls* wir nach Indien kommen.«

Ein Schauer überlief Susan, und sie wandte ihre Aufmerksamkeit wieder dem Tal zu. Es war jetzt fast dunkel; in den Hütten leuchteten Lampen auf. Die Kantine, das größte Gebäude der Ansiedlung, erhellten mehrere Laternen; einmal, als die Tür sich öffnete, erhaschten sie einen Blick auf die sich an den Tischen flegelnden Männer, die Flaschen, die Messer, die trunkenen Weiber – ein häßlicher Kontrast zu der stillen Nacht.

»Wie lange noch?« fragte sie.

»Noch eine ganze Weile. Vielleicht noch eine Stunde, bis sie sinnlos betrunken sind; und dann noch eine halbe Stunde, ehe wir aufbrechen können.«

»Wir hätten nicht so früh eintreffen sollen.«

»Doch, es ist schon ganz gut so.«

»Wenn es soweit ist, sind wir so steif, daß wir uns nicht richtig bewegen können.«

»Bis wir unten im Tal sind, sind Sie wieder gelenkig.«

»Hoffentlich.«

»Unbedingt mußten wir vor Dunkelwerden hier sein.«

Er wartete auf ihre Antwort, doch es kam keine, und er fuhr fort: »Ich habe sie genau beobachtet und weiß, was sie tun, was wir zu erwarten haben. Ich mußte wissen, ob alles wie sonst abläuft.«

Nervös schlug sie nach einem Moskito auf ihrem Arm. »Ich sehe nicht ein, warum wir ihr Schiff zerstören müssen.«

»Damit sie uns nicht verfolgen können.«

»Aber wenn unser Plan klappt und wir die *Shropshire* nehmen, sind wir doch in Sicherheit.«

»Nicht, solange die *Libertad* seetüchtig ist.«

»Seetüchtig! Sie liegt hoch und trocken. Wie kann er uns da verfolgen?«

»De Sousa ist ein entschlossener Mann. Er würde sie bald seeklar haben.«

»Bis dahin hätten wir eine Nacht Vorsprung.«

»Das reicht nicht gegen ein so schnelles Schiff wie die *Libertad.*«

»Ich hoffe nur, daß ich es schaffe.«

»Sie schaffen es.« Er merkte ihre Anspannung und berührte ihre Schulter. Zu seiner Verwirrung brach sie in Tränen aus. Sie beugte den Kopf zur Erde, als wolle sie ihre Schwäche verbergen, blieb heftig schluchzend liegen und wandte sich ihm auch nicht zu, als er weitersprach. »Nicht weinen«, tröstete er, »keine Angst! Es ist bestimmt so, wie ich eben sagte: sobald wir ins Tal aufbrechen, haben Sie wieder Mut.«

Immer noch weinend nickte sie, und er wartete, bis ihre Tränen nachgelassen hatten.

So schnell, wie sie gekommen war, ging die Depression auch wieder vorbei. Susan rieb sich die Augen mit dem Handrücken und sah Kelso lächelnd an. »Entschuldigen Sie. Ich weiß selbst nicht, wie das kam.«

»Das ist ganz natürlich. Jetzt sind Sie wieder in Ordnung.«

Der Lärm in der Kantine wurde stärker. Wüster, brüllender Gesang, eine Prügelei, mehrfach wurde die Tür aufgerissen, und Männer schwankten heraus. Irgendwo zwischen den Hütten grölte ein Betrunkener immer wieder dieselbe Strophe; andere Stimmen forderten drohend, er solle still sein, vergeblich. Hier und da kam ein Pärchen heraus, Mann und Frau, singend, lachend, kreischend, bis die Dunkelheit sie verschluckte. Ein Betrunkener, den man hinausgeworfen hatte, lag schimpfend und fluchend am Wegrand.

Kelso sah das alles mit Befriedigung. Jetzt mußte es bald soweit sein. Die Tür öffnete sich nicht mehr so häufig. Das Singen und Brüllen hörte zwischendurch auf, es gab auch keine Prügeleien mehr.

Grinsend gab er Susan ein Zeichen mit aufgestelltem Daumen.

»Gehen wir?« fragte sie gelassen.

»Bald – in einer halben Stunde.«

»Eines wollte ich Sie noch fragen.«

»Ja?«

»Über meinen Mann. Haben Sie ihn sterben sehen?«

Ohne einen Augenblick zu zögern, antwortete er: »Ja. Ich war auf dem Achterdeck.«

»Und er starb tapfer?«

»Entschuldigen Sie, Ma'am, aber manchmal ist es besser, wenn man gewisse Dinge nicht weiß.«

Sie schwieg einen Moment und fragte dann weiter: »Ging es schnell?«

Er wandte sich ab, von ihr und der Erinnerung an das kampfzernarbte Achterdeck, die zerschossenen Kanonen, den Qualm, das Donnern der Breitseiten, die Schreie – und von der Erinnerung an den Kommandanten, Susans Mann, der mit zerschmetterten Beinen dalag und verblutete.

»War es schnell vorbei?«

Heiser entgegnete er: »Er starb, wie er gelebt hatte – tapfer und ohne zu klagen.«

»Danke.« Steif erhob sie sich auf die Knie, dann auf die Füße. »Ich bin bereit.«

Kelso stand auf und trat neben sie. Das Tal lag jetzt fast still da, auch das Singen und Lachen war erstorben; man hörte nur noch die Geräusche des Urwalds. »In ein paar Minuten.«

»De Sousa hat meinen Mann getötet«, sagte sie. »Ich bin froh, daß ich Vergeltung üben kann.«

»Ja . . .« antwortete er zögernd. »Wir müssen aber den direkten Kampf vermeiden, solange es geht.«

»Ich weiß«, erwiderte sie mit leichtem Auflachen. »Ich bin jetzt ganz zuversichtlich und werde Ihren Plan schon nicht umstoßen.«

»Haben Sie den Feuerstein?«

»Ja.«

»Und das dürre Gras?«

»Ja.«

»Dann los.«

32

Als die beiden auf dem Urwaldpfad hinabstiegen, ging der Mond auf. Schatten huschten durchs Unterholz, wenn der Wind die Bäume bewegte, und die Grenze zwischen hell und dunkel zeichnete sich scharf am Boden ab. Sie horchten auf jeden Laut, vernahmen aber nur die Geräusche des nie zur Ruhe kommenden Dschungels, das leise Rauschen des Bachs und sein ohrenbetäubendes Crescendo, wo er sich vom Fels stürzte. An dieser Stelle war der Weg morastig; und bei dem Gedanken, daß die wüsten Piratenweiber erst vor einer Stunde ihre Eimer an eben dieser Stelle gefüllt hatten, war ihnen doch etwas merkwürdig zumute. Jetzt verließen sie den Pfad, doch jeder Schritt führte sie tiefer in die Gefahr hinein.

Plötzlich befanden sie sich, ohne daß sie darauf gefaßt waren, mitten zwischen den Hütten. Hier stand auch ein langer, offener Schuppen, in dem tagsüber der Segelmacher werkte, und daneben eine weitere Vorratshütte.

Kelso blieb stehen und wandte sich zur anderen Seite des Pfades. Hier war der Punkt, den er sich gemerkt hatte; nun mußten sie den Pfad verlassen und versuchen, die Ansiedlung möglichst ungesehen zu umgehen. Er nahm Lady Susan beim Arm und führte sie ins Dunkel. Und auf einmal sahen sie die Frau.

Sie saß auf den Stufen einer Hütte direkt vor ihnen.

Kelso zögerte nur eine Sekunde – eben lange genug, um festzustellen, daß die Frau nicht schlief, sondern sie gesehen hatte. Sie hockte apathisch da, doch ihre Augen waren, wie er im Mondlicht sehen konnte, wach und neugierig.

Kelso schwankte, stolperte wie ein Betrunkener, legte seinen Arm um Susan und heuchelte trunkene Zärtlichkeit – einen lauten Kuß, eine Umarmung. Und dann, immer noch schwankend, führte er sie tiefer in die Siedlung hinein.

Ein gefährlicher Schachzug, das war ihm klar, doch wahrscheinlich die einzige Möglichkeit, den Verdacht jener Frau im Keim zu ersticken. Tatsächlich rief sie ihnen etwas nach, aber ihre Worte in einer fremden Sprache verhallten. Sie standen jetzt auf der Lagerstraße, wo es weit gefährlicher war.

Kelso bekam einen Schreck, denn im Lager war es noch ziemlich lebendig. Vom Hang her hatte es so ausgesehen, als wären alle betrunken oder schliefen; doch als sie immer noch eng umschlungen weitergingen, sahen sie viele Männer, die einfach nur ruhten, sich unterhielten und rauchten. Auf dem Gras vor den Hütten lag ein Betrunkener, der aufwachte, als sie vorbeigingen, und ihnen etwas Unverständliches nachschrie. Kelso zog Susan noch fester an sich, winkte dem Mann zu und ging unbeirrt weiter.

Immer stärker kam ihm zu Bewußtsein, auf was er sich da eingelassen hatte. Der Betrunkene hatte sich hochgerappelt, offenbar beleidigt, weil Kelso ihm nicht geantwortet hatte, und kam ihnen nach. Durch sein Schimpfen wurden bereits andere aufmerksam.

Sie näherten sich jetzt der Kantine. Noch während Kelso auf den Betrunkenen horchte, der ihnen immer noch folgte, vergegenwärtigte er sich die größere Gefahr, die vor ihm lag. Männer kamen herausgestolpert, laut schimpfend, sich prügelnd. Zwei stritten sich um eine Frau, die sich, ebenso betrunken wie sie selber, mit größtem Vergnügen an dem Streit beteiligte. Eine Reihe Männer versperrte die Straße.

Kelso stolperte und tat, als falle er. Zu seiner Freude merkte er, daß Susan mitspielte und ihn hochzerrte. Er taumelte in den Schatten, zog sie mit sich und sah erleichtert, daß sie sich in einem engen Durchgang zwischen zwei Hütten befanden. Mit einem Arm hielt er sie an sich gepreßt, mit der freien Hand zog er sein Messer.

Auf der Lagerstraße gab es ein mächtiges Durcheinander. Die Leute aus der Kantine waren auf ihren Verfolger gestoßen, der laut auf sie einredete, vermutlich wegen des unerklärlichen Verschwindens des verdächtigen Pärchens. Sicher wollte er sie veranlassen, ihm bei der Suche zu helfen. Nach allerlei Hin und Her stießen ihn die Männer zurück und gingen weiter die Straße hinunter.

Kelso wartete im Schatten. Das Herz schlug ihm bis zum Hals, aber diesmal war es anscheinend noch gutgegangen; hoffentlich blieben sie auch weiterhin unentdeckt.

Aber er hatte sich geirrt: in trunkener Hartnäckigkeit bog ihr Verfolger von der Straße ab und tastete sich durch die Dunkelheit zu ihnen.

Kelso stieß Susan an die Hüttenwand. Dann stand er breitbeinig, lauernd, das Segelmesser fest in der Hand. Brummend kam der Mann näher. Vielleicht hatte sein trunkenes Hirn die Anwesenheit von Fremden gespürt: er hatte gemerkt, daß mit den beiden etwas nicht stimmte, war aber zu benommen, um seine Kameraden zu überzeugen.

Eine zweite Chance durfte er nicht bekommen. Als er näher kam, trat Kelso kurz zur Seite und hinter ihn, legte ihm den Arm blitzschnell um die Kehle, so daß er nicht schreien konnte – dann ein rascher Messerstoß ins Herz. Kelso ließ ihn zu Boden gleiten und zog ihm dabei eine Pistole aus dem Gürtel.

»Alles in Ordnung?« Er sah, daß Susan vornübergebeugt an der Hüttenwand lehnte, und fürchtete schon, sie würde ohnmächtig. Aber bei seiner geflüsterten Frage faßte sie sich rasch und nahm die Pistole, die er ihr in die Hand drückte.

Kelso ging weiter zwischen den Hütten voraus und winkte ihr nachzukommen. Viel Zeit hatten sie jetzt nicht mehr. Es konnte nicht lange dauern, bis der Tote entdeckt wurde; auch wußte er nicht genau, ob die Frau am Dorfeingang etwas gemerkt hatte. Früher oder später mußte jemand begreifen, daß Fremde im Lager waren.

Glücklicherweise war der Boden zwischen den Hütten rauh und unbegangen. Außer dem Gefangenenkral, der jetzt zu ihrer Rechten lag, gab es nur Gebüsch, Dornengestrüpp und halb mannshohes Gras bis zum Strand, auf dem die hochgeholte *Libertad* lag.

Vorsichtig gingen sie weiter, Kelso etwa zehn Schritt vor Susan. Wenn de Sousa überhaupt Wachen eingeteilt hatte, dann bestimmt beim Schiff. Doch waren keine da. Als Kelso aus dem Dickicht trat und die *Libertad* wie ein angeschwemmtes Seeungeheuer turmhoch über sich aufragen sah, war er vielleicht zum erstenmal davon überzeugt, daß sein Plan gelingen konnte.

»Alles klar?«

Er brachte Susan an die geeignetste Stelle unter dem Schiffsrumpf. Zum Glück lagen, wie er erwartet hatte, reichlich Holzstücke und Sägespäne herum, die ein gutes Feuer abgeben mußten. Nach einer Woche in der glühenden Sonne war die *Libertad* bestimmt trocken wie Zunder. Ein Funke, eine Frist von ein paar Minuten, bis sie es merkten . . . Kelso lächelte Susan zu und deutete zum Palisadenzaun hinüber.

Als er sich zum Gehen wandte, faßte sie seinen Arm. Verständnislos sah er sie an, doch als sie ihn an sich zog, merkte er, was sie wollte – eine Gefühlsäußerung, ein Lebewohl, einen Kuß. Er war ihr so dankbar für ihren Mut, daß er ihr nichts abschlagen konnte. Brüderlich, wenn auch mit einem Anflug von Ungeduld, legte er ihr die Hände auf die Schultern und küßte sie auf die Stirn.

Doch mußte er feststellen, daß er sich gründlich in ihr geirrt hatte. Aufschluchzend warf sie sich ihm entgegen, nahm seinen Kopf in die Hände und zog ihn zu sich herab. Ihre Lippen preßten sich leidenschaftlich auf die seinen.

Als er sich behutsam freigemacht hatte, hob er die Hand zum Gruß und ging auf den Palisadenzaun des Gefangenenkrals zu. Nach ein paar Schritten blieb er stehen.

»Susan!«

»Ja?«

»Haben Sie den Feuerstein?«

»Ja«, erwiderte sie dumpf und enttäuscht, »den Feuerstein habe ich.«

Das Tal war jetzt wieder still. Eilig schritt Kelso durch das hohe Gras, obwohl er wußte, daß das Lagerdorf noch hellwach war, streitend, krakeelend – jeden Moment konnte eine Schlägerei ausbrechen. Hoffentlich würden sie den Erstochenen nicht so bald entdekken.

Zuerst stand das Gras so hoch, daß er nur ein paar Schritt weit sehen konnte, doch als der Boden ebener wurde, hatte er bessere Sicht. Er konnte das Lagerdorf überblicken, die Vorratshütten, die Klippe, wo er sich versteckt hatte – wie viele Stunden war das her? Direkt vor ihm stand der Kral.

Er bewegte sich jetzt vorsichtiger, denn wenn die Posten auch nicht allzu wachsam sein würden, mußte ihnen doch ein einzelner

Mann, der nachts so weit entfernt von den Hütten herumstrich, auffallen, wenn nicht sogar verdächtig vorkommen. So vorsichtig trat er auf, die Augen stets auf den Palisadenzaun gerichtet, daß er beinahe auf das Liebespaar getreten hätte, das im Gras lag. Erschrocken rollten sie auseinander; im Mondlicht sah er deutlich ihre schuldbewußten Gesichter. Fluchend und stolpernd kam der Mann auf die Füße. Ob ich notfalls auch eine Frau töten kann? schoß es Kelso durch den Kopf.

Doch so schnell sie gekommen war, ging die Gefahr vorbei. Ohne auf seine Gefährtin zu warten, drehte sich der Mann um und verschwand im Gras. Die im Stich gelassene Frau stand mißtrauisch auf, und als Kelso reglos stehenblieb, rannte sie hinter ihrem Liebhaber her.

Unter anderen Umständen wäre dieses Zwischenspiel eher komisch gewesen. Vermutlich hatten sich die beiden so weit vom Lager entfernt, weil sie einen Ehepartner oder anderen Rivalen fürchteten. Als er so dramatisch auftauchte (wie Kelso jetzt erst einfiel, hatte er den Mond im Rücken gehabt), mußten sie geglaubt haben, daß sie erwischt worden waren. Und doch wurde ihm klar, während er leise weiterging, daß sogar diese Episode ihn verraten konnte. Wenn die beiden ins Dorf zurückkamen und dort den Rivalen sahen, für den sie ihn gehalten hatten, mußten sie Verdacht schöpfen. Es gab nun schon mehrere Hinweise, die, logisch miteinander verknüpft, gefährlich werden mußten. Aber das Glück konnte nach dieser oder jener Seite ausschlagen; und Glück war ein Faktor, den er zu akzeptieren bereit war.

Hundert Meter vor der Palisade blieb er stehen und versuchte auszumachen, wo sich die Posten befanden. Alles war still. Hinter der Umzäunung schliefen die Gefangenen den Schlaf der Erschöpfung. Das Tor – er konnte eben noch den Doppelposten sehen – war eine Kabellänge zu seiner Rechten. Ein günstiger Umstand fiel ihm auf: der Mond, noch tief am Himmel, warf einen Schattengürtel um die Palisaden. Wenn er den erreichen konnte . . .

Jetzt hörte das Gras auf, und ein gefährlicher Streifen kahlen, mondhellen Bodens mußte überquert werden. Sollte er rennen oder kriechen? Aber wenn überhaupt jemand in diese Richtung blickte, mußte er ihn so oder so sehen; also schritt er aufrecht hinüber in der Hoffnung, einen eventuellen Wächter bluffen zu können.

Doch alles blieb still. Kelso stand im Schatten der Pfahlwand und hörte die unruhigen Bewegungen, sogar das Schnarchen der Männer dahinter. Draußen dagegen war alles ruhig. Das Segelmesser in der Hand, schritt er rasch auf das Tor zu.

Jeder Schritt forderte jetzt die Gefahr heraus, jede Sekunde brauchte ihre besondere Portion Glück. Noch hundert Schritt bis zum Tor . . . fünfzig . . . zwanzig. Dann sah er die Wachen. Er wäre beinahe über sie gestolpert, wenn nicht der eine, wachsamer als sein Genosse, Verdacht geschöpft hätte. Er rief Kelso an; aber es klang mehr routinemäßig.

Kelso erstarrte. Er wußte nicht genau, ob man ihn gesehen hatte. Der Posten war aufgestanden und blickte in seine Richtung. Wieder kam der gelangweilte Anruf. Kelso hörte sein Herz klopfen.

Doch dann trat der Posten, anscheinend beruhigt, über den mondhellen Streifen ins Gebüsch. Kelso zögerte nicht. Rasch glitt er zu dem zweiten Posten hin, entriß ihm die Muskete und tötete ihn, als er aufstehen wollte, mit einem Messerstich zwischen die Rippen.

Eine Sache von Sekunden, dann war Kelso wieder auf den Füßen, und als der zweite Posten aus dem Gebüsch trat, stand er schon wieder im Schatten. Offenbar hatte der Mann nichts gemerkt. Er gähnte, kratzte sich den Kopf, sagte etwas zu seinem toten Kameraden und wunderte sich anscheinend nicht, daß dieser stumm blieb. Schon wollte er sich wieder hinsetzen – da stürzte sich Kelso auf ihn, so schnell und wuchtig, daß er den Mann mit zu Boden riß. Die Muskete entfiel seiner Hand; doch der Wachtposten, offensichtlich ein erfahrener Kämpfer, rollte sich herum, wich Kelsos Messer aus und zog sein eigenes. Aber auch Kelso war nicht ungeübt, sondern jung, drahtig und entschlossen. Er konnte die Messerhand seines Gegners packen – mehr mit Gück als aus Berechnung. Der Mann war kräftig, aber im Nachteil, weil er das stoßbereit über ihm schwebende Messer abwehren mußte. Sie wälzten sich am Boden. Eine schreckliche Sekunde lag der Wächter über Kelso und drückte das Knie auf seinen Messerarm. Jetzt ging es darum, wer mehr Kraft hatte: der Mann wollte zustoßen, Kelso versuchte, seinen Arm festzuhalten. Doch da fiel Kelso ein Trick ein, den er von einem alten Matrosen gelernt hatte: er tat, als verließen ihn die Kräfte. Das Messer kam seiner Kehle näher, er sah Triumph in den Augen des Piraten aufblitzen. Da drückte er unversehens, mit einer schnellen Bewegung, den Rücken durch und warf den Mann ab.

Blitzschnell war er auf den Füßen, nur Sekundenbruchteile schneller als der Pirat, und erwischte ihn im Aufstehen mit einem senkrechten Stoß. Wie betend lag der Pirat auf den Knien, Kelsos Messer im Hals. Dann brach er lautlos zusammen.

Kelso stand auf.

Er keuchte, war aber unverletzt. Er nahm die beiden Messer und die Musketen auf und ging zum Tor. Drinnen schien alles ruhig, nur leise Atemzüge waren zu hören, dicht an der Umzäunung . . . Er ahnte sie mehr. Da lauschte jemand in höchster Spannung.

Jetzt war keine Zeit mehr für Heimlichkeiten. »*Shropshire* ahoi«, rief er leise.

Einen Augenblick blieb es still, dann sagte jemand ungläubig: »Mr. Kelso! Da ist Mr. Kelso!«

»Ruhe!« befahl er scharf, denn jeder Lärm konnte jetzt gefährlich sein. Doch er vermochte ihre Aufregung nicht ganz zu dämpfen: sie lachten, schwatzten durcheinander, rannten herum, die Kameraden aufzuwecken.

»Wer ist da?« rief er. »Padstow! Ist Padstow da?«

»Hier, Sir.« Die gemächliche Cornwaller Stimme war das Beruhigendste, was Kelso jemals gehört hatte.

»Padstow, du mußt ihnen das klarmachen: Ich komme hinein und mache das Tor auf. Aber sie müssen sich still verhalten. Hört ihr das, alle? Ihr müßt ganz still sein.«

»Aye, aye, Sir.« Ihre ängstliche Antwort, die so dünn aus einem Dutzend Kehlen kam, war beruhigend und rührend zugleich.

In der jetzt einsetzenden Stille tastete Kelso sich zum Tor. Die Dunkelheit, vorher Schutz und Hilfe, war jetzt ein Hindernis. Er konnte nichts sehen, tastete nur nach Kette und Vorhängeschloß, wobei ihm einfiel, daß er die toten Wachtposten nach dem Schlüssel durchsuchen mußte. Doch er konnte nichts finden.

Drinnen warteten sie in höchster Spannung.

»Padstow!«

»Sir?«

»Wie geht das Tor auf?«

»Es hat einen Riegel – etwas über Kopfhöhe.«

Er faßte hinauf, fand sofort den hölzernen Balken, hob ihn, schob ihn zurück, und die hohen Torflügel öffneten sich.

»Mr. Kelso!«

Die Männer im Kral waren so bewegt, daß sie sich nicht zurückhalten konnten. Sie umdrängten ihn, schüttelten seine Hände, faßten ihn an die Schulter. Er mußte Ruhe schaffen.

»Alle herhören! Wie viele seid ihr?«

»Sechsundfünfzig Mann, Sir.«

»Fünfundfünfzig«, verbesserte jemand.

»Vierundfünfzig. Denk an den armen Ainslie.«

»Wir fliehen«, sagte Kelso, »aber wir müssen genau nach Plan und diszipliniert vorgehen.«

»Aye, aye, Sir.«

»Die *Libertad* liegt auf dem Strand.«

»Aye, Sir. Das wissen wir.«

»Wenn alles klappt, sehen wir sie bald brennen.«

»Wie das, Sir? Sind noch andere da außer Ihnen?«

»Lady Susan Verity, eine von den Passagieren, ist jetzt da unten. Sie legt Feuer.«

»Die Lady! Gott segne sie!«

»Wenn das Schiff brennt, gibt es Alarm im Dorf. De Sousas Leute werden zum Strand rennen und versuchen, den Brand zu löschen.«

»Das schaffen sie nicht. Das Schiff ist dürr wie Zunder.«

»So dürr wie Mr. Henderson und seine Maaten!« bellte eine grobe Stimme dazwischen.

»Was? Was heißt das?«

Allgemeines Schweigen.

»Piggott! Das warst doch du, nicht wahr? Was meinst du damit – so dürr wie Mr. Henderson und seine Maaten?«

Ehe Piggott antworten konnte, erklärte Padstow: »Er meint Mr. Henderson und die anderen Offiziere, Sir.«

»Leben sie noch?«

»Ob sie noch leben? Vielleicht.«

»Was soll das heißen?«

»Diese Teufel haben sie gefoltert, Sir.«

»Wo sind sie jetzt?«

»Am Straßenrand, Sir, gerade gegenüber der Kneipe.«

Kelso versuchte, ruhig zu sprechen und sich nicht anmerken zu lassen, wie wütend er war. »Sind sie in einer Hütte?«

»Nein, Sir«, antwortete Padstow zögernd. »Man hat sie an Pfähle gebunden, Sir – ohne Essen und Wasser –, schon tagelang.«

»Du weißt also nicht, ob sie noch leben?«

»Nein, Sir. Nicht sicher.«

Kelso zwang sich, an das Nächstliegende zu denken. »Egal. Wir gehen weiter nach Plan vor. Sobald die *Libertad* brennt –«

»Sie brennt schon, Sir!«

Erregt drehten sich alle nach der plötzlich aufschießenden Flamme um, die den Himmel erhellte.

»Sie brennt, Sir – sie brennt!« Erst einer, dann alle brachen in Hurrarufe aus.

»Ruhe!« brüllte Kelso, aber es hatte keinen Zweck. Sie waren so voll aufgestauter Gefühle, daß selbst Kapitän Taplow sie in diesem Moment nicht hätte zur Ruhe bringen können. Es fehlte nicht viel, und Kelso hätte bei diesem Anblick selbst hurra gerufen. Die Flamme stieg so hoch, daß der ganze Strand taghell erleuchtet war. Männer stürzten aus dem Dorf. Eine Eimerkette formierte sich vom Wasser her. Doch die Männer, die das Schiff retten wollten, hätten ebensogut in den Wind spucken können. Der Brand war nicht mehr zu löschen.

Kelso atmete tief auf. »Kommt in Marschformation hinter mir her – wir umgehen das Dorf auf der anderen Seite. Padstow und Tapscott, hier habt ihr jeder eine Muskète. Auch noch ein Messer, da. Aber denkt daran – kein Kampf, wenn es sich irgend vermeiden läßt. Je länger wir im verborgenen bleiben, um so besser stehen unsere Chancen.«

»Aye, aye, Sir.«

»Entschuldigung, Sir –«, der Einwurf kam von Piggott –, »aber was machen wir?«

»Während de Sousas Männer beim Feuer beschäftigt sind, holen wir uns die *Shropshire* wieder.«

»Und die Offiziere, Sir?« Das war Padstow.

»Die befreien wir – du und ich und noch zwei Mann.«

»Ich komme mit, Sir.«

»Ich auch.«

»Und die Lady, Sir?« fragte jemand mit echter Anteilnahme. »Was wird mit ihr?«

»Ich hoffe und bete«, erklärte Kelso, »daß sie an der Pier auf uns wartet.«

33

Die Kriegsgerichtsverhandlung gegen die Offiziere des Ostindienfahrers *Shropshire* begann in Bombay am 16. November 1753. Es war über einen Monat her, seit das Schiff – bereits als »Verlust, Ursache unbekannt«, abgeschrieben – doch noch eingelaufen war.

Das Schiff und seine reduzierte Mannschaft wurden freudig begrüßt; doch bald begannen Gerüchte umzugehen, und als bekannt wurde, daß von den vierzehn Passagieren nur noch zwei lebten, schlug die Freude in Wut um. Noch größer war bei gewissen Leuten der Zorn über die verlorengegangene, wertvolle Ladung. Man hätte glauben können, jeder Bewohner der britischen Ansiedlung habe einen unersetzlichen Verlust erlitten, entweder an Freunden und Verwandten oder an Hab und Gut. Da suchte man natürlich einen Sündenbock; und es war Kelsos und seiner Kameraden Pech, daß Kapitän Taplow, gegen den sich diese Angriffe normalerweise gerichtet hätten, seine Unschuld glaubhaft beteuern konnte. Mehr als das: in seinem Bericht an den Gouverneur beschuldigte er die vier Offiziere Henderson, Ireton, Bradshaw und Kelso öffentlich der Meuterei.

In Bombay schlugen die Gefühle hohe Wellen. Daß die *Shropshire* mit nur zwei Offizieren und einer Minimalbesatzung viertausend Meilen weit über den Indischen Ozean gesegelt war, zählte nicht; noch wurden irgendwelche Sympathien an Henderson, Ireton und Bradshaw verschwendet, die jetzt – mehr als einen Monat nach der Flucht – immer noch so schwach waren, daß sie nicht stehen konnten. Meuterei blieb Meuterei; die Kaufleute, Advokaten, Soldaten, Seeleute, Ratsmitglieder, Priester, Ärzte und Kontorschreiber (im Verein mit ihren Töchtern, Bräuten und Frauen) verdammten die Beschuldigten fast einstimmig. Tatsächlich war die Stimmung so, daß es zeitweise schien, als müsse das Kriegsgericht vertagt werden, denn niemand fand sich, der die vier verteidigen wollte.

Diese Schwierigkeit wurde jedoch auf unerwartete Weise überwunden. Das Gericht trat am 16. November in der Residenz des Gouverneurs zusammen. So groß war das öffentliche Interesse, so wichtig waren die anstehenden grundsätzlichen Fragen, daß der Gouverneur persönlich, Richard Bouchier, den Vorsitz übernommen hatte. Im großen Ballsaal der Residenz hatte man über hundert Stühle für die Zuhörer aufgestellt; und außer dem Vorsitzenden saßen nicht weniger als sechs Kapitäne und dazu Kommodore James, Befehlshaber der Company-Marine, an dem langen Tisch.

Anders als bei der Kriegsmarine war die Verhandlung öffentlich, und die Nachfrage nach den Plätzen verursachte mehr Aufregung und Eifersüchteleien als irgendein anderes gesellschaftliches Ereignis seit Jahren.

Der Gerichtssaal wurde um halb sieben Uhr geöffnet, und um sechs Uhr fünfunddreißig war jeder Stuhl besetzt. Um sechs Uhr fünfundfünfzig erschienen die Mitglieder des Gerichts, und Schlag sieben Uhr nahm der Gouverneur seinen Platz ein. Nachdem er selbst vereidigt worden war und seine Kollegen vereidigt hatte, sobald die Gerichtsdiener die Gespräche im Saal zum Schweigen gebracht hatten, wurden die Angeklagten namentlich aufgerufen.

Jedem, der nicht voreingenommen war, mußten die drei Offiziere, die de Sousas Gefangene gewesen waren, Mitleid einflößen. Langsam, jeder von zwei kräftigen Matrosen gestützt, schlurften sie herein; ihre hohlen Wangen, ihre skelettdünnen Hände, ihre stolpernde Schwäche reichten aus, um die allgemeine Feindseligkeit etwas zu mildern und auf den einzigen Beschuldigten zu lenken, der ohne Hilfe gehen konnte.

Kelso wurde sich dessen sofort bewußt, als er hinter seinen Kameraden in den Saal trat; er fühlte mehr als daß er sie sah die gehässigen Blicke derer, die ihm vor einem Monat, als er mit der *Shropshire* vor Anker ging, zugejubelt hatten. Obgleich er die Ungerechtigkeit erkannte, fühlte er doch keine Bitterkeit. Im Gegenteil war seine einzige Sorge: Bei der Feststellung ihrer aller Unschuld möge Isabel kein Kummer verursacht werden. Er hielt nach ihr Ausschau und sah sie zwischen ihrem Vater und Lady Susan sitzen. Aber sie hob die Augen nicht; und als er vor dem Gerichtshof stand, war es nur Kapitän Taplows bösartiger Triumph, an den er sich erinnern konnte.

Als der Gouverneur die Anklage verlas, hörte Kelso kaum zu. Die Sonne war noch nicht über die Dachfirste gestiegen, aber im Gerichtssaal war es bereits stickig. Gegen Mittag, wenn sie ihren höchsten Stand erreicht hatte, würde die Hitze im Saal unerträglich sein. Da die Sitzung so früh begonnen hatte, war zu hoffen, daß sich das Gericht noch vor Mittag vertagen würde.

Tatsächlich sah es so aus, als solle vertagt werden, ehe die Sitzung richtig angefangen hatte. »Ich muß Ihnen mitteilen«, verkündete der Gouverneur, »daß trotz der Bemühungen meines Stabes und mehrerer persönlicher Appelle kein Rechtsanwalt oder Offizier aufzutreiben war, der bereit wäre, Sie zu verteidigen.« Er sah dabei Henderson an, der trotz der beiden Matrosen, die ihn stützten, nahe am Zusammenbrechen schien. »Ich muß Sie daher fragen, ob Sie Vertagung beantragen wollen. Dieses Recht haben Sie selbstverständlich. Ein Offizier zur Verteidigung steht Ihnen gesetzlich zu;

doch es sieht so aus, als müßten wir einen aus St. Helena holen, wenn wir nicht das Glück haben, im nächsten Konvoi aus England eine geeignete Persönlichkeit zu finden. Sonst wäre eine Vertagung um einen Monat oder länger notwendig.«

»Nein, Sir!« Alle blickten Henderson an, überrascht, daß ein so geschwächter Mann einen so lauten Ruf ehrlicher Entrüstung ausstoßen konnte.

»Sie wünschen keine Vertagung?«

»Nein, Sir! Wir haben bereits genug durchgemacht – vier Wochen unter Hausarrest wegen dieser üblen, grundlosen Anklage . . . Lassen Sie jetzt verhandeln! Lassen Sie uns unsere Unschuld beweisen!«

»Schön – wenn das Ihr Wunsch ist?« Wieder blickte er ihn forschend an. »Ist es Ihrer aller Wunsch?«

»Ja, Sir«, antworteten die Angeklagten mit festen Stimmen.

»Dann muß ich Sie aber auf die Prozeßordnung hinweisen. Ihr Verteidiger kann Zeugen befragen, Beweismaterial, das wichtig sein könnte, abrufen. Jedoch ohne Verteidiger . . .«

»Wenn Sie gestatten, Sir«, unterbrach Henderson, »wir möchten unsere Verteidigung selbst führen.«

Im Saal wurden erregte Kommentare hörbar; die Gerichtsdiener riefen das Publikum laut zur Ordnung. Unsicher blickte der Gouverneur Henderson an. »Sie?«

»Ich nicht, Sir. Drei von uns sind, wie Sie sehen, nicht imstande zu plädieren. Daher sind wir übereingekommen, daß Mr. Kelso uns verteidigen soll.«

»Kelso!« Der Gouverneur starrte den jungen Leutnant erstaunt, aber nicht unfreundlich an. »Da muß ich Sie aber fragen, Mr. Kelso, ob Sie sich fähig fühlen, diese Aufgabe zu übernehmen?«

»Ich werde mein Bestes tun, Sir.«

»Davon bin ich überzeugt. Aber ich muß Sie darauf hinweisen, daß Einzelheiten zur Sprache kommen können – etwa bezüglich Seemannschaft oder Seerecht –, die jemand in Ihrem Alter kaum beherrschen kann. Glauben Sie wirklich, daß Sie diese Verantwortung übernehmen können, ohne Ihre Kameraden und sich selbst zu benachteiligen?«

»Die gerechte Sache ist der beste Advokat«, entgegnete Kelso. »Mit Ihrer Erlaubnis möchte ich es jedenfalls versuchen.«

»Gewiß, aber . . .« Der Gouverneur war offensichtlich besorgt. Einerseits lag ihm mehr als jedem anderen daran, daß die Verhandlung weiterging. Vertagung, auch nur für einen Monat, würde alle möglichen Probleme aufwerfen. Andererseits mußte er zu einem gerechten Urteil kommen.

Kommodore James, ein kleiner drahtiger Mann mit blassen Augen und wettergebräunter Haut, dem man ansah, daß er sein Leben auf See verbracht hatte, riß ihn aus seiner Unsicherheit. »Ist das nicht der junge Mann, der die *Shropshire* zurückerobert hat?« blaffte er, »der de Sousa überlistet, seine *Libertad* verbrannt und dann das Schiff mit halber Mannschaft in den Hafen gebracht hat?«

»Gewiß, ja.«

»Was, zum Teufel, machen Sie sich für Sorgen? Wenn ich in der Tinte säße, ließe ich mich lieber von so einem jungen Mann verteidigen als von jedem muffigen Advokaten.«

Der Gouverneur hob die Augenbrauen, schien sich aber mit dem Kommodore nicht anlegen zu wollen. »Schön. Die Angeklagten können sich setzen. Mr. Kelso, Sie haben das Recht, alle Dokumente oder sonstigen Beweismittel einzusehen und die Zeugen ins Kreuzverhör zu nehmen. Ich muß Sie jedoch darauf hinweisen, daß Ihre Fragen kurz, klar und sachdienlich sein müssen. Alles, was irrelevant, bloße Ansichtsssache ist oder auf Hörensagen beruht, wird nicht gestattet. Ist das klar?«

»Jawohl, Sir.«

»Dann also, Mr. Morrissey –«, er wandte sich dem Anklagevertreter zu –, »schlage ich vor, daß Sie Ihren ersten Zeugen aufrufen.«

»Kapitän Taplow!«

Äußerlich gelassen beobachtete Kelso, wie Isabels Vater vortrat. Er war ruhig und korrekt. Er verbeugte sich vor dem Gericht und ließ sich – nicht ohne deutlich zu machen, daß er Schmerzen litt – in dem Sessel nieder, den ein Gerichtsdiener herbeigebracht hatte. Er blickte liebenswürdig und respektvoll drein – er wollte einen guten Eindruck machen, soviel war klar.

»Sie sind Kapitän William Taplow?«

»Das ist richtig.«

»Sie befehligen den Ostindienfahrer *Shropshire?*«

»Ich *befehligte* ihn – bis ich abgesetzt wurde.«

»Ah, ja.« Morrissey beugte sich vor. »Abgesetzt? Ihres Kommandos enthoben, meinen Sie?«

»Von Meuterern gegen Recht und Gesetz meines Kommandos

beraubt.«

»Durch wen?«

»Durch diese vier Offiziere, denen ich vertraute.«

»Sie lügen!« Der arme Henderson sprang auf, ehe Kelso ihn zurückhalten konnte. »Abgesetzt wurden Sie, aber nicht durch uns! Durch die Männer, die Sie hungern und peitschen und quälen ließen! Die waren Ihre Ankläger, die waren es, die . . .« Schwer keuchend sank er in seinen Stuhl zurück, und der Gouverneur klopfte mit seinem gabelförmigen Stab. »Ruhe! Ein solches Benehmen vor Gericht kann ich nicht gestatten. Mr. Kelso!«

»Sir?«

»Als Verteidiger haben Sie dafür zu sorgen, daß dergleichen nicht noch einmal vorkommt!«

»Jawohl, Sir; ich bitte das Gericht um Entschuldigung. Mr. Henderson ist krank und geschwächt –«

»Das ist keine Entschuldigung!« Der Gouverneur bebte vor Entrüstung.

»Nein, Sir. Pardon, Sir.«

»Also, Kapitän Taplow«, fuhr Morrissey fort, »Sie sagen, diese Offiziere haben Sie abgesetzt?«

»Richtig.«

»Wann geschah das?«

»Kurz nachdem wir die *Libertad* gesichtet hatten.«

»De Sousas Schiff?«

»Jawohl.«

»Wissen Sie, warum sie sich gerade diesen Zeitpunkt für die Meuterei ausgesucht haben?«

Ehe Kapitän Taplow antworten konnte, war Kelso aufgesprungen. »Mit allem Respekt, Sir, der Anklagevertreter spricht von Meuterei wie von einer bereits bewiesenen Tatsache. Dieser Beweis ist aber keineswegs erbracht.«

Nachsichtig erwiderte der Gouverneur: »Kapitän Taplow gibt an, von seinen Offizieren abgesetzt worden zu sein. Wenn das keine Meuterei ist, dann sprechen Sie und ich nicht die gleiche Sprache.«

»Wir bestreiten mit allem Nachdruck, Sir, daß Kapitän Taplow jemals abgesetzt worden ist – wenigstens nicht von seinen Offizieren.«

»Sie werden Gelegenheit haben, das vorzubringen, Mr. Kelso. Wollen Sie nun dem Anklagevertreter gestatten, mit der Befragung fortzufahren.«

Morrissey zupfte seine Manschetten aus den Ärmeln und sah seinen jungen Widersacher bedeutsam an. »Danke, Sir.« Damit wandte er sich wieder an Kapitän Taplow. »Ich wiederhole: wissen Sie, warum sie sich gerade diesen Zeitpunkt für die Meuterei ausgesucht haben?«

»Das ist doch klar. Ich war in einer Zwangslage. De Sousa kam rasch auf. Natürlich wollte ich kämpfen, mein Schiff verteidigen. Ich hatte keine Wahl.«

»Lieber als Ihr Schiff aufzugeben, wollten Sie diesen jungen Offizieren das Kommando überlassen?«

»Fairerweise muß ich zugeben, daß es Henderson war, der das Kommando übernahm – ein fähiger Offizier, selbstverständlich. Ich hatte eine hohe Meinung von ihm. Und außerdem hatte er die *Shropshire* praktisch schon vor mir kommandiert.« Wenn Kelso Taplow so reden hörte und seine ernsthafte, um Fairness bemühte Miene sah, konnte er nicht umhin, ihn zu bewundern. Zweifellos war Isabels Vater sehr geschickt. Morrissey wenigstens schien beeindruckt. »Gewiß. Aber wurden Sie nicht während der gesamten Kampfhandlungen gezwungen, unter Deck zu bleiben?«

»Ja. Natürlich mit Ausnahme jener Nacht, als das Gefecht abgebrochen wurde. Dann wurde ich mit diesen unglücklichen Passagieren in den Kutter gesetzt. Ich war nicht an Bord, als die *Shropshire* die Flagge strich.«

»Genau! Dann ist es also richtig, wenn ich sage, daß die *Shropshire* von der *Libertad* besiegt und gekapert wurde, nachdem Sie Ihres Kommandos enthoben wurden?«

»Ja.«

»Sagen Sie, Kapitän, ist die *Libertad* größer als die *Shropshire?*«

»Größer nicht.«

»Kleiner?«

»Ja. Sie ist kleiner.«

»Und trotzdem hat sie die *Shropshire* besiegt?«

Jetzt kam wieder diese Ich-möchte-fair-sein-Geste, die Kelso in den nächsten Stunden noch oft sehen sollte. »Ich muß darauf hinweisen, daß die *Libertad* ein schnelles und gut geführtes Schiff war.«

»De Sousa ist ein guter Seemann?«

»Ein ausgezeichneter. Ich glaube, jeder Kapitän der Company wird mir da zustimmen.«

»Wogegen die *Shropshire* von dem Angeklagten Henderson geführt wurde?«

»Mr. Henderson hatte das Kommando.«

Morrissey hielt inne und tat, als überlese er seine Notizen. Offensichtlich war er mit der Befragung bisher zufrieden; als Kommodore James eine Zwischenfrage stellte, war er überrascht und irritiert.

Auf die Ellbogen gestützt und über den Tisch gebeugt, sagte der Kommodore: »Mit Erlaubnis des Gerichts möchte ich den Zeugen fragen, warum er sein Kommando übergeben hat.«

Sekundenlang war Kapitän Taplow außer Fassung. Er blickte den Gouverneur an, und als dieser ihm billigend zunickte, antwortete er: »Ich weiß nicht recht, ob ich den Sinn Ihrer Frage verstehe.«

»Vier Offiziere gegen Sie. Ein Piratenschiff kommt in Luv auf. Aber Sie haben doch nicht nur die Offiziere. Wenn die Besatzung zu Ihnen steht . . .«

»Die Besatzung stand nicht hinter mir«, entgegnete Taplow. Und diese Antwort, die ohne jedes Zögern kam, war für Kelso ein weiterer Beweis für die Gerissenheit des Kapitäns. Jeder mußte denken, er hätte nicht das geringste zu verbergen.

»Es haben also nicht nur die Offiziere, sondern auch die Matrosen gemeutert.«

»Gewissermaßen – ja.«

»Was heißt gewissermaßen?«

»Ich muß erklären«, fuhr der Gouverneur hastig dazwischen, »daß ursprünglich beabsichtigt war, die Anklage nicht nur gegen diese Offiziere, sondern auch gegen bestimmte Angehörige der Mannschaft zu richten. Unglücklicherweise – oder vielleicht von ihrem Standpunkt aus glücklicherweise – sind die meisten im Kampf gefallen. Auf jeden Fall war es wichtiger, die Anklage gegen die Offiziere zu richten, die schon ihres Ranges wegen die größere Verantwortung trugen.«

Kommodore James stieß einen Grunzer aus; Morrissey trat eifrig vor und sagte: »Ich muß darauf hinweisen, daß die Abneigung der Mannschaft gegen ihren Kommandanten laut Anklage direkt der Untreue und Unfähigkeit der Beschuldigten sowie ihrer direkten Ermutigung zuzuschreiben ist.«

»Schön, Mr. Morrissey. Sie können weitermachen.«

Der Anklagevertreter wandte sich wieder Kapitän Taplow zu, der inzwischen seine Fassung wiedererlangt hatte.

»Also, Kapitän, Sie sagen, die Männer waren gegen Sie eingestellt?«

»Richtig.«

»Und wie zeigte sich diese – äh, Einstellung?«

»Sobald ich den Piraten sichtete, befahl ich ›Alle Mann an Deck‹. Keiner gehorchte.«

»Die Mannschaft wollte also lieber die Gefangennahme riskieren?«

»Es sah so aus.« Kapitän Taplow lachte halblaut und ließ einen Moment seine Maske vernünftiger Rechtschaffenheit sinken. »Aber sie haben dann gemerkt, wie dumm das war – wenigstens die Überlebenden!«

»Gewiß«, fuhr der Anklagevertreter hastig fort. »Hatten Sie schon vorher gemerkt, daß an Bord etwas nicht stimmte?«

»Ja, in der Tat.« Kapitän Taplow richtete sich hoch und legte die Arme auf die Sessellehnen. »Ich möchte das näher erläutern. Als ich das Schiff in Blackwall übernahm, fand ich eine schlechte, weitgehend unausgebildete Mannschaft vor. Ich sah sofort, daß es eine Menge harter Arbeit und Disziplin kosten würde, ehe ich eine befriedigende Mannschaft hatte.«

»Ich brauche kaum zu fragen, Kapitän, aber: Sie sind nicht ohne Erfahrungen in der Behandlung von Mannschaften?«

»Bin zwanzig Jahre im Ostindien-Dienst.«

»Haben Sie den Offizieren Ihre Ansicht mitgeteilt?«

»Jawohl.«

»Und wie haben sie reagiert?«

»Henderson, ein altgedienter Offizier, schien meine Meinung zu teilen; jedoch nach dem, was später geschah, nehme ich an –«

Kelso sprang auf, aber der Gouverneur hatte bereits die Hand erhoben: »Keine Annahme, Kapitän. Wir wollen nur Fakten.«

»Gewiß«.

»Und wie reagierten die anderen Offiziere?« fragte Morrissey weiter.

Kapitän Taplow hob die Schultern. »Unbefriedigend, würde ich sagen. Sie taten, als führten sie meine Befehle aus, sympathisierten jedoch insgeheim mit der Mannschaft.«

»Sympathisierten? Sie meinen, sie ermutigten sie zur Meuterei?«

»Nicht gerade das – jedenfalls nicht in diesem Stadium. Diese drei Offiziere, Kelso voran, hielten meine Disziplinarmaßnahmen für zu scharf. Ließ ich einen Mann auspeitschen, protestierten sie. Wenn ich die Wasserrationen kürzte, weil die Fässer leer wurden, dann war das Schikane. Wenn ich ihnen verbot, halbnackt an Deck zu schlafen, war es sinnlose Quälerei.«

»Haben Ihnen das die Leute selbst gesagt?« Kommodore James' scharfe Zwischenfrage ließ alle Beteiligten zusammenfahren.

Kapitän Taplow blickte ihn forschend an; vielleicht spürte er den Gegner. »Nein, Sir«, antwortete er. »Den Mut, offen vor mich hinzutreten, hatten sie nicht.«

»Woher wissen Sie es dann?«

»Woher ...«

»Woher wissen Sie, was sie dachten?«

Sekundenlang kämpfte Kapitän Taplow um seine Fassung. Für diejenigen, die ihn kannten, war klar, daß er kurz vor einem Ausbruch stand. Doch schließlich nahm er sich zusammen und sagte: »Glücklicherweise, Sir, hatte ich wenigstens einen loyalen Offizier an Bord.«

»Sein Name?«

»Sir?«

»Wie ist der Name Ihres Informanten?«

Kapitän Taplow wurde fleckig im Gesicht. »Wirklich, Sir, da muß ich protestieren. Wenn ein loyaler Offizier seine Pflicht tut und seinen Kommandanten zu schützen versucht ...«

»Sein Name, Kapitän?«

Kapitän Taplow ballte die riesigen Fäuste; anscheinend konnte er den Namen kaum herausbringen. »Gleeson.«

»Mr. Gleeson, der Zahlmeister«, erläuterte Morrissey mit einem nervösen Blick auf seinen Zeugen. »Er wird später aufgerufen.«

»Schön.«

»Also, Kapitän«, fuhr Morrissey fort, »Sie hatten das Gefühl, daß bestimmte Offiziere einen schlechten Einfluß auf die Männer ausübten: wann merkten Sie, daß die Dinge fast bis zur Meuterei gediehen waren?«

»Auf St. Helena. Und es war ein Schock für mich.«

»Was geschah?«

»Kelso, dieser junge Dachs, kam wahrhaftig zu mir und sagte: ›Wissen Sie, Kapitän, daß die Männer vor ein paar Tagen kurz vor der Meuterei waren?‹«

»Das hat er tatsächlich gesagt?«

»Soweit ich mich erinnern kann, hat er sich wörtlich so ausgedrückt.«

»Und was taten Sie?«

»Zu diesem Zeitpunkt nichts. Sehen Sie, als wir in Jamestown lagen, passierte ein Unglück.«

»Ja?«

»Ellisdon, mein Schiffsarzt, ein tüchtiger, langgedienter Mann, wurde ermordet.«

»Wurde der Mörder gefaßt?«

»Nein – das heißt, ich weiß es nicht.«

»Wurde jemand festgenommen?«

»Ja. Mr. Kelso.«

Taplows Befragung ging weiter. Die Luft wurde so stickig, daß Kelso nach einiger Zeit kaum noch den Sinn der Aussagen begriff. Die Fragen waren so geschickt gestellt, die Antworten, selbst wenn sie der Wahrheit entsprachen, so verklausuliert, daß niemand ahnen konnte, was sich der Zeuge an Bord geleistet hatte und welcher Sadist er in Wirklichkeit war. Hier und da kam eine offene Lüge, die jedoch mit so gelassener Sicherheit vorgetragen wurde, daß sie wie Wahrheit klang. Angesichts dieser festgefügten Anklage fragte sich Kelso, ob er recht daran getan hatte, die Verteidigung zu übernehmen. Wurden sie für schuldig befunden, konnte es nur eine Strafe geben: den Strang.

Er sah sich im Saal um – lauter feindselige, manchmal sogar entsetzte Blicke. Und Isabel sah ihn gar nicht an. Voller Mitgefühl und Sorge blickte sie nur auf ihren Vater.

Kelsos Augen suchten Lady Susan. Gott sei Dank – sie wenigstens stieß ihn nicht zurück. Sie hob grüßend den Fächer und lächelte.

»Kutter – Insel . . .« Diese Worte machten Kelso wieder aufmerksam.

»Nach dieser furchtbaren Reise, Kapitän, war also von den Passagieren außer Ihrer Tochter und ihrer Gesellschafterin keiner mehr am Leben?«

»Doch. Zwei weitere, Varley und Patterson, lebten noch. Sie ertranken, die armen Teufel, als der Kutter strandete.«

»Also haben von den dreizehn, die gegen ihren Willen zur Reise gezwungen wurden, nur drei überlebt?«

»Drei und Kelso.«

»Ah, ja. Drei und Kelso«, wiederholte der Anklagevertreter bedeutsam.

34

Als Kelso sich erhob, um das Kreuzverhör zu beginnen, entstand eine so feindselige Stille, daß sie den Raum zu füllen schien. Über der Hitze, dem Staub, den Gerüchen nach Schweiß, Parfüm, Tabak und den Blumen draußen hing die Überzeugung, daß er, Kelso, der Schurke in diesem Stück war. Jeder Mensch im Saal, das spürte er – außer vielleicht Isabel und Lady Susan –, hätte ihn ohne weiteres verurteilt. In dieser Atmosphäre war es schon entnervend, überhaupt nur zu sprechen. Fragen zu formulieren, einem logischen Gedankengang zu folgen, schien ihm unmöglich.

Er räusperte sich, ließ seine Notizen fallen, und als er wieder hochkam, sah er zufällig in die Augen des Kommodore. Er kannte Kommodore James nicht persönlich, sondern wußte nur, daß er der Chef des Dienstzweiges war, in den er einzutreten wünschte, der Marine. Aber in diesen blaßblauen Augen glomm unzweifelhaft ein Funken Sympathie. Kelso blickte den Gouverneur an und begann mit fester Stimme: »Mit Erlaubnis des Gerichts . . .« Er sprach so laut, daß er selbst darüber erschrak. Er setzte nochmals an, etwas ruhiger. »Mit Erlaubnis des Gerichts: ich habe nur einen Punkt mit diesem Zeugen zu klären.«

Nur einen Punkt! Hätte er sich plötzlich für schuldig erklärt, wäre die Überraschung kaum geringer gewesen.

»Sie wissen«, sagte der Gouverneur, »daß Kapitän Taplow Hauptbelastungszeuge ist.«

»Ich weiß, Sir – deswegen will ich ihm auch nur wenige Fragen stellen; heute jedenfalls.«

»Sie wollen den Kapitän später, im weiteren Verlauf der Verhandlung, nochmals aufrufen lassen?«

»Mit Erlaubnis des Gerichts – jawohl.«

Der Gouverneur war etwas unsicher, doch Kommodore James blaffte: »Warum nicht – wenn er's so will?«

». . . eine Frage der Zeit«, murmelte der Gouverneur.

»Unter anderem tue ich es gerade der Zeitersparnis wegen, Sir«, beharrte Kelso. »Ich beabsichtige, Zeugen aufzurufen, die viele Anklagepunkte aus der Aussage von Kapitän Taplow entkräften werden. Auf diese Weise hoffe ich, eine Menge zeitraubender Wiederholungen zu vermeiden.«

Immer noch zögerte der Gouverneur. Fragend blickte er Kapitän Taplow an.

Der zuckte die Schultern. »Mir ist das einerlei, Sir. Wenn er jedoch beabsichtigt, von Meuterern Lügen über mich verbreiten zu lassen, hätte ich allerdings gern das letzte Wort.«

»Also bitte.«

Kelso schritt an den Richtern vorbei, bis er Kapitän Taplow direkt gegenüberstand. Er spürte den Atem des Kapitäns und roch den Branntwein. Respektvoll fragte er: »Die *Shropshire* hatte vierzehn Passagiere an Bord, Sir?«

»Ja.«

»Zwei kamen bei den Kämpfen des ersten Tages ums Leben. Die übrigen wurden mit Proviant und Wasser in den Kutter gebracht und hätten dadurch vielleicht die Chance gehabt, gerettet zu werden?«

»Vielleicht ist das richtige Wort. Wie ich bereits sagte, waren es zwölf – und nur drei davon sind heute noch am Leben. Drei!«

»Und wie viele, Sir, wären noch am Leben, wenn sie auf der *Shropshire* geblieben wären? Das ist der zu klärende Punkt. Was denken Sie?«

Kapitän Taplow zögerte.

»Sie wissen doch, wie de Sousa mit Passagieren umgeht, speziell mit Frauen. Glauben Sie, sie hätten an Bord der *Shropshire* bessere Chancen gehabt – oder schlechtere?«

»Hm . . . Allerdings . . .«

»Muß man nicht zugeben, Sir, daß Mr. Henderson die einzig richtige Entscheidung traf, als er den Passagieren wenigstens diese eine Chance gab? Trifft es nicht zu, daß er den Kutter ausreichend verproviantiert und einen Offizier, obwohl er ihn schlecht entbehren konnte, abgestellt hat, um das Boot zu navigieren?«

Kapitän Taplow schien es den Atem zu verschlagen. Er lief rot an, seine Lippen zitterten unbeherrscht. Haßerfüllt kniff er die Augen zusammen.

Da wußte Kelso, daß er eine Siegeschance hatte, und zweifelte nicht mehr daran, daß er dem Gericht zeigen konnte, welch ein Mensch der Kapitän wirklich war. Unvermittelt drehte er sich zu den Richtern um. »Ich habe zur Zeit keine weiteren Fragen.«

Gleeson, der zweite Zeuge der Anklage, war in fast noch schlechterem Gesundheitszustand als Henderson, Ireton oder Bradshaw. Schon ehe de Sousas Leute ihn folterten, hatte er eine schwere Brustwunde erlitten. Als Kelso ihn gefunden hatte, schien er ein Todgeweihter. Er war nur noch Haut und Knochen; man hatte ihn auf einer Bahre in den Gerichtssaal tragen müssen. Nur mit Hilfe zweier Krankenpfleger konnte er sich zu sitzender Stellung aufrichten.

Der Gouverneur hatte wie jeder im Raum Mitleid mit Gleeson. »Es tut mir leid, daß wir Sie vorladen mußten, Mr. Gleeson; aber die Anklage gegen diese Offiziere ist so schwerwiegend, daß eine möglichst baldige Anhörung unumgänglich war. Wir werden Ihre Aufgabe so leicht wie möglich machen. Ankläger und Verteidiger sind angewiesen, so kurz wie möglich zu fragen.«

Falls Gleeson das gehört hatte, ließ er sich doch nichts anmerken. Reglos saß er da, von den Pflegern gestützt, und sah aus, als sei er schon halb auf dem Weg zum Grab.

Der Vertreter der Anklage befragte ihn zuerst. Seine Fragen waren kurz, mitfühlend und so formuliert, daß die Schuld der vier Offiziere immer deutlicher hervortrat. Jawohl, Gleeson hatte konspirative Gespräche der Offiziere mitangehört. Jawohl, er konnte Beispiele ihrer Illoyalität anführen: Kelso war entgegen dem Befehl des Kommandanten in den Mast aufgeentert; Kelso hatte die Partei der Mannschaft ergriffen, als das Schiff in der Flaute lag und Trinkwasser knapp wurde. Kelso, Kelso, immer wieder Kelso.

Zumindest den vier Angeklagten, doch auch manchem anderen im Saal war die Taktik des Anklagevertreters klar: er wollte vor allem Kelso in ein möglichst schlechtes Licht setzen, weil er erstens Wortführer war und zweitens der einzige, der sich in der letzten tragischen Phase der Reise gewisse Verdienste erworben hatte, die für ihn sprechen konnten. Von seinen Abenteuern auf der Insel, dem Angriff auf de Sousas Fort, zusammen mit Lady Susan, der Befreiung der Gefangenen und der Rückeroberung der *Shropshire* hatte man bisher nur gerüchtweise gehört, doch diese Gerüchte verliehen sogar einem der Meuterei angeklagten Offizier eine gewisse Aura von Heldentum. Kelso mußte also diskriminiert werden.

Als Kelso aufstand, um sein Kreuzverhör zu beginnen, gab er sich Mühe, möglichst unpersönlich und gleichmütig zu sprechen. »Mr. Gleeson, Sie sind Zahlmeister auf der *Shropshire?*«

»Ja.«

»Als solcher hatten Sie die Aufsicht bei der Verproviantierung?«

»Ja.«

»Wo?«

Verwirrt, als verstünde er die Frage nicht, blickte Gleeson ihn an.

»Wo wurde das Schiff verproviantiert?«

»Nun, in Blackwall, wie alle Schiffe der Company.«

»Nur in Blackwall?«

»Wie bitte?«

»Wurden alle Lebensmittelvorräte in Blackwall übernommen?«

Gleeson schloß die Augen, und der Anklagevertreter sprang auf. »Mit Erlaubnis des Gerichts – der Zeuge ist unwohl. Im übrigen haben diese Fragen mit dem vorliegenden Fall nichts zu tun.«

»Mr. Kelso?« fragte der Gouverneur.

»Im Gegenteil, Sir, sie sind sehr wichtig – in bezug auf den Charakter des Kommandanten, die Lebensbedingungen der Mannschaft . . .«

Der Gouverneur seufzte. »Also gut. Sie wollen jedoch bitte Ihre Fragen so kurz wie möglich halten.«

»Ich wiederhole«, sagte Kelso mit fester Stimme. »Wurde aller Proviant in Blackwall an Bord genommen?«

Bedrückt sah Gleeson ihn an und wartete, als hoffe er auf einen weiteren Einspruch des Gerichts; da jedoch keiner kam, antwortete er mit schwacher Stimme: »Ja.«

»Wie erklären Sie sich dann die Tatsache, daß weiterer Proviant – ein ganzer Leichter voll – in Gravesend an Bord genommen wurde?«

»Das ist nicht wahr!«

»Ein ganzer Leichter voll«, beharrte Kelso. »Und dafür wurde der größte Teil des in Blackwall übernommenen Proviants wieder ausgeladen.«

»Nein!«

»Ich wiederhole meine Frage: Warum wurde in Gravesend der Proviant ausgetauscht?«

Im Gerichtssaal entstand Bewegung; nicht Kelsos Anschuldigung wegen, sondern weil Gleeson ohnmächtig geworden war. Als er wieder zu sich kam, sah Kelso an den Gesichtern der Jury, daß diese zumindest erkannt hatten, wie schwerwiegend die hier angeklungene Anklage war.

Und in der Tat: kaum hatte Gleeson die Augen wieder offen, sagte der Gouverneur: »So unangenehm Ihnen diese Frage sein mag, Mr. Gleeson, ich muß Sie ersuchen, sie so frei und offen wie möglich zu beantworten.« Dann nickte er Kelso zu.

»Ich frage Sie nochmals«, sagte dieser, »warum wurde Proviant ausgetauscht?«

»Das ist nicht wahr!« schrie Gleeson. »Das stimmt nicht!«

»Es gibt Zeugen dafür«, bedeutete ihm Kelso. »Mr. Bradshaw, ich selbst, die Männer der Wache. Sie sind nicht alle umgekommen.«

Gleeson war so blaß, daß es schien, als ob er tatsächlich nicht mehr vernehmungsfähig sei. Doch Kelso beharrte: »Warum?«

»Jetzt weiß ich es wieder«, rief Gleeson, und seine Blicke fuhren wild im Saal umher; sie suchten Kapitän Taplow. »In Gravesend wurde Ware an Bord genommen – Fracht für die Privatgeschäfte des Kommandanten.«

»Ein ganzer Leichter voll?«

»Nein – nun ja, vielleicht.«

»Und was war mit dem Proviant, der ausgeladen wurde?«

»Nein – nein . . . Daran kann ich mich nicht erinnern.« Gleeson sank in den Armen der Pfleger zusammen; diesmal simulierte er nicht. Der Gouverneur wirkte sehr besorgt; die Mitglieder der Jury streckten die Köpfe zusammen und flüsterten.

»Mr. Kelso«, sagte der Gouverneur schließlich, »wir wollen Ihnen natürlich jede Gelegenheit geben, Ihre Verteidigung zu führen. Der Zeuge ist jedoch offensichtlich krank. Dürfen wir Sie um Auskunft bitten, worauf Sie mit Ihren Fragen abzielen?«

»Ich will beweisen, Sir, daß Kapitän Taplow nicht der Mann war, als der er hier erscheint; daß ihm die Versorgung seiner Mannschaft völlig gleichgültig war, daß er ihren Proviant aus Gewinnsucht verkaufte und dafür Ausschußware übernahm, woraus die Krankheiten resultieren, an denen noch vor St. Helena so viele Männer gestorben sind. Wir werden beweisen –«

»Halt!« Kapitän Taplow unterbrach die vernichtende Anklage mit einer Wildheit, die wenigstens im Augenblick seine wahre Natur erkennen ließ. Er sprühte Speichel, riß an seiner Halsbinde, rang nach Luft. »Lügen! Ungeheuerliche Lügen sind das! Muß ich hier sitzen und mir . . .«

»Kapitän Taplow!« Die Stimme des Gouverneurs war ruhig, aber schneidend. »Wollen Sie bitte die Verhandlung nicht unterbrechen!«

»Aber Sir! Ich habe doch nur –«

»Setzen Sie sich. Ich befehle Ihnen, sich wieder zu setzen.«

Sekundenlang kämpfte der Kapitän gegen seine Wut an. Dann

wischte er sich die Augen, murmelte eine Entschuldigung und nahm wieder Platz.

»Ich gestatte keine Unterbrechungen«, beharrte der Gouverneur ärgerlich, »von keiner Seite.« Zu Kelso gewandt, fuhr er fort: »Das sind schwerwiegende Beschuldigungen, Mr. Kelso. Ich nehme an, Sie können sie beweisen?«

»Jawohl, Sir.«

»Schön. Da der Zeuge aber offensichtlich krank ist, muß ich Sie fragen, wie lange Sie ihn noch benötigen?«

Kelso warf einen Blick auf Gleeson, der sich inzwischen erholt hatte, aber sich wie in Todesängsten wand. »In Anbetracht des Gesundheitszustandes des Zeugen will ich zu diesem Punkt jetzt keine weiteren Fragen stellen. Darf ich das Gericht jedoch um Erlaubnis bitten, eine andere Angelegenheit zur Sprache zu bringen?«

Der Gouverneur sah Gleeson an, der jedoch schwieg. »Bitte«, sagte er.

Kelso trat dicht an Gleeson heran und fragte: »Trifft es zu, Mr. Gleeson, daß Kapitän Taplow Sie als Spion benutzte?«

»Euer Exzellenz!« rief Morrissey dazwischen. »Ich protestiere!«

»Setzen Sie sich, Mr. Morrissey«, sagte der Gouverneur, ohne die Augen von Gleeson zu wenden.

»Trifft es zu?« fragte Kelso.

»Nein!« schrie Gleeson. »Ich habe niemals spioniert. Ich habe nur meine Pflicht getan.«

»Indem Sie jeden Zwischenfall, den Sie beobachteten, jedes Gespräch, das Sie belauschten, dem Kommandanten meldeten?«

»Nein.«

»Sie wollen also dem Gericht erzählen, daß der Kommandant keine Informationen von Ihnen bekam?«

»Nein – das heißt . . .«

»Aber, Mr. Gleeson, wir haben von Kapitän Taplow selbst gehört, daß Sie sein einziger loyaler Offizier waren, wie er es ausdrückte – seine Informationsquelle.«

Verängstigt blickte Gleeson sich im Raum um, seinen Beschützer suchend.

»Nun, Mr. Gleeson?«

»Nun ja – manchmal . . . Wenn ich aufsässige Reden hörte . . .«

»Hatten Sie sich angewöhnt, Gespräche zu belauschen oder an

Türen zu horchen?«

»Nein.«

»Würde es Sie überraschen, wenn ich Zeugen dafür beibringe, daß Sie mehr als einmal an der Tür oder an der Schottwand lauschten, für den Kommandanten spionierten?«

»Nein – das heißt, ich weiß nicht, was sie aussagen werden.«

Gleeson war so erschöpft, daß sich der Gouverneur vorbeugte. »Ich glaube, Mr. Kelso, es wird klar, was Sie meinen.«

»Gewiß, Sir.« Kelso wandte sich wieder Gleeson zu. »Und jetzt frage ich Sie, ob Sie bei einer bestimmten Gelegenheit, nämlich als die *Shropshire* in St. Helena vor Anker lag und drei der beschuldigten Offiziere – Mr. Ireton, Mr. Bradshaw und ich –, sowie der Schiffsarzt Ellisdon, eine Besprechung abhielten, ob Sie da draußen in der Messe saßen und so taten, als schrieben Sie Ihre Listen aus?«

»Nein – ich erinnere mich nicht.«

»Wir kamen nicht heraus und überraschten Sie dabei?«

»Nein.« Gleesons Antwort war nur in den ersten Reihen vernehmbar.

»Erinnern Sie sich nicht daran, was Sie bei dieser Gelegenheit belauschten? Was Sie dem Kommandanten berichteten?«

»Nein.«

»Erinnern Sie sich nicht daran, daß ich mit den beiden Damen und Mr. Ellisdon an Land ging – und daß Mr. Ellisdon dann ermordet wurde?«

»Nein!« So schwächlich Gleesons Stimme war, dieses Wort kam wie ein dünner Schrei. »Ich erinnere mich nicht daran, sage ich Ihnen!«

»Sie erinnern sich nicht mehr daran, daß der arme Ellisdon ermordet wurde?«

»Nein – das heißt ja, nur . . .«

»Wissen Sie, warum er ermordet wurde, Mr. Gleeson?«

Der Zahlmeister ließ sich in die Arme seiner Pfleger zurücksinken. »Nein!« flüsterte er. »Nein!«

»War es wegen der Besprechung in Mr. Hendersons Kammer, die Sie belauschten? Mußte er deswegen sterben?«

»Ich protestiere! Euer Exzellenz, ich protestiere aufs entschiedenste!«

Kapitän Taplow war wieder aufgesprungen, doch seine wütende Unterbrechung erübrigte sich. Gleeson war wieder in Ohnmacht gefallen.

35

»Sie hätten ihn überführt«, sagte Bradshaw, »wenn er nicht ohnmächtig geworden wäre.«

»Vielleicht.«

»Bis morgen kann er sich etwas ausgedacht haben, oder der Kommandant kann ihn entsprechend instruieren.«

Kelso nickte düster. Er saß auf Bradshaws Bett in dem Zimmer, das während dieses Monats ihr Schlafraum und ihre Zelle war. Henderson und Ireton, von dem langen Vormittag erschöpft, lagen in tiefem Schlaf.

»Wie stehen unsere Chancen?« fragte Bradshaw, nicht zum erstenmal.

Kelso hob die Schultern. »Die Position der Anklage ist sehr stark. Was Taplow auch getan hat, er war der Kommandant.«

»Aber er war und ist verrückt, Kelso, das wissen Sie so gut wie ich.«

»Ja.«

»Nun also, das sollte doch nicht schwer zu beweisen sein.«

Kelso stand auf und trat ans Fenster. Draußen in der Sonne exerzierte müde eine Kompanie Sepoys. Auf der anderen Seite der staubigen Straße, im schattigen Garten eines reichen Kaufmanns, war eine Teeparty im Gange: Damen mit Sonnenschirmen über feinen Kleidern, Diener mit Tabletts oder Wedeln ergingen sich unter den Bäumen. In ihrem Schatten saß draußen im Staub ein blinder Bettler mit seiner Schale.

»Ich wollte ja weiter nichts als ein Mindestmaß an Menschenwürde und Gerechtigkeit für die Leute«, sagte Kelso.

»Eh – wie meinen Sie?«

»Ach, nichts.«

»Also, was denken Sie, Kelso? Taplows Geisteskrankheit sollte doch nicht schwer zu beweisen sein.«

»Die Sache ist die«, entgegnete Kelso. »Wenn wir beweisen, daß er verrückt ist, retten wir uns – doch um welchen Preis?«

»Das verstehe ich nicht.«

»Ich muß an die denken, die durch seine Schande gebrandmarkt werden.«

Bradshaw war nicht besonders schlau; aber hier ging es schließlich um seinen Hals. Er begriff sofort. »Sie meinen die Tochter – Isabel Taplow? Sie ist es, die Ihnen Sorgen macht?«

»Sie hat nichts Böses getan und liebt ihren Vater.«

»Und Sie lieben sie?«

»Wie bitte?«

»Sie sind in Isabel Taplow verliebt. Geht es darum?«

Nervös schritt Kelso auf und ab. »Ich möchte ihr nicht weh tun.«

»*Ihr* nicht weh tun! Und was wird aus uns?«

»Ich möchte natürlich nicht gehängt werden, genausowenig wie Sie. Aber wenn es einen anderen Weg gäbe . . .«

»Sie sind ein Narr, Kelso«, sagte Bradshaw mit Inbrunst. »Ich hätte weiß Gott nicht zugestimmt, daß Sie die Verteidigung übernehmen, wenn ich *das* gewußt hätte. Sie mögen mein Freund sein, aber Sie sind ein Narr.«

»Sie sind ein Narr, Roger«, sagte Lady Susan, als sie gegen Abend zu Besuch kam. »Ganz egal, wie stark Gleeson belastet wird – Sie können immer noch wegen Meutèrei gehängt werden, wenn Sie nicht beweisen, daß Taplow geisteskrank ist.«

»Mag sein.« Ohne sie anzusehen, fragte er: »Geht es Isabel gut?«

»O ja, durchaus. Hat sie Sie noch nicht besucht?« fragte sie mit einem Anflug von Grausamkeit.

»Nein.«

»Nun ja, ich nehme an, sie hat genug mit ihrem Vater zu tun.«

»Das nehme ich auch an.«

Sekundenlang musterte sie ihn wortlos; zweifellos war sie wütend auf ihn. Nun stand sie auf und sah ihm voll ins Gesicht. »Ach, Roger! Wie lange soll das so weitergehen?«

»Was? Ich verstehe nicht.«

»Diese Blindheit, diese idiotische Blindheit!«

Er stand vor ihr, sah ihr in die Augen und schwieg.

»Sie lieben Isabel gar nicht! Wann werden Sie das endlich merken? Sie lieben Isabel nicht.«

Immer noch schwieg er.

»Ein hübsches Gesicht, ein nettes Wesen – ein bestechendes Wesen. Mitgefühl für die armen Matrosen. So ganz anders als ihr Vater!«

»Nun? Finden Sie das komisch?«

»Ich finde es gar nicht komisch!« rief Susan aus. »Ich finde es abscheulich. Was weiß sie schon von Härte, von Disziplin, von den Rechten der Männer vor dem Mast? Es war ihre erste Reise – ihre erste! Wissen Sie, wie viele Reisen ich mit meinem Mann machte?«

»Ich sehe nicht ein, was das mit Isabels Gefühlen zu tun haben soll.«

»So? Nun, ich werde es Ihnen sagen. Ich habe mehr echtes Mitgefühl für die Matrosen, als sie jemals kennen wird. Ich meine *echtes* Mitgefühl, das auf Verständnis beruht. Ich kenne die Härten, die Ungerechtigkeiten. Selbst unter meinem Mann, der ein sehr gütiger Mensch war –«

»Das brauchen Sie mir nicht zu sagen.«

»Nein; ich hatte vergessen, Sie haben ja eine Reise unter ihm gemacht.« Den Tränen nahe, hielt sie einen Moment inne und fuhr dann fort: »Sie wissen, daß sogar unter meinem Mann Matrosen ausgepeitscht wurden, Hunger und Durst litten – gegen Ende der Reise.«

»Aber trotzdem herrschte Gerechtigkeit an Bord«, erwiderte Kelso, »Gerechtigkeit und Menschenwürde. Darin liegt der Unterschied.«

Sie seufzte und wandte sich ab. »Nun, vielleicht haben Sie recht. Ich hoffe nur, wenn Sie die arme Isabel gegen indirekte Vorwürfe schützen, vergessen Sie nicht, daß außer dem Ihren auch das Leben anderer auf dem Spiele steht.«

»Denken Sie, ich weiß das nicht?«

»Das Leben tüchtiger Männer, die versucht haben, ihre Pflicht zu tun und immer, selbst auf dieser letzten tragischen Reise, ehrenhaft gehandelt haben.«

Kelso schloß die Augen, als könne er Susans bitteren, anklagenden Mund nicht mehr sehen. »Warum sagen Sie mir das«, rief er aus, »denken Sie, ich weiß nicht, was das für Männer sind?«

»Und doch«, erwiderte sie leise, »wollen Sie sie ehrlos sterben lassen, nur um eines hübschen Gesichtes willen.«

Er riß die Augen wieder auf und sah sie entsetzt an. »Das glauben Sie? Das trauen Sie mir zu?«

»Was spielt es für eine Rolle, was ich denke? Fragen Sie sich doch selbst.«

Erschüttert setzte er sich hin und verbarg das Gesicht in den Händen. Wäre er dazu imstande gewesen, hätte er geweint. Doch seine Augen, sein Herz waren wie verdorrt.

Er hörte sie nicht kommen, doch er fühlte es, als sie seinen Kopf in die Arme nahm. Sie zog ihn an sich und tröstete ihn ohne Worte.

Später – er hätte nicht sagen können, wie lange sie so beieinander saßen – faßte er ihre Hand und fragte: »Susan – was soll ich nur machen?«

»Retten Sie sich und diese braven Männer. Etwas anderes kommt gar nicht in Betracht.«

»Indem ich ihn vernichte?«

»Wenn es nicht anders geht.«

»Vielleicht, wenn ich Gleeson nochmals befrage –«

Heftig zog sie ihn wieder an sich. »Sie wissen ganz genau, was Sie tun müssen, Roger!«

»Ja. So wird es wohl sein.«

»Rette dich, Roger«, sagte sie leise. »Für mich.«

Verständnislos blickte er in ihre lächelnden Augen. »Ich liebe dich, Roger«, sagte sie. »Ich weiß, du bist zu blind und siehst es nicht; so muß ich es dir selber sagen. Ich liebe dich von ganzem Herzen.«

36

Der zweite Verhandlungstag begann mit einer Sensation: Zahlmeister Gleesons Tod. Er war nach Hause gebracht worden, tief erschöpft von der Vernehmung, hatte sich aber nachmittags genügend erholt, um Besuch zu empfangen – Kapitän Taplow. Am Abend, als der Arzt nach ihm sehen wollte, war er tot.

Für Kelso war das der letzte Ansporn. Während all dieser Monate hatte er sich geweigert zu glauben, daß Isabels Vater ein Mörder war. Doch jetzt . . . Er konnte nicht umhin zu sehen, wie sehr Gleesons Tod dem Kapitän zupaß kam – genau wie damals der Tod des armen Ellisdon auf St. Helena.

Der erste Zeuge dieses Tages war Henderson. Trotz seiner Geschwächtheit machte er einen erfreulichen Eindruck von Würde und Festigkeit. Obwohl Morrissey immer wieder versuchte, ihm Fallen zu stellen, antwortete er ohne Zögern, selbst wenn seine Aussage ungünstig für ihn schien.

»Halten Sie es für richtig, Mr. Henderson, daß Offiziere gegen ihren Kommandant konspirieren?«

»Durchaus nicht.«

»Und doch haben Sie das getan.«

»Konspirieren ist nicht das richtige Wort. Erst zuletzt, als sich unter der Besatzung Unruhe bemerkbar machte, sprachen wir über eventuell zu ergreifende Maßnahmen.«

»Zum Beispiel die Absetzung des Kommandanten?«

»Auch darüber haben wir gesprochen – jawohl.«

»Und Sie behaupten immer noch, daß Sie den Kommandanten *de facto* nicht abgesetzt haben?«

»Jawohl. Ich habe das Kommando nur widerstrebend und auf ausdrücklichen Befehl von Kapitän Taplow übernommen.«

»Hören Sie mal, Mr. Henderson! Denken Sie wirklich, das Gericht glaubt Ihnen das?«

Ireton war als Zeuge weniger befriedigend. Der Anklagevertreter nutzte seine offensichtliche Nervosität und Deprimiertheit aus und holte irrtümliche oder sogar falsche Aussagen aus ihm heraus; schließlich konnte der arme Ireton kaum noch zusammenhängend antworten.

Bradshaw, der als nächster an die Reihe kam, schnitt sogar noch schlechter ab, wenn auch aus einem anderen Grund. Er war so wütend, daß er dazu neigte, zuviel zu sagen. Er versuchte gar nicht erst, seinen Abscheu vor Kapitän Taplow zu verbergen, und schilderte, oftmals in übertrieben heftigen Ausdrücken, den Austausch des Proviants, die Episode mit Henderson, als dieser in den Mast hatte aufentern sollen, Padstows Auspeitschung, die täglichen Prügelstrafen nach der Ausfahrt von St. Helena, den Skorbut, die Flaute, das Verriegeln der Niedergänge bei Nacht. Morrissey war geschickt genug, ihn mit den richtigen Fragen zu reizen, und merkte zweifellos, daß Bradshaw, anstatt den Kommandanten bloßzustellen, sich selbst belastete. Die Stimmung, die nach Gleesons Aussage und dem heftigen Ausbruch Taplows zugunsten der Angeklagten tendiert hatte, schlug jetzt wieder um.

Nächster Zeuge war Isabel Taplow.

Als Kelso sie dort stehen sah, zart und bemitleidenswert in ihrer Verzweiflung, fragte er sich wieder, ob er stark genug sein würde, seinen Entschluß auszuführen. Sie war so schön und hilflos.

Nach ein paar knappen, klaren Fragen schloß der Ankläger: »Danke sehr, Miss Taplow, ich möchte Ihnen meine Anerkennung dafür aussprechen, daß Sie so tapfer ausgesagt haben. Keine Fragen mehr.«

Lächelnd beugte sich der Gouverneur vor. »Das Gericht möchte sich dem anschließen, Miss Taplow. Es muß ein außerordentlich schmerzliches und deprimierendes Erlebnis für Sie gewesen sein.« Sie schlug einen Moment die Augen zu ihm auf und lächelte dankbar zurück.

»Nun Sie, Mr. Kelso«, sagte der Gouverneur in einem Ton, der Kelso bedeutete, Isabel mit Milde zu behandeln.

Kelso stand auf. Als er sie ansah, erwiderte sie flehend seinen Blick. Die Frage, die er sich so fest eingeprägt hatte, seine Entschlossenheit verflogen.

»Mr. Kelso?« wiederholte der Gouverneur.

»Keine Fragen«, sagte Kelso, setzte sich wieder und versuchte, die erstaunten Blicke seiner Kameraden zu ignorieren.

»Man rufe Lady Susan Verity auf.«

Entschlossenen Schrittes und mit einem Rauschen ihres Rockes, das deutlich zeigte, was sie von Kelsos Schwäche hielt, trat Lady Susan vor den Richtertisch. Ihre Antworten auf Morrisseys Fragen bewiesen, daß wenigstens sie keine Angst hatte, die Wahrheit zu enthüllen.

»Was ist Ihre Ansicht über das Verhalten Kapitän Taplows seinen Leuten gegenüber?«

»Ich halte ihn für abscheulich grausam.«

Bei dieser unverblümten Antwort verlor der Ankläger seine ruhige Selbstsicherheit. Verblüfft starrte er Susan an, doch bald hatte er sich wieder gefaßt.

»Wie war Ihre – äh – Beziehung zu Kapitän Taplow?«

»Er war mein Arbeitgeber.«

»Ihr Arbeitgeber?« Der Ankläger strich sich das glattrasierte Kinn. »War das nicht sehr demütigend für Sie?«

»Keineswegs.«

»Aber trifft es nicht zu, daß Sie an einen gewissen Luxus gewöhnt waren – als Ihr verstorbener Gatte, Sir Charles Verity, noch lebte?«

»Das fragt sich. Ich habe meinen Mann mehrfach auf seinen Reisen begleitet. Viel Luxus genießt man auf einem Indienfahrer nicht.«

»Immerhin . . .« Der Ankläger musterte sie nachdenklich. »Wäre es zutreffend, wenn man sagte, daß Sie einen gewissen Groll gegen Kapitän Taplow hegen, weil er Ihr Arbeitgeber ist?«

»Durchaus nicht.«

»Nun, lassen wir das auf sich beruhen.«

Als Kelso zum Kreuzverhör aufstand, sah er, daß Susan ihn beschwörend anblickte, weil sie fürchtete, daß er auf sein Befragungsrecht verzichten würde. Aber diesen Fehler machte Kelso nicht. Er war sich klar darüber, daß Susan sich als eine Trumpfkarte für die Verteidigung erweisen konnte.

Mit ein paar einfachen Fragen brachte er sie auf das Gefecht gegen de Sousas Schiff; auf die Art, wie sich Kapitän Taplow einen Platz im Kutter erzwungen hatte; auf die furchtbare Fahrt zur Insel; dann ließ er sie über die Entdeckung von de Sousas Schlupfwinkel berichten (was sie mit anmutiger Bescheidenheit tat), und schließlich über den Angriff und die Befreiung der Gefangenen.

»Und somit war die *Shropshire* wieder in Händen der Company und de Sousas Schiff vernichtet«, faßte Kelso zusammen. »Was geschah weiter in dieser Nacht oder vielmehr am nächsten Morgen?«

»Wir segelten um die Insel. Am nächsten Morgen bei Sonnenaufgang wurde die Pinasse an Land geschickt, um Kapitän Taplow und seine Tochter an Bord zu holen.«

»Man kann wohl sagen, daß es sich dabei um ein zusätzliches Risiko handelte«, fuhr Kelso fort, »das die Mannschaft nicht für unbedingt notwendig hielt. De Sousas Leute konnten über die Insel ausgeschwärmt sein; und wer etwa einen Groll gegen den Kommandanten hegte, oder dessen Aussagen nach der Rettung fürchten mußte, hätte ihn einfach auf der Insel lassen können. Wir waren nicht gezwungen, Kapitän Taplow zu retten.«

»Nein, durchaus nicht. In der Tat waren die Leute ausgesprochen dagegen. *Sie* hätten ihn zurückgelassen – und mit Freuden!«

»Einspruch!« rief Morrissey dazwischen. »Das ist nur Hörensagen!«

»Ich glaube, Sie ziehen diese letzte Frage besser zurück«, entschied der Gouverneur.

Kelso nickte. Er war befriedigt. »Gewiß, Sir. Ich habe keine weiteren Fragen an die Zeugin.«

Es ging auf Mittag zu. Im Saal war es unerträglich heiß. Doch der Vormittag hatte so viele Überraschungen gebracht, daß sich niemand an diesen Unbequemlichkeiten zu stoßen schien. Es erhob sich sogar ein Gemurmel der Enttäuschung, als der Gouverneur verkündete: »Die Zeit ist bereits vorgeschritten. Wir machen jetzt Mittagspause. Mr. Morrissey, haben Sie noch viele Zeugen?«

»Nur den Verteidiger selbst, Sir. Ich möchte Mr. Kelso aufrufen lassen.«

»Selbstverständlich. Und Sie, Mr. Kelso?«

»Ich möchte nochmals Kapitän Taplow aufrufen.«

Der Gouverneur zögerte und besprach sich dann eilig mit seinen

Kollegen. Danach sagte er: »Wenn Sie einverstanden sind, meine Herren, wollen wir uns, da wir ziemlich am Ende der Verhandlung sind, heute nachmittag wieder treffen – sagen wir, um fünf Uhr? Vielleicht können wir den Fall bis zum Abend abschließen.«

Abschließen: Schande, das fast sichere Todesurteil für sich und seine Mitangeklagten – oder die Demaskierung eines wahnsinnigen Tyrannen? Entweder das eine oder das andere, soviel war Kelso klar, als er an diesem Nachmittag auf seiner Pritsche lag und versuchte, in der drückenden Hitze etwas Ruhe zu finden. Und doch konnte er das Bild Isabels nicht vergessen, wie sie allein am Ende des langen Tisches gesessen und ihre Aussagen gemacht hatte. War Kapitän Taplow erst vernichtet, würde sie noch einsamer sein.

Ruhelos warf er sich auf seinem Lager herum, und dabei fiel sein Blick auf die anderen Betten. Bradshaw, rot im Gesicht und schwitzend, schnarchte laut; Henderson lag mit geschlossenen Augen – er schlief nicht, sondern ruhte sich aus (einfach weil jetzt Ruhezeit war). Und Ireton? Zuerst konnte Kelso ihn nicht richtig sehen. Er lag auf der Seite, das Gesicht in Händen. Schlief er? Plötzlich merkte Kelso mit aufwallendem Mitleid, daß der junge Mann, dessen einziges Vermögen in der Liebe seiner Familie bestand, der keine anderen Ambitionen hatte, als auf ehrliche Weise im Dienst voranzukommen, daß der arme, bescheidene, wortungewandte Ireton weinte.

Als das Gericht um fünf Uhr wieder zusammentrat, war das allgemeine Interesse so groß, daß die Palastwache aufziehen mußte, um die Menge im Zaum zu halten. Die wenigen Glücklichen, die hineingelangten (ein Teil der Zuhörer war nach der Vormittagssitzung lieber gleich im Saal geblieben), wurden Zeugen einer dramatischen Szene, die an Bombays Teetischen noch diskutiert wurde, als von den Beteiligten keiner mehr lebte.

Kelso wurde als erster aufgerufen. Denen, die ihn kannten, erschien er gedrückt, fast mutlos, als hätte er bereits aufgegeben. Manchmal versuchte er gar nicht erst, die Fallen zu vermeiden, die ihm der Ankläger stellte. Dem Gouverneur, dem Gericht, den Zuschauern und am meisten seinen Mitangeklagten kam es vor, als habe Kelso jeden Kampfwillen verloren.

In Wirklichkeit war jedoch das Gegenteil der Fall. Jetzt endlich war Kelso fest entschlossen, Kapitän Taplow zu demaskieren und die Ehre seiner Kameraden zu verteidigen. Seine Mutlosigkeit war sorgfältige Tarnung. Er hatte erkannt, daß er vor einem Gericht, das aus dem Gouverneur, dem Kommodore und sechs Stabsoffizieren bestand, seiner Sache nur schaden mußte, wenn er das von Kapitän Taplow begangene Unrecht mit Leidenschaft und Heftigkeit vortrug. Es war eine Frage der Hierarchie. Leutnant kontra Kapitän – ein junger Dachs von zwanzig gegen einen alten Kommandanten mit zwanzig Dienstjahren. Seine Antworten mußten sachlich, ruhig und vor allem respektvoll sein.

»Diese wilde Geschichte mit dem Proviant«, sagte Morrissey, »wo soll die passiert sein, sagten Sie?«

»Das Ausladen von regulärem Proviant und das Anbordnehmen von Ausschuß fand in Gravesend statt.«

»Hat noch jemand diese – diesen Vorgang beobachtet?«

»Bradshaw.«

»Bradshaw?« Morrissey sah sich triumphierend um. »Also einer der Beschuldigten, der hier mit Ihnen als Angeklagter vor Gericht steht?«

»Ja.«

Morrissey beugte sich vor und zupfte an seinen Manschetten. »Nun sagen Sie mir, Kelso, haben Sie etwas unternommen, als Sie sahen, was Sie zu sehen meinten? Haben Sie jemandem davon erzählt?«

»Ich habe es Ireton erzählt.«

»Aber nicht Mr. Henderson, dem Ersten Offizier?«

»Nein.«

»Warum nicht?«

»Weil es ihm gegenüber unfair gewesen wäre.«

»Wieso?«

»Falls wir uns geirrt hätten.«

»Aha. Sie geben also zu, daß Sie sich möglicherweise geirrt hatten?«

»Nein. Das habe ich nie für möglich gehalten. Aber schon Ireton, der es nur von uns gehört hatte, wollte es kaum glauben.«

»Kann ich mir vorstellen! Und haben Sie etwas unternommen – außer daß Sie heimlich darüber sprachen?«

»Ja.«

»Was?«

»Bradshaw und ich gingen in die Proviantlast.«

»Ohne Erlaub des Kommandanten?«

»Ja.«

»Und was haben Sie gefunden?«

»Nichts.«

Selbst Morrissey konnte kaum glauben, daß seine Vernehmung so gut lief. »Sie gingen in die Last hinunter, um festzustellen, ob dieser angebliche Ausschuß wirklich vorhanden war – und fanden nichts?« fragte er kopfschüttelnd.

»Jawohl.«

Der Ankläger war nicht dumm. Er sah, daß er mit diesem Teil der Befragung so weit gekommen war, wie er kommen konnte. Die nächste oder übernächste Antwort würde vielleicht das ganze Bild verändern. Abrupt schloß er daher: »Na schön. Ich will die Zeit des Gerichts nicht länger mit dieser – dieser unwahrscheinlichen Geschichte verschwenden.«

Dieser Schachzug schien Kelso zu erschrecken; sichtlich war er froh, als Kommodore James dazwischenfuhr. »Moment mal«, sagte er, »ich würde gern hören – und das Gericht wohl ebenfalls –, was der Zeuge meint, wenn er sagt, er habe nichts gefunden.«

Morrissey blickte den Gouverneur an, der ein ärgerliches Gesicht machte, aber mit einem gemurmelten: »Bitte sehr« die Hand hob.

»Wir gingen nach unten«, berichtete Kelso, »und sahen ein paar Fässer, die alle den korrekten Brandstempel trugen. Erst später fanden wir heraus, daß diese absichtlich über jene alten Fässer mit Ausschuß geschichtet worden waren, die den Hauptteil des Proviants ausmachten.«

»Aber hören Sie mal, Kelso«, sagte der Gouverneur, »warum sollte jemand sich diese unnötige Arbeit machen?«

»Wegen der Inspektion durch den Schiffsarzt, Sir. Mr. Ellisdon hatte den Proviant zu kontrollieren. Das geschah in Gravesend. Schon ein paar Tage später, als wir die Hamoaze passiert hatten, war der gute Proviant verbraucht.«

»Und hat Mr. Ellisdon etwas beanstandet? Hat er eine zweite Kontrolle vorgenommen?«

»Das wollte er, aber der Kommandant hat ihm verboten, in die Last zu gehen.«

Morrissey räusperte sich und warf ein: »Diese Behauptung kann offenbar nicht bewiesen werden. Mr. Ellisdon ist tot, nicht wahr?«

»Ja«, antwortete Kelso, »er ist tot.«

Die Befragung ging weiter, und obgleich manchmal der Eindruck entstand, daß Kelso sich durchsetzen konnte, stellte ihn die höchst geschickte Taktik des Anklägers schließlich als einen undisziplinierten jungen Dachs von Leutnant hin, der gegen seinen Kommandanten einen Privatfeldzug führte. Kelso merkte das und mußte alle Selbstbeherrschung aufbieten, als die letzten Fragen ihm eine Chance zu eröffnen schienen – oder war es eine Falle?

»Mr. Kelso, es sieht so aus, als hätten Sie von Anfang an etwas gegen Ihren Kommandanten gehabt. Warum?«

Kelso zögerte. Dann sagte er einfach: »Ich traute ihm nicht.«

»Sie *trauten ihm nicht?*«

»So war es.«

»Sonst hatten Sie keinen Grund?«

Wieder zögerte Kelso. Dann schüttelte er den Kopf. »Nein.«

»Sagen Sie, Kelso, wie lange sind Sie im Dienst?«

»Fünf Jahre.«

»Und wie alt sind Sie?«

»Zwanzig.«

»Wissen Sie, wie alt Kapitän Taplow ist und wie lange er im Dienst der Company steht?«

»Ja.«

Ankläger Morrissey holte tief Atem. Er blickte in die Gesichter der Jury und wandte sich dann hochbefriedigt an den Gouverneur. »Ich habe keine weiteren Fragen, Eure Exzellenz.«

37

»Warum haben Sie nichts von seinem Wahnsinn gesagt?« flüsterte Bradshaw angstvoll. »Warum nur?«

Kelso sah ihn an, lächelte dann unvermittelt und drückte ihm beruhigend den Arm. »Haben Sie Vertrauen«, antwortete er, »jetzt fange ich ja erst richtig an.«

Er stand auf und wandte sich an den Gouverneur. »Wenn das Gericht gestattet, möchte ich jetzt Kapitän Taplow nochmals aufrufen lassen.«

Der Gouverneur schob mißbilligend die Lippen vor, preßte die Hände zusammen und öffnete sie dann langsam – es war eine Geste, die sein unwilliges Nachgeben ausdrückte. »Na schön. Kapitän Taplow bitte in den Zeugenstand.«

Taplow wuchtete sich aus seinem Sessel hoch und schob sich an den Richtertisch. Er wirkte ruhig und zuversichtlich, nur bevor er sich setzte, warf er Kelso einen vernichtenden Blick zu. Es war ihm anzusehen, daß er sich um den Ausgang des Verfahrens keine Sorgen machte.

»Entschuldigen Sie, daß ich Sie nochmals aufrufe, Sir«, begann Kelso höflich, »aber in den Aussagen gibt es einige Unklarheiten, sogar Widersprüche. Ich bin überzeugt, daß das Gericht auf Klärung Wert legt.«

»Von mir werden Sie die Wahrheit hören, egal, was die andern gesagt haben.«

»Gewiß, Sir. Ich möchte nochmals auf die Proviantangelegenheit zurückkommen.«

»Ah ja«, lächelte Kapitän Taplow freundlich, »gut, daß Sie das zur Sprache bringen. Da hat es ja allerhand Gerede gegeben. Ich bin überrascht – schmerzlich überrascht –, daß meine Offiziere mich einer solchen Gemeinheit für fähig halten. In Wahrheit war es ganz anders. Ihre Verdächtigungen lassen sich sehr leicht entkräften.«

»In bezug auf den Leichter in Gravesend?«

»Jawohl! Dieser geheimnisvolle Leichter! Hätten meine Offiziere doch nur die Courage gehabt, mir eine einfache Frage zu stellen!«

»Vielleicht, Sir, sind Sie so freundlich, uns *Ihre* Erklärung des Vorfalls zu geben.«

»Aber gern.« Kapitän Taplow schlug die dicken Beine übereinander. »Das waren nur meine Privatgeschäfte«, sagte er leichthin.

»Es war gar kein Schiffsproviant?«

»Ganz entschieden nicht.«

»Aber können Sie erklären, Sir«, fragte Kelso sanft, »wieso ich und Bradshaw, ganz zu schweigen von den Leuten der Wache, die übernommenen Stücke als Proviant erkannten – Häute und Fässer mit Rind- und Schweinefleisch, Säcke mit Schiffszwieback? Wir haben es gesehen.«

»Keineswegs – Sie haben Weinfässer und Kisten mit Käse gesehen, lauter Waren auf meine eigene Rechnung.«

»Und der Proviant, der ausgeladen wurde? Können Sie das erklären?«

»Ganz einfach. Das war ebenfalls kein Schiffsproviant, sondern Ware, die ich auf eigene Rechnung gekauft hatte – ein Teil der mir zustehenden sechsundfünfzig Tonnen.«

»Die haben Sie wieder an Land geschickt?«

»Jawohl. Sehen Sie, Kelso, bei Geschäften auf eigene Rechnung gibt es eine Menge Fallen. Sie werden sich erinnern, daß ich Sie einmal davor warnte. Ich hatte in Blackwall Ware an Bord genommen, die nicht von ausreichender Qualität war. Ich habe sie zurückgegeben. Das ist die Erklärung.«

Kelso heuchelte Betroffenheit. Er hatte sich schon gedacht, daß der Kommandant mit dieser plausiblen Erklärung aufwarten würde, doch innerlich bewunderte er beinahe die Eleganz, mit der er sie serviert hatte.

»Nun, Kelso?« fragte der Gouverneur scharf, »sind Sie zufrieden?«

»Nein, Sir.« Er wandte sich wieder Kapitän Taplow zu, und jetzt sprach er sehr nachdrücklich. »Ich will mir nicht erst die Mühe machen zu beweisen, daß Ihre Erklärung falsch ist, obwohl es mindestens unglaubwürdig klingt, daß jemand, der auch nur *eine* Reise auf einem Indienfahrer gemacht hat, Käseballen mit Salzfleischfässern verwechseln könnte. Aber ich möchte Sie folgendes fragen, Sir: Sie behaupten, daß der gesamte Mannschaftsproviant der *Shropshire* in Blackwall an Bord genommen worden ist?«

»Natürlich.«

»So daß alle Behälter den Stempel des Proviantamts trugen – Dezember 52 oder Januar 53?«

»Ja.« Diesmal kam die Antwort nicht so glatt.

»Es ist also ausgeschlossen, daß sich ein Oxhoft oder Faß mit einem anderen Stempel an Bord befand – sagen wir ›Januar 47 – Ausschuß‹?«

»Nun . . .«

»Ja oder nein, Sir? Ich muß auf einer Antwort bestehen.«

Kapitän Taplow war gerissen genug, eine Falle zu wittern, aber so sehr er sich auch bemühte, er konnte sie nicht voraussehen. Er wischte sich die Stirn und rutschte unbehaglich auf seinem Stuhl.

»Na los, Kapitän«, sagte der Gouverneur, »das ist doch eine klare Frage.«

»Gewiß, Sir. Ich verstehe sie nur nicht ganz.«

»Kelso will wissen, ob sich auf Ihrem Schiff Säcke oder Fässer mit Ausschuß befunden haben können.«

»Nein, Sir.«

»Dann wird es Sie überraschen zu hören«, sagte Kelso, »daß sich Säcke mit diesem Stempel hier bei Gericht befinden. Und ich kann den Hafenbeamten vorladen, der sie von Bord der *Shropshire* geholt hat.«

Kapitän Taplow brach erregt los: »Das ist unmöglich, vollkommen unmöglich! Ich habe sie doch . . .« Er hielt inne.

»Sie haben sie über Bord werfen lassen? Wollten Sie das sagen?«

»Keineswegs.«

»Wenn Sie wissen wollen, wie es kommt, daß sie noch vorhanden sind«, entgegnete Kelso, »dann kann ich Ihnen verraten, daß ein Matrose, der daran dachte, wie viele seiner Freunde an Skorbut starben, ein paar leere Säcke versteckte. Daß er sie die ganze Reise über verborgen hielt, damit sie hier in Bombay der Behörde vorgelegt werden konnten.«

Der Kommandant, der bis jetzt einen völlig normalen Eindruck gemacht hatte, verlor plötzlich die Beherrschung. Er stemmte sich hoch, zerrte an seiner Halsbinde, setzte mehrmals zum Sprechen an und brach, als seine Zunge sich löste, in einen Strom obszöner Schimpfworte aus. Kelso hörte reglos zu, doch der Saal geriet in hellen Aufruhr. Damen kreischten, ihre Ehemänner und Begleiter protestierten laut, und über dem Getöse erklangen die Ordnungsrufe des Gouverneurs.

Nach und nach legte sich der Tumult. Isabel, die angstvoll an die Seite ihres Vaters geeilt war, konnte ihn schließlich beruhigen. Verzweifelt wandte sie sich an den Gouverneur: ihr Vater sei krank, die Strapazen der furchtbaren Bootsfahrt hätten seine Gesundheit unterminiert; sie bäte das Gericht um Nachsicht.

Der Gouverneur, zwar immer noch aufgebracht, ging darauf ein. »Ich möchte jedoch klarstellen, Kapitän Taplow, daß ein weiterer derartiger Ausbruch sehr ernste Konsequenzen hätte – wirklich sehr ernste.«

Taplow, der sich wieder in der Gewalt hatte, verbeugte sich. »Meine aufrichtige Bitte um Entschuldigung an Sie, Exzellenz, an das Gericht, an die Damen und Herren hier im Saal: Wie meine Tochter sagte, fühle ich mich nicht wohl.«

Der Gouverneur nickte Kelso zu, und dieser fuhr fort: »Um auf ein anderes Thema zu kommen, Kapitän Taplow – ich möchte Ihnen einige Fragen über die Bestrafungen stellen.«

Die Glut des Wahnsinns, nur vorübergehend unterdrückt, flammte wieder auf. »O ja«, rief Taplow, »ich habe die Kerls auspeitschen lassen – auspeitschen, bis sie bereuten. Ist es das, was Sie hören wollen?«

»Da war ein gewisser Padstow.«

»Dieser Verbrecher!« Der Kommandant bebte so heftig, daß er kaum sprechen konnte. »Hat meinen Wein gesoffen – *meinen* Wein!

Wundert es Sie, daß ich ihn dafür schwer bestrafen ließ?«

»Mit ›schwer bestrafen‹ meinen Sie die Auspeitschung?«

»Jawohl: eine kräftige Auspeitschung.«

»Können Sie sich erinnern, wie viele Hiebe es waren?«

Taplow bekam kaum Luft vor Wut. Er erhob sich halb, fiel wieder zurück und brüllte: »Wie viele? Zehn, zwanzig, hundert ... Gibt es überhaupt eine angemessene Strafe für einen solchen Schurken?«

»Trifft es zu, Sir, daß Sie zusahen, wie er dreißig Hiebe bekam?«

»Dreißig, vierzig – ich weiß nicht mehr.«

»Daß Sie dann frühstücken gingen und befahlen, die Bestrafung fortzusetzen, bis Sie zurückkämen?«

Das entsetzte Keuchen, das durch den Saal ging, schien Kapitän Taplow zu ernüchtern. Er hielt inne, blickte sich um und sagte: »Das weiß ich nicht mehr, Kelso – ich erinnere mich überhaupt nicht mehr daran.«

»Es gibt Zeugen dafür, Sir.«

»Zeugen!« Kapitän Taplow war wieder aufgesprungen, die zeitweilige Beruhigung vorbei. Er brach aus: »Meuternde Hunde! Offiziere, die mein Vertrauen mißbraucht haben! Und dieser Abschaum vor dem Mast!«

Scharf griff der Gouverneur ein: »Ich muß Sie nochmals ersuchen, Kapitän, sich zusammenzunehmen und nicht zu vergessen, daß hier eine Gerichtsverhandlung stattfindet. Ich gestatte keine unflätigen Ausbrüche!«

Sekundenlang schien es, als wolle sich Taplows Wut gegen den Gouverneur richten; doch Isabel zupfte ihn am Ärmel. Da verbeugte er sich nur und setzte sich hin.

»Bitte weiter, Mr. Kelso«, sagte der Gouverneur.

Kelso wußte, daß die Entscheidung nahte. Mit Hilfe seiner Tochter hatte der Kommandant diese beiden Ausbrüche überstanden. Irgendwie mußte Kelso erreichen, daß Taplow alle Selbstbeherrschung verlor und sich so zeigte, wie er in jenen kritischen Wochen an Bord der *Shropshire* gewesen war.

»Ich möchte Sie jetzt zur Kaperung des Schiffes befragen.«

»So, möchten Sie das! Nun, dafür können Sie mir die Schuld nicht zuschieben. Werfen Sie's Henderson vor – der hatte das Kommando.«

»Die *Shropshire* wurde von de Sousa manövrierunfähig geschossen, dessen Schiff schneller und beweglicher war. Die Piraten kamen längsseit, enterten, töteten unsere Männer, beziehungsweise nahmen sie gefangen. So war es doch?«

»Das sagen Sie. Bekanntlich war ich meines Kommandos enthoben.«

»Ich möchte Sie fragen, Sir, ob die *Shropshire* gekapert worden wäre, ob de Sousa überhaupt gewagt hätte, sie anzugreifen, wenn sie im Konvoi gesegelt wäre?«

Kapitän Taplow hatte sich noch soweit unter Kontrolle, daß er die Falle witterte. Er zögerte und erwiderte dann kurz: »Nun, wir fuhren nicht im Konvoi, also hat es keinen Sinn, darüber zu spekulieren.«

»Aber trifft es nicht zu, Sir, daß Sie sich in St. Helena weigerten, im Konvoi zu segeln?«

»Was? Keineswegs.«

»Trifft es nicht zu, daß Ihnen Geleitschutz zusammen mit anderen Indienfahrern angeboten wurde, die im Laufe der Woche in St. Helena einlaufen sollten?«

»Nein.«

»Hatten Sie sich nicht zuerst diesem Konvoi anschließen wollen, und haben Sie es sich dann aus unbekannten Gründen anders überlegt?«

»Nein.«

»Der Konvoi ist inzwischen in Bombay eingelaufen«, erwiderte Kelso gelassen. »Ich kann Zeugen vorladen, die aussagen werden, was der Marine-Superintendent in Jamestown erzählt hat –«

»Hörensagen!« rief Morrissey dazwischen, »ich erhebe Einspruch!«

»Wie Sie meinen«, sagte Kelso entschlossen. »Nötigenfalls werde ich Vertagung beantragen, bis ein Bericht des Marine-Superintendenten selbst vorliegt.«

Der Gouverneur blickte den Zeugen an. »Nun, Kapitän Taplow?«

Der Kommandant schwitzte heftig. Mit seiner gelösten Halsbinde und dem zerwühlten Haar sah er tatsächlich fast wie ein Irrer aus. Mühsam – er konnte kaum atmen – antwortete er: »Nicht nötig, Exzellenz. Weiß es jetzt wieder: da war tatsächlich von einem Konvoi die Rede.«

»Warum wollten Sie ohne Konvoi segeln?« fragte Kelso.

»Zeit gewinnen – mußte so bald wie möglich in Bombay sein.«

»Um eine Woche zu sparen – weniger als eine Woche! Das soll

das Gericht Ihnen glauben?«

»Es ist die Wahrheit!«

»Nein.« Kelso trat vor, bis er nur noch ein paar Zoll von seinem Feind entfernt stand. »Die Wahrheit lautet anders, Kapitän. Sie sind so eilig ausgelaufen, um nicht in den Mord an Mr. Ellisdon verwickelt zu werden.«

Überraschtes Flüstern kam im Saal auf, das schnell unterdrückt wurde. Gericht und Zuhörer warteten gespannt auf die Antwort.

Doch Kapitän Taplow schwieg. Wie ein geschlagener Mann saß er da, mit offenem Mund und blicklosen Augen. Schweiß rann über sein Gesicht.

»*Sie* haben Ellisdon getötet, Kapitän! Ist das nicht so? Ihr Spion Gleeson hat uns belauscht und gehört, was wir vorhatten. Sie wußten, daß wir zum Gouverneur gehen und Sie als geisteskrank erklären lassen wollten.«

Im Saal war es totenstill. Alles lauschte und wartete; ein Hund, der weit entfernt irgendwo bellte, war deutlich zu hören.

Kapitän Taplow sagte immer noch kein Wort.

Da brach Isabel in Tränen aus. Neben ihrem Vater sitzend, barg sie das Gesicht in den Händen und schluchzte laut. Kelso hörte es, doch keine Sekunde ließ er den massigen, zitternden, schwitzenden Mann aus den Augen.

Schließlich zerriß ein entsetzlicher Schrei die Stille. Kapitän Taplow hielt sich den Kopf, sprang auf und schrie mit weitoffenem Munde – grauenerregend – unaufhörlich.

38

Das Begräbnis fand bei Morgengrauen statt, der Gaffer wegen, die sich an den Sensationen der letzten Tage ergötzt hatten. Jetzt war alles vorbei. Der Hauptbeteiligte war tot, von eigener Hand entleibt; in ein paar Minuten, ehe die Sonne kam und mit ihr Staub, Fliegen, streunende Hunde, würde seine Leiche in das kleine Viereck ungeweihten Bodens gesenkt sein. Erde würde den mächtigen Körper bedecken, ein paar Blumen, schon halb verwelkt in der Hitze, würden die Stelle bezeichnen. Nichts blieb dann mehr übrig von dem Mann, der so viele Menschenleben und zuletzt sich selbst vernichtet hatte.

Allein, in angemessener Entfernung vom Grab, stand Kelso und sah dem traurigen Zeremoniell zu: dem Hinunterlassen des Sarges, den Gebeten, den drei Händen voll Erde. Es wäre ihm lieb gewesen, wenn die anderen – Henderson, Ireton und Bradshaw – auch gekommen wären; doch sie waren nach den Strapazen noch so schwach, daß der Arzt sie nicht aufstehen lassen wollte.

Nur zwei Leidtragende standen am Grab: Isabel und Lady Susan. Als Kelso sah, wie die Ältere die Jüngere tröstend stützte, überkam ihn eine Welle der Dankbarkeit für Susan. Isabel brauchte jetzt eine Freundin; bestimmt konnte sie keine bessere finden als Lady Susan.

Er war so vertieft in die Szene am Grab, daß er nicht hörte, wie eine zweite Kutsche vorfuhr. Erst als ihn jemand halblaut beim Namen rief, wandte er sich um und erblickte Kommodore James.

Mit kurzem Nicken trat der Kommodore neben ihn und blickte zum Grab hin. »Freut mich, daß Sie hier sind«, sagte er. »Was er auch getan hat, er war ein Seemann – und zu seiner Zeit sogar ein guter.«

Kelso nickte, traute sich jedoch nicht zu sprechen.

»Kein Grund, sich Vorwürfe zu machen«, fuhr der Kommodore fort. »Sie haben nur getan, was Sie tun mußten. Er hätte Sie und Ihre Freunde ruiniert.«

Die Zeremonie war nun zu Ende; der Geistliche sprach sein Beileid aus, die eingeborenen Totengräber schickten sich an, das Grab zuzuschaufeln.

»Sie sind noch jung«, fuhr der Kommodore fort, »haben noch manche harte Lektion zu lernen.« Ärgerlich schlug er nach den Fliegen, die um seinen Kopf schwirrten. »Dieses Land wird Ihnen reich und schön und erregend vorkommen, aber auch arm, häßlich und langweilig. Sie werden es lieben und hassen, es kann Sie reich machen, aber auch kaputt. Wenn ich so alt wäre wie Sie und die Möglichkeiten hätte, die ich jetzt habe . . .«

»Ich bin Seemann«, sagte Kelso, »an Reichtum bin ich nicht interessiert.«

»Aye. Um so besser. Dann werden Sie nicht die Nase rümpfen über mein Angebot.«

Das interessierte Kelso nun doch; gespannt blickte er dem wettergegerbten Seemann ins Gesicht. »Angebot? Bei der Company-Marine, meinen Sie?«

»Aye. Wollten Sie nicht dahin?«

»Ja. Dahin wollte ich schon immer«, nickte Kelso.

»Da ist eine neue Fregatte, die *Paragon,* hier im Land gebaut. Ich glaube, Sie werden mit ihr zufrieden sein.«

Überrascht und mit wachsender Erregung starrte Kelso ihn an. »Sie meinen, ich soll sie führen – als Kommandant?«

»Natürlich. Denken Sie, ich will Sie als Schiffjungen?«

»Aber«, stammelte Kelso, »ich bin doch erst . . .«

»Weiß ich. Wann haben Sie Geburtstag?«

»Nächsten Monat.«

»Dann ist alles klar. Einundzwanzig, heißt es im Dienstreglement.«

Kelso war so aufgeregt, daß er kein Wort herausbrachte. Er wußte nur, daß er über das ganze Gesicht grinste, daß der Kommodore ihn auf seine merkwürdige, kurzangebundene Art verstand und sein Hochgefühl teilte. Ja, er schien selbst nicht recht zu wissen, was er sagen sollte. Ein knappes Nicken, ein fester Händedruck, und damit ging er.

Schuldbewußt wandte sich Kelso wieder dem Grab zu. Eben kamen sie zurück, voran der Pfarrer, dann Isabel und Lady Susan. Sie hatte Isabels Arm genommen und stützte sie. Sie gingen mit niedergeschlagenen Augen an ihm vorbei und gaben durch kein Zeichen zu erkennen, daß sie seine Anwesenheit wahrnahmen. Eilig schaufelten die eingeborenen Arbeiter bereits das Grab zu. Nun hatten die beiden Frauen Kelso passiert und schritten langsam über den Rasen davon.

Mit einem letzten Blick auf den höher werdenden Hügel folgte ihnen Kelso zur Straße.

Richard Woodman

Die Augen der Flotte

Nat Drinkwaters Feuertaufe
auf der Fregatte *Cyclops*

Roman

ein Ullstein Buch

Inhalt

Vorwort

Die hauptsächlichen Ereignisse dieser Erzählung sind geschichtlich verbürgt. Einige der Personen, wie z. B. die Admirale Kempenfelt und Arbuthnot, Kapitän Calvert, Jonathan Poulter und Wilfried Collingwood, sind Gestalten der Geschichte, und ihre Persönlichkeit ist so beschrieben worden, wie sie uns glaubwürdig überliefert worden ist.

Die Reisen der *Cyclops* sind erfunden, halten sich aber sowohl im nautischen wie auch im politischen Bereich im Rahmen des Möglichen. Die Währung der um ihre Selbständigkeit ringenden Amerikaner war tatsächlich so entwertet, daß der Unabhängigkeitskampf daran fast gescheitert wäre. Die Kämpfe in Carolina und Georgia waren von äußerster Grausamkeit gekennzeichnet, auch wurden viele Greueltaten verübt; einen Galuda River gibt es allerdings nicht.

Es wurde darauf geachtet, daß alle beschriebenen nautischen Manöver realistisch sind. Die Einzelheiten der »Mondscheinschlacht« werden durch andere Quellen bestätigt, die Eroberung der *Santa Teresa* aber ist *Cyclops'* ureigener »Anteil« an der Schlacht.

Mit besonderer Sorgfalt wurden die Lebensumstände an Bord eines Kriegsschiffes während des amerikanischen Unabhängigkeitskriegs genau beschrieben. Ein Pedant wird vielleicht anmerken, daß zu Beginn von Drinkwaters Seefahrtszeit die Offiziere den »gunroom« als Messe benutzten, während die Fähnriche zur See und die Steuermannsmaaten noch im Lazarett wohnten. Zu Anfang des folgenden Jahrhunderts zogen sie dann in den »gunroom« um, mit dem Artillerieunteroffizier als väterlicher Autorität und Schulmeister, dem die Erziehung der »jungen Herren« anvertraut war. Zu jener Zeit hatten die Offiziere schon eine eigene große Messe.

Ich ziehe so viele Fregatten zusammen, wie ich irgend kann; denn würde ich den Feind entkommen lassen, weil es mir an »Augen der Flotte« mangelt, müßte ich mir selbst die größten Vorwürfe machen.

Nelson

Erstes Kapitel

Oktober–Dezember 1779

Der Grünschnabel

Kläglicher Sonnenschein brach durch die Wolkendecke und warf einen bleichen Lichtfleck auf die Fregatte. Der frische Westwind und der gegenanlaufende Flutstrom bauten eine bösartige See auf, als das Schiff unter Mars- und Stagsegeln ostwärts, dem Prince's Channel folgend, aus der Themse segelte.

Auf dem Achterdeck ließ der Navigator das Ruder aufkommen, um zu verhindern, daß man sich dem Pansand zu sehr näherte. Die vier Rudergänger mühten sich, das Schiff unter Kontrolle zu halten, als die Speichen durch ihre Finger wirbelten.

»Mr. Drinkwater!« Der alte Navigator, dessen weißes Haar im Wind wehte, rief einen mageren Jungen von mittlerer Größe heran. Der Fähnrich hatte feine, fast weibliche Gesichtszüge und einen ungesund blassen Teint. Er trat voll nervösen Eifers vor.

»Sir?«

»Meine Empfehlung an den Kommandanten. Bitte teilen Sie ihm mit, daß wir die Pansand-Bake querab haben.«

»Ja, Sir.« Er wandte sich zum Gehen.

»Mr. Drinkwater!«

»Sir?«

»Wiederholen Sie bitte meine Nachricht, und antworten Sie korrekt.«

Der Junge wurde puterrot, und sein Adamsapfel hüpfte vor Erregung.

»Ihre, äh, Empfehlung an den Kommandanten, und wir haben die Pansand-Bake querab, aye, aye, Sir.«

»Sehr gut.«

Drinkwater eilte ins Achterschiff hinab, wo ein rotuniformierter Posten der Seesoldaten die Anwesenheit des Kommandanten Seiner Britannischen Majestät 36-Kanonen-Fregatte *Cyclops* anzeigte.

Kapitän Hope rasierte sich gerade, als der Fähnrich an die Tür klopfte. Er nickte, als er die Nachricht gehört hatte.

Drinkwater zögerte unsicher, da er nicht wußte, ob er gehen durfte. Nach einer kleinen Ewigkeit schien der Kommandant mit seinem Kinn zufrieden zu sein, wischte sich den Schaum ab und begann, seine Halsbinde zu knoten. Er fixierte den jungen Fähnrich mit wäßrig blauen Augen, die in einem Gesicht saßen, das von tiefen Falten zerfurcht und leichenblaß war.

»Und Sie sind ...?« Er ließ die Frage unvollendet.

»Drinkwater, Sir, Fähnrich zur See.«

»O ja, der Rektor von Monken Hadley ersuchte mich, Sie einzustellen, ich erinnere mich ...« Der Kommandant ergriff seinen Rock. »Tu deine Pflicht, Junge, und du wirst nichts zu befürchten haben. Aber sei ganz sicher, daß du weißt, was deine Pflicht ist!«

»Ja. Ich meine, aye, aye, Sir.«

»Sehr gut. Bestell dem Navigator, daß ich in Kürze an Deck komme, sobald ich mein Frühstück beendet habe.«

Kapitän Hope glättete seinen Rock und wandte sich ab, um aus den Heckfenstern zu schauen, als sich die Tür hinter Drinkwater schloß. Er seufzte. Der Junge schien ihm ziemlich alt zu sein für einen Neueingetretenen, trotzdem konnte er sich nicht von dem Gedanken befreien, daß er eben sich selber vor vierzig Jahren gesehen hatte.

Kapitän Hope war sechsundfünfzig Jahre alt und hatte seinen jetzigen Rang erst drei Jahre inne. Ohne Protektion wäre er wohl als Commander auf Halbsold gestorben, hätte nicht dieser unpopuläre Krieg mit den rebellierenden amerikanischen Kolonien die Admiralität gezwungen, ihn einzustellen. Viele fähige Seeoffiziere hatten sich geweigert, gegen die Kolonisten zu kämpfen, besonders Sympathisanten der Whigs* und Freidenker. Als die Rebellen mächtige Verbündete für sich gewinnen konnten, wurde die Royal Navy bis an die Grenze ihrer Leistungsfähigkeit beansprucht: Zur Überwachung der vorsichtigen, aber feindseligen Holländer, der parteilich »neutralen« Ostsee-Anrainer und der offen feindlichen Franzosen und Spanier. In dieser Notlage hatten Ihre Lordschaften wohl den Topf ausgekratzt und im Bodensatz den lieben alten Henry Hope entdeckt.

* Whigs (brit.): liberalkonservative Oberhausfraktion (hist.)

Hope war ein überaus fähiger Seemann. Er hatte als Leutnant die Schlacht in der Quiberon-Bucht mitgemacht und sich mehrfach während des Siebenjährigen Krieges ausgezeichnet. Gegen Ende des Krieges hatte er das Kommando über eine Sloop erhalten; damals war er vierzig und ohne große Hoffnung auf einen weiteren Aufstieg. Er hatte eine verwitwete Mutter, die von einer verwitweten Schwester versorgt wurde, aber keine eigene Familie: ein Mann, der an Pflicht und Leiden gewöhnt war. Also gut dazu geeignet, ein Schiff zu kommandieren.

Aber als er jetzt aus den Heckfenstern in das trübe, brodelnde Kielwasser starrte, das eine glatte Bahn in die Kabbelsee der äußeren Mündung schnitt, dachte er an den jugendlichen Hope, der er einst gewesen war. Nun schien ihm sein Familienname voll heimlichen Spotts zu stecken. Er machte sich noch einige müßige Gedanken über den jungen Mann, der gerade die Kajüte verlassen hatte, verscheuchte sie aber, als sein Steward das Frühstück auftrug.

Cyclops ankerte drei Tage lang in den Downs, während sich ein kleiner Konvoi von Handelsschiffen um sie sammelte. Sie wartete auf günstigen Wind, um ihre Reise nach Westen fortsetzen zu können. Als sie dann mit ihren Schutzbefohlenen auslief, sah es so aus, als würde sie ein günstiger Ostwind durch den Kanal schieben; doch er drehte, und eine Woche lang kämpfte sich *Cyclops* gegen den letzten Äquinoktialsturm nach Westen.

Nathaniel Drinkwater mußte eine gründliche, aber harte Ausbildung über sich ergehen lassen. Er enterte mit den Toppsgästen auf, zitternd vor Kälte und Angst, wenn die widerspenstigen Bramsegel um ihn herum schlugen und knallten. Es gab keine Beschwerdemöglichkeit, wenn ihn ein übereifriger Bootsmannsmaat mit dem »Starter« prügelte. Grausamkeit gehörte zum täglichen Leben und wurde in den stinkenden, überbelegten Decks nur noch gefördert. Ausgelaugt durch die unaufhörliche Arbeit einer ganzen Woche in ungewohnter Kälte, entnervt von dem Zwang, mäßiges Essen mit einem Glas schlechten Biers hinunterspülen zu müssen, dazu ständig schikaniert und angebrüllt, brach Drinkwater eines Nachts zusammen.

Er weinte in seiner Hängematte vor Verzweiflung und Einsamkeit. Seine Träume von Ruhm und dem Ehrendienst für ein dankbares Vaterland lösten sich auf in einem Tränenstrom, und in seinem Unglück suchte er Trost im Gedanken an zu Hause. Er dachte an seine gramgebeugte Mutter, die energisch versuchte, ihren Söhnen einen festen Platz im Leben zu sichern; an ihre Freude, als sie vom Rektor erfuhr, daß der Bruder seines Freundes, ein gewisser Kapitän Hope, Nathaniel als Fähnrich einstellen wolle. Wie sehr hatte sie frohlockt, als ihr ältester Sohn schließlich den respektablen Rang eines Offiziersanwärters in der Kriegsmarine erreicht hatte.

Nat weinte auch aus Sehnsucht nach seinem Bruder, dem sorglosen, unbezähmbaren Ned, der immer in Schwierigkeiten steckte; Ned, den der Rektor selber für den Diebstahl von Äpfeln verhauen hatte; Ned, mit dem er Stockfechten geübt hatte; seine Mutter pflegte von ihm zu sagen, daß nur die starke Hand des Vaters aus ihm einen Gentleman hätte machen können. Ned hatte den Kopf zurückgeworfen und darüber gelacht, während Nat auf der anderen Seite des Zimmers den Blick seiner Mutter suchte und sich für die Gefühllosigkeit seines Bruders schämte.

Er hatte nur eine schwache Erinnerung an seinen Vater: Er war für ihn eine schattenhafte Gestalt, die ihn in die Luft geworfen hatte, nach Wein und Tabak riechend, mit einem wilden Lachen. Bald danach hatte er sich den Hals bei einem Reitunglück gebrochen. Ned hatte das leidenschaftliche Ungestüm und die Liebe zu Pferden von seinem Vater geerbt, während Nat die stille Stärke seiner Mutter besaß.

In dieser schrecklichen Nacht, als Hunger, Krankheit, Kälte und Hoffnungslosigkeit seine Moral zermürbten, griff das Schicksal nach ihm; denn in der Dunkelheit wurde sein Schluchzen von seinem Nachbarn, dem ältesten Fähnrich, gehört.

Während des Dinners am folgenden Tag, als acht oder neun der zwölf Fähnriche sich durch ihren Erbsenbrei kämpften, erhob sich der Messevorstand, Fähnrich zur See Augustus Morris, langsam von seinem Platz am Kopfende des schmutzigen Tisches.

»Wir haben einen Feigling unter uns, meine Herren«, gab er bekannt, ein eigentümlich bösartiges Leuchten in den überschatteten Augen. Die Fähnriche, deren Alter zwischen zwölf und vierundzwanzig lag, blickten abschätzend in die Runde. Auf wen würde sich der Zorn des Mr. Morris entladen?

Drinkwater krümmte sich bereits, denn er wußte instinktiv, daß die Anklage auf ihn gemünzt war. Als Morris' Blick langsam über die ihm zugewandten Gesichter glitt, wandte sich eins nach dem anderen wieder den Zinntellern und den Bierkrügen vor ihnen zu.

Keiner würde Morris unterstützen, aber keiner würde ihn daran hindern, eine Bosheit in die Tat umsetzen.

»*Mister* Drinkwater«, Morris betonte sarkastisch die Anrede, »ich werde mich bemühen, Ihrer Vorliebe für Tränen zu entsprechen, indem ich Ihrem Hintern Scharfes zu kosten gebe – legen Sie sich über jene Seekiste!«

Drinkwater wußte, daß es sinnlos war, sich zu sträuben. Schon als sein Name genannt wurde, hatte er sich unsicher erhoben. Er blickte dumpf zu der bezeichneten Kiste hin, seine Beine zitterten und verweigerten ihm den Dienst. Dann ließ ein gefühlloser Zufall *Cyclops* hart überholen, und Drinkwater wurde von den Naturgewalten über die Kiste geworfen. Mit unnatürlichem Eifer stürzte sich Morris auf ihn, schob die blauen Rockschöße beiseite, griff in den Bund und entblößte mit einem Ruck, der den Kattun der Hose zerriß, die Hinterbacken seines Opfers. Dieser erniedrigende Akt brannte sich tiefer in Drinkwaters Gedächtnis ein, als die sechs kräftigen Stockschläge, die Morris ihm versetzte.

Seine Mutter hatte diese Hose genäht, die Nadel mit ihren gichtigen Fingern sorgfältig führend, in den Augen Tränen, wenn sie an die bevorstehende Trennung von ihrem Ältesten dachte.

Doch irgendwie, mit der Unverwüstlichkeit der Jugend, überstand Drinkwater die Reise bis zum Spithead. Trotz seines schmerzenden Hinterns lernte er zwangsläufig viele Einzelheiten über die Führung eines Segelschiffes, denn der Weststurm zwang die Fregatte, in hartem Kampf nach Luv aufzukreuzen. So war die zweite Oktoberwoche 1779 herangekommen, ehe sie Anker auf der Reede von St. Helen in Lee von Bembridge fallen lassen konnten.

Kaum hatte *Cyclops* mit backgesetztem Großmarssegel Fahrt über den Achtersteven aufgenommen, die Ankertrosse rumpelnd durch die Klüse fierend, als der Dritte Offizier auch schon das Gig für den Kommandanten klarmachen ließ. Morris war der Bootssteurer. Er teilte Drinkwater als Bugmann ein, und ein grinsender Seemann drückte dem Jungen einen Bootshaken in die Hand. Das Gig dümpelte gegen die hölzernen Scheuerleisten der Fregatte, Drinkwater hielt den Bootshaken in die Rüsten eingehakt. Unsichtbar über sich konnte er das Poltern der Seesoldaten hören, die am Fallreep antraten. Dann folgte das Zwitschern der Pfeifen. In der Fallreepspforte stand Kapitän Hope. Es war erst das zweite Mal seit ihrer kurzen Unterhaltung, daß Drinkwater ihn von Angesicht zu Angesicht sah. Ihre Augen trafen sich, die des Jungen voller Ehrfurcht, die des Mannes leer und gleichgültig. Hope drehte sich um, packte die Handläufe und kletterte bis auf einen Fuß über das Dollbord des Bootes hinab. Dort wartete er, und als das Boot hochschwang, sprang er an Bord und landete mit wenig Geschick zwischen der Schlagducht und der zweiten Ruderbank. Er kletterte über die Ducht nach achtern, auf der die Seeleute ehrerbietig zur Seite rutschten, und setzte sich.

»Riemen hoch!« brüllte Morris. »Setz ab vorn!«

Drinkwater drückte kräftig gegen den Bootshaken. Der hatte sich in den Rüsteisen verhakt, als das Boot wegsackte, und bewegte sich nicht. Der Schaft rutschte durch seine Hände und stand grotesk von der Bordwand ab. Nat lehnte sich weit außenbords und packte das Ende, Angstschweiß tropfte von seiner Stirn. Er zog nochmals am Bootshaken und wäre beinahe über Bord gefallen.

»Setzen im Vorschiff!« rief Morris, und Drinkwater drückte sich in den Bug, von Angst übermannt.

»Riemen bei und ruder an überall!«

Die Riemen bissen ins Wasser und stöhnten in den Dollen. Nach wenigen Minuten waren die Rücken der Männer schwarz vor Schweiß. Drinkwater warf einen Blick nach achtern. Morris starrte voraus, eine Hand auf der Pinne. Kapitän Hope blickte unbeteiligt nach Backbord, zu den grünen Ufern der Isle of Wight hinüber.

Da durchzuckte Drinkwater ein schrecklicher Gedanke: Er hatte den Bootshaken in der Bordwand zurückgelassen. Was sollte er in Gottes Namen benutzen, wenn sie das Flaggschiff erreichten? Fast außer sich vor Schreck suchte er im Vorschiff nach einem zweiten Bootshaken. Es war keiner da.

Während der zwanzig Minuten, die das Gig über die bewegten Seen tanzte, deren Gischt vom Westwind weggerissen wurde, lag Drinkwater im Kampf mit seiner Unschlüssigkeit. Er wußte, daß ihr Ziel die HMS *Sandwich* war, das Flaggschiff mit 90 Kanonen, auf dem sogar die einfachen Seeleute hochmütig über das schlichte Boot ihrer Fregatte lachen würden.

Unregelmäßigkeiten in seiner Handhabung mußten auf den laschen Dienst auf *Cyclops* zurückgeführt werden. Dabei traf Nat ein zweiter Gedanke bis ins Mark: Eine solche Zurschaustellung schlechter Seemannschaft würde auf den Fähnrich zur See Mr.

Morris zurückfallen, und es war unwahrscheinlich, daß er sich ungestraft in ein schiefes Licht setzen ließ. Die Vorstellung einer weiteren Prügelstrafe verängstigte den Jungen noch mehr.

Drinkwater blickte voraus. Das flache Ufer von Hampshire lag vor ihm, die Sonne schien auf die dunklen, gedrungenen Umrisse der Festungen Gosport und Southsea, die die Einfahrt zum Hafen von Portsmouth sicherten. Zwischen dem Gig und der Küstenlinie lag eine lange Reihe von Linienschiffen vor Anker, massige Rümpfe unter dem Gewirr der Masten und Rahen. Große Nationalen knallten lebhaft an ihren Hecks, und das fröhliche Flattern der Unionsflaggen über den Vorschiffen verlieh der Szene einen festlichen Anstrich. Da und dort wehte die quadratische Flagge eines Konter- oder Vizeadmirals von einem Masttopp aus. Sonnenlicht glitzerte auf den vergoldeten Galionsfiguren und auf den Schnitzereien der achteren Aufbauten, als die Kriegsschiffe bei Stillwasser in den Wind drehten. Die Reede war von kleineren Fahrzeugen wie übersät: Küstensegler, die mit backgesetzten Segeln Ruderbooten jeder nur denkbaren Größe auszuweichen suchten; kleine Beiboote und Gigs, die Offiziere und Kommandanten beförderten; größere Boote und Kutter mit winzigen Fähnrichen oder bärenstarken Steuermannsmaaten brachten Nachschub, Pulver oder Kugeln vom Arsenal. Wasserleichter und Schaluppen mit ihren vor den Preßkommandos sicheren zivilen Besatzungen dümpelten längsseits der Linienschiffe. Endlose Rededuelle wurden zwischen ihren Schiffen und besorgten Marineoffizieren ausgefochten, die Bestellisten schwenkten. Solch einen Ausbruch an Energie und hektischer Betriebsamkeit hatte Drinkwater noch nie erlebt. Sie passierten einen kleinen Kutter, in dem ein halbes Dutzend aufgedonnerter Dockschwalben saß, bleich von den Bewegungen des Bootes. Zwei der Hürchen winkten frech dem Gig zu, durch dessen Mannschaft beim ungewohnten Anblick der wohlgerundeten Körper ein Schauer ging.

»Augen ins Boot!« schrie Morris wichtigtuerisch, während er die in strammen Miedern dargebotene Üppigkeit verächtlich betrachtete.

Die *Sandwich* war nun näher, und auf Drinkwaters Stirn brach wieder kalter Schweiß aus. Dann löste er sein Problem durch Zufall. Während er sich umwandte, um den Ausblick voraus zu studieren, stieß seine Hand an etwas Scharfes. Er blickte hinunter. Unter der Gräting sah er den Umriß von etwas, das wie ein Haken aussah. Er verlagerte sein Gewicht und hob die Holzplanke an. In der Bilge lag ein kleiner Draggen. Er fischte ihn heraus, knotete das Ende der Vorleine daran und schoß den Rest in seiner Hand auf. Nun besaß er einen Ersatz für den Bootshaken und entspannte sich. Wieder sah er sich um.

Es war aber auch ein toller Anblick. Hinter der Front der Linienschiffe lagen mehrere Fregatten vor Anker. Sie hatten bereits eine passiert, die als Wachschiff beim Warner lag; wäre Drinkwater vorher nicht über den Verlust seines Bootshakens so beunruhigt gewesen, hätte er ihr gleich mehr Aufmerksamkeit geschenkt. Aber nun konnten sich seine Augen satt sehen an diesem Anblick, den ihm seine ländliche Herkunft bisher versagt hatte. Jenseits von Fort Gilkicker ragten noch mehr Masten in die Höhe, über Rümpfen, die in der Ferne graublau verschwammen. Drinkwaters unerfahrene Augen konnten sie nicht als Truppentransporter erkennen.

Es war eine mächtige Flotte. Britannien unternahm große Anstrengungen, um die Bedrohung von seinen Westindischen Besitzungen zu wenden und die ausgebluteten Streitkräfte der Nordamerikanischen Station zu verstärken. Seit zwei Jahren, seitdem sich Burgoynes Armee ergeben hatte, versuchte Britannien, den listigen George Washington zur Schlacht zu stellen, während es gleichzeitig eine wachsende Zahl europäischer Feinde daran hindern mußte, sich entfernte Kolonien anzueignen, weil Englands Aufmerksamkeit woanders beansprucht wurde.

Daß diese Anstrengungen erschwert wurden durch Korruption, Unterschlagung und offene Schiebung, die das öffentliche Leben im allgemeinen und Lord Sandwichs Marine im besonderen korrumpiert hatten, war für Drinkwater bei diesem großartigen Spektakel kein Grund zur Besorgnis. Als das Gig sich der mächtigen Seite der *Sandwich* näherte, lenkte Kapitän Hope Morris' Aufmerksamkeit auf etwas. Der Fähnrich drehte das Boot mit dem Bug in die See.

»Auf Riemen!« befahl er, und das Wasser tropfte von den horizontal gestellten Blättern.

Drinkwater schaute sich um und suchte den Grund für diese Unterbrechung. Aber es gab keinen, soweit er sehen konnte. Nochmals zur *Sandwich* blickend, entdeckte er Unruhe auf ihren Decks. Offiziere in blitzendem Blau und Weiß spähten durch funkelnde Teleskope nach achtern in Richtung Portsmouth.

Drinkwater konnte auf *Sandwich* gerade noch die schwarzen Hüte der Seesoldaten sehen, die Aufstellung nahmen. Dann erscholl ein Trommelwirbel, und die schwarzen Hüte wurden von einer Reihe silberner Bajonette überragt: die Seesoldaten schulterten ihre Gewehre. Dann zwitscherte eine Pfeife, und die Aktivität auf *Sandwich* verebbte. Das große Schiff schien gespannt zu warten, während ein kleiner schwarzer Ball an seinem Großmast zum Flaggenknopf hinaufwanderte.

Dann schoß die Barkasse eines Admirals um das Heck und in Drinkwaters Blickwinkel. An ihrem Bug flatterte das rote Sankt-Georgs-Kreuz. Die Ruderer arbeiteten mit unnachahmlicher Präzision, ihre rot und weiß gestreiften Oberkörper bewegten sich im Gleichtakt, ihre Köpfe waren mit schwarzen Bibermützen bedeckt. Ein schlanker, schmucker Fähnrich stand aufrecht im Heck, die Hand an der Pinne. Seine Uniform war makellos, sein Hut saß in einem verwegenen Winkel. Drinkwater musterte seinen eigenen zerknautschten Rock, die schlecht geflickte Hose, und fühlte sich unbehaglich.

Im Heck der Barkasse saß ein ältlicher Mann, in einen Bootsmantel gehüllt; den nachhaltigsten Eindruck auf Drinkwater machte sein dünnlippiger, harter Mund. Dann ging die Barkasse bei *Sandwich* längsseits, und Admiral Sir George Brydges Rodney erklomm die Gangway seines Flaggschiffs. Pfeifenschrillen, Trommelwirbel und dann ein Lichtblitz, als die Bajonette präsentiert wurden: Am Großmast entfaltete sich der schwarze Ball und entpuppte sich als Admiralsflagge mit dem Georgskreuz. Bei ihrem Anblick feuerten die Kanonen der Flotte Salut.

Admiral Rodney war angekommen, um das Kommando zu übernehmen. Wenige Minuten später warf Drinkwater seinen Draggen in die Großrüsten von *Sandwich.* Glücklicherweise hielt er beim ersten Mal, und nach einem relativ bescheidenen Zeremoniell konnte Kapitän Hope seinem Vorgesetzten Bericht erstatten.

Zweites Kapitel

Januar 1780

Die dänische Brigg

Am Neujahrstag 1780 war Rodneys Armada auf See. Außer den als Aufklärer eingesetzten Fregatten und den einundzwanzig Linienschiffen verließen an jenem kalten Morgen nicht weniger als dreihundert Handelsschiffe den Kanal. *Cyclops* gehörte nach ihren Befehlen zum Geleitschutz und konnte so am Gefecht vom 8. Januar nicht teilnehmen.

Ein spanisches Geschwader, bestehend aus vier Fregatten, zwei Korvetten, dem 64-Kanonen-Schiff *Guipuscoaño* und einem Konvoi von fünfzehn Handelsschiffen, wurde vor Kap Finisterre in ein Gefecht verwickelt. Das gesamte Geschwader wurde eingeschlossen und erobert. Prisenkommandos wurden an Bord gesetzt und die erbeuteten Schiffe unter dem Schutz der *Guipuscoaño* – zu Ehren des Herzogs von Clarence, der als Fähnrich in Rodneys Flotte diente, in *Prince William* umbenannt – nach England zurückgeschickt. Spanische Schiffe, deren Ladung aus Lebensmitteln bestand, wurden zurückbehalten, um damit den Nachschub für Gibraltar zu verbessern.

Während die Flotte mühsam ihren Weg entlang der iberischen Küste nach Süden fortsetzte, saß Drinkwater am Fünfzehnten des Monats nachmittags im Mastkorb der *Cyclops*. Dort war seine Gefechtsstation, und irgendwie betrachtete er den Korb als sein eigenes Reich, bewehrt wie es war mit Musketen und der Drehbasse. Hier oben war er befreit von den widerlichen Eifersüchteleien zwischen den Decks, den sinnlosen Schikanen von Morris. Während der Hundewachen lernte er hier auch einige Fingerfertigkeiten des seemännischen Handwerks, und zwar von einem Vollmatrosen namens Tregembo.

Nathaniel faßte schnell auf und beeindruckte die meisten seiner Vorgesetzten durch den Eifer, mit dem er an alles heranging. Aber an diesem Nachmittag genoß er die Ruhe und saugte den ungewohnten Luxus der Januarsonne in sich auf. Es schien ihm unglaublich, daß er noch vor wenigen Monaten nichts von diesem Leben gewußt hatte. Die Zeit seit der Verabschiedung von seiner Mutter und seinem jüngeren Bruder war so voller Ereignisse und Eindrücke, daß sie ihm wie ein ganz neues Leben vorkam. Nun war er, glaubte er mit aufkeimendem Stolz von sich sagen zu können, ein vollwertiger Teil der Organisation, die aus *Cyclops* ein Kriegsschiff machte.

Drinkwater musterte das leise knarrende Schiff unter sich. Er sah Kapitän Hope, eine ferne alte Gestalt, neben seinem Ersten Offizier stehen, von dem er sich schroff unterschied. Der Ehrenwerte John Devaux war der dritte Sohn eines Earls und ein Aristokrat vom Scheitel bis zur Sohle, wenn auch verarmt und ein überzeugter Anhänger der Whigs. Er und Hope waren politische Gegner, denn Devaux' hochmütige Jugend ärgerte den Kapitän. Doch Henry Hope war zu lange im Dienst, um dies deutlich zu zeigen, da er sich den einflußreichen Devaux nicht zum Feind machen wollte. Tatsächlich ließen sich die Fähigkeiten des jüngeren Mannes nicht bestreiten. Anders als viele Angehörige seiner Klasse interessierte er sich ernsthaft für maritime Kriegführung, und zwar nicht nur aus Überlebensinstinkt. Wären seine politischen Ansichten anders oder die Whigs an der Regierung gewesen, so hätten Hopes und seine Positionen leicht vertauscht sein können. Beide hatten die Intelligenz, dies zu erkennen, und so wurden die Spannungen immer wieder verschleiert.

Auf *Cyclops* selbst hatte man sich so recht und schlecht arrangiert wie auf jedem anderen Schiff, das mit einer gepreßten Besatzung bemannt war. Die Mannschaft exerzierte unter Anleitung der Divisionsoffiziere an den schweren Kanonen, und die Signalgasten hatten bis zur Erschöpfung zu tun, um unter den disziplinlosen Handelsschiffen Ordnung zu halten. Kommandant und Erster Offizier waren sich einig: Im großen und ganzen lief es nicht schlecht. Hope machte sich keine Illusionen über Ruhm und Ehre, deshalb war Fanatismus seinem Charakter fremd. Seine Offiziere mußten tüchtig und die Besatzung willig sein, mehr verlangte er nicht.

Für Nathaniel Drinkwater, der im Mastkorb döste, war *Cyclops* die einzig existierende Welt geworden. Seine Befürchtungen begannen dank der Wetteränderung und der Anpassungsfähigkeit der Jugend nachzulassen. Er lernte allmählich, daß die Fähnrichsmesse eine Einrichtung war, in der es nur ums Überleben ging. Nach wie vor verabscheute er Morris und konnte auch einige der älteren Messemitglieder nicht ausstehen; die Mehrheit jedoch schienen ihm wirklich freundliche Jungs zu sein. Sie hielten fest zusammen, um Morris' Schikanen mit Standhaftigkeit ertragen zu können, und bemitleideten einander im gemeinsamen Haß auf ihn.

Drinkwater begegnete Leutnant Devaux mit Ehrfurcht und dem alten Navigator Blackmore, zu dessen Pflichten es gehörte, den Fähnrichen die Grundbegriffe der Navigation beizubringen, mit einem Respekt, wie er ihn seinem Vater entgegengebracht hätte, wäre dieser noch am Leben gewesen. Einer Freundschaft am nächsten kam sein Verhältnis zum Toppsgast Tregembo, der die Drehbasse im Gefecht bediente. Dieser erwies sich als nie versiegende Informationsquelle über die Fregatte und ihre Einzelteile. Er stammte aus Cornwall, wußte sein Alter nicht genau und war auf seines Vaters Lugger von einem Zollkutter bei Kap Lizard aufgebracht worden. Sein Vater hatte den Beamten bewaffneten Widerstand geleistet, da seine Fischluke Fracht zweifelhafter Herkunft enthielt, und war dafür gehängt worden. Als Gnadenakt wurde sein Sohn zur Zwangsrekrutierung verurteilt: ein mildes Urteil, das den Schmerz der Schmugglerwitwe mildern würde, meinten jedenfalls die Richter. Tregembo hatte seitdem kaum einen Fuß an Land gesetzt. Drinkwater lächelte weise, denn hier oben in seinem kleinen Königreich erfüllte ihn jugendliche Selbstsicherheit. Unten an Deck schlug eine Glocke an. In fünfzehn Minuten begann seine Wache. Er erhob sich und blickte auf.

Über ihm war die Bramstenge auf die Marsstenge aufgesetzt, und auf einem oberen Masthummer saß der Ausguck. In einem Anflug von Übermut beschloß er, zu dem Hummer emporzuklettern und von dort an den Wanten herab an Deck zu rutschen; das würde eine überzeugende Demonstration seines seemännischen Könnens werden.

Ein Bein über die Bramrah schwingend, setzte er sich neben den Ausguckposten. Tief unter ihm rollte *Cyclops* leicht. Der Blick auf das Deck wurde durch die bauchigen Segel teilweise verdeckt; das stehende und laufende Gut sorgte für einen perspektivischen Eindruck, denn jede Leine verlief nach unten zu ihrem Belegnagel oder Augbolzen.

Der Seemann rückte etwas zur Seite, und Drinkwater schaute

sich um. Die blaue Scheibe der See war übersät mit mehr als zweihundert weißen Flecken, unter denen die britische Armada nach Süden hielt. In dieser Richtung, aber unter der Kimm, segelten die Fregatten als Vorhut und Aufklärer. Hinter ihnen folgten in drei Kolonnen die dunklen Rümpfe der Linienschiffe, von denen einige schon die gelben Streifen entlang der Batteriedecks trugen, die bald allgemein eingeführt werden sollten. In der Mitte der zentralen Marschsäule segelte *Sandwich* mit Admiral Rodney, dem Mann, der für all dies verantwortlich war. Hinter den Linienschiffen folgten einige Kutter, ein Schoner und mehrere Flottentender wie Hunde der Spur ihres Herrn. Dann kam das Gros der Konvoischiffe – Truppentransporter, Versorger und Handelsschiffe – mit einer Eskorte von vier Fregatten und zwei Kriegsslups. *Cyclops* Station war an der dem Land zugekehrten Seite des Geleits, sie stand hinter dem letzten Linienschiff und vor dem ersten Schiff des Konvois.

Auf seiner erhöhten Position schaute Drinkwater nach Backbord. In über dreißig Meilen Entfernung, von der schon im Westen stehenden Sonne schwach beleuchtet, war die portugiesische Küste klar zu sehen. Gleichgültig glitt sein Blick über den Horizont, und er wollte schon seinen Abstieg in Richtung Deck beginnen, als eine Unregelmäßigkeit seine Aufmerksamkeit erregte. Ein kleiner weißer Fleck hob sich querab vom dunklen Hintergrund der Küste ab. Er stieß den Matrosen an und zeigte in die Richtung.

»Ein Segel, Sir«, stellte der Mann sachlich fest.

»Ich melde es.« Dann rief er mit seiner männlichsten Stimme: »An Deck!«

Schwach kam die Stimme von Keene, dem Dritten Offizier, zurück: »Aye, Aye!«

»Segel acht Strich an Backbord!« Drinkwater packte das Want und begann Hand über Hand seinen spektakulären Abstieg. Doch in der allgemeinen Aufregung über das fremde Segel beachtete ihn niemand.

»Signal vom Flaggschiff«, sagte Leutnant Keene gerade zu Kapitän Hope, als Drinkwater nach achtern kam.

»Ja?«

»Unser Erkennungssignal: Wir sollen rekognoszieren!«

»Bestätigen«, sagte der Kommandant. »Mr. Keene, bringen Sie bitte das Schiff vor den Wind!«

Drinkwater half beim Zusammenstecken des Antwortsignals,

als der Leutnant sich umdrehte, um seine Befehle durch die Flüstertüte zu brüllen. Die Bootsmannsgehilfen trieben ihre Leute an, und das Ruder wirbelte herum. *Cyclops* fiel nach Osten ab, die Brassen ratterten durch die Blöcke, als die Rahen herumschwangen.

»Alle Segel setzen, Mr. Keene!«

»Aye, aye, Sir!« Begeisterung schwang in der Stimme des Leutnants mit, und eine Welle der Erregung durchlief das Schiff. Von der Verpflichtung befreit, ihre angewiesene Position halten zu müssen, entfaltete die Fregatte ihre Flügel. Die Geitaue und Gordings wurden von den Belegnägeln losgeworfen, als die Toppsgasten auf den Fußpferden auslegten, um das Segeltuch zu lösen. Wenn die Steuermannsgehilfen, die an jedem Segel an den Nockgordings arbeiteten, ihre Bereitschaft in Richtung Deck signalisierten, wurde der Befehl zum Dichtholen der Schoten gegeben. Die Bramsegel blähten sich, fielen zusammen und füllten sich wieder, als die Decksleute die Fallen holten und die Rahen von den Eselshäuptern nach oben schwebten. *Cyclops* legte sich unter dem wachsenden Druck über, das Hanftauwerk spannte sich, und das Schiff begann zu zittern, als es mehr Fahrt aufnahm. Die Fregatte schnitt durch den dunklen Atlantik, der weiße Schaum des Kielwassers strömte unter ihrem Heck hervor.

Auf dem Deck wurde die Wache abgelöst, und die Kuhl* leerte sich wieder, als die Schaulustigen und Neugierigen allmählich nach unten gingen.

Drinkwater merkte, daß der Kommandant ihn scharf anblickte.

»Sir?« fragte er zaghaft.

»Mr. äh . . .«

»Drinkwater, Sir.«

»Ah ja. Mr. Drinkwater, nehmen Sie ein Fernglas mit in den Vormasttopp, und sehen Sie zu, was Sie ausmachen können. Denken Sie, daß Sie das schaffen?«

»Aye, aye, Sir!« Aus einem Gestell griff sich Drinkwater ein stark verbeultes Teleskop, das von einem spendablen Marineamt ausschließlich für die »jungen Herren« zur Verfügung gestellt worden war; damit verschwand er im Vormast.

Es dauerte eine gute Viertelstunde, bevor er wieder an Deck erschien. Da er sich darüber klar war, daß Hope seine Fähigkei-

* Teil des Oberdecks, Vertiefung zwischen Back und Poop

ten testen wollte, hatte er so lange gewartet, bis er Definitives zu melden hatte.

Er salutierte vor dem Kommandanten.

»Es ist eine Brigg, Sir. Sie zeigt keine Flagge.«

»Sehr gut, Mr. Drinkwater.«

»Ich sehe sie jetzt von Deck aus, Sir«, steuerte Devaux bei.

Der Kommandant nickte. »Lassen Sie die Bugkanonen feuerklar machen, Mr. Devaux.«

Auch Drinkwater konnte jetzt das zweimastige Fahrzeug sehen, auf das sie zuhielten. Er wartete auf den hellen Farbfleck, der bald erscheinen und seine Nationalität verraten mußte. Ein Dutzend anderer Teleskope wartete gespannt auf dieselbe Information. Da wanderte ein roter Punkt an ihrem Mast hoch, rot mit einem weißen Kreuz.

»Ein Däne!« Aus einem Dutzend Kehlen zugleich kam der Ruf. *Cyclops* stieß auf ihr Opfer herab, und auf ein Nicken des Kommandanten bellte vorn eine Kanone; ihr Rauch rollte langsam der vorwärtsstürmenden Fregatte voraus.

Eine weiße Fontäne erschien vor dem dänischen Schiff. Sie lag eine Kabellänge zu kurz, hatte aber den gewünschten Effekt, da der Däne sein Großmarssegel backsetzte und beidrehte.

»Mr. Devaux, Sie gehen an Bord!«

Befehle hallten über Deck. Wo eben noch Neugierige aufmerksam die Jagd verfolgt hatten, brach Chaos aus. Als Folge dieser zeitweisen Unordnung wurden Großsegel und Fock aufgegeit, und eine andere Gruppe machte sich daran, achtern in Lee ein Boot wegzufieren, als *Cyclops* ihr Großmarssegel back kommen ließ.

Devaux rief weitere Befehle, und Drinkwater hörte im Durcheinander seinen Namen.

»Ins Boot mit dir, Junge!« schrie der Erste Offizier, und Nathaniel lief in die Kuhl, wo ein Kletternetz über die Bordwand ausgebracht worden war. Die Bootsmannschaft war schon an Bord, aber weitere Seeleute, mit Entermessern bewaffnet, strömten nach unten. Drinkwater warf ein Bein über die Reling, blieb mit einem Hosenbein an einem Belegnagel hängen und hörte das Gewebe reißen. Diesmal kümmerte es ihn nicht.

Er kletterte ins Boot hinab. Zu seiner Überraschung war Devaux schon da, immer noch rufend. »Wo, in Gottes Namen, ist Wheeler?« Und als der rotberockte Leutnant der Seesoldaten mit sechs Leuten ungeschickt das Netz herabkletterte, die Towermusketen an den Riemen schlenkernd: »Kommt schon, ihr verdammten Hummer!«

Die Matrosen quittierten den Spitznamen mit einem verständnisinnigen Grinsen. Leutnant Wheeler nahm die Beleidigung seiner Truppe zwar übel, konnte sich aber nicht rächen, da er vollauf damit beschäftigt war, sich und seinen Degen ins Boot zu bringen, ohne auch noch die letzte Würde zu verlieren.

»Absetzen! Riemen bei! Ruder an überall! Und legt euch rein!«

Das große Boot setzte sich in Bewegung, und Devaux drückte Drinkwater die Pinne in die Hand. »Geh an der Leeseite längsseits und halt sie dort!« Er wandte sich an Wheeler: »Da es sich um einen Neutralen handelt, entern Sie besser nicht, es sei denn, Sie hören mich rufen.« Er hob die Stimme: »Bootmannsmaat!«

Der Unteroffizier der bewaffneten Matrosen erhob sich vom Bug.

»Sir!«

»Machen Sie keinen Versuch zu entern, außer wenn ich Hilfe benötige – aber sobald ich rufe, will ich euch alle schlagartig an Deck sehen!«

Die Seeleute grinsten und befingerten ihre Klingen. Einige Minuten später gellte Drinkwaters überkippende Stimme: »Bug! Auf Riemen! Riemen ein! Einhaken!« Schon war Leutnant Devaux in die Rüsten des Dänen gesprungen. Ein bis zwei Sekunden lang ruderten seine eleganten Beine unangemessen in der Luft herum, dann hatte er sich an Deck der Brigg gehievt.

Das Boot tanzte an der Seite des fremden Schiffes auf und ab. Gelegentlich spähte ein blonder Kopf neugierig zu ihnen herunter. Im Boot waren alle nervös. Schon zwei oder drei über die Reling geworfene Kanonenkugeln konnten die Beplankung des Bootes durchschlagen. Es schien Drinkwater, als sei der Leutnant seit Stunden weg. Er sah die Reling sich nähern und wieder entfernen, wenn der Atlantik das Boot anhob und dann fallen ließ. Ängstlich sah er Wheeler an. Der Offizier lächelte. »Wenn Hon John in der Tinte steckt, dann quiekt er schon.«

Zu seiner unendlichen Erleichterung sah Drinkwater schließlich Devaux' Beine über der Reling erscheinen und hörte die verbindliche Stimme des Leutnants, die jede Härte verloren hatte: »Ihr Diener, gnädige Frau.« Im nächsten Augenblick taumelte er ins Boot und nahm Drinkwater die Pinne ohne Förmlichkeit aus der Hand.

»Absetzen! Riemen bei! Ruder an und pullt, ihr Armleuchter!« Devaux duckte sich im Heck, den Körper vor Anspannung vorgebeugt. »Pullt! Zieht durch! Zieht, wie ihr einen Franzosen von eurer Mutter ziehen würdet!«

Die Männer grinsten über diese Obszönität, denn Devaux verstand sein Geschäft. Die Matrosen bogen die Riemen durch, die Blätter sprangen aus dem Wasser und flogen zum nächsten Zug nach vorn. Hinter ihnen setzte der Däne Segel. Devaux blickte zurück, und Drinkwater sah einen farbigen Fleck dort, wo eine Frau winkte.

»Wheeler«, sagte Devaux, »wir haben ein Stück Arbeit vor uns.« Ganz bewußt erzählte er ihm dann die Neuigkeiten. Er wußte, daß die Männer, die mithörten, sie an Bord verbreiten würden. Und er ahnte, daß sich Hope nicht die Mühe machen würde, die Besatzung zu informieren. Folglich würde nur eine verstümmelte Version kursieren, wenn Devaux die Neuigkeit nicht selber in Umlauf setzte. Diese Männer mußten in Kürze dem Tod ins Auge schauen, und der Erste Offizier gedachte, sie mit Blutdurst zu infizieren. Er hatte erlebt, welche Begeisterung bei britischen Seeleuten ausgelöst werden konnte, und er wußte, daß *Cyclops* in den kommenden Stunden diese Begeisterung benötigen würde.

»Der Däne ist gerade aus Cadiz ausgelaufen. Die Dons* sind mit einer Flotte in See. Reines Glück, daß der Däne probritisch eingestellt war.« Er machte eine nachdenkliche Pause. »Mit einer Engländerin verheiratet, eine verdammt schöne Frau...« Er grinste, die Matrosen grinsten auch – die Nachricht war angekommen.

Es wurde dunkel, ehe *Cyclops* wieder die Flotte erreichte. Der Vollmond versetzte Hope in die Lage, sein Schiff durch die Ansammlung anderer Fahrzeuge zu manövrieren, bis zu den drei Laternen im Rigg von *Sandwich*, die das Flaggschiff des Admirals kennzeichneten.

Die Fregatte kürzte Segel und sandte ein Boot hinüber; Devaux erstattete Rodney Bericht. Das Ergebnis war, daß *Cyclops* erneut alle Segel setzte, um die Fregatten der Vorhut zu warnen. Die Flotte hatte bei Sonnenuntergang Segel weggenommen, um ein Zerstreuen zu vermeiden und das Halten der Stationen zu erleichtern. So schloß *Cyclops* bald zu den Linienschiffen auf, passierte

* Spitzname für Spanier

deren scharf ausgerichtete, massige Rümpfe, welche die schnellere Fregatte förmlich schrumpfen ließen, als sie im Mondschein leise knarrend vorbeizog.

Als der Morgen dämmerte, hatte *Cyclops* die Fregatten in Sicht. Achteraus waren noch Toppsegel der Flotte zu sehen, die der *Bedford* nämlich, eines Zweideckers mit 74 Kanonen, der unter vollen Segeln versuchte, zu den Fregatten aufzuschließen.

Von dem schlechten Signalcode behindert, hatte Hope Schwierigkeiten, seine Nachricht den weiter entfernten Fregatten zu übermitteln. Durch einen glücklichen Zufall wählte er jedoch das Signal »Klar zum Gefecht«. Zwei Stunden später schloß *Bedford* mit demselben Signal zu ihnen auf, die beiden Kanonenreihen schon ausgerannt, denn Rodney hatte in der Morgendämmerung der Flotte eben diesen Befehl gegeben.

Schon beim ersten Trommelwirbel fiel Drinkwater die Spannung in *Cyclops* auf. Er kletterte hastig auf seine Station im Mastkorb, wo die Drehbasse geladen und zündfertig gemacht wurde. Aber es bestand kein Grund zur Eile. Den ganzen Vormittag blieben die Briten gefechtsbereit, ohne daß sich ein Feind zeigte. Während des Vormittags änderte dann eine Division der Flotte nach der anderen ihren Kurs auf Südost, um das rötlich schimmernde Kap Saint Vincent in Richtung Gibraltar zu runden. Mittags wurde jeweils die halbe Besatzung von *Cyclops* zu einer Mahlzeit aus Bier, Eierflip und Schiffszwieback unter Deck geschickt.

Nach dem hastig verschlungenen Essen kehrte Drinkwater eilig in den Mastkorb zurück, um keine Sekunde von dem zu versäumen, was eine große Seeschlacht werden würde, wie alle vorhersagten. Er blickte sich um. Die Fregatten hatten sich zum Gros zurückfallen lassen, und *Bedford* sicherte die innere Flanke.

Im Mastkorb hatten Drinkwaters Männer ihre Musketen geladen. Tregembo streichelte zärtlich seine Drehbasse, die wie eine Spielzeugkanone wirkte. Achtern im Großmastkorb war deutlich der blaue Rock von Morris zu erkennen. Er beugte sich über einen jungen Matrosen aus Devon, dem sein hübsches Gesicht schon einige rauhe Späße der Kameraden eingebracht hatte. Drinkwater wurde sich nicht ganz schlüssig über seine Gefühle, als er Morris so eifrig beschäftigt sah; er empfand nur eine unbestimmte Unruhe, denn den Perversitäten der Menschen stand er immer noch höchst unschuldig gegenüber.

Achtern im Kreuzmastkorb kommandierte Sergeant Hagan

seine Scharfschützen. Ihre scharlachroten Röcke waren ein lebhafter Farbklecks vor dem schwarzen Tauwerk, das die Sicht beinahe verdeckte. Nach unten hatte Nat einen unbehinderten Blick auf das Achterdeck, da Groß- und Kreuzsegel geborgen worden waren, als das Schiff klar zum Gefecht gemacht hatte.

Er sah Kapitän Hope und Leutnant Devaux bei dem alten Navigator stehen, daneben den Quartermaster und den Rudergänger. Eine schwatzende Gruppe von Fähnrichen und Steuermannshelfern stand in Bereitschaft, um Befehle zu überbringen oder Signale zu übermitteln. Aber neben dem Blau war achtern auch Rot vertreten. Wheeler strahlte förmlich herauf in seinem prächtigen Rock, der karmesinroten Schärpe und dem glitzernden Halstuch der Seesoldaten. Er trug seinen Degen lässig in der Armbeuge, aber der Glanz der Schneide war eine heimtückische Erinnerung an den Tod. Darin unterschied er sich sehr von den Stockdegen aus Eschenholz, mit denen Drinkwater zu Hause zustoßen und parieren gelernt hatte. Er hatte noch nicht viel über den Tod nachgedacht. Ein möglicher Sturz aus der Takelage hatte ihn zuerst beunruhigt, aber nicht lange. Daß ein Mast, sein Vormast vielleicht, weggeschossen werden könnte, daran dachte er nicht.

Er blickte wieder nach unten, wo Netze über das Deck gespannt waren, die herabfallende Spieren und Teile des Riggs von den darunter schuftenden Stückmannschaften fernhalten sollten. Zur Zeit lümmelten diese Männer noch um ihre Kanonen herum. Für Nathaniel auf dem Hauptdeck unter der Gräting gerade noch sichtbar, konferierten der Zweite und der Dritte Offizier mittschiffs miteinander. Ihre Haltung war bemüht lässig.

Bis auf das Knirschen im Rumpf, die Windgeräusche und das Rauschen der Bugwelle war *Cyclops* ein stilles Schiff. Seine über zweihundertfünfzig Männer warteten so gespannt wie alle anderen Besatzungen der Flotte.

Nachmittags um ein Uhr feuerte *Bedford* einen Schuß ab, signalisierte an *Sandwich* und ließ ihre Bramsegel auswehen. Für jene, die zu weit entfernt waren, um das Signal zu entziffern, war das Killen der Segel ein zeitsparender Hinweis darauf, daß eine feindliche Flotte in Sicht kam.

»Der Wind frischt auf«, sagte Tregembo in die Stille des Mastkorbs hinein.

Drittes Kapitel

Januar 1780

Die Mondscheinschlacht

Die nun folgende Schlacht war eine der dramatischsten, die jemals von der Royal Navy geschlagen wurde. Die Gewässer, auf denen die feindlichen Flotten kämpften, wurden fünfundzwanzig Jahre später berühmt, als Nelson hier, vor Trafalgar, siegte und fiel; aber dem Treffen in der Nacht vom 16. zum 17. Januar 1780 wurde kein geographisches Beiwort verliehen.

Zu einer Zeit, da Admirale unter Androhung der Todesstrafe an das taktische Konzept der geschlossenen Schlachtlinie gebunden waren, stellte Rodneys Freigabe der Schiffe eine höchst bedeutsame Neuerung dar. Die Bravour, mit der dies in jener wilden Mondscheinschlacht vollzogen wurde, ist von einer so großen Anzahl Segelschiffe und unter solchen Umständen nie wieder erreicht worden.

Tregembo behielt recht. Eine Stunde, nachdem *Bedford* elf spanische Linienschiffe und zwei Fregatten gesichtet hatte, war der Himmel bedeckt. Der Wind drehte auf West und legte zu.

Auf *Bedfords* Signal hin hatte Rodney seinen Kriegsschiffen »Freie Jagd« befohlen. Nun versuchte jeder Kommandant, die anderen zu übertrumpfen, und die Schiffe mit dem neuen Kupferbeschlag unter Wasser setzten sich an die Spitze. Die Zweidecker *Defence, Resolution* und *Edgar* lagen an der Spitze. Die Offiziere überprüften ängstlich das Material, als die Kommandanten unbekümmert wie Schulbuben mit Vollzeug draufhielten. Der Wind nahm weiter zu. Besorgt wurden Teleskope auf die Spanier gerichtet, die sofort, nachdem sie die Übermacht erkannt hatten, nach Lee wendeten – in Richtung auf den Schutz von Cadiz.

Als Rodney die Absetzbewegung sah, signalisierte er seinen Schiffen, von Lee aus anzugreifen; damit übermittelte er den

Kommandanten zugleich das taktische Konzept: Der Gegner mußte überholt und vom sicheren Hafen abgeschnitten werden.

Es war ein Wettrennen geworden.

Die britischen Schiffe stürmten platt vor dem Laken dahin, Rauchwölkchen stiegen über ihren Vorschiffen empor, als die Kanoniere sich einschossen. Zuerst lagen die in den brechenden Seen schwer auszumachenden Einschläge weit achteraus von den Spaniern. Aber allmählich, während sich die Minuten zu einer Stunde summierten, kamen sie deutlich näher.

Auf *Cyclops* balancierte Devaux vorn auf der Back, das Glas am Auge, als die Neunpfünder der Fregatte auf den Feind feuerten, sobald sich ihr Bug hob. Fast genau darüber beobachtete Drinkwater aufmerksam. Sein ungeübtes Auge verpaßte den Einschlag, aber die erregende Szene fesselte ihn ganz. *Cyclops* zitterte vor Jagdlust und gab damit nur dem allgemeinen Gefühl an Bord Ausdruck. O'Malley, der verrückte irische Koch, saß im Schneidersitz auf dem Ankerspill und kratzte auf seiner Fiedel. Sein überdrehter Jig mischte sich mit dem Zischen und Klatschen der Seen und dem Jaulen des Sturms, der auf dem hänfenen Rigg klimperte.

Kapitän Hope kreuzte den Kurs der langsameren *Bedford* und hielt auf das nördlichste spanische Schiff zu, eine etwa gleichgroße Fregatte. Südlich ihrer Beute erstreckten sich in unterbrochener Reihe die hohen Heckaufbauten der spanischen Linienschiffe, hinter denen sich die zweite Fregatte im Osten versteckte.

Plötzlich stieg eine weiße Fontäne vor *Cyclops'* stampfendem Bugspriet in die Höhe. Drinkwater blickt auf. Vom achterlichen Wind unter der Heckgalerie eines spanischen Zweideckers festgehalten, löste sich die weiße Qualmwolke nur langsam auf.

Tregembo fluchte. »Das war ein verdammt guter Schuß für einen Spanier«, sagte er. Erst in diesem Augenblick begriff Drinkwater, daß sie unter Feuer lagen.

Als *Cyclops* bei ihrer Jagd auf die Fregatte das Heck des Zweideckers passierte, hatte dieser einen Probeschuß abgegeben. Jetzt lag ein Rauschen in der Luft, dann kam ein Geräusch, als ob zwei Flaschen entkorkt würden. Aufblickend sah Drinkwater ein Loch im Vormarssegel und ein weiteres im Großsegel. Das war unangenehm nahe gewesen. Wenn ihre Hecks von den nachlaufenden Seen angehoben wurden, feuerten die Spanier auf die sich gegen die sinkende Sonne abzeichnenden Silhouetten der Briten.

Drinkwater fröstelte. Mit der kurzen winterlichen Wärme war es vorbei, die frische Brise hatte sich zu einem vollen Sturm ausgewachsen. Er sah wieder zu der spanischen Flotte hin, sie waren merklich näher gekommen. Dann gewahrte er zwei weiße Fontänen beim Heck des Spaniers, aber ihre eigenen Kanonen schwiegen. Fragend blickte er Tregembo an.

Der Seemann wies nach Steuerbord. Dort, für den kauernden Fähnrich vom Mast verdeckt, überholte sie die *Resolution,* ein neu mit Kupfer beschlagener Vierundsiebziger. Die Wetterbedingungen begünstigten nun die größeren Schiffe. *Resolution* holte die Spanier schnell ein, und weiter hinter ihr schlossen *Edgar* und *Defence* zum Feind auf. Bevor die Sonne hinter einer Wolkenbank unterging, warf sie ihr letztes Licht auf *Resolution.*

Die nahezu waagerechten Strahlen betonten jedes Detail der Szene. Die See, deren schattige Oberfläche – ein dunkles Indigoblau – in ständiger Bewegung dort golden aufglänzte, wo sie die Sonnenstrahlen einfing, ließ das Kriegsschiff auf ihrem Rücken als einen Gegenstand in Ruhe erscheinen. Der Rumpf der *Resolution* war dunkel, mit Ausnahme ihrer drohenden Backbordbatterien, als sie in kaum zwei Kabellängen Abstand *Cyclops* passierte. Ihre Segel blähten sich und zogen das große Schiff vorwärts, alle Kraft über die Masten und das Rigg auf den riesigen Eichenrumpf übertragend, den sie mit dem Gewicht seiner Artillerie und der 750 Mann Besatzung mit zehn Knoten vorwärts trieben.

Drinkwater konnte die Köpfe der Kanoniere auf dem Oberdeck und eine Reihe der rot-silbernen Seesoldaten auf der Poop sehen. An Heck und Gaffel wehten die Kriegsflaggen aus, angriffslustig voraus auf den Feind gerichtet. Wieder bellten die Bugkanonen. Diesmal erschien keine weiße Säule. Devauxs Fernglas schwang herum. »Sie haben sie getroffen, bei Gott!« rief er.

Irgend jemand auf der Back brachte ein Hurra aus. Andere fielen ein, die Mannschaft von *Cyclops* brüllte ihren Beifall beim Anblick der ins Gefecht segelnden *Resolution.* Drinkwater hörte sich wild mit den anderen rufen. Tränen liefen über Tregembos Wangen. »Diese Hunde, diese verdammten Hunde . . .« schluchzte er. Drinkwater war nicht sicher, wen er damit meinte, es schien ihm auch nicht wichtig, zumal Tregembo es wahrscheinlich selbst nicht wußte. Was er ausdrücken wollte, war seine Hilflosigkeit, die übermächtige Wut, die diese Männer überkam: zwangsrekrutierte Säufer, Galgenvögel und Taschendiebe. Der Abschaum der Gesellschaft des achtzehnten Jahrhunderts, in einen Schiffsrumpf gepreßt und durch erbarmungslose Disziplin in Schach gehalten, segelte jauchzend in einen Hagel von Blei und Eisen. Bis ins Innerste aufgewühlt, konnten sie selbst nicht verstehen, warum der Anblick der kriegerischen *Resolution* sie hatte jubeln lassen. Mit solch spontanen Gefühlsausbrüchen wurden die Kämpfenden im Krieg schon immer übertölpelt und in Helden verwandelt, ebenso wie der falsche Glanz einer Schlacht ihnen mörderische Wut einflößt, die ihren politischen Herren sehr gelegen kommt.

Vielleicht war es das letztere, was der sprachungewandte Tregembo hatte ausdrücken wollen.

»Ruhe! Ruhe an Deck!« rief Hope vom Achterdeck, und das Jubeln ebbte ab. Die Männer grinsten einander dämlich an und schämten sich ihres Gefühlsausbruchs.

Über die trennende See klang ein schwaches Hurra von der *Resolution* wie ein Echo herüber, und Drinkwater erkannte, daß *Cyclops* für den Vierundsiebziger ein ebenso hinreißendes Bild abgeben mußte. Vor Stolz und Kälte schauderte es ihn.

Bevor der Admiral durch die Dunkelheit von seinen Schiffen abgeschnitten wurde, gab er einen letzten Befehl: »Ran an den Feind!« Rodney spornte seine Kommandanten damit an, die Spanier bis zum äußersten in die Zange zu nehmen. Beide Flotten hielten auf eine Leeküste mit vorgelagerten Untiefen zu, und gegen fünf Uhr war es nahezu dunkel. Der Wind hatte volle Sturmstärke erreicht, schwarze Wolken jagten über den Himmel. Aber der Mond ging auf, ein voller gelber Mond, der sein unbeständiges Licht durch die dahineilenden Wolkenfetzen auf die unheilvolle Szenerie warf.

Bis Sonnenuntergang hatten *Resolution, Edgar* und *Defence* mit den langsamsten spanischen Schiffen gleichgezogen. Beim Passieren wurden Breitseiten ausgetauscht, aber die Briten hetzten weiter, um die in Lee stehenden Feinde von Cadiz abzuschneiden.

»Klar bei Backbordbatterie!« hallte ein Befehl übers Deck, und Drinkwater wandte seine Aufmerksamkeit der Backbordseite zu. *Cyclops* verwandelte sich schlagartig. Das Warten war vorüber, die Kanoniere sprangen zu ihren Lafetten, und die britische Fregatte holte den Spanier ein.

Der Feind lag dicht vor ihrem Backborgbug. Unter Drinkwater bellte eine Bugkanone, und im Großmarssegel des Spaniers erschien ein Loch.

Devaux rannte auf dem Backbord-Seitendeck nach achtern, den Leutnants unten im Batteriedeck Befehle zurufend. Er stieß zu Hope auf dem Achterdeck, wo sie gemeinsam ihren Gegner studierten. Schließlich rief der Kommandant einen Fähnrich heran.

»Meine Empfehlung an Leutnant Keene, und wenn er das Feuer eröffnet, soll er auf das Rigg halten.«

Der Junge krabbelte nach unten. Hope wollte den Spanier bewegungsunfähig schießen, bevor beide Schiffe in der Hitze des Gefechts zu weit nach Lee gerieten, wo die niedrige spanische Küste lauerte und davor die Untiefe von St. Lucar.

»Mr. Blackmore!« Hope rief jetzt den Navigator heran.

»Sir?«

»Die Untiefe von St. Lucar – wie weit noch?«

»Zwölf bis sechzehn Meilen, Sir«, antwortete der alte Mann nach einem Augenblick der Besinnung.

»Sehr gut. Schicken Sie einen Maat in den Vortopp. Ich will sofort informiert werden, wenn das Flach gesichtet wird.«

Ein Steuermannsmaat enterte auf und kam an Drinkwater vorbei, der ihn mit einer Frage aufhielt.

»Der Alte macht sich Sorgen über die Untiefen in Lee«, klärte ihn der Maat auf.

»Oh!« sagte Drinkwater, nach vorn blickend. Aber alles, was er sehen konnte, war eine Wüste aus schwarzem und silbernem Wasser, Wolkenfetzen vor dem Mond und Gischtfetzen, die von nach Lee brechenden Wellenkämmen gerissen wurden.

In der Backbordbatterie gab das Quietschen der Lafetten davon Kunde, daß die Männer mit Handspaken ihre Kanonen gegen den Feind ausrichteten. Die spanische Fregatte war noch vor *Cyclops,* aber wenn sie querab stehen würde, mußte der Abstand etwa zwei Kabellängen betragen.

»Klar zum Feuern!«

Der Befehl lief das dunkle Batteriedeck entlang. Im Mastkorb prüfte Drinkwater die Drehbasse. Unter dem Fußliek des Marssegels hindurch konnte er die hohen Heckaufbauten des Spaniers sehen. Tregembo schwang die Drehbasse herum und zielte dorthin, wo er die spanischen Offiziere vermutete. Die anderen Matrosen spannten ihre Musketen und peilten den Mastkorb im Kreuzmast des Gegners an, wo, wie sie wußten, wiederum spanische Soldaten auf die britischen Offiziere zielten.

Die spanische Fregatte stand nur noch zwei Strich vorlicher als Backbord querab. In der Dunkelheit des Batteriedecks peilte Leutnant Keene, der die Backbordbatterie der Zwölfpfünder kommandierte, über den Lauf der hintersten Kanone. Wenn sie auf das Heck des Feindes zeigte, mußten alle seine Kanonen auf die Fregatte zielen.

Ein Fähnrich tauchte vor ihm auf und meldete: »Empfehlung des Kommandanten, Sir, und Sie dürfen Feuer eröffnen, wenn alle Kanonen das Ziel aufgefaßt haben.« Keene bestätigte und blickte das Deck entlang. An das Zwielicht gewöhnt, konnte er die lange Reihe der Kanonen unterscheiden, die nur hier und dort von Laternen beleuchtet wurde. Die Männer kauerten um die Lafetten herum, gespannt auf den Feuerbefehl wartend. Die Stückführer blickten, ihren Luntenstock umklammernd, aufmerksam in seine Richtung. Alle Kanonen waren mit Kartätschen und Kugeln geladen . . .

Ein zerrissener Feuerblitz zuckte an der Bordwand des Spaniers auf, aber der Donner seiner Breitseite wurde vom Sturm fortgerissen. Mehrere Kugeln trafen *Cyclops'* Rumpf, große Eichensplitter losreißend, die wie Lanzen durch die überfüllten Decks flogen. Ein Mann schrie, ein anderer wurde vom Deck hochgerissen; sein blutiger, zu Brei geschlagener Korper klatschte gegen eine Kanone.

Oben in den Bramsegeln taten sich Löcher auf, und dem Steuermannsmaaten, der auf der Vormarsrah ritt, riß eine in unmittelbarer Nähe vorbeifliegende Kugel die Schuhe von den Füßen. Knallend brachen einige Tampen, die Großroyalrah kam mitsamt dem untergeschlagenen Segel krachend von oben.

Den Toppsgasten wurde befohlen, die losen Teile zu sichern.

Währenddessen spähte Keene immer noch aus seiner hintersten Stückpforte. Er sah nichts außer See und Himmel. Die Nacht war erfüllt vom Heulen des Sturms und dem Zischen der See.

Dann rückte das Heck der spanischen Fregatte in sein Blickfeld, dunkel und furchteinflößend; eine weitere ungleichmäßige Breitseite züngelte aus ihrer Seite. Keene trat zurück und wartete den höchsten Punkt der Rollbewegung ab: »Feuer!«

VIERTES KAPITEL

Januar 1780

Die spanische Fregatte

Fregatten unterschieden sich zwar in Größe und Bauausführung, aber im allgemeinen verfügten sie über ein Batteriedeck, das sich über die ganze Schiffslänge erstreckte. Vor einer Schlacht wurden die Schotte, die die Unterkünfte des Kommandanten und der Offiziere trennten, vorübergehend abgebaut. Über dem Batteriedeck erstreckte sich das Achterdeck bis fast zum Fuß des Großmasten, von dort wurde das Schiff gesteuert. Einige leichte Kanonen und Waffen zur Bekämpfung der gegnerischen Mannschaft standen ebenfalls auf dem Achterdeck. Vom Bug bis hinter den Vormast verlief das gleichfalls erhöhte Vordeck, auch Back genannt. Back und Achterdeck waren an beiden Bordseiten mit hölzernen Laufplanken verbunden, den Seitendecks; sie verliefen über dem hier offenen Batteriedeck, der sogenannten Kuhl. Der freie Raum zwischen den Seitendecks war mit Balken überbrückt und nahm die Klampen für die Beiboote auf; deshalb war die Ventilation für das Batteriedeck, vorsichtig ausgedrückt, mangelhaft.

Als die Backbordbatterie das Feuer eröffnete, verwandelte sich der beengte Raum ihres Decks in eine brüllende Hölle. Die Mündungsfeuer tauchten die Szene jäh in grelles Licht, um sie sofort wieder in schwarze Finsternis versinken zu lassen. Trotz der kalten Jahreszeit waren die Körper der Seeleute bald schweißüberströmt. Sie wischten die Rohre aus, luden und schossen. Der Abschußlärm und das Rumpeln der Lafetten beim Rückstoß waren ohrenbetäubend. Die Männer arbeiteten in dichten Klumpen um ihre Kanone gedrängt, die Leutnants und Steuermannsgehilfen kontrollierten die Zielrichtung, als vom Salventakt zum Einzelfeuer übergegangen wurde. Über die mit Sand bestreuten Decks flitzten die Pulveräffchen, kleine unterernährte Bengel, die vom düsteren Batteriedeck nach unten hasteten, wo der Stückmeister in seinen Filzschuhen über das geheimnisvolle alchemistische Reich der Kartuschenherstellung herrschte.

An den Niedergängen standen Marinesoldaten mit aufgepflanztem Bajonett und geladenen Musketen. Sie hatten den Befehl, jeden – mit Ausnahme von Meldegängern und Sanitätern – zu erschießen, der nach unten wollte. Panik und Feigheit wurden so im Keim erstickt. Nach unten gelangte man nur mittels einer Bahre, auf dem Weg zum Chirurgen Mr. Appleby und seinen Sanitätsgasten. Jener besaß wie der Stückmeister sein eigenes Reich, und zwar im Lazarett der Fregatte. Die Seekisten der Fähnriche bildeten die Kulisse für den Operationssaal. Mit Segeltuch bedeckt, waren sie auch der Operationstisch, auf dem es dem Arzt freistand, die Untertanen Seiner Majestät zu schlachten. Wenige Fuß über dem Pestilenzgestank der mit Ratten verseuchten Bilge, in einer stickigen, beengten Atmosphäre, die nur von ein paar blakenden Öllampen erhellt wurde, lagen die verwundeten Männer, um Linderung zu finden, und taten statt dessen meist ihren letzten Schnaufer.

Cyclops feuerte sieben Breitseiten, bevor die beiden Schiffe längsseits geschoren waren. Die Spanier feuerten mit wachsender Unregelmäßigkeit zurück, da die britischen Kanonen mit fürchterlicher Präzision das Gefüge ihres Schiffes zerschlugen. Immerhin schossen sie *Cyclops* den Kreuzmast über den oberen Salingen weg. Tauwerk riß, und das Großbramsegel, an einigen Dutzend Stellen durchschossen, löste sich plötzlich in ein flatterndes, schlagendes Durcheinander von zerrissenem Segeltuch auf, als der Sturm das Werk beendete, das die Kugeln begonnen hatten.

Dann plötzlich waren beide Fregatten auf gleicher Höhe, die See rauschte schwarz zwischen ihnen. Der Mond trat hinter einer dunklen Wolke hervor. Einzelheiten beim Gegner ätzten sich in Drinkwaters Gedächtnis ein. Er konnte Männer in den Mastkörben sehen, Offiziere auf dem Achterdeck und die Betriebsamkeit der Stückmannschaften auf dem Oberdeck. Eine Gewehrkugel klatschte in den Mast über ihm, dann noch eine und noch eine.

»Feuer!« schrie er unnötig laut seinen Freunden zu. Auch hinter ihm, im Großmastkorb, wurde das Feuer eröffnet, und dann feuerte Tregembo seine Drehbasse ab. Drinkwater sah, wie ihr Schrothagel das Deck des Spaniers aufriß. Er beobachtete fasziniert, wie ein Mann, marionettenhaft in der bizarren Beleuchtung, sich in einem wachsenden dunklen Fleck an Deck wand. Jemand rempelte Drinkwater an und lehnte sich dann gegen den Mast. Wo das rechte Auge des Mannes gewesen war, klaffte ein schwarzes Loch. Drinkwater packte seine Muskete und zielte auf eine schattenhafte Gestalt im Großmastkorb des Feindes, die mit Nachladen beschäftigt war. Kaltblütig wie beim Jahrmarktschießen zog er den Abzug durch. Der Feuerstein blitzte, und der Musketenkolben schlug gegen seine Schulter. Der Mann fiel.

Tregembo hatte die Drehbasse neu geladen. Der Mond verschwand gerade hinter den Wolken, als sie abermals aufbrüllte.

Die Druckwelle einer schrecklichen Explosion ging über beide Schiffe hinweg und ließ die Kämpfenden kurz innehalten. Weiter unten im Süden hatten sechshundert Männer aufgehört zu existieren, als das Siebzig-Kanonen-Schiff *Santo Domingo* in die Luft flog. Feuer war in das Pulvermagazin gelangt.

Die Unterbrechung durch die Explosion erinnerte sie an die anderen Schiffe, die weiter südlich im Kampf standen. Drinkwater lud seine Muskete neu, aber keine feindlichen Kugeln pfiffen mehr um ihn herum. Den Lauf senkend, blickte er auf. Der Großmast des Spaniers neigte sich in einem unnatürlichen Winkel nach vorn. Stage brachen, und die großen Spieren stürzten, den Besan mit sich ziehend. *Cyclops* zog vorbei.

Hope und Blackmore starrten besorgt nach achtern, wo der angeschlagene Spanier rollte. Riggteile hingen ihm über die Seite, während er nach Steuerbord herumschwang. Wenn der spanische Kommandant schnell reagierte, konnte er *Cyclops* jetzt der Länge nach bestreichen, ihr eine ganze Breitseite in das empfindliche Heck jagen. Die Kugeln würden auf ihrem Weg durch die überfüllten Decks Fürchterliches anrichten. Es war der Alptraum jedes Kommandanten, so beharkt zu werden, insbesondere von achtern, wo die verletzlichen Heckfenster den feindlichen Kugeln keinen Widerstand bieten konnten.

Die treibenden Riggteile zogen den Spanier herum. Eine seiner Backbordkanonen feuerte, und Splitter spritzten über das Achterdeck der *Cyclops*. Jedenfalls hatte jemand drüben die Gelegenheit erkannt.

Cyclops luvte an, um auf Parallelkurs zu kommen, aber ihr Besansegel barst unter dem Beschuß, dann ging die Kreuzmaststenge über Bord, und *Cyclops* verlor die Stütze, derer sie bedurft hätte, damit auch das Heck herumschwang.

Es war eine vergleichsweise kümmerliche Breitseite gewesen,

aber ihre Wirkung war nicht weniger tödlich als die der Briten. Obwohl schon fast eine Viertelmeile entfernt, hatte der Feind mit erschreckendem Erfolg zurückgeschlagen. Während Kapitän Hope mit Devaux den Schaden besichtigte, kam der Warnruf: »An Deck! Brandung in Lee!«

Die britische Fregatte war durch den Verlust der achteren Segel ihrer Manövrierfähigkeit beraubt. Auf dem Achterdeck gab es besorgte Gesichter. Die Offiziere schauten nach oben. Der Kreuzuntermast stand noch, er war etwa sechs Fuß unter seinem Topp gebrochen. Riggteile hingen über die Backbordseite und zogen das Schiff in diese Richtung, während der Sturm in den Vorsegeln es weiterhin unerbittlich auf die Untiefe von St. Lucar zuschob. Äxte waren schon im Einsatz, um die Whuling zu klarieren.

Hope sah eine Chance und ließ das Ruder hart überlegen, um die Drehung nach Backbord zu vollenden. Devaux blickte voraus und dann den Kommandanten an.

»Lassen Sie das Kreuzsegel setzen, ein neues Besansegel anschlagen und das Vormarssegel aufgeien!« befahl dieser ihm knapp. Der Erste Offizier rannte nach vorn und rief dabei nach den Toppsgasten, nach jeder Hand; er zog die Mannschaften der Oberdeckkanonen mit sich und schickte Bootsmannsgehilfen in verschiedene Richtungen aus ...

Männer eilten in die Takelage, verschwanden unter Deck, flitzten und hasteten unter den sich überschlagenden Anweisungen des Ersten.

»Wheeler, lassen Sie Ihre Seesoldaten die Bagienrah brassen!«

»Aye, aye, Sir!«

Wheelers Männer stampften mit den Brassen längs Deck, als die Toppsgasten das Segel ausschütteten. Ein Steuermannshelfer löste die Luvschot und holte sie mit Hilfe eines anderen durch, während zwei oder drei Matrosen unter Leitung eines Bootsmannsgehilfen die Geitaue und Gordings lösten. Das große weiße Segel explodierte förmlich im Mondlicht. Es schlug wild im Sturm, dann straffte es sich, und *Cyclops* begann zu drehen.

Von seinem Mastkorb aus konnte Drinkwater nun die Untiefe sehen: eine graue Linie voraus, etwa vier oder fünf Meilen entfernt. Dann merkte er, daß er von unten angerufen wurde: »An Vortopp!«

»Aye, Sir?« Er schaute über den Rand und sah den Ersten Offizier heraufblicken.

»Entern Sie auf und bergen Sie das Marssegel!«

Drinkwater blickte hoch und sah, daß das Vormarssegel schon einzufallen begann, da die Schoten gefiert wurden und Geitaue und Gordings es unter die Rah holten. Es schlug fürchterlich, und das Zittern des Mastes war ein Zeichen dafür, daß viele seiner Stage weggeschossen sein mußten.

Tregembo war schon in den Wanten, als Drinkwater den heimischen Mastkorb verließ, beschwingt von der irrwitzigen Erregung dieser Nacht. Als der Kampf mit dem Segel beendet war, lag Drinkwater erschöpft über der Rah. Hunger und Kälte quälten ihn. Er blickte nach Steuerbord. Die weiße Brandungslinie der Sandbank schien nun sehr nahe zu sein, *Cyclops* rollte schon im Schwell, der sich im flacheren Wasser aufbaute; aber sie segelten nun mit halbem Wind etwa parallel zur Untiefe. Die Abdrift würde sie zwar noch weiter nach Lee versetzen, aber sie hielten wenigstens nicht mehr vierkant auf die Barre zu.

Im Süden und Westen ließen dunkle Schatten und Blitze erkennen, wo die beiden Flotten kämpften. Nahebei – nun an Backbord – rollte die spanische Fregatte, quer zum Wind und zur See liegend. Sie trieb in Richtung Untiefe.

Eine Gruppe pulvergeschwärzter, erschöpfter Männer vom Batteriedeck mühte sich, den Reservebesan an Deck zu ziehen. Die lange harte Segeltuchwurst schlängelte sich aus der Last. Dreizehn Minuten später stieg das neue Segel an den unbeschädigten Spieren hoch.

Cyclops war wieder unter Kontrolle. Das Kreuzsegel wurde geborgen, die Schoten der Vorsegel wurden gefiert. Ihr Bugspriet zeigte wieder in Richtung Untiefe, als Hope halsen ließ, um mit Steuerbordhalsen zu dem immer noch hilflos rollenden Spanier zurückzusegeln.

Die britische Fregatte lief vor dem Wind, dann schwang ihr Bugspriet von der Untiefe weg. Der Wind kam zunächst über das Steuerbordachterschiff ein, dann von dwars. Die Rahen wurden angebraßt, die Vorsegel dichtgeholt. Der Wind heulte über den Steuerbordbug, stärker nun, da sie gegenan liefen. *Cyclops* setzte in eine See ein, und ein Gischtschauer überschüttete sie. Halbnackte Kanoniere eilten unter Deck zu ihren Waffen.

Hope gab Befehl, *Cyclops* wieder ins Gefecht zu führen; sie näherten sich dem Widersacher, ihn langsam in Lee lassend.

Die Kanonen donnerten wieder, und der Spanier feuerte zurück. Devaux fragte Blackmore, das Krachen überschreiend: »Warum ankert er nicht?«

»Damit wir mit Halbwind vor ihm auf und ab segeln und ihn beharken können?« höhnte der ältere Mann.

»Was bleibt ihm aber anderes übrig? Außerdem können wir nicht beliebig lange hier herumhängen. Was wir brauchen, ist Luvraum...«

Hope hatte zugehört. Von der unmittelbaren Gefahr befreit, nun da er sein Schiff wieder unter Kontrolle hatte, irritierte ihn diese Unterhaltung.

»Ich möchte Sie dringlichst ersuchen, jenes Schiff zu bekämpfen, Mr. Devaux, und *mir* die taktischen Entscheidungen zu überlassen.«

Devaux verstummte. Er blickte mürrisch zu dem Spanier hinüber und wurde von Hopes nächstem Befehl überrascht: »Geben Sie eine Schlepptrosse aus der achtersten Stückpforte, schnell Mann, schnell!« Zuerst verstand Devaux nicht, dann brach der Mond wieder hervor, und der Blick des Ersten folgte Hopes zeigender Hand: »Sehen Sie!«

Das Rot und Gold Kastiliens war vom Heck verschwunden, die spanische Fregatte hatte die Flagge gestrichen.

»Feuer einstellen! Feuer einstellen!«

Cyclops' Kanonen verstummten, als sie am Feind vorbeistampfte. Die Kanoniere brachen nach der Anstrengung fast zusammen, aber Devaux war, jeden Widerspruch vergessend, schon wieder unter ihnen und trieb sie zu weiteren Taten an. Er brüllte Befehle, und Bootsmannsgehilfen schwangen ihre Tauenden. Die Nachricht, daß sich der Spanier ergeben hatte, verbreitete sich blitzschnell. Die Mattigkeit schwand im Nu, denn wenn das Schiff vor der Strandung gerettet werden konnte, war es ihre Prise.

Sogar der aristokratische Devaux verstand die Habsucht seines Kommandanten. Die Chance, sein armseliges Erbteil zu mehren, wollte er mit Eifer nutzen. Er ertappte sich dabei, daß er hoffte, *Cyclops* möge keinen zu schweren Schaden angerichtet haben...

Auf dem Achterdeck ließ Kapitän Hope die Vorhaltungen des Navigators über sich ergehen. Er war die einzige Person, die das Recht hatte, den Entscheidungen des Kommandanten zu widersprechen. Aus der Sicht des Navigators protestierte Blackmore energisch gegen das gefährliche Manöver, mit dem die Fregatte in

Schlepp genommen werden sollte, nicht mehr als zwei Seemeilen von einer gefährlichen Untiefe entfernt.

Aber die Anstrengungen der Nacht hatten die Männer unterschiedlich belastet. Wovon sich Blackmore verbittert abwandte, das war für Hope eine letzte Gelegenheit. Viele verlorene Jahre lang hatte er auf solch eine fette Prise gehofft, deshalb opferte er seine Vorsicht der Versuchung. Nach einem Leben im Dienst, das ihm konsequent alle Illusionen geraubt hatte, hielt das Schicksal nun einen Geldpreis von enormer Größe für ihn bereit. Dazu mußte er nur das Fachwissen anwenden, das die Jahre auf See ihn gelehrt hatten.

»Lassen Sie bitte halsen, Mr. Blackmore!« Der Kommandant drehte sich um und stieß gegen eine kleine Gestalt, die erschreckt zurückfuhr.

»Ent... Entschuldigung, Sir.« Drinkwater war aus dem Mastkorb niedergeentert, nun salutierte er.

»Was gibt's?«

»Das Flach ist eine Meile in Lee, Sir.«

Eine Minute lang studierte Hope das junge Gesicht; er sah einen Hoffnungsschimmer. »Danke, Mr. äh...«

»Drinkwater, Sir.«

»Richtig. Bleiben Sie bei mir; mein Läufer ist gefallen.« Der Kommandant zeigte auf die Überreste des zwölfjährigen Fähnrichs. Der Anblick des kleinen, zerbrochenen Körpers ließ Drinkwater schwindlig werden. Ihm war kalt, außerdem hatte er Hunger. Aber er wußte, daß die Fregatte vor dem Wind zu dem zerschossenen Spanier lief.

»Der Erste Offizier ist im Batteriedeck. Sehen Sie nach, wie weit er mit seinen Vorbereitungen ist.«

Verständnislos eilte Drinkwater nach unten. Im düsteren Batteriedeck herrschte betriebsame Ordnung. Hundert Kanoniere mannten eine riesige Trosse nach achtern. Drinkwater entdeckte den Ersten Offizier ganz hinten und lieferte seine Frage ab. Devaux grunzte und befahl dann, über seine Schulter blickend: »Folgen Sie mir!«

Sie rannten beide zum Achterdeck zurück. »Wir sind nahezu fertig, Sir«, meldete Devaux, auf den Kommandanten zuschreitend. Er zog seinen Degen, schnitt das Logscheit von der Leine ab und rief Drinkwater heran.

»Schieß das klar zum Laufen auf, junger Spund.« Er deutete auf die lange Logleine, die aufgerollt in ihrem Korb lag. Einen Augenblick stand der Junge unschlüssig davor, dann begann er, die Leine aufzuschießen, wie er es von Tregembo gelernt hatte.

Devaux trieb eine Gruppe Matrosen an, die eine Rolle vierzölliger Leine nach achtern brachten. Er beugte sich über die Heckreling, jemandem unten zuschreiend und ein Ende der Leine schwingend. Schließlich wurde das Ende ergriffen, nach innen gezogen und an der schweren Trosse angesteckt. Devaux richtete sich auf. Ein Seemann nahm die Logleine und befestigte sie an der vierzölligen Leine.

Devaux schien zufrieden. »Banyard«, sagte er zu dem Matrosen, »du wirfst die Leine zum Spanier hinüber, sobald ich's sage.«

Cyclops näherte sich der verkrüppelten Fregatte. Sie erschien Drinkwater unglaublich groß, wenn sie sich auf den Wellen 15 bis 20 Fuß über ihnen auftürmte. Ihr Bugspriet hob und senkte sich, schabte an *Cyclops'* Bordwand entlang, bis sie auf ihrer Back Gestalten ausmachen konnten. Wenn der Besan jetzt wieder zerriß, war *Cyclops* verloren, denn dann wurde sie manövrierunfähig und mußte vor dem Sturm abfallen. Der Bugspriet zeigte wieder nach oben, krachte dann nach unten, als die Fregatte in ein Wellental fiel. Er traf die Heckreling von *Cyclops* und wurde dort einen Augenblick festgehalten; dann befreite er sich mit einem splitternden Geräusch. Auf ein Signal von Devaux hin warf Banyard die Leine flink hinüber, sie verfing sich in den Schnitzereien des Bugspriets, der immer noch auf das Heck des Briten zeigte.

»Mir nach, Junge!« rief Devaux. Damit packte er die Spiere und zog sich mit stoßenden Beinen auf diese herauf. Ohne nachzudenken, getrieben von der Macht des Befehls, folgte ihm Drinkwater. Unter ihnen driftete *Cyclops* vorbei und achteraus.

Der Wind riß an Drinkwaters Rockschößen, als er vorsichtig hinter Devaux auf der Spiere an Bord rutschte. Herumhängende Riggteile boten ihnen genug Halt, und es dauerte nicht lange, dann stand er mit seinem Vorgesetzten auf der Back des Spaniers.

Ein aufgeputzter Offizier machte einen Kratzfuß vor Devaux und reichte ihm seinen Degen. Aber der Erste – ungeduldig angesichts der Untätigkeit der Spanier – ignorierte ihn. Er machte dem Offizier, der die Wurfleine angenommen hatte, ein Zeichen, worauf einige Seeleute die vierzöllige Leine einholten. Der Mond kam wieder hervor, und Devaux wandte sich an Drinkwater. Er nickte in Richtung des sich immer noch nachdrücklich verbeugenden Spaniers. »In Gottes Namen, nehmen Sie den Degen, aber geben Sie ihn gleich wieder zurück – wir benötigen ihre Hilfe.«

So nahm Nathaniel Drinkwater die Kapitulation der Achtunddreißig-Kanonen-Fregatte *Santa Teresa* entgegen. Es gelang ihm, auf dem stampfenden Deck eine ungeschickte Verbeugung zu machen, und so elegant wie möglich gab er die Waffe wieder zurück. Das Mondlicht funkelte auf der blanken Toledoklinge.

Devaux rief wieder: »Männer! Hombres!« Die vierzöllige Leine war jetzt an Bord gekommen, und das Gewicht der dicken Schlepptrosse zog schon daran. Mit wilder Gestik und Mimik drängte Devaux die niedergeschlagenen Spanier zur Aktivität. Er deutete nach Lee: »Muerto! Muerto!«

Das verstanden sie.

In Luv vor ihnen wendete *Cyclops*. Es war lebenswichtig, daß die Schlepptrosse in wenigen Sekunden belegt wurde. Die vierzöllige Leine spannte sich, denn die dicke, zehnzöllige Trosse hatte sich beim Aufhieven unter dem Bug der *Santa Teresa* verhakt.

»Hievt!« brüllte Devaux, außer sich vor Aufregung. *Cyclops* würde den Zug der Trosse spüren und dadurch vielleicht nicht durch den Wind auf den anderen Bug gehen können...

Plötzlich kam die Trosse mit einem Ruck an Deck. Die treibende Lose wurde an Bord gespült, als der Bug von *Santa Teresa* in ein tiefes Wellental fiel.

Drinkwater war erstaunt. Wo sie eben noch so wild gerollt hatten, waren die Seen nun harmlos an der Bordwand gebrochen. Irgend etwas mußte nicht stimmen. Er blickte sich um. Die See leuchtete weiß im Mondlicht und brach sich wie an einem Strand. Sie waren in der Brandung von St. Lucar! Über dem Geheul des Windes, dem Schreien der spanischen Offiziere dröhnte der Donner des Atlantiks, der sich auf die Sandbank warf – ein tiefes, furchteinflößendes Rumoren.

Devaux mühte sich schwitzend mit dem Ende der zehnzölligen Trosse.

»Lassen Sie eine Kanone abfeuern, schnell!« befahl er.

Drinkwater zeigte auf eine Kanone, machte eine beschreibende Handbewegung und sagte: »Bäng!«

Die Matrosen verstanden, schnell war eine Kartusche geladen. Drinkwater ergriff den Luntenstock, der Schuß löste sich. Ängstlich spähte er zu *Cyclops* hinüber. Mehrere Spanier starrten entsetzt nach Lee. »Dios!« sagte einer, sich bekreuzigend. Andere taten es ihm nach.

Devaux atmete langsam auf, denn *Cyclops* hatte erfolgreich gewendet. Die Leine hob sich aus dem Wasser und wurde steif. Es quietschte, und Drinkwater schaute zu *Santa Teresas* Vormast, wo Devaux einen Rundtörn genommen und die Schleppleine beigelascht hatte. Weitere Laschings wurden von den Matrosen aufgesetzt. Die *Santa Teresa* zitterte – als Folge des Schleppens, oder hatte sie Grundberührung? *Cyclops'* Heck stampfte auf und nieder. Die Leine war in der Dunkelheit nicht sichtbar, doch sie blieb belegt, und *Santa Teresa* begann, in den Wind zu drehen. Sehr langsam schleppte *Cyclops* ihren ehemaligen Widersacher nach Südwesten, einen Fuß nach Luv gewinnend für jeden Meter, den sie nach Süden zurücklegte.

Devaux drehte sich zu Drinkwater herum und schlug ihm auf den Rücken. Auf seinem Gesicht erschien ein jungenhaftes Grinsen.

»Wir haben es geschafft, Junge! Bei Gott, wir haben es geschafft!«

Drinkwater sank langsam an Deck nieder, die Bewußtlosigkeit völliger Erschöpfung hüllte ihn ein.

FÜNFTES KAPITEL

Februar–April 1780

Das Böse im Menschen

Rodneys Flotte lag in der Bucht von Gibraltar vor Anker und reparierte ihre Schäden nicht ohne Befriedigung, umgeben von den Beweisen ihres Sieges: die spanischen Schiffe, welche die britischen Farben über ihren eigenen fuhren.

Die Schlacht hatte Don Juan de Langaras Geschwader aufgerieben. Vier Linienschiffe hatten bis Mitternacht die Flaggen gestrichen. Der Admiral auf *Fenix* hatte sich Rodney ergeben, aber *Sandwich* hielt den Druck aufrecht. Gegen zwei Uhr am Morgen des Siebzehnten überholte sie die kleinere *Monarcha* und zwang sie mit einer fürchterlichen Breitseite, ihre Flagge zu streichen. Zu dieser Zeit – *Cyclops* bemühte sich, die *Santa Teresa* freizuschleppen – operierten beide Flotten schon im Flachwasserbereich.

Zwei Siebzig-Kanonen-Schiffe, die *San Julian* und die *San Eugenio,* liefen hilf- und rettungslos auf Grund, wobei entsetzliche Verluste an Menschenleben zu beklagen waren. Den übrigen, Spaniern wie Briten, gelang es, sich nach Luv zu schummeln.

Im Durcheinander, das beim Sichern der Prisen entstand, entkamen ein spanisches Linienschiff und die andere spanische Fregatte. Mit Ausnahme der *San Domingo* und der Entkommenen war Langaras gesamtes Geschwader in Rodneys Hände gefallen: ein harter Schlag für den maritimen Stolz der Spanier, der schon verletzt worden war, als spät im Jahr zuvor die westindischen Schatzschiffe von britischen Freibeutern abgefangen worden waren.

Nun lagen die großen Schiffe friedlich vor Anker. *Fenix* sollte in *Gibraltar* umgetauft werden, und auch andere sollten für die britische Marine angekauft werden. Ihre Anwesenheit besserte die Moral von General Elliotts schwer unter Druck stehender Garnison erheblich und zwang die Belagerer, innezuhalten und nachzudenken. Nach der Flotte war auch der Geleitzug wohlbehalten eingetroffen, und das Heer bewirtete nun die Kameraden von der Marine. Fähnriche jedoch, zumindest jene auf *Cyclops,* dinierten weiterhin an Bord, mit Hartbrot, Erbsenbrei und Salzfleisch.

Während ihres Aufenthalts in Gibraltar wurde *Cyclops* ein glückliches Schiff. Sie hatte ein Flottentreffen ehrenvoll bestanden, und diese Erfahrung machte aus der Mannschaft eine verschworene Gemeinschaft. Die Verluste waren leicht gewesen: vier Tote und einundzwanzig Verwundete, zumeist verursacht durch Splitter und herabfallende Riggteile. Morgens, wenn die Männer an Deck kamen, suchte jeder mit den Augen zuerst die *Santa Teresa.* Die spanische Fregatte war ihr ureigener Ehrenpreis.

Die Männer reparierten die Schäden an *Cyclops* mit Begeisterung, und dies war auch eine Aufgabe, die Drinkwater faszinierte. Die Grundlagen der Seemannschaft, die er sich schon angeeignet hatte, wurden nun durch die Techniken des Maststellens und Aufriggens erweitert. Als Leutnant Devaux dann sein Augenmerk auf die *Santa Teresa* richtete, wurden Drinkwaters Kenntnisse noch weiter vertieft. Der Erste Offizier hatte nach ihren gemeinsamen Erlebnissen auf der gekaperten Fregatte Gefallen an Drinkwater gefunden, in dem er einen eifrigen und intelligenten Schüler fand – wenn sein Magen gefüllt war.

Cyclops' Mannschaft sparte mit keiner Anstrengung, um so viele Schäden wie möglich zu beseitigen, die ihre Kanonen verursacht hatten; das Schiff sollte sich in möglichst gutem Zustand dem Prisengericht präsentieren. Unter dem Vorsitz von Rodneys Vizeadmiral Adam Duncan veranstaltete dieses hochgestellte Gremium vorläufige Besichtigungen der Prisen, bevor die noch brauchbaren Schiffe nach England entlassen wurden. Bis diese Untersuchung vorüber war, arbeiteten die Männer mit wilder Energie.

Die harte Arbeit brachte es mit sich, daß die Fähnriche oft abwesend und kaum jemals alle gleichzeitig an Bord waren. Zum ersten Mal fühlte sich Drinkwater verhältnismäßig frei von Morris' Einfluß. Eingespannt, wie sie alle waren, ergab sich für den älteren Fähnrich kaum eine Gelegenheit, seine jüngeren Kameraden zu schikanieren. Die Aussicht auf enorme Prisengelder erzeugte bei allen eine beschwingte Stimmung, und sogar der verdrehte Morris fühlte etwas von dieser allgemeinen guten Laune. Doch dann war mit einem Schlag Drinkwaters Schonfrist vorbei.

Cyclops lag nun seit elf Tagen in der Bucht von Gibraltar. Die Reparaturen waren beendet, die Arbeiten auf *Santa Teresa* fast abgeschlossen. Die Spieren waren alle vorbereitet, und es wurde Zeit, ihre neuen Marsstengen zu montieren. Devaux hatte nahezu die gesamte Mannschaft auf die *Santa Teresa* mitgenommen, um das Hieven und Holen zu erleichtern. Toppsgäste und Deckshände, Seesoldaten, Kanoniere, Vorschiffsgäste, alle waren an den sorgfältig vorbereiteten Taljen eingeteilt, um das Schiff neu aufzutakeln.

Kapitän Hope weilte mit Leutnant Keene an Land, deshalb hielt nur eine Handvoll Männer unter dem Navigator die Stellung an Bord. Die restlichen Freiwächter schliefen oder faulenzten unter Deck. Eine schläfrige Atmosphäre lag über der Fregatte. Mr. Blackmore und der Bordarzt Mr. Appleby räkelten sich auf dem Achterdeck, sich von den kürzlichen Anstrengungen erholend.

Drinkwater war mit dem Beiboot ausgeschickt worden, um ständige Befehle an etwa ein Dutzend Transporter zu überbringen, die auf der äußeren Reede lagen. Diese Schiffe waren für Port Mahon bestimmt, und *Cyclops* würde sie eskortieren. Als er zu *Cyclops* zurückkehrte, kam er an der *Santa Teresa* vorbei. Der Klang von O'Malleys Fiedel drang über das ruhige Wasser, die schweren Taljen quietschten unter dem Gewicht zweier Spieren, die an den neu gesetzten Masten aufgeheißt wurden. Drinkwater winkte Fähnrich Beale zu, als seine Barkasse das Heck der Fregatte rundete. Das Gelb und Rot der spanischen Flagge streifte die Köpfe der Ruderer, wie sie da so trostlos schlaff unter den britischen Farben herunterhing. Drinkwater legte die Barkasse an die Großrüsten von *Cyclops*.

Mr. Blackmore nahm seine Meldung lustlos zur Kenntnis, und danach ging Drinkwater unter Deck. Er hatte halbwegs gehofft, Morris oben vorzufinden, damit er mit ihm nicht in der Messe zusammentreffen mußte. Seine Abneigung gegen Morris war so tief, daß er lieber wieder an Deck gegangen wäre, als in seiner Gegenwart unten zu bleiben. Morris umgab eine undefinierbare Ausstrahlung, die Drinkwater als abstoßend empfand, ohne eine Erklärung dafür zu wissen.

Im Zwischendeck war es dämmrig und fast still; das Knistern der Balken überhörte Drinkwater. Ein paar Männer saßen an Messetischen, die zwischen den Kanonen aufgeschlagen waren, faulenzten und redeten. Einige schliefen in ihren Hängematten, andere sahen Drinkwater mit müßiger Neugier nach. Aber dann stieß einer, ein fuchsgesichtiger Mann namens Humphries, seinen Nachbarn an. Der große Toppsgast drehte sich herum, aber Drinkwater entging die Bosheit, die in Threddles Augen aufglomm.

Drinkwater stieg ins Orlopdeck hinab und wandte sich nach achtern, wo hinter einer Segeltuchwand die »jungen Herren« der Fregatte wohnten, blind gegen die Drohung, die in der Luft lag. Im Orlopdeck herrschte Dunkelheit, nur unterbrochen von vereinzelt an der Decke schwingenden Laternen, die in der schlechten Luft schwach glühten. Drinkwater erreichte die Leinwandklappe, die von den Fähnrichen als Tür bezeichnet wurde.

Er hielt inne, als sei er gegen eine Wand gelaufen. Zuerst verstand er gar nichts. Dann überflutete ihn die Erinnerung an ähnliche, flüchtig erblickte Szenen. Mit einem Schlag und einem instinktiven Rühren in seinen Lenden traf ihn die volle Erkenntnis.

Er fühlte Übelkeit in sich aufsteigen.

Morris stand, von den Hüften abwärts nackt, über dem hübschen jungen Seemann vom Großmastkorb, der sich über die Seekiste eines Fähnrichs beugte. Es gab keinen Zweifel, was hier vorging.

Einige Sekunden verharrte Drinkwater wie angenagelt und sah den atemlosen Anstrengungen Morris' zu. Dann gewahrte er die Initialen auf der Seekiste: »N. D.« Er drehte sich um und rannte davon, stolperte durch das Orlopdeck, voll Sehnsucht nach der kühlen Frische des Oberdecks.

Aber er rannte vierkant in Threddle hinein, der ihn zurückstieß. Drinkwater taumelte, und bevor er sich fassen konnte, zogen ihn Threddle und Humphries nach achtern. Drinkwater wehrte sich voll panischer Angst gegen das Betreten der gräßlichen Unterkunft, doch Threddle schleuderte ihn vorwärts, und er fiel auf den Rücken. Minutenlang hielt er die Augen krampfhaft geschlossen, dann zwang ihn ein Tritt in die Nieren, sie zu öffnen. Wieder völlig bekleidet, stand Morris über ihm. Threddle und Humphries hielten sich hinter dem Fähnrich. Der hübsche Matrose kauerte in einer Ecke und weinte.

»Was sollen wir mit ihm anstellen, Mr. Morris?« fragte Humphries. Seine Augen glitzerten, als er die Möglichkeiten überdachte. Morris musterte Drinkwater mit verschleierten Augen. Er leckte sich die Lippen, während er diese neue Gelegenheit erwog. Aber vielleicht schreckte ihn etwas in Drinkwaters Ausdruck, möglicherweise war auch sein Verlangen im Moment gestillt, oder er fürchtete die Gefahr, entdeckt zu werden. Jedenfalls kam er schließlich zu einer Entscheidung und beugte sich über Nathaniel.

»Falls«, Morris betonte das Wort, »falls du auch nur ein einziges Wörtchen zu jemandem sagst, werden wir dich töten. Es ist sehr einfach – ein Unfall, du verstehst? Oder vielleicht möchtest du lieber, daß dir unser Freund Threddle hier«, der Matrose drängte sich vor, eine Hand an die Gürtelschnalle legend, »zeigt, was man unter Bumsen versteht?«

Drinkwaters Mund war trocken. Er schluckte mühsam.

»Ich ... Ich verstehe.«

»Dann scher dich an Deck, wo du hingehörst, Speichellecker!«

Drinkwater floh. Die Normalität des Lebens oben schockierte ihn. Als er in der Kuhl ankam, trat Tregembo auf ihn zu und musterte ihn mit einem sonderbaren Blick, aber der Fähnrich war zu verstört, um es zu bemerken.

»Mr. Blackmore fragte nach Ihnen, Sir«, meldete Tregembo.

Drinkwater ging mit klopfendem Herzen nach achtern und versuchte, seine zitternden Gliedmaßen unter Kontrolle zu bringen.

Eine Woche später war die Festung von Gibraltar wieder eng von den belagernden Spaniern eingeschlossen. Rodney hatte die Truppentransporter weiter nach Menorca geschickt und ließ die Einheiten der Kanalflotte unter Konteradmiral Digby in die heimischen Gewässer zurücksegeln. Die bereits leeren Transporter waren ihnen gefolgt. Und nachdem er seine Aufgabe erfüllt hatte, war der Admiral mit Verstärkungen für Westindien weitergesegelt.

Von Gibraltar nach Port Mahon auf den Balearen sind es fünfhundert Meilen. Die kurze Wetterberuhigung war vorbei, der Levante blies ihnen in die Zähne, als *Cyclops* und *Meteor* versuchten, Ordnung unter den Truppentransportern und Versorgungsschiffen zu halten. Der Geleitzug kämpfte sich Kreuzschlag auf Kreuzschlag mühsam nach Luv. Zuerst hielten sie reichlich nach Süden, um den ungünstigen Strom an der spanischen Küste und das Inselchen Alboran zu meiden, dann, nach genug Ost, hielten sie nach Norden, bis die schneebedeckten Gipfel der Sierra Nevada zu sehen waren und Kap Gata gerundet werden konnte. Als mehr Seeraum zur Verfügung stand, zerfiel der Konvoi, und der Geleitschutz hatte alle Mühe, seine Schäfchen beisammen zu halten.

Das Wetter verschlechterte sich. *Cyclops* war ein Jammertal. Feuchtigkeit hing in jedem Winkel des Schiffes, Pilze wuchsen an den nassen Stellen. Die Niedergänge waren verschalkt, aber durch die geschlossenen Stückpforten leckte das Wasser, so daß die Bilgen ständig gelenzt werden mußten. Der Mangel an Ventilation füllte die Wohnräume mit einem fauligen Gestank, der den Männern den Atem stocken ließ, wenn sie unter Deck kamen. Unaufhörlich löste eine Wache die andere ab – vier Stunden Dienst, vier Stunden Freiwache. Das Kombüsenfeuer ging aus, und nur die tägliche Ration Grog und die Furcht vor der Peitsche hielt die Männer aufrecht. Aber trotzdem kam es zu hitzigen Temperamentsausbrüchen, Raufereien waren an der Tagesordnung und viele Namen wurden ins Bestrafungsbuch eingetragen.

Die Lage entspannte sich auch nicht, als *Meteor* signalisierte, daß sie den Konvoi nach Port Mahon hinein begleiten würde, während *Cyclops,* vor der Küste kreuzend, das Löschen der Schiffe abwarten sollte. Obwohl der Kommandant von *Meteor* nur halb so alt war wie Hope, hatte er den höheren Dienstrang. Und seine Schwäche für guten Wein, dunkelhaarige Damen und Tafelfreuden war bekannt. Daher war es *Meteor,* die an einer Boje im Lazaretto Reach festmachte und *Cyclops,* die hart heruntergerefft vor der Küste auf und ab patrouillierte und Ausguck nach spanischen Fregatten hielt.

Am vierten Tag, nachdem der Geleitzug sicher in Port Mahon eingelaufen war, ging Humphries über Bord. Keiner hatte es beobachtet, er fehlte einfach bei der routinemäßigen Musterung, und eine Durchsuchung des Schiffes verlief ergebnislos. Als Drinkwater davon hörte, packte ihn plötzlich die Angst. Morris bedachte ihn mit einem bösartigen Blick.

Am siebten Tag begann sich das Wetter zu beruhigen. Aber die See ersetzte wie üblich das eine Übel nur durch ein anderes, womöglich größeres. Denn gegen Abend schlief der Wind völlig ein und ließ *Cyclops* in einer Dünung aus Südost fürchterlich rollen.

So blieb das Chaos ein treuer Begleiter der Fregatte und machte Fähnrich Drinkwaters Elend voll. Irgendwie erschien ihm das Glücksgefühl, das er in Gibraltar empfunden hatte, völlig unwirklich, ohne Hintergrund. Er fühlte, daß ihn seine eigene treuherzige

Naivität betrogen hatte. Morris' Schmutzigkeiten und seine perversen Busenfreunde aus dem Unterdeck schienen ihm das Schiff zu infizieren wie die Feuchtigkeit und der widerliche Gestank. Für ihn verband sich dies so eng mit dem Gestank übelriechender Körper in beengten, ungelüfteten Räumen, daß er auch später nie diesen Geruch in die Nase bekommen konnte, ohne verschwommen an Morris zu denken. Die Sache hatte einen Namen, Morris hatte ihn mit Stolz benutzt. Aber die konkrete Erinnerung ließ Drinkwater in Schweiß ausbrechen. Er sah überall Anzeichen dafür, obwohl in Wahrheit nur ungefähr ein Dutzend der zweihundertsechzig Männer homosexuell war. Doch für Drinkwater, der vom Fieber der Pubertät geschüttelt wurde, stellten sie eine Bedrohung dar, genährt durch Morris' fortgesetzte Tyrannei und die seiner Handlanger, des Schwergewichts Threddle und seiner Kumpane.

Drinkwater begann, in einem Kokon aus Angst zu leben. Er rang unschlüssig mit sich, hätte das unheilvolle Wissen, das er mit sich herumtrug, gern mit jemandem geteilt.

Endlich von schlechtem Wetter verschont, kreuzte *Cyclops* eine Woche unter angenehmen Bedingungen. Leichte bis frische Winde und wärmere Brisen ließen den März in den April übergehen. Die Fregatte roch besser, als frische Luft durch die Mannschaftsquartiere wehen konnte, und die Räume wurden mit reichlich Essigwasser geschrubbt. Devaux ließ die Decksbauern und Landratten malen und lackieren, bis die Wassergräben karmesinrot glänzten, die hölzernen Täfelungen auf dem Achterdeck strahlten und die Messingbeschläge in der Frühlingssonne funkelten.

Am letzten Märzsonntag hatte Kapitän Hope anstelle des Gottesdienstes die Kriegsartikel verlesen. Drinkwater stand inmitten der anderen Fähnriche, als Hope den grimmigen Katechismus der Admiralität anstimmte. Er fühlte, wie er rot wurde, über seine eigene Schwäche beschämt, als Hope den 29. Artikel verlas:

»Wer in der Flotte das unnatürliche und verabscheuungswürdige Verbrechen der Päderastie oder Sodomie mit einem Mann oder Tier begeht, soll mit dem Tode bestraft werden...«

Drinkwater biß sich auf die Lippen und beherrschte nur mit großer Anstrengung die in seinen Eingeweiden wühlende Furcht. Er mied die Blicke jener, von denen er wußte, daß sie ihn jetzt anstarren würden.

Nach der bedrückenden Erinnerung an die Macht, die in den

Händen des Kommandanten lag, mußten die Mannschaften einem Strafvollzug beiwohnen. Während der vergangenen Schlechtwetterperiode waren zwei Männer als permanente Missetäter aufgefallen. Zwar war Hope kein boshafter Kommandant, und Devaux, mit seinem schlichten aristokratischem Vertrauen, daß man ihm zu gehorchen hätte, drängte nie persönlich auf strikte Bestrafung, da er doch die Lässigkeit so bevorzugte. Er war zufrieden, wenn die Bootsmannsgehilfen das Schiffsvolk von *Cyclops* zur Pflichterfüllung anhielten. Aber diese beiden Männer hatten eine private Vendetta angezettelt, und weder der Kommandant noch der Erste Offizier konnten das durchgehen lassen.

Eine Trommel dröhnte, die Seesoldaten stampften in Hab-acht-Stellung, als die Gräting an den Großmastwanten befestigt wurde. Ein Mann wurde aufgerufen. Bevor er sein Urteil fällte, hatte Hope vergebens versucht, die Gründe für den Streit herauszufinden. Das Unterdeck hielt sein eigenes Gericht und wahrte seine Geheimnisse. Der Mann trat vor, zwei Bootsmannsgehilfen ergriffen ihn und laschten seine Handgelenke an die Gräting. Ein Stück Leder wurde in seinen Mund gepreßt, damit er sich nicht die Zunge durchbiß. Es war Tregembo.

Unter Trommelwirbel schwang ein dritter Bootsmannsgehilfen die geschmeidige neunschwänzige Katze und zog Tregembo das erste Dutzend über; dann übernahm ein anderer das zweite und ein weiterer das dritte Dutzend. Nachdem ein Eimer Wasser über den Unglücklichen gegossen war, wurde er losgeschnitten. Mit einigen Schwierigkeiten schwankte Tregembo zurück auf seinen Platz zwischen den mürrischen Matrosen. Der zweite Mann wurde herausgeführt. Threddle; sein kräftiger Rücken war von früheren Auspeitschungen vernarbt, aber er steckte seine drei Dutzend ebenso tapfer ein wie Tregembo. Als er losgeschnitten wurde, stand er ohne Hilfe da, in seinen Augen glitzerten Tränen und finsterer Haß. Er blickte Drinkwater direkt an.

Der Fähnrich war von der Brutalität der Auspeitschung berührt, aber seltsamerweise hatte dieses Schauspiel ihn weniger betroffen gemacht als die klangvolle Verlesung des 29. Artikels.

Wie viele der Offiziere und Mannschaften hatte er während des Strafvollzugs an etwas anderes gedacht; er konzentrierte sich ganz auf die Reihe Feuerlöscheimer, von denen jeder sorgfältig mit dem königlichen Monogramm bemalt war. Sie schwangen im Takt der Schiffsbewegungen. Er empfand diese Einrichtung als hilfreich bei der Wiedererlangung seines inneren Gleichgewichts. Deshalb war er auf Threddles Blick nicht vorbereitet. Nun fühlte er die dunkle Welle seines Hasses beinahe körperlich. Der Fähnrich wußte nun, daß er auf geheimnisvolle Weise in die Gegnerschaft der beiden Männer verstrickt war, die sich in ständigen Prügeleien manifestiert hatte. Nur unter Schwierigkeiten vermied er eine Ohnmacht. Ein Seemann aber wurde ohnmächtig: der hübsche junge Toppsgast.

Später am Tage ging Drinkwater zu Tregembo, der unter Schmerzen an einem Spleiß arbeitete.

»Es tut mir leid, daß Sie ausgepeitscht worden sind, Tregembo«, sagte er leise. Der Mann blickte auf. Schweiß lief über seine Stirn, denn es war eine Qual für ihn, mit zuschanden geschlagenem Rücken zu arbeiten.

»Sie brauchen sich nicht zu sorgen, Sir«, antwortete er. Dann setzte er gedankenverloren hinzu: »Es hätte aber nicht so weit kommen müssen . . .«

Drinkwater ging weiter und sann über diese letzte, ihm unverständliche Bemerkung nach.

Später in der Nacht frischte der Wind auf. Um vier Uhr früh wurde Drinkwater zur Wache geweckt. In Richtung Niedergang stolpernd, stellte er fest, daß *Cyclops* wieder rollte und stampfte. »Sie werden in Kürze reffen«, murmelte er vor sich hin, in sein Ölzeug schlüpfend, als er an Deck trat. Die Nacht war schwarz und kalt, Spritzwasser schlug ihm ins Gesicht. Er löste Beale ab, der ihn freundlich angrinste.

Eine Viertelstunde nach vier Uhr wurde Befehl gegeben, die Marssegel doppelt zu reffen. Drinkwater enterte auf. Er dachte nicht mehr lange darüber nach, sondern nahm wie selbstverständlich seinen Platz draußen an der Rahnock ein. Nach zehn Minuten war das große Segel gerefft, und die Männer machten sich auf zu den Backstagen, um in der Dunkelheit niederzuentern. Als er von der Rahnock nach innen kam und sein Gewicht auf ein Backstag verlagerte, ergriff eine Hand sein Gelenk.

»Was, zum Teufel . . .?« Er wäre beinahe abgestürzt. Da tauchte ein Gesicht aus der sturmzerrissenen Dunkelheit vor ihm auf. Es war der gutaussehende Toppsgast vom Großmast, und in seinen Augen stand verzweifeltes Flehen.

»Sir! Um Christi willen, helfen Sie mir!« Drinkwater, hundert Fuß über dem schwankenden Deck schaukelnd, fühlte heftigen

Widerwillen bei der Berührung dieses Mannes. Aber trotz der Düsternis sah er Tränen in seinen Augen. Gern hätte er seine Hand befreit, aber seine unsichere Lage ließ es nicht zu.

»Ich bin keiner von ihnen, Sir, ehrlich. Sie zwingen mich dazu . . . Sie machen es mit Gewalt, Sir. Wenn ich mich weigere . . . Dann treten sie mich, Sir.«

Drinkwater fühlte den Brechreiz abklingen. »Treten? Wie meinen Sie das?« Er konnte den Mann kaum verstehen, da die Worte vom Wind nach Lee fortgerissen wurden.

»In die Eier, Sir . . .« schluchzte er. »Um Gottes willen, helfen Sie mir!«

Sein Griff löste sich. Drinkwater schwang sich weg und glitt an Deck. Für den Rest der Wache, während es im Osten dämmerte, und später, als der Tag über der See erstrahlte, wälzte er das Problem. Er sah keine Lösung. Wenn er einem Offizier über Morris Meldung machte, würde man ihm glauben? Es war eine sehr schwerwiegende Anschuldigung. Hatte nicht Kapitän Hope den 29. Artikel verlesen? Auf Sodomie stand der Tod . . . Es war eine schwere, eine schreckliche Beschuldigung, und Drinkwater wand sich unter der Vorstellung, daß er quasi das Werkzeug zur Hinrichtung eines Menschen sein sollte. Morris war schlecht, dessen war Drinkwater sicher, verdorben nicht nur durch seine perversen Neigungen. Aber er war mit dem riesigen Vollmatrosen Threddle verbündet, und wovor würde Threddle schon zurückschrecken?

Drinkwater verstrickte sich immer tiefer in seine Angst und die Unfähigkeit, dem Toppsgasten zu helfen. Er fühlte, daß er seine erste Bewährungsprobe als Offizier zu verlieren drohte . . . An wen konnte er sich nur um Rat wenden?

Da erinnerte er sich an Tregembos Bemerkung. Was hatte er gesagt? Er grub den Satz aus dem hintersten Winkel seines Gedächtnisses: »Es hätte nicht so weit kommen müssen.« Wieso hätte es nicht . . .? Was hatte Tregembo davor gesagt? »Sie brauchen sich nicht zu sorgen.« Das war es! Er, Drinkwater, sollte sich keine Sorgen machen. Zweifel überkamen ihn. Er hatte sein Bedauern ausgesprochen, daß der Seemann ausgepeitscht worden war, aber Tregembo war dafür bestraft worden, weil er Threddle bekämpft hatte. Nun sagte er, daß der Fähnrich sich keine Sorgen zu machen brauche. Tregembo mußte also etwas über die Vorfälle wissen. Hätte es nicht so weit kommen sollen, daß Drinkwater sich sorgen mußte? Würde das Unterdeck seine eigene rauhe Gerichtsbarkeit ausüben? War das Urteil bereits gefällt und an Humphries vollstreckt worden?

Plötzlich fiel es Drinkwater wie Schuppen von den Augen, dabei hatte er es längst geahnt. Threddles Blick hatte ihn für seine Auspeitschung verantwortlich gemacht, und im Unterbewußtsein hatte er auch die Verantwortung für Tregembos Schmerzen übernommen.

Er beschloß, mit Tregembo zu sprechen.

Bei der zweiten Hundewache ergab sich eine Gelegenheit dazu. Er rief Tregembo beiseite unter dem Vorwand, die Logge für Mr. Blackmore überholen zu wollen.

»Tregembo«, begann er vorsichtig, »warum haben Sie mit Threddle gekämpft?«

Tregembo schwieg einen Moment, dann seufzte er und fragte: »Warum wollen Sie das wieder aufrühren, Sir?«

Drinkwater atmete tief ein. »Wenn es sich um das dreht, woran ich denke, ist es auch eine Angelegenheit der Fähnriche, nicht nur des Unterdecks . . .«

Er beobachtete, wie sich Tregembos verwirrtes Gesicht straffte, als er sich entschloß. »Ich weiß alles, Sir«, sagte er ruhig und blickte offen in Drinkwaters Augen. »Ich habe gesehen, was sie in Gibraltar mit Ihnen gemacht haben, Sir.« Nun war es an Drinkwater, verlegen zu werden. »Ich wurde durch Zufall Zeuge.« Tregembo errötete, dann fuhr er mit entwaffnender Einfachheit fort: »Deshalb habe ich das mit Humphries erledigt.«

Drinkwater war schockiert. »Sie haben Humphries ermordet?«

»Er rutschte aus, und ich habe ein wenig nachgeholfen.« Tregembo zuckte die Achseln. »Auf dem Klüverbaum, Sir. Er war keinen Schuß Pulver wert«, ergänzte er, um Drinkwaters offensichtlichen Schrecken zu mildern.

Aber der Fähnrich verdaute die Neuigkeit nur langsam. Die Last hatte sich verdoppelt, die er zu teilen gedacht hatte. Sein Respekt vor dem Gesetz, tief verwurzelt durch seine Erziehung, hatte sich erneut als weltfremd erwiesen. Tregembos Skrupellosigkeit war eine neue Erfahrung für ihn, und sein Gesicht verriet seine Betroffenheit.

»Machen Sie sich keine Sorgen, Mr. Drinkwater. Wir sind an Schwule und ihre Intrigen gewöhnt. Die meisten Schiffe haben welche, aber wir mögen es nicht, wenn sie nicht unter sich bleiben.« Er deutete auf den hübschen jungen Matrosen, der mittschiffs eine Leine aufschoß. Dieser blickte in ihre Richtung, und in seinen Augen stand ein verzweifelter Hilferuf, als kenne er den Inhalt der Unterredung, die sechzig Fuß entfernt geführt wurde.

»Der junge Sharples ist ein guter Toppsgast, aber von ihnen eingeschüchtert worden. Wenn Sie gesehen hätten, was sie ihm angetan haben ...« Tregembo griff in die Tasche und steckte sich ein Stückchen Kautabak in den Mund. »Er wird nicht mehr lange warten müssen«, schloß er grüblerisch.

Drinkwater blickte Tregembo nur scharf an.

»Das Unterdeck wird sich um seine Probleme kümmern, Sir, aber Mr. Morris ist Ihr Problem. Fähnrichsmessen haben gewöhnlich ihre eigene Justiz, Sir.« Tregembo machte eine Pause, während er Drinkwaters körperliche Unterlegenheit abschätzte. »Sie sind doch in der Überzahl – oder, Sir?«

Die Logleine war sauber im Korb aufgeschossen, und Tregembo erhob sich. Er ging nach vorne und berührte grüßend seine Stirn mit den Knöcheln, als er den Ersten Offizier passierte. Drinkwater blieb an der Heckreling stehen, mit starrem Blick nach achtern schauend, ohne etwas zu sehen. Er empfand keine Scham darüber, daß er allein mit Morris nicht fertig werden konnte, aber die Vorstellung stimmte ihn traurig, daß solch ein Mann nicht nur ihn und die anderen Fähnriche terrorisieren konnte, sondern auch den unglücklichen Sharples. In dieser Welt gab es so viele Dinge, die er nicht verstand, die im Widerspruch zu dem Bild standen, das ihm Bücher und Schule eingeprägt hatten. Vielleicht ... aber nein, es war unmöglich.

Er drehte sich um. *Cyclops* lag in ganzer Länge vor ihm. Devaux und Blackmore standen am Fuß des Kreuzmastes, den Besanbaum und sein Segel über ihren Köpfen. Es war ein sehr schönes Ding, das Schiff, dieses Produkt aus menschlichem Leistungsvermögen und Eroberungswillen. Die Menschheit strebte vorwärts, in eine ungewisse Zukunft, koste es, was es wolle. Aus dieser Entschlossenheit, die so perfekt von der Fregatte verkörpert wurde, bezog Drinkwater die Kraft, das zu tun, was er als richtig erkannt hatte.

Sechstes Kapitel

Mai 1780

Prisengeld

Die Fregatten Seiner Britannischen Majestät *Meteor* und *Cyclops* geleiteten ihre Schutzbefohlenen in der letzten Maiwoche des Jahres 1780 nach Spithead hinein. Gerade waren Neuigkeiten von den Westindies eingetroffen: Admiral Rodney hatte am 17. April eine große Seeschlacht mit De Guichen vor Martinique geschlagen. Aber sie hatte keine Entscheidung gebracht, und es gingen Gerüchte um, daß Rodney seine Kommandanten wegen Gehorsamsverweigerung vor ein Kriegsgericht stellen wollte.

Diese Neuigkeit, obwohl für den Fortgang des Krieges von großer Wichtigkeit, war für *Cyclops'* Besatzung von zweitrangiger Bedeutung. Die ganze langweilige Reise vom Mittelmeer herauf hatte das Schiff vor Spekulationen über den Wert der Prise gesummt. Es gab niemanden an Bord, der sich nicht Luxus oder großartige Ausschweifungen erträumte, ermöglicht dank des Ankaufs der *Santa Teresa* durch die Royal Navy. Für Henry Hope bedeutete das Prisengeld Sicherheit im Alter, für Devaux den Wiedereintritt in die Gesellschaft und hoffentlich eine vorteilhafte Heirat. Männer wie Morris, Tregembo und O'Malley phantasierten von ungeahnten Besuchen in den Tempeln des Bacchus und der Aphrodite.

Aber als die beiden Fregatten und ihr leerer Geleitzug nordwärts segelten, verflog die erste Erregung. Andere Erwägungen wurden laut, zum Beispiel, wieviel klingende Münze wirklich dabei herausschauen würde, und noch wichtiger: wieviel jeder von ihnen bekommen würde. Gerüchte, Spekulationen und Mutmaßungen fluteten durch das Schiff wie Wind durch ein Kornfeld. Die vage Bemerkung eines Offiziers wurde von einem Quartermaster aufgeschnappt, ins Unterdeck weitergegeben und ließ dort die Wogen erneut hochbranden, durch nichts anderes ausgelöst als durch Wunschdenken. Erst im vergangenen Jahr hatten Fregatten wie *Cyclops* die jährliche spanische Schatzflotte aus Westindien aufgebracht. Das hatte ihre Kommandanten unwahrscheinlich wohlhabend gemacht; sogar die einfachen Seeleute hatten eine Summe von 182 Pfund erhalten. Aber es waren nicht nur Visionen von ungeahntem Reichtum, die die Gemüter der Besatzung bewegten. Als die Fregatte nordwärts zog, kamen auch andere Gerüchte in Umlauf. Vielleicht war die *Santa Teresa* von den Spaniern zurückerobert worden, die Gibraltar wieder belagerten? War sie durch Granatfeuer versenkt oder in Brand gesteckt worden?

Und wenn die Spanier sie schon nicht zurückerobern konnten, würden sie dann nicht zumindest ihre Ehre dadurch wieder herzustellen versuchen, daß sie einige der Prisen in der Bucht von Gibraltar zu zerstören trachteten? Trübsinn breitete sich auf *Cyclops* aus, und im Verlauf der Tage wurde das Thema Prisengeld immer seltener erwähnt. Als dann Kap Lizard in Sicht kam, war das Thema zum Tabu geworden. Ein merkwürdiger Aberglaube hatte Mannschaft und Offiziere ergriffen. Sie glaubten, wenn sie das Thema erwähnten, würde ihre Gier den Zorn des Schicksals herausfordern, jenes Schicksals, das ihr Leben mit solch willkürlicher Strenge beherrschte. Kein Seemann konnte, unabhängig von Stand oder Rang, der philosophischen Maxime zustimmen, daß Atropos, Lachesis oder Clotho und ihre irdischen Vertreter unparteiisch handelten. Seine eigenen Erfahrungen bewiesen ihm fortgesetzt das Gegenteil: Stürme, Schlachten, Leckagen, Entmastungen, Krankheit und Tod, höhere Gewalt, Verfügungen der Admiralität wirkten alle zusammen, um die Seefahrt unerträglich zu machen. Alle schienen nur ein Ziel zu haben, nämlich mit dem vollen Gewicht ihres Zorns den Seemann zu treffen. Entbehrungen waren ein selbstverständlicher Teil des Lebens, und schon der schiere Anschein einer goldenen Leiter zu Wohlstand und Müßiggang wurde mit tiefem Mißtrauen betrachtet.

Als dann *Cyclops'* Ankertrosse mit ihrem Buganker vor Spithead aus der Klüse rauschte, wagte es keiner mehr, den Namen *Santa Teresa* auch nur zu erwähnen. Aber als der Erste Offizier die Bootsmannschaft des Kommandanten ausrufen ließ, gab es auch keinen an Bord, dessen Herz nicht schneller schlug.

Hope war drei lange Stunden vom Schiff abwesend.

Als er schließlich zum Boot zurückkehrte, das an der Königstreppe gewartet hatte, konnte niemand von der Bootsmannschaft etwas aus seinem Gesicht ablesen. Drinkwater war Steurer des Gigs und hatte die Aufgabe, es durch das Gewühl der Kleinfahrzeuge zu bringen, die sich im Hafen von Portsmouth drängelten. Eigentlich hatte er weniger als die anderen an das Prisengeld gedacht, denn Geld war etwas, womit er keine Erfahrung hatte. Zu Hause war immer Geld – wenig genug davon – dagewesen, und später hatte das Interesse an seinem Beruf ihn davor bewahrt, über seine Armut nachzudenken oder sich darüber klar zu werden, wie wenig er besaß. Auch waren seine bisherigen Erfahrungen mit den Begierden eher verworrene Experimente gewesen, in denen romantische Vorstellungen, bewirkt durch seine rudimentäre Bildung, hart mit der rauhen Wirklichkeit zusammenstießen. Er wußte noch nicht, daß man sich mit Geld Lust erkaufen konnte, und sein Verhältnis zum anderen Geschlecht war jugendlich zwiespältig. Außerdem fand er, vielleicht mangels anderer Ablenkungen, den Beruf des Seeoffiziers höchst interessant. Er hatte sich seit seinem ersten Bootsausflug auf den Gewässern des Spithead bemerkenswert verändert. Obwohl er wenig an Größe und Umfang zugenommen hatte, war sein Körper kräftiger geworden, seine Muskeln waren sehnig und stark, seine Hände von der harten Arbeit schwielig. Seine Gesichtszüge wirkten noch immer fein geschnitten, aber in ihnen lag nun eine Spur von Härte, von Autorität, die den weibischen Anflug verdrängt hatte. Ein dunkler Bartschatten zwang ihn zur gelegentlichen Rasur, und seine frühere Blässe hatten Wind und Wetter durch Bräune ersetzt.

Geblieben war jedoch die intelligente Eifrigkeit, die Devaux' Aufmerksamkeit erregt hatte, so daß er immer Drinkwater einteilte, wenn eine schwierige Aufgabe auf die »jungen Herren« wartete. Der Erste Offizier hatte Drinkwater auch den Ehrenplatz als Bootssteurer des Kommandantengigs verschafft. Wenn er schon keine aufgeputzte Bootscrew zum Prahlen hatte, so sollte Hope zumindest mit einem aufgeweckten Fähnrich auffallen, der – den Dolch an der Seite – im Heck kommandierte.

Auch Blackmore hielt Drinkwater für den begabtesten seiner Schüler. Und wäre da nicht immer Morris' dunkler Schatten gewesen, hätte sich Nathaniel im Wohlwollen seiner Vorgesetzten ruhig sonnen können.

Das Gig tanzte über die Wellen. Neben Drinkwater saß in steinerner Ruhe Hope, die Fakten verdauend, die der Sekretär des Admirals ihm mitgeteilt hatte. *Santa Teresa* war als Prise angekauft worden. Das Gericht hatte unter dem Vorsitz von Konteradmiral Kempenfelt getagt. Seine Aufgabe war es gewesen, die Ergebnisse von Duncans erster Untersuchung in Gibraltar zu überprüfen. Kempenfelt und sein Prisengericht hatten entschieden, daß sie tatsächlich eine sehr gute Fregatte war, und hatten sie für die Summe von 15.750 Pfund in den Dienst übernommen. Der Anteil von Kapitän Hope würde sich auf 3.937 Pfund und 10 Shilling belaufen. Nach langen Dienstjahren mit wenig Glanz und ohne materielle Belohnung, außer seinem mageren und verspäteten Sold, hatte ihm das Glück gelacht. Er konnte es kaum glauben und betrachtete es mit dem Zynismus des Seemanns, was seinen steinernen Gesichtsausdruck erklärte.

Drinkwater brachte das Gig längsseits. Hope kletterte an Deck, und die Pfeifen zwitscherten ihren Salut. Jedermann auf dem Oberdeck unterbrach seine Arbeit, um einen Blick auf den Kommandanten zu werfen. Aber Hope ging direkt nach achtern und verschwand. Einhundertsechsundsiebzig Männer, die gerade zu diesem Zeitpunkt an Deck beschäftigt gewesen waren, erstarrten in schweigender, bitterer Enttäuschung.

Etwa eine halbe Stunde später war Drinkwater wieder mit dem Gig unterwegs und statt des Kommandanten begleitete er diesmal Mr. Copping, den Zahlmeister, an Land. Mr. Copping teilte ihm mit, daß er damit betraut sei, einige Spezialitäten für den Kapitänstisch einzukaufen, da der Kommandant am Abend ein Essen für seine Offiziere geben wolle. Außerdem überreichte er Drinkwater einen Brief in der alten, unleserlichen Handschrift Kapitän Hopes. Die Anschrift lautete: »An Seine Exzellenz Richard Kempenfelt, Konteradmiral«. Drinkwater sollte ihn überbringen, während der Zahlmeister seine Einkäufe tätigte.

Hope hatte alle seine Offiziere, den Navigator, den Stückmeister und die Fähnriche eingeladen. Auch Appleby, der Chirurg, war anwesend. Sie versammelten sich alle geräuschvoll achtern, als während der zweiten Hundewache drei Glasen angeschlagen wurden. Nur der Erste Offizier und Wheeler fehlten, sie bildeten das Empfangskomitee für den Admiral.

Als Hope impulsiv seine Einladung an den Admiral herausschickte, war er voll jugendlichen Übermuts gewesen. Aber er hatte sich beherrscht, als er Copping seine knappen Befehle gab. So hatte der Zahlmeister seinen Kommandanten in der Gewißheit verlassen, daß die schlimmsten Befürchtungen der Besatzung wahr geworden waren; sofort gab er die Parole aus, daß weiterer Optimismus verfehlt sei.

In Hopes Augen war der Admiral der wahre Urheber seines Glücks, deshalb wollte er ihm auf diese Weise seine Dankbarkeit zeigen. Kempenfelt war ein populärer Marineoffizier, dessen Brillanz weithin leuchtete in einer Zeit, in der nicht Intelligenz über die Qualifikation zum Flaggoffizier entschied. Seine Neuerungen wurden von jenen in der Flotte bewundert, die bei der Marine nicht nur einen Job oder Versorgungsposten gesucht hatten. Und für Hope war der Admiral vielleicht noch mehr. Dem Kommandanten, der seinen Rang eben dem politischen Klüngel verdankte, den er verachtete, war der Konteradmiral eine Respektsperson. In einer Zeit, da höchst elegante Lippenbekenntnisse die wahren Motive verschleierten, wollte ihm Hope ehrliche, einfache Bewunderung zollen.

Als sich seine Offiziere oben an Deck versammelten, überkamen den Kommandanten heimliche Zweifel. Fähnrich Drinkwater hatte die Zusage des Admirals mitgebracht. Der Ulk, den er mit seiner Besatzung trieb, war kindisch. Natürlich konnten sich Kommandanten gegenüber ihrer Besatzung allerhand erlauben, aber Admirale waren etwas anderes. Er war nicht sicher, was Kempenfelt denken würde . . .

Über seinem Kopf summten die Spekulationen und sickerten durch das Skylight. Die Offiziere mochten von der Entscheidung des Prisengerichts irgendwie Wind bekommen haben; das war sogar wahrscheinlich. Zweifellos verachteten sie ihn längst als einen alten Narren.

Hope wurde rot, aber er faßte sich wieder, als er den resignierten Unterton des Gemurmels oben hörte. Er lauschte aufmerksamer. Der Zweite Offizier, Mr. Price, rief gerade in seinem schwungvollen walisischen Dialekt ärgerlich: »Ich hab's ja gleich gesagt, stimmt's, Blackmore?«

Hope konnte sich den alten Navigator lebhaft vorstellen, der hier als Leidensgenosse miteinbezogen werden sollte: einen Mann, der ihm in vielem so sehr glich, daß der Kommandant die jahrelange Erfahrung nachempfand, die aus seiner Antwort sprach: »Das ist schon richtig, Mr. Price. Sie werden es nie erleben, daß Hein Mück mal einen Penny nebenbei machen kann!«

Die Worte kamen langsam und voller Autorität. Wie oft hatte

Hope diese Behauptung schon gehört und selber geäußert. Er mußte plötzlich grinsen. Zur Hölle mit allen Admiralen! Er hatte eine Überraschung für Blackmore, und sogar eine gute. Am meisten freute es ihn, daß auch der weißhaarige Navigator seinen Anteil erhalten würde.

Es klopfte, Devaux trat ein.

»Es ist alles vorbereitet, Sir. Die Barkasse des Admirals ist in Sicht.« Der Erste Offizier zögerte, offensichtlich wollte er etwas fragen. »Sir...«

Hope genoß die Verlegenheit Devauxs. Zu oft hatte ihn die selbstsichere Gewandtheit des Mannes irritiert.

»Ja, Mr. Devaux?«

»Die – die Prise, Sir?«

Hope blickte scharf auf; vielleicht ließ ihn seine Schauspielerei etwas überreagieren, aber der gewünschte Effekt wurde erzielt. Der Erste Offizier sprang in Richtung Tür wie ein vergatterter Fähnrich.

»Die Prise, Mr. Devaux, die Prise...« Hope gelang der Tonfall entrüsteten Anstands. »Sprechen Sie mir nicht von Prisen, wenn es gilt, einen Admiral zu empfangen.«

Konteradmiral Richard Kempenfelt begrüßte Kapitän Hope mit einem Lächeln. Er lüftete seinen Dreispitz in Richtung Wheelers Ehrenwache und nickte Devaux zu. Sein Blick wanderte über *Cyclops* und ihre Besatzung, als Hope ihn nach achtern begleitete, wo die Gruppe der Offiziere stumm wartete. Wer auf Kleinigkeiten achtete, hätte feststellen können, daß der Kommandant ernsthaft auf den Admiral einredete. Er hätte ebenfalls bemerken können, daß sich das Lächeln des Admirals vertiefte, und daß er schließlich laut herauslachte. Bei diesem Lachen entspannte sich Hope. Er hatte heute wohl wirklich seinen Glückstag.

Hope stellte seine Offiziere, Unteroffiziere und Fähnriche vor. Dann bat der Admiral um eine Führung durch das Schiff. »Ich möchte einen Eindruck von *Cyclops* und den tapferen Jungs gewinnen, die den Spanier erobert haben«, sagte er.

Jemand in der Kuhl brachte ein höfliches Hurra auf den Admiral aus, aber seine Halbherzigkeit klang in Devauxs Ohren jammervoll. Er merkte nicht, wie sich die Lachfältchen in Kempenfelts Augenwinkeln amüsiert vertieften.

Nach einem kurzen Rundgang durch die Fregatte wandte sich der Admiral an Hope: »Sie haben ein verdammt schmuckes Schiff,

Kapitän Hope. Wir werden bestimmt noch Arbeit für Sie finden. Bis dahin . . .« Er senkte seine Stimme.

Hope nickte und wandte sich an Devaux: »Lassen Sie alle Mann nach achtern pfeifen, Mr. Devaux.« Beim Zwitschern der Pfeifen und dem Befehlsgebell setzte ein großes Geschiebe und Hasten ein. Rotberockte Seesoldaten stampften nach achtern, und allmählich stellte sich eine Art Ordnung ein. Kempenfelt trat vor.

»Hört gut zu, Jungs«, begann er. »Kapitän Hope hat mich gebeten, daß ich Euch die Neuigkeit, Eure Prise *Santa Teresa* betreffend, übermitteln soll.« Er schwieg, um das gespannte Zittern zu genießen, das durch die Versammlung lief. Die Aufmerksamkeit schlug in unruhige Erwartung um, die ungeordneten Reihen wogten.

»Ihr werdet erfreut sein zu hören, daß sie aufgekauft wurde für . . .« Er hielt inne, als ein Flüstern ausbrach, das sich schnell zu lautem Stimmengewirr steigerte.

»Ruhe dort unten!« rief Devaux.

»Sie wurde für fünfzehntausend Guineen Sterling angekauft, und ihr werdet euren Anteil nach Brauch und Sitte erhalten.« Der Admiral trat zurück.

Devaux blickte Hope an und lächelte strahlend. Dann, als ihm der richtige Moment gekommen schien, rief er: »Drei Hurras für den Admiral . . .«

Was nun folgte, war nicht mehr halbherzig. Man hörte den Lärm noch eine Meile entfernt auf der *Cerberus*. Als die Rufe verklungen waren, wandte sich Hope an den Ersten: »Mr. Devaux, Sie können morgen die Frauen und Freundinnen an Bord lassen. Der Admiral war so freundlich und hat unsere Ankunft schon vor einigen Tagen bekanntmachen lassen . . .«

Kapitän Hope hatte eindeutig seinen großen Tag. Als er den Admiral und den Flaggleutnant in seine Kajüte begleitete, wurden weitere Hochrufe ausgebracht, diesmal auf den Kommandanten.

Das Essen in Kapitän Hopes Kajüte war, wie es Dinner bei der Marine zu sein pflegten, keiner besonderen Erwähnung wert. Aber die untergehende Sonne warf eine goldene Bahn vom Horizont bis zu den Heckfenstern von *Cyclops* und verlieh der Szene etwas Magisches. Das erregte Gespräch und die gehobene Stimmung, hervorgerufen durch den ungewohnten Genuß von Wein und den freudigen Anlaß, verliehen dem Ereignis doch eine gewisse Denkwürdigkeit.

Copping hatte in den Grenzen seiner Möglichkeit ein Bankett ausgerichtet. Wenn Kempenfelt von der Kochkunst nicht beeindruckt war, so zeigte er es jedenfalls nicht, und für die sonst so knapp gehaltenen Fähnriche war jede reichliche Mahlzeit mit mehr als einem Gang ein Ausflug in die Haute Cuisine.

Glücklicherweise hatte die Beute von der *Santa Teresa* auch ausreichend Sherry und Portwein umfaßt, was über die Mittelmäßigkeit von Kapitän Hopes Rotwein hinwegtröstete. Zigarren aus Havanna wurden gereicht, die, nachdem die Kapaune verzehrt waren, die Luft mit ihrem aromatischen blauen Rauch erfüllten.

Eine Stunde, nachdem man sich zum Essen gesetzt hatte, durchströmte Drinkwater ein leicht rauschhaftes Gefühl. Sein Magen war durch die ungewohnten Portionen gebläht, und sein Kopf begann die klarsichtige Losgelöstheit vom Körper zu verspüren, die das schönste, aber kürzeste Stadium der Trunkenheit ist. Seine Beine kamen sich so verlassen vor, als habe ihr Herr sie irgendwo abgestellt, nachdem er ihnen alle Kraft entzogen hatte, um seine Aufmerksamkeit ganz auf die Festlichkeit zu konzentrieren. Ohne völlig zu verstehen, hörte er die älteren Offiziere über Kempenfelts neuen Signalkode diskutieren. Auch die Erklärungen des Admirals zu Rodneys Schlacht vor Martinique erreichten seine Ohren und gaben seinem Geist Gelegenheit, bestimmte einprägsame Sätze in seiner regen Phantasie auszuspinnen. Hope, Price, Keene, Devaux und Blackmore lauschten dem Konteradmiral mit professioneller Aufmerksamkeit; für Drinkwater aber verschwamm die großartige Gestalt Kempenfelts zu dem Stoff, aus dem Träume bestehen.

Nach dem Toast auf den König brachte Kempenfelt einen auf *Cyclops'* Tapferkeit in der Mondscheinschlacht vor Cadiz aus. Hope revanchierte sich mit einem Toast auf den Admiral, »ohne dessen Zustimmung unser Glück unvollkommen geblieben wäre«. Der Admiral stieß nun seinen Flaggleutnant an, und der wackere Mann erhob sich schwankend, um eine vorbereitete Rede zu verlesen, in der Leutnant Devaux und Fähnrich Drinkwater für ihr blitzschnelles Entern der Prise gewürdigt wurden. Ihr Einsatz hatte ihnen einen Ehrenplatz in Hopes Bericht eingetragen. Devaux erhob sich und verbeugte sich dankend vor dem Flaggleutnant und dem Admiral. Er brachte in Erinnerung, daß der Fähnrich die Ehre gehabt hatte, die Kapitulation des Spaniers entgegenzunehmen, deshalb sei es nur angemessen, ihn antworten zu lassen.

Drinkwater hatte kaum mitbekommen, was man von ihm erwartete; aber plötzlich bemerkte er, daß Morris ihn von der entfernten Tischseite mit einem bösen Grinsen anstarrte. Sein Gesicht schien größer und größer zu werden, erschreckend und erdrückend bösartig. Die Unterhaltung verstummte, als sich alle Drinkwater zuwandten. Er war verwirrt, aber er erinnerte sich, daß seine Vorgesetzten beim Reden aufgestanden waren; also erhob er sich unsicher. Ein, zwei Augenblicke stand er leicht schwankend da. Der gelangweilte Ausdruck des Flaggleutnants wich plötzlichem Interesse, weil Aussicht auf einen netten kleinen Fauxpas bestand, mit dem er seine vornehmen Freunde würde unterhalten können.

Drinkwater starrte aus den Heckfenstern, hinter denen die letzten Sonnenstrahlen am Horizont flackernd verglühten. Morris' Gesicht verschwand, und das seiner Mutter tauchte vor ihm auf. Er erinnerte sich, wie sie seine Ausrüstung vorbereitet hatte, wie sie ein Tischtuch genäht hatte, das er auf See benutzen sollte. Es lag unbenutzt auf dem Boden seiner Seekiste, aber es trug einen Wahlspruch. Diese Worte standen plötzlich glasklar vor seinen Augen und drängten heraus. Mit lauter, gebieterischer Stimme rief er: »Nieder mit allen Feinden des Königs!«

Ohne zu stocken, in einem Atemzug, hatte er den Satz hervorgestoßen. Nun sank er schlagartig auf seinen Stuhl zurück, als zustimmendes Gebrüll am Tisch aufbrandete. Der Flaggleutnant setzte wieder sein gelangweiltes Gesicht auf.

Nur schwach vernahm Drinkwater den beifälligen Kommentar Kempenfelts: »Fürwahr, Kapitän Hope, ein richtiger Feuerfresser!«

Siebentes Kapitel

Juni–Juli 1780

Das Duell

Beim Erwachen am nächsten Morgen hatte Drinkwater nur eine schwache Vorstellung, wie die letzte Nacht verlaufen war. Er wußte nicht mehr, wann der Admiral gegangen war, denn nach seinem Toast verschwamm alles in seiner Erinnerung. Die blauweißen Uniformen, die goldenen Litzen, die rosigen Gesichter schienen durch mehr als nur Tabakrauch verschleiert zu sein. Wheelers scharlachroter Rock und sein gleißendes Halstuch hatten wie eine Ersatzsonne im Kerzenlicht geleuchtet, als gelacht und gescherzt und auch wieder ernsthaft diskutiert wurde. Die Unterhaltung hatte sich um eine Vielzahl von Dingen gedreht, um Allgemeines und um Besonderes, um Zotiges oder Technisches, je nachdem, wie sich die Gesprächsrunden bildeten, trennten und wieder vereinigten in diesem verbalen Gezeitenstrom.

Der Abend war für Henry Hope ein voller Erfolg. Zur Krönung hatte Blackmore nach ein wenig Musik verlangt, und schon wurde um O'Malley geschickt. Der winzige irische Koch trat ein, heimliche Seitenblicke auf die Überreste des Mahls und die leeren Flaschen werfend. Er spielte einige süße melancholische Weisen im Stil der Zeit, die ihm die anerkennende Stille der Tischrunde einbrachten. Dann fuhr er unter lautem Applaus mit einem wilden Jig aus seiner Heimat Irland fort, getrieben vom Ungestüm seines Volkes. Drinkwater schien die Musik eine heitere Version jener Mondscheinschlacht zu sein, an der diese freundlichen Männer so viel Anteil hatten.

Der kleine O'Malley ging, um zwei Guineen reicher, nach einem devoten Abschied, dessen Unterwürfigkeit nicht ganz ernst zu nehmen war. Vielmehr schien er dabei anzudeuten, daß er bei der Zubereitung der Kapaunen, deren Überreste er so neidisch betrachtet hatte, und bei der Weinprobe des Zahlmeisters mitgehalten hatte.

Außer seiner schwachen Erinnerung an einen gelungenen Abend beschäftigte Drinkwater das beunruhigende Gefühl, daß alles nicht so war, wie es sein sollte. Er hatte von der ungewohnten Menge Wein Kopfschmerzen, aber das war es nicht allein. Er kramte in seinem Gedächtnis nach einem Hinweis auf den Grund dieser Unruhe. Zuerst dachte er, er hätte sich vielleicht danebenbenommen. Sein Magen zog sich bei der Vorstellung zusammen, daß er sich in Anwesenheit des Admirals eine Blöße gegeben haben könnte. Aber eine Gestalt, die das dunkle Orlopdeck durchquerte, brachte die Erinnerung zurück.

Es war Morris, der ihn zur morgendlichen Ankerwache purrte. Sein Gesicht wurde von der Laterne dämonisch beleuchtet, der Rest des Körpers war in der Dunkelheit unsichtbar. Diese Erscheinung wurde, als sie Drinkwater wach vorfand, eine einzige Maske der Bösartigkeit, die einen gezischelten Strom Schmähungen ausspie. Nathaniel erstarrte vor Schreck, was seine wehrlose Lage noch verschlimmerte. Eifersucht und Haß brannten in Morris und konkurrierten mit der Angst, die er wegen Drinkwaters Wissen um seine Verfehlungen empfand. Aus diesem Konflikt erwuchs eine mächtige, nagende Wut.

»Komm hoch, du Speichellecker des Admirals! Raus aus deiner Hängematte, und setz deinen fetten Arsch in Richtung Deck in Marsch! Verflucht sollst du sein für deine Kriecherei!«

Drinkwater antwortete nicht, kroch nur verstört tiefer in seine Decke. Eine Sekunde lang hing Morris' Gesicht über ihm, und die Feindseligkeit in seinen Augen war beinahe körperlich spürbar. Dann zog Morris mit einer schnellen Bewegung ein Messer, und die Laterne ließ die Klinge düster blinken. Im Bruchteil einer Sekunde fühlte Drinkwater, wie ihn die Angst auf unerklärliche Weise verließ. Er spannte sich und erwartete das Unvermeidliche.

Morris hieb mit dem Messer zu. Die Lasching der Hängematte gab nach, und Drinkwater landete mit einem unangenehmen Bums an Deck. Nachdem er sich aus seiner Decke gekämpft hatte, fand er sich allein in der Dunkelheit wieder.

Draußen fegte eine Regenbö über den Spithead, und der nachfolgende Wind war durchdringend kalt. Drinkwater zitterte und zog seinen Wachmantel enger um sich. Die Dämmerung hatte noch nicht eingesetzt, und Morris' Gestalt war kaum auszumachen; sie drückte sich in den dürftigen Schutz des Kreuzmastriggs.

Bei Drinkwaters Nahen löste sich die Gestalt aus den Schatten. Das Gesicht war nun dunkel und schob sich dicht heran. Der ältere Fähnrich ergriff den Arm des jungen. Speichel sprühte angriffslustig auf Drinkwaters Wange.

»Hör gut zu«, zischte Morris. »Nur weil du ein kriechender Bastard bist, mußt du noch nicht auf dumme Gedanken kommen. Threddle hat seine Auspeitschung nicht vergessen, und keiner von uns hat Humphries vergessen. Denk also daran, was ich dir gesagt habe. Ich meine es ernst!« Die Drohung war unmißverständlich. Drinkwater wich vor der Stimme, dem Speichel und dem boshaften Griff zurück. Morris' Knie zuckte hoch und traf ihn in den Unterleib. Er japste vor Schmerz.

»Hast du mich verstanden, verdammt?« drängte Morris, heimlichen Zweifel in der Stimme.

»Ja . . . ja«, flüsterte Drinkwater, gekrümmt vor Schmerz; sein Kopf drehte sich. Eine andere Gestalt tauchte aus der regennassen Dunkelheit auf. Einen schrecklichen Augenblick dachte Drinkwater, es sei Threddle, aber es war Tregembos Stimme, die fragte: »Alles in Ordnung, Mr. Drinkwater?«

Er fühlte, wie Morris erstarrte und sich dann entspannte, als er sich aufrichtete. Tränen liefen über seine Wangen, aber er schaffte es, sich so weit zusammenzureißen, daß er murmeln konnte: »Ja, danke.«

In verändertem Tonfall übergab Morris die Wache an ihn. »Die Leutnants sind für heute nacht von der Wache befreit. Lassen Sie alle Männer um drei Glasen wecken.«

Ein Quartermaster näherte sich, das Halbstunden-Glas in der Hand. Die untere Hälfte war fast gefüllt. »Acht Glasen, Mr. Morris!«

»In Ordnung, lassen Sie glasen.«

»Aye, aye, Sir.«

Es war vier Uhr früh.

Als Morris hinuntergegangen war, wechselte Drinkwater zur Luvseite. Der Regen peitschte ihm ins Gesicht, brachte ihm aber eine gewisse Erleichterung. Der Schmerz in seinem Unterleib flaute ab, und die Kopfschmerzen ließen nach. Doch dann überschwemmte ihn Übelkeit. Der Schmerz, der Wein und der Ekel vor sich selbst zwangen ihn, sich in die schwarzen, klatschenden Fluten des Spithead zu übergeben. Danach fühlte er sich besser. Er blickte noch immer nach Luv, beide Hände um die Reling geklammert. Unzufriedenheit nagte an ihm. Warum hatte er nicht zurückgeschlagen? Nur ein einziges Mal? Er mußte sich eingestehen, daß er sich fürchtete und den kühnen Entschluß vergessen hatte, den er gefaßt, aber fortwährend auf eine passendere Gelegenheit verschoben hatte. Nun war sie da. Morris hatte ihn angegriffen. Vorbei war es mit seiner Hoffnung, daß Morris ihn in Ruhe lassen würde, wenn er sich nur zurückhielt. Aber Morris konnte das nicht...

Er wünschte sich sehnlichst, daß er die Dinge, die er über Morris wußte, nicht erfahren hätte. Sie waren so ekelhaft, daß schon die Erinnerung daran, die noch in seinem leicht zu beeindruckenden Gemüt brannte, ihm abscheulich war. Drinkwater fürchtete sich fast mehr vor dem, was er gesehen hatte, als vor denen, die es getan hatten. In dieser Angst übersah er, welche Macht er über Morris besaß. Alles, was er in seinen Angriffen sah, war Brutalität. Er machte sich nicht klar, daß diese Brutalität nur die Angst verdeckte. Er gewahrte nicht die Ursache, nur die vordergründigen Handlungen.

Plötzlich merkte er, daß jemand neben ihm stand und sich entschuldigend räusperte. Nervös begann sich Drinkwater zu entfernen.

»Entschuldigung, Sir!«

»Ja?«

»Ich habe gesehen, was passiert ist, Sir. Ich habe gesehen, wie er Sie mißhandelt hat. Wenn Sie einen Zeugen brauchen, Sir...«

»Nein danke, Tregembo.« Drinkwater machte eine Pause. Er erinnerte sich an die Unterhaltung mit Tregembo im Mittelmeer. Die Erinnerung an Humphries zuckte durch sein Gehirn, an Sharples und Threddle und an die Auspeitschung Tregembos. Drinkwater musterte den Matrosen scharf. Er erwartete wohl von ihm, daß er sich nun mit Morris schlagen würde; sonst mußte er Drinkwater für einen Feigling halten.

Drinkwater erinnerte sich plötzlich an den Augenblick, als ihn die Angst verlassen hatte. Das war noch keine Stunde her. Ein Gefühl der Kraft überkam ihn. Er konnte nicht länger unter der Tyrannei von Morris leiden. Deshalb beschloß er, den Älteren zu fordern. Es war ein verzweifelter Schritt, aber unter den gegebenen Umständen war es einfach, einen solchen Entschluß zu fassen; schwierig war nur seine Ausführung.

Drinkwater zwang sich zu einem grimmigen Unterton. »Nein, Tregembo, das ist eine Angelegenheit der Fähnrichsmesse, wie du richtig festgestellt hast. Ich wäre dir dankbar, wenn du den Mund darüber halten würdest.«

Der Mann verschwand enttäuscht. Er hatte seine Hilfe offenbar zur falschen Zeit angeboten, hatte angenommen, daß Drinkwater nach einer rechtlichen Handhabe suchte, mit der er Morris ein für allemal ruinieren könne. Tregembo erinnerte sich an den 29. Kriegsartikel: Wenn jemals ein Mann einen anderen in der Hand hatte, dann doch wohl Drinkwater. Er hatte zu dem Jungen gehalten und konnte nicht verstehen, warum dieser Morris nicht das Handwerk legte. Tregembo hatte so etwas von Zeit zu Zeit auf anderen Schiffen erlebt, aber er war zu unempfindlich, um Drinkwaters Sensibilität zu erkennen, ebenso wie Drinkwater nicht bemerkte, daß Morris' Brutalitäten aus einer kleinmütigen Seele kamen; einer Tatsache, der sich wiederum Tregembo völlig bewußt war.

Im ersten Morgengrauen sah Drinkwater dem niedergeschlagenen Toppsgasten nach.

»Tregembo!«

»Sir?« Der Mann zögerte.

»Sprich doch mal mit einem Zimmermannsgehilfen, ob er nicht unter der Hand zwei Eschenstöcke für mich vorbereiten kann. Jeder sollte dreißig Zoll lang sein. Hast du verstanden?«

»Aye, aye, Sir. Und vielen Dank, Sir.«

Drinkwater hatte nicht die leiseste Idee, warum sich Tregembo bei ihm bedankte, aber plötzlich fiel der Regen weich auf sein nach oben gewandtes Gesicht.

Die Neuigkeiten über ihre Prise und die Erlaubnis, Besucher an Bord zu empfangen, machten *Cyclops* zum glücklichsten Schiff auf der Reede. Noch vor Ende der Morgenwache hatten die Matrosen ungewohnt fröhlich die Decks geschrubbt und alle Enden aufgeschossen. Als Devaux erschien, glänzte das Messing schon in dem dunstigen Sonnenschein, der nach dem nassen Anfang einen schönen Tag verhieß.

Die Männer begannen schon über das bleierne Wasser in Richtung Fort Gilkicker und Hafen zu starren. In den vergangenen

Tagen hatten gemietete Punts und Langboote vergeblich Frauen und Kinder herausgebracht. Zwar waren viele Boote mit Huren gefüllt, aber es waren auch einige mit Ehefrauen darunter gewesen. Sie hatten einen verlorenen Eindruck gemacht, wie sie so, gerade eben frei von den Bordwänden, unglücklich Grüße oder kurze Gesprächsfetzen austauschten, bis die Matrosen von den Bootsmannsgehilfen oder den Offizieren wieder an die Arbeit getrieben wurden. Die Boote wurden ebenfalls vertrieben, entweder durch das falsch verstandene Pflichtbewußtsein eines Offiziers oder durch den eifrigen Einsatz der Wachboote. Das bereitete den darauf eingeteilten Seeleuten besonderes Vergnügen, denn schließlich gönnten sie das, was ihnen selber verboten war, auch keinem anderen.

Obwohl *Cyclops* in Chatham in Dienst gestellt worden war, hatten einige ihrer Mannschaften, meist Freiwillige, Ehefrauen in der Umgebung von Portsmouth. Gelegentlich reiste auch eine junge Frau an, für Gott weiß welche Unkosten, mit nicht mehr als der Hoffnung, daß ihr die Erlaubnis erteilt würde, ihren Mann zu treffen. Aber es waren eher die anderen Frauen, die *Cyclops*' Mannschaft an diesem fahlen Morgen interessierten. Heute konnte sie kein Wachboot stören, wenn sie ihr Vergnügen suchten. Die Tatsache, daß diesmal *Meteor* die Wachboote stellte, verdoppelte noch den Genuß. Es war eine süße Rache für Port Mahon.

In der Offiziersmesse thronte Leutnant Devaux, offensichtlich bester Laune, vor frischem Kaffee und Toast.

»Nun, Appleby«, sagte er, zu dem rundlichen Arzt gewandt, »warum blicken Sie so verdammt finster?«

»Der Grund sind die Torheiten der Menschen, Mr. Devaux. Ach ja, eine Tasse Kaffee wäre mir sehr willkommen, vielen Dank für Ihre Freundlichkeit.« Er setzte sich auf den Stuhl, der ihm vom Ersten Offizier angeboten wurde.

Devaux goß ein. »Die Frauen, Mr. Appleby?« fragte er lächelnd.

»Die Frauen, Mr. Devaux«, nickte der Chirurg resigniert. »Und natürlich die Männer.«

Devaux lachte hell auf. »Armer Appleby! Wir gewinnen oder verlieren in der Schlacht, aber Sie können niemals gewinnen, Sie armer Teufel.«

»Sie haben doch hoffentlich genug Quecksilber, um mit dem

Problem fertig zu werden?« fiel Leutnant Price ein, dessen Takt in hoffnungslosem Kampf mit seiner Neugierde lag.

Appleby holte tief Atem, und Devaux wußte, daß er nun eine seiner langatmigen Reden anstimmen würde, für die er berüchtigt war.

»Mr. Price, die Versorgung mit Quecksilber durch die Admiralität – ich wiederhole: die Versorgung der Kriegsschiffe mit Quecksilber – ist nicht ausreichend, um den Ausbruch einer epidemischen Syphilis bekämpfen zu können, außer vielleicht auf den allerkleinsten Schiffen. Ihre Lordschaften haben es nämlich unterlassen, zur Kenntnis zu nehmen, daß die Zahl der Besatzung umgekehrt proportional zur Einteilung nach Schiffsgröße ist. Nun zur Syphilis, und ich meine damit diese zerstörerische Infektion des Blutes, die umgangssprachlich als ›Rotz‹ bezeichnet wird, ein Euphemismus, der zwar kaum die Auswirkungen auf den menschlichen Körper mildert, aber den ungebildeten Matrosen seine neue Errungenschaft leichter ertragen läßt, da er sie für nicht viel schlimmer hält als eine kleine Erkältung. So greift das Mißverständnis um sich. Unglücklicherweise verharrt er bei dieser falschen Auffassung, bis sein Schritt unsicher wird, sein Geist sich verwirrt und er über die Toleranzschwelle seiner Kumpane hinaus entstellt wird. Dann schiebt man ihn in ein Asyl ab – zur unvermeidlichen Schande seiner Familie und zur ewigen Verdammnis seiner unsterblichen Seele.«

Devaux hatte dies alles schon früher gehört.

»Darüber hinaus«, fuhr Appleby fort, als Devaux ächzte, »darüber hinaus unterdrückt meines Erachtens die Verabreichung von Quecksilber nur die Symptome; es gestaltet das Leben des Betroffenen angenehmer und erlaubt es ihm, die Ansteckung unentdeckt weiterzugeben. Mit der Zeit jedoch greifen die Keime wichtige Organe an und verursachen einen plötzlichen Tod durch Schlaganfall oder durch Stillstand anderer unerläßlicher körperlicher Funktionen.«

»Würden Sie mir zustimmen, wenn ich die Erlangung von Lust zu den ›unerläßlichen körperlichen Funktionen‹ zähle?« Devaux blinzelte Price zu, aber dieser hatte plötzlich eine ungesunde Gesichtsfarbe.

»Der Ehrenwerte John Devaux stellt mir eine Frage, die ein Mann von seiner Belesenheit sicherlich selbst beantworten kann. Die ›Erlangung von Lust‹ ist eine natürliche Manifestation des

Zeugungstriebes, den der Brauch nur unter der ehelichen Bettdekke sanktioniert. Die Natur will nicht wahllose Fortpflanzung . . .«

»Aber, Doktor, das will sie doch«, unterbrach ihn Price, der nun, da das Thema nicht mehr rein medizinisch war, wieder in Fahrt kam.

»Aye, Mr. Price, dann will sie aber auch die Ausbreitung der Krankheit, über die wir gerade gesprochen haben. Bestimmt ist sie eine Strafe Gottes.«

»Bah!« explodierte Devaux, der nun doch über den Doktor erbost war.

»Von wegen bah, Sir.« Appleby blieb unbeeindruckt. »Betrachten wir den Beweis. Dem Wirken Christi auf Erden folgte die Ausbreitung seiner Kirche, und etwa tausend Jahre lang gewann die christliche Religion an Boden gegen das Heidentum. Aber dann war die Römische Kurie korrumpiert, sie widersetzte sich Gott, der Teufel stieg herab und versuchte die Herzen der Menschen mit seinen flüchtigen Künsten. Er brachte hervor, was gebildete Menschen als ›Renaissance‹ zu bezeichnen belieben. Der Mensch wandte sich von Gott ab auf der Suche nach ›Wissen‹. Doch was brachte uns Columbus aus seinem famosen Amerika zurück? Die Syphilis!«

»Bravo, Medico!« lachte Devaux ironisch. »Solch eine Vereinfachung ist doch eines Wissenschaftlers nicht würdig, dessen Beruf von eben diesem Streben nach Wissen abstammt. Ein Streben, ohne das er arm dran wäre!«

»Ich kann mich meiner Zeit nicht entziehen«, erwiderte der Arzt in tragischem Tonfall.

»Sie reden wie ein verdammter Wesleyaner, Appleby.«

»Vielleicht hege ich gewisse Sympathien für diesen Mann.«

»Ha! Ich will verdammt sein, wenn Sie an meinem Tisch auch nur noch eine Tasse Kaffee bekommen. Ja, Drinkwater?« Die letzte Bemerkung richtete sich an den Fähnrich, der in der Messetür aufgetaucht war.

»Entschuldigung, Sir, aber es nähern sich Boote.«

Das Glühen in Devaux' Augen war eine beredte Bestätigung von Applebys Ahnungen. »Danke, Drinkwater.« Der Fähnrich wandte sich ab. »Oh, Drinkwater!«

»Sir?«

»Setz dich, Junge, und hör dir ein paar gute Ratschläge an«, sagte der Erste Offizier, auf den freien Stuhl deutend.

Drinkwater setzte sich verwirrt.

»Mr. Appleby hat dir etwas zu sagen. Nicht wahr, Appleby?«

Appleby nickte, sammelte sich und begann nun, den Fähnrich zu traktieren.

»Also, junger Mann, der Erste Offizier spielt auf eine ansteckende Krankheit an, die man am besten und wirkungsvollsten durch völlige Enthaltsamkeit vermeidet...«

Eine Sekunde lang genoß Devaux den erschreckten Ausdruck auf Drinkwaters Gesicht, dann stülpte er seinen Dreispitz auf und winkte Price, ihm zu folgen. Die beiden Leutnants verließen die Offiziersmesse.

»... völlige Enthaltsamkeit, die zu üben ich Sie ernsthaft anflehe. Dabei appelliere ich an Ihre höchsten Werte...«

Die Ankunft der Frauen brachte alle Mann an Deck. Sie hingen über die Finknetze, lehnten sich aus den Stückpforten, kletterten in die Unterwanten, um auf die Fährboote schielen zu können, die längsseits dümpelten.

Die Männer dachten nicht darüber nach, daß das Bevorstehende kein Ersatz für einen richtigen Landgang sein konnte, den man ihnen aus Angst vor Desertation verwehrte. Frauen und Gin waren an Bord!

Zunächst unternahm Wheeler mit seinen Seesoldaten noch einen schwachen Versuch, die Ordnung aufrechtzuerhalten. Aber da es der Brauch erlaubte, daß alle möglichen Frauen an Bord kamen, waren Trunkenheitsdelikte und sexuelle Ausschweifungen zu ignorieren. Es war klar, daß der größte Teil der Frauen aus Huren bestand und daß sich das Zwischendeck schlagartig in ein Bordell verwandelte. Die Frauen waren sehr unterschiedlich: müde, angemalte, schlampige Dockschwalben in abgetragenen, gestopften Kleidern, mit einem ebenso ordinären Jargon wie der ihrer Kunden, und Mädchen, deren Jugend im rauhen Wind der Erfahrung verweht war.

Auch einige rechtmäßige Ehefrauen waren darunter. Die älteren waren an ihre gewerblichen Schwestern gewöhnt, die zwei oder drei jüngeren waren erstaunt und schockiert über die Vorgänge im Geschützdeck. Da war vielleicht ein armer Buchhaltergehilfe in den Dienst gepreßt worden, der nun von seiner vornehm tuenden Frau unter den scheußlichsten Bedingungen besucht wurde. Solche Frauen wurden sofort zum Gespött der anderen, die ihre rauhe Zungenfertigkeit an ihnen erprobten. Manchmal hatten sie auch doppeltes Pech, nämlich wenn ihr lieber Ehemann seine bürgerliche Herkunft schon vergessen hatte.

Rechtmäßige Ehefrauen waren leicht auszumachen, denn sie schwangen Zettel oder Passierscheine, kümmerten sich ernsthaft um ihre Ehemänner und mieden die handgreiflichen Anträge der anderen. Für einige dieser Frauen endete der Besuch mit erbitterten Kämpfen. Da sie ihre Ehefrauen nicht erwarteten, waren die Männer schon mit Huren handelseinig geworden. Eine enorme Matrone, die angetraute Ehefrau eines Signalgasten, fand ihren Mann zwischen zwei Zwölfpfündern derart beschäftigt und bearbeitete seinen auf und ab wogenden Hintern mit den zerfetzten Überresten eines Regenschirmes, einen Strom schmutziger Schimpfworte ausstoßend. Schnell war sie von einer Menge begeisterter Seeleute und Dirnen umgeben, die das Trio anstachelten. Die Ehefrau machte eine Pause und nahm einen langen Zug aus der Ginflasche, die ihr jemand hinhielt. Währenddessen hatte ihr Ehemann sein Bedürfnis befriedigt, und das Mädchen schlängelte sich unter ihm hervor, sich hastig bedeckend. Sie hielt ihm die Hand Geld heischend hin, änderte aber ihre Meinung, als sie den Gesichtsausdruck der Ehefrau sah. Sie duckte sich unter den Lauf der Nachbarkanone, als die beleidigte Dame sie ankreischte: »Versuch' es nur und nimm das Geld, das mir gehört, du aufgetakeltes Flittchen! Du bist in dem Geschäft ohnehin keinen Schuß Pulver wert!« Darauf packte der Mann den Arm seiner Frau und schlug ihr auf den Mund. »Wie, zum Teufel, kannst du das beurteilen? Das würde mich doch mal interessieren«, schrie er.

Die Menge verlief sich, da aus dem allgemeinen Spektakel nun eine geregelte häusliche Angelegenheit geworden war. Der Tag verging mit dem Auf und Ab der Liebschaften. Das bißchen Geld, das die Männer in der Tasche gehabt hatten, war schnell in den Börsen der Frauen verschwunden. Mr. Copping, der Zahlmeister, hatte mit der Findigkeit seines Berufsstandes einen Tisch aufgestellt, an dem die gierigsten Männer Übereignungserklärungen unterschreiben konnten. Sie bekamen dann zu Lasten ihrer Heuer oder ihres Prisengeldes einen Vorschuß in bar. Viele überschritten dabei die Grenzen der Klugheit, aber die Gunstbeweise der Damen wurden eben sehr dringend benötigt. Zahlmeister waren eine allgemein verhaßte Sorte Mensch, aber keiner von ihnen war arm.

Meteors Wache ruderte düster um *Cyclops*. Gelegentlich flog eine Flasche oder der Schlüpfer einer Frau aus den geöffneten Stückpforten, begleitet von Hochrufen und Quieken. Die Besatzung des Kutters kochte sichtlich im eigenen Saft, bis der Steuermannsmaat, der das Boot befehligte, schließlich *Cyclops'* Achterdeck anrief.

»Sir«, schrie er Leutnant Keene zu, »Ihre Männer sind respektlos!«

»Wenn Sie das stört, rudern Sie doch Wache um den Rest der Flotte. Sie können hier ohnehin nichts abstauben!«

Der Steuermannsmaat spuckte über die Seite und knurrte seine Mannschaft an: »Ruder an, ihr verdammten Landratten!«

Während des Vormittags kam auch Sharples' Frau an Bord. Sie war sehr jung und hatte, was nur wenige wußten, die weite Reise von Chatham hierher gemacht. Es hatte eine Woche gedauert und war wegen ihrer Schwangerschaft zu einem Alptraum geworden. Sharples hatte sie an der Fallreepspforte unter dem sentimentalen Beifall seiner Messegenossen mit einem Kuß begrüßt. Niemand hatte den sauren Gesichtsausdruck von Morris gesehen, der gerade vorbeiging. Das heißt, niemand außer Tregembo. Sharples und seine Frau stiegen eng umschlungen über die hingestreckten Körper, blind gegen die Zerrbilder der Liebe.

Tregembo trat auf Morris zu und grüßte. »Entschuldigung, Mr. Morris«, sagte er mit ausgesuchter Höflichkeit, »aber Leutnant Keene bittet Sie, die Barkasse zu nehmen und vom Flaggschiff Befehle abzuholen.«

Morris knurrte Tregembo zunächst wütend an, dann aber trat ein bösartiges Glitzern in seine Augen. Vorwärtsschlendernd rief er die Namen einiger Männer auf, es waren die schwarzen Schafe der Besatzung. Einige, die anderweitig beschäftigt waren, meinten nur, er solle sich zum Teufel scheren.

Vorn im Geschützdeck lagen Sharples und seine Frau. Ihr Kopf ruhte auf seiner Hängematte, in ihrem Gesicht stand fassungsloses Entsetzen. Denn ihr Mann, der Vater ihres ungeborenen Kindes, dessen Bild sie in der Erinnerung so sorgfältig gepflegt hatte, lag schluchzend in ihren Armen. Die ganze miese Geschichte mit Morris war aus ihm herausgeströmt, denn es wäre ihm unmöglich gewesen, mit seiner Frau zusammen zu sein, solange ihn diese Last bedrückte. Sharples bemerkte Morris' Anwesenheit erst, als der Urheber seiner Leiden schon eine volle Minute neben dem Paar gestanden hatte.

»Sharples!« unterbrach Morris scharf den Monolog des Unglücklichen. »Du wirst bei der Arbeit verlangt!«

Die Frau erkannte instinktiv die Identität des Störers und protestierte.

Morris grinste. »Ziehen Sie meine Befehle in Zweifel?«

Die Frau blickte Morris nur an und biß sich auf die Lippen.

»Ich kann Sie melden, Sie haben einen Offizier bei der Ausübung seiner Pflicht behindert. Die Strafe dafür ist Auspeitschen ... Ihr Mann ist ebenfalls schuldig, er hat seine Hängematte außerhalb der Zeit aus den Netzen genommen ...« Er spie ihr die Worte förmlich ins Gesicht.

Die Angst um seine Frau brachte Sharples wieder zu sich; er schob sie sachte zur Seite. »Was – was für Befehle haben Sie, Mr. Morris?«

»In die Barkasse!«

Der Toppsgast zögerte, denn er gehörte nicht zur regulären Besatzung des Bootes. Aber dann wandte er sich seiner Frau zu und flüsterte: »Ich bin gleich zurück!«

Die junge Frau brach schluchzend zusammen, und eine der älteren Frauen, für die Fähnriche kleine Lichter waren, nahm sie tröstend in den Arm. Ein Strom schmutziger Flüche folgte Morris auf seinem Weg durch das Deck.

Das Boot war drei Stunden unterwegs. Nach einer Weile suchte Sharples' Frau, der die Szenen im Geschützdeck zuwider waren, Licht und Luft an Deck. Nachdem sie über den Steuerbordniedergang nach oben gelangt war, suchte sie sich ihren Weg zur Reling, wo sie sich als kleiner bunter Fleck von den aufgeschossenen Bündeln dunklen Hanftauwerks abhob.

Über den hellen Spithead starrend, streichelte sie das Ungeborene, das sich in ihr regte. Das Herz war ihr bis zum Überlaufen voll Elend und Sorge. Tränen liefen über ihre Wangen. Blind starrte sie auf die Schiffe, die im Gezeitenstrom lagen. Was sie gehört hatte, bedeutete Schande für ihren Mann und für sie, Schande auch für das ungeborene Kind. Das Ausmaß der Erniedrigung, das Menschen anderen Menschen bereiten konnten, drohte sie zu übermannen.

Es dauerte einige Zeit, bevor der alte Blackmore die einsame Gestalt an der Reling entdeckte. Er hatte Keene abgelöst und schickte jetzt Drinkwater, um die Frau wieder unter Deck zu weisen. Blackmore, der in der Handelsmarine aufgewachsen war, hielt an seinem zivilen Vorurteil fest, daß Frauen nicht an Bord gehörten. Er seufzte. Wenn er schon nicht die verrückte Logik der Admiralität ändern konnte, so wollte er wenigstens nicht zulassen, daß das Oberdeck durch den Anblick einer Hure verschandelt wurde.

Drinkwater näherte sich der jungen Frau. In sich versunken, wie sie war, hörte sie ihn nicht. Er hüstelte, und sie wandte sich ihm zu, schreckte aber sogleich vor seiner Uniform zurück, aus Angst, daß die von Morris angedrohte Auspeitschung nun vollzogen werden könnte.

»Entschuldigung, Madam«, begann Drinkwater unsicher. »Aber der Segelmeister läßt Sie bitten, wieder unter Deck zu gehen . . .«

Sie blickte ihn verständnislos an.

»Bitte, Madam«, beharrte der Fähnrich, »niemand von den, äh, Damen darf aufs Oberdeck.«

Sie begann zu begreifen, und ihr Mut wuchs angesichts seiner Verlegenheit. Hier war jemand, dem sie die Meinung geigen konnte.

»Meinen Sie vielleicht, ich sei eins dieser Flittchen?« fragte sie indigniert. Drinkwater wich einen Schritt zurück, und die junge Frau bezog aus seinem Unbehagen neue Kraft. »Ich bin eine rechtmäßig angetraute Ehefrau, Mrs. Sharples für Sie, wenn's Ihnen nichts ausmacht. Ich bin eine Woche gereist, um meinen Tom zu besuchen . . .«

Drinkwater versuchte, sie zu beschwichtigen. »Mrs. Sharples, würden Sie dann bitte zu Ihrem Mann gehen und bei ihm bleiben?«

Spöttisch erwiderte sie: »Nur zu gern, Herr Offizier, wenn Sie ihn mir zurückbringen. Aber er ist irgendwo dort draußen«, sie zeigte über die Reling, »fort in einem Boot. Und ich, schwanger und nach einer Woche Mühsal auf den Straßen, was finde ich vor? Meinen Mann gedemütigt und . . .« Sie brachte es nicht über sich, den Vorwurf auszusprechen; der Mut verließ sie wieder. Sie machte einen Schritt vorwärts und sank ohnmächtig in die Arme des verstörten Fähnrichs, dem schlagartig aufging, daß sie alles wußte.

Er schickte nach Appleby, und dem Arzt genügte ein Blick, um den Zustand der Frau zu erkennen. Er massierte ihre Handgelenke und schickte Drinkwater nach Riechsalz aus seiner Apotheke. Einige Minuten später kam die Frau wieder zu sich. Blackmore trat hinzu und verlangte eine Erklärung. Auf seinem Weg zur Schiffsapotheke hatte Drinkwater erfahren, daß Sharples mit Morris im Beiboot unterwegs war, und das sagte er nun dem Navigator.

»Aber Sharples gehört nicht zur Bootsbesatzung!«

»Ich weiß, Mr. Blackmore«, erwiderte Drinkwater nur.

»Hat Morris ihn absichtlich ausgewählt?«

»Scheint so, Sir.« Drinkwater biß sich auf die Lippen.

»Haben Sie eine Idee, warum er das getan hat?« fragte Blackmore, der scharfäugig den Schatten des Mitwissers im Gesicht des Fähnrichs erkannt hatte. »Los, los, junger Spund, wenn du es weißt, dann heraus damit!«

Der Fähnrich schluckte nervös. Er blickte auf die erschöpfte Frau nieder: goldene Locken umrahmten ein anmutiges Gesicht, sie wirkte auf ihn wie ein junges, schutzbedürftiges Mädchen. Drinkwater wurde der Kragen eng, er trat unbehaglich von einem Fuß auf den anderen. »Morris hat es mit ihrem Mann getrieben«, sagte er schließlich leise.

»Mit Sharples?« forschte Blackmore.

»Er wurde dazu gezwungen, Sir...«

Blackmore warf Drinkwater einen scharfen Blick zu, stellte aber keine weiteren Fragen. Langjährige Erfahrung sagte ihm, was sich hier zugetragen hatte. Morris hatte Drinkwater sicherlich unter Druck gesetzt, ihm Schläge oder gar Schlimmeres angedroht. Der alte Mann war bis oben hin voll Abscheu für die Kriegsmarine, die nur durch Brutalität zusammengehalten wurde.

»Lassen Sie die Dame also frische Luft schnappen«, sagte er abrupt und wandte sich dem Achterdeck zu.

Als die Barkasse zurückkam, war Sharples bald wieder mit seiner Frau vereint. Er hatte drei Stunden lang die Beschimpfungen und den Spott von Morris und der Besatzung über sich ergehen lassen müssen. Morris seinerseits stieg, nachdem er die Befehle des Admirals abgeliefert hatte, in die Fähnrichsmesse hinab.

Drinkwater war ebenfalls abgelöst worden und traf beim Hinuntergehen auf Tregembo. Der Mann aus Cornwall grinste. In der Hand hielt er zwei Eschenstöcke, jeden etwa drei Fuß lang, die mit einem Handschutz aus Weidengeflecht versehen waren. »Hier, Sir«, sagte er.

Drinkwater nahm die Stöcke und blickte Tregembo an. Es war wohl besser, wenn er dem Mann erzählte, was sich oben ereignet hatte, bevor der Klatsch das Unterdeck erreichte.

»Der Navigator weiß, daß Morris Sharples mißbraucht hat. Es wäre gut, wenn du ein Auge auf Threddle halten würdest.«

Ein Schatten lief über das Gesicht des Matrosen, dann leuchtete es wieder auf. Mit dem Fähnrich hatte er wohl doch keine Niete gezogen. »Sie werden ihn leicht schlagen, Sir. Viel Glück...«

Drinkwater setzte seinen Weg fort. Er hatte Worte ausgesprochen, die dazu führen konnten, daß ein Mann gehängt wurde, Worte, die er zu Hause nicht einmal zu denken gewagt hätte. Er war eiskalt und besorgt, aber finster entschlossen.

In der Messe aßen Morris und die anderen Fähnriche, gefüllte Bierkrüge standen vor ihren Plätzen. Der Steward brachte auch einen Teller für Drinkwater, aber mit einer Handbewegung winkte ihn dieser zur Seite. Er ging zu seinem Platz, blieb dort stehen und räusperte sich.

Niemand nahm von ihm Notiz. Das Herz klopfte ihm im Hals, aber er war immer noch ganz kühl.

»Mr. Morris!« sagte er laut; nun hatte er ihre ungeteilte Aufmerksamkeit. »Mr. Morris, heute am frühen Morgen haben Sie mich bedroht und geschlagen...«

Ein Steuermannsgehilfe steckte den Kopf durch die Segeltuchtür. Selbst um zwei Uhr nachmittags wurden hier unten im Orlopdeck zwei Laternen gebraucht. Die Luft knisterte vor Spannung. Bald spähten schon zwei Steuermannsgehilfen herein.

Morris erhob sich langsam. Drinkwater sah nicht, daß sich die Besorgnis in seinen Augen in Angst verwandelte; er war zu sehr damit beschäftigt, eiskalt zu bleiben.

»Sie haben mich geschlagen, Sir«, fuhr er fort und warf einen der Stöcke auf den Tisch, der einen Krug umstieß. In der Stille hörte man das Plätschern des Bieres, das auf den Boden lief.

»Meine Herren, vielleicht würden Sie nach dem Essen so freundlich sein, mir den Platz hier frei zu machen, damit ich Mr. Morris eine Lektion im Stockfechten erteilen kann. Steward, bringen Sie mir jetzt bitte mein Essen.«

Drinkwater setzte sich und stellte dankbar fest, daß sein Becher voll geblieben war. Die Mahlzeit wurde in völligem Schweigen beendet. Die beiden Steuermannsgehilfen verschwanden.

Man war sich hinterher allgemein einig, daß es außerordentlich sportlich von Drinkwater gewesen war, eine Frist zu setzen, damit sich die Nachricht von dem bevorstehenden Duell rechtzeitig herumsprechen konnte. So war es eine ziemliche Menschenmenge, die den Duellanten den nötigen Platz freiräumte, während Drinkwater Rock und Halsbinde ablegte. Beide waren nun in Hemdsärmeln; Drinkwater ergriff seinen Stock und testete die Balance. Er hatte diese Waffe gewählt, weil sie ihm am vertrautesten war, denn in Barnet war sie das bevorzugte Sportgerät der Jungen gewesen. Der Stock verband die Eleganz des Degens mit der Brutalität des Säbels. Der Zimmermannsgehilfe hatte gute Arbeit geleistet.

Drinkwater sah zu, wie Beale die letzte Seekiste an die Seite rückte. »Mr. Beale, wollen Sie mein Sekundant sein?«

»Mit Vergnügen, Mr. Drinkwater«, sagte der Junge, einen Seitenblick auf Morris werfend.

Der sah sich verzweifelt suchend um. Schließlich sekundierte ihm einer der Steuermannsgehilfen, um den Spaß nicht platzen zu lassen.

Da Duelle an Bord verboten waren, erwies sich Drinkwaters zufällige Waffenwahl als praktisch. Jeder Anschuldigung der Schiffsführung konnte mit der Erklärung die Spitze abgebrochen werden, daß es sich nur um eine sportliche Übung handle. Nachdem die Sekundanten so weit übereingekommen waren, entschieden sie, daß der Steward Wheeler suchen sollte, der trotz seines Status' als bestallter Offizier sicher stolz sein würde, einen solchen Kampf leiten zu dürfen.

Die Arena war klein: ungefähr fünf Fuß und vier Zoll hoch, bei einer Fläche von fünfzehn mal zehn Fuß. Die Zuschauer wichen bis an die Bordwände zurück, einige boten Wetten an, und das Gemurmel erregter Stimmen sorgte für weiteren Zulauf. In dieses Durcheinander schob sich die glanzvolle Figur von Leutnant Wheeler, der um Ruhe bat. Seine Ankunft wurde vom Reißen der Segeltuchtrennwand begleitet, die Zahl der Zuschauer verdoppelte sich dadurch noch.

Wheeler blickte sich um. »Was für einen hübschen kleinen Hexensabbat haben wir denn hier? Zum Teufel, besorgt mehr Laternen, ein Schiedsrichter muß sehen können, versteht ihr?«

Anschließend gab Wheeler den Gegnern seine Anweisungen. »Meine Herren, es gelten die Regeln für Florettfechten. Treffer sind mit der Spitze anzubringen und nur auf den Körper. Sie sind unmaskiert, was ich nicht schätze, aber da es sich nur um einen sportlichen Wettkampf handelt«, er machte eine bedeutungsvolle Pause, »brauche ich Sie nicht besonders auf die Gefahren hinzuweisen.« Nach kurzer Unterbrechung kommandierte er: »En garde!«

»Etes-vous prêts?«

»Aye, aye.«

Wheeler zog bei dieser Erwiderung eine Grimasse. »Allez!«

Drinkwater stand mit federnden Beinen bereit zum Ausfall da, einen Arm in die Seite gestützt, da für die vorschriftsmäßige Fechthaltung der Platz fehlte. Morris hatte eine ähnliche Position eingenommen. Dicke Schweißperlen standen auf seiner Stirn. Drinkwater hieb auf Morris ein und brachte seine Deckung ins Wanken. Er setzte nach und stach zu. Die Spitze traf Morris am Brustbein, doch der machte einen Schritt zur Seite und hätte Drinkwaters Kopf getroffen, hätte dieser den Ausfall nicht blitzschnell pariert.

»Halt!« unterbrach Wheeler, und dann: »En garde!«

Dieses Mal schwang Drinkwater den Stock weit ausgestreckt gegen Morris, zog den Gegner heran, löste sich von ihm und machte einen Ausfall. Die Spitze, stumpf wie sie war, kratzte und schabte über Morris' Oberarm, dessen Hemd dabei zerriß.

»Halt!« schrie Wheeler, aber während Drinkwater gehorsam in Ausgangsstellung zurückfiel, drang Morris mit einem Wutschrei auf die offene Flanke seines Gegners ein. Der Hieb traf Drinkwaters Schwertarm und verletzte seine Rippen. Tränen traten ihm in die Augen, und sein Arm sank herab. Aber nur einen Moment, dann ging sein Temperament mit ihm durch, und er hieb drauflos. Wheeler brüllte Haltkommandos, aber da traf Drinkwaters Stock schon die Bauchmuskeln von Morris, der strauchelte und sich krümmte. Drinkwater wich einen Schritt zurück und hob den schmerzenden Arm; er zog die ganze Länge seines Stockes über Morris' Rücken.

»Halt! Halt!« kreischte Wheeler und sprang erregt auf und ab.

»Weiter! Weiter!« riefen die begeisterten Zuschauer.

Drinkwater schlug Morris wieder und wieder, bis dieser zu Boden ging. In seinem Arm staute sich das ganze Gift seines Hasses. Er schlug Morris für sich selbst, aber auch für Sharples und für Mrs. Sharples, bis ihn endlich jemand von hinten festhielt. Morris lag flach auf dem Bauch. Man gab einen Eimer nach vorn durch. Eine Frau kreischte, er sei mit »Damenpipi« gefüllt, und die Umstehenden klatschten begeistert Beifall, als er über Morris' Rücken entleert wurde.

Leutnant Devaux war durch Gebrüll und Stampfen beim stillen Genuß seiner dritten Flasche erbeuteten Madeiras gestört worden. Nun bahnte er sich einen Weg durch die Menge, ungepflegt und mit trüben Augen. Er betrachtete leicht schielend die Szene.

»Unser verdammter kleiner Feuerfresser, wenn ich nicht irre?«

Schweigen breitete sich aus. Die Umstehenden verschmolzen mit der Dunkelheit.

»Schicken Sie diesen Pöbel nach vorn! Wheeler – was, in Gottes Namen, machen Sie überhaupt hier? Wer hat Wache? Wheeler, was soll das Ganze?«

Gerade als Wheeler zu einer Erklärung ansetzte, kam ein erstaunter Leutnant Price hinzu. Er blickte sich bedauernd um, weil er die »Schlacht« nicht miterlebt hatte, und sprach dann den Ersten Offizier an: »Empfehlung des Kommandanten. Sie möchten sich umgehend in seiner Kajüte melden.«

Als Antwort fluchte Devaux entsetzlich und verließ die Arena. Einige Augenblicke später machte er sich gestriegelt und mit Hut und Rock auf den Weg nach achtern.

»Die Segelorders, denke ich«, sagte Price erklärend zu Wheeler.

Drinkwater hörte es nicht. Er atmete tief durch und wandte dem schwankenden Morris den Rücken zu. Seinetwegen konnten sie nun zur Hölle und zurück segeln, ihn würde seine Jugend nicht länger belasten.

ACHTES KAPITEL

Juli–August 1780

Die Wegnahme der *Algonquin*

Cyclops steuerte unter leichter Besegelung südwärts. Mittags wurde beigedreht, man versuchte, die Labadie-Bank anzuloten. Als die Rahen herumschwangen, ertönte plötzlich ein Ruf aus dem Masttop: »Segel in Sicht!«

Devaux befahl Drinkwater, mit einem Fernglas aufzuentern, und als dieser zurückkehrte, war Hope an Deck.

»Ein Schoner, Sir«, meldete der Fähnrich.

»Mit Mastfall nach achtern?«

»Jawohl, Sir!«

»Also ein Yankee«, folgerte Hope. »Hören Sie mit dem unsinnigen Loten auf, Mr. Blackmore. Mr. Devaux, lassen Sie alle Segel setzen. Süd!«

Niedergeschlagen nahm Blackmore das Lot entgegen und untersuchte die Lotspeise. Um ihn herum brach hektische Aktivität aus. Die Bramsegel wurden in ihren Gordings gefiert, die Rahen wurden vorgeheißt und innerhalb weniger Minuten so gebraßt, daß die Segel sich prall füllten. *Cyclops* preschte vorwärts.

»Royals, Sir?« fragte Devaux zweifelnd, als er mit Hope die Windstärke prüfte.

»Royals«, stimmte der Kommandant zu.

»Klar bei Royalfallen . . . Setzt Royals!«

Ihre leichten Rahen wurden fliegend über den geblähten Bramsegeln und ohne weitere Verstagung am Mast gesetzt. Nachdem die Fregatte ihr Gefieder gespreizt hatte, ging Hope nach vorn und erklomm vorsichtig den Vormast. Achtern bezweifelte Devaux schon wieder die Weisheit des Entschlusses, bei der herrschenden Brise die Royals zu setzen. Laut äußerte er seine Meinung über Kommandanten, die ihren Offizieren zutrauten, daß sie über alles und jedes Berichte schrieben. Zehn Minuten später kam Hope wieder herunter und sagte zu den Offizieren, die auf dem Achterdeck zusammenstanden: »Es handelt sich tatsächlich um einen Yankee: klein, schmal und vollgestopft mit Männern. Zu unserem Glück steht er in Lee, und der Wind scheint weiter aufzufrischen.«

»Dann könnten wir ihn erwischen«, meinte Devaux, wobei er bedeutsam nach oben zu den Royals blickte.

»Aye«, grübelte Blackmore, der immer noch wegen der Nichtachtung seiner navigatorischen Mühen eingeschnappt war. »Aber wenn er nach Luv durchbrechen kann, geht er viel höher an den Wind als wir.«

»Ruhe!« befahl Hope. »Wir wollen klar zum Gefecht machen.«

Seit dem Verlassen des Spithead, auf Patrouille gegen feindliche Freibeuter und Handelsstörer, hatte sich die Stimmung in der Fähnrichsmesse gewandelt. Das Duell zwischen Morris und Drinkwater war die *cause célèbre* des Schiffes gewesen, da viele, besonders im Zwischendeck, den Hintergrund des Geschehens kannten. Die unmittelbare Folge für die Duellanten war ein längerer Strafaufenthalt im Masttop. Morris hatte alles Ansehen in der Messe verloren. Er wußte, wie dünn das Eis war, auf dem er sich jetzt bewegte, deshalb übte er sich in Zurückhaltung. Zwar nährte er weiter seinen versteckten Haß gegen Drinkwater, aber er wußte, daß die Schlinge des Henkers drohend über ihm schwebte.

Andererseits war Drinkwater über Nacht eine Art Volksheld geworden. Er schien mehrere Handbreit gewachsen zu sein, und auch sein Selbstbewußtsein nahm täglich zu. Zu Wheeler hatte er ein fast freundschaftliches Verhältnis entwickelt und erhielt von ihm Unterricht im Fechten. Er wurde schnell ein guter Fechter und sogar ein- oder zweimal in die Offiziersmesse eingeladen. Tregembo und Sharples hielten sich möglichst in seiner Nähe auf und bildeten eine Art Leibwache.

Nach der Auseinandersetzung hatte ihn Blackmore beiseite genommen und über Morris ausgefragt. Drinkwater wollte nicht, daß förmlich Anklage erhoben wurde, und Blackmore sorgte dafür, daß Morris dies auch erfuhr. Der alte Mann war zuversichtlich, daß Morris auf der gegenwärtigen Reise keinen Ärger mehr machen würde.

Der Yankeeschoner war *Cyclops'* erste Gelegenheit zum Abfangen eines Gegners, denn bis jetzt war man nur Handelsschiffen begegnet; folglich war die Besatzung freudig erregt, als man auf die Beute herabstieß. Dort hatte man *Cyclops* zwar ausgemacht, die

Gefahr aber zu spät erkannt. Da man die Fregatte nur von vorne gesehen hatte, hielten die Amerikaner sie zunächst für ein Handelsschiff und somit für eine potentielle Prise. Das Ausfahren der Kanonenrohre auf *Cyclops* veranlaßte die Rebellen dann aber schnell zur Flucht. Sie fielen ab und liefen vor dem Wind davon.

Es handelte sich um ein schmales, flachbordiges und schnelles Schiff aus leichtem Weichholz, auf einer der Werften von Rhode Island gebaut. Aber *Cyclops,* die jetzt auch noch ihre Leesegel trug, stieß bei auffrischendem Wind auf sie herab. Der Amerikaner ließ zwar ebenfalls alle Segel stehen, aber er schwebte in Gefahr, sein kleineres Schiff mit der riesigen Tuchmenge über Kopf zu segeln. Die britische Fregatte näherte sich mit einem großen weißen Knochen zwischen den Zähnen. Auf ihrer Back wartete Devaux, bis sich ihr Bug hob, dann bellte vorn die Jagdkanone.

»Zu kurz, verdammt!« Die Stückmannschaft lud erneut, und wieder stieg Rauch auf, als sich die Fregatte aufbäumte. Ein Dutzend Gläser war auf den Schoner gerichtet, der gut an Backbord lag. In einer Gruppe von Offizieren wurden murmelnd Meinungen ausgetauscht. Auch Drinkwater drückte sich dort herum, weil er als Melder des Kommandanten eingeteilt war.

»Wir holen schnell auf.«

»Er hat immer noch keine Flagge gezeigt.«

»Da ist sie.«

Die amerikanische Flagge stieg hoch und wehte an der Gaffel aus. Der Schoner wurde unter zu viel Segelfläche vorwärtsgeprügelt, weißes Wasser gurgelte von seinem Bug die Seiten entlang. Ein schwacher Rauchball erschien, der sofort vom Wind verweht wurde. Im Vorsegel der Fregatte öffnete sich ein Loch.

»Ein guter Schuß, alles was recht ist!«

»Aye, und der Ehrenwerte Johnny muß sich verdammt...«

Devauxs Neunpfünder donnerte wieder; ein Loch erschien im Großsegel des Schoners.

»Quid pro quo«, sagte Keene weise.

»Was sagst du nun?« fragte Wheeler niemand im besonderen.

»Ich würde anluven, was das Zeug hält. Einmal in Luv, könnte er entwischen«, sagte Leutnant Price. Jeder wußte, daß der Schoner mit seinem Gaffelrigg mehr Höhe als ein Rahsegler laufen konnte, aber Prices Meinung wurde von Drinkwater in Zweifel gezogen, der nicht länger ruhig bleiben konnte.

»Entschuldigung, Mr. Price, aber er hat jetzt seine Bäume auf der

Backbordseite stehen, bei achterlichem Wind. Um nach Luv zu kommen, müßte er entweder halsen oder unseren Bug kreuzen . . .«

»Irgendwas muß er jedenfalls machen«, erwiderte Price ärgerlich.

»Seht!« riefen mehrere Beobachter gleichzeitig.

Der amerikanische Kommandant verstand sein Geschäft. Nachdem er eingesehen hatte, daß sein verzweifeltes Hasardspiel nicht aufgehen konnte, hatte er sich entschieden, auf Steuerbordbug nach Luv durchzubrechen. Das Risiko, daß bei der nun notwendigen Halse etwas brach, war groß. Sie durfte aber nicht schiefgehen, wenn er entkommen wollte, also mußte er sich etwas ausdenken, um das Risiko zu mindern. Hope studierte intensiv den Yankee, seine Gedanken folgten den gleichen Bahnen, die Drinkwater aufgezeigt hatte. Er ahnte, daß die Rebellen gleich handeln würden.

Was die Offiziere gesehen hatten, war das Einfieren der zwei großen Gaffelbäume. Die hölzernen Gaffeln hingen an ihren Piekfallen herunter und nahmen so die Kraft aus dem Segeltuch. Aber Hope hatte schon gesehen, wie sich die Dirk straffte, bevor die Piekfallen richtig Lose bekamen. Er begann Befehle zu brüllen.

»An die Brassen! Bewegt euch, verdammt noch mal!«

»Vor- und Großschoten!«

Die Offiziere und ihre Helfer stürzten sich in das Geschehen. Hope hielt wieder Ausschau nach dem Schoner, dessen Geschwindigkeit abgenommen hatte. Als Devauxs Kanone zum dritten Mal dröhnte, ging der Schuß zu weit. Der Schoner begann zu drehen. Nun zeigte sein Heck in Richtung *Cyclops*. Durchs Glas konnte Drinkwater den Namen lesen: *Algonquin*, Newport. Er meldete dies Hope. Der Schoner rollte weit nach Steuerbord, als sein Heck durch den Wind ging, dann kamen seine Bäume über. Aber die Amerikaner waren vom Fach. Vor- und Großschot wurden übergeholt, und der Wind ließ die gefierten Segel killen.

»Anluven!«

»Hol die Leebrassen!«

»Hol die Großschot!«

»Fier und hol gleichmäßig!«

Noch während die Gaffeln der *Algonquin* wieder gesetzt und ihre Segel flach getrimmt wurden, drehte *Cyclops* schon. Hopes Aufgabe bestand darin, in dem nun entstehenden Dreieck die Hypothenuse abzulaufen. Der Schoner konnte mehr Höhe am Wind segeln, und wenn er die Ecke des imaginären Dreiecks vor *Cyclops* ohne

Schaden erreichte, war sein Entkommen fast sicher. Auf der Back konzentrierte sich Devaux jetzt auf die Steuerbordbugkanone, während *Cyclops* unter dem Druck der Segel auf den neuen Kurs einschwang.

Ein Knall oben: das Großroyalsegel war in wirbelnde Streifen zerfetzt.

»Hoch und bergt den Schund!«

Die *Algonquin* luvte tüchtig, aber sie trug immer noch zu viel Segel. Nichtsdestoweniger machte sie Raum gut. Einige Minuten stürmten die beiden Schiffe dahin, das Brausen des Windes im Rigg und das Zischen des Wassers an den Rümpfen waren die einzigen Geräusche, die den grimmigen Wettlauf begleiteten. Dann feuerte Devaux die Bugkanone an Steuerbord ab. Die Kugel durchschlug das Großsegel der *Algonquin* dicht neben dem ersten Loch. Eine Naht öffnete sich, und das Segel zerfiel in zwei, drei Teile.

Cyclops holte ihr Opfer ein und drehte in Luv bei. Die Yankeeflagge wehte immer noch von der Gaffel aus.

Hope wandte sich an Drinkwater: »Meine Empfehlung an Mr. Devaux, er soll die erste Division auf diesen Burschen abfeuern.«

Drinkwater eilte nach vorn und lieferte den Befehl ab. Der Erste Offizier stieg ins Batteriedeck, und die vorderen Zwölfpfünder der Steuerbordbatterie brüllten überredend auf. Der Amerikaner strich die Flagge.

»Mr. Price, nehmen Sie einen Fähnrich, zwei Quartermaster, zwei Bootsmannsgehilfen und zwölf Mann. Aus Plymouth oder Falmouth, Mr. Price. Mr. Wheeler, eine Abteilung Ihrer Seesoldaten!«

»Aye, aye, Sir!«

Die große Barkasse wurde aus der Kuhl über die Seite gehievt, die Blöcke an den Rahen quietschten unter den Anstrengungen der Seeleute. Als sie im Wasser lag, sprangen die Männer hinein. Drinkwater hörte, wie sein Name von Price aufgerufen wurde.

»Mr. Drinkwater, lassen Sie sich vom Navigator unsere Position und eine Seekarte geben.«

»Aye, aye, Sir!« Der Fähnrich machte sich auf die Suche nach Blackmore. Der alte Navigator maulte immer noch über die Unterbrechung seiner Lotungen an der Labadie-Bank, aber er schrieb dann doch eilfertig die gegißte Breite und Länge auf. Als sich Drinkwater abwandte, hielt ihn der alte Mann am Arm fest.

»Sei vorsichtig, Junge«, sagte er besorgt. »Die Yankees sind aus anderem Holz als die Dons.«

Drinkwater schluckte. In der allgemeinen Aufregung hatte er noch gar nicht die möglichen Konsequenzen bedacht, die daraus erwuchsen, daß er an Bord einer Prise ging. Er stieß zur Besatzung der Barkasse. Wenige Minuten später ruderte man über die Wasserfläche zwischen den beiden Schiffen.

Als sie aus der schützenden Abdeckung der Bordwand kamen, riß der Wind die Gischt von den Wellenkämmen, und Sprühwasser wehte ins Boot. Sergeant Hagan erinnerte seine Männer daran, ihre Zündhütchen trocken zu halten. Die Seesoldaten deckten sofort wie ein Mann die Pfannen ihrer Gewehre mit den Händen ab. Auf halbem Weg zwischen *Cyclops* und *Algonquin* tauchte das Boot so tief in die Wellentäler, daß von Bord nur noch die Mastspitzen der beiden Schiffe zu sehen waren. Als die von *Algonquin* über ihnen aufragten, waren die von *Cyclops* kaum noch zu erkennen.

Drinkwater hatte ein eigentümlich leeres Gefühl im Magen. Er spürte die Spannung des Prisenkommandos, das mit steinernen Gesichtern dasaß, jeder in seine eigenen besorgten Gedanken versunken. Drinkwater fühlte sich klein und verwundbar neben Price, während er das zerbrechliche Boot über das aufgewühlte Meer steuerte. Hinter ihnen lag *Cyclops*, ihre mächtige, schützende Heimat, und versank langsam in Bedeutungslosigkeit.

Hope hatte absichtlich eine starke Abteilung an Bord des Freibeuters abkommandiert. Er wußte, daß er eine zahlreiche, aggressive Besatzung haben würde, weil er die eigenen Prisen bemannen mußte. Bei der Annäherung erkannte Drinkwater, daß die Befürchtungen Blackmores berechtigt waren. Kein Vergleich mit den Verhältnissen, die er beim Entern der *Santa Teresa* kennengelernt hatte. Dort hatte er, eingehüllt in den Schutz einer mächtigen Flotte, keine Bedenken gehabt. Die dramatische Mondscheinschlacht und die sich überschlagenden Ereignisse, die in der Degenübergabe gipfelten, hatten sich in seiner Erinnerung zu einem fast glanzvollen, heiteren Ereignis verklärt. Dieser Glanz fehlte jetzt völlig. Die Bajonette der Seesoldaten funkelten grausam. Mit plötzlicher, würgender Angst stellte sich Drinkwater vor, wie es sein würde, von so einer gräßlichen Waffe durchbohrt zu werden. Er schüttelte sich bei diesem Gedanken.

Im nächsten Augenblick waren sie bei dem Schoner längsseits.

Die zwanzig Seeleute folgten Price über die Seite, Hagan und die Seesoldaten bildeten die Nachhut.

Leutnant Price wandte sich an einen blau gekleideten Mann, der der Kommandant zu sein schien: »Legen Sie mir bitte die Schiffspapiere vor, Sir!«

Der Blaue drehte sich um, und Sergeant Hagan ließ seine Leute das Schiff durchsuchen. Es hatte eine Besatzung von siebenundvierzig Mann. Nachdem man sich vergewissert hatte, daß der große Raum unter der Back durch eine Luke zu verschließen war, wurden alle dort hineingetrieben. Da die Kanonen von *Cyclops* nur drei Kabellängen entfernt waren, fügten sie sich grollend, aber ohne Widerstand. Nachdem sich Price derart auf dem Schiff eingerichtet hatte, ließ er die britische Flagge setzen und beorderte seine Leute an die Reparatur des Großsegels. Die Offiziere des Freibeuters wurden achtern in der Kajüte eingeschlossen, ein Seesoldat hielt davor Wache. Als nächstes ließ der Leutnant zwei der achteren Kanonen binnenbords drehen und mit Kartätschen laden, damit konnte jetzt das Deck bestrichen werden. Die Schlüssel für das Pulvermagazin waren sicher verwahrt, und die Einzelheiten über das Schiff wurden in das Langboot unten übergeben, das sie der wartenden *Cyclops* bringen würde.

Da das Großsegel beschädigt war, konnte Price nur mit dem Vorsegel und den Stagsegeln arbeiten, aber trotzdem setzte er den Kurs ab und ließ die Schoten entsprechend einstellen. Nach dreiundzwanzig Minuten war der Freibeuter *Algonquin* aus Newport, der mit einem Kaperbrief des amerikanischen Kongresses operiert hatte, fest in der Hand der Marine Seiner Britannischen Majestät.

Der Mann im blauen Rock blieb an Deck und starrte zu der Fregatte hinüber, die ihm sein Schiff genommen hatte. Der Abstand vergrößerte sich. Der Offizier schlug mit der Faust auf die Reling, dann drehte er sich abrupt um und sah jetzt den englischen Leutnant vor sich.

»Ich bedaure zutiefst, daß ich Ihnen als das personifizierte Unglück erscheinen muß, aber Sie haben illegal im Auftrag einer Rebellenorganisation operiert, die nicht berechtigt war, Kaperbriefe auszustellen. Geben Sie mir Ihr Ehrenwort, daß Sie nicht versuchen werden, das Schiff zurückzuerobern, oder muß ich Sie wie einen gemeinen Verbrecher behandeln?« Prices höfliche Stimme mit ihrem unverkennbaren Waliser Akzent konnte das Mißtrauen nicht verdecken, das er dem schweigsamen Amerikaner gegenüber hegte.

Endlich antwortete der Mann im langgezogenen Tonfall der Kolonien: »Sie, Sir, sind der Verbrecher! Sie und die perfiden Gesetze Ihres tyrannischen Landes sollen verdammt sein! Ich gebe Ihnen mein Ehrenwort nicht! Sie sind in der Minderzahl, und ich kann Ihnen versichern, daß meine Männer da vorn nicht lammfromm bleiben werden. Leutnant, Sie werden an Bord sehr wenig Schlaf kriegen. Denken Sie immer daran, und gehen Sie zum Teufel!« Der Blaue drehte sich barsch um.

Price nickte Hagan zu, der mit zwei Seesoldaten den Kommandanten nach unten bugsierte. Price schaute ihm nach. Die Arbeiten am Großsegel machten Fortschritte. Fähnrich Drinkwater und zwei Quartermaster hatten alles an Deck organisiert, die Pinne war bemannt und der Kurs auf den Englischen Kanal abgesetzt. Price blickte nach achtern. *Cyclops* war nur noch ein kleiner Fleck am Horizont. Er fühlte sich einsam. Während seiner acht Jahre auf See hatte er schon mehrfach als Kommandant einer Prise fungiert, aber das waren unterbemannte Handelsschiffe gewesen, deren Kapitäne und Besatzungen angesichts der bewaffneten Übermacht wenig Ärger machten. In den düsteren Jahren des Krieges mit den Amerikanern hatten die Briten lernen müssen, daß ihre Gegner ein schon fast unfaires Gespür für günstige Gelegenheiten hatten. Ihr General Washington zum Beispiel war ständig von Meutereien bedroht, aber wenn es galt, die Briten in einer für sie prekären Situation zu überraschen, waren die verdammten Yankees wie durch Zauberei voll da. Burgoyne mußte das schmerzlich erfahren, und St. Leger erging es nicht besser. Sogar als der genialste amerikanische Taktiker, Benedict Arnold, die Seiten wechselte, erkannte das britische Oberkommando den Wert eines solchen Talents zu spät.

Leutnant Prices Schicksal wurde durch eben diese ruhelose Energie besiegelt. Er war überrascht, sogar noch in seiner Todesstunde, daß Männer seiner eigenen Rasse ihm seine Menschlichkeit so übel vergalten.

Zwei Tage steuerte *Algonquin* einen südöstlichen Kurs, um die Scillies im Süden zu passieren, bevor man in den Englischen Kanal eindrehen konnte. Das Großsegel war repariert und gesetzt worden. Drinkwater war höchst interessiert an den Segeleigenschaften des Schoners, und das faszinierte ihn. Er hätte sich nicht träumen lassen, daß man bei halbem Wind so schnell segeln konnte. Mit größtem Interesse lauschte er einer Diskussion zwischen den beiden Quartermastern, die darüber stritten, ob es möglich sei, schneller als der atmosphärische Wind zu segeln. Die Ängste, die Blackmore ihm eingeimpft hatte, verschwanden mit der Zeit, als er die Freuden der Unabhängigkeit zu genießen begann. Das Wetter blieb sonnig und angenehm, der Wind war schwach, aber günstig. Die Amerikaner wurden in kleinen Gruppen zum Luftschnappen an Deck gelassen, Sergeant Hagan und seine Seesoldaten führten die Aufsicht. Die Offiziere des Amerikaners verursachten keinen Ärger. Sie waren in der einen Kajüte eingeschlossen, während der Kommandant in der anderen gefangengehalten wurde. Es war ihnen erlaubt worden, einzeln an Deck zu kommen, so daß gewöhnlich immer einer von ihnen während des Tages in der Nähe der Großmastrüsten stand. Die Eignerkajüte war von Price und dem Fähnrich in Beschlag genommen worden, die Seeleute und die Seesoldaten hausten im Zwischendeck. Ursprünglich war es dafür vorgesehen, die Besatzungen der Schiffe aufzunehmen, die von der *Algonquin* aufgebracht wurden.

Am Abend des zweiten Tages wich die Spannung ein wenig von Price. Eine Stunde zuvor hatte einer der amerikanischen Seeleute darum gebeten, ihn sprechen zu dürfen. Price war nach vorne gegangen. Ein Mann war vorgetreten und hatte gefragt, ob ihr eigener Koch kochen dürfe, da das Essen, das sie erhielten, sie krank mache. Falls der Leutnant dies erlaube, würden sie versprechen, sich anständig zu benehmen. Price überdachte den Vorschlag und stimmte schließlich zu; weitere Erleichterungen könne er aber nicht gewähren. Er schätzte, daß sie jetzt etwa dreißig Seemeilen südlich vom Lizard standen und daß er morgen auf Nordkurs gehen und Falmouth anliegen konnte.

Während der Nacht flaute der Wind ab und schlief dann völlig ein. Ein nebliger Morgen graute. Der Schoner lag rollend in einer schwachen Dünung, die Blöcke schlagen und Segel wie Tauwerk schamfielen ließ.

Als Price auf Wache kam, erwartete er einen baldigen Wetterumschwung. Gegen Mittag rührte sich aber noch kein Lüftchen, und er ließ die großen Gaffelsegel bergen, um das Schamfielen einzuschränken. Die Männer waren mit dieser Arbeit beschäftigt, als der amerikanische Koch mit einem großen Topf Suppe nach vorne ging. Drinkwater stand ganz achtern. Als das Großsegel fiel, holte er die Lose aus der Großschot und schoß sie sauber auf.

Plötzlich ertönte vorn ein Schrei. Als der Posten der Seesoldaten sich vorgebeugt hatte, um dem Koch den Niedergang aufzuschließen, schüttete ihm dieser die kochendheiße Suppe ins Gesicht. Blitzartig ergriff der Amerikaner die Muskete des Soldaten und hielt die vier Seeleute in Schach, die das Vorsegel fierten. Einen Augenblick standen alle Männer an Deck der *Algonquin* wie versteinert, dann strömten die Amerikaner unaufhaltsam aus ihrem Gefängnis. Sie umzingelten die unbewaffneten Seeleute, und als diese die Fallen fahren ließen, rissen sie die Belegnägel als Waffen aus den Nagelbänken und stürmten wie eine menschliche Brandungswoge schreiend nach achtern. Donnernd kam das Vorsegel von oben, was die Situation noch weiter verwirrte. Die Seeleute auf dem Vorschiff wurden schnell überwältigt, aber achtern waren einige Seesoldaten auf Posten. Die Musketen krachten, und drei Amerikaner fielen. Leutnant Price zog seinen Degen und sprang ans Steuerbordgeschütz. Blitz und Donner zerrissen den Nebel, als die Kartätschen wahllos Freund und Feind niedermähten. Einen Moment nur zögerte die menschliche Flut, dann brach sie über das Achterdeck herein.

Drinkwater stand wie angewurzelt. Das mußte nur ein schlechter Traum sein. Jeden Augenblick würde der Nebel aufreißen und *Algonquin* wieder so ordentlich sein wie vorher. Eine Pistolenkugel schlug neben ihm in die Reling. Er sah, wie Price mit gefletschten Zähnen mit seinem Degen um sich hieb. Ein, zwei Rebellen fuhr die scharfe Spitze in den Körper, dann spaltete ein riesiger Mischling mit einer Handspake den Kopf des Leutnants. Es war ein ekelerregendes Geräusch.

In Drinkwater wuchs plötzlich eine unerklärliche Wut. Er nahm kaum wahr, daß britische Seeleute und Soldaten mit jeweils drei, vier Freibeutern im Handgemenge waren. Er wußte, daß er sterben mußte, und dieses Wissen machte ihn böse.

Er schluchzte wütend, Tränen liefen ihm über die Wangen. Plötzlich war der kurze Dolch in seiner Hand, und er sprang vorwärts. Der große Mischling sah ihn zu spät, denn er hatte neugierig Prices Degen aufgehoben. Als der Fähnrich ihn angriff, hielt er ihn vor sich wie ein Jagdmesser. Drinkwater erinnerte sich an seine Fechtstunden. Als der Indianer den Degen hochriß, wehrte er ihn mit einer halbkreisförmigen Parade ab und durchbrach die

Deckung mit so viel Schwung, daß seine Spielzeugwaffe fast ganz im Bauch des Indianers verschwand. Der Mann schrie vor Schmerz und Überraschung auf, als sie aufeinanderprallten, dann brach er zusammen. Drinkwaters Wut war verpufft, er wurde von kalter Angst überwältigt, Angst, die auch einen großen Teil Erleichterung enthielt. Doch ein Schlag auf den Kopf riß ihn in einen Strudel des Vergessens.

Als Drinkwater sein Bewußtsein wiedererlangte, dauerte es mehrere Minuten, bevor er sich an das Geschehen erinnern konnte. Die totale Dunkelheit verwirrte ihn. Ein regelmäßiges Quietschen war zu hören, das in eine Folge gleichmäßigen Klopfens überging.

»Wo bin ich?« fragte er laut.

Ein Stöhnen antwortete neben ihm, dann fühlte er eine Hand auf seinem Knie.

»Mr. Drinkwater?« fragte eine überanstrengte Stimme voller Schmerz und Besorgnis.

»Ja.«

»Gestatten, Sir, ich bin Seesoldat Grattan. Wir sind unter der Back ... Nur die Verwundeten, Sir.«

»Die Verwundeten?«

»Aye, Sir. Sie waren bewußtlos. Mein Arm ist gebrochen.«

»Oh, tut mir leid.«

»Danke, Sir.«

Drinkwater begann die Situation zu begreifen und betastete die riesige schmerzende Beule auf seinem Kopf.

»Was ist das für ein Lärm da oben?«

»Riemen, Sir. Die anderen müssen pullen.«

Bevor er weiterfragen konnte, flog die Luke auf, kühle Tropfen fielen in Drinkwaters aufwärts gerichtetes Gesicht. Dann kletterte ein Mann aus dem nebligen Tag herunter. Er beugte sich nacheinander über jeden Gefangenen. Als er Drinkwater erreichte, knurrte er: »Du bist fit, scher dich an Deck!« Er ergriff Drinkwaters Arm und zog ihn auf die Füße. Einige Minuten später stand Drinkwater unsicher an Deck und blickte nach achtern.

Die *Algonquin* war immer noch von dichtem Nebel umgeben, sie machte langsame, aber gleichmäßige Fahrt über die ruhige graue See. Zwischen den Stückpforten waren zwei Holzstäbe als behelfsmäßige Dollen an der Reling befestigt worden. Jeder Riemen wurde von zwei Männern bedient, so daß der Schoner sich wie eine Galeere bewegte. Die Männer an den Riemen waren ausschließlich Briten. Ein amerikanischer Steuermann lief an Deck auf und ab, in der Hand ein Tauende. Von Zeit zu Zeit ließ er es auf den nackten Rücken eines Seemannes oder die schweißdurchtränkte rote Uniformjacke eines Seesoldaten klatschen.

Drinkwater wurde ein Eimer grünes Wasser aus einer Deckwaschpumpe über den Kopf geschüttet, dann schob man ihn neben einen Seesoldaten, der den achteren Backbordriemen bediente. Es war Hagan; der Schweiß tropfte von seinem Gesicht wie die Nebeltröpfchen vom Rigg.

Hagan grunzte einen Willkommensgruß, und Drinkwater ergriff den Schaft des Riemens. Er war glitschig vom Blut des Mannes, der vor ihm hier gesessen hatte. Nach einer halben Stunde wußte Drinkwater, warum der Freibeuter gerudert wurde. Der Weg, den sie so durch den Nebel nach Süden zurücklegten, kam dem amerikanischen Kommandanten zwar auch zupaß, aber ebenso wichtig war, daß die Kräfte der Briten so am wirkungsvollsten erschöpft wurden. Eine ausgelaugte Prisenmannschaft konnte keinen Widerstand mehr leisten.

Nach einer Stunde hatte Drinkwater einen Grad körperlicher Erschöpfung erreicht, der ihn fast übermannte. Als er kurz innehielt, spürte er den Tampen des Steuermanns. Sein Kopf schmerzte, aber sein Verstand hatte aufgehört zu arbeiten. Hagan holte ihn aus seiner halben Bewußtlosigkeit, indem er zwischen den zusammengebissenen Zähnen hervorpreßte: »Es frischt auf!«

Drinkwater hob den Kopf und wischte sich den Schweiß aus den Augen. Auf dem glatten Wasser waren die Katzenpfoten einiger Windstriche zu sehen. Die Sonne schien nun heller und wärmer. Er wußte nicht, wie spät es war und wie lange er halb bewußtlos gewesen war. Unmerklich begannen sich Wind und Sonne gegen den Nebel durchzusetzen, und schon eine Stunde später wehte eine hübsche Brise. Leicht und unbeständig zuerst, pendelte sie sich dann auf Nordwest ein und frischte auf. Der amerikanische Kommandant ließ die Riemen einholen und Segel setzen. Bevor sie wieder unter die Back getrieben wurden, hörte Drinkwater das Ruderkommando: Die *Algonquin* steuerte nach Südosten. Als die Luke über den Briten geschlossen wurde, legte sich der Schoner schon leicht über, und das Wasser des Ärmelkanals zischte mit zunehmender Geschwindigkeit an seinem Waschbord entlang.

Neuntes Kapitel

August 1780

Ein Rollentausch

Das britische Prisenkommando der *Algonquin* befand sich in kläglichem Zustand. Es war gegen Abend, als die Amerikaner ihr Schiff zurückerobert hatten. Die ganze folgende Nacht über hatten die Briten das Fahrzeug südwärts gerudert, weg von der Küste Cornwalls. Erst am nächsten Morgen hatte Drinkwater das Bewußtsein wiedererlangt und war an Deck gebracht worden. Und der Tag war schon ein gutes Stück vorgerückt, als endlich Wind aufkam.

Unter der stinkenden Back lagen die Briten nun in völliger Erschöpfung hingestreckt. Nach einer Weile hatten sich Drinkwaters Augen an die Dunkelheit gewöhnt, und er musterte die schlafenden Männer, blickte sich nach Grattan um. Der Mann zuckte unruhig, sein Blick war starr, aber er war als einziger wach. Ein anderer, dessen Namen Drinkwater nicht kannte, war tot. Er hatte eine Kopfverletzung erlitten, das getrocknete Blut färbte sein Gesicht schwarz. Er lag steif da, mit offenem Mund einen lautlosen Schrei ausstoßend, dessen Echo nur aus der Ewigkeit kommen konnte. Drinkwater fröstelte. Grattan murmelte wirres Zeug, seine Armverletzung hatte ein Fieber heraufbeschworen.

Gegen Mittag öffnete sich die Luke, eine Kanne voll dünner Suppe, etwas Zwieback und Wasser wurden heruntergelassen. Die Luke ging schon wieder zu, als sich Drinkwater erhob und rief: »Wir haben einen Toten hier unten!«

Die Luke stand still, ein Mann zeichnete sich mit Kopf und Oberkörper gegen den Himmel ab. »Und?« knurrte er.

»Lassen Sie ihn bitte an Deck schaffen.«

Eine Pause entstand. Dann: »Er gehört zu euch. Ihr habt ihn mitgebracht, ihr könnt ihn auch behalten.« Ein dicker Klumpen Speichel flog herunter, und die Luke wurde zugeschlagen.

Der Wortwechsel hatte die Männer geweckt. Sie stürzten sich auf das Essen, tauchten den Zwieback ein und saugten ihn gierig aus.

Nach einiger Zeit kam Sergeant Hagan zu Drinkwater gekrochen. »Verzeihung, Mr. Drinkwater, aber haben Sie irgendwelche Befehle?«

»Wie bitte?« Drinkwater verstand nicht.

»Mr. Price ist tot, Sie haben das Kommando, Sir!«

Drinkwater musterte die Quartermaster und Seesoldaten. Sie waren alle älter als er, waren viel länger zur See gefahren. Sie konnten doch nicht von ihm erwarten ... Er blickte Hagan an. Hagan, der über zwanzig Dienstjahre bei der Marineinfanterie auf dem Buckel hatte, Hagan mit den tollen Geschichten über seinen Dienst unter Hawke und Boscawen, Hagan mit seiner Findigkeit und seinem Mut ... Aber Hagan blickte auf *ihn*. Drinkwaters Mund öffnete sich, um zu protestieren, denn er hatte nicht die leiseste Idee, was er tun sollte. Aber er schloß ihn wieder.

Hagan kam ihn zu Hilfe. »Auf, auf, Jungs, Mr. Drinkwater möchte eine Musterung vornehmen. Also wollen wir doch mal sehen, wie viele noch unter uns sind.« Hagan hustete. »Seesoldaten, abzählen!«

Außer dem Sergeanten waren noch fünf Soldaten übrig.

»Quartermaster?« Beide waren wohlauf und unverwundet.

»Bootsmannsgehilfen?« Stille.

»Matrosen?« Elf Stimmen konnten gezählt werden, eine meldete einen verstauchten Fuß.

»Das macht mit Ihnen, Sir, genau zwanzig Mann, wenn einer auch nicht ganz fit zu sein scheint.« Hagan sprach, als sei diese runde Zahl ein toller Erfolg für die Briten.

»Danke, Sergeant.« Drinkwater ahmte im Ton unbewußt Devauxs Art nach. Aber nun wußte er nicht, was man als nächstes von ihm erwartete. Hagan fragte ihn: »Wohin bringt man uns, Sir?«

Drinkwater wollte schon antworten, daß auch er keine Ahnung habe, als ihm das Ruderkommando einfiel, das er an Deck gehört hatte.

»Nach Südost«, sagte er. Er stellte sich die Karte vor, wiederholte still für sich den Kurs und wußte plötzlich ihre Bestimmung: »Nach Frankreich ...«

»Aye«, fiel einer der Quartermaster zustimmend ein, »die verdammten Rebellen haben mit den Froschfressern innige

Freundschaft geschlossen. Sie bringen uns bestimmt nach Morlaix oder St. Malo.«

Hagan ergriff wieder das Wort, und seine einfache Frage traf Drinkwater wie eine kalte Dusche. Hagan war ein Kämpfer, ein Vollstrecker von Befehlen, Hagan schreckte vor keiner körperlichen Arbeit zurück, wenn sie ihm zugeteilt wurde, aber er blickte auf zu seinem Vorgesetzten, der die Ideen produzieren mußte. Für ihn war Drinkwater, dieser halberwachsene Jüngling, der qualifizierte Denker. Im festen Schema der Marine mußte jemand von Drinkwaters Rang automatisch die richtige Antwort zur Hand haben. Er war eben – wie man auf den Schiffen des Königs zu sagen pflegte – ein »junger Herr«.

»Was machen wir also, Sir?«

Drinkwaters Mund klappte lautlos auf, dann gewann er seine Selbstbeherrschung wieder. Ihre Lage mußte sich von Stunde zu Stunde nur verschlechtern, also antwortete er: »Wir erobern das Schiff zurück!«

Schwacher, aber merkwürdig befriedigter Beifall kam von den Männern. Drinkwater zwang sich zum klaren Denken und fuhr fort: »Jede Meile, die das Schiff zurücklegt, bringt uns Frankreich näher, und wir wissen alle, was das bedeutet...« Ein dumpfes Murmeln bestätigte ihm, daß sie es nur zu genau wußten. »Wir haben hier neunzehn voll einsatzfähige Männer. Wie stark ist der Gegner, ungefähr drei Dutzend Mann? Weiß jemand Genaueres über ihre Verluste?«

Das nun einsetzende, spekulative Durcheinander war ein Zeichen für steigende Kampfmoral. »Viele kamen um, als der Leutnant die Kanone abfeuerte, Sir...«

Drinkwater erkannte Sharples' Stimme. Im schnellen Gang der Ereignisse hatte er völlig vergessen, daß Sharples zum Prisenkommando gehörte. Nun war er über seine Gegenwart merkwürdig erfreut.

»Wir haben einige erledigt, und Sie, Sir, haben es auch einem besorgt...« Deutlich schwang Bewunderung in der Stimme des Mannes mit.

Er wurde von Hagan unterbrochen; schließlich war es die Aufgabe des Sergeanten, Verluste zu schätzen. »Ich denke, daß wir ein Dutzend getötet haben, Mr. Drinkwater. Ungefähr drei Dutzend sollten noch übrig sein.«

Zustimmendes Gemurmel kam von den Männern.

»Einigen wir uns also auf drei Dutzend«, fuhr Drinkwater fort. Ein Gedanke hatte sich in seinem Gehirn eingenistet. »Sie sind bewaffnet, wir sind es nicht. Wir sind unter der Back eingeschlossen, die völlig vom übrigen Schiff isoliert ist. Das war der Platz, den wir für *sie* ausgesucht hatten.« Er machte eine Pause. »Sie konnten sich befreien, weil sie einen Plan hatten. Ich hörte zufällig mit, wie der amerikanische Kommandant Leutnant Price prophezeite, daß er sein Schiff zurückerobern würde. Es hörte sich ein wenig nach Prahlerei an, man weiß ja, daß die Amerikaner zum Prahlen neigen...«

Ein vereinzeltes Krächzen, wohl ein Lachen, kam aus der Dunkelheit.

Hagan unterbrach wieder: »Ich sehe nicht, was uns das hilft. Sie kamen jedenfalls raus.«

»Ja, Mr. Hagan, sie kamen raus, weil sie einen Plan hatten. Sie waren mustergültige Gefangene, bis ihre Vorbereitungen vollendet waren. Sie wiegten uns in Sicherheit, dann holten sie sich ihr Schiff zurück. Wenn wir nicht in den Nebel gelaufen wären, stünden wir jetzt schon in Lee des Lizzard...« Er machte wieder eine Pause und ordnete seine Gedanken; sein Herz machte einen Sprung, als ihm ein Einfall kam. »Jemand erzählte mir, diese Yankeeschiffe wären aus Weichholz gebaut und sehr anfällig gegen Rott.«

Zustimmendes Gemurmel kam von den Älteren.

»Vielleicht gelingt es uns, durch ein Schott oder das Deck in den Laderaum durchzubrechen und so unseren Weg nach achtern zu finden. Dann können wir den Spieß umdrehen.«

Sofort erhob sich interessiertes Gemurmel, nur Hagan gab sich unbeeindruckt und wandte onkelhaft ein: »Aber, Nat, wenn wir das schaffen könnten, warum haben es dann die Yankees nicht auch so gemacht?«

»Richtig, richtig«, zweifelten einige Stimmen im Dunkel. Drinkwater war überzeugt, daß sein Plan ihre einzige Chance darstellte; er wehrte ab: »Ich vermute, daß sie kein Aufsehen mit verdächtigen Geräuschen erregen wollten. Das wird auch unser größtes Problem sein. Außerdem bin ich sicher, daß sie einen vorbereiteten Plan hatten, der davon ausging, daß wir uns auf vorhersehbare Weise verhalten würden. Jetzt sollten wir aber besser anfangen und eine geeignete Stelle suchen.«

In der Dunkelheit brauchten sie eine volle Stunde, um eine

schwammige Stelle zu finden. Hagan half dem Mangel an Werkzeug dadurch ab, daß er seine Stiefel zur Verfügung stellte, und das Gelächter darüber erhöhte ihre Moral wieder. Denn die Stiefel der Seesoldaten, der ungeliebten Polizeitruppe jedes Kriegsschiffes, waren den barfüßigen Matrosen ständig ein Anlaß zum Spott.

Es gelang Hagan, ein Loch in die Planke zu treten, das groß genug war, um eine Hand durchzustecken. Er achtete darauf, daß seine Tritte mit dem Einsetzen des Schiffes in die kurzen Wellen des Kanals zusammenfielen. Der Wind hatte geschralt, und der Schoner krängte stark, stürmte aber wie ein Vollblut luvwärts. Gleichmäßig schlug der Bug in die Wogen, und jedesmal übertönte er damit die Geräusche der Befreiungsaktion.

Nachdem erst ein Anfang gemacht war, ließ sich das Loch schnell erweitern; bald war der Zugang zum darunterliegenden Kabelgatt hergestellt. Drinkwater ließ sich hinunter.

Das Ankertau des Schoners war hier auf einer hölzernen Gräting aufgeschossen und das Rauschen und Glucksen des Bilgenwassers darunter versprach einen gangbaren Weg nach achtern, wenn auch in völliger Finsternis. Drinkwater versuchte, den fürchterlichen Gestank zu ignorieren. Verzweiflung trieb ihn vorwärts. Er zwängte sich über die Tauwerkrollen und entdeckte in einer Ecke das Schott, welches das Vorschiff vom Laderaum trennte. Die Gräting paßte hier ungenau und war außerdem gebrochen. Hinter dieses verdammte Schott mußte er gelangen.

Er ließ sich in die Ecke hinab und schlängelte sich unter die zerbrochene Gräting. Etwas huschte über seine Füße, und er erstarrte vor Schreck: Ratten. Seine Angst vor ihnen hatte er nie überwinden können. Trotzdem ließ er sich in die Bilge hinab. Das kalte, stinkende Wasser stieg bis zu seinem Bauch hinauf, und einen Augenblick hielt er wie gelähmt inne. Dann überkam ihn ein sonderbar losgelöstes Gefühl; es war, als könne er sich selber beobachten. Neue Kraft durchströmte ihn plötzlich, und er konnte weitermachen. Als er sich in die stinkende Brühe hinabließ, blieb seine Kindheit endgültig hinter ihm zurück.

Algonquin segelte mit Backbordhalsen, lag also nach Steuerbord über. Durch einen glücklichen Zufall hatte Drinkwater das Schlupfloch an Backbord gefunden. Der größere Teil des Wassers befand sich auf der Steuerbordseite, und so verblieb ein etwas trockener Teil, in dem er sich vorwärtswinden konnte. Alles war glatt und schlüpfrig vor stinkendem Schleim. Er konnte nichts sehen, trotzdem starrte er angestrengt in die Dunkelheit. Alle seine Sinne waren auf das äußerste angespannt, wobei der Geruchssinn vor dem überwältigenden Gestank der Bilge kapitulierte. Obwohl er einige Male vor Widerwillen schauderte, trieb ihn irgendeine Kraft unablässig an; seine körperliche Schwäche wurde von seinem Willen überwunden. Er kletterte über die Bodenwrangen nach achtern. Schließlich entdeckte er etwas, worauf er kaum zu hoffen gewagt hatte. Die Konstrukteure des Schoners hatten das Schott nicht bis zu den Bodenplanken heruntergezogen. Es reichte nur bis zu einer Reihe von Längsträgern, auf denen der Boden des Laderaums auflag. Zwischen diesem Boden und der Außenhaut erstreckte sich ein schmaler Durchlaß, der als Bilge über die ganze Schiffslänge verlief.

Drinkwater kroch weiter nach achtern. Nachdem er seine Vermutung bestätigt gefunden hatte, kehrte er zu seinen Mitgefangenen zurück, die ihn schon ungeduldig erwarteten. Sie boten ihm einen Zug aus der Wasserflasche an. Er trank dankbar und musterte dann den Kreis der kaum zu unterscheidenden Gesichter. Mit neugefundener Autorität sagte er: »So, Jungs, hört zu! Wir machen es folgendermaßen . . .«

Kapitän Josiah King, Kommandant des Freibeuters *Algonquin*, saß in seiner hübschen Achterkajüte und trank eine erbeutete Flasche Malmsey. Wenn der Wind nicht noch weiter schralte, würden sie gegen Morgen Morlaix erreichen. Dort konnte er die britischen Gefangenen loswerden. Er schüttelte sich, als er an den zeitweiligen Verlust seines Schiffes dachte. Aber der britische Leutnant war ein Narr gewesen. Das waren die Briten wohl alle. King hatte im Jahr 1772 an der Verbrennung des Regierungsschoners *Gaspée* durch Whipple teilgenommen. Er erinnerte sich an den Kommandanten, ein Leutnant Duddingstone, der mit seinem Degen fuchtelnd den Helden markiert hatte. Ein Tritt in den Unterleib hatte ihn schnell beruhigt, dann hatten sie den unglücklichen Leutnant mit einem kleinen Boot ausgesetzt. King lächelte in der Erinnerung. Als die Untersuchungskommission den Fall durchleuchten wollte, stellte sich die ganze Stadt unwissend, aber King wußte, daß jeder aufrechte Mann in Newport Whipples Aufforderung nachgekommen war.

Der Amerikaner lächelte wieder. Auch Burgoyne war ein Narr gewesen mit seinem Geschwätz über eine ehrenvolle Kapitulation. Es tat nichts zur Sache, daß Gates freien Abzug zur Küste garantiert hatte; als die Briten die Waffen streckten, wurden sie zur Strafe für ihre Dummheit hinter Schloß und Riegel gebracht. Das war es, was im Krieg zählte: gewinnen – nur das und nichts anderes.

Von schönen Erinnerungen abgelenkt und wohlig durchwärmt vom Wein, überhörte er die leisen Fußtritte auf dem Gang...

Drinkwaters Plan funktionierte perfekt. Sie warteten bis lange nach Sonnenuntergang, dann wurden die einsatzbereiten Männer angewiesen, eine Reihe zu bilden und immer engen Kontakt mit dem Vordermann zu halten. Der Fähnrich zeigte ihnen den Weg. Der Wind hatte abgeflaut, das Schiff krängte weniger, und der Weg durch die Bilge war noch ekelerregender als vorher. Ratten flohen quiekend, aber niemand beschwerte sich, denn auch unter der Back hatte es nach dem verwesenden Leichnam und ihren eigenen Exkrementen gestunken. Aktivität, selbst in dieser übelriechenden Bilge, war immer noch besser, als untätig den Hauch des Todes zu ertragen, der über dem engen Logis lag.

Als das Ende des Laderaums erreicht war, trat Drinkwater zur Seite. Hier verliefen Grätings um das Lazarett des Schoners. Das Pulvermagazin lag in der Mitte des Schiffes, von einem Rundgang umgeben, und dieser Rundgang versperrte ihnen nun den weiteren Weg. Normalerweise wurde der Gang von den Gehilfen des Stückmeisters benutzt, wenn sie die verglasten Lampen trimmten, in deren Schein er seine Kartuschen vorbereitete.

Sergeant Hagan war Drinkwater gefolgt, beide hoben eine Gräting an und stiegen durch. Die Männer folgten leise. Es war immer noch völlig dunkel, aber sie spürten einen leichten frischen Luftzug, der durch eine kleine Luke vom Oberdeck kam. Drinkwater und Hagan tasteten im Raum herum und fanden eine Tür, die in die hinteren Quartiere führte; sie war verschlossen.

Hagan fluchte. Alle wußten, wenn es ihnen gelang, durch diese Tür zu kommen, hatten sie eine gute Chance, ihren Ausflug erfolgreich zu beenden. Denn hinter der Tür lagen die Unterkünfte der Offiziere. Wenn die Eroberung des Decks scheitern sollte, bedeutete der Besitz dieser Unterkünfte, daß sich wenigstens die Offiziere in ihrer Gewalt befanden; sie konnte man als Geiseln benutzen.

Aber die Tür vor ihnen war verschlossen, und Drinkwater wagte nicht, daran zu rütteln. In der Dunkelheit hörte er das heftige Atmen seiner Männer. Sie verließen sich alle auf ihn, aber was konnte er machen? Er fühlte heiße Tränen der Wut in seinen Augen, und zum ersten Mal war er für die Dunkelheit dankbar.

»Entschuldigung, Sir...« flüsterte eine Stimme. »Ist die Tür verschlossen?«

»Ja«, erwiderte er ohne Hoffnung.

»Lassen Sie mich mal einen Blick darauf werfen, Sir.«

Es gab ein Schieben und Stoßen, als sich der Mann seinen Weg nach vorn bahnte. Achtzehn Männer hielten den Atem an. Sogar die Geräusche des Schoners und das Rauschen der See schienen zu verstummen. Dann hörte man ein leichtes Klicken, und der Mann verschwand wieder in der Schlange.

»Versuchen Sie's jetzt mal, Sir«, sagte er und drückte sich vorbei.

Drinkwater ertastete den Griff und drehte ihn langsam. Die Tür gab nach. Er zog sie wieder zu und fragte: »Wie ist Ihr Name?«

»Besser, Sie wissen ihn nicht, Sir!«

Unterdrücktes Gekicher klang auf. Der Mann war zweifellos einer der vielen zum Dienst gepreßten Diebe, die es auf *Cyclops* gab. Jedenfalls hatten seine bemerkenswerten Fähigkeiten die Situation gerettet.

»Alles klar?« fragte Drinkwater flüsternd.

»Aye, aye!« Die Erwiderung kam leise, klang aber tatendurstig.

Drinkwater öffnete die Tür und lief direkt auf den Niedergang zu. Hagan und der Seesoldat hinter ihm stürzten sich auf den Waffenschrank vor der Heckkajüte. Immer abwechselnd erschien ein Seemann und ein Seesoldat im schwachen Licht des Ganges. Die Seesoldaten bewaffneten sich mit den Entermessern, die Hagan ihnen zuwarf, dann brachen sie jeweils zu zweit in die Kammern ein. Sie überwältigten Josiah King, bevor er die Füße an Deck setzen konnte. Seine dünne Kajütentür war schnell gesplittert, und nun zielte Hagan mit seinem Entermesser auf Kings Brust, das Gesicht zu einer wütenden Grimasse verzerrt.

Drinkwater stürzte nach oben. Sein Herz schlug heftig, und die Angst verlieh ihm eine ungekannte Wildheit. Der Niedergang führte hinter einem Skylight an Deck. Zum Glück für die Briten war dies mit Segeltuch abgedeckt, um eine Blendung des Rudergängers zu vermeiden. Der Rudergänger stand direkt hinter dem Niedergang am Kompaßhaus und stemmte sich gegen die Pinne, um das Schiff so hoch wie möglich am Wind zu halten. Der Wachhabende hielt sich etwas weiter vorn auf, drehte sich aber beim erschrockenen Aufschrei des Rudergängers um. Drinkwater rannte vierkant in den Offizier, beide fielen zu Boden. Die folgenden Männer nahmen sich des Rudergängers an. Obwohl dieser lautstark lamentierte, wurde er achtern über Bord geworfen. Der nächste Mann übernahm sofort die Pinne, so daß *Alonquin* kaum vom Kurs abkam. Der amerikanische Offizier rollte keuchend über Deck und versuchte, die Wache zu Hilfe zu rufen. Drinkwater, der sich auch erst von dem Zusammenprall erholen mußte, zog einen Belegnagel aus einem Brett, das harte Holz krachte auf den Kopf des Mannes und streckte ihn bewußtlos auf die Planken nieder.

Drinkwater zitterte vor Anstrengung, das Blut rauschte in seinen Ohren. Es schien ihm unglaublich, daß die Besatzung der *Algonquin* nichts von dem Lärm gehört haben sollte. Um ihn sammelten sich schattenhaft die Briten, und wie ein Mann stürmten sie nach vorne. Die Amerikaner an Deck bemerkten zu spät, daß etwas schiefgelaufen war, sie gingen brüllend und kämpfend unter. Einer versuchte, die Schlafenden unter Deck zu wecken, aber jeder Widerstand war aussichtslos, denn die Männer, die von langer Gefangenschaft oder Galeerendienst bedroht waren, kämpften verzweifelt. Fünf Amerikaner ertranken, weil sie über die Seite gingen, einige endeten durch Schläge auf den Kopf. Acht wurden von Stichwaffen getötet, die übrigen wurden im Laderaum eingeschlossen.

Nach zehn Minuten war das Schiff zurückerobert. Eine halbe Stunde später wurde der Kurs geändert und die Schoten wurden gefiert. Drinkwater ließ mit hoher Fahrt auf die Küste Englands zusteuern.

ZEHNTES KAPITEL

August 1780

Elizabeth

Drinkwater beugte sich über die Karte. Quartermaster Stewart stand neben ihm und wies ihn auf die verschiedenen navigatorischen Schwierigkeiten hin. Stewart war als Steuermann auf einem Handelsschiff gefahren, und Drinkwater schätzte seinen Rat hoch.

»Ich denke, Sie sollten Falmouth anlaufen, Mr. Drinkwater«, sagte der Mann. »Sie werden sehen, daß die Entfernung geringer ist, außerdem müssen Sie dann nicht den Eddystone fürchten. Der Leuchtturm ist zwar eine schöne Sache, aber sein Feuer ist sehr schwach. Ich bin wirklich der Meinung, daß die beiden Pechpfannen vom Lizard eine bessere Ansteuerungsmarke abgeben...«

Drinkwater betrachtete Stewart. Der ehemalige Steuermann war ein harter, erfahrener Seemann, der durch die widersinnige menschliche Sozialordnung unter seine Befehlsgewalt geraten war.

»In Ordnung, wir gehen nach Falmouth. Aber ich fürchte noch immer, daß die Yankees versuchen werden, das Schiff zurückzuerobern. Wir haben noch etwa sechzig Seemeilen vor uns, bevor wir den Lizard in Sicht bekommen.«

»Ich glaube nicht, daß sie es noch einmal versuchen. Hagans Wachen können jeden Ausbruchversuch vereiteln. Sie müssen ihnen nur alle Vergünstigungen und Bitten abschlagen, Mr. Drinkwater.«

Nachdem sie die Karten aufgerollt hatten, gingen sie an Deck. *Algonquin* stürmte vorwärts durch den Englischen Kanal, die Takelage ächzte unter dem Druck. Der Wind war stark, aber gleichmäßig. Der Schoner konnte viel Segelfläche tragen und spulte gleichmäßig sieben Knoten ab. Am nächsten Morgen um acht Glasen fielen die ersten Sonnenstrahlen auf die weißen Zwillingstürme des Lizard, und gegen Mittag lief die *Algonquin* in den Hafen von Falmouth ein; nun befand sie sich im Schutz der

Kanonen von St. Mawes und Pendennis Castle. An ihrer Mastspitze wehte die britische Flagge über der amerikanischen. Drinkwater ankerte in Schußweite einer Fregatte, die auf der Reede von Carrick lag.

Drinkwater zögerte, die *Algonquin* zu verlassen und auf der Fregatte Bericht zu erstatten, aber das Kriegsschiff schickte schon sein Boot, um ihn an Bord zu holen. Es stellte sich als *Galatea* heraus.

Er meldete sich beim Dritten Offizier und erfuhr, daß der Kommandant an Land wohnte und der Erste Offizier seinen Bericht entgegennehmen würde.

Drinkwater wurde nach achtern geleitet, wo ihn ein langer, dünner Offizier erwartete. Unter die Decksbalken gebückt, hustete er krampfartig.

»Sir, dies ist Fähnrich Drinkwater von der *Cyclops*, der Prisenkommandant des Schoners da hinten.«

Drinkwater fühlte sich plötzlich wieder als Junge, denn alle Verantwortung wurde ihm von diesem einschüchternden Fremden abgenommen. Er war sehr müde, müde und schmutzig.

Der große Mann blickte ihn an und lächelte. Dann sagte er: »Ich habe Ihr Ankermanöver beobachtet. Gut gemacht! Ohne Zweifel haben Sie Gefangene an Bord?«

»Aye, Sir, ungefähr zwanzig.«

Der Leutnant wiederholte ungläubig: »Ungefähr?« Wieder erlitt er einen Hustenanfall.

»Ich habe keinen an Deck gelassen, Sir. Deshalb weiß ich nicht genau, wie viele letzte Nacht bei den Kämpfen ums Leben kamen.«

Die Stirn des Offiziers furchte sich noch mehr. »Sagten Sie nicht, daß Sie von *Cyclops* sind, mein Sohn?«

»Stimmt, Sir.«

»Aber das Schiff operiert zur Zeit irgendwo vor Irland. Wie könnt ihr dann letzte Nacht gekämpft haben?«

Drinkwater berichtete, wie die Amerikaner den Schoner zurückerobert hatten, wie Leutnant Price ums Leben gekommen war, und erwähnte auch kurz den Handstreich, mit dem sich die Prisencrew wieder die Oberhand verschafft hatte. Das Stirnrunzeln des Leutnants wich einem schiefen Grinsen. »Dann werden Sie solche Unruhestifter sicher gern loswerden wollen, und zwar schnell.«

»Gewiß, Sir.«

»Ich schicke ein paar Mann mit unserem Langboot hinüber. Sie werden die Gefangenen nach Pendennis Castle schaffen müssen. Das heißt, noch bevor Sie Kapitän Edgecumbe in der ›Krone‹ Bericht erstatten.« Der hochgewachsene Offizier wies zuerst auf den gedrungenen Festungsturm auf der oberhalb des Hafens gelegenen Landzunge und dann zu der Schar Häuser und Katen hinüber, die den Marktflecken Falmouth bildeten. Ein neuer Hustenanfall schüttelte ihn.

»Vielen Dank, Sir.«

»War mir eine Freude, mein Sohn.« Damit wandte sich der Leutnant ab.

»Bitte um Vergebung, Sir, aber...«

Ein blutiges Taschentuch vor den Mund gepreßt, wandte sich der Erste noch einmal um.

»Dürfte ich Ihren Namen erfahren –«

»Collingwood«, keuchte der lange Leutnant.

Leutnant Wilfred Collingwood hielt Wort. Nach einer halben Stunde lag das Langboot der *Galatea* längsseits, und eine Abteilung Seesoldaten kam an Bord. Hagan hatte sein Bestes getan, um ihre Leute wieder auf Vordermann zu bringen, aber mit den Männern der *Galatea* konnten sie nicht mithalten.

Die Amerikaner wurden in das Langboot getrieben. Drinkwater ließ das Beiboot der *Algonquin* zu Wasser bringen und sich mit Stewart an Land rudern. Auf dem steinernen Pier des inneren Hafens von Falmouth wurden die Gefangenen von den Seesoldaten aufgereiht, mit Josiah King an der Spitze. Die scharlachroten Uniformen umringten die niedergeschlagene kleine Schar. Drinkwater, dessen Hose noch immer feucht war und nach Bilge stank, marschierte an der Spitze, Stewart und sechs mit Entermessern bewaffnete Seesoldaten bildeten den Schluß.

Hagan, der ebenfalls kräftig nach Bilge stank, marschierte neben Drinkwater. Es war Markttag und ganz Falmouth auf den Beinen. Die Passanten ließen die kleine Prozession hochleben, die sich ihren Weg durch die engen Gassen bahnte. Drinkwater war sich der Blicke der Frauen und Mädchen bewußt und empfand sie als durchaus angenehm erregend. Aber so ist das mit der menschlichen Eitelkeit: Auch Sergeant Hagan drückte seine Brust heraus und meinte, all die bewundernden Blicke gälten nur ihm. In Wahrheit galten sie dem hübschen, schmollenden amerikanischen Kommandanten, der in der romantischen Stunde seiner Niederlage die Sympathien der Frauen seltsamerweise auf seiner Seite hatte.

Josiah King brannte inwendig vor fürchterlicher Wut, die ihn zu verzehren schien. Er empfand bohrende Scham darüber, daß er sein Schiff ein zweites Mal verloren hatte, nagenden Ärger, daß das Schicksal ihm, Josiah King aus Newport, den Lorbeer des Sieges aus der Hand gewunden und ihn einem dürren jungen Fähnrich verliehen hatte, dem die nasse stinkende Hose bei jedem Schritt um die Beine klatschte. Das Wissen, daß er gerade in dem Augenblick ausgetrickst worden war, als er sich selbst zu seiner Voraussicht beglückwünscht hatte, ließ ihn fast explodieren. Das war für ihn der bitterste Teil, die privateste Demütigung bei der ganzen Affäre. Seine Leute trotteten in unordentlicher Marschordnung hinter ihm her, als sie die Stadt verlassen hatten und die Höhe zu erklimmen begannen.

Die Straße führte durch Unterholz. Es war heiß, und die Sonne brannte auf sie herab. Plötzlich erhoben sich links von ihnen Wälle, sie überquerten Festungsgräben und standen dann vor dem Torhaus, hinter dessen Portal man die gewaltigen Abmessungen von Pendennis Castle ahnen konnte.

Die Wache hatte den Sergeant gerufen, und der hatte den Hauptmann benachrichtigt. Der Hauptmann hatte einem Fähnrich befohlen, die Angelegenheit zu regeln, und setzte dann sein Mittagsschläfchen fort. Der Fähnrich machte sich unausstehlich wichtig, nachdem er entdeckt hatte, daß die Eskorte von einem nicht sonderlich sauberen Fähnrich zur See kommandiert wurde. Sein herablassendes Gehabe ärgerte den erschöpften Drinkwater, der den langweiligen und ungewohnten Papierkrieg zu bewältigen hatte, ohne den auch das Geschäft des Krieges nicht zu führen ist. Jeder einzelne Amerikaner mußte identifiziert werden, worauf beide Fähnriche zu unterzeichnen hatten. Und die ganze Zeit brannte die Sonne auf sie herab. Drinkwater fühlte, daß die Erschöpfung der schlaflosen Nacht seine euphorische Erleichterung darüber zu ersticken drohte, daß er die Verantwortung nun abgeben konnte. Schließlich war der hochmütige Fähnrich zufriedengestellt.

Die Seesoldaten hatten sich wieder formiert, und die kleine Gruppe begann ihren Abstieg zur Stadt.

Drinkwater begab sich mit Stewart zum Gasthof »Zur Krone«. Doch Kapitän Edgecumbe von Seiner Britannischen Majestät

Fregatte *Galatea* war ein Offizier der alten Schule. Wenn bei ihm eine Vogelscheuche von einem Fähnrich in dreckiger Hose erschien, dann wurde er doch wohl zu Recht zornig. Und als derselbe schäbige Fähnrich den Versuch machte, ihm die Ankunft eines aufgebrachten Freibeuters namens *Algonquin* zu melden, dann ließ er sich von solchen Nebensächlichkeiten nicht ablenken. Denn er haßte es, unterbrochen zu werden.

Der Anschiß, den er Drinkwater verpaßte, war ebenso lang wie unnötig. Der Fähnrich stand ruhig da und stellte nach einigen Minuten fest, daß er gar nicht zugehört hatte. Draußen schien die Sonne heiß, und er fühlte das seltsame Verlangen, in diesem Sonnenschein zu faulenzen und vielleicht den Arm um die Hüfte eines dieser hübschen Mädchen zu legen, die er im Ort gesehen hatte. Der süße Duft Cornwalls, der durch das offene Fenster hereinwehte, lenkte seine Gedanken von den Pfaden der Tugend ab. Erst als der Kapitän seine Tirade kurz unterbrach, erwachte Drinkwater aus seinen Träumereien und blickte sein Gegenüber an.

Wie er so in Hemdsärmeln dasaß, sah Edgecumbe genauso aus wie das, was er war: ein ausschweifend lebender, unfähiger Offizier, der nicht an Bord seines Schiffes wohnte, um seinen sexuellen Appetit mit Hilfe örtlicher Damen befriedigen zu können. Drinkwater empfand plötzlich Verachtung für ihn.

Er salutierte. »Aye, aye, Sir. Vielen Dank, Sir.« Damit machte er eine zackige Kehrtwendung und marschierte schneidig aus dem Zimmer.

Unten im Schankraum fand er Stewart, der mit einem rotbäckigen Mädchen flirtete. Mit einem seltsamen Gefühl in der Magengegend stellte Drinkwater fest, daß das Mädchen leuchtende Augen und Apfelbrüste hatte.

Leicht verlegen bestellte Stewart ein Bier für den Fähnrich.

»Ist das dein Käpt'n?« fragte das Mädchen ungläubig kichernd, als es den Humpen vor Drinkwater niedersetzte.

Der Quartermaster nickte, wurde aber rot dabei. Drinkwater verwirrte die ungewohnte körperliche Nähe des Mädchens, doch die Achtung, die Stewart seiner gegenwärtigen Dienststellung zollte, bestärkte ihn in seiner Männlichkeit. Die Kellnerin lehnte sich frech an ihn.

»Benötigen Euer Ehren etwas?« fragte sie fürsorglich.

Ihr wogender Busen konnte sein neugefundenes Selbstbewußtsein nicht mehr erschüttern. Er nahm einen langen Zug, starrte die Kellnerin über den Rand des Kruges an und genoß ihre Verlegenheit, während das Bier seinen Bauch wärmte. Immerhin war er Prisenkommandant der *Algonquin* und unter den bewundernden Blicken Dutzender Frauen durch Falmouth marschiert...

Er leerte den Krug. »Um die Wahrheit zu sagen, Gnädigste, ich verfüge nicht über genug Mittel, um mehr als ein oder zwei Krüge Bier zu erstehen.«

Sofort ließ sich das Mädchen auf die Bank neben Stewart plumpsen. Es wußte, daß der Quartermaster eine Guinee oder einen halben Sovereign in der Tasche hatte, denn sie hatte Gold in seiner Hand glitzern gesehen. Der erfahrene Stewart war nicht ohne die Mittel an Land gelangen, die für eine kleine Liebelei oder eine gute Flasche nötig waren. Die Kellnerin lächelte Drinkwater an. Schade, dachte sie, ein netter junger Mann und hübsch, wenn man den etwas farblosen Typ mag. Sie fühlte, wie Stewarts Arm sie umfaßte. Nun ja, schließlich mußte ein Mädchen leben...

»Euer Ehren haben sicherlich noch Geschäfte von großer Dringlichkeit zu erledigen«, sagte sie sehr betont und schmiegte sich eng an Stewart, der ihn nur anstarrte. Sein einer Arm preßte sich an ihren großen Busen, das weiße Fleisch wurde hochgedrückt und schien aus dem Mieder quellen zu wollen.

Drinkwater lächelte beschwingt. Während er sich erhob, warf er einige Kupfermünzen auf den Tisch.

»Seien Sie bei Sonnenuntergang an Bord, Mr. Stewart.«

Bei seiner Rückkehr zur *Algonquin* fand Drinkwater den Schoner aufgeklart vor. An Deck lag ein längliches Bündel, ein toter Mann. Die Verwundeten waren versorgt, Grattans Arm war vom Schiffsarzt der *Galatea* geschient worden. Während der Abwesenheit des Fähnrichs war Collingwood an Bord des Schoners gewesen und hatte das alles arrangiert. Er hatte auch dafür gesorgt, daß die Gesunden die Prise säuberten.

Collingwood interessierte sich für die *Algonquin*, da er in Kürze nach den Westindischen Inseln versetzt werden sollte, wo es solche Fahrzeuge im Überfluß gab. Außerdem hatte er Gefallen an dem jungen Fähnrich gefunden, der seine Aufgabe so gut bewältigt hatte. Einige diskrete Fragen an die Prisenbesatzung informierten ihn, wie gut. So hatte der Leutnant Nachricht hinterlassen, daß sich Drinkwater nach seiner Rückkehr bei ihm melden solle.

Das Achterdeck der *Galatea* erinnerte Drinkwater an *Cyclops*; die Erinnerungen an seine Fregatte stürmten auf ihn ein. Collingwood nahm ihn zur Seite und fragte ihn aus.

»Waren Sie bei Kapitän Edgecumbe?«

»Jawohl, Sir.«

Der Leutnant hatte einen Hustenanfall. »Welche Befehle hat er Ihnen gegeben?« fragte er schließlich.

»Keine, Sir.«

»Keine?« fragte der Leutnant ungläubig, eine spöttische Falte auf der Stirn.

»Nun ja, Sir...« Drinkwater stockte. Was sagte man einem Ersten Offizier, dessen Kommandant einen mit Widerwillen erfüllte? »Er hat mich angewiesen, meine Uniform zu wechseln, Sir, und...«

»... und sich beim Flaggoffizier in Plymouth zu melden. Das hat er doch ohne Zweifel gesagt, nicht wahr, mein Junge?«

Drinkwater blickte Collingwood verständnislos an, dann ging ihm langsam ein Licht auf. »O ja, Sir, das ist richtig.« Er wußte nicht weiter.

»Sehr gut. An Ihrer Stelle würde ich gleich morgen früh aufbrechen.«

»Aye, aye, Sir.« Der Fähnrich salutierte und wandte sich ab.

»Und noch etwas, Mr. Drinkwater!«

»Sir?«

»Sie können den Toten nicht im Hafen versenken. Mein Zimmermann fertigt ihm einen Sarg an. Ich habe mir erlaubt, einen Begräbnisgottesdienst für heute nachmittag zu bestellen. Sie nehmen daran um vier Uhr in der Kirche Charles the Martyr teil. Danken Sie dem Herrn bei dieser Gelegenheit für Ihre Rettung...« Der lange Leutnant drehte sich um, geschüttelt von einem weiteren krampfartigen Hustenanfall.

Drinkwater legte sich kurz schlafen und wurde um fünf Glasen wieder geweckt. Er fand seine Hose gesäubert und gebügelt vor. Hagan hatte seine Seesoldaten aufpoliert, und die kleine Abteilung marschierte ernst mit ihrer traurigen Last zur kleinen Pfarrkirche. Die Ausrichtung eines kirchlichen Begräbnisses für einen der Ihren war eine Auszeichnung, die Drinkwater zu diesem Zeitpunkt noch nicht recht würdigen konnte.

Aufgerufen, ihr Blut im Dienst des undankbaren Vaterlandes zu vergießen, waren die britischen Seesoldaten daran gewöhnt, schlimmer als Tiere behandelt zu werden. Doch Gesten wie die Wilfred Collingwoods berührten ihr Innerstes und wühlten sie emotional auf. Während Edgecumbe auf dem Weg des liederlichen, unsensiblen Autokraten verharrte, lernten Collingwood und andere allmählich die Kunst der Menschenführung. Und keiner konnte besser auf dem Instrument menschlicher Emotionen spielen als Horatio Nelson, aber er blieb nicht der einzige.

Die Kirche wirkte nach der Hitze des Nachmittags wunderbar kühl, als die kleine Trauergemeinde ungeschickt auf ihre Plätze schlurfte. Später, draußen unter den Eiben, hüllte wieder Hitze die Gruppe ein. Drei Männer weinten, als der einfache Sarg ins Grab gelassen wurde, sie waren nach all den Anstrengungen mit ihrer Fassung am Ende.

Nach der kurzen Trauerfeier bereiteten sich Seeleute und Seesoldaten auf den Rückmarsch in die Stadt vor. Aber der Pfarrer, ein dünner, verwelkter Mann, der sein Haar nach alter Sitte schulterlang trug, trat noch auf den Fähnrich zu.

»Ich würde mich sehr geehrt fühlen, Sir, wenn Sie mit mir im Pfarrhaus dort drüben eine Tasse Tee trinken würden.«

»Vielen Dank, Sir.« Drinkwater verbeugte sich.

Die beiden Männer betraten das Haus, das ähnlich kühl war wie die Kirche und Drinkwater schmerzlich an sein Zuhause erinnerte. Der Tisch war für drei Personen gedeckt.

Anscheinend hatte der Pfarrer von den Taten des Prisenkommandos gehört, denn er redete enthusiastisch auf Drinkwater ein: »Ich bin zwar nur sein Stellvertreter, aber bestimmt wäre auch der hiesige Amtsinhaber mit mir einer Meinung, daß ich die Gelegenheit nutzen muß, einen Seehelden in diesem Hause zu bewirten.« Er bot Drinkwater einen Stuhl an.

»Sehr freundlich«, erwiderte Drinkwater. »Aber ich bezweifle doch, daß meine Taten heldenhaft waren.«

»Na, hören Sie . . .«

»Bestimmt nicht, Sir. Nur die Furcht vor dem französischen Gefängnis hat uns so beflügelt.« Er erhob sich, als eine Frau mit dem Teekessel eintrat.

»Ah, meine Liebe, der Tee . . .« Der alte Mann war aufgesprungen und rieb sich die Hände. »Mr. Drinkwater, ich möchte Ihnen meine Tochter Elizabeth vorstellen. Elizabeth, meine Liebe, dies ist Mr. Drinkwater. Ich fürchte, ich kenne Ihren Vornamen nicht, vielleicht wären Sie so nett, ihn uns zu nennen . . .« Er öffnete und schloß seine Hände, bis sie wie schlecht geführte Marionetten wirkten.

»Nathaniel, Sir.« Drinkwater kam der Aufforderung willig nach. Die Frau drehte sich um, und Drinkwater blickte in die Augen eines umwerfend hübschen Mädchens, das ungefähr so alt wie er selber war. Er ergriff ihre Hand und machte eine kleine, ungeschickte Verbeugung, wobei er vor Überraschung und Verlegenheit errötete. Ihre Finger hatten die Kühle der Kirche. Er murmelte: »Ihr Diener, Gnädigste.«

»Sehr verbunden, Sir.« Ihre Stimme war leise und klar.

Das Trio setzte sich, und Drinkwater fühlte sich sofort von der Qualität des Geschirrs gehemmt; so feines Porzellan nach all den Monaten mit grobem Schiffsgeschirr machte ihn unbeholfen. Doch der Anblick eines Tellers mit Gurkensandwiches ließ ihn sein Unbehagen schnell vergessen.

»Nathaniel, so, so«, murmelte der alte Mann. »Also ein Geschenk Gottes.« Er kicherte in sich hinein. »Sehr passend, wirklich sehr passend.«

Drinkwater fühlte sich in einer Woge puren Wohlbehagens versinken. Der kleine Raum mit bunten Chintzvorhängen und bemaltem Porzellan erinnerte ihn lebhaft an zu Hause. Er strahlte sogar den gleichen Anschein fadenscheiniger Vornehmheit aus und einen Stolz, der manchmal als Ersatz für handgreiflichere Vorzüge dienen mußte.

Während sie den Tee eingoß, betrachtete Drinkwater die Pfarrerstochter. Er fand bestätigt, daß sie in seinem Alter war, obwohl das altmodische Kleid sie reifer wirken ließ. Ganz auf das Eingießen des Tees konzentriert, biß sie sich auf die Unterlippe und zeigte dabei eine Reihe gleichmäßiger, nahezu perfekter Zähne. Ihr dunkles Haar fiel als einfacher Zopf auf den Rücken und paßte in der Farbe zu ihren Augen von tiefem, verständnisvollem Braun, die ihr Gesicht unsagbar traurig machten.

Er war von dieser Melancholie so angerührt, daß er ihrem Blick standhielt, als sie ihm seine Teetasse reichte. Dabei lächelte sie, und er war überrascht über die plötzliche Lebendigkeit dieses Gesichts, das seine ungehörige Direktheit keineswegs tadelte. Er empfand ein Glück, das er viele Monate entbehrt hatte, und den heißen Wunsch, diesem Mädchen zu gefallen, nicht aus purem Übermut, sondern weil es eine Aura der Stille und Ruhe um sich verbreitete. Bei dem Durcheinander seines bisherigen Lebens verlangte es ihn stark nach Frieden für sein Gemüt.

So tief war er in seine Gedanken versunken, daß er nicht bemerkte, wie er einen großen Teil der Brote allein verspeiste.

Isaac Bower und seine Tochter waren erstaunt.

»Entschuldigen Sie die Frage, Sir – aber haben Sie längere Zeit nichts gegessen?«

»Etwas so Gutes habe ich nahezu zwölf Monate nicht bekommen«, lächelte Drinkwater unbefangen.

»Aber speisen Sie an Bord Ihres Schiffes nicht jeden Tag fürstlich?«

Drinkwater lachte kurz auf, dann erzählte er ihnen, wie seine Kost beschaffen war. Als er sah, wie erschrocken und überrascht der Vikar war, wurde ihm klar, daß die britische Bevölkerung über die Lebensumstände der Seeleute kaum Bescheid wußte. Ehrlich entrüstet fragte der alte Mann den Fähnrich über den Speiseplan, die tägliche Routine und die Pflichten der einzelnen an Bord aus. Er begleitete Drinkwaters Antworten mit lebhaften Ausrufen, tiefen Seufzern und heftigem Kopfschütteln. Drinkwater seinerseits schilderte die Einzelheiten seines Berufes mit dem Enthusiasmus und der Genauigkeit eines professionellen Anwerbers. Das Bild vom Leben auf einer Fregatte, das so entstand, war zwar etwas verzerrt und auch leicht egozentrisch gefärbt, was zu entschuldigen war, trotzdem kam es, durch den Scharfsinn des alten Mannes gefiltert, der Wirklichkeit sehr nahe.

Während sich die Männer unterhielten, füllte Elizabeth ihre Tassen nach und studierte dabei den Gast. Wenn man von seinem abgescheuerten Hemdkragen und den Manschetten absah, machte er einen durchaus ansehnlichen Eindruck. Sein dunkles Haar war einfallslos in einen Nackenzopf geflochten und rahmte ein Gesicht ein, das Wind und Wetter leicht gebräunt hatten. Diese Bräune betonte noch die helleren Falten um seine Augen, für die er eigentlich zu jung war. Die Augen selbst waren von einem verschleierten Grau und erinnerten sie an den Himmel über Kap Lizard bei Sturm. Sie wurden aber vom Schatten der Verantwortung und Sorge verdunkelt. Während des Gesprächs jedoch rötete sich sein Gesicht mit einer ansteckenden Begeisterung, er strahlte ein natürliches Selbstbewußtsein aus, das ihm selber vielleicht gar nicht bewußt war, von Elizabeth aber deutlich erkannt wurde.

Sie besaß trotz ihrer Jugend mehr Lebenserfahrung, als der behüteten Tochter eines Landpfarrers gemeinhin zugebilligt wurde. So kannte sie das Leben am Rande der Armut, seit ihr Vater vor zwei Jahren seine Stellung verloren hatte, denn er war so leichtsinnig gewesen, den lasterhaften Lebenswandel anzugreifen, den der Erbe seines Patrons führte. Als dieser Edelmann dann sein Erbe antrat, hatte er sich an dem Pfarrer gerächt. Der Tod seiner Frau, der diesen Ereignissen folgte, hatte Bower mit einer Tochter zurückgelassen, die er am Abend seines Lebens allein erziehen mußte.

Unter diesen Umständen war Elizabeth vorzeitig gereift und hatte die Pflichten der Hausfrau willig übernommen. Obwohl sie im Windschatten des väterlichen Berufs aufwuchs, waren ihr die Härte und Strenge des profanen Lebens nicht fremd. Einen Teil ihrer jugendlichen Unbekümmertheit hatte sie schon bei der Pflege ihrer siechen Mutter verloren, als sie die Begleiterscheinungen von Krankheit und Tod aus nächster Nähe kennenlernte. Während sie nun nachdenklich die Reste eines Fruchtkuchens betrachtete, der für sie und den Pfarrer mindestens eine Woche gereicht hätte, bemerkte sie, daß sie lächelte. Sie war dankbar für diese Teestunde. Drinkwater trat mit der Unbekümmertheit der Jugend auf, die ihr bisher gefehlt hatte. Welch ein wohltuender Unterschied zu dem bombastischen Überschwang der rotgesichtigen Landjunker oder zu der schlappen Trägheit der Infanterieoffiziere aus der Garnison, die für sie bis jetzt die einzig interessanten Vertreter des anderen Geschlechts gewesen waren. Sie fühlte, daß ihr der junge Mann da gegenüber sympathisch war. Mehr noch, daß sie eine Zuneigung zu ihm gefaßt hatte, die auf seiner Sensibilität, den beginnenden Spuren der Verantwortung und auf seiner nervösen Erschöpfung beruhte.

Schließlich ebbte das Gespräch ab, beide Männer hatten sich angefreundet. Drinkwater entschuldigte sich dafür, daß er die Unterhaltung meist allein bestritten und die Gastgeberin vernachlässigt hatte.

»Sie müssen sich wirklich nicht entschuldigen, Mr. Drinkwater, meinem Vater fehlen solche Gespräche sehr.« Sie lächelte wieder. »Ich bin sehr froh, daß Sie gekommen sind, wenn der Anlaß auch traurig war.«

Reuig wurde es Drinkwater wieder bewußt, daß er am Nachmittag an einem Begräbnis teilgenommen hatte. »Vielen Dank, Miß Bower.«

»Beantworten Sie mir doch noch eine Frage, Mr. Drinkwater: Fürchten Sie sich nicht bei Ihren vielen Abenteuern?«

Ohne zu zögern antwortete Drinkwater: »Wie ich schon Ihrem Vater vorhin sagte, halte ich es für möglich, daß ... ja, daß meist Angst die Ursache für Mut ist ...« Er unterbrach sich; ganz offensichtlich hatte er genau das gesagt, was er meinte, und wollte nun vermeiden, daß Elizabeth ihn mißverstand oder falsch einschätzte.

»Ich möchte nicht den Eindruck erwecken, daß ich vor Heldenmut platze. Aber je klarer ich mir über die Folgen der Untätigkeit wurde, desto mehr Kraft wuchs mir zu, die Umstände zu ändern. Dabei wurde ich von den Mitgliedern meiner Prisenbesatzung hervorragend unterstützt.«

Sie lächelte ihn ohne jede Koketterie an.

Nathaniel tauchte in dieses Lächeln ein. Es schien das ganze Zimmer zu erhellen.

Der Kuchen war aufgegessen, der Tee getrunken und das Gespräch versandet; Drinkwater erhob sich. Die Sonne stand schon tief im Westen, Schatten füllten den Raum. Er verabschiedete sich vom Pastor.

Der alte Mann drückte seine Hand. »Auf Wiedersehen, mein Sohn. Wann immer Sie in Falmouth sind, erwarten wir gern Ihren Besuch, obwohl ich nicht weiß, wie lange wir noch hier bleiben werden.« Sein Gesicht umwölkte sich, als er an die Unsicherheiten seiner Stellung dachte. »Möge Gott Sie schützen, Nathaniel.«

Drinkwater fühlte sich seltsam berührt; er verbeugte sich vor Elizabeth.

»Ihr Diener, Miß Bower ...«

Sie antwortete nicht, wandte sich aber an ihren Vater: »Ich begleite Mr. Drinkwater zum Gartentor, setz dich hin und ruh dich aus. Nach dem langen Gespräch siehst du müde aus.« Der alte Mann nickte und ließ sich schwer in seinen Sessel fallen.

Freudig erregt über die Aussicht, einige Minuten mit Elizabeth allein zu sein, folgte ihr Drinkwater. Sie hatte einen Schal um die Schultern geworfen, als sie das Haus verließen. Nun öffnete sie die Pforte und trat auf die Straße. Er stand neben ihr, blickte in ihr Gesicht, fingerte an seinem Hut und fühlte sich plötzlich elend, weil er diese Teestunde mit all ihren Erinnerungen an zu Hause und die englische Häuslichkeit so genossen hatte. Doch es war mehr als das gewesen. Erst die Anwesenheit Elizabeths hatte den

Nachmittag und den Abend so unvergeßlich gemacht. Er schluckte.

»Vielen Dank für Ihre Gastlichkeit, Miß Bower.«

Die Luft war schwer von Blütenduft. In der zunehmenden Dämmerung der schmalen kornischen Landstraße leuchteten die Farnwedel am Wegesrand wie grüne Feuerzungen. Über ihren Köpfen schossen pfeilschnelle Mauersegler hin und her.

»Nochmals vielen Dank für die freundliche Bewirtung, Miß Bower...« Sie lächelte und reichte ihm die Hand. Schnell ergriff er sie und blickte ihr kühn in die Augen.

»Elizabeth«, sagte sie, die Grenzen der Schicklichkeit vergessend und ihre Hand seinem Zugriff überlassend. »Bitte, nennen Sie mich Elizabeth.«

»Dann müssen Sie mich Nathaniel nennen...«

Sie schwiegen unsicher, einige Sekunden lang hing ein peinlicher Schatten über ihnen, dann aber lächelten beide und lachten hell auf.

»Ich dachte...« begann sie.

»Ja?«

»Ich hoffe, daß Sie nicht vollständig aus unserem Leben verschwinden. Es wäre schön, Sie wiederzusehen...«

Als Antwort zog Nat ihre Hand an die Lippen. Er fühlte wieder die Kühle ihrer Haut; es war nicht die Kälte der Zurückweisung, sondern der Balsam der Gelassenheit.

»Ich bin«, sagte er mit Nachdruck, »Ihr sehr ergebener Diener, Elizabeth.« Noch einen Moment hielt er ihre Hand, dann drehte er sich schnell um.

Bevor die ländliche Straße eine Kurve machte, blickte er noch einmal zurück. Er sah ihr Gesicht im Zwielicht leuchten und auch, daß sie ihm nachwinkte.

In dieser Nacht kam ihm die *Algonquin* wie ein Gefängnis vor.

Elftes Kapitel

August–Oktober 1780

Zwischenspiel

Es wurde Herbst, bevor Drinkwater *Cyclops* wiedersah. In England war inzwischen die Nachricht vom Übertritt Benedict Arnolds zur britischen Sache und die darauf folgende schmachvolle Hinrichtung von Major John André bekannt geworden. Doch für Drinkwater, der in Plymouth die Zeit totschlug, war es kaum vorstellbar, daß ein schrecklicher Krieg tobte.

Nachdem er mit der *Algonquin* in Plymouth eingelaufen war, wurde ihm die Befehlsgewalt über das Schiff schnellstens entzogen; der Schoner kam unter den Befehl des Standortadmirals. Drinkwater fand sich mit Stewart, Sharples und den anderen auf einem Wachschiff wieder, wo sie sich vor lauter Warten Schwielen am Hintern holten. Das Wachschiff, ein ausgemustertes 64-Kanonen-Linienschiff, war überfüllt und stank. Für seine Überfüllung sorgten frisch gepreßte Seeleute, die auf ihren Einsatz warteten, und junge Offiziere, die wie er auf die Rückkehr ihrer Schiffe oder ein neues Kommando hofften. Die an Bord herrschenden Bedingungen waren schuld, daß das Schiff wie ein Gefängnis geführt wurde, trotzdem gewann die moralische Zersetzung schnell die Oberhand. Glücksspiele, Rattenwettfang und Hahnenkämpfe wurden heimlich veranstaltet, Sauf- und Sexorgien waren nachts die Regel. Die erzwungene Untätigkeit der eintausendzweihundertsiebzig Männer bot dem Teufel ein reiches Betätigungsfeld.

Vom kommandierenden Offizier auf eigenem Schiff sank Drinkwater auf ein Nichts zurück. Wieder ein Fähnrich unter vielen, blieb ihm reichlich Zeit, über die Widersprüchlichkeiten in der Karriere eines Marineoffiziers nachzudenken.

Es war eine schlimme Zeit für ihn. Die Gedanken an Elizabeth Bower quälten ihn, denn Falmouth war nicht weit entfernt. Verzweiflung überfiel ihn, wenn er sich vorstellte, daß die Vertretung des Pfarrers zu Ende gehen und die beiden irgendwohin verschlagen werden könnten. Er war noch nie verliebt gewesen und verlor sich völlig in seinen egozentrischen Emotionen. Und die unerfreuliche Umgebung förderte sein ungeselliges Verhalten noch erheblich.

Woche reihte sich an Woche in einer Kette der Widrigkeiten. Immerhin hielt ihn seine verliebte Niedergeschlagenheit von einer Teilnahme an den groben Zerstreuungen ab und ließ ihn zu den Büchern greifen, die auf dem Wachschiff verfügbar waren. So konnte er ungestört träumen.

Als einige Zeit ins Land gegangen war, verblaßte Elizabeths Bild ein wenig, und er konnte wieder konzentriert lesen. Er legte etwas von seinem wenigen Bargeld in Büchern an, die von seinen Kameraden angeboten wurden, weil sie für ihre Wettleidenschaft Kapital benötigten. Auf diese Weise erstand er ein Exemplar der »Elements of Navigation« von Robertson und ein weiteres von Falconer. Seiner Meinung nach wurde das Geld, einige auf der *Algonquin* gefundene spanische Münzen – also von Rechts wegen Eigentum der Krone –, richtiger und besser zur Weiterbildung eines königlichen Offiziers angelegt, als daß es die Tasche eines Lakaien in der Admiralität füllte.

Nach zehn Wochen voller Langeweile hatte Drinkwater Glück. Eines Morgens ankerte ein reich verzierter Kutter in der Jennycliff Bay. Ein Boot kam zum Wachschiff herübergerudert und bat um die leihweise Abstellung eines Steuermannsmaaten oder Fähnrichs. Der Zweite Offizier des Kutters war erkrankt, und der Kommandant brauchte für ein paar Tage Ersatz.

Zufällig war Drinkwater an Deck und die erste Person, die dem Leutnant der Wache unter die Augen kam. Nach wenigen Minuten saß er im Beiboot des Kutters und wurde über das bleierne Wasser des Sundes gerudert, das ein feiner Regen zu beleben begann.

Das Boot rundete das Heck des Kutters, und Drinkwater sah, daß seine Galerie reich mit vergoldeten Ornamenten verziert war. Ein großes Wappen prangte zwischen den Fenstern und zeigte vier Schiffe, die das St.-Georgs-Kreuz voneinander trennte. Die Flagge am Heck war rot und führte dieses Wappen ebenfalls. Der Wachhabende, es war der Erste Offizier, erklärte ihm, daß es sich um eine Yacht des Trinity House handelte, die auf dem Weg zu den Scilly Islands war, um dort den Leuchtturm von St. Agnes zu warten.

Drinkwater hatte von den Eldermännern des Trinity House gehört, welche die Betonnung in der Themsemündung und einige Leuchtfeuer entlang der Küste unterhielten, und zwar von Blackmore. Bevor dieser Sailing Master der Royal Navy wurde, hatte er sich einer Prüfung durch die Eldermänner unterziehen müssen, die ihm sein Navigatorspatent verliehen. Blackmore, der schon ein Schiff in der Ostseefahrt als Kapitän geführt hatte, war darüber verärgert gewesen und hatte sich säuerlich über diesen Brauch geäußert.

Jetzt war Drinkwater jedoch sofort von der makellosen Erscheinung der Trinity-Yacht beeindruckt. Die Mannschaft bestand aus Freiwilligen, die dem Zugriff der Preßgangs entzogen waren, und machte – verglichen mit den Vogelscheuchen in der Königlichen Marine – einen wohlgenährten und kompetenten Eindruck. Der Kapitän, ein gewisser John Poulter, schien ein angenehmer Mann zu sein und begrüßte Drinkwater herzlich. Nachdem dieser ihm erklärt hatte, daß er nur sehr wenige Kleidungsstücke besaß (seine Seekiste war an Bord von *Cyclops* geblieben), bot er ihm eine neue Hose, eine Jacke und einen Ölmantel an.

Mit großer Erleichterung richtete sich Drinkwater in seiner kleinen Kammer ein. Er genoß den Luxus des Alleinseins, den er zwar schon auf *Algonquin* kennengelernt hatte, der dort aber durch die Last der Verantwortung überschattet gewesen war. Bis zu diesem Augenblick war er sich nicht klar darüber gewesen, wie sehr die dumpfe Atmosphäre des Wachschiffes auf ihm gelastet hatte.

Später ging er an Deck. Es regnete jetzt gleichmäßig, und die Küste von Cawsand war in grauen Dunst gehüllt; aber der strömende Regen weckte in ihm ein Gefühl der Freiheit. Er zog den Ölmantel fester um sich und erkundete das Schiff. Es war stark gebaut und mit Drehbassen auf jeder Seite bewaffnet. Das Großsegel war deutlich größer als das der *Algonquin*, überhaupt machte alles einen solideren, dauerhafteren Eindruck. Das lag wohl an dem Baumaterial Eiche und an der reichhaltigen Ausstattung; im Grunde war das Schiff mit goldenen Ornamenten ziemlich überladen. Die Spieren glänzten in dem trüben Wetter, und Drinkwater prüfte die Einzelheiten der Takelage mit großem Interesse.

Kapitän Poulter war an Deck gekommen und trat auf ihn zu.

»Nun, junger Mann, haben Sie Erfahrung mit dieser Sorte Schiff?« Sein Akzent war unverwechselbar der Londons.

»Nicht mit einem Kutter, Sir, aber ich war kürzlich Prisenkommandant auf einem Schoner.«

»Gut. Ich hoffe, daß ich Sie nicht lange dem Dienst des Königs fernhalten werde, aber ich bin auf dem Weg zu den Scillies, um dort mit Kapitän Calvert das Leuchtfeuer zu überprüfen. Vielleicht ist das auch für einen Offizier des Königs interessant.«

Drinkwater hörte einen spöttischen Unterton heraus, den er schon beim alten Blackmore und anderen Kapitänen der Handelsmarine bemerkt hatte, die damit die gesellschaftlich höhere Stellung der Marineoffiziere ironisierten. Er errötete.

»Um die Wahrheit zu sagen, Sir, ich bin sehr dankbar, daß Sie mich von diesem Wachschiff geholt haben. Ich befürchtete schon, vor Langeweile zu sterben.«

»Dann ist es ja gut«, sagte Poulter, drehte sich nach Luv und schnüffelte in die Luft. »Die Pest soll diese verdammte Küste holen. Hier regnet es immer.«

Die Trinity-Yacht verließ Plymouth zwei Tage später. Aus August war September geworden, dem Regen waren windige, neblige Tage gefolgt. Aber das Wetter konnte den frischen Mut des Fähnrichs nicht dämpfen, denn nach der beengten Atmosphäre auf dem Wachschiff war der Dienst auf der Trinity-Yacht höchst anregend. Er sah, daß hier ein hübsches kleines Schiff genauso effektiv geführt wurde wie ein großes Kriegsschiff der ersten Kategorie, aber ohne die Peitsche und die menschliche Erniedrigung, die im Dienste Seiner Majestät an der Tagesordnung waren.

Kapitän Poulter und sein Steuermann erwiesen sich als hervorragende Lehrer, und Drinkwater lernte schnell mehr über die Feinheiten der Handhabung der Vor- und Großsegel als während seiner Zeit auf der *Algonquin*.

Kapitän Calvert unterhielt sich gern mit ihm und hörte sogar interessiert zu, wenn ihm Drinkwater seine Lösungsvorschläge für bestimmte Navigationsprobleme vortrug. Eines Abends wurde er zum Dinner mit dem Eldermann und Kapitän Poulter eingeladen. An Bord behandelte man Calvert mit derselben Ehrerbietung, die man auf *Cyclops* Admiral Kempenfelt entgegengebracht hatte. Tatsächlich wehte am Masttopp des Kutters auch Calverts persönliche Flagge, allerdings lagen seine Privilegien und Verantwortlichkeiten außerhalb der täglichen Schiffsführung. Auf jeden Fall erwies er sich als ein interessanter und interessierter Mann. Während sich der Kutter bockend seinen Weg nach Westen suchte, erzählte Drinkwater wieder einmal die Geschichte von der Rückeroberung der *Algonquin*. Erst gegen Mitternacht verließ er Poulter und Calvert, um den Steuermann abzulösen. Es wehte immer noch hart, und die Nacht war schwarz, naß und ungemütlich.

Der Steuermann mußte ihm Position und Kurs ins Ohr brüllen.

»Bleiben Sie noch eine Stunde auf Backbordbug. Wir sind zwar jetzt gut frei vom Wolf Rock, halten Sie aber scharf Ausguck, wenn Sie später nach Norden steuern. Wir sollten zwar schon weit westlich des Felsens stehen, aber der Flutstrom setzt auf ihn zu und wird so wild sein wie des Teufels Augenbrauen – mit diesem Sturm dahinter. Sie sind gut beraten, wenn Sie äußerste Vorsicht walten lassen.«

»Aye, aye«, rief Drinkwater in Richtung der schwarzen Gestalt, von deren Ölhaut Regen und Gischt abliefen. Allein blieb er in der Nacht zurück, um sich mit den Gefahren des unbeleuchteten Wolfs auseinanderzusetzen. Dieser alleinstehende Felsen war mit dem Eddystone das von den Seeleuten am meisten gefürchtete Hindernis an der Südküste Englands. Ständig war er vom Seegang überspült, sogar an ganz stillen Tagen, und es sollte bis 1795 dauern, ehe ein erster schwacher Versuch unternommen wurde, dort eine Leuchtbake zu errichten. Die Konstruktion wurde schon beim ersten Sturm weggespült, und danach währte es eine ganze Generation, bis ein dauerhaftes Seezeichen auf dieser schrecklichen Landmarke installiert wurde.

Man erzählte sich, daß dort unter bestimmten Bedingungen eine unterseeische Höhle heulende Geräusche erzeugte, und so war der Felsen zu seinem Namen gekommen. Doch Geheul hin oder her, in dieser Nacht würde außer dem Brüllen des Sturms und den Geräuschen des sich nach Südsüdwest arbeitenden Schiffes nichts zu hören sein.

Poulter hatte vor der Dunkelheit vier Reffs in das riesige Großsegel stecken lassen. Er hatte keine Eile, weil er vor den Scillies beiliegen wollte, um das Feuer von St. Agnes zu beobachten. Aus eben diesem Grunde war auch Calvert von London aus angereist.

Als zwei Glasen angeschlagen wurden, schickte sich Drinkwater an, auf Steuerbordbug zu wenden, und ging nach vorn, um die Vorsegel zu inspizieren. Die Fock war dicht gerefft, aber draußen am langen Bugspriet trotzte noch ein Sturmklüver dem

Wind. Drinkwater hatte schon gelernt, daß man immer danach trachtete, ein Vorsegel so weit draußen wie möglich zu fahren, um den Druck des riesigen Großsegels auszugleichen. Er beobachtete, wie die große Spiere schon auf den nächsten Wellenberg zeigte, während der Bug noch vom Rücken der letzten See herabrauschte. Unter ihm verschwand die Galionsfigur – ein wachsamer Löwe – im weißen Schaum der See, die am gleichmäßig vorwärtsstrebenden Bug des Kutters nach achtern zischte.

Er ging wieder zurück und rief die Männer auf ihre Manöverstationen. Er kontrollierte den Kompaß und blickte dann nach oben, wo Calverts Flagge steif wie ein Brett im Masttopp stand. Zwei Männer stemmten sich gegen die Pinne, er rief sie an: »Rhe!«

Angestrengt grunzten sie ihre Bestätigung. Die Krängung verminderte sich, das Schiff richtete sich auf, die Leinwand schlug donnernd im Wind. Der Rumpf bockte und stampfte, als er die Seen von vorn bekam.

Drinkwater biß sich auf die Lippen. Es dauerte lange, bis der Bug durch den toten Winkel gedreht hatte, aber die Mannschaft verstand ihr Geschäft. Seine Befehle dienten wohl eher dazu, sein Selbstbewußtsein zu stärken, als das Manöver zu leiten. Während das Schiff langsam nach Steuerbord abfiel, wurde der kleine Sturmklüver backgehalten. Und als der Wind voll hineingriff, machte sich der lange Hebelarm des Bugspriets bemerkbar, der Kutter drehte fast auf der Stelle, das Großsegel füllte sich, dann wurde die Fock übergeholt und schließlich der Sturmklüver losgeworfen; die Leinwand knallte wie ein Kanonenschuß, bevor sie mit der Leeschot wieder durchgesetzt wurde. Die Yacht stürmte nach Nordwest, und Drinkwater atmete erleichtert durch.

Bei dem Wetter war es ihm unmöglich, die Seekarte zu studieren. Das Deck wurde fortwährend überspült, so daß die beiden Boote, die mittschiffs auf ihren Lagern standen, selbständig durch die See zu fahren schienen.

Nach einer weiteren Stunde fingen die Segel plötzlich an, einzufallen; der Wind hatte gedreht.

»Halt sie voll und bei!« rief Drinkwater dem Rudergänger zu.

Der antwortete mit einem versteckten Tadel in der Stimme: »Aye, aye, Sir, aber das ist Kurs Nord!«

Drinkwater mußte sich schnell in Erinnerung rufen, daß er sich hier nicht auf einem Schiff des Königs befand, die Antwort des Mannes also keine Insubordination, sondern eine Information war. Nord!

Er schüttelte den Kopf, um die Müdigkeit und den Portweinnebel zu vertreiben. Abdrift und starker Flutstrom, die beide nach Osten setzten, konnten sie auf den Wolf Rock treiben. Sein Magen krampfte sich in plötzlicher Panik zusammen. Erst als er sich klarmachte, daß der Felsen nicht größer als das Deck des Kutters war, bekam er seine Angst unter Kontrolle. Die Chance, auf dieses kleine Hindernis zu treffen, war verschwindend gering.

Eine Gestalt erschien neben ihm: Poulter.

»Ich hörte, wie das Schiff im Wind stand, junger Mann. Und jetzt sind Sie über den Wolf unruhig.« Das war keine Frage, sondern eine einfache Feststellung.

Drinkwater fühlte, wie die Last der Verantwortung von seinen Schultern wich. Sein Kopf wurde frei, er konnte wieder klar denken.

»Soll ich erneut wenden, Kapitän Poulter? Nach der Winddrehung wäre ein fast westlicher Kurs möglich.«

Poulter beobachtete den schwach beleuchteten Kompaß, und Drinkwater meinte, ein schwaches Lächeln in der feuchten Dunkelheit zu erkennen.

»Das wird wohl gehen, Mr. Drinkwater. Veranlassen Sie bitte alles Notwendige.«

»Aye, aye, Sir.«

Die Trinity-Yacht erreichte Hugh Town und blieb dort mehrere Tage liegen. Calvert und Poulter ließen sich nach St. Agnes übersetzen, und die Mannschaft löschte mehrere Bootsladungen Kohle: Brennstoff für das Leuchtfeuer.

Erst zehn Tage, nachdem sie Plymouth verlassen hatten, war Calvert mit dem Leuchtturm zufrieden. Als er von einem letzten Besuch an Land zurückkam, hörte Drinkwater ein Gespräch mit, das er mit Poulter führte.

»Also gut, Jonathan, wir laufen morgen früh mit dem ersten Licht aus. Heute nacht werden wir das Feuer noch einmal beobachten. Ich fahre dann von Falmouth mit der Post nach London voraus, und du kommst langsam nach.« Der Sinn von Calverts Worten entging Drinkwater, bis er das Wort Falmouth auffing.

Falmouth bedeutete Elizabeth.

In Falmouth stellte sich heraus, daß der Zweite Offizier wieder soweit hergestellt war, daß er seinen Dienst an Bord aufnehmen konnte. Drinkwater wurde deshalb von Poulter abgemustert. Er erhielt einen Brief, in dem seine Abwesenheit vom Wachschiff erklärt wurde, und ein Dienstzeugnis.

Wegen ihrer Landung in Falmouth ohnehin in den Wolken schwebend, war Drinkwater noch freudiger überrascht, als ihn Calvert rufen ließ, um ihm vier Guineen Heuer und ein weiteres Zeugnis zu überreichen. Es besagte, daß Calvert als Eldermann von Trinity House Mr. Drinkwater geprüft und ihn in Navigation und Seemannschaft für kompetent befunden habe. Mr. Drinkwater habe demnach die Prüfung zum Steuermannsmaaten bestanden.

»Hier, Mr. Drinkwater. Nach den neuesten Bestimmungen dürfen Sie damit Prisen rechtmäßig befehligen. Viel Glück.«

Drinkwater stammelte völlig überrascht einige Dankesworte, verabschiedete sich von Poulter und wurde zusammen mit dem Eldermann an Land gepullt. Nachdem er sich an der Postkutsche von Calvert verabschiedet hatte, schlug er den Weg zum Pfarrhaus ein.

Der Herbst lag schwer in der Luft, aber das kümmerte ihn nicht, am liebsten wäre er gehüpft. Sein Herz klopfte bis zum Hals vor Wiedersehensfreude.

Er öffnete die Gartenpforte. Vor der Haustür stockte er plötzlich, den Klopfer schon in der Hand. Einer seltsamen Eingebung folgend, trat er an eines der seitlichen Fenster und blickte in das Studierzimmer des Vikars. Drinnen erkannte er die Glatze des alten Mannes, sein weißer Lockenkranz war in der Entspannung des Schlafes verrutscht.

Drinkwater schlich nach hinten ums Haus und fand Elizabeth im Garten. Sie bemerkte ihn nicht, deshalb blieb er einen Moment stehen und beobachtete sie.

Sie pflückte rötliche Winteräpfel von einem Baum, dessen knorrige Äste sich unter der Last bogen. Als sie sich nach oben streckte, konnte er ihr Profil betrachten. Die Unterlippe hatte sie zwischen die Zähne geklemmt, eine Angewohnheit, die Konzentration signalisierte, wie er schon wußte. Die Szene hatte etwas beruhigend Ländliches, eine stille Süße, jedenfalls für einen Mann, dessen Augen sonst nur die Monotonie der See gewöhnt waren.

Er hüstelte, sie fuhr zusammen, die Schürze rutschte ihr aus den Händen. Eine Flut von Äpfeln ergoß sich ins Gras. »Oh! Nathaniel...«

Er lachte und rannte herbei, um ihr beim Einsammeln zu helfen. Als sie nebeneinander knieten, kamen sich ihre Gesichter sehr nahe. Er fühlte ihren Atem auf seiner Wange und war kurz davor, alle Vorsicht zu vergessen, als sie schnell aufstand und ein vorwitziges Haarbüschel im Nacken bändigte.

»Ich bin froh, daß Sie gekommen sind. Wie lange können Sie bleiben?«

Darüber hatte Drinkwater noch gar nicht nachgedacht; er zuckte die Schultern. »Wie lange soll ich denn bleiben?« lächelte er zurück.

Nun war es an ihr, mit den Schultern zu zucken. Sie lachte, wollte sich nicht in die Enge treiben lassen, aber er merkte, daß sie erfreut war.

»Ich sollte morgen nach Plymouth zurückfahren. Eigentlich sollte ich schon heute zurück, aber...« Wieder zuckte er mit den Achseln. »Sagen wir mal, ich brauche Erholung.«

»Das Postschiff aus New York ist fällig, dann wird auch eine Postkutsche abgehen. Bleiben Sie doch so lange!«

»Nun, äh, ich, äh...«

»Vater wird sich freuen, bitte bleiben Sie doch.«

Sie murmelte die letzten Worte so flehend, daß Nathaniel kaum noch eine Wahl hatte und auch kaum den Wunsch danach. Gespannt wartete sie auf seine Antwort.

»Möchten denn auch Sie, daß ich bleibe?«

Sie lächelte stumm, hatte schon zuviel gesagt. Nun sammelte sie die letzten Äpfel auf und ging zum Haus.

»Mögen Sie Apfelkuchen?« fragte sie über die Schulter zurück.

Der Tag verging vergnüglich. *Cyclops,* Morris, die Sorgen und Ängste der vergangenen Monate hätten die Erfahrungen einer anderen Person sein können, eines grünen, verängstigten Jungen, nicht zu vergleichen mit dem lebensfrohen, energischen jungen Mann, der im Pfarrhaus saß.

Wie seine Tochter schon gesagt hatte, war der Pfarrer sehr erfreut gewesen, den Fähnrich wiederzusehen. Stolz zeigte er Drinkwater seine Bücherei, die offenbar sein einziger Besitz war, denn die Einrichtung des Hauses gehörte dem abwesenden Geistlichen. Eine lange Unterhaltung erwies Isaac Bower als sehr gebildeten Mann, der seine Tochter nicht nur allein aufgezogen, sondern auch allein unterrichtet hatte. Tatsächlich war der Grad ihres Wissens – wie der Vikar Drinkwater vertraulich erzählte – dem der meisten Männer gleichwertig. Ihre Kenntnisse in Mathematik, Astronomie, im Griechischen und in Latein waren sicher vielen sogar überlegen. In der Literatur bevorzugte sie diejenigen französischen Autoren, die Gottes Existenz nicht leugneten. Und falls diese Aufzählung Zweifel an Elizabeths hausfraulichen Talenten geweckt hatte, so wurden sie beim Dinner sofort wieder zerstreut. Dem knusprigen Brathühnchen folgte ein Apfelkuchen von enormen Ausmaßen.

Nach dem Essen fand sich Drinkwater allein in einem dunkler werdenden Zimmer mit einer Flasche Portwein wieder, die Bower im Keller seines Gastgebers ausgegraben hatte. Er hatte zwei Gläser getrunken, als der alte Mann in den Raum trat, einige Holzscheite ins Feuer warf und sich ein Glas Wein eingoß.

»Es gibt ein paar Neuigkeiten, die Sie noch nicht wissen«, begann er. »Mein Bischof hat mich in eine Gemeinde bei Portsmouth versetzt. Es ist eine arme Gemeinde«, der alte Mann zuckte resigniert die Achseln, »aber das spielt keine Rolle. Immerhin bringt es uns näher an unsere tapferen Jungs von der Marine. Ich vertraue darauf«, er blickte Drinkwater bedeutungsvoll an, »daß Sie uns auch dort besuchen werden.«

Angeheizt durch den Wein, erwiderte Nathaniel überschwenglich: »Es wird mir eine große Ehre sein, Sir. Nach meinem letzten Besuch empfand ich die Aussicht, Sie und Eliz... Miß Bower wiederzusehen, als sehr angenehm.«

Bower befragte ihn über seine Lebensumstände, und er erzählte dem Pfarrer von seiner verwitweten Mutter. Einige Zeit setzte Elizabeth sich zu ihnen, dann zog sie sich zurück; das Gespräch blieb entspannt und zwanglos. Nachdem sie gegangen war, sagte Drinkwater: »Vielen Dank, Sir, für Ihre große Freundlichkeit. Sie bedeutet mir sehr viel...«

Die beiden Männer leerten die Flasche. Drinkwaters Bemerkung hatte an die geheimsten Ängste des alten Mannes gerührt.

»Mein Sohn, ich kann nicht erwarten, daß ich noch sehr lange auf dieser Welt bin«, seufzte er. »Außer meiner Tochter habe ich keinen Schatz zu hinterlassen, und ihre Zukunft bedrückt mein Herz.« Er hüstelte etwas befangen. »Am liebsten wüßte ich sie in der sicheren Obhut eines Freundes, denn durch mein Herumreisen konnte sie nirgends Wurzeln schlagen.« Er stockte scheu, dann fuhr er mit fester Stimme fort: »Haben Sie verstanden, was ich meine?«

»Ich denke doch«, erwiderte Nathaniel. »Ich werde alles in meiner Macht Stehende tun, um Ihrer Tochter zu helfen, wenn sie meine Hilfe benötigt.«

Der alte Mann lächelte in der Dunkelheit. Er hatte es vom ersten Augenblick an gewußt, als der Junge ihnen seinen Namen genannt hatte: Nathaniel hieß im Hebräischen »ein Geschenk Gottes«. Er seufzte zufrieden auf.

Ungewohntes Vogelgezwitscher weckte Drinkwater am nächsten Morgen. Und die Vorstellung, daß er mit Elizabeth unter demselben Dach geschlafen hatte, machte ihn völlig munter; er konnte nicht wieder einschlafen und stand auf.

Leise stieg er die Treppe hinab, durchquerte die Küche und öffnete die Tür. Die belebende Kühle des frühen Morgens ließ ihn schaudern, als er in das vom Tau nasse Gras trat.

Unbewußt begann er auf dem Rasen auf und ab zu gehen, den Kopf gesenkt, die Hände hinter dem Rücken, in Gedanken bei der Unterredung des gestrigen Abends. Er empfand Erleichterung und Erregung in Erinnerung an den Vorschlag Bowers und gratulierte sich lächelnd selbst. Halbwegs zwischen dem Haus und den Apfelbäumen hielt er inne und murmelte: »Du hast wirklich ein riesiges Schwein, Nat.«

Das Quietschen eines sich öffnenden Fensters und helles Gelächter brachten ihn in die Realität zurück. Aus dem Küchenfenster lächelte ihm Elizabeth zu, die Haare hingen ihr auf die Schultern.

»Schreiten Sie Ihr Achterdeck ab, Sir?« neckte sie ihn. Schlagartig erkannte Nathaniel die Merkwürdigkeit seines Verhaltens. Mit ganz Cornwall vor seinen Füßen, hatte er eine Fläche abgeschritten, die in etwa dem Achterdeck einer Fregatte entsprach.

»Na ja«, er hob entschuldigend die Arme, »ich tat es ganz in Gedanken.«

Elizabeths Lachen kam zu ihm mit dem Duft frisch gebratener Eier.

Die quälenden Widersprüchlichkeiten auf *Cyclops,* die Bösartigkeit Morris' schienen ihm nicht länger von Wichtigkeit. Wichtig allein waren dieses Lachen, dieses Gesicht – und der erregende Duft frischer Spiegeleier.

»Du hast tatsächlich ein riesiges Schwein, Nat«, flüsterte er noch einmal, als er über den Rasen zur Küchentür ging.

Die Londoner Postkutsche verließ Falmouth später am Tag mit Drinkwater auf dem Oberdeck; sein Bestimmungsort hieß Plymouth. Doch als sie Truro erreicht hatten, entschied Drinkwater, der auf einer Woge wachsenden Selbstbewußtseins schwamm, daß seine Vermögensverhältnisse es ihm gestatteten, die Fahrt nach London und zurück zu bezahlen.

Das Wetter blieb gut, und das Erlebnis der Reise durch die ansprechenden Städte und Dörfer, beides in vollster Harmonie mit seiner fröhlichen Stimmung, brachte ihn zu der Überzeugung, daß das Wachschiff noch drei oder vier Tage ohne ihn auskommen könne. Die Idee war ihm während seines Morgenspaziergangs im Garten gekommen. Das Gespräch über seine Familie hatte große Sehnsucht nach zu Hause in ihm geweckt, ganz gleich, wie kurz dieser Besuch auch sein würde. Als er die Trinity-Yacht verlassen hatte, lagen keine Meldungen über *Cyclops* vor. Poulter würde nicht extra Plymouth anlaufen, um die Behörden zu informieren, daß er ihn in Falmouth abgemustert hatte, da war Drinkwater ganz sicher. Gut möglich also, daß ein paar Tage zusätzliche Abwesenheit unbemerkt bleiben würden.

Er traf ein Übereinkommen mit dem Fahrer, daß er für den halben Preis innen in der »Bequemlichkeit« fahren könne, zog nach unten um und genoß die ungetrübte Freude einer Reise durch das grüne Südengland an einem ungewöhnlich sonnigen Tag.

Spät am nächsten Nachmittag erreichte Drinkwater, steif von der langen Reise und müde nach dem langen, mühseligen Erklimmen der Great Road, endlich Barnet. Er eilte weiter nach Monken Hadley und stand schließlich vor dem kleinen Haus. Der Wunsch, Mutter und Bruder wiederzusehen, war mit seiner wachsenden Liebe zu Elizabeth größer geworden.

Sein Aufenthalt in Falmouth war durch die Gebote der Schicklichkeit begrenzt worden, andererseits wollte er nicht auf dem elenden Wachschiff versauern. Trotz seiner Erschöpfung war Nathaniel zufrieden mit sich. Die Freiheit und die Unabhängigkeit, die er auf *Algonquin* und der Trinity-Yacht erlebt hatte, hatten ihn reifen lassen, die Verantwortung für die Prise hatte seinen Charakter gefestigt. Die wachsende Beziehung zu Elizabeth, gesichert zumindest im Grundsätzlichen, verlieh ihm Hoffnung und Stetigkeit, frühere Unsicherheiten waren abgeschüttelt.

Das hatte auch praktische Auswirkungen. Er hatte sich am kleinen Goldschatz der *Algonquin* schamhaft bereichert, dazu waren die ehrlich verdienten Guineen von Calvert gekommen. Am wichtigsten aber war sein Zeugnis über die Befähigung zum Steuermannsmaaten. Damit hatte er zum ersten Mal in seinem Leben eine gewisse Unabhängigkeit erreicht.

Leichtfüßig eilte er die Stufen zur Tür seiner Mutter empor, klopfte und drückte den Riegel auf.

Hinterher, als er Zeit zum Nachdenken hatte, entschied er, daß es richtig gewesen war zu kommen. Die Freude seiner Mutter über den Besuch wurde nur durch dessen Kürze getrübt. Ihre schlechte Gesundheit und wachsende Armut wurden erschreckend deutlich. Er hatte mit ihr gesprochen und ihr vorgelesen. Als sie einnickte, schlich er aus dem Haus, suchte den Rektor auf und bat ihn, jemanden aus Barnet mit ihrer Pflege zu beauftragen. Calverts Guineen hatten den Besitzer gewechselt.

Vom Rektor hatte er erfahren, daß sein Bruder Ned selten in Monken Hadley gesehen wurde. Er hatte in West Lodge eine Anstellung als Pferdeknecht gefunden. So war er nun seinen geliebten Pferden nahe. Er lebte mit einer der Mägde dort in wilder Ehe, was seiner Mutter fast das Herz brach. Der Rektor hatte den Kopf geschüttelt und gemurmelt: »Wie der Vater, so der Sohn . . .« Aber er hatte versprochen, alles in seiner Macht Liegende für Mrs. Drinkwater zu tun. Seine Hand schloß sich über dem Gold. Nun saß Nat in dem stillen Zimmer und beobachtete die Staubkörnchen, die in den Sonnenstrahlen tanzten. Morgen würde er nach Plymouth zurückkehren. Die Untätigkeit, die ungewohnte Stille verwirrten ihn. Während seine Mutter vor sich hindöste, setzte er seinen Brief an den Bruder fort. Er war sicherlich schlecht formuliert und ungeschickt in seinen Ermahnungen, aber er drückte auch die neu gewonnene Autorität des jungen Mannes aus.

»Was tust du da?« unterbrach ihn die Stimme der alten Dame.

»Du bist wach? Ich schreibe Ned, daß er sich mehr um dich kümmern soll.«

Er sah sie lächeln.

»Lieber Nat«, sagte sie einfach. »Kannst du nicht länger bleiben?«

»Mutter, die Pflicht ruft; ich bin ...«

»Natürlich, mein Lieber, du bist nun ein Offizier des Königs. Ich verstehe.«

Sie streckte die Hand aus, und Nat kniete neben ihrem Stuhl nieder. Ihm fielen keine passenden Worte ein, aber er brauchte auch nichts zu sagen.

»Sei nicht zu hart mit Edward«, sagte sie leise. »Er muß sein eigenes Leben führen, er ist seinem Vater sehr ähnlich.«

Nat erhob sich, beugte sich über die Mutter und küßte sie auf die Stirn; dann wandte er sich ab, um seine Tränen zu verbergen.

Als er am nächsten Morgen aufbrach, war es noch dunkel. Er wußte es nicht, aber seine Mutter hörte ihn gehen. Erst da weinte sie.

Zwölftes Kapitel

November 1780 – Januar 1781

Neue Order

Drinkwater ging Ende Oktober wieder an Bord von *Cyclops*. Das Schiff lag einige Tage im Sund vor Plymouth, um die Prisenkommandos wieder aufzusammeln und Frischwasser zu übernehmen. Die Geschichte von der Rückeroberung der *Algonquin* war Drinkwater vorausgeeilt, verbreitet von Hagan und den anderen. Dadurch war er so etwas wie ein Held des Zwischendecks geworden, aber das kannte er schon von seinem Duell mit Morris her.

Morris hatte etwas von seiner alten Überlegenheit in der Messe zurückgewonnen, sicherlich zum Teil wegen Drinkwaters Abwesenheit, zum Teil aber auch, weil eine Reihe junger Kadetten neu eingestellt worden war: leichte Opfer für Augustus Morris. Unter den Neuen entdeckte Drinkwater aber auch einen potentiellen Verbündeten. Fähnrich Cranston war ein ruhiger Mann um die Dreißig und konnte Morris' schwülstigen Redensarten und Schikanen nichts abgewinnen. Als ehemaliger Seemann hatte er sich den Aufstieg aus dem Zwischendeck nur durch seine Tüchtigkeit erkämpft. Er war klug, hart und völlig skrupellos. Drinkwater mochte ihn sofort. Das galt auch für einen anderen Neuzugang, der allerdings sehr viel jünger war: Mr. White, ein kleiner, noch sehr kindlicher Dreizehnjähriger, das geborene Opfer für Morris.

Im Verlauf der folgenden Wochen sollte die derart überfüllte Fähnrichsmesse für ihre nach Alter und Ansichten so verschiedenen Mitglieder zum Tollhaus werden. Krawall und Streit waren unvermeidlich.

Ende November erklärte Kapitän Hope die Fregatte wieder für einsatzbereit; bald blieb Plymouth hinter ihnen zurück. *Cyclops* kämpfte sich nach Südwesten voran, um ihre befohlene Position zu erreichen. Das Wetter blieb nun gleichmäßig schlecht, ein Tief folgte dem anderen. Die unmöglichen Lebensumstände unter und die nie endenwollende Arbeit an Deck eskalierten zu einem Teufelskreis. Es kam zu Kameradendiebstahl, Rauferei, Insubordination und Trunkenheit, aber bei den herrschenden Umständen wunderte das keinen. Als ein Matrose wegen Diebstahls ausgepeitscht wurde, überlegte Drinkwater, ob es sich wohl um den Mann handelte, der bei der Rückeroberung der *Algonquin* eine Schlüsselrolle gespielt hatte. Er hatte sich nach und nach an das Schauspiel der Auspeitschung gewöhnt, wußte aber, daß es noch andere Wege gab, um Männer bei einer ungeliebten Arbeit zu halten. In den überfüllten Decks jedoch waren sie zum Scheitern verurteilt, deshalb konnte er es Kapitän Hope nicht verübeln, daß dieser die Disziplin mit eiserner Hand aufrecht hielt. Nur diese Disziplin gewährleistete die unaufhörliche Wachsamkeit der Royal Navy.

Für *Cyclops'* Mannschaft gab es nur den dumpfen, alltäglichen Trott. Ein Kampf mit dem Feind wäre sowohl von den Offizieren als auch von den Matrosen als willkommene Abwechslung begrüßt worden.

Kapitän Hope ließ sich so wenig wie möglich an Deck sehen. Er nährte seinen Groll, denn noch immer hatte er nicht seinen Anteil am Prisengeld der *Santa Teresa* erhalten. Auch Leutnant Devaux war aus ähnlichen Motiven mürrisch. Sein gewöhnlich scherzhafter Umgangston war übler Gereiztheit gewichen, und besonders Leutnant Skelton, der junge und unerfahrene Ersatz für Leutnant Price, hatte darunter zu leiden. Old Blackmore, der Sailing Master, sah alles und sagte wenig. Er hielt diese grämlichen Offiziere des Königs, die sich ihrer zweieinhalb Shilling Prisengeld beraubt glaubten, für schlechte Bordkameraden. In einer harten Schule aufgewachsen, erwartete er auf See keinen Luxus und wurde deshalb auch selten enttäuscht.

Sogar der Chirurg Mr. Appleby, sonst ein Philosoph, schüttelte traurig den Kopf, wenn er über seinem Rotwein brütete, und beschwerte sich über den schlechten Zustand des Schiffes bei jedem, der ihm zuhören wollte.

»Wohin Sie auch blicken, meine Herren, überall sehen Sie als zwangsläufige Früchte des menschlichen Geistes: Verfall.« Er stieß dieses Wort mit demselben professionellen Genuß hervor, mit dem er an einem Beinstumpf schnüffelte, um Anzeichen für einsetzenden Wundbrand zu finden. »Verfall ist ein Prozeß, der nach der Reife einsetzt. Medizinisch gesprochen, tritt er nach dem

Tode ein, sowohl bei einem Apfel, der vom Ast gefallen ist und nicht länger ernährt wird, als auch beim Menschen, der unaufhaltsam verfällt, wenn sein Herz aufgehört hat zu schlagen. Bei geistigem Verfall allerdings ist die Zeitspanne viel kürzer und unabhängig vom Herzschlag. Sehen Sie sich die Mannschaft unseres stolzen Schiffes an: Löwen in der Schlacht...« Appleby hielt inne, um einen langen Zug Rotwein zu nehmen, »... aber die feindselige Atmosphäre an Bord verdirbt sie. Setzen Sie sich, Mr. Drinkwater, setzen Sie sich und denken Sie an meine Worte, wenn Sie Admiral geworden sind. Als logische Konsequenz des Verfalls tauchen alle Spielarten des Bösen auf: Trunkenheit, Insubordination, Päderastie, Diebstahl und als Schlimmstes, weil es kein Vergehen gegen die Menschen ist, sondern eines gegen Gott, Unzufriedenheit. Und was ruft diese Unzufriedenheit hervor? Das Prisengeld!«

»Welches verdammte Prisengeld, Pille?« unterbrach ihn Leutnant Keene.

»Haargenau, mein Freund. Welches Prisengeld? Ihr habt es erstritten, es ist euch zugesprochen worden, aber wo, zum Teufel, bleibt es? Warum füllt es immer noch die Taschen von Mylord Sandwich und seiner Tory-Kumpane? Irgend jemand verdient sich allein an den Zinsen eine goldene Nase. Bei Gott, diese Leute sind genauso verrottet wie unser stinkendes Schiff. Hört meine Prophezeiung: Eines Tages wird sich diese Praxis gegen sie wenden. Eines Tages werden nicht nur die Yankees der Admiralität die Stirn bieten, sondern auch Jan Maat und Hein Mück...«

»Jawohl, und Harry Appleby!« rief eine Stimme.

Verhaltenes Gelächter lief durch die düstere Messe. *Cyclops* setzte hart in eine See ein, und kurze, erschöpfte Flüche füllten den Raum.

»Der Teufel soll die Seefahrt holen!«

Für Drinkwater waren diese Wochen leichter als für die meisten anderen. Gewiß, er träumte von Elizabeth, aber seine Liebe bedrückte ihn nicht, eher stärkte sie ihn. Blackmore war entzückt gewesen, daß Drinkwater von Calvert ein Befähigungszeugnis erhalten hatte, und führte ihn nun in die höheren Weihen der Astronavigation ein. Zu Leutnant Wheeler von den Seesoldaten entwickelte er eine feste Freundschaft. Sooft die Wetterbedingungen es erlaubten, übten sich die beiden im Fechten. Jedesmal, wenn Morris sie bei dieser Beschäftigung sah, wurde ihm seine Demütigung wieder schmerzhaft bewußt. Je länger ihn Drinkwater ignorierte, desto heftiger regte sich in Morris der Wunsch nach Rache. Er begann wieder, seine alten Verbindungen zu Gleichgesinnten unter der Mannschaft zu knüpfen. Diesmal war die Zielrichtung seiner Verschwörung klar: Drinkwater. Morris wurde psychopathisch, er verlor jeden Sinn für Realität. In ihm brannte ein nagender Haß, der bekanntlich eine genauso starke Antriebskraft sein kann wie Liebe.

Weihnachten und der Jahreswechsel kamen und gingen so unbeachtet, wie das wohl nur auf See der Fall sein kann. Es war ein trüber Tag Mitte Januar, der einen jähen Wechsel in der Monotonie des Bordlebens brachte.

»Segel in Sicht!«

»Frage: Peilung?«

»Querab in Lee, Sir!«

Leutnant Skelton turnte in die Takelage des Besans und plierte durch sein Glas. Wieder an Deck, wandte er sich an Drinkwater: »Mr. Drinkwater! Eine Empfehlung an den Kommandanten, und an Steuerbord sei ein Segel in Sicht. Es könnte sich um eine Fregatte handeln.«

Drinkwater ging nach unten. Hope döste in seiner Koje, das Klopfen des Fähnrichs weckte ihn. Er kam an Deck geeilt.

»Alle Mann, Mr. Skelton, und lassen Sie abfallen. Wir wollen mal nachsehen.«

Ein Toppsegel war schon von Deck aus klar zu erkennen, es hob sich weiß wie ein Möwenflügel von den Wolken ab. Die Sonne wurde von einem grauen Schleier verhüllt, nur gelegentlich war der schwache Schein des orangefarbenen Balls zu erahnen, den Morrison geduldig mit seinem Sextanten auf die Kimm zu setzen versuchte. Die beiden Schiffe näherten sich schnell, und nach einer Stunde waren sie dicht beieinander.

Erkennungssignale wurden ausgetauscht, und es zeigte sich, daß es sich um die *Galatea* handelte. Der Ankömmling drehte in Lee von *Cyclops* bei, und eine Kette bunter Fähnchen stieg an seinem Vormast hoch.

»Signal, Sir«, meldete Drinkwater, in den Seiten des Codebuches blätternd. »Melden Sie sich bei mir an Bord!«

Hope schnaubte verächtlich: »Was glaubt dieser Edgecumbe, wer er ist? Verdammt soll er sein!«

Devaux unterdrückte ein Lächeln, und Wheeler murmelte sotto voce: »Ein Mitglied des Parlaments vermutlich...«

Nach einer kurzen Pause – aber gerade lange genug, um impertinent zu wirken – schnaufte Hope: »Bestätigen!«

»Ihr Gig, Sir?« fragte Devaux fürsorglich.

»Wischen Sie das blöde Grinsen aus Ihrem Gesicht, Sir!« Hope war gereizt.

»Verzeihung, Sir.« Doch Devaux lächelte noch immer.

Hope drehte sich wütend um. Edgecumbe war ein verdammt nichtsnutziger Opportunist und nur halb so alt wie er selbst. Hope hatte genausoviele Dienstjahre als Leutnant auf dem Buckel, wie Edgecumbe überhaupt bei der Marine gedient hatte.

»Gig ist klar, Sir.«

Drinkwater brachte das Gig bei *Galatea* längsseits. Er beobachtete, wie die spindeldürren Beine seines Kommandanten verschwanden und das Zwitschern der Bootsmannspfeifen einsetzte. Ein Gesicht erschien über der Reling.

»Guten Morgen, junger Mann.« Es war Leutnant Collingwood.

»Guten Morgen, Sir.«

»Wie ich sehe, haben Sie heute eine saubere Hose an.« Der Offizier lächelte, bevor er in einen heftigen, entkräftenden Hustenanfall ausbrach. Als er sich wieder gefangen hatte, reichte er ein in Ölpapier gewickeltes Päckchen ins Boot.

»Post für *Cyclops«,* sagte er. »Ich glaube, es ist auch eine Epistel von einer gewissen Miß Bower dabei.«

Von Elizabeth!

»Danke, Sir«, antwortete Drinkwater erfreut und überrascht, als das Päckchen im Boot landete. Collingwood begann wieder zu husten. Es war Tuberkulose, die sich bei seinem Einsatz in den West Indies schnell verschlimmern und Wilfred Collingwood schließlich umbringen sollte. So war es sein Bruder Cuthbert, der Nelsons berühmter Stellvertreter wurde.

Elizabeth! Es war erstaunlich, wie die Erwähnung ihres Namens hier draußen auf dem grauen Atlantik Drinkwaters Herz in der Brust hüpfen ließ. Der Mann am Schlagriemen grinste ihn an. Da erst erkannte er, daß es Threddle war.

In der Achterkajüte der *Galatea* nippte Kapitän Hope an einem ausgezeichneten Rotwein, aber er genoß ihn nicht.

Sir James Edgecumbe bildete mit seinem verlebten, rotgeäderten Gesicht und den Glotzaugen einen krassen Gegensatz zu

Hopes dünner, ledriger Erscheinung. Er versuchte, ein leutseliger Vorgesetzter zu sein, aber irgendwie wurde er gleich wieder aggressiv.

»Ich will das Zögern bei der Bestätigung meines Signals auf ein Versagen Ihrer Fähnriche zurückführen, Kapitän Hope. Schließlich hatte ich das unvergeßliche Erlebnis, einen davon zu treffen. Einen rotznasigen Jungen in schmutzigen Kleidern, ganz eindeutig kein Gentleman. Nicht wahr, Kapitän?« Er schnarrte ein verächtliches Lachen, das deutlich machen sollte, daß sie Probleme hatten, die nur unter Kommandanten gewürdigt werden konnten.

Hope zuckte bei dem Angriff auf *Cyclops* zusammen und überlegte, wer der unglückliche Fähnrich wohl gewesen war. Außer einem Grunzen gab er nichts von sich, aber Edgecumbe nahm es als Zustimmung.

»Ja, mein Lieber, die Bürden des Dienstranges...« Hope sagte nichts, begann aber zu fürchten, daß Sir James sehr gute Gründe gehabt hatte, ihn kommen zu lassen. »Ja, ja, die Bürden und die dringenden Erfordernisse des Dienstes. Meine parlamentarischen Pflichten machen mir das Leben nicht einfacher, weiß Gott. Ein Leben im Dienst der Öffentlichkeit ist sehr mühsam, das kann ich Ihnen versichern. Was mich zu meiner Frage bringt, lieber Freund: Wieviel Verpflegung und Wasser haben Sie noch?«

»Für ungefähr zwei Monate. Aber wenn Sie mich hier ablösen, sehe ich nicht ein, was diese Frage soll...«

Edgecumbe unterbrach ihn. »Noch etwas Wein? Eine Ablösung ist eigentlich das letzte«, sagte er dann hart und mit boshaftem Unterton, »das letzte, was ich beabsichtige.«

Hope schluckte. »Versuchen Sie, mir etwas Unangenehmes beizubringen, Sir James?«

Edgecumbe entspannte sich, er lächelte wieder.

»Ja, mein lieber Kapitän. Ich würde es als großen Gefallen ansehen, wenn Sie mir eine ekelhafte und nutzlose Aufgabe abnähmen. Tatsächlich«, er senkte die Stimme vertraulich, »muß ich demnächst im Parlament anwesend sein, um für den Marinehaushalt stimmen zu können und für die eine oder andere Maßnahme. In diesen Zeiten muß jeder Patriot sein Letztes geben. Stimmen Sie mir zu, Kapitän Hope? Ich kann mein Bestes für das Vaterland und euch tapfere Jungs tun, wenn ich die Marine stärke!« Jetzt ließ er die Maske fallen und eine klare Drohung spüren: »Es würde *keinem* von uns nützen, wenn ich an der Abstimmung nicht teilnehmen könnte, nicht wahr?«

Hope gefiel diese Wendung des Gesprächs gar nicht; er fühlte sich in die Ecke gedrängt. »Ich vertraue auf Ihre Fürsprache, daß Schiffe wie *Foudroyant, Emerald* und *Royal George* rechtzeitig ins Trockendock kommen...«

Edgecumbe winkte gelangweilt ab. »Das sind doch kleine Fische, Kapitän Hope. Es gibt genug tüchtige Leute bei den Werften, die sich damit beschäftigen.«

Hope verkniff sich eine ätzende Bemerkung, weil – Gott mochte wissen woher – plötzlich Edgecumbes Steward mit einer neuen Flasche Rotwein auftauchte. Edgecumbe vermied es, Hope in die Augen zu schauen, er suchte in den Papieren auf seinem Schreibtisch. Dann blickte er lächelnd auf, einen versiegelten Umschlag in der Hand.

»Das Leben ist voller Zufälle, nicht wahr, Kapitän? Dies hier«, er tippte auf den Umschlag, »ist ein Wechsel, auf Tavistocks Banking House gezogen. Wie ich hörte, hatten Sie in der letzten Zeit etwas Prisenglück. Meine Frau ist eine Tochter Tavistocks, deshalb weiß ich, er ist ein gerissener alter Teufel. Aber ich nehme doch an, daß er einen Wechsel der Admiralität in Höhe von viertausend Pfund honorieren wird.«

Hope kippte den Inhalt seines Glases hinunter, innerlich fluchend. Rechtschaffene Empörung war gegen solche Typen keine Waffe. Er überlegte, wie viele Männer wohl alle Augen hatten zudrücken müssen, damit diese kleine Szene glatt über die Bühne gehen konnte – mit dem Ergebnis, daß er, Henry Hope, an Stelle von Edgecumbe eine unangenehme Aufgabe übernehmen mußte, damit dieser seinen Platz im Parlament einnehmen konnte. Oder schlimmer: Vielleicht hatte Sir James noch ganz andere Gründe, um sich vor seinem Auftrag zu drücken? Hope fühlte Übelkeit in sich aufsteigen und stürzte ein weiteres Glas Rotwein hinunter.

»Ich nehme an, daß Sie mir die neuen Befehle schriftlich geben, Sir James?« sagte Hope mißtrauisch, obwohl er schon ahnte, daß er sich in das Unabwendbare würde schicken müssen.

»Aber natürlich! Denken Sie vielleicht, daß ich unautorisiert handele, mein Bester?« Edgecumbes Augenbrauen hoben sich in moralischer Entrüstung.

»Niemals, Sir James«, erwiderte Hope im Brustton tiefster

Überzeugung. »Nur gibt es manchmal Augenblicke, in denen man die Weisheit der allgewaltigen Lordschaften anzweifelt...«

Edgecumbe sah ihn scharf an, reichte ihm aber einen weiteren Umschlag. »Ihre Befehle, Kapitän Hope«, sagte er schroff.

»Und die ekelhafte und nutzlose Aufgabe, Sir James?«

»Ah«, stöhnte Edgecumbe und langte nach einer großen Kassette, die die ganze Zeit unter seinem Stuhl gelauert hatte.

In der Fähnrichsmesse schwang die einzige Laterne im Rhythmus der heftigen Schiffsbewegungen. Ihr blakendes Licht warf unruhige, phantastische Schatten, die das Lesen sehr schwierig machten. Drinkwater hatte abgewartet, bis Morris an Deck auf Wache war, denn er hatte das vage Gefühl, wenn er Elizabeths Brief in seiner Gegenwart las, würde die Erinnerung an sie besudelt. Obwohl Morris bisher keinen Versuch unternommen hatte, sich wieder als sein Vorgesetzter aufzuspielen, wußte Drinkwater instinktiv, daß Morris nur Zeit gewinnen wollte. Er beobachtete seinen Gegner genau und wartete auf eine Schwäche, die er dann gnadenlos auszunutzen gedachte. Elizabeths Brief hätte ihm vielleicht eine solche Gelegenheit geboten.

Drinkwater öffnete die Sendung. Sie enthielt ein Päckchen und einen Brief, der einige Tage nach seiner Abreise von Falmouth datiert war:

Mein lieber Nathaniel!
Gerade besucht uns Leutnant Collingwood; er sagte mir, daß seine Fregatte Anfang des neuen Jahres auf Cyclops *treffen wird. Er hat die Kosten für Dein (sic!) Begräbnis bezahlt. Vater sagte zwar, das sei eine Angelegenheit Deines Schiffes, aber Collingwood meinte, er würde sich das Geld von Deinem Kommandanten zurückgeben lassen, wenn er ihn träfe.*

Drinkwater biß sich auf die Lippen, ärgerlich über sich selbst, weil er daran nicht gedacht hatte. Er fuhr fort zu lesen.

Es ist zwar nur eine Kleinigkeit, aber der einzige Weg, Dir Glück zu wünschen, und so hoffe ich, daß Dir das beiliegende Geschenk gefällt. Vater erzählte mir, daß Marineoffiziere übermäßig stolz auf ihr erstes eigenes Kommando wären. Es ist am Morgen nach Deinem ersten Besuch entstanden, aber ich fand es bis jetzt nicht gut genug, um es Dir zu geben. Wie es heißt, werden wir im April nach Portsmouth umziehen. Ich hoffe sehr, daß Du uns dort besuchen wirst. Gebe Gott, daß Du von Verwundung und Krankheit verschont bleibst, denn ich fürchte, daß Dein Dienst die Menschen barbarisch beansprucht, wie der Husten des armen Collingwood wohl hinlänglich beweist.

Das Wetter ist jetzt umgeschlagen, und wir erwarten einen strengen Winter. Vater bezieht die Marine nun regelmäßig in seine Gebete mit ein. Ich muß nun schnell schließen, denn Leutnant Collingwood will aufbrechen. Möge Gott Dich schützen.

Auf immer Deine
Elizabeth

Drinkwater las den Brief viermal, bevor er das Päckchen öffnete. Hervor kam ein kleines Aquarell. Es zeigte ein von grünem Land gesäumtes Stück Meer und die grauen Bastionen einer Festung. Im Vordergrund lag ein Schiff, ein kleiner dunkler Schoner, der die britischen über den amerikanischen Farben führte.

»*Algonquin*«, flüsterte er halblaut, das Bild unter die Laterne haltend, »*Algonquin* vor St. Mawes.«

Er verstaute es sicher auf dem Boden seiner Seekiste, kroch in seine Hängematte und las den Brief noch einmal. Elizabeth wünschte ihm Gesundheit und alles Gute. Vielleicht liebte sie ihn. Er badete in dem warmen Gefühl dieser Neuigkeit. Ein jubelndes Lachen stieg in seiner Brust auf, zugleich Triumph und ein Gefühl der Zärtlichkeit. Er kicherte glücklich vor sich hin, während *Cyclops* sich krachend nach Luv arbeitete.

Der Januar 1781 war ein Monat, der dem Nordatlantik fortwährend schlechtes Wetter bescherte. Die Stürme, die über den großen Teich gezogen kamen, zerschlugen eine französische Flotte an den mit Klippen bewehrten Küsten der Kanalinseln. Zweitausend französische Soldaten waren ausgebootet worden, um die Inseln zu besetzen. Hunderte kamen um, als ihre Transporter zerschellten. Achthundert gelangten an Land. Beinahe hätte ihr Versuch, St. Helier zu nehmen, Erfolg gehabt, aber durch einen verzweifelten Bajonettangriff unter Führung des sechsundzwanzigjährigen Majors Pearson wurden sie zurückgeworfen; der junge Mann fiel jedoch.

Nicht nur die französische Flotte hatte Verluste zu beklagen.

Vorher, im Oktober 1780, war Rodneys Westindische Flotte durch einen Wirbelsturm fast vernichtet worden. Hothams Geschwader wurde fast völlig entmastet, sechs Schiffe sanken. Obwohl Sir Samuel Hood Rodney zur Hilfe eilte, stand es schlecht um die Sache der Briten. Die Kriegslage in Nordamerika, die von Lord North und Lord George Germaine zögernd und saumselig gehandhabt wurde, hatte sich kritisch zugespitzt. Zu dieser Zeit wußte es noch keiner der Hauptakteure, aber die Vereinigung der französischen und amerikanischen Armeen bei einer bis dahin unbekannten Halbinsel am James River in Virginia sollte den Ausschlag geben. Während Lord Cornwallis sich mit seiner jämmerlich kleinen Armee durch die Sümpfe und das Ödland Carolinas kämpfte, griff ihn sein Gegner Nathaniel Greene nach dem Grundsatz »kämpfen und wegrennen, kämpfen und wieder wegrennen« ständig an. Damit blutete er die Briten aus, die von einem Pyrrhussieg zum nächsten stolperten, jedesmal in verminderter Zahl.

In Gibraltar hielten Augustus Elliot und seine kleine Garnison aus, während *Cyclops* die Unbill des Wetters erduldete, wobei sie wie ein halbüberfluteter Felsen aussah. Die Bramstengen waren an Deck gefiert worden, und zweimal mußte die Fregatte vor dem Wind wieder in Richtung Europa lenzen. Europa, das Hope doch weit hinter sich lassen wollte, da sein Ziel die Küste Carolinas war.

Das Leben im Zwischendeck hatte wieder zu seiner vertrauten Scheußlichkeit zurückgefunden: Feuchtigkeit in jeder Ecke, Schwämme und Pilze in großer Zahl, Kranke aus Mattigkeit und Schwäche. Die Peitsche mußte wieder mit beängstigender Regelmäßigkeit eingesetzt werden. Die Männer wurden verdrießlich, und das Resultat war allgemeine Unzufriedenheit.

In diesem Klima fanden nicht nur die Sporen pflanzlicher Parasiten reichen Nährboden, es schien auch die brachliegenden Energien von Fähnrich Morris zu beleben – vielleicht weil die Crew nicht mehr so eisern in Zaum gehalten wurde oder auch weil die Männer unter den Umständen weniger daran interessiert waren, ihn an seine zurückliegende Demütigung zu erinnern.

Morris' Stellung als Messeältester festigte sich, und der junge White war meist die Zielscheibe für seine Unfreundlichkeiten. Er ließ nicht den kleinsten Anlaß aus, das unglückliche Kind zu quälen, das noch nicht im Stimmbruch war und auch noch keine Anzeichen eines Bartes auf der Oberlippe trug. White mußte den Burschen für Morris spielen, allerdings in Gegenwart von Drinkwater oder Cranston weniger offensichtlich. Diese Behandlung, die auf der Terrorisierung Schwächerer beruhte und sie zu unterwürfigen Kriechern erzog, war ganz sicher nicht die geeignete Ausbildung für die Offiziere eines Kriegsschiffes.

Eines Nachts konnte der unglückliche White nicht schlafen, denn er war von Morris grün und blau geschlagen worden. Tränen stiegen ihm in die Augen, und er lag schluchzend im Grabesdunkel der Messe. An Deck hatte es angefangen zu regnen, deshalb war Drinkwater nach unten geeilt, um seinen Ölmantel zu holen. Einen Augenblick stand er lauschend im Dunkeln, dann erinnerte er sich, daß ihn Morris einmal unter ähnlichen Umständen belauscht hatte, und ging zu dem Jungen hinüber.

»Was ist los, Chalky?« fragte er sanft. »Bist du krank?«

»N-nein, Sir.«

»Laß das ›Sir‹ weg, Chalky. Ich bin's, Nat... Was ist los?«

»Nnnichts, Nnnat... Nichts.«

Es fiel Drinkwater nicht schwer zu erraten, wer für den Zustand des Jungen verantwortlich war. Aber er befürchtete, daß vielleicht Schlimmeres vorlag als Schikane. »Ist es Morris, Chalky?«

Das Schweigen in der Hängematte war Antwort genug.

»Er ist es doch, nicht wahr?«

Ein kaum vernehmbares »Ja« kam aus der Dunkelheit.

Drinkwater tätschelte eine dünne, zuckende Schulter: »Keine Sorge, Chalky, ich bringe das in Ordnung.«

»Danke, Nat.« Der Junge schluckte, und als sich Drinkwater langsam wegschlich, hörte er noch ein leises: »Oh, Mutter...«

An Deck mußte Drinkwater einen Anpfiff von Leutnant Skelton einstecken, weil er das Oberdeck verlassen hatte.

Der nächste Tag war ein Sonntag. Nach dem Gottesdienst wurde die Freiwache zum Essen gepfiffen, und Drinkwater traf mit Morris in der Messe zusammen. Auch einige andere Fähnriche kämpften mit ihrem Salzfleisch, einer davon war Cranston.

Drinkwater stürzte den Rest seines Rotweins hinunter und sprach dann Morris absichtlich formell an: »Mr. Morris, da Sie der Messeälteste sind, habe ich ein Ersuchen an Sie.«

Morris blickte auf, eine Warnung schoß ihm durch den Kopf. Er erinnerte sich an das letzte Mal, als ihn Drinkwater so formell angeredet hatte. Seitdem hatten sie außer dienstlichen keine Worte mehr miteinander gewechselt. Mißtrauisch blickte er Drinkwater an: »Worum geht es?«

»Darum, daß Sie Ihre widerwärtigen, abscheulichen Schikanen gegen den kleinen White einstellen werden.«

Morris starrte Drinkwater an. Er errötete, dann blubberte er ärgerlich: »Wenn ich diesen doppelzüngigen Schwätzer zu fassen kriege...«

Er erhob sich, aber Drinkwater hielt ihn auf: »Er hat mir nichts gesagt. Aber ich warne Sie, lassen Sie ihn in Ruhe!«

»Oh, Sie lieben ihn wohl? Genauso wie dieses feine Flittchen, das Sie da in Falmouth haben?«

Das hatte Drinkwater nicht erwartet. Er erinnerte sich daran, daß Threddle im Boot gesessen hatte, daß der Brief in seiner Seekiste lag... Einen Moment schwieg er, aber das war schon zu lange; er hatte die Initiative verloren.

»Und was beabsichtigen Sie dagegen zu tun, Mister Drinkwater?« Morris war nun in der Offensive.

»Sie zu schlagen, wie schon einmal«, erwiderte Drinkwater fest.

»Mich schlagen? Verdammt, Sie hatten einen Knüppel!«

»Wir hatten beide einen Stockde...« Drinkwater konnte den Satz nicht beenden, denn Morris' Faust krachte gegen sein Kinn, er fiel, und sein Kopf schlug aufs Deck. Morris warf sich auf ihn, aber Drinkwater war schon bewußtlos.

Morris erhob sich. Rache war süß, aber noch war er mit Drinkwater nicht fertig. Nein, ein intimeres und viel schlimmeres Schicksal sollte ihn ereilen. Im Augenblick war Morris zufrieden, er hatte zumindest seine Überlegenheit über diesen Bastard bewiesen.

Zufrieden klopfte er sich den Staub ab und wandte sich an die anderen Fähnriche: »Nun zu euch anderen Bastarden: Wenn ihr mir in die Quere kommt, geht es euch genauso.«

Cranston hatte sich nicht bewegt, er saß ruhig mit seinem Grogglas in der Hand da. Es war diese geduldige Überlegenheit des erfahrenen Zwischendeckbewohners, die Morris verunsicherte.

»Drohen Sie mir, Mr. Morris?« erkundigte sich Cranston mit gleichmütiger Stimme. »Wenn dem so sein sollte, werde ich Sie dem Ersten Offizier melden. Ihr Angriff auf Mr. Drinkwater wurde von keiner Provokation ausgelöst und stellt ein Vergehen dar, für das Sie einen gemeinen Matrosen auspeitschen lassen würden. Ich hoffe nur, daß Sie unseren jungen Freund nicht ernstlich verletzt haben, denn sollte das der Fall sein, werde ich Sorge tragen, daß Sie dafür den höchsten Preis zahlen, den die Kriegsartikel vorsehen.«

Morris wurde so weiß wie die Segel von *Cyclops*. Bei der langen Rede des sonst so schweigsamen Mannes, vorgebracht mit bedächtiger Ernsthaftigkeit, krampfte sich ihm der Magen zusammen. Ängstlich blickte er auf den hingestreckten Drinkwater nieder.

Cranston wandte sich an ein Messemitglied: »Mr. Bennett, seien Sie so gut und holen Sie den Doktor!«

»Ja, ja, natürlich.« Der Junge spritzte davon.

Morris machte einen Schritt in Drinkwaters Richtung, aber Cranston hinderte ihn daran. »Verschwinde!« zischte er, ohne seinen Ärger zu verbergen. Als Appleby eintrat, einen besorgten Bennett im Schlepptau, massierte Cranston die Handgelenke des Bewußtlosen.

Appleby fühlte seinen Puls. »Was ist passiert?«

Cranston schilderte den Hergang in groben Zügen, und Appleby hob die Augenbrauen. »Mmm . . . Helfen Sie mir, bitte.« Gemeinsam richteten sie Drinkwater auf, und der Arzt hielt ihm Riechsalz unter die Nase. Drinkwater stöhnte, als Appleby seinen Hinterkopf betastete.

»Er wird eine Weile Kopfschmerzen haben, aber sonst nichts Ernstes.«

Drinkwater stöhnte wieder; mit flatternden Augenlidern blickte er auf: »O Gott, was ist passiert . . .«

»Langsam, junger Freund. Sie haben einen Schlag gegen den Hinterkopf bekommen und einen weiteren ans Kinn, aber das werden Sie überleben. Sie müssen nur eine Weile das Bett hüten. – Würden Sie das, was Sie mir erzählt haben, auch bezeugen?« Die letzte Bemerkung richtete sich an Cranston.

»Aye, wenn es nötig werden sollte«, antwortete dieser.

»Ich muß den Ersten Offizier unterrichten. Über weitere Schritte wird später entschieden.« Appleby griff nach seiner Tasche und ging.

Devaux nahm die Angelegenheit ernst. Er hatte bereits einen Verdacht, was die sexuellen Vorlieben von Fähnrich Morris anging, außerdem war er der Meinung – obwohl er den starken Einfluß Morris' auf einen bestimmten Teil der Besatzung nicht kannte –, daß der Mann eine Gefahr darstellte. Bei der augenblicklichen gespannten Atmosphäre an Bord konnte schon ein dummer Zwischenfall wie dieser großen Ärger hervorrufen. Die Unruhe würde wie ein Buschfeuer um sich greifen, deshalb ließ sich dieser Vorfall unmöglich vertuschen. Ein ungeahndeter Disziplinverstoß in der Fähnrichsmesse konnte unabsehbare Folgen haben. Deshalb suchte Devaux um ein Gespräch beim Kommandanten nach. Allerdings war Kapitän Hope mehr an den Problemen ihres Landfalls an der Küste von Carolina interessiert als am weiteren Schicksal von Fähnrich Augustus Morris.

»Handhaben Sie die Angelegenheit nach eigenem Gutdünken, Mr. Devaux«, sagte er, ohne von der Karte aufzublicken. »Darf ich Ihre Aufmerksamkeit nun auf diese Stelle lenken...«

Einige Minuten studierten die beiden Männer Tiefenangaben und Küstenlinie.

»Warum machen wir unseren Landfall gerade hier, Sir?« fragte schließlich Devaux.

Hope blickte ihn an: »Ich denke, es ist besser, wenn ich Sie in die Details unseres Auftrags einweihe, denn wenn mir ein Unglück zustoßen sollte, müssen Sie ihn selbständig zu Ende führen. Wir werden hier landen...« Er deutete auf die Karte. »Bei Fort Frederic werden wir uns mit einer Abteilung der British Legion treffen, das ist eine Art Landwehr unter Oberst Tarleton. Ein Offizier, der sich entsprechend ausweisen kann, soll das Paket aus meinem Safe erhalten. Es enthält mehrere Millionen Kontinental-Dollars...«

Devaux pfiff leise vor sich hin.

»Der Kontinental-Kongreß hat das Vertrauen in seine eigene Währung bereits so erschüttert, daß die Überschwemmung der Handelsplätze mit diesen Millionen den Glauben an die Führungsqualität der Rebellenregierung völlig ruinieren wird. Viele werden dann wieder zur Sache des Königs stehen. Außerdem sind ausgedehnte Strafexpeditionen ins Tabakanbaugebiet von Virginia geplant, glaube ich, um der Wirtschaft der Rebellen die Basis zu entziehen.«

»Ich verstehe, Sir«, sagte Devaux nachdenklich. »Trotzdem scheint mir das ein seltsamer Weg zu sein, um eine Rebellion zu ersticken, Sir.«

»Richtig, Mr. Devaux, entschieden seltsam, aber Lord George Germaine, Seiner Majestät Kolonialminister, scheint der festen Meinung zu sein, daß dieser Weg unfehlbar ist.«

»Puh, Germaine«, knurrte Devaux indigniert. »Hoffen wir, daß er diesmal über eine bessere Urteilsfähigkeit verfügt als bei Minden.«

Hope sagte nichts. In seinem Alter hielt er solche Ausbrüche jugendlicher Verachtung für eine absolut sinnlose Kraftverschwendung; er beschränkte sich auf schweigenden Zynismus. Ob nun Germaine, North, Sandwich, Arbuthnot und Clinton oder die Kommandierenden von Flotte und Armee in Nordamerika, sie waren alle Anführer von Gottes Gnaden . . .

»Vielen Dank, Mr. Devaux.«

»Ich danke Ihnen, Sir«, erwiderte Devaux, nahm seinen Hut und verließ die Kajüte.

Morris saß unter Deck, als der Erste Offizier ihn rufen ließ, und ironischerweise war es White, der ihm die Nachricht überbrachte. Da er von dem Jungen keine Gefahr erwartete, stolzierte er frech hinauf.

»Sir?«

»Ah, Mr. Morris«, begann Devaux zurückhaltend, »ich habe gehört, daß es zwischen Ihnen und Ihren Kameraden Differenzen gegeben hat. Stimmt das?«

»Nun ja, so könnte man sagen, Sir. Aber die Angelegenheit ist erledigt, Sir.«

»Zu Ihrer Zufriedenheit, nehme ich an?« Der Erste Offizier konnte kaum den Sarkasmus in seiner Stimme unterdrücken.

»Jawohl, Sir.«

»Aber nicht zu meiner.« Devaux blickte Morris scharf an. »Haben Sie zuerst zugeschlagen?«

»Nun, ich, Sir, nun . . .«

»Ja oder nein?«

»Jawohl, Sir«, flüsterte Morris kaum hörbar.

»Wurden Sie provoziert?«

Morris witterte die Falle. Er konnte nicht sagen, daß er provoziert worden sei, weil Cranston dann gegen ihn aussagen würde, und das mußte seine Lage noch verschlechtern. Also zuckte er nur die Schultern.

»Mr. Morris, Sie sind ein Herd der Unruhe auf diesem Schiff, und ich bin fest entschlossen, das abzustellen. Es macht mir gar nichts aus, wenn ich zu diesem Zweck Ihren Hals mit Hilfe des neunundzwanzigsten Kriegsartikels in die Länge ziehen müßte . . .« Morris wurde blaß und atmete scharf ein. »Aber ich würde es vorziehen, Sie auf ein anderes Schiff zu versetzen, wenn wir wieder zur Flotte stoßen. Streben Sie nie wieder einen Posten auf einem Schiff an, auf dem ich Erster Offizier bin! Denn ich lasse Sie über Bord werfen, so wahr mir Gott helfe. Bis zu Ihrer

Versetzung werden Sie sich in der Messe fein artig benehmen, verstanden?«

Morris nickte.

»Sehr gut. Und jetzt steigen Sie in den Vortopp und bleiben dort, bis ich der Meinung bin, daß Ihre Gegenwart an Deck wieder wünschenswert ist.«

Dreizehntes Kapitel

Februar 1781

Das Gefecht mit *La Créole*

Seiner Britannischen Majestät 36-Kanonen-Fregatte *Cyclops* war klar zum Gefecht. Sie lag mit dichtgeholten Segeln auf Steuerbordbug hoch am Wind, einer frischen, südwestlichen Brise. In Luv versuchte ihre Jagdbeute verzweifelt zu entkommen. Sie hatte zwar noch keine Flagge gezeigt, doch herrschte an Bord von *Cyclops* die Gewißheit, daß sie amerikanisch war. Das Schiff sah aus wie ein Indienfahrer, und Zyniker erinnerten ihre Kameraden daran, daß sich Kapitän Pearson Paul Jones auf der *Bonhomme Richard* hatte ergeben müssen – das war auch ein Indienfahrer gewesen.

Auf dem Achterdeck betete Kapitän Hope still darum, daß es ein harmloses Handelsschiff sein möge, denn dann war es eine leichte Prise. Sollte es sich aber um einen Kaperer handeln, bekam er eine härtere Nuß zu knacken. Am wichtigsten aber war es Hope, daß seine Ankunft an dieser Küste unbemerkt blieb. Gleichgültig, als was sich der Gejagte entpuppte, Hope wollte ihn aus dem Verkehr gezogen wissen.

Devaux drängte ihn, die französische Flagge setzen zu lassen, aber Hope lehnte ab. Er konnte derartigen Tricks wenig Geschmack abgewinnen und ließ die britischen Farben setzen. Nach einiger Zeit geite der Gegner seine Segel auf und zeigte die amerikanischen Farben.

»Na endlich! Er nimmt die Schlacht an. Auf Ihre Stationen, Gentleman, das wird ein schweres Stück Arbeit. Mr. Blackmore, lassen Sie die Bramsegel bergen und steuern Sie den jeweils günstigsten Kurs zum Gegner!«

Mit gekürzten Segeln näherte sich *Cyclops* dem Feind, bereit für die schwerfälligen Manöver eines Formalgefechts. Im Mastkorb sitzend, spähte Drinkwater unter dem Unterliek des Vormarssegels nach vorn. Irgend etwas stimmte mit dem anderen Schiff nicht.

»Tregembo, schau dir das Schiff doch mal genau an. Fällt dir was daran auf?«

Der Mann aus Cornwall verließ seine Drehbasse und musterte den wartenden Gegner.

»Nein, Sir... Aber warten Sie mal, da ist so ein Blinken über der Reling zu sehen... Nein, nun ist es wieder weg.« Tregembo richtete sich auf und kratzte sich den Kopf.

»Könnte es das Blitzen von Metall gewesen sein?«

»Aye, Sir, vielleicht.«

Drinkwater blickte nach achtern. Cranston im Mastkorb des Großmastes winkte ihm zu, er winkte zurück, und plötzlich war sein Entschluß gefaßt. Er schwang sich in die Wanten. Auf dem Achterdeck stieß er mit Morris zusammen, der nun Signalfähnrich war.

»Was suchst du hier hinten?« zischte Morris. »Scher dich nach vorn auf deine Gefechtsstation, du Schwein!«

Drinkwater eilte an ihm vorbei und heftete sich an Hopes Rockschöße.

»Sir! Sir!«

»Was, zum Teufel, gibt es?« Hope und Devaux drehten sich ob dieser Unterbrechung zornig um. Sie waren ganz mit der Beobachtung des sich nähernden Amerikaners beschäftigt gewesen.

»Sir, ich glaube, ich habe vom vorderen Mastkorb aus Sonnenreflexe auf Bajonetten gesehen!«

»Bajonette, bei Gott...«

Bei der Erwähnung dieser Infanteriewaffe hatte sich auch Wheeler herumgedreht. Schnell wandte er sich wieder um und hob sein Glas ans Auge. Kaum sichtbar blitzte erneut drüben Sonne auf Stahl.

»Jawohl, das sind Bajonette, Sir! Dort drüben stehen ein oder zwei Kompanien an Deck, oder ich will verdammt sein!« stieß der Offizier hervor.

»Sie sind verdammt, wenn das wirklich zutrifft«, erwiderte Hope. »Er wird uns also entern wollen und den Nahkampf mit seiner überlegenen Infanterie suchen... Mr. Devaux, fallen Sie bitte ein wenig ab und lassen Sie auf seine Mastkörbe zielen.«

»Aye, aye, Sir.« Devaux wandte sich, Befehle brüllend, um.

»Danke, Mr. Drinkwater, Sie können auf Ihre Station zurückkehren.«

»Speichellecker!« zischte ihm Morris im Vorbeigehen zu.

Hopes Einschätzung war richtig. Das feindliche Schiff war tatsächlich ein französischer Indienfahrer gewesen, operierte jetzt aber mit einem von George Washington persönlich unterschriebenen Kaperbrief. Trotz seiner amerikanischen Flagge wurde es von einem Franzosen befehligt. Es handelte sich dabei um einen Mann von großer Kühnheit, der unter der Flagge der Rebellen gedient hatte, seit sich die Amerikaner zum ersten Mal mit der Bitte um Hilfe an die abenteuerlustige Jugend der Welt gewandt hatten. An Bord seines Schiffes befanden sich Teile eines amerikanischen Milizbataillons, das kürzlich durch loyale Landmänner aus Georgia vertrieben worden war. Die Milizionäre hatten durch die flammenden Reden ihres Alliierten wieder Mut gefaßt und brannten nun darauf, ihre Musketen abzufeuern.

Obwohl Hope die Taktik seines Gegners richtig vorhergesagt hatte, war es zu spät, dessen Absichten zu durchkreuzen. Nachdem die beiden Schiffe Feuer eröffnet hatten, löste sich der Feind etwas und stieß dann auf das britische Schiff herab. Aus der Nähe konnte sein Name entziffert werden: *La Créole.*

Die Großsegelrah der *Créole* verfing sich in *Cyclops'* Kreuzrah, und die Schiffe stießen mit einem lauten Krachen gegeneinander. Der Austausch von Salven wurde unvermindert fortgesetzt, obwohl sich die Geschützmündungen fast berührten. Die Schanzkleider beider Schiffe waren bald zertrümmert, tödliche Splitter pfiffen durch die rauchgeschwängerte Luft. *Cyclops* hatte die beiden Beiboote des Gegners zerschossen, ihre Querschläger und Splitter kauften der Miliz den Schneid ab. Der französische Kommandant erkannte, daß jedes Zögern jetzt fatale Folgen haben mußte. Er sprang auf das Schanzkleid und feuerte die Amerikaner mit wilden Armbewegungen zum Entern an. Seine eigene gemischte Mannschaft folgte ihm.

Die Flut der Enterer schlug über den Kanonieren des Oberdecks zusammen. Wheeler ließ im Gegenzug seine Seesoldaten in Schützenlinie vormarschieren.

»Vorwärts! Anlegen! Feuer!« Eine gezielte Salve fegte über Deck, dann luden sie wieder mit der Schnelligkeit, die nur langer Drill erzielt: Die Kugeln wurden in den Lauf gestopft, dann wurden die Kolben auf das Deck gestoßen, um die zeitraubende Prozedur des Feststopfens mit dem Ladestock zu ersparen.

Vom Mastkorb aus hielt Drinkwater mit der Drehbasse in den an Deck strömenden Haufen. Er lud wieder, drehte sich dann nach

Tregembo um und fand diesen im Nahkampf mit einem fahlhäutigen Desperado, der anscheinend aus dem Nichts aufgetaucht war. Aufblickend sah Drinkwater weitere Gegner affenartig auf den Rahen auslegen und in die Wanten von *Cyclops* springen. Vom Mastkorb des Großmastes aus erledigte Cranston alle, die versuchten, die Rahen der beiden Schiffe zusammenzulaschen. Doch weitere Feinde kamen über die Marssegelrahen an Bord und rutschten wie in einem teuflischen Zirkusakt die Vorstage herunter. Auf dem Hauptdeck versuchten die Stückmannschaften weiter, ihre Kanonen abzufeuern. Von Zeit zu Zeit wurde einer der Stopfer durch eine feindliche Pike verletzt, wenn er ungeschützt vor der Mündung arbeitete, deshalb ordnete Devaux an, daß die Stückpforten während des Nachladens zu schließen seien. Das reduzierte zwar die Feuergeschwindigkeit, schützte aber die Männer und minderte die Gefahr einer Frühzündung durch mangelhaftes Auswischen. Das Knattern von Handfeuerwaffen war über ihren Köpfen zu hören. Ein kleines Gesicht tauchte neben Leutnant Keenes Ellenbogen auf: der junge White.

»Sir, Sir, schicken Sie bitte die Mannschaften der Steuerbordkanonen an Deck, wir stehen mächtig unter Druck!«

Keene wandte sich um: »Steuerbordseite, Achtung! Piken und Entermesser klar!« Der Befehl wurde von den Bootsmannsmaaten und anderen Männern aufgenommen, sie rannten zu den Waffengestellen, die um die Masten angeordnet waren.

»Skelton, Sie übernehmen hier das Kommando!« Keene streifte sich die Schlaufe seines Degens übers Handgelenk, dann wandte er sich mit einem schiefen Lächeln an White: »Auf geht's, junger Spund . . .«

White zog seinen Spielzeugdolch.

»Steuerbordseite, Achtung! Zum Niedergang! Mir nach!«

Ein schwaches Hurra folgte Keenes Worten, kaum hörbar im Gebrüll der Backbordkanonen. Doch oben wurde daraus ein wütendes Geschrei, als die Männer auf das sonnenüberflutete Deck strömten, wo das Durcheinander nun vollkommen war. Zwar war der Versuch der Rebellen gescheitert, das Schiff durch die Stückpforten des Hauptdecks zu entern, aber auf dem Oberdeck sah es schlecht aus. Ihr erster Schwung hatte die Enterer bis in die Nähe des britischen Achterdecks getragen. Davor bildeten nun Wheeler und seine Seesoldaten eine feuerspeiende Barriere hinter einer schützenden Hecke von Bajonetten. Da hier nur blutige

Nasen zu holen waren, konzentrierten sich die Enterer auf das Vorschiff. Dort wurde der Widerstand von Leutnant Devaux organisiert. Die Offiziere und Seeleute verteidigten sich entschlossen, mußten aber Schritt für Schritt zurückweichen.

Obwohl die amerikanische Miliz eine unzuverlässige Truppe war, kämpfte sie doch gut genug gegen die britischen Seeleute, und langsam wurden die Verteidiger überwältigt. Wenn es den Amerikanern gelang, in ausreichender Stärke in die Kuhl zu gelangen, konnten sie das Batteriedeck besetzen – und die Niederlage der Fregatte war dann nur noch eine Frage der Zeit. Der Kampf wurde verbissen geführt und war ein Tohuwabohu aus Musketenschüssen, Pistolenblitzen und funkelnden Säbeln. Männer schrien vor Schmerz, Offiziere brüllten Kommandos, die Stimmen rauh vor Erschöpfung oder schrill vor Angst. Und die ganze Zeit über feuerten beide Schiffe unablässig mit ihrer Hauptartillerie: eine unaufhörliche Kakophonie rollender Erschütterungen. Pulverrauch wälzte sich über das fürchterliche Gemetzel an Deck.

Der arme Bennett starb an einer Bajonettwunde; Stewart, der Steuermannsgehilfe, geschwächt durch die Folgen seines amourösen Abenteuers in Falmouth, konnte zwar den Degen des französischen Kommandanten parieren, unterließ es jedoch, seinerseits zuzustoßen. Der Franzose war schneller, und Stewart fiel in seine eigenen Eingeweide auf das blutige Deck.

Von seinem luftigen Platz aus konnte sich Drinkwater kein rechtes Bild über den Fortgang des Kampfes machen, weil unten alles von Qualm verdeckt wurde. Die Invasion über die Groß- und Vormastrahen schien eingedämmt zu sein. Schließlich hörte er das Gebrüll von Keenes Gegenangriff und sah, daß sich auf dem Amerikaner weitere Männer bereit machten, in den Kampf einzugreifen. Er feuerte eine Ladung Kartätschen in die Kuhl des Amerikaners: Männer stürzten, wichen zurück, sammelten sich neu. Drinkwaters Drehbasse feuerte wieder.

»Zwei Ladungen sind noch übrig, Sir«, schrie ihm Tregembo ins Ohr.

»Raus damit«, brüllte er zurück. »Aber was machen wir dann?«

»Keine Ahnung, Sir.« Der Mann blickte hinunter. »Vielleicht denen da unten helfen.«

Auch Drinkwater blickte hinab. Das Geschützfeuer schien etwas abgenommen zu haben, der Wind trieb den Rauch zur Seite. Er sah White mit seinem blitzenden Dolch fuchteln, aber ein

Amerikaner schob ihn zur Seite, weil er es auf einen Unteroffizier abgesehen hatte. Der Steuermannsmaat wurde von seinem Hieb an der Hüfte getroffen. Dann aber verzog der Amerikaner das Gesicht zu einer Grimasse, als der verschmähte White ihn von der Seite erstach. Devaux wirbelte mit der einen Hand seinen Degen, mit der anderen teilte er Schläge mit dem Pistolenkolben aus. Er wütete wie ein Wahnsinniger und feuerte Keenes Männer und die Reste der Oberdecksmannschaft an.

Hinter sich sah Drinkwater, daß Cranston irgendwelche Verbindungen zwischen den beiden Schiffen zerschnitt. Natürlich, sie mußten *Cyclops* vom Rebellenschiff freibekommen.

»Wir müssen die beiden Schiffe trennen, Tregembo!«

»Aye, Sir, aber der andere liegt in Luv.«

Das war richtig. Der Winddruck hielt den Rumpf der *Créole* an der Seite von *Cyclops* ebenso wirksam fest, wie es Laschings getan hätten. Drinkwater sah wieder hinunter, sein Blick blieb an den Ankern hängen. Früher am Tag hatte Devaux schon die Trosse am Notanker anstecken lassen, weil sie sich der amerikanischen Küste näherten. Nun mußten sie den Anker nur noch fallenlassen.

»Der Notanker, Tregembo!« rief er erregt aus, nach unten weisend.

Tregembo begriff sogleich. Beide sprangen ans Vorstag und enterten nieder. Der Anker war mit zwei Ketten an der Bordwand gesichert, durch deren birnenförmige Endglieder mehrere Törns aus Hanftauwerk liefen. Tregembo riß sein Messer heraus und nahm die Schaftlasching in Arbeit, Drinkwater machte dasselbe mit der am Kreuz.

Die schreiende, brüllende Menge kämpfte nur einige Meter entfernt, trotzdem waren sie auf der Back verhältnismäßig sicher. Doch dann eröffnete jemand in einem Mastkorb des Freibeuters das Feuer auf sie. Die Kugel schlug auf eine Ankerflunke und jaulte als Querschläger davon. Schweiß tropfte den beiden von der Stirn, und Drinkwater begann seine Idee zu verfluchen. Er hatte den Eindruck, daß diese Lasching nie reißen würde. Sein Kopf schmerzte vom Durcheinander der Schlacht und Morris' Schlag. Eine weitere Kugel schlug in das Deck zwischen seinen Füßen, sein Rücken schien ihm die Ausmaße eines Großsegels zu haben und mußte dem Scharfschützen ein Ziel bieten, das er beim nächsten Schuß keinesfalls verfehlen konnte.

Tregembo grunzte zufrieden, als seine Lasching nachgab; unter dem plötzlichen Ruck brachen auch die letzten Törns der anderen, und klatschend fiel der Anker.

»Ich hoffe zu Gott, daß die Trosse glatt abläuft ...«

Das schien tatsächlich der Fall zu sein; jedenfalls erreichte der Anker den Grund und griff, brach wieder los und griff wieder. Dadurch wurden die beiden Schiffe mit dem Bug in den an den Küsten von Florida und Carolina gleichmäßig nach Norden setzenden Strom gedreht. Er zerrte an beiden Rümpfen, aber *Cyclops* wurde durch den Anker festgehalten. Drinkwater hörte das Scheuern der Bordwände, ein erstes Anzeichen dafür, daß *La Créole* sich langsam von ihrem Widersacher löste.

»Ihr Schiff treibt ab, Jungs! Wir haben sie im Sack!«

Erst einer, dann immer mehr blickten nach oben und bemerkten die unterschiedliche Bewegung der beiden Schiffe. Der Ruf wurde von den Briten aufgenommen und weitergegeben. Mit neuer Kraft machten sie sich daran, ihre Gegner zu erschlagen oder zu erstechen. Über ihre Schultern blickend, erkannten auch die Franko-Amerikaner, was geschah. Die Miliz gab zuerst auf und stürmte zurück, Freund und Feind nicht achtend.

La Créole rutschte knirschend achteraus, blieb kurz irgendwo hängen, löste sich dann aber wieder; schließlich kam sie endgültig frei von *Cyclops*. Das dauerte ein oder zwei Minuten, jedenfalls genügte die Zeit, damit die meisten aus ihrer Besatzung zurückkehren konnten. Die erschöpften Briten ließen sie entkommen. Die letzten Szenen hätten komisch genannt werden können, wenn nicht Tote und Sterbende aus drei Nationen auf dem blutigen Deck gelegen hätten.

Mehrere Männer sprangen über Bord und schwammen ihrem Schiff nach; Kameraden ließen Seile hinunter, an denen sie an Bord klettern konnten. Einer davon war der französische Kommandant. Bevor er über *Cyclops'* Seite sprang, verabschiedete er sich mit drohenden Gesten.

Auf *Cyclops'* Seitendeck kniete ein augenrollender Neger, die Arme in der unverwechselbaren Geste der Kapitulation erhoben. Er sah den fast allein auf dem Vordeck stehenden Drinkwater und warf sich ihm zu Füßen. Hinter ihm tauchte Devaux auf, Blutrausch in den Augen, und drohte, ihn zu durchbohren.

»Nein, nein, Sir! Ich ergebe mich doch, Sir! Genauso wie es General Burgoyne gemacht hat, Sir! Ich ergebe mich!«

Es war Wheeler, der den Ersten Offizier schließlich zur Vernunft brachte, indem er ihm mitteilte, daß der Kommandant ihn zu sehen wünsche. Der Neger, dankbar dafür, daß er noch einmal davongekommen war, heftete sich an Drinkwaters Fersen.

Die beiden Schiffe trieben nun etwa zwei Kabellängen voneinander entfernt. Beide waren nicht in dem Zustand, das Gefecht sofort wieder aufnehmen zu können.

»Das«, sagte Kapitän Hope zu Blackmore, mit dem er aus dem schützenden Wall der Seesoldaten trat, »das war verdammt knapp!« Der Sailing Master nickte in wortloser Erleichterung. Hope lachte kurz und nervös auf. »Der Teufel wird eben noch ein Weilchen auf uns warten müssen, nicht wahr, Blackmore?«

La Créole driftete weiter achteraus.

»Lassen Sie den Anker kappen«, befahl Hope, als Devaux ihn endlich erreichte. »Und finden Sie heraus, wer ihn geworfen hat.«

»Darf ich vorschlagen, daß wir ihn hieven, Sir?«

»Kappen, habe ich gesagt! Wir müssen den Gegner vernichten, bevor er die Nachricht von unserer Ankunft verbreiten kann.«

Devaux zuckte die Achseln und wandte sich ab.

Hope drehte sich zum Segelmeister um: »Wir können also loten.«

»Jawohl, Sir«, erwiderte der alte Mann, sich zusammenreißend.

»Lassen Sie Segel setzen, wir müssen den Rebellen erledigen.«

Aber auf *La Créole* wurde die Leinwand schon ausgeschüttelt. Der Freibeuter stand in Lee und nahm bald Fahrt auf. Fünfzehn Minuten später lag auch *Cyclops* vor dem Wind, aber etwa eine dreiviertel Meile dahinter.

In dieser Position befanden sie sich auch noch, als die Dunkelheit hereinbrach.

Unten in der Messe saß Drinkwater, während ihm der Neger die Schuhe putzte. Er hatte sich dessen Anhänglichkeit nicht erwehren können; auch schien in dem Durcheinander, das dem Gefecht gefolgt war, niemandem dieser Zuwachs der Besatzung aufzufallen.

»Wie ist dein Name?« fragte er; das ebenholzschwarze Gesicht des Mannes faszinierte ihn.

»Der Name is' Achilles, er sein Ihr Diener, Sir.«

»Mein Diener?« fragte Drinkwater erstaunt.

»Jawoll, Sir! Sie ha'm Achilles Leben gerettet. Er jetzt sein Ihr bester Freund.«

VIERZEHNTES KAPITEL

März 1781

Der Mensch denkt...

Bei Tageslicht war *Cyplops* allein, *La Créole* hatte sich während der Nacht absetzen können. Kapitän Hope war wütend, denn ihre Ankunft an der Küste würde nun überall bekannt werden. Ihm blieb nichts anderes übrig, als seine Befehle so schnell wie möglich auszuführen.

Ungeduldig wartete er auf die Sonnenkulmination und auf Blackmores Meridianhöhe. Nachdem der Navigator seine Berechnungen beendet hatte, brachte er das Ergebnis zu Hope: »Unsere Breite ist dreiundvierzig Grad zwölf Minuten Nord, Sir«, er schielte auf seinen Zettel, »das bedeutet, daß wir dreiundvierzig Meilen nördlich unseres Ansteuerungspunkts stehen; außerdem mussen wir die Frying-Pan-Untiefen luvwärts umschiffen.«

Hope nickte. »Sehr gut. Treffen Sie die notwendigen Maßnahmen und gesellen Sie sich dann freundlicherweise zu mir und dem Ersten Offizier. Und, äh, Mr. Blackmoore, lassen Sie dabei den jungen Drinkwater Ihre Karten tragen ...«

Als der Segelmeister mit Devaux erschien, bat Hope sie leutselig, Platz zu nehmen. Drinkwater breitete die Karten auf dem Tisch aus.

»Äh, Mr. Drinkwater«, begann Hope, »der Erste Offizier hat mich davon unterrichtet, daß Sie den Anker geworfen haben, als wir dieses Gefecht mit *La Créole* hatten, stimmt das?«

»Nun ja – jawohl, Sir. Ich wurde dabei von Toppsgast Tregembo unterstützt, aber ich übernehme die volle Verantwortung für den Verlust des Ankers.«

»Gut so, gut so ...«

»Wenn ich mir eine Bemerkung erlauben darf, Sir«, mischte sich Devaux ein. »Er hat damit wahrscheinlich das Schiff gerettet.«

Hope blickte scharf auf, er wähnte, die Spur eines Vorwurfs in

Devauxs Stimme zu hören. Aber Hope hatte nicht die Energie, sich zu ärgern, sein Blick traf sich mit dem Blackmores. Kaum sichtbar zuckte der alte Navigator mit den Schultern, und Hope lächelte in sich hinein. Alte Männer sahen viele Dingen eben anders...

»So ist es, Mr. Devaux. Mr. Drinkwater, ich möchte Ihnen zu Ihrer Tatkraft gratulieren. Das ist eine Eigenschaft, die Sie offenbar im Überfluß besitzen. Ich werde für Sie tun, was ich kann, und bin sicher, wenn ich in diesem Bemühen erlahme, wird mich Mr. Devaux daran erinnern... In der Zwischenzeit würde es mich freuen, wenn Sie, Mr. Cranston, Leutnant Wheeler, Mr. Devaux und natürlich Sie, Segelmeister, meiner Einladung zum Abendessen Folge leisten würden. Wer wird Wachhabender sein, Mr. Devaux?«

»Leutnant Skelton, Sir.«

»Sehr gut, dann kann auch Leutnant Keene kommen, und natürlich wäre ein Abendessen an Bord von *Cyclops* unvollständig ohne einen Rhetoriker wie unseren Doktor. Bitte treffen Sie die notwendigen Anordnungen. Und jetzt, Mr. Drinkwater, die Karten...«

Die Männer beugten sich über den Tisch, ihre Körper schwangen, ihnen unbewußt, im Rhythmus der Fregatte.

»Unser Bestimmungsort ist die Mündung des Galuda River«, begann Kapitän Hope, »hier in der Long Bay. Wie Sie sehen, liegt hier eine Barre und etwas oberhalb der Mündung ein kleines Fort – Fort Frederic. Unsere Aufgabe besteht darin, in den Fluß einzulaufen, die Garnison mit Ausrüstung und Munition zu versorgen und einem Agenten ein bestimmtes Paket zu übergeben. Die Einzelheiten sind Mr. Devaux bekannt und müssen uns jetzt nicht interessieren.« Hope machte eine Pause und wischte sich den Schweiß von der Stirn. Dann fuhr er fort: »Wenn wir dicht unter der Küste stehen, werden wir Boote vorausschicken, die uns den Weg zum Ankerplatz ausloten müssen.«

Devaux und Blackmore nickten.

»Um ganz sicherzugehen, machen wir klar zum Gefecht, sobald wir in den Fluß einlaufen. Während des Ankerns werden wir eine Spring auf die Ankerkette schäkeln. Ich beabsichtige, nicht eine Minute länger als nötig zu bleiben, denn ich fürchte, unser Freund von gestern wird uns mit Verstärkung aufsuchen.« Hope schlug mit dem Kartenzirkel auf die Seekarte. »Irgendwelche Fragen, Gentlemen?«

unentschlossener kleiner Geist und hat auch noch diesen verdammten Überläufer Arnold in seinem Stab. Wahrscheinlich treibt der ein doppeltes Spiel. Ist wohl besser, wenn wir das Geld nicht zu ihm schicken.‹ Germaine dreht sich zur Karte: ›Aber wohin dann, Benjamin? Zu Cornwallis etwa? Dessen verdammte Fischaugen mochte ich noch nie, ganz zu schweigen von seinem Stellvertreter, dem jungen Rawdon, oder gar dem verdammten Besserwisser Ferguson . . .‹«

»Ferguson ist tot«, warf Wheeler trocken ein.

Appleby hob bei dieser Unterbrechung nur irritiert die Augenbrauen. »›. . . Nein, nein, das ist alles nichts, Benjamin. Bring bitte die Karte her. So, welches Fleckchen ist denn nun Carolina? Na, wie wäre es denn damit?‹« Mit geschlossenen Augen piekte Appleby in das Tischtuch aus Damast, dann öffnete er sie und blickte auf eine imaginäre Karte nieder: »›Das sieht ja sehr gut aus, Benjamin. Erledige das bitte, denn es ist schon fünf Uhr, und ich muß mich jetzt ein oder zwei Stunden bei Tisch erholen.‹ Damit nimmt er seinen Hut und geht ab.« Appleby sank endlich auf seinen Stuhl zurück und faltete grinsend die Hände über dem Bauch.

Einige Offiziere klatschten schwach Beifall, aber alle lächelten selbstgefällig mit der generösen Geringschätzigkeit der Seeleute Politikern gegenüber. Schließlich, schien dieses Lächeln auszudrücken, was kann man von denen da oben schon anderes erwarten . . .

Hope mußte seinen Männern solche Gedanken austreiben, denn sie konnten zur Nachlässigkeit führen. Deshalb sagte er: »Ich fand Ihre Ausführungen sehr interessant, aber leider falsch, Mr. Appleby. *Cyclops* ist angewiesen, das Bruchstück eines Plans auszuführen, den wir im Ganzen nicht überschauen; das ist im Seekrieg nichts Neues. Die Quintessenz des Soldatenlebens besteht darin, Befehlen zu gehorchen, denn sonst geht gar nichts mehr.«

»Sir«, begann Devaux langsam und überlegt, »Leutnant Wheeler hat den Neger befragt, der sich uns ergeben hat. Der Schwarze hat uns darüber aufgeklärt, daß in beiden Carolinas völliges Chaos herrscht, niemand weiß, wer die Oberhand hat. Lord Cornwallis hat zu wenig Truppen, deshalb kann er nur einige Orte halten und den Rebellen Nadelstiche zufügen.«

Das war zuviel für Hope. »Mr. Devaux«, er brüllte es fast, »wieso schert uns, was ein verdammter Neger sagt? Der ist sowieso ein Rebell. Glauben Sie etwa, er wird uns erzählen, daß wir am Gewinnen sind?«

Aber Devaux war genauso in Rage. »Um Gottes willen, Sir, hören Sie mich doch wenigstens an! Erstens ist er Loyalist und hat Papiere, die das beweisen, zweitens war er Sklave und ist von uns befreit worden. Deshalb wird er kaum mit den Rebellen sympathisieren oder freiwillig wieder in die Sklaverei zurückkehren. Drittens war er Bursche bei einem Leutnant des 23. Füsilier-Regiments.«

»Und damit«, sagte Hope ironisch, »sind alle seine Worte so wahr wie das Evangelium?« Er war wirklich tief verärgert: wütend über Appleby und Devaux, die den Zweifel in seiner Brust nährten, wütend über sich selbst, daß er den Überredungskünsten Edgecumbes auf den Leim gegangen war, wütend auf die viertausend Pfund Prisengeld, die ihm hier, auf dieser Seite des Ozeans, nicht das geringste nützten, und wütend auf das ganze System, das ihn in diese verflixte Situation gebracht hatte.

»Die Zeit wird erweisen, wer von uns recht hat, Sir«, beharrte Devaux.

»Vielleicht wird sie das, Sir, aber das soll keinen von uns abhalten, jetzt und hier seine Pflicht zu tun.« Der Kommandant blickte sich bedeutungsvoll um. Die abwehrenden Blicke und verlegenen Gesten seiner Offiziere ärgerten ihn noch mehr. Er erhob sich, und seine Gäste sprangen auf. »Sie, Mr. Devaux, können inzwischen alle Vorsichtsmaßnahmen treffen, die Sie für notwendig erachten. Gute Nacht, Gentlemen!«

Stühlescharren und Abschiedsgemurmel begleiteten den Abgang der Offiziere. Devauxs Worte klangen Hope noch in den Ohren: ›Die Zeit wird erweisen, wer von uns recht hat!‹ Das Schlimme war, daß Hope es jetzt schon wußte...

Drinkwater verließ die Kajüte mit dem Gefühl, daß er Zeuge eines Ereignisses geworden war, das er besser nicht gesehen hätte. Bisher hatte er Hopes Position für unantastbar gehalten, nun war er über den offenen Angriff Devauxs entsetzt. Außerdem hatte ihn das Gekicher einiger Gäste erstaunt, besonders das von Devaux und Wheeler, die über das, was sie angerichtet hatten, merkwürdig froh schienen. Aber vielleicht hatte ihn am meisten Blackmores Gesicht beeindruckt. Die Miene des alten Mannes unter dem straff zurückgekämmten weißen Haar war sonst immer so unbeweglich wie die einer Galionsfigur. Doch als er nun an Devaux und

Wheeler vorbeiging, hatte sein Gesicht einen Ausdruck unbeschreiblicher Verachtung gezeigt.

Drinkwater stieg hinter Cranston hinunter und fühlte sich im Schatten des Orlopdecks plötzlich am Arm ergriffen. Er unterdrückte einen Ausruf, als er Sharples erkannte, der bedeutungsvoll einen Finger auf die Lippen preßte.

»Was willst du?« flüsterte Drinkwater, den plötzlich düstere Vorahnungen bedrängten. Irgendwie kam das Auftauchen von Sharples, den er monatelang ignoriert hatte, nicht überraschend.

»Entschuldigung, Sir, aber ich glaube, daß Threddle und Morris etwas aushecken. Ich dachte, Sie sollten das wissen.« Drinkwater fühlte, daß sein Arm losgelassen wurde; Sharples wich wieder in die Dunkelheit zurück.

Drinkwater betrat die Messe.

»Na, endlich zurück vom Tisch des Kommandanten?« Morris' Stimme war haßerfüllt.

Zunächst antwortete Drinkwater nicht. Erst als er feststellte, daß Cranston noch in der Messe war, entschloß er sich, seinen Feind zu reizen: »Sag' mal, Morris, warum haßt du mich?«

»Weil du Speichellecker weniger wert bist als ein Stück Hundedreck. Du bist mir ein ständiges Ärgernis, schon seit deinem ersten Tag an Bord. Unausstehlicher kleiner Bastard!«

Drinkwater ballte die Fäuste und warf Cranston einen Blick zu. Der ältere Mann kletterte desinteressiert in seine Hängematte. »Ich werde für diese Bemerkung Genugtuung verlangen, wenn wir wieder in New York sind«, drohte er.

»Ah! Aber nicht sofort, wie? Ohne Holzprügel sind wir wohl nicht ganz so mutig. Wir achten wohl auf unser hübsches Gesicht, seit wir diese kleine Hure in Falmouth haben. Oder liegt's am Umgang mit den Offizieren, den wir jetzt so regelmäßig pflegen? Zugegeben, Wheeler ist ein hübscher Dandy, nicht wahr?«

Drinkwater erblaßte bei der Beleidigung von Elizabeth, aber er beherrschte sich. Er sah, daß Cranston in seiner Hängematte verneinende Gesten machte. Morris steigerte sich in wilde Wut hinein, eine Flut schmutziger Flüche und Obszönitäten ergoß sich aus seinem Mund. Schließlich ergriff Drinkwater seinen Umhang und ging an Deck.

»Warum hältst du nicht endlich dein dreckiges Maul, Morris?« fragte Cranston aus der Dunkelheit.

Aber Morris hörte ihn nicht. Haß, blinder, unergründlicher Haß brannte mit verzehrender Kraft in seinem Herzen. Es gab keine Begründung für eine so heftige Emotion, wie es wohl auch keine rationale Begründung für Liebe gibt. Morris wußte nur, daß Drinkwater alles besaß, was ihm selbst fehlte: Tüchtigkeit, Charme, Freundlichkeit und ein Talent, mit den Leuten umzugehen, das bei ihnen Loyalität hervorrief. Aus Morris' verzerrtem Blickwinkel hatte Drinkwater seine Karriere durchkreuzt. Dabei war er ein Opfer seiner selbst, seiner Eifersucht und seiner sexuellen Neigungen mit all ihren Begleiterscheinungen. Vielleicht war es auch der Beginn einer Krankheit, die seinen Geist verwirrte, oder die bittere Frucht einer perversen Leidenschaft: verschmähter Liebe, die sich unter den Qualen ihrer Abartigkeit wand.

Fünfzehntes Kapitel

März–April 1781

... und Gott lenkt

Falls die Besatzung von *HMS Cyclops* mit einem aufregenden Landfall gerechnet hatte, so wurde sie enttäuscht. Die Küste war flach und bewaldet, und Blackmore hatte die größten Schwierigkeiten, wenigstens einige Landmarken sicher zu identifizieren. Schließlich wurde die Mündung des Galuda River erst von dem Beiboot entdeckt, das man zum Rekognoszieren dichter unter Land geschickt hatte.

Es wurde Nachmittag, bevor die einsetzende Seebrise es Hope gestattete, die Fregatte mit einiger Sicherheit in die flachen Gewässer zu führen.

Lotgasten standen auf beiden Seiten in den Rüsten und schwangen ihre Leinen. Das Beiboot, unter dem Kommando von Leutnant Skelton, lotete das Fahrwasser vor ihnen aus; es führte einen schußbereiten Vierpfünder im Bug. Die Fregatte tastete sich unter Marssegeln, Besan und Vorsegeln an die Küste heran.

Der Galuda River mündete zwischen zwei Landzungen in den Atlantik, die sich unter Wasser als Sandbänke fortsetzten. Beide Hindernisse waren wegen der Küstenströmung an ihren Enden nach Norden umgebogen. Hier befand sich die Barre, über die *Cyclops* vorsichtig gelotst werden mußte.

Oberhalb der Mündung floß der Fluß durch dicht bewaldete Ufer, Bäche und Moore begleiteten seinen Lauf landeinwärts. Gleich hinter der Küste stieg das Land etwas an und erhob sich vielleicht zehn Meter über die Hochwassergrenze. Dort war der Wald gerodet und Fort Frederic errichtet worden.

Nachdem die Gefahren der Barre überwunden waren, richtete sich die Aufmerksamkeit aller an Bord auf dieses Fort. Seine gezackte Brustwehr war gerade über den Baumwipfeln sichtbar.

Von dem verdächtig nackten Flaggenmast wehte keine britische Flagge.

»Soll ich eine Kanone abfeuern lassen, Sir?« erkundigte sich Devaux.

»Nein«, sagte Hope. Die Spannung des Augenblicks löschte die Erinnerung an ihre Meinungsverschiedenheiten aus. *Cyclops* kroch langsam vorwärts, die Lotgasten sangen die Tiefenangaben aus. Allmählich glitt das Fort querab. Keine Seele zeigte sich, die Luft war geschwängert vom unheilvollen Geruch eines überstürzten Rückzugs.

»Verlassen, bei Gott!«

»Wir wollen das Schiff hier verankern, Mr. Devaux«, sagte der Kommandant, Devauxs Ausbruch überhörend. »Bitte veranlassen Sie das.«

Das Beiboot kam längsseits, und eine Abteilung Seeleute und Soldaten kletterte hinein. Drinkwater beobachtete, wie das Boot wieder vom Schiff abstieß.

Eine kleine hölzerne Pier, offensichtlich eigens für die Garnison gebaut, erlaubte die Ausschiffung der Gruppe. Mit gezogenem Degen ließ Wheeler seine Männer in lockerer Schützenkette vorgehen. Drinkwater sah, wie sie sich in geducktem Trott vorarbeiteten, gefolgt von den Matrosen in einem ungeordneten Haufen. Vom Boot aus deckte der Vierpfünder den Stoßtrupp.

Die Besetzung des Forts erfolgte ohne einen Schuß. In den Gebäuden befand sich kein Mann, keine Munition und keine Verpflegung. Es gab nicht den leisesten Hinweis darauf, wann die Besatzung das Fort aufgegeben und wohin sie sich gewandt hatte. Aber eine so düstere, unheimliche Atmosphäre hing über dem Ganzen, daß auch die tapfersten Herzen erzitterten.

Devaux, der den Landungstrupp befehligte, wandte sich an Wheeler: »Wenn Hope bleiben will, sollten wir besser das Fort besetzen.«

Wheeler stimmte zu: »Wir können hier – und dort drüben – ein paar Drehbassen aufstellen. Meine Seesoldaten machen das schon. Lassen Sie die ganze Zeit ein Wachboot patrouillieren?«

Devaux lächelte die scharlachrote Gestalt mit dem in der Sonne gleißenden Halstuch an. Wheeler war also nervös. Devaux blickte sich um. »Das hier ist ein schmutziges Geschäft, Wheeler, und es gefällt mir kein bißchen. Ich werde Hope erst mal Bericht erstatten. Natürlich stellen wir ein Wachboot ab, ich würde hier keinen

Hund sich selbst überlassen.«

Wheeler fröstelte trotz der warmen Sonne. Er glaubte nicht an Vorahnungen, mußte aber trotzdem an einen anderen amerikanischen Fluß denken: den Monongahela, wo er seinen Vater verloren hatte . . . Er schüttelte die niederdrückenden Gedanken ab und begann, seine Befehle zu geben. Hagan und die Seesoldaten brachten Fort Frederic in einen Zustand der Verteidigungsbereitschaft.

Auf *Cyclops* herrschte hektisches Treiben. Als Vorsichtsmaßnahme hatte Devaux die Bramstengen an Deck fieren lassen, damit die Masten die sie umgebenden Bäume nicht mehr überragten. Drei Bootsgeschütze und einige Drehbassen waren im Fort aufgestellt worden. Wheeler hatte seine düstere Stimmung abgestreift und residierte dort als Kommandant. Er stürzte sich mit Begeisterung auf diese neue Aufgabe, und es dauerte nicht lange, bis Wachen aufgestellt und Spähtrupps in die umliegenden Wälder geschickt wurden. Wheeler bedauerte nur, daß ihm Hope verboten hatte, die britische Flagge über dem Fort zu hissen. »Es ist durchaus möglich, daß wir den Posten schnell aufgeben müssen; ich möchte nicht in den Ruf kommen, ein britisches Fort aufgegeben zu haben«, führte Hope dazu aus; Wheeler mußte sich zufriedengeben.

Als Warner vor einem Angriff von See aus wurde das Beiboot unter dem Kommando eines Fähnrichs oder Steuermanns auf Patrouille an die Barre geschickt. Die anderen Boote waren damit beschäftigt, Männer oder Ausrüstung an Land zu bringen.

Nach vierundzwanzig Stunden hatte noch immer niemand mit *Cyclops* Kontakt aufgenommen. Weder Freund noch Feind ließ sich blicken, deshalb entschloß sich Hope, einen Spähtrupp ins Landesinnere zu senden. Eine Spring war an das Ankerkabel geschäkelt worden, damit konnte die Fregatte ihre Breitseiten sowohl gegen beide Ufer als auch stromaufwärts und stromabwärts zum Tragen bringen. Aber es war die Seeseite, von der Ärger kommen würde, vermutete Hope. Ein Ausguck wurde im Großmasttopp postiert, von dort aus konnte das Beiboot ständig beobachtet werden.

Auch am zweiten Abend war *Cyclops* in Verteidigungsbereitschaft versetzt worden, und als letzte Maßnahme wurden Enternetze geriggt. Sie erstreckten sich von der Reling bis zu den unteren Rahnocken. Als die Sonne untergegangen und die Flagge am Heck niedergeholt worden war, mußten die Verwundeten, die man zum Luftschöpfen an Deck gebracht hatte, wieder nach unten geschafft werden, denn die Moskitos machten ihren Aufenthalt zur Qual. Das unaufhörliche Stöhnen der Kranken und Gesunden, die unter ihren Stichen litten, erklang überall und vertiefte nur die unheimliche Stille, die über dem Wald lag. So verbrachte *Cyclops* zwei Nächte, während man auf eine Nachricht von den Loyalisten oder den britischen Streitkräften wartete.

Am folgenden Morgen wurde Wheeler von seinem Posten abgelöst, um das Kommando über eine Abteilung Seesoldaten zu übernehmen, die Devaux und seine Seeleute beim Vorstoß ins Landesinnere unterstützen sollten. Es war ein letzter, verzweifelter Versuch von Hope, seinen Auftrag auszuführen. Wenn der Prophet nicht zum Berg kam, mußte der Berg eben zum Propheten kommen, dachte der Kommandant, während er sich die schwitzende Stirn trocknete. Er groß sich einen Grog ein und ging nach achtern. Die schlammigen Wasser des Galuda gurgelten unter dem Heck, klatschten gegen das Ruder, das sich leise quietschend in seinen Ketten bewegte.

Am Rande seines Blickfeldes konnte Hope gerade noch den Stoßtrupp sehen, der an Land Aufstellung nahm. Wheeler schickte eine Vorhut unter dem Kommando von Hagan los, dann folgte er mit der Reihe Seesoldaten und der wesentlich unordentlicheren Marschsäule der Matrosen unter Fähnrich Morris. Die Nachhut bildete Fähnrich Drinkwater mit einem Trupp Seesoldaten unter ihrem Korporal. Die Spitze der Kolonne war bereits im Wald verschwunden, als Hope auch Devaux entdeckte. Der hatte Keene noch einige letzte Ratschläge für seinen neuen Posten als Fortkommandant gegeben; nun warf er einen Abschiedsblick zum Schiff herüber und nahm dann die Beine in die Hand, um seine Leute einzuholen.

Hope kippte den Rum hinunter und blickte seewärts. Dort draußen war das Beiboot unter dem Kommando von Cranston. Damit war Skelton der einzige reguläre Offizier, der ihn an Bord unterstützte. Mit plötzlicher Wärme dachte Hope an Devaux, den aufgeputzten, aber fähigen Wheeler, den jungen Drinkwater, der ihm so ähnlich war – besser: dem Hope ähnlich, der er vor Jahren gewesen war; er seufzte und sah dem Flußwasser nach, auf seinem Weg zur offenen See . . . »Von dannen unser Heil kommen wird«, flüsterte er zynisch.

Drinkwater konnte der Expedition wenig Gefallen abgewinnen. Seit sie die Fregatte aus den Augen verloren hatten, schien ihm sein Trupp plötzlich von Gefahren umgeben. Die See, nicht das Land, war ihr Element. Wie um seine Befürchtungen zu bestätigen, stolperten die Seeleute, die sonst wie Affen in der Takelage turnten, ungeschickt über Baumwurzeln.

Alle fluchten über den morastigen Boden. Drinkwater klangen noch die ernsten Vorhaltungen Achilles' in den Ohren. Der hatte sich geweigert, ihn zu begleiten, und ihm klarzumachen versucht, wie dumm es war, landeinwärts vorzustoßen. Drinkwater war deshalb sehr nervös, als sie vom Wald verschluckt wurden. Jedes Stocken der Kolonne machte ihn mißtrauisch, jeder Ausruf, selbst aus noch so geringfügigem Anlaß, beunruhigte ihn.

Trotz des ungünstigen Geländes kam die Truppe gut auf dem Weg voran, der von Fort Frederic ins Binnenland führte. Nach etwa fünf Meilen überquerten sie eine Rodung, wo eine Sägemühle und die Reste eines Blockhauses standen. Auch hier waren alle Anzeichen eines überstürzten Aufbruchs der Bewohner zu erkennen. Einige Meilen weiter erreichten sie eine kleine Plantage mit Holzhäusern und Ställen. Das Wohnhaus war teilweise niedergebrannt, die Ställe waren in eine Fliegenwolke gehüllt; Aasfresser delektierten sich an den Rinderkadavern.

Der Gestank der niedergebrannten Farm verfolgte die Kolonne auf ihrem Weg durch die bedrückende Wildnis. Sie überquerten einen Bach, der nach Norden in den Galuda floß, und schlugen an seinem Ufer ihr Nachtlager auf. Die Männer unterhielten sich leise, aber als die Moskitos über sie herfielen, wurde daraus ein allgemeiner Aufschrei. Devaux konnte für den notwendigen Lagerdrill keine Begeisterung aufbringen, aber Wheeler, durch seine Ausbildung dafür prädestiniert, fühlte sich in seinem Element. Wachen wurden aufgestellt, und die Männer setzten sich, um ihren mitgebrachten Proviant zu verspeisen.

Nach Sonnenuntergang, sobald er sich über seine Wache informiert hatte, verschwand Drinkwater im Wald, um sich zu erleichtern. Nach dem schweißtreibenden Marsch, dem andauernden Murren der Männer, der Mühe, sie ständig in Bewegung zu halten und keinen zurückzulassen, fühlte er sich plötzlich erschöpft. Es kam ihm vor, als sei das ein anderer, der da thronte und seinen Darm entleerte. Er blickte hinunter. War dieser feuchte, moosige Untergrund wirklich das berühmte Amerika? Das erschien ihm unlogisch und folglich unmöglich. Es passierte ihm häufig, daß seine Gedanken bei so intimen Verrichtungen abschweiften. Er stellte sich vor, wie er Elizabeth nach vielen Jahren erzählen würde, daß er unter delikaten Umständen in Carolina auf einer Kiefernwurzel gesessen und an sie gedacht hatte. Er war so in seine Gedanken versunken, daß er das Knacken eines toten Astes in seinem Rücken überhörte.

Selbst als ihn Morris nach vorn aufs Gesicht warf, konnte er nicht sogleich reagieren. Erst als ihm aufging, daß seine Nase ins Moos gedrückt wurde und sein nackter Hintern sich aller Welt darbot, kam er völlig zu sich. »Meine Güte, was für ein hübscher Anblick . . . Und so einladend, nicht wahr, Threddle?«

Beim Klang der Stimme und der Erwähnung Threddles versuchte Drinkwater, sich umzudrehen. Doch als er sein Gewicht auf den Arm verlagerte, riß ein Fußtritt seinen Ellenbogen weg. Instinktiv zog er die Knie an und drehte das Gesicht zur Seite. Threddle stand auf seinem Arm, ein Entermesser in der Hand. In seinen Augen glitzerte es grausam, und um seinen Mund spielte ein gemeines Grinsen.

»Was sollen wir bloß mit ihm machen, Threddle?« Morris blieb außerhalb von Drinkwaters Gesichtsfeld. Dieser fühlte sich so schrecklich entblößt wie eine Stute, die für den Hengst vorbereitet wird. Als ob er seine Ängste erraten hätte, trat Morris zu. Eine Schmerzwelle breitete sich von Nats Genitalien aus, er rang um Luft, dann erbrach er sich. Threddle packte sein Haar und drehte ihm den Kopf so, daß er in seine Exkremente starrte.

»Was für eine hervorragende Idee, Threddle! Und danach werden wir ihn vernaschen. Das läßt ihn bestimmt auf seine richtige Größe schrumpfen.«

Drinkwater konnte keinen Widerstand leisten, ihm blieb nur übrig, Augen und Mund zu schließen. Als der Gestank seiner Ausscheidungen fast unerträglich wurde, ließ Threddles Griff plötzlich nach. Der große Mann fiel mit einem dumpfen Aufschlag zu Boden.

»Was ist los?« Morris drehte sich halb um und gewahrte in der Dämmerung einen Mann, der eine Pike in der Hand hielt. Ihre Spitze glänzte feucht, als sie auf Morris zeigte.

»Sharples!«

Sharples beachtete Morris nicht. »Sind Sie wohlauf, Mr. Drinkwater?« Der Fähnrich erhob sich unsicher. Er lehnte sich gegen einen Baum und schloß mit zitternden Fingern seine Hose. Da er seiner Stimme noch nicht traute, nickte er nur.

Morris machte eine Bewegung, hielt aber sofort inne, als die Lanzenspitze seine Brust berührte. »Und nun, Mister Morris, ziehen Sie die Pistole aus Ihrem Gürtel und versuchen keine faulen Tricks ...«

Drinkwater hob den Kopf, um zuzusehen. Es wurde zwar immer dunkler, aber die mörderische Glut in Sharples' Augen konnte er trotzdem erkennen. »Keine Tricks, Mister Morris! Und jetzt halten Sie die Pistole an Threddles Kopf und blasen ihm das Gehirn heraus!«

Sharples' Stimme duldete keinen Widerspruch. Drinkwater blickte auf Threddle herunter; die Pike hatte seinen Bauch durchbohrt, war unterhalb der Rippen eingedrungen und hatte die Därme zerrissen. Er war noch nicht tot, Blut tränkte seine Kleider, und blutige Brocken quollen ihm aus dem Mund; manchmal zuckten seine Beine schwach. Das einzige, was an ihm noch nicht halbtot schien, waren seine Augen. Sie schrien einen stummen Protest heraus und die Bitte um Erlösung ... »Spannen Sie den Hahn!« befahl Sharples. »Spannen, sage ich!«

Er stieß Morris mit der Pike so, daß dieser Threddle anblicken mußte. Das Klicken des Hammers schien in Drinkwaters Ohren zu dröhnen. Er richtete sich auf. »Nein«, flüsterte er, »um Gottes willen, Sharples, nicht!« Seine Stimme festigte sich, aber bevor er fortfahren konnte, befahl Sharples: »Feuer!«

Den Bruchteil einer Sekunde zögerte Morris, aber bei einem erneuten Stoß der Pike zogen sich seine Muskeln unwillkürlich zusammen. Die Pistole krachte, und Threddles Gesicht zerplatzte. Etwa dreißig Sekunden lang bewegte sich niemand. »O mein Gott«, stieß Drinkwater schließlich hervor, »was haben Sie getan?«

Der Mann drehte sich um, ein sanftes, kindliches Lächeln spielte um seine Mundwinkel. Seine Augen waren tiefe Seen, Tränenseen. In seiner Stimme schwang unterdrücktes Schluchzen mit.

»Die Nachricht kam mit der Post, Mr. Drinkwater, mit der Post von der *Galatea*. In dem Brief stand, daß meine Kate gestorben ist . . . Sie sagen, im Kindbett, aber ich weiß es besser, Sir . . . Ich weiß es besser.«

Drinkwater riß sich zusammen: »Das tut mir leid, Sharples, aufrichtig leid . . . Und vielen Dank für Ihre Hilfe. Aber warum haben Sie Threddle getötet?«

»Weil er ein Stück Dreck war, Sir«, sagte Sharples einfach.

Morris blickte auf, er war kreidebleich; langsam begann er, auf das Lager zuzugehen. Mit einem letzten Blick auf Threddles Leiche folgte ihm Sharples. Als er merkte, daß Drinkwater zurückblieb, drehte er sich um.

»Was geschehen ist, ist geschehen, Mr. Drinkwater.«

»Wollen wir ihn nicht begraben?«

Sharples schnaubte verächtlich. »Nein!«

»Aber was soll ich dem Ersten sagen?«

Sharples zog ihn mit sich fort, denn das Geräusch brechender Zweige war zu hören. Vor ihnen tauchte Wheeler mit zwei Seesoldaten auf, ihre weißen, gekreuzten Riemen leuchteten durch die zunehmende Dunkelheit. Sie scharten sich um Morris.

Sharples ließ die Pike fallen, dann traten sie zu den anderen.

»Was war los?« fragte Wheeler, auf die Pistole in Morris' Hand deutend. Dessen Gesicht war eine versteinerte Maske, er blickte durch Wheeler hindurch. Drinkwater kam heran. »Ein dummer Irrtum, Mr. Wheeler. Ich war gerade mal austreten, und Morris hat mich für einen Rebellen gehalten. Sharples ging ungefähr zehn Meter entfernt derselben Beschäftigung nach . . .« Er brachte ein Lächeln zustande. »War es nicht so, Morris?«

Morris schaute auf. Drinkwater fühlte, daß sich schlimme Vorahnungen wie eisige Klammern um sein Herz legten, denn Morris lächelte, ein grausiges, komplizenhaftes Lächeln.

»Wenn Sie's sagen, Drinkwater . . .«

Erst in diesem Augenblick wurde es Drinkwater klar: dadurch, daß er die Tat durch Lügen gedeckt hatte, war er zum Mittäter geworden.

In der nächsten Morgendämmerung erfüllte gereizte Geschäftigkeit das Lager. Da sie den Sinn ihres scheinbar nutzlosen Marsches nicht einsehen konnten, der sie aus ihrer vertrauten Umgebung gerissen hatte, da sie außerdem von den Moskitos fast bis zum Wahnsinn gequält wurden, waren die Männer nicht weit von offener Meuterei entfernt. Devaux versuchte, sie zu beschwichtigen, aber es mangelte ihm an Überzeugungskraft, da er ihre Zweifel teilte, sogar von Anfang an der Meinung gewesen war, daß ihr Auftrag nur Zeitvergeudung bedeutete.

»Also, Wheeler«, sagte er, »wir mögen ja auf einer tollen Heerstraße marschieren, aber ich sehe verdammt wenig ›Heer‹ darauf, Ihre werte Person mal ausgenommen. Meinetwegen könnten wir genausogut kehrtmachen, bevor wir von diesen verdammten Biestern aufgefressen werden.« Er schlug sich klatschend ins Gesicht, verfehlte aber das Insekt.

Wheeler wog die Fakten ab, dann einigte er sich mit Devaux auf einen Kompromiß. Man würde bis Mittag weitermarschieren, und wenn sie bis dahin ohne Kontakt mit britischen Kräften geblieben waren, würden sie umkehren. Eine Stunde später brachen sie auf.

Draußen auf der Barre vor dem Galuda River servierte Fähnrich Cranston seiner Besatzung Schiffszwieback und Wasser. Obwohl ihre verkrampften Körper nach einer im Boot verbrachten Nacht schmerzten, waren die Seeleute gut gelaunt. Mit Hilfe des Land-, respektive des Seewindes konnten sie vor der Küste auf und ab kreuzen, außerdem waren sie hier draußen sicher vor den Moskitos. Sie freuten sich auf einen schönen Tag, an dem sie einen Segelausflug machen durften, ganz wie die reichen Mitglieder im Yachtklub des Herzogs von Cumberland. Das alles schien wenig mit dem strengen Dienst auf einem Kriegsschiff zu tun zu haben. Das Beiboot fuhr ein Luggersegel, dessen Handhabung beim Kreuzen wenig Mühe bereitete. Eingelullt von derart angenehmen Aussichten, empfanden sie es als grobe Störung, als die Toppstengen eines großen Fahrzeugs draußen über der Kimm erschienen.

Cranston fiel auf achterlichen Wind ab und steuerte die Mündung des Galuda an. Er war sicher, daß es sich bei dem Fremden um *La Créole* handelte.

Die Sonne hatte fast den Zenit erreicht, als sie bei der Mühle ankamen. Auch dies war ein Holzbau, rings von Spuren menschlicher Aktivitäten umgeben, auch war die Straße, die von der Mühle weiterführte, breiter und besser gerodet und voll deutlicher Fußspuren. Nichtsdestoweniger lag sie völlig verlassen da. Lediglich ein halbgefüllter Sack Mehl und eine verschüttete Ladung Mais erinnerten an die Bewohner.

»Die sind in verteufelter Eile aufgebrochen«, bemerkte Wheeler, wobei er auf das Getreide deutete.

»Wie scharfsinnig.« Devaux ärgerte sich, denn es sah so aus, als sollten sie an ihrem Umkehrpunkt doch noch Menschen treffen.

»Denken Sie, die sind bei unserer Annäherung getürmt?«

»Keine Ahnung . . .«

»Wir sollten die Männer Essen fassen lassen, bevor wir weiter vorrücken. Mir gefällt das alles nicht.« Wheelers Zuversicht war erschüttert. Devaux bemerkte es und riß sich zusammen. Er kommandierte diese Abteilung. Zuerst würden sie essen, danach weitere Entscheidungen treffen.

»Und schicken Sie ein paar Ausguckposten nach oben in die Mühle, das sollte uns beruhigen, nicht wahr?«

»Aye, aye«, antwortete der Offizier und biß sich auf die Lippen, weil er nicht selbst an diese Sicherheitsmaßnahme gedacht hatte.

Die Männer nahmen abermals Schiffszwieback und Wasser zu sich. Sie hatten sich lässig hingelagert, kratzten und unterhielten sich nervös. Nachdem Wheeler seine Posten aufgestellt hatte, zog er sich in den Schatten zurück.

Den ganzen Morgen war Drinkwater durch die Hitze getrottet und hatte versucht, die Ereignisse des vergangenen Abends zu vergessen. Aber sein Unterleib schmerzte, und von Zeit zu Zeit überkam ihn Brechreiz. Er schluckte mannhaft und vermied jeden Kontakt mit Morris. Sharples marschierte mit den Matrosen, ein mildes Lächeln auf dem Gesicht. Mit großer Erleichterung hatte sich Drinkwater in den Schatten der Mühle fallen lassen. Er schloß die Augen und versank in halbe Bewußtlosigkeit.

Da waren die Pferde der Rebellen auch schon mitten unter ihnen.

Die Kavallerie erfüllte die Lichtung mit dem plötzlichen Donner von Hufen, mit Staubwolken und blitzenden Säbeln. Die meisten Briten wurden liegend erwischt. Ohne Deckung überrascht, waren die Seeleute über den Anblick der Pferde zu Tode erschrocken. Die schnaubenden Nüstern, die fliegenden Hufe waren für sie fremd und furchteinflößend. Dieselben Männer hätten in der erstickenden Enge des Batteriedecks ihr Leben ohne Wimpernzucken hingegeben. Nun verteidigten sie sich, so gut sie konnten, aber nackte Angst erhöhte das Durcheinander.

Wheeler und Devaux sprangen fluchend auf die Füße.

»Her zu mir, Sergeant! O Jesus Christus! Zu *mir*, Sergeant, verdammt!« Die Seesoldaten begannen, sich zum Fuß der Mühle durchzukämpfen, dort schlossen sie sich in kleinen Gruppen zusammen und eröffneten nach und nach ein organisiertes Abwehrfeuer.

Das Gefecht dauerte zehn Minuten, und in dieser Zeit wurde ein Drittel der Seeleute niedergehauen; es gab kaum einen, der nicht eine Verwundung erlitt.

Drinkwater war mit den anderen aufgesprungen. Er zog sein Entermesser, aber die schwere, unausgewogene Waffe lag ihm schlecht in der Hand. Ein Mann auf einem Braunen drang auf ihn ein. Drinkwater konnte seinen Schlag abwehren, aber der Anprall des Pferdes warf ihn um; er rollte sich zur Seite, um den Hufen zu entgehen. Eine Pistolenkugel wirbelte Staub neben seinem Kopf auf, als er sich zu erheben versuchte. Schwäche überkam ihn, in ihm wuchs das übermächtige Verlangen, einfach liegen zu bleiben. Er rollte sich auf den Rücken, diesem Impuls halb nachgebend. Ein Brite mit einer Muskete lief vorbei, kniete nieder und schoß auf den Reiter, der gewendet hatte, um Drinkwater zu erledigen. Es war Sharples. Er zog Drinkwater näher an die Mühle heran. Der Reiter parierte durch und ritt weiter, um vier Seeleute anzugreifen, die Rücken an Rücken kämpften und schon von sausenden Säbeln niedergemacht wurden.

Drinkwater kam auf die Füße und sah, daß Devaux und Wheeler ein Verteidigungskarrée aufbauten. Er deutete hin, Sharples nickte. Plötzlich war ein weiterer Mann bei ihnen: Morris. Er schlug nach Drinkwater, der gegen die Mühle taumelte. Sharples fuhr herum und trennte sie mit dem Kolben seiner Muskete. Da feuerte Morris seine Pistole auf ihn ab. Sharples knickte ein und fiel vornüber, cin großes Loch in der Brust. Drinkwater war benommen, sein Blick getrübt, er begriff nichts mehr.

Ein Reiter preschte heran und hieb nach ihnen. Morris wandte sich um und rannte um die Ecke der Mühle, der Reiter folgte ihm. Drinkwater warf noch einen kurzen Blick auf Sharples. Er war tot.

Als er wieder aufblickte, war das kleine Karrée um die bciden Offiziere gewachsen. In blinder Panik zog er den Kopf zwischen die Schultern und rannte im Zickzack zwischen blitzenden Säbeln und stampfenden Pferdehufen durch, getrieben von einem animalischen Instinkt.

Die Kavallerie der Rebellen hatte nun ihren Überraschungsvorteil verloren. Sie war nach zahlreichen Überfällen auf einsame Farmen und schlecht ausgebildete Torymilizen an einen schnellen

Sieg gewöhnt. Nachdem sie einige Minuten gekämpft hatten, begann sich die Gegenwehr der Seeleute zu versteifen. Devaux feuerte sie mit kampflustig gebleckten Zähnen an. Sie sammelten sich und hieben mit ihren Entermessern auf die Pferde oder die Hüften der Reiter ein, näherten sich langsam dem roten Häuflein Seesoldaten, die das disziplinierte Zentrum des Widerstandes bildeten.

Der amerikanische Offizier mochte spüren, daß der Kampfeswille seiner Leute am Verebben war; so versuchte er, sie anzuspornen, indem er rief: »Gebt ihnen Tarletons Pardon, Jungs, gebt diesen Schweinen Tarletons Pardon!« Er bezog sich damit auf den Anführer der Britischen Legion, einer Einheit aus loyalen Amerikanern unter dem Befehl britischer Offiziere. Sie war bekannt dafür, daß sie keinen Rebellen lebend entkommen ließ, wenn sie es einrichten konnte. Die Erwähnung dieses verhaßten Namens verfehlte ihre Wirkung nicht, die Rebellen verstärkten ihren Angriff. Aber der Widerstand der Briten war nun gefestigt, und die Amerikaner mußten sich nach und nach mit ihren schweißbedeckten Pferden zurückziehen. Sie sammelten sich knapp außerhalb der Reichweite britischer Musketen.

Langsam legte sich der Staub; die beiden Parteien starrten einander über das Niemandsland an, das mit blutigen Körpern und Pferdekadavern bedeckt war. Dann warfen die Feinde ihre Rösser herum und verschwanden ebenso schnell und lautlos zwischen den Bäumen, wie sie gekommen waren.

Die Nachricht von *La Créoles* Ankunft vor dem Galuda River überraschte Hope keineswegs. Nachdem er Cranstons Meldung erhalten hatte, schickte er Skelton zur Beobachtung des feindlichen Freibeuters in den Topp des Großmastes. Er vernahm mit einiger Erleichterung die Meldung des Leutnants, daß *La Créole* bis zum späten Nachmittag der Küste ferngeblieben war, denn das verschaffte den Briten wertvolle Zeit. Warum der Gegner sich so verhielt, konnte Hope nur vermuten. Vielleicht brauchte der feindliche Kommandant Zeit für seine Vorbereitungen. Vielleicht wiegte er sich auch in der Hoffnung, daß er noch nicht bemerkt worden sei, und wollte am folgenden Tag angreifen. Vielleicht, doch Hope wagte das kaum zu glauben, war *Cyclops* auch noch gar nicht entdeckt worden, und *La Créole* segelte noch immer auf der Suche nach ihr nach Süden. Jedenfalls war der Kommandant ein viel zu alter Hase, um sich unnötige Gedanken zu machen, wenn ihm das Schicksal eine Trumpfkarte zuspielte, mit der er nicht hatte rechnen können.

Das Erscheinen von *La Créole* erlaubte ihm einen klaren Entschluß. Er würde Devaux unverzüglich zurückrufen. Die Entschlußlosigkeit, die Devaux so irritiert hatte, war nun beendet, denn sie rührte nicht von seinem Altersstarrsinn her, sondern war eine Folge seiner ungenauen Befehle gewesen. Hope löste die Garnison von Fort Frederic auf und ließ die Fregatte in den bestmöglichen Verteidigungszustand gegen einen nächtlichen Bootsangriff bringen.

Auf der Offiziersbesprechung bat er um einen Freiwilligen, der Devaux den Rückruf bringen sollte. Die erschreckend kleine Schar betrachtete den stillen Wald mit bösen Vorahnungen.

»Ich gehe«, sagte schließlich Cranston.

»Gut gemacht, Mr. Cranston. Ich werde alles in meiner Macht Stehende tun, um Ihnen diesen Dienst zu entgelten. Will noch jemand Mr. Cranston unterstützen?«

»Das ist nicht nötig, Sir. Ich nehme den Neger mit.«

»Sehr gut. Sie können alles Nötige vom Zahlmeister und vom Waffenoffizier anfordern. Viel Glück für Sie.«

Die Offiziere atmeten erleichtert auf, daß Cranston diese gefährliche Aufgabe übernommen hatte. Nachdem sie gegangen waren, goß sich Hope ein Glas Rum ein und wischte sich zum tausendsten Mal an diesem Tag die Stirn ab.

»Ich werde mich verdammt glücklich schätzen, wenn ich Devaux und Wheeler zurückhabe. Beten wir zu Gott, daß bei ihnen alles klargegangen ist...« murmelte er vor sich hin.

Die kleine Marschkolonne erreichte am Abend den Lagerplatz der vergangenen Nacht. Die Männer schleppten schwer an den Überresten der Expedition; nun brachen sie am Ufer des Baches zusammen, badeten ihre Wunden und tranken das blutige Wasser. Die Schwerverwundeten stöhnten schrecklich, als die Moskitos über sie herfielen, und einige verbrachten die Nacht im Delirium.

Drinkwater schlief schlecht. Obwohl er bis auf eine geschwollene Schulter, durch einen flachen Säbelhieb verursacht, unverwundet war, forderten Hitze, Strapazen und Erregung ihren Zoll. Er war die ganze Zeit wie betäubt marschiert. Seine Gedanken kreisten unablässig um zwei fürchterliche Bilder: Threddle, der tot in der Abenddämmerung lag, und Sharples, steif, mit schwarzem, getrocknetem Blut bedeckt, in der Mittagsglut. Zwischen diesen beiden Leichen glitt Morris hin und her, einmal mit einer rauchenden Pistole in der Hand, dann mit einem triumphierenden Lächeln auf den Lippen. Am schlimmsten war, daß Morris' Bild langsam die Erinnerung an Elizabeth auszulöschen begann. Nat versuchte krampfhaft, sich ihr Gesicht vorzustellen, aber es verblaßte und verlor die Umrisse. Er fürchtete, in diesem dunklen Geisterwald noch verrückt zu werden. Als dann die Nacht herabsank, brachte sie ihnen keine Ruhe, denn die Moskitos reizten sie, peitschten das Bewußtsein immer wieder wach und entzogen Körper und Geist den verdienten Schlaf. Der Tod, dachte Drinkwater in so einem mitternächtlichen Augenblick, mußte eine willkommene Erlösung sein.

Auch Wheeler schlief wenig. Er ging ständig die Postenkette ab, in Erwartung des Feindes, der seinen Angriff auf die schlafenden Männer wiederholen mochte. Traurig schüttelte er den Kopf, als der Morgen grau über dem Lager anbrach: Die Männer waren zerlumpt, ihre Glieder zerkratzt von Wurzeln und Dornen, getrocknetes Blut zeichnete sich schwarz auf improvisierten Verbänden ab, Fliegen bedeckten die offenen Wunden. Einige Verwundete lagen im Koma. Devaux befahl, Tragbahren herzustellen, und eine Stunde nach der Morgendämmerung brachen sie auf, um ihren qualvollen Marsch fortzusetzen.

Am Vormittag fanden sie Cranston und Achilles.

Der Neger war an einen Baum gefesselt und bei lebendigem Leib gehäutet worden. Sein Rücken bestand aus einer schwarzen Masse von Fliegen. Hagan, selbst schwer verwundet, trat vor und schnitt den Körper los. Achilles lebte noch, sein Atem ging in kurzen Stößen.

Cranston hatte ihnen offensichtlich einen harten Kampf geliefert. Er hing an einem Baum, war aber wohl tot gewesen, bevor man ihn erhängte. Zumindest hoffte Devaux das für ihn. Kaum ein Mann konnte den Brechreiz unterdrücken, als sie die Verstümmelungen sahen, die man Cranston beigebracht hatte. Devaux ertappte sich bei dem Gedanken, ob der Mann wohl eine Ehefrau oder Geliebte gehabt hatte; dann wandte er sich schnell ab.

Wheeler und Hagan legten den Neger sanft auf die Erde und verscheuchten die Fliegen von seinem Gesicht. Devaux kniete daneben und berührte ihn an der Schulter. Wheeler erhob sich. »Schweine!« stieß er hervor.

Achilles öffnete die Augen und sah über sich Wheelers scharlachroten Rock und das goldene Brusttuch. Seine Hand hob sich langsam zur Ehrenbezeigung, dann fiel sie tot zur Erde.

Die beiden Offiziere ließen den Fähnrich abschneiden und zusammen mit dem Neger begraben, dann setzte die Kolonne hastig ihren Weg fort.

Am Abend ließen sie den Wald hinter sich und wankten zum Landungssteg. Wheeler konnte nicht einmal mehr protestieren, als er feststellte, daß das kleine Fort verlassen war. Devaux überkam ein Gefühl der Erleichterung, weil er von der Verantwortung des unabhängigen Kommandos befreit war und nun das vertraute alte Gesicht Hopes wiedersehen würde. Alles, was Nat Drinkwater sah, war die Fregatte; sie lag dunkel und merkwürdig einladend im Zwielicht, und er wartete ungeduldig auf das Boot, das ihn an Bord bringen sollte.

»Geht's dir gut, Nat?«

Das kam von dem jungen White, der sonnengebräunt war und von neu gewonnenem Selbstvertrauen strotzte. Drinkwater schaute ihn an und konnte nicht glauben, daß sie beide derselben Generation angehörten.

»Wo ist Cranston?« fragte White.

Drinkwater hob einen müden Arm und zeigte in die umliegenden Wälder. »Gefallen in Verteidigung der Kolonien Seiner Majestät des Königs«, sagte er und stellte fest, daß Zynismus eine große Erleichterung sein konnte. »Mit seinen Hoden im Mund . . .«

Irgendwie fand er Whites entsetztes Gesicht amüsant.

SECHZEHNTES KAPITEL

April 1781

Der Ausbruch

Wenn die Überlebenden des Stoßtrupps damit gerechnet hatten, daß sie sich nach den überstandenen Anstrengungen würden ausruhen können, so hatten sie sich geirrt. Nach kaum drei Stunden todesähnlichen Schlafs fanden sich einige von ihnen im Wachboot wieder, das sie vorsichtig stromabwärts ruderten, um einen Überraschungsangriff von *La Créole* zu verhindern. Hope war ernsthaft besorgt.

Zwar hatte *La Créole* auf ihrer Suche *Cyclops* beim ersten Mal übersehen, aber der letzte Hauch der Seebrise hatte sie am nächsten Nachmittag zurückgebracht. Eine Stunde vor Sonnenuntergang ankerte sie vor der Barre. Ohne Zweifel hatte sie ihren Gegner nun ausgemacht.

Die vierundzwanzig Stunden, die seit der Rückkehr des Landungstrupps vergangen waren, hatten sich als Belastung für alle erwiesen. Die Teilnehmer der Expedition verbreiteten das Odium der Niederlage, und ihre schlechte Moral steckte die anderen an. Ihr Mißerfolg wurde aber verdrängt durch die notwendige Pflege der Verwundeten und die Vorbereitungen für das Auslaufen. Die Bramsegelstengen wurden wieder vorgehievt und die Rahen gekreuzt. Nicht auszuschließen, daß sie gerade dadurch die Aufmerksamkeit von *La Créole* erregt hatten, aber das war jetzt egal. Man zog die Aussicht auf ein Gefecht dem untätigen Liegen im stinkenden Galuda River vor. Appleby und seine Gehilfen arbeiteten härter als alle anderen. Die Beschwerden der Wundgelaufenen mußten gelindert werden, damit sie die Kanonen bemannen konnten. Die Leiden der Schwerverwundeten wurden mit Opiumtinktur erleichtert.

Die Zeit verging für Drinkwater wie im Traum. Äußerlich erfüllte er seine Pflicht so korrekt wie immer. Bei der Musterung gab er an, daß Sharples an der Mühle gefallen sei. Als Threddles Name aufgerufen wurde, biß er die Zähne zusammen, sein Blick wanderte zu Morris hinüber. Ein rätselhaftes Lächeln spielte um den Mund seines Gegners, aber Morris schwieg.

Spannung und Anstrengung setzten Drinkwater übel zu; erst die Nachricht von *La Créoles* Ankunft vor der Barre ließ ihn wieder Licht am Ende des Tunnels sehen. Er schöpfte neuen Mut. Achilles war eine kurze, farbige Episode in seinem Leben gewesen. Cranston war tot, genau das – tot. Threddle... Threddle wurde als gefallen geführt, gestorben im Kampf bei der Mühle. Jedenfalls stand es so im Schiffstagebuch.

Er fand erst völlig in die Normalität zurück, als er die Aufforderung erhielt, sich beim Kommandanten zu melden. Im Gedränge der Kapitänskajüte stellte er plötzlich fest, daß er neben Morris stand, und die Wahrheit überfiel ihn mit aller Brutalität. Sein benommenes Hirn hatte ihm zu lange etwas vorgegaukelt. Sharples war nicht im Kampf gefallen. Sharples war kaltblütig und unter Ausnutzung des Kampfgetümmels ermordet worden. Der Mann, der jetzt neben ihm stand, hatte es getan.

»Nun, meine Herren«, Hope blickte sich im Kreis der müden, angespannten Gesichter um. Sie waren alle da: die wohlbekannten Züge von Devaux und Wheeler, das sorgenvolle, faltige Gesicht Blackmores, der jüngere Keene und der jugendliche Skelton. Hinter den Offizieren standen die alten Unteroffiziere, der Stückmeister, der Bootsmann, der Zimmermann und dann mit gespannten, doch sorgenvollen Gesichtern die Fähnriche und Steuermannsgehilfen.

»Nun, Gentlemen, es scheint, als sei unser Freund zurückgekommen, wie ich vermute, mit Verstärkung. Wahrscheinlich wird er es mit einem Bootsangriff versuchen, deshalb brauchen wir das Schiff nicht zu drehen. Wenn *La Créole* allerdings selbst näherkommt, dann müßten wir sofort drehen, aus diesem Grund lassen wir die Spring angeschlagen; allerdings rechne ich kaum mit dieser Möglichkeit. Der Wind wird nachts ablandig sein, deshalb ist ein Bootsangriff wahrscheinlicher. Ich trage mich mit dem Gedanken, ihnen eine Falle zu stellen, und aus diesem Grund habe ich Sie alle hergebeten. Der Mond geht gegen zwei Uhr unter. Wir sollten wohl kurz danach mit den Booten rechnen«, an dieser Stelle hielt Hope inne und gestattete sich ein Grinsen, das er für ein ironisch anspornendes Lächeln hielt,

»so daß der Terral uns nach erfolgter Kaperung in Richtung See treiben kann...«

Unruhiges Gedrängel unter den Offizieren verriet ihr wachsendes Interesse. Hope atmete erleichtert auf.

»Also, Gentlemen, ich beabsichtige Folgendes...«

Cyclops kam zur Ruhe und erwartete den Angriff. Die Männer waren verpflegt, das Feuer in der Kombüse war gelöscht worden. Alle befanden sich auf ihren Stationen, und mit Ausnahme einiger Wachen sollten sie versuchen, über ihren Waffen eine Mütze voll Schlaf zu finden.

Bedacht darauf, die Moral der Truppe zu stärken, hatte Hope einige Vorschläge angenommen, wie die Verteidigungskraft der Fregatte erhöht werden konnte. Der beste dieser Vorschläge war von Wheeler gekommen: Die beiden größten Boote waren mit an den Rahnocken befestigten Taljen zwischen Groß- und Fockrah gehievt worden, dadurch hingen sie nun über und außerhalb der Reling. In jedem der Boote befand sich eine Abteilung ausgesuchter Scharfschützen. Sie hielten sich versteckt und erwarteten den Befehl, das Feuer auf die Enterer zu eröffnen, wenn diese ungeschützt an der Bordwand emporklettern würden. Die Geschützpforten des Unterdecks waren gesichert und alle Männer mit Waffen für den Nahkampf ausgerüstet worden.

Eine Stunde nach Monduntergang war flußabwärts das schwache Pläschern einer Bugwelle zu vernehmen. Angestrengt aus den Heckfenstern starrend, berührte Devaux Hopes Arm.

»Da kommen sie, Sir«, flüsterte er. Er drehte sich um in der Absicht, diese Neuigkeit zu verbreiten. Hope hielt ihn zurück: »Viel Glück, Mr. Devaux...« Hopes Stimme brach vor Alter und Gefühl.

Devaux lächelte in der Dunkelheit. »Viel Glück auch für Sie, Sir«, erwiderte er herzlich.

Der Erste Offizier eilte ins Batteriedeck, um die Männer dort zu warnen. Wieder auf dem Oberdeck, hieß er die Versammelten, sich niederzulegen. Gebückt lief er eine Seite des Decks hinauf, dann die andere hinunter. Auf allen Stationen fand er die Männer voll angespannter Wachsamkeit.

Drinkwater gehörte zur Gruppe, die im vordersten Batteriedeck wartete, von Leutnant Skelton befehligt. Ihre Aufgabe war es, den Gegenangriff zu führen, wenn die Enterer erst an Deck waren.

Auf der Back kratzte der irische Koch O'Malley eine melancholische Weise auf seiner Fiedel. Mehrere Männer sangen leise dazu oder unterhielten sich gedämpft, wie man es von einer lässig gehandhabten Ankerwache erwarten konnte.

Die Feindboote kamen an mehreren Stellen längsseits. Unterdrückte Ausrufe und schwaches Poltern verrieten, wo sie festmachten. Devaux wartete. Eine Hand erschien über der Reling und griff ins Enternetz, eine weitere folgte. Eine dritte tastete vorsichtig umher, und einen Moment später begann ein Messer, das Enternetz zu zerschneiden; ein zweites folgte. Auch auf der anderen Schiffsseite erschien eine Hand über der Reling, gefolgt von einem Kopf.

»Jetzt!« Devaux stieß den angehaltenen Atem in einem mächtigen Kriegsschrei heraus, und die wartenden Seeleute taten es ihm gleich. Die Spannung löste sich in Flammen, Rauch und Zerstörung. Fünfzig oder sechzig zwölfpfündige Kanonenkugeln wurden über die Seite geworfen und durchschlugen die Böden von *La Créoles* Booten. Aus ihren eigenen Booten, hoch oben über den Köpfen, eröffneten die Scharfschützen ein mörderisches Feuer auf die Angreifer, und diese tödlichen Finessen befreiten die Bordwände der Fregatte schnell von Feinden.

Vom Deck aus wurden die Hilflosen, die im Wasser herumplanschten, mit Kugeln eingedeckt. Achtern war der Angriff erfolgreich abgewehrt worden. Hope blickte sich um und stellte fest, daß sein Schiff sich im Strom zu drehen begann. Der Bug fiel mit der Strömung ab und zeigte nicht mehr stromaufwärts. Jemand hatte vorn *Cyclops'* Ankerkabel durchtrennt. Seine lange Erfahrung ließ Hope sofort achtern nach der Spring schauen. Aufgeregt rief er nach Blackmore, damit der Segel setzen ließ, und sprang selber an das Ruder für den Fall, daß die Spring brechen sollte und das Schiff in Gefahr geriet, auf Grund zu laufen.

Vorne hatten die Rebellen ihren Angriff erfolgreicher vortragen können. Sie hatten ein Boot unter der Galionsfigur festgemacht, von dort kam man über das Rigg des Klüverbaums leicht an Deck. So waren zwanzig bis dreißig Männer unter dem Kommando eines forschen Offiziers an Deck gestürmt und hatten ein hitziges Handgemenge ausgelöst. Einige Freibeuter bemühten sich, eins der Buggeschütze binnenbords zu drehen, um damit das Deck der Länge nach bestreichen zu können. Die Situation wurde kritisch, und Devaux rief nach Skeltons Reserve.

Oben wiesen Schreie und Rufe Leutnant Skelton den Weg. Er führte seinen Trupp aus dem Zwielicht des Batteriedecks zum Gegenangriff. Hinter ihm zog Drinkwater seinen Dolch und folgte.

Auf der Back hatte der französische Offizier einen ersten Erfolg errungen. Seine Leute hatten die Steuerbord-Bugkanone gedreht und versuchten nun, sie schußfertig zu machen. Er war angewiesen, die britische Fregatte zu zerstören, wenn er sie nicht erobern konnte. Also würde er sie auf Grund setzen und verbrennen; das Schiff schien schon mit dem Bug stromab zu liegen, und er fragte sich flüchtig, warum es nicht quer zum Strom trieb.

Er wandte sich um, zwei Männern Befehle zurufend, die im Boot geblieben waren. Sie sollten Brandmaterial an Bord bringen. Danach wandte er sich um und wollte seine Männer zu einem letzten entscheidenden Angriff antreiben, wenn die Bugkanone erst das Oberdeck leergefegt hatte. Doch ein britischer Leutnant stand plötzlich vor ihm, gefolgt von ausgeruhten Männern, die scheinbar aus dem Nichts aufgetaucht waren. Der Leutnant hieb nach dem Franzosen, aber noch bevor seine Klinge nach unten zischte, wurde er schon von einem tödlichen Stich durchbohrt.

»Héla!« rief der Franzose, Skelton fiel rücklings um und riß zwei Seeleute mit. Die Augen des französischen Offiziers leuchteten triumphierend auf, er drehte sich um, den Befehl zum Abfeuern der Kanone zu geben.

»Tirez!« forderte ihn ein dünner Junge auf. Der Franzose grinste spöttisch über den kleinen Dolch, den sein Gegner in der Hand hielt. Er streckte den Schwertarm. Drinkwater erwartete seinen Ausfall, aber der andere hielt sich bedeckt, und so standen sie einander lauernd gegenüber. Der Franzose schätzte ab, wie erfahren der Fähnrich wohl war, dann griff er an.

Skeltons Blut hatte sich auf dem Deck verteilt. Der französische Offizier glitt darin aus, als Drinkwater eine halbe Drehung machte, um dem Ausfall zu entgehen. Die Degenspitze hob sich durch den unfreiwilligen Verlust der Balance und traf ihn an der Wange, riß sie auf und wurde vom Wangenknochen abgelenkt. Drinkwater blieb in diesem entscheidenden Augenblick eiskalt. Er wußte mit dem Instinkt des Fechters, daß er seinen Mann sicher hatte. Der brennende Schmerz der Wunde löste in ihm heftige Wut aus. Er stach blindwütig zu, legte seine ganze Kraft in diesen Stoß. Der Dolch drang unter dem Arm des anderen ein und perforierte seine Lunge. Der Franzose stolperte zurück, gewann sein Gleichgewicht zu spät wieder, der Degen polterte zu Boden, Blut spritzte aus seiner Wunde.

Drinkwater ließ seinen Dolch fallen, bückte sich und hob den Degen auf; der sprang förmlich in seine Hand, er war hervorragend ausbalanciert. So warf er sich wieder in den Kampf und rief seinen Seeleuten Aufmunterungen zu, die mit den Franzosen um den Besitz des Decks rangen.

Zwanzig Minuten später war alles vorbei. *Cyclops* wurde immer noch von der Spring gehalten, und Drinkwater, der als einziger Offizier vorne übrig geblieben war, traf mit Devaux zusammen. Sie ließen die Gefangenen fesseln.

Anstatt quer zum Strom flußabwärts zu treiben, lag die Fregatte vom Heck aus verankert durch die Spring, die aus einer achteren Stückpforte verlief und unterhalb der Schnittstelle am Ankerkabel befestigt worden war. Dieser glückliche Umstand erlaubte es Hope, Segel zu setzen. Als die Marssegel sich mit ablandigem Wind füllten, zerrte die Fregatte an ihrem Anker.

Drinkwater eilte nach achtern und grüßte. »Alle Enterer sind gefesselt, Sir. Welche Befehle haben Sie?«

Hope blickte achteraus. Er hörte Männer im Wasser um ihr Leben schwimmen und sah, daß die Spring zum Zerreißen gespannt war; Wasser sprühte von ihr nach allen Seiten.

Devaux hastete herbei. »Lassen Sie die Boote da oben abschneiden, und Sie, Drinkwater, lassen die Spring kappen!« befahl Hope.

Die beiden verschwanden. »Mr. Blackmore!«

»Sir?«

»Übernehmen Sie bitte. Lassen Sie einen Mann loten, und stellen Sie einen Quartermaster ans Ruder. Sagen Sie dem Lotgasten, daß ich die Tiefen *leise* gemeldet haben möchte.« Hope wiederholte die letzten Worte, während sich Keene näherte.

»Gehen Sie durch die Decks«, befahl er ihm, »und ermahnen Sie alle, absolute Stille zu bewahren. Kein Wort – nicht eins will ich hören, haben Sie verstanden?«

»Aye, aye, Sir!«

»Gut gemacht, Mister.« Hope rieb sich zufrieden die Hände, er ähnelte einem Schuljungen, dem ein Streich geglückt war. »Wir laufen aus, um dem Burschen da draußen Feuer unterm Hintern zu machen, Mr. Drinkwater«, sagte er und deutete in die Dunkelheit. Irgendwo dort draußen mußte *La Créole* auf sie warten. »Sie rechnen damit, daß ihre Entermannschaft gesiegt hat, aber wir werden ihnen eine kleine Überraschung bereiten, nicht wahr, Junge?« Er grinste.

»Aye, aye, Sir!«

»Nun laufen Sie und suchen Sie Devaux. Er soll die Steuerbordbatterie klarmachen lassen. Die Toppsgäste sollen aufentern, und die Brassen müssen bemannt werden.«

Drinkwater eilte mit diesen Befehlen los.

Blackmore ließ das Schiff von Strom und Wind flußabwärts treiben, darauf vertrauend, daß die Strömung ihren Weg am besten finden würde. Erst nachdem sie die bewaldeten Kaps passiert hatten, legte er den Kurs fest und ließ die Rahen trimmen. Drinkwater wurde nach vorn beordert, um nach *La Créole* Ausschau zu halten. Er starrte angestrengt in die Nacht, kleine Kreise tanzten vor seinen Augen. Er hob den Blick etwas vom Horizont, und sofort erschien in seinem Augenwinkel ein dunkler Schatten an Steuerbord. Im Glas sah er: Es war *La Créole*, sie lag vor Anker.

Er eilte nach achtern. »Sie liegt zwei Strich an Steuerbord, Sir. Verankert!«

»Sehr gut. Mr. Drinkwater.« Dann wandte sich Hope an Blackmore: »Einen Strich nach Steuerbord.«

Blackmores Stimme bestätigte: »Einen Strich nach Steuerbord, Sir. Nach meiner Koppelrechnung müßten wir die Barre gerade passiert haben.«

»Sehr gut. Mr. Drinkwater, lassen Sie eine Ankertrosse am zweiten Buganker anschlagen.«

Cyclops schlich seewärts. *La Créole* war vor dem zwielichtigen Hintergrund nun gut zu erkennen. Hopes Absicht war es, das Heck von *La Créole* zu passieren und sie dabei so zu beschießen, daß die Kugeln der Länge nach durchs Schiff flogen. Dann wollte er anluven und parallel zum Gegner ankern. Es war sein letzter Anker, wenn man den Warpanker nicht rechnete, also ein Glücksspiel. Er erläuterte seinen führenden Offizieren, was er beabsichtigte.

Drinkwater war mit zwei Bootsmannsgehilfen und einer Gruppe müder Matrosen damit beschäftigt, eine achtzöllige Trosse am Steuerbordanker anzustecken. Die beiden Schiffe näherten sich rasch.

»Schnell, macht schneller!« zischte er zwischen den Zähnen, aber die Männer blickten ihn nur mürrisch an. Nach scheinbar endloser Zeit war der Anker klar.

Auf seinem Weg nach achtern kam Drinkwater an einigen Gefangenen vorbei. Mangels Zeit waren sie an die Nagelbänke des Vormastes gefesselt worden. Wenn einer dieser Männer eine Warnung brüllte, war die Überraschung vorbei. Eine Idee formte sich in seinem Kopf. Er befahl den Wachen, die Horde unter Deck zu treiben, alle mit Ausnahme des französischen Offiziers, der stöhnend an Deck lag. Drinkwater hatte noch immer den Degen des Mannes in der Hand. Er durchschnitt seine Fesseln.

»Hoch, Mister!« befahl er.

»Merde«, grunzte der Mann.

Drinkwater setzte ihm die Degenspitze an die Kehle und wiederholte: »Hoch!«

Der Offizier erhob sich widerstrebend und benommen. Drinkwater schob ihn nach achtern, nachdem er dem letzten Seesoldaten befohlen hatte, jedem, der einen Ton von sich gab, die Kehle durchzuschneiden. Später war er über diese Hartherzigkeit überrascht, aber unter dem Druck der Ereignisse schien sie ihm das einzig Angemessene zu sein.

Er erreichte das Achterdeck. »Was soll das?« nörgelte Hope, verblüfft darüber, seinen Fähnrich mit blankem Degen hinter dem Franzosen zu sehen.

»Der Anker ist klar zum Fallen, Sir. Ich dachte, daß uns dieser Bursche dabei helfen könnte, den Gegner zu überraschen, Sir. Er kann den Feind anrufen, Sir, und ihm sagen, daß er *Cyclops* genommen hat.«

»Ausgezeichnete Idee, Drinkwater. Ob er wohl englisch spricht? Wahrscheinlich kann er es – bei dieser zusammengewürfelten Mannschaft –, aber mit seinem Kommandanten wird er französisch sprechen. Pieken Sie ihn ein wenig!«

Der Mann zuckte zusammen. Hope sprach ihn auf englisch an, seine Stimme hatte einen ungewohnt drohenden und brutalen Klang: »Nun zu dir, du Hund! Ich habe noch eine alte Rechnung mit deinesgleichen offen. Mein Bruder und der Mann meiner Schwester sind in Kanada gefallen, und leider habe ich einen ganz unchristlichen Hang zur Rache. Du wirst deinem Kommandanten jetzt sagen, daß sich das Schiff in deiner Gewalt befindet und daß du in Lee von ihm ankern willst. Keine Tricks! Ich habe den besten Chirurgen der Flotte an Bord, er wird deine Wunde versorgen, darauf gebe ich dir mein Wort. Solltest du aber«, Hope blickte Drinkwater bedeutungsvoll an, »ein falsches Wort von dir geben, wird es dein letztes sein. Hast du verstanden, Kanaille?«

Der Mann stöhnte wieder. »Oui«, nickte er und atmete schwer durch die zusammengepreßten Zähne. Drinkwater schob ihn an die Großmastwanten.

Hope drehte sich um. »Informieren Sie Mr. Devaux, die Kanonen sollen feuerbereit sein. Auf mein Kommando muß die Breitseite schlagartig ausgerannt und Feuer eröffnet werden.«

»Aye, aye, Sir.« Ein Melder lief davon.

Cyclops war jetzt weniger als hundert Meter von *La Créole* entfernt und lief von Steuerbord nach Backbord hinter deren Heck vorbei. Ein Ruf erscholl auf dem Freibeuter.

»So, Mr. Drinkwater, jetzt ist die Reihe an Ihrem Freund.«

Der Franzose atmete tief ein. »Ça va bien! Je suis blessé, mais la frégate est prise!«

Eine Stimme erwiderte über den sich ständig verkleinernden Zwischenraum: »Bravo, mon ami! Mais votre blessure?«

Der französische Offizier warf einen schnellen Seitenblick auf Drinkwater, dann atmete er tief durch: »Affreuse! A la gorge!«

Einen Moment herrschte betroffenes Schweigen, dann fragte eine erstaunte Stimme: »La gorge? Mon Dieu!« Der erschrockene Ausruf verriet, daß drüben jemandem ein Licht aufgegangen war.

Hope fluchte; der Franzose, der seine Linke an die Brust gepreßt hielt, wo ihm seine durchbohrte Lunge große Schmerzen bereitete, wandte sich triumphierend zu Drinkwater um. Aber der Fähnrich konnte den Wehrlosen nicht töten, außerdem hatte er nur halb verstanden, was gesagt worden war.

Die Ereignisse überschlugen sich jetzt, so daß sich Drinkwaters Dilemma von selbst erledigte. Der französische Offizier sank ohnmächtig an Deck, drüben auf *La Créole* lief die Besatzung an die Kanonen.

Eine schwache Bö füllte *Cyclops'* Marssegel, sie beschleunigte, und plötzlich war der Heckspiegel des Freibeuters querab.

»Jetzt, Devaux! Jetzt, bei Gott!«

Die Stückpforten flogen auf, mit lautem Gerumpel wurde die Steuerbordbatterie ausgerannt. Dann überwältigte sie das Brüllen der Breitseite. Die Fregatte bockte unter dem Rückstoß. Im Dunkel des Batteriedecks hüpften Devaux und Keene so erregt auf und ab, als führten sie einen wilden Kriegstanz auf. Die Kanonen waren doppelt geladen gewesen, und vor die Kugeln hatte man noch Kartätschen gestopft. Die Verwüstung, die schon die erste Salve auf *La Créole* verursachte, lähmte ihren Widerstand fast mit einem Schlag. Nachdem die Kanonen im Rückstoß binnenbords gerollt waren, drehte *Cyclops* nach Steuerbord. Ihr Schwung trieb sie in eine Position parallel zur *Créole*, und sogleich schlug eine weitere Breitseite in den Rumpf des ehemaligen Indienfahrers. Einige beherzte Amerikaner schossen nun zurück, und ein Gefecht entwickelte sich; dennoch lagen die Vorteile klar bei den Briten.

Nachdem *Cyclops* ausgelaufen war, ließ Hope den Anker fallen und die Segel aufgeien. Durch Stecken der Ankertrosse ließ er die Fregatte so lange achteraus sacken, bis er das Achterdeck von *La Créole* querab hatte. Dann wurde zwanzig schreckliche Minuten lang Schuß auf Schuß in das unglückliche Schiff gejagt.

An Bord des Amerikaners starben die Männer tapfer. Sie brachten acht Kanonen ins Gefecht und erzielten auch einigen Schaden. Doch schließlich ließ der französische Kommandant die Flagge streichen. Er lag in seinem Blut, umgeben von seiner hingeschlachteten Mannschaft. Ein amerikanischer Offizier führte den Befehl aus.

Im fahlen Morgenlicht erkannte Hope die schlaffe Flagge, die die Ruinen der ehemals so prächtigen Heckgalerie bedeckte, und befahl Feuereinstellung.

Später am Morgen begleitete Drinkwater seinen Kommandanten an Bord des feindlichen Schiffes. Hope entschied, daß es als Prise nutzlos war. Seine zusammengeschmolzene Mannschaft reichte kaum aus, das eigene Schiff sicher zu handhaben und die Gefangenen zu bewachen. Außerdem war das Rebellenschiff schon alt gewesen, als die Amerikaner es in Dienst nahmen, und der Schaden, den *Cyclops'* Kanonen angerichtet hatten, war fürchterlich.

Drinkwater staunte die durch die Breitseiten hervorgerufenen Zerstörungen an. Die Beplankung war aufgerissen, Kugeln und Kartätschen hatten sich durch das Holz gepflügt. Furchen und ganze Reihen aufragender Splitter verliehen dem Deck das Aussehen einer versteinerten Grasfläche. Mehrere Decksbalken waren in die Räume darunter abgesackt, Kanonen waren einfach von ihren Lafetten gerissen. Drehzapfen waren glatt abgeschoren, bei dreien waren die Haltetaue wie mit einem Messer durchtrennt. Verstreut in diesem Bild der Zerstörung lagen überall persönliche Dinge: ein Zylinder, ein Schuh, ein Kruzifix, ein Rosenkranz, ein

Klappmesser und eine wunderschön bemalte Seekiste, allerdings zersplittert.

Entsetzlich zugerichtete Überreste von Menschen lagen in unbeschreiblichen Stellungen, und überall gewahrte Drinkwater grellfarbige Flecken. Getrocknetes Blut glänzte dunkel neben ockerfarbigem Erbrochenem, dazwischen leuchtete das Weiß bloßgelegter Knochen, das matte Blau ausgebluteten Fleisches, das Grün und Braun von Gedärmen. Es war ein entsetzlicher Anblick. Die hohlen Augen der Überlebenden folgten dem britischen Kommandanten mit dumpfem Haß, denn er war der Urheber ihres Elends. Aber Hope, erfüllt vom schlichten Glauben des pflichtbewußten Kriegers, erwiderte ihre Blicke verächtlich. Für ihn waren diese Männer nichts anderes als Piraten, die aus Profitgier plünderten, Handelsschiffe aufbrachten und unschuldige Seeleute einem grausamen Schicksal auslieferten. Er ließ von den Vorräten auf die Fregatte herüberschaffen, was man gebrauchen konnte, und dann Brandsätze verteilen.

Bei Sonnenuntergang ging Leutnant Keene an Bord und legte Feuer. Als der ablandige Terral einsetzte, holte *Cyclops* ihren Anker auf. *La Créole* stand in hellen Flammen, eine schwarze Rauchsäule wälzte sich seewärts, fort vom dunklen Land. *Cyclops* segelte schon in sicherer Entfernung, als das Pulvermagazin auf *La Créole* explodierte.

Eine Stunde später änderte Hope Kurs in Richtung Kap Hatteras und New York.

Siebzehntes Kapitel

April–Oktober 1781

Entscheidung vor Virginia

Das Wetter war wieder einmal gegen sie. Vor dem gefürchteten Kap Hatteras waren sie in einen schweren Sturm geraten, dessen unglaubliche Wildheit alles Material aufs äußerste beanspruchte. Die Großbramstenge brach und nahm Vor- und Besanbramstenge mit über Bord. Während des Sturms mußten die Verwundeten natürlich unter Deck bleiben. Das Lazarett bot ein Bild äußersten Elends. Der Bilgenschmutz wurde durch das Wasser aufgewühlt, welches die schwer arbeitende Fregatte im Seegang machte. Das alles schwappte beim Rollen hin und her und trieb die Ratten heraus. Sie liefen ungeniert über die Körper der Sterbenden, die sich erbrachen oder urinierten, ohne dadurch Erleichterung zu finden. Die fanden sie erst im Tod. Kaum einer, der mehr als einen Kratzer erhalten hatte, entging dem Wundbrand oder der Blutvergiftung.

Drinkwater war einer der Glücklichen. Seine Wunde war oberflächlicher Natur und nicht gefährlich, entstellte ihn aber etwas. Appleby nähte sie ihm, ein Appleby, der viel von seiner Rundlichkeit verloren hatte. Seine jämmerlich geringen Arzneivorräte waren durch sein Rückzugsgefecht gegen Krankheit und Sepsis fast völlig verbraucht. Schließlich kam er durch die Strapazen und die Erbitterung so weit, daß er in seinem höllischen Reich wütend und enttäuscht weinte.

Hope gab den in ihre Hängematten verschnürten Bündeln ein Seemannsgrab. Sechs an einem Tag, neun am nächsten, während der Sturm heulte, die Fregatte bockte und Spritzwasser in dicken Wolken über Deck flog. Die Bestattungsformalitäten reduzierten sich auf das Notwendigste.

Das schlechte Wetter erlaubte es *Cyclops* aber immerhin, unentdeckt nach Norden zu humpeln. Sie befand sich nicht in einem

Zustand, in dem man an Kampf denken konnte. Um das Maß der Plagen voll zu machen, mußte die Besatzung verdorbene Verpflegung fassen. Beim Öffnen der letzten Salzfleischfässer hatte Zahlmeister Copping entdeckt, daß das auch sonst schon fast ungenießbare Schweinefleisch völlig verfault war. Die Leiden der Besatzung wuchsen ins Unermeßliche.

Endlich konnte sich *Cyclops* mit ihrem Erkennungssignal beim Wachschiff vor Sandy Hook melden und danach mitten unter der Nordamerikanischen Flotte auf dem Hudson Anker werfen.

Während der letzten Monate britischer Herrschaft über die dreizehn Kolonien lag Seiner Majestät Fregatte *Cyclops* untätig vor New York. Am letzten Apriltag des Jahres 1781 hatte sie auf dem Hudson geankert, und ohne bestimmte Befehle blieb sie dort liegen. Immerhin konnte Hope die Schäden im Rigg beseitigen lassen.

Admiral Arbuthnot schien kein großes Interesse an dem Neuankömmling zu haben, schließlich gehörte er nicht zur Nordamerikanischen Station. Tatsächlich fühlte er sich brüskiert, daß die Fregatte in seinen Gewässern operiert hatte, ohne daß er vorher benachrichtigt worden war. Dieses Mißvergnügen lud er auf Kapitän Hope ab, der seinerseits verärgert darüber war, daß er wieder einmal zwischen allen Stühlen saß. Er erklärte Arbuthnot, daß sein Einsatz geheim gewesen sei. Als er über den Erfolg befragt wurde, mußte er auch noch einen Fehlschlag eingestehen. Seine Erklärungen wurden mit offenem Unglauben aufgenommen, noch wähnte der Admiral Carolina fest in britischer Hand. Hope wollte das Falschgeld loswerden, aber dieses Ansinnen war zuviel für Admiral Arbuthnot. Er starrte den Kommandanten unter gerunzelten Brauen an.

»Sie tauchen unangemeldet in meinem Befehlsbereich auf, Sir, besetzen ein britisches Fort ohne Befehl, verpatzen Ihren Auftrag, der angeblich streng geheim sein soll, jedoch nur von einem Fregattenkapitän stammt, und nun soll ich Ihnen auch noch dieses peinliche Rebellengeld abnehmen.« Der Admiral erhob sich. »Behalten Sie das Zeug, bis Sie Ihrem eigenen Flaggoffizier Bericht erstatten können, dem Admiral . . . Admiral . . .«

»Kempenfelt, Sir!«

»Genau.« Für Arbuthnot schien die Sache erledigt zu sein.

»Aber, Sir, ich muß meine Bramstengen ersetzen.«

»Ihre Bramstengen, Sir, sind *Ihre* Bramstengen und nicht meine ... Ich schlage vor, Sie nehmen auch in dieser Angelegenheit Kontakt mit Admiral Kempenfelt auf. Guten Tag, Sir!«

Hope ging.

Schließlich erhielt Arbuthnots Sekretär Befehl aus London, daß der Fregatte *Galatea* jede Unterstützung zu gewähren sei. Ein Zusatz besagte, daß durch wichtige politische Umstände die Fregatte *Galatea* in heimischen Gewässern verbleiben mußte, ihr Auftrag sei von *HMS Cyclops* unter dem Kommando von Kapitän Hope R. N. übernommen worden.

Der Sekretär fertigte darauf eine Anweisung aus, die es Hope erlauben sollte, alle notwendigen Ausrüstungsgegenstände zu beziehen. Arbuthnot unterzeichnete sie ohne Widerspruch, er unterzeichnete zu dieser Zeit ohnehin alles, was man ihm vorlegte, denn er war fast völlig erblindet.

Nach Erhalt dieser Anweisung verholte *Cyclops* an eine Werftpier in Manhattan, um mit den Reparaturen zu beginnen. An diesem Abend speisten Hope und Devaux zusammen. Bei einem Glas Portwein – davon hatten sich mehrere Kisten an Bord von *Créole* befunden – lenkte Hope die Aufmerksamkeit Devauxs auf ein Problem, das zu lösen sie wegen des schlechten Wetters und des wackligen Zustands ihrer Takelage noch keine Zeit gefunden hatten.

»Nehmen wir mal an, daß wir schließlich doch noch Segelorder erhalten, Devaux. Dann müssen wir über Ersatz für Skelton entscheiden. Cranston war ein schwerer Verlust für uns und für die Marine im allgemeinen.«

»Jawohl.« Devaux war in Gedanken wieder in dem dichten Wald und hatte Cranstons verstümmelten Körper vor Augen. Er riß sich von dieser schauerlichen Erinnerung los.

»Haben Sie irgendwelche Vorschläge?« fragte der Kommandant.

Der Erste Offizier sammelte sich. »Nun, Sir, der Rangnächste wäre Morris. Seine Berichtsbücher sind schlecht geführt, allerdings hat er die erforderlichen sechs Jahre abgedient. Ich halte ihn aber für völlig unbrauchbar. Deshalb möchte ich eher seine Versetzung vorschlagen, womit ich ihm auch schon gedroht habe, wenn ich mich recht entsinne. Meiner Meinung nach ist der junge Drinkwater der richtige, um als diensttuender Leutnant eingesetzt zu werden.« Er machte eine bedeutungsschwere Pause. »Aber sicherlich gibt es hier in der Flotte den einen oder anderen jungen

Herrn ...« Devaux deutete auf die Ankerlaternen der Kriegsschiffe draußen vor den Heckfenstern.

»Einen Günstling des Admirals meinen Sie, Mr. Devaux?« fragte Hope empört.

»Richtig, Sir.«

»Admiral Arbuthnot hat mich belehrt, daß das Schiff weiterhin Admiral Kempenfelt untersteht. Wer bin ich denn, daß ich seiner Weisheit zu widersprechen wagte?« spottete Hope mit falscher Demut. »Zudem will ich ihn nicht mit den Angelegenheiten meiner Fähnriche belästigen.« Er nippte an seinem Portwein. »Außerdem habe ich bereits eine Liste mit unseren Verlusten übergeben, aus der klar hervorgeht, daß wir unbedingt unsere Offiziere ergänzen müssen. Wenn er nicht in der Lage ist, von sich aus jemanden abzukommandieren, dann soll er zum Teufel gehen.« Er machte eine kleine Pause. »Nebenbei glaube ich, daß Kempenfelt unsere Wahl gefallen würde.« Hope grinste mild und kippte seinen Portwein.

Devaux hob eine Augenbraue. »Old Blackmore wird erfreut sein. Er hat Drinkwater unter seinen Fittichen, seit wir Sheerness verlassen haben.«

Die beiden Offiziere füllten ihre Gläser nach.

»Das bringt mich wieder zur Angelegenheit Morris«, sagte Devaux, die Gunst des Augenblicks nutzend. »Ich wäre sehr froh, wenn sich seine Versetzung bewerkstelligen ließe.«

»Ist das nicht ein bißchen drastisch, Mr. Devaux? Was steckt hinter Ihrer Forderung?«

Devaux umriß die Problematik des Falles und schloß damit, daß sich Morris wohl ohnehin weigern würde, unter Drinkwater zu dienen.

Hope grunzte.

»Weigern! Warum habe ich mich nicht geweigert, unter der Hälfte der Offiziere zu dienen, die mich auf der Karriereleiter überholt haben? Morris hat Glück, Mr. Devaux. Hätte ich das alles vorher gewußt, hätte ich ihn schon kirre gemacht. Merken Sie sich das bitte fürs nächste Mal: Ich möchte sofort informiert werden, wenn Sie derartige Vorkommnisse bemerken. Es ist wahrlich ein Fluch der Marine. So entstehen schließlich Offiziere wie der widerliche Edgecumbe«, ergänzte Hope etwas weitschweifig.

»Jawohl, Sir.« Devaux wechselte schnell das Thema. »Was sind denn die Absichten des Admirals?«

Wieder grunzte Hope. »Absichten! Ich wünschte, er hätte welche. Warum sitzt er wohl hier mit General Clinton in New York und schwenkt die britische Flagge? Dabei hätte er genug Soldaten, um Washington auszuradieren. Aber Clinton macht sich schon bei der Vorstellung, vielleicht New York zu verlieren, in die Hose. Er wahrt nur mühsam das Gesicht, indem er General Philips nach Virginia schickt. Allerdings habe ich gehört, daß Arbuthnot abgelöst werden soll.«

»Durch wen, Sir?«

»Graves.«

»Großer Gott, nicht Graves!«

»Er ist ein netter Mann, was mehr ist, als ich von Arbuthnot sagen kann.«

»Aber er ist doch völlig unfähig, Sir. Hat er nicht vor dem Kriegsgericht gestanden, weil er einem Gefecht mit einem Indienfahrer auswich?«

»Ja, das war damals im Jahre '57, nein, '56. Er wurde wegen Feigheit vor dem Feind nach Artikel 12 angeklagt, dann aber nur wegen eines Fehlers in der Beurteilung der Lage öffentlich getadelt. Sie müssen selbst zugeben, mancher Indienfahrer ist eine harte Nuß ...« Beide Offiziere dachten mit einem beklommenen Lächeln an *La Créole.*

»Wissen Sie, John, die schreckliche Ironie des Schicksals liegt darin, daß am selben Tag, an dem Tommy Graves in Plymouth vor dem Kriegsgericht stand, in Portsmouth die Verhandlung gegen John Byng wegen eines ähnlichen Vergehens stattfand. Allerdings war das seine taktisch gesehen weitaus entschuldbarer. Aber Sie wissen ja, wie es Byng erging: Er wurde auf seinem eigenen Achterdeck standrechtlich erschossen ...« Hopes Stimme erstarb.

»Pour encourager les autres«, flüsterte Devaux. »Voltaire, Sir«, setzte er erklärend hinzu, als Hope aufschaute.

»Ach, dieser gottlose französische Bastard.«

»Weiß denn niemand, was aus Cornwallis geworden ist, Sir?«

Hope fuhr auf. »Nein! Ich glaube, keiner von denen hier weiß auch nur das geringste, John. Und was ist nun mit meiner neuen Großbramstenge?«

Am nächsten Morgen ließ Devaux Drinkwater zu sich kommen. Der Leutnant stand da und starrte hudsonaufwärts zu den Palisaden von New Jersey, auf die gerade die ersten Sonnenstrahlen fielen.

»Sir!«

Devaux drehte sich um und betrachtete den jungen Mann. Die gezackte Wunde vernarbte schnell, sie würde sich später weiß im sonnengebräunten Gesicht abheben. Der Körper unter der abgetragenen und geflickten Uniform war dünn, aber durchtrainiert. Devaux schob sein Fernglas zusammen.

»Diesen Degen, den Sie dem Leutnant von *La Créole* abgenommen haben – befindet er sich noch in Ihrem Besitz?«

Drinkwater errötete. Am Ende des Gefechts hatte er gemerkt, daß er den Degen immer noch umklammert hielt. Es war eine gute Waffe, sein Eigentümer hatte ihren Verlust nicht lange überlebt. Drinkwater hatte ihn als seinen Anteil an der Kriegsbeute betrachtet. Immerhin schwelgten die Offiziere in der Messe noch wochenlang in den erbeuteten Weinen, außerdem nützte ihm der Dolch in einem wirklichen Kampf nur sehr wenig. So hatte der Degen seinen Weg auf den Boden seiner Seekiste gefunden, wo er nun gut eingepackt lag. Er wußte nicht, wie Devaux davon erfahren hatte, aber er nahm es als wahrscheinlich angeborene Eigenschaft von Ersten Offizieren hin, alles zu wissen.

»Nun, Sir?« bohrte Devaux um eine Spur schärfer.

»Nun ja, Sir, äh . . . Ich dachte, äh, ich habe ihn.«

»Dann laschen Sie ihn an Ihre Backbordhüfte!«

»Entschuldigung, Sir?« Drinkwater starrte ihn verständnislos an.

Devaux mußte über sein überraschtes Gesicht lachen. »Der Kommandant hat Sie mit sofortiger Wirkung zum diensttuenden Dritten Offizier befördert. Sie können Ihre Seekiste und sonstigen Effekten nach oben ins Geschützdeck bringen lassen.«

Er beobachtete, wie Drinkwater die Neuigkeit verarbeitete. Sein Unterkiefer klappte herunter und wurde wieder heftig geschlossen. Erst blinzelte, dann lächelte er. Schließlich stammelte er seinen Dank.

Cyclops blieb den ganzen Mai und Juni bei Arbuthnots Flotte. Während dieser Zeit war es Drinkwaters Hauptaufgabe, sich bei einem New Yorker Schneider mit einer neuen Uniform zu versorgen. Die Besatzung war vom Wachschiff aufgefüllt worden, aber es gab wenig zu tun für die Männer. Erst am zwölften Juli begannen die Dinge in Fluß zu kommen. Admiral Graves traf ein, ein freundlicher, großzügiger Mann, der aber schlicht unfähig war und seinen Teil dazu beitrug, daß der Krieg verlorenging. Dann erschien Rodneys Tender *Swallow* mit der Nachricht, daß Admiral De Grasse mit einer französischen Flotte von den Westindischen Inseln ausgelaufen war. Es wurde vermutet, daß sein Ziel die Chesapeake Bay sein würde. Graves zog es vor, diese Warnung trotz ihrer Bedeutung zu ignorieren. Lord Cornwallis hatte Carolina aufgegeben und seine Kräfte mit der Armee von Philips in Virginia vereinigt. Wenn De Grasse sich zwischen Cornwallis und seine Verbindungswege nach New York schieben konnte, war dieser von jeder Versorgung abgeschnitten. In New York ließen sich die Kapitäne und Offiziere aufgeregt von einem Schiff der Flotte zum anderen rudern und schimpften unterdrückt über die Unfähigkeit ihres Admirals, einfachste strategische Zusammenhänge zu erkennen. Cornwallis hatte sich an die Küste zurückgezogen, damit die Marine ihn unterstützen konnte – aber die Marine lag untätig in New York.

Öfter als einmal hörte man die Meinung, daß Ihre Lordschaften noch mehr als üblich danebengegriffen hatten, als sie Byng exekutieren ließen. Man hatte den Falschen erschossen.

Eine weitere Nachricht traf mit der *Pegasus* ein: Graves wurde gedrängt, nach Süden zu segeln, um sich mit Sir Samuel Hood zu vereinigen, dem Rodney krankheitshalber das Kommando übergeben hatte.

Anfang August beschloß Clinton loszuschlagen, nicht in Richtung Virginia, sondern gegen Rhode Island, wo französische Kriegsschiffe und Heereseinheiten stationiert waren. Admiral Graves schickte vorbereitend einige Schiffe nach Sandy Hook hinaus, und eins davon war *Cyclops*.

Zu dieser Zeit verließ Fähnrich Morris die Fregatte.

Als *Cyclops* vom Galuda River abgesegelt war, hatte die Besatzung kaum die Elemente besiegen, die Gefangenen bewachen und auch noch selbst überleben können. Die verbliebenen Offiziere gingen Wache um Wache, die Steuermannsgehilfen und Fähnriche waren ähnlich eingespannt. Drinkwater und Morris waren verschiedenen Wachen zugeteilt, und der anstrengende Wechsel zwischen Arbeit und Schlaf hatte keinem den Luxus erlaubt, die Ereignisse der letzten Wochen objektiv zu überdenken. Andererseits waren aber die Geschehnisse und Umstände, unter denen sie abgelaufen waren, keineswegs vergessen. Sie lagen knapp unter der Oberfläche des Bewußtseins und beeinflußten die Handlungen zwar, dominierten aber nicht. Drinkwater war davon besonders betroffen. Die Schreckensbilder, die er hatte sehen müssen, die Mitschuld, die er an Threddles Tod zu haben glaubte, erschütterten seine Selbstachtung. Und die Umstände von Sharples Tod lagen wie eine schwere Bürde auf seinen Schultern. Obwohl Sharples der eigentliche Mörder Threddles gewesen war, wußte Drinkwater, was den Mann zu dieser Tat getrieben hatte. Seine kaltblütige Hinrichtung durch Morris war eine ganz andere Sache.

Nach Drinkwaters Verständnis gehörte der Fall vor die Justiz – oder war nur durch Blutrache zu bereinigen; er schauderte bei diesem Gedanken.

Dann traf *Cyclops* in New York ein, und man hatte Zeit, viel zuviel Zeit zum Nachdenken. Drinkwater konnte alle möglichen Ursachen und Wirkungen untersuchen und sich über die Konsequenzen eventueller Handlungen klar werden. In der Enge der Fähnrichsmesse war es unvermeidlich, daß sich Kontakte mit Morris ergaben, einige Male waren gespannte Situationen entstanden. Drinkwater hatte sie stets dadurch entschärft, daß er die Messe verließ, allerdings hatte das bei Morris den Eindruck erweckt, er habe eine Vormachtstellung erreicht.

An dem Tag, als Drinkwater befördert worden war, betrat Morris die Messe, als Drinkwater gerade packte.

»Was hat denn unser tapferer Nathaniel nun wieder vor?« fragte er.

Schweigen schlug ihm entgegen. Da trat White ein: »Ich habe Wachgänger und Ölzeug schon in deine Kammer gebracht, Nat ...äh, Sir.«

Drinkwater lächelte den Freund an: »Danke, Chalky.«

»Kammer! Sir! Was für ein verdammter Unsinn wird hier gespielt?« Morris lief vor Erregung rot an.

Nat sagte nichts, sondern packte weiter seine Seekiste. Doch White konnte der Versuchung nicht widerstehen, dem Quälgeist eins auszuwischen, unter dessen Launen er so lange gelitten hatte. Vor allem, weil er jetzt einen mächtigen Verbündeten in Person des neuen Dritten auf seiner Seite wußte, sagte er wichtig: »Mr. Drinkwater ist zum diensttuenden Dritten Offizier befördert worden.«

Morris erstarrte, während er die Neuigkeit verarbeitete. Wütend wandte er sich dann an Nathaniel: »Den Teufel bist du! Du hast die notwendige Dienstzeit zum Leutnant ja noch gar nicht zusammen, du lausiger, aufgeblasener Bastard! Wahrscheinlich bist du dem Ersten nur wieder hinten reingekrochen . . . Aber das werden wir bald richtigstellen!« In dieser Tonart ging es noch einige Minuten weiter.

Drinkwater fühlte wieder die eisige Ruhe, die ihn ergriffen hatte, als er mit dem französischen Offizier so brutal umgesprungen war. Sie war wohl ein bleibendes Erbe des mörderischen Marsches ins Landesinnere und würde auch künftig sein Verhalten in gefährlichen Situationen bestimmen. Aus der Erziehung seiner Mutter war er als weicher, formbarer Ton in Morris' lasterhafte Hände gekommen, aber die Ereignisse am Galuda River hatten seine Seele gestählt.

»Vorsicht, Sir«, sagte er leise und drohend, »achten Sie auf das, was Sie sagen! Sie vergessen, daß ich das Examen als Steuermann abgelegt habe, und das ist mehr, als Sie je zustande gebracht haben. Weiterhin vergessen Sie, daß ich Beweise habe, die ausreichen, Sie nach zwei verschiedenen Artikeln des Kriegsrechts hängen zu lassen.«

Morris erbleichte, und Drinkwater dachte einen Augenblick, er würde ohnmächtig werden; schließlich fing er sich und antwortete: »Und was, wenn ich Ihr Verhalten in punkto Threddle zur Sprache bringe?«

Drinkwater fühlte sein Herz rascher schlagen, aber er bewahrte einen kühlen Kopf und wandte sich an den kleinen White, der mit weit aufgerissenen Augen von einem zum anderen starrte.

»Chalky, wenn du zwischen meiner Aussage und einer Aussage von Mr. Morris zu wählen hättest – welcher würdest du glauben?«

Der Junge lächelte erfreut, seine Revanche trug wirklich reiche Früchte. »Ihrer natürlich, Sir, ganz klar.«

»Danke. Würdest du nun vielleicht so freundlich sein und zusammen mit Mr. Morris meine Seekiste in meine Kammer tragen?«

Drinkwater genoß den Luxus seiner kleinen Kammer, die zwischen zwei Zwölfpfündern auf dem Batteriedeck lag. Wenn die Fregatte gefechtsklar gemacht wurde, fielen allerdings ihre Wände. Er war nicht länger dem ständigen Kommen und Gehen in der

Messe ausgesetzt und konnte nun in Ruhe und Zurückgezogenheit lesen. Vielleicht war es das größte Privileg, daß er in der Offiziersmesse aß und dort die Gesellschaft von Wheeler und Devaux genießen konnte. Und Appleby, der in der damaligen Zeit noch nicht offiziell den Rang eines Offiziers bekleidete, war ein häufiger, fast ständiger Gast der Offiziersmesse. In New York hatte sich Drinkwater mit passender Kleidung versorgt, so daß er nun seiner neuen Stellung ohne zu protzen gerecht wurde. Allerdings erschien er selten ohne seinen erbeuteten Degen an Deck, den er, wie es Devaux ausgedrückt hatte, von der Backbordhüfte pendeln ließ.

Seine Vertrautheit mit den vielfältigen Aufgaben eines Marineoffiziers nahm täglich zu. Am gesellschaftlichen Leben nahm er allerdings kaum teil, abgesehen vom gelegentlichen Essen in der Offiziersmesse eines anderen Schiffes. Anders als Wheeler oder Devaux blieb er den regelmäßigen Einladungen der New Yorker Gesellschaft fern, teilweise aus Schüchternheit, teilweise aus Achtung vor Elizabeth, hauptsächlich aber deshalb, weil die anderen Offiziere dem Jüngsten unter ihnen an Arbeit aufbürdeten, was sie nur konnten.

Drinkwaters größte Freude war zu jener Zeit das Lesen. In den Bücherläden New Yorks und der kleinen Reisebibliothek des Chirurgen hatte er Smollett entdeckt und machte nun konsequenterweise Bekanntschaft mit Humphry Clinker, Commodore Trunnion und Roderick Random. Letzterer ließ seine Gedanken oft zu Elizabeth abschweifen. Die romantische Vorstellung von einer wartenden Frau berührte ihn so stark, daß die Ungewißheit über ihren augenblicklichen Verbleib ihn beunruhigte. Daß er sie liebte, stand für ihn außer Frage. Der Gedanke an sie hatte ihn in den Sümpfen von Carolina aufrecht gehalten. Er dachte an sie wie an einen Talisman gegen alles Böse, besonders dasjenige, welches ihm von Morris drohte.

Die Feindschaft zwischen ihm und Morris war mehr als eine tiefe Abneigung. Er war sicher, daß dieser Mann ihm ans Leben wollte. Diese Angst wurzelte in den Erlebnissen des jungen Kadetten von vor zwei Jahren und war mit den verschiedenen Erlebnissen noch gewachsen. Daraus hatte sich in seiner Phantasie eine regelrechte Zwangsvorstellung entwickelt. Daß sie aber letztlich dazu beigetragen hatte, ihn zu stärken und seine Entschlossenheit zu erhöhen, schien ihm widersinnig. Hätte ihm nicht Morris' Verworfenheit entgehen können, hätte nicht jemand anderer in jener Nacht im Rigg von Sharples um Hilfe angefleht werden können, hätte nicht ein anderer Fähnrich nach vorn zu Mrs. Sharples geschickt werden können?

Neuerdings hatte er noch viel mehr Grund, Morris einen übernatürlichen Einfluß zuzusprechen. Denn Drinkwater wurde von nächtlichen Alpträumen über die Geschehnisse in den Sümpfen von Carolina heimgesucht, die ihn mit gelegentlichem, aber beharrlichem Schrecken quälten. Zum ersten Mal hatte ihn dieser Traum nach der Eroberung von *La Créole* überfallen und war dann in den Stürmen vor Cape Hatteras wiedergekehrt. In der New Yorker Zeit hatte er zweimal darunter gelitten.

In seinem Traum kam immer eine weiße Dame vor, die sich ihm zu nähern schien; bleich wie der Tod und unerbittlich kam sie näher und näher, erreichte ihn aber nie ganz. Manchmal trug sie die Züge von Cranston, manchmal die von Morris, aber schrecklicherweise auch die von Elizabeth, einer Elizabeth, die einer Medusa glich; dann verschwand alles mit einem großen Krach, vergleichbar dem Rasseln von Ketten, rhythmischen Stößen – oder dem Geräusch, das *Cyclops'* Pumpen machten.

Er war deshalb sehr erleichtert, als er von Morris' Ablösung erfuhr. Seit seiner Beförderung hatte er nicht versucht, seinen neuen Dienstrang gegen Morris auszuspielen. Als er aber hörte, daß dieser auf ein Schiff von Konteradmiral Drakes Flottille versetzt werden sollte, schlug sein Herz in heimlicher Freude höher. Vielleicht waren seine Befürchtungen nur ein Produkt seines überbeanspruchten Nervensystems gewesen?

Am Morgen von Morris' Abschied kamen ihm diesbezüglich wieder Zweifel. Er las in seiner engen Kammer, als die Tür plötzlich aufgestoßen wurde. Morris stand in ihrem Rahmen, stockbetrunken und ein zerknittertes Stück Papier in der Hand.

»Ich bin gekommen, um mich zu verabschieden, verfluchter Drinkwater«, lallte er, die verschwiemelten Augen halb geschlossen. »Ich wollte dir nur sagen, daß wir beide noch ein Stück Arbeit unerledigt gelassen haben ...« Er lachte freudlos, Speichelbläschen standen um seinen Mund. »Es ist wirklich zu lustig ... Wir beide hätten richtig gute Freunde werden können ...« Tränen standen in seinen Augen. Drinkwater begriff nur langsam die widerliche Andeutung in den Worten des Mannes. Morris schneuzte sich mit dem Ärmel und begann wieder zu kichern.

»Ich habe hier einen Brief von meiner Schwester ... Sie kennt den einen oder anderen bei der Admiralität. Sie versichert mir hier, daß sie sich in ihrem Himmelbett für mich einsetzen wird, bis ich den Rang eines kommandierenden Offiziers erreicht habe. Ist das nicht wirklich komisch, Mister Drinkwater, ist das nicht das Lustigste, was du je gehört hast?« Plötzlich war sein Lächeln wie weggewischt und mit ihm die trunkene Verspieltheit. Die Drohung, die jetzt folgte, kam aus tiefstem Herzen: »Aber wenn ich soweit bin, habe ich die Möglichkeit, Sie und diese Miß Bower zu vernichten. Und bei Gott, das werde ich tun!«

Bei der Erwähnung von Elizabeths Namen fühlte Drinkwater wieder jene eisige Wut in sich aufsteigen. Morris wich unvermittelt zurück, stolperte und lag zappelnd an Deck. Drinkwater hatte seinen Degen schon halb aus der Scheide gezogen, als ihn der verächtliche Zustand seines Widerparts, der vor ihm zitterte, wieder zur Besinnung brachte. Er stieß die dünne Kammertür zu und den Degen wieder in die Scheide. Draußen kam Morris auf die Füße und wankte davon.

Drinkwater stand in der Mitte der Kammer, sein Atem beruhigte sich nur langsam. Er begann wie Espenlaub zu zittern und blickte hilfesuchend das kleine Bild der *Algonquin* an, das er von Elizabeth geschenkt bekommen hatte; endlich hatte er es aufhängen können. Nun streckte er eine zitternde Hand aus, um sich von seiner Realität zu überzeugen.

Am 16. August 1781 sichteten die Schiffe vor Sandy Hook Segel im Süden: Sir Samuel Hood erschien, vor Wut schäumend, da Admiral Graves' Flotte noch immer in New York lag. Der Konteradmiral ließ sich durch den Hafen rudern, um Graves Vorhaltungen zu machen, aber der war nicht an Bord, sondern wohnte friedlich in seinem komfortablen Haus an Land. Obwohl Graves dienstälter als Hood war, mußte ihn dessen Schilderung der großen französischen Flotte in amerikanischen Gewässern doch tief beeindruckt haben. Angesichts von Graves' Kleinmütigkeit unterdrückte Hood Einzelheiten über die Seeuntüchtigkeit seiner eigenen Schiffe; tatsächlich konnte sich eines davon kaum noch über Wasser halten.

Jedenfalls wurde Graves plötzlich von panischer Geschäftigkeit erfaßt und befahl seiner Flotte, in See zu stechen.

Aber es dauerte bis Ende des Monats, ehe die einundzwanzig Linienschiffe sich auf den Weg nach Süden machten. De Barras war mit acht Linienschiffen schon von Rhode Island abgesegelt.

Doch tags zuvor hatten die achtundzwanzig Linienschiffe von de Grasse schon in der Chesapeake Bay geankert, begleitet von vielen Transportern und Fregatten. De Grasse landete dreitausend Infanteristen an, die eine obskure Halbinsel mit dem Namen Yorktown einschlossen.

Lord Cornwallis war abgeschnitten, denn Washington und Rochambeau marschierten von den Höhen des Hudson nach Süden. Sie durchquerten New Jersey, ihre exponierte Flanke dem untätig in New York hockenden Clinton darbietend, vereinigten sich mit La Fayette und schlossen den stählernen Ring um den unglücklichen Lord.

Was mit Cornwallis geschah, ist Geschichte: Die britischen Flotten segelten zu spät nach Süden. Graves sicherte seine Flanke mit Fregatten, und *Cyclops* war eine davon, segelte weit im Osten und nahm so an den bevorstehenden Ereignissen nicht teil. Die Flotte lieferte De Grasse eine Seeschlacht, die unentschieden ausging – aber für Graves war das gut genug. Compte De Grasse blieb im Besitz der Chesapeake Bay. Bis jetzt war De Barras noch nicht eingetroffen. Als Graves schließlich den Umfang seiner Blamage begriff und ein zweites Mal versuchte, De Grasse herauszufordern, stellte der britische Admiral fest, daß De Barras inzwischen den Compte verstärkt hatte; entnervt zog er sich zurück.

Damit hatte er Cornwallis aufgegeben.

Der Lord machte einen tapferen Ausbruchsversuch über den James River, wo Tarleton bei Gloucester einen Brückenkopf hielt. Doch nachdem die ersten Boote über den Fluß gesetzt hatten, brach ein schwerer Sturm los, deshalb mußte der Ausbruchsversuch aufgegeben werden. Wenige Wochen später kapitulierte Cornwallis. Der Krieg mit Amerika war damit zwar noch nicht offiziell, aber doch praktisch zu Ende.

Cyclops, nach Osten aufklärend, verpaßte sowohl die Schlacht an den Kaps von Virginia, als auch die Flottille von De Barras. Schließlich kehrte sie nach New York zurück, wo dem Oberbefehlshaber etwas spät klar wurde, daß dieses Schiff zur Kanalflotte gehörte. Nachdem man den schnellen Tender *Rattlesnake* mit der Nachricht über den Verlust von Cornwallis' Armee Ende Oktober abgeschickt hatte, bedachte Admiral Graves, daß *Rattlesnake* zwar schnell, aber nur wenig bewaffnet war und so eine leichte Beute für jeden französischen Freibeuter darstellte. Mit dem für ihn typischen Wankelmut sorgte er sich um das mögliche Schicksal der *Rattlesnake* und befürchtete, daß seine Berichte in Feindeshand fallen könnten. Schließlich entschied er sich dafür, eine Fregatte mit einem Duplikat seiner Depesche hinterherzuschicken. Es schien gleichzeitig eine gute Gelegenheit – die Idee hatte ihm sein Sekretär eingegeben –, Kempenfelt auf diese Weise seine Fregatte zurückzugeben.

Leutnant Nathaniel Drinkwater unterbrach sein Auf-und-ab-Laufen, um das Großbramsegel anzustarren. Sein Körper glich mühelos die Bewegungen des Schiffes aus, obwohl ein Sturm aus Südwest in der Takelage brummte und Wolken von Spritzwasser über die Steuerbordreling trieb. Er studierte das Segel. Ohne Zweifel war der Druck auf die Luvschot enorm, ebenso die Vibration der Rahen. Es war an der Zeit, Tuch wegzunehmen.

»Mr. White!« Der Junge war augenblicklich zur Stelle. »Meine Empfehlung an den Kommandanten, und der Wind frischt auf. Mit seiner Erlaubnis werde ich die Bramsegel reffen lassen.«

»Aye, aye, Sir.«

Drinkwater starrte in das Kompaßhaus. Die beiden Rudergänger grunzten und schwitzten in dem Bemühen, *Cyclops* auf Kurs zu halten. Er beobachtete die langsam hin und her schwingende Kompaßrose; das zunehmende Tageslicht machte die Öllampe überflüssig. Der graue Atlantik hob das Heck der Fregatte an, schob sie voran, lief unter ihr hindurch und ließ sie im Wellental mit gen Himmel zeigendem Klüverbaum zurück. Dann hob sich ihr Heck wieder, und das Spiel begann von neuem, wieder und wieder, dreitausend Meilen lang, von New York bis vor den Kanal.

Drinkwater empfand nicht die Beschämung, die Kapitän Hope quälte, der sich unten in seiner Kajüte rasierte. Hope kannte den berauschenden Wein des Sieges, da er an den glorreichen Gefechten des Siebenjährigen Krieges teilgenommen hatte. Am Ende seiner Karriere war eine Niederlage für ihn eine bittere Pille, eine Untauglichkeitserklärung als Quittung für lange Jahre voller Arbeit und höchstens eine Rechtfertigung für seinen Zynismus. Versüßt wurde ihm alles nur durch den Wechsel über viertausend Pfund Sterling.

Für Drinkwater waren die historischen Ereignisse ein Höhepunkt gewesen. Auf ihrer fruchtlosen Suche nach De Barras hatten sie sich von Long Island aus die Neuenglandküste hinauf und hinunter gekämpft. Von der bedrückenden Gegenwart Morris' befreit, erlebte er eine großartige Zeit. Auch eine fruchtbare Zeit, in der er, vorsichtig zuerst, aber mit schnell wachsender Selbstsicherheit, das Schiff führen lernte.

Er blickte nach oben auf die gerefften Bramsegel. Seine Maßnahme war richtig gewesen, *Cyclops* lag nun ruhiger, ohne Fahrt verloren zu haben.

Er sah Kapitän Hope den Niedergang heraufkommen und wechselte zur Leeseite hinüber, grüßend den Hut berührend, als er am Kommandanten vorbeikam.

»Guten Morgen, Sir.«

»Guten Morgen, Mr. Drinkwater.« Hope blickte nach oben. »Irgend etwas in Sicht?«

»Es ist nichts gemeldet, Sir.«

»Sehr gut.«

Hope blickte auf die Logkladde nieder.

»Nach meiner Koppelrechnung sollten wir Lizard vor Einbruch der Dunkelheit sehen, Sir«, sagte Drinkwater eifrig.

Hope grunzte nur und begann, in Luv auf und ab zu schreiten. Drinkwater wechselte auf die Leeseite, wo der junge White im Abwind des Großsegels zitterte.

»Mr. Drinkwater!« rief da der Kommandant scharf.

»Sir?« Drinkwater eilte hinüber, Hope betrachtete ihn mit gerunzelter Stirn.

Nats Herz rutschte in die Hose. »Sir?« wiederholte er fragend.

»Sie tragen Ihren Degen nicht!«

»Sir?« wiederholte Drinkwater mit verständnislos gerunzelter Stirn.

»Es ist der erste Morgen Ihres neuen Amtes, an dem Sie ihn nicht tragen.«

»Tatsächlich, Sir?« Drinkwater errötete. Hinter ihm kicherte White.

»Sie legen wohl endlich größeren Wert auf die Erledigung Ihrer Pflichten als auf Ihre persönliche Erscheinung. Ich bin froh, daß Sie das erkannt haben.«

»Ja... Jawohl, Sir. Danke, Sir.«

Hope setzte seinen Marsch fort. White platzte fast vor Lachen. Mr. Drinkwaters Degen war in den Decks schon häufig Anlaß zu Heiterkeit gewesen.

Drinkwater drehte sich zu ihm um: »Mr. White, nehmen Sie ein

Fernglas mit in den Vormasttopp und halten Sie nach England Ausschau!«

»Nach England, Nat... Mr. Drinkwater, Sir?«

»Ja, Mr. White, nach England!«

England, dachte er, England und Elizabeth...

Bitte beachten Sie
die folgenden Seiten:

Alexander Kent

17 marinehistorische Romane um Richard Bolitho und 18 moderne Seekriegsromane

Ursel und Friedel Klee

... und immer mal wieder liegt Land im Wege (20354)

Wolfgang J. Krauss

Seewind (20282)

Seetang (20308)

Weite See (20416)

Kielwasser (20518)

Ihr Hafen ist die See (20540)

Nebel vor Jan Mayen (20579)

Wider den Wind und die Wellen (20708)

Von der Sucht des Segelns (20808)

Sam Llewellyn

Laß das Riff ihn töten (22067)

Bernard Moitessier

Kap Hoorn – der logische Weg (20325)

Der verschenkte Sieg (20369)

Wolfram zu Mondfeld

Das Piratenkochbuch (20869)

Nicholas Monsarrat

Der ewige Seemann, Bd. 1 (20227) und Bd. 2 (20299)

Hank Searls

Über Bord (20658)

Antony Trew

Regattafieber (20776)

Karl Vettermann

Barawitzka segelt nach Malta (20383)

Die Irrfahrten des Barawitzka (20568)

Hugo Wehner

Tagedieb und Taugenichts (20432)

James Dillon White

7 Romane um Roger Kelso

Richard Woodman

Die Augen der Flotte (20531)

Kutterkorsaren (20557)

Kurier zum Kap der Stürme (20585)

Die Mörserflottille (20666)

Die Korvette (20742)

Die Wracks von Trafalgar (20787)

Der Mann unterm Floß (20881)

In fernen Gewässern (22124)

Fritz Brustat-Naval

in der Reihe
Ullstein maritim

ein Ullstein Buch

Kaperfahrt zu fernen Meeren

Die Anson-Story 1740/44
UB 20637

Die Kap-Hoorn-Saga

Auf Segelschiffen am Ende der Welt
UB 20831

Im Wind der Ozeane

Mit dem Vollschiff »Greif« um die Welt
UB 20949

Windjammer auf großer Fahrt

Die Welt der Segelschiffe, wie sie wirklich war
UB 22030